重庆市志

主　修　唐良智
主　审　屈　谦
总编辑　刘文海

重庆市志

交通银行志

（1915—2018）

交通银行股份有限公司重庆市分行　编纂

西南师范大学出版社

图书在版编目(CIP)数据

重庆市志. 交通银行志：1915—2018 / 交通银行股份有限公司重庆市分行编纂. -- 重庆：西南师范大学出版社，2020.12
ISBN 978-7-5697-0589-8

Ⅰ. ①重… Ⅱ. ①交… Ⅲ. ①重庆－地方志②交通银行－银行史－重庆－1915-2018 Ⅳ. ①K297.19 ②F832.97

中国版本图书馆CIP数据核字(2020)第248788号

责任编辑：张昊越
封面设计：张小卉　殷　智

重庆市志·交通银行志（1915—2018）
CHONGQING SHI ZHI JIAOTONG YINHANG ZHI（1915—2018）
交通银行股份有限公司重庆市分行　编纂

西南师范大学出版社出版、发行
重 庆 巴 南 彩 印 厂 印 刷
幅面尺寸：210mm×285mm　插页：30　印张：40　字数：1300千字
2021年6月第1版　2021年6月第1次印刷
ISBN 978-7-5697-0589-8
定价：328.00元

重庆市地方志编纂委员会

主 任 委 员： 唐良智　市委副书记、市政府市长

副主任委员： 张　鸣　市委常委、宣传部部长

刘学普　市人大常委会副主任

屈　谦　市政府副市长、市政协副主席

宋爱荣　市政协副主席

程　洪　重庆警备区副政委

欧顺清　市政府秘书长、办公厅主任

委 员 单 位： 市纪委监委机关、市委办公厅、市人大常委会办公厅、市政府办公厅、市政协办公厅、市委组织部、市委宣传部、市委统战部、市委政法委、市委编办、市发展改革委、市教委、市科技局、市经济信息委、市民族宗教委、市公安局、市民政局、市司法局、市财政局、市人力社保局、市规划自然资源局、市生态环境局、市住房城乡建委、市城市管理局、市交通局、市水利局、市农业农村委、市商务委、市文化旅游委、市卫生健康委、市退役军人事务局、市应急局、市审计局、市政府外办、市国资委、市市场监管局、市统计局、市高法院、市检察院、重庆警备区、市档案馆、市志办

重庆市地方志编纂委员会总编室

总 编 辑： 刘文海

副总编辑： 夏小平

《重庆市志·交通银行志（1915—2018）》编审委员会

主　任　杨　宁

副主任　陈东玮　黄锦平　刘　红　鲁小松　李晓平　任　华　韩　冬　张　勇　李亚玲

委　员（以姓氏笔划为序）

毛自翔　王　东　王文宇　邓　薇　刘小梅　刘枍好　刘祖国　朱　云　江富容

何亦成　何梦生　吴　凡　吴　慧　吴勇为　张　湛　张晋涛　李　伟　李　刚

李　琰　李　静　李世明　李伟斌　肖　强　陈　灿　陈　咏　陈　怡　陈　革

陈　萍　周　元　孟　曦　欧　红　胡　郸　胡南琪　胡树友　凌　明　唐　莉

高　琎　戚　亚　曹　亮　曹开铭　黄章云　彭世达　曾亚斌　曾咏梅　童　军

董玉萍　蒋　霄　蒋跃亮　谢明权　虞　清　赖　新　谭　东　谭永胜

《重庆市志·交通银行志（1915—2018）》编纂人员

主　编　杨　宁

副主编　毛自翔　董玉萍　孟　曦　曹　亮

总　纂　李联俊　傅应明　胡正好

编　辑（以姓氏笔划为序）

杨正谦　范俊梅　黄民光　颜孝国

《重庆市志·交通银行志（1915—2018）》主要撰稿人员

（以姓氏笔画为序）

万　珩　马　茜　马亦希　文　静　文昌建　王　一　王　伟　王　俊　王　绝　王　维
王　斌　乐　洪　付信劼　卢文佳　叶在清　刘　秋　刘　琼　刘恋竹　朱　珠　余　敏
张　燕　张心悦　张远斌　张宗元　李　茜　李　超　李　静　李静怡　杨　栩　杨　萍
杨　震　杨　燕　杨正谦　陈　洁　周小波　巫　惠　范敏锐　郑玉兰　郑晓昉　柏春华
祝伽伽　骆　沁　骆　洋　唐　毅　唐文辉　徐　晖　涂良军　秦春月　崔　玄　黄　鑫
曾　扬　程文博　覃　琳　樊　冰　颜孝国

《重庆市志·交通银行志（1915—2018）》评审人员

（以姓氏笔画为序）

邓昌明　刘　宁　冷代中　张秀勤　张映陶　李　庆　罗生全　夏　峰　顾廷川　游杰元
谢礼周　薛　薇

《重庆市志·交通银行志（1915—2018）》评审人员

刘文海　夏小平　殷　智　司逸澈　陈欣如　贺壹城

1938年1月10日，交通银行重庆支行在打铜街26号（现渝中区打铜街14号）成立，11月改为重庆分行

1939年6月15日，交通银行重庆李子坝办事处开业

1938年，建于重庆李子坝的抗战时期交通银行金库

1941年，交通银行发行的印有“重庆”字样的纸币

1945年12月2日，合川交通银行全体同人合影

1954年10月12日，青年团中国人民建设银行重庆分行支部欢送赴康藏公路支行工作团员合影。交通银行在建设银行成立后相当长一段时间内，与建设银行“一套班子，两块牌子”，实为同一金融机构。直至1958年7月22日，交通银行总管理处划归中国人民银行领导，内地分支行相继归并、裁撤，业务活动陆续转入当地的财政部门

1988年2月，位于市中区（现渝中区）人民路13号的重新组建的交通银行重庆分行办公大楼

1988年2月3日，重新组建的交通银行重庆分行试营业

1991年，交通银行重庆分行开始施行员工对外公招制度，图为分行领导与首届对外公招员工合影

1992年，交通银行总管理处总经理（左二）戴相龙到长安汽车厂参观考察

1992年4月4日，交通银行重庆分行举行干部聘任签约仪式

1994年4月，世界银行委托“普华”国际会计咨询公司对重庆分行风险监督试点检查，总体评价良好

重建初期，贷款支持重庆112厂［现西南铝业（集团）有限责任公司］生产经营

1995年7月，交通银行重庆分行举行首届电脑储蓄比赛

1995年9月27日，重庆分行召开全辖机构管理工作会议

1996年5月20日，辖属攀枝花支行营业部到重庆南坪支行参观学习

1996年11月12日，分行召开第二届职工代表大会

1997年，总分行联合向重庆市重点项目黄花园大桥建设提供8亿元资金支持

1997年8月16日，重庆分行贷款支持1亿元的重庆市袁家岗立交举行通车典礼

1997年9月，交通银行重庆分行独家代理重庆路桥股票发行，募集资金59.8亿元

1997年10月21—27日，交通银行综合信息培训班在重庆分行举行

1997年，交通银行乔伟（左一）副行长在渝出席交行信用卡——太平洋万事顺卡首发仪式

1998年8月31日，市分行行址由渝中区人民路13号迁至渝中区中山三路158号

1998年10月20日，交通银行向重庆直辖后修建的第一条高速公路——渝长高速贷款8.5亿元，图为交通银行向重庆渝长高速公路贷款8.5亿签字仪式

2000年6月，交通银行重庆分行在全市10家银行竞标中脱颖而出，成为唯一一家为全市市级行政机关及事业单位统一发放工资的银行

2001年，交通银行重庆分行代销全国第一只开放式基金——华安创新

2003年4月，交通银行重庆分行在渝中支行首推“交银理财”业务

2003年，重庆分行率先向重庆轨道集团授信4380万元，积极支持重庆交通建设

2005年9月8日，交通银行重庆分行与重庆城市建设投资公司签订银企合作协议

2006年，为支持重庆市轨道交通和地方铁路建设，总行向重庆市开发投资有限公司10亿元企业债券发行提供担保

2007年，总行副行长王滨（右三）考察重庆港务物流集团所属九龙港和寸滩港的生产建设情况

2009年，市分行举行第二届职工运动会

2011年8月，市分行作为银团贷款联合牵头行和代理行，参与重庆国际博览中心38.2亿元银团贷款项目

2012年1月8日，交通银行重庆市分行交银大厦奠基仪式

2015年1月，市分行获得交通银行2014年经营管理优胜奖，右四为付万军行长上台领奖

2015年，交通银行重庆市分行举全分行之力，日夜攻坚克难，保障“531”系统准时上线。“531”系统的上线，大大提高了交通银行业务处理效率，为交通银行业务开展提供了强有力的系统支撑

2015年，市分行举行春季登山比赛，丰富员工业余生活

2016年起，市分行为江津几江防洪堤工程项目建设累计提供5亿元信贷资金，完成沿江段10多千米的防洪堤建设

2016年1月，市分行荣获交通银行2015年经营管理优胜奖，右二为付万军行长上台领奖

2017年1月，市分行荣获交通银行2016年经营管理优胜奖，左一为杨宁行长上台领奖

2017年3月6日，市分行行址由渝中区中山三路158号迁至江北区江北城西大街3号

2017年6月29日，市分行召开机关党委成立大会

2017年11月，市分行举行“不忘初心跟党走　同心共筑中国梦”员工文艺汇演

2018年，市分行积极为花椒企业提供贷款支持，以保证其在最好的收购季节、用最合适的价格收购到最佳质量的原材料，解决民营企业燃眉之急

2018年1月，市分行荣获交通银行2018年经营管理优胜单位，右五为杨宁行长上台领奖

2018年4月8—13日，市分行在江西井冈山市举办“不忘初心　牢记使命”党性教育主题培训班

2018年5月5日，市分行举行押运安全突发事件应急处理预案演练

2018年6月28日，交通银行创立110周年暨重庆市分行重建30周年纪念大会

2018年6月28日，交通银行重庆市分行行史馆揭幕

2018年7月1日，市分行召开2018年“两优一先”表彰大会

市分行荣获重庆市总工会授予的“工人先锋号”称号

2011年，市分行荣获重庆市人民政府授予的2010年度重庆市企业集团纳税50强

2013年，市分行荣获重庆市人民政府授予的2012年度金融贡献奖三等奖

2015年，市分行工会荣获交通银行工会委员会授予的2013—2014年交通银行模范职工之家

2015年，市分行荣获重庆市总工会授予的重庆五一劳动奖状

2016年，市分行荣获人行重庆营管部授予的市场规范优胜奖二等奖

2017年，市分行落地重庆首笔中资企业全口径跨境融资项目获选1997—2017重庆20年金融影响力事件

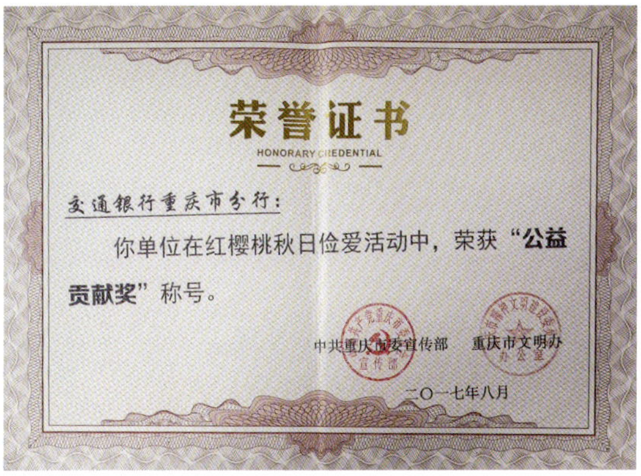

2017年，市分行荣获重庆市委宣传部、重庆市文明办颁发的"公益贡献奖"称号

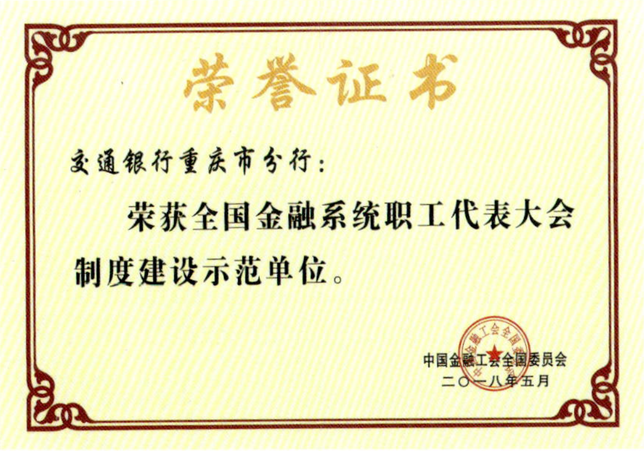

2018年，市分行荣获中国金融工会全国委员会颁发的全国金融系统职工代表大会制度建设示范单位

2018年，市分行荣获中国金融工会重庆工作委员会授予的"重庆金融模范职工之家"称号

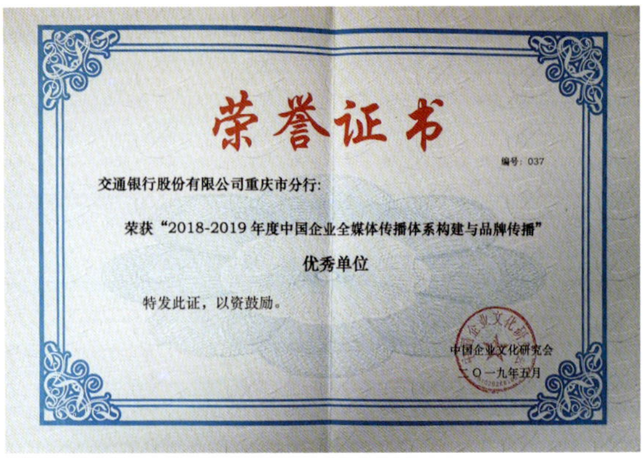

2019年，市分行荣获中国企业文化研究会颁发的“2018—2019年度中国企业全媒体传播体系构建与品牌传播优秀单位”称号

2019年，市分行荣获重庆市银行业协会授予的重庆市银行业2018年度社会责任服务典范奖

2019年，市分行荣获重庆市银行业协会授予的重庆市银行业2018年度最具社会社会责任金融机构奖

2019年，市分行荣获中国金融思想政治工作研究会、中国金融文化建设协会授予的“2017—2018年全国金融系统文化建设先进单位”称号

2018年，市分行获得交通银行创立110周年文化体育艺术“家”年华乒乓球混双比赛冠军

2019年，市分行荣获共青团交通银行委员会授予的2018年交通银行共青团工作考核一等奖

1992年4月6日，交通银行总管理处总经理戴相龙（左一），重庆市委常委、副市长、重庆分行管委会主任刘志忠（右一）在分行总经理邓昌明（中）陪同下到分行各部门考察工作

1993年6月4日，交通银行总管理处副总经理王爱身（前排右一）莅临重庆分行考察工作

1993年11月，交通银行副行长鲁家善（左二）到重庆分行考察工作

1994年6月23日，交通银行董事长李祥瑞（左一）莅临重庆分行考察工作

1994年11月8日，重庆市市长刘志忠（右一）会见交通银行行长王明权（左一）

1997年7月23日，交通银行副行长乔伟（中）莅临重庆分行考察工作

1998年1月24日，重庆市副市长李德水（左三）莅临重庆分行考察工作

2005年9月8日，交通银行行长张建国（右三）莅临重庆分行考察工作，并与重庆市副市长童小平（左二）一同出席交通银行与重庆市城市建设投资公司合作签约仪式

2006年2月13日，重庆市副市长周慕冰（左一）会见交通银行副行长李军（中）和重庆分行行长郭莽（右一）

2007年7月19日，交通银行副行长王滨（中）莅临重庆分行考察工作，并与重庆市副市长黄奇帆（左一）共同出席交通银行与安诚财产保险公司的全面合作签约仪式

2011年4月14日，交通银行副行长侯维栋（左三）一行考察重庆民生轮船股份有限公司

2011年4月26日，交通银行副行长叶迪奇（右一）莅临重庆市分行调研并指导工作

2011年3月2日，交通银行副行长于亚利（右二）莅临重庆市分行考察工作

2012年3月25日，交通银行监事长华庆山（左一）莅临重庆市分行视察工作并看望支行基层员工

2013年3月20日，总行副行长钱文挥（左六）来渝参加“蕴通财富·伴您同行”巡回路演

2013年11月18日，总行监事长华庆山（右二）看望一线员工

2014年3月13日，交通银行与重庆银行签订全面合作协议，总行副行长于亚利（右五）、分行行长付万军（右四）出席

2015年4月24日，交通银行副行长寿梅生（右三）看望基层干部员工

2015年9月22日，总行副行长王江来渝参加西南地区重点客户银企交流活动

2016年3月1日，交通银行监事长宋曙光（右二）莅临重庆市分行考察工作并看望营业部干部员工

2016年6月16日，交通银行董事长牛锡明（后排左五）出席交行与重庆市政府“十三五”签约仪式

2016年6月17日，交通银行董事长牛锡明（后排左四）到重庆市分行考察工作并看望基层员工

2017年8月1日，交通银行与重庆农村商业银行签订全面战略合作协议，总行副行长沈如军（左四），市分行行长杨宁（左三）、副行长鲁小松（左一）出席

2017年8月1日，交通银行重庆市分行与重庆三峡银行签订全面战略合作协议，总行副行长沈如军（左三），市分行行长杨宁（左二）、副行长鲁小松（左一）出席

重建初期，市分行为残疾人客户提供哑语服务

1999年3月28日，市分行在南坪推出重庆市第一家24小时自助银行

2000年11月8日，市分行推出重庆市首家银行客户服务中心，客户拔打电话“95559”即可享受种金融服务和咨询投诉

2007年8月18日，市分行首家沃德财富中心面向全行沃德客户试营业

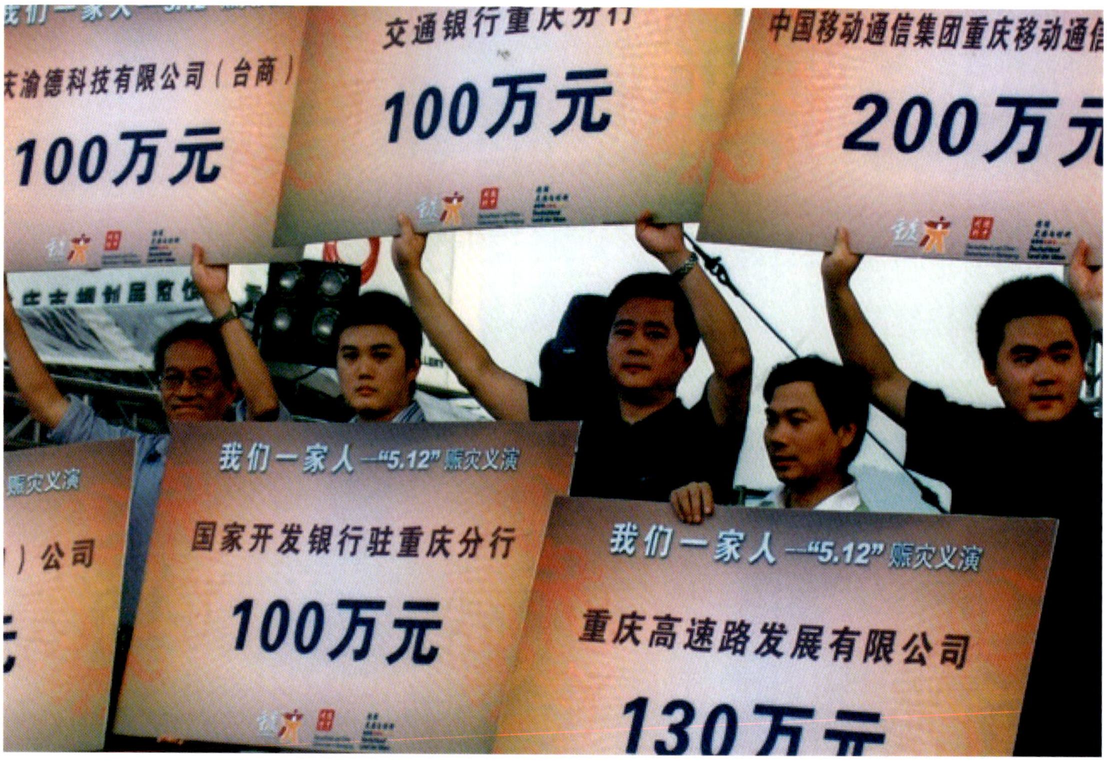

2008年5月，市分行参加汶川地震赈灾义演重庆行动，向四川灾区捐款100万元

2014年，市分行在蔡家公租房小区进行反假货币知识普及

市分行召开2015年新疆阿克苏地区青少年“红色之旅　阳光成长”融情夏令营开营仪式

宽敞明亮的营业大厅

市分行向贫困山区儿童捐赠课桌椅

市分行开展慰问农民工小学、献爱心活动

营业网点大堂经理细心解决客户诉求

2018年9月27日，市分行杨宁行长率工作组赴城口县鸡鸣乡金岩村开展精准扶贫工作，并代表市分行党委向金岩村捐赠扶贫资金63.3万元，用于基础设施和党建阵地建设

2018年10月31日，市分行走进永川区陈食街道梓潼观村开展精准扶贫活动

2018年11月14日，市分行走进对口帮扶的江津区柏林镇海军希望小学，为孩子们送去冬衣和体育用品

市分行举办2018年“走进交行　感受温馨”服务明星评选活动

2018年7月，市分行推出重庆银行业内首个火锅金融服务品牌——火锅金融

序

当时空的坐标指向2021年，交通银行重庆市分行即将迎来诞生106周年、重建33周年的重要历史时刻。迎着新时代的曙光，重庆市分行从踏着青春步伐的而立之年，朝着步履坚实的不惑之年迈进，辉煌历史既往，伟大梦想可期。在这个离梦想最接近的伟大时代，我们以编修志书的方式，为这一特殊历史时刻献礼，对于我们回望历史、继往开来无疑具有重要的意义！

交通银行重庆市分行诞生于1915年12月1日，历经北洋政府、北伐战争、抗日战争、解放战争等历史阶段，亲历新中国社会主义建设和改革开放的发展历程，见证了中华民族从积贫积弱走向伟大复兴的沧桑巨变。

1988年，重庆市分行重新组建。至2018年末，存款规模突破1300亿元，资产规模超过1500亿元，利润超过20亿元，不良贷款率远低于系统和同业平均水平。从昔日的重庆分行到今天的重庆市分行，市分行办公地址由渝中区人民路13号经中山三路158号到江北城西大街3号，所辖营业网点经历“从少到多、从多到精”的变化历程，员工人数从120人增加到1400余人。30余年来，重庆市分行全体员工励精图治、顽强拼搏，改革创新、锐意进取，艰苦奋斗、一往无前，在探索中成长，在竞争中走强！

盛世修志，垂鉴未来。2016年9月，市分行决定组建行志编纂委员会和行志编纂办公室，按照“党委领导、全员修志、专人落实”的原则，开展《重庆市志・交通银行志（1915—2018）》的编纂工作。历经4年，行志办公室工作人员在市分行党委领导下，在重庆市地方志办公室的指导下，边学边干，跨越渝、川、滇、黔、桂五省市，查阅档案资料近10万份，以翔实准确的历史资料为依据，夜以继日，伏案笔耕，寒暑四载，为完成《重庆市志・交通银行志（1915—2018）》编修任务付出了艰辛努力。值此即将付梓之际，谨向大家表示衷心的祝贺和崇高的敬意！

站在“十三五”规划收官和“十四五”规划开局的新起点，重庆市分行将深化实施从严治党“四梁八柱”、治行兴行“六维方略”，自强不息，砥砺奋进，做好百年民族金融品牌的传承者、金融体制改革的先行者、中国特色社会主义新时代的推动者，为早日实现“同业领先、西部大行、全国一流”的“重庆交行梦”不懈奋斗，为中国共产党成立100周年献礼！

交通银行股份有限公司重庆市分行党委书记、行长 樊宁

2021年6月

凡　例

一、指导思想：《重庆市志·交通银行志（1915—2018）》（以下简称本志）以马克思列宁主义、毛泽东思想、邓小平理论、“三个代表”重要思想、科学发展观、习近平新时代中国特色社会主义思想为指导，坚持辩证唯物主义、历史唯物主义的观点和方法，遵循实事求是原则，力求全面、客观、真实地记述交通银行重庆市分行1915—2018年设立、重建与发展变化的历史和现状，重点记述分行近30年来体制机制变革和经营管理发展的历史史实，立足当代，注意突出时代精神、交行特色、改革与发展中的深刻变化，既记述成绩与经验，也记述失误与教训，力求思想性、科学性、资料性的统一。

二、本志时限：上限为1915年重庆分行成立，下限为2018年末。部分重要事件适当延伸至2020年。

三、体例：本志为章节目体，运用述、记、志、图、表、录等体裁记述，以志为主，由综述、大事记、专业分志、专记和附录等部分组成。

四、文体：本志采用规范的现代语体文记述。数字书写以2011年中华人民共和国国家标准《出版物上数字用法的规定》（GBT15835—2011）为准。按重庆市分行业务经营与管理组织体系，以业务经营为主线，事以类从，按现行专业职能分篇、章、节、目，循时记述其发展变化与现状。节、目为基本记述单元，尽可能关注细节，细化条目。

五、计量单位：本志使用计量单位以中华人民共和国法定计量单位为准。

六、称谓：本志涉及机构、会议、文件、职务等，按当时称谓记述。本志所述的交通银行总管理处，简称总管理处、总处、交通银行；交通银行简称总行、交行、交总行；交通银行股份有限公司，简称总行、交通银行、交行；1958年前的交通银行重庆分行，简称渝行、重庆分行、重庆交行、分行；交通银行重庆分行简称交行重庆分行、重庆分行、分行；交通银行股份有限公司重庆分行简称交通银行重庆分行、交行重庆分行、重庆分行、分行；交通银行股份有限公司重庆市分行简称交通银行重庆市分行、交行重庆市分行、重庆市分行、市分行、分行。

七、本志行文遵循《重庆市志、区县（自治县）志编纂规范（2019年版）》。

八、资料来源：本志文字资料和图片主要来源于分行档案资料，以及分行原辖属西南四省区分支机构、分行本部相关处室和各分支行所提供的资料，部分老员工也提供了部分资料。所有入志的资料和图片均经过多方审查、核实、甄别，志中不再注明出处。

目　录

第一篇　早期沿革

第二篇　筹备重组

第三篇 管理机构

第四篇　业务经营

第五篇 业务管理

第六篇 信息技术

第七篇 人力资源

第八篇 党群工作

第九篇 行政服务

第十篇　企业文化

第十一篇　经营单位

专　记

附　录

综 述

交通银行股份有限公司重庆市分行的前身是交通银行重庆分行，创立于1915年，在抗战期间得以迅猛发展，以发展实业为宗旨，支持民族工业的发展。解放后，由商业银行转变为专业银行，负责公私合营企业的清理与财务监管，承办国家基本建设投资拨款，支持西南地区经济建设，直到1958年建制撤销。1988年交通银行重庆分行重新组建，为早期交通银行在经济中心城市设立的十大管辖分行之一，担负起再创业及改革“试验田”重任，积极探索综合化市场化经营管理模式，繁荣区域经济，为支持地方重点建设、企业经营和服务经济民生等提供一流的银行服务和金融产品，开创了发展新局面。

一

1915年12月1日，交通银行在重庆始设分行，简称渝行，为三等分行。1917年，因四川靖国军强提款项，渝行业务受到很大影响，于1923年5月停业清理，1925年3月底，重庆分行清理完毕，暂时退出历史舞台。1937年抗战全面爆发后，交通银行总管理处和部分行处陆续停业或向西迁移、撤退，12月决定在重庆筹设机构，1938年1月10日，交通银行重庆支行成立，地址位于打铜街26号（现渝中区打铜街14号），简称渝行，原为直隶支行，同年10月改为分行。

抗战期间，交通银行总管理处于1938年8月撤至重庆化龙桥交农村85号，一部分人员随撤重庆，大部分重要人员撤至总管理处香港办事处。因此抗战时期，交通银行总管理处实际上分别在两地办公，重庆总管理处为对外机构，内部重心则在总管理处香港办事处，对分支行一切事项及函件往来由总管理处香港办事处直接处理。1941年12月香港沦陷后，香港总处大部分人员转到重庆。重庆因此成为抗战时期交通银行持续发展的根据地，重庆分行的业务和经营机构也随之得到较快的扩增。至1945年，下属机构有李子坝支行、成都支行、自流井支行、叙府支行、泸县支行5个支行，有歌乐山、黄桷垭、化龙桥、小龙坎、磁器口、海棠溪、曾家岩、龙门浩、高滩岩、新桥、（泸县）蓝田坝、内江、万县、秀山、雅安、绵阳、乐山、（犍为）五通桥、（酉阳）龙潭、（射洪）太和镇、綦江、（綦江）蒲河、彭水、合川、渠县、涪陵、（湖北）三斗坪、梁山等28个办事处，有（成都）中央军校、唐家沱2个储蓄所和重庆、泸县、成都、绵阳、宜宾等地5个仓库，业务覆盖四川全省并远及西康省的雅安，重庆分行经理汤钜于1944年3月受聘兼任交通银行副总经理。抗战胜利后，总管理处于1946年6月迁回上海（解放后于1949年12月迁至北京），收复区交行机构陆续恢复或迁回，西南、西北地区机构则调整减少，至1948年底重庆分行下属支行、办事处调减为14个，分行经理张朔，副经理王礼文。

1949年解放后，交通银行重庆分行由重庆市军管会金融部接管，12月恢复营业，进行债权债务清理和编制整顿。1950年3月，交通银行重庆分行改组为交通银行西南分行。1951年，基本任务按国家要求转为“对国营工矿、交通、公用等事业的基本建设办理国家财政预算的拨款并监督其使用”，其次是“代表国家管理公私合营企业中的公股股权”。1952年4月，交通银行西南分行改组为交通银行西南区行，经理江冬（女），副经理姚建侯，同时成立交通银行重庆分行，经理贾清泉，副经理张成海、唐沧林，受西南区行和重庆市财政局双重领导。1953年8月交通银行西南区行撤销，同时交通银行重庆分行改为重庆中心支行，受四川分行领导。1954年1月，国家在交通银行基础上成立中国人民建设银行，基本建设拨款监督由建设银行办理，交通银行的机构、干部全部划归建设银行，对外保留了交通银行名义，主要任务是专责办理公私合营企业的财务监督工作。1955年社会主义改造走向高潮，公私合营企业增多，4月按财政部交通银行与建设银行分设机构的通知，交通银行重庆支行与建设银行分开，迁往五四路，经理唐沧林，后增加副经理潘为治。1956年公私合营企业财务监督工作归口主管部门管理，交通银行主要负责地方企业的财务监督。1958年，交通银行与财政部门合并，除香港分行继续营业外，仅保留总管理处名义，国内各项业务已分别并入当地人民银行和在交通银行基础上组建起来的建设银行，至此重庆交行第二次暂别历史舞台。

二

1978年，党的十一届三中全会把我国带入改革开放的新时代。金融是经济的核心，经济体制改革的深化和经济的发展对我国金融改革提出了新的要求。响应时代的呼唤，顺应改革开放的要求，为加快我国金融改革，充分发挥银行对经济的促进作用，经国务院批准，交通银行作为国家推进金融体制改革试点的跨区域、全国性、股份制、综合性的商业银行于1987年4月1日重新登上历史舞台。

交通银行重庆分行重新组建于1988年，为早期交通银行总行在经济中心城市设立的十大管辖分行之一，管辖西南地区滇桂川黔四省区支行（昆明支行、柳州支行、自贡支行、攀枝花支行、成都支行、广元支行、贵阳支行、遵义支行），2004年后调整为总行直属省级分行。2018年末，分行在重庆主城及远郊共有52个人工网点、12个普惠网点，拥有员工1422人。

分行重新组建的30年发展轨迹与国家改革开放同步，与重庆市体制改革和经济发展紧密联系。根据党在不同时期的经济金融方针，市分行的改革历程大致分为三个阶段：1988—1996年为重建初创阶段，1997—2009年为战略转型、结构调整阶段，2010—2018年为深化转型、改革创新、快速发展阶段。

第一阶段（1988—1996年）重建初创阶段

为促进重庆经济的发展，重庆市政府决定在本市引入交通银行，于1987年5月16日批复同意成立交通银行重庆分行筹备组，启动了紧锣密鼓的筹建工作。筹备组由左俊杰组长、夏峰副组长及涂长义、章壮本四人组成（8月改任李长春副市长为筹备组组长，左俊杰、夏峰为副组长）。1987年7月，重庆市政府决定将市中区人民路13号罗家院新建主楼及裙房7557平方米的房屋以入股方式交由交通银行重庆分行使用。1988年2月，交通银行重庆分行经交通银行总管理处验收合格开始试营业。1988年末资产总额5.14亿元，存款规模1.93亿元，贷款规模2.35亿元，利润1199万元，内设机构9个，办事处1个，储蓄所1个，职工人数（含辖属分行）311人。1989年6月正式营业，首任总经理徐士荃，副总经理左俊杰、夏峰。

交通银行重庆分行成立时内部设立有国内业务部、外汇业务部、财务会计部、办公室、稽核室、人事教育处、保卫处等7个机构。当年8月撤销国内业务部，增设信贷业务部和市场业务部，以后又增设调查研究部、保险业务部、监察室、储蓄业务部、电脑中心、行政处、思想政治工作办公室、房地产业务部。

重新组建的交通银行重庆分行直接隶属于交通银行总管理处，是交通银行西南地区第一家分支机构，是肩负经营和管理双重职能的区域性的管辖分行，管辖范围涵盖西南地区的川、黔、滇、桂四省的成都、自贡、攀枝花、广元、昆明、贵阳、遵义、柳州等地的分支机构，是当时交通银行管辖区域最大的分行。随着重庆直辖和交通银行管理体制改革，市外分支机构逐步交由总行管理或移交其他分行管理，重庆分行于2002年成为直属分行，2004年成为直属省级分行。

作为综合性、多功能的股份制商业银行的分行，交通银行重庆分行在国家法规政策下，实行自主经营、独立核算；在资金使用上自求平衡，自我控制，综合经营本外币多种金融业务，经营范围较为广泛。

交通银行重庆分行成立初期，业务上主要是经营本外币存贷款业务和结算业务，在重庆资金紧缺，长期处于借差的大环境下，努力引进外部资金，实行超负荷经营，贷款一直大于存款，为支持本市经济发展做出积极的贡献，自身也随本市经济发展而逐渐壮大。当时，整个银行业基本上还是按计划经济模式运行，机制较为僵化，业务单一，业务品种较少，操作比较原始落后，办理业务、处理账务和编报报表都是手工进行。对内对外经营管理效率都很低下，客户购物、消费、借款给他人全部是从银行取出现金给予支付，并且各个网点没有账务联系，客户在某个网点存钱就只能在那个网点取钱，人们的金融需求和金融活动受到极大限制，极不方便。1991年末，人民币存款总额达到9.06亿元，贷款总额达到10.41亿元。在此期间，陆续增设分支机构，市内分支机构有沙坪坝办事处、重大分理处、团结坝储蓄所、南坪办事处、朝天门分理处和学田湾分理处。

1992年，随着国家进一步改革开放和经济快速增长，分行积极适应新的形势，加快改革创新，推动了业务和管理的快速发展。分行大力推进柜台业务电子化，营业网点推行电脑记账，一年时间即实现分行所有网点柜面业务电子化，结束手工记账的历史，大大提高账务处理的准确性、规范性和效率，开启了银行业务电子化的新历程。分行成立信用卡业务部，开办了信用卡业务。作为电子货币，信用卡不仅具有存款功能，而且具有支付功能，还具有透支功能，使持卡人可以先消费，后付款，可自己在自助机具上操作，存放和操作都十分方便。特别是它可以24小时全天候在自助机具上使用及在一些宾馆和商场消费使用，使人们的金融活动在时空上得到很大的延伸，引起了个人金融业务在功能、操作方式、习惯等多方面的重大变化，对分行个人金融业务发展起到很大的推动作用。

1992年2月成立中国太平洋保险公司重庆分公司，5月将市场业务部分设为证券业务部和综合计划部，将原财务会计部分设为财务会计部和营业部。1993年6月成立上海证券业务部，在证交所办理证券自营买卖和异地委托买卖业务，8月分行下属各办事处改称为支行，10月成立贷款审查部，并成立信用卡业务部，开办信用卡业务。1994年，在交通银行进行统一法人体制改革，实行全行一个法人体制后，交通银行重庆分行成为总行的派出机构，不再是法人机构。同年，按总行统一部署，实施"行员制"，对内部机构、职位进行了重新设置，改革员工薪酬制度。从这一年起以超常速度增设经营机构，1995年推出储蓄同城通存通兑系统，使储蓄业务突破同一网点存取款的限制。随着经营的扩展、网点的迅猛增加，业务得到较快的发展，1994年实现存款超过贷款，扭转了长期超负荷经营的困难局面，到1996年底经营机构达到100多个，形成多层次、覆盖面广的机构网络，在此期间，按照国家分业经营要求，先后在1994年9月划出了保险业务和1995年11月划出了证券业务。

重庆分行在为地方经济发展做出贡献的同时，自身也得到快速发展，资产规模由1988年的5.14亿元到1996年的55.01亿元，存贷款余额由1988年的1.93亿元、2.35亿元到1996年的44.36亿元、32.97亿元，利润由1988年的1199万元到1996年的7100万元，税金由1988年的0万元（开业前3年免交税）到1996年的6039万元，内设机构由1988年的9个到1996年的19个，营业网点由1988年的2个到1996年的114个，职工人数由1988年的120人到1996年的874人。

第二阶段（1997—2009年）战略转型、结构调整阶段

1997年6月18日重庆直辖后，分行加快了由外延式扩张向内涵式集约化经营的转变，接连取得重大成就。当年开始优化营业机构，进行网点布局的调整和功能、形象的提升，广泛布设自动取款机；成立中间业务部，大力发展中间业务，代收电话费、证券保证金，代办保险，开始银行收入多元化发展；开始实施总分行联合贷款，引入总行资金，给黄花园大桥等重大交通建设项目和市内重点企业大额贷款支持，并独家代理了“重庆路桥股票”的发行。在内部首次引入竞争机制，实行中层干部的内部公开竞聘，开启了干部选拔制度的重大改革。

1998年储蓄业务取得重大突破，实施全辖本外币全储种通存通兑，8月31日分行迁往渝中区中山三路158号办公。

1999年大力提升信用卡技术，成功推出太平洋信用卡“一卡通”，集中个人存取款、转账、投资、消费、缴费、查询等多项功能，有的还可透支、贷款，成为多项私人金融业务的载体，为客户提供了更方便、快捷、安全的服务，推动了新的发卡高潮，为分行私人金融业务的发展发挥了重要作用。随即再次升级，使之由本市“一卡通”达到“全国通”，并在本市建立第一个离行式自助银行，以多种机具组合，为市民提供存款、取款、缴费、账务查询、业务咨询等综合性的自助服务，为分行以较小的成本增加服务网点，完善服务网络起到重要作用。

2000年分行成功推进公营综合业务系统上线，实现了对公业务的同城通存通兑和数据大集中；成功竞标，成为市级行政事业单位工资唯一统发银行；建立客户服务中心，集中接受客户业务咨询和投诉；建立专职客户经理队伍，开始实施客户经理制。

2001年推出电话银行，开办了个人住房（装修）贷款、个人商铺贷款等6种个人贷款业务。

2002年，推出“银证通”“银保通”“银讯通”业务；参与“金卡工程”，实现信用卡与多家银行的“跨行通”，同年建立对公网上银行；推进经营机构扁平化，建立直属支行，形成适应本市地域特点的“分行—中心支行—支行”与“分行—直属支行”并存的组织架构。

2003年推出个人金融业务网上银行；在信贷管理上引进世行项目管理方法和工具；创新员工考核激励，在前台员工中实行业务计量考核及奖金分配。成立放款中心，独立于授信审查部门之外，对批准的授信额度内的实际提款进行核查监督和控制。分行率先成为重庆轨道公司首家贷款银行，为重庆轨道交通建设授信4380万元。

随着交通银行2004年引入汇丰银行等境内外战略投资者、2005年在香港上市、2007年在内地A股市场上市等系列改革发展重大步骤落地，分行进入新一轮的改革发展：实施战略转型，加快了产品创新和推广，相继推出本外币合一的双币卡、得利宝、外汇宝、安居贷、双汇捷、速汇通、快汇通、报账通、公务卡、薪金卡等一大批新产品，促进个人金融业务多元化发展；组建了专职私金客户经理队伍、理财师队伍，实施分层服务、个人理财服务；大力进行网点新一轮改造，完成一半以上30多个网点的迁址及优化改造，改善了服务环境，增强了服务功能，实现分区服务，促进网点由结算型向销售型转变；增设自助机具，扩大服务覆盖面，自助银行从4个增加到16个，自动存取款机从192台增加到278台，提高了电子化服务水平。2004年，成立提升服务质量办公室，建立专职大堂经理队伍，建立柜员服务客户评价系统，推出服务质量检查、考核制度，促进服务水平不断提升。引进先进管理理念和工具，完善授信审查管理，增强风险监测、提示和预警功能，实行逐笔计提拨备，以拨备覆盖预期损失；强化资产保全，单独设立资产保全部，专司不良资产保全工作。

2005年成立电子银行部，加快发展电子银行业务。成立会计结算部、法律合规部、资产负债管理部、零售信贷部，进一步推进专业条线精细化管理。加速管理电子化，提升风险防范技术手段和管理效率，完成了二期数据大集中上线，实现本外币公私业务全国范围的通存通兑和数据集中，推出票据凭证印鉴防伪系统、银企电子对账系统，成功将前台业务章证押三分管模式改革简化为章证二分管，实现了授信业务管理、风险监控和公文管理、档案管理、人力资源管理的电子化，使经营能力、风险防控水平和管理效率得到显著提高。引入国际先进理念和方法，进行了组织架构的重新设置和薪酬制度的重大改革，以平衡计分卡实施员工绩效的科学考核，增强了激励机制。以责任文化为核心，持续进行了企业文化建设。

2006年，分行与重庆市发改委签订《重庆市发展和改革委员会・交通银行重庆分行全面合作框架协议》，与相关企业单位签下500亿元的信贷合作协议，支持重庆“十一五”时期经济社会协调发展。

2007年，分行成为重庆机电控股（集团）公司的上市（IPO）合作银行；成为交行系统内第一家成功开发并上线公务卡联机报账系统的分行。

2008年分行在员工收入条件不占优的情况下，依靠不断提升的社会影响和内部和谐的管理氛围，得到广大市民和全体员工认可，在《重庆晚报》举办的十佳雇主评选活动中，荣获重庆十佳雇主称号。成立零售信贷管理部，负责组织零售信贷业务营销推进和市场推广活动。

2009年建立起包括70个营业网点、400余台自助机具设备和16个离行式自助银行的服务网络体系，具有一大批客户喜爱的品牌产品，建立起涵盖各项业务、技术先进、方便快捷的综合业务系统和制度完备、措施严密的风险防控体系，形成行之有效的考核激励机制和公开公平的人才选拔成长机制，锻炼出一支敬业精神强、专业素质较高的干部员工队伍，进一步推进民主管理，实施信息内网公布制度、工作周报联系制度，畅通上下情况信息的沟通诉求渠道。完善员工福利，在全面实行各项法定保险基础上，实施了员工补充医疗保险，认真落实员工年休假和疗休养制度，按年进行全员体检，召开职工运动会，并组建多种项目的兴趣活动小组，经常性开展行内外文体活动，营造起风正气顺、团结和谐的氛围。

业务得到快速持续健康发展，资产质量大为提高，盈利能力大大增强。资产规模由1996年的55.01亿元到2009年的443.56亿元，存贷款余额由1996年的44.36亿元、32.97亿元到2009年的413.14亿元、307.16亿元，利润由1996年的7100万元到2009年的55207万元，税金由1996年的6039万元到2009年的8253万元，不良贷款率由1996年的22.04%降低到2009年的2.38%，内设机构由1996年的19个到2009年的23个，营业网点由1996年的114个到2009年的70个，职工人数由1996年的874人到2009年的1426人。

第三阶段（2010—2018年）深化转型、改革创新、快速发展阶段

这一阶段，是国家“十一五”“十二五”“十三五”时期，重庆市在社会经济发展方面发生着巨大变化。2010年设立“两江新区”、2013年“一带一路”、2015年“中新（重庆）战略性互联互通示范项目”、2016年长江经济带建设、2017年自由贸易试验区建设等国家战略与重庆结缘，重庆市分行近十年也随着城市的发展而壮大。

2010年，分行成立个人（小企业）贷款中心，推进个贷、小企业贷款业务的发展；改造低产低效网点，各支行精简压缩行政管理人员，充实营销岗位；加强信贷业务风险管理，提高信贷管理水平，科学、合理配置信贷资源，银监会推出的“三个办法一个指引”得以落实。

2011年，按照总行“二次改革”和“倍增计划”要求，分行资产总额稳步增长，综合竞争力大幅提升，存款新增创历史新高，市场占比“跑赢大市”，中间业务取得突破性发展，净收入大幅增加。实行客户经理全员计价的考核机制，大力推进“三位一体”建设和电子渠道建设，增强营业机构辐射能力。完善营销架构，成立机构部，强化同业市场拓展。分行成功获取社保金融IC卡业务开办资格，成为系统内首家、全市首批发行社保金融IC卡的分行。

2012年，分行在考核、费用、奖金等方面加大资源匹配力度；通过贷方发生额、支付互荐系统等管理工具，做大结算存款规模；通过开展“一对一”高位营销、关键节点集中营销等活动，保证财政存款稳中有升。大力发展信托、资产池、国内信用证、出口风险参与、四方协议等新型业务，拓展新增长点；以理财产品为牵引，持续开展个人客户资产提升活动，以财富管理特色驱动储蓄存款发展；信贷资源重点向在建续建重点项目、地方支柱产业、先进制造业、中小企业等方面倾斜，严控“两高一剩”、政府融资平台和房地产贷款。个人贷款突破百亿大关，以家易通为抓手，促进个人结算存款发展。加快投行业务步伐，成立投资银行部。撤销分行会计结算部及下放的账务中心、风险监督中心、清分中心、中心金库等机构，成立营运管理部和业务处理中心，率先在重庆同业中安装投入自动发卡机和新型自助设备。

2013年，理顺业务运行机制，推动板块协同、团队攻关、业务例会等机制建立。通过调整人员架构配置等方式，推进远郊支行经营体制改革试点。完善零贷条线管理组织架构建设，成立零贷审批中心，建立零贷条线全流程风险考核体系。推广应用自助发卡机、新型自助通、ITM等创新自助服务手段。

2014年，建立重点资产项目推进例会制度，在投行、同业、国际、票据等新兴业务领域引入了准事业部分配激励机制，完善组织架构，形成由公司、投行、同业和国际组成的公司业务板块，分设资负部、预财部，加强全行资源的统筹调配，完善绩效考核，对产品计价标准进行适当调整，有效通过绩效考核引导转型发展。探索建立经营单位负责人目标绩效薪酬分配模式。优化营销费用管理，修订完善分行营销费用配置办法，将总行专项指标资源配置全部纳入板块条线营销费用管理，通过费用配置机制，有效传导总分行经营要求。强化资本管理，建立支行、条线管理部门双线考核机制，将经营单位的营销费用配置与经济利润挂钩，完善全流程资本管理体系。

2015年，分行将资产投放作为稳定利润、服务实体经济的重要抓手，积极对接区域经济发展热点。在利率市场化深入推进、息差收窄的形势下，持续打造投行、国际、同业、票据等利润中心，做大非利息收入规模。实施风险板块、前台板块组织架构调整，成立分行大客户部，突出板块融合，增强营销管理专业化。平稳推进薪酬绩效改革，调整员工收入结构，健全客户经理全产品计量计价考核。完成“531”工程上线任务，实现系统平稳切换，推动新系统运用创新。

2016年，围绕“三大任务、三大重点、三大目标”，以“必保一个目标，紧扣两个核心，突出三大重点，抓好四项改革，推进六大专项行动”为经营主线，明确“1+3+1”考核评价争先进位目标，抓牢拼利润、保安全二个核心，以强化资产储备、稳定资产质量、做大非息收入为重点，推进营销模式、事业部制考核、网点转型、干部人才培养四项改革，深入推进“两学一做”学习教育，创新党建工作机制、构建“党建+”特色党建文化，人民币存款余额跨上千亿台阶，经营利润突破20亿元。

2017年，构建从严治党“四梁八柱”党建工作体系，探索建立“党员+”工作机制，提出治行兴行“六大方略”。建立客户分层分类分级营销体系，设立战略客户部，完善大客户部机制，促进客户营销体系转型升级。成立普惠金融部，设立小微和科技特色支行，普惠金融“五专”机制落地。事业部改革持续深化，票据中心初步实现转贴直贴一体化经营模式；设置个金资产、私人银行准事业部，成立零售交易型客户外拓团队，变“坐商”为“行商”。升格自贸区和两江新区分行。实施“两轮驱动”战略，制定城区行、郊区行分类指导、差异发展意见，建立季度评价机制。完善经营绩效考核体系，对一级支行按“1+3+1”体系分组考核，对二级支行、特色支行、普惠网点实行分类、分组考核。出台一级支行专项奖励办法，鼓励创收增利。建立中层干部的延期支付制度，科学设置延期兑付的门槛条件，引导树立长期、稳健、可持续的业绩观。构建“固定+变动”“分行+条线”的“2+2”营销费用配置体系，引导经营单位优化业务模式、发展主营业务、提升盈利能力。

2018年，持续推动“党建+”工作模式，将党建工作融入渗透到服务实体经济、防控金融风险、深化改革转型等全过程。推动“党员+”，发挥“旗帜”作用，增添凝聚力，激发战斗力。本外币资产总额达1531.91亿元，人民币存款时点余额、日均余额双双突破千亿大关，分别达到

1052.68亿元和1011.18亿元；本外币贷款余额达839.09亿元，增量首次达到151.03亿元，其中人民币实质性贷款增量达63.37亿元；对公实质性贷款达405.29亿元；零售贷款达314.22亿元；零贷增量达52.51亿元。拟定“十三五”人才队伍建设规划和“四个一百”人才工程培养计划，优化网点劳动力组合管理，推进营运和服务模式转型。设立巡察办和案防办，探索“一拖二”巡察工作方式，统筹推进“新五大领域”持续治理、“长剑2018”案防特别行动，着力构建“54321”案防工程体系及“12345”操作风险管控机制，持续实现无案件无事故目标。

近10年来，市分行资产规模由2009年的443.56亿元到2018年的1382.96亿元，存贷款余额由2009年的413.14亿元、307.16亿元到2018年的1321.58亿元、839.09亿元，利润由2009年的55207万元到2018年的229808万元，税金由2009年的8253万元到2018年的35326万元，不良贷款率由2009年的2.38%到2018年0.36%，内设机构由2009年的23个到2018年的25个，营业网点由2009年的70个到2018年的65个，职工人数由2009年的1426人到2018年的1422人。

三

交行重庆市分行重组30年来，无论是推动城市基础设施建设、旧城区改造，还是促进工业投资、产业升级；无论是推进长江上游金融市场中心建设，还是参与长江经济带建设、“一带一路”及“中新（重庆）战略性互联互通示范项目”、重庆自贸试验区等国家战略，在助力地方经济发展、提升金融服务水平、支持民生金融发展、履行企业社会责任等方面书写了浓墨重彩的一笔。30年中，市分行以“白手起家”的创业精神，从无到有、从小到大，在探索中成长，在竞争中走强，发展成为至2018年末本外币存款规模1321亿元、本外币资产规模1532亿元、利润超过22亿元、不良贷款率低于同业平均、资产质量始终保持稳定的国有大型商业银行。2013年重庆市政府授予市分行“支持重庆经济发展金融贡献先进单位”称号，2015年重庆市政府授予市分行“支持重庆经济发展住房金融服务先进单位”称号，市分行2014—2016年连续三年、2018年被交通银行总行评为“十佳”经营管理先进单位。2011—2015年、2017—2019年8次被重庆外汇管理局评为执行外汇管理规定A级行，2016—2018年连续三年获得市银监局消保评级“一级行”称号，实现“三连冠”，是重庆市5家国有银行中唯一的一家，市分行被评为2017—2018年全国金融系统文化建设先进单位。

助力地方经济发展。一是支持市内重点项目建设。重建初期，分行在信贷资源极为紧张的情况下，集中有限力量与资源，大力支持钢铁、化工、医药等工业生产基础行业，重点向长安汽车、嘉陵机器、庆铃公司等国有大中型企业和重庆市重点技改、科技项目的融资倾斜，助力重庆工业的崛起。重庆直辖后，举总分行之力，对渝长高速公路、黄花园大桥等交通项目及轨道交通、渝邻高速、渝蓉高速、渝黔铁路、西客站、双碑隧道、京东方等项目建设，以及两江新区、江北嘴、西永微电园、保税港区、悦来新城等区域开发建设提供资金支持。二是倾力支持支柱产业发展。为市内汽车龙头企业长安福特、上汽依维柯红岩、北汽银翔等提供信贷支持，同时还为汽车企业上游核心零部件、下游经销商提供供应链融资支持，建立了上依红、长安汽车、长安铃木、北汽银翔、华晨鑫源等汽车金融网络。三是全面参与自贸区金融改革实践。2017年，首家获批成立自由贸易试验区分行，积极引入交通银行离岸业务分中心、资管业务分中心在渝设立，成功办理首笔自贸区内民营企业全口径跨境外币融资业务。四是积极参与重庆长江上游金融中心建设。2013年与交行系统内的交银国际、香港分行携手为重庆银行赴港IPO项目提供全方位服务，为重庆金融实力提升做出了积极贡献。五是探索“中新（重庆）战略性互联互通示范项目”发展新路径，2016年，为同业首笔中资民营企业办理境外外币融资业务。

提升金融服务水平。一是大胆创新，多渠道提升金融支持力度。充分发挥交银集团综合化经营平台和国际化渠道网络，大力发展投行类理财、直投、资产池等业务，扩大社会融资规模；多渠道拓展债券承销业务，积极承销认购重庆地方政府债；搭建租赁、信托等融资平台，为客户实现多渠道融资。二是推进供给侧改革，优化信贷资源配置。圈定产能严重过剩行业，严格客户准入条件，强化限额管理，做实管理规划。按照“有扶有控”的原则，继续对步入下行期，风险加快暴露期的钢铁、煤炭、水泥、平板玻璃、煤化工、多晶硅、风电设备、有色金属、船舶等产能过剩严重行业实施限额管理和余额控制，对存量客户积极加强风险管控。三是着力提升金融服务水平，不断提升客户体验。连续3年获评消保服务国有五大银行监管唯一最高评级；创建江北支行、东和春天支行中银协“百佳”示范网点。四是积极参与重庆市跨境电商平台的搭建和运营。上线跨境电子商务平台系统，与跨境宝等多家电商签订结算合作协议，成为该平台第一家合作银行以及唯一扣税银行。四是加快推进网点智能化建设，为客户提供全方位的智能服务。在业内首推智能机器人“娇娇”，推出新型智能设备智易通，有效提升客户体验。

支持民生金融发展。一是积极推进小微信贷发展。成立普惠金融事业部，持续提升普惠金融服务能力。创新推出“税融通”“优贷通”等产品，为诚信纳税的小企业客户提供信用贷款，有效缓解了小微企业融资难题。二是加大对保障性住房建设的支持力度。先后对高新区金凤镇“金凤佳园”公租房建设项目、涪陵区李渡两桂廉租房配套公租房项目、永川永荣煤矿棚户区改造项目等给予资金支持。三是积极做好居民住房金融服务，加大住房按揭贷款投放力度，满足居民住房需求。2018年末，个人住房商业贷款余额达306.26亿元，同时创新推出个人公积金贴息专项贷款业务，累计发放公积金贴息贷款29.95亿元，为近10万市民提供住房贷款金融服务。四是大力推动社保金融IC卡项目，已为47万人办理了社保金融IC卡，实现多卡合一、一卡多用。

履行企业社会责任。一是坚持绿色发展理念，推动产业结构调整升级。认真贯彻《绿色信贷指引》，严格执行环保政策“一票否决制”，将能耗标准和环境影响评价作为信贷取舍的必备审核要素，推动产业结构调整升级。截至2018年末，授信客户环保标识分类全为绿色类客户。二是开展扶贫捐赠、赈灾捐赠、助残捐赠、助学捐赠、慈善赞助，自觉履行公益责任。自1989年来，累计向社会公益捐赠486万余元。三是积极助力公益活动。连续4年参加重庆市委宣传部、市文明办主办的“红樱桃”大型公益活动，通过援建“春天图书室”、为残障儿童送去“爱心温暖包”、赠送“爱心小羊”等方式，全面参与公益活动。2017年，在中共重庆市委宣传部、重庆市精神文明建设委员办公室联合举办的公益评选活动中，分行被授予“公益贡献奖”。四是全力推进“精准扶贫”。全面落实政府、监管部门及交通银行总行精准扶贫的有关战略部署，成立扶贫工作领导小组，重点通过产业扶贫使未脱贫贫困户实现“造血”脱贫。截至2018年末，累计为建档立卡贫困人口发放个人贷款783笔，金额2.71亿元。在重庆市银行业协会金融机构社会责任评选活动中，连续4年获得最具社会责任金融机构奖，连续两年获得社会责任绿色金融奖、社会责任服务典范奖，并获得社会责任民生服务奖。

大　事　记

1907年

12月，交通银行筹组。

1908年

3月4日，交通银行北京总行开业。

1912年

中华民国成立，民国交通部继承清政府邮传部持有的交通银行官股。

1915年

10月，交通银行设重庆三等分行，简称渝行，直隶总管理处。
12月1日，交通银行重庆分行开业。

1917年

靖国军总司令熊克武强提库存现金42.9万余元，重庆分行元气大伤，形同虚设。

1918年

1月，重庆镇守使、东川道道尹从交通银行重庆分行提借现洋。
8月，四川靖国各军总司令部、重庆镇守使署等强提交通重庆分行交券10万元。

1922年

10月26日，交通银行总行拟具裁撤渝行办法，递交董事会公决。

12月，交通银行重庆分行营业结束，任命周宜甫为清理员。

1923年

7月，交通银行总行召开第二届行务会议，会议提出了《渝行清理情形》的报告案。

1925年

3月底，交通银行重庆分行清理工作基本结束。

1937年

7月，全面抗战爆发后，国民政府要求中央银行、中国银行、交通银行、中国农民银行四行合组联合办事总处，简称“四联总处”。

8月，国民政府财政部核准中、中、交、农四行总行就各分支行设立联合贴放委员会，办理贴现、放款等事宜，同时公布中、中、交、农四行内地联合贴放委员会贴放办法，并规定重庆等内地城市为贴放地点。

12月，四联总处第十二次会议议决，交通银行总管理处名义应在重庆，并规定由总处指派人员驻港、汉、沪办事。

同月，交通银行筹设重庆支行，简称“渝行”。

1938年

1月10日，交通银行重庆支行在重庆打铜街26号开业，经理李钟楚，副理沈笑春，营业主任严榆村。

2月28日，交通银行总行在香港成立办事处，常务董事在港举行第一次会议，此后交通银行总管理处实际上在港办公。

同月，国民政府财政部电嘱四行于西南各地设行，经四联总处议决：交通银行应在重庆、衡阳、昆明、贵阳等地分设行处。

5月，重庆四联总处联合向重庆自来水股份有限公司出借法币70万元，其中交通银行重庆支行承借14万元；重庆四联总处联合向重庆电力股份有限公司质押借款法币200万元，其中交通银行重庆支行承借40万元。

同月，交通银行总行为便利顾客、活动金融起见，由重庆迁至香港营业。

6月1日，交通银行重庆支行设立的成都支行正式开业，并发行法币，共有一元、五元、十元、五十元、一百元券额五种。

7月4日，交通银行重庆分行在万县、内江、自流井三处设立办事处，并正式开业。

8月24日，时任交通银行董事长胡笔江由香港飞往重庆途中，所乘飞机遭日本军用飞机截击，不幸遇难。胡笔江遇难后，国民政府财政部派钱新之递补交通银行常务董事，并指派为董事长。

10月25日，交通银行总管理处决定，战争发生后，各行所在地及业务情况随时变易，原定分行等级办法与现状不符，决定予以废除，无论原设或以后增设的一概称分行，不分等级。

11月，交通银行重庆支行改为分行。

1939年

1月，交通银行总管理处为使各行处同人明了全行业务状况，为长远发展起见，决定继续编印《交通银行月刊》，每月出刊一期。

同月，交通银行总管理处增设设计处，派王志莘为处长，旨在推进西南业务。

2月12日，重庆市银行业学谊励进会成立，是战时重庆金融界最大的公开的群众团体组织，交通银行重庆分行中的多名进步职员参加了该组织。

3月6日，国民政府财政部召开第二次地方金融会议，会议于3月10日闭幕，旨在明了各地金融状况，活泼地方金融，交通银行重庆分行派代表参加。

5月，交通银行重庆分行在渝代为支付民国二十三年（1934年）玉萍铁路公债到期本息。

6月15日，交通银行重庆分行李子坝办事处正式开业，简称“李处”。

同月，交通银行重庆分行开办小额借款，专贷于一般因日机轰炸而损失一切之小店主、小贩与小型工厂等，无须利息。贷款购货者，须于3个月内归还；贷款购买机器与设备等，可于6个月内偿还。

7月，交通银行重庆分行在四川叙府筹设支行，简称“叙行”；在雅安、绵阳、乐山三处各设办事处，均归渝行管辖。

8月1日，交通银行沙市支行改组办事处，简称“沙处”，归渝行管辖，重庆分行副理沈青山卸去沙行经理兼职，调重庆分行办事员艾秋宾为沙处主任。

8月26日，交通银行重庆分行在歌乐山暂设临时办事处，并派重庆分行助员周世敦为歌处主管员。

同月，交通银行重庆分行与重庆中国银行成立“救济渝市难民中交两行联合贷款处”，重庆分行派雇员余明远驻该处服务。

10月1日，交通银行重庆分行受中央银行委托，代理国库第二公库。

10月27日，交通银行重庆分行办理外币定期储蓄存款。

11月1日，交通银行重庆分行秀山办事处正式开业。

12月1日，交通银行重庆分行歌乐山临时办事处正式开业。

1940年

3月，交通银行重庆分行增设农贷股，调滇行办事员吴隆上为主任。

4月1日，交通银行绵阳办事处正式开业，归渝行管辖。

同月，交通银行重庆分行增设国库股，调鄂行会计员陈启宇为主任。

5月，交通银行重庆分行投资重庆中国国货公司、重庆中国药材提炼公司、重庆中央制药公司等企业。

7月，交通银行重庆分行与中国银行、中央信托局联合发行节约建国储蓄券，并开始办理外币定期储蓄及法币折合外币定期储蓄。

8月，交通银行总管理处在重庆设立农贷设计委员会，内分设计、调查两股，统筹计划全国分行农贷事宜。

9月，交通银行重庆分行为储备人才，在渝、滇、蓉等三地招考并录取大学毕业生6人。

同月，因战事影响，交通银行沙市办事处裁撤，沙处账目归并渝行办理。

10月，交通银行重庆分行添设储蓄股，以重庆分行办事员赵硕年为主任。

11月11日，交通银行重庆分行五通桥办事处开业，设址四川犍为县五通桥镇。

1941年

2月1日，因业务增繁，交通银行重庆分行歌乐山临时办事处改组为办事处，简称“歌处”，仍归渝行管辖。

2月，交通银行董事、要员汇集重庆，召开董事会议。

7月，交通银行总管理处同人联谊会在香港成立。

12月1日，交通银行龙潭办事处开业，设址四川酉阳县龙潭镇，归渝行管辖。

12月8日，太平洋战争爆发，日军占领上海租界，租界内交通银行被日军勒令关闭，接管清理。交通银行董事长钱新之在重庆集议处理办法。

1942年

1月5日，交通银行太和镇办事处开业，设址四川射洪县太和镇，归渝行管辖。

2月，四联总处重订四行投资贴放办法，并订定加强推行储蓄业务办法。

3月，交通银行总管理处同人联谊会在重庆改组，除原有学术、娱乐、体育、卫生四股外，增设总务股，并编印该会刊物《会讯》，刊登专文、短论、本行消息、会务报告、行处通讯、同仁动态以及杂讯等项。

7月1日，国民政府实行统一发行，发行集中于中央银行，交通银行停止发行。交通银行总管理处取消统账，恢复内部往来计息办法。

8月10日，交通银行重庆分行在唐家沱廿兵工厂内设立简易储蓄处。

8月20日，交通银行泸县支行开业，归渝行管辖。

8月28日，国民政府公布《修正交通银行条例》，规定了交通银行的性质、资本、营业、管理等各项，共21条。

8月31日，交通银行农贷业务移交中国农民银行办理。

9月1日，四联总处改组，原在理事会下的战时金融、战时经济两委员会并为战时金融经济委员会，下设贴放、农贷、储蓄、汇兑4个小组。

同日，交通银行重庆分行在南岸下龙门浩白理洋行旧址设立仓库。

10月1日，交通银行重庆分行增设黄桷垭办事处。

10月12日，交通银行重庆分行增设化龙桥办事处。

11月2日，交通银行綦江办事处开业，设址四川綦江县，归渝行管辖。

11月25日，交通银行重庆分行增设小龙坎临时办事处。

12月，交通银行发行准备转移中央银行，截至1942年6月30日，交通银行流通券总额42亿余元，移交现金准备252218余万元，保证准备168145余万元。

同月，交通银行重庆分行举办特约实业存款。该项存款由交行代为投放于有关国防及民生之稳妥实业，无论盈亏均由交行保本，并保息八厘，每年结算，投资所得纯益扣除保息，其余以60%配与存户。

1943年

1月，交通银行总管理处规定，内部往来改由管辖行集中转账，并修订《交通银行仓库营业规则》。

3月1日，交通银行蒲江临时办事处开业，设址四川綦江县蒲河镇，归渝行管辖。

3月8日，交通银行彭水办事处开业，设址四川彭水县，归渝行管辖。

3月10日，交通银行重庆分行增设合川办事处。

同月，交通银行1943年行务会议在重庆化龙桥总处大礼堂举行，此次会议上重庆分行代表汤钜做出席行报告，以及在业务、事务等项上提交提案。

4月5日，交通银行重庆分行增设磁器口临时办事处。

6月1日，交通银行重庆分行增设海棠溪临时办事处。

9月，交通银行重庆分行试办黄金存款和法币折合黄金存款。该两项存款均以黄金1市两为单位，分一年、二年、三年多个存期，黄金存款到期以黄金支付本息，法币折合黄金存款到期以黄金还本，以法币支付利息。

10月20日，交通银行重庆分行增设曾家岩临时办事处。

12月8日，太平洋保险公司在重庆正式开业，资本总额为法币1000万元，交通银行重庆分行投资占比达45%。

1944年

1月，交通银行总处信托部回沪，为赓续和联系业务起见，在原址重庆五四路设立总处信托部重庆分部，继续对外营业。

2月5日，交通银行在重庆举行第二十一届通常股东总会，通过增加官股议案，并改选商股董事及监察人，同时修正《交通银行章程》。

同月，交通银行总管理处在重庆召开第五次行务会议，中心议题为胜利期近，应各计划复员及准备。

3月9日，交通银行第一次董事会正式聘任赵棣华为总经理，重庆分行经理汤钜兼任副总经理。

同月，交通银行独资创设蜀余盐号，拨资本法币400万元，归信托部管理。

4月1日，交通银行重庆分行增设龙门浩临时办事处。

同日，涪陵办事处开业，归渝行管辖。

5月，自交通银行重庆分行成立固有会计后，黔、滇、桂、湘、韶、闽、秦、陇、浙、瓯、蓉等行相继成立。

8月1日，交通银行重庆分行增设高滩岩临时办事处。

9月25日，交通银行重庆分行增设新桥临时办事处。

同月，交通银行重庆分行受中央银行委托办理黄金存款。此项存款以黄金市两为单位，以法币折合缴存，其比价由中央银行规定，存期分半年、一年、二年、三年四种，到期本金以黄金支付，利率以法币支付。

10月2日，重庆联合票据承兑所正式开业，交通银行重庆分行参与筹备。

11月，交通银行信托部附设蜀余盐号改组为蜀余盐业股份有限公司，增加资本为2000万元，重庆为总公司，并在四川各较大城市设立分公司。

1945年

1月，交通银行总管理处修订《交通银行储蓄存款规则》。

3月26日，交通银行三斗坪办事处开业，设址湖北三斗坪茅坪凤凰山，归渝行管辖。

同月，重庆发生黄金舞弊案，轰动一时，交通银行重庆分行参与其中。

4月20日，交通银行渠县临时办事处开业，设址四川渠县，归渝行管辖。

同月，交通银行重庆分行经办节约建国储金、节约建国储券及美金节约建国储券三种，均以各个独立会计处理。为简化手续，将三者并为节约建国储蓄独立会计办理，并规定并账办法。

6月23日，交通银行停办黄金存款，共计收存51万5854两，折合法币142亿3045万5000元。

8月15日，日本宣布无条件投降，抗战胜利，交通银行总管理处在重庆筹备沦陷区复业工作。

同月，交通银行重庆分行开办会计人员训练班。

9月21日，交通银行总管理处发布《交通银行放款规则》《交通银行汇款规则》。

1946年

1月4日，交通银行设立重庆信托分部，简称“渝信部”。

3月2日，交通银行被国民政府指定为“外汇指定银行”。

7月3日，交通银行总管理处信托部由重庆迁往上海九江路69号营业。

9月26日，交通银行重庆分行召开该年度业务检讨会，所属11行处负责人均来渝参加。

10月，交通银行重庆分行为便利薪俸阶级一时筹措学费困难起见，由该行储蓄部创办个人教育费及集团教育费两种储蓄存款。前者便利个人为子女存储，后者便利团体员工为子女存储。

1947年

2月17日，国民政府公布《经济紧急措施方案》和《加强金融业务管制办法》，禁止黄金、外币的公开买卖。

9月1日，新的《银行法》经国民政府修正后正式施行。

12月，交通银行总管理处颁订《交行行员恤养规则》和《行员子女教育扶助金规则》。

1948年

2月，四联总处新订国家行局1948年度业务计划，目标是加强专业化，逐渐消除普通商业化现象。其中，交通银行经营工矿交通贷款，发展实业为其专业。

2月12日，交通银行重庆分行代表出席四联总处重庆分处举行的首次特种小组会议，商定收购厂商成品及其手续。

8月23日，金圆券正式开始发行，以金圆券1元兑换法币300万元，外汇牌价为金圆券4元换美元1元。

9月16日，交通银行正式成立行史修纂室，主办修订辑补交行三十年来行史草稿，搜集和续编近十年有关史料。

11月，国民政府公布《修正金圆券发行办法》《修正人民所存金、银、外币处理办法》，交通银行开始办理存款兑换黄金、外币业务。

1949年

1月，天津、北平相继解放，中国人民银行接管了平津地区的交通银行及其分支机构。

5月27日，中国人民解放军占领上海，上海市军事管制委员会派储伟修、杨修范为正、副军代表接管交通银行。

11月30日，重庆解放。

12月5日，重庆市军事管制委员会派军代表接管交通银行。

12月10日，交通银行重庆分行恢复营业，代理中国人民银行重庆分行委托办理的业务。

12月12日，交通银行重庆分行接管研究小组成立，分为秘书、会计、人事三组。

1950年

1月5日，交通银行总管理处由上海迁至北京，在北京东交民巷20号正式办公。

1月20日，交通银行重庆分行接管完成。

1月21日，中国人民银行召开第一届全国金融会议，会议决定交通银行为中国人民银行领导下，经营工矿、交通事业的长期信用银行。

3月27日，交通银行重庆分行转变业务，将一般存款、汇兑及短期放款等业务划归中国人民银行办理。

4月1日，交通银行副总经理洒海秋由京抵渝，召集西南各分支行负责人开会并传达及研究今后交行方针、行务工作具体步骤。

5月19日，中国人民银行总行发出《关于中、交两行清理工作及处理银行接管之伪金融机关投资企业的指示》。

同月底，交通银行西南分行完成人事机构调整工作，共有237名干部被移交当地中国人民银行。

7月5日，中央人民政务院任命胡景沄为交通银行董事长，张平之为总经理，洒海秋为副总经理。

1951年

2月17日，原交通银行重庆分行改组为交通银行西南分行，受中国人民银行西南区行和交通银行总管理处双重领导，经理为江冬，行址设在重庆打铜街14号。

6月，交通银行西南分行开始在西南区办理基本建设投资拨款与监督工作，拨款范围为工矿、交通、运输、公用（包括市政建设）、财政贸易建仓、地址勘查、农林水利等事业。

10月，交通银行西南分行召开西南区基本建设投资拨款工作会议。

1952年

4月，交通银行西南分行改组为西南区行，受交通银行总管理处和西南财政部领导。同时成立交通银行重庆分行，受交通银行西南区行和重庆市财政局双重领导，继续办理公股股权的清理和管理，并开始办理国家基本建设投资拨款业务。

8月28日，经西南财政部批准，交通银行川东、川南、川西、川北四个支行合并为四川分行。

11月，交通银行总管理处、西南区行、四川分行等参加中央联合视察组，视察成渝铁路基本建设工作和天成铁路成绵段基本建设工作。

1954年

6月，中央人民政府发布《关于撤销大区一级行政机构和合并若干省、市建制的决定》，将中央直辖的重庆等市改为省辖市或并入相关省份的建制。

10月1日，交通银行西南区行予以撤销，同时交通银行重庆分行改为中心支行，受交通银行四川分行领导。同时，交通银行重庆支行还直接受重庆市财政局领导，继续办理公私合营企业财务清理工作。唐沧林任支行经理，行址设五四路51号。

同月，在原交通银行重庆分行的基础上，成立重庆市建设银行，行址设重庆打铜街14号原交通银行旧址，其主要任务是办理基本建设投资拨款的监督工作。

1956年

资本主义工商业的社会主义改造进入高潮，交通银行重庆支行的主要任务仍是对公私合营企业实行财务监督。

1958年

交通银行重庆支行予以撤销，对公私合营企业的清理工作全部移交重庆市财政局，所有国家基本建设投资拨款任务即由重庆市建设银行办理。

1987年

2月3日，中国人民银行重庆市分行向交通银行总管理处请示，申请筹建交通银行重庆分行，筹建办公地址：民族路96号。

5月16日，重庆市人民政府同意成立交通银行重庆分行筹备组，左俊杰任分行筹备组组长，夏峰任筹备组副组长，成员：涂长义、章壮本。

7月6日，重庆市政府会议决定将市中区罗家院新建主楼及其裙房7557平方米的房屋交由交行重庆分行办公使用。

7月9日，分行筹备组将内部机构设置为“一室四组”，即办公室、业务组、财务组、人事组、行政组。

同月，重庆钢铁公司、西南铝加工厂、重庆天原化工厂、重庆特殊钢厂等单位向交通银行重庆分行出具《1987年交通银行重庆分行股票认购书》。

8月7日，交通银行总管理处同意成立交通银行重庆分行筹备组，李长春任交行重庆分行筹备组组长，左俊杰、夏峰任交行重庆分行筹备组副组长。

1988年

1月18日，交行总管理处副总经理潘其昌一行6人抵渝，对交行重庆分行试营业进行验收。

2月2日，交通银行总管理处批复同意重庆分行试营业。

2月3日，交行重庆分行召开试营业大会。

2月22日，交通银行总管理处批准，交行重庆分行机构定为市级局级机构。

3月25日，交通银行重庆分行工会成立。

4月12日，重庆分行证券业务大溪沟交易点开业，业务主要包括各种证券买卖和国库券转让。

4月19日，重庆分行保卫处成立。

4月25日，重庆分行各项存款余额达10108万元，首次突破亿元大关。

5月18日，交通银行总管理处聘徐士荃任交行重庆分行总经理，左俊杰、夏峰任交行重庆分行副总经理。

5月21日，重庆分行内部机构调整为“三部二室二处”，即国内业务部、外汇业务部、会计业务部、办公室、稽核室、人事教育处、保卫处。

6月23日，交行重庆分行重庆大学办事处成立。

7月15日，辖属昆明支行试营业。

8月8日，辖属自贡支行试营业。

8月10日，辖属柳州支行试营业。

8月19日，中国共产党交通银行重庆分行党组成立，党组书记左俊杰，党组成员徐士荃、夏峰。

11月14日，交通银行总管理处同意分行经营外汇业务，并核定外汇营运资金500万美元。

1989年

1月11日，交通银行实行董事会领导下的总经理负责制，董事会是最高决策机构。交行重庆分行成立管理委员会，在分行所辖范围内行使类似董事会的职权。分行管理委员会主任：刘志忠，副主任：朱惠熙、吴大成、徐士荃、胡安纮，成员：左俊杰、夏峰、林万银、杨永恩、白和金、王世惠、吴应雄、邓昌明。

4月7—8日，分行管理委员会第一次会议在重庆渝州宾馆三楼会议室召开，会议讨论通过分行管委会议事规则、总经理工作报告、1988年财务报告、1988年机构设置及人员配备情况的报告、试行工资总额与经济效益挂钩的办法、1989年工作计划要点等提案。

4月8日，分行第一次股东大会在重庆渝州宾馆三楼会议室召开。会议向股东代表通报了分行管理委员会第一次会议情况，股东代表审议通过了分行总经理工作报告、1988年财务报告和盈利分配方案。

4月19日，交通银行总管理处同意筹建交行攀枝花支行，受重庆分行管辖，筹备组由张孝杰任组长，田中发、张续、王中元任副组长。

4月21日，交通银行总管理处同意成立交行贵阳支行筹备组，受重庆分行管辖，组长廖海波，副组长包海桥、杨斌、宋世璋、凌世龙。

5月8日，交通银行总管理处同意筹建交行成都支行，受重庆分行管辖，筹备组由何用先任组长，孙信夫，吴心荣任副组长。

6月6日，交通银行总管理处聘任徐士荃为交行重庆分行总经理，聘任左俊杰、夏峰为交行重庆分行副总经理。

6月21日，交通银行总管理处同意交行重庆分行正式开业，办公地址在市中区人民路13号。

9月2日，辖属昆明支行正式营业。

同月，交行重庆分行在成都召开交行重庆分行全辖分支行经理会议。

10月24日，辖属成都支行试营业。

10月27日，辖属攀枝花支行试营业。

12月15日，辖属贵阳支行试营业。

1990年

1月23日，交通银行重庆分行首届管理委员会第二次会议及第二次股东大会在重庆扬子江假日饭店举行。会议审议通过了分行总经理徐士荃作的《交通银行重庆分行1989年工作总结》《交通银行重庆分行1990年工作计划》及总会计师吴启先作的《交通银行重庆分行关于1989年度经管情况的报告》。

2月25日—3月2日，分行代理重庆钢铁公司发行短期融资债券1000万元。

3月13日，辖属柳州支行正式开业。

4月11日，人行重庆市分行批准交通银行重庆分行重庆大学办事处由重大实验楼迁至重大中门科技一条街。

4月26日，辖属遵义支行试营业。

5月8日，交通银行批复同意交通银行重庆分行内部机构增设调查研究部，撤销试营业初期自行建设的“信息咨询公司”。

5月23日，交行重庆分行保险业务部正式对外开办业务。

6月6日，分行用于报道全辖行务信息的自办刊物《西南交行动态》创刊。

7月4日，分行结束“内清”工作。

7月16日，交通银行总管理处同意筹建交通银行广元支行，隶属于交通银行重庆分行管辖。

8月22日，分行南坪办事处举行开业典礼。重庆市政府，市人民银行，南岸区委、区政府、区人大、区政协及市中区各有关部门的领导出席，南岸区企事业单位和科研机构、高等院校的代表近200人到会祝贺。

12月7日，辖属自贡支行正式开业。

12月12日，对分行39名正式党员予以登记，结束党员重新登记工作。

同月，分行自办刊物《西南新金融》创刊。

1991年

2月11日，交通银行昆明支行改称交通银行昆明分行，其隶属关系和行政级别不变。

2月12日，重庆分行在扬子江假日饭店召开1990年度先进集体、先进工作者表彰大会。

3月11—16日，重庆分行在自贡召开全辖1991年第一次财务工作会议。会议传达了总处会计部报表会审会议精神，各分支行汇报了1991年度财务分析、成本费用、结算汇率的执行和会计教材的学习等情况，学习讨论了《国营金融、保险企业成本管理办法》《交通银行财务管理办法（讨论稿）》，布置了1991年财务工作，研究通过了财会技术比赛方案。

3月21—23日，交通银行重庆分行1991年第一次行务会议暨1990年度先进集体表彰会在分行本部举行。分行领导、分行有关部门负责人，所辖八个分支行经理、人教科（处）长、保卫科（处）长和稽核、监察室主任参会。会议总结了全行1990年工作，提出了1991年工作要点；表彰了先进；研究了思想政治工作；传达了总处关于全国管辖分行强化内部管理、防范经济案件发生的紧急会议精神，提出了分行的贯彻意见。

4月2日，人民银行重庆市分行批复同意筹建中国太平洋保险公司重庆分公司。

4月16日，辖属昆明分行召开首次股东大会，24家股东单位的法人代表参加会议，昆明市字国瑞副市长到会讲话。会上，昆明市人民银行行长黎维彬代表人总行向分行颁发经营金融许可证。即日，召开首届管理委员会第一次会议，选举产生了以市长王廷琛为主任，黎维彬、郑孝仁、李天瑜、平愚山为副主任的管理委员会领导成员，通过了昆明分行1990年分红方案。

5月14日，交通银行重庆分行第三次管委会暨股东大会在扬子江假日饭店三峡厅举行。分行管委会成员、股东单位法人代表、市领导、市人行领导以及市有关综合部门负责人参会。会议由副市长、重庆分行管委会主任刘志忠主持，分行总经理徐士荃作《总经理工作报告》，总会计师吴启先及副总经理左俊杰、夏峰分别就1990年度财务决算及股红分配、实行目标管理责任制意见、扩大股份等事宜做了报告，现场向股东单位颁发了股红分配通知书。

5月15日，交通银行重庆分行管理委员会批复同意成立交通银行重庆分行管理委员会昆明分行分会，主任王延琛，副主任黎维彬、郑孝仁、李天瑜、平愚山，委员王志东、冯志诚、朱宝琛、刘承璋、江宏志、孙卫红、李泰安、张国荣、张映华、铁振国、黄世荣、黄家盈。

5月20—23日，重庆分行总经理徐士荃及分行计划、信贷、外汇、财会、稽核部门的负责人和有关人员，赴江苏南京参加交通银行信贷资产监控工作会议。会议研究了《交通银行信贷资产监控考核暂行办法》，部署了信贷资产监控考核相关工作。

6月2—5日，交通银行总管理处戴相龙总经理、人教部徐俊康副总经理莅渝，就分行班子调整事宜，与重庆市党政和人行领导研究形成一致意见。5日，戴总一行到分行检查工作，并到各部门看望员工。

6月4—7日，川、滇、黔、桂中央企业财政驻厂员处与交通银行重庆分行财务工作联席会议在昆明召开。会议加强了财政部驻川、滇、黔、桂中央企业财政驻厂员机构与交通银行之间的关系，增进了了解，形成了《财政部驻川、滇、黔、桂中央企业财政驻厂员处与交通银行重庆分行财务会计部第一次财务工作联席会议纪要》。

7月1日，经交通银行总管理处批准，中国太平洋保险公司昆明代理处正式开业，结束了昆明地区保险市场独家经营的局面。

7月6日，交通银行董事会决定增补陈万里为交通银行重庆分行管理委员会副主任，增补吴加农为交通银行重庆分行管理委员会委员，免去胡安纮交通银行重庆分行管理委员会副主任职务，免去白和金交通银行重庆分行管理委员会委员职务。

7月20日，经中国太平洋保险公司批准，中国太平洋保险公司成都代理处成立。

7月22日，重庆分行保险业务部负责人赴上海，参加太平洋保险公司主办的“保险业务高级研讨会”。会上，美国安泰保险公司专家主讲了世界金融市场态势及其对保险市场的影响和人寿、财物、意外保险之再保险等内容。

7月24日，交通银行聘任邓昌明为交通银行重庆分行总经理，陈天才、游杰元为副总经理，聘任期三年。解聘徐士荃的交通银行重庆分行总经理职务，解聘夏峰的交通银行重庆分行副总经理职务。

8月3日，中共重庆市委决定邓昌明任交通银行重庆分行党组书记，左俊杰、陈天才、游杰元任交通银行重庆分行党组成员；免去左俊杰交通银行重庆分行党组书记职务（保留正局级待遇）；免去徐士荃、夏峰交通银行重庆分行党组成员职务。

8月5日，交通银行重庆分行在分行多功能厅召开职工大会。交通银行总管理处总经理戴相龙、人事教育部总经理徐俊康，重庆市委组织部、市财办、市人行有关领导出席会议。会上，徐俊康副总经理代表总处宣布《关于调整分行行政领导班子的决定》，市委组织部边其善副部长代表市委宣布《关于调整分行党组成员的决定》。

8月7日，重庆分行调整职改工作领导小组。组长邓昌明，成员左俊杰、陈天才、游杰元、肖遂宁、单子安。

8月25日，重庆分行成立分行“教育清理整顿”工作领导小组，并下设办公室。组长邓昌明，副组长陈炳生；成员肖遂宁、单子安、张映陶、罗生全、高吉琪、唐静。由陈炳生兼任整顿办主任，罗生全兼任整顿办副主任。

8月27日，重庆分行副总经理游杰元及稽核、信贷部有关人员参加在分行举行的“重庆市市级金融机构第三次联席会”。会议主要汇报交流了各金融单位对集体、个体贷款和结算、现金管理进行专项稽核的自查情况。市人行副行长张嘉琳到会。

8月31日，分行决定设立思想政治工作办公室、监察室、储蓄业务部、电脑中心、行政处等5个职能部门。

9月18—19日，交行重庆分行在西南经协大厦召开第二次行务会议。参加会议的有重庆分行所辖8个分支行的领导和业务、政工负责人及分行本部各部门、办事处负责人。市人行何碌为行长，市政府秘书长、分行管委会副主任朱惠熙莅临会议并讲话。会议的主题是进一步贯彻落实总处7月份在北京召开的交通银行全国分支行总经理（经理）会议精神，讨论和研究第四季度工作。会议由副总经理左俊杰主持。

10月14日，交行总管理处调研部和重庆分行在渝召开“长江流域经济开发与金融服务座谈会”，重庆市委研究室、市府研究室、计委、体改委、经协办、长航、港务局、社科院、重庆大学、《长江开发报》等部门和单位的有关人员应邀参加会议。

10月30日，西南五省区七方金融协作网络年会在重庆召开。重庆分行与到会的五省区七方和特邀的京、浙、鄂等省市的金融机构代表广泛洽谈，共融资11000万元，其中拆入市内的资金9000万元，向市内金融机构拆出2000万元，缓解了本市资金供求矛盾，扩展了分行融资网络。

11月12—14日，重庆分行系统查处经济案件工作会议在渝召开。参加会议的有：分行总经理邓昌明，副总经理陈天才、游杰元，总会计师吴启先，调研员刘朝荣，总行监察室处长李省，辖内各分支行经理或副经理、专兼职监察干部，分行本部各部门负责人。市监察局、市金融系统监察室派员到会指导。会议传达了总处查处经济案件工作会议的精神，讨论了《交通银行案件管理工作试行办法》和分行关于贯彻总处会议精神的意见。邓昌明总经理就加强内部管理、防范和查处经济案件等工作做了讲话。

11月15日，重庆分行房地产业务部经总处批准设立。

12月4—5日，交通银行重庆分行辖内分支行经理（总经理）会议在重庆渝州宾馆召开。各分支行领导、整顿办主任，以及重庆分行领导及各部门负责人参加了会议，重庆市人行监察室副主任董运玲到会指导。会议交流了前一阶段教育清理整顿活动的开展情况和11月15日全国金融系统电话会议精神的贯彻情况，讨论了《重庆分行贯彻管辖分行总经理会议精神，深入开展教育清理整顿活动的意见》。

12月25日，交通银行重庆分行朝天门、学田湾分理处开业。

12月27日，中共重庆市委组织部决定调分行副总经理夏峰到重庆市物资局工作。

1992年

1月31日—2月1日，分行第一届第一次职工代表大会在行内召开。分行各部门、办事处、分理处民主推选的三十四名代表到会，科级以上干部列席会议。会议听取并讨论了邓昌明总经理的行政工作报告和左俊杰副总经理、上届工会主席的工作报告。分行管委会主任、常务副市长刘志忠到会讲话。

2月18—19日，分行在渝召开全稳办公室工作会议。辖内分支行办公室主任、分行调研部负责人及沙坪坝办事处、保险业务部办公室负责人出席了会议。会议传达了交行全国总经理（经理）会议中关于办公室工作的有关精神，交流了办公室工作，提出了进一步搞好辖内分支行办公室和宣传工作的意见。

2月24日，重庆市级机关党工委批复同意由邓昌明、陈炳生、王磊、郭宽福、罗立群5位同志组成中共交通银行重庆分行机关委员会。邓昌明任机关党委书记，陈炳生任机关党委专职副书记。

2月28日，中国太平洋保险公司批复同意成立太平洋保险公司重庆代理处。

3月3日，分行全辖分支行财务工作会议在遵义宾馆召开，会议贯彻落实了总行财务工作会议及报表会审工作精神，讨论了财务分析及财务计划，总结了1991年财务工作及报告评比情况，布置了1992年财务工作。

3月16—18日，分行组织成立三个专项清理工作检查组，即分行机关检查组，四川检查组，黔、滇、桂检查组，负责实施相关区域机构的专项清理职责。

3月20日，分行第一届第二次职工代表大会召开。会议审议通过了分行关于转换内部机制的意见、办法、实施细则等系列文件。

3月28日，重庆分行、重庆市房屋开发建设公司与中渝国际有限公司（香港）签订了中外合资

“重庆太平洋屋业发展有限公司”意向性协议书。经过20多天的紧张筹备，4月23日，重庆太平洋屋业发展有限公司以950万美元的注册资本在重庆工商行政管理局获颁营业执照，成为西南地区首家既有金融机构投资，又有外方投资的房地产开发企业。按照合资三方制定并签署的公司章程和合同，分行总经理邓昌明兼任公司董事长。

4月2日，交通银行重庆分行通用厂储蓄所和重庆水泥厂储蓄所成立。

4月4日，分行举行“干部聘任签约仪式”。各位受聘干部按要求拟定了任期目标，并与分行法定代表人邓昌明总经理签订聘约。

4月5日，分行在重庆市中心地区解放碑举行大规模宣传咨询活动，分行副总经理左俊杰、陈天才、游杰元，工会主席刘朝荣及部分干部员工等50余人参与，向各界群众发放宣传资料20000多份，接受4000余人次咨询。

4月6—8日，总处戴相龙总经理率总处综合计划部副总经理乔伟、总处办公室秘书处副处长应小明一行3人到分行视察。重庆市副市长、分行管委会主任刘志忠和市政府副秘书长陪同总行领导视察了分行电脑中心、保险等部门；分行领导陪同戴总经理参观考察了国家微型车重点生产厂家、全国500家大型企业之一的国营长安机器厂。8日，戴总经理会同金融系统三峡考察团听取了重庆市政府及有关部门关于三峡工作的报告。

4月14日，分行批准设立交行贵阳支行保险业务机构，并代理中国太平洋保险公司办理保险业务。

4月15—17日，分行副总经理左俊杰随重庆市代表团赴武汉参加长江流域经济协作区第六届联席会议。

4月17日，辖属遵义支行、成都支行正式开业。

4月20日，分行开始使用打卡机考勤。

4月22—30日，分行总经理邓昌明参加交通银行组织的考察组，赴香港进行为期8天的综合考察。

5月5日，交通银行董事会决定增补分行总经理邓昌明为交通银行董事。

5月6—8日，分行召开1992年辖内分支行稽核工作会议，会议学习了交行总行对下半年稽核工作的要求和有关规定，讨论通过了分行制定的证券、储蓄、会计、出纳、信贷、计划5个专项稽核办法，表彰了1991年稽核工作取得显著成绩的柳州、遵义、贵阳、成都、自贡分支行。

5月13日，重庆分行决定将原市场业务部分设为证券业务部和综合计划部。

5月13—17日，重庆市常务副市长刘志忠、市政府副秘书长朱惠熙、分行总经理邓昌明等一行5人赴上海参加长江经济联合发展股份有限公司发起人会议。该公司由“一行四市”（交通银行、上海、南京、武汉、重庆市）发起和创建，是一个以公有制为主体的，为促进浦东开发和长江沿岸中心城市经济发展为宗旨的，跨地区、多功能的股份制（集团）公司。公司将通过发起人投资入股和向社会发售股票而拥有8亿元注册资本。16日，在上海龙柏饭店举行的签约仪式上，刘志忠副市长代表重庆市人民政府在协议书上签字。

5月20—26日，交总行人教部处长洪涛一行在交行重庆分行举办了旨在推广应用人事管理信息系统的“交通银行MIS信息站信息员培训班”。

5月22日，分行决定将原财务会计部分设为财务会计部和营业部。

5月30日，分行召开职工大会，对“教育、清理、整顿”活动第二阶段进行了全面总结，对第三阶段工作进行了部署。

6月8日，分行第四次管委会及股东大会在扬子江假日饭店召开。分行管委会成员和37个股东单位代表出席会议。重庆市政府和部分区委、区政府领导，以及市级有关部门负责人莅会指导。会议由重庆市常务副市长、分行管委会主任刘志忠主持，分行总经理邓昌明做总经理工作报告。

6月19日，中国太平洋保险公司批准同意成立中国太平洋保险公司重庆分公司，公司行政级别定为重庆市正局级。

6月29日，分行决定将房地产业务部更名为住房信贷部，成立交通银行重庆分行房地产开发公司，1994年申请工商登记时更名为重庆金凌房地产开发公司。

7月2日，交行总管理处决定，左俊杰担任重庆分行副总经理职务聘期已满，且已到退休年龄，不再续聘。

7月8日，人行重庆市分行决定将交行住房信贷部更名为房地产信贷部，原隶属关系不变。

7月21日，重庆市委书记萧秧在市委办公厅主任李兵、常委办副主任唐民贵的陪同下，到分行视察工作，并就分行的改革发展做了指示。

7月23日，分行决定成立分行劳动服务公司，定名为“庆通有限公司”。

7月25日，交行董事会增补何碌为、邓昌明为分行管理委员会副主任，陈天才、游杰元为分行管理委员会委员。免去徐士荃、夏峰的分行管理委员会副主任和管理委员会委员职务。

7月28日，陈天才等赴日本参加金融业务培训。

8月7日，中国太平洋保险公司决定聘邓昌明兼任中国太平洋保险公司重庆分公司总经理，陈天才为中国太平洋保险公司重庆分公司常务副总经理，盛明辉为中国太平洋保险公司重庆分公司总经理助理。

8月14日，重庆市副市长刘志忠、分行总经理邓昌明赴上海参加长江经济联合发展股份有限公司筹建领导小组成员会议。

8月17日，交行成都支行更名为交行成都分行。

8月19日，分行批复同意成立分行管理委员会柳州支行分会。吴炳生任主任，杨德轼、黎克伦、张南任副主任，张立新、蒋镇州、刘柳初任委员。

8月24—25日，分行行务会议在重庆召开。分行领导、辖内分支行领导及分行有关部门负责同志24人参加了会议。会议总结交流了上半年的工作，汇报了交行深圳会议精神的贯彻情况及下一步工作安排，就发起筹建长发股份有限公司达成一致意见，对长江经济联合发展股份有限公司的股份认购进行了分配。

8月27日，分行电脑中心研制的资产负债管理信息系统，经市科委组织的专家评议鉴定，获得通过。

8月28日，人行重庆市分行批复同意设立交行沙坪坝区办事处及大坪、石桥铺分理处。

9月3日，中共重庆市委组织部决定免去左俊杰交通银行重庆分行党组成员职务。

10月12日，交通银行决定任命陈天才为太平洋保险公司重庆分公司总经理，免去陈天才分行副总经理职务。

10月17—19日，分行在贵阳支行召开第二次辖内办公室工作会议。会议研究了文秘工作的规范化、制度化，讨论了办公室工作尤其是宣传和信息调研工作如何进一步适应市场经济和商业银行发展。

10月26日，分行沙坪坝区办事处沙杨路分理处设立。

10月27日，分行党组批准交通银行重庆分行工会成立职工技术协会。

11月3日，人行重庆市分行批准设立交行江北区办事处。

11月18日，长江经济联合发展股份有限公司重庆公司在重庆经协大厦召开创立大会及首次股东大会。该公司是由长发公司、重庆市政府、分行及宜宾、泸州、涪陵、万县等长江上游沿岸地区（市）政府共同发起，吸收国营大中型企事业单位参股组建而成的股份制集团公司，注册资本为一亿元人民币，具有跨地区、跨行业、综合性、多功能优势，旨在开发浦东，建设三峡，促进长江沿岸地区经济的共同繁荣。会上，长发重庆公司董事长、重庆市常务副市长刘志忠做了公司筹建工作报告。重庆市市长孙同川，长发公司总经理胡欣然到会祝贺。根据公司章程和股东代表全体通过，刘志忠为公司董事长，朱惠熙、邓昌明为公司副董事长，胡安纮为公司总经理，左俊杰为公司副总经理。

12月4—8日，交行总行陈恒平副总经理一行3人来渝检查辖内年终决算工作安排并视察了分行及各办事处，会见了重庆市副市长刘志忠，市人行何碌为、吴大成。

12月10日，交通银行重庆分行解放碑分理处设立。

12月11日，由分行、重庆市房地产开发股份有限公司和香港中渝国际有限公司合资组建的重庆太平洋屋业发展有限公司举行隆重的开业典礼暨重庆市邮政枢纽配套工程太平洋屋业大厦奠基仪式。

1993年

1月4日，经人行重庆市分行同意，北碚、巴县支行成立。

1月6—7日，重庆分行辖内稽核工作会议在重庆雾都宾馆召开，分行及辖内八个分、支行和“太保”公司重庆分公司的稽核室主任或经办人参加了会议。会议传达了交通银行全国稽核工作会议精神，学习了总处《关于“八五”后三年稽核工作设想及九三年工作要点》等四个重要文件，探讨了稽核工作的开展。

1月15日，在分行多功能厅举办交行重庆分行1992年零存整取有奖储蓄摇奖仪式，四十个单位近60名储蓄代办员和代表应邀到场，市公证处派人现场公正。

2月5日，重庆分行开办证券业务。

2月16日，国家监察部副部长、民建中央副主席冯梯云，中纪委二室主任刘发和等一行四人来渝考察，听取分行有关信贷、证券、结算及综合情况的汇报。

2月16—19日，分行在重庆电子大厦召开全辖首次储蓄工作会议，辖内八个分支行的储蓄部门负责人及分行办事处的有关人员参加了会议。会议传达了总处在汕头召开的储蓄专业座谈会精神，学习、讨论了新颁发的《储蓄管理条例》和《若干规定》，交流了各行在储蓄工作方面的经验。

2月17日，分行总经理助理肖遂宁、稽核室主任张映陶等一行五人在成都与世界银行专家团举行会谈，会谈主要涉及贷款决策程序、财务管理与稽核监察机构的关系、资产负债管理及资产质量管理等内容。

同月下旬，分行按照总行进一步加强金融宏观调控的精神，建立了月度资金分析会制度和贷款分级审批制度，拟定了《关于贷审分离、加强风险贷款管理试行办法》，将149户存贷企业下划营业部和各办事处进行管理。

3月8—11日，交行总管理处干部考核组和重庆市委组织部、市财办、市人行的有关人员对重庆分行领导干部进行了考察。

3月10日，在扬子江假日饭店举行重庆分行重建五周年庆典，市级有关领导，党政部门、工矿企业、金融系统、新闻单位的领导和代表近300人到会祝贺，市长孙同川到会并讲话。

3月25日，分行在营业（公营）厅配置并启用客户自查账户的自动化系统。

3月26日，昆明分行召开第二届职工代表大会第一次会议。

4月5—8日，分行在重庆雾都宾馆召开辖内纪检监察工作会议，辖内各行纪检监察室负责人共11人参加了会议，会议传达总行长沙纪检监察工作会议精神，交流情况，研究工作。

4月6日，成立交通银行重庆分行资产负债管理委员会。委员会由分行总经理、副总经理、总经理助理以及计划部、信贷部、外汇部、证券部、房地产信贷部、财会部、稽核室、调研部和办公室的主要负责人组成。总经理和副总经理分别担任委员会的主任委员和副主任委员。

4月8日，菜园坝分理处正式开业。

4月24日，重庆分行在上海设立证券业务部。

4月28日，市区办事处正式开业。

5月10日，交通银行重庆分行管理委员会第五次会议在重庆扬子江假日饭店举行。会议由常务副市长、管委会主任刘志忠主持，何碌为、邓昌明、陈万里副主任和左俊杰、陈天才、游杰元、吴加农委员以及市财办副主任王学斯出席了会议。会议审议通过了《总经理工作报告》《交通银行重庆分行一九九二年财务决算和利润分配的报告》，以及重庆分行中央股扩股溢价率37.38%的议案和批准成立重庆分行管委会成都分行分会的议案。会议还通报了交通银行第七次董事会议和太平洋保险公司第一届董事会第三次会议的主要精神。

5月11日，交通银行总管理处聘任肖遂宁、罗立群为重庆分行副总经理，交通银行党组任命肖遂宁、罗立群为重庆分行党组成员。

5月12日，交通银行重庆分行管理委员会成都分行分会成立。主任何用先，副主任左国辅、韩平、王建国，委员向基臣、周银南、陶家廉、李继金、周光圻。

5月16—18日，交通银行副总经理鲁家善与总处外汇信贷部副总经理施福林到分行检查工作，考察了重庆钢铁公司、“长发”重庆公司和重庆无线电三厂。

5月17日，人民银行总行金融监察局和重庆市人民银行对分行沙坪坝办事处进行了“两防一保”工作的检查。

6月2日，分行辖属柳州支行划归广州分行管理。

6月5—9日，交通银行1993年南片纪检监察联席会议在渝召开，交总行纪检组组长王爱身、“太保”总公司副总经理乔林和重庆市金融系统纪检组组长刘道全出席了会议，上海、浦东、南京、武汉、广州、深圳、海南、重庆八个分行的监察室领导参加了会议。会议围绕“两防一保”主题，结合交行的特点，交流了纪检监察工作。

6月7日，分行辖属贵阳支行正式营业。

6月12日，分行成立整顿金融秩序领导小组，组长游杰元，副组长罗立群，成员单子安、陈放、邓裔政。领导小组主要负责分行及全辖的金融整顿工作。

6月15—21日，分行举办首期信贷研讨班，全辖从事信贷工作五年以上的信贷人员计15人参加了研讨。

6月22日，上桥分理处正式开业。

6月27日，分行机关党委、工会、团委在重庆罗马大舞台联合组织全行职工文艺表演，庆祝建党72周年。

6月30日，九龙坡办事处正式开业。

7月6日，建立中共太平洋保险公司重庆分公司党组。陈天才任党组书记，成员盛明辉、黄江。

7月18日，分行证券部开通上海股票行情，正式开办上海股票的异地委托交易。

7月21—26日，交总行西南片区调查组由总行信托部副总经理王国良带队，分别对重庆分行和昆明分行贯彻全国金融工作会议和交总行会议精神，开展拆借、委贷、投资以及自办公司的清理情况进行检查。

8月2日，中共交行成都分行党组成立，党组书记王建国，党组成员陶家廉、李继全、周光圻。

8月6—10日，交总行稽核室唐小林处长一行三人对重庆分行的信贷资产监控情况进行稽核检查。

8月16日—9月2日，交总行监察室和分行监察室对辖内成都分行及广元、自贡支行的党风、行风及廉政建设进行调查。

8月18日，市区支行七星岗分理处、南坪支行李家沱分理处成立。

8月28日，人民银行同意重庆分行下属的市区、沙坪坝、江北、南坪、九龙坡办事处改称支行。

9月9日，在扬子江假日饭店召开交通银行重庆分行第五次股东大会，会议由重庆分行管委会副主任朱惠熙主持，邓昌明行长做工作报告，罗立群副行长做1992年度财务决算和股红分配的报告。肖祖修副市长应邀出席会议。

9月13日，重庆分行撤销房地产信贷部，该部门的业务划归营业部。

9月18日，市中区民族路分理处正式开业。

9月25日，分行举行表彰先进暨职工文艺汇演，庆祝中华人民共和国成立44周年。

10月3—11日，游杰元赴香港参加由重庆市政府筹办的1993年重庆（香港）经济洽谈会。

10月4日，重庆分行贷审部成立。

10月6—8日，分行全辖计划工作会议在渝都大酒店召开，辖内各分支行的计划部负责人和资金调度员参加了会议，会议通报了全辖1993年1至9月信贷计划指标执行情况，讨论了建立重庆分行二级网络的有关事项，部署了四季度的计划工作。

10月11日，分行举办信贷业务培训班，全行信贷员及指定人员近50人参加了业务培训，培训结束，考试上岗。

10月15日，重庆分行信用卡部成立。

10月15—18日，分行全辖电脑工作会议在渝召开，辖内各分支行电脑部门负责人和微机通信网负责人参加了会议，会议学习讨论了《交通银行重庆分行全辖“八五”后两年电子化建设意见》以及《交通银行重庆分行计算机软件开发、应用推广和维护管理办法（试行）》等办法和制度。

10月20日—11月3日，重庆市审计局对分行贯彻中央六号文件情况进行了专项审计。

10月28日，分行成立贷款审查委员会。

11月1日，分行贯彻交总行信贷工作会议精神，制定了《贷审分离实施细则》和贷款担保、贷款抵押两个暂行规定，并从即日起在全行执行。

11月5日，国务院税收财务物价检查组对分行进行了检查。

11月11日，交通银行董事会同意增补肖遂宁、罗立群为交通银行重庆分行管理委员会委员。

11月18日，分行证券部正式办理深圳异地股票交易业务，成为重庆市第四家同时开通沪、深两地股市的证券商。

11月20日，分行辖属攀枝花支行正式营业。

11月24日，中国太平洋保险公司昆明分公司成立。

11月24—26日，行长邓昌明、纪检组组长陈天才、监察室主任周以伟在上海参加了交总行廉政建设、反腐败工作会议。

11月29日，总行副行长鲁家善到渝出席“长发”董事会，并到分行视察工作。

12月1日，分行全辖分支行行长会议及分行中干会议在重庆宾馆召开，分行行长邓昌明传达了总行党组书记、纪检组组长会议精神，会议座谈了前一时期辖内反腐败斗争的情况，要求各行在年底前，反腐败斗争要取得阶段性成效。

12月2日，肖祖修副市长、市府办公厅刘轶莪副秘书长到分行检查工作。

12月6—7日，1993年度全辖试算工作会议在华渝宾馆召开，主要议题是认真做好新旧财务会计制度的转换工作。

12月8日，市区支行两路口分理处正式开业。

12月12日，辖内92名信贷员参加了全国交行系统信贷员上岗考试，辖内设有重庆、昆明、成都三个考场。

12月17—20日，总行信贷部副总经理杨言家一行三人对分行筹备信用卡业务部进行了验收，验收结果合格，同意开业。

12月21日，分行召开全辖计划工作会议，集中研究资产负债比例管理等问题。

12月18日，南坪支行南城分理处正式开业。

12月22—24日，总行监察室副主任张贵荣、综合处处长陈孟怡等一行三人来渝，检查分行及全辖贯彻交总行党组书记、纪检组组长会议精神的情况和“两防一保”工作情况。

12月26—28日，分行对报告选调各类专业人员的500多名考生分别进行实作和文化考试。

1994年

2月4日，重庆分行在扬子江假日饭店召开股东座谈会，股东单位代表100多人参加了座谈，邓昌明行长传达了全国金融工作会议和交行全国分支行行长会议的主要精神，通报了分行1993年工作和1994年打算，市政府副秘书长刘轶茂、市人行行长何禄为到会讲话。

2月14—25日，分行辖内办公室（行政）工作会议和计划工作会议分别在四川自贡市召开，重庆分行副行长游杰元到会讲话。计划工作会议传达了总行全国分支行行长会议精神和总行计划专业会议精神，研究讨论了加强资产负债比例管理和做好统计工作等问题，对1993年度的统计工作进行了评比。

2月16—18日，重庆分行所属的11个网点参与重庆市“三峡”“万里”新股专项储蓄存款的发行工作，共组织存款1800多万元。

3月4日，重庆分行召开股东代表座谈会，向入股在100万元以上的29家股东代表通报了交通银行完善统一法人体制的有关问题，股东代表发言表示理解和支持。

3月11日，江北支行红旗河沟分理处、九龙坡支行谢家湾分理处、九龙坡支行大渡口分理处成立。

3月14—15日，辖内分支行行长、人事处处长会议在成都召开，会议传达交总行推行行员制和工资改革会议的精神，对下一步工作做了统一部署。

4月20—29日，由普华国际会计公司一行七人组成的世界银行风险监督试点小组，对重庆分行进行风险稽核检查。其间，试点小组调审了96个贷款企业的信贷资料100卷，涉及13.2亿元的信贷资产；向分行信贷、财务、证券、外汇等7个部门提出了9大类别350个问题的问卷。28日，双方在利率风险管理、资金流动性、资产负债比例管理、外汇业务等方面交换了意见，外方专家豪·舒内尔先生代表试点小组对分行的工作进行了初步的评述。

4月23日，经总行同意，贵阳支行改称为贵阳分行，其隶属关系、行政级别和业务范围不变。

5月6日，交通银行职称改革工作领导小组通知，确认邓昌明、游杰元、肖遂宁、张渝南具备高级经济（会计）师任职资格。

5月9日，九龙坡支行袁家岗分理处成立。

5月18—20日，重庆分行分别在重庆宾馆和扬子江假日饭店召开分行管委会第六次会议和第六次股东大会。邓昌明行长在这两个会议上做了总经理工作报告，肖遂宁副行长做了1993年度财务分配报告，游杰元、罗立群副行长分别就完善全行统一法人体制、换股情况及股东代表建议名单等做了说明，得到了管委会和股东大会的肯定。70多个股东代表通过了分行提出的股东代表建议名单，推举重庆钢铁公司、重庆中油物业发展股份有限公司、西南技术进出口公司、四川汽车制造厂、重庆市财政局和交通银行重庆分行为股东代表。市体改委、市财经办、中企处、市人行有关部门领导出席了这次会议。

5月20日，江北支行新牌坊分理处、北碚支行云泉路分理处成立。

5月23日，重庆分行证券部正式开通将深沪股票、国债期货和现货、基金、法人股等集于一体，可即时买卖，及时成交回报的“强证证券综合管理系统”。

5月24—26日，重庆分行计划部在重庆华渝宾馆召开了辖内分支行统计报表电脑处理程序培训会，推广新的交行通讯报表3.1版程序和报表派生分析系统（F30M）软件。

6月7日，分行在昆明召开全辖分支行行长会议，传达总行股东大会筹备会议精神，布置相关工作。

6月14日，重庆分开召开全辖行员制工作会议，传达贯彻总行青岛工作会议精神，交流、检查了辖内各行第一阶段实施行员制工作情况，讨论研究工作中的疑难问题。

6月15—17日，交行重庆分行在渝召开首次全辖信息调研会，所辖各分支行调研信息工作负责人和信息员共9人参加。会议由分行办公室主任单子安、研究开发部经理陈国华主持，有关同志出席了会议。总行研究开发部赵祖培和田美芳专门赴渝参加了会议。

6月23—24日，交通银行原董事长、总行董事会高级顾问李祥瑞一行视察了重庆分行及南坪支行、沙坪坝支行及营业部，会见了分行全体中干。

7月21日，重庆市人行、市外管局及各专业银行组成的联合检查组对重庆分行当年以来的结、售汇及付汇，现汇账户开立及收支，暂收账户收支等业务进行了现场稽核检查。

7月28日，交通银行实行全行统一法人体制后，根据总行《关于交通银行分支行总经理（经理）/副总经理（副经理）改称为行长/副行长的通知》交银发〔1994〕第256号精神，分行总经理/副总经理正式改称为行长/副行长，分行内部部门名称与负责人称谓也做相应调整。

8月5日，重庆分行行长邓昌明、副行长罗立群到庆铃汽车集团公司，与公司领导商谈加强银企合作的有关事宜，并就该公司将在香港发行股票一事进行磋商。

8月16日，中共重庆市委组织部决定，免去陈天才交行重庆分行纪检组组长、党组成员职务。

8月30—31日，重庆分行在重庆华渝宾馆召开全辖稽核工作会议。辖内各分支行及太平洋保险公司重庆分公司稽核室负责人出席了会议。会议表彰1993年度全辖报送稽核先进单位；传达交总行沈阳稽核工作会议精神；布置1994年下半年稽核工作任务。

9月10日，分行召开有问题贷款转化和贷款月度分析例会，对加快转化有问题贷款，进一步调整贷款结构提出了新的要求，各支行负责人及有关业务部门负责人参加了会议。

9月19日，香港新鸿基国际有限公司周卓华董事及香港程利投资有限公司萧伟业执行董事等一行六人访问分行。

9月21日，重庆分行召开全辖结算工作会议，传达全国银行结算工作会议精神，提出了严格执行人总行“三不准”和交总行“八条规定”的贯彻意见。重庆分行副行长肖遂宁主持了会议，辖内各分支行负责人及财务负责人参加了会议。

9月17日，南坪支行上新街分理处、沙坪坝支行渝州路分理处、江北支行大庙分理处、九龙坡支行石坪桥分理处成立。

11月2日，交通银行党组决定，游杰元兼任中国金融工会交行重庆分行工作委员会主任，免去刘朝荣中国金融工会交行重庆分行工作委员会主任职务。

11月8—10日，王明权行长率总行调研组一行11人到重庆分行开展调研工作，研究统一法人体制后，交通银行面临新的经济金融形势如何进一步改革与发展。王明权看望了重庆分行全体科以上干部并做重要讲话，进一步阐明交通银行办规范化商业银行的发展思路和最终目标。王行长强调，今后交通银行的目标概括起来就是“五个一点”，即机构少一点，人员精一点，资产质量高一点，经济效益好一点，职工分配多一点。

11月19日，交通银行总行财务部总经理缪警慈一行到重庆分行检查工作。

11月21—22日，重庆分行召开全辖试决算工作会议，传达交总行决算工作会议精神，布置当年试决算工作。

11月22—25日，交通银行总行人教部、监察室一行3人到重庆分行考核行级领导班子。考核组在渝期间，听取了分行四位领导的述职报告，并在员工中广泛收集和征求了意见，中共重庆市委组织部、市财办和市人行监察室也派员参加了考核工作。

11月24—30日，交通银行管辖（直属）分行办公室主任会议在昆明召开。会议主要交流和布置了交行系统办公室进一步规范化管理和规范化建设工作，重庆分行办公室主任参加了会议。

12月1—8日，重庆分行召开全辖储蓄所（柜）受理太平洋信用卡存取款业务工作会议。会上传送了交总行有关会议精神，并采用以会代训方式，布置、讲解太平洋信用卡存取款及有关办法。重庆分行储蓄处、信用卡部负责人到会并讲课。会上还布置了储蓄专业“双优”评选工作。

12月5—9日，重庆分行行长邓昌明率人教处、思政办负责人到成都分行、广元支行检查、研究工作，考核两行行级班子。

12月9—18日，国检办江苏组对重庆分行1993年度及1994年1—9月执行财务法规、财会制度及有关金融政策等进行了重点检查。通过听汇报、查账目、个别交谈等形式，对分行的各项经营活动进行了全面检查。

12月13—17日，重庆分行行长邓昌明率人教处、思政办负责人到贵阳分行检查、研究工作，考核分行行级班子。

12月14—18日，根据交总行信息工作交叉检查的安排，重庆分行研究开发部率自贡、遵义支行派员组成的检查组到武汉分行检查信息调研工作。

12月14—18日，交通银行总行在重庆分行召开“风险稽核理论与实践研讨会”，交总行稽核室负责人及全国管辖（直属）分行稽核室负责人出席了会议。

12月28日，江北支行五里店分理处成立。

1995年

1月17—18日，重庆分行在重庆宾馆召开全辖分支行行长会议，传达贯彻全国金融工作会议和交通银行全国分行行长会议精神。

1月24日，重庆市副市长唐情林带队对分行的安全保卫工作进行了全面检查，并对分行的安全保卫及防火工作给予肯定。

1月27日，重庆分行党组召开1994年下半年民主生活会。重庆市纪委、市委组织部、市财办和市人行金融纪检组派员参加了会议。

3月10日，香港兆瓷集团董事长李兆峰先生一行到访分行。

3月13日，交通银行决定昆明分行、成都分行由辖属分行改为直属分行。

同日，交总行人教部副总经理陈蛟琦一行3人到重庆分行考察干部。

3月20—22日，重庆分行在渝召开总行统一法人体制，调整管辖范围后的第一次全辖分支行行长会议。辖内贵阳分行，自贡、遵义、攀枝花、广元支行的行长（副行长）及有关部门负责人参加了会议。与会人员重点学习了王明权行长在管辖、直属分行调整工作会议上的讲话和总行制定的《交通银行内部管理职责划分暂行办法》；讨论了《交通银行重庆分行管辖职责实施意见》和有关部门拟出的各业务工作管理实施细则讨论稿，结合西南地区各行实际，提出了修改意见和建议。

4月5—23日，国家审计署驻成都特别办事处一行5人抵渝，对重庆分行开展审计工作。

4月7日，重庆分行行长邓昌明主持召开分行中干会议，传达贯彻交总行纪检监察工作会议精神，要求各级干部进一步提高认识，认清反腐败斗争的重要性，落实各项反腐倡廉措施。

4月8—13日，交总行信贷部吴国民总经理和重庆分行信贷处负责人一行5人到贵阳，对贵阳轮胎厂3万条出口无内胎工程技改项目进行考察。

4月18日，重庆分行在渝召开1995年第三次全辖分支行长会议，传达、布置交总行董事会精神及股红分配有关事宜，传达交总行纪检监察工作会议精神，布置工作。

4月20—26日，重庆分行组织的稽核交叉检查组对遵义支行进行了信贷资产执行情况专项稽核检查。同时，还对分行执行会计、出纳储蓄及证券业务规章制度情况进行了全面现场稽核检查。

4月24日，分行在扬子江假日饭店召开“交通银行（重庆地区）1995年股东大会”。会议向股东们通报了交总行第二届董事会第二次会议情况，介绍了1994年股红分配方案及董事任免等有关议案，报告了重庆分行1994年的工作情况。市财办主任史锦杰、市人行行长何碌为出席了会议。

5月9日，重庆分行全辖电子化建设工作会议在渝召开，主要研究布置加快全辖电子化建设进程的有关工作。

5月9—12日，总行机构办公室主任沈其龙到重庆分行检查机构工作。对重庆分行长寿支行、江津支行及自贡支行荣县办事处进行实地检查。

5月12—19日，重庆分行稽核检查小组对广元支行自建行至1995年3月的经营管理进行常规全面稽核。

5月26日，重庆市金融纪检组对重庆分行沙坪坝支行执行民主集中制的情况进行了检查。通过听取汇报，组织座谈，查阅资料等方式，较为全面地检查了分行的情况。

6月7日，交通银行党组任命张映陶为交通银行重庆分行党组成员、纪检组组长。

6月20日，重庆分行稽核室协同信贷处自4月初开始对辖内各分支行开展的信贷资产质量稽核检查已全部结束。这次稽核监察量达70%以上，其中对有问题贷款稽核面达100%。通过检查，找出了各分支行信贷管理和信贷资产质量中存在的问题，向各分支行提出了相关建议和整改要求。通过稽核，为切实提高全辖信贷资产质量，增强风险防范能力，发挥管辖行的监督管理职能起到了积极作用。在开展专项稽核的同时，重庆分行还组织力量对广元、攀枝花、遵义等3个支行进行了全面常规稽核检查。

6月30日，分行参加世界银行驻中国代表处召开的利用世行贷款重庆工业改革项目转贷银行工作会议。

7月11—13日，重庆分行召开全辖经营管理工作会议。辖内各分行一把手和计划、信贷、财会部门负责人参加会议，学习戴相龙、王明权、鲁家善等领导同志在全国银行业和交总行经营管理工作会议上的讲话，学习贷款通则和贷款证管理办法，结合各行上半年工作情况进行汇报、交流和讨论。

7月25—28日，重庆分行纪检组组长张映陶赴广元支行检查工作，并就如何加强经营管理、改善支行经营管理工作现状等进行了分析、研究。

8月1—4日，重庆分行行长邓昌明到自贡支行检查指导工作。邓行长对支行的班子状况、员工状况、经营管理、资产质量、效益情况等进行全面了解，并检查了贯彻落实全国银行业经营管理工作会议精神情况。经过全面检查和了解，邓行长就发展指导思想、落实全国和总行经营管理工作会议精神、狠抓资产质量，以及干部培养、队伍建设、廉政建设等做了重要讲话。

8月18日，分行出台《交行重庆分行住房改革暂行办法》，明确分行的房改原则：在完全自愿的基础上，按国家和重庆政府批准的房改办法，一次性出售公有住房，推行全额集资合作建房。本行员工现已住用的公有住房，按成本价向本行员工出售。除规定不宜出售的外，分行不再保留公有住房。对新建住房和腾空房，坚持自愿的原则，按全额集资建房的办法，解决员工的住房问题。并成立分行房改领导小组，组长：肖遂宁，成员：单子安、周以伟、黄镇谦、陈炳生、陈国华。领导小组下设办公室，办公室主任：周全坤，成员：王仲凯、谭建中、陈雪剑、杨青，办公地点在分行行政处。

8月22—24日，重庆分行全辖办公室工作会议在贵阳举行。会议传达总行南京会议精神，讨论通过全辖公文工作和档案工作稽核办法，研究公文格式标准化、办公自动化、行务信息报送质量等问题，提出会议贯彻意见。

8月24日，总行成立交通银行创建“青年文明号”活动领导小组和创建“青年文明号”活动办公室。分行副行长游杰元任创建“青年文明号”活动领导小组成员。

8月30日—9月1日，交总行外汇业务电算化应用研讨会在重庆召开。总行电脑、外汇、信贷等有关部门负责人员，上海、北京、大连、广州、重庆等分行外汇、电脑部门有关人员出席，并到重庆分行现场观摩指导。重庆分行外汇业务部率先使用了这套电算化程序，并在全行推广。

9月8日，重庆分行召开分行本部分理处主任工作会议暨“青年文明号”授牌仪式。分行本部11个分理处的负责人在会上交流了工作经验。分行领导邓昌明、游杰元、罗立群向获得“青年文明号”称号的单位授牌。

9月27日，分行行长邓昌明在攀枝花市主持召开全辖机构管理工作会议。会议传达总行召开的机构管理工作会议精神，集中学习总行关于加强机构管理和规范经营等一系列文件，着重讨论和分析辖内机构网点的现状和问题，提出加强机构管理、提高经营效益的意见和要求。

10月23—24日，重庆分行在四川自贡召开全辖纪检监察工作会议。全辖各分、支行行长和监察室主任计15人参加了此次会议，总行监察室陈孟怡处长出席了会议。会议传达总行纪检监察南片会议的精神并提出全辖的贯彻意见，总结了全辖1995年以来的纪检监察工作，各行汇报交流了贯彻落实年初总分行会议精神的情况和案件防范方面的经验、做法和体会。

10月29日—11月2日，由人总行稽核监督局副局级稽核员任侠带队的交通银行监事会监事小组一行6人对重庆分行进行监事活动，检查了解分行执行金融法规和政策、资产质量及经营效益等情况。

11月1日，重庆分行副行长游杰元率监察、稽核、财会等部门人员组成的工作组赴广元支行检查工作，交总行稽核室、信托部一行3人也随工作组一同前往广元开展工作。

11月6日，海通证券公司财务部有关人员到重庆分行，就原重庆分行证券业务部财产交接事宜开展工作。

11月6—17日，重庆分行稽核室根据总行《关于对账外经营问题进行专项检查的紧急通知》，组成4个检查组对贵阳分行，遵义、自贡、攀枝花、广元支行的账外经营及重要空白凭证管理进行了专项检查。通过检查，发现广元支行账外经营及重要空白凭证管理问题突出。检查组将检查情况及时与被检查行交换了意见，要求依法稳健经营、堵塞漏洞，提高管理水平。

11月9—10日，重庆分行在雾都宾馆召开全辖财务决算及储蓄工作会议。会议传达了总行召开的财务决算、储蓄工作会议精神，学习和讨论总行的工作要求，布置1995年底财务决算和储蓄工作。

11月30日，重庆分行行长邓昌明主持召开全辖第四次分支行行长会议。会上，通报近期辖内发生的几起案件情况，集中学习人总行、交总行关于加强“三防一保”、强化内部管理等一系列文件及有关案例；提出了进一步加大“三防一保”工作力度的具体要求和措施。重庆分行各行长、纪检组组长，辖内各分支行领导、办公室负责人，分行本部各支行、营业部及各部门负责人共42人参加了会议。

同日，交通银行党组决定免去肖遂宁交行重庆分行党组成员职务。

12月11日，分行成立“清理整顿监督领导小组”，领导广元支行的工作。领导小组由黄镇谦、冷代忠、周志勇、张骥组成，黄镇谦任组长。

1996年

1月2日，重庆分行副行长游杰元就“太平洋”信用卡发行两周年，在重庆电视台发表电视讲话。“太平洋”信用卡在重庆发行两年来，发卡数近15000张，特约商户136家，交易额2.7亿元。

1月5—20日，交总行储蓄部处长胡国宏一行4人和电脑部2人到重庆分行检查储蓄工作，并先后到渝中支行、沙坪坝支行、营业部等地检查储蓄及事后监督工作。

1月13日，北碚支行营业厅成立。

1月25日，费城国民银行香港分行代理行副经理刘国豪到访重庆分行，就开展香港和日本地区的信用证、汇款及融资业务等进行了商谈。

2月4—5日，重庆分行在渝州宾馆召开有150人参加的全行科以上干部会议，传达学习了全国金融工作会议和交行全国分支行行长会议精神，听取邓昌明行长作的题为《继续深化管理，在提高质量和效益的前提下，加快发展》的工作报告，总结回顾了1995年的工作，提出了“九五”规划目标，部署了1996年工作任务。

2月11—14日，重庆分行对全行处以上干部进行了计算机基础知识培训，分行领导邓昌明、游杰元、罗立群、张映陶与全体中干一起，认真参加了培训，进一步了解了资产负债管理系统、行长查询系统等的功能及使用。

2月29日，重庆分行行长邓昌明、副行长游杰元在分行会见了“长发”总公司王锡炯总经理，就“长发”公司的发展及双方合作等有关情况交换了意见。

同日，重庆分行纪检组组长张映陶主持召开内部信用评级工作会议，分行内部信用评级领导小组各成员按照内部信用评级实施办法，对辖内各分支行的信用管理水平进行了评级投票。

3月20—21日，重庆分行在自贡召开辖内分支行行长会议，会议主要内容除传达总行“3·15”会议精神外，各行汇报交流了贯彻年初北京会议情况和1996年工作思路与措施，还交流了重庆分行开展“青年文明号”创建活动的经验。会上，邓昌明行长结合实际，提出了关于纠正违规违章经营的工作要求，成立分行并账工作领导小组，由游杰元副行长任组长，成员由计划处、财会处、信贷处、信托部、储蓄处、信用卡部和稽核室、监察室负责人组成。领导小组办公室设在计划处，负责协调处理有关并账工作事宜。

4月2日，人民银行重庆市分行召开“重庆市金融系统‘青年文明号’命名表彰大会”，交行重庆分行南坪支行南城分理处等7个单位获得“青年文明号”光荣称号。

4月17日，总行副行长鲁家善在自贡支行进行调研。鲁副行长听取汇报、了解情况，走访职工家庭、深入基层网点，表示亲切慰问。

5月9日，分行出台《分行房改工作第二阶段实施意见》，继续进行成本价出售公有住房，并根据《交通银行重庆分行住房改革暂行办法》实施全额集资合作建房。

5月15日，重庆分行活期储蓄通存通兑系统试运营。

5月16—17日，重庆分行全辖稽核工作会议在渝召开，辖内各分支行行长及稽核室负责人参加了会议，会议传达了交总行稽核工作会议精神，布置1996年全辖稽核工作，强调要紧紧围绕“合规、风险、效益、离任、评价”这10个字的内容，搞好分行的稽核工作。

5月27日，因工作调动，肖遂宁不再担任交通银行重庆分行副行长职务。

6月1日，重庆分行活期储蓄同城通存通兑中心正式运行，首批开通网点为57个。

6月12日，广元支行副行长尹华远，因触犯刑律，被检察机关正式批捕，经分行党组研究决定，撤销尹华远广元支行副行长职务。

6月17—28日，由交行稽核部副处长阮凤仪一行4人组成的稽核检查组，对重庆分行1995年度和1996年一季度计划、信贷、财会、外汇、信托、储蓄等各项业务经营活动的合规性、内控制度及风险防范情况等进行全面稽核检查，并对分行营业部、九龙城支行进行实地抽查。

6月23日，分行人教处和团委联合组织了分行首届岗位业务技能团体赛。分行本部各支行、营业部的100名选手分别参加了出纳点钞、翻打凭条、会计电脑记账、储蓄电脑记账四个单项的比赛。渝中支行、江北支行、沙坪坝支行分获团体第一、二、三名。

7月24日，重庆分行召开党组民主生活会，市委组织部、市财办、市人行有关部门负责人参加了会议。

8月6日，人行重庆市分行副行长洪虹等领导到分行检查指导工作。

8月29—30日，重庆分行在遵义召开1996年全辖办公室工作会议。会上传达总行无锡会议精神，学习吴建副行长的重要讲话和吴其明主任的总结发言，小结1996年上半年办公室工作，表彰了1995年度宣传、行务信息、公文、档案工作先进单位，布置下一步办公室工作。

9月16—20日，交通银行1996年度财会工作会议在重庆雾都宾馆召开，交通银行总行副行长陈恒平，总行财务会计部总经理李志清、缪警慈及总行有关部门领导，全国28家管辖、直属分行分管行长和境内90个分支行的财会负责人共140余人参加了会议，陈恒平副行长在会上做了题为“坚决维护会计工作秩序，努力提高会计工作质量，再上商业银行会计工作新台阶”的重要报告。总行领导还抽空视察了重庆分行部分处室和渝中区部分营业网点。

9月18日，重庆市常务副市长肖祖修在人民宾馆会见了来渝参加交通银行财会工作会议的交总行副行长陈恒平一行。

10月4日，分行撤销信贷处，成立信贷管理处、贷款审查处、风险管理处。

10月5日，交通银行副行长吴建到重庆分行检查指导工作。

10月7日，重庆分行召开全行中干会议，就干部交流工作进行安排部署，邓昌明行长就实行干部交流的重要意义、建立干部交流制度的必要性等做了讲话，并对交流干部和新提拔干部提出了要加强锻炼成长、提高指挥能力的要求和希望。从10月9日起，占分行中干32%的12名副处级以上干部已陆续到任交流岗位，接手新的工作。

10月24日，交通银行决定聘任黄镇谦为交通银行重庆分行副行长，交通银行党组决定任命黄镇谦为重庆分行党组成员。

11月5日，重庆分行行长邓昌明、副行长罗立群参加蒲海清代市长主持的袁家岗立交路工程现场办公会，重庆分行贷款支持该项工程建设，工程资金已全部到位。

11月12—13日，重庆分行第二届职工代表大会第一次会议在南泉召开，分行91名正式代表和27名列席代表出席了会议。总行系统工会主任尹宝玉、重庆市总工会主席张宣辕、人行重庆市分行金融工会主席陶世洪等出席会议并讲话。会议审议通过了邓昌明行长的行政工作报告、分行财务工作报告，以及重庆分行行员聘用实施细则、保险福利暂行规定、行员奖惩暂行办法、行员教育培训管理规定及劳动争议调解办法等文件。此次会议共征集的294份提案，都做到了件件有落实。

11月27—28日，重庆分行召开全辖1996年度会计决算工作会议，传达总行无锡会议精神，安排部署辖内1996年度决算工作。

12月12日，南坪支行四公里分理处成立。

1997年

1月1日，重庆分行电子汇兑系统正式投入运行，日均处理业务近200笔，日均处理金额1500

多万元，电子汇兑系统的正常运行，保证了客户资金在24小时内到达目的地，从而加速了资金周转，缩短了资金在途时间，提高了资金运用质量和效益。是日，分行向社会推出集储蓄与消费为一体的储蓄卡。

1月10日，重庆分行推出《办理信贷业务合同公证实施办法》并正式施行。这一办法的推出实施，对提高信贷资产质量，减少银行资金风险，保证信贷业务合同及有关法律文书的合法性、有效性提供了保障。

2月26—28日，交总行机构办公室有关人员到重庆分行检查、了解机构工作情况，指导有关工作。

3月17日，交总行国外业务部副总经理牟斌瑞一行4人到重庆分行，对分行外汇业务部1996年度的进出口、信贷、非贸、外汇会计、融资等业务进行全面检查。

3月23日，分行撤销渝中支行人民路储蓄所、临华路储蓄所、临江路储蓄所、文化宫储蓄所、朝千路储蓄所、枇杷山储蓄所、民族路储蓄所、火车站储蓄所，撤销江北支行小苑储蓄所，撤销沙坪坝支行小龙坎储蓄所、梅堡储蓄所、五十九所储蓄所、长江路储蓄所、马家堡储蓄所，撤销长寿支行关口储蓄所，设关口分理处；北碚支行撤销奔月路储蓄所，设奔月路分理处；江北支行设花卉园分理处；沙坪坝支行设马家堡分理处、陈家湾分理处、石桥铺高科技分理处；九龙坡支行设陈家坪分理处。

3月24日，分行成立机构网点工作领导小组，由黄镇谦任组长，黄获、周全坤任副组长，罗生全、黄锦平、冷代忠、张骥为领导小组成员，领导小组下设机构网点工作办公室。

3月26日，分行成立扭亏增盈领导小组及其办公室，黄镇谦任组长，领导小组成员由黄锦平、房曼玲、张渝南、谢礼周、陈放、黄布一、周江生组成，黄锦平为扭亏增盈办公室主任，刘江、盛谦为成员。

3月29日，为庆祝交通银行重建十周年，重庆分行在市内繁华地区设置了30多个宣传咨询点，宣传交行“三个一流”的办行宗旨和交行不断创新的业务品种。分行领导邓昌明、游杰元、罗立群、黄镇谦、张映陶到各个宣传咨询点，与700多名员工一起参加行庆宣传。

4月14日，分行参加重庆市政府召开的“三峡工程重庆库区联营专项贷款实施办法”协调会。

4月24日，分行参加重庆市金融系统1996年度“青年文明号”命名表彰大会。交行重庆分行北碚支行中山路分理处等4个单位获四川省级“青年文明号”称号，上清寺分理处等13个单位获重庆市级“青年文明号”称号。

4月28—30日，交通银行行长王明权率总行办公室、人教部、综合计划部、国外业务部、稽核部等部门负责人一行8人到交行重庆分行开展调研，检查指导工作，会见重庆市代市长蒲海清，听取重庆分行的工作汇报，考察了重庆名牌企业——兆峰陶瓷（重庆兆瓷）有限公司，并到分行有关部门和部分基层网点进行深入调研。

5月4—7日，分行参加在郑州举行的交通银行一九九七年存款工作会议，分行邓昌明行长在会上就重庆分行迎难而上抓存款作了发言。

5月13—14日，重庆分行召开关于发展分行与太保、海通公司的业务联动及推进中间业务会议。

5月20—24日，交总行信贷部副总经理施福林一行3人到重庆，实地考察了交行重庆分行上报项目，重庆长安汽车股份有限公司微型车扩产、兆峰陶瓷（重庆兆瓷）有限公司二期技改工程、重庆嘉陵江黄花园大桥配套公寓及隧道技改工程等，对各公司及项目的经营现状、发展前景、资金需求做了认真、详细的了解，并就加强资金管理等提出建议。施总一行在渝期间，还会见了重庆市副市长秦昌典，就如何支持重庆路桥、电力、通讯等方面的建设，加快重庆经济发展等进行交谈。

5月23日，分行出席重庆分行为重钢提供400万美元贷款担保的签字仪式，这笔美元贷款是日本兴业银行向重钢集团投放的流动资金贷款，主要用于该集团进口原材料。

5月26日—6月1日，重庆分行行长邓昌明作为直辖后的重庆市党代会代表出席中共重庆市第一次代表大会。

6月3—5日，重庆分行21个网点，700余员工全力投入代理发行“重庆路桥”A股股票工作，吸收专项存款59.8亿元。

6月6—12日，重庆市政协委员邓昌明出席重庆市政协第一届委员会第一次会议。

6月18日，重庆分行行长邓昌明参加重庆直辖市挂牌揭幕大会。

6月24日，分行在港天大酒店召开“交通银行（重庆地区）1997年股东会议”。

同日，交通银行同意自贡、攀枝花、广元支行交由成都分行管辖。调整交行重庆分行仍为管辖分行，下辖交行贵阳分行和遵义支行。

7月4日，重庆分行的机构级别升格为正厅局级。

7月11日，重庆市委书记张德邻、市长蒲海清等视察分行贷款项目——重庆袁家岗立交工程、黄花园大桥工程，了解资金及工程进展情况。

7月17日和28、29日，重庆分行分别召开辖内分支行行长会议和全行工作会议。传达学习戴相龙行长在金融监管通报会上的讲话和人总行对交通银行监管情况的通报，传达贯彻总行王明权、乔伟、吴建在交行全国管辖、直辖分行行长会议的讲话。

7月22日，交通银行总行、万事达卡国际组织在重庆举行太平洋万事顺卡首发仪式。

7月23日，交通银行副行长乔伟到重庆分行看望全体中干及部分员工，并在中干会上做了重要讲话。在渝期间，乔副行长出席总分行向重庆黄花园大桥工程联合贷款8亿元人民币签字仪式，重庆市市长蒲海清、副市长李德水、市人大常委会副主任秦昌典、市政协副主席王式惠等领导亦出席了签字仪式。乔行长一行还考察了兆峰陶瓷（重庆兆瓷）有限公司。

7月29日，交通银行决定聘任周以伟为重庆分行副行长。

8月1日，分行成立中间业务领导小组。周以伟副行长任组长，电脑处、信用卡部、储蓄处、信贷管理处、财会处、信托部、商人银行部、办公室负责人为小组成员。商人银行部在领导小组的领导下，负责中间业务的推进和管理工作。

8月1日，分行成立整顿金融秩序领导小组。邓昌明行长任组长，周以伟、张映陶任副组长，游杰元、罗立群、黄镇谦、章壮本、张骥任成员。

8月4日，重庆分行正式开通swift系统，标志着分行外汇业务通信向标准化、自动化及安全、可靠、快捷迈出了实质性的一步。

8月7日，分行决定巴南支行归属南坪支行主管，巴南支行下设营业厅、大江分理处，原有科室全部撤销，各项专业管理职能由南坪支行负责。

8月16日，重庆分行贷款1亿元人民币建造的重庆市样板工程——袁家岗立交路工程提前竣工剪彩通车。市领导张德邻、蒲海清等出席剪彩通车仪式，重庆分行行长邓昌明亦应邀出席剪彩仪式。

8月21日，分行成立交行重庆分行精神文明建设委员会，主任：邓昌明，副主任：游杰元、罗立群、黄镇谦、周以伟、张映陶。

8月27日，渣打银行上海分行金融机构业务部经理陈庆生到访重庆分行，就扩大与交行进出口贸易、汇款等业务方面的合作进行协商。

9月4日，分行召开中间业务领导小组会议，就中间业务办公室的工作范围、工作职责，现已开发中间业务品种的发展状况、存在问题以及如何发展等进行了讨论，部署近期中间业务工作重点。

9月10—12日，交总行吴建副行长在重庆参加人总行召开的中国现代化支付系统试点城市工作会议期间，到交行重庆分行听取了分行领导的工作汇报，视察了基层网点，看望了一线员工。

9月16—19日，交总行信贷部副总经理王士俊及风险管理处负责人等一行4人到交行重庆分行检查信贷管理工作。对重庆路桥、兆峰陶瓷项目的专项管理情况进行检查，在渝期间，王总一行还对外汇业务部及沙坪坝、北碚支行的信贷管理工作进行检查，提出要进一步搞好全行本外币信贷管理，减少和降低不良资产。

9月16日，重庆分行召开全辖会议，研究结合实际贯彻落实十五大精神，总结1996年10月以来贯彻分行集约化经营指导方针所做的工作。辖内贵阳分行、遵义支行负责人，重庆分行的全部行级领导和全体中干参加了会议。邓昌明行长主持了会议。

11月3日，分行成立交行重庆分行改革与发展方案起草小组。小组由黄获、黄锦平、张晋、王敏、赵一民、李智组成，黄锦平任起草小组组长。

11月17—19日，交总行信贷部处长张夏阳一行3人到重庆分行，对“重庆路桥”等总分行联合贷款项目进行检查，深入到黄花园大桥工地、石黄隧道现场等地了解工程进度及贷款运用情况。

11月30日，重庆分行召开全行员工大会。邓昌明行长在会上作题为《深化改革，加快发展，努力把分行办成真正的商业银行》的讲话。

12月4日，分行参加市人行贯彻落实“四法一则”执法情况自查自纠工作会议。

12月15日，交通银行党组决定任命单文毫为交通银行重庆分行党组成员，交通银行聘任单文毫为重庆分行副行长。

1998年

1月9日，分行召开第二届第二次职工代表大会，讨论并原则通过《交通银行重庆分行1998—2000年深化改革，加快发展方案（草案）》。《方案》提出分行改革发展的总体思路和目标，发展的措施，以及所需政策援助。

1月16日，分行行长邓昌明主持召开分行行长办公会，传达全国银行行长、保险及证券公司经理会议精神和交通银行全国分支行行长会议精神。

1月19日，分行ATM机管理中心成立，并接收营业部及近郊支行ATM管理，实行24小时昼夜值班。

1月20日，重庆分行领导邓昌明、游杰元、罗立群、黄镇谦、周以伟、张映陶赴市人行参加市金融系统领导干部座谈会，研究实行资产负债管理后对重庆市的影响，应采取的措施及1998年金融工作思路。

1月24日，重庆市副市长李德水前往重庆分行，看望并慰问了分行干部员工。

2月9日，交行重庆分行召开全辖会议，传达贯彻全国金融工作会议及交通银行全国分支行行长会议精神，制定1998年工作计划，并为保证目标的实现，制定13项措施。

2月11日，分行设立中间业务管理处。

2月13日，交通银行决定遵义支行改称为遵义分行。改称后，其隶属关系和行政级别不变。

2月16日，恒生银行香港分行助理总经理、金融同业部主管梁永宁及该部同业联络经理徐东明到访重庆分行，就在信用卡和其他业务领域进行广泛的业务合作交换意见。

2月16—19日，分行召开信贷质量分析研究会，分行信贷管理处、贷审处、风险资产管理处会同各支行对全行贷款户进行了逐一研究，共同确定1998年清收不良贷款、淘汰风险企业、提高利息回收率和欠息清收等计划，以及重点监控、联系企业名单。

2月24日，重庆分行召开全体中干会，传达总行一季度工作要点，提出近期工作要求，邓昌明行长代表分行党组和行长室，宣布在全行进行整顿思想作风、提高优质服务水平的决定。

2月28日，重庆分行与重庆市旅游局联合推出储蓄旅游新业务。

3月4日，重庆分行召开全辖案例教育会，采用剖析自己身边所发案件的方法，进行案例分析教育。

3月21日，分行决定撤销信托业务部，有关工作转至中间业务处。

3月23—24日，重庆分行召开1998年全辖纪检监察工作会议。会议传达贯彻中纪委二次全会、国务院第六次反腐败工作会议和总行纪检监察工作会议精神，回顾1997年分行反腐败和纪检监察工作，部署1998年工作任务。

4月2日，交总行副行长吴建到重庆分行检查指导工作。

同日，郑州分行副行长赵宽率分行计划、信贷、财会、储蓄、办公室等部门负责人一行7人到重庆分行调研，交流工作经验，并到沙坪坝支行、南坪支行南城分理处等基层网点进行实地考察。

4月14日，分行召开“三防一保”工作会议，传达全市金融系统“三防一保”工作会议精神，布置相关工作，分行领导强调，各级领导要认真落实治保工作责任制，加强内控和教育，增强工作责任感，真正把安全工作落到实处。

4月21日，重庆分行开始在全行代收电话费网点实行挂牌营业。各网点均挂上了“重庆市电信局电信业务费代收点”的统一标牌。

4月28日，分行邀请市检察院一分院反贪局领导对全行科级以上干部和全体兼职监察员进行法纪教育。

5月23日，分行召开全体中干会。传达全国金融系统电视电话会议精神。会上邓昌明行长传达了央行副行长刘明康宣读的《中国人民银行对金融机构违法违规经管责任人的行政处分规定》和央行对八家违法违规金融机构经营责任人的处分决定以及戴相龙行长的重要讲话。

5月25日，交通银行决定撤销罗立群交行重庆分行副行长职务。对参与设立两本账、违规开立信用证的周江生、程玲蓉分别给予行政记大过处分。

5月29日，分行成立重庆分行信贷资产清理分类工作领导小组和办公室。领导小组组长由邓昌明行长担任，信贷管理处副处长黄章云任办公室主任，成员由信贷管理处、稽核室、财会处、外汇部、风险管理处、电脑处、中间业务处、营业部和支行抽调人员组成。

6月5日，交通银行党组决定免去罗立群交通银行重庆分行党组成员职务。

6月7日，分行在市政协礼堂召开“十佳先进集体和个人”暨“窗口达标”“青年文明号”表彰会议。

同日，重庆分行江北、南坪、九龙坡、沙坪坝、北碚支行和营业部在市区开展了“个人住房贷款宣传日”活动。

6月30日，分行撤销陕西路、牙膏厂、万里、道角四个储蓄所。

7月9日，分行将外币储蓄业务从外汇部移交至储蓄处，此后，全行的外币储蓄业务均可在所有营业网点同台办理。

7月17日，分行与重庆市电信管理局举行“交通银行重庆分行代理重庆市电信局收取移动电话费”签字协议。

7月23—24日，分行召开全体中干会议，全面传达贯彻总行两会精神，学习王明权行长、乔伟副行长重要讲话和会议经验材料，邓昌明行长做了“统一认识，坚定信心，迎难而上，开创工作新局面”的讲话，分析了分行上半年工作情况，提出了下半年工作任务和要求。

7月27日，分行邓昌明行长、周以伟副行长到黄花园大桥工地，实地了解工程进度、信贷资金运用及工程下一步需用资金情况。

8月5日，分行市内各营业网点全面代收电话费、移动电话费及数据通信费。

8月31日，重庆分行搬迁至位于渝中区中山三路158号的新大楼办公，新营业部也于9月2日正式营业。

同日，巴南支行恢复由分行直接管理，将华一坡分理处迁往人民路13号，更名为人民路支行；人民路支行、上清寺分理处、学田湾分理处、菜园坝分理处一并划归渝中支行管辖。

9月26日，分行所属86个储蓄所、柜一次性全面完成总行“同城集中式储蓄通存通兑系统”新程序的切换上机，实现交行电子化建设上的突破。

10月19日，交总行王明权行长一行5人到贵阳分行考察调研。重庆分行行长邓昌明一行3人随同参加。

10月20—21日，总行王明权行长来渝出席交通银行总分行向渝长高速公路联合贷款签字仪式，并到重庆分行考察、指导工作。在渝期间，王明权与蒲海清市长就支持重庆经济建设、推动交行重庆分行发展进行了亲切友好的会谈。

10月21—23日，交总行信贷部检查组到重庆分行检查了信贷制度执行情况和总分行联合贷款项目管理情况。通过检查，总行对重庆分行信贷制度执行情况和总分行联合贷款项目管理情况给予了肯定。

12月4日，交通银行党委决定成立交通银行重庆分行党委，由邓昌明、游杰元、单文豪、张映陶、黄镇谦、周以伟等6位同志组成。邓昌明任党委书记，游杰元任党委副书记。

12月12日，重庆分行全辖118个所、柜本外币全储种储蓄通存通兑系统全面开通，成为交通银行管辖行中第一家全辖各行实现本外币全储种储蓄通存通兑的行。

1999年

1月4日，交通银行党委决定成立中共交通银行重庆分行纪律检查委员会，张映陶任交通银行重庆分行纪律检查委员会书记。

同日，分行决定成立党委办公室、党委组织部、党委宣传部、党委群工部。党委办公室与分行办公室合署办公；组织部与分行人教处合署办公；群工部与分行工会办公室合署办公。

1月7日，分行决定撤销思想政治工作办公室，其相关工作移转党委办公室、组织部、群工部。

1月8日，交行重庆分行与国信寻呼有限公司签订代收寻呼服务费协议，交行成为独家代收四大电信服务费的银行。

2月5日，为确保1999工作目标的实现，交行重庆分行邓昌明行长与分行本部各中心支行行长及营业部主任、外汇部经理签订了1999年工作目标责任书。

3月18—19日，交总行吴建副行长率国外业务部寿梅生总经理及总行国外部、授信部和稽核部有关同志一行6人到重庆分行调研。

3月28日，交行重庆分行在南坪地区推出重庆第一家24小时自助银行，在加大金融科技含量，以高科技服务社会的竞争中拔得头筹。

3月28—31日，交总行李军总稽核率总行稽核部裴百岑、梅放到交行重庆分行调研。总行领导听取了重庆分行的情况汇报，与各级干部进行了个别交谈，并到基层做了实地考察调研。

5月4日，分行大溪沟、人和街、红球坝、九坑子、建设村、大堰、健康路、捍卫路、沙杨路储蓄所升格为分理处。

5月13日，交行重庆分行党委宣传部、群工部召开座谈会，愤怒谴责以美国为首的北约对我驻南使馆进行的野蛮爆炸，坚决拥护我国政府的严正声明。

5月18日，交行重庆分行首届储蓄业务宣传演讲比赛在分行三楼会议室隆重举行。

5月26日，分行撤销信贷管理处、信贷业务处和中间业务管理处，设立授信管理处、市场营销处和风险资产管理处。

6月22—23日，交行重庆分行召开全辖行务会议，总结上半年贯彻落实全国分支行行长会议精神情况。邓昌明行长做了工作报告。辖内贵阳、遵义分行主要负责人及有关部门负责人、分行本部全体中干和存款亿元以上支行（分理处）负责人近百人参加了会议。

7月4—6日，交行重庆分行分别召开党委会、副科级以上干部会、“三讲”教育领导小组暨办公室工作会议，传达总行管辖、直属分行党委书记会议精神以及王明权行长、乔伟副行长、李军总稽核在会上的重要讲话，分行成立以党委书记、行长邓昌明为组长，党委副书记、副组长游杰元，党委委员、纪委书记张映陶和党委组织部部长、人教处处长黄获为副组长的“三讲”教育领导小组，设立了“三讲”教育办公室。

7月11日，交行重庆分行召开“三讲”教育动员大会。分行副科级以上干部、辖内分行党委书记以及分行部分职工代表和离退休干部共192人参加了会议，总行巡视组全体成员到会。总行巡视组组长徐俊康做讲话。

7月14日，交总行党委委员、纪委书记徐俊康利用“三讲”教育巡视工作间隙，到交行巴南支行就边远支行的管理问题进行调研。

7月16日，交总行研究开发部蒋维新处长一行4人到重庆分行进行调研。蒋处长一行与重庆分行有关业务处室负责人就交通银行的市场定位、发展目标和发展战略，围绕完善“一级法人、两级管理、分级经营”的管理体制等问题进行了座谈。

同日，分行撤销储蓄处和信用卡业务部，设立私人金融业务部。

7月21日，交总行吴建副行长率队到重庆分行调研，并到南坪支行进行实地考察。

9月13日，分行召开全行副科级以上干部参加的“三讲”教育总结大会，党委书记邓昌明代表重庆分行党委做总结报告，总行“三讲”教育巡视组组长徐俊康到会并做重要讲话。邓昌明对历时两个多月的“三讲”教育活动进行回顾，总结了“三讲”教育的收获与体会。

10月9—11日，分行承办交通银行部分分行私人金融业务营销工作研讨会暨宣传资料展示评比会。上海、郑州、南京、重庆等35个分行的宣传资料参加了展示评比。总行私金部总经理吴国民及有关处室负责人、总行宣传部宣传处负责人参加了会议和评选。重庆分行获得综合评比一等奖，“一卡通”“通存通兑”宣传两个单项奖。

10月9—12日，总行私金部总经理吴国民一行7人到重庆分行检查指导私金工作。在渝期间，参加了部分行私人金融业务营销研讨会，到10余个基层网点深入一线检查了解私金业务发展情况。

11月17日，分行召开全行副科级以上干部大会，分行邓昌明行长代表分行党委向全行科以上干部和共产党员提出了要求，分行党委副书记、副行长游杰元通报了当年以来分行加强思想政治工作和“三讲”教育整改工作情况。

11月25日，在交总行大力协助下，重庆分行成功开通了太平洋卡全国通系统。这是重庆分行继开通太平洋卡一卡通后，在太平洋卡业务领域的又一次重大突破，使太平洋卡的功能日臻完善，实现了持卡人异地存款至少三天达账到实时入账的飞跃，真正实现了对持卡人“更方便、更实用、更可靠”的承诺。

12月2日，分行举办金融法律法规知识讲座，邀请西南政法大学教授赵长清来行讲授金融法律及管理犯罪相关知识，全行副科级以上干部、分行机关全体党员及各中心支行、营业部、外汇部的兼职监察员共140余人参加了学习。

12月8日，重庆市工商、农业、中国、建设、交通、招商、光大、商业八个行联席会议在交通银行重庆分行召开，八家银行的银行卡业务负责人及相关业务人员参加了本次例会，重庆分行为会议召集者和主持者。会议讨论了重庆市八行联合体的工作重点及无中心POS联网模式的发展，总结八行在全力推进无中心POS联网模式中所取得的成果。本次会议的召开，将促进全国首例的八行银行卡联合模式稳健发展。

12月14日，重庆市政府正式批准重庆分行参与代理各项房改业务，并同意重庆分行电脑主机与市住房资金管理中心电脑主机联网。

12月19日，分行与住房资金管理中心签订代理住房维修基金业务协议书。

2000年

1月14日，分行与西南地区规模最大的券商——西南证券有限责任公司正式签订全面业务合作协议，标志着分行的银证业务进入新的发展阶段。

1月30日，重庆分行召开员工大会，贯彻交通银行全国分支行行长会议精神。分行党委书记、行长邓昌明代表分行党委、行长室做工作报告。

2月23—25日，29—31日，分行先后组队到武汉、郑州分行学习兄弟行先进经验，由邓昌明行长带队，分行部分部门负责人和基层支行负责人参加了学习、考察。

2月28—29日，总行市场营销部总经理黄祖林一行到重庆分行调研。

3月1—2日，总行监察室副主任董育渝一行3人到重庆分行，就分行开展基层营业机构负责人管理情况的执法监察工作进行调研。

3月13日，分行召开改革与发展研讨会。分行领导、全体中干以及辖内分行负责人共同商讨重庆分行改革与发展大计。

3月23日，重庆市政府分管金融的副市长赵公卿、人行重庆管业管理部主任洪虹及市政府办公厅三处负责人等一行6人到重庆分行调研。

4月7日，分行召开“三讲”教育回头看动员大会。分行全体副科级以上干部参会，总行“三讲”教育回头看联络员姚建设到会，党委书记邓昌明在会上做了动员报告。

4月29日，分行召开第三届职工代表大会第一次会议。116位职工代表认真听取和审议了邓昌明行长的行政工作报告。与会代表一致通过了邓行长的行政工作报告。

6月5日，重庆市级行政事业单位统发工资中标银行签字仪式在重庆万豪酒店举行。市财政局局长陈万里、重庆分行行长邓昌明分别代表财政局和中标银行在统发工资协议书上签字。市人大财经委、市人事局、市监察局、市招标局、市编委等委、局领导，参与评审标书的14位评委以及中央驻渝新闻机构和重庆市各大新闻媒体的记者等60余人出席了签字仪式。

6月6日，重庆分行召开全辖中层干部扩大会议，分行党委成员就人事制度改革提出要求，希望新提拔同志通过自身的努力来证明这项改革是成功的，为分行的持续发展增添后劲。邓昌明行长在会上做了总结讲话。

6月20日，分行与重庆肯德基有限公司签订合作协议。

6月27—29日，交通银行管辖直属行CI推广现场交流会在重庆召开。会议总结1999年全行CI推进工作情况，部署2000年CI工作计划；重庆、上海、石家庄、大庆、扬州等五家分行介绍推进CI工作经验；与会代表现场观摩重庆分行实施CI战略的几个标准化网点；讨论交通银行推广实施形象识别CI工程计划和标准验收达标管理办法；讲解和演示了CI制作手册的基础系统及其要求。

6月28日，分行实施的西南证券公司在深交所的证券交易法人清算业务正式启动。

7月20—21日，总行授信管理部张夏阳处长一行3人到重庆分行就总分行联动贷款项目黄花园大桥经营权转让中有关问题进行了调研、指导。

7月24日、28日、29日，重庆分行先后召开党委会、全辖工作会议和分行员工大会。认真传达学习贯彻落实总行管辖直属分行行长会议暨思想政治工作会议精神。会上，邓昌明行长传达总行会议概况，组织党委成员学习方诚国行长、乔伟副行长在总行会议上的报告和会议结束时的重要讲话，研究分行贯彻意见，讨论党委工作机构的调整，等等。

7月27日，重庆分行涪陵支行设立。

8月4日，交通银行党委决定中国金融工会交行重庆分行工作委员会由游杰元、杨大纬、黄获、田永、胡星、郝洁玲、苏华等7位同志组成。游杰元任主任，杨大纬任副主任。

同日，分行召开行风评议义务监督员大会，分行领导向53位来自社会各界和企事业单位的行风评议义务监督员颁发了聘书。

8月11日，分行与重庆市金盾护运中心举行了押运合同签字仪式，分行是重庆市金盾护运中心成立后提供押运服务的第一家金融单位。这是分行继雇佣市保安服务公司保安人员为营业网点守护人员、营业网点与公安机关“110”联网报警之后，金融安全工作走向社会化服务的又一重大举措。

8月24日，分行人民币各项存款余额首次突破100亿元。

8月30日，分行召开太平洋卡理财通天下宣传营销活动新闻发布会，《金融时报》《重庆日报》及重庆电视台、重庆人民广播电台等15家媒体单位到场采访。

同月，分行撤销渝中支行、沙坪坝支行、南坪支行、九龙坡支行金库，其职能全部集中到分行金库，既进一步加强了对金库的安全管理，又精减了武装守库人员和钞车驾驶人员，强化了分行现金管理，减少了现金占压。

9月18日，分行与西南证券、重庆证券的银证、转账业务正式开通。

10月18—22日，分行参加中国重庆网络周暨2000年中国西部互联网与通讯发展博览会，全力推荐和宣传交通银行网上银行。活动期间，重庆分行领导在高层对话会上就“传统产业与网络经济的融合”“金融证券业与电子商务”等问题发表了看法，介绍了交通银行的网上银行业务发展情况，引起了参会IT专家和来宾们的关注。

11月8日，分行推出重庆市首家银行客户服务中心，客户拨打电话“95559”即可享受各种金融服务和咨询投诉。

11月8—10日，北京、上海、重庆、南京、广州、武汉等19个分行的监察室主任参加在重庆召开的交通银行部分分行执法监察工作座谈会，总行纪委书记徐俊康，总行监察室负责人孟庆宏、董育渝及执法监察处负责人陈孟怡等一行5人出席了座谈会，徐俊康一行还到重庆分行检查指导工作。

12月20日，交通银行党委决定，免去单文毫交通银行重庆分行党委委员职务，任命单文毫为交通银行广州分行党委委员。交通银行决定免去单文毫交通银行重庆分行副行长职务，聘任单文毫为交通银行广州分行副行长。

2001年

1月4日，重庆市副市长赵公卿率办公厅有关处室负责人到分行，看望慰问交行干部员工。

2月1日，分行独家开办“好运通”月票充值业务，该业务系以重庆路桥股份有限公司和金卡路桥信息产业公司联合推出的“好运通”路桥收费电子月票为载体的一项代收费业务。

2月9日，分行决定将渝北支行（改为科级支行）划归江北支行管辖。

3月5日，分行设立北部新区支行。

3月12日，中国人民银行重庆营业管理部在交行重庆分行三楼会议室主持召开了重庆市股份制商业银行监管工作例会。人行重庆营业部副主任杨国中等参加会议，交行重庆分行邓昌明行长、游杰元副行长及稽核、人教、网点办负责人到会，邓昌明行长应邀到会并讲话。

3月29日，分行召开三届二次职代会。会议听取并审议行政工作报告、分行“十五”发展纲要、分行干部人事制度和收入分配制度改革的指导意见。

4月23—27日，总行稽核部一行7人对分行2000年现场常规稽核发现问题的整改情况进行后续稽核，同时对重庆分行2000年9月至2001年3月的业务经营和管理情况进行抽查。

4月27日，分行党、政、工、团组织部分青年干部和一线员工，到重庆市检察院一分院和重庆市监狱联办的重庆市第一家法制警示教育基地、获得司法部“现代化文明监狱”称号的重庆市监狱参观。

4月29日，分行外汇业务部更名为国际业务部。

5月18日，分行市场营销处更名为公司业务处。

5月22—23日，交通银行2001年度优势发展行座谈会在重庆召开。来自北京、上海、南京、武汉、郑州、重庆、西安、深圳、乌鲁木齐和温州10家分行的行领导和计划处处长，以及总行计划、授信、风险、公司、国际私金、财会和办公室等部门的领导共30余人参加了会议。总行刘育长副行长在会上做了题为“认清形势，明确目标，抓住机遇，加快发展”的讲话。

5月25日，分行推出集银行、保险、公证、评估、登记等于一室的个人贷款“一站式”现场办公，以推动分行个贷业务更快更好发展。

5月28日，分行研究开发室更名为发展研究处。

5月29日，分行党委组织开展了“依法经营、以德治行”第一专题大讨论。分行党委成员、各部门主要负责人参加了讨论会，围绕如何正确理解江泽民关于“依法治国、以德治国”的重要思想，如何在分行的改革发展中坚持“依法经营，以德治行”等问题进行讨论。

6月18日，涪陵支行正式挂牌营业。

6月22日，分行私金业务应用系统2.0版顺利完成向零售业务系统3.0版的升级。

7月4—6日，分行邓昌明行长一行到贵阳分行检查指导工作。

7月27日，分行邀请总行监察室董育渝主任来行作题为《案件反思，道德风险引发资产风险》的法纪教育讲座，重庆分行党委全体成员、各中心支行领导班子、分理处主任、高级客户经理、科室负责人、分行各部门助理以上中层干部和辖属贵阳、遵义分行相关部门负责人共250余人参加听课。

8月10日，根据财政部及总行关于金融机构住房制度改革相关规定，分行房改办依照《重庆市住房货币化分配实施方案》和《交通银行总行机关职工住房分配制度改革实施办法》的有关精神，结合分行住房分配制度改革的实际情况，制定了《交通银行重庆分行住房货币化分配实施方案》，并经重庆市住房改革办公室的同意，分行据此组织推进下一步职工住房货币化分配实施细则方案。

8月17日，分行召开第二届团代会。会议传达了近期总行团委和分行党委对共青团工作的指示，选举产生了新一届分行团委委员。

8月28日，分行召开市经委与交通银行重庆分行工作座谈会。市经委余远牧主任，分行游杰元副行长、黄镇谦副行长、周以伟副行长以及相关部门负责人参会。会议旨在加强与市政府对口部门的沟通与交流，及时掌握国企改革信息和进展状况，加大营销力度，积极参与支持国企发展，不断拓展重庆分行新的业务增长点。

8月30日，中国证监委洪磊副主任一行2人和重庆证管办主任一行4人到重庆分行检查代销基金准备工作。

9月8日，总行基金托管部谢红兵总经理、金玉凤处长赴渝对重庆分行开放式基金代销准备工作进行检查。

9月11—21日，作为西南片区的代销分行和全国13家代销分行之一的重庆分行，成功代理发行我国首支开放式基金——“华安创新”证券投资基金。

10月10—11日，总行办公室周兴文主任、机构处喻康祥处长到分行辖属贵阳、遵义分行，对两行业务发展、办公室工作以及机构建设进行调研。

10月17日，总行发展研究部综合信息处姚怀成处长来重庆分行调研国际业务。

12月10—12日，分行承办总行私金部在渝召开的中间业务研讨会，共有16家管辖、直属行的私金处处长及2个基层支行的行长参加本次会议。

2002年

1月1日，交通银行决定重庆、贵阳分行改为直属分行，遵义分行改由成都分行管辖。

1月22日，分行召开公开竞聘重庆分行副行长动员大会，公布了竞聘职位、职数、报告条件、资格要求以及竞聘步骤等。

2月5日，分行召开全行党员大会，党委书记邓昌明在会上做了动员讲话，对“两会”代表人选推荐工作的重大意义、代表推荐的范围和条件、推荐工作程序及组织领导和有关要求等进行了全面深入的动员。

2月8日，分行参加重庆市金融系统2002年纪检监察工作会议。

2月19日，分行召开党委中心组学习（扩大）会议，党委班子成员和各部门一把手参会。邓昌明传达江总书记、朱总理和温副总理在中央金融工作会议上的讲话概要，要求分行各部门按总行会议精神，结合分行实际提出各专业2002年工作意见。

3月11日，交通银行党委决定免去游杰元交通银行重庆分行党委副书记职务；交通银行解聘游杰元交通银行重庆分行副行长职务，聘任其为交通银行稽核特派员。

3月21日，分行决定对部分支行、分理处隶属关系做调整：大渡口支行改为科级支行，划归九龙坡支行管辖；江津支行改为科级支行，划归沙坪坝支行管辖；李家沱分理处划归巴南支行管辖。

3月26日，邓昌明行长、周以伟副行长到市政府向赵公卿副市长专题汇报黄花园大桥贷款项目有关情况。

4月24日，总行风险资产管理部吴建中总经理来渝，研究重庆奥克大酒店重组一事。

5月20日，纪委书记张映陶作为答辩主考成员赴北京参加交通银行2001年度经济（会计）专业高级专业技术资格论文答辩工作。

6月13日，分行召开撤并低效营业机构专题工作会，部署分行撤并低效营业机构的工作，调整网点布局，优化网点结构。

6月21日，分行撤销白象街、太平门、和平路储蓄所，撤销海峡路、关口、临江路、电测村、黄桷坪分理处。

7月4日，九龙坡支行科园路分理处升格为高新技术开发区支行。

7月10日，分行召开2002年分行党委民主生活会，分行党委各成员及组织部、监察室、党办负责人参加了会议，总行党委组织部、监察室的两位处长到会指导。会上，党委各成员围绕进一步加强民主集中制建设、坚持重大问题党委集体研究决定以及“质量管理年”的主题，认真分析查找存在的不足和问题，开展批评和自我批评。

7月12日，交通银行党委任命陈东玮为交通银行重庆分行党委委员，交通银行聘任陈东玮为交通银行重庆分行副行长。

同日，交通银行重庆分行高新技术开发区支行更名为交通银行重庆渝州路支行。

7月19日，邓昌明行长主持召开党委会，传达学习总行管辖直属分行行长例会精神，讨论分行下半年工作安排。

8月16日，分行召开房改领导小组会议，推进住房货币化改革。

8月28日，分行参加总行在武汉召开的管辖直属分行压缩不良资产专题会议。

9月3日，分行第三届职工代表大会第三次会议审议通过《交通银行重庆分行住房货币化分配实施办法》，并于9月29日获得重庆市住房制度改革办公室批复，于2002年正式开始实施。

9月17日，人行重庆营管部副主任阎庆民率银行处负责人及有关工作人员到交行渝中支行开展工作调研，详细了解了支行人员、机构、规模、自助机具使用情况和个人理财、外汇交易等业务发展情况。

9月18日，分行成立加强基层营业机构建设领导小组，组长：周以伟，成员：办公室、人教处、宣传部、监察室、稽核处、财会处、保卫处主要负责人。

9月19日，重庆分行与重庆北部新区高新园开发建设指挥部签订开展全面合作协议。

11月1日，重庆分行自行开发设计的通过手机短信方式实时将理财及交行业务信息传送给客户的“银讯通”新品正式推向市场。该产品的推出，打破了银行被动接受客户查询的传统模式，建立了银行与广大客户，尤其是“手机族”之间的新的沟通渠道，体现了“以客户为中心”的营销理念正逐渐渗透到分行的创新业务中。

11月19日，分行党委书记邓昌明参加中国共产党重庆市第二届委员会第二次全体会议。

11月29日，交通银行党委决定免去张映陶交通银行重庆分行党委委员、纪委书记职务。

12月18日，分行与重庆中法供水有限公司签订代收水费合作协议。

12月18—20日，总行纪委书记徐俊康一行来到分行检查指导工作，听取分行党委班子成员的工作汇报，并在邓昌明行长陪同下到基层网点检查网点建设，看望一线员工。

12月20日，分行成立交行重庆分行行业作风建设领导小组，组长：邓昌明，副组长：黄镇谦，成员：郭宽福、黄荪、李庆、黄民光、阎毅文、周晴。

12月28日，太平洋国际卡正式在重庆发行，重庆分行成为交行系统第二个向社会发行国际借记卡的行。

12月31日，分行成立客户经理管理委员会，主任：周以伟，委员：人教处、公司处、授信管理处、风险资产处、私金部、国际业务部、电子银行处、财务会计处及综合计划处等部门主要负责人。

同日，分行成立交通银行重庆分行反洗钱工作领导小组。组长由陈东玮副行长担任，成员包括保卫处、私金处、财会处、外汇部、电脑处。

2003年

1月5—8日，交行董事长殷介炎一行3人赴渝，看望慰问重庆分行干部员工，并拜访重点客户西南铝业集团，会见重庆市领导黄镇东、王鸿举、黄奇帆以及人行重庆营管部主任洪虹等。殷董一行在渝期间听取了重庆分行班子的工作汇报。

1月27日，分行撤销捍卫路储蓄所、渝铁村储蓄所、兴胜路储蓄所、上新街储蓄所、中山路储蓄所、沙杨路储蓄所。

2月11日，分行出台《公务用车改革试行办法》，面向全行在岗正式员工和代办员进行公车改革。取消各部门、各支行的业务用车和交通车，分流驾驶员；实行公务用车费用额度封顶报销制；仅在分行车队保存少量必需的运钞车、护卫车及接待用车。出台《公务用车改革费用报销规定》，对公务用车费用的报销标准和管理规定进行了明确。

2月18—20日，交总行监事会专职监事、人总行刘宝辉司长和监事会主席秘书一行2人到重庆分行，对分行落实2001年监事会检查发现问题的整改情况做现场调研。

3月11日，江津支行升格为直属支行，由分行直接管理。

4月22日，分行实现人民银行电子联行天地对接系统向现代大额支付系统的成功上线，该系统的上线加快了分行跨行资金汇划速度。

4月24—25日，分行连续召开党委会，各支行（部）、部门一把手会议，防治“非典”领导小组会议，布置“非典”预防工作，成立预防“非典”领导小组，由邓昌明行长任组长，副行长任副组长，办公室、行政处、人教处、工会、保卫处、庆通公司等部门负责人为成员。

4月28日，分行对中心支行组织机构及工作职责进行改革调整。调整后，中心支行组织机构及其工作职责如下：行政办公室、保卫科（合署办公）负责中心支行行政、文档、宣传、信息、总务、后勤、人事、教育、网点建设、稽核、监察、安全保卫等方面工作；财务会计科负责中心支行财务核算、业务计划统计、各网点会计结算管理及电脑系统运行保障等方面工作；客户经理部由中心支行分管行长直接领导，负责对公对私业务、国际业务及各项中间业务的业务管理、市场营销、客户管理，并办各项授信业务。中心支行不再设储蓄所。

4月29日，分行设立放款中心，集中办理全行授信业务的放款手续及账务处理，放款中心为处级机构。

5月13日，分行召开预防“非典”工作领导小组会议，审议防治预防“非典”领导小组工作的应急预案，并对分行防治“非典”工作的应急措施进行了补充规定。

7月28日，分行撤销健康路储蓄所、石新路储蓄所、大堰储蓄所、金汤街储蓄所、惠工路分理处、钢花路分理处。

8月12—15日，分行召开改革与发展座谈会，分行班子成员与22个基层支行一把手，以及办公室、人教处、稽核处、授信处等业务部门负责人一起，围绕发展定位、加强基层管理、推行扁平化管理和创建精品银行等主题展开座谈讨论。

8月21日，分行行长邓昌明、副行长陈东玮带队前往深圳分行学习扁平化管理先进经验，人教处、财会处、私金处、电脑处、江北支行、朝天门支行负责人随同前往。

8月29日，分行与重庆高速公路发展有限公司签署银企合作协议，向重庆市2010年前新开工建设的四条高速公路项目提供总计为18亿元人民币的意向性贷款。

9月2日，分行撤销龙隐路分理处。

10月8日，分行撤销桂花园分理处。

10月29日，分行召开全面推行扁平化管理专题会议，各中心支行、直属支行、营业部及分行相关部门一把手参加会议。

11月9日，经由总行财会部、电子银行部及重庆分行联合开发的交通银行电子账表系统在重庆分行首先开始试运行。电子账表系统实现了对综合业务系统、私金业务系统、报表系统所产生的各类账表、业务流水、各科目总账的电子存储和网络查询，取代了传统的纸质打印和档案调阅方式，同时为基层网点及分行有关部门分析现金交易情况、签票情况、凭证管理情况等提供了方便，还为业务发展和管理的需要以及存其他业务系统（如授信、计划等）的档案资料预留了接口。

11月11日，分行撤销东方红分理处。

11月11—12日，总行徐俊康书记带队来渝调研，尹宝玉、周晓、董育渝、陈蛟奇、张国良等总行部门领导以及成都、昆明、贵阳、乌鲁木齐、兰州、自贡、遵义分行行长参加调研活动，共同探讨2004年改革发展思路。

11月19日，分行撤销奔月路分理处。

12月28日，分行各项个人贷款余额合计为10.18亿元，个贷规模突破10亿元大关。

2004年

1月1日，建新东路支行改为科级支行，划归江北支行管辖。

1月16日，重庆分行2003年赢利突破2亿元，进入十大盈利行之列。

4月15—16日，总行授信部在重庆召开信贷政策专题研讨会。东北、西北、西南和华中地区的大连、长春、沈阳等13家分行的授信处处长及总行授信部综合处、一处、二处的负责人参加了研讨会，总行授信部吴国民总经理主持了会议。研讨会重点分析了当前经济金融形势，研究了当年授信政策及区域投向、行业投向。

6月7日，分行召开股东联谊会，在渝的63家交行股东代表出席了会议，分行行长邓昌明向股东代表报告了交行的发展及近年来所取得的经管业绩，并按总行2004年股东大会会议材料的精神，对交行下一步财务重组、集中处置不良贷款、引进境外战略投资者及上市计划等重大改革事项向代表们做了通报和宣传。

6月17—18日，分行党委书记邓昌明参加中国共产党重庆市第二届委员会第五次全体会议。

8月下旬，“速汇金”——国际特快汇款业务在重庆“登陆”，重庆分行正式成为继总行在北京、上海、厦门、广州、珠海等地推出此项业务后的西部第一个分行。

8月30日，交通银行党委决定撤销黄镇谦交通银行重庆分行党委委员职务，交通银行决定撤销其交通银行重庆分行副行长职务。

9月5日，交通银行党委决定任命郭莽为交通银行重庆分行党委副书记（主持全面工作）。

9月7日，总行纪委书记徐俊康到重庆分行检查指导工作，在重庆分行中层以上干部会上，就分行主要负责人调整做了讲话。

9月10日，分行人事教育处更名为人力资源部。

11月9日，分行党委副书记郭莽拜访重庆银监局，与银监局领导就2003年重庆分行现场检查事实与评价一事进行工作交流。人力资源部负责人随同前往并参加交流。

11月10日，党委副书记郭莽拜会市政府主管金融的周慕冰副市长，分行办公室、人力资源部负责人随同前往。

11月11日，党委副书记郭莽拜访分行重点客户重庆市水务集团，与该集团高层进行了业务交流，分行副行长陈东玮、公司处负责人一同前往并参与了交流。

11月12日，分行郭莽行长业务拜会重庆市南岸区委书记、区长，与该区领导就双方的合作进行了进一步交流，并到茶园新区进行了实地考察，公司处、南坪支行负责人随同前往。

11月16日，分行将风险资产管理处分设为风险监控和资产保全部。

11月29日—12月8日，交通银行总行监事长崔雷平一行10人到重庆分行检查指导工作，崔监事长在渝期间拜访了分管金融的常务副市长黄奇帆，双方就交通银行发展进行了工作交流，并走访重庆银监局和交行股东——市财政局。

12月6日，分行将风险资产管理处分设为风险监控部和资产保全部。

12月15日，交通银行党委决定任命周妍为交通银行重庆分行党委委员，李阳为交通银行重庆分行党委委员。

12月22—23日，交总行副行长钱文挥及总行党委组织部一行到重庆分行宣布总行党委关于调整充实重庆分行领导班子的决定并调研指导工作，钱副行长对重庆分行新领导班子提出了要求，钱文挥副行长一行在渝期间，还拜会了中央重庆市委组织部和重庆银监局领导，并到基层网点进行检查指导。

2005年

1月6日，分行班子成员集体会见由重庆市大渡口区委书记刘本荣率领的该区党政拜访团一行12人，双方就交行发展和对地方经济的支持、地方经济对交行的需求，以及共同营造诚信合作环境等进行了友好交流和沟通。

1月12日，重庆分行自主完成与市财政直接支付软件接口程序开发工作。此次自主开发接口程序，不仅为分行节省了几十万元的软件开发费用，也得到重庆市财政局国库支付中心领导的好评。

1月17日，交通银行聘任周妍为交通银行重庆分行副行长。

2月2日，汇丰银行中国业务总裁叶迪奇、业务部工商业务总监刘监坤和业务合规总监刘展智等4人拜访重庆分行，双方就具体银行业务的合作进行了沟通。

2月4日，重庆分行与重庆市交通征费稽查局签订代理收取公路养路费的协议，这是分行继独家代理重庆市市级行政事业单位工资统发之后，又一项独家代理政府主管部门的金融服务业务。

同日，分行与国家开发银行重庆分行签署开发性金融业务合作协议。

2月8日，分行人民币储蓄存款突破100亿元，存款余额达100.03亿元。

2月19日，交通银行聘任李阳为交通银行重庆分行副行长兼高级信贷执行官。

2月28日，交通银行聘任郭莽为交通银行重庆分行副行长（主持工作），免去邓昌明交通银行重庆分行行长职务，聘其为交通银行高级督导。交通银行党委决定免去邓昌明交通银行重庆分行党委书记职务。

2月下旬，分行与市住房公积金管理中心联合推出使用太平洋卡支取住房公积金项目，公积金项目的展开，增进了与市住房公积金管理中心的业务合作，为发展全市1万家企业单位、近100万客户的公积金发放，以及相关公积金贷款业务打下了基础。

4月4日，分行利用互联网，搭建“e网点金”网上平台，延伸交易渠道和营销平台，与重庆市政府、大专院校、企业等九家网站完成网上链接工作。

4月18日，分行成立电子银行部。

4月24日，分行与东北证券重庆营业部签订银证转账项目协议，分行与东北证券银证转账项目上线。

4月26日，分行与重庆海关、中国电子离岸数据中心联合签署“进出口企业网上税费支付”合作协议。

5月11日，中央金融巡视组莅临交通银行重庆分行检查指导工作。

5月19日，分行成立法律合规部，与资产保全部合署办公。

5月30日，分行举行交行重庆地区股东联谊会暨太平洋双币信用卡首发仪式。

6月7—9日，总行私金部总经理黄祖林一行3人到重庆分行开展私金业务指导与调研，分行就网点营销作用、私金队伍建设、产品宣传推广及电子渠道建设等方面与总行私金部领导交换了意见。

6月20日，重庆市政府金融工作办公室领导一行4人到重庆分行进行工作调研，征求对市政府《关于促进重庆金融业发展的意见》和《重庆金融业支持地方经济发展综合奖励试行办法》两个征求意见稿的意见。

6月30日，重庆分行人民币存款突破200亿元大关，存款余额为202.43亿元。

7月5日，根据《交通银行重庆分行关于统一机构和职务称谓的通知》，分行统一内设机构和职务称谓，除党委办公室、党委组织部、党委宣传部、党校、机关党委、工会、团委等部门的机构和职务称谓暂不变外，其他内设机构一律取消“处”“科”称谓。分行的处级机构称谓由“处”改称“部”，内设科室称谓取消；“处长”改称“高级经理”，“科长”改称“经理”。办公室、监察室及冠以“中心”的机构称谓保留不变。

7月23日，分行稽核处更名为审计部。

8月9日，分行成立预算财务部和会计结算部，撤销分行综合计划部、财务会计部。

8月10—11日，总行副行长彭纯到重庆分行进行调研，并召开西南地区省直分行风险管理座谈会。总行风险监控部、资产保全部负责人，西南片区成都、昆明、贵阳、重庆分行行长、分管行长及风险管理条线的相关人员参加座谈。

8月15日，总行信用卡中心副CEO徐瀚到重庆分行进行双币信用卡工作调研，就如何推动双币信用卡大规模发卡活动的开展，尽快实现卡量的快速增长进行座谈讨论。

8月16日，总行叶迪奇副行长到重庆分行检查指导工作。叶副行长听取了分行经营管理情况的汇报，对分行私金存款已占到全部存款的51%，并在全行74个网点都配备私金客户经理等情况给予充分肯定。在渝期间，叶迪奇副行长拜会了重庆市常务副市长黄奇帆，黄副市长表示交行与汇丰合作及在香港上市，走在了金融改革的前列，市政府将一如既往支持重庆分行的发展，叶迪奇副行长还到分行渝中支行、民族路自助银行、分行营业厅等网点视察，与前台私金客户经理进行了交谈。

9月8—9日，交通银行总行行长张建国参加交通银行重庆分行党委领导班子专题民主生活会并对重庆分行进行调研，参加了重庆分行员工座谈会，听取了员工代表围绕如何进一步提高交行综合竞争力、打造精品银行，以及交行成为国际公众持股银行以后基层一线员工的想法等话题的汇报发言。在渝期间张行长与重庆市市长王鸿举会晤，并出席重庆分行与重庆市城市建设投资公司银企合作协议签字仪式，走访总行级重点客户西南铝业集团有限公司，到工厂现场实地了解生产情况。

9月16日，分行举办“交银理财—荣享华彩人生”中秋VIP客户联谊会，80余位个人资产在100万元以上，并且已享受分行“交银理财”品牌服务的VIP客户以及新闻媒体记者100余人到会。

9月17日，分行渝中支行青年路分理处搬迁至重庆市江北区小苑一村30号，并升格更名为交通银行重庆分行小苑支行。

10月12—14日，以“城市、人、自然”为主题的第五届亚太峰会在重庆召开，重庆分行被第五届亚太城市市长峰会指定为唯一金融服务银行。40多个国家100多个城市的市长及企业代表光临重庆，分行相关部门积极上门宣传，以真挚诚恳的工作态度和多形式的金融服务渠道赢得了市政府的信任和支持。

11月17日，汇丰银行中国地区信贷风险执行官林伟中一行到交通银行重庆分行交流信贷风险管理经验，就当地的经济环境、信贷环境以及风险管理情况进行了沟通交流。重庆分行行领导和相关部门就林执行官所关心的重庆当地产业结构、信贷结构、不良资产产生的根源和化解方法，以及重庆分行私人金融发展的情况做了详细介绍。

11月29日，交通银行重庆分行在总行软件开发中心的大力支持下，成功开发现金管理电子化审批程序，改进了分行现金管理中还存在的审批流程不完善、传递速度较慢、监督管理难度大的问题。

12月6日，分行行政部更名为行政后勤服务中心。

12月9日，分行放款中心并入风险监控部。

12月12日，沙坪坝支行烈士墓分理处搬迁至重庆市沙坪坝区壮志路58号附26号，并升格更名为交通银行重庆壮志路支行。

2006年

1月16日，美国花旗银行成都分行金融同业部经理罗维到访重庆分行，双方就业务合作进行了交流，并围绕出口再融资、进口再融资和非融资风险参贷等新的业务需求进行了探讨。

1月26日，分行举行2005年优秀中干年薪兑现仪式，向28位综合考评为优秀的中层干部兑现年薪。

1月27日，分行自主开发完成银企对账单回收处理系统。

2月6日，分行成功开发日均余额计算程序。

2月7—9日，分行行长郭莽分别在分行、渝中支行和九龙坡支行主持召开了部门干部员工座谈会、基层营业网点员工座谈会和支行及网点负责人座谈会，听取干部员工们对分行进一步改革发展的意见建议，以及对交行的愿景。

2月12日（元宵节）晚，分行举行元宵团年会。分行行长郭莽、副行长李阳以及30余位家在外地的单身员工参加了本次活动。

2月13日，重庆市政府分管金融工作的副市长周慕冰约见分行行长郭莽，听取了郭行长关于重庆分行工作的情况汇报。

2月22日，重庆分行与重庆市南岸区政府签订《银政全面发展战略合作协议》，就双方在南岸区的金融合作，建立和扩大南岸区政府项目“业主”公司，以及政府控股的大中型企业的本外币存贷款业务、结算业务、中间业务、网上银行业务、个金业务等金融业务合作，推动地方经济的发展达成了合作意向，重点对符合交行信贷投向的区内主要工业园区、基础设施改造、交通建设等项目进行支持配合。

2月24日，分行新配磁带库成功上线。

2月28日，交通银行党委决定任命郭莽为重庆分行党委书记、黄锦平为党委委员，交通银行聘任郭莽为重庆分行行长、黄锦平为副行长。

3月8日，交通银行党委决定免去周妍、周以伟交通银行重庆分行党委委员职务。交通银行聘任周以伟为交通银行重庆分行高级督导，解聘周以伟交通银行重庆分行副行长职务。

3月22—24日，总行预财部数据管理处处长孙培基一行3人对分行进行财务检查和业务调研，对分行自行开发的平均余额报表系统的功能和使用情况进行详细了解。

3月23日，分行郭莽行长、李阳副行长、黄锦平副行长，以及分行公司业务部、国际业务部主要负责人及九龙坡支行负责人，走访总行级重点客户——西南铝业集团。

3月27日，人民银行小额支付系统在重庆分行正式上线运行。

4月4日，交通银行决定解聘周妍交通银行重庆分行副行长职务。

4月10日，分行领导到南坪、江北、渝中支行，营业部，九龙坡、北碚、大坪、巴南支行等机构，就大集中二期上线工作的公告、客户对大集中上线的反应、预案制定情况等进行检查，切实预防各类突发事件，确保上线工作的顺利进行。

4月12日，分行与重庆市发改委签订《重庆市发展和改革委员会·交通银行重庆分行全面合作框架协议》，就双方在各自领域加强信息交流与沟通，利用各自优势，最大限度地加强各领域合作，支持重庆“十一五”期间经济社会协调快速发展达成合作意向。

4月24日，由交通银行担保的重庆市开发投资有限公司10亿元长期债在渝成功发行。

是日，分行成立退休工作委员会。

4月26日，总行董事会秘书张冀湘参加在渝股东座谈会，通报交通银行2005年度业绩情况及经营管理的变化，就上市后国有股减持问题做了政策解释，并听取股东代表对加强投资者关系管理工作的意见和建议。重庆市财政局、长安（集团）股份有限公司、建设工业（集团）股份有限公司、西南铝业等股东单位代表45人参加了座谈会。

5月10日，分行决定关闭重庆金凌房地产开发公司。

5月29日，分行与总行级同业重点客户在渝机构之一的“中国银河证券重庆管理部”的“银证通”业务正式上线。

6月13日，中国核工业建峰化工总厂主要领导一行8人到访重庆分行，就建立战略合作伙伴关系进行会谈。

6月16日，渝中支行工会组织的第三批旅游团在中山古镇参观游览时，当地一名6岁小孩不慎落水，被人救起时已没有了呼吸。支行员工李江春挺身而出，对小孩实施人工呼吸。经过近二十分钟的抢救，李江春忙得满头大汗，孩子终于有了微弱的呼吸，小生命得救了。

6月17日，在“感恩　分享　永续发展——庆祝交通银行海外上市一周年”活动即将进行之际，行长郭莽、副行长黄锦平带领分行党政工团部门人员前往国家重点扶贫单位——彭水县高谷镇群峰村开展扶贫考察。

6月22日，市银监局副局长陈明柱及监管二处负责人等来分行调研。

7月12—13日，总行授信部、会计结算部一行4人到分行进行票据业务检查督导工作。

7月24日，分行调整部门统一称谓，“私人金融业务部”更改为“个人金融业务部”；“电脑部”更改为“信息技术部”；“行政后勤服务中心”更改为“行政部”，原办公室收发工作转入行政部，管理职能分为：行政部（行政）、行政部（物业）、行政部（网点）；“工会”更改为“员工工作部”，团委不再作为单独的部门，并入员工工作部办公；原行政部医务室工作转入员工工作部；撤销“发展研究部”，发展研究部工作职能并入办公室；撤销“稽查组”，稽查组工作职能并入审计部及其他相关部门；法律合规部暂与资产保全部合署办公，但工作独立。

8月25日，重庆分行在与全市10多家银行的激烈竞争中胜出，成功营销安诚财产保险股份有限公司在本行开立资本金账户。

9月14日，银监会副主席蔡鄂生在重庆银监局班子的陪同下，来到重庆分行调研考察并参观了分行营业本部。

9月20日，总行公司部副总经理陈敏来渝拜访刚组建的以重庆为总部的安诚财产保险股份有限公司高管层及重庆建工集团董事长李剑铭。

9月22日，重庆分行成功开发市住房公积金管理中心资金理财系统。

是日，重庆分行举办“沃德财富—全方位的关怀”2006年国庆中秋联谊会。

9月28日，重庆分行成功开办首家集团网银委托贷款业务。

10月7日，重庆分行成功续签市级行政事业单位人员工资统发协议。

10月13日，重庆分行代收城市生活垃圾处置费项目成功上线。

11月8日，分行召开“753系统工程”工作会议，提出以“真诚、负责、合规、高效”一体化的价值取向，积极推进“753系统工程”建设，实实在在地提高服务质量，以优质的服务模式赢得客户的尊重和认同。

12月18日，总行国际部派出资深专家协同重庆分行举办“满金宝”业务推荐会。

12月23日，分行召开第四届二次职代会。会议审议通过涵盖分行退休员工和派遣制员工的《员工补充医疗保险暂行办法》和《员工重大疾病医疗求助暂行办法》。

12月31日，分行领导分别到部分支行和部门慰问干部员工。

2007年

1月4日，分行与重庆邮电学院签署《财务顾问与咨询业务合作协议》，向其提供财务融资、投资理财、信息咨询等业务。

1月5日，分行决定解放碑、南城、大渡口支行升格为直属支行，由分行直接管理。人和街分理处由人民路支行划转渝中支行管理；马家堡分理处由大坪支行划转九龙坡支行管理。

1月15日，分行推出基于总行统一架构的银期转账系统，华夏期货经纪有限公司成为分行利用该系统合作的首家期货公司。

1月17日，分行与重庆市建委、市城市建设开发办举行了房地产开发项目资本金委托监管签约仪式，成为市城建办房地产开发项目资本金委托监管的五家银行之一，这是分行与重庆市建委继农民工保障金项目后的又一次合作。

2月3日，交通银行重庆分行在国际会展中心召开2006年度总结表彰暨迎春晚会。

2月14日，重庆分行与重庆市三峡库区产业信用担保有限公司正式签订《产业项目贷款担保合作协议》，双方会在互通有无、资源共享、切实推进三峡库区产业经济的持续发展中加强合作，实现银行、担保公司、企业三方乃至多方共赢。

2月15日，分行对患重大疾病、特殊疾病和特困员工进行慰问。

2月28日，分行成功开发投用代收燃气费项目，代收燃气费项目的上线进一步丰富了分行代缴费功能，为其中间业务的发展拓宽了市场空间，增强了获益基础。

3月19日，分行成功开发出具有分行特色的实用交易“488801”查询工具，实现了“交易码、错误码、发证机关代码含义”的快速检索。

3月30日，市银监局陈明柱副局长一行来分行召开重庆分行监管情况通报会。

4月10—11日，总行纪委书记徐俊康到分行巡视检查工作，与巡视组成员进行深入沟通，了解前期巡视工作情况，并对下一步工作提出了明确要求。

4月12日，总行发展研究部总经理、首席经济学家连平博士，率高级经理周昆平博士和唐建伟博士来分行调研公司业务营销管理体制。

5月10日，总行纪委书记徐俊康带领总行巡视组、巡视办负责人专程到重庆分行，对分行开展巡视检查的情况进行反馈。

5月17日，分行参加重庆市“改善和强化三峡库区金融服务专题会议”，与涪陵区政府、重庆市涪陵国有资产投资经营有限公司签署了10亿元的合作意向书。

6月14日，分行成为市国有土地出让收支管理的5家金融配套服务单位之一，成功开立土地成本资金支出拨付账户。

7月9日，分行单独设立法律合规部，负责分行法律事务和经营管理活动的合法合规管理，不再与资产保全部合署办公。同时成立资产负债管理部，承担分行资产负债管理职能。

7月11日，分行与巴南区政府签署全面合作协议及巴南支行代理巴南财政国库集中收付委托协议。

7月18—19日，总行副行长王滨在渝参加交行与安诚财产保险股份有限公司全面合作协议签字仪式，调研指导分行公司业务工作，并考察分行重点客户——重庆港务物流集团。

7月19日，江北支行红旗河沟分理处升格为皇冠东和支行。

7月26日，分行成为重庆机电控股（集团）公司的上市（IPO）合作银行，也成为其上市前收款行和上市后募集资金账户行，并力荐海通证券有限公司成为其联席保荐人及联席主承销商。

同月，分行自主开发完成了市级预算单位公务卡报账系统，并成功受理重庆市第一笔公务卡联机报账业务，使分行成为重庆市第一家通过财政局验收的公务卡报账试点银行，也成为交行系统内第一家成功开发并上线公务卡联机报账系统的分行。

9月9日，总行副行长叶迪奇赴渝参加交行重庆首家沃德财富服务中心开业庆典。重庆市政府常务副市长黄奇帆，市经委、市金融办、渝中区政府、市银监局、人行重庆营管部、汇丰银行重庆分行等单位的领导以及分行领导、重点沃德客户代表出席了此次庆典。

9月11日，交通银行党委任命刘红为交通银行重庆分行党委委员，交通银行聘任刘红为交通银行重庆分行副行长。

9月12日，分行“员工工作部”更名为“工会办公室”，团委、机关党委按条线垂直管理，根据实际情况配备专职人员，与职能相近的部门合署办公。

9月17日，交通银行党委决定，刘红兼任交通银行重庆分行纪委书记。

9月30日，重庆市主城区农民工大病医疗保险基金和农民工基本医疗保险基金的收入专户在分行大渡口支行、江北支行、沙坪坝支行、九龙坡支行、南坪支行、人民路支行、高新支行成功开立，标志着分行已成为重庆市农民工医疗保险基金唯一的资金结算银行。

10月24日，大庙支行更名为松石路支行。

11月1日，分行中标市级财政国库集中支付业务代理行，成功取得“重庆市市级财政国库集中支付业务代理银行”资格。这标志着分行将全面代理本市财政集中支付业务（包括授权支付和集中支付），与市级财政的合作进一步深化。

11月29日，总行董事长蒋超良在渝主持召开交通银行部分分行调研座谈会，总行副行长王滨，办公室、人资部、资负部、预算部、研究部负责人及重庆、成都、武汉、昆明、广州、深圳6家分行行长参加会议。

11月30日，总行董事长蒋超良在重庆分行主持召开分行部分中层干部座谈会，总行副行长王滨，办公室、人资部、资负部、预算部、研究部负责人，以及重庆分行班子成员、主要业务部负责人和支行负责人参加了会议。蒋超良董事长在渝期间，重庆市市长王鸿举、常务副市长黄奇帆会见了蒋超良董事长。

12月17日，四公里分理处更名为工商大学支行。

2008年

1月14日，交通银行重庆分行在员工收入条件不占优的情况下，依靠不断提升的社会影响和内部和谐的管理氛围，得到广大市民和全体员工认可，在《重庆晚报》举办的十佳雇主评选活动中，荣获重庆十佳雇主称号。

2月4日，双碑支行划归沙坪坝支行管辖，不再由分行直接管理。

2月18日，分行全面完成重庆有线电视代收费项目程序开发工作，并在分行的所有柜台、自助通渠道顺利实现项目上线。

2月27日，分行成立交通银行重庆分行劳动争议调解委员会。主任：黄锦平；成员：黄民光、黄获、赵瑞、袁晓莉。调解委员会的办事机构设在分行工会办公室。

3月24日，分行成立贷后管理推进实施小组。组长：刘红；成员：刘忠武、胡南琪、许可、侯海妮、陈伟、陈凤谦。

5月28日，重庆分行与江北区人民政府正式签订《银企合作协议书》，分行在两年内为该地区加快旧城改造、城市建设、工业园区建设等方面提供10亿元的信贷支持与金融服务。

6月4日，重庆分行班子成员集体向黄奇帆副市长汇报重庆分行工作。

6月30日，分行成立零售信贷管理部，负责组织零售信贷业务营销推进和市场推广工作。

7月3—4日，应重庆市委、市政府领导邀请，总行副行长钱文挥一行莅临重庆参加中国知名国企重庆投资发展研讨会。重庆市市长王鸿举、副市长黄奇帆先后会见钱文挥副行长。在渝期间，钱文挥副行长到重庆分行看望广大干部员工并召开分行中层干部座谈会。

8月14日，渝州路支行更名为渝州新城支行。

9月2—4日，交通银行监事长华庆山率总行办公室、授信部、公司部、预财部负责人对重庆分行进行专题调研。在渝期间，调研组会见了重庆市常务副市长黄奇帆、副市长凌月明及市人大、银监局的相关领导，深入现场考察多处旧城改造情况，查看分行网点情况，召开分行班子成员及中层主要负责人调研座谈会，听取分行班子汇报经营情况及抓住机遇、加快发展的意见，对相关情况和问题展开了讨论研究。

9月28日，分行风险监控部更名为风险管理部，为分行层面落实全面风险管理的综合职能部门，内部不再增设二级部门。

12月7日，交通银行股份有限公司重庆分行更名为交通银行股份有限公司重庆市分行。

2009年

3月19日，中共江北区委书记燕平拜访分行行长郭莽。燕平对重庆市分行在2008年对江北区重点项目的授信支持表示感谢，并希望在国家相关政策和交行信贷政策允许的条件下，对江北区整体发展建设注入信贷支持。分行行长郭莽表示，分行将继续加大与江北区政府的战略合作力度，为该区新一轮的大发展提供良好的金融服务，同时希望能在财政存款匹配等方面做好业务合作，以实现银政合作双赢的良好局面。分行副行长刘红出席了会议。

3月26日，总行副行长叶迪奇到重庆市分行进行个金业务调研。在听取分行零售业务发展情况汇报后，叶迪奇副行长针对重庆市分行个金中间业务收入、代理保险、代发工资、公务卡增量等排名靠前的业务给予充分的肯定，并对做好个金业务提出要求。在渝期间，叶迪奇到基层网点进行了慰问，并对支行员工提出的问题一一做了分析解答。

5月6日，分行召开总行巡视组进驻重庆市分行见面会。总行巡视办主任、巡视协调人、第三巡视组全体成员以及分行班子成员、全体中干参加会议，总行党委副书记、监事长华庆山到会做重要讲话，分行党委书记、行长郭莽代表分行发言。最后，总行巡视组为参会的107名分行中干现场发放了对分行领导班子的调查问卷，并进行了现场测评。

6月24日，总行董事长胡怀邦在重庆拜会重庆市委、市政府领导。重庆市委常委、常务副市长黄奇帆，总行王滨副行长，分行郭莽行长等参加了会见。会谈后，在雾都宾馆举行了交通银行支持重庆交通建设银企合作授信签字仪式。在渝期间，胡怀邦董事长还到重钢集团公司、江北嘴中央商务区开放投资有限公司进行实地考察，并到分行营业部看望员工，详细询问一线员工的工作、生活情况。

7月8日，重庆市分行团委举行“交通银行·重庆大学青年就业创业见习基地”签约暨授牌仪式，确定首批20个见习岗位提供给重庆大学2010年即将毕业的学生。

7月19日，分行谢家湾、后堡、布市街分理处撤并。

8月10日，交通银行股份有限公司重庆市分行合同专用章启用，实施分行行政公章与合同专用章的分类使用管理。

8月14日，永川、合川、九龙园、桃花支行设立，龙溪镇分理处搬迁更名为金渝支行，撤销菜园坝、九坑子、胜利路、大石坝、石油路、团结路分理处。

10月23日，交通银行总行叶迪奇副行长到南城支行视察个金业务工作。

11月6日，石桥铺分理处更名为富州新城支行，马家堡分理处更名为长江路支行。

2010年

1月8日，中共重庆市委副书记、代市长黄奇帆会见在分行指导工作的总行党委副书记、监事长华庆山。总行党委组织部总经理助理李小敏拜访重庆银监局洪佩丽局长。

2月12日，分行对公司业务管理部及公司业务一、二、三部进行整合，成立公司管理部和大客户部。

2月25日，分行对零售信贷架构进行调整，将原零售信贷管理部二级部个人贷款中心独立为分行直管的经营部门，成立个人（小企业）贷款中心。

同日，撤销分行网点建设办公室，相关职能归并到分行会计结算部和行政部。

2月28日，分行决定，除渝中、江北、沙坪坝、九龙坡、南坪五大中心支行可保留1名行政管理岗位人员外，其余支行均不再设行政管理岗位，各支行精简压缩的行政管理岗位人员充实到营销岗位。

3月12日，交通银行党委决定任命朱克鹏为交通银行重庆市分行党委书记，免去郭莽的交通银行重庆市分行党委书记职务，交通银行聘任朱克鹏为交通银行重庆市分行行长，解聘郭莽的交通银行重庆市分行行长职务。

3月27日，总行个金部副总经理杨旭东一行2人莅临分行召开个金调研会议，分行行长朱克鹏、副行长黄锦平，个金部、零售信贷部、电子银行部、预财部部门主要负责人、业务人员及3家沃德网点负责人参会。

4月1日，松石路支行调整为北部新区支行辖属二级支行。

4月20日，重庆银监局局长洪佩丽一行7人到重庆市分行听取有关政府融资平台客户管理、“三个办法一个指引”执行情况、房地产贷款相关情况等三方面内容的汇报。这是自分行成立以来，第一次迎接监管当局一把手带队到行听取工作汇报，分行领导班子和相关职能部门负责人参加了汇报会。

同日，分行一次性撤销较场口、红球坝、上清寺、长安、花卉园、南坪东路、黄桷垭、汉渝路、长江路、陈家坪、钢花路、碚峡西路、大江支行等13个低效网点。此次网点整合实现了盘活资源、降本增效、优化人力资源、提升竞争力的目的，在交通银行系统产生极大反响。

5月4日，分行成立“三个办法一个指引”推进工作领导小组。领导小组组长：李阳，成员：风险部、授信部、公司部、零售部主要负责人。

5月7日，南城支行调整为南坪支行辖属二级支行。

6月13日，分行党委中心组进行集中学习活动，学习内容为中央干部选拔任用工作四项监督制度和胡锦涛总书记在全党深入学习实践科学发展观活动总结大会上重要讲话。党委中心组全体成员出席，分行各部门、各支行、各直属经营单位主要负责人约50人列席。党委书记、行长朱克鹏做书面中心发言，党委中心组其他成员也交流了学习体会。

7月19日，分行行长朱克鹏、副行长陈东玮带领公司部、授信部负责人一行拜访了大渡口区区长、副书记、副区长等领导。双方就银政、银企合作进行了深入沟通和交流，达成了进一步推进大渡口区地方经济快速发展的共识。

7月22日，新牌坊支行调整为渝北支行辖属二级支行。

8月23日，金渝支行更名为两江新区支行，并升格为直属支行；解放碑支行调整为渝中支行辖属二级支行。

8月24日，分行统一规范基层营业机构称谓，将基层营业机构分别称为中心支行、直属支行和直属经营单位。凡有管辖网点的支行称为中心支行，中心支行所辖网点称为二级支行，辖属二级支行负责人称为行长、副行长。

9月21日，分行行长朱克鹏向黄奇帆市长致中秋、国庆节日问候信，并简要汇报分行工作以及总分行支持两江新区发展的举措。黄奇帆亲自作出批示“不错，有冲劲，也有方略”，对重庆市分行工作给予充分肯定。分行紧紧抓住两江新区发展机遇，加快发展步伐，努力实现三年倍增计划目标。

9月26日，江西省分行行长杨宁一行到重庆市分行就网点整合进行工作交流。行长朱克鹏、副行长刘红及相关部门负责人参加了工作交流会。江西省分行一行还到渝中支行、江北支行进行了实地考察交流。

同日，七星岗支行调整为渝中支行辖属二级支行。

10月14日，分行党委书记、行长朱克鹏和副行长、工会主席黄锦平参加分行40余名退休老同志在鸿恩寺森林公园的登高远望活动。

10月15日，分行成立小企业信贷服务中心。小企业信贷服务中心为分行直属经营单位，与东和春天支行合署办公。

同日，成立分行私人银行中心，作为分行直属经营单位，与民族路支行合署办公。

11月23日，总行董事长胡怀邦在分行工作汇报材料上作出重要批示：“重庆市分行改造低产低效网点取得成效。明年要加大对东北、中西部等地区存量省辖行的网点资源整合力度，并作为一项重点改革措施加以推进。请亚利同志批转会计、预财等部门阅研。”

12月1日，分行新内网上线。

12月6日，西南证券融资融券业务在分行的融资融券第三方存管业务系统正式上线运行，分行借此成为西南证券在全国范围内融资融券业务的首家合作银行，并成为其融资融券专用排他性账户的唯一开立行。

同日，分行行长朱克鹏拜访市政府副市长刘学普，汇报分行前三季度经营情况以及加快业务发展、提升管理服务水平的各项改革发展措施和分行实施的“三年倍增”计划。刘副市长肯定分行支持地方经济建设、加强营销、强化管理、提升服务所采取的各项举措。

12月24日，东和春天支行升格为直属支行。

同月，江苏省分行行长顾生一行到重庆市分行就网点整合进行工作交流。

2011年

1月10日，九龙园、弹子石、陈家湾、两路口支行升格为直属支行。同日，分行成立机构部，分行“个人（小企业）贷款中心”更名为“个人贷款中心”，与两路口支行合并（两路口支行升格为直属支行），“两块牌子，一套班子”，该中心系分行直属经营机构。

3月8日，总行批准重庆市分行购置新办公大楼。

3月12日，总行副行长于亚利到分行检查指导工作，并到分行新大楼拟选址视察。

3月23日，分行朱克鹏行长拜访市政府分管金融的凌月明副市长。朱行长向凌副市长汇报分行经营管理情况和下一步工作计划。凌副市长对分行支持地方经济建设、提升服务所做的工作给予肯定。

4月14日，总行副行长侯维栋、软件中心总经理李海宁、公司部副总经理王忆军来渝指导检查分行工作。侯副行长一行听取分行班子工作汇报，拜访重庆市分管金融工作的凌月明副市长，会见巴南区委书记和长寿区区长，先后走访城投公司、安诚保险、民生轮船、北部新区管委会等分行重点客户。

6月21日，分行与江苏商会签署战略合作协议。

6月29日，重庆市分行成功牵头两江新区核心区G片区工程建设60亿元银团贷款项目。该项目是重庆两江新区开发投资集团有限公司重点投资的项目之一。

同日，重庆市分行与重庆市中小企业发展指导局正式签署合作协议，缔结战略合作伙伴关系。

7月14日，观音桥支行撤销。

同月，重庆市分行针对农业企业申贷缺乏抵押物的问题，采取银行与担保业合作的方式，携手重庆银行与重庆市农业担保有限公司，为重庆市江津区22户花椒业主授信4340万元，支持全市花椒产业发展。此次授信对象为全国最大的花椒生产基地，种植面积和产量均占到国内一半左右。花椒业主涉及种植、收购、加工等和花椒相关的农资业的整个产业链，客户主体涵盖了农户、种植大户、收购大户、加工户和龙头企业，实现了产业链和被担保主体类型的全覆盖。

8月1日，重庆市分行与重庆市人社局成功签订社保金融卡框架合协议。社保金融卡是国家重点推进的金卡工程之一，将成为广大城市居民的“第二张身份证”。

8月3日，重庆市分行成功上线个贷影像系统。

8月4日，重庆市分行成功营销重庆市电力公司市区供电局开立补充医疗保险专户。

8月14日，重庆市分行成功营销重庆西部国际会展中心38.2亿元银团贷款项目。该银团贷款是重庆市重点建设项目之一，分行作为银团贷款联合牵头行和代理行参组银团贷款。

8月19日，分行在市儿童医院“自助医院”项目竞标中，从五家行中（其余四家为工行、中行、光大、招商）胜出，成为唯一中标银行，实现分行自助医院“零”的突破。

8月30—31日，总行行长牛锡明、审计部总经理樊军一行到分行调研指导工作。在听取分行经营管理工作情况汇报后，在分行行长朱克鹏陪同下到江北支行视察并召开基层调研座谈会，详细了解支行自助机具布局及使用情况，并就网点转型、劳动组合、客户拓展等方面提出了具体指导意见。在渝期间，牛锡明行长会见重庆市委副书记、市长黄奇帆，并走访重庆两江新区管委会等重点客户。

9月15日，重庆市分行与重庆广东商会签署《支持中小企业发展战略合作协议》，为在渝发展的粤企提供金融服务和信贷支持。

9月26日，重庆市分行成功营销达丰重庆电脑有限公司5400万美元出口风险参与业务，实现分行此类业务“零”的突破。

11月4日，分行被纳入“中小企业限额以下授信业务信贷流程优化”试点行之列，开展流程优化试点工作有利于改进和完善中小企业金融服务，提高申报、审批工作效率。

11月18日，石坪桥、上桥支行撤并。

11月23日，分行成功办理重庆协信控股集团远润房地产开发有限公司跨境人民币业务9000万元，实现跨境业务新突破。

12月9日，重庆市分行成功营销重庆尚蔬坊饮料食品有限公司办理1875万元国内信用证并完成代付，该笔国内信用证业务是分行第一笔小企业国内信用证业务。

同日，分行对公客户账户集中处理项目上线。

2012年

1月8日，分行在江北嘴举行新办公大楼开工奠基仪式。

2月8日，分行成立营运管理部和业务处理中心。

3月23日，分行成功签署重庆医科大学附属口腔医院“自助医院系统”合作协议。该协议的签署标志着重点推进的“智康医院”项目在分行取得阶段性成果，使分行在总行公司部开展的重点产品“季度会战”中实现“零”的突破。

3月15—16日，总行董事杜悦妹到分行调研。

3月16日，民族路支行由分行直属（简称投行部）经营单位调整为渝中支行辖属二级支行，仍保持服务高端客户特色，取消私人银行中心名称。

同日，分行成立投资银行部，该部门系分行一级部门，暂与公司部合署办公。

3月18日，总行董事张冀湘到分行调研。

3月24—25日，总行监事长华庆山在分行调研指导工作。华庆山听取了分行经营管理工作情况汇报。在渝期间，华庆山监事长拜访凌月明副市长，并深入两江新区支行等基层营业网点检查指导工作，与基层干部员工进行座谈；走访重庆旅游投资集团有限公司等重点客户。

6月6日，交通银行党委决定免去李阳交通银行重庆市分行党委委员职务，交通银行决定免去李阳的重庆市分行副行长、高级信贷执行官职务。

8月23—24日，总行纪委书记寿梅生、主任杜亚荣及巡视组组长、副组长一行来渝检查指导工作。寿书记在渝调研期间，会见了市财政局局长，向分行领导班子及班子成员反馈了巡视意见，并召开纪检监察工作座谈会。

9月5日，分行续签重庆市财政局统发工资协议，独家代发主城九区市级行政事业单位人员工资。主城九区市级行政事业单位400多家，统发人数已超过8.3万人，每月代发金额达到1.2亿元。统发工资客户在分行平均储蓄存款达到26亿元。

10月8日，交通银行党委任命付万军为交通银行重庆市分行党委书记，免去朱克鹏交通银行重庆市分行党委书记职务。

10月16日，付万军行长会见江北区委书记燕平。

10月25日，交通银行聘任付万军为交通银行重庆市分行行长，解聘朱克鹏交通银行重庆市分行行长职务。

10月26日，交通银行党委任命李晓平为交通银行重庆市分行党委委员，交通银行聘任李晓平为交通银行重庆市分行副行长。

12月12日，分行成功实现重庆永荣矿业有限公司入池项目在北京金融资产交易所正式挂牌，这是继海南省分行挂牌试点后，全行委托债权投资业务正式开展以来的首单挂牌交易。

2013年

1月23日，分行与重庆MBA企业家联谊会签署战略合作协议。根据协议内容，分行为重庆MBA企业家联谊会的主办银行，将为其成员单位提供100亿元本外币意向授信，以及本外币资金结算、现金管理、投资银行、理财业务、信托计划、融资租赁、个人金融等业务。

2月1日，分行中标的高科集团中期票据业务成功发行，2.5亿中期票据成功发行标志着分行首单承销中期票据业务取得突破。

3月20日，总行副行长钱文挥会见重庆市委常委、常务副市长马正其，市政府副秘书长张智奎、市金融办主任阮路、市银监局副局长李虎参加会见。钱副行长表示交通银行将继续充分发挥自身优势，大力创新金融服务，助推重庆建设长江上游金融中心，助推重庆实体经济发展。

3月25日，交通银行党委任命黄锦平为交通银行四川省分行党委委员，任华为交通银行重庆市分行党委委员。

4月12日，交通银行聘任李晓平为交通银行重庆市分行高级信贷执行官。

5月9日，分行给予重庆机场集团东航站区及第三跑道建设工程项目银团贷款30亿元授信额度。

5月18日，交通银行决定聘任任华为交通银行重庆市分行副行长，解聘黄锦平交通银行重庆市分行副行长职务。

6月13日，分行公务卡系统成功优化上线。该系统的上线不仅使分行公务卡客户体验到更加快捷高效的服务，为公务卡业务的深度发展奠定了良好基础，而且在一定程度上提升了分行电子分流率。

6月16日，分行成功上线总行贵金属平台项目。该平台项目的上线，对实物贵金属业务的管理实现会计核算自动化、库存管理多元化、业务信息共享化具有重要意义，同时也将有效提升客户体验。

6月24日，分行在民族路支行设立私人银行中心，隶属于分行个金部，由分行个金部进行管理。

9月2日，分行管理部门及营业部的高级经理、副高级经理、高级经理助理等职位名称，分别变更为总经理、副总经理、总经理助理，职位等级不变。分行办公室、监察室、工会办公室、培训中心的主任、副主任、主任助理等职位名称保持不变。

9月3日，重庆市分行与重庆市大渡口区政府签订银政战略合作协议。

11月14日，分行与重庆旅商投资有限公司签署战略合作协议。根据协议内容，分行为重庆旅商投资有限公司提供500亿元本外币意向授信，以及资金结算、企业理财、投行及创新型服务、个人金融等业务。

2014年

1月22日，分行撤销大客户部。

2月8日，分行成立金融同业（托管）部和投资银行部，为分行内设一级经营管理部门。

2月21日，分行成功营销重庆渝资光电产业投资有限公司首批增资款38亿元。

3月13日，总行副行长于亚利在渝出席交通银行与重庆银行全面合作协议签约仪式。根据协议，双方将在结算代理、资金业务、银团贷款、国际业务等多方面开展合作。

3月18日，分行成功办理首单15亿元的“交银通业·金太阳”（T+0）同业理财业务。

3月28日，分行决定资产负债管理部、预算财务部分设，不再合署办公。

5月12日，分行设立璧山支行。

6月19日，分行和交银国际联动营销，成功获任瀚华金控（3903.HK）在香港联交所首发挂牌上市的联席账簿管理人及联席主承销商。这是继重庆银行上市项目后，重庆市分行与子公司联动，成功营销的又一单H股IPO项目。

6月25日，分行对零售信贷业务组织架构进行调整，撤销零售信贷业务管理部，设立零售信贷业务部，为分行内设一级经营管理部门。授信管理部增设二级部——零售信贷管理部。

7月1日，分行成功营销国开证券发放涪陵国投的2500万元贷款资金，实现“彩虹桥”业务“零”的突破。(注解：“彩虹桥”业务是交通银行与国家开发银行在全行范围内开展的专项业务合作。“彩虹桥”业务切实解决了因国开行网点较少不能全面支持地方金融服务等问题，有效推动了地方民生工程的发展。)

7月8日，分行为重庆化医集团办理4亿元短融过桥融资，实现分行投行类直投业务“零”的突破。

8月18日，分行与重庆市文化产权交易中心签署战略合作协议。

10月16—17日，分行参加重庆市2014年秋季房交会，分行与此次参展的绝大部分楼盘项目均有合作。

11月10日，分行与永城财产保险股份有限公司重庆分公司签署全面合作协议。根据协议内容，分行将与永城财产保险在代理收取保险费、代理支取保险金、代理保险产品、资金结算业务、发展电子商务、银行卡及其他业务等方面开展全面业务合作。

11月18日，分行成功营销重庆人人乐商业有限公司MIS-POS收单项目，实现MIS-POS收单项目“零”的突破。

12月12—14日，分行参展重庆市第六届金融博览会，集中展示了分行手机银行、信用卡、展业通等业务品牌。展会期间，重庆市副市长刘伟参观分行展厅，并听取了工作人员对分行特色金融产品的讲解。

12月19日，分行与重庆市外商投资企业协会租赁业委员会签署战略合作协议。根据协议内容，分行将与具体的外资租赁企业在授信、跨境融资、资产证券化、供应链、投资银行及创新金融业务等方面展开全方位合作。

2015年

1月23日，分行获总行2014年度经营单位优胜奖。

1月30日，分行在重庆外管局组织的全市40家银行2014年度执行外汇管理情况综合考核中，成为重庆市外汇管理年度考核A级的10家金融单位之一，也是交行系统国际条线在当地获此荣誉的21家分行之一。

2月3日，陈家湾支行由分行直属支行调整为沙坪坝支行辖属二级支行，九龙园支行由分行直属支行调整为西郊路支行辖属二级支行。

3月20日，分行设立两江幸福广场支行和茶园支行。

3月28日，分行粮食集团收付一体化MPOS项目正式上线。MPOS（总行取名为“好生意一家易通”）业务是集收付于一体，以单位结算账户作为结算账户，设备终端与单位结算卡进行绑定，实现收付款项从绑定账户中划转，方便快捷、安全高效。分行是系统内第一家推出对公账户版本MPOS项目的分行。

4月22日，分行团委组织参加由共青团重庆市委、重庆银监局联合主办的重庆金融团工委成立暨“金融伴你成长创业成就梦想”主题活动。分行为新成立的重庆金融团工委首批61家会员单位之一（其中银行机构44家、证券公司2家、保险公司15家）。

4月23日，总行副行长寿梅生、纪委书记到分行调研指导落实党风廉政建设责任制工作。

5月9日，总行员工部总经理、工会副主席、团委书记帅师莅临重庆市分行团委工作汇报交流会。

5月21日，重庆分成立分行巡察组，副组长（主持工作）：黄民光，副组长：吴跃春（监察室副主任兼），专职成员：邹新毅、冷代忠。

6月18日，分行作为重庆市涪陵国有资产投资经营集团有限公司非公开定向债务融资工具联系主承销商，成功在银行间市场交易商协会成功注册非公开定向债务融资工具30亿元。

6月26日，分行召开第五届五次职工代表大会暨工会会员代表大会。大会认真听取分行付万军行长作的《交通银行重庆市分行经营管理工作情况报告》，听取并审议《关于重庆市分行教育经费使用、干部选拔任用的情况报告》《关于重庆市分行预算财务编制、经费使用情况报告》《关于重庆市分行风险管控情况报告》《关于重庆市分行集中采购情况报告》《关于重庆市分行第五届五次职工代表大会提案工作情况报告》，通过了《关于分行困难员工关爱扶助暂行办法修订意见》。

8月10日，重庆市分行成立合川希望玫瑰园、龙洲大道支行（普惠型支行）。[“普惠型特色支行”——以中高端社区居民（包括关联的小微企业、个体工商户）为目标客户，采用“自助机具+客户经理”为主导、线上线下相互融合的服务模式，充分发挥网点面积“小”、员工数量“少”、服务内容“多”、电子化程度“高”的特点，通过延时服务、上门服务、远程服务等便捷服务方式以及全新的营销模式，融入社区、服务居民，增加客户服务接触点，提高服务覆盖面，拓展获客渠道，推动“三位一体”建设，满足客户贴近、便捷等服务新需求。]

8月16日，分行531系统成功上线。

8月27日，分行前台板块机构调整。其中公司业务部职能调整。原电子银行部负责的企业网银和银企直联业务划归分行公司业务部管理；承担有关对公产品需求发掘、公司客户数据挖掘应用、线上线下一体化销售推动和管理等职责。零售信贷业务部更名为小企业金融部，主要负责开展小微企业业务和个人经营性贷款业务。小企业金融部归口公司板块进行管理。个人金融业务部职能调整。原零售信贷业务部的个人房贷和消费贷业务以及原电子银行部的商户金融（线上线下收单）、移动金融（个人网银、手机银行、微信银行）业务的经营管理转由个金部负责。电子银行部更名为网络渠道部，纳入零售板块管理。原由分行机构办承担的机构网点建设，包括个金部承担的普惠型网点建设，自助银行及网络平台的规划、建设和管理，以及推进“三位一体”建设和机构转型等职责调整至网络渠道部。

8月28—29日，总行董事长牛锡明到重庆市分行调研指导工作。

9月9日，分行首个交互式智能机器人“娇娇”亮相江北支行营业厅。

9月21—22日，总行副行长王江到重庆市分行调研指导工作，提出认真研究市场变化、客户需求变化，做到因势而变、顺势而为，通过产品创新有效满足客户需求，加大新兴业务发展力度，增加收入来源；深刻认识当前经济金融环境的复杂性，加强全流程管理，早预警、早发现、早处置，提升风险管控能力；大力推动资产业务的发展，传统信贷业务和新兴业务并重，建立补偿机制，促进资产业务早投放、早收益；深入贯彻总行党委深化改革的部署，结合实际有效推进改革工作，加强改革过程管理的工作要求。其间王江还会见了重庆市副市长刘伟，走访了重庆市财政局、重庆市人社局、重庆渝富集团、重庆地产集团等客户单位。

9月22日，以“创新·合作·共赢”为主题的“交行—汇丰1+1”西南地区重点客户银企交流活动在重庆举行。

9月24—25日，分行通过顺丰速运对远郊支行贵金属提货产品进行配送测试。此种模式的开通为分行（特别是远郊支行）贵金属销售提供了更丰富快捷的配送通道，为提升客户体验、促进网点贵金属销售提供了更有力的服务支撑。

10月9日，分行成立永川协信中心支行。

10月12日，总行副行长寿梅生到分行调研指导工作。

10月19日，分行以第一名的成绩成功入围并获得重庆产业引导股权投资基金托管银行资格。

该母基金从2014年开始由市财政每年筹集25亿元，连续5年，安排规模100亿元以上，再以1：2或1：3甚至1：4的杠杆引入子基金，为重庆市工业、农业、科技、现代服务业、文化和旅游六大产业提供项目合作、投贷联动、定向增发和托管服务，并有效切入与鼎晖投资、九鼎投资、和君资本、英飞尼迪和西南证券等12家基金管理人的各类合作。

10月20日，分行完成重庆文化产权交易中心有限责任公司（以下简称“交易中心”）银商通系统个人和机构投资者签约、转账等交易的全部验证工作，成功上线分行首家交易中心银商通系统。

10月22日，分行成立龙兴和合家园、湖津路、观音桥支行（普惠型支行）。

11月10日，分行第五届第六次职工代表大会召开，审议通过了《交通银行重庆市分行补充医疗保险实施细则（2015修订）》。

11月12日，分行成立大客户部。

12月24日，壮志路支行更名为西永支行。

12月30日，重庆金交所银商通系统正式上线，再次启动分行与重庆市重要要素市场的合作。

2016年

1月20日，分行成立江津云鼎阳光支行（普惠型支行）。

1月25日，分行获总行“2015年度经营管理优秀单位”称号。

1月31日，分行召开2016年工作会议。

2月26日，交通银行决定聘任杨宁为交通银行重庆市分行行长，解聘付万军交通银行重庆市分行行长职务。

2月29日，分行成立渝北空港新城支行（普惠型支行）。

3月1日，分行召开干部大会，宣布总行关于重庆市分行班子调整决定；总行监事长宋曙光会见重庆市委常委、两江新区管委会主任凌月明。

3月16日，交通银行党委决定任命陈东玮为交通银行广西区分行党委委员，免去陈东玮交通银行重庆市分行党委委员职务；交通银行决定任命陈东玮为交通银行广西区分行副行长，免去陈东玮交通银行重庆市分行副行长职务。

3月20日，分行成立消费者权益保护部，与个人金融业务部合署办公。

3月22日，重庆银监局国有银行处处长傅刚带领国有银行处一行6人在分行召开2015年度监管通报会议。分行班子成员、各部门负责人，渝中、九龙坡、沙坪坝、大渡口及南坪支行等银监局直管支行负责人，交行太平洋信用卡中心重庆分中心负责人参加了会议。

3月30日，分行参与认购重庆战略性新兴产业股权投资基金100亿元。重庆战略性新兴产业股权投资基金系重庆市政府主导的产业基金，总额800亿元，其中金融机构参与总额545亿元，此次参与认购成功表明重庆市分行积极支持重庆市政府主导的政府类投资项目，在重庆市政府及金融同业中树立了良好的市场形象。

4月5日，总行同意分行设立交通银行离岸金融业务中心（重庆），协助总行离岸金融业务中心办理离岸业务。

4月15日，交通银行党委决定任命杨宁为交通银行重庆市分行党委书记，免去付万军交通银行重庆市分行党委书记职务。

4月28日，交通银行2016年“交银通业”同业财富管理推介会（重庆站）成功举行。

5月4日，分行召开“学系列讲话”专题辅导暨“两学一做”学习教育启动部署大会，贯彻落实总行党建工作会议精神，深入开展分行“两学一做”学习教育。

5月13日，分行东和春天支行获得“全国金融五一劳动奖状”。

5月17日，成功办理首笔跨东京及中国香港、重庆三地掉期福费廷创新业务3100万元，实现当天境外开证当天境内放款的高效跨境业务合作。此笔业务的办理，突破了传统国际贸易融资业务模式，充分满足了企业多样化的国际贸易需求，有效打通了创新业务通道和流程，形成可复制推广的全行与各海外行联动的营销案例，为银企全方位深度合作拓宽了新的渠道。

5月23日，分行调整龙兴、龙兴和合家园支行（普惠型支行）为两江新区支行辖属二级支行。

6月15—17日，总行董事长牛锡明到分行调研指导工作，提出结合自身实际，深化改革，持续做好“1+3+1”考评体系建设，建立大客户一站式统一营销审批模式，健全完善全员全产品计量计价，建立贷后管理中心，引导网点经营模式创新。其间，牛锡明还深入渝北支行和东和春天党支部看望慰问一线员工，调研指导基层党支部“两学一做”学习教育。

6月16日，交通银行与重庆市政府在渝签署“十三五”战略合作协议。总行董事长牛锡明、副行长王江，重庆市市长黄奇帆，市委常委、常务副市长翁杰明等参加签约仪式。总行王江副行长在重庆会见中新（重庆）战略性互联互通示范项目管理局局长韩宝昌。

6月18日，分行成功上线二代支付渠道交易分流地方同城的创新项目。实现了7×24小时大额资金跨行汇款，确保客户大额汇款资金实时到账，提升客户满意度，降低分行人民币转账手续费成本。

7月25—29日，分行在重庆财政学校举办2016年中层领导干部领导力提升培训，分行全体班子成员、各经营单位、分行各部门主要负责人共计55人参加本次培训。

8月19日，分行纪委组织部分中层干部、客户经理、全体新进行员工共计86人前往重庆铁山坪廉政教育基地，接受廉政警示教育。

8月22日，分行理财产品销售录音录像系统上线，实现自有理财产品和代销产品销售过程全程录音录像。分行53个物理网点，10个普惠网点双录系统全部上线，确保每个网点每位客户经理一人一机且使用正常。双录系统上线后，客户经理在向客户销售理财产品（含所有自有产品和代销产品）时，客户经理对产品关键交易信息、风险提示，以及客户对上述提示确认的过程必须进行录音录像。

9月5日，小苑支行更名为鱼嘴支行。

9月9日，两江新区财政公务卡还款特色业务系统上线。

9月22日，分行召开行志编纂工作专题动员会。

9月23日，由总行托管中心主办，重庆市分行筹办的2016年交通银行地方商业银行托管业务合作交流会在渝举行。

10月20—23日，分行参加2016年重庆市秋季房交会。

10月24日，由总行公司部组织召开的“交通银行政府跨境电商贸易支付业务发展研讨会”在渝举行，总行公司部副总经理李阳，总行公司部机构事业部，分行副行长李晓平，上海、天津等13家总分行公司部相关人员及合作海关、外管等政府部门和部分跨境电商代表共计50多人出席本次研讨会。

10月31日，分行自主开发的重庆市北部新区支库代理的国库收支业务全部并入重庆两江新区支库业务的财政授权支付和TIPS清算功能系统成功上线。并库后，交通银行北部新区支行从北部新区区财政集中支付代理银行和代理金库的角色，变更为两江新区支行的区财政授权支付代理银行。

11月8号，交通银行党委决定任命鲁小松为交通银行重庆市分行党委委员。

11月15日，分行行长杨宁拜会市政府副市长刘桂平。杨宁行长向刘副市长汇报了分行经营管理情况，感谢市委、市政府长期以来对交通银行的关心和支持。

11月29日，分行两江新区支行70亿投行类私募型企业资产证券化业务成功放款到账。该笔业务系重庆分行有史以来最大的一笔创新类投行业务。

12月1日，重庆市分行成立公司战略客户部。

12月7日，分行举办2016年度小微企业银企座谈会。分行邀请15家小微企业高管和财务负责人参会，包括核心企业供应商、抵质押类、银票贴现以及政府采购等重点客户。

同日，分行召开2016年度党风廉政建设责任制暨基层党建考核工作汇报会议。分行党委成员、纪委委员、部门助理以上干部、C职等支行主要负责人、相关职工代表共计70余人参会。

12月9日，分行与金易集团债委会12家债权银行共同签署债权人委员会合作协议书。分行作为首批债权银行，参加重庆市银协首次牵头组织的债权人委员会，对充分防范和化解风险、助力实体经济发展起到了进一步推进作用。

12月15日，分行成立资产管理部，与投资银行部合署办公。

12月19日，分行成立涪陵滨江路支行（普惠型支行）。

12月29日，分行与旭辉集团股份有限公司重庆事业部签署战略合作协议，实现强强携手合作，推动个人住房按揭贷款业务的新发展。

2017年

1月3日，分行行长杨宁参加重庆市第四届人民政府第四次全体会议。

1月5日，分行成立汽车金融事业部，与大客户部合署办公。

1月6日，分行营业部迁至江北嘴交银大厦新址，并召开智慧银行发布会，开启银行服务新生态智能模式。

1月23日，分行获得总行2016年度经营管理优胜奖。

2月9—10日，分行召开2017年度工作会议。

2月14日，分行成立“新五大领域”深化治理工作领导小组，以落实分行党委开展的“以贷谋私、大额集中采购、基建装修工程，虚列支出套取费用和员工违规经商办企业”等五大腐败易发多发领域深化治理工作，小组办公室设在监察室。（注：“新五大领域”，即2017年2月交通银行根据日常工作中谋私贪腐易发环节总结提出的五方面防控重点，即以贷谋私、大额集中采购、基建装修工程、虚列支出套取费用和员工违规经商办企业等谋取私利的五个方面。）

2月16—17日，总行新闻发言人、党委宣传部部长、企业文化部总经理帅师来渝就分行新常态下的企业文化建设、品牌管理、声誉风险管理等内容为分行各部门和经营单位主要负责人做专题报告，并到东和春天支行指导工作。

2月20日，分行召开2016年度干部选拔任用工作专题报告会议，分行党委班子成员、助理以上中层管理干部参加会议。分行党委书记、行长杨宁专题报告了2016年度干部选拔任用工作情况。

2月21日，交通银行党委任命黄锦平为交通银行重庆市分行党委委员，免去任华交通银行重庆市分行党委委员职务，交通银行聘任黄锦平为交通银行重庆市分行副行长，免去任华交通银行重庆市分行副行长职务。

3月6日，分行位于江北嘴CBD的新办公大楼——“重庆市江北区江北城西大街3号”正式投入使用。

3月10日，分行举办自贸区政策与业务交流会，总行产品专员，重庆市自贸区办公室、市外管局、市银监局、市金融办领导以及企业代表130余人受邀参加本次交流会，分行行长杨宁、党委委员鲁小松出席会议。

3月11日，为配合世界自然基金会（WWF）发起的“地球一小时”倡议，传播“蓝色WE来”

主题，传递“我们的蓝色未来，需要共同努力”公益环保理念，分行携手腾讯大渝网，在江北嘴CBD交通银行大厦，共同开启“种下一株WE来，让森林走进重庆”公益活动。

3月15日，分行行长杨宁主持召开行志编撰推进会。

3月17日，交通银行股份有限公司重庆高新技术开发区支行更名为交通银行股份有限公司重庆高新科技支行。

3月20日，分行成立深化改革领导小组。组长：杨宁；副组长：李晓平、黄锦平、刘红、鲁小松；成员：办公室、人资部、资负部、预财部、公司部、个金部、风险部、授信部、营运部、审计部、监察室、渠道部、工会办主要负责人。

同日，分行召开第六届二次职工（会员）代表大会，会议听取分行党委书记、行长杨宁作的《交通银行重庆市分行经营管理工作情况报告》，听取并审议了《关于制定交通银行重庆市分行“十三五”发展规划的报告》《关于重庆市分行2016年资产负债配置执行情况及2017年实施方案的报告》《关于重庆市分行2016年教育经费使用、干部选拔任用的情况报告》《关于修订交通银行重庆市分行请假规定的情况说明》《关于重庆市分行2017年预算财务编制、2016年经费使用情况报告》《关于重庆市分行2016风险管控情况报告》《关于重庆市分行2016年集中采购情况报告》《关于重庆市分行第六届第二次职工代表大会提案工作情况报告》，通过了《交通银行重庆分行员工请休假实施细则》。大会要求分行相关职能部门对分行请休假实施细则进一步完善后颁布实施。对2016年度分行先进基层工会和优秀工会积极分子进行了表彰。

3月22日，分行副行长李晓平主持召开交通银行重庆分馆行史馆建设工作启动会。

同日，重庆银行业协会率云南省银协及同业代表一行到分行“百佳网点”江北支行营业厅进行参观交流。

3月28日，分行举行2017年监管会谈，重庆银监局国有银行监管处处长傅刚一行5人出席会议，分行行长杨宁、副行长李晓平、副行长黄锦平、副行长刘红、党委委员鲁小松及主要业务部门和各经营单位负责人参加会议。

3月31日，分行副行长李晓平主持召开分行行史馆建设工作方案设计说明会。

4月7日，原分行直属支行朝天门支行调整为渝中支行辖属二级支行，爱都会支行调整为渝北支行辖属二级支行。

4月8日，分行在渝北区重庆中央公园举行主题为“拥抱春天，亲近自然”的春季健走比赛活动，分行领导和分行部门、支行组成的45支参赛队伍以及新入行大学生、员工家属共180余人参加。

4月21日，分行成立自贸区分行筹备组，组长：孟曦，成员：肖彬、袁晓莉、宋轩。

5月2日，分行团委召开“筑梦青春，圆梦交行”五四青年节座谈暨表彰会。

5月4日，分行成立分行纪委驻郊区纪检监察组。

5月8—12日，分行行长杨宁参加交通银行2017年直属机构主要负责人专题研修班。

5月26日，分行党委书记杨宁在上海参加中国共产党交通银行代表会议。

6月5日，交通银行党委决定任命陈东玮为重庆市分行党委委员，免去李晓平交通银行重庆市分行党委委员职务。交通银行决定聘任陈东玮为重庆市分行副行长，解聘李晓平重庆市分行副行长、高级信贷执行官职务。

6月8日，重庆银监局局长陈育林一行来行检查指导工作。

6月12日，分行召开共青团交通银行重庆市分行第六次代表大会。

6月13日，分行成立市分行机关党委。

6月22—23日，总行“息差管理及预算考核”第二组现场调研培训会在重庆召开。总行预算部副总经理袁平、副高级经理朱小军及各二级部业务骨干，上海、山东、宁波等10家兄弟行预算部负责人，重庆市分行副行长黄锦平及部分支行业务骨干参会。

6月29日，分行召开机关党委成立大会。

7月1日，分行召开纪念中国共产党成立96周年暨“两优一先”表彰大会。分行行长杨宁，副行长黄锦平、刘红，党委委员鲁小松，退休老党员游杰元、张映陶出席会议。

同日，分行邀请部分离退休老干部回行参加“畅谈十八大和交行重组30年以来变化、展望十九大胜利召开”座谈会。

7月3日，分行成立机关工会。主席：甘莉，负责机关工会全面工作。委员：徐桦，负责女工工作；李茜，负责文体工作；欧阳春晖，负责经审工作；焦春涛，负责劳动安全工作。

7月14日，分行成立普惠金融事业部，与小企业金融部合署办公。

7月20日，重庆市银行业协会第十七次会员大会暨《重庆市银行业社会责任报告（2016年）》发布会在交行大厦0406会议室召开。市政府副市长刘桂平，重庆银监局、市金融办、市民间组织管理局、人行重庆营管部等有关部门负责人，分行陈东玮副行长出席会议。

7月27日，交通银行聘任鲁小松为交通银行重庆市分行副行长。

7月31日—8月1日，总行副行长沈如军到重庆市分行调研指导息差管理工作并召开座谈会。在渝期间，沈如军副行长会见了重庆市委常委、市政法委书记刘强，走访了重庆地产集团。

8月1日，交通银行与重庆农村商业银行在分行大厦签署全面战略合作协议。总行副行长沈如军、分行行长杨宁、重庆农村商业银行董事长刘建忠出席仪式。

同日，交通银行与重庆三峡银行在渝签署全面战略合作协议。总行副行长沈如军、分行行长杨宁、重庆三峡银行董事长丁世录出席仪式。

8月10日，交通银行重庆市分行艺术团成立。

9月23日，分行撤销龙兴支行，其全部业务整体并入龙兴和合家园支行。

9月24日，分行举行交通银行“沃德杯”广场舞大赛重庆区总决赛。

10月9日，台湾高雄应用科技大学师生来分行交流座谈。

10月13日，分行首笔跨境直贷5000万美元项目成功在总行离岸中心放款，该笔跨境直贷业务是继离岸中心挂牌“交通银行离岸金融业务中心（重庆）”后又一具体项目落地，是交通银行支持重庆实体经济发展，支持重庆自贸区建设的实质性举措。

10月24日，分行两江新区支行升格并更名为交通银行股份有限公司重庆两江新区分行，两江幸福广场支行升格并更名为交通银行股份有限公司重庆自由贸易试验区分行。

11月3日，中国建设银行纪委书记朱克鹏，建行重庆市分行行长王晓永、纪委书记高永强到市分行参观访问。

11月13—14日，总行独立董事李建、刘力莅临分行检查指导工作，董办副高级经理王强陪同调研，分行行领导陪同参加相关活动。分行召开独立董事调研汇报会，杨宁行长就近年来分行落实总行深化改革、转型发展等情况进行了汇报。李建、刘力独立董事对分行近年来的改革发展工作给予充分肯定，并就业务发展、资产质量管控、风险管理等相关问题与参会人员进行了深入沟通和交流。在渝期间，李建、刘力独立董事还赴东和春天支行调研检查工作，并参观交行旧址。

11月17日，由重庆银监局主办、金融工会协办、交通银行重庆市分行承办的首届重庆银行业消费者权益保护知识竞赛决赛在分行举行。重庆银监局副局长向恒及各分局代表，分行副行长黄锦平出席活动，建设银行、中信银行等10家进入决赛的金融机构相关负责人及重庆市各银行业机构代表莅临现场。

11月19日，分行参加2017年“沃德杯”广场舞全国总决赛，总行侯维栋副行长莅临现场，分行海选赛冠军重庆群英艺术团参赛并荣获“最红心齐舞奖”，获得奖金10万元。

11月24日，分行成功上线重庆市交通罚款代缴系统，成为重庆市第四家可以办理交通罚款代缴业务的银行。

11月25日，为庆祝十九大召开，展示员工才艺和精神风貌，丰富精神文化生活，凝心聚力，团结带领员工实现分行“十三五”期间建设“同业领先、西部大行、全国一流”的“重庆交行梦”宏伟目标，分行在重庆群众艺术馆举办以“不忘初心跟党走，同心共筑交行梦”为主题，分行员工自编自演的2017年度文艺汇演。

12月11日，分行国库集中支付事中监督系统成功上线。人行重庆营管部首选交通银行重庆市分行作为第一批国库集中支付事中监督系统上线的试点银行。

12月15日，重庆市分行积极配合总行营运部参与531系统“零余额账户管理”功能试点上线。

12月19日，分行成功取得江北城西大街公交站冠名权这一稀缺资源，并更名为交通银行站，成为分行扩大宣传影响的长期窗口。

2018年

1月2日，分行召开2018年“锦犬运旺·春天行动”开门红启动大会，行长杨宁，副行长陈东玮、黄锦平、刘红、鲁小松参加，会议要求全行干部员工以新的面貌、新的精神、新的状态，凝聚认识，坚定信念，完善措施，狠抓落实，全力实现2018年各项业务“开门红”。

1月3日，分行弹子石、茶园支行调整为南坪支行辖属二级综合型特色支行；鱼嘴支行调整为渝北支行辖属二级综合型特色支行。

1月4日，分行小企业金融部（普惠金融事业部）更名为普惠金融事业部。

1月12日，在重庆市分行重组30周年之际，市分行党委决定建立员工退休纪念日制度，并为2017年度退休员工召开专题座谈会。市分行特邀请总行员工工作部副总经理、工会副主席王学武一行参加会议。

2月3日，为庆祝交通银行创立110周年、重庆市分行重建30周年，分行举行火炬接力跑活动。

2月8—9日，市分行召开2018年度工作会议，回顾总结分行2017年经营情况，安排部署分行2018年工作任务。分行班子成员，各经营单位、分行各部门班子成员，二级支行主要负责人参加会议。重庆银监局大型银行监管处副处长周开林、中国人民银行重庆营业管理部金融稳定处科长刘科星、国家外汇管理局重庆外汇管理部国际收支处高级主管王嘉应邀列席会议。

2月9日，交通银行党委任命韩冬为交通银行重庆市分行党委委员。

2月14日，交通银行股份有限公司重庆南坪支行更名为交通银行股份有限公司重庆南岸支行。

3月1日，市分行召开2018年党建工作会议，分行党委书记杨宁做分行党建工作报告。分行党委班子成员、各经营单位和职能部门班子成员参加会议，会议还邀请了渝北区鸳鸯街道、《重庆晚报》、江北嘴中央商务区管委会等三家联建单位参会。

3月10—11日，总行新闻发言人、党委宣传部部长、企业文化部总经理帅师列席重庆市分行党委中心组学习，与重庆市分行党委成员共同前往党建联学联建单位——重庆建峰化工集团进行参观学习，并为全行中层干部及基层党支部组织委员讲授专题党课。

4月8—13日，市分行在革命圣地井冈山举办“不忘初心、牢记使命”党性教育主题培训班。培训班围绕学习贯彻十九大精神，通过领会“井冈山精神”所体现的内涵实质和赋予的时代价值，有效提升了用习近平总书记新思想新理论管党治党的综合能力。有市分行党委委员、基层党支部书记及部分中层管理干部共计49人参加培训。

4月22日，市分行举办第六届春季职工趣味运动会。

4月25日，交通银行聘任韩冬为交通银行重庆市分行副行长。

5月2日，分行举行“共筑青春梦想　唱响青春之声”五四青年节纪念活动，分行党委书记、行长杨宁，党委委员、副行长刘红，分行团委委员，各团支部书记，青年员工代表共计40人参加。

同日，市分行举行重建30周年LOGO主题语发布会，党委委员、副行长、新闻发言人鲁小松介绍交通银行的起源、重庆与交行的历史碰撞、市分行的发展历程以及30周年LOGO主题语的内在含义。市内10余家主流媒体到场，对发布情况进行现场报道。

5月3日，重庆银监局纪委书记颜台军莅临市分行调研指导工作。

5月10日，交通银行重庆市分行与重庆市轨道交通（集团）有限公司开展党团共建主题活动——“党团共建谋发展、银企同心促共赢”。

同日，中国银保监会消保局局长赵江平一行莅临分行调研指导工作。

5月11日，交通银行创立110周年暨分行重建30周年“自贸区银企交流会”在市分行召开。重庆市自贸办、外管局、金融办、交通银行总行国际部、新加坡分行、离岸中心、其他自贸区兄弟行以及新疆霍尔果斯市委有关领导、重庆地区客户代表共计100余人出席本次会议。

5月28日，市分行与中冶建工集团签署战略合作协议。

同日，总行组织人事工作五大领域专项检查调研第二组在市分行召开现场会议，向受检的四川省、重庆市、贵州省、云南省、新疆区、内蒙古区等6家分行单位逐一反馈检查结果，总行党委组织部副部长、人力资源部副总经理李小敏同志出席会议，检查小组副组长、联络人和被检查单位组织人事部门负责人参会。

6月14日，分行承办总行2018年第一期营运条线创新发展调研交流会，副行长黄锦平出席会议。总行营运部总经理唐毅、11家兄弟行营运条线分管行长和营运部高级经理参会。

6月22日，重庆银监局局长陈育林、副局长向恒一行莅临分行开展深化整治市场乱象工作现场督查，提出“持续做好严格落实责任、突出工作重点、严肃内部问责”等督查意见。

6月22日，分行行长杨宁获评“2017十大重庆经济年度人物”。

6月23日，分行电子同城集中化处理柜面交易项目柜员业务部分（一期）在分行营业部成功上线。

6月28日，以“缘系三十载·行汇一家情”为主题的“交通银行创立110周年暨重庆市分行重建30周年”纪念大会在市分行举行。总行党委宣传部部长帅师，市分行领导班子，市分行老领导邓昌明、夏峰、游杰元、张映陶、章壮本，各经营单位、市分行各部门、二级支行（含普惠支行）主要负责人，行龄超过30年的在职及退休员工代表等出席会议。各经营单位、市分行各部门其他干部员工通过视频方式收看了本次大会。

同日，市分行行史馆揭幕仪式在分行大厦2楼举行。总行新闻发言人、党委宣传部部长帅师，市分行班子成员、退休老领导、重庆市中国画学会会长周顺恺、30年忠诚员工代表及十余家媒体代表参加仪式。分行行史馆系重庆金融行业中第一家较为系统、完备的金融企业历史及文化展览馆。人民网总网、新华网、新浪网、重庆卫视等多家中央、地方知名媒体纷纷报道。

同日，“交通银行成立110周年历史成就展”巡展落地分行。

同日，分行人民币各项存款再创新高，余额达1096.2亿元，较年初增长34.96亿元。单日存款增长67.96亿元。

7月12—13日，分行党委书记、行长杨宁在太原参加交通银行党委中心组学习经验交流会。会中，分行代表作题为《两鬓斑白终不悔　为行拼搏显峥嵘》的交流发言，分享最美重庆交行人爱岗敬业的动人真事。

7月20日，分行举办火锅金融品牌发布会，重庆银行业内首个火锅金融品牌亮相。

同月，分行电梯文化建设项目荣获“融媒体语境下企业文化与品牌传播创新”优秀传媒作品奖，该奖项由中国企业文化研究会颁发。市分行以电梯为阵地和载体，着力构建富有特色的企业文化体系，在全行倡导核心价值，弘扬主流文化，以价值观为魂，凝聚精神力量，推动电梯文化建设。

8月3日，由分行承办的交通银行第六届信用卡知识竞赛分行挑战赛西部赛区比赛成功举行。市分行副行长韩冬、总行员工工作部高级经理方征、卡中心机构部副总经理闫玲玲、卡中心商务发展部业务管理与规划高级经理陈一辛出席并观摩比赛。

8月8日，分行大坪支行调整为两路口支行辖属二级支行。

8月9日，分行在个人金融业务部成立私人银行中心二级部，实施准事业部管理考核。

8月10日，分行成立联合授信管理工作领导小组，负责审议联合授信管理相关政策和制度，组织、推进、协调各类相关事项。

8月18日，分行举办重建30周年文艺汇演，市分行行领导，各部门、经营单位干部员工及市内主流媒体代表共计1200余人观看了本次演出。

8月19日，分行举办2018年交通银行“沃德杯”广场舞大赛重庆赛区海选总决赛，北碚支行推荐的“来舞吧艺术团”夺冠，代表市分行晋级全国复赛。

9月10日，分行参加重庆市银行业协会组织的助力城口县沿河乡精准扶贫公益活动捐赠仪式。分行通过捐赠、文艺演出等方式，共计捐款捐物23712元。分行志愿者与来自重庆银监局、重庆市银行业协会等16家单位的志愿者一起与沿河乡中心小学开展了互动活动。

9月19日，分行首笔第三方支付机构网联快捷支付功能成功上线。本次上线成功实现了重庆联付通网络结算科技有限责任公司与非银行支付机构网络支付清算平台的对接，支持快捷支付功能。

9月20日，分行举办首届青年员工集体婚礼，行长杨宁、副行长黄锦平出席活动，分行各部门及部分员工参加。9对新人在证婚人杨宁行长的祝福和员工的见证下完成了隆重喜庆的仪式。

9月26—27日，行长杨宁赴城口县鸡鸣乡金岩村开展脱贫攻坚帮扶工作，实地考察市分行捐建的生产生活便道；现场查看党群服务中心修建地址与设计图纸；参加鸡鸣乡脱贫攻坚工作座谈；走访慰问10户贫困家庭。行长杨宁代表市分行党委向金岩村捐赠63.3万元扶贫资金，用于道路基础设施建设、党建阵地建设，金岩村党支部向重庆市分行赠送锦旗。

10月19日，分行举办“渝丰杯”青年员工创新大赛。

同日，分行启动“大学习、大调研、大献策”活动，提出全行经营管理工作需要重点研究的“十大课题”，要求全行范围内开展深入的理论研究，拟形成在新形势、新发展需要下提高经营管理水平、指导改革发展实践的成果方案。

10月23日，分行行长杨宁在北京参加2018年深化改革、转型发展研讨会北片预备会。

10月26日，分行与重庆供销控股（集团）公司签订战略合作协议。

10月29日，分行成功办理首笔涉外汇款电子单证便利化业务，实现单据上传、审核、购汇、跨境汇款的全流程线上办理时长由1到2个工作日缩短至1到2小时。

11月8日，分行成立内部治安防控网建设工作领导小组，全面推进内部治安防控网建设活动。

11月9日，分行成立家园建设领导小组，组织协调员工职业家园和成长家园建设事宜。

11月12日，分行烟草代扣系统正式上线，为中国烟草总公司重庆市公司与上下游商户之间的资金结算提供优质服务平台，市分行低成本负债吸存渠道得以拓宽。

11月16—18日，行长杨宁在上海参加交通银行2018年深化改革、转型发展研讨会。

11月22日，分行参加国家融资担保体系重庆银担合作首批集中签约仪式，标志着市分行正式开启重庆地区银担合作新模式。

11月29日，分行与国泰君安重庆分公司签订合作协议。

12月14日，湖南省分行副行长向辉带队来渝考察，就授信业务管理和类信贷业务发展进行交流。

第一篇　早期沿革

交通银行是中国现有银行中成立最早的一家全国性大银行，筹建于清光绪三十三年（1907年）12月，正式成立于1908年3月4日，已有111年的历史。交通银行建立、发展、变化的全过程，在近代中国金融史上占有重要的地位。鉴于重庆的重要经济地位，交通银行总管理处曾两度在重庆设立分行。其中，交通银行重庆分行初设于1915年12月，后几经改组撤销。至抗日战争时期，交通银行重庆分行于1938年1月重新开业，为战时大后方的金融建设事业做出突出贡献。1949年重庆解放后，交通银行重庆分行由重庆市军管会金融部接收，受人民银行重庆分行领导。1950年3月，交通银行重庆分行改组，受交通银行总管理处和人民银行西南区行的双重领导。1951年2月17日，改名为交通银行西南分行，1952年4月更名为交通银行西南区行，受交通银行总管理处和西南财政部的双重领导。在解放初期，交通银行重庆分行（西南区行）的建设与运营，为工矿企业、交通邮电及公用事业的贷款和基本建设拨款，起到重要作用，同时交通银行重庆分行负责管理公私合营企业的公股股权和财产，监督公私合营企业财务，为新中国成立初期国民经济恢复事业做出重要贡献。

第一章　初　设

第一节　历史背景

近代中国银行业的发展。从1845年到1893年，外商银行先后在中国重要口岸设立17家分支机构。1897年5月27日，中国通商银行在上海成立，标志着中国金融业从传统金融向新式金融迈出根本性一步。1905年9月，四川省浚川源银行成立，是清末成立最早的省地方银行。1906年，信成商业储蓄银行在上海南市大东门成立，标志着中国第一家私人经营的新式商业银行出现。交通银行正是在这样的历史背景下应运而生。

收回铁路权利运动。交通银行诞生的另一因素，是中国铁路路权的争夺。1895—1914年，西方列强在中国攫取铁路建设权，共取得50项铁路的修筑权和贷款权。从甲午战后到1899年底，清廷的筑路借款共10笔，总额为5257万两白银。自1900年到1911年，清廷筑路借债21笔，总计28000万两白银。1903年起，全国各地爆发收回路权（铁路修筑权）运动。政府的邮传部乘机奏请提前还清京汉铁路借款，收回路权。

清政府邮传部奏请设立交通银行。清光绪三十三年十一月初四（1907年12月8日），在五路提调处提调梁士诒的建议下，邮传部尚书陈璧上奏清廷，提议设立交通银行。其目的是筹债赎路、方便经营四政（即轮路电邮）收支、自办国际汇兑利不外溢、辅助统一币值。清光绪三十四年二月初二（1908年3月4日），经过短期的紧张筹备，北京总行以部分官股为营业资金，以暂时租定的正阳门外西河沿处先行开业，以袁鉴任总办。

交通银行分支机构的设立与发展。自从北京总行开业后，交通银行分支机构的开办就提上了议事日程。1908年4月12日，交通银行天津分行在天津北马路开业。5月27日，汉口分行在汉口小关帝庙前街开业。6月18日，上海分行在黄浦滩开业。6月30日，广东分行于广州濠畔街开业。自清光绪三十四年（1908年）至宣统三年（1911年），在不到四年的时间里，交通银行先后开业的分行、分所、分庄、分号共有21处。

清末民初时期重庆金融业的发展。随着1890年《烟台续增专约》的签订，重庆依约开埠，其经济、金融的发展进入新阶段。至1891年，重庆有票号16家，而到1894年增加到27家。1899年，中国通商银行重庆分行成立，标志着重庆第一家新式银行诞生。不过，该银行仅营业三年便宣告歇业。1905年，重庆第一家本地官办银行浚川源银行成立。随后，重庆的新式银行逐渐增多。1908年，大清银行在重庆设立分行。到民国之后，一大批商业银行在重庆建立，如晋丰银行、美丰银行、聚兴诚银行等，重庆的银行业开始有所发展。

第二节　设立与经营

交通银行重庆分行的设立。1915年12月1日，交通银行首次在重庆设立三等分行，任命广东人陈同纪为经理，浙江人吴詹为副经理。设立之初，交通银行重庆分行的机构设置不甚完善，除经理、副经理外，下舍有总账、司账、外账、库账、总库管、帮内账等职位。1917年，交通银行重庆分行的机构设置进一步完善，除设置有经理1人、副理1人外，经理下还设文书股、营业股、会计股和出纳股四个部门，各设主任一人，办事员3~4人。其中，文书股负责文书、庶务及不属于其他各股之事务；营业股负责分行营业事务；会计股负责分行会计事务；出纳股负责分行现款出入及保管轧平证据、代收关税等事务。至1916年，交通银行渝行共有职员18人，来自国内广东省、浙江省、江苏省、湖北省和四川省等。1917年11月，交通银行渝行改任江苏吴江人周钧为经理，职员增加至20人。

主要业务。一是存款业务。1917—1923年，定期存款业务量较小，除1917年上期外，其余年份均无定期存款。而活期存款业务则一直呈下降趋势，并且在1919年出现断崖式下跌。从1920年期，内部存款业务成为交通银行重庆分行存款业务中最重要的部分，不仅存款金额逐渐增加，且内部存款占总存款比例也不断扩大。二是资产业务。各项放款由1917年上期的1304584.67（本位币），下降至1923年下期的436574.55元（本位币）。存放各同业由1917年上期的797.20元（本位币），上升为1922年上期的9766.11元（本位币）。三是发行业务。1917年下期发行纸币流通数为953195.00元（重庆券），1923年下期发行纸币流通数减少为23448.00元（重庆券）。四是汇款业务。大致从1921至1922年停业时止，开办时间较短。1917—1923年，合计盈利58010.44元，平均每年盈利11602.09元。

第三节　裁撤与清理

陷入困局。1917年，熊克武就任四川靖国军总司令后，为筹措讨伐北京政府在四川的督军刘存厚的军费，先以镇守使名义，派令商会及各法团查明交通银行重庆分行的账目情况暨库存洋券数目，开单备案。随后，又通过四川靖国军、东川道道尹及铜元局等名义，以各种理由陆续从交通银行重庆分行提借现款。从1917年至1923年下半年，四川靖国军财政处共欠现洋429733.52圆。同时，四川军阀还以各种各样的名目向交通银行重庆分行摊派经费。

交通银行重庆分行的裁撤与清理。1922年10月26日，交通银行总管理处起草重庆交行的撤销及善后办法，提交董事会公决。办法规定，撤销后的重庆交行对外债权由北京总行办理，或请代理。债务委托中国银行重庆分行行长周询（字宜甫）代为办理。房屋取消，人员辞退，薪水支至年底。未收回的钞票，在重庆登报，限期准购分行新股，并承诺归还欠款。规定期限内的欠款由周宜甫办理，期限外的移交行北京总行办理。1925年3月，相关清理裁撤工作基本结束，共收回欠款58000余元，11000余元未收回。至此，重庆交通银行暂别历史舞台。

第二章　复　设

第一节　交通银行总管理处西迁

交通银行筹划迁渝。1936年，交通银行已开始筹划在重庆设立分行。《四川月报》称："曾一度来川营业之交通银行，闻现奉政府，协助办理川省交通事业，即将来渝设立分行，投资四川铁路公路交通。据金融界某君言，该行业已托人在新街口租定某院为行址，短期内即行来渝设立云。"

四联总处。1937年7月9日，国民政府财政部命令中央、中国、交通、农民四家银行在上海组成联合办事处总处，8月18日，四联总处正式成立。8月20日，四联总处重庆分处成立。1938年初，四联总处迁重庆。1939年9月8日，国民政府《战时健全中央金融机构办法》，宣布中央、中国、交通、中国农民四银行合组联合办事总处，负责办理政府战时金融政策有关各特种业务。此番四联总处改组后，成为一个名副其实的战时最高财政金融决策机构，是一个可以监督、考核、指导四行的上级领导机关。

交通银行总管理处。1937年8月13日，日军进攻上海，淞沪抗战爆发，奉财政部命令，交通银行总行自该日上午十一点一刻起休业。17日，遵照部定办法恢复对外营业，办公地由靠近战场的外滩14号暂时迁至法租界内霞飞路889、891号房屋。9月21日，为适应战争需要，加强政府和银行之间联系，在财政部主导下，交通银行对相关机构进行调整，将总行改组为总管理处，仍分业务、发行、储蓄信托3部，事务、稽核2处，并同时成立上海一等分行，总管理处处理一切行务手续。总行机构调整后，国民政府曾下令总管理处移设首都南京，以备非常时期的需要。交通银行内部经过详细讨论，考虑到因交通等因素，在南京不易召集多数董事按时出席董事会，遂于9月30日的第六次董事会予以否决。

交通银行总管理处迁重庆。1937年11月，随着国民政府正式宣布国民政府移驻重庆，交通银行总管理处发行部迁移到香港办公。12月，内地各撤退行处先在上海成立临时办事处集中办公，总处则奉财政部之命令迁往汉口。随后，按照四联总处交行总处暂驻汉口、最终西迁重庆的决议，总处将办事机构分驻汉、港、渝三地，以便进退周旋，随时联络策应。1938年8月，总处从汉口撤出，一部分人员西迁重庆，董事长胡笔江、总经理唐寿民及发行部经理王子崧、副经理许敬甫等带领大部分职员移至香港，由此形成总处分驻重庆、香港两地的格局。1941年12月1日，日军进攻香港。8日，交行董事长钱新之将四联总处紧急议定的应对办法通知总经理唐寿民，要求香港分行机构及人员于当晚内迁重庆。9日，钱新之再次致电唐寿民，告知紧急事态应对办法，主要包括三个方面：（1）通电后方各行处，自12月11日起向总处收付保单一律寄往重庆；（2）发行、储蓄、信托等部均在重庆轧账，实有必要在香港办理的另作商议；（3）业务各部账目内移详细办法由各部处商定。同一时间，重庆总处的业务部、发行部、储信部也向香港分行的下属部门发布紧急处理办法，主要内容包括：相关账目移交重庆，开设新户办理；各行所有相关报单、报表、结算报告等文件发往重庆办理；在港机构的账册设法送到重庆总处；各机构调配得力人员尽快赴渝。12月25日，香港沦陷。至此，总管理处驻港、沪办事机构全部被日军占领，所有部门只得移往重庆，直至抗战胜利。

第二节　交通银行重庆分行复设

复设。1938年1月10日，交通银行重庆支行正式开业，为特等支行，经理李钟楚、副理沈笑春。办公地址原为四川商业银行旧址，其布置第一层为营业室，楼上亦为办公室。同时，交通银行总管理处一部职员亦移渝办公。11月，改为交通银行重庆分行，成为交通银行四川省的管辖行，行址设打铜街26号，首任经理李钟楚，其后继任者有浦心雅、汤巨、张朔等。至1942年底止，先后在成都、叙府设分行，在自流井、内江、万县、雅安、绵阳、乐山、五通桥、太和镇、黔江、秀山、新津、灌县、綦江及重庆市郊区的李子坝、化龙桥、小龙坎、歌乐山、黄桷垭等地设立办事处，在资阳设分理处等，连同渝行本部共计22处。其业务区域包括四川全省并远及西康省的雅安等地。

机构人员。1940年初，交通银行重庆分行增设农贷股，调滇行办事员吴隆上为渝行农贷股主任。此后，交通银行重庆分行因国库事务增繁，陈请添设国库股，经总处核准，并调鄂行会计员陈启宇为渝行国库股主任，仍暂兼鄂行会计员。1940年10月31日，总行指示，渝行添设储蓄股，以该行办事员赵硕年为该股主任。除此之外，交通银行重庆分行的组织机构还有：存款股、放款股、文书股、信托股、出纳股、会计股等。抗战期间，交通银行重庆分行业务发展迅速，机构及人员快速扩张。至1943年，交通银行重庆分行有职工98人，派出稽核及押品管理员39人，所属22处分支行处中，有职工210人，因此战时交通银行重庆分行及渝属职工，合计工友347人。

行址变迁。抗战时期的交通银行重庆分行位于重庆市打铜街26号，处于朝天门金融街的核心位置。办公大楼是1936年落成的四川饭店，其修建之初的定为便是要建成重庆最豪华的饭店，因此外观上采用钢筋混凝土仿石结构，建筑风格华丽且庄严。作为当时重庆仅有的高级饭店，四川饭店由于收费太高，营业不善而倒闭，由四川商业银行经营，后于1938年卖给交通银行，由交通银行经营至重庆解放。1992年3月，交通银行旧址被重庆市政府公布为市级文物保护单位，现为中国建设银行重庆分行渝中区支行使用。

中心支点作用。1938年起，交通银行以重庆分行为中心，陆续在湖南、四川、广西、贵州、云南、陕西等各省以及越南之西贡、海防等地，添设行处。至1939年8月间，交通银行在大后方新设行处40余处。1943年，交通银行召开全行行务会议，依据战时经济与交通情形划定业务区域，不再照以往以省为单位，就省会或全省工商集中之地设立管辖行，并以全省所设之支行处归其管辖，而按照后方业务与交通情况，并配合工商业发展程度，划定业务区域。到抗战胜利前夕，已经形成涵盖全面的金融网络，管辖机构合计41处，其中分行1处，支行5处，办事处18处，临时办事处10处，简易储蓄处2处，仓库5处，为交通银行各属中分支机构最多的。截至1945年4月30日，交通银行总管理处共辖159个分支机构，几乎遍布沦陷区之外的主要地区，维持着比较完整的战时管理机制，其间重庆分行的中心支点作用日益突出。

李子坝办事处。1939年6月15日，交通银行李子坝办事处成立，在抗战后期成为交通银行在重庆地区的唯一一个支行，抗战胜利后该支行降为办事处。李子坝办事处位于重庆市李子坝正街49、61号，前身是国民政府中央银行及二十四兵工署，后为交通银行使用。建筑群内包括三幢近现代建筑（办公楼、宿舍楼、银行学校楼），两处地下金库，是抗战时期重庆重要的政治、军事、金融机构。

第三节　战时业务发展

抗战时期，重庆成为大后方经济金融中心，交通银行重庆分行业务也不断发展，成为战时交通银行的重点行。以1942年的数据为例，交通银行重庆分行分支机构占全行的19.6%，存款占16.2%，放款占41.2%，汇出汇款余额占15.4%，投资占16.4%，是当时交通银行的主要盈利单位。

法币发行。1935年11月，国民政府实行币制改革，规定以中央、中国、交通三银行（后又加上中国农民银行）所发行的钞票为法币。1938年交通银行重庆分行设立后，呈准国民政府财政部新印重庆地名之钞票多种，计有1元、5元、10元三种，与上海、北平、天津、汉口等各地名钞票同样行使，即从1938年6月10日起发行，总数约500万元，内以1元券数目较多。至1942年停止发行，改由中央银行统一发行。抗战期间，交通银行重庆分行在法币发行中采取稳健政策。1939年1月，交通银行重庆分行发行法币20万余元，在四行中占比最少；2月，发行额几增一倍；3月，计发行法币36万余元；4月，发行额较上月份约增加一倍；5月，发行额较上月份约增加62%。此后，交通银行重庆分行的发行额逐月增加，但增速逐渐放缓，至1939年10月，交通银行重庆分行单月法币发行额达147万余元。

存款。至1942年底，交通银行重庆分行军政机关存款减少八九千万元，加之重庆金融同业间实行的高利竞争，使得交通银行重庆分行存款总额仅为4.1亿元，而同时期放款总额则增加到6亿元。与此同时，1942年底，交通银行在内地各分支机构存款总额（同业存款及储蓄存款在外）由8月底之7.4亿元增加为9亿元，可见重庆分行的存款即占全行存款总额的近半数。1943年12月至1944年2月，交通银行依据原订《劳工节储蓄实践会团体储金》及《优待劳工储蓄》等办法，推行全行性的劳工储蓄运动，在利息、手续费、借款、转存等方面，对储户加以优待，运动期间，交通银行储蓄额激增，每月增加四五千万元之多。

垫款。交通银行重庆分行成立伊始，便向国民政府财政部提供大量垫款，用于战务费、各项建设费、军费、交通设备及运输费、救济费、工矿基金、各项补助费以及杂项费用等。据不完全统计，1938年1月至1939年底，交通银行重庆分行共计向国民政府财政部垫款近70笔，总金额达26547万余元，占同时期交通银行全行垫款总额的48%左右。1939年10月1日，交通银行重庆分行受中央银行委托，代理国库第二公库。1940年9月，四联总处规定交通银行摊垫二成，当时四行每月垫款总额为4亿元，交通银行摊垫0.8亿元，悉由重庆分行承担，重庆分行被指定为代理国库第二分库，负有按摊垫数筹运足额的现金以备解付之责。1942年6月，交通银行重庆分行被分配的摊垫数额为0.6亿元，大大低于应摊垫二成的数字。实际摊垫0.74亿元，其中在重庆分行拨付的0.58亿元，占78%，由重庆分行转汇外地拨付的0.16亿元，占22%。

承兑。1939年3月间，重庆银钱业业务恢复，日常收支逐渐繁忙，拟恢复票据交换所，酝酿数月，原拟委托中国银行或交通银行办理转账，但中交两行均未接受，嗣后又委托四川省银行承办，定于3月28日起试办，但因四川省银行主席潘昌猷辞职，而未能实行。1944年10月2日，重庆联合票据承兑所正式开业。

汇兑。战时交通银行的汇款主要集中在以下几个方面：（1）军政汇款——战时军政汇款数额较大，需用较急，四联总处规定自1940年10月1日起，军政机关由渝汇出款项迳由四联总处审核，并分摊中中交农四行承汇；（2）政府机关港沪津等地汇款——主要为大后方各地政府机关汇往港沪订购物资或发给经费之款项；（3）公务人员赡家费汇款；（4）商业汇款。1941年，交通银行摊汇11亿5100万余元，与四行应摊数额比较，交通银行多摊947万余元。1942年3月16日，交通银行重庆分行开始承做商业汇款，汇出汇款数额逐月增加，在四行商业汇款中所占比重基本稳定在20%至30%。商业汇款地点覆盖以西南地区桂林、衡阳为主，以华南、西北等地区为辅。

第四节　参与大后方开发与建设

抗战期间，交通银行重庆分行努力敷设西南地区的金融网点，逐渐恢复自身实力，为西部汇款、储蓄等业务的开展奠定基础，而且依据网点就近承做实业、交通放款，为发展内地工业和支持抗战做出重要贡献。

政策和准备。1939年，交通银行总经理唐寿民在《银钱界》杂志上发表文章《开发西南之现状》，指出战时交通银行参与后方开发与建设的重要性，称："自廿七年起，各行纷向西南各省，添设分支行处，其间中央及各特许银行之分支行网之扩张，较之商业银行扩张程度尤为迅速。各银行既挟其雄厚之资力，移入西南各省，其有裨益于开发计划中之资金之供给。"1942年7月，四联总处对中中交农四家银行重新进行业务分工。其中，交通银行的主要业务为：办理工矿交通等生产事业之贷款与投资，办理国内工商业汇款，公司债及公司股票之经募及承受，办理仓库及运输业务，办理储蓄信托业务。此后，交通银行按照四联总处的部署，放款应以辅助实业，尤为纺织、交通运输和面粉工业为主。到后期，四联总处又规定，工矿、贸易、公用事业的贷款和投资额在100万元以上的，均由四联总处理事会核定，再分别交由中国银行或交通银行承做。

放款业务。战时四联总处成立联合放款处，引导中国、交通、农民三行的贷款投向，要求中中交农四行完全承担战时生产局的资金供给。在总额为100亿元的贷款中，交通银行承贷40亿元，为各行之冠。1942年交通银行实行专业化后，重庆分行的存放款业务逐渐向工矿实业及交通事业转移。以1942年底与同年6月底交通银行重庆分行的业务情况相比较，存款方面，政府机关及公营事业机关存款减少，工矿实业及交通事业机关存款上升；放款方面，联合贴放比重猛降，单独贷放比重剧增，放款对象所占比重发生变化，政府机关及公营事业机关放款由73.1%降为39%，工矿实业及交通事业由16.5%上升为37%。年底工矿实业1.25亿元放款中，水电动力位居第一，占31.2%，次为钢铁机器，占28.6%，棉毛纺织占13.3%，煤铁矿冶占9.7%，余为化学、制药、造纸等。此外，商业放款比重也由4.5%上升为14.5%。1943年，四联总处决议发放20亿元工贷，内民营事业12亿元，国营8亿元，由中国银行、交通银行两行平均摊放。其中，交通银行渝属放款数额，计国营部分占2亿2950万元，民营部分占4亿3100余万元，为各属中最多。其中，交通银行重庆分行的贷放总额，又占到渝属各行总额的85%。到1945年间，交通银行重庆分行所放贷款更多，内投放国营事业的款项就达100余笔。

投资经营。抗战期间，交通银行共投资有各类企业60余家，所涉行业遍布钢铁、机械、棉毛纺织、缫丝、面粉、化学、水泥、造纸、印刷、电气、建筑、交通、运销、投资、煤矿、农林等关系国计民生的20余种行业。交通银行重庆分行成立之初，便致力于对各项事业的扶持和投资。至1940年10月为止，所投资的企业有四川丝业公司、中国药业提炼公司、重庆电力公司、西南麻织厂、中国兴业公司、华西垦殖公司、大华实业公司、中央制药公司、重庆中国国货公司、中国毛纺织厂、成都中国国货公司、民生实业公司等。1942年，创设运通炼油厂，并聘请炼油专家，研究提炼飞机用油，缓解大后方动力燃料供应之不足。同年，交通银行重庆分行投资总额2225万元，其中工矿实业占93%，公债、商业及其他占7%。1943年12月8日，太平洋保险公司在重庆成立，资本总额为1000万元，交通银行重庆分行投资占比达45%。此外，还投资重庆缆车公司、中国兴业公司、川康兴业公司、四川丝业公司等。1944年3月，拨款400万元在重庆独资创立蜀余公司。11月，改组为蜀余盐业股份有限公司，增加资本为2000万元，并在四川省各较大城市设立分公司。至重庆解放时，交通银行重庆分行投资的众多企业中，仍在运营的有华新建筑材料公司、四川绢纺厂、四川丝业公司、中国新闻事业公司、中国纺织企业公司、华侨企业公司、中国工矿建设公司、中国兴业公司、重庆电力公司、中央制药厂、西南麻织厂、轻纺织机器制造公司、光士瓷业公司、中国纸厂、东林煤矿公司、富源水力发电厂、中国国货实验工厂、中国毛纺织厂、中国桥梁公司、川康兴业公司、渝西自来水厂、中国标准铅笔厂、新中国建设公司、时兴潮印刷公司、民生实业公司、华大机制砖瓦厂、中华信托实业公司、裕湘纺织厂、通济贸易公司、联合印刷工业公司、中国国货公司、华西建设公司、建国机器农垦公司、太平洋保险公司等34家企业。

第五节　战后发展困境

抗战胜利后，金融中心东移，交通银行重庆分行所属机构裁撤1/3，业务大为衰落。1946年底，重庆分行存款仅占全行的1.5%，放款占5.1%，汇款占6.9%，盈利占2%。1948年初，国民政府规定将原存国家行局的军政存款一律移存中央银行，使得交通银行重庆分行资金受到影响，头寸紧张，现金缺乏，业务经营十分困难，仅能勉强维持。1949年，国民政府南迁广州，交通银行总管理处南下，至广州解放前，交通银行总行管理处的业务重心实际上已迁移至香港。1949年9月，国民政府再度迁渝，交通银行总管理处虽然名义上随之来渝，但几无具体营业和资产。

机构缩减。1946年，交通银行新设的分支机构共84处，重要集中在江苏北部、河南、河北以及东北地区。而西南地区分支机构普遍属于收缩装填。抗战结束后，设于西南地区的各营业网点，如重庆、成都、昆明等重要城市，仍有大量金融服务的要求，在数量和布局上稍做缩减后，纳入战后交通银行的实业金融网，继续发挥作用。而战时在一些中小城市所设的网点，主要依赖战时的特殊需要而维持，随着各类机构和人员的东迁，业务急剧萎缩，无论从经济效益还是交通银行的业务规划上考量，都已失去存在的必要，被逐一裁撤。根据上述原则，1946年交通银行裁撤的后方营业网点，共计16处。机构缩减的同时，人员也有所减少。抗战时期，交通银行重庆分行及其所属分支机构人员达到最大规模，多达347人。而1946年底，重庆分行减为126人，行属分支机构131人（重庆李子坝办事处有12人、重庆磁器口临时办事处5人、重庆高滩岩临时办事处4人、成都支行30人、自流井支行11人、泸县办事处8人、内江办事处9人、万县办事处10人、雅安办事处6人、乐山办事处8人、綦江办事处6人、合川办事处8人、五通桥办事处5人、叙府办事处9人），合计257人。

业务衰退。在战后大规模复员的背景下，交通银行西南地区业务普遍陷入困境。1946年，交通银行贵阳分行业务甚难开展，仅有零星工矿贷款，该行副理冯树畋称："本行放款数字略计6亿余元，计贵阳电厂3亿元，贵州企业公司1亿元，盐业贷款计永岸、仁岸、綦岸等共略2亿元左右；其余业务，汇款以广州、上海两地较多；至交通方面，尚无任何贷款。"1946年以后，受到国共内战以及恶性通货膨胀的持续影响，交通银行存款总额的实际购买力开始急剧下降，存款品质劣化造成资金的实际价值大幅缩水，同时吸收资金的成本不断增高，存款结构逐渐失衡。据1947年12月份统计，交通银行全行普通存款余额中，机关、公库存款占55%，工商存款仅占35%，其他存款占10%。其中，个别行处的机关存款比例甚至高达60%至80%。重庆分行及所属分支机构的渝属机关存款占总存款额的40%，工矿存款占20%，购销存款占7%，公库存款占15%，其他存款占18%。至1947年底，交通银行定期存款在全部存款中所占比例已不足1%，而活期存款比例高达99%以上。

第三章　接　管

第一节　中共地下组织与职工民主运动

交通银行重庆分行的部分职工在中国共产党的影响及领导下，参加了各种形式的抗日救亡与爱国民主运动，既奠定了交通银行重庆分行职工运动的基础，同时也逐渐塑造了交通银行重庆分行的红色基因与红色文化。

中共地下组织。1938年1月，交通银行重庆支行（后改为交通银行重庆分行）成立。重庆金融界已在中共川东特委、重庆市委等领导下，建立了银行支部、银行特支等中共地下组织，在金融界青年职员的积极分子中发展党员。到1939年初，重庆金融界的中共地下党员已发展到40余人（包括外地转来的党员），并建立5个支部。中国银行职员曾冕庄任中国银行、交通银行中共地下支部书记。1937至1948年，先后在交通银行重庆分行中任职并发展成为共产党员的有杨修范、王尧弼、罗致中、唐天申等人。到解放前夕，重庆金融界先后有百余名地下党员以银行职业为掩护，进行各项革命活动。在中共地下组织领导下，交通银行职工还组织成立防护团、安全会，保护银行资财，迎接解放。

重庆市银行业学谊励进会。1939年2月12日，在中共银行特支直接领导下，重庆市银行业学谊励进会成立，这是战时重庆金融界最大的公开的群众组织。其宗旨是：改善业余生活，提倡正当娱乐，联络感情，交换知识，增进服务效能，促进银行业务。中共银行特支在重庆市银行业学谊励进会中建立党团组织，积极引导会员参加抗日救亡运动。抗战时期，重庆市银行业学谊励进会的主要活动有三：一是救亡的歌咏、话剧活动；二是政治时事讲演及学术活动；三是一般的图书、摄影、棋类、球类、国术、旅游和俄语、英语补习等活动。

交通银行重庆分行读书会。由杨修范等发起组织，先后参加的交行职工有王纯（杨修范妻子）、谢光弼、陆玉贻、王正安、吴隆治、吴志时、华春等。读书会一般都在晚间和假日活动，活动场所有时在杨修范家里，有时在谢光弼、吴志时、华春三人合住的单身宿舍房间。据杨修范回忆，读书会的内容主要是利用晚上漫谈形势和党的抗日主张，同时涉及一些财政金融方面的情况。除座谈时事形势、交流情况外，读书会还进行理论学习，曾先后学习过艾思奇的《大众哲学》、毛泽东的《新民主主义论》等著作。同时，杨修范还曾带领读书会会员访问过南方局、八路军办事处和郭沫若同志等。

互助储蓄会。这是在中共地下党推动下成立的一个不公开的只有三四十人参加的群众组织，由交通银行的杨修范、陆玉贻和行外的沙千里、何惧、徐赓熬五人发起，分头在工、商、银行界中吸收进步人士入会。交通银行总管理处的积极分子如张宗祜、吴志本等，以及读书会的成员，都加入互助储蓄会。该会会员根据本人经济能力每月交存一笔储金供集中使用。主要活动有：每星期日上午聚餐一次，座谈时事；有时请名流、学者如沈钧儒、黄炎培、邓初民、王若飞、章汉夫、乔冠华等来演讲；组织参加各种社会活动；等等。

重庆青年职业互助会。1936年7月，重庆青年职业互助会成立，这是以重庆金融界地下党员和进步青年为领导骨干的中共外围群众组织。会员最多时有职业青年200余人，包括银行、商店、公司的职业青年。宗旨是：培养健全身心，养成高尚人格，从事学术研究，提倡正当娱乐，建立集团生活，借以自助助人，共谋青年之福利。1938年8月间，重庆青年职业互助会被国民党重庆市党部下令停止活动，所属人员转入其他团体，继续组织民主活动，进行抗日救亡宣传。

搜集国统区经济情报。抗战期中，中共中央提出开展调查研究，广泛搜集国统区的经济情报资料。根据这一指示，在中共中央南方局经济组组长许涤新领导下，杨修范主要负责搜集经济情报，通过交通银行总处发行部和稽核处收集交行的钞票发行额和存放款动态，这些经济情报资料都由杨修范交给许涤新提供中共中央南方局经济组参考。杨修范利用职务之便搜集交通银行及国民政府经济情报后，随时向许涤新做口头和书面会报。为了方便联络，杨修范还把家从张家花园搬至重庆化龙桥虎头岩交通银行红岩村宿舍居住，那里靠近红岩村八路军办事处，方便联络以及传送资料。

交通银行重庆分行职工民主运动领导人杨修范。杨修范（1910—1990），江苏太仓人。早在青年时期，杨修范追求真理，参加进步组织，积极参与群众运动。1929年秋，杨修范参加沙千里、许德良发起的青年之友社，并参与创办《青年之友》周刊杂志，该杂志是一本“有趣味有价值的周刊”，旨在“指导青年人生的修养，力谋改造社会”。随后，杨修范还在《青年之友》周刊上发文，反思近代中国学校教育的腐败，倡导青年学生应坚定意志，不要堕落。后来，杨修范在交通银行任职期间，于1935年参加革命，1936年10月加入中国共产党，从1935至1937年，在中国共产党外围组织上海职业救国会担任大队长、组织干事、党组成员等工作。1938年12月，杨修范随交通银行总管理处自武汉迁到重庆后，担任中共川东特委青委委员和重庆市委青委委员，从事青年工作，于1939年初将组织关系转至中共中央南方局青年组。1939年初，杨修范曾短暂调往香港、上海工作，其间仍接受南方局青年组的领导，调查两地青年运动情况。同时，杨修范任中共香港党组织青年委员会书记，翻印南方局发行的《战时青年》刊物，并领导“香港业余联谊社”，当时在香港的交通银行总处职员有数十人参加了联谊社，进行各类抗日救亡活动。1940年，杨修范返回重庆后，组织关系由南方局青年组转到经济组，至1946年间，先后在中共中央南方局经济组、中国经济事业协进会中工作，搜集国统区经济情况，发展和吸收积极分子。1946年6月，杨修范返回上海，在交通银行上海分行任职期间，仍兼任中国经济事业协进会上海分会理事，负责组织小组活动，宣传党的政策方针，开展统战工作，联系和团结民主人士，直至上海解放。上海解放后，杨修范由上海市军事管制委员会指派，任军代表，接收上海交通银行总处，完成接收整编工作后任交通银行上海分行副经理，继续在金融岗位上工作。1951年以后，杨修范先后任上海市财政经济委员会计划处处长、财政金融处处长、上海财粮贸办公室财政金融处处长、上海市财政局副局长、南市区副区长等职，1987年8月受聘为交通银行咨询委员会委员。

第二节 接管清理与整编复业

接管清理。1949年11月30日重庆解放，12月3日，中国人民解放军重庆市军事管制委员会宣告正式成立并开始接管。在上海金融接管经验的基础之上，重庆市军管会对以交通银行重庆分行为代表的官僚资本金融机构展开接管清理工作。财经接管委员会以段君毅为主任，下设财政部、金融部、贸易部、工业部，其中金融部由邓辰西（原北平合作银行行长）任部长、张茂甫（原太远人民银行行长）任副部长，负责接管官僚资本金融机构，整顿金融市场，建立人民银行。1949年12月5日，金融部派出军代表分赴各行开始进行接管。重庆市军管会任命江冬为军代表进驻交通银行重庆分行，执行军事监督，办理一切接管事宜。军代表进驻交通银行重庆分行后，按照“依照系统，原封不动，从上而下，整套接收”的方针，制定接管交行的原则和步骤。12月12日，军代表江冬在交通银行重庆分行主持召开接管人员座谈会，讨论接管工作的具体手续和注意事项，以便对文卷、账册和物资进行清点和审查。交通银行的接管研究小组分为秘书组、会计组、人事组，组长及组员皆为交通银行职员。1950年1月20日接管任务完成，交通银行重庆分行共计接管353人，其中职员156人，工友197人。物资方面，重庆军管会金融部接收了包括交通银行在内的各接管单位的金银货币、电讯器材、交通工具、油料、枪弹、建筑材料等大量物资。根据重庆市军事管制委员会财经接管委员会金融部要求，交通银行重庆分行积极清理伪银圆券及银圆的债权债务，为后续的整编复业工作做好准备。

整编复业。1949年12月10日，交通银行重庆分行恢复营业，开始办理中国人民银行重庆分行的委托业务。1950年1月4日，交通银行重庆分行军代表办公室发出通告“本行接管工作已大部完成，凡职工中如有不愿继续留行服务而须辞职返籍者，即日起可向人事组领取离职返籍申请书，填妥后仍行送还，俾便办理离职手续”。接管完成后，有280余人直接留用，有56人返籍，还有80余人待处理，其中留用职员占旧职员的比例达80%。同年5月底，交通银行移转给中国人民银行的干部共1439人，其中西南区以重庆分行为中心，共有237人。1951年7月，交通银行正式开始拨款工作一个月后，总管理处根据全国业务发展的需要，拟定干部吸收计划，其中西南分行计划吸收600人。经过半年的努力，至年底时，西南分行在全区吸收干部442人，完成计划的73.7%。改组后的交通银行西南分行，先后增设支行1处，办事处9处，工作中7处，代理处51处，全区参与拨款的工作人员陆续增加到78人。到1951年底，已有44家单位将拨款工作移交给交通银行西南分行。

第三节 改组调整与职能变化

改组。1950年2月21日，第一届全国金融会议指出，交通银行为中国人民银行领导下，经营工矿、交通事业的长期信用银行。根据专业化的要求，交通银行拟定在工业集中城市、矿区中心城市、水陆交通重要中心点及原料集中、产地适合工业发展的市镇设置机构，并积极与当地中国人民银行联系，改组并建立专业机构。3月，交通银行重庆分行改组，受中国人民银行西南区行和交通银行总管理处双重领导，经理为江冬，行址设重庆打铜街14号。业务覆盖整个西南地区，并设重庆、成都、贵阳等支行及工作组。自3月37日起，交通银行重庆分行将一般存款、汇兑及短期放款等业务划归人民银行办理。今后的任务，专司国家对工矿、交通运输等的长期放款工作。同时，交通银行重庆分行开始进行对工矿、交通等事业的调查研究，清理解放前四行两局的旧有投资，为将来的业务实施准备条件，为有计划地恢复与发展生产服务。1951年，交通银行开始担负国营企业基本建设拨款的新任务。

交通银行西南分行。1951年2月17日，交通银行重庆分行改名为交通银行西南分行。7月，交通银行各分支机构进行大的调整。在重庆建立交通银行西南分行，负责西南区业务。其中，在成都设立川西支行，在泸州设立川南支行，在贵阳设立贵州支行，在昆明设立云南支行，同时在北碚、宜宾、乐山、长寿、个旧等地设立办事处，统归西南分行管辖。

交通银行西南区行。1952年4月，交通银行西南分行改组为西南区行，经理江东，副经理姚建侯，受交通银行总管理处和西南财政部领导。同时成立交通银行重庆分行，经理贾清泉，副经理张成海、唐沧林，受交通银行西南区行和重庆市财政局双重领导，继续办理公股股权的清理和管理，并开始办理国家基本建设投资拨款业务。至1952年10月，交通银行西南区行下设分行5处，支行3处，办事处17处。

交通银行重庆支行与重庆市建设银行。1954年，中央人民政府决定撤销大区一级行政机构，将中央直辖的重庆等市改为省辖市或并入相关省份的建制。10月1日，交通银行西南区行予以撤销，同时交通银行重庆分行改为中心支行，受四川分行领导。交通银行重庆中心支行还直接受重庆市财政局领导，继续办理公私合营企业财务清理工作。唐沧林任支行经理，行址设五四路51号。同时，在原交通银行重庆分行的基础上，成立重庆市建设银行，行址设重庆打铜街14号原交通银行旧址，主要任务是办理基本建设投资拨款的监督工作。重庆市建设银行成立后，原交通银行的机构、干部几乎全部划归建设银行，对外仅保留了交通银行重庆支行名义，主要任务是专责办理公私合营企业的财务监督工作。1956年，资本主义工商业的社会主义改造进入高潮，公私合营企业增多，4月，中央人民政府财政部发出要求交通银行与建设银行分设机构的通知，交通银行重庆支行与重庆市建设银行分开，迁往五四路，经理唐沧林，后增加副经理潘为治。公私合营企业财务监督工作归口主管部门管理，交通银行主要负责地方企业的财务监督。

交通银行重庆支行撤销。1958年，交通银行与财政部门合并，除香港分行继续营业外，仅保留总管理处名义。公私合营企业的清理工作全部移交重庆市财政局后，交通银行重庆支行才予以撤销。自此原重庆交通银行不复存在，所有国家基本建设投资拨款任务即由重庆市建设银行办理。

第二篇　筹备重组

1987年4月，重庆分行开始筹备重组，1988年2月重庆分行试营业，按照国家赋予的改革职能，在开展传统银行业务的同时，积极开展证券、保险和房地产等综合性业务，促进业务快速发展，按照经济区划设置网点的路径，有计划、有步骤地在云南、广西、四川、贵州等经济发达城市建立起分支机构，促进横向经济联系和资金融通，有力地支持各地经济发展。2002年，总行调整设立机构策略，重新实行按行政区划设置营业网点制度，重庆分行不再履行管辖职能。

第一章　分行重组

第一节　管辖分行与分行筹备组

确定在重庆设立管辖分行。1983年2月，重庆被确定为全国经济体制综合改革试点城市，实行经济计划单列。1985年，西南“四省五方”（即川、黔、滇、桂、渝）会议召开，标志着西南经济区域协作组织形成。1986年7月24日，作为金融改革的试点，国务院批准重新组建交通银行。1987年4月1日，重新组建的交通银行正式对外营业，成为中国第一家全国性国有股份制商业银行。鉴于重庆是最早的计划单列市和长江上游最大的工商业城市，具有西南“四省五方”经济区域协作牵头方之一的显著优势，加之重庆还是抗战时期的首都及交通银行总部所在地等历史因素，交通银行总管理处根据人民银行和交通银行关于按经济区划设置交通银行内地分行的原则，确定在重庆设立管辖分行，代总管理处行使对西南片区各支行的管理职能。

交通银行重庆分行筹备组。1987年4月，租用重庆市市中区民族路96号一家招待所的几间房临时办公，正式启动交通银行重庆分行筹备工作。抽调的4名成员是：左俊杰、涂长义、章壮本、夏峰。4—5月，由中国人民银行重庆市分行和重庆市经济协作办公室派出负责人分别到南宁、柳州、桂林、贵阳、昆明、遵义、自贡等市，就在西南地区设立交通银行分支机构征求意见，在除桂林外的四省七市建立交通银行分支机构。6月29日，交通银行重庆分行筹备组拟制《对当前工作分工的具体意见》。拟设立人事秘书组，配备2~3人，负责筹备期间人员选调、劳动工资、秘书事务、对外宣传、调查研究等；资金组，配备2~3人，主要负责业务设计和资金筹集；后勤组，落实筹备组的办公用房和今后的业务用房以及财务结算、费用开支、物品购置等。拟请市政府、市人行在人员上给予支持，在商请有关专业银行同意下，先借调一部分，或在银行退休人员中选配有才干、身体好的人员。7月9日，确定筹备组内部机构设置一室四组，即办公室、业务组、财务组、人事组、行政组。筹备组分别就业务发展、机构筹建、股份制形式、资本金与信贷资金管理、人员配置等问题，拟订工作方案，并请示中国人民银行重庆市分行、中国人民银行四川省分行、重庆市人民政府、交通银行总管理处，获得支持。7月17日和21日，重庆市人民政府分别向交通银行总管理处和中国人民银行四川省分行提出《关于建立交通银行重庆分行筹备组的报告》，由李长春副市长担任筹备组组长，从市人民银行、各专业银行和保险公司抽调27名业务骨干，从事筹建工作和试营业的准备工作。并根据业务的开展情况，市里在金融系统抽调业务干部支持交通银行重庆分行工作，从金融系统抽调的干部占交通银行重庆分行人员编制的50%左右。同时确定将位于重庆市市中区人民路13号的大溪沟罗家院（新建用房主楼及其裙房共计10084平方米）作为交通银行重庆分行办公及营业用房，市财政拟投资1亿元作为交通银行重庆分行的资本金，除国家控股外，筹资集股办法，按《交通银行招股简章》办理。8月7日，交通银行批准建立交通银行重庆分行筹备组，由李长春任组长，左俊杰、夏峰任副组长。

第二节　管理委员会

重庆分行管理委员会。1989—1994年，交通银行实行董事会领导下的总经理负责制。董事会是最高决策机构。交通银行重庆分行成立管理委员会，在分行所辖范围内行使类似董事会的职权。为适应分行管辖范围遍及五省（区）的实际情况，设立常务委员会，及时处理管理委员授权事宜。1989年4月7日，分行制定《交通银行重庆分行管理委员会议事规则》，管委会每年召开定期性会议一次，审查总经理工作报告，审查通过年度决算报告和盈利分配方案，审定年度工作计划，审查本年度西南五省（区）设立分支机构方案及审议总经理提交会议的其他重要事项。

1989年1月11日，分行成立第一届管理委员会。主任刘志忠，副主任朱惠熙、吴大成、徐士荃、胡安纮，成员左俊杰、夏峰、林万银、杨永恩、白和金、王世惠、吴应雄、邓昌明。1991年7月6日，交通银行董事会决定增补陈万里为交通银行重庆分行管理委员会副主任，增补吴加农为交通银行重庆分行管理委员会委员，免去胡安纮交通银行重庆分行管理委员会副主任职务，免去白和金交通银行重庆分行管理委员会委员职务。1992年7月25日，交通银行董事会决定增补何禄为、邓昌明为交通银行重庆分行管理委员会副主任，陈天才、游杰元为交通银行重庆分行管理委员会委员，免去徐士荃、夏峰交通银行重庆分行管理委员会副主任和管理委员会委员职务。1993年11月11日，交通银行董事会决定增补肖遂宁、罗立群为交通银行重庆分行管理委员会委员。

1994年交通银行实行统一法人后，即撤销重庆分行管理委员会。

管理委员会支行分会。1990年2月21日，成立交通银行重庆分行管理委员会昆明支行分会。1991年4月16日，管委会支行分会主任王廷琛，副主任黎维彬、郑孝仁、李天瑜、平愚山。1992年8月19日，成立交通银行重庆分行管理委员会柳州支行分会。管委会支行分会主任吴炳生，副主任杨德轼、张南，成员张立新、黎克伦、蒋镇洲、刘柳初。1993年5月12日，成立交通银行重庆分行管理委员会成都支行分会，分会主任何用先，副主任左国辅、韩平、王建国，成员向其臣、周银南、陶家廉、李继金、周光圻。

第三节　分行营业与其他变化

一、试营业与正式营业

试营业。1988年1月，经过交通重庆分行筹备组的前期准备，顺利完成地方财政5000万元资本金及部分企业认购（筹）入股工作，落实将位于市中区大溪沟罗家院的一幢面积为10084平方米的新建大楼作价为财政入股资金用作分行办公地址，建立筹备班子，充实专业人员，初步设置四部一室，即国内业务部（含计划统计）、国外业务部、财务会计部、人事教育部、办公室，各部室按试营业要求初步配备干部，制订相关规章制度，对内展开业务培训，对外广泛进行业务联系，加强宣传。

1月18日，交通银行总管理处副总经理潘其昌、办公室主任沈其龙等一行六人，人民银行总行金融机构管理司处长马鸣家、金管司干部孟昭仪，重庆市副市长、交通银行重庆分行筹备组组长李长春，重庆市计划管理委员会副主任白和金，重庆市财经领导小组办公室主任朱惠熙、副主任刘维峙，重庆市财政局局长胡安纮，中国人民银行重庆市分行副行长邓昌明，工商银行重庆市分行副行长徐世荃，交通银行重庆分行筹备组副组长左俊杰、夏峰组成验收小组参加验收。验收小组听取筹备重庆分行的工作汇报，召开全行职工大会和小型总结会议，对分行筹备工作进行检查、验收，认为重庆分行（筹）具备试营业条件。1988年2月2日，交通银行总管理处同意交通银行重庆分行试营业。2月3日，交通银行重庆分行召开试营业大会。市顾问委员会主任马力、副主任刘隆华及市人大常委会副主任贾昌、副市长李长春、市政协副主席宋元良等领导到会剪彩。市各委、办、局、行、司及企事业216个单位的领导到会祝贺，自贡市政府派代表参加。

正式营业。1989年6月21日，交通银行总管理处同意交行重庆分行正式开业，办公地址为市中区人民路13号。交通银行是以公有制为主体的股份制、综合性、按经济区域设置和企业化经营的社会主义新型银行。在管理体制上，交通银行在主要人事任免、业务决策、综合计划、基本规章制度、涉外事务方面实行统一领导。重庆分行隶属于交通银行，是肩负着经营和管理双重职能的区域性分行。在国家宏观调控下，自主经营、独立核算；在资金使用上，实行自求平衡、自我控制。交通银行重庆分行按照跨行政区划按经济区域设置机构的原则，在川、滇、黔、桂、渝等省市区的部分大中城市设立支行和办事处，并开展相应范围的业务，逐步形成西南地区的金融网络。其主要任务是：采取多种方式筹集和融通国内外资金，在广泛联系各类企业的基础上，推进经济联合，培育企业集团，支持外向型经济发展。交通银行重庆分行的业务范围：吸收各种人民币存款和个人储蓄，吸收外币存款和华侨存款；办理各种人民币流动资金贷款、贴现和固定资产贷款，办理各种外币贷款、透支和贴现；办理国内外结算和汇兑；发行人民币债券和外币债券以及其他有价证券；办理国际和国内银行间的存款、贷款、拆借和贴现；办理外汇的买卖（包括外币）和外汇股票、证券的买卖；在国外和港、澳地区投资或合资经营银行、财务公司和其他企业；组织参加国际的联合贷款和银团贷款；承办国际、国内各项信托、保险、投资、租赁、咨询、担保、保管、代理等业务；设立各类金融性或非金融性的子公司；经营房地产业务；经营发行各类股票、债券，办理有价证券的转让与买卖；办理中国人民银行委托、交办和批准的其他业务；经批准参加其他国际金融活动。

二、分行其他变化

行政级别变化。1988年2月22日交通银行以交银〔1988〕第047号，3月15日重庆市政府以市府函〔1988〕26号文批准，交通银行重庆分行机构定为市级局级机构。1997年7月4日，交通银行将重庆分行的机构级别升格为正厅局级。2002年1月1日，交通银行将重庆分行调整为直属分行，不再行使管辖职能。2004年9月21日，根据总行机构调整方案，重庆分行升级为省级分行。

分行更名。2005年9月，根据中国银监会《关于交通银行组织形式、发起人和股东资格等有关问题的批复》精神，交通银行改制为股份有限公司，重庆银监局印发《关于交通银行重庆分行更名的批复》，同意交通银行重庆分行及各分支机构名称中的“交通银行”统一变更为“交通银行股份有限公司”，“交通银行重庆分行”变更为“交通银行股份有限公司重庆分行”，简称“交通银行重庆分行”。2008年12月7日，中国银监会印发《关于同意交通银行29家省分行变更名称的通知》，“交通银行股份有限公司重庆分行”更名为“交通银行股份有限公司重庆市分行”，简称“交通银行重庆市分行”，更名后原有经营管理职能和范围不变。

经营地址变化。1998年8月31日，分行行址迁至渝中区中山三路158号。2017年3月6日，分行行址迁至重庆市江北区江北城西大街3号交通银行大厦。

第二章　资本来源

第一节　两级法人体制时期

资本金。1987—1994年5月，交通银行实行“总分行各自独立核算、各为法人”的体制。重庆分行是总管理处领导下实行自主经营、独立核算、自负盈亏的单位，具有法人资格，独自承担相应的民事法律责任。按照总管理处规定：各分支行暂不招收个人股。重庆分行的资本金，由国家、地方、企业投资入股构成。到1987年底，实收资本4270万元，后经过调整、增股，到1994年5月16日统一法人上划总行前，重庆分行实收资本金为20040万元。1994年5月16日，因交通银行法人体制改革，重庆分行实收资本20040万元全部上划总行，全行实行统一法人体制。

认购。1987年，交通银行重庆分行筹备组采取“走出去、请进来”等多种宣传方式，在市委财贸部、市计委、市经委、市财政局支持配合下开展认购工作，年末重庆分行共筹集资本金4270万元，其中：地方财政股4000万元，企业股270万元。分别为重庆市财政局4000万元，重庆天原化工厂100万元，渝丰国际有限公司70万元，四川仪表总厂和重庆钢铁设计院各50万元。1988年，重庆分行向总管理处提出请求增加资本金，经总管理处批准，重庆分行资本金调整为7500万元。其中：国家股2500万元，重庆市财政股5000万元。

股票。1989年8月24日，交通银行总管理处《关于印发交通银行股票管理暂行办法的通知》规定，交通银行股票面额分为100股人民币10000元和1000股人民币100000元两种；股东凭股金收据换发股票。年底，重庆分行实收资本调整为10245万元。其中：国家股2500万元，重庆市财政局增至6200万元，企业股增至1545万元。1990年，重庆分行按照《交通银行股票管理暂行办法》的要求，完成原股金10245万元股票的发放工作，明确股东关系。该股票是发给入股者的股份所有权凭证，由董事会签章并盖有交通银行股票钢印及标明发行行地名“重庆”的股票专用章，方为有效；该股票一律为记名式股票。当年年末重庆分行资本金与上年相同。1991年，重庆分行资本金增加至12000万元，其中：国家股2500万元，重庆市财政局6200万元，企业股增加至3300万元。1993年，重庆分行资本金增加至20040万元，其中：国家股3500万元，重庆市财政局6250万元，企业股增加至10290万元。

表2-2-1

重庆分行1987—1993年股东入股资金明细表

单位：万元

股东名称	1987年	1988年	1989年	1990年	1991年	1992年	1993年	1994年5月16日上划总行20040万元
交通银行总管理处		2500	2500	2500	2500	2500	3500	
重庆市财政局（1990年账页上更名为重庆市人民政府）	4000	5000	6200	6200	6200	6200	6250	
重庆钢铁公司			500	500	500	500	2500	
重庆西南铝加工厂			200	200	200	200	400	
重庆天原化工厂	100		150	150	150	150	150	
重庆特殊钢厂			150	150	310	310	310	
重庆渝丰国际有限公司	70		100	100	100	100	100	
重庆大学			100	100	100	100	100	
重庆长寿化工总厂			100	100	100	100	100	
重庆桐君阁药厂			50	50	50	50	50	
重庆国营嘉陵机器厂			50	50	300	300	300	
四川仪表总厂	50		50	50	150	150	150	
重庆钢铁设计院	50		50	50	50	50	100	
中国燕兴总公司重庆分公司			20	20	70	70	70	
重庆啤酒厂			10	10	10	10	80	
重庆包装工业公司			10	10	10	10	10	
重庆热水瓶厂			5	5	0	0	0	
东方电气财务公司					90	90	90	
建设机床厂					150	150	150	
重庆长安厂					100	100	200	
西南兵工局					50	50	50	
四川汽车制造厂					200	200	400	
重庆铁路分局					100	100	200	
重庆天然气公司					150	150	150	
国际公司					100	100	100	
重庆化工厂					100	100	100	
重庆卷烟厂					50	50	50	
重庆体改信息杂志社					20	20	20	
重庆拓源电力公司					30	30	30	
石油管理局川东开发公司					30	30	30	
重庆灯泡工业公司					30	30	30	
上海市重庆经协公司							50	

续表

股东名称	1987年	1988年	1989年	1990年	1991年	1992年	1993年	1994年5月16日上划总行20040万元
市体育场广告服务部							30	
重庆机床厂							50	
重庆市体育委员会							50	
重庆特殊钢公司科技咨询服务部							50	
重庆市房地产管理局市中区分局							50	
区财政局							50	
市老年福利基金会							30	
建锋厂							50	
重庆畜产进出口公司							50	
职工技协							40	
西南技术进出口公司							500	
重庆油泵油咀厂							100	
重庆市教育委员会							20	
轻工物资西南公司							50	
重庆汽车配件制造厂							50	
重庆宾馆							70	
重庆海关							50	
重庆出口商品基地公司							50	
四川江华机器厂							100	
重庆市供销社							30	
重庆丝绸进出口公司							200	
重钢进出口公司							200	
重庆万里蓄电池股份有限公司							100	
重庆兴华日用杂品公司							100	
重庆市财政局							100	
中渝公司							1850	
重庆水泥厂							200	
合计	4270	7500	10245	10245	12000	12000	20040	0

股红息分配。1988—1989年，因重庆分行开办时没有开办费，根据交通银行总管理处规定，经重庆市政府和重庆分行管理委员会第一次讨论决定，对1988年试营业期间的利润，暂不分配，留给重庆分行用于冲销开办费用及固定资产购置。1990年度，重庆分行利润总额3762.49万元，利润留成75.66万元，法定公积金1165.96万元。法定公积金的30%上划总管理处，用于股红息分配为总利润的67%，重庆分行各股东股红按24.6%的红利率（年利率）计付，共付股红2520.27万元。1991年度，重庆分行利润总额4103.17万元，利润留成108.66万元，利润留成按规定建立三项基

金，其中：业务发展基金不低于60%，福利基金和奖励基金分别控制在24%和16%以内，法定公积金1278.21万元，其中30%上划总管理处，用于股红息分配为总利润的66.2%，计2716.29万元，各股东单位的股红息按实际投资期计算。1992年度，重庆分行利润总额5013.18万元，利润留成135.39万元，利润留成按规定建立三项基金，其中：业务发展基金不低于60%，福利基金和奖励基金分别控制在24%和16%以内，法定公积金1559.06万元，其中30%上划总管理处，用于股红息分配为总利润的66.2%，计3318.72万元，各股东单位的股红息按实际投资期计算。1993年度，重庆分行利润总额5208.09万元，利润留成170.83万元，利润留成按规定建立三项基金，其中：业务发展基金不低于60%，福利基金和奖励基金分别控制在24%和16%以内，法定公积金1589.5万元，其中30%上划总行，作为全行统筹发展使用，用于股红息分配为总利润的66.2%，加上对中国太平洋保险公司投资所得收益，一并用于对股东的分配，共计3447.76万元，各股东单位的股红息按实际投资期计算。

其间，1987—1990年，开业3年内享受国家免交所得税的待遇，免税部分作为重庆分行积累，增强资金实力。1991年起，恢复征收交通银行重庆分行所得税，重庆分行的所得税应就利润全额就地征收，鉴于重庆分行实际困难，1991年的所得税酌情放宽，分给交通银行总管理处的利润可在所得税前分配，但分给其他股东的利润和公积金，利润留成则只能在所得税后予以分配。1992年起，重庆分行的所得税应就利润全额就地征收，其分给交通银行总管理处的利润应在征收所得税后分配，其公积金和利润留成应在所得税后计提。对市财政和各区县财政在交通银行重庆分行入股分得的利润在1995年前（含1995年）给予免征所得税照顾。1994年，交通银行进行统一法人体制改革后，通过换股实行“同股同利、同股同权”，同时，根据国家财税体制改革的要求，交通银行利润实行“先税后分”的分配方式。根据利润先按33%的所得税税率向财政部交纳所得税，税后利润按《公司法》和《交通银行章程》的有关规定制定分配预案，经交通银行董事会讨论并经股东大会表决通过后进行分配。先按一定比例提留公积金、公益金、任意公积金，其余部分税后利润按股分配。

第二节　统一法人体制以后

资本金。1993年，中国人民银行批复，支持交通银行实行统一法人体制改革，将总分支行各法人实体改为全行单一法人实体体制，各分支行成为非法人分支机构，其债权债务全部由统一的法人承继。1994年，交通银行第一届董事会第八次审议通过《交通银行统一法人体制实施办法》和《交通银行折股实施细则》，确定折股核算的股东权益为1993年分配后的实收资本、资本公积、盈余公积，并规定核算范围、方法和内容；集中股东权益，总行划收各分支行股东权益，使所有股东统一向总行投资入股，核定营运资金，总行根据各分支行上划的股东权益，相应划拨营运资本金；将各股东原持的股东权益按1∶1.25的比例折算成新的交通银行股份，折股后的新股份除以原持有股份即为折股系数；换发股权证，各股东持有的股票向总行缴销，并换发统一印制的新股权证；同时规定折股的审核程序、财务处理、换股手续，以及同年新招股份溢价率等。5月16日，重庆分行实收资本20040万元上划总行。经过股权改革，总行与各分支行的所有股东一律成为交通银行的股东，各分支行原有的股权，根据统一标准折算成向总行投资的股份，实行“同股同利、同股同权”。

股红息分配。1994—1996年，总行按税后利润的52%用于股利分配，每股权益分别为1.3649元、1.5567元、1.6919元。1997年，总行按税后利润的36%用于股利分配，每股权益为1.81元。1998—2002年，总行按税后利润的52%用于股利分配，每股权益分别为1.9083元、1.8507元、2.01元、2.04元、2.05元。2003—2004年，根据国务院有关部委对交行财务重组方案批复要求，税后利润不分配，结转以后年度分配。2005年，以总股本为基数，每10股现金分红0.8元。2006—2009年，每股现金分红0.1元、0.15元、0.1元、0.1元。2010年，每10股派发红股1股、分配现金股利0.2元（税前）。2011年每股现金分红0.1元。2012年每10股派息2.4元。2013年每10股派息2.6元。2014—2015年每10股均派息2.7元。2016年每10股派息2.715元。2017年每10股派息2.856元。2018年每10股派息3元（税前）。

第三章　分支机构与混业经营机构

第一节　西南四省区分支机构

昆明支行。1988年4月29日，昆明支行筹备组成立，隶属于重庆分行管辖；7月，昆明支行试营业；1989年9月2日，昆明支行正式营业；1991年2月11日，昆明支行更名为昆明分行；1995年3月13日，昆明分行由重庆分行的辖属分行改为总行直属分行。

柳州支行。1988年4月29日，柳州支行筹备组成立，隶属于重庆分行管辖；8月，柳州支行试营业；1990年3月13日，柳州支行正式开业；1993年6月2日，柳州支行交由广州分行管辖。

自贡支行。1988年4月29日，自贡支行筹备组成立，隶属于重庆分行管辖；8月8日，自贡支行试营业；1990年12月7日，自贡支行正式开业；1997年6月24日，自贡支行交由成都分行管辖。

攀枝花支行。1989年4月19日，攀枝花支行筹备组成立，隶属于重庆分行管辖；10月27日，攀枝花支行试营业；1993年11月20日，攀枝花支行正式营业；1997年6月24日，攀枝花支行交由成都分行管辖。

贵阳支行。1989年4月21日，贵阳支行筹备组成立，隶属于重庆分行管辖；12月15日贵阳支行试营业；1993年6月7日，贵阳支行正式营业；1994年4月23日，贵阳支行更名为贵阳分行；2002年1月1日，贵阳分行由重庆分行的辖属分行改为总行直属分行。

成都支行。1989年5月8日，成都支行筹备组成立，隶属于重庆分行管辖；10月24日，成都支行试营业；1992年4月17日，成都支行正式营业；8月17日，成都支行更名为成都分行；1995年3月13日，成都分行由重庆分行的辖属分行改为总行直属分行。

遵义支行。1989年11月20日，遵义支行筹备组成立，隶属于重庆分行管辖；1990年4月26日，遵义支行试营业；1992年4月17日，遵义支行正式营业；1998年2月13日，遵义支行更名为遵义分行；2002年1月1日，遵义分行改由成都分行管辖。

广元支行。1990年7月16日，广元支行筹备组成立，隶属于重庆分行管辖；1994年4月23日，广元支行正式营业；1997年6月24日，广元支行交由成都分行管辖。

第二节 混业经营机构

一、太平洋保险公司

重庆分公司。1988年6月29日，根据交通银行总管理处《关于交通银行分支行开办保险业务问题的通知》，1989年7月25日，交通银行重庆分行提出《关于开办保险业务的请示》，1990年5月22日，交通银行总管理处同意重庆分行代理上海分行保险业务，1990年5月26日，分行向人行重庆市分行申请办理保险业务，6月9日，人行同意分行代办保险业务，1991年4月26日，交通银行成立全资子公司——中国太平洋保险公司，公司经营范围为承保本外币各种财险、责任险、信用险、农业险、人身保险等业务，办理各种国内、国际再保险业务和法定保险业务等，12月21日，分行提出《交行重庆分行关于成立中国太平洋保险公司重庆代理处的报告》，1992年2月28日，中国太平洋保险公司批复，同意成立中国太平洋保险公司重庆代理处，6月19日，中国太平洋保险公司成立中国太平洋保险公司重庆分公司，1994年9月29日，根据总行《关于将分支行原对中国太平洋保险公司的投资划归总行的通知》（交银发〔1994〕337号），分行与中国太平洋保险公司重庆分公司脱钩。

柳州分公司。1988年8月4日，柳州支行提出《关于申请开办保险业务的请示报告》，1989年4月14日，人行柳州分行同意柳州支行成立保险业务部，1991年7月15日，中国太平洋保险公司柳州代理处成立，1993年5月29日，中国太平洋保险公司申请成立中国太平洋保险公司柳州分公司，8月1日，中国太平洋保险公司柳州代理处划归中国太平洋保险公司广州分公司管辖。

昆明分公司。1989年6月1日，昆明支行提出《关于开展保险业务的请示》，1990年9月21日，昆明支行申请开办保险业务，12月8日，交通银行总管理处同意昆明支行代理重庆分行保险业务，1991年6月20日，昆明支行提出申请建立太平洋保险公司昆明代理处，6月26日，中国太平洋保险公司昆明代理处成立，1993年11月24日，中国太平洋保险公司昆明分公司成立，1994年9月29日，根据总行《关于将分支行原对中国太平洋保险公司的投资划归总行的通知》，分行与中国太平洋保险公司昆明分公司脱钩。

成都分公司。1991年7月20日，中国太平洋保险公司成都代理处成立，1993年11月24日，中国太平洋保险公司成都分公司成立，1994年9月29日，根据总行《关于将分支行原对中国太平洋保险公司的投资划归总行的通知》，分行与中国太平洋保险公司成都分公司脱钩。

遵义支行代理保险业务。1990年10月4日，遵义支行提出《关于申请开办保险业务的请示》，1992年1月20日，分行同意遵义支行设立保险业务机构代理保险业务，1994年9月29日，根据总行《关于将分支行原对中国太平洋保险公司的投资划归总行的通知》，支行与中国太平洋保险公司脱钩。

攀枝花支行代理保险业务。1992年3月28日，攀枝花支行申请开办保险业务，4月30日，分行同意攀枝花支行设立保险业务机构代理保险业务，7月4日，人行四川省分行同意攀枝花支行代办保险业务，1994年9月29日，根据总行《关于将分支行原对中国太平洋保险公司的投资划归总行的通知》，支行与中国太平洋保险公司脱钩。

广元支行代理保险业务。1991年8月23日，分行同意广元支行成立中国太平洋保险公司广元代办处，10月10日，重庆分行同意广元支行设立保险业务部开办代理保险业务。1994年9月29日，根据总行《关于将分支行原对中国太平洋保险公司的投资划归总行的通知》，支行与中国太平洋保险公司脱钩。

自贡支行代理保险业务。1992年1月31日，分行同意自贡支行代理中国太平洋保险公司办理保险业务，5月4日，人行四川省分行同意自贡支行代办保险业务，7月16日，自贡支行申请设立保险代办处及保险业务部，8月5日，分行同意自贡支行设立保险机构代理保险业务。1994年9月29日，根据总行《关于将分支行原对中国太平洋保险公司的投资划归总行的通知》，支行与中国太平洋保险公司脱钩。

二、海通证券公司

重庆公司。1988年4月，分行设立证券业务大溪沟交易点，经营证券买卖、代理证券买卖业务。9月，总行成立全资子公司——海通证券公司。1991年8月12日，分行设立证券业务部；1992年7月3日，分行申请成立上海海通证券公司重庆营业部，12月5日，人行重庆市分行同意分行在上海、深圳两地申请作为异地交易所异地会员并设立业务部和代表处；1993年2月5日，人行重庆市分行同意交行重庆分行开办证券业务。1993年4月24日、1993年11月4日，人行重庆市分行文件批复，同意交行重庆分行在上海设立证券业务部，设立上海证券营业部。1993年6月10日，人行上海市分行同意设立交行重庆分行上海证券营业部，全称为交通银行重庆分行上海证券业务部，资本金1000万元，业务范围限于在上海证券交易内办理证券自营买卖和异地委托买卖业务，12月4日，分行设立南坪支行证券部。1994年6月28日，分行申请设立沙坪坝证券营业部，3月16日，分行申请在民族路、解放碑、江北、九龙坡、巴县、北碚等地设立证券代理交易点。1995年11月27日，根据中国人民银行和交通银行关于海通证券公司改制的要求，分行上海证券营业部划归海通证券有限公司。

柳州支行证券业务。1990年3月27日，柳州支行申请成立证券业务部，5月2日，分行同意柳州支行成立证券业务部，1995年12月29日，根据国务院、中国人民银行及交通银行分业经营、分业管理的有关规定，柳州分行证券业务部撤销。

攀枝花支行证券业务。1990年9月11日，攀枝花支行申请成立证券业务部并开办证券业务，1990年10月17日，分行同意攀枝花支行成立证券业务部，10月28日，分行同意攀枝花支行开展证券业务，1995年12月29日，根据国务院、中国人民银行及交通银行分业经营、分业管理的有关规定，攀枝花支行证券业务部撤销。

自贡支行证券业务。1990年7月6日，自贡支行申请成立证券业务部开办证券业务，7月26日，分行同意自贡支行成立证券业务部开办证券业务，1995年12月29日，根据国务院、中国人民银行及交通银行分业经营、分业管理的有关规定，自贡支行证券业务部撤销。

成都支行证券业务。1990年6月12日，成都支行申请办理证券业务。1995年11月27日，根据中国人民银行和交通银行关于海通改制的要求，分行上海证券营业部划归海通证券有限公司。

贵阳支行证券业务。1990年2月7日，贵阳支行申请开办证券业务，1993年5月13日，贵阳支行开办代理深圳上市股票异地交易。1995年11月27日，根据中国人民银行和交通银行关于海通证券公司改制的要求，分行上海证券营业部划归海通证券有限公司。

广元支行证券业务。1990年11月8日，广元支行申请开办证券业务，1991年4月12日，分行同意广元支行成立证券储蓄业务部。1994年10月31日，广元支行申请设立证券业务部，1995年12月29日，根据国务院、中国人民银行及交通银行分业经营、分业管理的有关规定，广元支行证券业务部撤销。

三、重庆太平洋屋业发展有限公司

成立。1992年3月28日，重庆分行、重庆市房屋开发建设公司与香港中渝国际有限公司签订《中外合资重庆太平洋屋业发展有限公司意向性协议书》和《项目建议书》。4月23日，重庆太平洋屋业发展有限公司以950万美元（其中分行投资：人民币1070万元）的注册资本在重庆工商行政管理局获颁营业执照，成为西南地区首家既有金融机构投资，又有外方投资的房地产开发企业。按照合资三方制定并签署的公司章程和合同，分行总经理邓昌明兼任公司董事长。

开业。1992年12月11日，由分行、重庆市房地产开发股份有限公司和香港中渝国际有限公司合资组建的重庆太平洋屋业发展有限公司举行隆重的开业典礼暨重庆市邮政枢纽配套工程太平洋屋业大厦奠基仪式。

整改。1995年12月7日，根据交通银行《关于对全行51个投资项目实施整改的通知》要求，收回分行对重庆太平洋屋业发展有限公司的投资1070万元。

四、长江经济联合发展股份有限公司及重庆公司

1992年5月，为适应浦东开发，带动长江沿岸经济发展，由交通银行牵头，成立由沿江各城市政府、企业和银行入股的公有制为主的股份制综合开发公司——长江经济联合发展股份有限公司，重庆及辖属分支行（昆明、成都、遵义、贵阳、柳州、自贡、攀枝花、广元）共同入股2000万元，以房地产业务起步，带动贸易发展，以贸易促进沿岸的产业发展。1992年11月，为参与浦东开发，推动长江三角洲和沿江地区经济联合发展，构筑长江商贸走廊，由长江经济联合发展股份有限公司、重庆市人民政府、交通银行重庆分行、万县地区行署、涪陵地区行署、泸州市人民政府、宜宾地区行署共同发起组建长江经济联合发展股份有限公司重庆公司，公司采取定向募集方式设立，重庆及辖属分支行共同出资800万元，公司为股份制的独立法人。1995年8月，按照《公司法》和分业管理的要求，重庆分行对长发公司的投资划归总行统一管理。2000年5月，长发重庆公司关闭。

五、重庆金凌房地产开发公司

1992年，由重庆分行投入2000万元资本金，经交通银行总行批准成立，组建交通银行重庆分行房地产开发公司，以推动市内新区和旧城房地产开发。1994年更名为重庆金凌房地产开发公司。2006年5月10日，交通银行重庆分行决定关闭（脱钩）重庆金凌房地产开发公司，并注销工商登记。

六、分行物管公司

自1998年分行办公大楼（渝中区中山三路158号）投入启用后，其物业管理服务一直由分行自行负责，并随时间推移经历两个阶段。

（一）“庆通公司”阶段。1998年原中山路158号办公楼大楼启用前，根据《交通银行重庆分行关于申请成立庆通有限公司的函》，由重庆分行员工筹资组建，注册资金100万元，成立庆通物业管理公司，负责分行办公大楼的物业管理工作。庆通公司为独立法人单位，其主管单位为交通银行重庆分行，并在1998年10月至2005年12月期间，将原由分行聘用的临时工（包括水电维修人员、消防值班人员、炊事员、职工宿舍守楼护院人员等）都转为庆通物业管理公司员工。

（二）“宏盛公司”阶段。2005年按《关于对重庆庆通物业管理公司实施关闭的通知》要求，进行资产清算后关闭。2006年，因（总行）交行拟在香港IPO（首发股票上市），庆通物业管理公司撤销，分行的物业管理服务由分行后勤服务中心（物业）负责，原庆通公司员工劳务关系转入宏盛劳务有限公司，由宏盛公司以劳务服务方式继续安排工作。后续又将分行物业管理服务工作并入分行行政部进行管理，并延续至今。

第三篇　管理机构

1994年交通银行实施统一法人体制后，分行设有包括管理层决策机构、议事机构、管理机构和所属营业机构的组织管理架构，按照分行综合化经营的发展策略，逐步健全经营网络布局，着力创新、规范与完善现代商业银行经营管理体制。

伴随着中国经济的发展，重庆市分行的综合实力不断增长，至2018年末，分行经过30年的持续创新和变革，成长为一家资产规模超过1000亿元的股份制商业银行。

第一章　行政管理

第一节　决策机构

行长（总经理）办公会。分行重建初期，行政领导实行董事会（管理委员会）领导下的总经理（经理）负责制。分行行政领导为总经理和副总经理，支行行政领导为经理和副经理。1994年7月，分行行政领导总经理、副总经理改称行长、副行长。行长（总经理）办公会议是分行管理层研究决定分行经营管理的主要形式。主要传达学习总行高管层重要会议精神、工作要求和决策部署，研究贯彻落实意见；研究分行经营管理总体思路、业务发展规划等；分析政策环境和经营形势，总结分行各项工作情况，制定阶段性工作计划和工作部署；确定分行各单位（包括专业委员会、专项工作领导小组等议事协调机构、部门、下辖分支行）工作计划、资源分配方案等；听取分行各单位工作情况汇报，提出工作要求；审议以分行或分行主要负责人名义签发的重要报告、文件或讲话；审定经营管理重要制度、办法和实施细则；决定或调整分行年度预算，决定财务、机构资源配置计划等；决定重大资产购置或处置事项；决定重大风险事故处理、资产损失核销事项；研究总行布置或分行决定的经营管理重大活动实施方案，以及其他重大经营事项；决定各类应急事项处置方案；研究部门、支行提交分行审议的重大事项。

行长（总经理）碰头会。行长（总经理）碰头会议是行长（总经理）办公会议的补充形式，主要运用于分行管理层交流工作情况，不涉及具体事项决策，必要时可与行长（总经理）办公会议合并召开。

行长（总经理）扩大会议（中层干部与会）。行长（总经理）扩大会议，是一直沿用的一种不定期会议形式。根据内容要求，与会者扩大至中层干部，还可以延请执行专项工作的员工列席会议。

表3-1-1

1988—2018年分行总经理（行长）、副总经理（副行长）任职情况表

总经理(行长)		副总经理(副行长)		行级干部		备注
姓名	任职年限	姓名	任职年限	姓名	任职年限	
徐士荃	1988.5—1991.7	左俊杰	1988.5—1992.7			
		夏峰	1988.5—1991.7	吴启先	1989.10—1997.1	总会计师
		陈天才	1991.7—1992.10	刘朝荣	1990.5—1994.11	工会主席
		游杰元	1991.7—2002.3			
邓昌明	1991.7—2005.2	肖遂宁	1993.5—1996.5			
		罗立群	1993.5—1998.5	肖遂宁	1992.5—1993.5	总经理助理
		张映陶	1995.6—2002.11	罗立群	1992.5—1993.5	总经理助理
		黄镇谦	1996.10—2004.8			
		单文毫	1997.12—2000.12			
		周以伟	1997.7—2006.3			
		陈东玮	2002.7—2016.3			
		郭莽	2005.2—2006.2			
		周妍	2005.1—2006.4			
		李阳	2005.2—2012.6			
郭莽	2006.2—2010.3	黄锦平	2006.2—2013.5			
朱克鹏	2010.3—2012.10	刘红	2007.9—			
付万军	2012.10—2016.2	李晓平	2012.10—2017.6			
杨宁	2016.2—	任华	2013.5—2017.2			
		黄锦平	2017.2—			
		鲁小松	2017.7—			
		陈东玮	2017.6—			
		韩冬	2018.4—			

第二节　议事机构（组织）

1993年，分行成立贷款审查委员会和资产负债管理委员会。2005年7月后，陆续成立风险管理、财务审查、公司业务、零售业务、内控、产品创新等专业管理委员会。2018年底，分行共有议事协调机构和临时机构20个。

表3-1-2

2018年底分行主要议事机构及临时机构（组织）一览表

序号	机构名称	成 员	主办单位
1	贷款审查委员会（对公）	主任委员：陈东玮 委员（委员单位）：（授信部A、B角）、（合规部A、B角）、（个金部A、B角）、（风险保全部A、B角）、投行部、资负部、公司部、国际业务部	授信管理部
2	资产负债管理委员会	主任委员：杨宁 副主任委员：黄锦平 委员（委员单位）：资产负债管理部、预算财务部、公司管理部、金融同业（托管）部、投资银行部、国际业务部、小企业金融部（普惠金融事业部）、个人金融业务（消费者权益保护）部、授信管理部、风险（保全）部、审计部、网络渠道部	资负部
3	全面风险管理委员会	主任委员：杨宁 副主任委员：陈东玮、黄锦平、刘红、鲁小松 委员（委员单位）：办公室、人资部、预财部、资负部、公司部、投行部、同业部、国际部、普惠部、合规部、个金部、营运部、授信部、风险（保全）部、网渠部、审计部、信息部、监察室、保卫部、业务处理中心	风险（保险）部
4	内部控制管理委员会	主任委员：杨宁 副主任委员：黄锦平 委员（委员单位）：办公室、营运部、风险部、合规部、审计部、监察室	审计部
5	财务审查委员会	主任委员：黄锦平 委员（委员单位）：预财部、行政部、信息部、渠道部、公司部、个金部、办公室、营运部	预财部
6	风险资产审查委员会	主任委员：陈东玮 委员（委员单位）：风险保全部、法律合规部、授信管理部、公司部、资负部、预算财务部、投行部、审计监督部和巡察组列席	风险（保全）部
7	反洗钱工作领导小组	主任委员：杨宁 副主任委员：陈东玮 委员（委员单位）：办公室、人资部、资负部、预财部、公司部、投行部、国际部、同业部、大客户部、普惠部、个金部（消保部）、渠道部、营运部、业务处理中心、风险部（保全部）、授信部、合规部、审计部、信息部、监察室、保卫部、行政部、工会办公室	法律合规部
8	集中采购管理委员会	主任委员：黄锦平 委员（委员单位）：预财部、行政部、信息部、渠道部、法律合规部、个金部、办公室、营运部	预财部
9	投资银行业务项目评议委员会	主任委员：鲁小松 委员（委员单位）：公司业务部、投资银行部、金融同业（托管）部、风险管理部（资产保全部）、授信管理部、法律合规部	投行部

续表

序号	机构名称	成 员	主办单位
10	零售贷款审查委员会	主任委员:陈东玮 委员(委员单位):授信部、资负部、合规部、个金部、风险(保全)部、普惠金融部、公司部	授信管理部
11	信息科技管理与信息安全保障委员会	主任委员:杨宁 副主任委员:黄锦平 委员(委员单位):办公室、人力资源部、预算财务部、网络渠道部、营运管理部、业务处理中心、风险管理部、法律合规部、审计监督部、信息技术部、行政部、保卫部主要负责人	信息技术部
12	分行产品创新与推进委员会	主任委员:杨宁 副主任委员:黄锦平 委员(委员单位):信息部、公司部、个金部、同业部	信息技术部
13	监督工作联席会议	主任委员:刘红 委员(委员单位):监察室、办公室、人资部、巡察组、派驻纪检组、审计部、预财部、合规部、营运部、风险部(保全部)、保卫部、工会办等部门主要负责人,根据会议议题需要,可邀请其他相关部门和支行负责人列席	监察室
14	案防工作例会	主任委员:刘红 委员(委员单位):资负部、预财部、个金部、营运管理部、业务处理中心、授信部、风险部(保全部)、审计部、合规部、渠道部、监察室、保卫部等部门主要负责人组成	监察室
15	纪检监察部门联席会议	主任委员:刘红 委员(委员单位):监察室、巡察组、派驻纪检组班子成员组成,根据会议议题需要,监察室、巡察组、派驻纪检组相关员工参加会议,也可邀请其他相关部门或支行负责人列席	监察室
16	党风廉政建设责任制工作领导小组	组长:杨宁 常务副组长:刘红 副组长:陈东玮、黄锦平、鲁小松 成员:党委办公室、党委组织部、预财部、营运部、风险部(保全部)、审计部、监察室、巡察组、派驻纪检组、工会办、保卫部、团委等部门主要负责人	监察室
17	案件防控领导小组	组长:刘红 成员:人力资源部、法律合规部、营运管理部、风险监控部、审计部、监察室、保卫部主要负责人	监察室
18	巡察工作领导小组成员	组长:杨宁 副组长:刘红 成员:党委办公室、人力资源部、监察室	监察室
19	履职问责工作领导小组	组长:杨宁 组员:陈东玮、黄锦平、刘红、鲁小松	监察室

续表

序号	机构名称	成 员	主办单位
20	机构建设领导小组	组长：杨宁 副组长：黄锦平 成员：办公室、人资部、预财部、公司部、个金部（消保部）、渠道部、营运部、信息部、行政部、保卫部等部门负责人	网络渠道部

注：各专业管理委员会在高级管理层领导下，在统筹、组织、指导和推动分行经营管理和业务发展中发挥重要议事协调作用。

第二章　公司与机构业务管理

第一节　公司管理部（公司业务部、大客户部）

机构沿革。1987年，分行重新组建初期，公司业务的经营管理职能分布在各个处室，1994年，分行成业信托业务部，负责分行公司业务的经营管理。1997年8月1日，分行成立中间业务领导小组，负责中间业务的推进和管理。1998年2月11日，分行设立中间业务管理处。1998年3月21日，撤销信托业务部，有关工作转移到中间业务管理处。1999年5月26日，撤销中间业务管理处，设立市场营销处。2001年5月18日，分行市场营销处正式更名为公司业务处，2005年更名为公司业务部（简称公司部）。2008年10月6日，因分行公司部职能分立，将原公司部分设为公司管理部，公司业务一、二、三部。2010年2月12日，为适应市场竞争和客户需求变化，加强分行公司条线集约化、专业化管理，对分行原公司管理部及公司业务一、二、三部进行整合，成立公司管理部和大客户部。2014年1月22日，撤销大客户部。2015年11月12日，根据总行关于加强授信发起层级管理，提升分行部门直接经营能力的精神，分行成立大客户部。

组织架构。建立“战略客户部+综合管理小组”模式。战略客户部，作为公司客户分层分类分级管理体系建设的重要环节，主要负责分行级战略客户业务发展的规划，履行牵头战略客户营销策略和服务方案制定、客户关系维护、授信层级发起，市级主管职能部门的营销和维护等职责；同时负责存款、资产、中收、客户、产品的推进，负责总行相关指标的达成，负责对口经营单位指标的达成。综合管理小组，主要负责全行存款、资产、中收、客户、产品业务的统计、分析，客户经理培训与考核，内部服务性事务（包括邮箱管理、OA管理、生活管理、临时交办的事务等）。

工作职责。主要履行公司业务的组织、指导、协调、推动、管理职能，并负责对直管客户开展业务拓展、关系维护等工作。具体负责：（1）根据分行业务发展战略与规划，制定公司业务发展规划和年度营销计划，分解任务指标，推动目标任务完成。（2）制定全行公司和投行客户营销策略，实施客户分层管理，推动客户发展。（3）研究行业金融服务需求，制定行业金融服务方案，组织公司产品研发、推广，牵头对公财富管理业务。（4）负责企业网银设计开发、银企直联平台建设维护、公司客户数据挖掘应用、线上线下一体化销售管理等工作。（5）制定分行本外币对公存款和公司条线中间业务发展策略与措施，定期监控全行对公存款及中间业务运行情况，推动业务发展。（6）牵头全行票据业务管理制度、业务流程、风险控制等工作的落实和推进。（7）制定完善公司业务规章制度、管理办法和操作流程。（8）承担公司业务前台风险管理职责，推进分行公司业务中后台建设，提高风险防控能力。（9）加强对公客户经理、产品经理队伍建设，健全板块人才选拔、培训、考核机制。（10）负责分行公司业务管理信息系统的维护和应用。

表3-2-1

公司管理部业务产品类-Ⅰ表

指标大类	管理+推动型指标							
指标名称	对公有效客户数	优质新开户	蕴通账户	蕴通产业链	税费通	银团贷款	汽车经销商融资	对公代理保险	对公表内外理财产品业务;大额存款
主要职能	1.数据通报(梳理各支行完成情况、潜力户和警戒户情况); 2.营销推动,提出推进计划及措施; 3.季度考核核算	1.数据通报(梳理各支行完成情况); 2.营销推动,提出推进计划及措施; 3.季度考核核算	1.数据通报(梳理各支行完成情况); 2.营销推动,提出推进计划及措施; 3.协议签批及531系统维护; 4.季度考核核算	1.数据通报(梳理各支行完成情况); 2.营销推动,提出推进计划及措施; 3.531系统录入; 4.季度考核核算	1.按季考核; 2.挖掘新客户,实现多缴	1.银团贷款协议文本制定; 2.与支行联合营销	1.智慧汽车金融系统的上线及日常维护; 2.审核需盖章的汽车经销商合作协议以及送法审的各类文档(含OA系统); 3.风险排查; 4.按季经济资本测算审核	1.对公代理保险季报; 2.业务推动;	1.对公表内外理财报表; 2.理财询价,定制型理财报送; 3.理财产品手续费按季分配,考核

表3-2-2

公司管理部业务产品类-Ⅱ表

指标大类	管理类指标							
指标名称	银行承兑汇票	贷款资金体内循环	对公低成本负债	对公AUM	电子票据	外国政府转贷款	委托贷款	行内联合贷款
主要职能	包含承兑业务管理、直贴业务管理。 1.减免敞口管理费审批； 2.费用减免季报表； 3.银承压降； 4.银票业务风险排查； 5.票据所系统操作员维护及贴现录入	系统审批	1.数据通报各支行完成情况； 2.按季考核	1.数据通报各支行完成情况； 2.按季考核	电子票据开通操作、日常故障处理	外国政府转贷款报表	1.报表：委托贷款行业报表，月报表，科技报表； 2.委托贷款审批	1.联合贷款每季付息； 2.联合贷款报总行审批

表3-2-3

公司管理部业务产品类-Ⅲ表

指标大类	推动型指标	
指标名称	贸易融资类产品推动	对公贵金属业务
主要职能	1.产业链、汽车经销商融资、快易收、快易贴、快易付、国内保理、快捷保理、应收账款质押融资等贸易融资类具体推动；2.人民银行应收账款质押登记系统，中征应收账款登记系统进行系统管理和操作员维护	业务推动

表3-2-4

公司管理部业务资产类表

客户类型	战略客户管理	集团客户管理	由分行层级发起客户
户数	30户	18个集团，涉及客户44户	15户
主要职能	直管客户需战略部客户经理共同营销，全程参与。具体工作包括：客户营销、方案制定、授信额度申报及提用、贷后监控，以及加大产品嵌入、提高综合回报等方面	承担集团客户管理人的角色，主要职责为：牵头制定集团客户营销目标、策略和计划；制定客户整体授信策略和方案，并撰写集团客户整体初审意见；定期召集主办行及协办行客户经理召开集团业务交流会，促进集团客户信息共享及交流，挖掘业务机会；集团整体贷后监控发起及审批	参与调查客户授信申报审批全过程

表3-2-5

公司管理部（公司管理部、大客户）综合管理类业务

类型	综合客户服务方案撰写	行业指导意见印发	印发工作提示	受理银监、人民银行、金融办、中新管理局、总行调研	填制上报总行、分行的各种综合表格	综合化专项行动、公司板块专项行动、业务劳动竞赛推进方案制定以及总结，汇总板块情况	公积金中心相关事项（归集的考核、系统中经办员的新增和删除，与中心的其他联系协调）	总行重点项目库的相关工作（重点项目入库、专项规模申领、投放的信息录入）	授信意向书、战略合作协议、投标函	商品房预售资金、房地产项目资本金监管	资产业务推动（联系支行梳理提还款进度和数据，与资负部互核贷款数据、规模）	存款推动（联系支行梳理来走款情况，存款分析）

表3-2-6

公司管理部（中间业务处、公司业务一部、公司业务二部、公司业务三部）负责人任职情况表

总经理（高级经理、处长、主任）	副总经理（副高级经理、副处长、副主任）	总经理助理（高级经理助理、处长助理、主任助理）	任职起止年月	职务
	侯海妮		1997.5—1997.11	副主任
	陈东玮		1997.11—1999.4	副主任
	简勇刚		1998.8—1998.10	副处长
	陈东玮		1999.4—2000.1	副处长（主持工作）
	吴春		1999.5—2001.5	副处长
		李伟	1999.5—2000.5	处长助理
	李伟		2000.5—2003.5	副处长
陈东玮			2000.1—2002.3	处长
吴春			2002.3—2005.2	处长
	蔡刚		2002.3—2005.2	高级专务
	侯小青		2003.3—2008.3	副处长
	邓野渝		2003.3—2003.5	副处长
	蒋林良		2004.1—2005.2	副处长
	侯小青		2004.1—2004.5	副处长
	陈伟		2004.5—2005.3	副处长
	蒋林良		2005.2—2005.8	副处长（主持工作）
	蔡刚		2005.2—2005.7	副处长
	柳倩		2005.3—2006.1	副处长

续表

总经理（高级经理、处长、主任）	副总经理（副高级经理、副处长、副主任）	总经理助理（高级经理助理、处长助理、主任助理）	任职起止年月	职务
侯海妮			2006.1—2008.2	高级经理
	熊朗秋		2006.1—2006.4	副高级经理
	蔡刚		2006.4—2006.5	副高级经理
	李胡林		2006.8—2008.5	副高级经理
侯海妮			2008.2—2010.2	业务一部高级经理
	陈伟		2008.2—2009.10	业务二部副高级经理（主持工作）
	李胡林		2009.10—2010.2	业务二部副高级经理（主持工作）
	陈凤谦		2008.2—2010.2	业务三部副高级经理（主持工作）
朱红			2009.10—2010.8	高级经理
胡南琪			2010.6—2014.1	高级经理
	江晓玲		2010.8—2014.4	副高级经理
	胡郸		2010.2—2011.10	副高级经理
		王文宇	2012.9—2013.1	高级经理助理
鲁小松			2014.1—2017.7	总经理
	牟红钢		2014.9—2018.6	副总经理
	李伟		2016.7—2017.7	副总经理
吴慧			2016.11—2017.12	总经理
谢明权			2017.12—	总经理
	张又丹		2018.4—	副总经理

表3-2-7

大客户部负责人任职情况表

总经理（高级经理）	副总经理（副高级经理）	总经理助理（高级经理助理）	任职起止年月	职务
陈凤谦			2010.2—2013.7	高级经理
	鲁小松		2010.2—2011.1	副高级经理
		谭东	2011.2—2012.4	高级经理助理
		张晋涛	2013.7—2014.1	高级经理助理
鲁小松			2015.11—2016.7	总经理
廖亮			2016.7—2017.6	总经理
	欧红		2017.6—	副总经理（主持工作）

第二节　国际业务部

机构沿革。1988年5月21日，重庆分行成立外汇业务部。1988年11月，经总行和国家外汇管理局批准，并接受总行验收，12月，分行正式开办外汇业务。分行重新组建初期，先后派出12人次参加总行的四期外汇业务培训班，1人参加市经贸委举办的利用外资学习班，7人在中国银行重庆市分行进行实习。同时还邀请市经贸委和中行的业务人员来行举办国际金融和利用外资实务讲座。1994年3月21日，撤销外汇业务部，成立国际结算部、外汇存汇部、外汇信贷部。1995年1月29日，将外汇信贷部、国际结算部、外汇存汇部合并为外汇业务部。1999年，将信贷科划归风险处，外汇会计划归财会处，授信业务的拓展划归市场营销处。2001年4月29日，外汇业务部更名为国际业务部。2010年，国际业务部取消有关科室，业务分为结算板块、营销及理财板块、外汇管理板块。

工作职责。1988年5月21日，外汇业务部主要职能为：负责分行的外汇、外币金融经营业务，办理分行的存贷款汇总国际结算业务，参加外汇调剂市场；负责外贸、外事、三资企业等单位的本外币存、贷款业务；负责外汇业务计划的编制、执行、检查，平衡调度分行的外汇资金；负责外汇业务核算的会计、统计报表；制订和施行分行外汇业务的规章制度；负责与外汇业务相关的涉外业务的洽谈；对辖内分支行外汇业务行使管辖职能。2001年5月15日，国际业务部主要职责为：承担国际结算中心职能，专司各种国际贸易结算、非贸易结算业务的技术处理和产品开发；负责分行外汇资金的营运和管理，包括对“外汇宝”等代客理财产品的营销组织和管理；负责与当地人民银行和外管局协调联系，贯彻落实国家外汇管理政策和总行国际业务的规章制度；负责对分行业务网点（包括辖属分行）开办外汇业务的审查报批和日常业务的检查督导，实行归口管理；负责管理代理行业务，包括对代理行营销、代理行印鉴密押的管理等；考核各支行国际结算计划任务完成情况，对各支行（含辖属行）进行督导；外汇业务培训。2007年，国际业务部通过明确部门产品经理职责，制定与分支行营销人员切身利益相关的专项奖励办法，进一步深化与完善“产品经理＋客户经理”的国际业务营销模式，确保国际业务各项指标稳步推进。2018年，国际业务部是分行国际业务的牵头部门，隶属于公司业务板块，主要履行国际业务、跨境业务及适用国际国内惯例的国内贸易金融业务和产品的管理和市场推广职能，负责离在岸国际结算业务操作和管理，牵头推动分行国际化战略实施、境内外联动、跨境人民币业务，办理行内因公出国手续等外事管理工作。具体职责为：（1）负责分行国际业务组织、推动和发展工作，制订分行国际业务的发展规划、年度计划并组织实施。（2）管理分行国际业务；制订和实施国际业务、跨境业务和适用国际国内惯例的国内贸易金融业务及产品的规章制度和办法，制定和实施外事管理、外汇合规管理、跨境人民币业务合规管理等方面的规章制度和办法，防范国际业务风险。（3）负责国际业务品牌和产品的营销宣传和客户市场推广工作；配合公司、个金等客户部门做好外汇存款的组织、推动和发展工作；执行总行离岸业务政策、规划、国际业务计划、国际业务产品。（4）负责分行各经营单位外汇业务市场准入与退出的审查审批及备案工作，根据其经营管理能力确定国际业务经营范围和权限。（5）执行总行价格管理政策和权限，细化利率、汇率、费率等国际业务产品的执行价格。（6）负责对分行各经营单位进行国际业务检查和指导，组织分支行外汇管理人员、业务操作人员的专业培训和资格认证。（7）负责分行外事管理工作，按照总行各项外事制度和规定，负责因公出国（境）管理及手续办理、证照管理，以及其他涉外事务管理和服务工作。

表3-2-8

国际业务部负责人任职情况表

总经理(高级经理、主任、经理)	副总经理(副高级经理、副主任、副经理)	总经理助理(高级经理助理、主任助理、经理助理)	任职起止年月	职务
罗立群			1988.6—1989.2	筹备组长
	章壮本		1988.6—1989.2	筹备组副组长
罗立群			1989.2—1993.5	经理
	章壮本		1989.2—1992.10	副经理
		周江生	1992.3—1993.4	经理助理
		叶华祥	1992.3—1993.4	经理助理
	周江生		1993.4—1994.4	副经理
	叶华祥		1993.4—1994.4	副经理
	叶华祥		1994.4—1995.11	副经理
	周江生		1994.4—1997.9	副经理
	谢礼周		1994.4—1995.1	副经理
陈国华			1995.1—1996.3	经理
程玲蓉			1996.3—1997.5	经理
	程玲蓉		1997.5—1998.6	副主任
	吴勇为		1997.11—2001.11	高级专务
朱功元			2000.1—2001.6	主任
	王敏		2000.8—2001.6	副主任
	吴勇为		2001.11—2007.7	副主任(主持工作)
吴勇为			2007.7—2008.2	高级经理
	张旗		2007.7—2008.9	副高级经理
	张旗		2008.9—2010.8	副高级经理(主持工作)
	杨炜		2008.2—2008.6	副高级经理(主持工作)
	王敏		2008.4—2009.2	副高级经理
		陈建	2009.4—2011.4	高级经理助理
		吴慧	2010.3—2012.2	高级经理助理
	吴勇为		2010.8—2012.3	副高级经理
吴勇为			2012.3—2014.3	高级经理
	吴慧		2012.2—2015.10	副高级经理
吴慧			2015.10—	总经理
		徐庆	2017.3—2018.10	总经理助理

第三节 投资银行部（资产管理部）

机构沿革。2012年4月16日，成立分行投资银行部（简称投行部），为分行一级部门，与公司部合署办公。2013年1月18日，调整分行投行、机构业务组织架构，投行部与机构部合并办公（简称投行/机构部），为分行内设一级经营单位。2014年2月8日，将投行/机构部分设，成立金融同业（托管）部和投资银行部，均为分行内设一级经营管理部门，隶属于重庆市分行公司机构业务板块。2016年12月15日，分行成立资产管理部，与投资银行部合署办公。

工作职责。投行部工作职责：（1）根据总行业务发展规划和年度计划，制定分行投资银行业务整体发展规划并组织实施，以业务创新为抓手，以拓展投行业务收入和新型存款落地为工作重点，确保完成全年计划。（2）制定投资银行业务市场营销规划与方案，指导、组织，并直接参与投行业务的营销拓展、投标竞标和实务操作，牵头组织投行类客户关系的建立和维护。（3）负责对口联络总行投资银行部、资产管理部和金融市场部，组织协调交银国际、交银国信和交银施罗德等子公司开展投资银行业务联动。（4）在总行指导下，制定分行投行业务的市场营销、业务操作和风险管理等规章制度并贯彻实施，建立健全分行投行业务审核流程，防范业务风险。（5）会同分行相关部门制定投行业务考核奖励办法；建立分行投资银行业务产品经理、客户经理分工协作机制，负责分行专业队伍建设和业务培训。（6）在总行指导下，整合投资银行业务的各类产品和服务；根据市场和客户需求，推动新产品研发、组合和包装，并组织推广。（7）总行投行业务系统建设等工作。（8）加强与市金融办、人民银行、证监局、银监局、保监局和中国银行间市场交易商协会等有关部门的沟通，跟踪解读国家政策动态及市场信息，适时提出调整分行投行业务发展的策略建议。资产管理部工作职责：（1）牵头统筹资产管理业务的资源整合、产品和服务体系建设，拟定及完善资产管理业务各项规定、办法、操作规程或实施细则等。（2）负责资产管理团队建设及管理工作。（3）负责根据宏观经济及市场经营环境变化，结合客户及市场投融资需求，推动资产管理业务创新。（4）负责寻找适合理财资金对接资产，发起公司类/投行类资产、市场化基金以及资本市场业务申报。（5）负责重点客户资产管理业务营销拓展和投融资方案设计，开展企业客户、政府类客户及上市公司等重点客户营销维护。（6）牵头制定资产管理业务市场营销及产品宣传推广计划，开展营销宣传活动，提升营销推广成效。（7）负责理财资金投资的投后管理，按照制度规定落实资产投资的存续期管理，保障理财投资安全。（8）牵头资产管理业务问题分析，提出合理化建议。（9）牵头资产管理业务突发事件的应急管理等。

表3-2-9

投资银行部（资产管理部）负责人任职情况表

总经理（高级经理）	副总经理（副高级经理）	总经理助理（高级经理助理）	任职起止年月	职务
胡南琪			2012.4—2013.1	高级经理
	江晓玲		2012.4—2013.1	副高级经理
胡郸			2013.1—	高级经理
		王文宇	2013.1—2015.4	高级经理助理
		肖彬	2015.2—2017.12	总经理助理
		毛羽	2017.4—	总经理助理

第四节 金融同业（托管）部

机构沿革。2011年1月10日，成立机构部，为分行一级经营管理部门。2013年1月18日，分行调整投行、机构业务组织架构，投资银行部与机构部合并办公（简称投行/机构部）。2014年2月8日，将投行/机构部分设，成立金融同业（托管）部和投资银行部，均为分行内设一级经营管理部门，隶属于重庆市分行公司机构业务板块。

工作职责。金融机构业务方面，制定分行金融机构客户和金融机构业务发展规划和年度计划，组织推进各项业务指标的达成；负责分行金融机构客户的营销拓展，主要包括拓展同业存款、建立同业信贷和非信贷业务关系，销售同业理财及同业代销，资本市场业务、同业间业务，通过银商通系统等牵头参与要素市场营销等；负责金融机构业务的产品管理和推广，会同相关部门制定综合金融服务方案；制定金融机构业务相关制度办法，负责分行与金融机构合作业务和签约管理；保持与监管部门和同业机构的联系，研究、跟踪同业机构的发展趋势和业务动态。资产托管业务方面，制定分行资产托管业务发展规划和年度计划，组织推进各项业务指标的达成；负责分行非证券类资产托管业务的营销拓展和管理工作，安全保管受托资产，执行资产管理人的投资指令，办理受托资产名下的资金往来和账务核算工作，监督受托资产管理人的投资运作，出具受托资产的业务报告，提供受托资产托管情况；负责资产托管业务的产品管理，会同相关部门制定综合金融服务方案，制定资产托管业务相关制度办法，负责分行与资产托管类业务的签约管理；保持与监管部门和同业机构的联系，研究、跟踪托管业务的发展趋势和业务动态。

表3-2-10

金融同业（托管）部负责人任职情况表

总经理（高级经理）	副总经理（副高级经理）	总经理助理（高级经理助理）	任职起止年月	职务
鲁小松			2011.1—2011.9	高级经理
	胡郸		2011.8—2012.2	副高级经理
胡郸			2012.2—2014.2	高级经理
		王文宇	2013.1—2015.4	高级经理助理
		鲍华	2014.2—2016.5	总经理助理
	王文宇		2015.4—2017.12	副总经理
		肖彬	2014.2—2015.2	总经理助理
	刘怜妤		2017.12—	副总经理

第三章　零售与私人业务管理

第一节　个人金融业务部（私人银行中心、消保部）

机构沿革。1991年8月17日，设立储蓄业务部，为分行直属的兼具业务经营和管理职能的专业部门。1994年6月，更名为储蓄业务处。1999年7月8日，更名为私人金融业务处。2000年9月，分行建立客户服务中心，集中接受客户业务咨询和投诉，归私人金融业务处管辖。2002年2月，在私人金融业务处设立个贷中心，归私人金融业务处管辖。2003年6月17日，私人金融业务处内部设立一科三中心，即综合管理科、太平洋卡中心、个人贷款中心和VIP客户理财中心。2004年1月1日，客户服务中心职能划归办公室管理。2006年7月24日，更名为个人金融业务部（简称个金部）。2008年9月，根据总行机构调整要求，原个金部个人贷款中心从个金部分离，成立独立的一级部：零售信贷管理部。2015年8月，按照总行机构调整要求，原电子银行部收单、手机银行业务从电子银行部分离，划归至个金部管理。2016年3月，成立交通银行重庆市分行消费者权益保护部，与个人金融业务部合署办公，7月9日，原零售信贷管理部属下的个人零贷业务部（二级部）整建制转入个人金融业务部，更名为消费信贷业务部，负责房贷、消费贷等个人信贷产品的研发、推广、营销和个贷业务系统管理。2018年10月，根据《关于在个人金融业务部设立私人银行中心二级部的通知》，在个人金融业务部成立私人银行中心二级部，实施准事业部管理考核，分行在部门下设置二级部私人银行中心。

工作职责。1991年8月，储蓄业务部初期职能：主要负责编制储蓄业务发展规划、年度存款计划及储蓄工作计划，参与规划储蓄网点建设；负责制订并施行分行储蓄业务的规章制度，研究和开发储蓄业务进行检查、指导和监督；参与储蓄联办所、代办所的组建，制订和实施储蓄业务培训计划；负责储蓄业务报表的汇总上报和统计考核；对辖内分支行的储蓄业务工作行使管辖职能。2016年3月，分行成立消费者权益保护部，与个人金融业务部合署办公后，其职能为根据分行业务发展战略与规划，制定个金条线业务发展规划和年度营销计划，分解任务指标，推动目标任务完成。研究个人财富管理银行建设方案并推进实施。根据国内外个金业务发展趋势，开展客户管理、渠道建设、产品创新、流程优化和服务提升等工作。制定分行个金客户发展规划和策略，组织推动个人客户规模壮大和结构优化。制定并实施品牌客户、特色客群和基础客户发展目标、提升策略，牵头高端客户增值服务体系管理。负责分行个人客户信息管理，强化对零售板块个人客户信息的整合、分析和数据挖掘应用工作。牵头个人客户关系管理系统的维护、升级和推广应用。推进分行储蓄存款、财富管理业务发展。牵头个人传统存款、表内外理财产品及代理投资类财富管理产品的研发、销售，加强成本定价、系统运维和收入管理。负责分行房贷、消费贷等个人信贷产品的研发、推广和营销管理。负责信用类消费金融业务管理，落实和完善分行消费信贷授信和风险管理政策，负责标准化个人消费信贷产品的集中审批和贷后监控。负责分行零售网银、手机银行、微信银行、远程银行的产品设计开发、业务管理、流程创新和客户体验管理。负责分行个金业务营销管理，持续提升网点“坐商”模式升级和外出“行商”模式完善；开展基层网点负责人、零售客户经理、大堂经理、远程客户经理等零售队伍培训。负责分行借记卡和商户金融业务的产品研发、业务管理、市场推广和流程创新。制定个金业务品牌及市场推广规划，组织大型市场推广、品牌公关和促销活动；牵头制定个人客户品牌的传播策略、广告宣传、媒体投放方案及行内自有媒体宣传方案。制定个金业务风险合规政策和制度，优化内部业务流程和风险管理流程，及时处置重大或突发风险事件，定期对分行进行个金业务风险检查。承担零售与私人业务推进委员会、零售产品创新委员会、财富管理银行建设领导小组等日常办事机构工作。贯彻总行消费者权益保护管理办法和应急预案，对分行产品、服务提出改进建议。根据总行管理办法指导分行落实对消费者权益的保护。牵头开展银监会消费者权益保护考核评价工作，定期反馈总结报告。按期公布消费者权益保护工作情况报告。制定和修订客户意见管理办法，对于消费者意见集中的重点和热点问题及时反馈分行业务部门，针对可能存在的消费者权益保护瑕疵进行整改。牵头推进分行消费者权益保护满意度与零售客户满意度调查项目。承担分行消费者投诉的分析和责任认定工作。按照分行服务提升工作的总体要求，组织、协调各支行和分行各部门开展服务提升工作，落实服务提升工作目标、计划，并提出持续改善建议。建立科学的服务管理核心指标评价体系，了解客户需求，收集客户意见建议，研究改善客户体验的创新项目。在监管部门指导下有序开展各项行业评比及公众教育服务工作，履行服务承诺，打造最佳服务品牌。2016年12月，分行个人金融业务部（消费者权益保护部）建立分组管理模式。业务管理小组，主要负责存款、资产、中收、客户、财管产品、手机银行、POS收单等的推进，负责总行相关指标的达成，负责对口经营单位指标的达成。卡业务板块，编制分行太平洋卡发展规划，制定太平洋卡规章制度及操作办法，负责太平洋卡业务的清算、太平洋系统的建立和维护、特约商户的拓展。消保服务小组，主要负责推动分行消费者权益保护相关工作。开展有关消费者权益保护知识的学习和培训，组织各类金融知识宣传教育活动；认真开展消费者投诉统计分析，提升客户满意度；完成当地监管机构对分行消费者权益保护的年度考评工作，落实总行及外部机构转办的消费者权益保护相关工作。综合管理小组，主要负责全行存款、资产、中收、客户、产品业务的统计、分析，客户经理培训与考核，风险管控以及内部服务性事务（包括邮箱管理、OA管理、生活管理、临时交办的事务等）。2018年8月，在个人金融业务部设置二级部私人银行中心，建立私人银行专营团队，为私人银行客户提供专属财富管理服务。

表3-3-1

个人金融业务部产品类-Ⅰ表

指标大类	分行推动指标					
指标名称	储蓄存款平均余额增量	个金财富管理客户净增量	个金AUM及代销增量	低成本负债业务	信用卡活户新增数	消保服务
主要职能	1.数据通报（梳理各支行完成情况、潜力户和警戒户情况）； 2.营销推动，提出推进计划及措施； 3.季度考核核算	1.数据通报（梳理各支行完成情况）； 2.营销推动，提出推进计划及措施； 3.季度考核核算	1.引导支行、客户经理做大AUM，提升客户资产； 2.分析AUM结构，指导分行业务推动工作	1.数据通报（梳理各支行完成情况）； 2.营销推动，提出推进计划及措施； 3.531系统录入； 4.季度考核核算	1.申请表审核，报批总行； 2.信用卡指标按季通报及业务推动； 3.信用卡市场活动； 4.信用卡投诉处理	牵头“千佳”“百佳”以及星级网点创建，通报考核评价网点服务情况

表3-3-2

个人金融业务部产品类-Ⅱ表

指标大类	条线推动指标							
指标名称	个金AUM及代销	财管重点产品收入	个金有效客户折算净增数	手机银行新增有效动户数	储蓄存款平均余额增量	储蓄存款低成本负债	零售板块非利息净收入	合格客户经理考核
主要职能	1. 引导支行、客户经理做大AUM，提升客户资产； 2.分析AUM结构，指导分行业务推动工作	包含银行理财产品、基金、保险、贵金属、国债。 1. 产品发售，营销推动； 2. 各支行数据通报，完成情况梳理； 3. 按季考核	1. 数据通报各支行完成情况； 2. 制定落地客户提升标准话术； 3. 按季考核各经营单位	1. 数据通报各支行完成情况； 2. 按季考核	1. 储蓄存款业务通报； 2. 大额存单、薪金宝等产品的推动； 3. 数据通报	1. 活期储蓄等低成本负债提升工作； 2. 数据通报	包含表内、表外理财产品，财管产品销售收入以及手续费等。 1. 理财产品组盘、发售； 2. 分析、对接稳添利等产品到期资金； 3. 统计及考核通报各支行非利息净收入情况	1.531 系统岗位设置及调整； 2. 指导推动分行合格客户经理考核工作

表3-3-3

个人金融业务部产品类-Ⅲ表

指标大类	专项行动计划	
指标名称	代销子公司财富管理产品收入	优质零售客户推荐数
主要职能	1. 数据通报（梳理各支行完成情况）；2. 营销推动，提出推进计划及措施；3. 加强和交银施罗德基金公司的合作，精选重点产品	1. 数据通报（梳理各支行完成情况）； 2. 营销推动，提出推进计划及措施

表3-3-4

个人金融业务部资产类业务表

客户类型	个人房贷业务	个人消费贷	好享贷、天使贷等
主要职能	根据总行相关政策制度和发展规划，制定分行房贷业务管理的政策和制度；负责分行级合作商准入的预审；负责合作商资源的分配和协调，协调搭建跨支行合作团队；协调落实个金资产业务发展所需信贷规模、费用、媒体等资源；参与或指导支行开展合作商营销及营销方案和授信方案设计；直接维护总分行级合作商；进行市场调研，制定新产品研发设计和存量产品优化	根据总行相关政策制度和发展规划，制定分行房贷业务管理的政策和制度；负责分行级合作商准入的预审；负责合作商资源的分配和协调，协调搭建跨支行合作团队；协调落实个金资产业务发展所需信贷规模、费用、媒体等资源；参与或指导支行开展合作商营销及营销方案和授信方案设计；直接维护总分行级合作商	业务推动及申报表审核、报批

表3-3-5

个人金融业务部综合管理类业务表

类型	客户经理队伍建设（包括个金合格客户经理、个贷合格外拓专营人员的考核、培训、上岗资格考试等相关工作）	个人客户管理（分层分类分级管理客户，拟定印发客户服务标准化手册）	受理银监、人民银行、金融办、中新管理局、银协调研	填制上报总行、分行的各种综合表格	综合化专项行动、个金板块专项行动、业务劳动竞赛推进方案制定以及总结，汇总板块情况	公积金中心相关事项（公积金贷款管理、公积金系统维护，与公积金中心协调）	重点项目准入管理、战略合作协议管理等	个人房贷业务、个人消费贷业务项目推进工作	资产业务推动（联系支行梳理提还款进度和数据，与资负部互核贷款数据、规模）	存款推动（联系支行梳理来走款情况，存款分析）

表3-3-6

个人金融部（储蓄业务部）负责人任职情况表

总经理（高级经理、处长、主任）	副总经理（副高级经理、副处长、副主任）	总经理助理（高级经理助理、处长助理、主任助理）	任职起止年月	职务
	古启海		1991.8—1995.7	副经理
	吴春		1995.7—1995.11	副处长
	黄布一		1995.11—1999.6	副处长
	黄布一		1999.6—2000.1	副主任（主持工作）
黄布一			2000.1—2003.4	主任

续表

总经理(高级经理、处长、主任)	副总经理(副高级经理、副处长、副主任)	总经理助理(高级经理助理、处长助理、主任助理)	任职起止年月	职务
	王燕		2000.10—2002.5	副主任
	蒋林良		2002.4—2003.4	副主任
	凌龙		2002.3—2007.7	副主任
	谷达勇		2002.3—	高级专务
	郑勇		2002.3—2008.9	副主任
	兰海		2002.3—2005.5	高级专务
朱川			2003.4—2004.1	主任
	谭伟		2003.3—2006.1	副主任
	夏忠群		2003.3—2003.5	副主任
李智			2004.1—2004.8	主任
黄布一			2004.10—2006.12	主任
	邓野渝		2005.12—2007.7	副高级经理
黄章云			2007.7—2012.3	高级经理
	王芳		2007.7—	副高级经理
	廖佳馨		2007.7—2009.2	副高级经理
	李里		2009.2—2011.9	副高级经理
	孟曦		2011.9—2014.3	副高级经理
	何梦生		2012.3—2014.9	副高级经理(主持工作)
何梦生			2014.9—2016.10	总经理
	杨高		2016.07—	副总经理
	廖佳馨		2016.09—	副总经理
	陈怡		2015.8—2016.11	副总经理
陈怡			2016.11—	总经理
	黄遐		2018.1	副总经理
		翟佳	2018.12	主任助理(主管私银工作)

第二节　零售信贷部（普惠金融事业部）

机构沿革。1999年，分行开始办理零售信贷业务。2002年2月，在私人金融业务处设立个贷中心，零售信贷业务归私人金融业务处管辖。2007年7月，为提升小企业金融服务水平，促进小企业信贷业务快速健康发展，将小企业信贷业务逐步从公司业务板块剥离纳入零售业务板块，个金部设置小企业信贷中心二级机构，纳入个金部管理。2008年6月30日，成立零售信贷管理部，负责组织零售信贷业务营销推进和市场推广活动等。2013年7月23日，成立零售信贷审批中心，负责分行零售信贷业务的审查、综合管理。2014年6月25日，分行零售信贷业务组织架构调整，撤销零售信贷业务管理部，设立零售信贷业务部，为分行内设一级经营管理部门。授信管理部增设二级部——零售信贷管理部。2015年8月27日，零售信贷业务部更名为小企业金融部，主要负责开展小微企业业务和个人经营性贷款业务，小企业金融部归口公司板块管理。2017年7月14日，成立普惠金融事业部，与小企业金融部合署办公。2018年，在两江新区分行、自贸区分行、南岸支行、渝北支行、两路口支行设立普惠金融事业部。

工作职责。零售信贷管理部工作职责：根据总行各项零售信贷业务授信管理和风险管理的政策、制度和办法，制定相应的实施细则，并在实际工作中贯彻执行；组织零售信贷业务营销推进和市场推广活动，牵头组织个贷批量项目合作商的营销和管理维护；分解下达、督导完成年度零售信贷业务发展指标和风险控制指标，及时对指标完成情况进行分析和监控，负责分行按质按量完成零售信贷发展计划；负责分行授权范围内零售信贷的集中审查审批，负责分行零售信贷审查委员会的日常工作；组织、指导、培训、检查零售信贷业务授信管理和风险管理工作；对个人信贷系统和小企业信贷业务系统进行日常管理和维护；对零售信贷业务日常性运行进行风险监控、五级分类和逾期贷款的催收管理，配合保全部开展零售信贷的不良贷款清收工作等。零售信贷审批中心分为个贷审查、小企业审查和贷后管理。其中，个贷审查主要业务职责：熟悉监管部门和分行相关的业务政策、操作流程、工作要求等，清楚业务风险点；审查营销岗提交资料的完整性、合规性；审查借款人授信申请的合规性；审查合作项目或合作机构是否符合准入条件，或是否已被列入分行合作范围内并可以继续开展业务合作；审查借款人资信情况，评估客户还款意愿；审查借款人还款能力，评估与借款期限、月还款额是否匹配，确保收入偿债比符合规定；审查借款适用品种的合理性；审查贷款额度、成数、期限、利率、还款方式等；审查贷款用途的合法、合规性；审查前期信贷流程是否符合政策规定；审查担保是否有效、充足，包括抵/质押物价值的合理性，抵/质押率是否合理合规，判断是否存在抵押登记/质押冻结障碍，衡量保证人是否具备担保资格和代偿能力等；审查借款人贷款变更事项是否符合相关规定，包括展期、延期、变更客户信息等；客观、公正、独立地出具明确的审查意见，包括贷款与否、额度、期限、利率、还款方式、担保措施和放款条件等，并上传书面和电子的信贷资料；针对需上零贷会审议的内容，出具明确的审查意见，包括是否同意、风险点和防范措施等；定期总结贷款审查中的共性问题，向上级人员反映，提出政策完善的建议。小企业审查主要业务职责：熟悉监管部门和交行相关的业务政策、操作流程、工作要求等，清楚业务风险点；审查营销岗提交资料的完整性、合规性；审查授信申请人授信申请的合规性；审查合作项目或合作机构是否符合准入条件，或是否已被列入交行合作范围内并可以继续开展业务合作；审查申请人资信情况，评估客户还款意愿；审查申请人还款能力；审查授信品种的合理性；审查授信额度、期限、利率、还款方式等；审查授信用途的合法、合规性；审查前期信贷流程是否符合政策规定；审查担保是否有效、充足，包括抵/质押物价值的合理性，抵/质押率是否合理合规，判断是否存在抵押登记/质押冻结障碍，衡量保证人是否具备担保资格和代偿能力等；审查申请人贷款变更事项是否符合相关规定，包括展期、延期、变更客户信息等；客观、公正、独立地出具明确的审查意见，包括授信与否、额度、期限、利率、还款方式、担保措施和放款条件等；针对需上零售贷款审查委员会审议的内容，出具明确的审查意见，包括是否同意、风险点和防范措施等；定期总结授信审查中的共性问题，向上级人员反映，提出政策完善的建议。贷后管理主要业务职责：调查、研究和制订零贷业务风险监控和资产质量管理的政策、制度和办法；组织、指导、培训全辖零贷风险监控和资产质量管理工作；负责对零贷风险的预防、预警、监控和识别工作；负责贷后检查和逾期催收工作，指导、检查、培训全辖零贷业务五级分类工作，研究零贷拨备管理的制度，管理辖内零贷拨备工作；负责与保全、法律等相关部门的合作，化解零贷风险，控制不良率。零售信贷业务部工作职责：根据总行零售信贷发展战略规划，制订分行零售信贷业务经营发展计划，并负责组织推动督导和统筹实施；负责制定零贷业务的发展目标及相关业务和考核制度、办法，分解下达、督导完成年度零售信贷业务发展指标；负责制定分行零贷业务营销方案并组织实施，承担分行零贷业务营销渠道拓展、市场组织推广等职责；负责零贷业务合作机构与合作项目的合作管理、统一签约、统一监控、业务评价等；承担零售信贷业务部职能中与总行及相关业务合作单位进行业务联系的职责；牵头组织开展对重点个贷业务合作机构和政府部门、商会协会等小企业渠道类客户的管理和日常维护，构建沟通协调机制，组织高层营销，获取小企业批量营销名单供支行营销，做好零贷业务的产品宣传、市场推广；负责市场调研和客户分析，承担分行零贷产品、渠道和服务的相关需求上报、方案设计、创新研发等职责，组织和实施业务投放后的分析、评价、优化和完善，并承担投诉管理和服务提升等客户关系维护职责；负责指导或参与经营单位开展零贷业务营销，按需要协同经营单位完成相关业务的贷前调查及营销授信方案；指导零贷客户经理做好其他相关零售业务客户的联动推荐和交叉销售工作；负责分行零售信贷客户经理队伍建设，承担相关人员的绩效考核、技能培训等职责；负责零售信贷管理服务系统的管理、运用和维护。

小企业金融部主要履行小微企业金融业务和个人经营性贷款业务的营销拓展、产品管理、风险管理职能。（1）制定全行小微企业金融和个人经营性贷款业务发展规划和年度营销计划，分解任务指标，推动目标任务完成。（2）制定全行小微企业和个人经营性贷款业务的营销策略，推动客户管理和发展。（3）负责对小微企业金融和个人经营性贷款产品及销售渠道进行分析、评估、优化、完善，推动产品推广和业务发展。（4）贯彻落实小微企业金融和个人经营性贷款业务的授信管理政策和风险管理政策，对小微企业金融业务进行日常性运行风险监控，督导全行达成风险控制指标。（5）指导、检查分行小微企业和个人经营性贷款分类等工作，配合相关部门实施小微企业贷款诉讼保全、核销等工作。（6）制定完善小微企业金融和经营性贷款业务相关规章制度、管理办法和操作流程。（7）管理、维护小微企业信贷业务管理系统；加强小企业条线队伍建设。普惠金融事业部工作职责：贯彻落实总分行小微业务发展战略，制定分行小微业务发展规划和年度营销计划，分解任务指标，推动目标完成；制定和完善小微业务相关规章制度、管理办法及操作流程；按照总分行营销部署，制定分行小微业务营销策略，推动客户管理和发展，制定目标客群服务方案模板，指导和协助经营单位做好重点客群的营销拓展工作；制定和完善小微企业金融产品管理办法和操作细则，牵头产品运用和推广，做好渠道营销以及产品运用后的评估、优化、完善等工作，推动业务发展；贯彻落实全行及小微业务授信管理政策和风险管理政策，指导和督促经营单位做好小微业务的日常性运行风险监控，协助风险管理相关部门做好全面风险监控，达成风险控制指标；指导、检查分行小微贷款分类等工作，配合相关部门实施小微贷款诉讼保全、核销等工作；统计、汇总、分析小微业务发展情况，配合相关部门做好内外数据、材料的报送工作；做好531系统内小微企业信贷各人员岗位配置的申报和维护工作；负责小微及普惠金融条线队伍建设，建立健全与经营管理相匹配的小微业务客户经理、产品和市场推广经理、授信审查审批、风险经理队伍，强化业务培训，提升整体素质；牵头推进分行小微“三个不低于”达标，协同推进“三农”“扶贫”“双创”等业务。

表3-3-7

零售信贷部负责人任职情况表

高级经理	副高级经理	高级经理助理	任职起止年月	职务
	郑勇		2008.9—2009.2	副高级经理(主持工作)
刘忠武			2009.2—2009.12	高级经理
童军			2009.10—2010.2	高级经理
	陈怡		2009.8—2010.10	副高级经理
	陈怡		2010.10—2011.5	副高级经理(主持工作)
		陈晖	2009.8—2010.2	高级经理助理

续表

高级经理	副高级经理	高级经理助理	任职起止年月	职务
	黄遐		2010.10—2011.2	副高级经理
		何渌	2011.4—2012.4	高级经理助理
陈怡			2011.5—2014.6	高级经理
陈怡			2014.6—2015.8	总经理
	谭新		2012.3—2013.5	副高级经理
	邓惊涛		2013.8—2014.6	副高级经理

表3-3-8

普惠金融事业部（小企业金融部）负责人任职情况表

总经理	副总经理	总经理助理	任职起止年月	职务
	牟红钢		2015.8—2016.7	副总经理(主持工作)
	李伟		2017.7—	副总经理(主持工作)

第四章 业务与营运管理

第一节 资产负债管理部

机构沿革。1992年5月，市场业务部分设为证券业务部和综合计划部。1994年，综合计划部变更为综合计划处。2005年8月，撤销综合计划处，成立预算财务部。2007年7月，分行预算财务部拆分，成立资产负债管理部和预算财务部，资产负债管理部承担分行资产负债管理职能。2011年2月，资产负债管理部和预算财务部进行合署办公。2014年3月，资产负债管理部与预算财务部再次分设，不再合署办公，均为分行一级管理部门。

岗位设置。分行资产负债管理部由资产负债管理及票据业务中心两部分组成，其中资产负债管理职能主要体现为资产负债管理、定价管理、中间业务管理、流动性管理、综合管理五大方面；票据业务中心是资产负债管理部下属二级部门，岗位有票据业务管理岗、票据风险管理岗、票据业务营销岗。

工作职责。1988年8月，资产负债管理部的前身市场业务部主要职能为：负责分行及辖内信贷计划、现金计划的编制、调整、执行和检查；负责分行的资金调拨、融通和营运活动；分行及辖内的信贷、现金等业务统计报表的编制、汇总及上报，进行业务统计和统计分析工作；对辖内分支行的市场业务工作行使业务管辖职能。1994年，综合计划处主要职能为：负责分行资产负债比例管理的日常工作；承担分行及下属支行本外币存款计划的汇编、上报和执行情况的监控工作；承担分行及下属支行的人民币现金计划的编制、汇总、上报、调整和检查工作；负责大额现金支取的审批流程控制工作；负责分行人民币资金头寸管理调度及融资工作；根据人民银行、银监会、总分行的要求，汇编各类统计报表，并承担对下属支行的统计指导工作和与分行各相关部门的统计协调工作；进行业务统计分析预测工作；负责人民币利率政策的日常管理工作。2007年，资产负债管理部主要职能：按照全行资产负债管理业务调控要求，落实全行战略规划和业务转型，衔接总行资产负债管理部，从业务条线上接受其工作指导和调控，承担分行资产负债管理、综合业务（包括资产、负债、中间业务和票据业务）计划管理和调控的职能；负责分行资产负债管理工作，定期召开资产负债管理例会，逐步完善经济资本管理，调整业务结构，优化资源配置，实现价值增长目标；制定并组织实施分行业务考核办法，开展对业务条线和分行下属经营单位的资产、负债、中间业务的监控、指导、考核、评价工作，促进各项业务持续健康协调发展；根据全行定价管理要求，承担分行人民币利率以及服务价格的定价管理，执行总行内部资金利率政策，通过对外部产品和内部资金价格的管理，实现业务盈利与风险可控的动态平衡；根据市场风险管理要求，做好利率、汇率风险管理的相关工作；与当地监管部门联系沟通，掌握当地经济形势与货币信贷执行情况的动态信息，了解同业市场变化，提出分行业务经营管理意见。2014年，资产负债管理部主要职能为：按照全行资产负债管理业务调控要求，落实全行战略规划和业务转型，衔接总行资产负债管理部，从业务条线上接受其工作指导和调控，承担分行资产负债管理、综合业务（包括资产、负债、定价、流动性管理、中间业务和票据业务）计划管理和调控的职能等。

表3-4-1

资产负债管理部（市场业务部、综合计划部）负责人任职情况表

高级经理任（经理、处长）	副高级经理（副经理、副处长、副主任）	主任（处长）助理	任职起止年月	职务	备注
	董实远		1988.6—1991.8	副经理	市场业务部
	陈放		1991.8—1992.3	负责人	市场业务部
	陈放		1992.3—1992.5	副主任	市场业务部
	陈放		1992.5—1994.4	副主任	综合计划部
房曼玲			1993.9—1999.8	经理	综合计划部
		邹新毅	1999.1—2000.1	处长助理	综合计划处
	邹新毅		2000.1—2002.4	副处长	综合计划处
		潘晓敏	2000.1—2002.3	处长助理	综合计划处
	潘晓敏		2002.3—2005.12	副处长（主持工作）	综合计划处
	曾亚斌		2005.8—2007.7	副高级经理（主持工作）	预算财务部
	潘晓敏		2005.8—2005.12	副高级经理	预算财务部
		邓薇	2006.4—2007.7	高级经理助理	预算财务部
	邓薇		2007.7—2011.5	副高级经理	预算财务部
	刘昌国		2008.8—2010.5	副高级经理	预算财务部
	黄中全		2011.4—2012.6	副高级经理	资负预财部
邓薇			2011.5—2012.6	高级经理	资负预财部
	王祎		2011.5—2014.4	副高级经理	资负预财部
黄中全			2012.6—	高级经理	资产负债管理部

第二节　预算财务部

机构沿革。1988年5月，成立财务会计部。1992年5月，将财务会计部分设为财务会计部和营业部。营业部作为对外经营部门和分行的一级分支机构，负责原财务会计部的对外办理结算业务。1995年1月，财务会计部更名为财务会计处。2005年8月9日，分行成立预算财务部和会计结算部，构成分行财会管理板块，同时撤销综合计划处、财务会计处。2011年2月，成立资负预财部，资产负债管理部和预算财务部合署办公。2014年3月，资产负债管理部和预算财务部分设，不再合署办公。

工作职责。1988年，成立初期部门主要职能为：贯彻执行上级的财会、出纳制度和办法，制定分行的实施细则和规章制度；编制全行的财务收支计划，参与资金调度和信贷计划的编制，组织全行年度会计决算，编报全年各种会计报表；负责分行的会计、出纳管理和财务管理；对营业部、办事处的财会、出纳业务进行检查、监督和指导；接受财政、审计、税务机关的监督、检查，加强协调与联系；对辖内分支行的财会、出纳工作行使业务管辖职能。2011年，资产负债管理部职能为：按照全行资产负债管理业务调控要求，落实全行战略规划和业务转型，衔接总行资产负债管理部，从业务条线上接受其工作指导和调控，承担分行资产负债管理、综合业务（包括资产、负债、中间业务和票据业务）计划管理和调控的职能。负责分行资产负债管理工作，定期召开资产负债管理例会；不断调整业务结构，优化资源配置，实现价值增长目标。配合相关部门制定并组织实施分行业务考核办法，开展对业务条线和分行下属经营单位的资产、负债、中间业务的监控、指导、评价工作，促进各项业务持续健康协调发展。根据全行定价管理要求，承担分行人民币利率以及服务价格的定价管理，执行总行内部资金利率政策；通过对外部产品和内部资金价格的管理，实现业务盈利与风险可控的动态平衡。根据市场风险管理要求，做好利率风险管理的相关工作。与当地监管部门联系沟通，掌握当地经济形势与货币信贷执行情况的动态信息，了解同业市场变化，提出分行业务经营管理意见。认真贯彻分行转型发展战略，积极推动分行票据融资业务的发展，不断提高票据融资业务的盈利能力。2014年，预算财务部是分行财务预算、财务管理、财务监督及检查的职能管理部门。主要职能有：负责分行财务综合预算编制的协调安排，组织预算编制方案，编制、下达各预算单位的计划，分析监控分行财务执行情况，监控财务资源的使用情况；牵头制定分行绩效考核办法，承担分行的预算及考核管理工作；拟定分行财务管理办法，组织分行财务管理，承担分行财务审查委员会的日常工作；承担分行房产购建项目的立项、预算、工程管理和决算审批工作，以及网点装修管理，承担集中采购制度及信息的管理；组织分行管理会计核算和分析，深化管理会计应用，分析业务条线、机构、产品、重点客户的成本效益；承担人民银行、银监会、统计局等外部监管单位以及分行对经营管理数据信息的牵头、管理、协调和报送工作；承担分行资本管理工作，建立有效的资本评价流程；制定分行经济资本管理办法，对经济资本进行管理；承担分行税务管理工作。

表3-4-2

预算财务部（财务会计部）负责人任职情况表

总经理（高级经理、处长、主任）	副总经理（副高级经理、副处长、副主任）	总经理助理（高级经理助理、处长助理、主任助理）	任职起止年月	职务	备注
吴启先			1988.6—1989.10	经理	账务会计部
	邢端秀		1988.6—1992.3	副经理	账务会计部
邢端秀			1992.3—1995.1	处长	账务会计部
		黄锦平	1994.4—1994.7	负责人	账务会计部
	黄锦平		1994.7—1999.1	副处长（主持工作）	账务会计部
	杨正谦		1997.11—2000.5	副处长	账务会计处
田永			1999.1—2002.4	处长	账务会计处
	顾廷川		2000.5—2002.3	高级专务	账务会计处
	曾亚斌		2001.8—2003.3	副处长	账务会计处
	张君		2002.3—2005.6	副处长	账务会计处
	曾亚斌		2003.3—2005.8	副处长（主持工作）	账务会计处
	夏忠群		2003.5—2005.8	副处长	账务会计处
	曾亚斌		2005.8—2007.7	副高级经理（主持工作）	预算财务部
	潘晓敏		2005.8—2005.12	副高级经理	预算财务部
		邓薇	2006.4—2007.7	高级经理助理	预算财务部
曾亚斌			2007.7—2011.2	高级经理	预算财务部
		王祎	2008.8—2011.5	高级经理助理	预算财务部
	黄中全		2011.4—2012.6	副高级经理	资负预财部
邓薇			2011.5—2012.5	高级经理	资负预财部
	王祎		2011.5—	副高级经理	资负预财部
黄中全			2012.6—2014.3	高级经理	资负预财部
曾亚斌			2014.3—	总经理	预算财务部

第三节　营运管理部

机构沿革。1988年，成立营运管理部的前身即财务会计部。2005年8月9日，根据总行组织架构再造工作的要求和分行行长室的部署，从原财务会计处进行业务职能分离，成立会计结算部，下设账务中心、风险监督中心、参数中心、出纳中心，12月，会计结算部完成零售业务会计管理职能的整合。2012年6月8日，成立营运管理部和业务处理中心。两部门均为分行一级部门。

工作职责。2005年，会计结算部成立后，主要负责分行本外币（对公、对私）会计结算工作统一管理。主要职责有：负责传达贯彻国家、有关监管部门和总行制定印发的会计结算方面的法律、法规、规章制度、核算办法、业务流程及有关规定，并组织实施。承担分行本外币（对公、对私）业务会计制度、核算办法实施细则的制定、修改并组织实施；制定会计核算系统操作规程及相应的分级授权管理办法、会计风险分级管理办法的实施细则；制定机构网点会计主管及柜员岗位职责细则，并组织实施和进行业务管理。负责分行本外币（对公、对私）支付结算工作的组织、管理和协调；承担结算账户管理、现金业务管理和调运工作；承担会计业务印章、凭证、密押的使用和管理。负责分行本外币（对公、对私）会计风险预测、分析、控制、化解等管理工作。根据会计风险分级管理办法，对分行会计风险信息统一汇总、登记备案后，按授权职责范围及规定流程进行处理，发现重大风险及时上报总行。负责与当地人民银行、银监局、银联以及同业就会计结算工作进行协调、沟通。负责会计核算系统分行特色金融产品的开发，拟定特色金融产品相关业务需求，承担特色金融产品程序测试管理工作，配合有关部门对涉及会计核算和支付结算的特色金融产品软件进行验收和推广应用。组织分行本外币（对公、对私）会计结算制度执行情况的检查、辅导、培训、考核等工作。参与分行会计结算案件的处理。承担对会计人员的培训和考核。承担核心账务系统分行使用的参数设置和库表管理工作，承担分行核心账务系统日常业务支持、风险监督和业务应急情况处理。负责分行年终决算工作。承担会计核算系统会计基础报表的汇总、审核和管理，以及会计结算报表的汇总、审核和上报工作。负责对分行账务中心、参数分中心、风险监督中心和出纳中心的业务管理。定期不定期向上级会计结算部门报告分行会计结算工作开展情况，反映问题和提出建议。按反洗钱法规及制度要求做好有关监督、管理和检查工作，完成相关反洗钱数据、报表的报送。组织完成总行会计结算部交办的其他工作任务。2012年，营运管理部主要承担分行全辖会计营运的管理职能，承接结算与制度管理、检查辅导、风险管理、参数维护等工作职能，并逐步承接跨条线的营运管理职能。具体包括：根据国家法律法规和营运条线垂直管理的要求，组织分行营运管理工作，制定年度工作计划并组织实施，检查、监督其执行情况。负责分行营运效率、营运安全以及内部服务质量的评价和考核。负责分行营运条线员工队伍建设，组织实施分行基层营业机构营运条线人员的评价考核，承担基层营业机构营运主管的资格认定和营运人员的资质管理工作；组织实施分行营运条线员工队伍的业务和技能培训。根据当地人行要求及市场和客户需求，拟定分行特色产品、服务、渠道等业务的营运流程，根据总行会计基本核算要求、业务核算规则要求，配套相应的业务需求、会计核算、操作流程及规章制度，组织或协助营运流程再造和优化项目的业务验收、人员培训及推广上线。负责营运风险的监督、分析、控制和管理工作。承担分行营运质量管理和营运操作风险的防范工作。组织营运管理制度执行情况的检查、辅导、监督、考核等工作。负责对分行业务处理中心的业务管理、指导和监督。参与分行营运条线风险案件的处理。配合做好反洗钱相关工作。监督执行监管部门操作规定要求、总行会计基本核算要求和业务核算规则要求。承担分行会计结算、支付结算业务、本外币现金出纳业务的管理职能。承担分行特色营运业务的参数管理及系统日常业务支持和业务应急处理。负责组织分行年终决算工作。负责分行会计基础报表、会计结算报表的编制、汇总、审核和管理工作；负责分行业务核算数据和问题的分析、收集、协调、解释、上报工作；按照要求为监管部门、外部审计和分行其他业务部门提供所需的营运报表、数据和资料。负责与监管部门及同业的协调、沟通，及时解决业务营运过程中出现的问题，保证营运安全和营运效率。收集、分析同业及分行在业务管理及营运管理中的信息和数据，为营运流程再造和优化提供咨询与协助。根据全行营运管理职能整合的需要，承担相关营运管理职能。

表3-4-3

营运管理部（会计结算部）负责人任职情况表

总经理（高级经理）	副总经理（副高级经理）	高级经理助理	任职起止年月	职务	备注
	夏忠群		2005.8—2009.8	副高级经理(主持工作)	会计结算部
	侯小青		2005.12—2006.12	副高级经理	会计结算部

续表

总经理（高级经理）	副总经理（副高级经理）	高级经理助理	任职起止年月	职务	备注
		张秀勤	2005.12—2007.7	高级经理助理	会计结算部
		盛谦	2005.12—2007.7	高级经理助理	会计结算部
	张秀勤		2007.7—2011.7	副高级经理	会计结算部
	盛谦		2007.7—2010.11	副高级经理	会计结算部
		谢渝丁	2008.9—2010.9	高级经理助理	会计结算部
	杨辅华		2008.2—2008.5	副高级经理	会计结算部
夏忠群			2009.8—2012.4	高级经理	会计结算部
	戚亚		2011.1—2012.5	副高级经理	会计结算部
	高岚		2011.9—2012.5	副高级经理	会计结算部
	戚亚		2012.5—	副高级经理	营运管理部
邓薇			2012.5—2014.3	高级经理	营运管理部
		周毓川	2014.1—2018.1	总经理助理	营运管理部
戚亚			2014.9—	总经理	营运管理部
		高岚	2018.1—	副总经理	营运管理部

第四节　业务处理中心

机构沿革。2001年，成立业务处理中心的前身账务中心。2001年5月，交换集中提回业务上收到账务中心处理，成立财务中心，为分行财务会计部的二级部门。2012年6月8日，成立营运管理部和业务处理中心，为分行一级部门。

工作职责。2005年，分行账务中心主要职能为：根据总行管理规定和分行有关业务管理部门的授权，对会计核算系统、电子汇兑、支付系统、网银、EDI及分行其他中间业务等系统进行日间维护、管理，负责上述业务系统的日始、日终、批处理及数据备份工作，确保系统的正常运行。办理全行的错账冲正、积数、利息调整及相关应用的卡片维护工作。承办全行同城交换提回及中心交换提出票据业务；处理分行过渡期联行来账、支付系统来账及中心的往账和相关的查询查复业务。承办全行本外币资金清算，调拨、拆借、贷款、外汇买卖的会计核算，以及财务费用资金的划拨等业务。承办分行现金库房、凭证库房的管理以及账务核算工作。负责对已归并的全行会计报表和有关数据的打印、核对和报送。负责太平洋卡的会计核算、资金清算以及账务核对工作。负责对本部门会计风险的预测、分析、控制、化解等管理工作。根据会计风险分级管理办法，对本部门会计风险信息登记备案后，按照授权职责范围及规定流程进行处理，发现重大风险及时上报。2012年，业务处理中心成立后，下设营运业务和现金业务板块，主要承担会计核算、联行交换、扫描补录、凭证库房、档案库房、中心金库、自助设备现金清分和离行式自助设备装清钞等各项具体的会计营运业务操作职能。具体包括：根据国家法律法规和总分行营运管理工作要求，制定业务处理中心工作目标、计划，组织协调本中心日常营运业务操作，确保运营工作正常运行。根据总行管理规定和分行有关业务管理部门的授权，对核心账务系统、支付业务系统、对公网银、海关EDI、银企对账等进行相关业务操作工作。办理全行的错账冲正、积数、利息调整及相关业务的卡片维护等工作。

承办全行同城交换提回及本中心交换提出票据业务、人行通、支付系统来账及本中心的往账及相关业务的查询查复业务。承办全行本外币资金清算、调拨、拆借、贷款、结售汇的会计核算，以及财务费用资金的划拨等业务。承办分行现金清分、调缴、自助机具装清钞及现金、贵金属保管配送工作，承办分行现金库房和凭证库房的营运工作。负责对已归并的分行会计报表和有关数据的核对和报送工作。负责太平洋银行卡的会计核算、资金清算以及账务核对工作。负责全行凭证资料的交接、扫描、保管、上缴、登记等工作。承担分行会计档案库房（异地）的管理及全行营运业务档案清理、登记、查询、入库、销毁及日常检查等工作。根据分行特色业务产品及业务的管理规定和业务流程，承办相应的会计核算和资金清算工作。负责开展基层机构凭证合规性检查工作。根据全行营运管理职责整合的需要，承担相关营运管理职能。

表3-4-4

业务处理中心负责人任职情况表

总经理（高级经理）	副总经理（副高级经理）	总经理助理（高级经理助理）	任职起止年月	职务
李应容			2012.5—2013.5	高级经理
	高岚		2012.5—2018.1	副高级经理
曾亚斌			2013.5—2014.10	高级经理
陈咏			2014.10—	总经理
	杨帆		2018.1—	副总经理

第五章 风险管理与内部控制

第一节 风险管理部

机构沿革。分行重新组建后，风险管理职能分散在各业务部门。1996年9月29日，分行根据人行“贷款通则”和总行“贷审分离”要求，对分行信贷管理、贷款审查、风险资产管理“两分管、三分离”职责划分，撤销信贷处，成立信贷管理处、贷款审查处和风险管理处，风险管理处作为分行的一级处室负责全行的风险管理工作。1999年1月14日，分行对信贷工作机构进行调整：将贷款审查处、风险管理处并入信贷管理处，设立信贷业务处，与信贷管理处分别承担全行信贷业务的经营、管理，5月26日，分行又撤销信贷管理处、信贷业务处和中间业务管理处，设立授信管理处、市场营销处和风险资产管理处。2003年4月29日，分行在风险资产管理处内设资产保全科、综合审查科及法律事务科三个科室，其中资产保全科主要负责分行有问题贷款的处置、管理。2004年12月6日，分行将风险资产管理处分设为风险监控部和资产保全部。2005年12月9日，分行将放款中心并入风险监控部，放款中心的职责和各项工作划转风险监控部。2008年9月28日，风险监控部更名为风险管理部，作为分行层面落实全面风险管理的综合职能部门，内部不再增设二级部门。2015年5月25日，根据总行关于调整风险管理架构的通知要求，分行对风险管理板块进行架构调整，分行资产保全部与风险管理部合署办公，法律合规部不再与资产保全部合署办公。2016年，风险（保全）部成立风险资产清收中心，建立保全清收准事业部制。

工作职责。2004年风险监控部工作职责：根据总行有关办法制度，拟订分行风险监控管理制度实施细则，承担全行风险监控、检查和评价工作；依据数据大集中工程，维护管理信息和风险检测系统，促进风险监控信息共享；开展贷后检查工作；评价分析全行资产质量的风险管理现状；定期对全行不良资产逐笔进行损失拨备；对各项风险资产进行分类，及时监测、识别和全程跟踪资产风险及变化情况；发布风险预警信息，进行风险提示；对全行开展风险检查；风险监控相关的其他工作。2005年12月，分行放款中心划归风险监控部管理，放款中心职能也随之转移。2015年5月，授信管理部“一部三中心”成立后，分行风险管理部中放款中心职能划归授信管理部。2016年9月，在风险（保全）部下设风险资产清收中心，实行事业部制管理，专职负责不良资产清收保全工作。风险资产清收中心承担逾期90天以上不良资产以及其他风险资产的专职清收。主要负责从接收风险资产开始，到诉讼开庭、执行、处置和核销等全流程管理不良贷款。直接管理移交给风险资产清收中心的贷款。对采取非移交模式管理的贷款，分行风险资产清收中心牵头经营部门，根据风险状况，制定风险处置方案并推进实施。分行风险资产清收中心负责直接管理已经移交的风险资产，以及历年积淀下来已核销资产、股权投资、非业务性挂账和无本欠息等各类不良资产的管理。负责对外聘律师诉讼情况和离岗清收人员的管理，以及法院沟通联系工作。负责推进分行员工代理的诉讼案件清收保全工作。负责分行风险审查委员会和风险责任认定小组的日常工作，保全数据统计、总结、分析，非业务性挂销账管理及资料保管等各类综合性事务。

表3-5-1

风险管理处（风险监控部、风险管理部、资产保全部）负责人任职情况表

总经理（高级经理、处长）	副总经理（副高级经理、副处长）	总经理助理（高级经理助理、处长助理）	任职起止年月	职务
	陈放		1996.10—1997.5	副处长
陈放			1997.5—1998.3	处长
谢礼周			1998.3—1999.1	处长
谢礼周			1999.4—2000.7	处长
	王敏		1999.4—2000.8	副处长
	许可		1999.4—2004.12	副处长
	刘忠武		1999.11—2000.7	副处长
刘忠武			2000.7—2004.12	处长
	柳倩		2004.12—2005.3	副处长
黄章云			2004.12—2007.7	处长
	李伟		2005.3—2007.1	副高级经理
	刘忠武		2006.5—2008.3	副高级经理
	倪平凡		2007.7—2008.3	副高级经理（主持工作）
	刘忠武		2008.3—2009.2	副高级经理（主持工作）
许可			2009.2—2010.8	高级经理

续表

总经理（高级经理、处长）	副总经理（副高级经理、副处长）	总经理助理（高级经理助理、处长助理）	任职起止年月	职务
	王敏		2009.2—2009.10	副高级经理
		杨富良	2009.4—2011.5	高级经理助理
		李联俊	2008.9—2011.5	高级经理助理
朱红			2010.8—2014.1	高级经理
	杨富良		2011.5—2015.3	副高级经理
	李联俊		2011.5—2014.9	副高级经理
黄章云			2014.1—	总经理
	吴文涛		2014.9—2015.6	副总经理
	邓惊涛		2014.6—2015.6	副总经理
	刘小梅		2015.5—2016.11	副总经理
	唐民		2016.7—	副总经理
	张晋涛		2018.1—	副总经理

第二节　授信管理部

机构设置。1988年5月21日，国内业务部成立，初步履行信贷业务管理职能。1988年8月13日，国内业务部撤销，成立信贷业务部。1993年10月4日，成立贷款审查部，及重庆分行贷款审查委员会。1994年3月21日，成立信贷处，贷款审查部并入。1996年9月29日，撤销信贷处，成立信贷管理处、贷款审查处、风险管理处。1999年1月14日，将贷款审查处、风险管理处并入信贷管理处，设立信贷业务处，与信贷管理处分别承担全行信贷业务的经营、管理，5月26日，撤销信贷管理处、信贷业务处，设立授信管理处。2003年4月29日，分行设立放款中心，集中办理全行授信业务的放款手续、账务处理及授信押品、权证的档案管理，放款中心为处级机构。2004年9月，授信管理处更名为授信管理部。2005年12月9日，分行将放款中心并入风险监控部。2014年6月25日，分行零售信贷业务组织架构调整，撤销零售信贷业务管理部，授信管理部增设二级部——零售信贷管理部。2016年5月23日，授信管理部“一部三中心”成立，下设审批中心、贷后管理中心和放款中心。

工作职责。部门成立初期的主要职能：办理分行本部的人民币信贷业务工作，组织存款，发放贷款；负责分行（级）辖内分支行信贷业务的综合汇总和统计报表工作；制定和实施分行信贷工作的规章制度，对办事处（分理处）信贷工作进行管理、指导、检查、监督和考核；对辖内分支行的信贷工作行使业务管辖职能。2014年，授信管理部增设二级部——零售信贷管理部，承担原零售信贷管理部的零售信贷管理规划、授信审批及贷后管理等中台职能。2015年5月，分行风险管理部部分职能移转至授信管理部，授信管理部在原职能基础上还承担放款中心、押品价值管理，公司信贷业务贷后管理和考核，贷后管理现场检查（包括信贷档案管理、贷后资金用途监控等），信贷业务资金用途监控及不定期监控任务到期提示并督促客户经理按时完成，督促客户经理按时在CMIS系统内录入财务报表等职责。2016年5月23日，授信管理部成立“一部三中心”后，审批中心主要职责：根据总行信贷业务发展战略和目标，结合地区经济特点及分行信贷结构情况研究制定分行信贷结构调整规划、信贷管理意见和行业指导意见等；根据法律法规和监管指引，制定（更新）分行信贷业务、类信贷业务、零售信贷业务授信政策、办法和规程；承担分行权限内公司信贷业务、类信贷业务、零售信贷业务的审查审批工作；对经营单位申报授信业务方案主要风险予以揭示并提出合理化风险防范措施；分析并报告分行公司信贷业务、类信贷业务、零售信贷业务运行及资产结构调整、授信工作情况，参与经营单位授信管理综合评价；指导和推进531系统授信板块的应用，对总行提出合理化的流程修改建议等；协同人力资源部制定相关培训计划，按照进度要求完成培训事项，全面履行对授信业务条线人员的理论基础强化和操作技能提升职责，推进授信条线队伍建设；定期对经营单位进行走访，重大项目提前介入方案优化设计，落实指导服务工作的执行开展。贷后管理中心主要职责：根据总行贷后管理要求具体实施分行贷后管理的政策制度建设；牵头分行公司信贷业务、类信贷业务、零售信贷业务贷后管理工作，牵头对经营机构贷后管理工作进行不定期现场、非现场抽查，督导经营单位及相关业务部门落实各项贷后管理工作要求；协助内外部监管、巡视、审计、监察等各类检查；督促经营单位对内外部检查发现的问题在限期落实整改；监测分行信贷资产质量，组织推动全行对公客户减退加固工作，承担贷后管理工作相关的报告、报表报送及数据分析、质量预测工作；督促经营单位按时、按质完成授信客户定期监控、不定期查访、资金用途监控相关贷后管理流程；利用531系统提供的五大统一视图、资金流向监控、贷款到期提醒、逾期管理等功能，提升对贷后管理的整体把控和及时应对能力；对经营单位贷后管理能力进行评价考核；对未能按时完成贷后相关监控流程以及完成质量较差的管户经理，按照相关制度实施惩罚措施；对内外部检查发现问题分类在四级和五级，属于重大违规问题的，追究相关经营机构和管理人员责任，予以内部控制考核扣分；每季度向分行全面风险管理委员会专项汇报贷后管理执行、整改和提升情况；承担分行信贷业务抵质押品价值管理工作，负责押品分类、押品价值初始确定和后续重估，审核外部评估公司的资质及入围管理；负责开展企业、个人征信系统的管理工作，监督指导经营单位依法对征信系统的使用、登记。放款中心主要职责：负责审查审批已获批准的各类公司及零售信贷业务放款，监控和管理各操作环节，提示放款过程中涉及的法律风险，负责授信档案和押品的集中管理；负责收取零售信贷业务涉及的押品及录入、扫描；负责审查审批各类押品出入库手续；负责审查审批各类业务用印；组织开展放款中心业务培训和专业人才培养等队伍建设工作；反馈在放款中出现的风险问题。

表3-5-2

信贷业务部负责人任职情况表

经理	副经理	经理助理	任职起止年月	职务
	曾饶嵘		1989.1—1992.3	副经理
曾饶嵘			1992.3—1994.3	经理
	邓裔政		1992.3—1994.4	副经理
	谢礼周		1994.4—1995.1	副经理

表3-5-3

贷款审查部负责人任职情况表

经理(处长)	副经理(副处长)	经理(处长)助理	任职起止年月	职务
	谢礼周		1993.10—1994.4	副经理

续表

经理(处长)	副经理(副处长)	经理(处长)助理	任职起止年月	职务
	谢礼周		1996.10—1997.5	副处长
谢礼周			1997.5—1999.1	处长

表3-5-4

信贷处负责人任职情况表

经理(处长)	副经理(副处长)	经理(处长)助 理	任职起止年月	职务
张渝南			1994.3—1995.3	经理
	谢礼周		1995.1—1996.10	副处长
张渝南			1996.10—1997.5	处长

表3-5-5

信贷管理处负责人任职情况表

处长	副处长	处长助理	任职起止年月	职务
张渝南			1997.5—1997.11	处长
	朱功元		1997.5—1997.11	副处长
	黄章云		1997.11—1999.1	副处长
	王敏		1997.11—1999.1	副处长

表3-5-6

信贷业务处负责人任职情况表

处长	副处长	处长助理	任职起止年月	职务
	黄章云		1999.1—1999.4	副处长
	王敏		1999.1—1999.4	副处长

表3-5-7

放款中心负责人任职情况表

主任	副主任	主任助理	任职起止年月	职务
	邓野渝		2003.5—2005.12	副主任

表3-5-8

授信管理处负责人任职情况表

总经理(高级经理、处长)	副总经理(副高级经理、副处长)	总经理助理(高级经理助理、处长助理)	任职起止年月	职务
	黄章云		1999.4—2000.1	副处长(主持工作)
		王宗斌	1999.4—2002.3	处长助理

续表

总经理（高级经理、处长）	副总经理（副高级经理、副处长）	总经理助理（高级经理助理、处长助理）	任职起止年月	职务
黄章云			2000.1—2004.12	处长
	邓小钢		2002.3—2002.7	副处长
	王宗斌		2002.3—2005.2	副处长
邓小钢			2002.7—	处长
	柳倩		2003.12—2004.12	副处长
	王宗斌		2005.2—2006.4	副处长（主持工作）
	胡南琪		2005.12—2009.3	副高级经理
	刘秀群		2005.12—2007.7	高级专务
	刘秀群		2007.7—2011.8	副高级经理
胡南琪			2009.3—2010.6	高级经理
	陈灿		2011.8—2012.3	副高级经理
黄章云			2012.3—2014.1	高级经理
胡南琪			2014.1—	总经理
	邓有健		2014.5—2014.10	副总经理
	邓惊涛		2014.6—2015.3	副总经理
	杨富良		2015.3—	副总经理
	吴文涛		2015.6—2018.9	副总经理
		唐恬	2017.7—	总经理助理

第三节　法律合规部

机构沿革。分行重建初期，法律合规职能分散在各业务处室。2003年，分行在风险资产管理处内设资产保全科、综合审查科及法律事务科三个科室，其中法律事务科主要负责全行诉讼案件的代理、管理及其他非诉讼法律事务工作。2005年5月19日，成立法律合规部，设置法律事务科、合规管理科，全面负责分行法律事务和合规管理两大板块工作，与资产保全部合署办公。2007年7月9日，单独设立法律合规部，负责分行法律事务和经营管理活动的合法合规管理，不再与资产保全部合署办公。2011年5月25日，法律合规部和资产保全部再次合署办公。2015年5月25日，分行资产保全部与风险管理部合署办公，法律合规部再次与资产保全部分离。

工作职责。负责全行法律事务和经营管理活动的合法合规管理，为业务发展提供法律技术支援和法律保障，为分行领导、各部门和分支机构提供法律咨询服务，维护分行合法权益，确保各项业务健康发展。主要负责法律服务，合同管理，授信文件的法律审查，民事案件、仲裁案件的管理，合规管理，反洗钱工作，知识产权保护工作，组织开展法律培训及法制宣传，培训合规文化；对支行、部门的法律事务工作、合规管理工作实行归口管理和指导；做好与国家法律部门、人民银行、银监局及有关部门的日常联系、信息交流和沟通、协调工作。

表3-5-9

法律合规部负责人任职情况表

高级经理（总经理）	副高级经理（副总经理）	高级经理助理（总经理助理）	任职起止年月	职务
	刘小梅		2007.7—2011.5	副高级经理（主持工作）
		任远	2009.4—2010.9	高级经理助理
刘小梅			2011.5—	高级经理
	王敏		2011.5—2012.1	副高级经理
	谭新		2013.5—2018.9	副高级经理

第四节　资产保全部

机构沿革。2003年4月29日，分行风险资产管理处内设资产保全科、综合审查科及法律事务科。2004年11月16日，分行将风险资产管理处分设为风险监控和资产保全部。2005年5月19日，分行成立法律合规部，为分行主管法律事务和合规管理的职能部门，与资产保全部合署办公。2007年7月9日，单独设立法律合规部，负责分行法律事务和经营管理活动的合法合规管理，不再与资产保全部合署办公。2011年5月25日，法律合规部和资产保全部再次合署办公。2015年5月25日，分行资产保全部与风险管理部合署办公，法律合规部不再与资产保全部合署办公。

工作职责。制定分行资产保全的实施细则，并组织实施，对执行情况进行检查、评估、报告。制定移交管理的不良资产清收、重组、抵债、核销处置方案及垫款具体实施方案，并组织实施。组织分行问题类授信客户不良资产及非授信不良资产的移交工作，对不良资产进行化解和挽救。提前介入有潜在风险的各类客户的风险应急事件，牵头进行资产核销工作。承担分行权益性投资管理工作和经办经济实体脱钩工作。承担分行风险资产审查委员会的秘书工作。

表3-5-10

资产保全部负责人任职情况表

总经理（高级经理）	副总经理（副高级经理）	总经理助理（高级经理助理）	任职起止年月	职务
	李伟		2005.7—2005.12	副高级经理
许可			2007.7—2009.10	高级经理
侯海妮			2010.2—2011.5	高级经理
	王敏		2011.5—2012.1	副高级经理
刘小梅			2011.5—2015.5	高级经理
	刘小梅		2015.5—2016.11	副总经理
黄章云			2015.5—	总经理
	唐民		2016.7—	副总经理

第五节　审计部

机构沿革。1988年5月21日，分行内部机构调整为“三部二室二处”，即国内业务部、外汇业务部、会计业务部、办公室、稽核室、人事教育处、保卫处。2005年7月23日，分行稽核处更名为审计部。2014年6月6日，分行审计部更名为审计监督部。

工作职责。负责对分行下属机构（包括本部营业网点、部门）和各项业务进行审计、内部控制评估、检查和综合评价；负责对分行现任及拟提任的营业网点、部门负责人实施经济责任审计；根据总行审计监督局赋予的权限，负责对分行信贷、非信贷不良资产实施责任认定；负责督促本行对内部审计、外部检查发现的问题实施整改；收集、分析、归纳和汇总各类审计信息，将工作开展情况和重要审计情况报告地区审计监督分局，同时向分行行长报告；协调配合总行审计监督局和地区审计监督分局相关工作；负责当地审计署特派办等监管部门有关监督检查的沟通协调等。

常规内控审计：指对一家机构的主要经营活动进行的连续性、周期性检查，主要内容包括经营管理、内部控制和风险管理，并与内控评价、责任认定职责相对接。

专项审计：指对某些业务、产品、管理或风险领域进行的专项检查。如：“IT一般控制专项审计”“员工违规舞弊行为专项审计”“小企业贷款专项审计”“离行式自助设备专项审计”“消费者权益保护专项审计”等。

经济责任审计：包括离任审计和任期内的任中审计，系审计部门受组织部门委托，对被审计对象在业务经营、内控管理和本人履职等工作中，履行经济责任情况进行的检查、鉴证和评价。

内控管理包括：一是内控评级，分行审计部门履行分行经营单位内部控制评价的职能，以审计条线内部控制现场审计为基础，并结合分行合规、监察、风险管理、安全保卫及其他内外部检查情况和重大风险事件、重大险情事件、声誉风险等进行。对经营单位审计条线评价的主要业务板块：延伸控制（主要为员工行为）、公司与机构业务板块、小企业金融业务板块、个金、渠道与营运板块、财务管理板块。二是内控与合规考核，包括制度建设合规、有效性，主要岗位人员配备、履职尽责，职业操守、业务培训指导；预防性、检查性、人工控制、系统控制、管理控制等控制措施的落实情况；各类信息在支行内、上下级、行内外传递、交流、学习、反馈的状况等。

表3-5-11

审计监督部（审计部、稽核室）部门负责人任职情况表

总经理(高级经理、主任)	副总经理（副高级经理、副主任）	总经理助理（高级经理助理、主任助理）	任职起止年月	职务
涂长义			1988.6—1989.1	主任
张映陶			1989.1—1997.5	主任
	章壮本		1995.11—1997.5	副主任
章壮本			1997.5—2000.5	主任
	刘红		2000.5—2003.3	副主任
刘红			2003.3—2007.11	主任
	何亦成		2009.4—2011.8	副高级经理(主持工作)

续表

总经理(高级经理、主任)	副总经理(副高级经理、副主任)	总经理助理(高级经理助理、主任助理)	任职起止年月	职务
何亦成			2011.8—2014.3	高级经理
吴勇为			2014.2—	总经理
	孟曦		2014.2—2015.6	副总经理
	廖佳馨		2015.6—2016.8	副总经理
		詹怡	2016.8—2018.9	总经理助理
	詹怡		2018.9—	副总经理

第六章　技术支持管理

第一节　信息技术部

机构沿革。交通银行重庆分行开业之初内部机构为“三部二室二处”，其中电脑人员共3人归属办公室。1991年8月，分行成立电脑中心。1997年5月，电脑中心更名为电脑处。2002年12月3日，为加快分行电子化建设，进一步发挥电子技术对业务的直接推动作用，增强业务创新能力和市场竞争能力，电脑处内部增设产品策划科，强化产品开发创新职能。电脑处对内更名为电子银行处。2004年12月，电子银行处更名为电脑处。2005年12月，电脑处更名为电脑部。2006年7月24日，电脑部改名为信息技术部。

工作职责。制定分行信息化建设中长期发展规划、年度工作计划，并组织实施；负责分行业务系统、网络系统、电子营销渠道、信息管理及办公系统的建设、维护管理工作，确保生产系统的安全、稳定运行；负责分行科技管理和制度建设，编制分行信息化建设投资预算，设备选型；参与分行特色金融电子产品的市场调研，负责分行特色金融电子产品的技术方案论证、可行性分析和程序开发；会同业务部门负责组织总行推广项目在分行的推广工作；按照总行统一要求，制定分行计算机系统安全管理策略并组织实施；拟定分行信息技术部门岗位技术培训计划，配合人教部组织实施本专业岗位技术培训工作和其他技术培训工作；在总行入围范围内，招标确定分行小型机、存储、网络、机房设备、自助设备服务商并负责对服务商的管理、考核；分行产品创新牵头部门，组织、协调、推动分行产品创新工作。

表3-6-1

信息技术管理部负责人任职情况表

总经理（高级经理、处长、主任）	副总经理（副高级经理、副处长、副主任）	总经理助理（高级经理助理、处长助理、主任助理）	任职起止年月	职务
	刘俊才		1991.8—1992.3	负责人
	刘俊才		1992.3—1997.5	副主任
	邓和平		1992.3—1993.4	副主任
刘俊才			1997.5—2000.5	处长
	李智		1997.11—2000.5	副处长
	兰海		1997.11—2002.3	副处长
李智			2000.5—2004.1	处长
	顾廷川		2002.3—2003.12	副处长
	刘宁		2002.3—2005.12	副处长
	顾廷川		2003.12—2005.10	副处长（主持工作）
	刘宁		2005.10—2007.7	副高级经理（主持工作）
刘宁			2007.7—2009.10	高级经理
		朱云	2005.12—2007.7	高级经理助理
	朱云		2007.7—2009.10	副高级经理
		李刚	2008.9—2011.5	高级经理助理
	朱云		2009.10—2011.5	副高级经理（主持工作）
朱云			2011.5—2014.1	高级经理
	李刚		2011.5—2015.10	副高级经理
李刚			2015.10—	总经理
		焦煦	2017.10—	总经理助理

第二节　网络渠道部（电子银行部）

机构沿革。2002年12月，分行为发挥电子技术对业务的直接推动作用，增强业务创新能力和市场竞争力，在电脑处增设产品策划科，强化产品开发创新职能，并将电脑处扩建为电子银行处，由一个科技部门发展为牵引全行产品创新的综合部门。2005年4月18日，成立电子银行部。2015年8月27日，电子银行部更名为网络渠道部，纳入零售板块管理。

工作职责。2005年电子银行部主要职能：一是自助渠道管理及运营板块，负责分行全部自助设备的运营管理、发展规划、新点选址、运行监控、设备维保，以及分行特色业务的拓展、需求方案撰写、测试和上线等工作。电银部下设离行式自助设备运营中心，采取“集中管理、分片运营”的管理模式，分成五个片区（渝中、江北、沙坪坝、南坪、九龙坡），负责主城全部离行式，以及六个中心支行营业厅在行式自助设备的装钞、维护工作（包括现金类自助设备和非现金类自助设备）。二是电子渠道板块，包括企业网银、个人网银、手机银行、电子商务等新型电子渠道。部门采取人员分组管理的模式，按照业务种类将部门产品经理和管理人员分为四个组：电子商务组、网上银行组、手机银行组、自助设备组。全员参与业务发展，挂钩业务指标，每个组负责分行业务推进管理、业务完成情况考评评价。三是客服工单处理板块，负责“95559”客服中心工单处理、系统知识库维护、客户投诉和意见回访、电话银行等。2015年网络渠道部主要职能：制定分行电子化中远期发展规划和近期工作计划；按照经营管理和业务发展的要求，提出产品创新、运行管理、系统安全的中长期规划、年度计划并组织实施；制订新产品开发的对策和措施，负责金融产品研发以及产品整合工作，承担市场和客户需求调查以及POS商户拓展及风险管理；负责自助机具系统管理、培训和推广工作；负责自助机具系统的运行维护管理工作，确保全行业务处理和自助机具系统的可靠运行；负责自助机具系统安全保护管理和检查监督工作，从技术角度采取各项有效措施，确保自助机具系统的实体安全和信息安全；确保自助机具运行安全、稳定、可靠；组织分行自助设备选型论证，制定自助设备的年度购置计划，会同有关部门进行购置；原由分行机构办承担的机构网点建设，包括个金部承担的普惠型网点建设，自助银行及网络平台的规划、建设和管理，以及推进“三位一体”建设和机构转型等职责调整至网络渠道部。

表3-6-2

网络渠道部（电子银行部）负责人任职情况表

总经理（高级经理、处长）	副总经理（副高级经理、副处长）	总经理助理（高级经理助理、处长助理）	任职起止年月	职务
	曹开铭		2005.5—2009.8	副处长（主持工作）
	蔡刚		2005.7—2006.4	副高级经理
		李里	2005.5—2007.7	高级经理助理
	李里		2007.7—2009.2	副高级经理
	廖佳馨		2009.2—2012.1	副高级经理
曹开铭			2009.8—2014.1	高级经理
	李里		2011.9—2012.2	副高级经理
朱云			2014.1—	总经理

第七章　综合管理

第一节　办公室

机构沿革。1987年7月9日，筹备组提出《重庆交通银行筹备组近期工作设想》，将内部机构设置为“一室四组”，即办公室、业务组、财务组、人事组、行政组办公室；成为分行最早设立的部门之一。1988年5月21日，分行内部机构调整为“三部二室二处”，即国内业务部，外汇业务部、会计业务部、办公室、稽核室、人事教育处、保卫处。1991年8月31日，分行成立思想政治办公室和行政处，将办公室的基建管理职能转至行政处。1991年9月5日，撤销办公室电脑管理科，电脑管理职责交由电脑中心管理。1999年1月4日，分行设立党委办公室，与分行办公室合署办公，1月7日，分行撤销思想政治工作办公室，其相关工作移转党委办公室、组织部、群工部。2000年5月23日，分行成立宣传策划部，主要负责分行工作及业务产品对外宣传。2002年该部撤销后，将其职能划归办公室。2003年6月30日，将行务信息工作职能由办公室调至发展研究处。2004年1月1日，客户服务中心相关职能划入办公室管理。2005年4月18日，客户服务中心相关职能划归电子银行部。2006年7月24日，分行撤销发展研究处，其工作职能并入办公室，办公室报刊杂志收发工作转至行政部。

工作职责。办公室成立初期主要负责：掌握全行业务动态和业务方针、政策、规定的贯彻执行情况，草拟全行的工作安排、工作总结和其他综合性的对上报告、对下指导文件，组织编写《简报》和其他宣传报道材料，交流经验；组织推动各部门认真执行有关管理制度、办法，负责承上启下，协调各部门工作联系，了解各种存、贷款计划和财务收支计划的执行情况；负责搜集、整理经济、金融信息资料，编写与交流经济、金融信息，建立经济、金融信息资料档案。参与有关部门牵头开展的经济和金融市场的调查活动，为分行开拓新兴业务提出建议；负责市内机构设置的规划与筹建的联系与指导；负责全行性会议的组织安排和分行办公会议、支行行长会议的记录、纪要、决议等的整理、分布和保存；负责全行相关工作执行情况的检查与催办；办理分行文件的收发、运转、核稿、缮印及档案、公章使用管理工作，并对下属单位的文书、档案工作进行业务指导；负责分行财产和办公用品的购置与管理，承办印刷品的印刷与保管（财务会计部用的凭证、账页、报表等由财务会计部保管）；负责办理分行基本建设和职工宿舍的分配、调整，以及原有房屋、设施、车辆的更新改造与维修工作；管理传达室、职工食堂、招待所及汽车调度，办理交通银行系统和有关单位来渝公务的接待事务，及分行职工生活的服务工作；负责分行各种会议的会务工作（不含各部拿出去开的会议），为出差市外人员购买车、船、飞机票，组织推动搞好办公大楼及其环境的绿化、美化和清洁卫生工作；会同人事、保卫部门做好分行保密和保卫工作；办理接待人民来信来访工作和领导交办事项及授权处理的公务。1992年办公室职能调整：负责党组会议、总经理办公会、行政办公会、行务会议等行级会议和分行承办的其他大型会议的会务组织工作，承担管委会日常事务；负责分行文档管理及其日常工作，分行文件和文稿的起草、核稿工作；主管分行对外业务宣传、行政联络、法律事务及外事工作；处理日常来信来访，负责书刊订阅、函件收发和分行收发室管理；负责分行保密工作、督办工作，部门协调以及机关管理的其他工作；拟定、修改、完善机关工作制度；对辖内分支行办公室工作行使管辖职能；兼管分行电脑运行和基建管理职能。2005年办公室职能调整：增加党委办公室（与办公室合署办公）职能，传达党委的决策意见和工作部署，负责对贯彻落实的情况进行督办和检查，协调党委各部门工作；承担党委的会务工作、日常文电工作和各种活动的组织协调工作；开展调查研究，收集、综合、编发重要信息；负责党委和行政的机要工作，以及印信管理工作；承办保密、密码管理的日常工作。党委宣传部职能，即贯彻总分行党建工作部署，负责分行有关党的建设工作；贯彻总分行有关员工思想教育工作部署，负责分行干部员工的职业道德教育、理论学习和普法教育等；承担党委中心组理论学习的秘书职责；指导思想政治工作、企业文化活动。2016年分行办公室（党委办公室、党委宣传部）主要职能：承担分行年度、年中、季度工作会议、视频会议、党委会、行长办公会、行长碰头会议等会务及记录整理工作；做好分行党委决策、会议决定的宣传贯彻和督办工作；保持与总行和市委、市政府、人行、银监局、金融办、同业及分行各单位的密切联系；做好承上启下和内外协调工作，为行领导决策提供信息，当好参谋；加强信访工作管理和重要信访事项协调督办工作，研究、分析信访情况，及时向行领导提出完善政策和改进工作的建议；积极协调参与突发事件的处置；完成行领导重要讲话、工作报告、工作总结、规划、报告、大事记、组织沿革等文字材料的综合工作；按总行考核要求，及时上报行务信息和简报信息；做好内部网信息采集、编发、改版规划和管理工作；按规定收（领）取、登记、传递、保管各类文件资料，归档立案；及时打印、复印分行和各部门文件及有关材料；做好综合档案库房的基础建设和档案的管理工作，加强对散放档案管理工作的指导和监督；汇编印发各条线业务档案管理手册；按规定保护商业秘密，做好机要保密和印鉴管理工作。按照总行布置组织做好《新金融》发行工作；围绕战略转型和业务发展开展前瞻性、务实性和创新性研究；做好本地金融同业信息上报工作；根据总行要求印发宣传工作要点和学习计划，指导全行理论学习和企业文化建设，履行党委中心组学习秘书职责；编制印发业务宣传手册，搞好形象广告宣传；做好媒体公关管理工作，正确引导媒体舆论，切实防控负面报道。

表3-7-1

办公室（党委办公室、党委宣传部）负责人任职情况表

主任	副主任	主任助理	任职起止年月	职务	备注
罗立群			1988.6—1992.3	主任	办公室
	霍联宏		1988.6—1992.3	副主任	办公室
单子安			1992.3—1999.11	主任	办公室
	周以伟		1992.5—1993.4	副主任	办公室
	陈东玮		1995.11—1995.12	副主任	办公室
	张骥		1996.10—1997.11	副主任	办公室
		薛薇	1999.6—2003.3	主任助理	办公室
	倪平凡		1999.11—2000.5	副主任	党办
	李庆		2000.5—2000.10	副主任	党办
	倪平凡		2000.7—2002.3	副主任	党办
	李庆		2000.7—2005.2	副部长	党宣
郭宽福			2002.3—2003.8	主任	办公室
	邹新毅		2003.3—2003.8	副主任	办公室
邹新毅			2003.8—2005.12	主任	办公室
李庆			2005.12—2008.3	主任、部长	党办、党宣
	倪平凡		2008.3—2009.10	副主任、副部长	党办、党宣
倪平凡			2009.10—2010.11	主任、副部长	党办、党宣
	吴跃春		2008.3—2010.3	副主任	办公室
	邹新毅		2010.8—2012.3	副主任	办公室
	谢明权		2012.3—2013.5	副主任、副部长	党办、党宣
		曹亮	2013.2—2015.4	主任助理	办公室
	曹亮		2015.4—	副主任	办公室
朱红			2013.5—2014.6	主任、部长	党办、党宣
	孟曦		2015.6—2017.12	副主任(主持工作)	办公室、党委
吴春			2014.6—2015.12	部长	党宣

续表

主任	副主任	主任助理	任职起止年月	职务	备注
	吴春		2015.12—2017.5	副主任	办公室
	董玉萍		2016.7—	副主任	办公室
	毛自翔		2018.1—	副主任、副部长	党办、党宣
	毛自翔		2018.1—	副主任	办公室

表3-7-2

思想政治工作办公室负责人任职情况表

主任（处长）	副主任（副处长）	主任助理	任职起止年月	职务
陈炳生			1991.8—1997.11	主任
	倪平凡		1997.11—1998.8	副处长

表3-7-3

宣传策划部负责人任职情况表

主任	副主任	主任助理	任职起止年月	职务
王燕			2000.5—2000.10	主任
	童军		2000.5—2002.4	副主任
李庆			2000.10—2002.4	主任

第二节　人力资源部

机构沿革。1988年5月21日，分行设立人事教育处。1999年1月4日，组织部与分行人事教育处合署办公。2004年9月10日，分行人事教育处更名为人力资源部。

工作职责。重建初期人力资源部（网点办）职责：研究拟定分行人事劳动管理实施办法，并组织执行和监督检查；协助党委管理辖内分支行正副职领导干部及分行中层干部；负责分行劳动人事管理，开发人力资源，组织教育培训，提高员工素质；负责网点建设、改造；进行人员招聘、调配，发放员工工资、奖金，办理法定保险。进行劳动人事统计分析工作；管理人事、技术档案、人事信息及职称工作。网点办（人资部兼管）：负责新建网点的选址，报分行行长室审定，向市人民银行报批；办理工商营业执照及完善开业前的相关行政手续。1999年人力资源部（党委组织部）部门职责：根据总分行人力资源发展规划，围绕业务发展需要，整合、开发、利用、激励人力资源，不断优化干部员工队伍结构，为分行各项业务稳健、可持续性发展提供人力资源保障。根据业务发展需要，预测人员的需求状况，组织实施人员招聘；完善劳动合同关系和日常劳动纪律及考勤管理工作；按岗位需要，制定分行人员编制，合理调配各岗位人力资源；组织开展各支行、部门班子成员、后备干部及各层级人员的考核、考察工作，提出选配、聘任、调整、交流的意见；办理向银监局申报高管人员任职资格的审批，安排实施高管人员的离任审计；落实总分行薪酬、保险福利制度；组织开展各类业务和技能培训。制定组织工作的规章制度及具体措施，经党委批准后组织实施；督促、检查支行党组织和领导班子执行民主集中制、坚持集体领导的情况；按权限，负责干部的审查、考察、管理和教育、培训、调配、使用；配合党的纪律检查部门，开展党风廉政建设，教育和处理犯错误的党员；指导基层党组织建设，督促、检查组织生活开展情况，抓好党员教育、积极分子培养和发展党员工作；受理党员、干部的申诉，做好来信来访工作；负责党组织和党员统计工作及党费管理。

表3-7-4

人力资源部（党委组织部、人事教育处）负责人任职情况表

总经理（部长、高级经理、处长）	副总经理（副高级经理、副处长）	总经理助理（高级经理助理、处长助理）	任职起止年月	职务	备注
	古启海		1988.6—1991.8	副处长	
	杜江		1988.6—1989.1	副处长	
	高吉琪		1988.6—1989.2	副处长	
肖遂宁			1990.9—1993.5	处长	
周以伟			1994.3—1996.10	处长	
		黄获	1992.6—1993.3	处长助理	
	黄获		1993.3—1997.8	副处长	
		王磊	1992.6—1993.3	处长助理	
	王磊		1993.4—1994.12	副处长	
黄获			1997.8—2008.6	处长	
黄获			1999.1—2008.6	部长	党委组织部
	吴跃春		1997.11—2008.3	副处长	
	倪平凡		2002.3—2004.8	副处长	
	肖强		2008.9—2009.3	副高级经理(主持工作)部长	党委组织部
		陈灿	2008.6—2010.11	高级经理助理	
	陈灿		2010.11—2014.1	副高级经理	
李庆			2009.3—2013.5	高级经理,部长	党委组织部
许可			2013.5—2016.10	高级经理,部长	党委组织部
何梦生			2016.10—	总经理,部长	党委组织部

第三节　监察室

机构沿革。1991年8月31日，成立监察室。2015年4月17日，分行对辖属机构开展巡察工作，成立交通银行重庆市分行巡察工作领导小组，组长为分行党委书记、行长，副组长为分行各党委成员、副行长，成员为分行党办、组织部、监察室主要负责人，巡察工作领导小组下设办公室作为日常办事机构，巡察办设在分行监察室，并由监察室主任兼任巡察办主任。2017年5月5日，成立重庆市分行纪委驻郊区纪检监察组。2018年6月，分行优化案防管理架构，设立案防工作领导小组办公室（案防办）。

工作职责。监察室职责：协助党委、纪委加强和落实党风廉政建设和反腐败工作及具体任务；实施对领导干部廉洁自律和执行政策纪律的监督，实施对员工执行法律法规和规章制度以及失范行为的检查；开展执法监察及党风廉政建设责任制检查等，监督、检查、处理监察对象违反国家政策、法规、党纪、政纪和分行规章制度的行为；组织开展员工行为管控和思想道德教育，落实全员案防责任，加强案防制度建设，创新风险监督手段，管理、监测和调查欺诈风险和事件，追究责任人员的责任；受理和处理信访举报和申诉案件，保护党员和员工合法权益；协助纪委开展党风党性党纪及政纪法纪教育，加强内控制度建设，做好防范预警工作；组织协调和指导分支行纪检监察工作开展及报告；落实机关作风建设；承担纪委日常事务工作等。巡察组主要职能：在巡察工作领导小组的领导下开展工作，根据分行党委、纪委的要求，巡察办会同巡察组每年提出巡察工作计划，报经分行党委批准后具体组织实施巡察工作。郊区支行派驻纪检监察组职能：督促郊区支行领导班子落实党风廉政建设和党建主体责任，履行对郊区支行党风廉政建设和党建的监督责任。对郊区支行领导班子履行党风廉政建设和党建主体责任不力、造成严重后果的，提出问责建议。检查郊区支行领导班子及其成员遵守党章和其他党内法规，贯彻执行党的路线方针政策和决议，遵守政治纪律和政治规矩，以及贯彻执行民主集中制、选拔任用干部、加强作风建设、依法行使职权和廉洁从业等情况，发现重要问题向分行纪委及时报告。经分行纪委批准，初步核实反映郊区支行及下属机构干部员工的问题线索；负责调查郊区支行及下属机构干部员工违犯党纪政纪的案件。受理郊区支行及下属机构干部员工的检举、控告，受理郊区支行及下属机构干部员工不服处分的申诉。监督、检查郊区支行及下属机构落实监管部门和总分行关于案件防控要求情况，包括案防责任落实、制度执行、警示教育、自查排查等。加强员工行为管控，有效防范各类案件，及时消除案件风险隐患。承办分行纪委交办的其他事项，负责本派驻机构干部日常管理和监督，协助分行党委做好对郊区支行及下属机构的巡察工作。案防办主要职能：根据监管要求和总分行经营发展总体规划，制定案防工作规划、年度案防工作指导意见和相关规章制度；承担案防工作领导小组日常工作，落实市分行案防工作领导小组决策，推进市分行案防管理体系建设；负责市分行案防形势评估和案件预防预警工作，统筹开展案件风险排查及员工失范行为排查等；负责组织实施案件处置、责任追究和整改跟踪工作，对市分行各单位的案防情况进行考核评价；负责运用大数据手段，实施反欺诈预警信息日常监控、分析、核查和线索移交，定期分析、总结线索处置情况；督促各部门及经营单位履行案防职责，确保案防管理体系正常运作；负责对接监管及公检法机构，做好案防统计分析工作，加强案防条线队伍建设和培训工作。

表3-7-5

监察室负责人任职情况表

主任	副主任	主任助理	任职起止年月	职务
	罗生全		1991.8—1993.4	副主任
周以伟			1993.4—1994.3	主任
	黄镇谦		1994.4—1995.1	副主任
黄镇谦			1995.1—1995.12	主任
	陈东玮		1995.12—1997.11	副主任
	张骥		1997.11—1999.1	副主任
	阎毅文		1999.1—2000.1	副主任
阎毅文			2000.1—2004.5	主任
	侯小青		2004.5—2005.12	副主任
邹新毅			2005.12—2007.7	主任

续表

主任	副主任	主任助理	任职起止年月	职务
		肖强	2005.12—2007.7	助理
	肖强		2007.8—2008.3	副主任(临时主持工作)
李庆			2008.3—2009.3	主任
	肖强		2009.3—2011.6	副主任(主持工作)
	吴跃春		2010.3—2018.2	副主任
肖强			2011.6—2014.3	主任
何亦成			2014.3—	主任

表3-7-6

巡察组负责人任职情况表

组长	副组长	任职起止年月	职务
	黄民光	2015.5—2016.9	副组长(主持工作)
	曹开铭	2016.9—	副组长(主持工作)

表3-7-7

派驻纪检监察组负责人任职情况表

组长	副组长	任职起止年月	职务
	吴凡	2017.5—	副组长(主持工作)

表3-7-8

案防办负责人任职情况表

主任	副主任	任职起止年月	职务
何亦成		2018.10—	主任(兼)
	赵卫东	2018.10—	

第四节　安全保卫部

机构沿革。1988年5月21日，成立保卫处。1995年，保卫处更名为保卫部。

工作职责。成立之初保卫处的职能：负责全行的安全保卫、社会治安综合治理工作，管理守卫人员，指导分行治保会和义消队；负责并确保金库和运钞的安全；按规定购置、管理武器械具和消防器材，规划安全设施；建立和健全各项安全保卫规章制度，督促、指导和检查分行各部门、各办事处和各营业网点的安全保卫工作；对职工开展“四防”教育，协助有关部门进行法制教育及对要害人员进行行为考核；对辖属分支行的安全保卫工作行使管辖职能。保卫处更名为保卫部后的职能：研究拟定分行安全保卫工作的实施办法，并组织执行和监督检查；建立健全安全保卫工作的各项规章制度，落实安全防范措施，进行安全检查及督促整改，确保金库、要害部位和运钞安全；协同有关部门搞好法制宣传和“四防”教育；加强治安管理，维护行内治安秩序；加强消防管理，预防火灾发生；开展调查研究，了解全行职工的基本状况和分行重点、要害岗位职工的思想动向，把握社会治安的新情况和新动态；加强保卫队伍建设，不断提高保卫人员的政治、业务素质；预防各类违规违纪和灾害性事故的发生；加强重点人员的管理，预防和减少刑事案件、治安案件的发生；协助公安机关侦破案件；对辖内支行安全保卫工作进行检查、指导、考核。

表3-7-9

保卫部负责人任职情况表

总经理（高级经理、处长）	副总经理（副高级经理、副处长）	总经理助理（高级经理助理、处长助理）	任职起止年月	职务
	高吉琪		1989.2—2000.5	副处长
罗生全			1993.4—2005.3	处长
	李学岭		2000.5—2002.3	高级专务
	李学岭		2002.3—2005.3	副处长
	李学岭		2005.3—2007.7	副处长（主持工作）
	黄民光		2005.7—2006.1	副高级经理
	吴春		2006.1—2007.7	副高级经理
李学岭			2007.7—2009.3	高级经理
	谭建中		2007.7—2011.9	副高级经理
		蒋霄	2008.9—2011.5	高级经理助理
周龙华			2009.3—2011.9	高级经理
	蒋霄		2011.5—2015.4	副高级经理
刘祖国			2012.4—2013.4	高级经理
	李世明		2015.2—2018.4	副总经理
蒋霄			2015.4—2016.5	总经理
	吴春		2017.5—	副总经理
李世明			2018.4—	总经理

第五节　工会办公室（员工工作部）

机构沿革。1988年3月25日，成立交通银行重庆分行工会，隶属于重庆市工会，下设工会办公室。1999年1月4日，成立群工部，与分行工会办公室合署办公。2006年7月24日，工会办更改为员工工作部，团委不再作为单独的部门，并入员工工作部办公。2007年9月12日，分行员工工作部更名为工会办公室。

工作职责。重建初期工会办公室主要职能：贯彻上级工会工作部署，指导支行工会工作，发挥工会教育、参与、维护、建设四项职能作用；推进职工民主管理，维护职工合法权益；协助开展员工的思想和技术文化教育；组织开展岗位练兵、劳动竞赛、文体活动；弘扬先进，开展先进评比活动；关心职工生活，帮助解决有关困难，管理好工会财务。2014年工会办公室职能调整：围绕工会教育、参与、维护、建设四项基本职能，组织员工学习《劳动合同法》，按照《劳动合同法》协调员工劳动争议；履行民主监督职能，落实行务公开制度，全行职代会的组织、管理，维护员工合法权益，保障员工权利。推荐参评“五一劳动奖章”、奖状个人、集体代表和优秀员工代表；组织推进业务劳动竞赛活动，提高广大员工的业务素质，提高工作效率；激发员工工作热情，调动员工工作积极性，开展先进集体和先进工作者评选活动、行际竞赛活动。组织开展“创建学习型组织、争做知识型职工”活动，提高全行员工的学习力、竞争力。开展员工业余文体活动，丰富企业文化生活；庆祝相关节日活动；以各项体育竞赛为平台，组建并培训分行运动队伍，积极开展银企联谊活动；组织开展员工的法规学习和测试竞赛，组织参加总行的相关活动。关心职工的身体健康，组织职工体检；关心、慰问特困职工和患重大疾病职工；开展建设“职工之家”活动；组织好员工身体健康调查；组织好员工思想状况调查研究工作；做好离、退休员工的服务与管理；落实重大社会责任的联络、实施（社会捐助、抢险救灾等）；落实分行对口扶贫工作。

表3-7-10

工会办公室（员工工作部）负责人任职情况表

主任(部长)	副主任(副部长)	任职起止年月	职务
	简勇刚	1995.11—1997.11	副主任
	杨大纬	1997.11—2000.1	副主任
	杨大纬	1999.1—2000.7	副部长
周全坤		1999.1—1999.11	主任
杨大纬		2000.1—2002.3	主任
	黄民光	2002.3—2003.12	副主任(主持工作)
黄布一		2003.12—2004.10	主任
李庆		2004.10—2005.2	主任(兼任)
吴春		2005.2—2006.1	主任
	黄民光	2006.2—2013.4	副主任(主持工作)
	陈灿	2013.4—2015.10	副主任(主持工作)
陈灿		2015.10—	主任
	甘莉	2017.5—	副主任

第六节 行政部

机构沿革。1987年7月，交行重庆分行设立行政组。1988年5月，行政组成为分行办公室内部分设的科室即行政科，行政管理职能此时归属于分行办公室。1988年8月13日后，分行陆续增加内部机构设置，将办公室行政科的总务后勤职能分离。1991年8月，单独设立行政处，同时基建管理职能纳入行政处。2005年12月6日，行政部更名为行政后勤服务中心，承担行政部务、网点建设、后勤服务的职责。原分行网点建设办公室的职责及原庆通物业所承担的后勤服务职责平移至中心。2006年7月24日，分行调整机构称谓，行政后勤服务中心更名为行政部，原办公室收发工作转入行政部，按当时的管理职责划分为“一部三板块”：行政部（行政）、行政部（物业）、行政部（网点）。2009年3月，行政部（行政）、行政部（物业）统一称行政部。行政部（网点）恢复网点建设办公室的名称，作为独立部门承担分行网点管理职能。2010年2月25日，撤销网点建设办公室并将其原职能分别归并到分行会计结算部和行政部。

工作职责。1987年设立行政组时的职责：按照交通银行办公用房建设的要求，主要抓好罗家院办公大楼的重新设计，并配合有关部门组织实施，保证在10月1日前交付使用，同时根据业务的发展，本着节约原则逐步添置必要设施。1991年8月分行单独设立的行政处的职能：管理分行行政费用开支，负责分行一般固定资产、设备、办公用具及其他物品的采购、管理和维护工作；负责办公营业场所和宿舍的改建、维修，水、电、气线路安装和维护；协同有关部门做好会议会务和来人接待工作，负责购买车、船、机票，安排食、宿、行；负责分行环境卫生，管理食堂，会同有关部门搞好职工生活福利；管理、调度分行车辆、驾驶人员。2006年至2009年，行政部除承担行政部务、后勤服务的职责外，按分行安排数次承担网点建设工作。2010年起，网点建设工作主要由会计结算部、网络渠道部承担，负责营业网点机构的规划、变更、撤并、选址、搬迁、升格等工作的报批和组织实施，市银监局网点机构准入管理系统和总行网点信息管理系统的管理及维护等工作。行政部主要负责网点房产购置、租赁谈判、合同的签订和报批及网点的装修改造、维修维保等工作。行政部工作包括八个板块：集中采购、基建装修及维修、资产管理、公务接待、车辆管理、物业管理、食堂管理、531财务系统账务处理及其他后勤服务等方面工作。

表3-7-11

行政部负责人任职情况表

总经理（高级经理、处长）	副总经理（副高级经理、副处长）	总经理助理（高级经理助理、处长助理）	任职起止年月	职务
	黄布一		1991.8—1992.3	负责人
	黄布一		1992.3—1995.11	副处长
	周全坤		1992.3—1997.5	副处长
	杨大纬		1995.11—1996.10	副处长
周全坤			1997.5—1999.1	处长
	冷代中		1996.10—1999.1	副处长
	周龙华		1999.1—1999.11	副处长
周全坤			1999.11—2005.12	处长
		吴凡	1999.11—2002.3	处长助理
	吴凡		2002.3—2006.8	副处长
	周全坤		2005.12—2009.3	副主任
	周龙华		2005.12—2009.3	副主任
	谭建中		2006.8—2007.7	副高级经理
	阎毅文		2008.6—2010.3	副高级经理
		颜孝国	2008.6—2010.11	高级经理助理
周全坤			2009.3—2010.3	高级经理
	孟曦		2010.3—2011.9	副高级经理（主持工作）
	颜孝国		2010.11—2014.1	副高级经理
吴春			2011.9—2014.6	高级经理
	谭建中		2011.9—2013.7	副高级经理
	雷文莉		2014.1—2015.6	副总经理

续表

总经理（高级经理、处长）	副总经理（副高级经理、副处长）	总经理助理（高级经理助理、处长助理）	任职起止年月	职务
	蒋霄		2014.6—2015.4	副总经理(主持工作)
蒋霄			2015.4—	总经理
		贺莉	2017.10—	总经理助理

第七节 发展研究处（调查研究部、研究开发室）

机构沿革。1988年6月30日，分行成立信息咨询公司，开展信息咨询业务，性质为非金融机构，以信息咨询业务为主，不从事与资金融通有关的金融业务，不颁发经营金融业务证。1990年5月8日，设立调查研究部。1994年3月26日，调查研究部更名研究开发室。2001年7月16日，研究开发室更名发展研究处。2006年7月24日，分行撤销发展研究处，其工作职能并入办公室，办公室报刊等收发工作转至行政部。

工作职责。调查研究部职能：围绕交行改革、发展和经营的重大问题，开展理论和实践的调查研究，完成主要任务；负责行内、行外的信息调研，编印信息参考资料，接受行领导的咨询；负责《西南新金融》杂志的编辑发行工作；会同业务部门开展新业务品种的研究和推广，参加金融学术活动；对管辖分支行调研工作行使业务管辖职能。发展研究处职责调整：围绕交通银行的改革与发展的重大问题开展研究，对本地的经济金融实际和分行经营发展实务开展调查研究，提出意见和建议；对经济金融市场进行调查研究，开展和推进分行业务领域开发和业务品种创新；管理分行调研资料，负责有关信息的收集、整理和利用工作；组织和协调分行的金融学术活动，开展对外学术交流，联系政府体改部门；指导辖属行的发展研究工作。

表3-7-12

信息咨询公司负责人任职情况表

总经理(经理)	副总经理(副经理)	任职起止年月	职务
张映陶		1988.6—1989.2	总经理
	王斌	1988.6—1990.5	副总经理、副经理
	李鹏举	1989.2—1990.5	副经理

表3-7-13

发展研究处（调查研究部、研究开发室）负责人任职情况表

高级经理（主任、经理）	副高级经理（副主任、副经理）	任职起止年月	职务
	张渝南	1991.6—1992.3	副经理
单子安		1992.3—1994.3	经理
陈国华		1994.3—1996.3	经理

续表

高级经理（主任、经理）	副高级经理（副主任、副经理）	任职起止年月	职务
	古启海	1996.10—1998.6	副主任
单子安		1998.6—2000.5	主任
章壮本		2000.5—2004.9	主任
刘忠武		2005.7—2006.5	高级经理

第八节　网点建设办公室

机构沿革。分行重建初期，人事教育处、行政处兼承担网点建设职能。1997年4月，分行成立机构网点工作领导小组，领导小组由黄镇谦任组长，黄获、周全坤任副组长，罗生全、黄锦平、冷代忠、张骥为领导小组成员，下设机构网点工作办公室（简称机构办）。2005年7月，成立网点建设办公室，为分行一级机构。2009年3月，行政部（网点）成为网点建设办公室的前身，作为独立部门承担分行网点管理职能。2010年2月，分行撤销网点建设办公室，其网点建设工作由会计结算部和行政部共同承担。

工作职责。1997年分行机构网点工作领导小组职责：审定年度机构网点设置、调整、撤并规划，以及年度购房、租房、装修及费用计划；审定网点改造、柜员制窗口布设、CI工程的实施方案；对机构网点工作中涉及全局的重大问题做出决定并出台有关规定。机构网点工作办公室职责为：编制年度机构设置、调整、撤并规划，以及年度购房、租房、装修及费用计划；进行购房、租房谈判，核实房屋面积，签订购、租房合同；编制年度网点改造、CI工程实施方案并定期向领导小组汇报工作进度；办理机构设置、调整、撤并所涉及的申报、领证、换证工作；组织进行网点装修工程的招投标，组织施工单位进行装修方案设计、报审，签订装修合同，实施工程发包，下达施工指令；组织、协调各相关部门审定网点装修方案，对装修费用进行预算；在装修工程中实施有效的现场监督并保证施工进度；组织各相关部门对已竣工工程进行验收，办理工程决算；保存网点装修档案等。2005年网点建设办公室职责主要为专门负责网点新建、改建、扩建等工作和按总行要求推行交行CI工程工作等。2010年2月，网点建设办公室撤销后，有关职能归并到分行会计结算部和行政部，会计结算部主要负责营业网点机构的规划、变更、撤并、选址、搬迁、升格等工作的报批及组织实施，市银监局网点机构准入管理系统和总行网点信息管理系统的管理及维护等工作。分行行政部主要负责网点房产购置、租赁谈判、合同的签订和报批及网点的装修改造、维修维保等工作。2010年3月，分行成立机构建设领导小组，由办公室、人资部、预财部、资负部、公司部、会计部、个金部、电银部、行政部、审计部、合规部、保卫部、信息部等部门负责人共同推进分行网点机构建设，小组办公室设在会计结算部。2012年，会计结算部组织架构变更后，其相关职责调整到营运管理部。2013年机构规划建设办公室（由分行办公室负责）主要职责调整：组织编制分行机构网点中长期发展规划、年度工作计划及年度建设实施方案；根据总行有关规定，牵头制定机构管理工作的相关制度、操作细则；负责新建、搬迁机构网点的选址及前期接洽，牵头新建、撤并、搬迁、原址改造网点的后评估工作；负责机构网点设立、升格、撤并、变更、搬迁的报批工作；负责自助银行、ATM单机的设立、撤销、搬迁的报备工作；组织新建、改造网点建设平面图的审图工作；督促新建、改造网点工程进度，组织验收工作；负责联系银监局，及时完成对新建、搬迁、原址改造网点的综合验收；负责分行所有机构金融许可证的申领、变更等工作；负责银监局网点机构准入管理系统和总行网点信息管理系统的管理及维护等。2015年，原由分行机构办承担的机构网点建设，包括个金部承担的普惠型网点建设，自助银行及网络平台的规划、建设和管理，以及推进“三位一体”建设和机构转型等职责调整至网络渠道部。

表3-7-14

网点建设办公室负责人任职情况表

高级经理（主任）	副高级经理(副主任）	高级经理助理(主任助理）	任职起止年月	职务
	杨炜		2005.7—2005.12	副主任
	周龙华		2005.12—2009.3	副主任
	阎毅文		2008.6—2010.3	副高级经理
李学岭			2009.3—2010.3	高级经理

第四篇　业务经营

分行先后围绕确立“流动性、安全性、盈利性”合理协调的经营目标，建立自主经营、自负盈亏、自求平衡、自担风险、自我约束、自我发展的经营机制，进行企业化经营，以提高经营效益为中心、以客户为中心实施全行大营销，围绕总行“两化一行”发展战略和重庆经济发展战略、“改革创新、转型发展”开展工作，始终以服务实体经济为己任，主动构建银企命运共同体，推动城市基础设施建设、旧城改造和交通枢纽打造。发挥交银集团综合化优势，创新区域化设置和综合化经营，包括发展投行类理财、直投业务扩大社会融资规模，多渠道拓展债券承销业务，搭建租赁、信托等融资平台帮助客户实现多渠道融资及通过信贷结构求新求变来优化资源配置，全面参与自贸区金融改革实践。加强客户管理，建设营销队伍，积极拓展“蕴通财富”品牌与普惠金融、投行机构与同业托管、个人金融、国际业务、电子银行业务与中间业务，为社会提供全方位、多层次服务，践行银行改革探路的使命。

第一章　公司业务

第一节　管理模式

一、经营策略

分行重新组建初期，实行“以批发业务为主，零售业务为辅；传统业务为主，非传统业务为辅；国内业务为主，国际业务为辅”的经营策略。作为主体业务的对公业务，以吸收企业存款为重点，推出大面额存款证、通知存款、协定存款、贴现、抵押贷款等新业务和产品。作为全国第一家股份制商业银行，分行实行在管理上自我控制、业务上自谋发展、资金上自求平衡、效益上自负盈亏，始终把吸收存款及保持存款稳定性放在工作首位。

以提高经营效益为中心。1990年，分行树立“优质高效，客户至上”的思想，以服务客户、方便客户为宗旨，由领导带头，组织各部门负责人走访基本客户，宣传分行的性质、特点、服务宗旨和业务品种，了解企业生产经营情况，为企业解决困难。组织有关部门跨出重庆市区，下涪陵，上达县，奔北京，跑云南，多方组织异地信托存款，引进资金，弥补本市资金缺口。1991年，分行按照总行“坚持改革，稳步发展，改进服务，严格管理，促进调整国民经济结构，提高经济效益”要求，以开拓综合性业务求发展，以“教育、清理、整顿”活动促管理，逐步实现业务综合化、为支持国营大中型企业提供多种金融服务的主导方向。1993年，分行执行中央加强宏观调控、整顿金融秩序的方针，按照建立社会主义市场经济、发展商业银行精神，提出“存款立行，存款兴行”，拓展业务。1994年，分行根据国家金融方针和总行创办规范化商业银行发展战略，结合重庆经济、金融状况，提出以外延发展为主的工作方针。1995年，分行提出以提高经营效益为中心，全面推行资产负债比例管理，全面提高信贷资产质量，全面加强内部监督制约机制，全面提高员工的思想水平、业务水平和服务水平，工作重点由外延式增长转向内涵式发展。1996年，分行提出继续深化管理，为向集约化经营的转变积蓄力量，在提高质量和效益前提下加快发展。1997年，分行以“解放思想，抓住机遇，集约经营，加快发展”为指导思想，突出以“改变传统的经营模式，实施有效的内部管理，提高领导干部队伍素质”为重点，以大银行大战略思路，优化信贷结构和投向，在重大项目投资上取得成功突破，为有效防范风险和确保综合效益，建立集约化经营新方略。

以客户为中心实施全行大营销。1998—2004年，分行提出在提高质量、增加效益基础上强化管理、加快发展，改革创新经营管理体制，以市场为导向、客户为中心实施全行大营销。实行重点客户营销策略，建立重点客户动态监控体系，围绕客户需求制订营销方案。以电子化手段和优质服务为依托，加强分支行、多部门、公私营、本外币联动，集中力量逐个突破，巩固与扩大营销成果，延伸和拓宽银企合作空间。2005年，倡导存款业务不仅要靠企事业单位正常结算，还要更多寻觅纯存款目标，不提倡存款过度依赖授信资源工作准则，实施进攻型战略，推动对公存款稳步增长。2006年，突出转变业务增长方式，找准目标渠道和客户，密切与政府相关部门和企业高层的沟通联系，强化支行、分行部门、行领导一体化营销体系作用，前中后台密切配合。2007年，提出“立足长远，注重质效，夯实基础”的发展理念，改进绩效考核办法，增强负债业务发展的主动权，优化营销模式，强化信息渠道建设，发掘新目标客户争，取他行存款转移。

贯彻“两化一行”发展战略。2008年，分行沉着应对国际国内经济形势变化，抢抓重庆城乡经济统筹发展历史机遇，在提升发展质量、“强身健体”的基础上，以“业务发展上规模、提速度、争份额”为工作主线，深化营销机制改革，完善绩效考核，优化资源配置，提出“与自身比，增速要快；与系统比，位次要升；与同业比，占比要高”发展目标，推进对公负债业务快速发展，以公司业务集中化管理为平台，细化产品营销和计划落实。2009年，围绕总行“两化一行”发展战略，在经济周期波动背景下，主要经营指标持续向好，业务规模增长加速，业务结构优化，财富管理转型见成效。2010年，贯彻落实总行“两化一行”经营战略和工作部署，以发展为主线，以改革为动力，以效益为中心，以加强管理、防范风险、提升服务为重点，以三年倍增为目标，业务发展全面提速。重组公司部管理架构，撤销按产品分类的公司一、二、三部，完善公司部的管理职能，重新组建大客户部，理顺公司条线的组织架构和工作程序，增强分行对大客户、重点客户和重点业务的集中营销力度，提升分行营销能力。推行“5+2”战略，以渝中、江北、沙坪坝、九龙坡、南坪等五大支行及营业部、大客户部两个分行为重点经营单位，根据其职工人数、对公客户经理、网点数、对公存款、贷款占比在分行的绝对优势，以及对分行公司业务的整体发展的重点作用，分行推行“5+2”重点管理，依托其良好的区域优势和丰富的经济金融资源加快发展，逐步提升在当地的市场份额和影响力。2011年，因货币政策紧缩，分行提出以市场为导向、以效益为落脚点、以转型为动力、以提高综合竞争力排名和综合考核得分为目标，在巩固传统的“存款产品线+贷款产品线+结算产品线”的对公存款发展模式的同时，开创新的业务增长领域，向客户提供短期融资券、中期票据、信托、境内外企业IPO上市配套服务、融资租赁等产品，实现企业大额资金在分行的归集、沉淀。2012年，分行将发展存款作为经营工作的中心，在考核、费用、奖金等方面加大资源匹配力度；通过贷方发生额、支付互荐系统等管理工具，积极做大结算存款规模；开展“一对一”高位营销、关键节点集中营销等活动，保证财政存款稳中有升。发展信托、资产池、国内信用证、出口风险参与、四方协议等新型业务，拓展新增长点。2013年，加大市区两级财政、国土等重点单位营销力度，以理财、投行、国际等产品为抓手带动存款增长，做好资金体内循环、交叉销售，促进客户贡献度提升，持续开展劳动竞赛、客户回馈等活动，调动全员营销力量。

改革创新、转型发展。2014年，分行围绕总行“改革创新、转型发展”主题和“抓存款、稳利润、控风险”主线，积极抢抓市场机遇，持续夯实发展基础，严密防控各类风险，不断提升队伍素质。把抓存款摆在业务发展的首要位置，扩展存款来源渠道，做大存款结算流量，控制存款成本增加，打好负债业务攻坚战。加大建平台、拓渠道、抓系统力度，上线商品房预售资金监管系统、国库集中支付电子化系统，与易极付科技签订第三方支付机构存管业务协议，积极营销代发业务，持续开展财富管理企业行活动，提高代发资金留存率。以重点客户、重点项目、重点产品为依托，促进存款增长。2015年，按照“改革创新、转型发展”“效益优先、兼顾规模”的总体要求，围绕“抓存款、稳利润、控风险”的工作主线，以创新转型，以转型促发展，通过抓存款、拓客户、调结构、控风险，实现业务经营、发展模式的“两大转型”。2016年，分行围绕“三大任务、三大重点、三大目标”，以“必保一个目标，紧扣两个核心，突出三大重点，抓好四项改革，推进六大专项行动”为经营主线，明确“1+3+1”考核评价争先进位目标，以强化资产储备、做大非息收入为重点，推进营销模式、事业部制考核，实现“十三五”良好开局。2017年，围绕“三大任务、三大重点、三大目标”，以防控风险为首要任务，以增加利润为经营核心，以客户建设为发展基石，以改革创新为驱动手段，经营管理平稳发展。2018年，以服务实体经济为核心，以《交通银行“十三五”时期（2016—2020年）公司客户发展纲要》和《交通银行重庆市分行“十三五”（2016—2020年）改革发展规划纲要》为指引，推进“五转三靠”客户发展策略，聚焦低成本负债和客户综合贡献，突出做结算、做交易、做流量，提升重点客群业务占比，大力拓展基础客群，夯实客户基础，改善客户结构。

二、客户管理

分行重新组建初期，遵循重点倾斜、扶持救助和长远发展的原则，构建基本客户群体。对资金周转较快、风险较小、收益较高的项目和企业，优先投入资金。对资金需求不大、发展前景看好的客户，给予持续有效的支持。对受市场原材料涨价或暂时性困难等影响，出现资金周转或效益下滑的长期合作客户，通过资金“输氧”救助，扶持企业渡过难关。对科技含量高、发展前景广阔的企业，在充分调查论证基础上，为其提供金融服务。

组织。1997年，分行以设立项目专管组的形式，对总行和分行联合贷款的重庆黄花园大桥工程项目实行专人管理。按照总行《总分行联合贷款项目管理办法》，分行制定《渝丰路桥贷款项目管理细则》，设立项目专管组，从项目资料、资金管理、项目质量、进度监控以及项目综合效益等方面进行管理。专管人员通过多种渠道了解、熟悉、掌握大桥项目有关资料和企业相关情况，对到手资料进行整理和分类建档，按月拟定项目管理工作计划，填写项目管理日志，记录、反映项目进展中的问题；深入拆迁现场和施工工地，掌握工程进度及拆迁安置情况，并参加该项目的子工程石黄隧道，专管组亦参加隧道B1、B2合同段开标会议，了解竞标单位及投标价格；随时检查项目资金使用情况，专门建立工程用款登记簿，加强贷后检查、监控资金走向；利用项目贷款与开拓存款及发展中间业务结合，实现综合效益。2003年，分行调整中心支行管理架构，成立客户经理部，负责对公对私业务、国际业务及各项中间业务的业务管理、市场营销、客户管理，并承办各项授信业务。2010年，对分行重点客户、目标客户实行名单式管理。根据重庆当地主流经济、主流客户情况，收集整理重庆市国资委下属重点企业、上市企业、在渝央企、重庆企业百强、重庆房地产50强、重庆进出口企业100强、重庆纳税企业50强、两江新区、西永微电子园等九大板块300个客户，制定《交通银行重庆市分行重点公司客户拓展计划（“300工程”）》。实现营销方式由公司条线营销向全员营销转变；营销对象由以往的单一客户群目标向各类实体经济单位、同业机构、党政机关团体等全方位目标转变；营销组织架构由经营单位面向各类客户的单一层面营销向分行行长室、分行公司管理部、支行（部）、客户经理等分层次的营销转变；营销技术由以往的存量客户挖潜和派生增量客户的定点营销向对某一特定地区和特定行业的所有单位或个人进行访问的全覆盖营销与定点营销相结合转变。2016年，成立大客户部和战略客户部，构建分层分级客户营销体系，提升分行级客户的服务能力、营销能力和经营能力，打造新的利润增长点，践行“一个交行一个客户”理念，理顺客户营销中的问题。

制度。2001年，分行制定《交通银行重庆分行重点客户管理试行办法》，将成长性好，行业领先度高，销售与生产呈现良性互动，存贷款达到一定规模，被分行综合评价良好的客户，以及存贷款发展到一定规模，对分行业务发展具有重大影响的客户，列为分行重点客户，明确重点客户管理原则、职责、管理内容等。2006年7月，制定《交通银行重庆分行重点客户管理暂行规程》。设立重点客户管理委员会，重点客户准入条件及退出机制，按标准将重点客户分为分行级和支行级两种类型。其中分行级重点客户应同时具备的条件：符合国家产业政策及行业发展规划，符合总行客户发展战略、区域、行业信贷政策的要求，经分行认定信用等级达到5（级）以上，且近三年无其他对银行的违约行为，上一会计年度盈利和预测本会计年度利润为正值（项目处于建设期的项目公司除外），上一会计年度企业经营性现金净流量为正值或全部现金净流量为正值，上一会计年度或预计本会计年度为分行创造的年综合贡献度在150万元以上，如暂不能满足规定的世界500强、优质上市公司及其在渝控股企业，或者其他能对分行效益产生重大影响的优质客户，也可纳入分行重点客户的选择范围。对分行级外币业务重点客户可不受上述条件的限制。分行国际结算量达500万美元或日元外币存款在50万（含）美元以上的即可纳入分行重点客户的选择范围。分行对重点客户进行差别化服务，制定个性化营销方案，对客户经营状况“一户一策”将对公人民币业务，将对公贷款、票据、贴现等传统业务，还为客户提供“见票即贴”“保兑仓”“国内保理”、财务顾问、短期融资权券、ABCP等新产品，同时对国际结算、外币贷款等外汇业务，网上银行等结算业务，代发工资、信用卡、高层管理人员的个人额度授信、理财和购车、购房等大宗耐用消费品的“直客式”贷款等个人业务，定价、担保政策等纳入“一揽子”服务。2007年，加强行业研究分析，强化重点客户营销，实施《重点客户营销和管理办法》，优质客户资源得到发掘和巩固。2008年，建立重点项目协调推进制度、减退加固名单考核制度。对重点关注的控制性行业持续加大减退力度，客户结构优化明显。按世行十级评级标准，年末分行1～5级客户占比86%，较年初提高11个百分点。2015年，按照总行要求制定《公司客户发展纲要和行动计划》。对公中高端客户达到581户，完成全年计划的109%，以“做大、做强、做专业、做特色”为目标，通过供应链业务批量营销上下游客户，在继续做大做强传统长安汽车、北汽银翔产业链基础上（长安汽车链属企业达120户，北汽银翔链属企业达100户），加强对新链条的营销，营销华晨鑫源、协信地产、恒大地产等项目网络。通过搭建业务新平台、拓展客户新渠道，实现对公客户的开源。积极走访经信委、发改委、公积金中心、机关事业单位，推进“公司业务劳动竞赛”“公司客户发展行动计划”“公司业务年度五大提升工程”及“公司板块专项行动计划”等多项活动，搜集营销信息。通过在行内成立项目营销团队，扩大分行创新产品及平台业务的推广力度，如粮食集团MPOSE业务的推广等。以公司板块“五大专项行动”为抓手，加强对军队、烟草等行业的营销力度；加强对总行及北管部管辖集团客户分子公司的业务营销，通过由上至下的业务拓展，延伸集团客户的合作触角，分行梳理近百家在渝分子公司清单，指导经营单位和客户经理进行精准营销；加强对新开客户，特别是优质新开客户的激励力度，做大小微企业无贷户客户群。继续加强对存量客户流量业务的推广，通过客户开通缴税通业务及报关一点业务，以流量增加客户黏度。

措施。2009年，分行完善集团客户管理机制、推进集团客户规范化服务、强化集团客户营销管理和风险控制，指导各支行正确理解和执行不同类型集团适用不同授信管理模式政策。对国资控股、集团关系树清晰、集团成员间关联交易较少、资金相互占用较少、互保现象不严重的集团客户，采用适当监控模式管理。对民营企业和关联交易复杂企业，采用集中管理模式。积极支持市内优质大型企业集团集中授信申报。2011年，以“客户建设年”活动为契机，按季制定对公有效户、中型授信客户拓展方案和计划，做好客户建设，寻找收益率高的新型资产业务群体。制定“对公有效户、中型授信客户拓展计划”，开展分行全体员工“一人拓展一户对公有效户”“新开验资客户”“分行核心客户拓展”等竞赛活动。加强有效户的通报，每月统计有效户的完成情况，并印发有效户清单；每半个月，梳理警戒存量有效户和潜力有效目标客户清单，计算警戒存量有效户的稳定所差积数和潜力有效目标客户提升所需积数，加强客户维护和价值提升。2012年，推进总行“城市成功路线图计划”，以有效户发展为基础，以中型客户建设为重点，逐步调整客户结构，打造优质客户群。制定“有效户、中型客户、中型授信客户拓展计划”，开展有效户、新开户争霸赛，加强有效户的通报和指导，做到每月有考核，每半月有目标客户提示、每周有退出名单提示。2013年，以增加客户数量、优化客户结构、提升客户回报为目标，推动对公客户基础建设。持续推进“城市成功路线图计划”，做好政府机构、大型企业、中型企业的清零提升工作；推进对公有效户拓展，夯实客户基础，对公有效户止跌回升。2014年，建立以客户价值为中心，大中型和政府类、机构类客户协调发展的客户管理体系，把握区域热点，做好本地区重点行业及龙头企业，围绕重庆市大力发展“2+10”制造业集群契机，针对支柱产业中的优质企业，实施名单式管理。以进口代付、出口风险参与、进口保理、国内外信用证等国际业务为切入点，深入“5+6+700”笔电产业集群，即五大国际品牌商（惠普、思科、宏碁、华硕、方正）、六大代工厂商（富士康、广达、英业达、仁宝、纬创、和硕）及相关生产服务配套厂商，发挥分行供应链金融服务优势，加强与以长安、庆铃、上依红、建设、嘉陵、东风小康等为代表的整车及零配件产业链的合作关系，积极介入能源、化工产业国家支持项目，跟踪重庆市页岩气勘探开采、装备制造项目实施进度，加强与海外子公司联动，支持粮食集团等农业龙头企业的现代化发展项目，保持与高速公路、航空运输、轻轨、港口物流、房地产等项目的优质客户的稳定合作，抓重大项目的上下游企业，对接各级发改委等主管部门，以国家、地区政策及授信政策为导向，聚集城镇化建设、产业转移、政府民生等重点发展领域，加大对重庆市“1+2+6+37”工业园（两江新区、两个保税区、6个国家级开发区和37个特色工业园区）的覆盖程度。持续推动客户基础建设，制定并推进《公司客户发展纲要和行动计划》，建立公司类重点资产业务项目推进制度，根据总分行资源摆布和行业投向，筛选出优质重点项目62个，争取总行专项信贷规模，实现专项贷款规模的及时投放。2017年，按照客户分层分级管理的要求，提升客户管理层级，结合重庆区域客户发展特点，将渝富、地产、开投等30个客户确定为战略客户，为其提供营销计划及服务方案制定、产品推广等全流程服务，通过业务合作方式多样化及业务份额提升，将其培育成分行的战略合作伙伴。按照总行集团客户管理办法，完善集团客户集中授信管理以及集团关系树全面梳理、营销，加强与集团客户的全面合作。完成对分行32个集团的集中授信申报以及集团关系树梳理，并以文资集团、太极集团、建工集团为试点，制定集团客户整体营销方案及实施计划。2018年，紧紧围绕服务实体经济这一核心，推进客户基础建设，强化板块一体化经营能力，提升市场反应和创新落地速度。强化板块联动、公私联动、集团联动，着力提升“商行+投行、表内+表外、股权+债权、境内+境外、线上+线下”的公司金融一体化综合服务能力，巩固公司业务的贡献度和市场地位。

三、营销队伍

客户经理制。客户经理是交通银行为满足公司客户多元化、多层次、全方位服务需要而配备的具备综合素质的业务营销人员。客户经理主要职责是：保持与客户的联系，稳定并提高分管客户的业务总量、综合效益和资产质量；根据客户和业务发展及竞争的需要，确定拓展在目标客户的工作计划，设计银企合作方案并组织实施，推销产品和服务，对有多种业务需求的客户或特大型客户，组织客户服务小组，提供专业化综合服务，对有授信业务需求的客户，负责客户资信调查、授信业务受理及初审工作。2000年第四季度起，分行根据改革发展需要，在交行系统及重庆市金融系统中较早实施客户经理制，改革营销体制。推行集本币与外币、公营与私金、存款与贷款、传统业务与新兴业务以及转化清收不良贷款和欠息于一体的客户经理制。客户经理实行公开竞聘，分配与绩效挂钩。10月，印发《交通银行重庆分行客户经理制试行办法和考核办法》，首次规范客户经理制的总体框架，客户经理职责、职权和工作目标，客户经理的设置和选聘、工作管理、考核和监督、待遇及培训等。2002年，组织全行客户经理召开7次调研会。组织部门和运行主要负责人讨论研究，听取意见，借鉴经验，重新修订《交通银行重庆分行客户经理制暂行办法》，重新规范客户经理的组织管理体系、职位序列、任职资格及人员选聘，职责、权力及服务支持系统，客户经理的工作管理、业务考核、营销费用匹配、收入分配与激励机制、培训等。同时，制定客户经理考核、分配等实施细则。2003年6月，再次修订《交通银行重庆分行客户经理制暂行办法》，涉及客户经理的组织管理体系、职位序列、任职资格及人员选聘，职责、权力及服务支持系统，工作管理、业务考核、营销费用的计核以及客户经理的分配激励机制、培训等。2004年1月，重新修订《交通银行重庆分行客户经理制暂行办法》，着重修订：强化资产质量，强化支行一级对客户经理的履职考核，解决重贷轻存问题，提高存款内部资金价格，适应贷款利率浮动新情况，鼓励利率上浮，扩大对客户经理的私金业务、中间业务、国际结算业务的业务考核等。8月，根据“分类考核，突出负债业务，突出增量，突出风险控制，突出资产质量”原则，再次修订客户经理制暂行办法。2008年，分行上收部分重点大户进行集中管理，试行集团客户经理制。针对一些综合贡献大或风险集中度高的集团客户，专设集团客户经理，专司集团客户的整体营销和风险防控。2009年，组建客户经理基础学习班，各支行、营业部需培训人员在交通银行远程培训系统参加学习。组织当年公司客户经理持证上岗（信贷业务）培训和考试，上岗考试通过率达到100%。2010年，引进新的绩效考核系统，对公客户经理绩效工资完全与业务得分挂钩。2011年，制定《对公客户经理管理办法》《客户经理等级管理暂行办法》，以客户经理绩效考核条线排序结果为依据，将客户经理等级细分为三等九级，其等级与享受交通、通信补贴待遇挂钩。2012年，印发《交通银行重庆市分行对公客户经理业务营销工作规范》，规范客户经理的责任与服务原则、业务营销素质、营销信息采集、客户需求分析、服务方案撰写、客户营销、档案管理及考核等。2013年，实行客户经理“工作责任目标”考核模式，修订客户经理管理办法，按总行客户经理职位体系改革方案，理顺分行管理体系，建立“资质匹配、绩效优先，梯度合理、能上能下”的动态管理原则。2014年，建立对公客户经理成长档案和微信交流平台。全方位记录客户经理职业成长情况，运用手机微信平台，及时发布国家宏观经济政策、对公业务行业信息等，供分行对公客户经理交流学习。2015年，突出“点对点”培训形式，一一梳理业务指标指导经营单位，做好日常业务培训，分行公司部牵头组织邀请授信部、放款中心就相关业务进行专题案例培训，对外聘请知名培训师，就营销技巧进行专项培训。在531工程上线前后做重点业务培训。2017年，选派优秀客户经理6人次，参加总行的产业链金融业务等产品培训；按照总行精英员工飞鹰计划，安排分行精英客户经理8人次参加培训；组织分行CTP国际财资师培训学员选拔测试，并安排5人次参加总行培训；开展后备客户经理选拔面试工作，共有65名自非公司条线的员工报名参与，一批培养潜力较大、综合素质较高的优秀员工被充实到客户经理队伍中；向总行推荐3名产品经理参与全行对公客户经理胜任能力培训课程体系开发小组。2018年，对客户经理队伍开展分级分类培训，从胜任能力的基本知识、基本技能、基本产品的三基，到高营销能力、高业务能力、高管理能力的三高方面进行系统培训；利用总行在重庆分行组织片区培训机会，对70名分管行长、客户经理进行专项培训；建立公司部跟岗学习机制，全行对公客户经理根据工作需要到公司部跟岗学习一次；修订对公分管行长、客户经理考核办法，聚集以客户为中心的考核导向；面向全行公开选聘30名公司条线后备客户经理，为公司条线补充新鲜血液；两人入选总行110人“菁英计划”。

产品经理制。产品经理制是交通银行为加快公司业务产品创新，培育发展产品和品牌，深度开发公司客户，提升专业化服务能力而建立的专业化队伍，主要从事产品市场调研、产品开发、产品培训、营销策划、市场推广、协同营销等。主要职责：与客户、客户经理、同业保持密切联系，收集、了解客户业务需要，开展产品调研，提出产品创新、功能升级或流程化建议；对已有产品进行收益成本、客户群贡献、市场竞争力、营销模式等方面的分析和预测，为产品营销和管理提供依据，在市场调研和产品分析基础上提出产品开发建议，牵头组织新产品的评估筛选及立项，业务需求编写，开发、测试、制度流程编写、报批等工作；制订产品营销推广计划，组织实施产品推介和行销宣传活动；开展产品培训，组织面向客户经理和有关人员的产品知识和操作实务培训，提供产品咨询服务和支持等。2007年，按照总行关于实行产品经理制的统一要求，分行将公司业务29大类产品划分至分行各产品经理管理，并对其业绩进行考核。通过产品经理与支行联动营销，带动公司业务新产品推广。2009年，采取“产品经理+客户经理”模式，对重点客户进行跟踪和营销，特别是跟进市属国有重点企业。2010年，各业务条线采取产品经理负责制和片区负责制，把产品营销和对支行的服务工作与产品经理的个人绩效挂钩。2011年，分行公司业务条线产品经理13人，国际业务产品经理4人，电子银行业务产品经理5人。2012年，制定《交通银行重庆市分行推进实施城市路线图计划实施方案》，“路线图计划”管理服务团队通过“客户经理+产品经理”模式给予产品服务专业支持，扭转分行存贷款集中度偏高、客户基础薄弱的局面，推行以重庆本地大型企业、中型企业和政府为“清零提升”重点目标的“路线图计划”。2015年，分行强化直营职能，采取“产品经理+直营团队+联系经理”三位一体方式，支行采取“直营团队+客户经理”方式。2016年，制定《交通银行重庆市分行同业客户分层分类分级管理办法》，同业客户分级管理按照“统一牵头、分类营销、差异授信、归口管理”原则，由总分行客户经理和产品经理组成同业客户管理团队。2017年，向总行推荐3名产品经理参与全行对公客户经理胜任能力培训课程体系开发小组。2018年，强化产品经理业务指导的系统性和针对性，梳理“三个一百”客户、上市公司、重庆未来3年重大项目重点建设等客户战略推进图；编写印发资产、负债、客户三大类各十大优秀案例，两个经营单位对公业务快速发展案例，18个“系统掘金”产品“口袋书”，存款全系列产品“口袋书”，房地产、医疗、卫生等五大行业的全产业链营销方案；对财政部23号文件、政府购买服务管理办法等新政策及时解读并转发贯彻意见，抓好政策窗口，推动提款；建立公司板块重大项目信息每周共享机制、重点项目贷落地共商推动机制。

第二节　存款业务

一、存款业务品种

对公存款分为人民币和外币两种。

人民币对公存款按存款人存款性质不同，分为单位存款、同业存款及财政存款（含国库定期存款）。单位存款是交通银行吸收的企业、机关团体、部队、个体户及其他单位的各种存款。同业存款是交通银行吸收的其他银行及其他金融机构的各种存款。财政存款是交通银行吸收的各类财政性存款，包括财政预算专项存款、非乡镇地方财政库款、非乡镇财政预算外存款、乡镇地方财政库款和乡镇财政预算外存款等。国库定期存款是交通银行获取的财政国库现金定期存款。外币对公存款分为小额外币存款、大额外币存款和外币同业存款3类。

对公存款根据存款期限和种类不同，分为活期存款、协定存款、定期存款、通知存款、双利存款、协议存款、国库定期和大额可转让定期存款等。其中活期存款和协定存款属于活期类存款；定期存款、通知存款、双利存款、协议存款、国库定期存款和大额可转让定期存款属于定期类存款。

二、存款业务发展

传统存款业务。分行成立之初，主要是争取市技改基金、环保基金、专控商品基金、退休养老基金、汽车控购基金附加费、庆铃汽车专户存款、市电力集资存款及邮政、邮电建设附加费等资金支持；抓好以大面额存款为主的新品种存款方式等，至1988年底，分行对公存款达18666万元。1989年，分行通过与重庆市一批重点企业签订基本客户协议，实行存贷款总额挂钩，确定基本客户每月销售额进入交行具体数额。1990年，分行巩固重庆市天然气公司、燕兴公司、市环保局、市财政局等一批老客户的关系。利用各种联系渠道，先后到长航、港务、铁路、交通、电力、粮食、劳动保险、商检、电信、川东石油开发公司、部队等揽存款。辖属昆明分行发动全行各部门深入企业调查分析、排列重点，确保基本客户、存款大户相对稳定；帮助企业疏通与主管部门、财政部门关系，巩固扩大客户队伍，深化银企关系。1991年，分行在总行的支持下扩大企业股1755万元。其中嘉陵机器厂、东方电气集团公司、重铁分局等17家国营大中型企业占扩股额的98.8%。通过扩充大中型企业股份，交行与股东企业的联系更加密切。到年末，大中型企业股份额占企业股份总额的97%，一些重点骨干企业逐步成为交行基本客户。1992年，完善指标考核体系，既考核存款时点数，又考核存款平均余额。全年存款平均余额增长59.59%，高于存款余额增长比例37.07个百分点。1993年，突出存款考核力度，上半年发展势头较好。下半年由于宏观调控和重庆市大环境的影响，企业存款滑坡，第四季度扩充7000万元资本金，分行资产负债比例管理各项指标达到和接近总行要求，抗御风险能力增长，但存款增量离总行计划目标仍有差距。1994年，以外延发展为主，以抓存款为基本着力点，分解存款任务，突出考核存款增长，按月检查、按季考核，半年预提奖励，年底综合算账，全年人民币存款增加10.64亿元，完成总行下达必成计划的304%，期成计划的222%，较1993年增加80.4%，年末存款余额23.87亿元，成为重庆巨额借差环境中的第一家存差行，分行从总行三类行进入总行一类行。

积极拓展中间业务。1995年，分行提出“管理年”要求，以强化管理、提高资产质量、增加经营效益为主导，走内涵式发展道路。按照《金融法》和总行要求，严格分业管理。对分行所属庆通贸易公司、金凌房地产公司和长江租赁公司，既完全脱钩，又加强监管，行使各项所有者权益，包括资产收益权、重大决策权和任命管理者等权利。证券部按总行部署划到海通证券公司，信托业务抓紧清理收回并最终退出。1996年，央行推行基本账户和主办行制度，分行深化管理，向集约化经营转变，在央行两次调低存款利率的情况下，全年存款总额新增5.4亿元，增幅15.6%。1997年6月，分行独家代理发行“重庆路桥”股票，募集存款59.8亿元，产生收益8000万元。同年，分行独立设置中间业务部，发展各类代付代收业务，实施多卡联动。1998年，对公存款账户由年初的18282户，增加到21103户，增长15.4%。其中基本账户13705户，占比达64.9%，较年初增长2311户，增幅20.3%。同年，分行与重庆自来水公司建立“企业财务结算中心”。1999年，西南证券筹建，分行与该公司开展全面业务合作，并成为该公司证券资金清算银行。与市房改办在代理维修基金业务基础上全面合作。与市国税局、家乐福连锁店及部分医疗和院校等建立合作关系。当年办理各项中间代理业务209万笔，金额28.9亿元，存款余额3.76亿元，代理发行各项债券3.82亿元。自来水公司及其下属单位的所有基本账户和资金结算业务全部纳入分行，与自来水公司进行全面业务合作。2000年，分行在竞争激烈的市级行政事业单位工资统发竞标中成功中标，江北支行在区级工资统发竞标中中标。加强与市高速公路建设公司的全方位合作，同时扩大与市房改办的合作领域，增加代理住房公积金、住房补贴资金项目。争取到黄桷渡、丰收坝水厂改、扩建项目。配合金卡路桥公司开发“重庆智能交通综合管理服务系统”IC卡功能并实施。代理联通公司收取移动通信费。与重庆北部新区高新园开发建设指挥部签订全面合作协议。与重庆网通、中法水务等公司签订全面合作协议，在代理业务、电子银行等方面进行合作。全年实现各类手续费收入1639万元。2001年，分行提出在提高质量、增加效益基础上强化管理、加快发展的要求，改革创新经营管理体制，以市场为导向、客户为中心实施全行大营销，人民币存款实现快速发展。2002年，加大分支行联动力度，发掘重庆航星实业、重庆国展、重庆建工、延锋实业等新的存款增长点。与市房改办、财政局、高发司、水务集团等原有大客户增强联系，深挖潜力，确保存款额稳定增长。全年专户存款日均余额达28698万元，较2001年增长10702万元。中外合作企业重庆中法水务公司开立本外币基本结算账户，汇入外币资本金1.19亿港元。办理重庆工学院、重庆医学院、重庆一中等大、中学代收学费及推行“太平洋学子卡”，新学期代收学费逾8000万元。续签统发市级行政事业单位工资协议；成功代理发行华夏债券基金、国泰金鹰增长基金等6只基金。2003年，扩展和深化与水务集团、市房改办、财政局、高发司、烟草工业集团等重点客户的合作，存款稳定性提高。与财政、电信、水务等近10家期货、证券和保险公司，续签和新签各类中间业务协议20余项。办理各项代收付业务129万笔，代收付金额18851万元；企业网银交易实现中收2009万元。

探索银企、银政合作新途径。2004年，以负债业务为重心，对市稽征局、房改办、社保局等纯存款客户和项目进行营销。以结构调整为重点，解决与中法水务、长安福特、烟草集团等优质客户合作事宜。以新产品为手段，重点强化银企通、企业网银、报关一点通的推广工作。实现开发银行长寿土储中心项目13500万元资金通过分行结算。2005年，结合国家产业政策导向，瞄准重庆工、商、民营企业50强，增强分支行联动和客户上下游联动营销。与本地电力、石化、交通、通信、水务等能源和基础设施行业合作，拓展代收电费、养路费，代理保险、银证转账等业务。利用互联网延伸交易渠道和营销平台，与重庆市政府、大专院校、企业等九家网站完成网上链接。针对不同客户群体开发个人网银、企业网银业务，在网上银行交易金额、运营收益、各类代理缴费手续费收入等方面居于系统领先水平。与国开行重庆分行、重庆市城市建设投资公司签署合作协议，与重庆市交通征稽局签署代收主城区养路费合作协议，与重庆市中法供水公司签订收取2004—2005年代理业务手续费补充协议，与市电力公司签署代收电费协议。2006年，营销重庆市住房资金中心、高发司、城投、巴南区国土局、中国人寿、安诚保险等重点优质客户新增存款13.6亿元。全年新开户1691户，新开户存款增加31.74亿元。取得农民工工资保障金项目牵头行资格，市住房公积金中心全行物理网点归集，开展中间业务组合营销。与总行级同业重点客户中国银河证券重庆管理部开展“银证通”业务，利用银期转账产品与西南证券公司、华夏等3家期货公司开始合作。与重庆市南岸区政府签订政企全面发展战略合作协议。2007年，抓农民工基金项目、公积金归集项目营销，促进新开户大幅增长；拓展财政系列存款，获得市级财政授权支付代理银行资格，提前抢占较大的市场份额；大胆尝试资金托管业务，成功取得多家同业信托资金监管权；企业年金业务取得突破，账户管理规模净增户及托管金额均大幅超额完成总行计划。与巴南区政府签订全面合作协议及巴南支行代理巴南财政国库集中收付委托协议，与重庆建设委员会、重庆市城市建设综合开发管理办公室签订重庆市房地产开发项目资本金委托监管协议，与重庆市三峡库区产业信用担任有限公司签订《产业项目贷款担保合作协议》。交通银行股份有限公司与安诚财产保险股份有限公司签订全面合作协议。2008年，改革公业务营销架构。以公司业务集中化管理为平台，细化产品营销和计划落实的职能分工，围绕市场和客户需求，加强重点产品和重点客户分层营销、服务和管理。建立重点项目协调推进制度，扩展与重点客户联系、合作的广度和深度，增强营销合力。渝中支行、大渡口支行、大坪支行、北碚支行等成功营销多个旧城改造项目，吸引财政资金共计3.4亿元。民族路支行、公司三部大力拓展纯存款资源，制定并有效推进适应公积金集中管理改革的专项营销方案。营业部以拓展IPO业务为契机，配合重庆机电控股股份有限公司在港成功上市，实现本外币存款、国际结算较高的一揽子回报。全年新开有效存款账户1190户，存款余额72亿元。2009年，分行成为西部第一只私募基金（重庆瀚华创业投资）的托管银行。

发展新型存款。2010年，打造现金管理服务平台，实施现金管理客户分层管理服务，根据量化策略标准将现金管理集团客户细分为核心、价值、标准、战略、模板等5类，在营销拓展、定价收费、产品开发、售后服务等方面提供差异化服务标准。2011年，出台《关于2011年对公存款业务发展的指导意见》《关于加强存款工作的紧急通知》《关于全力做好存款业务年末收官工作的紧急通知》等。建立大额存款走款提前报告制度，明确客户划款分级报批流程，强化存款流动精细化管理。调高增量存款在绩效系统和综合考核体系中的分值，加大对季末、年末等关键时点存款业务的奖励力度；出台《关于进一步加大存款工作奖惩力度的通知》，明确将存款业务发展情况与经营单位和有关责任部门考评挂钩，对存款发展不力的经营单位负责人给予黄牌警告并诫勉谈话。将财政类存款作为营销重点，对市财政局等重点单位开展"一对一"高位营销；跟踪财政资金拨付时机，开展财政存款集中营销竞赛活动。2012年，运用信托、资产池和四方协议等发展新型存款，先后引入江北嘴8亿元资产池、协信8亿元四方协议、地产9.4亿元信托、悦来5亿元信托、金科7亿元信托、涪陵国投5亿元信托、九龙园高新3亿元信托和渝富2.8亿元信托等项目，共计约48亿元。2013年，走访经信委、发改委、公积金中心等政府机构，搜集2013年重庆市工业企业融资需求信息企业名单、三峡库区建设项目融资企业名单等客户信息。推进"城市成功路线图计划"。举办"蕴通财富伴您同行"巡回路演重庆站活动。与地矿院、渝富集团、旅商投资集团等重点客户签署全面战略合作协议，培育重点产业链网络，借助贸易融资产品，批量拓展上下游链属企业。2014年，与重庆银行签署全面合作协议，与重庆皇冠实验中学等签署学费代收协议，与易极付科技公司签订第三方支付机构存管业务协议。2015年，以低成本存款为重点，突破负债业务发展瓶颈。推动客户发展纲要落地，对公中高端客户达到581户。办理重庆广电集团票据池业务及2亿元的售后回租业务，中标成为重庆广电集团现金池管理银行之一。营销渝资光电80亿元大额存款；累计销售"蕴通财富日增利"理财166亿元，生息365日均余额达到2亿元，累计销售大额存单15.7亿元，主要购买大户为长安股份5亿元，市财政5亿元，公积金4亿元，城市通卡5000万元。2016年，把发展低成本负债作为稳定息差、增补利润的重要手段。强化"天天抓时点、自然成日均"负债发展模式，大力营销现金管理、产业链、代发工资等结算型业务。加强主动负债管控，完善并严格执行存款差异化定价机制。率先在系统内上线"银校通"特色业务，办理重庆艺校、重庆一中寄宿学校、重庆史迪威外语学校等5所学校的学费缴纳，新增存款4200万元；牵头推动市级财政国库集中支付系统成功上线。2017年，参与重庆市国库资金定期存款招标。11月，中标重庆市国库资金6个月定期存款6.6亿元。全年缴税通业务量累计完成79.33亿元，报关一点通业务量累计完成12.53亿元，代发工资源头客户净增数6500.2户，位居总行第10位。全年对公表内理财余额131.8亿元。首次实现自主发行"渝都"系列理财产品，累计4期募集资金3.37亿元；成功投资西南证券次级债2亿元。与重庆三峡银行、重庆农村商业银行、重庆联合产权交易所集体股份有限公司签署全面战略合作协议。2017年，牵头实施涪陵水费代收项目，新增日均存款近500万元。与重庆联合产权交易所签订战略合作协议，逐步与联交所开展全面业务合作。2018年，重庆警备区联勤保障局成功开户，并签约账管家业务，实现分行军队业务突破。重庆市烟草商业公司成功开户，带动对公存款3.57亿元。长城汽车获批2亿元完全现金保证额度，引入对公存款1.3亿元。渝富跨行资金管理平台正式上线。上线22户党费管家。完成5户银企直联、3户银校通、1户收富通宝、1户物业维修资金系统、3户烟草代扣商户和268户交付保，带动日均存款增长近1亿元。实现两江新区、永川区等区级财政电子化支付项目成功运行。实现买单吧信用卡缴纳交通罚没款和财政非税移动缴款业务的落地。上线总分行联合创新项目——交银智慧金服平台"物业管家"。

表4-1-1

分行1988—2018年公司存款余额表

年份(年)	分行存款(万元)	其中:公司存款(万元)	其中公司存款在分行存款中的占比
1988	19286	18666	96.79%
1989	25083	24190	96.44%
1990	76117	75013	98.55%
1991	82588	80422	97.38%
1992	108086	99800	92.33%
1993	129958	110509	85.03%
1994	235981	167082	70.80%
1995	346463	191774	55.35%
1996	400518	221794	55.38%
1997	538100	333879	62.05%
1998	631544	387534	61.36%
1999	868142	516693	59.52%
2000	1124669	639055	56.82%
2001	1366750	707087	51.73%
2002	1521632	725735	47.69%
2003	1804914	908294	50.32%
2004	1851683	899553	48.58%
2005	2218305	1139939	51.39%
2006	2462017	1295434	52.62%
2007	2754797	1634734	59.34%
2008	3230927	1929624	59.72%
2009	3939044	2506860	63.64%
2010	4759952	3203004	67.29%
2011	5855654	3997280	68.26%
2012	6337680	4313234	68.06%
2013	7152330	4880538	68.24%
2014	7617519	5324718	69.90%
2015	8001921	6058485	70.43%
2016	10012652	7220870	72.12%
2017	10612355	7677488	72.34%
2018	10526800	7403008	70.33%

第三节　贷款业务

一、经营特色

重庆市分行重新组建以来，可经营人民币流动资金贷款、贴现及外币贷款、固定资产贷款。分行在贷款业务发展过程中，开展银团贷款和外国政府转贷款业务，逐渐在同业中形成经营特色。

流动资金贷款。重组初期，根据总行《交通银行外商投资企业流动资金贷款暂行办法》，明确外商企业流动资金贷款种类、贷款条件、贷款期限、贷款利率、贷款申请条件、贷款担保、贷款使用、贷款的还本付息等规定。1988年3月，制定《交通银行重庆分行国内业务部流动资金贷款审批工作细则》，建立初审、复审、终审审批责任制，明确贷款审批权限等。1995年9月，《贷款通则》试行，1997年3月，分行印发《交行重庆分行申报大额流动资金贷款、固定资产项目贷款实施细则》，对新增大额流动资金贷款和固定资产项目贷款的申报条件和程序进行规范。2010年6月，根据总行《交通银行流动资金贷款发放与支付操作规程（暂行）》，为规范分行流动资金贷款发放与支付管理流程，分行制定《交通银行重庆市分行流动资金贷款发放与支付操作规程实施细则（暂行）》，对受托支付、自主支付、自主支付限额、专门资金回笼账户及相关交易资料等进行业务约定，对贷款发放和支付流程、贷后资金监控、外汇流动资金贷款的管理、贸易融资的管理等予以规范。

固定资产贷款。1994年11月，总行统一规范全行人民币固定资产业务的操作，分行根据国家有关政策和法规，制定《交通银行固定资产贷款（人民币）管理暂行办法》，加强对授信对象、贷款分类、期限、金额、利率以及固定资产贷款计划和项目的管理。2009年10月，总行印发《交通银行固定资产贷款发放与支付操作规程（暂行）》，对固定资产贷款受托支付、自主支付、自主支付限额、专门贷款发放账户、还款准备金账户、项目收入账户、还本付息账户、交易对手和交易资料等进行业务约定，并对贷款发放和支付流程、贷后资金监控、外汇固定资产贷款的管理等进行规定。2011年，根据重庆银监《关于转发规范中长期贷款还款方式有关文件的通知》要求，金融机构应合理确定中长期贷款还款方式，实行分期偿还，做到半年一次还本付息，分行制定《关于规范中长期贷款还款方式的通知》，对于存量贷款还款方式做出明确整改要求，并对新增贷款还款方式提出操作注意事项。同年，根据重庆银监局印发的《关于企业利用同一项目多头超额授信风险提示的通知》，分行根据监管要求，拟定《关于严防固定资产贷款项目违规多头授信的通知》，从贷前、贷中、贷后等方面严防项目违规多头授信风险。

特色贷款。重视总分行联合贷款、银团贷款、外国政府转贷款业务，在贷款业务发展中逐渐形成经营特色。一是行内联合贷款。即贷款资金由交行境内多家分行（含总行营业部）共同提供，而由其中一家分行与客户签订贷款合同并发放的本外币贷款。1997年7月，分行首次以总分行联合贷款形式向重庆黄花园大桥配套改造项目支持8亿元贷款。向重庆市直辖后通车的第一条高速公路——渝长高速公路联合贷款8.5亿元。分行建立总分行联合贷款项目管理小组，制定《贷款项目管理办法》和《管理细则》。2003年，总行印发《交通银行行内联合贷款业务管理暂行办法》，对行内联合贷款借款人条件、联合贷款参与行的职责、联合贷款的筹组、管理及利益分配等首次进行规范。2007年，总行印发《交通银行行内联合贷款业务管理办法》，对业务分类，参与方及办理条件，职责分工，联合贷款和筹组流程，联合贷款的发放、管理和回收，风险防范及处理等进行要求。2009年6月，分行印发《交通银行重庆市分行银团贷款、联合贷款业务操作流程》，对分行各部门职责与分工、银团贷款、联合贷款业务操作流程等进行规范，以推动分行银团贷款、联合贷款业务的开展。截至2018年末，重庆市分行合计发放行内联合贷款69笔，发放金额为23.3亿元，分行参贷余额为13.2亿元。分别给予路桥建设重庆丰石高速公路发展有限公司4.63亿元、路桥建设重庆丰涪高速公路发展有限公司4.75亿元、重庆市交通委员会7.21亿元、重庆高速公路集团有限公司2.19亿元、重庆建工集团四川遂资高速公路有限公司2.52亿元、重庆凯泰实业发展有限公司1000万行内联合贷款支持。二是银团贷款。即交行与获准经营贷款业务的多家银行或非银行金融机构采用同一贷款合同，按商定的期限和条件向同一借款人提供资金的贷款方式。2009年6月，分行印发《交通银行重庆市分行银团贷款、联合贷款业务操作流程》。2018年，重庆市分行合计发放银团贷款75笔，发放金额为62.22亿元，分行参贷余额为41.54亿元。分别给予重庆市轨道交通（集团）有限公司13.5亿元、重庆两江新区开发投资集团有限公司12.81亿元、重庆涪南高速公路有限公司11.5亿元、重庆渝广梁忠高速公路有限公司11.29亿元、重庆两山建设开发有限公司4.74亿元、重庆统景旅游开发有限公司4.7亿元、中电建路桥集团重庆江习高速公路投资发展有限公司2.1亿元、重庆市涪陵区城乡资产管理有限公司1亿元、重庆朝天门国际商贸城股份有限公司3000万元、重庆沪渝高速公路有限公司1800万元、重庆凯泰实业发展有限公司1000万元银团贷款支持。三是外国政府转贷款。即在特定领域和国别开展的贷款业务。2004年根据《交通银行外国政府贷款转贷业务管理办法》，到2006年，分行办理5个外国政府转贷款项目，涉及交通、卫生、农业等，共计欧元431万元，美元831万元。2009年后，随着我国经济的发展，部分国家停止对我国的经济援助，分行转贷业务逐渐进入结构调整期。

二、业务发展

拓展业务辐射面，支持重点生产建设。1988年，分行坚持“三性”原则，做好贷款“三查”，根据不同情况采取信用、抵押、风险担保和贴现贷款方式，优选贷款对象、严格审批程序、优化贷款结构，以确保按期回收存款和按计划周转放款，提高贷款的使用效益。以贷款支持30多家全市骨干企业和有影响企业，解决资金短缺问题。业务辐射面从市内和近郊，扩展到永川、巴县、铜梁、璧山、长寿等县及丰都地区，从试营业初的4个行业10多个贷款户发展到年底的15个行业345户。向工业生产基础行业中的重钢、特钢等等企业以及轻工，烟草等高税利行业，出口创汇生产企业，医药行业和化工生产厂等各类企业给予资金支持，总放贷约2.3亿元。1989年，根据国家宏观调控要求，把调整信贷结构，支持重点生产建设作为加强信贷管理的主要工作。以建立基本客户为工作出发点，固化与一批国家重点骨干企业的关系，定向投放信贷资金。集中资金支持农副产品收购、出口创汇产品生产、税利大户企业和人民生活必需品生产企业。落实信贷员贷款责任制及有关指标考核工作。全年用于国家骨干企业贷款占全部余额的84%，用于农副产品收购贷款占全部贷款的11.27%、支持出口创汇产品贷款占11.25%、支持“名、特、优”产品生产和收购贷款占9.63%、支持市场紧俏商品生产和收购贷款占46.84%、支持能源和短缺原材料生产贷款占6.35%。分行辖属行柳州支行发放贷款总额6.4亿元，其中工业企业贷款占70%，支持轻工、纺织、冶金、机电、化工等78家经济效益较好生产企业。1990年，分行贷款用于重点产品、出口创汇产品和重点项目，重点支持重庆市烟卷厂、合川渭沱电站等。对104户重点企业新增流动资金贷款仅次于工行，居第二位。用于重点产品、出口创汇产品和重点项目的贷款占分行贷款总额的85%。分行辖属昆明支行重点支持云南CY车床集团引进关键设备导轨磨床、昆明电化厂增加电解槽扩大烧碱生产、卷烟材料厂引进专用设备和开发新产品复合过滤棒。分行辖属贵阳支行支持重点企业贵阳铝厂发放贴现贷款，以设备整租和转租形式为8家企业办理设备租赁业务，贵阳袜厂、建筑陶瓷厂等企业当年安装投产见效。分行辖属攀枝花支行向攀枝花市齿轮厂放贷25万元，用于开发新产品——窄带钢。分行辖属行遵义支行支持国家重点产品企业、出口创汇企业、军转民生产企业和危困企业，累计发放流动资金贷款8629万元；发放租赁贷款210万元，发放技改贷款300万元支持彩印厂技术改造。1991年，全年流动资金贷款总额的72.19%投向国营大中型企业，贷款增量实现17304万元。将新增贷款的88.5%投向国营大中型企业，主要用于支持长安奥托微型车厂、制药五厂、国防工办等国有大中型企业。提供4000万美元担保，支持江陵厂购进项目的关键技术和设备，开发微型车JE1010复合材料，支持峡江热水器公司开发新一代大流量热水器。贷款400万元，支持川仪总厂引进日本贵廉金属轧制复合带材生产线。分行辖属成都支行对成都地区国营大中型企业重点工程实行信贷倾斜，年末贷款余额占全部贷款总额的50%，占工业企业贷款余额的92.7%，全年累计发放贷款94001万元。分行辖属自贡支行全年累计发放各类贷款19800万元，其中用于支持能源、交通建设和出口创汇产品、市场紧俏物品、地方“名、特、优”产品的生产，以及组织节日市场商品、收购农副产品的贷款占全部贷款的80%以上，根据自贡市产业结构特点，对盐业、化工、机械三大行业重点倾斜，累计发放贷款12000万元，占全部贷款的60%。分行辖属广元支行支持国营大中型企业，为纺织厂、冶炼厂、运输公司等骨干企业共发放贷款7218万元。

“优化增量，搞活存量”。1992年，分行全年贷款总量的70.6%投向效益好的国营大中型企业、外贸创汇企业、重庆市重点固定资产项目和市科技项目，向重钢等5户大型企业贷款4亿元。分行辖属广元支行向经济管理好、产品质量高的大中型企业如081厂、082厂、602厂等发放贷款7139万元，向名优产品和出口创汇产品生产企业放贷2542万元，先后支持企业集团的培育如五金总公司、百货总公司、供销企业集团的形成和发展，共为其放贷3654万元。1993年，分行成立资产负债管理委员会，调整信贷部职能。本着就近开户、加强管理的原则，将分行149户信贷企业划归营业部和各支行管理。改善分行资产质量，盘活部分存量，人民币贷款余额14.72亿元。分行辖属广元支行增加对旺苍煤铁厂、广元市纺织厂等企业的重点支持，累计为旺苍煤铁厂发放贷款1000余万元。1994年，实行分行一级的审贷集中审批，将有问题贷款下划支行，促进转化，依法收贷，避免信贷资产的损失。接受世行风险监督试点，对各支行和业务部门进行资产质量的全面稽核，年末逾期贷款率下降17.3个百分点。分行辖属成都分行为一批运行机制新、技术含量高、产品有销路、经济效益好的集体企业和私营企业短期贷款余额2.05亿元。1995年，分行在调整信贷资金投向和优化信贷结构的同时，组织和投放大量资金支持重庆地方经济的发展，全年累计投放各种贷款46.37亿元。根据国家产业政策和发展方向，主要用于支持国有大中型企业和重庆市支柱产业如长安汽车有限公司、嘉陵机器厂、庆铃公司等。同时支持重庆市重点技改和科技项目，为重庆化工研究院“八五”重点科技攻关项目——利用天然气旋焰乙炔余热喷油联产乙炔乙烯及其综合利用中间试验，投放大量资金。1996年，贷款增量的39.80%投向重庆市重点工业企业及支柱产业，如兆峰陶瓷、长安微车、庆铃轻型车、嘉陵和建设摩托等。分行独家承担重庆市袁家岗立交桥1亿元贷款。分行辖属贵阳分行帮助第七砂轮厂、神力家电洗衣厂走出困境，按贵阳市政府要求办理500万元贴息贷款。1997年，分行向重庆市重点项目黄花园大桥、长安微车和重庆兆瓷投放11亿元，其中向重庆黄花园大桥配套改造项目支持8亿元贷款。1997年7月，以信贷工作为专题，分行集中一周时间召开扩大的行长办公会，对全行500多户贷款企业进行逐户分析，贯彻抓大放小的思路，优化信贷存量和投向，转化不良资产，清收欠息。

加大总分行联动项目投入。1997年，分行对全行48个信贷员逐个考核，遴选出总分行联合贷款项目经理，推行新的项目管理方式。1998年，分行加大总分行联动项目投入，对渝丰路桥公司黄花园大桥项目、长安汽车股份有限公司、重庆兆瓷投入50665万元，占新增贷款总量的48.23%，总分行向重庆市直辖后通车的第一条高速公路——渝长高速公路联合贷款8.5亿元。1999年，加强总分行联动贷款项目管理，对渝长高速公路、黄花园大桥和重庆华陶累计发放总分行联动贷款12.79亿元，占人民币贷款总额18.78%。分行贷款主要投向国家及重庆市重要基础设施项目，重点行业及效益型企业，贷款中有19户企业进入重庆市工业50强，在交行的贷款共10亿元。分行辖属遵义分行对遵义师专、四中、师范学校投放贷款450万元。2000年，贷款重点投向总分行联动项目，以及教育、医疗及电子、能源等基础设施项目。2001年，积极介入在市内外和国内外有影响的大企业、大项目，对重庆水务集团、重庆力帆等10余家重点客户进行营销；争取到渝长路第二批重点贷款、重庆医科大学的外国政府转贷款等近20个资金项目和印尼融侨、香港美旗、格力空调等一批重点客户，累计为客户办理综合授信和签订综合授信意向书6.6亿元。加大对电信、教育、医疗、生态农业、高科技等新兴产业的信贷支持力度。其中，对电信、教育产业的贷款余额增幅达118%。为调整优化信贷结构，分行加大贷款的流动性管理，流动资金贷款的比重达到80.36%。

抓住经济发展热点和优势行业。2002年，与北部新区高新园开发建设指挥部开展全面合作，落实西铝技改贷款项目，拓展国外政府转贷款项目，落实重庆口腔科医院200万美元和重医附二院496万美元的转贷项目，分行全年新增贷款近2亿元，票据业务1.1亿元，国际结算5050万元，开拓重庆上海中心、沃尔玛、重大房地产、重庆网通等新项目，签署合作意向书7份。2003年，交行重庆分行对万开、渝遂、茶园新区等29户企业和园区给予意向性授信62亿元。在重庆轨道集团成立之初，分行先于其他银行率先向重庆轨道集团贷款2000万元作为启动资金，积极支持重庆交通建设。加强分支行联动营销，赢得重庆大学、地产集团、西南期货公司等一批新的优质客户和项目。交行重庆分行与重庆高速公路发展有限公司签署银企合作协议，向新开工建设的4条高速公路项目提供总计为18亿元的意向性贷款。2004年，新增贷款重点支持教育、交通、通信、汽车、食品等。分行房地产业贷款余额较2003年下降0.99亿元，占比下降0.44个百分点。商贸餐饮业贷款余额较2003年下降0.76亿元，占比下降0.33个百分点。交通运输、教育、有色金属、医药、烟草以及个人消费贷款等优势行业贷款余额，较年初增加15.49亿元，占比上升11.45个百分点。2005年，新增贷款主要投向政策支持和适度支持类行业，1～5级客户贷款余额较年初增长29.98亿元，占比达到58.65%，上升14.61个百分点。推进与珞璜电厂、涪陵化工、重庆机场、地产集团、渝富资产等客户的深度合作，成功实施国开行担保和回购承诺兜底的贷款新模式。与国开行合作不断深化，营销国开行联合贷款项目6个，授信额度12.9亿元。

加大中长期贷款投放。2006年，深化与国开行合作，国开行联合贷款项目提款26.12亿元。加大对符合总行投向的企业的支持力度，交通运输、化工、电力、基础设施建设等行业优质客户新增敞口授信额度19.4亿元。加大中长期贷款投放，单位中长期贷款日均余额同比增加14.77亿元。分行为重庆城市投资有限公司发行企业债20亿元、重庆投资建设公司发行企业债10亿元提供担保。2007年，建立产品经理制和联系行制度，增强上下联动营销效果。积极开展系统内行际间及同业的协同运作，银团贷款和联合贷款取得新进展。加强行业研究分析，强化重点客户营销，实施《重点客户营销和管理办法》，优质客户资源得到发掘和巩固。2008年，企业贷款余额180.36亿元，控制在总行下达计划内。其中中长期贷款余额136亿元，新增34.69亿元，占比66%，较年初增加8.4个百分点。加大对电力能源、交通运输、化工、旧城改造等行业的信贷投放，相关行业信贷投放累计50.33亿元；加强同业合作，扩大银团和联合贷款等业务份额，实现银团贷款2.5亿元、联合贷款3.5亿元。全年本外币生息贷款平均利率为7.16%，比上年提高0.87个百分点。新发放贷款利率上浮比例逐季提高，四季度达到45.64%，较一季度提高32.15个百分点。同年，分行与江北区人民政府正式签订《银企合作协议书》，进一步加强与当地政府的银政合作，分行为江北区加快旧城改造、城市建筑、工业园区建设等方面提供10亿元的信贷支持与金融服务。

培育战略性客户。2009年，分行向交通、城建、能源、水利、旧城改造等基础行业投放近80亿元。贯彻“区别对待，有保有压”要求，对“两高一剩”、产能过剩行业进行减退，同时能够做到以支持当地经济建设大局为重，担负企业公民社会责任，加强对企业环保搬迁、环保项目的信贷支持，对重钢环保搬迁信贷投入5亿元。钢铁、教育和房地产行业贷款占比，控制在总行要求之内。与重庆市交通部门有关单位签署支持重庆交通建设银企合作授信协议。2010年，利用电子质押监管系统、电子保兑仓系统和电子保理系统，实现供应链融资电子化。营销两江新区建设项目、地产集团公租房项目、沿江高速和成渝直线项目、交通枢纽换乘项目等大项目。2011年，分行对公板块在保持财务顾问咨询业务等传统中间业务快速发展基础上，实现渝蓉高速5亿元、公租房5

亿元、江北嘴2亿元资产池业务，成功营销和信矿山安全评价咨询公司一年期8000万元对公稳得利理财，以牵头行身份与进出口银行分别组建两江集团60亿元项目银团贷款和悦来国际博览中心38.2亿元项目银团贷款。交银国信引入全国社保理事会基金信托贷款45亿元，用于重庆市茶园新区公租房及配套廉租房项目建设。联合进出口银行重庆分行为重庆国际博览中心建设项目提供人民币38.2亿元、期限8年的项目贷款。优化重庆两江新区开发投资集团有限公司授信方案，成功邀请到进出口银行参团为两江集团提供60亿元银团贷款，为两江集团申请77亿元融资性保函额度。2013年，分行人民币公司贷款（含小企业）余额367.9亿元，较2012年增加18.4亿元，其中对公实质性贷款日均余额346.1亿元，较2012年增加26.8亿元，完成全年计划的107.1%。对公贷款中，抵质押贷款占比较年初提升4.18个百分点，中长期贷款占比较年初下降3.96个百分点。同年，分行与大渡口区人民政府、供销集团、钢铁集团、地矿院、渝富集团、旅商投资集团等重点企业客户签署战略合作协议。协办重庆MBA企业家联谊会，并获得宝贵的客户信息资源。

推动非传统资产业务转型。2014年，分行跟进直投、资产池项目，推动分行非传统资产业务转型。实现重庆广播电视集团、重庆理工大学、重庆合川发电、重庆公租房、重庆烟草、两江土储等7家企业直投业务，合计金额23亿元；重庆邮电大学、重庆新华书店、上菲红3家企业资产池业务，合计金额2.6亿元；成功办理分行首笔同业票据直投业务，开展9.41亿元票据资产管理计划，实现利差收入50万元，中间业务收入230万元。2015年，对公贷款余额394.87亿元，较2014年净增36.95亿元，增幅10%。全年对公贷款整体定价水平达到分行预期要求，整体利率平均上浮水平为基准上浮26.72%，较前一年整体水平增加12.89个百分点。公司类直投实现8笔，金额合计15.4亿元。全年共有27个贷款项目金额125.43亿元和3个类信贷项目金额10.15亿元进入总行重点储备库，15个重点储备项目进行提款，提款金额37.708亿元。累计发放资产池、直投等类信贷业务8笔，金额26.7亿元。分行利用集团多牌照优势，综合化业务取得较好发展。与交银租赁实现集团协同业务收入536.21万元，与交银国信实现集团协同收入6482.43万元，与交银施罗德开展投行及资产池通道类业务，实现集团协同收入315.15万元。2016年，强化总分行两级重点项目库建设，建立项目协调推进机制，成立资产业务发展推进小组，按月召开资产业务专题会，开展精准营销。重庆江北嘴投资集团公司实现提款5亿元，重庆渝富资产集团实现提款25.43亿元，对重庆公租房、重庆丰文实业有限公司分别取得额度62亿元、35亿元。交通银行与重庆市政府签署《“十三五”时期战略合作协议》，计划未来5年向重庆市提供总额度1000亿元的意向性授信额度。2017年，公司客户数量新增1141户，增长10%，向31个区县级平台累计投放实质性贷款65.27亿元，平均定价5.25%，领先四大国有银行。向实体企业投放贷款49.59亿元，占比36.4%，提升5.36个百分点。流动资金贷款余额103亿元，占比27.24%，提升20个百分点。2018年，围绕服务实体经济，以重点储备项目为抓手，以“三个一百”、重点基础建设项目库、优质房企等客户战略进攻图为指引，以抢抓政策机遇期和总行专项规模为着力点，千方百计促投放。2018年完成对公实质性贷款投放166亿元，较上年多投28亿元，加权平均利率5.25%，同比提升23个BP。截至12月末，对公实质性贷款余额405.29亿元，较年初增加25.23亿元。

表4-1-2

1988—2018年分行公司贷款明细表

年份(年)	贷款(万元)	企业贷款(万元)	企业贷款与总贷款占比
1988	23515	23515	—
1989	40734	40734	100%
1990	86843	86843	100%

续表

年份(年)	贷款(万元)	企业贷款(万元)	企业贷款与总贷款占比
1991	104147	104147	100%
1992	125416	125416	100%
1993	147252	147252	100%
1994	176050	176050	100%
1995	232547	232547	100%
1996	279978	279978	100%
1997	428977	428977	100%
1998	534040	534040	100%
1999	680871	671733	98.66%
2000	877383	867021	98.82%
2001	1078474	1050657	97.42%
2002	1194086	1149762	96.29%
2003	1373232	1269327	92.43%
2004	1366737	1212937	88.75%
2005	1527151	1343328	87.96%
2006	1572212	1366802	86.93%
2007	1759777	1521733	86.47%
2008	2061578	1803602	87.49%
2009	3029673	2663028	87.90%
2010	3567573	2793309	78.30%
2011	4071710	3126841	76.79%
2012	4591853	3495100	76.12%
2013	5147842	3679197	71.47%
2014	5542219	3570106	64.42%
2015	6090279	3948742	64.84%
2016	6632027	4384816	66.12%
2017	6883316	4266164	61.98%
2018	7508161	4365940	58.15%

第二章　“蕴通财富”品牌与普惠金融

第一节　“蕴通财富”品牌

正式命名与品牌建立。2007年初，分行创设公司金融服务品牌。6月，将公司业务系列产品“盈通财富”正式命名为“蕴通财富”，意为“财富广蕴，通达天下”，传播品牌与口号，建立初步品牌印象。“蕴通财富”品牌，涵盖现金管理、贸易融资、企业理财、投资银行等多项服务，旨在为公司客户提供全方位、一揽子的综合金融服务。“蕴通财富”品牌首期推出“蕴通账户”“蕴通供应链”“蕴通财略”“蕴通理财”等4大子品牌，以及企业年金、企业网银、离岸银行、赴港IPO综合配套服务、网上税费支付、代理财政支付等多项特色服务解决方案。

确定品牌形象与推广重点产品。2008年，利用“蕴通财富”品牌优势，发挥现金管理、缴税通、蕴通供应链、报关一点通、银证银期等产品优势，加强同业、系统内兄弟行和子公司业务合作，拉动结算存款快速增长。

深化品牌形象与提升市场份额。2009年，深化品牌形象，通过供应链金融、蕴通账户等产品，切入贷款客户的上下游企业和附属企业。发挥分支行两级营销合力，抓信息源头，加强重点项目营销和重点客户合作深度，鼓励多开户、开好户，不断提升市场份额。2010年，“蕴通财富”“赢·在一起”产品范围涵盖企业财富管理、现金管理、资产管理、电子供应链、电子化商品融资、汽车供应链，将结算资金的循环网络从核心企业向上游供应商、下游经销商乃至终端客户延伸。2011年，“赢家|财富论”产品涵盖现金管理、供应链金融、投资银行、资产管理，偏重智慧解决方案。2012年，全面整合公司机构业务产品与服务，全程覆盖企业采购、生产、销售、投资等各个经营环节，经验丰富的专业团队随时为企业客户出谋划策。2013年，成功承办总行“蕴通财富”伴您同行，走进重庆站。2014年，“蕴通财富”始终坚持以金融智慧定制解决方案，全力为企业创造优势、预定胜局，包含现金管理、产业链金融、投资银行、资产管理、政府金融、汽车金融、航运金融、离岸金融、跨境人民币、资产托管、企业年金、电子银行。针对中型客户加强“蕴通财富·鲲鹏计划”品牌建设，落实名单制管理。承办“交行—汇丰1+1”西南地区银企交流活动，共有湖北、湖南、陕西、河南、湖北、重庆6家分行及相关客户参加。2016年，“蕴通财富”品牌10年间积累了丰富的服务成功案例，建立了强大的财富客户群体，AUM管理理念全面贯彻到日常经营中。2017年，现金管理产品实现有效突破，上线分行首笔票据池质押再开票业务。2018年，在跨行资金管理平台方面，分行重点客户——重庆渝富控股集团有限公司跨行资金管理平台系统落地；在票据池业务方面，分行新增6户票据池业务客户，票据池业务余额为2.2亿元；在二级账户开立方面，重庆联交所与分行进行系统对接，根据客户需求，在分行已经开立1万个二级账户，分行二级账户的应用已经从企业客户、政府类客户扩展到第三方平台类客户；在外币资金池业务方面，英业达申请做外币资金池业务，并已通过重庆外汇管理局的审批与备案，该业务系分行首笔外币资金池业务；在账管家业务方面，重庆警备区保障局签约分行账管家业务；在电子回单业务方面，重庆市公积金中心上线分行电子回单业务，成为分行首笔电子回单业务，有效实现公积金中心由传统纸质回单到电子回单的过渡。

第二节　普惠金融

2006年初，总行印发《交通银行进一步发展小企业信贷业务意见的通知》，全面拓展小企业信贷业务的推广工作。分行被纳入第二批推广行，在总行指导下，结合本地区经济特点，制定小企业推广工作方案，大力探索发展小企业信贷业务。

一、制度建设

2006年，分行出台《重庆分行小企业授信操作流程和风险管理办法》，明确工作目标和工作计划，成立领导小组，以行长为组长，副行长为副组长，相关部门负责人为成员。建立特殊组织架构和操作流程，实行授权范围内个人签批制，按新增授信和续期授信分别开展5级和4级审批制度。设立分行集中管理专职营销岗位，专门针对小企业贷款信息开展调查、拟定授信方案，缩短贷前调查周期。制定相关措施，对授信客户开户、结算和现金流情况进行全程监控。建立健全专项考核，调动基层经营部门积极性。通过参加总行视频授课、聘请专家现场讲解等形式，提高客户经理业务水平、产品熟练程度、风险识别能力和信贷工具操作技能。在总行门户网站开通“展业通”在线申请功能，拓宽服务渠道，扩大受众面。2008年，分行印发《交通银行重庆分行法人小企业业主个人经营性贷款业务实施细则（暂行）》，对法人小企业业主贷款对象和条件，贷款方式、额度、期限、利率及还款方式，贷款申请及审查审批流程等予以规范。2009年，印发《小企业固定资产贷款管理暂行办法》，界定小企业项目融资贷款及其他固定资产贷款，规范小企业固定资产贷款最高限额、期限、定价及还款方式等。2010年，印发《关于加强中小企业客户拓展，加快建立优质中小企业客户群的意见》，要求各经营单位根据分行2010年中小企业客户划分标准，集约式经营，培育稳定的中小企业客户群体。制定《重庆市发行小企业（展业通）信贷业务“贷款三查”操作细则》，规范小企业（展业通）贷前调查、贷时审查、贷后检查及监督检查等。印发《重庆市分行2010年小企业信贷业务发展指导意见》，规范管理小企业业务。2011年，印发《2011年零售信贷工作要点》，围绕“突出重点业务产品、合理布控信贷资源、提升综合回报”工作思路，梳理现有及潜在客户资源，搭建平台抓源头展开营销，实现小企业贷款业务突破性增长。印发《交通银行重庆市分行小企业“税融通”业务管理办法（暂行）》，规范小企业目标客户、信贷政策等。2014年，印发《关于落实零贷小企业联动业务管理工作的通知》《分行落实零贷小企业联动业务管理流程》，跟踪支行落实小企业授信客户贷前承诺联动业务，做深做透客户，提高综合回报。2015年，制定《交通银行重庆市分行小微企业快捷抵押贷业务管理办法》，针对足额有效抵押物为住宅（保障性住房除外）、办公楼、商铺等易变现、易处置类不动产标准化产品，简化申贷资料，明确最高额度抵押的运用、授信全流程中各岗位操作要点以及签批制度，采取授信额度年审制度，简化授信期限内单笔业务操作流程。2016年，出台《重庆市分行小微业务发展纲要》《重庆市分行小微业务项目制推广方案》《关于贯彻落实总行〈关于多措并举切实缓解小微企业融资难融资贵问题的通知〉的实施意见》等。以项目制推进小微业务集群化发展，推广税融通、政采贷等产品。2017年1月，制定《重庆市分行2017年小微业务发展指导意见》等，确定以7类重点客群为方向，以产业链客群、快捷抵押贷客群等为重点，推动小微业务发展。3月，根据《交通银行小微企业流动资金贷款续贷业务管理办法》，制定《交通银行重庆分行小微企业流动资金贷款续贷业务管理实施细则》，规定办理续贷业务时，应遵循敞口不新增、担保条件不弱化、业务期限不超过原贷款期限、企业经营状况不弱于原贷款准入时状况的原则，明确续贷业务准入条件、授信要素等相关政策；明确续贷业务办理流程；完善与续贷业务对应的贷后管理要求等。2018年，制定《交通银行重庆市分行普惠业务发展指导意见》《普惠业务拓展重点客群》等，明确普惠业务发展的7类重点客群和3类重点产品，强调通过项目制模式批量获客，风险端口前置，提升业务发展。当年全面达成“两增两控”监管要求。

二、业务营销。

与政府机构合作。2011年，分行与重庆市中小企业发展指导局正式签署合作协议，缔结战略合作伙伴关系。重庆市中小企业局向分行提供全市各类民营企业排头兵名单共计597户、各主要区县中小企业局负责人名录及部分中小企业行业协会名录。分行与重庆广东商会签署《支持中小企业发展战略合作协议》，为在渝粤企提供金融服务和信贷支持。

与第三方机构合作。2006年，印发《关于规范与专业担保机构业务合作的指导意见》，规范专业担保机构准入条件和分行各部门对专业担保机构资质、信用调查、日常工作的管理等。2007年，印发《交通银行重庆分行规范管理专业担保机构担保资金试行办法》，加强和改善与专业信用担保机构的金融合作，有效扩大市场份额，防范和控制担保风险。2012年，印发《交通银行重庆市分行融资性担保机构业务合作管理实施细则（暂行）》，规范分行各部门对担保机构的管理职责、担保机构准入条件、业务受理审查审批流程、担保额度核定及使用、保证金管理、保后管理。2014年，制定《交通银行重庆市分行评估机构管理办法》，成立分行评估机构评审委员会，规范评估机构的准入、使用测评管理及退出等。

三、业务品种。

展业通。分行的小企业业务，一直以总行金融服务品牌——“展业通”为依托。“展业通”下设6大产品组合（即生产经营一站通、贸易融资一站通、工程建设一站通、结算理财一站通、厂商联动一站通、个人投资一站通组合）、17个产品系列，涵盖小企业采购、生产、销售、投资等经营环节，涉及小企业融资、结算、现金管理、理财以及小企业经营者个人投资、消费等全方位金融服务。其中，小企业融资包括表内外授信，表内授信有贷款、项目融资、贸易融资、贴现、透支、保理等；表外授信有保证、信用证、票据承兑等。贴近小企业资产规模较小、财务制度不能类比大企业、现金分期回流、融资需求时间紧金额小等特点，信用评级针对性较强；授信额度使用和还款方式灵活多样，在一定条件下可随时提款、随时偿还，整贷零偿、零贷整偿，减轻集中还款资金压力；担保方式多样，可用房地产抵押，国债、存单、银票、仓单、动产等质押，也接受符合条件的保证担保，并在传统担保方式基础上开辟多种担保途径。对拥有优质抵押物的小企业，还可提供“梯级贷款”，除按照规定的抵押率给予授信额度外，同时叠加给予抵押物评估价值10%～15%的可循环使用贷款或其他授信业务额度；申报、审查、审批方式简化、效率高；利费率水平适中，可通过创新的使用方式压缩成本，节约利息开支。

创业一站通。2011年，针对优质小微企业客户推出快捷融资产品“创业一站通”。客户授信额度最高500万元，可以使用抵质押、担保、信用等单一或者组合的担保方式，服务对象为当地政府重点扶持、基本户开立在交行、全部结算在交行办理、连续两年盈利、按时足额纳税的优质小微企业及与交行蕴通供应链核心企业客户直接关联的上下游小微企业，允许使用纯信用方式。

优贷通。2012年，分行推出小微企业“优贷通”产品，依据小微企业销售回笼及企业关键人个人账户资金归集情况，结合企业日常经营特征和个人资金实力，综合考量贷款风险以及对银行贡献度，确定差异化的授信政策。对以交行作为主要结算银行，且企业和企业关键人在交行账户形成一定资金沉淀的，实行优先安排额度（含信用授信额度）、优先放款、利率定价优惠的“三优”政策。

蕴通供应链。2008年，分行开始采用蕴通供应链模式开展业务，主要围绕汽车行业开展汽车经销商合格证监管、商品车质押监管模式下的汽车供应链业务。2010年，分行蕴通供应链业务主要围绕分行相关行业中的核心企业，通过与国内大型物流公司开展质押监管合作、与保险公司开展信用保险合作等方式，为其上游的供应商、下游的经销商和终端用户提供融资、结算、风险管理等综合性金融服务方案。该产品结合已有的授信对公客户资源，将其上下游供应商中的小微企业客户引入小微授信体系，加强对公授信客户和小微授信客户之间的联动，成为拓展小微客户的又一重要渠道。

小企业经营性物业抵押贷款。2009年，分行推出小企业经营性物业抵押贷款业务，以企业或法人个人名下经营性物业作为贷款抵押物，以该物业的经营收入作为还本付息主要来源，贷款期限为5～10年。

法人账户透支。分行于2009年推出法人账户透支产品，根据客户与交行订立的协议，给予一定的融资便利，允许其在结算账户存款余额以外，在核定的额度内透支款用以弥补正常经营活动中的临时支付不足，并可随时归还透支款项。

税融通。2011年，分行为推动和规范小企业信贷业务的发展，加快业务战略转型，推出"税融通"业务，对连续2年按时、足额纳税（国税、地税）的企业，且每年纳税（国税、地税）总额在30万元（含）以上的目标客户，在现有抵押、质押、保证等担保方式基础上，结合企业的税收情况给予一定的额度的信用敞口。"税融通"产品归属于"展业通"品牌，执行展业通授信政策。

四、业务发展。

2007年，总行印发《关于进一步完善展业通业务管理的通知》，规定小企业客户准入标准为敞口授信额度1000万元（含）以下，且资产总额不超过4000万元，或年销售额不超过3000万元。2008年，实行集中中介机构管理、集中主城区个贷中后台操作、集中审批、集中放款"四集中"。集中主城零售信贷客户经理组建区域营销团队，在分行零售信贷部成立分行个贷中心。出台专项费用激励办法，及时兑现奖励，强化分支行两级营销积极性。将个人住房贷款（含一手房、二手房）、汽车消费贷款和展业通作为零售信贷三大支柱，完善相关政策、业务流程，释放零售信贷发展潜力。2009年，加强合作商营销，召开合作商座谈会、实地走访，加强双方的沟通交流，全年新增二手房合作商5家，牵头与园区、5家担保机构建立小企业业务合作关系。2010年，建立"零售信贷业务交流平台"和"小企业信贷业务信贷业务交流平台"，搭建支行及客户经理相互间交流先进经验平台，及时为支行解难答疑、传递业务信息，针对零贷队伍新手多、业务不熟悉的情况，编写培训材料，开展信贷政策巡回培训。2011年，与重庆市工商局、中小企业局等部门建立信息共享、资源共用、合作互惠机制，安排专人每天收集、整理新成立的中小企业、合资企业入驻信息，建立名单式管理制度，采取多种方式加强合作，动员客户到交行办理创业贷、发展贷、展业贷等综合业务。与重庆市国税局、重庆市地税局、重庆市知识产权局合作推出"税融通"等创新产品，满足客户多样融资需求，全年办理税融通客户贷款4680万元。与大中型企业合作，探索"商贸集群贷"发展模式，通过供应链金融等产品，批量拓展大中型核心企业上下游客户，先后与上依红、长安汽车、长安福特、长安铃木等核心企业开展供应链业务，有效满足产业链上的小微企业和经营业主融资需求。2012年，与江苏商会等10家商会签订协议，与市内重点工业园区、商圈开展业务合作，探索"园区+担保""厂房按揭"等多种合作模式。与30家专业担保机构建立合作关系，通过三峡担保、兴农担保、渝台担保等公司推荐，对40户中小企业发放小企业担保贷款达3亿多元。2013年，大力发展中小企业与贸易融资授信业务、低资本消耗的零售信贷业务，强化信贷规模管理，提升分行定价水平。截至12月末，零售信贷余额177.81亿元，比年初增加43.7亿元，增幅32.59%，完成年度计划273.2%，计划完成率系统内排名第2。零售信贷占比达到34.54%，较年初提升5.74个百分点，零贷小企业客户数达671户。分行荣获总行颁发的零贷经营管理三等奖和转型优胜奖。2014年，根据总行以项目制营销模式促进零贷业务转型发展的总体思路，分行围绕汽配产业、医疗卫生产业等8大产业，采取商圈、供应链、园区等项目制营销模式，重点发展小企业贷款和个人经营性贷款，先后与永川凤凰湖工业园区、江津花椒协会、重庆医药交易平台等集群项目建立合作关系。2015年，实现项目制发展8户（中建二局、北汽银翔供应商商票保贴、恒大地产、协信地产、永荣矿业、松藻煤电、红江机械、北汽银翔经销商），达标项目5户，完成总行项目制要求167%。截至年末，“三个不低于”指标已经达成监管要求。其中，小微数据余额44.52亿元，较年初增速为23.80%；高于各项贷款全年预计增速14.41%。小微企业贷款客户数为1198户，高于年初贷款户221户。申贷通过率约为85%，较年初增长2个百分点。2016年，分行累计拓展项目制15个，分别是绿地置业、北汽银翔、恒大地产、顺泰电缆、中建二局、华晨鑫源等。分行报送的《积跬步致千里　聚小流成江河——重庆粮食集团子公司综合金融服务方案》获总行首届小微客群服务方案竞赛总决赛三等奖。2017年，成立小微特色支行，实行综合支行+特色支行、全职+兼职客户经理队伍的业务模式。创新服务小微企业的专属产品，形成基础产品+特色产品等37个产品系列，覆盖贸易类、生产类、工程类、物流等多个行业的不同类型的小微企业客群。提高小微企业融资的体验，降低企业成本，推出续贷业务和快捷抵押贷等产品。引进优质增信机制，提高小微金融服务水平。筛选信誉良好的国有政策性担保公司、保险机构、风险补偿基金等中介机构，为符合信贷要求的小微企业提供增信机制，解决融资难题。主动对接国税和地税，批量获取A、B级纳税企业名单，进行精准营销。全面完成银监“三个不低于”任务，提出“五转三靠”发展策略（“三靠”即向实体经济靠拢、向交易结算靠拢、向中小企业靠拢），明确小微企业准入条件、适用产品等要素信息，以适当提高小微客户占比。强化供应链融资应用，适配客群专属产品。为具备客群特征的小微客户提供商票快贴、快捷保理等供应链产品，快捷抵押贷“一贷一通”叠加“优贷通”“税融通”等优势产品，为存量符合信贷政策要求的对公授信客户增配商票保贴、快捷保理等快捷额度。做到贴近市场，走进园区、商圈、要素市场，贴近小微企业主，掌握小微客户真实需求，结合客群的经营特点创新产品服务，真正缓解小微企业融资难、融资贵的难题。2018年末，银保监会两增贷款较年初净增2.37亿元，完成总行计划任务的148%；增速47.59%，高于各项贷款平均增速25.64个百分点。客户数较年初净增100户，超出总行计划100户，实现两增计划达标。两增口径小微不良贷款率2.38%，较年初下降4.41个百分点。普惠两增贷款四季度累计发放贷款加权平均定价4.32%，较一季度下降117个BP，完成监管和总行要求下降100个BP的要求。实现两控计划达标。人民银行MPA贷款较一季度净增0.9亿元，完成总行计划任务的113%。普惠涉农贷款较年初净增855万元，完成总行计划指标186%；精准扶贫贷款较年初净增450万元，完成总行不低于年初水平的计划要求。推进机制建设，完善小微服务体系。打造专营团队，并配备专职客户经理，初步形成“综合性支行+专营团队+特色支行”的组织架构，组建成为“客户经理+产品经理+风险经理”的营销队伍，探索业务专业化发展路径。持续推进小微信贷签批制，对敞口金额在2000万元及以下单笔贷款实行有权审批人签批制，2000万元以上的贷款由贷审会审议，小微企业金融服务效率提升显著。创新产品服务，推进小微信贷发展。针对商圈、市场内的流通类小微企业主和个体工商户，积极运用特色产品，如POS贷、快捷抵押贷、抵押+（优贷通、税融通）、房二贷等，配置还款方式、贷款期限多样化组合，满足目标客群短、频、快的实际资金需求。抓住总行调整贴现业务结构契机，给予单户1000万元以下小微企业贴现规模全量保障的政策，联动资负部，建立小微企业票据贴现绿色通道，随到随贴，给予定价优惠，缓解小微企业融资难、融资贵的难题。强化部门联动，加快小微客群拓展。分行初评存量、增量实体类公司客户，筛选建工股份、中冶建工、涪陵制药等核心企业，供支行拓展产业链金融，并匹配商票保贴、快捷保理额度，凸显成效；制定针对建筑、医疗、零售、汽车、现代农业等长链条行业的营销规划，结合总行“链接行业”的营销活动，推进产业链发展。分行普惠部与授信部共同搭建小微业务预评估会议机制，对经营单位储备的小微项目进行预评和研讨，解决业务准入和落地过程中的政策、产品、风控上的问题。

表4-2-1

分行历年小微业务情况统计

	2008年		2009年		2010年		2011年		2012年		2013年		2014年		2015年		2016年		2017年		2018年	
	小企业授信客户	贷款余额（万元）	小企业授信客户	贷款余额（万元）	小企业授信客户	贷款余额（万元）	小企业授信客户	贷款余额（万元）	小企业授信客户	贷款余额（万元）	小企业授信客户	贷款余额（万元）	小企业授信客户	贷款余额（万元）	小企业授信客户	贷款余额（万元）	小企业授信客户	贷款余额（万元）	小企业授信客户	贷款余额（万元）	小企业授信客户	贷款余额（万元）
小微业务		2300		6429	63	21726	234	131295		244332		309528	370	198425	414	188639	485	354388	469	447860	368	216567
其中：法人小企业													334	192937	386	186002	476	353375	465	447639	349	216002
个人经营性													36	5488	28	2637	9	1013	4	221	19	565

表4-2-2

小企业不良贷款统计

单位：万元、%

	2008年	2009年	2010年	2011年	2012年	2013年	2014年	2015年	2016年	2017年	2018年
不良贷款额	0	0	0	0	1200	1200	2497	20465	30793	21977	8643

第三章　投行机构与同业托管

第一节　投行机构

2007年起开办投资银行业务，主要为客户提供咨询与财务顾问方面服务，并拓展债券主承销、基金类、资产证券化、境外债、债转股等投行业务。至2018年末，投行业务收入16195万元（其中中间业务收入12532万元，直投收入3663万元）；投行业务引入落地资金量158.57亿元；联动融资规模75.28亿元；综合化国际化达82亿元。

一、制度建设

2012年4月，分行成立投资银行部，制定和完善投行业务相关制度。2013年，印发《交通银行重庆市分行投行类表外融资业务管理暂行办法》《交通银行重庆市分行理财对接投行类资产非信贷业务管理暂行办法》《关于强化分行投行类非信贷业务投后管理的通知》《关于加大债务融资类投行业务营销配置的通知》《关于加大优质机构客户拓展激励力度的通知》《关于开展2013年投行业务劳动竞赛活动的通知》等。根据总行相关业务管理办法，制定《交通银行重庆市分行交易资金托管业务操作规程》，推动分行投行、机构业务规范、快速发展。2014年，印发《重庆市分行2014年投行业务发展指导意见》《关于开展2014年1季度投行业务开门红活动的通知》《关于开展2014年投行业务劳动竞赛活动的通知》《关于下达二季度投行业务收入必达计划的通知》《关于做好中小企业客户入股选择权和新三板集成式服务营销工作的通知》《公司、机构类客户财务顾问与咨询业务操作细则》和《关于强化投行业务联系人制度的通知》等，确保投行业务引导到位并规范发展。2015年，按照总分行要求，制定《公司、机构类客户财务顾问与咨询业务操作细则》，明确财务顾问咨询费的收费原则、标准以及相关管理实施细则，引导经营单位合理规范收费。根据总、分行相关职能部门要求，先后完成类信贷业务存续期排查、案件风险排查和操作风险排查。2016年，印发《交通银行重庆市分行2016年投行业务专项行动方案》《交通银行重庆市分行2016年投行业务发展指导意见》，提出总体思路、发展目标和分行发展投行业务的主要策略和措施。2017年，印发《交通银行重庆市分行2017年投行业务发展指导意见》，明确重点，创新思路，严控风险，助力分行深化改革，转型发展。2018年，印发《交通银行重庆市分行理财投资债券项目实施细则》，规范理财投资债券项目业务范围、管理要求及职责分工、准入标准、申报流程、投后管理等。印发《交通银行重庆市分行投行业务内控与合规考核细则》，投行条线按产品、流程、系统及人员进行细分和管理，具体分为类信贷业务、债券业务、资本市场业务、资产流转业务、并购业务、财务顾问业务、客户经理管理、反洗钱管理、其他问题等9大类。

二、业务发展

起步阶段。2008年，以拓展IPO业务为契机，积极配合重庆机电控股股份有限公司在港成功上市，实现本外币存款、国际结算较高的一揽子回报。2009年，为太极股份成功发行短期融资券3亿元，成为重庆市仅有的两家成功主承销短融的商业银行之一。2010年，承办太极集团2亿元短期融资券发行工作，实现中间业务80万元。2013年，为高科集团发行19亿元中票，并延伸办理高科集团中票过桥投行类理财入池业务，实现5亿元信托资金沉淀，实现业务的全流程和客户财富管理的提值化。实现担任受托管理人的重庆升厦建设（集团）有限公司3年期（2+1模式）3亿元中小企业私募债成功发行。为重庆高科集团有限公司实现中期票据承销2.5亿元。2014年，实现重庆粮食集团已发行5亿元PPN，渝涪高速4亿元PPN，铁发遂渝0.5亿元PPN。分行成为西部第一只私募基金（重庆瀚华创业投资）的托管银行。向建峰集团提供3亿元并购贷款融资，并成功发放并购贷款1.5亿元，是系统内西部首家发放并购贷款的银行。为轨道交通、重钢集团发放融资租赁贷款，合计金额12.63亿元。2010年，完成重庆城市建设投资公司5亿元信托计划3年期信托计划发行工作，该笔信托贷款是分行经办的首笔单一委托资金信托计划，为分行开辟了负债业务发展的新渠道。参与水务集团筹备IPO直接融资，以专属现金管理产品和理财服务方案为依托，帮助企业成功上市。该项目属分行企业内地IPO募集资金专户归集的首例。参与重庆市涪陵榨菜集团股份有限公司从结算到顾问等IPO配套服务。企业在分行开立IPO募集资金专户，分行作为本次IPO的副收款行全程参与发行工作，募集资金3.42亿元。2011年，以产品为驱动，实现渝蓉高速5亿元、公租房5亿元、江北嘴2亿元资产池业务。2012年，实现地产集团、悦来投资、金科地产等8笔信托业务，总金额47亿元，新增托管规模280亿元。达成江北嘴、高速股份等3单资产池业务，总计金额12.2亿元。实现永荣矿业等两单委托债权投资业务，并在北京金融资产交易所成功挂牌交易。2013年，实现重庆升厦集团中小企业私募债、合川城投撮合类集合信托业务、重庆轨道三号线保险债权投资计划托管、建桥实业应收债权投资单一资金信托、九龙园信托贷款和渝富资产管理公司信托等项目共计14.85亿元；投放渝富资产管理公司10亿元中票过桥投行类理财。同年，分行会同交银国际及香港分行成功营销重庆银行赴港IPO项目，该项目于11月6日实现上市，募集港币38亿元，其中交银国际取得联席全球协调人等三项资格，港交行为副收款行，分行为内地账户行。2014年，实现重庆渝富集团28亿元非上市公司股权收益权投行类理财、重庆文资公司4.5亿元短融过桥、化医集团4亿元债券过桥项目、重庆卡贝乐化工4亿元撮合类交易、双桥开投3亿元撮合类交易；与和君咨询、西证渝富基金管理公司和九鼎投资等重庆市政府产业引导基金GP开展业务合作。同年，分行投行积极参与总行资本市场业务拓展，经过联动，瀚华金控在香港联交所挂牌上市，成为国内首家整合融资担保和小额贷款两大平台并在香港上市的普惠金融机构，成功联动瀚华金控成为国内首家以小贷和担保为主业的金融控股公司H股IPO业务。

发展阶段。2015年，全年投行业务收入实现1.5亿元。企业债与政府债齐头并进，新注册债券：牵头联席主承销商注册文资公司30亿元SCP项目；牵头联席主承销商注册江北嘴集团6亿元永续中票项目；牵头联席主承销商注册涪陵国投30亿元PPN项目；联席主承销高发司20亿元SCP项目；联席主承销参与城投公司100亿元SCP项目；联席主承销参与两江开投150亿元SCP项目。发行债券：全年主承销粮食集团PPN共计3次，累计金额8亿元；文资公司SCP首期发行5亿元；高发司SCP首期发行10亿元；涪陵国投PPN首期发行15亿元；江北嘴发行永续中票6亿元。力促投行类非信贷业务品种与规模双升，文资公司5亿元债券过桥项目、渝南公司4亿元债券过桥项目、西客站10亿元增资过桥项目等实现提款。密切与市区两级财政合作关系，顺利入选重庆市8家地方政府债券主承销商行列，全年累计承销政府债券74.36亿元。依托政府债发行，加强与市区两级财政沟通，配合表内政府债过桥业务创新，推动总行以重庆市政府债承销及过桥为基础新增总行非信贷业务品种。协同各经营单位积极营销，实现22户区县平台客户的政府债过桥业务，授信合计金额63亿元，提款42.27亿元。全年完成撮合业务9笔，涉及交易金额27.7亿元，实现中间业务收入2180万元。2016年，全年投行业务收入实现1.66亿元。债券承销类业务为分行实现落地资金发生量超过50亿元。企业成功发行企业债券5支（期），合计金额24亿元，主要包括：粮食集团2期共7亿元PPN，文资公司2期14亿元SCP，涪陵国资3亿元PPN；成功主承销重庆市地方政府债4期，合计金额65.74亿元。实现渝泓公司70亿元私募资产证券化业务投放，大力促进城市建设和地方经济发展。完成重庆战略性新兴产业投资基金100亿元意向额度和中新（重庆）互联互通基金100亿元意向额度的审批工作，中新（重庆）互联互通基金业务合作取得实质性突破，该基金确定分行为重点合作银行及首家托管银行，首笔投资项目30亿元募集资金已全额划转至分行托管账户。投放两江战略性新兴产业基金母基金合伙份额6亿元，该项业务是重庆地区银行资金在政府类产业基金母基金组建中首次采用市场化退出模式，分行作为该基金最大社会LP，实现14亿元核心低成本存款，为优质子项目的遴选奠定基础。2017年，投行业务收入实现1.02亿元。投行条线累计实现类信贷项目落地10笔，合计金额25亿元；地方政府债发行4批次，合计金额30.9亿元。投行业务资管化趋势不断深化，资管分中心作用逐步体现，累计向资管中心申报市场化基金（含棚户区改造股权投资）3笔合计41亿元、资本市场业务1笔合计9亿元。分行获得"第二批开展专项理财业务"授权，投行部与个金部联动，量身设计"渝都"系列理财产品。累计发行4期产品，实现销售3.37亿元，对接合川城投PPN5亿元以及西南证券次级债5亿元。类信贷业务实现南坪支行化医、开乾债券过桥等9.8亿元，江津支行双福3亿元公司类信贷，北碚支行四联4.2亿元债券过桥，巴南支行公路物流3.5亿元债券过桥，涪陵支行页岩气1.1亿元增资过桥，营业部渝涪高速0.9亿元公司类信贷，东和春天华邦生命2亿元债券过桥，高新广播电视大学0.5亿元公司类信贷等投行项目落地，有效带动经营单位业务全方位发展。2018年，全年投行业务收入实现1.62亿元。中标重庆市地方政府项目收益债22.3亿元。实现渝富公司22亿元非上市公司股权收益权类信贷业务落地。实现渝涪高速3亿元、公路物流5亿元等7笔债券过桥项目累计投放19.8亿元，以及分行首笔应收租金项目长寿开投1.4亿元的落地。与交银租赁联动重庆市龙头港物流公司租赁项目，实现金融租赁服务长江经济带战略联盟重庆涪陵龙头港5亿元租赁项目成功投放，标志金融租赁服务长江经济带战略联盟首单租赁业务落地重庆；与交银租赁联动的云天化纽米公司售后回租项目实现提款1亿元；实现交银租赁为重庆有线电视网络投放1.5亿元售后回租资金；实现涪陵国兴融资租赁0.53亿元转租赁业务成功落地。推荐撮合交银国信与首汇置业24亿元、金融街地产20亿元主动管理型信托计划，累计实现提款28.562亿元。落地分行近年来首笔并购贷款——万州经开并购金龙钢管项目6.77亿元，实现并购中收2800万元。

第二节 同业托管

分行重组后，相继与海通证券公司和太平洋保险公司开展业务往来，还开展银银、银期、银基、银信及其他同业合作。截至2018年末，分行同业负债日均余额达105.97亿元，非利息收入5064.74万元，托管规模591亿元。

一、制度建设

分行于2011年成立机构部。2013年，成立金融同业（托管）部，印发《交通银行重庆市分行2013投行/机构业务发展指导意见》，对分行机构/托管业务发展进行指导。2014年，制定《交通银行重庆市分行非证券类资产托（保）管业务管理办法》《交通银行重庆市分行非证券类资产托（保）管业务操作规程》《关于优化托管类账户开销户业务流程的通知》《交通银行重庆市分行资产托管业务印章管理办法》《关于启用〈重庆市分行抵（质）押品财产保险审批表〉的通知》《交通银行重庆市分行存放同业账户管理实施细则（暂行）》，建立托管业务制度体系。2015年，制定《交通银行重庆市分行同业（托管）条线考核激励实施细则》，修订《交通银行重庆市分行同业授信业务管理暂行规程》《交通银行重庆市分行非结算性同业存款业务操作规程》《交通银行重庆市分行“金库宝”资产保管业务操作暂行规程》《交通银行重庆市分行客户资金保管业务操作暂行规程》《关于进一步规范对公代理保险业务开展的通知》等。将资产托管业务涉及柜面处理环节移交分行营业部集中办理。2016年，印发《交通银行重庆市分行2016年同业（托管）业务发展指导意见》《交通银行重庆市分行2016年同业客户发展行动计划》《交通银行重庆市分行2016年同业与托管业务专项行动方案》等业务指导意见。印发《交通银行重庆市分行同业客户分层分类分级管理暂行办法》，对同业客户在分层分类基础上，实施差异化客户服务。按照“以客户为中心、以市场为导向”和“一个交行、一个客户”的原则，对同业客户实施“纵向分层、横向分类、管理分级”，在此基础上充分发挥产品部门的销售动能，构建多层次的营销服务体系、经营责任体系、授信管理体系、风险管理体系和资源配置体系。对分层分类分级的标准、结果的使用，同业部门职责分工等予以界定。2017年，印发《交通银行重庆市分行2017年同业客户发展行动计划》《交通银行重庆市分行“十三五”时期同业客户发展纲要》等。2018年，印发《交通银行重庆市分行金融同业（托管）部2018年内控与合规管理考核细则》《交通银行重庆市分行2018年同业客户发展行动计划》《交通银行重庆市分行资产托管业务连续性计划》《交通银行重庆市分行非结算性同业存款业务专用章管理办法（2018年版）》《交通银行重庆市分行非证券类资产托（保）管业务服务运作操作规程（2018年版）》《交通银行重庆市分行“金库宝”资产保管业务管理办法》《关于进一步加强私募投资基金托（保）管业务管理的通知》《交通银行重庆市分行人民币同业存款业务管理办法》，进一步规范分行同业及托管业务运行。

二、业务发展

1988年4月，分行设立证券业务大溪沟交易点，经营证券买卖、代理证券买卖业务，开办包括国库券、企业集资债券等8种证券的交易业务。1989年，销售交行金融债券2200万元。当年，同国内70多个城市的百余家金融机构建立融资关系。全年累计融资12.4亿元，其中累计融入8.7亿元，融出3.7亿元，净融入月平均余额达7924万元。对市内金融机构融出月平均余额1500万元，为重庆市经济建设注入资金，体现商业银行向周转要效益的经营活力。1990年和1991年，相继办理太平洋保险和海通证券业务。银行业分业经营后，分行发展证券结算资金存管等银证合作、银保合作、银期合作、银银合作等业务。1992年，太平洋保险公司重庆分公司正式成立，为重庆保险市场注入新活力。分行证券业务部正式开通上海、深圳两市股票交易业务和法人股市场。1993年，太平洋保险公司重庆分公司保额达122亿元，保险业务收入4274万元，分别较上年增长1倍，实现利润493万元，较上年增长63.2%。建立沙坪坝、南坪、江津等太保支公司。分行证券业务部成为上海证交所异地会员。1994年，太平洋保险公司重庆分公司与分行脱钩。1995年，按照金融法和总行要求，严格实行分业管理。分行证券部按总行部署划到海通证券公司。1997年，分行独家代理发行“重庆路桥”股票。吸收3个月定期存款59.8亿元，产生收益8000万元，到期后仍有沉淀资金约2亿元。1999年，抓住西南证券筹建之机，实施与其全面业务合作，并成为该公司的证券资金清算银行。全年代理发行各项债券3.82亿元。2002年，加大对基金及各项中间代理业务的营销力度，推出“银证通”“银保通”业务。2003年，与西南期货公司、太平洋保险公司、海通证券公司等10家期货、保险、证券公司开展业务合作。2004年，与太保寿险、泰康人寿等保险公司开展合作。2005年，在总行与国开行总行签订全面合作协议的大背景下，分行与国开行重庆分行签订全面合作协议，在信贷政策允许范围内改进产品和方案，成功实施开行担保和回购承诺兜底方式的贷款新模式。到年底，共营销国家开发银行联合贷款项目6个，授信金额12.9亿元，实现投放6.25亿元。2006年，加强同业合作，推进外国政府转贷款、进出口银行代理和重庆国家开发银行的委托资金管理业务，总共签约项目7个，合作金额3.73亿元。与总行级同业重点客户中国银河重庆管理部开展“银证通”业务，利用银期转账产品与西南证券公司、华夏等3家期货公司开始合作。2007年，取得多家同业信托资金监管权，账户管理规模净增户及托管金额超额完成总行计划。2008年，加强同业合作，扩大银团贷款和联合贷款等业务份额，实现银团贷款2.5亿元，联合贷款3.5亿元。2009年，分行加强与同业及子公司的合作，成为西部第一只私募基金（重庆瀚华创业投资）的托管银行；参与中资及外资行际间银团贷款4笔，授信额度人民币9.3亿元、外币1000万美元；完成渤海信托合川项目1.7亿元资金代理收付及资金托管，取得中间收入共230万元；签订对公理财协议26份，签约金额193.6亿元，为分行带来中间业务收入130万元。2011年，分行与三峡银行合作初见成效，与重庆国托、新华信托深化合作，在同业市场上率先开展资金单一信托计划投资同业存款模式。到年底，同业存款余额20.35亿元。2012年，成立同业（托管）部，具备同业职能和托管职能，金融同业（托管）部在同业和托管业务的专业能力、客户基础和业务指标等方面稳步发展。2013年，引进华润信托54亿元定期存款，通过与重庆国投、新华信托、中信建投期货和西南证券等同业存款大户的对接，确保同业存款的稳定增长，当年成为“重庆纱线产品交易中心”唯一清算银行。在托管业务方面，以产品为抓手，运用银信、银证、银基合作模式，加强资产管理类产品托管；开展保险资金托管业务，实现保险债权计划托管23亿元；同年实现托管规模56亿元，托管收入458万元。资产托管业务成为带动分行存款和中收增长的重要组成部分。分行与总行、交银国际、港交行联动，实现重庆银行赴港上市，筹集资金41亿港元。同业存款平均余额较年初新增2.85亿元，银银合作新增2户，银证合作客户净增41户，银期客户净增57户，托管规模新增144.28亿元。2014年，在同业等新兴业务领域引入准事业部分配激励机制，有效通过绩效考核引导转型发展。扩大同业合作面，累计销售同业理财产品143亿元，与国开行合作彩虹桥项目在分行落地。2015年，企业年金业务从分行公司部移交同业（托管）部，实现安诚保险企业年金托管业务落地。至年底，分行与交银施罗德、生命人寿等合作完成资管理财47亿元，实现国开行彩虹桥项目落地资金18亿元，引入重庆农商行、渣打银行增量活期存款。2016年，扩展与西南证券、国开行、中信建投期货等同业的合作广度和深度，持续做大同业客户AUM。银证合作方面，完成西南证券现金管理账户和PB账户开立，第三方存管及融资融券线上开户，个股期权银行转账系统和一站式签约成功上线。银基合作方面，营销银华基金公募基金托管。银保合作方面，与安诚保险、恒大人寿、利宝保险签订总对总合作协议，与太保、太平、平安等开展代理保险业务。银信合作方面，与重庆信托、新华信托建立全面业务对接关系。银期合作方面，与中信建投期货、华创期货、中电投先融期货和西南期货建立全面业务对接关系，成为其第一梯队合作银行。要素市场方面，重庆文化产权交易所、重庆金融资产交易所银商通系统上线运行。与本地金融租赁公司、财务公司、汽车金融和消费金融公司均建立授信合作及业务合作关系。2017年，同业客户基础进一步夯实，与多家同业客户实现首笔业务落地，机构有效户净增10户，同业AUM增量34.4亿元，同业理财逆势跨越增长，大幅提升同业非息收入（实现2545万元）。与重庆农商行、三峡银行签署总对总战略合作协议，与西南证券签署NAFFMI和代理清算协议。托管运营更加规范，托管品种不断丰富，实现期货类资管托管首单合作，有效切入恒大人寿保险产品托管，营销落地市财政局、住房公积金中心养老保障金库宝、轨道运营资金托管、重庆渝渡、建渡私募基金托管、安诚保险销售有限公司、安澜保险经纪资本金托管业务。2018年，拓展与同业交易对手（平安、中信、广发、民生、重庆银行等）存放同业业务，存放资金除自营资金外，还增加理财资金等多种方式，丰富定期及活期多个期限，累计存放金额约632亿元，为分行贡献经济利润约1000万元。抓住本外币利差，主动吸收外币同存，通过总行司库进行资金交易，赚取利差收益；充分利用总行CCS平台，通过本外币资金头寸转化，增加资金收益及推动同业投资，交易量约22亿元，共实现利润680万元；增强与同业资产业务的合作力度，同业融资客户均实现资管及市场中心的双边授信额度，重庆银行还获得离岸中心授信额度，通过境内同业借款及全口径跨境融资，创造收益，表内外同业借款累计投放17.5亿元，实现利润约131亿元。坚持多产品多渠道促进合作的理念，主动加强与同业的合作紧密度，不断突破同业合作的难点及痛点，先后成功落地与招行重庆分行首笔1.4亿美元外币同存；与中银国际证券首笔同存（1亿美元）；突破与农行重庆分行（9500万元）及工行重庆分行（15亿元）首笔同存；与重庆银行（5亿元）、东莞农商行（7亿元）、浙江余杭农商行（3亿元）实现首笔同业存单合作；与重庆银行实现首笔10亿元同业非保理财合作；首次成功认购重庆银行2018年新发金融债5亿元；为拓展衍生品交易对手，成功签约农商行、重庆银行及西南证券三家NAFMII协议，与农商行落地结构性存款平盘交易（6000万元）；落地三峡银行、渝北村镇柜面通合作、CIPS业务合作。

表4-3-1

分行2013—2018年分行同业（托管）业务情况表

年份(年)	2013	2014	2015	2016	2017	2018
同业存款平均余额(亿元)	33.84	40.1	50.79	63.6	78.4	102
托管收入(万元)	3111	3669	5549	6734	4674	4271
托管规模(亿元)	66.57	381	335	552	589	591

第四章　个人金融

第一节　储蓄业务

一、储蓄存款

试营业。1988年2月，分行试营业，开办储蓄业务。

业务拓展。1989年，分行成立吸储增储领导小组，发动全行职工宣传和组织零整储蓄，推销大面额可转让存单，截至年末完成零整储户10万户，年末储蓄存款余额达893万元。1990年，分行开展“山城女子爱国储蓄”活动，受到全国妇联和人行总行的表彰，获得优胜组织奖。根据单位集体零存整取储蓄品种储源稳、成本低、影响大的特点，分行采取“全行上下齐出动，内勤外勤一起上”，把握退分、国库券兑付等有利时机，大力发展零存整取储蓄，使分行储蓄存款月平均余额达1104万元。1991年，针对分行储蓄业务长期挂靠计划部门未按专业管理的情况，设立储蓄业务部。按照总行“批发与零售相结合，加快发展储蓄业务”的经营思路，大力发展储蓄业务。1992年，加速营业网点建设，强化吸收存款和扩大服务，建立1个办事处、6个分理处和3个联办储蓄。1993年，形成从支行到分理处、储蓄所的较完整的服务网络，年底分行储蓄存款余额达1.9亿元，储蓄存款占全行存款的14.97%。1994年，大规模、高速度、高起点发展市内营业网点，新建支行4个、分理处20个、储蓄所50个，年末网点总数达100个，网点柜面业全部电脑化。

揽储增储。1995年，分行率先在市区支行试行“储蓄柜员制”。开始“‘零集’有奖有息储蓄”活动，当年储蓄存款余额达到15.46亿元，较年初净增5.68亿元，增幅达58%，储蓄存款占全行存款的44.65%。1996年，持续开展“‘零集’有奖有息储蓄”活动。当年储蓄存款余额突破17亿元，达到17.87亿元，较年初净增2.4亿元，增幅达16%。1997年，分行独家代理发行“重庆路桥”股票，吸收3个月定期存款59.8亿元。撤并效益低下储蓄所19个、代办所5个。在55个网点推出交行统一的CI标志，在46个网点进行储蓄、出纳柜员制改革，在活期储蓄通存通兑基础上开通定期储蓄通存通兑。1998年，把个人银行业务推向存款来源主导地位，从网点设置、电子化建设、中间业务拓展和信用卡推广四方面着手，使私人银行各项业务综合配套。新建网点1个，迁移改造网点19个，撤并低产储蓄所4个（另有代办所2个），分理处升格为支行17个，柜员制推行在支行营业厅、分理处一级已达94.7%。在交行系统率先实现全辖本外币全储种通存通兑。完成电子计算机主机升级（RS-6000），全年安装启动ATM机29台，ATM总数达62台。推出代收市话费、移动电话费、互联网上网月租费、自来水费以及代收付证券保险金等业务。分行新办卡13.46万张，新增存款5008万元，卡内余额达1亿元。9月份，分行荣获总行“太平洋借记卡推广一等奖”表彰。1999年，变“守柜待储”为“离柜揽储”，通过拆迁安置、“三金”“三乱”退分、工资补发、新生入学等，批发储蓄增长3.5亿元。将太平洋卡作为储蓄载体，推出即办即取、一卡通、自助银行、全国通，给储蓄存款带来新增长点，卡存款增长3亿元。开办个人外汇买卖“外汇宝”业务。

全面联动。2000年开始，分行个人金融业务发展重心由以储蓄业务为主，向以银行卡为纽带，储蓄业务、中间业务、个人贷款、理财咨询业务全面联动与发展转变。6月，在市级行政事业单位工资统发竞标中成功。完善太平洋卡“一卡通”“全国通”功能，推出“千禧金卡”、IP电话、银证转账等新服务内容。建立“95559”一号通客户服务中心，平均每天接到客户咨询电话近200人次，及时处理反馈率达100%。全面推行综合柜员制，独家代办因私出国护照保证金存款。2001年，坚持“大市场、大营销、大发展”主线，以网点为支撑、机具为手段、服务为基础，充分发挥卡功能，成功揽入“三金”兑付、土地赔付、拆迁补偿等项存款10余亿元，工资统发存款3.3亿元。6月，试行客户免填单办理存折存取款业务。2002年，根据总行客户经理制推行指导意见，分行推出《交通银行重庆分行客户经理制暂行办法》，以推动分行公私业务、本外币业务全面、持续、稳定发展。全力开展集中营销宣传和日常营销宣传，加大对基金业务及各项中间代理业务的营销力度，相继推出“银证通”“银保通”“银讯通”，迅速抢占同类产品市场。2003年，开展迎国庆私金业务宣传月活动、外汇真情服务百日竞赛活动和公务员集中营销活动，带动卡业务增长。2004年，成功续签市级财政统发工资协议。拓展“公积金与住房补贴上账项目”。年内共发行12期外币理财产品“得利宝”。调整修改客户经理制，扩大私金业务、中间业务、国际业务业绩考核。2005年，整合私金工作组织架构，充实各网点私金客户经理，建立理财室，整合客户服务中心，大力开展高端理财师培训，加强高端客户营销，落实“一对一”、全天候服务理念和模式，着力扩大VIP高端客户群体。开办“得利宝”人民币个人理财、天天利理财业务，加大对双利理财等私金新产品的宣传营销力度，完成施罗德基金发行工作。2006年，实行综合考核与单项激励相结合，在总行既有奖励政策外，分别为双币卡、借记卡、个贷、沃德客户等重点业务匹配单项奖励资源，调动全行发展个人金融业务积极性。开展总行统一策划的“人民币储蓄存款超4000亿元”“交银理财、优质服务伴你行”等营销宣传活动。分行自行组织以“交银理财·十重真情回馈”“沃德财富·全方位的关怀”为主题的大型营销宣传活动，其中“瑞犬大吉·交行存款送好礼”、重庆赛区“中国人的环球卡杯”足球赛、“三八妇女节彩照卡留住美丽倩影”和沃德财富客户养身收藏联谊会等专题活动，以及“沃德财富·与您一路相伴”重庆江北机场嘉宾和贵宾服务，市场反应热烈。

实行交叉销售。2007年，适应资本市场变化，确立“做大产品销售，促进广义储蓄发展”的思路，加大个金重点业务的激励，提高综合互动和交叉销售能力，促进狭义储蓄存款余额降幅逐步收窄和广义储蓄存款余额正向增长。2008年，再次成功签约财政工资统发，积极拓展三方存管、公务员津补贴卡、公务卡等项目。以产品销售为抓手，推进基层网点向销售型、零售型银行转型。推行网点费用直接匹配，加大销售奖励力度，员工销售热情有效激发，产品销售常态化，吸引行外资金初见成效。2009年，发挥“智慧添利”对客户发展及行外资金的重要牵引作用，全年累计销售43.99亿元，持续保持快速增长，居系统内前3强。加强沃德交银客户及三方存管、代发工资等基础客户群的拓展与深度挖掘。以代理保险和卡收单业务发展，稳步扩大分行中间业务收入。全年代理保险业务收入完成率、平均手续费率、期缴销量均位居全行第一。全年新拓展特约商户977户，收单交易量16.13亿元，完成总行全年计划的806%，系统内排名第1位，带来中间业务收入470万元。2010年，通过网点整合、行政人员精简以及大堂经理外包等措施，个金客户经理人数增加到96人，网均销售人员由2009年末的1.2人提升到2.4人。以“沃德添利”“国庆添利”等产品销售为抓手，大力吸引行外资金，推动储蓄存款增长。制定《交通银行重庆市分行私人银行业务专项发展方案》，开展私人银行客户专属活动，并启动贵宾医疗服务。2011年，加强理财产品销售，利用“天添利C款”理财产品吸引三方存管客户、小企业主、沃德客户及私人银行客户流动资金，“天添利C款”规模由年初0.5亿元提升到8.5亿元。以私人银行定制产品及至尊系列产品为牵引，提升高端客户“钱包份额”。开展客户资产提升回馈、代发工资客户提升专享等营销活动，优化增值服务内容。总行正式推出“天添利C款”（含至尊版），纳入存款考核，分行“家易通”业务随总行开始上线。2012年，总行“稳添利”正式发行，纳入存款考核。分行出台《高端客户服务细则》，组织高端客户明星见面会、“沃德财富”高尔夫球赛等活动，提升客户体验。推进社保金融

IC卡项目实施，制定专项服务方案，持续组织开展走进代发企业营销活动，代发工资有效客户净增11518户，完成总行计划的191.97%。2013年，大力销售表内理财产品，抬高存款底部。分层次开展“天添利”系列产品培训、“稳添利”优秀营销案例征集活动、“稳添利”“天添利E款”等表内理财产品销售竞赛。加大对家易通、代发工资等族群客户的精细化营销，抓住年初春节黄金揽储期，开展“2013年签‘约’惊喜相随，提‘升’真情回馈”活动，开展“‘天天向上’资产提升回馈”活动，以稳存款、提资产为目的，不间断开展各类客户活动，如名中医诊疗、高尔夫夏令营等，增强支行与中高端客户粘连度。用好OC系统中客户标签细分功能，有目的地选择对定期存款、“稳添利”等储蓄类产品接受度较高的“传统储蓄族”“固定储蓄族”“保守理财族”类客户，开展储蓄产品营销，提高客户经理营销精准度；自行设计“家易通”、代发工资客户精准营销系统，每日将客户相关数据信息导入，网点客户经理可以及时查询客户存款、签约、联系方式等，营销更有的放矢。每日对网点存款、定期存款、“家易通”存款及“稳添利”“天添利”的网点数据整理挂网，在网点内形成竞争氛围。2014年，抓代发客户及项目，抓住统发单位补发津贴、年初奖金代发、龙兴地区拆迁补偿等机遇，以及西部公交、秦安机电等大、中型代发单位新签约。开展企业行活动，运用薪金系列专享产品抓留存。抓住以“天A”为主的“天添利”系列产品销售，对内加强培训，对外强化营销宣传，大力拓展结算型、流动型资金。发挥自主盘特点，在充分控制成本基础上，加强“稳添利”自组组盘销售。开展“天D薪金版”“薪A”“沃德薪金”等低成本负债产品竞赛活动。2015年，储蓄存款余额达到254.34亿元。广义存款考核，将“天添利A款”“私银日享A款”“私银日享B款”和交银货币基金纳入。开始发行个人大额存单、“惠享存”等产品，当年批发打单累计17.57亿元。持续组织开展企业行、社区行等外拓活动，扩大代发量，提高留存率，形成“人工网点+普惠网点+自助银行”机构网络新格局。2016年，按狭义储蓄存款考核，低成本负债纳入存款考核加分项，包含全口径低成本负债日均和活期储蓄日均两个考核口径。当年批发打单累计27.56亿元，移动金融手机银行发展较快，质效显著提升，云闪付推广效果显著。2017年，储蓄存款日均存款增量纳入主体指标考核，低成本负债纳入加扣分项考核，包括全口径低成本负债日均和活期储蓄日均两个考核口径。当年批发打单累计20亿元。通过制作每日最低时点存款金额测算工具、打单量测算工具，分别对每日时点存款的底线和每日打单量对日均存款的影响进行检测，使得储蓄存款工作更加精确实用。抓住一季度“开门红”，提升“新客户”和“新资金”占比。利用岁末年初营销旺季，重点引进银证客户、代发客户、交易型零售客户、交叉销售客户资金，拓宽低成本负债来源。2018年，分行储蓄存款时点余额312.38亿元，年日均存款余额313.54亿元。

表4-4-1

1988—2018年分行储蓄存款余额表

年份(年)	分行存款余额(万元)	储蓄存款余额(万元)	其中储蓄存款在分行存款中的占比
1988	19286	620	3.21%
1989	25083	893	3.56%
1990	76117	1104	1.45%
1991	82588	2166	2.62%
1992	108086	8286	7.67%
1993	129958	19449	14.97%
1994	235981	68899	29.20%
1995	346463	154689	44.65%

续表

年份(年)	分行存款余额(万元)	储蓄存款余额(万元)	其中储蓄存款在分行存款中的占比
1996	400518	178724	44.62%
1997	538100	204221	37.95%
1998	631544	244010	38.64%
1999	868142	351449	40.48%
2000	1124669	485614	43.18%
2001	1366750	659663	48.27%
2002	1521632	795897	52.31%
2003	1804914	896620	49.68%
2004	1851683	952130	51.42%
2005	2218305	1078366	48.61%
2006	2462017	1166583	47.38%
2007	2754797	1120063	40.66%
2008	3230927	1301303	40.28%
2009	3939044	1432184	36.36%
2010	4759952	1556948	32.71%
2011	5855654	1858374	31.74%
2012	6337680	2024446	31.94%
2013	7152330	2271792	31.76%
2014	7617519	2292801	30.10%
2015	8601921	2543436	29.57%
2016	10012652	2791782	27.88%
2017	10612355	2934877	27.66%
2018	10256800	3123792	30.46%

二、储蓄存款产品

交通银行重新组建后就开始办理储蓄存款，率先开办个人大面额存款证、个人通知存款和个人协定存款等储蓄品种。其后，围绕定期存款和活期存款两大类储蓄产品，交通银行不断开展储蓄业务创新，推出系列储蓄存款品种。

人民币定期类存款。交通银行重新组建营业初期的储蓄定期存款，以普通整存整取定期存款、零存整取定期存款为主。其后，随着市场发展，交通银行推出多款新的定期存款产品。一是“长期保值定期储蓄存款”。1988年9月，为应对通货膨胀，实现居民资产保值增值，交通银行按照中国人民银行的要求，推出保值定期储蓄存款。该产品由中国人民银行对城乡居民个人3年期、5年期、8年期定期储蓄存款实行保值补贴，保值储蓄收益率是规定的储蓄利率加上中国人民银行参照国家统计局的零售物价指数按季平均计算的保值补贴率。1991年，交通银行按照中国人民银行要求停办该储蓄产品，1993年，由于国内通货膨胀，高企恢复办理，1996年，由于国内通货膨胀下降再次停办。二是“教育储蓄”。1998年，为支持教育事业发展，满足城乡居民以储蓄方式，为子女筹备教育资金的需求，交通银行推出教育储蓄。该产品采用零存整取方式，产品期限有3年期和5年期两种，实行利率优惠，按照整存整取利率计息。三是“大额可转让定期存单”。1989年，交通银行推出大额可转让定期存单，该产品是固定金额、固定期限、可以转让的大额存款凭证，产品期限为1个月、3个月、6个月、9个月、12个月，不得提前支取，可在中国人民银行批准许可经营证券交易业务的金融机构办理转让。四是“存本取息定期存款”。1994年，交通银行推出存本取息定期存款，5000元起存，期限为1年、3年和5年三个档次，储户按照约定的日期支取利息，如有急需，可办理全部本金提前支取。

人民币活期类存款。交通银行重新组建初期，个人活期存款以活期存折储蓄和定活两便储蓄为主。其后，围绕客户需求推出多个创新产品。例如，交通银行推出“个人通知存款”。该产品存期为3天和7天，存款金额起点为人民币1000元，存户一次存入本金，由交通银行签发存折，客户用款时，存户可凭存折一次和分次提取存款。此后，根据储户的需求，“个人通知存款”产品期限不断增多，推出1个月到12个月等多种新品。

外币丙种储蓄存款。分行成立初期，面向境内居民推出外币丙种储蓄存款。该产品分为活期储蓄存款和定期储蓄存款，按中国银行公布的个人外币丙种储蓄存款利率计付利息。

超享存。2018年12月3日发行，签约后每日对客户签约借记卡下活期账户指定留存金额之外的金额按既定规则自动转存一笔“超享存”3年期定期储蓄，“超享存”支持批量提前支取和自动转出功能，按照子账户实际存期，根据不同的利率档次靠档灵活计息。

汇添息。美元定期产品，存期一年的不可支取，存期二年的可提前支取（靠档计息），到期处理方式为本息转活，存期和到期处理方式不可修改。单笔起存金额1000元整，年利率高达3.3%。

三、银行卡

正式发行。1993年9月，正式在重庆地区发行交通银行第一张卡即“太平洋万事达卡”。太平洋万事达卡为准贷记卡，兼具贷记卡和借记卡的功能，可用于存款、转账及小额透支。10月15日，分行成立信用卡业务部。1994年5月，在系统和同业内率先开发投放POS机具，为太平洋卡发展打下基础。7月，分行率先在系统内开发太平洋卡考核系统，以充分调动个人、网点、支行营销积极性，该系统在全系统内推广使用。

业务拓展。1995—1996年，以推进信用卡业务来开发、实施多卡联动，着力增强分行面向社会需要的综合服务功能。1997年5月，推出太平洋人民币借记卡。该卡为具有转账结算、存取现金、购物消费等功能的信用工具，开始树立“交流融通、诚信永恒”优质创新服务品牌。7月，在系统内首先上线太平洋借记卡系统，总行与万事达国际组织选定在重庆举行“太平洋万事顺卡”首发仪式暨新闻发布会。1998年，分行推出太平洋卡“一卡通”业务后，确定“太平洋卡一卡通，更方便、更实用、更可靠”为广告语。1999年，分行在全国首家开发上线“太平洋借记卡即办即取”系统。太平洋卡“全国通”“一卡通”上线，分行异地汇款市场份额当年占80%以上。1999—2000年，大力改善用卡环境，将太平洋卡作为储蓄载体，先后推出即办即取、“一卡通”、自助银行、“全国通”。发展特约商户200多家，安装POS机具500多台，安装ATM达到100台，太平洋卡发卡量在重庆同业位居第二。2000年7月，为争取市级财政统发工资业务，分行发行“太平洋公务员卡”。完善太平洋卡“一卡通”“全国通”功能，推出“千禧金卡”、IP电话、银证转账等新服务。2001年10月，分行作为全国5家银行卡试点行之一，成功实施“卡磁条信息加密工程”，开办交通银行重庆分行太平洋卡银证转账（卡炒股）业务。

推行银联卡工程。2002年，积极推行银联卡工程，165台各类取款设备已全部实现跨行通用。推出太平洋国际卡、学子卡、世界杯卡。规范发卡工作，年内逐户清理销毁违规空卡5万余张。2003年12月，分行太平洋国际卡系统上线。持续优化太平洋卡使用环境，加强卡功能整体宣传、优惠促销等，新拓展特约商户41个，全年卡消费额51843万元，“全国通”交易量128亿元，实现收入1011万元。2004年2月，太平洋贷记卡系统测试准备工作经总行验收合格，分行正式推广发行太平洋贷记卡，同年，完成银联卡置换工作，首批推出个性化照片卡；开展发卡以来最大规模的刷卡消费促销活动。2005年，开展“交银理财、缤纷五月”大型私金业务营销宣传活动，以办理太平洋卡为载体，引导客户办理双利理财账户和刷卡消费，年度跨行通交易量和自助机具交易量不断上升。

巩固和扩大市场份额。2006年，分行成功与市财政局续签工资统发协议，通过拉网式营销，与206家对口单位就公务员津补贴上卡项目达成合作意向。通过太平洋卡、理财产品和个贷等产品持续交叉销售，促使更多单纯产品客户向集储蓄客户和产品客户为一体的高贡献度客户转换。开展总行统一策划的太平洋刘翔VISA信用卡“和世界一起跨越”等营销宣传活动。2007年，双币卡、借记卡、准贷记卡、沃德、交银理财完成或超额完成总行计划，公务员津补贴卡、公务卡等项目抢占较大市场份额。2008年，成功成为公务卡项目首家代理银行之一，顺利推进统发工资客户准贷记卡到期换卡。按照总行统一部署，停止发行准贷记卡。2009年5月，累计发行金夫人联名薪金卡2439张。12月，累计发行轨道交通联名薪金卡12509张。2010年，以独家中标市级统发服务为优势，中标公积金联名卡项目，作为首家银行发卡行并参与市人社局社保金融IC卡项目建设。以交叉销售、公私联动、代发工资和批发业务拓展为手段，成功与轨道交通、和平药房、人保财险重庆分公司等3家著名企业合作发行联名薪金卡。2011年，根据《关于进一步加强太平洋人民币借记卡业务管理》，总行对借记卡“睡眠卡”清理工作提出明确要求，当年分行清理销户“睡眠卡”61万张。与重庆市公积金管理中心合作，在重庆地区率先发行“太平洋公积金联名卡”。2012年，梳理15万户公积金联名卡客户及20万户代发工资客户，将6大类数据整理后上传总行，并将总行匹配核查印发的六类未办卡客户清单按支行归属进行分解。推进社保金融IC卡项目实施，获得50万张社保金融IC卡办卡资格，累计发卡22万张。公积金联名卡开办范围扩大到永川、合川、涪陵3个远郊支行。

扩大刷卡消费规模。2013年，新建自助银行12家，推广应用自助发卡机、新型自助通、ITM等创新自助服务手段，继续以“最红星期五”品牌为依托，优化用卡环境，加强宣传推广，扩大刷卡消费规模。建立专业市场营销团队，将星级酒店、餐饮旅游、百货超市作为重点拓展目标，提升收单市场份额。2014年，开展信用卡“周周刷”“超级最红星期五”等系列活动。激活公积金卡、社保卡、信用卡客户，提高信用卡客户借记卡自动还款签约比例，做大资金流量。2015年，以总行卡中心“最红星期五”品牌为依托，借助中石油、新世纪、重百、永辉等影响力较大商户，整合总行资源，配套分行活动，扩大太平洋卡影响力。持续开展分行层面的境外消费、影院、超市、百货、餐饮等系列“最红星期五”卡活动。扩大远郊区域的市场活动，推进信用卡发卡及消费激活，拉动中收增长。2016年，以总行“卡中心最红、超红活动”品牌为依托，持续开展各类信用卡活动。建立科学有效的考核激励机制，充分调动支行网点营销积极性，推进业务快速发展。强化厅堂交叉销售，借助总行数据托管区，为支行信用卡营销提供未办信用卡的沃德、中端、财客、房贷、代发五类精准目标客户，实现网点精准营销。渗透统发、代发单位及公积金单位、重点团办单位，综合化上门服务实现批量营销，促进双卡融合，提升客户交叉销售率。加强客户经理、大堂经理培训，开展形式多样的竞赛活动。以网络发卡及信用卡消费贷为抓手，实现快速发卡，提升销售率。2017年，在银联统一组织下，联合重百新世纪超市，面向分行持卡人开展“云闪付享钜惠”手机Pay市场推广活动。结合分行手机银行扫码支付产品，开展扫码支付员工体验、扫码支付62折等系列扫码支付推广活动，加强分行手机银行、买单吧App市场推广力度。优化用卡环境，强化厅堂交叉销售，狠抓白金卡客户、消费贷客户、青年卡客户群体，让信用卡逐渐成为获客和盈利主渠道。做大“家易通”、POS收单规模，加强餐饮、地产、娱乐等行业客户收单。2018年，与重庆银联签署合作协议，开展“云闪付一元钱换购”推广，结合总行“扫码付”“安心付”开展员工体验、扫码支付营销推广，培养持卡人使用银行系扫码支付产品习惯，加强客户手机银行使用频率和客户黏度。通过移动POS方便客户在现场使用任意银联卡刷卡缴费，拓宽有效商户来源渠道，提升收单产品社会影响力，稳定对公存款贡献。2018年8月，发行重庆长城汽车有限公司联名版薪金卡，成功营销重庆长城汽车有限公司代发工资业务。以总行新产品校园卡作为批量营销抓手，将代缴费功能嵌入买单吧，拓展信用卡代交费、全积分抵扣等功能，方便客户，促进中收增长。

四、银行卡产品

借记卡。1997年，分行发行太平洋借记卡，包括太平洋标准卡、主题卡、国际卡、国际卡、品牌卡、联名卡等系列借记卡。太平洋借记卡功能由原来单一的存取款、消费、转账，拓展为综合性理财工具，可通过交通银行电话银行、手机银行、网上银行、自助设备等多种服务渠道实现轻松理财。一是"银联"标准借记卡。2002年初，根据中国人民银行对银行卡联网通用工作的要求，交通银行开始全面转换发行带有"银联"标识的太平洋人民币借记卡。2005年，陆续发行带有新"银联"标识和BIN号为622258，622259的17位太平洋银联标准人民币借记卡，BIN号622260，622261的19位太平洋银联标准人民币借记卡。二是太平洋联名卡。2009年，与重庆市轨道集团、重庆广播电视局、和平连锁药房、中国人民财产保险股份有限公司重庆分公司、重庆建工集团第三建筑公司、重庆建工集团重庆建工渝远建筑装饰有限公司等多家知名企业联合发行联名薪金卡，为企业员工提供灵活、便捷、全新的代发工资服务。三是太平洋系列主题卡。交通银行适应市场不同人群的金融需求，从2002年开始，先后推出学子卡、公务员卡、车主卡、出国金融卡、商汇卡等主题卡。四是国际借记卡。2002年11月，交通银行推出太平洋国际卡，定位于商务旅行、出国留学、境外旅游3个目标客户市场，给有境外用卡需求的居民带来便利。五是综合理财服务品牌卡。2005年，交通银行先后推出太平洋人民币借记银卡、沃德财富卡和交银理财卡。2006年4月，推出太平洋沃德财富卡，为高端客户提供产品优先、渠道通畅、手续简化、价格优惠物免费赠送等多项增值服务。2007年2月，推出太平洋交银理财卡，融太平洋人民币借记卡功能和联盟合作增值服务于一体，为中端客户提供灵活、便捷、礼遇的财务管理，并配以精选理财产品锦囊及优质服务。

表4-4-2

太平洋联名卡发行统计表

年份	联名卡名称	当年发行张数(张)	累计发行张数(张)
2009年	金夫人联名卡	2439	2439
2009年	轨道交通联名卡	12509	14948
2010年	和平药房联名卡	1171	16119
2010年	人保财险联名卡	1142	17261
2011年	建工三建联名卡	994	18255
2011年	广电集团联名卡	1473	19728
2012年	渝远联名卡	804	20532
2013年	协信联名卡	1066	21598
2014年	重庆洪九果品联名IC薪金卡	211	
2015年	重庆粮食集团联名IC薪金卡	197	
2016年			
2017年			
2018年	太平洋重庆长城汽车薪金卡	236	

表4-4-3

借记卡数量情况表

年份	发卡量(万张)	当年新增(万张)	备注
1997年	6.7		
1998年	24.3	17.6	
1999年	68.1	38.86	系统1名
2000年	113.59	45.5	系统2名
2001年	137.72	24.13	系统2名
2002年	143.53	5.8	系统4名
2003年	155	11.47	
2004年	166	11	
2005年	179.5	13.5	
2006年	127.73	8.67	当年销卡60万张
2007年	141	13.3	
2008年	153	12.2	
2009年	166.3	13.3	
2010年	183	16.7	
2011年	163	41	当年销卡61万张
2012年	173.95	10.95	
2013年	207.56	33.6	
2014年	210	19.08	
2015年	232.75	22.75	
2016年	252	19.25	
2017年	272.36	20.36	
2018年	297.02	23.07	

信用卡。2005年5月，交通银行与汇丰银行战略合作后发行第一张信用卡“交通银行太平洋双币信用卡”，后陆续发行标准信用卡、主题信用卡（如交通银行刘翔信用卡、交通银行白金信用卡、交通银行世博信用卡）、联名信用卡（交通银行太平洋苏宁电器信用卡、交通银行沃尔玛信用卡、交通银行太平洋卜蜂莲花信用卡、交通银行锦江之星信用卡、交通银行太平洋乐天玛特信用卡、交通银行东方航空信用卡、银联太平洋乐购信用卡）等信用卡产品，针对不同持卡人的需求，产品线覆盖超市、商旅、百货、生活、公务消费等主要消费领域。2013年，重庆市分行贷记卡消费额首次突破百亿元大关，达到106.07亿元。2015年，重庆市分行贷记卡在册卡量达到89万余张，消费额达到251.18亿元，实现净回佣收入5752万元。2016年，重庆市分行贷记卡在册卡量达99.3504万张，消费额307.25亿元，实现净回佣7833万元。2017年，重庆市分行贷记卡在册卡量118.6万余张，消费额376亿，实现净回佣收入13478万元。2018年，重庆市分行贷记卡累计在册卡量1358997张，消费额507.29亿元，实现净回佣收入18623万元。

表4-4-4

贷记卡历年在册卡量数据表

年份	贷记卡在册卡量(张)	比上年新增(张)	同比增加
2005年	21494		
2006年	56435	34941	163%
2007年	109676	53241	94%
2008年	230476	120800	110%
2009年	302002	71526	31%
2010年	414791	112789	37%
2011年	563807	149016	36%
2012年	657959	94152	17%
2013年	669547	11588	2%
2014年	771575	102028	15%
2015年	897634	126059	16%
2016年	993504	95870	11%
2017年	1186057	192553	19%
2018年	1358997	172940	15%

太平洋个性化照片卡。2004年5月，分行发行“太平洋个性化照片卡”，是继上海分行之后第二家上线发行的分行。当年共发行贷记卡（照片卡）和准贷记卡（照片卡）4000多张。2006年，大集中系统上线后，停止发行个性化照片卡。截至2006年，太平洋个性化照片卡共发行1.5万张。

第二节 品牌客户

“沃德财富”品牌客户。2003年，交通银行针对资产50万元以上的高端客户推出“交银理财”品牌。2006年5月，交通银行推出专为高净值客户打造的金融服务品牌——沃德财富，传承百年交行始终如一的财富管理精神，意在表达以服务之“德”创财富之“沃”。沃德财富从《易经》“地势坤，君子以厚德载物”中衍生出“丰沃共享、厚德载富”的品牌理念。

品牌符号“OTO”，源自“ONE TO ONE FOCUS MAKES MORE”，诠释出沃德财富以全球视野和国际化智囊团队为支撑，一对一、面对面、团队协作为客户提供全方位的金融服务。品牌以“六专服务”作为特色，引领高端客户财富管理。“六专服务”即专属客户经理、专属服务渠道、专享沃德账户、专享价格优惠、专享增值服务、专享理财产品。

2007年，位于渝中区解放碑的首家沃德网点开业。2009年，沃德财富推出“沃德添利”“沃德尊票”“基金快赎”“财富保障”4项新产品和服务。达标沃德客户新增数1305户，合计达标沃德客户3716户。2010年，针对代发工资这一优质客户群开展沃德客户专项提升活动，全年新增达标沃德客户1444户，沃德客户达5160户。2011年，推出“沃德财富尊享季”“沃德财富五周年”系列活动。为客户提供“沃德添利”“沃德e贷”“沃德金”“基金营养组合”等多款金融理财工具。全年新增达标沃德客户1729户，沃德客户达6889户。2013年，沃德财富品牌形象全新升级为“财富为您规划，人生如您所愿”，启用企业家、全职太太、公司高管、大学教授及艺术家为代表的5大新形象。全年新增达标沃德客户1998户，沃德客户9480户。2016年，以“十年同行，厚德载富”为主题，举办“沃德财富十周年”系列市场活动。当年新增沃德客户2274户，沃德客户达14331户。2017年，沃德财富围绕家庭客户和人生生命周期特征推出新品牌形象，提出“幸福其实很简单，沃德财富助您安享简单的幸福”。2018年，新增沃德客户2873户，沃德客户突破1.9万户。持续开展沃德机场贵宾服务，全面推广“沃德理财顾问”，实现自助式理财服务，改善客户体验。

“私人银行”品牌客户。2010年底，分行推出私人银行服务。2013年底，私人银行中心开业。中心位于渝中区民族路169号纽约·纽约大厦平层，地处解放碑商业中心，面向交通银行私人银行客户、沃德客户、白金信用卡客户开放。

私人银行实行“1+1+1”（即沃德客户经理+私人银行顾问+个人财富管理专家团/私人银行投资顾问）的服务模式。专属服务的范围包括：海外产品与服务；私人银行专属理财产品；本外币理财产品量身定制；与子公司或第三方合作专为私人银行客户推出的产品或服务；跨境综合财富管理服务（包括跨境综合理财规划等）；私人银行专属增值服务。

2018年，在个金部下设置二级部私人银行中心，建立私人银行专营团队，专业做好私人银行客户的服务。第四季度争取1290万元家族信托额度，实现分行家族信托业务零突破。

表4-4-5

2006—2018年品牌客户数据情况

年份	沃德品牌客户数(户)	私银品牌客户数(户)
2006年	—	—
2007年	1374	—
2008年	2441	—
2009年	3716	—
2010年	5160	—
2011年	6889	—
2012年	8371	83
2013年	9480	145
2014年	11873	191
2015年	13454	265
2016年	14331	318
2017年	16321	316
2018年	19194	345

第三节　个人贷款

一、业务发展

1999年，分行开始办理个人贷款业务。12月末，个人贷款余额9138万元。2000年，与重庆市住房公积金管理中心合作办理个人住房公积金贷款业务。2001年，推出个人住房（装修）贷款、个人商铺贷款等6个新业务品种，累计发放2亿多元。在市区首家推出个人贷款“一站式”服务，受到客户好评。2002年，开办个人住房贷款、个人二手房贷款、个人汽车贷款、个人耐用消费品贷款、个人助学贷款、个人旅游贷款、个人装修贷款、个人汽车大修理贷款、个人婚嫁贷款、个人留学贷款、个人小额存单质押贷款、太平洋本外币定期存款质押自助贷款、信用卡透支贷款、个人商铺贷款、个人小型设备贷款、个人周期流动资金贷款及个人临时贷款等业务品种。2003年，授权各支行设立个人住房按揭贷款中心，在授权范围内自主审批发放个人住房按揭贷款。2004年，实现不良个贷绝对额和占比双下降。2005年，印发《关于加强个贷风险管理，全力清收压缩收个人不良贷款的紧急通知》，大力催收逾期贷款，对各支行下达个人不良贷款控制指标，做到清收措施到户，清收责任到人。2006年，印发《交通银行重庆分行2006年私金业务指导意见》，加强合作商关系的建立和维护，大力拓展批量个人住房按揭贷款项目，在"消费类贷款为主，经营类贷款为辅，重点品种优先发展，其他品种适当补充"的总体个贷资源配置思路下，做大做强以房地产为依存的个贷产品。以诚信和健康为营销主题，宣传"圆梦宝"品牌良好社会形象，做大住房公积金贷款业务，有选择性地开展汽车消费贷款业务。2007年，批准渝中、北碚、长寿支行成为个人住房贷款特色支行，在授权范围内审批个人住房贷款，单笔贷款金额20万元（含）以下的个人住房贷款（包括一手房和二手房）由支行自主审批，单笔贷款金额20万元以上的报分行个贷中心审查审批，对放款条件符合由合作商提供担保责任并取得房地产交易登记机关交易或抵押受理单后放款的住房项目（含直客式）及合作商资格，须上报分行审批，审批同意后，支行可以在授权范围内自主审批贷款，授权期限为一年。2008年，开展"消费从e贷开始"易贷通、分行代发工资客户信用循环贷款、"轻松安居、畅游世博"住房贷款等专项营销推广。印发《交通银行重庆分行个人"易贷通"贷款业务管理实施细则》《交通银行重庆分行代发工资公务员客户信用循环贷款管理暂行办法》等业务规范。2009年，改革零售信贷营销模式，集中主城零售信贷客户经理组建区域营销团队，在分行零售信贷部成立分行个贷中心，发挥个贷中心对全行业务发展的牵引作用。简化支行职责，突出营销职能释放网点营销活力的目的，实现分行与支行对个贷发展双轮驱动，把个人住房贷款（含一手房、二手房）、汽车消费贷款作为分行零售信贷的支柱。印发《交通银行重庆市分行直客式个人住房贷款操作规程》《交通银行重庆市分行个人住房商业性贷款交叉销售管理实施细则》，挖掘存量个金客户。2010年，成立分行直管的专业化经营单位——个人（小企业）贷款中心，承担经营职能。出台《关于规范零售信贷经营职责和流程的通知》，打造流程银行。开通"e贷在线"零售信贷服务产品购销信息互动平台。开办贷利通业务。参加市房交会，宣传分行房贷政策。开展"圆梦世博年，贷您乐翻天""圆梦世博年，e贷乐无限"及庆中秋、国庆双节营销活动。与保利（重庆）公司开发贷款联动3个楼盘项目按揭贷款进行签约。利用网点LED、易拉宝、海报，开展个贷业务宣传。2011年，个人（小企业）贷款中心更名"个人贷款中心"，与两路口支行合并。主要负责自身个贷业务的营销拓展，受理经办、贷后管理及客户关系维护。2012年，与20多家房企进行对接，侧重中高端楼盘拓展，将商业用房贷款、个人经营性贷款、e贷通贷款重点推广，提高非房贷类个贷产品占比。开办存省息业务、个人置业安心计划业务。2013年，首批开通ioffice零售业务移动平台。推出公务员信用类e贷通产品。加强合作商管理，建立一手房贷款合作机构名单式分层管理机制，将开发商根据规模大小、资质高低、开发贷款授信政策等因素分为总行级重点合作机构、分行级重点合作机构和普通合作机构3类，匹配差异化服务方案。梳理二手房中介商，加强中介商入围控制，全部实行项目制管理。持续加强与公积金中心的合作。全年营销恒大、融创、保利等大型开发商，区别其所开发楼盘所处区位安排不同支行对接签约，全年累计签约量达到10亿元。2014年，与重庆市住房公积金管理中心合作开办个人住房公积金贴息专项贷款业务。房贷拓展以项目制为核心，对合作商实行差异化营销服务，重点与全国前100强、重庆市50强的开发商所开发楼盘及具备A维经纪资质的二手房中介商开展房贷业务合作。消费贷款围绕优质代发工资客户群及房贷客户群推广e贷通2.0贷款。2015年7月，根据总行统一要求，个人经营性贷款划归小企业部管理。个人住房贷款、个人消费贷款、个人商铺贷款、个人小型设备贷款、个人质押类贷款和个人委托贷款业务划归个金部管理，统称个金资产业务。筛选分行一手房重点合作商名单，实施项目制管理，将融创、协信、金科等10余家存量优质开发商继续纳入分行级一手房重点合作机构，新增首金、香港置地、东源等14家优质开发商。制定《交通银行重庆市分行直客式个人房产贷款管理（暂行）办法》，加强分行直客式按揭贷款管理，加强合作商准入控制，并通过备案方式对授信额度进行控制，对承担阶段性担保的开发商要求提供股东会决议等涉及保证担保的法律要件。2016年，开办军人公积金贷款业务。梳理房贷业务流程，提升业务效率，增强市场竞争力。强化开发商全流程营销，抢占房贷业务源头，房贷投放逐渐提速。2017年，开办薪金贷贷款业务、个人住房安心贷业务和上线手持终端个贷业务，开办二手房交易资金托管业务。个金资产业务，主要由个人住房商业性贷款构成，占比保持在95%以上，个人消费贷款份额在重庆市同业中排在建行、工行、农行、中行、招商之后列第6位，个人住房公积金贷款份额在重庆市同业中排在建行、工行之后列第3位。2018年，个金资产业务余额314.16亿元。其中，房贷余额306.26亿元，个人消费类（不含质押）贷款余额2.54亿元。个贷不良和逾期额较年初均有压降，且均在总行要求的管控范围之内。

表4-4-6

分行1999—2018年个贷业务发展情况一览表

年份	个贷余额(亿元)	不良额(亿元)	不良率(%)
1999年	0.91	—	—
2000年	1.04	—	—
2001年	2.78	—	—
2002年	4.43	—	—
2003年	10.25	0.012	0.01%
2004年	15.3	0.009	0.06%
2005年	18.35	0.022	0.012%
2006年	20.48	0.034	0.017%
2007年	23.74	0.32	0.13%
2008年	25.77	0.31	1.19%
2009年	36.65	0.55	1.37%
2010年	77.41	0.42	0.54%
2011年	94.48	0.45	0.48%
2012年	109.67	0.31	0.28%
2013年	146.86	0.31	0.21%
2014年	197.21	0.46	0.23%
2015年	213.88	1.14	0.53%
2016年	224.62	2.25	1.05%
2017年	261.69	2.70	1.03%
2018年	314.17	2.15	0.68%

注：1999—2002年总分行业务情况通报中均未查找到分行个贷不良贷款、不良额数据。

二、主要产品

住房类产品。一是“一手房住房按揭贷款”。1996年，交通银行推出“一手房住房按揭贷款”业务，向信用良好、收入稳定的自然人发放贷款，用于首次交易住房（包括与住房配套的家用车库、车位）。该产品贷款比例最高7成，贷款期限最长30年，贷款申请简便快捷，贷款进度随时查询，资金划付交易安全，为客户量身定制还款方案，并提供还款提醒服务、配套消费贷款服务。1999年分行开始办理此业务。二是“二手房住房按揭贷款”。1996年，交通银行推出“二手房住房按揭贷款”业务，向信用良好、收入稳定的自然人发放贷款，用于购买售房人已取得房屋所有权证、能够在二级市场上合法交易的住房（包括与住房配套的家用车库、车位）。该产品贷款比例最高7成，贷款期限最长30年，贷款申请简便快捷，贷款进度随时查询，资金监管交易安全，量身定制还款方案，还款提醒服务周到，并提供配套消费贷款服务。1999年分行开始办理此业务。

消费类产品。一是“个人汽车消费贷款”。1998年，交通银行向信用良好、收入稳定，且贷款用于购买自用汽车的客户开办“个人汽车消费贷款”业务。该产品贷款比例最高8成，贷款期限最长5年，贷款申请简便快捷，贷款进度随时查询，资金划付交易安全，量身定制还款方案，还款提醒服务周到。2002年，分行开展个人汽车消费贷款。二是“个人出国（境）保证金贷款”。1998年，交通银行推出“个人出国（境）保证金贷款”，为办理签证（或签注）时有提交存（贷）款证明资金需求的客户，提供该项人民币贷款，满足客户出国留学、旅行、商务的财务需求。该贷款还款方式多样，有等额本息、等额本金、分阶段还款、一次利随本清、一次还本分次付息等五种方式供选；贷款期限可延长，以符合使领馆对于贷款证明期限的要求；贷款额度灵活，针对不同币种的质押物，给予不同质押成数，满足不同客户的贷款需求；贷款成本低，利率最低基准，费用低廉。2006年，分行开始办理此项业务。三是“个人留学贷款”。1998年，交通银行推出“个人留学贷款”业务，向赴海外攻读高中（含）以上学历的自费留学人员发放贷款，用于支付学费和生活费，满足客户出国留学教育与生活的财务需求。该贷款期限5～8年，还款方式多样，有等额本息、等额本金、分阶段还款、一次利随本清、一次还本分次付息等五种方式供选；根据客户的实际需求与财务状况、信用记录、生命周期等情况，定制个性化还款方案；贷款成本低，利率最低基准，费用低廉。2006年，分行开始办理此项业务，2018年总行停止该贷款品种。四是“个人住房装修贷款”。1998年，交通银行推出“个人住房装修贷款”业务，为有装修住房需求的客户提供贷款，满足客户改善居家环境、提升生活品质的财务需求。该贷款额度不超过装修所需资金，且不超过所装修房产交易价格或评估价值的20%；贷款期限一般3年，最长5年；贷款申请简便快捷，还款提醒服务周到，量身定制还款方案。2001年，分行开始办理此项业务，2018年总行停止该贷款品种。五是“惠民贷”。原“薪金贷”升级为“惠民贷”，目标客群范围总行统一制定规则准入，客群包括代发工资客群、房贷客群、借记卡客群、公积金缴存客群、其他合格客群等。其中代发工资客群、房贷客群、借记卡客群采用白名单制准入。单个客户惠民贷额度由系统根据客户不同情况差异化确定，最低1000元，最高30万元。贷款期限根据借款申请人不同情况差异化控制，最长36个月。贷款利率采用固定利率的计息方式，客户申请贷款时，系统根据客户情况不同对合同约定利率打折，并按折后利率生成还款计划。2017年，分行开始办理原“薪金贷”业务。

质押类产品。一是“个人存单（国债）质押贷款”。1998年，交通银行推出“个人存单（国债）质押贷款”业务，为有合理融资需要，且拥有交通银行开具的本人名下未到期的定期储蓄存款、凭证式国债的客户度身定制，满足客户资金调配的财务需求。该贷款可在交通银行网点和电子银行自助办理，即时获知审批结果；贷款期限最长3年，支持多种外币质押，质押率高，人民币存款和国债质押率高达90%，外币存款质押率高达80%；还款方式一次利随本清，可在交通银行电子银行进行自助还款。2005年，分行开始办理此项业务。二是“个人外汇宝项下外汇存款质押贷款”。2006年5月，交通银行推出“个人外汇宝项下外汇存款质押贷款”业务，为有合理融资需要的签约外汇宝交易客户度身定制，满足客户资金调配的财务需求。该贷款可自助办理，自助还款，贷款期限最长1年，还款方式一次利随本清，支持多种外币质押，贷款金额高达质押外币存款本金的80%［按当日代兑点牌价的现钞（现汇）买入价折算成人民币金额］；质押贷款后，不影响外汇宝交易，交易、融资两不误。当年，分行开始办理此项业务。三是“个人储蓄国债质押（电子式）贷款”。2006年10月，交通银行推出“个人储蓄国债质押（电子式）贷款”业务，为通过银行认购的未到期记名储蓄国债的客户度身定制，满足客户资金调配的财务需求。该贷款可自助办理，自助还款，贷款期限最长1年，质押率高达90%，还款方式一次利随本清。2007年，分行开始办理此类业务。

经营类产品。一是“个人商业用房贷款”。1998年，交通银行对信用良好，有稳定的工作或经营，能够按时偿还贷款的客户，推出“个人商业用房贷款”业务，满足客户购置各类型商业、营业用途房产的融资需求。该贷款比例最高5成，贷款期限最长10年，贷款申请简便快捷，贷款进度随时查询，资金划付交易安全，量身定制还款方案。2001年，分行开始办理此项业务。二是“个人短期、中长期经营性贷款”。1998年，交通银行推出“个人短期、中长期经营性贷款”业务，向借款人发放贷款，用于满足生产和经营活动中流动资金周转等短期资金需要，以及固定资产投资、项目改造、经营场所装修等中长期资金需要。三是“个人小型设备贷款”。1998年，交通银行推出“个人小型设备贷款”业务，向借款人发放贷款，用于固定资产投资、项目改造等中长期资金需要。2003年，分行开始办理此项业务。四是“个人经营性物业抵押贷款”。2009年7月，交通银行推出“个人经营性物业抵押贷款”业务。该贷款以借款人经营性物业做抵押，并以该物业的经营收入作为还本付息主要来源，抵押率最高7成，贷款期限最长10年。

授信类产品。一是“个人循环贷款”。2007年9月，交通银行推出“个人循环贷款”业务。该贷款主要客户为综合素质良好，中等收入以上，还款能力较强的中、低风险行业从业人员，借款人在授予的授信额度有效期和可用额度内，可多次申请提款并循环使用。二是“个人综合授信”。2007年10月，交通银行推出“个人综合授信”产品。交通银行根据申请人的信用状况或提供的金融资产情况，在一段时间内向申请人授予一定金额的个人贷款授信额度。授信额度有效期内，申请人可以一次或分次在授信额度内提用贷款。贷款用途分为消费和经营两大类。消费类用途限于购买房产、汽车、综合消费，经营类用途限于投资固定资产和经营周转。个人综合授信额度包括抵押额度、质押额度和信用（保证）额度，抵押额度、质押额度和信用（保证）额度的总和作为申请人综合授信的总额度。三是“易贷通”。2008年10月，交通银行推出个人“易贷通”贷款业务，授予借款人在一定期限内可循环使用的授信额度，在借款人需要用款时，以借记卡为介质，在可用额度内，通过网上银行和电话银行电子渠道自助放款。贷款仅限于POS消费和个人网上支付使用。四是“沃德e贷”。2010年12月，交通银行推出“沃德e贷”贷款业务，授予符合条件的沃德财富客户及私人银行客户在一定期限内可循环使用的信用预授信额度，借款人通过网上银行自助申请，系统自动审批，实时获取授信审批结果。借款人需要用款时，在可用额度内，以借记卡为介质，通过网银、电子银行、自助通自助放款，也可通过柜面人工放款。贷款在有真实交易背景的前提下，可用于POS刷卡和个人网上支付，也可取现和转账。可通过网上银行、电话银行、自助通、柜面及系统自助方式，正常或提前还款。该贷款产品主要客户为有正当的职业和合法、稳定的收入，信用状况良好，具备按期偿还贷款本息的能力，还款意愿良好的存量沃德财富客户。

委托类产品。即“个人住房公积金贷款”。1998年，交通银行开始推出“个人住房公积金贷款”产品，接受个人住房公积金管理中心委托，向指定客户发放指定用途贷款。该贷款不规定金额上限，贷款期限最长30年，贷款申请简便快捷，贷款进度随时查询，资金划付交易安全，量身定制还款方案，还款提醒服务周到，并配套消费贷款服务等八大产品亮点。2000年，分行开始办理个人住房公积金贷款业务。

第四节　财富管理

分行财富管理业务主要为自有得利宝财富管理业务，包括代理国债、保险、基金和贵金属等。为优化整合全行个金条线系统资源，总行开发集产品销售、客户管理、产品服务管理、客户经理管理、销售管理于一体的财富管理平台。2008年6月，分行财富管理平台正式上线。

一、代理财富管理

国债代销业务。1994年，为适应当时市场对国债的投资需求，开始代销凭证式国债业务。2006年，分行办理储蓄电子国债代销业务。2016年，分行代理电子国债业务。

基金代销业务。交通银行面向个人客户提供公募基金、基金专户、券商集合资产管理计划等产品的代理销售服务，产品种类丰富，实现股票型、混合型、债券型、保本型、指数型、货币型、QDII全覆盖。交通银行是中国第一只开放式公募基金的托管银行和销售银行。2001年9月，分行代销全国第一只开放式基金——华安创新（040001）。2002年5月，交通银行与华安、国泰基金合作基金定投业务。2005年8月，代销子公司首只开放式基金——交银施罗德精选混合型基金。2006年，打造“交银基金超市”品牌，构建“买基金、到交行”一站式专业服务。2008年8月，打造“智慧选基”品牌，以“精选基金、组合取胜”，推出6款不同风格的基金营养组合。2009年，推出“智慧定投”业务。2009年，基金销量12.56亿元，实现基金收入1125万元。2010年，基金总销量12.78亿元，实现基金销售收入905万元。托管基金销量4.78亿元，完成全年计划207.8%，列系统内第1位。2011年，基金销量7.72亿元，实现基金中收715万元。个金条线托管基金产品收入77.04万元，完成全年计划133%，列总行第8名。交银非货币基金销量4800万元，完成全年计划109%，列总行第3名。2012年，基金销量7.46亿元，托管基金新增有效规模3.02亿元，完成全年计划302%，列总行第8位。实现交银施罗德子公司协同业务零售收入340.69万元，完成全年计划113%。2013年，基金销量14.25亿元，新发托管基金产品净增规模3.26亿元，交银施罗德子公司协同业务零售收入341万元，均完成总行全年计划。2014年，基金销量16.07亿元，实现基金收入764万元，同比增加34%。交银施罗德子公司协同业务零售收入507.86万元，完成全年计划133.65%。2015年7月，网上银行申购基金（前端模式）手续费费率享受最低8折优惠，分行基金销量21.55亿元，同比增幅138%。当年基金收入1810万元，同比增幅236%。2016年9月21日，手机银行客户通过手机银行申购、定投基金，可享受全场基金产品1折起费率优惠。全年基金销量13.04亿元，其中重点基金销量4亿元，列总行前10位。当年券商集合理财产品销量3.77亿元，列总行第13位。2017年，基金销量17.38亿元，其中重点基金销量4亿元，列总行第10位。当年券商集合理财产品销量5.85亿元，列总行第9位。交银子公司规模销量6.24亿元，完成全年计划488%。2018年，基金销量16.47亿元，基金收入1606万元。

贵金属代销业务。黄金实物销售业务包括自有品牌沃德金的销售和代理合作机构实物黄金制品的销售。2009年，交通银行成为上海世博会唯一指定合作的商业银行和独家销售世博产品的金融机构。2010年，开办该项业务，并作为上海世博会商业银行全球合作伙伴主要销售世博金等产品，世博金银章币销售182万元。2010年，分行举办“典藏世博，金耀交行”王刚先生贵金属品鉴交流会，预售（期）和现场实现销售1530万元。全年销售贵金属产品3585万元，实现销售收入345万元，成为个金中间业务收入新增长点。2011—2018年，交行合作的贵金属公司主要为中国黄金、中钞长城、深圳翠绿、北京工美、国富黄金、国金黄金、江苏金一、上海金币、深圳金币、中财国盛、中钞国鼎。2018年，分行贵金属销量3147万元，实物贵金属销售收入256.06万元，交易类贵金属手续费收入28.39万元，共实现贵金属收入284.45万元。实物贵金属销售集中于自有品牌沃德金和代理销售贵金属公司的实物类贵金属产品，全部为总对总协议框架下引入发售的产品。

保险代销业务。1991年，中国太平洋保险公司成立，分行作为其代理处，开展代理保险业务。1996年后，分行代理保险业务向多家保险公司扩展。2007年，交通银行开始区分对私代理保险和对公代理保险。2008年，分行对私代理保险业务由个人金融业务部管理和推进。分行对私代理保险业务快速发展，重点销售保险品种为新华、泰康、太平洋等寿险公司分红险，销售模式主要为保险公司驻点销售。2009年，分行对私代理保险业务创造系统内多个第一：代理保险业务收入完成率、平均手续费率位居全行第一。2010年，通过开展保险业务竞赛等活动，分行代理保险业务的整体竞争实力得到进一步提升，代理保险实现收入2231.56万元，列系统内第7位。2011—2016年，分行顺应市场变化，调整代销保险产品结构，重点销售投资型家庭财产保险，具体品种为安邦共赢系列投资型家庭财产险和天安保赢投资型家庭财产险。销售模式主要为网点自主销售。2017年初，保险新规推出，分行积极与太平人寿、阳光人寿加强合作，迅速向期交业务和5年期趸交业务转型。销售模式主要为网点自主销售、项目制及网点沙龙营销。2018年，与太平人寿、阳光人寿、恒大人寿、新华人寿、泰康人寿、中国人寿、人民人寿、平安人寿、太平洋人寿、天安财险、太平洋财险等11家保险公司合作，本年度代理保险销量30156万元，实现代理保险手续费收入705.98万元。销售集中于年金险、终身寿险、两全险等险种。2018年，分行代理的保险产品，全部为总对总协议框架下的产品。

表4-4-7

代理财富管理业务状况表

年份	国债销量(万元)	基金销量(万元)	保险销量(万元)	贵金属销量(万元)
2009年	—	125679	—	—
2010年	—	127802	—	—
2011年	—	77218	—	—
2012年	—	74589	15925	—
2013年	25224	142501	13597	7596
2014年	29203	160657	28424	3035
2015年	25059	215526	44547	4222
2016年	29594	130420	145650	5284
2017年	32237	173822	21728	2882
2018年	27123	164679	30156	3147

二、自有财富管理

2005年，分行启动自有财富管理业务。2月，分行正式开办人民币个人理财业务“得利宝”产品，并制定《交通银行重庆分行人民币个人理财产品管理办法》和《交通银行重庆分行人民币个人理财产品业务操作规程》《交通银行重庆分行人民币理财业务会计核算操作细则》。

第五节　零售客户经理

个金客户经理。2002年，根据总行客户经理制推行指导意见，分行制定《交通银行重庆分行客户经理制暂行办法》。2005年，改革营销体制，对每个网点配置专属个金客户经理。2010年12

月，印发《交通银行重庆市分行个金客户经理管理办法（试行）》，规范个金客户经理工作职责、任职条件、考核管理、培训管理等。制定《交通银行重庆市分行客户经理等级管理暂行办法》，以客户经理绩效考核条线排序结果为依据，推行集个人卡业务、本外币储蓄存款与贷款、转账结算、产品销售等一体的客户经理制。2013年，增加客户经理“工作责任目标”考核模式。修订客户经理管理办法，按总行客户经理职位体系改革方案，理顺分行管理体系，建立“资质匹配、绩效优先，梯度合理、能上能下”的动态管理原则。2015年7月，修订《交通银行重庆市分行个金客户经理管理办法》，重新界定个金客户经理管理职责分工、工作职责、基本任职条件、考核管理、岗位及职级调整、人员培训、工作管理等。

零贷客户经理。零贷客户经理是指从事个贷业务营销，维护个贷客户关系，承担贷前调查、客户维护、贷后回访、逾期催收以及协助诉讼保全等动作的人员。2011年2月，分行将零售信贷客户经理和个金客户经理实行一体化管理，要求零售客户经理具备个金、零贷、小企业等多个上岗资格，打造复合型销售人才，提升交叉销售率。2013年7月，印发《关于建立零售（个金）客户经理工作日志规范制度的通知》，要求客户经理每日筛选20名客户进行联系并在工作日志中记录，须在每周、每月结束后2个工作日内填报电子版《客户经理工作日志—周记/月记》交网点营销负责人或支行个金分管行长进行检查并点评。开启支行、网点自查，分行个金部抽查，分行服务办电话抽查三级检查模式。12月，印发《交通银行重庆市分行零售客户经理管理办法》。2016年3月，修订《交通银行重庆市分行零贷客户经理管理办法》，重新界定零贷客户经理管理职责分工、工作职责、基本任职条件、绩效考核、岗位及职级调整、人员培训、工作管理等。

大堂经理及大堂经理助理。2003年，在分行所有网点设立大堂经理。主要职责是对客户的服务和对网点的客户疏导，以及网点的日常维护管理。2016年，大堂经理助理人数达140人。总行《关于加强零售合格营销队伍建设的通知》，对个金和个贷客户经理实行量化考核，打造“合格客户经理”队伍，提升队伍产能，建立“行商+坐商、拓客+维客”零售营销模式。2017年，总行加大对个金、个贷客户经理考核和管理力度，明确“合格客户经理”定义，分别从月均贡献收入（含存款FTP收入和财管中收）、月均有效客户折算净增、客户经理个人外呼管理综合得分、房贷业务进件合格率、个金资产业务发放笔数等维度对客户经理进行考核，并纳入对分行综合评价考核。2018年，持续推进合格客户经理队伍建设，切实提升双有效管户数量。建立分支行对接制，由分行个金部产品经理分别对接支行，适时关注和点评支行零售业务发展情况。引入行为学习模式，通过专业师资就客户营销和理财规划，对零售业务管理人员、客户经理进行分类培训。组建个金智囊团，就重点个金业务品种，组建由一线优秀客户经理、分管行长和分行产品经理组成的业务智囊团，定期形成专题指导方案、开展销售实战演练，对阶段性销售重点产品由客户经理双人互换角色进行销售演练，产品经理进行观摩指导，推出每日、每周、每月、每季各项重点业务“销售明星”“销售能手”评选制度。

表4-4-8

重庆市分行零售客户经理统计

年份	个金客户经理人数(人)	零贷客户经理人数(人)	大堂经理助理人数(人)
2009年	69	35	—
2010年	96	40	46
2011年	138	72	77
2012年	127	77	102
2013年	142	64	116

续表

年份	个金客户经理人数(人)	零贷客户经理人数(人)	大堂经理助理人数(人)
2014年	147	82	133
2015年	154	79	151
2016年	162	81	145
2017年	168	73	158
2018年	180	99	124

第五章　国际业务

第一节　发展阶段

“外汇业务行中行”阶段。1988年5月21日，分行成立外汇业务部，业务发展采用当时总行要求的“行中行”模式，所有涉及外汇的资产、负债与中间等业务均由外汇业务部独立经营与管理。该模式操作环节少、办事效率高，有利于分行筹建初期拓展客户、发展业务，加之外汇业务部成立初期，适逢国家外汇体制改革，党的十四届三中全会明确要求“改革外汇管理体制，建立以市场供求为基础的有管理的浮动汇率制度和统一规范的外汇市场，逐步使人民币成为可兑换货币”。1988年，获准设立国家外汇移存账户，在中国银行重庆分行开立美元存款户。积极拓展与国外银行的代理关系，发展结算、对外担保、进出口开证、外汇存、贷款业务。1989年，与一批新兴的、工贸结合的、有进出口权利的大企业签订协议，把进出口业务纳入分行办理，将外汇存款对象主要放在“三资”企业，以提供部分人民币贷款作为条件，吸引“三资”企业的现汇存款，并以灵活多样的方式融通资金。在还款确有保证、基本无风险情况下，对企业进口开证人民币给予支持。以上门服务方式，与一批中外合资的宾馆签订代兑协议。采取填平计齐，检遗补缺的经营策略，把有限资金集中投入到有进出口业务的国营大中型企业上。为西南铝加工厂引进1850轧机项目提供4000万美元信用担保。1990年，分行通过对本市外贸和“三资”企业办理出口结算22195万美元，对外担保总额达6350万美元，外汇业务盈利248.5万美元（折合人民币1297.54万元）。外汇贷款余额为1420万美元。1991年，分行参与由重庆市人民银行统筹组织的重庆市外汇调剂公开市场账务组织的研究、定案。1991年10月，公开市场开业后，交通银行重庆分行作为代理经纪人。年末，分行在外汇调剂公开市场的交易额共计1429万元人民币，占全市成交额第二位。个人外汇调剂业务，与市台胞接待站签订合作协议。开办业务后一个月时间，成交美元20多万元。兑换业务，首先选择重庆市一家涉外饭店——扬子江假日饭店为外币兑换点，除提供周转备用金外，还提供外汇牌价和为代办兑换业务服务。随着重庆市涉外旅游业务发展，分行采取上门兑换服务方式。当年外汇人民币上升到900万元，外汇储蓄业务达到68.7万美元。1993年底，分行外汇存款余额达6862万美元，外币贷款余额7110万美元，当年实现国际结算量36600万美元。1996年，根据总行《关于进一步加强进口信用证业务管理的紧急通知》，分行从严管理信用证开证业务，为规避风险，对小客户要求落实100%的保证金，大客户要一定量的保证金，落实分期进款计划，并制定分级授权制度，严格审批程序。因历年的管理不规范等原因，面临大量不良资产累积（不良外汇贷款1704万美元；信用证垫款3985万美元）。亚洲金融危机的冲击与外汇业务经营风险的教训，“行中行”经营模式中固有的弊端日益显现。“一站式”服务下，从授信审批到结算处理全由一个部门完成，权力相对集中，缺乏必要的监督与制度，极易形成风险隐患；“行中行”经营管理模式制约了国际业务的市场营销广度与力度，也不利于业务拓展。1998年8月份，外汇部将外币储蓄业务移交至分行储蓄处管理，各储蓄网点承办柜面业务；12月份，将外币公营柜面业务移交给分行营业厅，外汇会计也交由分行财会处负责。进入1998年以来，从外部因素看，由于受亚洲金融危机影响，重庆的主要对外贸易伙伴中国香港及日本、韩国，以及东南亚国家均遭受严重波及，经济泡沫的破灭致使银行坏账增加；从内部因素来看，由于部分银行开证把关不严，大量进口信用证无理对外拒付，银行垫款增多等问题层出不穷，给分行外汇业务带来了较大影响。1999年，分行外汇存款余额降至4612万美元，外币贷款余额降至3634万美元，国际结算量降至7965万美元。

“全行办外汇业务”阶段。1999年，外汇业务部对外汇业务管理体制做进一步调整：将信贷科划归风险处，外汇会计划财会处，授信业务的拓展划归市场营销处，明确外汇部作为全行外汇业务专业部门，负责全行的外汇管理、外汇业务拓展、国际结算等。受东南亚经济危机和国内需求不旺的影响，国际结算量大幅下滑。2000年，贯彻总行“全行办外汇”经营思想，坚持综合授信下的外汇大营销，外汇业务迅速恢复发展。国际结算量15100万美元，外币存款余额8624万美元，外币贷款4595万美元。九龙坡、大庙、北碚、渝中、南坪、沙坪坝等支行开办个人外汇买卖业务，渝中等10家中心支行开办外汇贷款业务。2001年，以国际业务体制改革为契机，抓业务大营销和处理集中化，竭力实现发展目标。分支行实施本外币联动，发挥网点功能，形成全行办外汇的业务发展框架。通过把本外币业务的营销结合起来，统一筹划，协调运作，全面考核，建立本外币一体化营销体系。7月，成功获得力帆公司摩托车出口越南的上门收单业务，并在随后不到5个月的时间里，使该公司在分行出口交单达1400万美元。同时，依靠优质服务，使轻工、富铂化工、北方建设、民丰农化、华陶等一批客户继续留在分行，深化合作关系。针对非贸业务占据分行国际业务较大份额的实际，重点放在抓好资本项目汇入款上，使分行一批重点客户如重庆高等级公路、欣阳房地产、重庆融侨房地产、长安铃木、望江铃木等汇款量增加。加强宾馆、旅行社、外办、外贸公司等单位票据买入与托收、代售旅行支票、外贸保险费、运费、广告费和外籍人员工资支付等业务，存款得到增加。2002年，外汇业务扭亏为盈。全年分行外汇业务实现利润折合人民币506.65万元，国际结算量18239万美元，同比多增6251万美元，完成总行计划117.7%。外汇宝交易量3890万美元，同比多增1470万美元，完成总行计划129.7%。拓展国外政府转贷款项目，落实重庆口腔科医院200万美元和重医附二院496万美元转贷项目，获取手续费收入6.3万元。国际结算量5050万美元。2003年，国际结算量22005万美元，同比增加17.48%，完成总行计划104.8%。外汇宝交易量9250万美元，完成总行计划185%。外汇业务继2002年扭亏后，实现利润70万美元。拓展5个外国政府转贷款和国家开发银行代理项目，签约金额1516万美元。2004年，国际结算量67800万美元，外汇存款时点余额4974万美元，比年初减少1418万美元，外币贷款余额为3343万美元，比年初下降1317万美元。当年分行国际结算量排名全市第5位，市场占比约5%。外汇宝交易量排名全市第2位，外汇存款排名全市第5位，市场占比约6.5%。2005年，通过制定分行外汇业务重点客户营销目标，抓住包括亚太市长峰会、外资银行设立分支机构、大中型企业进出口贸易等机会，实施专项考核奖励制度，成功揽入汇丰银行2400万美元、东亚银行2亿港元的资本金存款，代理中国进出口银行4亿元出口卖方信贷。2005年，分行外币存款完成总行计划的109.1%，其增量和增幅均名列本市同业第一。2006年，抓住人民币汇改以及相关监管政策调整机遇，积极申请获得远期结售汇、因私购汇业务资格，为各支行申请扩大外汇业务范围，形成外汇业务的一体化经营体系。分行办理因私购汇429万美元。外汇储蓄日均存款3355万美元，较年初增长288万美元，完成计划192%，外汇储蓄存款时点增量与增幅均居全市前列。准确定位目标客户，以长安福特、西南铝业、长安铃木、延锋伟世通等企业为重点营销对象，采取“客户经理+产品经理”“流动银行”等服务形式，上门为企业提供本外币信贷、结算、理财等配套服务。吸纳中渝物业、天极信息等企业资本金存款5000多万美元。揽入汇丰银行生息资产140万美元、东亚银行运营资金5000万元港币。福费廷、进出口汇款融资等新兴贸易融资业务实现零突破。2007年，抓住人民币汇改及相关监管政策调整的机遇，积极拓宽国际业务领域。改进国际结算产品组合，推进业务多元发展。采取“客户经理+产品经理”“流动银行”等服务形式，扩大与目标客户合作范围，促进分行外汇存款增量与增幅均居全市前列。年末分行外汇存款市场占比由上年10.77%提升到11.63%，在重庆金融同业中名列第2位。制定与分、支行营销人员切身利益相关专项奖励办法，深化与完善“产品经理＋客户经理”国际业务营销模式。2008年，全球爆发金融危机，分行提出“以非贸业务弥补贸易业务，以离岸业务弥补在岸业务”工作思路，克服人民币持续升值压力，一手抓资本金存款，一手抓贸易存款，进一步打开和巩固市场，在全市外汇存款增长乏力大环境下，保持外汇存款余额和占比持续增长，实现“跑赢大市，争先进位”目标。外币存款余额1.26亿美元，新增1156万美元，完成计划144.50%，市场占比12.74%，较年初增加1.11个百分点，同业排名第4位。

“走国际化道路”阶段。2009年以来，分行以总行“两化一行”的战略引领创新转型，凭借重庆建设内陆开放高地的优势，中新（重庆）战略性互联互通示范项目、渝新欧国际铁路联运大通道、“一带一路”建设、中国（重庆）自由贸易试验区建设等，以领汇高端客户（进出口100强）、公司业务300工程客户为目标，通过营销企业资本金汇入，对外保函、同业业务，离岸金融业务、保理、远期结售汇、结构性理财和本外币交叉理财业务、进口代付及出口风险参与业务，利用海外行、港交行的资金优势，寻找代付渠道，推进国内信用证业务，运用境内外联动产品，营销“走出去”企业，推动跨境人民币业务发展。经过数年紧跟总行战略的探索和实践，重庆市分行的国际业务迎来了高速发展，客户群体不断壮大，市场占比持续提升，对分行业务贡献度也进一步提高。2009年，通过营销玖龙纸业、中科普、罗兰石墨等企业的资本金汇入，营销重庆水轮机厂等企业的对外保函业务，积极参与重庆保税区离岸金融业务营销等多种渠道，弥补贸易结算和外汇存款的缺口，促进分行外汇业务增量与增幅居同业前列，其中办理进口保理业务累计7243万美元，交易量和计划完成率在系统内位居榜首。报关一点通实现交易量5286万元人民币，完成全年计划26.43%，外汇财资业务实现29619万美元，完成全年计划49%。开拓国际业务重点客户数共12户，完成计划120%，贸易融资实现2022万美元，完成计划674%。与海外分行、离岸中心联动完成150%。国际保理业务，累计完成8685万美元，占总行完成总量50%，连续4年排名全行第1位。贸易服务业务，累计完成5136万美元，系统排名前3位。外汇财资业务，累计完成90900万美元，系统排名第1位。报关一点通业务累计完成39900万美元，年计划完成率266%，系统排名前5位，当地同业排名第2位。2010年，以领汇高端客户为目标，深化与玖龙纸业、燃气集团、惠普公司、新涪食品等重点客户合作，加大远期结售汇及国际保理的推进力度，促进分行外汇财资、保理业务的大幅增长。全年国际保理业务累计完成8970万美元，占总行完成总量的50%，继续排名系统第1位.外汇财资业务累计完成99913万美元，年计划完成率243%，系统排名第1位；报关一点。通业务累计完成46600万美元，年计划完成率310.67%，系统排名前5位，当地同业排名第2位。2011年，推进本外币一体化营销，挖掘存款新增长点。分行以创新产品为抓手，积极发展本外币交叉理财、进口代付、出口风险参与、国内信用证等本外币联动业务，累计吸收人民币存款约110亿元。外币存款（含同业及离岸）较年初增加4873万美元，完成总行计划232.05%。国际结算量完成24.55亿元，完成全年计划的194.87%，同比增幅、年计划完成率均在系统内排名第1位。国内信用证完成22.13亿元，完成全年计划的4425%。外汇财资业务完成19.31亿美元，完成全年计划的

195.61%。跨境人民币结算量2.4亿元，完成全年计划的120.15%。对公板块中间业务净收入增幅在系统内排第2名，完成率在系统内排第1名。领汇高端客户数达40户，比去年同期增加17户，完成全年计划的129.03%。外汇财资业务累计完成17.70亿美元，较去年同期增加10.66亿美元，年计划完成率179.26%。中间业务净收入实现3183万元，比去年同期增加2075万元，完成年计划的269.75%。2012年，抓住重庆打造内陆开放高地机遇，深化与笔电、汽车、粮油等行业重点客户合作关系，国际业务发展迅速，全年国际结算量达39.26亿美元，较2011年同期增加14.7亿美元，完成总行计划的143.8%；跨境人民币结算量达10.55亿元，完成总行计划的263.8%。营销建工涪南高速国内信用证开证业务1.42亿元，吸收人民币保证金存款4275万元。营销重庆谈石融资担保有限公司开立资本金账户，成功营销资本金存款300万美元。营销玖龙纸业办理国内信用证开证业务3笔，金额合计1.58亿元，沉淀企业日均存款近3000万元，带动中间业务收入80万元。营销中建二局西南分公司1900万元国内信用证福费廷转卖业务。2013年，以出口风险参与、进口保付等重点联动产品为依托，灵活运用“人民币境内存款+境外融资+远期结售汇”结构性服务方案，抢占国际业务市场。截至12月末，国际结算量达到63.8亿美元，完成总行计划146.67%，跨境人民币业务量达到43亿元，完成总行计划256.04%，中间业务收入4786元，完成年计划132.9%；对公领汇财富高端客户数61户，完成全年计划105%；贸易服务业务92327万美元，完成全年计划104%；各项外币存款余额3.07亿美元，比年初增加2.06亿美元，增幅203.27%，完成年度计划411.54%，增幅系统排第1名。分行与新加坡、悉尼、东京三家海外分行展开联动合作，成功营销英业达（重庆）有限公司开办完全现金项下进口保付业务1.4亿美元，实现分行完全现金项下进口保付业务“零”的突破。营销展运（上海）电子有限公司出口风险参与业务2笔，金额合计4000万美元，带动人民币存款新增2.5亿元。2014年，大力发展国内信用证，开证量达到28　亿元，同比增加47%。以保票通、出口风参、进口代付为核心，带动境内外联动业务大幅增长，实现跨境人民币发生量102.99亿元，同比增加139.44%。中间业务收入5831万元，完成分行年计划116.62%，同比增幅21.83%，系统内排名第12位。领汇中高端客户数80户，完成分行年计划117.65%，系统内排名6位。各项外币存款余额3.07亿美元，比年初增加2.06亿美元，增幅203.27%，完成年度411.54%，计划增幅系统排第1名。外币存款日均新增1.31亿美元，完成分行年计划596.50%。2015年，丰富国内外贸易融资产品，与英业达、鸿富锦等核心客户业务合作份额逐步扩大。积极发展境内外联动业务，实现境内外联动业务量37.22亿美元。加强国内信用证业务营销，国内信用证开证量29.58　亿元。全年实现国际条线中间业务净收入（计入利润）8107万元。分行营销鸿富锦精密电子（郑州）有限公司开立美元和人民币账户，共计办理全额项下贸易融资16亿美元，并实现跨境人民币结算62亿元。2016年，抓住中新（重庆）项目落地、自贸区设立的机遇，加强与总行国际部、离岸中心、海外分行联动，设立离岸中心（重庆）服务分中心，助推国际业务快速发展。重庆分行国际条线保持在交行系统内综合排名第1位。国际结算量131.62亿美元，完成总行全年计划135.02%，总行系统内排名第3位。国际非利息净收入1.53亿元，完成总行全年计划114.19%，总行系统内排名第4位。外币存款年化日均新增22.60亿美元，总行全年计划2112.64%，总行系统内排名第2位。外币存款规模在重庆本地市场占比排第1位。境内外联动委托量48.57亿美元，完成总行全年计划128.36%，系统内排名第11位。跨境人民币发生量160.01亿元，完成总行全年计划72.71%，总行系统内排名第23位。抢抓外债宏观审慎管理试点政策红利，出台“结合外管政策促进中新项目发展”指导意见，在分支行及海外分行大力配合下，华邦生命取得外债授信总额4.9亿元人民币，同时办理首笔业务3000万元，开启民营企业借外债的先河，实现外管新政下重庆市同业及系统内首发业务。积极对接中新（重庆）战略性互联互通示范项目，出台“启动中新重庆战略互联互通示范项目”，加强银政沟通联系，强化分行、经营单位、海外行三方密切联动，抢抓总行FTP利率和境内外汇率时间窗口，促使鸿富锦、英业达、纬创、新涪等核心企业持续放量。创新制定集团境外子公司跨境担保模式下内保外贷业务。在总行国际部指导下，实现首笔二级市场上同业福费廷买卖。2017年，以进口保票通、出口风险参与等重点联动业务为抓手，发挥离岸金融业务重庆分中心优势，收付汇由2016年逆差成功实现顺差，国际非利息收入、国际结算量等核心指标提前超额完成总行全年计划。获得总行国际化专项行动资源913万元，获取量在系统内排名第7位。外币存款规模系统内第2位，本地市场继续保持首位。首次进入总行“2017国际业务之星创新服务方案”劳动竞赛决赛取得第3名，荣获总行“国际业务之星”劳动竞赛业务实绩奖七行占比争先奖、非利息收入进位奖。被总行评为离岸贸融净收入争霸奖第2名。在重庆市银行外汇业务与跨境人民币业务自律协会举办比赛中荣获第3名。2018年，带动对公外币存款日均余额43.92亿美元，年化日均新增6.91亿美元，总行系统内排名第1位；累计吸收人民币结构性存款137.87亿元，日均70.56亿元，时点余额68.34亿元。

第二节　主要产品

公司业务产品。一是贸易融资类。1988年至2010年，交通银行贸易融资产品从国际信用证项下的传统贸易融资陆续增加出口托收融资、福费廷、出口发票融资、进口汇出款融资、进口代收融资产品等，至2010年交通银行贸易融资产品门类齐全，包括出口项下福费廷、出口发票融资、出口保理融资、出口押汇、出口托收融资产品，进口项下进口押汇、进口代收融资、进口汇出款融资产品。分行自2013年起贸易融资业务加速发展，融资量逐年上升，2013—2018年分别实现16亿美元、26亿美元、39亿美元、56亿美元、59亿美元、72亿美元的贸易融资量。二是国际结算类。国际结算产品属交通银行为公司客户提供的外汇汇款、信用证和托收等方式下的国际结算类中间业务。2008年开始办理国际证福费廷业务；2009年推出国内证业务及进口代付业务，其中进口代付业务2012年达2.72亿美元；2010年推出跨境人民币业务、出口发票融资业务及国内证福费廷业务，其中国内证福费廷业务在2018年业务量达28亿元人民币；2011年与海外分行联动推出出口风险参与业务，到2018年业务量达到25亿美元；2013年开始办理进口保付-保票通业务，2015年达35.08亿美元，到2018年业务量达到33.78亿美元；2018年推出出口代付业务，该年业务发生额为6500万美元。

个人业务产品。一是票据业务产品。1988年，分行开办个人外币票据买入业务。个人客户可将票据提交给银行，银行先将票面金额扣除贴息后的款项垫付给持票人，然后通过国外代付行向付款人收回票据款项。重庆分行买入票据主要是旅行支票，贴现息为7.5‰。可叙做托收业务的票据种类有银行本票、汇票、私人支票、公司支票、旅行支票等。2003年，总行印发《关于谨慎操作票据托收业务防范票据欺诈的通知》，明确票据真实性审核要点，要求分行在各岗位授予的权限内办理票据业务，防范欺诈和虚假票据风险。2005年，总行印发《关于谨慎受理私人支票托收业务防范票据欺诈的通知》，进一步防范欺诈风险。2000年，分行个人买入票据和托收业务量217万美元。2005年，买入票据和托收业务量104万美元。2008年，买入票据和托收业务量50万美元。2013年8月，分行停止代售运通公司旅行支票并将库存支票销毁。2016年，托收业务量16万美元。2017年，托收业务量3万美元。2018年，托收业务量仅1万美元。二是个人结算产品。1988年，向个人客户推出汇入和汇出汇款、买入票据、票据托收等个人国际结算产品。2002年，开通代售旅行支票业务，代售运通公司的美元、日元、欧元、英镑、加元和澳元旅行支票，办理旅行支票挂失及补偿手续。2003年，分行根据总行与速汇金公司合作推出的个人间的环球汇款速汇金产品，开通了速汇金汇入和汇出汇款业务，为客户提供了快捷便利的服务。2012年9月，国家外汇管理局重庆外汇管理部授权重庆市分行试点开展新台币兑换业务。2012年，分行新台币兑换量为44万元。

2014年，新台币兑换量为109万元。2015年5月，外汇局全面开展此项业务并停止报送《新台币兑换试点业务开展情况月报表》。

“宝”系列产品。“宝”系列产品为个人外汇交易产品。一是外汇宝。外汇宝为客户提供实盘性质的个人外汇买卖服务，客户只要持有银行规定的最低限额外汇存款或现钞，就可按照银行公布的外汇买卖牌价进行交易，此产品适应客户外汇保值增值的需要，帮助客户完成各种外币之间的兑换和买卖，将手中持有的低利率外币换成高利率外币以增加利息收入，或利用汇率的频繁变动获得汇差收入。1999年，分行开办个人外汇买卖“外汇宝”业务。外汇交易币种为美元、英镑、日元、港币、欧元、瑞士法郎、澳大利亚元、加拿大元，交易渠道有柜面、多媒体、网银等。二是满金宝。2007年，分行开办“满金宝”业务。实现本外币多币种保证金功能。“满金宝”作为“外汇宝”的全面创新和功能提升，具有双向交易功能，满足了客户买入或沽空外汇的双向交易需求，且交易方向不受其账户资金币种的限制。“满金宝”系统支持客户在国际市场开市期间24小时不间断交易，为客户提供高效、快捷、专业的电子交易平台。

同业业务产品。一是代理进口信用证。2008年5月，总行推出代理进口信用证业务。该业务主要适用于开办外汇业务时间不长，相关人员、系统、管理等条件不完善，境外代理行关系较少和被接受度较低，但资质良好的同业客户。2013年2月，分行首笔代理恒丰银行开立进口信用证业务完成。2014年，代理开证业务迅速开展，全年共代开46笔，金额27300万美元。2015年，共代开29笔，金额10405万美元。2016年，共代开18笔，金额2058万美元。2017年，共代开69笔，金额15089万美元。2018年，共代开74笔，金额11810万美元。二是代理远期结售汇。2012年，分行推出代理远期结售汇业务。即与合作银行、合作银行的客户签订代理远期结售汇三方协议，通过占用同业授信的方式，控制客户叙作远期结售汇业务的风险。2013年，完成代理重庆农村商业银行远期结售汇业务6笔，合计金额750.17万美元。2014年，远期结售汇业务1641万美元。2015年，远期结售汇业务8328万美元。2016年，远期结售汇业务16948万美元。2017年，远期结售汇业务5310万美元。

第三节　主要业务与离岸金融

一、主要业务

结算业务。国际结算产品是为对公、对私客户提供的进出口贸易结算和非贸易结算金融服务，业务品种主要为传统的外汇汇款、信用证和托收等方式下的国际结算类业务。2018年，结算量达190亿美元，同比增长20%。

表4-5-1

国际结算类业务统计表

年份(年)	国际结算量(万美元)	中间业务收入(万元)
1990	22195	
1991	14680	
1992	35600	
1993	36600	
1994	22823	
1995	30400	

续表

年份(年)	国际结算量(万美元)	中间业务收入(万元)
1996	33038	
1997	40901	
1998	30900	280
1999	7965	320
2000	15100	400
2001	11988	550
2002	18239	560
2003	22005	580
2004	67800	650
2005	41800	640
2006	39871	772
2007	45150	802
2008	57550	850
2009	100027	945
2010	107729	1108
2011	233178	4016
2012	387385	4781
2013	638009	4786
2014	839100	5831
2015	933595	8107
2016	1316215	15374
2017	1587800	22341
2018	1903200	24328

融资业务。1988年，交通银行重庆市分行开办国际贸易融资业务，从信用证方式下的出口押汇，逐步扩展至进口押汇、托收方式下的融资和汇款融资。1997年，总行陆续制定进口押汇、出口押汇、提货担保贸易融资业务管理办法，规范相关业务管理操作。2000年，根据业务发展需要，总行修订各项管理办法，制定《交通银行出口托收融资暂行办法》《交通银行出口保理融资业务暂行办法》，明确办理贸易融资业务基本原则：统一授信、先授信后办理业务，落实贸易真实性、业务自偿性，遵循国际惯例、符合司法要求。总行印发《关于国际结算贸易业务授信的指导意见》，加强授信管理、市场营销、国外业务等部门分工协作，对国际贸易融资业务实行综合授信。2006年，总行制定《关于进一步加快贸易融资业务发展的意见》，具体规定贸易融资业务发展目标、具体措施等。2008年，分行贸易融资业务量达767万美元，进口项下融资发放比近95%。2018年，分行进出口贸易融资累计发生额246亿美元。

财资业务。1988年，分行开办外汇买卖业务。2000年，推出远期结售汇、掉期结售汇、T+1/T+2即期结售汇等产品。推出外汇宝、满金宝等个人交易外汇产品。2004年，经中国银监会批准，交通银行获得开办衍生品交易业务许可，分行根据客户需求陆续推出结构性存款、远期利率协议、利率掉期、远期外汇买卖、掉期外汇买卖、外汇期权等业务。2005年，开办远期结售汇业务，业务量达85万美元。

2006-2018年，业务量分别为2312万美元、7192万美元、3428万美元、1195万美元、6546万美元、13828万美元、14725万美元、113272万美元、109046万美元、303641万美元、72753万美元、22768万美元、7122万美元。

2011年，开办结构性存款业务，当年发生量154亿元，2012-2018年发生量分别为94亿元、105亿元、80.4亿元、61.9亿元、146亿元、215亿元、138亿元。2016年，开办掉期结售汇业务，交易量4.13亿美元。2017年，交易量13.1亿美元。2018年，交易量13.2亿美元。当年开办期权业务，发生额3154万美元。

同业业务。2008年，分行将中资银行同业业务作为拓展国际业务新领域，先后推出代理同业开证、代理/转开保函、代理远期结售汇等业务，旨在服务外汇业务时间不长，相关人员、系统、管理等条件不完善，境外代理行关系较少和被接受度较低，但资质良好的同业客户。2014年，分行主要同业业务产品为代理远期结售汇业务和代理进口信用证业务。

二、离岸金融

发展概况。2009年3月，分行离岸业务上线。2016年5月10日，交通银行离岸金融服务中心（重庆）正式成立。2009年至今，分行国际业务部牵头管理离岸业务。主要负责对接总行离岸中心，负责分、支行离岸客户营销和业务管理。

资产业务。一是进口代付。2010年，总行制定《交通银行离岸进口代付、转代付业务工作规定和操作规程》，分行为企业提供进口代付业务融资675万美元。2011年，分行进口代付业务量增长至2.02亿美元。2012年，进口代付业务量2.72亿美元。同年下半年起进口代付纳入表内管理。2013年，分行进口代付业务量降至0.35亿美元。2014—2017年，未发生业务。2018年，分行进口代付业务量达12.87亿美元。二是内保外贷。2005年，《交通银行内保外贷业务管理试行办法》出台。2012年12月，分行为境内一大型国有油脂企业境外子公司，办理首笔内保外贷业务。2014年，办理业务1笔，金额534万美元。2015年，办理业务2笔，金额4853万美元。2016年，办理业务7笔，金额1380万美元。2017年，办理业务20笔，金额18658万美元。2018年，办理业务3笔，金额3496万美元。三是内保直贷。2014年12月，分行与租赁公司首次合作，办理租赁项下内保直贷业务1笔，金额等值4706万美元，共同帮助国有企业盘活资产。2016年，办理内保直贷业务2笔，金额6452万美元，为民营企业解决融资难的问题，该笔业务是按照人行全口径跨境融资宏观审慎原则办理的重庆首笔中资企业借用外债业务，荣获“1997-2017重庆20年金融影响力事件。”2017年，办理业务1笔，金额2176万美元。2018年，未开展此项业务。四是跨境直贷。国家全口径政策逐步放开，所有符合条件的企业均可按2倍净资产的限额向境外申请借款。2017年6月，分行与离岸中心联动，为重庆最大的国有企业办理跨境直贷5000万美元。2018年，未发生该类业务。五是多方协议。2012年3月，分行办理首笔多方协议业务。通过境内企业、境外企业、重庆分行和离岸中心的联动，帮助企业解决外方股东转让股权问题，提供融资资金。多方协议一经推出，受到客户认可。2012年，办理多方协议业务3笔，金额达15460万美元。2013年，办理多方协议业务1笔，金额4900万美元。后因授信政策发生调整，未再开展此类业务。

中间业务。一是进口信用证。2015年，分行离岸进口信用证业务实现零突破，全年开证2笔，金额共计3411万美元。2016年，全年开证33笔，金额共计4759万美元。2017年，全年开证17笔，金额共计6253万美元。2018，开证8笔，金额共计7445万美元。二是进口代收。2016年，分行开办离岸首笔进口代收业务，金额760万美元。2017年，全年进口代收业务51笔，金额共3120万美元。2018年，未发生此项业务。三是信用证通知（含保函/备用信用证）。离岸信用证通知（含保函/备用信用证）是在收到并审核境外银行开来的信用证后，向企业发出通知，提供金融信息服务。2012年，分行开办此业务，该年办理8笔，金额为3609万美元。2013年，办理业务26笔，金额为

3711万美元。2014年，办理业务60笔，金额为1227万美元。2015年，办理业务45笔，金额为297万美元。2016年，办理业务58笔，金额为1098万美元。2017年，办理业务47笔，金额为807万美元。2018年，办理业务54笔，金额为1099万美元。四是出口信用证交单。离岸出口信用证交单业务，是接受出口商的委托，为其提供包括审单、寄单、索汇、收款等一系列专业性服务。2011年分行开办此业务，该年发生9笔，金额为52万美元。2012年13笔，金额为3992万美元。2013年43笔，金额为4042万美元。2014年80笔，金额为3694万美元。2015年73笔，金额为3278万美元。2016年78笔，金额为1435万美元。2017年87笔，金额为655万美元。2018年104笔，金额为1166万美元。五是离岸汇款业务。2009年3月，分行离岸业务上线，开始离岸汇款业务。汇款币种包括美元、欧元、港币、日元、新加坡元、英镑、澳元等世界主要货币，客户可以通过柜面、网银两种渠道办理汇出汇款，汇入汇款实现自动上账，为客户提供高效结算服务。2018年，分行实现离岸结算量达52426.54万美元。

第六章　电子银行业务

第一节　管理模式

一、组织架构

1991年8月，分行成立电脑中心，1997年5月，电脑中心更名为电脑处。负责分行银行业务电子化建设。1993年，电脑处负责管理ATM、CRS等自助机具设备的采购、系统开发和维护，需求计划和配置方案等由相关业务部门（1996年由储蓄业务处、1999年后由私人金融业务处）负责。2005年，电子银行部成立。承担分行电子渠道建设和产品开发等职责，将分散在电脑处、私金处等几个职能部门的自助银行业务，统一到电子银行部管理。2015年8月，根据总行组织架构重新调整要求，分行取消电子银行部，组建网络渠道部。除制定分行电子化中远期发展规划、提出产品创新、运行管理、系统安全的中长期规划、年度计划并组织实施。承担POS商户拓展及风险管理。负责自助机具系统运行维护管理工作，并制定自助设备的年度购置计划，会同有关部门进行购置外，还承担网点的规划，推动人工网点+电子银行+客户经理“三位一体”的新型经营模式建设的主要职责。

二、经营管理

1991—2004年，分行电子银行业务相关管理职能，分散在电脑部、储蓄部等部门。2005年，设立电子银行部，统筹全行电子银行业务经营管理。2006年7月，印发《关于发挥电子银行业务优势调整柜面业务结构的指导意见》，实现营业网点人员的工作重心向客户理财、产品销售等高附加值工作转移的战略转型，分期、分批实现柜面部分业务分流到电子银行办理。2007年，随着总行将电子银行业务指标纳入全行战略性业务指标体系，分行实行业务指标收益双线考核。开展“电子银行，您的个人财富增值渠道”为主题的电子银行个人业务营销活动，以广告宣传投放、动员员工人人签网银等形式，重点抓好代发工资单位、大专院校、知名楼盘、大型专业市场等目标客户营销工作，同时发挥分行“交银自助通”在重庆市同业中的先发优势，与条件较好的楼盘签订合作协议，主动到社区开展营销活动。2008年，以“金融快线规划财富 引领潮流”为主题，开展“金融快线”新春电子银行业务营销活动。2009年，分行承办总行“2009金融电子化创新应用研讨会暨电子银行与西部大开发战略”重庆站大型营销活动。组织手机银行进校园和统发工资单位营销活动，参与重庆市第二届金融博览会的营销宣传活动。落实总行离行式自助设备现金清分、账务处理与设备闭锁三分离办法，从业务流程上防范风险。结合总行新的自助设备运营系统和应用，及时向总行提交自助设备设置改造方案，并得到总行电银部肯定。实行离行式“交银自助通”设备的集中管理、片区运营，提高设备的开机率和服务水平。2010年，印发《交通银行重庆分行电子银行业务反洗钱工作指引》，对电子银行业务的反洗钱职责分工、客户身份识别、可疑交易监测、风险管理和控制、培训与教育等进行界定。组织开展“瑞虎迎新春，金融快线礼上礼”新春电子银行营销活动，开展“个金-电银联合营销竞赛”“公司-电银联合营销活动”，与搜狐公司共同承办“手机银行进行校园”活动，承办“交通银行电子银行企业财务管理研讨会”。实现江北区、南岸区社保局等重点工资代发单位应用企业网银财务通进行工资发放。推进企业新开户、代发工资、学子卡和企业营销等工作。个金条线分8期200余名个金客户经理参加培训，公司条线邀请总行讲师团约150人参加电子银行业务培训，培训覆盖率达100%。分行开展5次自助银行、网上银行业务专题检查，组织客户网银签约、资料管理、密码信封发放、开户客户身份真实性抽查等检查。制定《分行手机银行业务管理办法》。6月，总行企业网银集中落地处理系统在重庆试点上线。2011年，分行完善电子银行考核机制，推进电子银行协调发展。在分行综合考核办法中增加电子银行客户发展指标的考核项，将产品经理绩效与市场推广情况挂钩，建立支行公司、个金零售、内控分管行长综合评价排位办法，将电子银行指标纳入考核，加大条线间联动考核力度。印发《关于推进分行公司机构电子银行业务发展的意见》，落实总行向“人工网点+电子银行+客户经理”新型经营模式转变要求，建立以客户为中心的全产品营销体系，从现金管理、供应链金融、电子商务等方面，推进分行公司机构电子银行业务发展。制定《交通银行重庆市分行电子银行客户体验管理暂行办法》，《分行手机银行业务管理办法实施细则》《2011年支行电子银行整体发展水平综合评价办法》《交通银行重庆市分行电子银行业务分支行联动创新实施细则》《分行自助银行建设流程规范（试行）》等，规范分行电子银行业务。完善各营业网点电子银行设施，每个网点除建有自助服务区外，还配备多媒体机、网上银行交易终端、交银自助通、95559电话银行专用设备、E动终端、移动POS等设施，以总行新型网点电子银行建设标准完善分行物理网点改造和设备配置。2012年，印发《交通银行重庆市分行2012年电子银行业务发展指导意见》《交通银行重庆市分行2012年电子银行工作要点》，继续围绕“两化一行”和“三位一体”建设战略目标，以“智慧交行”建设为导向，重点做好电子商务及线上收单、手机银行、电子银行业务分流率等。2013年，制定《交通银行重庆市分行网上商城企业馆业务管理办法实施细则》《交通银行重庆市分行网上商城商品馆业务管理办法实施细则》《交通银行重庆市分行企业电子支付业务管理办法实施细则》《交通银行重庆市分行智能柜员机业务管理实施细则（暂行）》《交通银行重庆市分行“重庆e动交行”官方微博平台管理实施细则（试行）》《交通银行重庆市分行现金类自助设备维保服务商管理细则（暂行）》等，保障电银业务规范高效运行。加强对营业网点和离行式自助设备运营考核，实行限时故障处理考核制，纳入对支行管理绩效考核。引入维保公司工程师参与实时监控，指导机具管理人员及时准确地处理故障，难点问题立即到现场解决。分行机具正常服务率提升至97%以上。自助设备装钞工作移交至分行业务处理中心，线下收单、家易通业务由分行电子银行部管理。在重庆市率先推出远程自助柜员机ITM的运营。2014年，加强与市政府、外管局等相关部委沟通，把握跨境电子商务试点城市机遇，分行成为跨境电商结算和代扣关税试点行。8户跨境电商与分行签订支付结算协议，累计实现交易540余万元。2015年，印发《交通银行重庆市分行电子银行风险事件报送实施细则（暂行）》，规范电子银行风险事件范围、各单位主要职责、风险事件处理原则、重大风险事件的分类、

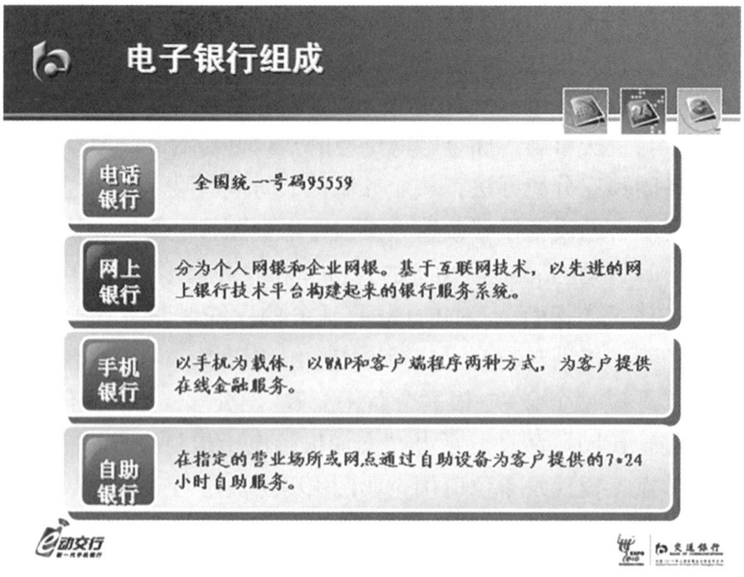

分行电子银行业务构成

电子银行风险事件报告流程及后续处理等。重庆粮食集团MPOS项目在系统内首家成功上线试运行。531系统上线后，为降低柜面业务压力，在南城支行成功试点自助通补打存折功能。宣传手机银行、提高手机银行签约安装效率，选型和试点手机银行体验机，组织1分钱充上网流量、5元喝咖啡、10元看电影等手机银行客户增值营销活动。2016年，分析柜面交易分布，提出优化和解决方案，6月19日，完成同城支付系统电子渠道改造。争取成为总行首批新型叫号机试点。推动两江支行区级公务卡还款、沙坪坝支行大修基金电子渠道改造，为部分网点增加发卡机、存折补登机等。2017年，加强替代率数据分析和业务管理，网点加强厅堂分流引导，逐步引导客户向电子渠道分流，柜面替代率和电银分流率持续提升，优化调整客户服务策略，减少客户排队等候时间，提升客户体验。完成“易智通”设备的安装调试及35家网点的上线工作。2018年，推进服务模式转型，完成分行全部网点的智易通系统上线，600余人获得上岗资格。加强新媒体集中统一管理。系统内首批上线“云端银行”，承担平台日常管理与维护，发布消息和产品宣传26期108篇。

第二节　自助银行与电话银行

一、自助银行

自助银行是电子银行的一部分，利用现代通信和计算机技术，通过自动取款机（ATM）、自动存款机（CDM）、自动存取款机（CRS）、自动存取款机（CRS）、多媒体自助服务机等高科技银行设备，为持卡人提供存款、取款、转账、货币兑换、查询等24小时全天候、智能化服务，全部业务由客户自己完成。

1993年，分行在大溪沟储蓄所试运行第一台自助取款机。该台自助取款机试运行，仅限于仿现金练功券。1997年7月1日，经过3个多月安装调试，分行第一台自助取款机在较场口分理处亮相。江北支行营业厅、南城支行、渝州路分理处、九龙坡支行营业厅陆续布放自助取款机。1999年3月28日，南坪支行建成重庆市首家在行式自助银行。6月18日，分行第一处离行式自助银行在解放碑原群林市场临时门面开业，这是首个在本市同业中率先设置的离行式自助银行。2000年，分行中标重庆市级单位统发工资。在总行支持下，分行离行自助银行和离行自助服务点，首次进入政府机关和大专院校。分行投放第一台CDM自助存款机及CRS自助存取款一体循环机，解决自助设备单只取款不存款及存、取款现金循环使用的问题。2001年2月，分行印发《自助机具运行动态监控管理试行办法》，对自助机具实行全面动态监控管理，提高分行自助机具使用效率，缩短各类故障造成的停机时间，保障自助机具开机率、完好率、使用率。7月，印发《交通银行重庆分行关于自助机具吞卡处理规定（暂行）》，规范自助机具吞卡登记、保管、领卡、处理等。2002年，分行自助机具基本覆盖主要商圈、院校、批发市场、主城主干道、统发工资单位、机场、火车站、主要社区等，分行自助机具投放量占全市第一，实现跨行取款。3月，在市内首家推出可在柜台和自助机具上同时使用的代理收费专用发票。2003年，银联成立后，在重庆首批开通ATM跨行转账业务，并成为重庆市内少数几家手续费轧差后赢利的分行。2005年，电子银行部正式成立。分行加快自助银行及离行式单机建设，年末离行式自助银行3个、在行式自助区50个。2006年，印发《交通银行重庆分行大集中（二期）自助设备管理暂行办法》，重新界定分行组织与管理职责、安装申报与审批、业务基本规定、清装钞管理、账务差错处理、吞卡处理、监控运行及安全管理、考核与奖惩、维护与修理等。2007年，按照总行要求，统一自助银行标识。2008年，总行将自助银行拓展情况纳入主要指标考核，并给予奖励推广总行自助通，丰富自助服务产品线。2009年6月25日，实现在用自助设备268台的EPS上线切换，完成自助设备跨平台和设备前置系统项目推广工作。总行给予重庆市分行125台自助设备的大力支持，彻底解决分行自助设备老化、陈旧问题。全年分行自助设备交易735.06万笔109.55亿元。2010年，新建自助银行8家，自助银行总数达到25家。新建33个离行式ATM机点，改造投产在行自助服务区4个。自助设备交易848.16万笔144.69亿元，对本年度电子银行分流率贡献度达76%。2011年2月，开通外卡取现功能。新建自助银行10家，新改造自助银行3家。新设离行式ATM点43个，新增和替换在行式存取款一体机、ATM机58台，安装现金类自助设备156台，创分行近年来自助设备年度建设纪录，自助设备投入总量达到657台。2012年，新建自助银行9家，总数达到37家。新设离行式ATM点29个，离行式ATM点达到135个，现金类自助设备投放量达到404台，率先在重庆市银行业系统安装投入27台自助发卡机、30台新型自助通，新增15台95559电话银行专用终端，分行自助设备投入总量达到660台。ITM在重庆正式上线，江北支行与营业部首先试点。2013年，印发《交通银行重庆市分行现金类自助设备维护操作细则》，明确分行现金类自助设备运维过程中涉及的日常管理、运行监控、维修操作、风险控制、应急处理和档案管理等环节的流程及相关操作要求。印发《交通银行重庆市分行现金类自助设备维保服务商管理细则（暂行）》，明确分行相关部门对自助设备维保服务商和管理职责、维保商入围资质、入围程序、综合考评标准、考评结果应用规定等。自助银行网点数量及交易规模持续增长，自助银行累计完成交易989.03万笔，交易金额180.60亿元。自助设备月均存款金额达8.84亿元。柜面小额现金业务分流率80.66%。2014年，分行为19家网点配备电银体验设备（1部iphone4s手机、1部三星i9128e手机、1台ipad mini）、电子填单机1台，进一步提升客户体验。同年，开启普惠银行网点［以中高端社区居民（包括关联的小微企业、个体工商户）］为目标客户，采用“自助机具+客户经理”为主导、“线上”“线下”相互融合的服务模式，充分发挥网点面积“小”、员工数量“少”、服务内容“多”、电子化程度“高”的特点，通过延时服务、上门服务、远程服务等便捷服务方式以及全新的营销模式，融入社区、服务居民，增加客户服务接触点，提高服务覆盖面，拓展获客渠道，推动“三位一体”建设，满足客户对贴近、便捷等服务的新需求。2015年，开通新型自助通增加代缴学费、代缴水费、代缴有线电视费以及公积金信息查询4项特色业务。印发《交通银行重庆市分行自助设备密钥管理操作细则》，明确分行信息技术部是自助设备密钥主管部门，负责密钥打印终端的安全管理、密钥使用管理的组织实施，并负责密钥第二分量和校验值的生成、保管、灌注和销毁。分行电子银行部是自助设备业务管理部门，负责密钥生成或变更或变更发起工作，参与密钥管理工作具体实施。分行审计部负责自助终端密钥管理的审计监督。2016年，分析评估自助机具产能，加大低产机具调整力度。全年调整自助银行4家、离行单机10台。2017年，印发《交通银行重庆市分行自助银行管理办法》，明确分行网络渠道部是自助银行管理主要部门，负责自助银行（含普惠银行）选址、自助设备安装调试、设备维护商管理考核等，个人金融部负责对分行自助银行产品要求、业务发展、网点布局从个金业务发展提出意见或建议，信息技术部负责自助银行网络建设、软件系统安装、密钥生成保管和销毁以及软件系统日常维护和监控，营运管理部负责自助设备现金业务指导及监督管理，开展自助设备现金检查，并根据总行有关要求制定相关管理规定及业务操作流程细则，业务处理中心负责分行集中管理的离行自助银行（含普惠银行）、离行式单机点自助日常清装钞（卡）、配合完成自助设备下箱体故障维护，保卫部负责自助银行安全监控和保卫工作，行政部负责自助银行租赁合同签订及房租缴付，参与自助银行、离行单机点的选址、设计和竣工验收等，各营业网点负责在行式自助设备（除分行业务处理中心集中管理的设备）营运管理及设备维护管理。2018年，每月定期分析离行机具运行数据，统筹银企合作、统发代发、租赁期限与价格等因素，累计撤除自助银行10家、离行单机35台。

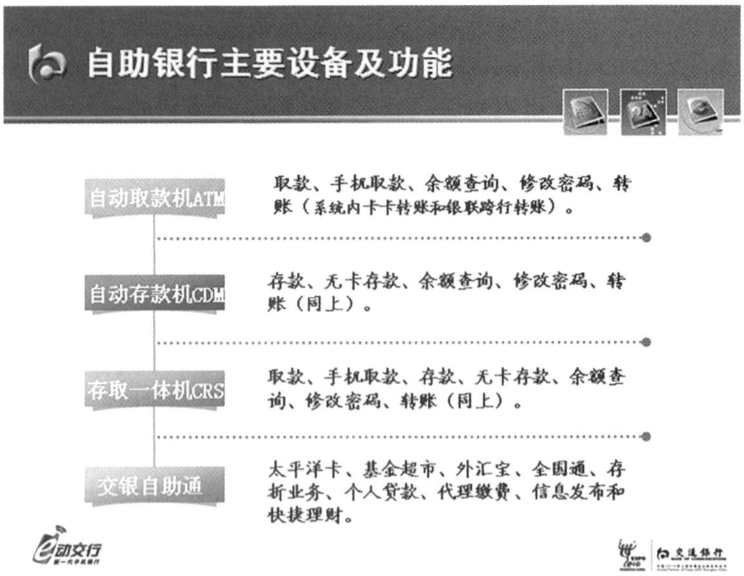

自助银行主要设备及功能

表4-6-1

分行自助银行及机具的发展状况

年份（年）	在行式自助银行（个）	其中：自助机具（台）	离行式自助银行（个）	其中：自助机具（台）	离行式单机（台）	投入运营的现金类自助设备（台）	普惠银行（个）	其中：自助机具（台）
2010	54	113	22	60	130	303		
2011	51	157	26	74	121	352		
2012	53	162	37	108	128	398		
2013	54	166	48	134	126	426		
2014	53	177	69	180	150	507	1	
2015	53	177	84	197	161	557	9	22
2016	53	174	86	201	166	568	12	27
2017	52	169	73	168	152	514	12	25
2018	52	164	63	141	122	452	12	25

二、电话银行

1999年末，分行推出自身电话银行系统。采用人工座席代表、自动语音应答、传真和Web服务等方式，365×24小时全天候双语种接受客户各类业务咨询、信息查询、投诉和建议并提供多种交易功能。2003年7月，电话银行系统升级到总行统一版，设立“95559”客服电话分中心。2008年4月25日，总行将“95559”客服电话进行统一管理，分行取消设立分中心。2011年，分行新购置和安装50台“95559”电话银行专用终端，为分行网点配备电话银行必要设备，继续承担总行下派工单问题解决及反馈。

第三节　网上银行与手机银行

一、网上银行

2004年6月9日，集门户网站、对公网银、对私网银为一体的新版交通银行门户网站（www.bankcomm.com）正式开通。整合分行对外宣传和客户服务渠道，扩大社会影响力，初步树立交行数字品牌。

个人网银。个人网上银行为客户提供的金融服务主要有：账户管理、转账汇款、外汇宝、基金超市、信用卡、投资理财、客户服务、代理缴费等业务。2007年7月，推出分行特色业务，主要包括代缴移动、联通手机费，代缴电信、网通电话费、上网费、水费等。2009年9月，总行新版个人网上银行上线运行，出台《交通银行个人网上银行业务管理办法》。2012年5月，制定《交通银行重庆市分行个人网上银行业务管理办法实施细则》，规范个人网银用户管理、柜面业务管理、交易和服务、收费、客户证书管理、网银管理等。

企业网银。2002年，总行推出企业网银业务。2004年4月，推出新版对公网上银行系统，突出服务层次化、界面人性化和功能个性化等特点。2008年，分行率先与重庆出版集团天健出版网、重庆新华集团网上书城两家公司开展B2C业务合作，策划开展新春网上购书优惠营销活动。2009年，协助总行开发企业网银缴税通产品并成功上线。完成总行“2009金融电子化创新应用研讨会”暨“电子银行与西部大开发战略”重庆站大型营销活动。2010年，新拓展重庆派森百橙汁有限公司、重庆金算盘软件有限公司等客户合作。与水务集团、瀚华担保、机电控股等重点客户逐步开展银企直联业务合作。2011年，与和平药房开展业务合作。在重庆晚报、UME影院、自助设备、银讯通等，加大电子银行广告宣传投放。成功推行代收电费业务上线。参展重庆市第三届金融博览会，成功举办“小企业财资管理平台业务推介会”。开始推广“联合在线”“财务总监”“手机银行无卡消费”等新产品。2012年，参展重庆市第四届金融博览会。根据总行《交通银行企业网上银行业务管理办法》《交通银行网银内部管理台操作规程》《交通银行数字证书管理暂行规定》《关于优化企业网银签约业务流程的通知》等，结合重庆实际，制定《交通银行重庆市分行企业网上银行业务管理实施细则》，规范分行内部用户管理、企业网上银行客户管理、客户证书管理等。2013年，推动交博汇业务，制定《交通银行重庆市分行网上商城企业馆业务管理办法实施细则》《交通银行重庆市分行网上商城商品馆业务管理办法实施细则》，规范管理职责分工、内部操作员管理、企业馆供应商管理、采购商管理、交易和服务、推荐展示申请、特约商户管理、个人客户的管理、品牌和商品的发布、收费及收益分配、罚则等。2014年，配合总行完成交博汇生活馆特色业务改版上线。在交行系统内率先实现“跨境宝”跨境电商业务试点上线。制定《交通银行网上跨境贸易电商税金代扣业务管理办法（暂行）》《交通银行重庆市分行跨境电商在线交易税金代扣业务操作规程和会计核算办法》。参与总行531工程电银条线教材修订。2015年，分行531企业网银系统上线。与城市通卡、易极付等3方支付机构，开展备付金业务合作。2016年，企业网银实现“地方同城支付”电子渠道改造上线，作为试点分行，配合总行上线银校通业务。完成市级财政授权支付业务落地上线。

交行网上银行登录途径

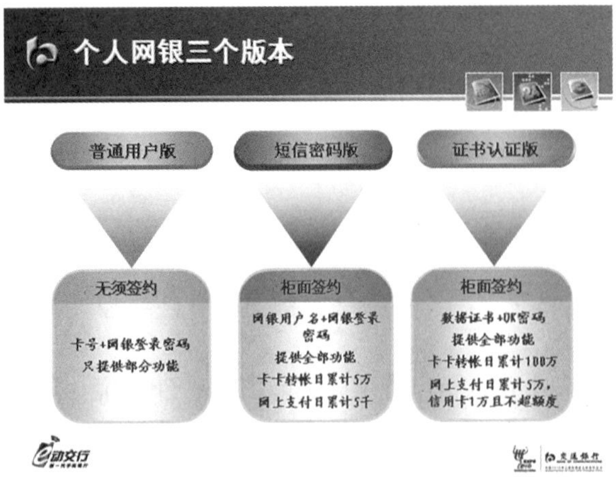

交行个人网银业务登录方式

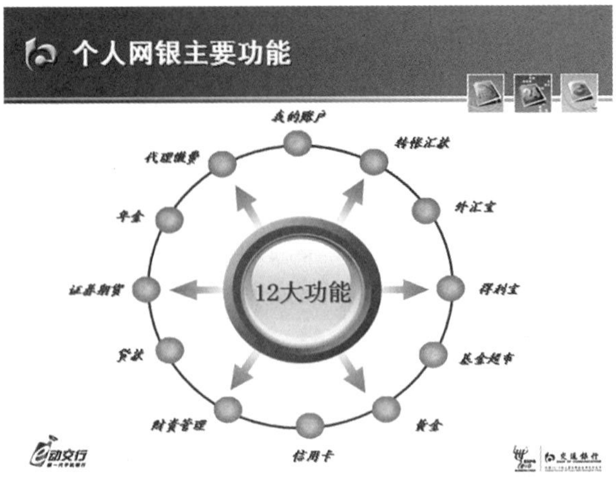

交行个人网银主要业务功能

2017年，实现跨省市代收交通罚没款、代收诉讼费业务、支付宝代收涪陵水费项目上线。与重庆联交所开展全面业务合作。根据总行《企业网银费用减免要求》通知，制定《交通银行重庆市分行企业网银费用减免管理实施细则》，规范分行减免企业网银客户减免种类、期限、标准及要求、审批流程等。2018年，作为试点分行，配合总行上线交银智慧金服平台-物业管家业务。完成区级财政授权支付业务上线。实施买单吧信用卡缴纳交通罚没款、银联商务代收财政非税移动缴款业务落地。

表4-6-2

分行上线531系统后企业网银历年客户数、交易量及交易金额统计

年份(年)	客户数(户)	交易笔数(笔)	交易金额(万元)
2015	7767	306273	18454760.62
2016	9309	952303	62799219.46
2017	10799	819859	84325759.26
2018	13077	2815083	160473284.72

二、手机银行

手机银行是网络银行的延伸。总行新一代手机银行博采众长，在国内同业中首创利用WAP技术实现手机无线上网。无论是中国移动还是中国联通手机用户，只要手机具有上网功能，就可以使用交行手机银行。交行手机银行不用更换SIM卡，不用到银行柜面专门登记，为客户节省费用和免去麻烦。相比较目前市场上同类产品，具有功能丰富、操作便利、安全可靠、费用低廉和申办手续简便等特点。

2004年，分行开通第一代手机银行。该业务可为客户提供个人理财、外汇宝业务、基金业务、金融服务和账户管理等金融服务功能。2009年6月27日，总行“e”动新一代手机银行上线，先后推出java、Windows Mobile和iPhone客户端版本，成为国内首家采用客户端模式手机银行。2010年，上线手机银行无卡消费功能。推出安卓客户端版本。根据推国内最大手机互联网站3G网发布的“2010手机银行评测”结果，交行手机银行在开通便捷性、界面体验、功能、客服品质等10项指标综合比拼中，以9项指标名列前茅绝对优势获总分第1名。2011—2012年，在手机银行等渠道上开发推出固定电话、手机话费充值和自助缴费业务，水气缴费、有线电视缴费、公积金联名卡账户信息和贷款查询等20多项公共事业特色业务。2013年，手机银行升级2.0版正式上线，改1.0版黑白屏面形象为九宫格蓝白屏面形象，首次将各功能归类为“我的首页、生活服务、金融服务、投资理财”4个板块。手机银行2.0版本，首家推出手机魔卡，实现手机银行的硬件证书安全保证，支持大额转账。在银行业内首家实现通过手机非接圈存标准IC电子现金。2014年，交行手机银行涉足手机移动支付。总行推广手机版交博汇。分行首家手机支付（WAP版）商户“小菜娃”上线。总行在手机银行上搭建增值服务商平台——交行生活服务应用市场。分行联系重庆地区实力电商，实现手机银行对联通客户消费1分钱送流量活动。积极推广总行“手机银行最红星期五，感恩大回馈”活动。开展“世界杯足彩 我的幸运足球队”活动。2015年，总行继续打造手机银行生活服务应用市场平台，在手机银行推广优惠券活动。分行积极联系全国知名品牌“阿里与艾德”6个在渝连锁咖啡西餐厅，推出“5元喝咖啡”活动。与鼎龙达国际影城签订手机银行“5元购票看大片”活动。2016年4月，手机银行第三次全面升级改版为3.0版。为客户提供便捷资金管理功能，可以对银行账户、证券账户、黄金账户和期货账户等进行资金归集、统一调配。为客户提供理财、基金、贵金属、保险、记账式原油、外汇宝、期货等多种投资工具。为客户提供代缴水电燃气等公共事业缴费功能，“买单吧”餐饮优惠、积分商城、影票机票等。为客户提供移动金融服务平台预约网点服务，手机银行无卡取现预约服务。为客户提供可靠、稳定的财富管理服务。2017年，加大手机银行在企业行、校园行和社区行等各类外拓活动中的批量营销。做好客户经理名下品牌客户的

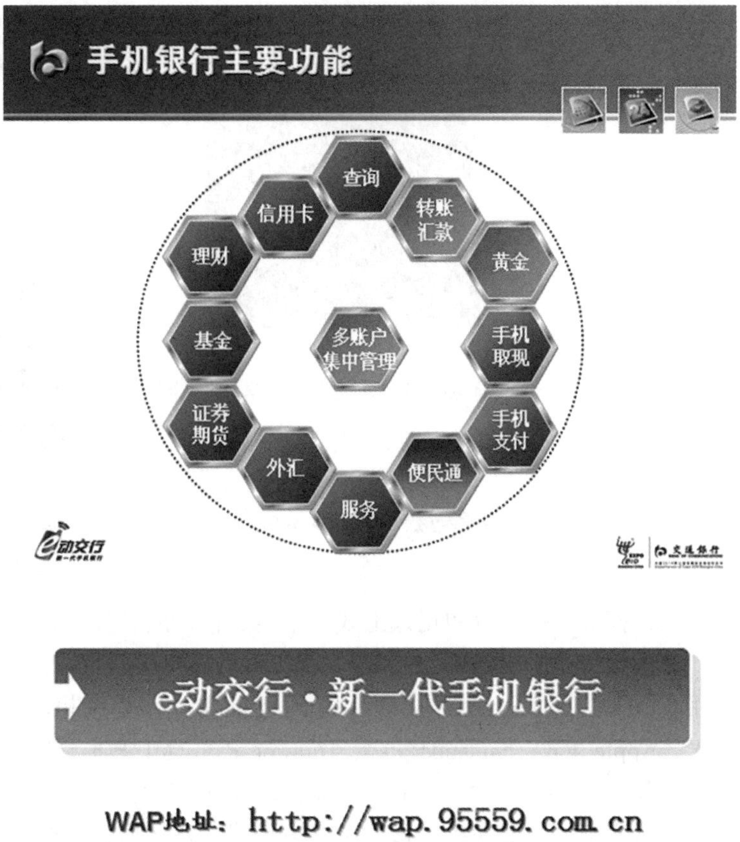

交行手机银行功能及登录方式

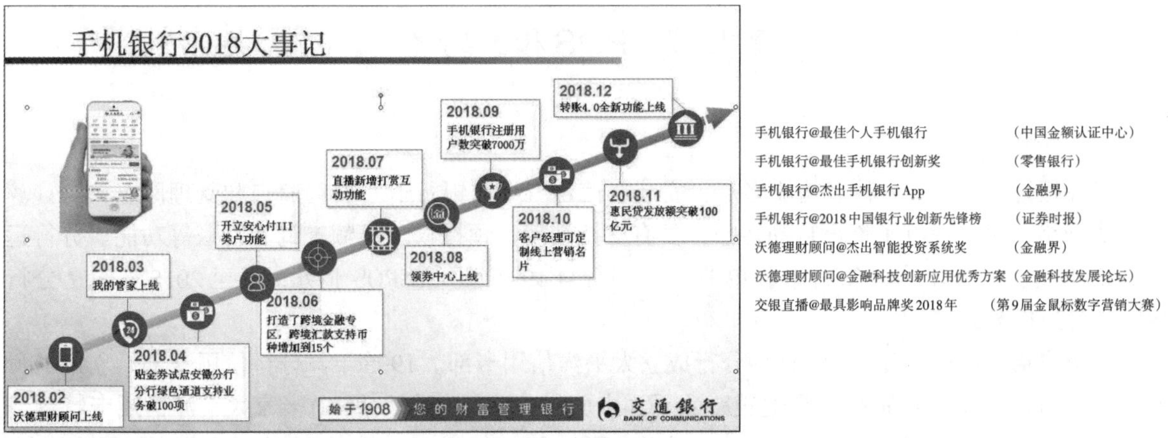

分行2018年手机银行业务大事记

分行开展手机银行营销活动

手机银行拓展。银联宣布正式上线二维码支付产品，交通银行成为业内首家上线银联标准二维码支付产品的银行。手机银行、"买单吧" App均支持银联标准的二维码支付功能，为客户提供"安全、通用、便捷"的用卡服务。作为业内首批提供完整手机Pay产品体系银行，交通银行现已支持HCE、Apple Pay、Samsung Pay、Huawei Pay、MI Pay等多种手机Pay产品，各类手机Pay产品均基于令牌（Token）技术，并集合金融级安全芯片、指纹验证等技术，全面保障交易安全。2018年，总行实施"线上为主，移动优先"经营战略转型，手机银行功能和体验不断完善，通过聚焦客户高频需求、分支行客户营销痛点，开发和优化扫码支付、沃德贴金券、安心付账户等系列功能。截至2018年12月，分行借记卡手机银行签约客户121.5万户。

表4-6-3

分行近年手机银行交易情况

年份	交易笔数(万笔)	交易金额(百万元)
2016年	360.22	76536.87
2017年	430.55	92,509.31
2018年	631.74	149,241.63

第四节 POS和家易通

一、POS业务

产品概述。POS是一种多功能终端，安装在信用卡（或银行卡）特约商户和受理网点，与计算机联成网络，可实现电子资金自动转账，具有支持消费、预授权、余额查询和转账等功能。分行运用POS机具，开展境内外银行卡收单业务。分行自1995年开展POS业务，截至2018年底，分行POS自营商户数1437户。

业务发展。1993年10月15日，分行成立太平洋信用卡部。1995年，分行信用卡部设立市场科和综合管理科。主要负责拓展交通银行太平洋卡收单商户。当年发展40多家太平洋信用卡特约商户，包括市内知名度高、经济效益好的大中型百货商场、饭店、酒家、宾馆、金银首饰店和钟表商店等。1997年，分行特约商户达280多家（其中：加油站商户43家，五行联网商户89家）。1999年3月，重庆市无中心POS共用系统通过专家组鉴定。分行特约商户快速增长。2000年8月，印发《交通银行重庆分行太平洋卡特约商户分级管理办法》，规范管理分行已拥有的1000多家特约商户和1700多台POS终端。分行私金处市场科负责协调、衔接与他行共用POS关系，开展支行专管员和前台人员发展特约商户、POS安装维护、商户受卡、与他行合作等业务培训。2001年，分行发行“银联”标识卡。2002年，按人行及总行“联合联网”要求，完成终端机具（ATM、POS等）标准化改造。2004年，在全市范围内开展太平洋卡消费促销活动。对太平洋持卡人刷卡消费，实行“每月抽奖、幸运大抽奖、积分换礼品”。对商户和收银员，实行“赠予礼品、评选刷卡明星”。2005年，召开大型商户新春联谊会，评选刷卡明星，在全市大型商场张贴卡消费活动宣传画、散发宣传单、共同向市民有针对性推荐消费功能。在居民众多、集中的住宅区张贴宣传画、开展卡消费现场宣传活动，选择解放碑、华宇广场、杨家坪步行街、北辰天街广场、南代广场、北碚广场、涪陵体育馆等设立宣传展台，现场“免费办卡”，刺激太平洋卡消费群体的增长。10月12–14日，第五届亚太城市市长峰会在重庆召开，分行被本届峰会指定为唯一金融服务银行。在市四星级以上酒店、机场和会展中心都安装交行设备，与组委会签订峰会注册报名费代理业务协议，将分行外卡收单和外卡取现两项业务延伸到峰会现场。2006年，联合太平洋百货、立洋百货和远东百货商场开展POS刷卡消费赠礼活动。全年卡消费额13.37亿元，卡消费手续费收入731.68万元；外卡收单额226.64万美元，外卡手续费收入3.403万美元。2007年，根据总行发展特惠商户要求，分行开展特惠商户营销活动，将本市知名、具有影响力宾馆酒店（三星级以上）、餐饮、服装专卖店以及休闲、娱乐的服务场所作为发展特惠商户的对象。2009年，印发《交通银行重庆市分行太平洋卡特约商户管理暂行办法》，规范分行太平洋卡特约商户管理部分职责分工、业务工作人员责任分工、特约商户管理及业务规定、商户的日常管理、差错及争议业务的规定、风险及安全管理等。将银行卡收单部分服务外包给杉德银卡通信服务公司进行合作，协助分行拓展商户，由交行出资购买POS设备（含无线POS、有线POS和基于MIS系统改造的POS）或由外包服务商出资购买，外包服务商承担POS安装及运营维护、商户收银员培训、增值业务开发及维护、配合分行进行营销宣传等专业化服务，用于改善太平洋卡和跨行银行卡受理环境。印发《交通银行重庆市分行银行卡收单部分服务外包管理暂行办法》，规范分行各部门职责、外包服务商管理、风险管理、特约商户拓展受理流程等。2010年，印发《交通银行重庆市分行收单业务专用章管理（暂行）办法》，规范收单业务专用章使用的审批流程及适用范围、印章的使用和保管等。签订《交通银行特约商户受理银行业务协议书》、地方银联直联POS特约商户协议书及相关补充协议。签订《交通银行特约商户受理VISA卡及MasterCard卡业务协议书》《特约商户受理大来信用证直接购货业务协议书》《JCB卡特约单位合约书》《美国运通商户服务协议书》《安全追索权协议书》等协议书及相关补充协议。签订《太平洋卡特惠商户协议》《沃德财富联盟商户协议》等协议书及相关补充协议。向特约商户、特惠商户及银联、第三方外包服务机构等出具与收单业务相关的通知、文件等纸质文档时签章等。2013年，通过零贷联动，利用授信绑定商户方式，成功将知名餐饮企业“巴菲盛宴”拓展为分行自营POS收单商户。将重庆江北机场内大型零售商“林顿利商贸有限公司”为分行自营POS商户，在机场各个候机厅共安装23台POS机，主要用于旅客在机场购买土特产、图书或餐饮消费时的刷卡结算。2014年，将“个体工商户”（非批发商户）列为安装POS机发展对象。使用个人银行结算账户作为资金清算账户。11月17日，完成重庆人人乐商业有限公司MIS–POS项目上线试运行。2015年3月，分行粮食集团收付一体化MPOS项目正式上线试运行，成为系统内第一家推出对公账户版本MPOS项目的分行。2016年，与中国银联股份有限公司合作推出云闪付（HCE）业务。与苹果技术服务（上海）有限公司及中国银联股份有限公司合作推出Apple Pay业务。与三星（中国）投资有限公司及中国银联股份有限公司合作推出Samsung Pay业务。9月6日，POS手续费实施新规，取消行业分类，信用卡手续费上不封顶，信用卡回佣保持较大增幅。2017年，为满足分行直联商户屈臣氏对于资金清算的个性化需求，提供优质的金融科技服务。分行CPOS特色清算业务系统成功上线。2018年，分行推出沙坪坝区房管局“房屋大修基金缴存收单项目”，以交行系统对接沙区房管局网络，利用数据转换和信息交换实现大修基金在分行收单，通过移动POS方便客户在现场使用任意银联卡刷卡缴费。推出轨道集团、松藻煤电等多家集团企业下属子公司“党费管家”二级商户开立，实现200多户企业“党费管家”收单业务联通。推出华润、渝富、三特3个开发商预售房监管POS收单项目。

表4-6-4

分行2013-2018年自营POS收单商户拓展情况表

年份(年)	商户数(户)	POS终端数(户)	商户回佣净收益(万元)
2013	429	670	31.7
2014	646	1003	100.4
2015	922	1391	148.59
2016	1083	1653	130.28
2017	1299	1853	120.6
2018	1437	1985	125.36

二、家易通

产品概述。家易通业务是总行于2011年上线的收单产品，主要是运用智能电话POS机为批发市场的个人客户提供卡收单、转账、信用卡还款、查询等业务。家易通产品能满足个体商户多种结算的需求，是商户不可缺少的收款工具。为分行零售结算型基础客群增长和储蓄存款提升提供手段与渠道。

业务发展。分行自2011年开展家易通业务，至今已经有9年的历史。截至2018年底，分行家易通商户3050户，家易通户年日均款7.5亿元。

表4-6-5

家易通业务历年数据情况

发展年度(年)	家易通正常商户数(户)	家易通储蓄年日均存款(亿元)
2011	320	0.12
2012	2200	3.52
2013	3060	4.25
2014	4220	5.86
2015	4800	6.02
2016	5430	6.20
2017	4500	6.49
2018	3050	7.50

第五篇　业务管理

分行实行资产负债比例管理，在资产、负债各自内在协调基础上，保持资产、负债相互的总量、结构的对称匹配协调，实现二者的动态平衡，实现对银行流动性风险的科学防控。授信管理，重点加强公司授信业务管理、小企业和个贷授信管理。风险与合规管理，重点加强风险基础管理、小企业和个贷业务风险管理、风险资产管理与全面风险管理、不良资产管理、法律合规管理。财务管理，重点加强财务和成本管理、税务管理与数据管理、会计与经济资本管理、预财管理。营运管理，重点加强会计核算、营运风险管理与账务中心管理，以及现金储运、自助设备与会计档案管理。不良贷款由1993年的4.04亿元、占比27.43%，下降为2018年的3.03亿元、占比0.36%。2018年，分行绩效考核154.62分，全行排名第3；综合竞争力，全行排名第5；实现经营利润19.53亿元，全行排名第6；实现经济利润13.03亿元，全行排名第7位。

第一章　资产负债管理

第一节　管理模式

资产负债管理委员会。交通银行作为国内第一家股份制商业银行，率先实施资产负债比例管理。重庆分行在重建初期，开发研制交通银行资产负债管理信息系统，并在全系统推广使用。1993年4月，分行成立资产负债管理委员会，委员会由分行总经理、副总经理、总经理助理以及计划部、信贷部、外汇部、证券部、房地产信贷部、财会部、稽核室、调研部和办公室的主要负责人组成。分行总经理和副总经理分别担任资产负债管理委员会主任委员和副主任委员。并制定《交通银行重庆分行资产负债管理委员会工作制度》，确定相关工作职责，明确资产负债管理委员会是分行总经理组织和实施分行及全辖资产负债管理的权威性机构，负责全面检查和分析资金使用比例管理制度、信贷资产质量监控制度、财务指标分析制度、风险防范和稽核制度的执行情况。资产负债管理委员会每季度召开一次例会，会议一般程序为通报当前经济金融情况，听取资产负债管理委员会成员部门对分行资产负债管理状况检查分析的报告，重点讨论资产负债管理中存在的问题和改进措施，形成会议纪要，印发全行贯彻执行，指导全行的资产负债管理工作。

职能部门。1993年4月，分行将综合计划部确定为资产负债管理委员会的日常办事机构，担负分行资金营运的管理职责。2005年8月9日，成立分行预算财务部和会计结算部，承担资产负债管理委员会日常职能部门的相关工作。2007年7月9日，单独设立资产负债管理部，承担分行资产负债管理职能。

第二节　信贷计划管理

信贷计划管理是资产负债管理工作的一项重要内容，分行的主要职责是严格落实信贷计划管理，保持分行信贷业务与存款增长平衡发展，通过合理规划，在总行给予的规模范围内，最大限度地满足经营单位及分行直营部门的信贷需求，完成分行利润计划和偏离度考核。行内信贷计划管理大致有规模管理、存贷比管理、贷款限额管理、增量存贷比管理等。

管理制度。1988年9月13日，总行印发《交通银行资产负债管理办法》，要求各分行在信贷业务上进行政策控制、程序控制、利率控制、数量控制和组织控制。1991年2月1日，分行印发《关于一九九一年信贷计划管理有关规定的通知》，明确管辖分行的领导和管理作用，增强管辖分行对支行的调控职能，并对当年信贷计划管理提出相关要求。1995年5月19日，总行《关于下达资产负债比例管理主要指标的通知》，下达分行当年各项资产负债考核指标，6月14日，分行印发《关于下达资产负债比例管理主要指标的通知》，将各项考核指标分配给各支行。1996年12月23日，印发《交通银行重庆分行计划及资金管理考核办法》，明确分行对各支行、营业部、外汇部的计划及资金管理考核。1999年4月12日，总行印发《交通银行资产负债比例管理办法》。2002年12月20日，总行印发《关于启用交通银行资产负债管理分析系统的通知》，印发交通银行资产负债管理分析系统管理办法、系统简介及系统使用准备工作报告。2005年，计划处牵头制定《交行重庆分行经营机构综合考核办法》，并下达2005年计划指标。对考核指标的设置、分值比重以及计划指标分配进行多次调整和测算，力求科学合理。根据支行网点拆并的实际情况，对支行考核基数及时进行调整。2007年，建立月末贷款放款逐笔审批制度，在分行范围内按月通报存贷款业务发展情况。2011年，根据总行综合绩效考核指标的部门分工，组织相关部门草拟各项指标专项奖惩办法。2013年，制定分行放款流程管理办法，改变贷款计划下达方式，将月初下达条线放款计划提前到上一月中旬向条线部门下达。2015年，印发《交通银行重庆市分行资产负债管理工作履职尽责管理办法》。2016年，重新修订《交通银行重庆市分行资产负债管理委员会工作规则（暂行）》，制订《交通银行重庆市分行2016年资产负债管理工作要点》《2016年重庆市分行资产负债配置实施方案》。2017年，制定《交通银行重庆市分行2017年人民币信贷计划管理办法》。2018年，拟定《交通银行重庆市分行人民币信贷计划管理办法》，落实总行信贷计划管控要求。

管理委员会。1993年4月6日，重庆分行成立资产负债管理委员会，负责制定分行重大经营策略，对资产负债业务进行统一管理，对分行资产负债管理的重大事项进行集体审议。1999年5月13日，分行印发《交通银行重庆分行关于资产负债管理委员会组成人员的报告》，明确委员会日常工作由计划处负责，同时确定当期委员会组成人员名单。2001年3月19日，总行《关于印发交通银行资产负债管理委员会2001年第一次例会会议纪要的通知》，明确各分行应尽力确保完成全年各项任务。

管理工作。1988年，总行下达重庆分行贷款规模27000万元。分行将其分解到昆明支行6500万元、自贡支行5000万元，柳州支行8000万元。1990年6月21日，总行给分行下达1990年度各项存款增加额50000万元，年末各项存款达成额为91000万元；各项贷款增加额48053万元。1992年1月18日，分行印发《关于召开辖内各分支行计划工作会议的通知》，传达1991年信贷计划执行情况、1992年信贷计划安排，总结交流计划统计以及资金调度工作经验等。1994年3月18日，分行印发《关于二月份资产负债比例管理指标执行情况的通报》，明确按照总行年初会议精神，分行从当年1月开始，建立健全资产负债比例管理工作制度，落实对全行信贷资产质量及资金运行的有效监控措施。1995年1月20日，总行印发《关于下达一九九五年度人民币存贷款计划和外汇存款计划的通知》，明确重庆分行、成都分行、贵阳分行、昆明分行1995年度存贷增量比，各项存款、贷款规模，存贷款指导性比例等指标。后分行按照实际情况，将总行计划在辖内支行做分解。1997年1月20日，分行印发《1996年资产负债比例管理指标执行情况通报》，将本部资产负债比例管理指标执行情况、本部全辖外汇资产比例管理指标执行情况、全辖信贷计划执行情况进行通报，1月24日，总行印发《关于下达1997年度本外币信贷计划的通知》，对分行全年计划进行传达。2000年1月17日，分行印发《1999年全行本外币信贷计划及资产负债比例管理执行情况的通报》。2003年，按照《交通银行重庆分行近期信贷资金行业投向指导意见》，加强资产负债比例管理，年末分行人民币贷款增量和存量存贷比为63.24%和76.08%，分别比年初下降11.03和2.39个百分点。2004年3月16日，分行《关于转发总行关于适当控制贷款过快增长促进业务均衡发展的通知》，针对2004年分行人民币存款增长缓慢，贷款增长较快，增量存贷比高位运行的情况，明确分行应狠抓存款，除个人贷款外严控新增贷款发放。2006年，预算财务部拟定分行2006年综合考核办法，下达10余项计划，根据总行考核导向和分行发展实际，拟定3季度负债业务考核激励办法和年末时点数考核办法，牵头组织开展规模调控工作，提高经营发展前瞻性，对净息差、收入成本比、资产收益率、经济资本、利润、费用等主要财务指标适时进行分析和提示。2008年，根据总分行2008年综合考核办法，下达当年存款、中间业务收入等多项计划，组织部门人员完成年度中期、年度决算工作及2009年预算编制工作中主要业务发展指标的测算工作。2009年，继续严格执行和完善存贷款预测制度，在分行范围内按月通报存贷款业务发展情况。2010年，对分行以往年度业务发展状况进行分析，通过与同业、系统内兄弟行的比较，有针对性地提出存贷款发展中存在的问题并提出整改建议。2012年，规范贷款规模控制及上贷规模审批流程，严格按定价优先的原则安排信贷规模，并优先考虑高回报的中小企业贷款和经济资本较低的个贷业务。2014年，全面推行资产负债全表管理，让资产负债管理由传统信贷业务向新型业务、表外业务深入和发展，较好统筹平衡传统业务和新兴业务、信贷业务和非信贷业务、表内业务和表外业务、一般存款和市场化存款的合理比例。

第三节　头寸、流动性管理

主要职责。流动性指标管理是资产负债管理部的一项重要职责：按月做好流动性指标的统计上报工作，并根据总行流动性指标管控要求按月下达各部门流动性指标控制计划，并按旬评估流动性指标执行情况，制定控制流动性缺口的措施，并组织相关部门落实，确保全行流动性指标控制在总行的流动性管控计划内。

管理工作。1990年，分行印发《关于开展分行内十日资金拆借的通知》，决定在全辖各行开展10日资金拆借活动，并拟定10日资金拆借暂行办法。1992年，分行印发《交通银行重庆分行关于对当前拆借资金管理的通知》，制定《交通银行重庆分行同业拆借管理暂行办法》。1993年，随着国家宏观调控的加强和整顿金融秩序的深入，银行资金一度出现紧张状况，重庆市的资金供需矛盾更加突出，分行积极拓展新的融资渠道，努力引进异地资金，年末融资总量39.5亿元，比上年增加16.52%，其中拆入异地资金31.2亿元，占融资总量的78.99%。1995年7月31日，分行印发《交行重庆分行关于下达外币库存限额计划数的通知》，明确各经营单位及外汇部保持分行外币库存处于合理的区间，其中外汇部限额120万美元，沙坪坝支行限额4万美元，巴南支行限额1万美元，北碚支行限额1万美元，江北支行限额4万美元，南岸支行2万美元，渝中支行5万美元，营业部1万美元，九龙坡支行2万美元。同年印发《关于印发本外币库存现金限额管理实施办法的通知》。1997年11月7日，分行印发《交通银行重庆分行关于拆借资金分级授权有关规定的通知》，明确分行拆借资金权集中在分行，拆借资金的业务主管部门是分行计划处，并对拆入资金和拆出资金的相关事宜做出详细规定。2000年，分行积极加强业务创新，完成首笔转贴现业务，填补业务空白点。2001年，经总行授权，分行加入全国银行间拆借市场和债券市场，开展网上拆借及债券逆回购交易。2004年，分行拆借交易量位列全国银行间拆借市场第70名，进入全国交易量百强。2006年，总行收回对分行的资金拆借授权，分行不再开展资金拆借及债券交易业务。2008年，制定印发《交通银行重庆分行流动性风险应急预案》《交通银行重庆分行人民币资金头寸管理应急预案》，成立分行流动性风险应急处置领导小组，明确各部门管理职责。主动加强与市内同业的联系，积极探索资金运用新渠道，提高资金收益率。与东亚银行办理首笔货币互存业务8000万元，实现收益410万元。2009年，首次参与中央国库现金定期存款招标工作，当年累计中标定期存款14.3亿元，缓解资金压力。2010年，交行正式实行全额资金管理模式。分行日常头寸缺口均通过总行调拨资金予以弥补，分行主要负责合理调控自身资金来源与运用规模，重点做好大额资金变动预报工作，确保流动性指标达标。2011年，重新修订完善《交通银行重庆市分行人民币流动性风险应急预案》。2014年，配合总行完成人行二代支付系统上线以及新旧资金管理系统上线切换工作。2016年，人行推行MPA考核体系，分行积极按照总行设置的流动性考核指标，加强监测调控，合理配置资产、负债结构。2017年，制定分行流动性管理办法，建立流动性及大额资金预报考核机制，按月开展流动性指标达标监测，预先规划，综合统筹，实现资产和负债的匹配发展。2018年，制定分行流动性管理“三办法”，建立流动性目标管控责任制，将流动性成本扣收与条线、经营单位利润考核挂钩，把流动性管控压力传导到条线和基层；努力提高预报水平，加大考核通报力度，提高资金预测准确度。全年分行共获得流动性奖励542万余元，获得头寸预报流动性奖励289万余元。

第四节　定价管理

主要职责。分行资产负债管理部在本外币存贷款及中间业务定价上的主要职责为：指导全行贯彻执行国家监管部门、总行制定的本外币存贷款及中间业务定价相关制度规定；根据总行本外币存贷款及中间业务定价相关管理办法（指导意见），组织相关部门讨论制订分行定价浮动原则及审批流程，草拟分行的总体实施细则，报经分行资产负债管理委员会批准后，在分行统一实施，并报总行备案；在总分行授权权限内，审批相关定价申请；定期检查监督所辖经营单位人民币存贷款及中间业务定价的执行情况；牵头对外公告服务收费标准以及对客户的宣传解释和纠纷协调等工作；按照本地监管部门要求，向本地银监局、物价局等报告相关服务收费情况，并参与当地银行业协会相关活动；收集、评估并及时向总行和分行资产负债管理委员会反馈分行定价政策执行情况以及同业存贷款利率信息，定期向总行报送相关统计报表。

管理工作。1989年，总行转发中国人民银行《关于调整银行存、贷款利率的具体规定的通知》，对各期限存款产品利率进行调整。1989年12月14日，人民银行重庆市分行印发《关于同意交通银行重庆分行发行大额可转让定期存单的批复》，同意交行重庆分行发行大额可转让定期存单总额2000万元，该存单发行起点为500元；同意交行重庆分行盖制100元券的张数不超过500元券张数的2倍，作为发行中的辅助券；一月期月利率5.85‰，三月期为6.93‰，六月期为8.25‰，九月期为9.33‰，十二月期为10.5‰。1990年5月18日，交通银行重庆分行上报《关于呈报贷款利率浮动方案的报告》，向人民银行汇报分行拟在当年就各类贷款利率及手续费的执行标准。1993年，总行印发《转发中国人民银行关于不准擅自提高和变相提高存、贷款利率的十项规定的通知》，明确各行应按照《中国人民银行关于不准擅自提高和变相提高存、贷款利率的十项规定》执行，做好存、贷定价管理。2003年，总行印发《关于调整小额外币存款利率的通知》，对各期限、各币种外币小额存款利率进行规定，要求各分行按照文件要求执行。12月8日，总行印发《关于小额外币存款利率实行上限管理的通知》，要求各分行对小额外币存款利率上限按总行要求执行。12月25日，分行印发《关于转发总行关于转发中国人民银行关于扩大金融机构贷款利率浮动区间有关问题的通知》，文件明确人行将扩大金融机构贷款利率浮动区间，并下调超额准备金存款利率。2004年，分行印发《交通银行重庆分行关于印发人民币贷款利率浮动管理实施细则的通知》。2005年，分行在对部分支行的检查中，发现少数贷款客户中长期贷款利率存在的问题：一是未随人行利率调整而相应调整，二是贷款展期到高一档利率而没有相应提高利率。由此分行印发《关于执行人民币贷款利率有关规定的通知》，加强对中长期贷款利率的管理，并在高新区、九龙坡、巴南3个支行共补收利息47万元。2006年，对营业部、南坪支行进行督促整改，营业部补收利息59万元，南坪支行补收利息3.8万元。2006年5月9日，分行印发《交通银行重庆分行关于印发对公人民币贷款利率浮动管理实施细则的通知》。2008年，根据宏观调控形势和分行实际情况，分行制定印发《关于进一步加强人民币存贷款利率管理的通知》，指导经营单位用好利率杠杆，提高资产收益。2009年，按照总行要求，分行做好人民币对公贷款利率定价模型系统的上线推广工作，以成本加成法作为对公贷款定价原理，指导支行客户经理正确运用系统数据开展定价工作。2012年，总行积极应对利率政策及市场变化，适时调整分行贷款利率下限，促进全行提高定价水平。定价方式上改变以前“最低限价”的单一定价模式，实行“最低限价”与贴近市场的灵活定价相结合，以RAROC’（风险调整资本收益率）值作为衡量标准，增强分行定价的灵活性和市场反应能力，充分发挥定价的导向作用。2014年，制定印发《交通银行重庆市分行本外币存贷款定价管理暂行办法》《人民币贷款业务定价实施细则》《关于调整存贷款亏损产品定价审批标准的通知》《关于印发中央国库现金商业银行定期存款投标价格审批流程的通知》《关于加强活期同业存款定价管理的通知》等文件。这一系列文件一是进一步理顺和优化定价审批流程，完善内控制度，提高工作效率；二是加强对主动负债的统筹规划管理，对经营单位、条线部门进行定价考核，对亏损类业务、低于贷款定价下限业务进行考核指标扣减，分行定价水平得到提升；三是积极应对利率市场化改革，分别组织各条线部门、经营单位两次召开会议，研究部署分行LPR推广应用工作；四是印发《贷款基础利率知识手册（客户版）》，做好客户宣传工作。2016年，制定印发《关于加强2016年利率定价管理的意见》《关于定价审批及系统运行相关要求的通知》，明确存贷款差异化定价要求，规范定价审批流程，会同预财部拟定印发《授信业务经济利润测算审批表》，印发支行及条线部门定价分析模板，结合分行定价现状、总分行定价政策、系统内先进经验等编写培训教材并组织培训。2017年，牵头开展分行息差管理大调研、大讨论、大献策工作，全行组织专题调研、讨论分析等38次，汇总上报总行建议29条。组织开展息差大讨论有奖征文，评选优秀论文17篇，在大调研、大讨论、大献策的基础上形成树立“一个理念”、明确“两项策略”、建立“三个机制”、开展“四项行动”的息差管理提升举措。牵头制定《2017年下半年低成本负债发展行动方案》，明确低成本负债发展目标和10大举措，按月跟踪推进情况，促进方案落地。2018年，根据FTP政策变化，灵活调整分行贷款定价下限，从严审批低定价贷款，建立贷款业务综合收益评估机制，对定价未达到最低标准的贷款客户逐笔进行综合收益评估。加大定价考核力度，分解下达资产收益率和负债成本率指标，提高定价考核分值比重，将存款定价与费用分配挂钩，强化全行定价意识。

第五节　中收牵头管理

主要职责。分行中收的牵头管理部门为资产负债部，其主要职责是：向行领导和资产负债管理委员会提供分行中间业务发展情况的报告，组织召开全行中间业务分析会议，提供业务和管理建议；建立中间业务分析制度，承担全行中间业务的综合分析工作。组织开展对分行和条线中间业务的工作调研，针对存在问题，提出对策建议并对实施情况进行检查反馈；定期通报全行中间业务发展状况（一般按月），提出加快中间业务发展的工作方案、政策措施和建议；根据分类指导、适时调节原则，对经营单位中间业务发展结构和发展节奏进行合理调控；检查监控全行中间业务运行情况，对经营单位和条线中间业务发展的业绩进行评估，为健全考核激励约束提供参考意见，促进中间业务持续稳定协调发展；收集、整理分行和国内外同业中间业务数据、产品信息，借鉴先进银行发展经验；承担对上级监管机构的相关中间业务管理部门的报告、联络事宜。

管理工作。2005年12月6日，总行印发《关于印发交通银行服务收费业务价格目录（2005年10月版）的通知》，加强对全行服务收费的管理。2006年9月7日，总行印发《交通银行服务类中间业务定价管理暂行办法》，健全服务类中间业务定价机制，规范全行服务类中间业务定价管理行为。同年，预算财务部首次牵头中间业务管理，提出《重庆分行2006年中间业务发展意见》，按季度对中间业务状况进行分析并提出下一步工作重点，并对部分支行代理保险台账管理及收费情况进行检查。2007年，加大中间业务收入在分行综合绩效考核的占比，达到12%，其他中间业务类指标加减分比重达25%。资产负债部按季向全行通报中间业务发展状况。2009年，加强中间业务牵头管理工作成为当年重点工作。根据总行要求，贯彻落实分行中间业务收入预测制度，牵头汇总各相关部门按月完成中间业务收入预测工作。制定《重庆市分行中间业务管理实施细则》。2010年，继续贯彻落实分行中间业务收入预测制度，向全行通报中间业务发展状况，在收集汇总相关业务部门的意见基础上，密切关注市场同业和系统内兄弟行的发展动态。2012年，牵头开展不规范经营专项治理活动。根据银监、总行不规范经营专项治理工作要求，拟订分行专项治理工作方案，牵头开展专项治理活动，梳理服务收费项目，汇总上报自查报告，指导经营单位向当地监管机构报送自查报告。按照监管要求组织开展“七不准”、服务收费名录印制、公示，并做好相关解释工作。组织开展不规范经营专项检查2次。协助相关经营单位顺利通过银监局专项检查。2013年，通过月度专项分析、季度重点推进、热点产品调研、预测通报、主动参与经营单位中间业务营销过程、加强与兄弟行对比分析、收集整理系统内先进经验供部门和经营单位参考等一系列措施，推动全行中间业务快速发展。2014年，印发总行最新《2014年中间业务产品手册及案例汇编》，积极配合重庆市物价局、重庆银监局、两江银监分局顺利完成对分行涉企收费的检查工作，牵头开展服务收费专项检查活动。2017年，细化中间业务管理，推动中间业务规范有序发展。加强中间业务指导推动，强化中间业务预测、报表分析相关工作，坚守服务收费合规底线，定期开展服务收费检查，促进收费业务规范发展。2018年，牵头分行市场乱象“不当收费”排查、“涉企收费”排查，通过国家市场监督总局检查。严格按季度抽查大额服务收费项目，确保中间业务在合规范畴内平稳发展。

表5-1-1

重庆分行2005—2018年中间业务收入（非净息收入）情况表

单位：万元

年度	公司业务	投行业务	同业业务	国际业务	个金业务	零贷业务	合计
2005年	1769			640	2158		4567
2006年	3925			772	2513		7210
2007年	797			768	6399		7964
2008年	1552			995	6465		9012
2009年	3138			1533	7263		11934
2010年	2955			1176	9922		14053
2011年	6370			4036	8109	1933	20448
2012年	11875			4807	7051	1028	24761
2013年	14760			4786	7733	1722	29001
2014年	4344	11240	4347	5759	10908	782	37380
2015年	4252	17027	5973	11828	14907	1744	55731
2016年	4768	16601	7343	15178	20190	810	64890
2017年	4985	8659	7230	20781	21155	1183	63993
2018年	5636	10632	5064	23016	24701	1376	70425

第六节　票据中心业务

主要职责。2012年10月，分行批准设置票据中心，为资负部下属的二级部门，主要职责是认真贯彻分行转型发展战略，积极推动分行票据融资业务的发展，不断提高票据融资业务的盈利能力。具体工作职责为：牵头分行票据转贴现业务；制定分行票据融资业务的发展规划、管理制度及操作规程，并组织实施；制定票据新产品业务管理办法、操作流程；负责全行票据从业人员转贴现业务的指导及培训工作；制定和完善全行票据融资业务的内部控制和风险管理制度、操作流程、审查审批程序和风险防范措施；对全行的票据融资规模、资金运作情况进行分析、预测、监控，与总分行相关部门沟通，制定票据买卖操作计划，调节票据的吞吐节奏和持有量。

管理工作。2012年，在全行票据业务综合排名中名列第12位，较年初提升19位，票据累计交易量排名全行第16位，较年初提升17位。全年新增交易对手23家（系统内8家，系统外15家），实现FTP净利息收益1024万元。2013年，分行实现转贴现业务交易量599.32亿元，净经营收入2506万元。新增交易对手40户，办理交易次数151次。交易量、净利息收益、新增交易对手、交易次数均实现大幅增长。分行票据累计交易量排名全行第6位，较年初提升10位。2014年，分行实现转贴现业务交易量1009.50亿元，净经营收入8223万元。新增交易对手30户，办理交易次数195次。交易量、净利息收益、新增交易对手、交易次数均实现大幅增长。分行当年票据累计交易量排名全行第3位，较年初提升3位。2015年，分行票据转贴现交易量达到2230.81亿元，较上年同期增加1221.31亿元，增幅120.98%；直贴交易量10.36亿元，较上年同期增加7.79亿元。票据交易量在系统内排名第1位。分行票据业务实现经营利润10180万元，较上年同期增加935万元，同比增幅10.11%。2016年末，受票据市场变化影响，分行办理买断式转贴现404.36亿元，较上年同期下降1273.94亿元，降幅75.91%。买断式转贴现FTP净利息收益449万元，较上年同期下降1351万元，降幅75.06%。回购式转贴现90.72亿元，较上年同期下降456.13亿元，降幅83.41%。回购式转贴现FTP净利息收益443万元，较上年同期下降6457万元，降幅93.58%。1—12月票据交易量分行排名系统内第7位。分行票据中心积极谋求票据业务转型，大力发展直贴业务，全年直贴交易量64.45亿元，较上年同期增加51.76亿元，增幅407.88%。直贴FTP净利息收益1522万元，较上年同期增加372万元，增幅32.35%。分行票据业务实现经营利润2414万元。2017年，分行累计办理买断式转贴现251.16亿元，办理直贴业务156.09亿元，较上年同期增加91.64亿元，增幅142.19%。直贴FTP净利息收益3875万元，较上年同期增加2353万元，增幅154.60%。全年办理准直贴业务105.4亿元，获得2017年票据业务“增效益、促转型”劳动竞赛二等奖。贴现业务引入客户18户，分行票据业务实现经营利润3574万元。2018年，分行累计办理买断式转贴现164.18亿元，较上年同期下降34.63%。办理直贴业务68.88亿元，较上年同期下降87.21亿元，降幅55.87%。全年实现票据业务经营利润4022万元，较上年同期的3574万元增长448万元，增幅12.53%；经济利润2967万元，计划完成率105.96%。全年落地准直贴业务21.04亿，排名系统内第4，创利55万元。落地再贴现业务，全年再贴现业务创利223万元。累计为209户企业客户办理贴现业务68.89亿元，其中小微户数占比91.87%，贴现量占比83.79%。

第二章　授信管理

第一节　管理模式

公司授信管理是促进交通银行公司信贷业务持续健康发展，有效防范和控制风险，实现发展与管理同步的重要基础。交通银行与世界银行合作实施《改进交通银行信贷流程》项目（简称世行项目），重庆市分行也按照总行相关要求，持续提升信贷业务管理与操作的规范性和先进性，加快信贷风险管理领域与国际先进水平的接轨进程。

一、公司授信管理

贷款审查委员会。1993年10月，分行成立贷款审查委员会（简称贷审会），负责对全行大额贷款、担保和投资业务进行集体审议。其主要职责是对正常类公司授信客户进行授信审查，通过集体审议，向有权审批人提供授信审查意见。贷审会实行委员制，是分行贷款审定的最高机构，授信管理部是贷审会的办事机构。

信贷执行官。2002年，总行按照世行项目设计成果，在国内同业中率先在授信审批条线试点推行信贷执行官制度，形成独立的信贷风险管理体系，突出风险管理的独立性和专业性，体现“审贷分离”和“专业人做专业事”的科学管理要求，是交通银行学习借鉴先进商业模式成功经验的重要举措。2003年5月，世行项目在分行正式推行，分行信贷执行官制度开始实行。分行设立高级信贷执行官，高级信贷执行官工作职责是：领导分行授信管理部门及其他分管工作，组织制订或贯彻执行分行信贷投向政策及授信管理制度，主持贷款审查委员会工作，审批权限内的授信业务，研究分析公司授信业务运行情况，并向分行长长和上级行汇报等。

授信管理部门。1987年，重庆分行重建初期的信贷业务经营管理职能被融入筹备期间的资金组及业务组。1988年8月13日，分行先后成立国内业务部、外汇业务部及信贷业务部，对分行本外币信贷业务进行管理。1993年10月4日，成立贷款审查部。1994年3月，成立外汇信贷部，分别负责本币与外币信贷业务管理，贷款审查部并入信贷处。1995年，外汇信贷部并入外汇业务部。1996年9月29日，根据人行“贷款通则”和总行“审贷分离”要求，撤销信贷处，成立信贷管理处、贷款审查处和风险管理处。1999年1月14日，分行将贷款审查处、风险管理处并入信贷管理处，由信贷管理处承担全行信贷业务的经营、管理。1999年5月26日，分行撤销信贷管理处、信贷业务处和中间业务管理处，设立授信管理处、市场营销处和风险资产管理处。2005年，授信管理处更名为授信管理部。授信管理部是承担分行正常类公司授信客户授信业务风险审查和授信管理的职能部门。

二、小企业和个贷授信管理

零售信贷审查委员会。2007年，根据《个人贷款业务政策和操作手册新编》，交通银行对分行个人信贷审查的组织形式、工作职责、工作规程等进行规范。8月，根据总行印发《关于整合零售业务板块组织架构的通知》，将零售信贷小企业业务从公司板块剥离，纳入零售信贷管理部统一管理，同时设立分行零售信贷审查委员会，增加小企业信贷业务审议职能。分行零售信贷审查委员会实行委员制，主任委员由分管零售信贷业务的副行长担任，其余委员由授信部、资负部、合规部、个金部、风险（保全）部、普惠金融部、公司部等负责人担任。牵头部门为授信管理部。分行零售信贷委员会作为分行零售信贷业务的集体审议机构，主要职能是负责对分行个人信贷和小企业授信业务的可行性、合规性以及风险性进行集体研究，通过集体审议，向有权审批人提供审查意见，防范授信业务风险。

授信管理部门。2000年6月，分行由私人金融业务管理部统一履行个贷授信管理职能。2002年7月，分行印发《关于进一步加强个人贷款业务管理的若干规定》，私金处成立个人贷款授信管理科，负责个人贷款的授信审查、制度建设和业务运行监控。2006年4月，分行统一采用个人贷款中心模式管理个人贷款，个人贷款中心设在私金部。2007年8月，分行个金部设置小企业信贷中心，负责小企业信贷业务管理和授信审查工作。2008年6月，根据总行要求，分行印发《关于成立零售信贷管理部的通知》，成立零售信贷管理部。2010年1月，分行印发《关于成立个人（小企业）贷款中心的通知》，在原零售信贷管理部的基础上成立分行直管的专业化经营单位——个人（小企业）贷款中心。2011年1月，分行印发《关于个人（小企业）贷款中心更名及整合的通知》，将分行个人（小企业）贷款中心更名为个人贷款中心，与两路口支行合并，两块牌子，一套班子。2013年7月，分行印发《关于调整分行零售信贷管理部组织架构的通知》，成立零售信贷审批中心。2014年6月25日，撤销零售信贷管理部，设立零售信贷业务部，为分行内设一级经营管理部门。授信管理部增设二级部——零售信贷管理部。将原零售信贷审批中心纳入授信管理部统一管理。2015年8月27日，零售信贷业务部更名为小企业金融部，主要负责开展小微企业业务和个人经营性贷款业务。2016年5月23日，根据分行《关于设立分行授信管理“一部三中心”的通知》（交银渝发〔2016〕30号），授信管理部成立“一部三中心”，零售信贷业务的审查审批工作由审批中心负责，贷后管理工作由贷后管理中心负责。2017年7月14日，成立普惠金融事业部，与小企业金融部合署办公。

第二节 公司授信业务管理

一、政策管理与授信业务

政策管理。2002年4月，分行印发《交通银行重庆分行关于近期信贷政策投向指导意见》的通知，及时、全面反映借款人资信情况，加强金融监管，防范信贷风险。2003年8月，印发《交通银行重庆分行关于信贷资金行业投向的指导意见》，根据总行信贷投向政策意见、人民银行重庆营业管理部《重庆市2003年信贷政策指引》、重庆国民经济和社会发展“十五规划”及2003年经济发展状况，结合分行信贷投向结构及质量状况，制订细致的分类投向指引。包括区域投向主要集中在都市发达经济圈，即重点投向北部新区、重庆高新技术产业开发区、重庆经济技术开发区、重庆大学科技园区等及其他行政区中具有发展前景和行业优势的项目。行业投向中优先支持的行业为电力、水、煤气生产供应业及邮电通信业、烟草行业、教育产业、新闻出版行业、参与支持基础设施建设的信贷投入；一般支持的行业为交通运输业，汽车摩托车行业，医药行业中有规模、有品牌、知名度较高的中药生产企业和有成本优势的化学原料药生产企业；有条件支持的行业为房地产业、有色金属行业、旅游行业中的优势企业、建材行业和外贸行业。维持或减持的行业为机械行业、化工行业、电子行业。退出的行业为纺织行业、轻工行业、科研行业。禁止投向类主要包括对不符合国家产业政策和信贷政策要求，以及国家明令关停、限制发展和信贷资金禁入的产业与行业，严禁发放贷款。2004年，积极组织推广世行项目第二阶段工作，提升风险识别、分析、控制和化解水平。加强制度建设，促进授信业务规范发展。根据宏观调控和分行实际，制订、修改行业投向、集团授信、存量结构调整、贷款用途管理、全面贷后监控、客户经理履职行为考核、正常类客户与问题类客户相互划转、信贷台账管理、授信调查和审查等方面的制度、办法共计13个。调整行业投向，加大对优势行业、优势企业的支持力度。当年末，分行房地产业贷款余额较年初下降0.99亿元，占比下降0.44个百分点。商贸餐饮业贷款余额较年初下降0.76亿元，占比下降0.33个百分点。1—12月，交通运输、教育、有色金属、医药、烟草以及个人消费贷款等优势行业的贷款余额较年初增加15.49亿元，占比上升11.45个百分点。贯彻国家宏观调控政策，对钢铁、水泥、电解铝、电石、铁合金等行业贷款进行认真清理，宏观调控后对这些投资过热行业停止发放新的贷款。2005年12月，总行印发《交通银行信贷政策手册》，强调行业投向要结合国家宏观政策和监管要求，加强对经济金融情况和产业发展规划的研究分析，制定细致的分类投向指引。包括支持类行业、维持或减持类行业、退出类行业。分行按照总行要求进行信贷投向。2006年9月，分行印发《关于加强人民币信贷投放进度及投向管理工作的指导意见》，对房地产行业贷款授信，要提高准入门槛，严格审核企业开发资质、自有资金投入、个贷按揭协议落实情况等；对11类国家宏观调控的行业应按照总行有关信贷投向政策意见和行业授信政策，审慎把握政策要求，提高准入标准；继续将电信、石化、交通运输和电力行业作为支持类行业；高度关注经济运行和产业升级调整的新情况，对医药、食品、烟草等消费类行业的优质客户和龙头企业，可择优加大信贷投放；继续改善客户评级结构，提高1~5级客户贷款余额占比。2007年8月，分行印发《强化授信业务运行与管理指导，促进授信业务实现有质效发展的实施意见》，新增授信主要投向重庆地区支柱产业及行业领先、增长型优势企业，新建、改扩建项目授信选择上，须特别关注查验各项审批手续的合规合法和完备性；审慎对待民营企业授信申请。强化用途监控，防止信贷资金进入股市、房市、期市。2008年4月，分行发挥银行信贷在优化市场资源配置中的作用，以符合国家环境管理、污染治理和生态保护要求作为信贷决策重要标准，支持节能减排，推动经济增长方式转变和产业结构调整升级，将“绿色信贷”工程纳入授信调查、审查、审批环节进行全流程管理，根据国家环保总局企业环境行为五色体系，在银监指导意见用绿、黄、红三色表示基础上，细化为三色七类，对应企业环境行为优劣，绿色一类—环境优秀客户，绿色二类—环境良好客户，绿色三类—环境合格客户，绿色四类—环保无碍客户，黄色一类—环保关注客户，黄色二类—环保警示客户，红色一类—环保风险客户。2009年2月，分行印发《交通银行重庆分行2009年授信工作指导意见》的通知，要求加大对电信、水煤气、烟草、电力、汽车、装备制造、交通运输等传统优势产业的信贷运行；加大对有自偿性现金流、财力与负债匹配的市政基础设施建设项目的信贷支持；加大对拉动内需受益相关产业的信贷支持；积极响应政府关于“三农”、中小企业、生态节能环保项目、灾后重建、民生工程的扶持政策；继续对教育、房地产、零售、住宿餐饮业等实行总量或占比控制；保持现有期限结构基本稳定；提升抵质押占比；提升内评1～8级客户占比；持续开展动态风险排查，完成风险贷款减退计划，确保存量质量不断改善。2010年7月，分行印发《交通银行重庆市分行2010年下半年授信业务运行管理指引意见》，抓住国务院对重庆两江新区五大功能定位，参与两江新区交通枢纽等基础设施建设，支持高新技术企业发展，加大节能减排、改善民生、涉农信贷支持力度，积极参与教育等事业合作，配套合理授信品种，合理搭配建筑行业授信品种，做好房地产行业客户选择，继续加大对传统优势产业的支持，审慎开展搭桥贷款。深入贯彻执行“三个办法，一个指引”监管政策要求，推进政府平台企业解包还原与节能减排风险排查工作。12月，分行印发《交通银行重庆市分行公司授信条线中小企业授信投向与管理政策指引》的通知，加快中小企业授信业务发展，重点支持国家鼓励发展的支柱产业集群内的股份制、民营、外资等中小企业，审慎选择分散独立经营中小企业；重点支持承担大型企业配套、国家重点工程建设、政府采购中标等经营业务，审慎选择集体企业，业务零星、最终付款人实力弱或不详业务。2011年2月，印发《交通银行重庆市分行授信管理工作要点》。严格执行总行信贷投向与管理政策、45个行业授信指引、“一行一策”指导意见，以授信客户结算量、存贷比等综合贡献度为标准，推进信贷结构3∶5∶2策略实施；继续支持央属在渝企业、全球五百强在渝企业、重庆地区传统支柱产业、特色产业与垄断行业、重点交通运输基础设施建设；加大对中小企业、“三农”等领域的信贷支持，有效把握消费、民生、先进制造业、资源开采、低碳经济等领域的增长机遇；高度关注和跟踪重庆两江新区基础设施建设、五大战略性产业布局，以及相关带动产业；严控地（市）级政府融资平台、产能过剩与两高一资行业信贷投放。3月，分行印发《交通银行重庆市分行信贷结构调整指导意见》，要求通过政策导向，信贷资源配置、审批效率保证、绩效考核等方面的措施，鼓励发展优质客户，开拓短期授信、贸易融资、蕴通供应链等业务，稳定大型客户，大力拓展中型客户，适度发展小型客户，做大核心资源型公司客户数量，授信审批与投放上，实行风险可控下的存款优先、定价优先、综合回报优先、战略性客户优先原则，做实总行下达重庆市分行八大行业贷款调控，对政府平台、两高一剩行业、房地产行业国家政策与市场高度敏感客户，以及一年以上中长期限、下浮利率、经济资本回报率低、单纯信贷派生性存款而无现金流客户严格控制，收缩总量压缩占比，执行“有投、有保、有控、有压”区别对待政策，实现信贷结构不断优化，基本形成大中小型客户3∶5∶2梯队发展战略。2012年12月，分行转发总行《关于进一步加强钢贸领域信贷风险管控的通知》，要求严格控制钢贸行业信贷总量，加大结构调整力度。印发《交通银行重庆市分行2013年行业投向指引》，对重庆市主要行业运行情况及发展趋势进行重点分析，如汽车摩托车业、石油天然气化工业、制造装备业、材料工业、电子信息业、能源工业、交通运输业、电信电力行业、公共基础设施管理和园区管理业等；对分行突出行业的建筑行业、两头在外企业、平台企业、房地产行业风险点管控进行重点提示。印发《交通银行重庆市分行2013年授信工作管理意见》，着力提升分行RAROC’平均水平，健全风险收益并重审查评价机制，促进客户结构持续优化，以改善资产流动性为主攻方向，鼓励发展短期授信、贸易融资业务、蕴通供应链业务。加强政府融资平台、两高一剩、限额领额、房地产等重点控制领域风险管控。2013年6月，分行印发《关于加强政府融资平台贷款风险管理的紧急通知》，要求名单制管理，严控平台贷款总量，多管齐下，缓释平台贷款风险，监测平台债务规模，将政府融资平台贷款风险排查纳入分行重点领域风险排查工作。2014年3月，分行印发《关于贯彻落实2014年总行授信条线行业投向会议精神的意见》，分行对增量信贷资源投放立足于“服务转型发展需要、落实效益优先”原则，信贷资金向第一产业和第三产业倾斜。积极支持医疗卫生、教育、燃气供应、城市水务、文化旅游、信息消费、物流、仓储、租赁和节能环保服务业。择优支持汽车供应链及其上游客户；对铁路、轨道交通和航运进行战略调整；高度关注火电、煤炭、金属矿行业经营风险；对房地产、融资平台和两高一剩行业继续实施“总量控制”；强化“盘活存量、减退加固”工作，腾挪信贷资源，提升信贷业务质效；坚持“以价补量”，有效提升信贷业务RAROC’水平，支撑效益优先目标达成；加强与证券、信托、保险、资管等同业的业务联动，促成分行非信贷业务全面发展。2015年2月25日，印发《交通银行重庆市分行2015年授信与风险政策实施细则及管理要求》，分行新增信贷业务重点支持和关注的具体行业主要包括：民生消费及城市功能提升领域，含水务和供水行业、供电行业、燃气和供气行业、医院，维持关注类，含电信行业、能源资源行业、房地产、零售消费领域、重点基础设施建设、仓储物流业、租赁业、汽车制造业等，提出相关信贷策略。2016年2月19日，印发《交通银行重庆市分行2016年授信与风险政策实施细则及管理要求》，将分行授信客户主要涉及23个重点具体领域分为：积极支持、适度支持、谨慎介入和限制进入四类，其中积极支持类包括政府一类债过桥、医疗健康行业、教育行业、燃气行业、城市水务行业、电信与互联网行业；适度进入类包括租赁行业、汽车及汽贸行业、交通运输行业、电力行业；谨慎进入类包括建筑行业、物流行业、石油化工、现代农业、房地产行业、商务服务和园区管理业、水利环境和公共设施管理业、煤炭业、食品行业、电子与仪表行业；限制进入类包括钢铁及钢贸行业、批发业、机械行业，并对信贷业务及类信贷业务提出业务策略。2017年1月12日，印发《交通银行重庆市分行2017年行业（区域）政策及投向指引》，全融资行业投放积极支持类为政府购买服务贷款，包括园区管理业、公共设施管理业；民生类包括医疗健康行业、教育行业、燃气行业、城市水务、电信与互联网行业、交通运输行业；适度进入类为汽车汽贸行业，电力行业、租赁行业、房地产行业；谨慎进入类包括物流行业、现代农业、建筑行业、电子与仪表行业、机械行业、食品行业；限额管控行业包括钢铁、煤炭、水泥、平板玻璃、煤化工、多晶硅、风电设备、有色金属及船舶共9个行业。分行尚有授信余额的行业仅为钢铁、煤炭和船舶行业。

授信业务。1988年，分行成立初期，信贷业务部坚持“三性”原则，优选贷款对象、严格审批程序、优化贷款结构，使分行贷款较快地打入30多家全市骨干企业和有影响企业。到年底止，分行业务辐射面已从市内和近郊扩展到永川、巴县、铜梁、璧山、长寿等县及丰都地区，从试营业初的4个行业10多个贷款户发展到15个行业345户，其中同分行形成固定或经常性信用关系的达到120家，占34.8%。支持重庆市工业生产基础行业中重钢、特钢、西南铝加工厂等企业，流动资金贷款发生额达7800万元，年末余额为2550万元；支持轻工、烟草等高税利行业，放贷5户，总计贷款发生额10725万元，余额达3870万元；对嘉陵乳胶厂、嘉陵化工厂、重庆市陶瓷厂等8家企业发放流动资金贷款共计1623万元；对医药行业4家制药厂放贷666万元，对化工4家生产厂放贷773万元，对长安汽车厂生产紧俏的长安牌微型车放贷700万元，对五洲实业公司生产俏销的“五洲——阿里斯顿”电冰箱放贷600万元。1989年，将支持重点生产建设作为加强信贷管理的主要工作，从而一改试营业前期一般商品放款占主要份额的状况，代之以符合生产政策投放要求的贷款新结构，其中用于国家骨干企业的贷款占全部余额的84%；从流动资金贷款用途上看，用于农副产品收购的贷款占全部贷款的11.27%，用于支持出口创汇产品的贷款占11.25%，用于支持“名、特、优”产品生产和收购的占9.63%，用于支持市场紧俏商品生产和收购的占46.84%，用于支持能源和短缺原材料生产的占6.35%。1990年，分行对地方税利大户重庆烟卷厂放款近亿元，保证该厂2.4亿元税利圆满完成。给重点项目合川渭沱电站基建工程贷款800多万元，列于工行、建行之后，居第三位。全市各家银行对104户重点企业新增流动资金贷款15亿元，分行占1.1亿元，仅次于工行，居第二位。分行用于重点产品、出口创汇产品和重点项目的贷款占分行贷款总额的85%。昆明支行在资金有限、规模较小的情况下，对一些“短、平、快”固定资产和技改项目给予积极支持，共发放15677万元的固定资产贷款，重点支持云南CY车床集团引进关键设备导轨磨床，昆明电化厂增加电解槽扩大烧碱生产，卷烟材料厂引进专用设备和开发新产品复合过滤棒。贵阳支行支持重点企业贵阳铝厂发放贴现贷款400万元，以设备整租和转租形式为8家企业办理1.351万元的设备租赁业务，使贵阳袜厂、建筑陶瓷厂等企业当年安装投产见效。1991年，对国营大中型企业的支持作用日益增强，新增贷款的88.5%投向国营大中型企业。分行为长安厂奥托微型车新增贷款800万元，用于散件和技术引进。为制药五厂生产卡那霉素购进原材料新增贷款200万元。对国防工办16个短平快军转民项目，贷款1000万元，用于购进项目的关键技术和设备，如江陵厂开发微型车JE1010复合材料和峡江热水器公司开发新一代大流量热水器等。贷款400万元支持川仪总厂引进日本贵廉金属轧制复合带材生产线，保证重庆市这一重大技改项目按时投产。为冶金公司提供4000万美元担保，增强其国际竞争能力。1992年，努力调整贷款结构，全年贷款总量的70.6%投向效益好的国营大中型企业、外贸创汇企业等。其中向重庆钢铁公司等5户大型企业贷款4亿元。加强信贷资产监控工作，在西南地区最大的国有重庆针织总厂被重庆市中级人民法院裁定破产时，分行成为唯一全额收回贷款本息的债权人。1993年，在加强宏观调控、整顿金融秩序的大环境中，分行的业务经营活动经受一次严峻的考验。年末，人民币贷款余额14.72亿元，持续以每年平均42.3%的速度增长。1994年，实行分行一级的审贷集中审批，将有问题贷款下划支行，促进转化。依法收贷，避免信贷资产的损失。同时增强稽核检查。上半年为迎接世行风险监督试点，对各支行和业务部门进行资产质量的全面稽核。年末，逾期贷款率下降17.3个百分点，全行资产质量得到较大提高。全年人民币贷款增加2.88亿元，控制在总行下达规模内，较上年增长19.6%。年末贷款余额17.61亿元。人民币存贷比74.6%，较上年下降39.1个百分点。贷款质量指标6.33%，逾期、呆滞、呆账指标均达到总行要求。1995年，全年累计投放各种贷款46.37亿元，主要用于支持国有大中型企业和重庆市支柱产业的发展，如长安汽车有限公司、嘉陵机器厂、庆铃公司等；支持重庆市的重点技改和科技项目，针对重庆化工研究院的“八五”重点科技攻关项目——“利用天然气旋焰乙炔炉余热喷油联产乙炔乙烯及其综合利用中间试验”，1992年以来已累计发放贷款7736万元。尤其是在该项目进入后期建设的关键阶段，分行向交总行提出专题报告，争取到700万元科技贷款规模投放企业，使其顺利通过国家验收。对五交化、川陶、渭沱电站等债券，以规模内贷款给以支持，总额达6000万元。1996年，年末贷款余额比年初增加5.3亿元，贷款增量的39.8%投向重庆市重点工业企业和支柱产业，如兆峰陶瓷、长安微车、庆铃轻型车、嘉陵和建设摩托等。当年，分行独家承担向市政基础设施袁家岗立交工程贷款1亿元的任务。1997年，利用重庆市建立直辖市契机，争取到较大份额的总分行联合贷款，向重庆市重点项目黄花园大桥、长安微车和重庆兆瓷投放11亿元，此举有力支持项目资金的体内循环，引来新的存款大户和大额存款。作为上市公司的路桥公司仅资本金存款即达2亿元。长安微车也将募集来的1亿多元存在交行。太保重庆分公司取得相连的保险业务，交行获得股票发行代理权等。1998年，大力争取总行支持，渝长高速作为重庆市第一条主城区通往三峡库区的高速路，取得总分行联合贷款规模8.5亿元。对渝丰路桥公司黄花园大桥项目、长安汽车股份有限公司、重庆兆瓷投入资金50665万元，占新增贷款总量的48.23%。支持市内基础设施建设的同时取得很好的综合效益，黄花园大桥建设资金650万元在分行体内循环，长安汽车三分之一的销售款回笼分行，办理工程及财产保险4.78亿元。1999年，对渝长高速公路、黄花园大桥和重庆华陶累计发放总分行联动贷款12.79亿元，占人民币贷款总额的18.78%。信贷风险管理上，严格把握贷款投向，贷款主要投向国家及重庆市重要基础设施项目，重点行业及效益型企业。贷款户中有19户企业进入重庆市工业50强，在分行的贷款共10亿元。2000年，贷款重点投向总分联动项目，以及教育、医疗及电子、能源等基础设施项目。全年审查本外币授信业务2090笔，防堵风险96笔，其中人民币2.39亿元，外币480万美元，分别占审查总量的5.3%和18.57%。人民币贷款87.74亿元，比年初增加19.65亿元，增幅28.86%。总行授权分行开办商业承兑汇票（同城）贴现业务。2001年，对重庆高速公路发展有限公司、长安汽车公司、财政局、建设集团、电信局等重点客户展开联动营销，争取重庆邮电学院流动贷款项目、重庆口腔医院国外政府转贷款项目、渝长路第二批美元项目、丰收坝及黄桷渡水厂技改项目、渝中区滨江路收尾工程项目、九龙园项目以及重庆医科大学和重庆绿缘高科技农业园的国外政府转贷款项目等近20个，涉及金额超过9亿元（包括折算外币）。2002年，抓住土地储备这一经济发展热点，与北部新区高新园开发建设指挥部开展全面合作，达成10亿元综合授信协议。成功落实西铝技改贷款项目，共计3亿元。拓展国外政府转贷款项目，落实重庆口腔医院200万美元和重医附二院496万美元的转贷项目，获取手续费收入6.3万元。新增贷款近2亿元，票据业务1.1亿元，国际结算5050万元，开拓重庆上海中心、沃尔玛、重大房地产、重庆网通等新项目，签署合作意向书7份。2003年，以世行项目推广为契机，加强信贷管理。按《交通银行重庆分行近期信贷资金行业投向指导意见》，大力调整贷款行业结构、客户结构和期限结构，加大对优势行业、优势企业和项目的营销力度。按照人民银行、银监会和总行加强房地产信贷业务管理的要求，制定《关子加强房地产行业授信管理的意见》，对分行房地产贷款业务实行总量控制，加大清理和调整。采取提高准入条件，暂停受理新增授信和提款，停办票据承兑贴现，加大减持、退出存量风险贷款等一系列手段，使房地产贷款占比快速上升的势头初步得到遏制。以世行项目规定的政策、流程和工具，统一标准和要求，规范审贷流程。健全和完善分行贷审会制度和授信规章制度，严明授信操作管理工作纪律。加强授信审查，健全和完善集中放款制度和票据业务集中审查制度。加强对利率浮动的管理，启动信贷档案集中保管工作。世行项目第一阶段推广效果良好，得到总行肯定。2004年，贯彻国家宏观调控政策，对钢铁、水泥、电解铝、电石、铁合金等行业贷款进行认真清理，宏观调控后对这些投资过热行业停止发放新的贷款。一是调整行业投向，优化信贷结构，奠定可持续发展的基础。积极组织推广世行项目第二阶段工作，提升风险识别、分析、控制和化解水平。加强制度建设，促进授信业务规范发展。根据宏观调控和分行实际，制订、修改行业投向、集团授信、存量结构调整、贷款用途管理、全面贷后监控、客户经理履职行为考核、正常类客户与问题类客户相互划转、信贷台账管理、授信调查和审查等方面的制度、办法共计13个。二是调整行业投向，加大对优势行业、优势企业的支持力度。2004年末，分行房地产业贷款余额较年初下降0.99亿元，占比下降0.44个百分点。商贸餐饮业贷款余额较年初下降0.76亿元，占比下降0.33个百分点。1—12月，交通运输、教育、有色金属、医药、烟草以及个人消费贷款等优势行业的贷款余额较年初增加15.49亿元，占比上升11.45个百分点。三是加强贷后管理，促进存量正常类客户授信结构的优化。通过日常贷后监控报告的审查、对全行授信运行情况的检查等措施，共确定66户为减持对象，授信余额196.366万元，占贷款及承兑总额的12.4%，38户为重点关注对象，授信余额206.480万元，占贷款及承兑总额的13.1%。实际减持39户，减持授信余额67413万元，促进存量授信结构的优化。2005年，重庆分行成为保持新放贷款不良率零纪录的省直分行。年末本币贷款余额152.71亿元，比年初增加16.05亿元，增幅11.74%，房地产贷款集中度下降近6个百分点，超额完成总行要求下降4个百分点的计划。外币贷款3837万美元，比年初增加494万美元，增幅14.78%，余额存贷比53.62%。贷款行业投向日趋优化，客户结构调整初显成效。新增贷款主要投向政策支持和适度支持类行业，至年末1～5级客户贷款余额较年初增长29.98亿元，占比达到58.65%，上升14.61个百分点，关注类贷款余额下降14.44亿元，占比下降13.96个百分点，维持减持类行业贷款及占比得到重点控制。年内，推进与珞璜电厂、涪陵化工、重庆机场、地产集团、渝富资产等客户的深度合作，并在信贷政策允许范围内改进产品和营销方式，成功实施国开行担保和回购承诺兜底的贷款新模式，与国开行的合作不断深化，营销国开行联合贷款项目6个，授信额度12.9亿元。2006年，继续加强同业合作，增强资产业务拓展实力，积极开展联合贷款、银团贷款业务。加大对符合总行投向的交通运输、化工、电力、港口、基础设施建设等行业企业的支持力度，特别是进一步加快自营贷款业务发展。为重庆城市建设投资公司、重庆市开发投资公司发行10年期、总计30亿元的企业债券出具担保，这是分行组建以来营销成功的大额表外授信业务。2007年，与重庆机电控股（集团）公司建立授信关系，当年发放搭桥贷款5亿元。随后，分行积极参与机电股份赴港上市工作，通过总分行以及港交行的联动营销，使港交行成为副主收款行，分行成为资金归集行。当年，经总行审批同意，重庆分行成为首批四家开办经营性物业抵押贷款的分行，出台《交通银行重庆分行经营性物业抵押贷款管理（试行）办法》。2008年，加大对电力能源、交通运输、化工、旧城改造等行业的信贷投放，相关行业信贷投放累计50.33亿元。进一步加强同业合作，扩大银团和联合贷款等业务份额，实现银团贷款2.5亿元、联合贷款3.5亿元。当年，成立“绿色信贷”工作协调小组，拟定“绿色信贷”工程建设方案，开展全行系统性培训，于2008年5月提前完成全行环保标识分类工作。2009年，新增贷款主要投向企业环保搬迁、旧城改造、高速公路、钢铁、石油化工、机械等基础设施建设和重庆支柱行业。主要投放客户及项目有重庆渝富资产经营管理有限公司、重庆市地产集团、重庆市交通委员会等企业，路桥建设重庆丰涪/石高速公路发展有限公司、重庆钢铁（集团）有限责任公司的环保搬迁贷款，中化重庆涪陵化工有限公司的废热发电技改工程贷款，重庆博森电气集团开关有限公司、重庆市亚东亚集团变压器有限公司的经营周转贷款。2010年末，分行人民币贷款余额356.76亿元，较年初增长53.79亿元。其中对公实质性贷款余额较年初增长53.86亿元，增幅24%，高于系统内平均增幅2.83个百分点，增幅系统内排名第11位。2011年，制定《交通银行重庆市分行信贷结构调整指导意见》，引导经营单位发展鼓励类行业、一年期以内、抵质押担保、贸易融资、表外业务等高定价、高收益的客户和项目。分行交通运输、仓储和邮政业等八大行业均控制在总行规定区间范围内，考核全部达标；鼓励类行业贷款余额16.07亿元，较年初增长8.71%；调整期限结构，中长期贷款占比降低3.96个百分点；强化担保措施，抵质押贷款占比提高15.22个百分点。授信客户数（包括小企业客户）增加259户，余额排名前三位的行业贷款余额占比下降3.74个百分点，贷款行业集中度有所下降。印发《关于进一步规范授信客户收益管理的通知》。制定减退计划或收益提升方案，全方位提升客户综合回报，2011年减退贷款中利率下浮贷款占比28.8%。2011年，完成集团客户、房地产行业贷款、票据业务、土地抵押贷款、授信客户涉及民间借贷风险排查等18项专项风险排查工作，涉及贷款金额805.73亿元；累计完成三层风险过滤170户，授信余额共计472.99亿元。2012年2月23日，分行印发《关于做好2012年度公司客户正常、关注类贷款减退、加固工作的指导意见》。3月23日，印发交通银行重庆市分行2012年信贷结构调整指导意见。3月26日，印发2012年分行信贷结构调整“一行一策”意见表。4月9日，印发《关于优化中型客户授信审查审批流程的通知》。12月17日，印发《关于规范授信申报流程的通知》。12月24日，印发交通银行重庆市分行2013年行业投向指引。12月24日，分行印发2013年度公司客户正常、关注类贷款减退、加固工作指导意见。12月27日，印发交通银行重庆市分行2013年授信工作管理意见。信贷资源重点向在建续建重点项目、地方支柱产业、先进制造业、中小企业等方面倾斜，严控“两高一剩”、政府融资平台和房地产贷款。截至12月31日，分行人民币贷款余额459.19亿元，较年初新增52.02亿元。优先发展短期流动资金贷款、抵质押贷款、贸易融资等贷款品种，对公贷款中，中小企业贷款占比49.1%，较年初提升4.47个百分点。中长期贷款占比78.32%，较年初下降6.38个百分点。完成正常、关注类贷款加固金额8亿元，完成总行计划380%，减退金额10.4亿元，完成总行计划285%。1～8级客户贷款余额占比97.1%，较年初提升3.09个百分点；13～15级客户贷款余额占比0.71%，较年初下降0.46个百分点。严格RAROC’准入标准，开展存量客户RAROC’提升活动，3季度末分行RAROC’较年初提升13.71个百分点，增幅系统内排名第3。2013年，分行着力优化信贷结构，提升资产业务质效。截至12月末，分行人民币贷款余额514.78亿元，比年初增加55.59亿元，增幅12.11%。2014年，印发《2014年授信与风险政策纲要贯彻实施意见》《2014年授信条线行业投向落实意见》。建立重点资产项目推进例会制度，前中后台协作。积极向总行争取专项信贷规模，满足客户资金需求。截至12月末，分行人民币贷款余额554.22亿元，较年初增加39.44亿元，增幅7.66%。强化直投、资产池等类信贷业务推动力度，实现直投业务7笔，金额合计24.1亿元，资产池业务2笔，金额合计2.1亿元。主动提前介入渝富28亿元股权收益权质押业务、两江新区12.97亿元土储项目、轨交24亿元有限合伙企业份额投资业务等，优化完善授信方案，提升上报项目的质量与效率。2015年，重点推进重庆市地产集团首单PPP项目，以及江北嘴置换泰康20亿元、西部物流股权融资10亿元、沙区土储9亿元和高新土储5亿元项目。当年，分行抓住机遇发展政府融资项目，共审批通过政府债过桥融资29户次，审批金额78.31亿元。截至12月末，人民币对公贷款余额438.48亿元，较年初增加43.6亿元，增幅11%。2016年，重点推进重庆渝泓土地开发有限公司私募型企业资产证券化融资70亿元、重庆市西站投资发展有限公司增资过桥融资9亿元、重庆渝富资产经营管理集团有限公司贷款45亿元等。帮助企业扭亏脱困，逐步化解产能过剩危机，重钢股份在归还550万元本金基础上对剩余10450万元贷款进行无还本续贷；重钢矿业在压缩0.7亿元敞口额度后对0.3亿元流贷给予无还本续贷。当年，继续把握机遇发展政府融资项目，共审批通过政府购买服务项目29笔，审批金额337.755亿元。2016年3月起，总行给予分行部分业务专项融资授信审批权限，9月分行又获得总行给予的重庆地产集团150亿元专项审批权限。截至12月末分行专项融资授权一共审批13户次。2017年，走访支行，开展业务培训和贷后检查，印发授信管理提示。全年共印发提示单78份，主要涉及贷后风险管控、系统规范管理、加强日常工作等方面。对集团持股比例超过50%的客户均采取集中授信模式，截至2017年6月末已完成全部集团客户集中模式审批。开展精准扶贫工作，与重庆市涪陵区兴农信用担保有限公司签订担保合作协议，协议中约定其在分行最高担保额度10000万元。2018年，出台分行投向指引、风险政策纲要实施细则、好贷款管理办法、投贷后管理细则等，发出管理提示78份。针对北汽银翔、商投集团、重粮集团、天骄航空等已出现现金流紧张、信用风险加剧风险，部分已无法归还到期借款的企业，通过调整授信方案、结息方式、授信品种、利率及期限等化解当期风险，提升分行收益水平，仍保持五级分类正常。给予重庆万州经济技术开发有限公司首笔新增并购贷款6.77亿元，给予重庆美好智造装配式房屋有限公司首笔新增固定资产贷款3亿元，给予重庆市新大兴爱家商业连锁有限公司首笔新增短期流贷额度2250万元，支持实体经济和民营经济。

二、信贷系统建设

信贷管理系统。1997年7月3日，印发交通银行重庆分行信贷管理信息系统管理暂行规定，规范辖内各分支行、分行本部及各支行、营业部、外汇部信贷管理信息系统的操作，将系统中设定的信贷业务原始数据和有关的信息资料，运用于信贷基础增补系统、信贷报表查询系统、信用评级系统等子系统中。2003年5月10日，转发总行关于交通银行信贷管理信息系统运行管理办法（试行），要求对信息系统中的信贷数据全面清理，补充完善不完整及补建客户信息。2004年7月26日，分行印发《信贷管理信息系统运行管理办法实施细则（试行）的通知》。信贷数据是指分行对公司客户的各类贷款、承兑汇票、担保、信用证开立及其他贸易融资、欠息、垫款等授信业务的发生金额、余额，客户财务报表、评级、资产质量和贷款五级分类等业务数据。11月，分行开始数据大集中上线工作，授信部作为CMIS系统的牵头责任部门，成立上线工作小组，制订上线工作方案并落实。2005年6月，CMIS系统顺利上线。2006年，成立二期上线工作小组，对原有的信贷台账数据认真进行清理、核对，对错误数据及时修正，保证CMIS系统数据与信贷台账数据的一致性和数据的平稳过渡。2007年，印发《信贷管理信息系统运行管理考核办法》，明确将支行的系统管理纳入授信质量专项考核和分行综合考核。2011年5月23日，分行印发《关于加强CMIS系统日常维护管理工作的通知》。2012年4月25日，分行印发《关于加强CMIS用户规范使用和信息数据安全管理的通知》。2015年，分行531系统正式上线，将授信管理与前台业务系统融合为一体。2016年8月18日，印发交通银行重庆市分行信贷系统业务支持管理办法，规范信贷系统日常操作，提升业务支持工作效率，并成立531工程信贷业务领导小组，将信贷系统业务支持情况纳入对经营单位的季度考核。

企业征信系统。分行授信管理部负责企业征信管理，零售信贷管理部负责小企业和个人征信管理，其中企业征信查询主要通过人民银行企业信用信息基础数据库查询（简称网页版）。因531上线前置系统，分行于2016年4月1日起全面使用531接口查询企业征信，并逐步停用网页版查询。2017年5月，授权书有版本切换。同时要求落客户经理名字在企业签章处。2017年9月，企业征信授权书中增加上传授权书功能，并复核后才能提交流程。2018年9月1日起，使用合规办法中新版本授权书，对于分行已开户、留有印鉴的都要验印。2018年9月29日印发贷后管理查询审批表，用途为贷后管理需分管行长签字。

内部评级系统。内部评级系统是交通银行实施公司风险计量的重要载体和平台。通过为评级运行、评级模型开发、评级验证与优化、内部评级数据管理和评级应用等提供系统平台和技术保证，支持公司内部评级体系健康运行。2007年8月，内部评级体系项目系统在重庆分行上线。11月末，分行所有客户进入评级程序，覆盖率达到100%。在实际信贷业务的执行过程中，分行坚决贯彻以内部评级为重点，积极推行以PD和LGD评级为核心的信用风险量化工具。考虑到“政府平台”作为一种经济主体，特别表现在城市基础设施、能源交通、装备制造等重大项目方面，建设资金除自筹外，银行融资主体几乎是清一色的“平台企业”。结合分行内评运用，内评系统在实际操作中对这类企业的评级几乎不适用，因此，分行根据实际情况较为合理地运用评级推翻，并使推翻率有效地控制在总行要求范围以内。此后，交通银行持续健全内部评级系统，对客户的财务、非财务因素进行动态的横向、纵向分析；实现内评系统的模型参数化管理，完成评级一致性自动控制与评级录入信息变动的监控；完成违约认定功能改造，提升违约客户生命周期展示等功能。

同业授信管理系统。2010年1月4日，同业授信管理系统在重庆市分行上线并投入使用。按照交通银行《关于在全行推行同业授信管理系统的通知》，明确境内分行、海外分行、金融市场部授信额度申报程序和同业客户贸易融资及担保额度申报程序，实现集中统一管理。

三、制度建设

贷款制度。1989年12月15日，总行印发交通银行固定资产贷款项目评估暂行办法。1990年3月16日，印发《交通银行重庆分行关于在全辖立即开展清查贷款工作的通知》，确定清查小组成员名单及工作安排。4月12日，分行印发《关于全面开展清理贷款资产工作的实施方案》，明确贷款对象、范围、重点及具体时间安排。排查范围为截至1990年2月底各项贷款余额及投资。1992年1月13日，分行印发《交通银行关于印发贷款业务管理办法（试行）及五个贷款管理实施细则的通知》，包含金融租赁管理、流动资金贷款管理、科学技术贷款管理、技术改造贷款管理、委托贷款管理。5月12日，印发《交通银行重庆分行联合贷款办法（试行）》。1992年3月17日，印发《交通银行重庆分行贷款业务审批权限及程序》。1993年11月5日，分行《关于印发贷款担保、贷款抵押暂行规定的通知》，要求企业信用等级系数50以下、资产净值在1500万元以上的企业经分行贷审会批准可适当采用信用发放方式外，其他（含新建信贷关系企业）一律必须采用贷款担保或贷款抵押的方式。4月13日，印发关于《交通银行重庆分行（本部）贷款业务审批权限及程序》的通知，规定固贷及超权限流贷需报分行信贷部审查后报贷审会终审。10月26日，总行印发《交通银行贷审分离暂行办法》。1994年8月3日，分行印发《关于印发提高贷款质量加强信贷管理十条规定的通知》，旨在加强贷款管理，防范信贷风险。5月20日，分行印发《特别注意贷款早期报警信号及信贷资产质量管理实施细则》。1995年，修订《交通银行重庆分行贷款审查委员会议事规则》，对需发放信用贷款或特殊情况贷款，包括其授信额度及期限的认定，固定资产贷款（包括技改贷款、科技开发贷款、融资租赁），审定额度超过分管行长审批权限的本、外币流动资金贷款［本币500万元以上（含500万元），外币100万美元以上（含100万美元）］等9项业务需全部报分行贷审会审批。1997年3月18日，印发《交通银行重庆分行申报大额流动资金贷款、固定资产项目贷款实施细则的通知》，凡新增大额流贷需由总行审批的及所有固贷均须报分行审查。2016年2月17日，印发交通银行重庆市分行2016年信贷工作规划。

信贷资产监控与客户授信管理。1991年7月3日，分行印发《对总处制定信贷资产监控考核办法的贯彻意见》。1995年6月4日，总行印发《关于印发交通银行信贷管理信息系统管理暂行规定的通知》。6月19日，分行转发《交通银行信贷管理信息系统管理暂行规定》，转发重庆市贷款抵押办法（试行），强调办理抵押必须注重押品的变现能力和可行性。1999年5月6日，印发《关于转发交通银行客户综合授信管理办法的通知》，明确授信管理必须严格将调查、申请部门及审查批准部门和办理具体业务部门分开。6月30日，分行印发《关于进一步贯彻执行交通银行客户综合授信管理办法的通知》，规定综合授信范围涵盖本外币表内表外所有授信业务（如本外币贷款、承兑、担保、开立信用证、贴现及其他贸易融资性业务等）。8月9日，分行印发《关于印发交通银行重庆分行关于规范各支行（部）综合授信业务的试行办法的通知》。11月3日，分行印发《关于推广应用授信管理信息系统和银行信贷登记咨询系统的通知》。2000年4月24日，总行印发《关于同意重庆分行开办商业承兑汇票贴现业务的批复》，仅限于同城商业承兑汇票，汇票出票人的信用级别必须在AB级以上。2002年4月12日，分行印发《关于银行信贷登记咨询系统管理办法的通知》。2006年4月19日，分行印发《关于强化正常类授信客户流程管理，促进授信业务规范、健康、快速发展工作指导意见的通知》。2007年3月20日，印发《交通银行重庆分行授信业务工作流程实施细则》。2008年4月3日，分行《关于印发重庆分行授信审查工作条例的通知》，规范授信审查、送审资料流转与授信档案管理。2010年2月23日，印发《交通银行重庆市分行2010年十大行业信贷限额（领额）管理实施细则》，对钢铁、水泥、平板玻璃、煤化工、多晶硅、风电设备、电解铝、植物油、纺织及水利、环境和公共设施管理10大行业实施领额管理。2011年2月28日，分行印发《关于印发交通银行重庆市分行授信工作指导意见的通知》《关于印发2011年重庆市分行授信管理工作要点的通知》。3月17日，印发交通银行重庆市分行信贷结构调整指导意见。6月17日，分行印发《关于加强授信申报审查审批规范化管理的通知》，明确授信申报材料、流程、时效、接退件标准、考核要求等。2013年4月23日，分行印发《关于规范对公信贷管理系统用户管理的通知》。2014年3月5日，分行印发《关于贯彻实施总行2014年授信与风险政策纲要的意见》。3月27日，分行印发《关于贯彻落实2014年总行授信条线行业投向会议精神的意见》。2015年2月26日，印发交通银行重庆市分行2015年授信与风险政策实施细则及管理要求。2016年2月23日，印发交通银行重庆市分行2016年授信与风险政策实施细则及管理要求。3月2日，印发《关于贯彻实施总行关于全面加强全行授信客户贷后管理的意见的通知》，努力转变“重贷轻管、重放轻收”现状。4月13日，印发交通银行重庆市分行授信业务内控风险分级分类标准实施细则，按照风险情况、问题性质或影响等度等，采取定性和定量相结合的方法，将风险事件从高到低分为五级。6月15日，印发交通银行重庆市分行2016年对公授信客户贷后管理考核细则。8月3日，印发《关于促进中型客户授信业务发展的通知》。2017年1月12日，印发交通银行重庆市分行2017年行业（区域）政策及投向指引。1月19日，印发交通银行重庆市分行2017年授信与风险政策实施细则及管理要求。1月24日，印发交通银行重庆市分行2017年对公授信客户信贷管理考核细则。2月3日，印发《关于修订交通银行重庆市分行授信业务内控风险分级分类标准实施细则的通知》，对2016年细则部分条款进行修订、增删，将各级风险事件的处罚标准调整为不低于标准下限。2月3日，印发交通银行重庆市分行2017年“好贷款”管理实施意见。5月4日，印发交通银行重庆市分行全融资贷（投）后管理责任追究办法（试行）。5月22日，印发交通银行重庆市分行授信客户贷（投）后管理实施细则。

贷款审查委员会与信贷人员管理。1993年10月18日，成立贷款审查委员会。1995年3月13日，调整分行贷款审查委员会成员，分行贷审会日常办事机构设信贷处，由谢礼周处理日常事务。9月11日，印发交通银行重庆分行信贷人员管理办法（试行），进一步规范信贷人员责任。1997年6月18日，分行调整贷款审查委员会成员，修订印发《交通银行重庆分行贷款审查委员会议事规则》，对贷审会性质、职责范围、议事制度做相关规定。对经信贷管理处组织或参与可行性评估后的中长期贷款项目（包括技改贷款、科技开发贷款），审查超过分行审批权限须上报行审批的各种信贷业务（包括对客户授信额度的审查），审查超过分管行长审批权限须经行长审批的各种信贷业务，审查异地客户的贷款，非分行贷款客户的担保、汇票承兑、信用证开立业务等12项业务需报分行贷审会评审提出意见后交行长办公室审定进行规定。8月11日，分行印发《总分行联合贷款项目管理办法和管理细则的通知》，实行信贷专管员负责制。1998年5月19日，分行印发《贷款审查委员会议事规则》，对贷审会性质、职责范围、议事制度做相关规定。规定对经信贷管理处组织或参与可行性评估后的中长期贷款项目（包括技改贷款、科技开发贷款）、向总行申请综合授信项目、少数符合条件的借款人申请发放信用贷款、须报总行申请总分联合贷款的信贷项目等14项业务需报分行贷审会评审，提出评审意见后交行长办公室审定或上报总行审批。1999年3月3日，分行转发总行《关于印发交通银行客户综合授信管理办法的通知》。3月10日，印发《交通银行重庆分行重点贷款项目管理办法》，对项目经理的职责和聘任、项目经理的管理和各项目一次性下达季度及年度信贷资产质量考核指标进行有关规定。2000年9月12日，印发交通银行重庆分行贷款审查委员会工作制度，规定贷审会召开会议必须有6名以上委员到会，到会委员6人以上表决同意，所审议事项才能通过。2001年5月30日，分行修改《交通银行重庆分行贷款审查委员会工作制度》，对贷审会组织形式及职责、贷审会议事规则、贷审会审查范围做相关规定。内容包括公开授信业务、向客户出具贷款承诺、未提供全额现金反担保的融资性（非融资性）担保业务（包括本币、外币币种）、总分行联动贷款项目、超过分行权限须报总行审批的各项授信业务等12项业务需报贷审会审议，提出审查意见报行长、行长办公会或总行审批。6月1日，分行印发《贷款审查委员会工作制度的通知》，规定贷审会召开会议必须有8名以上委员到会，实际到会委员总人数的70%以上（含70%）票数同意为通过。7月19日，分行印发《关于贷款审查委员会工作规则的通知》，贷审会设9名委员，召开贷审会必须有7名以上（含7名）委员到会，被审议的项目须有7票以上（含7票）同意为通过。2002年11月21日，分行修改印发《交通银行重庆分行贷款审查委员会工作规则》，内容包括：足额保证金、足额存单或足额国家债券质押的授信业务，符合分行有关业务管理规定的银行承兑兑汇票贴现业务，由总行确定的可接受备付信用证或保函的银行在其授信额度内开出足额备用信用证或保函作为担保的授信业务，分类授信额度之间符合《交通银行世行项目推广手册》授信额度管理政策的调整等4种情况，可以不提交贷审会审议，而由贷审会主任或贷审会主任授权授信部门主管和风险资产管理部门主管（限于）贷款重组审批。2005年8月30日，分行印发《关于贷款审查委员会工作规则的通知》，贷审会成员设A、B角，主任委员A角由分行高级信贷执行官担任，B角由行长指定。2011年7月25日，印发《关于印发交通银行重庆市分行贷款审查委员会工作规则的通知》，贷审会实行委员制，每次基本参会委员7名，其中主任委员1名，其余为一般委员。一般委员5票以上（含5票）同意为通过，与表决人数、到会人数无关，贷审会主任委员有一票否决权。2012年12月28日，印发交通银行重庆市分行贷款审查委员会工作规则，主任委员由分行高级信贷执行官（分管副行长）担任，高级信贷执行官因故无法出席贷审会时，可由分行行长指定一位非主管公司业务的副行长或者授信部门负责人代行主任委员职责。2013年10月11日，分行印发《关于贷款审查委员会工作条例等的通知》，一般委员人选由授信管理部门建议、高级信贷执行官审定。2015年12月31日，印发交通银行重庆市分行贷款审查委员会工作条例等的通知，明确分行贷审会和非信贷评审委员会工作条例。2017年4月11日，印发交通银行重庆市分行授信管理部授信管理人员履职管理暂行办法。

四、世行项目深化、反馈调整机制与同业授信

世行项目深化。2001年8月1日，总行召开世行项目总结会。根据总行要求，分行全面推行世行项目，建立授信风险垂直管理体制，形成贷、审分离的约束机制。根据“六因素最小值法”核定授信额度，实施贷后监控，加强授信文档管理。

反馈调整机制。2010年2月20日，交通银行建立信贷政策动态反馈调整机制，在行业投向指导意见的基础上实行信贷政策动态反馈机制，保证全行信贷业务符合不同地区发展状况，提升信贷政策正确性和授信管理准确性。调整反馈机制确定分行开展信贷业务时，如发现信贷政策（包括行业信贷投向指引）不完全符合全行或本地区特定行业或领域业务发展实际，经论证后认为有必要对授信策略、客户准入条件等做临时突破或调整的，可启动该机制。分行向所在区域授信审批中心（中心所在地分行直接向总行授信管理部）提出申请，授信审批机构研究后拟定反馈方案。包括个案审批、细化区域性政策、调整全行政策、否决调理等。实施信贷政策动态反馈调整机制，在保持全行政策统一性前提下灵活兼顾地区差异性，保障全行信贷业务协调发展。如根据客户实际风险变化状况调升或调降煤化工、集成电路等行业名单内客户授信策略（支持、维持、减持）等。

同业授信。2008年，交通银行印发《同业授信业务管理暂行规程》。2009年，交通银行印发《关于进一步规范全行同业授信管理的通知》。2017年，印发《交通银行同业授信管理办法》。根据总行要求，分行将同业授信纳入授信管理。

表5-2-1

重庆分行审批权限变化表

时间段	单户最高审批权限	其中两年期以上[不含]中长期审批权限	续期审批权限
1995年4月1日起	单笔短期6000万元，单个企业贷款总余额10000万元	固贷2500万元、大于1年期流贷3500万元	—
1998年7月1日—1999年6月30日	8000万元	2000万元	—
1999年7月1日—2000年6月30日	8000万元	2000万元	—
2000年7月1日—2001年6月30日	8000万元	2000万元	—
2001年7月1日—2002年6月30日	27280万元（贷款含贴现8000万元、外币贷款800万美元、免保开证800万美元、非融资性保函4000万元、承兑2000万元、收回再贷固定资产2000万元）	2000万元	—
2002年8月2日—2003年7月20日	12000万元	4000万元	

续表

时间段	单户最高审批权限	其中两年期以上[不含]中长期审批权限	续期审批权限
2003年7月20日—2004年7月31日(实际执行至10月1日)	15000万元	6000万元	
2004年10月1日起	9000万元	4000万元	
2005年12月15日起	5000万元	2000万元	10000万元
2006年8月1日起	5000万元(不适用于房地产、非支持类钢铁行业、五部委联合发文限制项目,非支持类钢铁、教育、城建新增逐笔上报)	3000万元	10000万元
2007年4月23日起	单户5000万元,钢铁、房地产、教育、城建类同长期3000万元权限金额;教育不得突破2007年初水平;房地产贷款2007年内提款逐笔报总行,实行占比不超过12%控制	3000万元	执行时间 2007年5月1日
2007年8月14日起	服务业不得突破7月末水平,确需超过的事前向总行授信部书面报告	—	—
2008年10月15日起	单户10000万元,钢铁、房地产、教育、城建类6000万元	全行业6000万元	20000万元,钢铁、房地产、教育、城建类无续期权限
2009年4月起	单户10000万元,不含房地产、教育;项目贷款6000万元;集团20000万元;重点优质行业单户20000万元,项目贷款12000万元。设立集团审批权限,集团审批权限与单户权限进行双线控制,即集团客户总授信风险敞口在集团审批权限内、每一成员授信风险敞口在单户权限内的,分行可自行审批,否则须报上级机构审批。设立重点行业优质客户审批权限,适用于同时满足以下条件的客户:授信客户PD评级为1~8级;授信客户所在行业为铁路、公路、机场、港口、城市轨道交通、电信和电力,且符合《关于2009年信贷投向和授信管理的意见》(交银办函〔2009〕46号)中重点支持或优先支持类客户和业务定位	取消中长期授权,设立项目贷款授权。房地产、教育单户(包括项目贷款)6000万元。上收融资性担保、经营性物业贷款、股票质押贷款审批权限至总行和授信审批中心;取消高级酒店类固定资产贷款、承兑人或贴现申请人为异地企业的商票贴现业务须上报总行审批的规定;同业信贷资产回购业务审批权限上收总行,同业授信业务统一由总行审批	20000万元;房地产、教育无续期权限

续表

时间段	单户最高审批权限	其中两年期以上[不含]中长期审批权限	续期审批权限
2010年4月起	单户1亿元，集团2亿元，集团成员单户不超1亿元，固定资产贷款权限为单户权限60%，集成电路制造和TFT液晶面板上收中心或总行。房地产客户逐笔上报	—	取消教育行业单户权限、重点优质客户审批权限，取消股票质押须上报总行审批的规定
2010年11月起	单户2亿元，固贷2亿元，集团4亿元，续期4亿元	—	—
2013年2月起	单户5亿元，固贷5亿元，集团7亿元，续期7亿元	—	—
2015年3月起	单户5亿元，集团7亿元；全融资8亿元，其中非信贷4亿元；不再单独设置续期和固贷权限	—	—
2016年3月1日—2017年2月28日	授权分行在90亿元融资总额内审批项目所在地为重庆的轨交项目；授权分行在80亿元融资总额内审批干线机场客户融资业务	—	—
2016年9月23日—2017年2月28日	授予分行重庆市地产集团及其全资子公司150亿元专项融资	—	—
2016年6月17日—2017年2月28日	分行在现有常规授信审批权限内审批非不良、非监察名单且逾期欠息30天以内贷款的无还本续贷	—	—
2017年3月1日—2018年2月28日	单户8亿元，集团10亿元；全融资12亿元，其中类信贷6亿元	—	—
	授权分行在现有常规授信审批权限内审批非不良、非监察名单且逾期欠息30天以内贷款的无还本续贷	—	—
	授权分行在现有常规授信审批权限内审批非不良、非监察名单且逾期欠息30天以内固定资产贷款的还款安排调整	—	—
	授予分行公路行业省级投融资主体，新增固定资产融资额度专项融资授权30亿元	—	—

续表

时间段	单户最高审批权限	其中两年期以上[不含]中长期审批权限	续期审批权限
	授予分行城市轨交行业专项融资授权。单户授权金额不超过150亿元，集团授权金额不超过200亿元，省直分行轨交行业授权金额不超过200亿元	—	—
	授予分行80亿元机场行业全融资审批权限	—	—
	授予重庆市地产集团及其全资子公司150亿元专项融资授权	—	—
2018年3月1日—2019年2月28日	单户8亿元，集团10亿元；全融资12亿元，其中类信贷6亿元	—	—
	对经营周转融资、固定资产建设融资、固定资产支持融资、企业债券过桥融资、IPO/配股/增发过桥融资、增资过桥融资、收购兼并融资细分类型，给予分行调整对接资金的专项融资授权	—	—
	授予分行地方性的城市水务、燃气供应、医疗健康、教育4个行业专项融资授权，全融资授权金额15亿元（含存量），适用于单户和集团	—	—
	授予分行城市轨交行业专项融资授权，单户授权金额不超过150亿元，集团授权金额不超过300亿元，省直分行轨交行业授权金额不超过300亿元	—	—
	授予分行水利、环境和公共设施管理业，商务服务业（仅限投资与资产管理子行业），园区管理业3个行业中的政府类客户专项融资授权。其中，省级客户100亿元，一般地市级客户20亿元	—	—

第三节　小企业和个贷授信管理

一、政策管理

2001年2月，印发《交通银行重庆分行个人贷款管理办法实施细则》，对分行个人贷款管理职能部门、个人贷款对象、个人贷款条件、个人贷款各类、个人贷款担保方式、个人贷款利率、个人贷款管理、审批权限和程序、个人贷款档案、报表管理等进行规范。2002年5月，印发《交通银行重庆分行个人贷款贷后管理办法（试行）》，对分行个人贷款贷后检查的主要内容、组织实施等方面进行要求。同月，分行印发《交通银行重庆分行个人信贷档案管理办法（试行）》，对分行个人信贷档案的管理体制，档案维护职责，档案资料的收集、整理和移交，档案资料的归档，信贷档案的保管、鉴定和销毁、调阅等进行规范。2003年7月，制定《交通银行重庆分行个人信用贷款管理实施意见》，对个人信用贷款的特定对象、贷款额度、用途等进行界定。2008年制定《交通银行重庆分行2008年个贷合作商储备奖励试行办法》，个贷合作商储备条件资格为：优质合作商须经分行贷款审查委员会（或零售信贷审查委员会）审议通过的合作商（原则上为二级资质以上的房地产开发商或A级资质的房屋中介公司等批量个贷业务推荐机构），当年推荐的个人住房贷款发放额500万元以上（含500万元）。2010年2月，转发《交通银行小企业固定资产贷款管理暂行办法》，小企业固定资产贷款隶属于展业通品牌，贷款对象为零售板块法人小企业客户，其贷款额度为一次性额度，不得循环使用，同时对小企业固定资产贷款对象及其范围、贷款要素、贷款调查评估、贷款审查与审批、贷款发放与支付、贷后管理等进行界定。8月，印发《交通银行重庆市分行2010年小企业信贷业务发展指导意见》，重点发展对象主要在依托产业链条，为重庆市支柱产业、重点发展产业的龙头大中型企业（集团）配套，购销渠道落实，并已建立连续2年以上稳定协作关系的上下游配套小企业，如汽车、摩托车、铝加工、钢铁等产业链优质的上下游小企业客户；地区支柱产业和专业市场有机结合形成的“产业集群”中的优质小企业，各类特色专业市场内的经营客户、知名品牌专营店、大型商场、超市、专卖店的上下游企业，食品、药品等的批发或经销商，建材、钢材、煤炭等大宗原材料的批发或区域经销商，汽车、摩托车的代理经销商等；能提供主城区商业繁华区商业门面、主城区优质小区住宅等变现能力强的资产做抵押，经营正常，未来现金流可覆盖贷款本息的小企业；盈利能力较好，现金流正常的绩优外向出口导向型小企业；各行业排名靠前的小企业；效益良好，经营和财务水平持续稳定的企业。2011年9月，分行制定《小企业授信业务管理办法（暂行）》，对分行小企业（即符合“展业通标准”的小企业及“银监标准”的小企业）的客户准入，授信方案，授信的调查申报、审查和审批，放款操作，风险管理等进行规范。11月，分行印发《小企业“税融通”业务管理办法（暂行）》，对个企业“税融通”目标客户、信贷政策进行界定，“税融通”产品归属于“展业通”品牌，执行展业通授信政策规定，同时对适用客户和贷款用途、贷款额度、期限、利率、业务流程、风险管理等进行规范。2012年2月，印发《交通银行重庆市分行2012年零售信贷业务发展的指导意见》，设定2012年零贷总体发展目标。2013年3月，分行印发《2013年小企业授信业务发展指导意见》，对分行小企业围绕“一圈一链一园”等集群项目目标客户，实行“分行定项目，支行定客户”的业务发展模式，发展重点集中在以“集群化、规模化”为导向，发展商圈金融、供应链金融，对于批发、零售、服务等行业，科教文卫等领域以及自主品牌优势、依托内需发展的优秀产业、品牌制造商、先进制造业、品牌经销商给予重点支持。加大对小企业E贷卡、创业一站通、优贷通、税融通、国内保理等产品或产品组合的运用，增强客户粘连度。2016年，分行制定《小企业信贷业务贷后监控管理实施细则（暂行）》。2018年，制定《交通银行重庆市分行小微信贷基本政策实施细则（2018年版）》。

二、制度建设

2000年6月，印发《交通银行重庆分行个人贷款“三查”（暂行）办法》，对个人住房、汽车消费贷款、个人商铺贷款等个人贷款实行贷款“三查”制度，即贷前调查、贷时审查和贷后检查。2002年7月，分行印发《关于进一步加强个人贷款业务管理的若干规定》，个人贷款包括消费类和创业经营类15个产品，原则上以抵押和质押贷款为主，鼓励采用住房置业担保和履约保证保险。从严掌握保证担保贷款，控制发放个人信用贷款，不得发放无指定用途个人贷款、零首付贷款、个人股票质押贷款、股本权益性贷款和中国人民银行禁止发放的其他贷款。对与房产商和汽车经销商等签订的合作协议、个人商铺贷款、零售信贷批发做的项目，应按分行授权权限规定报经分行贷审会审查批准，以有效规避个人贷款整体性风险，确保个人贷款自身效益和公司贷款与个人贷款业务的有效联动。2003年7月，制定《交通银行重庆分行个人信用贷款管理实施意见》，对个人信用贷款的特定对象、贷款额度、用途等进行界定。2004年12月，分行印发《关于进一步加强个人贷款放款操作管理及监控的通知》，要求严格执行个人贷款放款操作管理制度，对个人信贷系统放款操作注意事项及零售系统前台放款操作注意事项进行提示，对放款后信贷档案的整理和移交及贷后监控管理进行要求。2007年6月，分行制定《个人循环贷款业务实施细则》，从贷款对象和条件、授信的额度、期限、还款方式和利率、循环贷款担保和保险、贷款程序、额度管理及贷后监控、债权保护等方面对个人循环贷款业务进行规范。7月，分行制定《交通银行重庆分行个人贷款产品利率及收费标准实施细则》，对适用的个人贷款品种及适用原则，考虑客户综合贡献度及客户关系，实行差别化定价。2008年1月，分行制定《交通银行重庆分行个人循环贷款业务管理实施细则（修订版）》，个人循环贷款的授信对象为综合素质良好、中等收入以上、还款能力较强的中、低风险行业从业人员。制定《交通银行重庆分行商业性房地产信贷管理实施细则》，对贷款所购房产套数的认定标准、个人住房贷款首付比例和利率执行标准、转（加）按业务操作规定、借款人月还款能力的计算标准、商业用房贷款管理的规定等内容进行界定。8月，制定《交通银行重庆分行“得利宝”个人理财产品质押贷款业务管理实施细则（修订版）》，对贷款金额、期限、利率、业务管理、贷款发放、贷款偿还等进行规范。制定《交通银行重庆分行代发工资公务员客户信用循环贷款管理暂行办法》，对借款人条件、授信额度、贷款期限、利率和还款方式、业务流程、贷后监控等方面进行规范。9月，印发《关于规范办理个人商铺贷款业务的通知》，明确个人商铺贷款应选择资信情况较好、还款能力及风险承受能力较强的客户人群为目标客户，选择性支持公务员、分行对公企业高管、分行沃德客户和经营良好的小企业主的贷款需求。11月，制定《交通银行重庆分行个人“易贷通”贷款业务管理实施细则》，对“易贷通”贷款业务对象和条件、授信期限、额度和利率、授信额度使用与管理、贷款额度、期限和利率等进行规范。2009年1月，分行印发《关于非代发工资公务员客户申办信用循环贷款参照代发工资公务员客户授信条件办理的通知》，对借款人的准入条件、贷款用途、贷后管理等进行界定。4月，制定《交通银行重庆市分行直客式个人住房贷款操作规程》，以丰富个人住房贷款业务品种，在直客式楼盘、客户的选择、贷款额度、期限和利率、贷款担保、楼盘准入、贷款程序贷后管理等方面进行规范。2010年1月，分行印发《个人贷款定稿合作评估机构管理办法》，以加强对合作评估机构准入、选用和日常管理，防范信贷资产评估风险，规范分行业务流程，保证贷款质量和分行的资产安全。10月，印发《交通银行重庆市分行零售信贷审查委员会工作条例》，对分行零售信贷授信管理及组织机构、工作职责、工作流程等进行规范。2011年10月，印发《交通银行重庆市分行个人贷款审批流程自动化管理暂行办法》，以深化零售内评应用，对影像传输流程模式下审批流程的自动化管理操作，以实现对个人贷款审批进行差异化信贷审批管理，在产品准入、内评自动拒绝、自动通过及分行审批流程自动化管理授权限额等方面，使内评技术在个人贷款审批管理中得到核心应用。12月，印发《交通银行重庆市分行个人住房公积金贷款管理办法》，对个人公积金贷款条件、贷款期限、额度及利率、操作流程、贷后及核算管理等方面进行规范。2013年4月，分行印发《交通银行重庆市分行统发工资客户信用类e贷通贷款管理暂行办法》，对分行统发工资客户办理e贷通业务的借款人条件、授信额度、贷款期限、利率和还款方式、业务流程及贷后监控等方面进行规范。5月，分行印发《关于规范得利宝个人理财产品质押贷款业务操作流程的通知》及《关于规范个人存单（国债）质押贷款业务操作流程的通知》，对分行得利宝个人理财产品质押贷款业务及个人存单（国债）质押贷款业务的贷款人条件、贷款额度、期限、利率、质物、业务流程等进行规范。11月，印发《交通银行重庆市分行个人征信规范管理实施细则》，分行零售信贷管理部是分行个人征信工作牵头管理部门，并对分行个人征信的用户管理、个人征信数据报送和修改、异议处理、安全管理、应急管理、罚则等方面进行规范。2015年6月，印发《交通银行重庆市分行“社区贷”业务管理暂行办法》，对社区贷（分行面向符合一定条件的社区业务发放的、满足个人消费需要的人民币贷款）的社区及客户准入、具体授信事项贷后管理、业务流程等进行规范。12月，印发《交通银行重庆市分行个人住房公积金贷款操作实施细则》，对个人住房公积金贷款条件、贷款期限、额度、利率及还款方式、贷款操作流程、贷后管理等方面进行规范。2016年4月，印发《交通银行重庆市分行直客式个人房产贷款管理办法》，对个人直客式个人房产贷款的选择、合作商准入、贷款额度、期限、利率和担保、贷款程序、贷后管理等进行规范。5月，印发《交通银行重庆市分行个贷业务操作管理办法（试行）》，针对个贷业务申报、审查审批、中介及放款等相关环节明确具体要求及考核处罚措施。7月，印发《交通银行重庆市分行无交易转按揭贷款实施细则（暂行）》，对分行无交易转按揭的贷款对象和条件、贷款担保、贷款程序和贷后管理进行规范。

三、授信管理

授信审批。2004—2009年，总行印发《进一步加强个人信贷管理的指导意见》《个人贷款业务政策和操作手册》《零售信贷主要操作岗位尽职要求》，对分行零售信贷委员会组织形式、工作职责、表决规则等做出明确规定。对零售信贷业务的审查、审批岗位的工作职责提出管理要求。2007年，根据《交通银行零售信贷审批权限和流程管理暂行办法》《零售信贷审批权限评定等级的通知》《交通银行展业通快车业务管理试行办法》，分行零售贷款审查委员会实行委员制，主任委员由分管授信的副行长担任，其余委员由授信部、资负部、合规部、个金部、风险（保全）部、普惠金融部、公司部等负责人担任。牵头部门在授信管理部。零贷业务设立审查岗、决策岗工作职责。审查岗负责审查授信资料的完整性、合规性，审查贷款额度、用途、抵押物的合理性，审查担保资格和能力，确定贷款与否，贷款额度、期限和利率等。决策岗则在授权范围内审批贷款，明确审批意见，承担决策失误的责任。2016年，分行修订《零售贷款审查委员会工作条例》，分行零贷会是分行零售信贷业务的集体审议机构，负责对个人信贷和小企业授信业务的可行性、合规性以及风险性进行集体研究，通过集体审议，向有权审批人提供审查意见。

授信授权。2000年，分行由私人金融业务管理部统一履行个贷授信管理职能，支行在审批权限内（单户不超过50万元）自主审查审批，超过权限报分行个金部统一审批。2001年5月，分行根据交通银行信贷业务指导意见，明确信用、保证和特定贷款的审批权集中于分行。2002年5月，除个人小额存单（国债）质押贷款授权各中心支行审批外，所有个人贷款的审批必须集中到私金处办理。2003年6月，根据总行《交通银行个人贷款管理中心实施办法》，分行私金处制定个人贷款的岗位授信权限，一定额度内的贷款授权私金处内设的个人贷款中心审批，超权限的由私金处负责人审批，或报经分行贷审会（个贷会）审议后由分管行长审批。对房产商合作项目、汽车商合作项目、零售信贷批复项目、个人商铺贷款应经分行贷审会审议后由分管行长审批。规定个贷品牌化特色支行可在分行授权范围内，审批个人住房按揭贷款、汽车贷款、留学贷款等特色品种。2004年4月，根据总行《个人信贷业务风险管理的指导意见》，国债及存单质押可由分行授权支行审批。5月，《交通银行近期个人信贷业务指引的通知》明确个人经营类贷款由私金处负责人审批，超权限大额个人经营性贷款由分管行长审批，高档住房、别墅、第二套及以上住房贷款由分行审批。8月，《交通银行近期个人汽车贷款业务风险管理意见》，对消费类汽车贷款和经营类车辆贷款的审批权限做出规定。2007年11月，印发《交通银行重庆分行零售信贷审批权限和流程管理暂行办法》，明确分行内部各级的零售信贷（个人消费类贷款、个人经营类贷款和小企业贷款）审批权限。零售信贷授权分为直接授权、转授权和临时授权。直接授权是由总行法定代表人授予分行一定期限内的全部或部分零售信贷产品的授信审批权限。转授权包括以下两个层次，即分行分管零售信贷的副行长行使总行授予的零售信贷业务审批权限，零售信贷分管副行长在分行转授的授权权限内审批零售信贷业务；分行在权限范围内，向分行个人金融业务部个贷中心和远郊区支行转授权。临时授权是当被授予零售信贷审批权限者因故不能审批零售信贷业务时，在自己的权限范围内临时授予零售信贷其他符合条件者零售信贷审批权限。信贷授权和转授权应采用授权书形式，转授权不得大于原授权，不得越级向下级机构转授权。远郊区支行的授权由分行比照总行对分行的零售信贷授权方法执行。分行对远郊区支行的转授权仅限于个人住房按揭贷款审批权限。2010年4月，印发《交通银行重庆市分行异地支行个人住房贷款审批权限和流程管理暂行办法》，分行根据异地支行零售信贷资产质量30%、内部管理水平35%、贷款规模35%，将异地授权支行分A、B二个等级，对不同等级支行分别授予不同的个人住房商业性贷款审批权限。其中：A类行授权额度35万元，B类行授权额度30万元。2011年10月，印发《交通银行重庆市分行个人贷款审批流程自动化管理暂行办法》，规范分行个人贷款审批流程自动化管理操作与运行，加快个人贷款自动化审批进程。个人贷款审批流程自动化管理规则引擎包括刚性条件、内评拒绝、政策拒绝和自动决策四个功能模块。刚性条件、内评拒绝和政策拒绝的主要功能在于业务风险管控，系统自动对不符合监管或交行内评及授信准入政策的贷款申请进行管控，从源头上规避风险；自动决策主要通过有效规则运行，优选资质好、风险低的贷款申请，简化审批流程，提升审批效率。2015年，根据《交通银行零售信贷审批权限管理办法（暂行）》，分行不得将零售信贷业务审批权限向支行转授。

表5-2-2

2007年分行各级岗位零售贷款审批权限表

各级各岗位审批权限				
分行零售信贷贷审会		分管行长		个金部高经/个贷中心副高经
个人消费类和经营类贷款	小企业贷款	零售贷款	小企业贷款	零售贷款
>150万元,<2400万元	单户100万～500万元	50万～150万元	单户≤100万元	≤50万元
注：通过“展业通”流程审批的小企业授信业务按“展业通”审批权限审批。				

表5-2-3

2009年分行各级岗位零售贷款审批权限表

分行零售信贷贷审会		分行分管行长			零售信贷部高级经理		零售信贷部审批岗	远郊特色支行
个人消费类和经营类贷款	展业通小企业贷款	担保类个人贷款	个人信用贷款	“展业通”小企业贷款	担保类个人贷款	个人信用贷款	担保类个人贷款	担保类个人住房贷款
单户>250万元,<2400万元	单户〉100万元,≤1000万元	单户>100万元,≤250万元	单户>10万元,≤50万元	单户≤100万元	单户≤100万元	单户≤10万元	单户≤30万元	单户≤30万元

表5-2-4

2010年重庆市分行零售贷款各级各岗位审批权限表

单位：万元

<table>
<tr><th rowspan="2">项目</th><th rowspan="2">担保方式</th><th rowspan="2" colspan="2">贷款种类</th><th>异地支行</th><th colspan="2">分行零售信贷管理部</th><th rowspan="2">分行零贷会</th><th rowspan="2">备注</th></tr>
<tr><th>支行负责人</th><th>个贷审批岗</th><th>部门负责人</th></tr>
<tr><td rowspan="5">个人贷款业务</td><td rowspan="4">抵(质)押</td><td colspan="2">个人住房商业性贷款</td><td>≤35</td><td>≤50</td><td>≤300</td><td>300(不含)~1500(含1500)</td><td rowspan="5">超权限报总行审批</td></tr>
<tr><td colspan="2">个人商业用房贷款</td><td>—</td><td>≤50</td><td>≤250</td><td>250(不含)~1500(含1500)</td></tr>
<tr><td rowspan="2">其他个人贷款</td><td>消费类</td><td>—</td><td>≤50</td><td>≤250</td><td>250(不含)~1500(含1500)</td></tr>
<tr><td>经营类</td><td>—</td><td>≤50</td><td>≤250</td><td>250(不含)~1500(含1500)</td></tr>
<tr><td>其他担保</td><td colspan="2">所有品种</td><td>—</td><td>≤15</td><td>≤100</td><td>100(不含)~1500(含1500)</td></tr>
<tr><td rowspan="2">小企业授信业务</td><td colspan="3">展业通</td><td>—</td><td>—</td><td>≤500</td><td>500(不含)~2000(含2000)</td><td rowspan="5">须报总行的上报总行审批</td></tr>
<tr><td colspan="3">银监会法人小企业贷款</td><td>—</td><td>—</td><td>≤500</td><td>—</td></tr>
<tr><td rowspan="3">项目及合作商授信</td><td colspan="3">无开发贷款联动的房地产合作项目</td><td>—</td><td>—</td><td>—</td><td rowspan="3">均上报零贷会审议</td></tr>
<tr><td colspan="3">汽车经销商合作项目</td><td>—</td><td>—</td><td>—</td></tr>
<tr><td colspan="3">其他合作商(承担担保责任的房地产中介机构、担保公司等)</td><td>—</td><td>—</td><td>—</td></tr>
</table>

表5-2-5

2011年重庆市分行小企业贷款各级各岗位审批权限表

单位：万元

<table>
<tr><th>项目</th><th>贷款种类</th><th>部门负责人</th><th>分管行长</th><th>分行零贷会</th><th>备注</th></tr>
<tr><td rowspan="2">小企业授信业务</td><td>展业通</td><td>≤500</td><td>500(不含)~1000(含1000)</td><td>1000(不含)~2000(含2000)</td><td rowspan="2">须报总行的上报总行审批</td></tr>
<tr><td>银监会法人小企业贷款</td><td>≤500</td><td>—</td><td>—</td></tr>
<tr><td colspan="5">注:小企业授信中完全现金保证业务由分行零售信贷管理部直批。</td><td></td></tr>
</table>

表5-2-6

2015年重庆市分行零售贷款业务各级各岗位审批权限表

单位：万元

<table>
<tr><th rowspan="2">项目</th><th rowspan="2">担保方式</th><th rowspan="2" colspan="2">贷款种类</th><th colspan="4">分行零售信贷管理部</th><th>备注</th></tr>
<tr><th>授信审查</th><th>高级授信审查</th><th>部门负责人</th><th>分管行长</th><th>报总行参数调整系统权限</th></tr>
<tr><td rowspan="6">个人授信业务</td><td rowspan="4">抵(质)押</td><td colspan="2">个人住房商业性贷款</td><td>≤30</td><td>≤150</td><td>≤300</td><td>＞300</td><td>＞800</td></tr>
<tr><td colspan="2">个人商业用房贷款</td><td>—</td><td>≤100</td><td>≤250</td><td>＞250</td><td>＞1500</td></tr>
<tr><td rowspan="2">其他个人授信业务</td><td>消费类(不含住房按揭)</td><td>—</td><td>≤100</td><td>≤250</td><td>＞250</td><td>＞1000</td></tr>
<tr><td>经营类(不含商铺按揭)</td><td>—</td><td>—</td><td>≤250</td><td>＞250，≤1000</td><td>—</td></tr>
<tr><td>非抵(质)押</td><td colspan="2">所有品种</td><td>—</td><td>—</td><td>—</td><td>全部</td><td rowspan="2">根据具体业务品种确认是否上报</td></tr>
<tr><td>行员贷款</td><td colspan="2">所有品种</td><td>—</td><td>—</td><td>—</td><td>全部</td></tr>
<tr><td rowspan="2">小企业授信业务</td><td></td><td colspan="2">无敞口授信业务</td><td>—</td><td>—</td><td>全部</td><td>—</td><td>—</td></tr>
<tr><td></td><td colspan="2">除无敞口授信业务以外</td><td>—</td><td>—</td><td>≤500</td><td>＞500，≤2000</td><td>—</td></tr>
<tr><td rowspan="6">项目及合作商授信</td><td colspan="3">已审批通过的一手房贷款项目增加授信范围/额度、开发贷联动按揭项目、房屋中介准入、公积金贴息项目准入等</td><td>—</td><td>—</td><td>全部</td><td>—</td><td>—</td></tr>
<tr><td colspan="3">合作机构准入：融资性担保公司、分行级一手住房贷款重点合作机构、开展履约保证保险的保险公司及其他资源类、服务类、外包类合作机构</td><td>—</td><td>—</td><td>—</td><td>—</td><td rowspan="5">均上报零贷会审议</td></tr>
<tr><td colspan="3">集群项目准入：包括但不限于以供应链、商圈、园区等批量方式拓展的零售信贷业务</td><td>—</td><td>—</td><td>—</td><td>—</td></tr>
<tr><td colspan="3">合作项目外且无抵质押及交行认可合作机构提供担保的客户以及超出分行零售信贷管理部授权范围的个案客户，经零贷会主任批准，可提交分行零贷会审议</td><td>—</td><td>—</td><td>—</td><td>—</td></tr>
<tr><td colspan="3">零售信贷业务分管行领导认为需要提交零贷会审议的事项</td><td>—</td><td>—</td><td>—</td><td>—</td></tr>
<tr><td colspan="3">其他零售信贷相关制度规定必须由零贷会审批的事项</td><td>—</td><td>—</td><td>—</td><td>—</td></tr>
</table>

注：1.上述权限均为各授权岗位的最高权限，且为单户累计权限；2.个人住房公积金贷款、核心系统中柜面、自助发放的个人质押类贷款［包括个人存单（国债）质押贷款、个人外汇宝项下外汇存款质押贷款、得利宝个人理财产品质押贷款、个人储蓄国债质押贷款］由支行按相关规定自主审批。

授信流程。2002年6月，印发《交通银行重庆分行个人贷款业务操作规程（暂行）》，分行私金处个人贷款授信设置审查岗、决策岗、档案维护岗、追账岗等四个岗位，并对各岗位基本职责进行界定，同时对个人贷款营销、初审、信息录入和上传、审查、审批、抵押登记、保险、公证、放款和核算、档案管理、监控和检查、催收、保险理赔、处理抵押物质物和保证、变更贷款合同及结清贷款等方面进行规范。在个人贷款业务政策及操作手册中将个贷业务全流程节点做细分，明确营销、初审、信息录入和上传、审查、审批、法律审查、放款核算、档案管理、监控等。2003年6月，总行印发《交通银行个人贷款管理中心实施办法》。2007年5月，根据《交通银行个人贷款审查委员会工作制度的通知》，明确个人贷款审查委员会工作流程和表决机制。9月，根据《交通银行零售信贷审批权限和流程管理暂行办法》，规定个人消费贷款和个人经营性贷款从借款人提出贷款到取得贷款各个环节须设置营销岗、核查岗、审查岗、审批岗、中介岗和放款岗6个岗位。零贷授信全流程包括经营单位授信项目申报—授信项目审查—零贷会审议—决议签批等。授信项目申报，即经营单位撰写授信项目报告，提供公司及项目相关基础资料、项目申报工具等，按照无纸化申报流程要求提交“531”电子流。授信项目审查，即授信部审查员根据项目行业特性区分审查重点，做到“一行一策”，重点把控授信项目相关合规性、经营性风险等，由相关负责人进行复审或终审。零贷会审议，即授信部项目审查结束后报送零贷会审议，零贷会根据审查情况进行讨论并做出决议。决议签批，即分管行长（主任委员）签批审批通知书，审批通知书明确授信方案、授信条件、贷后管理要求等。

四、授信业务

小企业授信业务。一是准入标准。2007年10月，分行根据交行总行要求，将“展业通”业务纳入零售板块运营管理。客户准入标准为敞口授信额度1000万元（含）以下且资产总额不超过4000万元，或散口授信额度1000万元（含）以下且年销售额不超过3000万元。2009年11月2日，根据总行《关于做好展业通护权试点的通知》要求，分行“展业通”授信审批权限从敞口额度1000万元提升至敞口额度2000万元。2010年10月，根据总行《关于明确零售板块小企业授信客户准入标准的通知》，分行零售板块小企业授信客户明确“433”准入标准，即交通银行授信风险敞口限额2000万元（含）以下，同时满足资产总额4000万元（含）以下，或年销售额3000万元（含）以下，或职工人数300人（含）以下的法人小企业。此标准一直沿用至今。二是信贷工具。2005年9月，将《交通银行中小企业小额授信管理试行办法》设计的中小企业小额授信分析报告撰写模板、授后监控模板（定期监控，不定期监控）以及中小企业小额授信客户评级季报表，作为开展中小企业小额授信的信贷工具。2006年1月，分行开始使用《交通银行进一步发展小企业信贷业务意见的通知》设计的小企业授信分析报告撰写要求和授信申请书（小企业授信）模板。2月，分行开始使用《交通银行小企业授信（展业通）评分及审批表（试行）》制定的新小企业信贷业务评级及申报审查审批工具。2009年7月，分行开始运用交行总行借鉴新巴塞尔协议对信用风险的控制技术开发的专门信用评审工具，以简洁的评分卡取代复杂的评审报告。依据小企业特点，重视非财务因素和行为表现的评分，淡化财务因素的比重，其中非财务状况因素和行为因素评分占比70%以上。2010年开始，交通银行基本形成一套完整的贷后监控体系，从定期监控、不定期监控、授信业务用途监控三个方面定期、不定期监控，规定客户经理根据零售小企业客户在小企业贷后监控系统中动态评定时客户风险等级对应监控烦率进行定期监控；要求各户经理不定期记录查访报告，不定期填写信贷备忘录；授信业务用途监控，明确客户经理在授信业务发放后一定期限内进行授信业务用途监控。同时总行发布“快捷抵押贷”等产品相关的信贷工具。分行运用的小企业通用授信工具均为总行版本。

个人贷款授信业务。一是准入标准。分行在总行个人贷款授信政策制度下开展个贷业务，执行的是总行个人贷款业务政策及操作手册中的个人贷款准入标准要求。1999年9月，总行印发《交通银行住房、汽车消费、耐用消费品，助学和旅游贷款管理实施细则（暂行）》，对五类个人消费贷款产品分别确名新准入标准，突出强调申请个人住房贷款，借款人必须具备：有常住户口或有效居住身份，有固定住所，有正当职业和稳定收入，有抵质押或保证，有首付资金。房产经销商则需具备二级以上资质、五证齐会等准入要求。2000年12月，总行印发《交通银行个人商铺、小型设、临时周转性流动资金贷款管理办法》，对三类个人经营贷款分别明确业务准入标准，如借款人必须具有完全民事行为能力，持有工商行政机关核发的营业执照及相关经营许可证，从事正当的生产经营活动等。2002年5月，总行印发《交通银行个人贷款业务政策和操作手册》，对个贷产品借款人通用的身份合法性及年龄做出详细准入规定，同时更新房产商，汽车经销商、助学贷款合作学校、保险公司等个人贷款合作机构的准入条件。2006年2月，总行印发《交通银行近期个人贷款业务发展指导意见》，明确新增个人贷款准入要求：借款人申请个人住房贷款购买期房的，房屋主方结构须达封顶标准；个人汽车贷款原则应选择有固定住所的本地居民，且在当地拥有完全或限制产权房产的客户；商铺按揭和个人经营借款的借款主体应为持有工商行政管理部门核发的非法人营业执照为个体工商户、个人独资企业、个人合伙企业的业主或具有完全民事行为能力的自然人，商铺原则区分现房，若期房须为竣工验收的房屋。9月，制定《留学快车业务管理暂行办法》，专门针对留学贷款制定准入标准。2007年8月，总行印发《交通银行个人信用贷款管理暂行办法》，明确优质个贷借款人所应达到的资信标准。9月，在交通银行个人综合授信管理暂行办法中明确个人综合授信应坚持以中高端客户为目标客户群体，借款人应属于国家机关、大型国企等十类重点优质客群。2007年版个人贷款业务政策和操作手册将个人贷款准入分为个人信贷的基本要素和基本条件。基本要素分为个人贷款一般对象、特交对象、金额、期限、利率、用途、担保，基本条件分为应提供的基本资料和其他条件，内容大致为以前政策的汇总，但也有诸如60岁以上应提供健康证明、持续收入证明等新增内容。二是信贷工具。2003年6月，实行的《交通银行个人贷款管理中心实施办法》，提供个人贷款的业务流程图。2007年7月，交通银行印发的《个人信贷产品管理暂行办法》，提供产品制度更改报批报备表、分行个贷业务经营情况报告表、产品项目计划书提纲等信贷工具。11月，修订《个人贷款业务政策和操作手册新编》，更新个人贷款授信申请表，同时汇总个人信贷业务调查、审查审批表及个人贷款合同文本、个贷重要权利凭证相关材料、个人贷款风险监察名单监控表，零售信贷审查委员会相关材料如风险核查相关材料、个贷风险分类材料等信贷工具。2009年1月，交通银行印发《个人贷款电子自动审批业务管理暂行办法》，提供个人贷款电子自动审批业务申请表、个人贷款电子自动审批流程图—分行模式等图表工具。7月，在个人信贷产品参数设置管理暂行办法中，提供分行个人信贷产品参数调整申请表。此后，总行印发的《交通银行个人贷款业务政策和操作手册》均明确个人信贷工具。

五、系统建设

小企业信贷管理系统。2009年4月24日，交通银行小企业信贷管理系统正式在全行运行使用。小企业信贷管理系统可以根据市场、客户、产品、风险等不同组合条件，设计若干标准化的作业流程，明确各环节操作标准和限时要求。引入先进的流程管理理念，根据业务风险程度、内部管理水平等不同要素，实现低风险短流程、高风险长流程，管理强短流程、管理弱长流程的差异化流程决策。2010年6月，制定《交通银行重庆分行小企业信贷管理系统（SEMS）运行应急预案（试行）》。

零售信贷内部评级系统。一是零售信贷内部评级。交通银行零售信贷内部评级流程包括发起、评级认定、评级推翻和评级更新等内容。零售信贷内评流程由零售信贷客户经理在个贷系统或小企业系统中进行授信或贷款申请时主动发起，通过个贷系统或小企业系统与零售信贷内部评级系统的实时连接，自动评定计算出该笔申请的内评风险参数。零售信贷内部评级发起遵循既定的标准和程序，遵循客观、独立、谨慎原则。零售信贷客户经理确保收集的客户申请信息资料真实、准确和完整，录入人员（或客户经理）确保将信息数据完整、准确地录入系统中，从而保证零售信贷内评结果的准确性和有效性。零售信贷内部评级是系统基于客户客观信息数据自动完成，有效避免主观认定不合理、不准确。评级认定结果不允许推翻。零售信贷内部评级系统采用“实时申请评分、月底批量打分”的评级更新模式。内部评级系统在每月月底对客户进行行为评级，并将行为评级结果信息返回个贷管理系统或小企业信贷管理系统，从而保证评级的时效性和及时性。零售信贷内部评级无例外规定，所有客户均是根据零售信贷内部风险评级体系进行相应的评级操作。客户经理及审查、审批岗均可以查看内部评级结果，但不得修改。二是零售信贷内部评级系统。零售信贷内部评级系统是对零售信贷实施风险管理的基础平台，包括“硬件”和“软件”两部分。“硬件”是内部评级相关的IT系统，是计量分析核心工具，主要包括内部评级系统、内评数据集市、小企业信贷管理系统和个贷管理系统四个部分。“软件”指各种与系统配套的评级应用流程、管理制度等。零售信贷内评系统功能架构主要有参数设置、评分功能、参数计算、返回测试、分数重新排配、模型测试功能、评级查询及报表、系统接口和安全控制。

第三章　风险与合规管理

第一节　风险管理

一、公司业务类风险管理

减退加固。自2008年启动公司类贷款减退加固以来，此项工作成为分行风险管理体系的重要组成部分，公司部改组为一至三部，将原支行、营业部关注类贷款全部集中于公司一至三部管理，以强化分行关注类贷款风险管理，提升管控能力。建立减退加固名单考核制度，对重点关注的控制性行业持续加大减退力度，客户结构得到优化。2009年，贯彻“区别对待，有保有压”要求，对“两高一剩”、产能过剩行业进行减退，做到以支持当地经济建设大局为重，担负企业公民社会责任，加强对企业环保搬迁、环保项目的信贷支持，对重钢环保搬迁信贷投入5亿元。钢铁、教育和房地产行业贷款占比控制在总行要求之内。全年涉及减退风险贷款客户27户，金额6亿元。2010年，坚持优胜劣汰，加大行业与客户结构调整力度，出台控制政府融资平台、中长期贷款、“两高一剩”行业、低定价低收益业务等授信政策，全年减退低层级政府融资平台、高风险低收益等客户10.39亿元，超额550%完成总行减退任务。2011年，深化RAROC’在授信审查决策中的运用，平衡收益、风险、资本占用，优化授信方案。印发《关于进一步规范授信客户收益管理的通知》。以“定价优先、存款优先、战略客户优先”为原则，建立贷款规模使用排队机制；针对定价较低的存量贷款客户，制定减退计划或收益提升方案，全方位提升客户综合回报，2011年减退贷款中利率下浮贷款占比28.8%。2012年，信贷资源重点向在建续建重点项目、地方支柱产业、先进制造业、中小企业等方面倾斜，严控“两高一剩”、政府融资平台和房地产贷款。优先发展短期流动资金贷款、抵质押贷款、贸易融资等贷款品种，对公贷款中，中小企业贷款占比49.1%，较年初提升4.47个百分点。中长期贷款占比78.32%，较年初下降6.38个百分点。完成正常、关注类贷款加固金额8亿元，完成总行计划380%，减退金额10.4亿元，完成总行计划285%。2013年，严格贯彻落实

“盘活存量资产、做实减退加固”工作。对潜在风险客户采取加固担保、持续减退、合理匹配授信品种等方式降解信用风险。2014年，做好存量信贷资产减退加固工作，完成指令性名单客户减退金额7.51亿元。2015年，前移风险关口，推动风险经理提前介入潜在风险客户管控，提高风险处置主动性。共重组小企业逾期贷款1.95亿元，减退风险小企业贷款1.83亿元。建立灰名单授信业务、逾期超30天的授信业务等管控客户名单，实施名单制管理。2016年，分行出台《关于新形势下进一步加强信用风险管理的意见》，完善风险贷款管控奖惩办法，强调经营单位管控主体责任，加大考核奖惩力度。加强风险客户名单制管理，持续开展风险排查。

限额管理。2006年7月，分行印发《关于加强承兑业务限额及贴现利率管理的通知》，对分行银行承兑汇票签发总量实行限额控制。2010年2月，印发《交通银行重庆市分行2010年十大行业信贷限额（领额）管理实施细则》，对钢铁、水泥、平板玻璃、煤化工、多晶硅、风电设备、电解铝、植物油、纺织等9大产能过剩行业实施限额管理，对水利、环境和公共设施管理业新增贷款领额管理。2011年3月，分行印发《关于2011年对重点行业信贷实行限额管控和量化推进专项管理的通知》，对钢铁、水泥、平板玻璃、煤化工、多晶硅、风电设备、电解铝、造纸等8个约束类行业实行限额管控，对电力、煤炭、港口与水运等鼓励类行业实行量化推进专项管理。2014年3月，分行印发《关于贯彻实施总行2014年授信与风险政策纲要的意见》，继续对钢铁、水泥、电解铝、平板玻璃、船舶、风电设备、煤化工、多晶硅等“两高一剩”行业执行总量压降和限额管控。5月印发《交通银行重庆市分行零售条线盘活存量资产实施减退加固工作方案》，对分行零贷条线产能严重过剩行业实行总量限额管理，要求分行在每个产能过剩行业中零售小企业贷款类余额占比不得超过年初水平，对于分行划定的，与产能过剩行业关联度高，经营可能受影响的专业市场、产业链等客户集群，以及相关个人经营类贷款客户同样应按照问题限额管理要求执行。零贷业务对建筑业实施限额比例管控，即建筑业贷款总额不超过零贷小企业总额的10%。2017年1月，分行印发《交通银行重庆市分行2017年行业（区域）政策及投向指引》，对分行尚有授信余额的钢铁、煤炭和船舶行业实行限额管控。

名单制管理。2004年，根据总行《关于印发加强风险监察名单管理意见的通知》要求，分行提出贯彻意见，要求各支行要以风险监察名单为工具并使之成为一种制度性工作，印发《关于实施风险监察名单管理与实施有关问题的通知》《关于风险监察名单管理有关问题的补充通知》和《交通银行重庆分行风险经营管理暂行办法实施细则》，强化风险排查、细化实施流程，实现风险排查常规化、监察名单制度化、跟踪管理动态化的管理要求，同时依据风险可控程度，将风险监察名单分为风险可逆、风险较大和风险严重三类进行贷后管理，设计《信贷备忘录—风险监察名单报告表》，提高风险监察名单申报的及时性。2004年末，列入分行风险监察名单贷款客户10户。

二、小企业和个贷业务风险管理

基础管理。一是贷审分离。2000年6月，印发《交通银行重庆分行个人贷款“三查”（暂行）办法》，对分行开展的个人住房、汽车消费贷款及个人商铺贷款等个人贷款实行贷款“三查”制度（贷前调查、贷时审查和贷后检查）。要求严格执行审贷分离，信贷员负责完成贷前调查和贷后检查，审查岗和决策岗负责完成贷时审查，并对具体执行“三查”制度进行规范。中心支行在分行已开办的个人贷款各类中，根据授权额度自行发放，严禁越权、撤零发放。分行由私人金融业务管理部统一履行个贷授信管理职能，支行在审批权限内（单户不超过50万元）自主审查审批，超过权限报分行个金部统一审批。2002年5月，除个人小额存单（国债）质押贷款授权各中心支行审批外，所有个人贷款的审批必须集中到私金处办理。2002年7月，分行印发《关于进一步加强个人贷款业务管理的若干规定》，私金处成立个人贷款授信管理科，负责个人贷款的授信审查、制度建设和业务运行监控。2007年8月，个金部设置小企业信贷中心，负责信贷业务管理和授信审查工作。2008年6月，分行成立零售信贷管理部，负责组织零售信贷业务营销推进和市场推广活动，牵头组织个贷批量项目合作商的营销和管理维护，审查审批个人贷款、展业通小企业贷款，相关政策的制定及授信管理、贷后检查、质量监控、逾期催收和统计分析等工作。2013年7月，分行成立零售信贷审批中心，负责分行零售信贷业务的审查审批工作。2014年6月，分行撤销零售信贷业务管理部，设立零售信贷业务部，为分行内设一级经营管理部门，负责零贷业务的发展管理工作。授信管理部增设二级部，即零售信贷管理部，承担原零售信贷审批中心的零售信贷管理规划、授信审批及贷后管理等中台职能。2016年5月23日，分行授信部成立“一部三中心”，零售信贷业务的审查审批工作由审批中心负责，贷后管理工作由贷后管理中心负责。2018年，分行个贷及小企业授信审查审批工作由授信部负责，授信部设置个贷及小企业贷款的专职审查员及审批人，审查审批权限除个人存在质押贷款审批权限部分对支行授权外，均未对支行授权。二是前中后台分离。2002年7月，分行印发《关于进一步加强个人贷款业务管理的若干规定》，分行私金处成立个人贷款授信管理科，负责个人贷款的授信审查、制度建设和业务运行监控。2008年6月，印发《交通银行重庆分行个人贷款业务流程管理暂行办法》，整个个贷业务流程涉及的岗位包括营销岗、风险核查岗、审查岗、审批岗、催收管理岗、综合岗、法律岗和放款岗、档案岗等9个岗位。其中：营销岗、风险核查岗、审查岗、审批岗、法律岗、放款岗和档案岗为必设岗位。分行零售信贷部个人贷款中心设置：包括风险核查岗、审查岗、审批岗、催收管理岗和综合岗（兼系统管理岗）等5个岗位，该5个岗位均为独立、专岗，允许一岗多人，但相互不得兼岗。风险监控部放款中心设置：法律岗、放款岗和档案岗。支行设置：营销岗一个基本岗位和综合岗、审批岗二个辅助岗位。三是贷放分离。2008年6月，印发《交通银行重庆分行个人贷款业务流程管理暂行办法》，分行个人贷款业务根据“五集中三分离”原则管理个人贷款。即除个人存单（国债）质押贷款由支行自主审查审批和放款外，所有个人贷款按总行“五集中三分离”原则，由分行集中授信审批、集中中介服务（条件成熟前由支行个贷营销岗负责）、集中贷款发放、集中档案管理、集中不良贷款的催收管理，对贷审、前后台、人档实行分离管理。其中，集中贷款发放、集中档案管理环节按照总分行规定由放款中心负责，从而实现个人贷款营销审批放款的机构分离与岗位分离。

风险控制。一是重点领域监控排查。2005年11月，根据交通银行《关于进一步加强个贷风险管理促进业务健康发展的意见》的要求，分行个贷中心按月向总行个金部和分行风险部报告个贷质量情况（包括“一逾两呆”和“五级分类”双口径）。分行按月向总行个金部及零贷部（现普惠部）报送个金资产业务“双线监控报告机制”及小微条线双线监控报告。2011年11月，分行印发《关于加强零贷领域房地产信贷业务管理工作的指导意见》，继续严格执行监管部门和总行出台的房贷政策规定（尤其是成数、利率、住房套数认定等方面），坚决不触碰政策“高压线”，不盲目冒进投资投机性购房的贷款需求。2012年5月，分行印发《关于开展零贷业务重点领域风险排查工作的通知》，针对至2009年以来发放的尚未结清的个人住房按揭贷款和目前有余额的钢贸小企业贷款开展重点领域风险排查，重点排查零贷业务中个贷“假按揭”、个人住房按揭贷款差别化信贷政策、钢材贸易企业贷款投向情况等热点领域。分行小企业信贷业务执行总行信贷手册及投向指引的相关规定，实行重点领域管理，对于国家明确指出的钢铁、船舶、水泥、平板玻璃、电解铝等产能严重过剩行业，以及钢贸、光伏等运行风险较大行业，实施禁止类客户群管控措施，禁止新增授信，并将相关客户全部纳入减退加固工作机制；同时加强“影子银行”风险管控，严禁介入小贷公司、典当行、寄售行、担保公司等非银行融资机构的授信业务；继续对房地产行业实施从严管控，未准入房地产开发经营类客户群。2014年4月，根据分行风险部《关于修订报送“双线”风险防控情况报告的通知》，明确分行风险防控责任。零贷部牵头融资性担保公司的风险防控，把好准入关口。严禁向小额贷款公司或其实际控制人给予信贷支持，实行疑似“影子银行”客户的风险排查和名单制管理。规范融资性担保公司管理，建立银担合作年审制度。二是监察名单管理。2005年10月，交通银行印发《关于进一步加强个贷风险管理促进业务健康发展的意见》，分行对个贷业务实施风险监察名单管理，建立风险排查和预警的机制。对目前风险分类仍为正常，但存在较大的潜在风险、履约还款能力有疑问、分类等级可能迁徙为不良的客户，建立风险监察名单，实行严格的监控。2017年6月，印发《交通银行小微信贷业务贷后管理手册》，明确风险监察名单客户是指名下在交行所有授信业务的风险分类均为关注类，但授信业务或其对应客户出现风险预警信号或存在潜在风险且有增加趋势，后续可能下迁为不良类，需要予以特别关注并重点进行风险控制、化解的小微授信客户。分行由风险部指导、授信部负责组织，指导及监督辖内正常和关注类小微信贷业务及其对应客户持续开展的过滤和评估，及时指导授信经营单位将符合相关风险特征的客户列入风险监察名单。风险部定期不定期检查、评估小微条线风险监察名单制度执行情况。纳入风险监察名单后的客户由分行风险部进行管理。三是风险控制目标。2005年10月，总行在加强个贷风险管理、促进业务健康发展的意见中明确个贷业务风险具体管理目标：将个贷业务风险管理关口前移，从贷款发放前就提早介入，在资产出现减值迁徙趋向时就及时处置。分行建立个贷检查制度，定期和不定期进行个贷自查，会同分行审计及风险部进行检查，检查内容包括个贷政策执行情况、业务操作合规性、资产质量情况、重大案件或群发性风险等，对存在的资产质量、业务违规和风险事故等问题，分析原因，安排专人负责落实整改工作。小微业务的风险控制目标是以业务贷后风险管理为核心，通过一定的组织形式、方法制度、人员配备等，对小微信贷业务本身、客户、担保等因素进行跟踪检查分析，及时发现小微信贷业务存在的问题并采取相应的管理措施，以达到防范、控制和化解小微信贷业务风险，提高信贷资产质量和效益的目的。四是全流程监控。2005年以后，针对个贷及小企业信贷质量问题，总行建立风险双线监控机制，分行按月向总行个金部及零贷部报送个金资产业务“双线监控报告机制”及小微条线双线监控报告。2008年6月，印发《交通银行重庆分行个人贷款业务流程管理暂行办法》，明确个人贷款业务流程主要包括营销、初审、信息录入和上传、授信审查审批、放款审查审批、放款及会计确认、档案管理、抵押、贷后监控管理、贷后审查审批、结清贷款等环节，设定相应的岗位，各环节工作由相应的岗位人员完成。该办法明确各岗位的职责，有利于促进个人贷款业务快速、健康、可持续发展。2012年7月，根据交通银行《关于做好小企业贷后监控系统全行推广工作的通知》，分行正式运用“小企业贷后监控系统”，通过该系统建立针对单个客户的“客户全景视图”，可全面展现某一客户的企业基本信息、财务、征信、内部评级、授信、定价、业务发放、交叉销售、担保情况、风险报警信息、监控任务等全方位的信息，供分行相关岗位人员查询运用。2013年版个贷手册明确健全职责分明的风险责任制，在个人贷款业务的全流程中贯彻落实《商业银行授信工作尽职指引》要求，划清风险管理各个环节的职责，客户调查、业务受理、分析评价、授信决策与实施、授信后管理和问题授信管理人员等都按照尽职指引要求履行职责、承担责任，切实把好授信全流程的每一个风险关口。2014年9月，小企业信贷手册明确实施全面持续的风险监控：进一步健全和完善全方位的信贷风险管理，强化贷前调查、贷时审查和贷后检查工作以及问题贷款的管理机制，强化风险管理部门、资产保全部门的管理职责，健全信贷风险的预报、识别、监控、分析、评估职能，采用定期监控、不定期监控和实施独立、定期、客观的风险排查等手段，最大限度地遏制潜在风险向现实风险转化。资产保全部门管理、实施问题贷款行动策略和行动计划，采取切实有效的措施，挽救不良资产，把不良资产引起的风险和损失控制在可承受的范围之内，切实提高资产质量。2017年3月，分行印发《关于加强小微授信基础管理提升授信工作质量的通知》，要求各单位切实做好贷款“三查”工作，严格落实总行提炼的十六项基础管理要求，即贷前“一查证照、二查现场、三查征信、四查企信、五查红盾、六查资产、七查流水、八查税单、九查财报、十查交易”等十必查，以及贷后“一检用途、二检证照、三检征信、四检经营、五检担保、六检关联方”等六必检共16项必做动作。

风险审查。一是信用风险审查。2004年4月，《交通银行进一步加强个人信贷业务风险管理的指导意见》，明确要求贷前进行还款来源调查及贷款用途调查。还款来源调查包括第一还款来源和第二还款来源，第一还款来源调查应完整把握收入类因素和非收入类因素两方面，准确掌握借款人的还款能力和还款意愿。第二还款来源调查，严格把握抵（质）押物权属的真伪及价值的高低，或保证人的担保意愿及资格能力等。贷款用途的调查，重点把握消费合同、交易发票以及合作商的核实查验，保证真实准确，防止虚假交易套取银行贷款。2005年1月，总行印发《近期个人住房按揭贷款业务风险管理若干规定》，进一步严格个人住房贷款的调查和审核，尤其是关注和评估借款的还款意愿和还款能力。2008年6月，印发《交通银行重庆分行个人贷款业务流程管理暂行办法》，零售信贷营销岗需初审借款人的贷款申请，完成贷前调查。审查借款人提交的资料是否存在疑点，若有则进一步调查核实；查阅借款人及配偶、未成年子女（若有）和担保人的个人征信报告，了解其负债、征信记录等，判断是否符合分行准入要求；调查借款用途的真实性与合理性，调查借款人的还款能力是否与借款相匹配，调查担保的合规性与充足性（例如抵/质押物的权属、变现能力和价值）。零售信贷审查、审批岗对领带业务进行复审及终审，出具审查审批意见。2010年4月，印发《交通银行重庆市分行小企业（展业通）信贷业务“贷款三查”操作细则》，明确小企业（展业通）信贷业务贷前调查尤其注重现场调查、交流、多渠道收集借款人第一手信息；贷时审查，注重借款人经营活动现金流和个人信用记录，重视担保方式，增强对借款人的还款约束；贷后检查重视贷款用途检查，加强贷后监控，实时掌控企业动态。要求经营部门客户经理须严格按照贷前调查、贷后检查内容执行；各级审查审批人员须严格按照贷时审查内容执行。2011年11月，分行印发《关于加强零贷领域房地产信贷业务管理》，明确办理个人住房贷款、个人商业用房贷款时，为保证抵押人的权利与借款人的义务相匹配，贷款借款人应为购房人本人，购房人已婚的，可将其配偶作为共同借款人。小企业信贷手册规定，应从授信客户及授信业务背景、行业、经营管理、财务、担保等方面进行全面总结，对面临的风险及化解能力进行综合评价，提出防范风险的措施及对授信方案的明确意见。2017年3月，分行印发《关于加强小微授信基础管理提升授信工作质量的通知》，要求各单位严格落实总行提炼的贷前十必查工作，在授信业务开展源头做好过滤、筛选、把关工作。二是市场风险审查。2005年1月，分行严格执行总行《近期个人住房按揭贷款业务风险管理若干规定》，在贷款成数和期限上，对于中档类型住房贷款，且资信状况优良的借款人，能以同产权人的两套住房或一套商业用房做抵押，或提供银行认可的房地产开发商或住房置业担保公司等做保证的，住房贷款“门槛”不变，一手房和二手房贷款成数最高为80%和70%，期限（含延期）最长30年。对虽拥有两套以上住房但仅能做单套抵押的，或以仅拥有的一套住房抵押的，其一、二手房贷款成数和期限要在此上基础视情况适当提高标准。对于低档和高档类型住房贷款或资信状况不易辨识并较为一般的借款人，应严格区分贷款担保方式的不同，从严控制一、二手房的贷款成数和期限。在授信权限上，除对于中档类型住房贷款且资信状况优良的借款人按现行授权权限审批外，对于低档类型住房、人均面积和借款人收入月供比较低的贷款以及高档类型住房贷款，审批权限应上收至各行私金处处长或分管行长。2007年7月，分行按照总行强调小企业信贷发展不能放松对资产质量的管理要求，特别关注小企业法人代表的信用风险和道德修养，注意收集软信息并将调查结果纳入客户基本信息资料归档。同时重视小企业的贷款结清管理，在客户行业投向选择上，谨慎选择限制类、淘汰类行业中的客户。在行业内，优先选择经营业绩稳定，具有成长潜力，在生产工艺、产品市场、经营模式等方面具有比较优势的小企业。2011年11月，分行印发《关于加强零贷领域房地产信贷业务管理》，要求严格合作机构、合作项目的筛选申报，落实《交通银行零售信贷合作机构管理暂行办法》规定，重点选择“资质高信誉好、规模大风险小、实力强效益好、服务优品牌亮”的合作商，由分行“统一准入、统一签约、统一监控、统一考评”。分行个贷业务遵从《个贷手册》及《个金资产业务指引》的相关规定。《个贷手册》（2013年版）明确需关注政策调整和市场动态，尤其是房地产、汽车等重点行业的发展趋势及行业形势研判，预测相关贷款品种可能受到的业务影响和受险程度，关注市场变动导致的抵/质押物价值的变化，提出风险防范措施。

2014年9月，交通银行《小企业信贷手册》明确小企业信贷业务市场风险审查根据行业特点确定行业风险分析应选择的因素。在客户行业投向选择上应谨慎选择限制类、淘汰类行业中的客户。在行业内，优先选择经营业绩稳定，具有成长潜力，在生产工艺、产品市场、经营模式等方面具有比较优势的小企业。分行小微业务遵从总行小微信贷业务手册及投向指引的相关规定。三是操作风险审查。2005年1月，总行印发《近期个人住房按揭贷款业务风险管理若干规定》，分行在个人住房按揭贷款方面严格执行总行规定，切实防范风险，促进业务健康发展。2006年11月，总行印发《关于做好"假按揭"风险防范工作的意见》，分行在贯彻实施中，要求营销岗对借款人身份的真实性、借款意愿的真实性以及借款用途的真实性负有完全责任，履行职责。代前调查中做到"四个必须"，即必须确保借款人的主体真实，实地核对借款人姓名、身份证号码、工作单位地址、家庭详细住址及除手机号码外的其他联路方式，并在复印件上签章；必须确保借款人的意愿真实，与借款人直接见面，充分解借款人的真实融资意愿，明确告知其相关法律责任；必须确保借款人的用途真实，充分解交易楼盘的销售及人住情况，同时根据借款人实际生活状况对借款用途的合理性做出基本判断，谨防"假按揭，真融资"情况；必须确保借款人的签章真实，严格执行贷款面签制度，认真做好尽职调查书的面签笔录等工作。2008年6月，印发《交通银行重庆分行个人贷款业务流程管理暂行办法》，要求零售信贷营销岗对通过审批的贷款，及时与借款人及相关人员面签合同、借据等信贷文本，确保签字的真实性。10月，分行印发《关于核实个人贷款用途真实性控制信贷风险的通知》，严格控制A房抵押购买B房的个人住房抵押贷款。2010年4月，印发《交通银行重庆市分行小企业（展业通）信贷业务"贷款三查"操作细则》。明确贷前调查及定期监控，要求客户经理双人实地核查，资金用途监控要求15天内完成，不定期监控频率一般要求每季做1次，定期监控频率一般要求每半年做1次。2011年11月，分行印发《关于加强零贷领域房地产信贷业务管理》。要求严格执行面谈、面签、居访以及风险核查，在贷前加强对借款人购房意愿、房屋交易行为，首付款支付情况真实性的调查，严防假合同、假按揭。2017年3月，分行印发《关于加强小微授信基础管理提升授信工作质量的通知》，要求各单位严格落实总行提炼的贷前"十必查"、贷后"六必检"工作，在授信业务开展源头做好过滤、筛选、把关工作，并定期回顾总结评价，动态调整，督促客户经理完成最基本调查内容，力争杜绝在贷前、贷中、贷后管理工作中出现不尽职、不尽责的现象。四是合规风险审查。2000年9月，总行印发《关于暂缓在全行开办个人综合消费贷款业务的通知》，明确停办无指定用途贷款。2001年5月，印发《关于近期开展个人信贷业务的指导意见》，重申个人综合贷款用途必须合理，禁止发放贷款用于股票、期货、股本权益性投资和其他违反国家有关法律法规的用途。2006年8月，总行印发《关于加强风险管理提高小企业信贷业务质量的通知》。分行个贷及小企业信贷业务除个人存单（国债）质押贷款由支行自主审查、审批和放款外，其余业务均由分行统一审查审批放款。分行设立专门的授信、放款审查审批岗位，授信审查时分行审查岗严格审查。五是欺诈风险审查。2006年8月，总行印发《关于加强风险管理提高小企业信贷业务质量的通知》。分行加强对小企业法人和经营者个人信用状况的审核，注重收集个人品德、社会声誉等信息。11月，总行印发《关于做好"假按揭"风险防范工作的意见》，建立贷款申请材料的核查机制，分行由放款中心审查岗对申报的贷款申请进行复核审查。主要核查借款人身份信息、借款意愿和借款用途的真实性，并报告贷审委员会。2007年7月，交通银行《个贷手册》针对按揭业务中，开发商采取通过公司内部员工、关系人或其他人以虚假按揭贷款的形式套取银行信贷资金所产生的风险，强调要严格控制发放关系人贷款，建立贷款申请材料的核查机制。2008年10月，分行印发《关于核实个人贷款用途真实性控制信贷风险的通知》，对开发商的关系人、关联企业（包括上下游企业如建材商、销售商、经纪商、施工单位等）以及企业中的员工购买开发商房产的，必须从严控制，严格审查；对于同一人或其直系亲属购买相同项目中多套房产的，对于明显高于同类平均价格房产的，应从严控制，严格审查，需提供合理的佐证依据；加强贷前调查，必须确保借款人的主体、贷款意愿、用途及借款人的签章等真实；建立贷款申请材料的核查机制；建立贷款核批率信息系统，将假按揭列入全行日常风险排查范围，进行重点防范；通过第三方验证交易信息及开发商的真实销售情况。

风险分类。2005年6月，印发《交通银行个人贷款五级分类管理办法》，提出个人贷款风险按照资产风险监控规范化要求，个人贷款按照正常、关注、次级、可疑、损失类五级分类的标准进行管理。12月，分行印发《关于进一步发展小企业信贷业务工作的意见》，规定将6～7级小企业客户纳入风险过滤流程实施管理。通过风险过滤，有效甄别风险预警信号，并根据客户风险状况及时将有较大潜在风险的客户列入监察名单重点监控。2007年12月，印发《交通银行个人贷款风险分类管理办法》。个贷及小企业信贷资产风险分类主要采取“脱期法”，根据逾期时间同时结合担保因素进行系统自动分类。对于自动分类结果仍不能准确反映资产质量状况的，可通过手工认定重新确认资产风险分类，根据相关信贷业务的具体风险特征进行上下调整，以真实反映实际资产质量状况。个贷业务手册明确所有由交通银行承担风险、贷款余额不为零的个人贷款资产，都应当进行风险分类。公积金等委托类贷款、卡透支等不适用。分类对象限于个贷资产的本金，无本纯欠息资产无须进行风险分类。个贷风险分类以单笔个贷业务为基本单位，不进行拆分分类，即一笔分期还款的个人贷款如果部分已逾期、部分尚未到期，则应将整笔贷款余额做统一分类。个人贷款应当根据风险程度划分为正常、关注、次级、可疑、损失5类，后3类合称不良贷款。2011年，总行对个贷及小企业信贷管理系统中的“逾期天数”的定义做变更，即从原先的取值“贷款本金逾期天数”调整为“贷款本金逾期天数和利息逾期天数的较大值”。调整前后风险分类矩阵对照情况如下：

表5-3-1

个人贷款五级分类标准

	未逾期		逾1～30天		逾31～90天		逾91～180天		逾181～360天		逾361天以上	
	调整前	调整后	调整前	调整后	调整前	调整后	调整前	调整后	调整前	调整后	调整前	调整后
信用	正常	正常	关注	关注	次级	次级	可疑	可疑	可疑	可疑	损失	损失
保证	正常	正常	正常	关注	关注	关注	次级	次级	可疑	可疑	损失	损失
抵押	正常	正常	正常	正常	关注	关注	关注	次级	次级	可疑	可疑	可疑
质押	正常	正常	正常	正常	正常	关注	关注	次级	次级	可疑	可疑	可疑

小企业信贷风险监控。一是预警事件管理。2010年12月，交通银行推出《零售板块小企业信贷手册》，建立小企业信贷风险预警和主动退出机制。2012年7月，根据总行《关于做好小企业贷后监控系统全行推广工作的通知》，重庆市分行正式运用“小企业贷后监控系统”。系统设置监控规则，对客户资金流水、征信记录、第二还款来源、代扣代缴费用、财务信息等自动进行数据分析，触发相关规则的报警信息，及时给客户经理等相关人员做提示。2017年6月，小企业贷后监控遵循总行印发的《交通银行小微信贷业务贷后管理手册》相关要求，手册显示总行将各类风险监控规则设置到贷后监控系统中，通过系统数据筛选的方式对全部存量小企业信贷业务开展线上监控，将监控发现的风险预警信息按风险等级由高到低分为红色、橙色、黄色和提醒四个等级，根据监控发现并预警的风险状况及等级确定不定期监控频率，并向相关岗位人员推送不定期监控任务。其中：红色预警：必须立即开展不定期监控；橙色或黄色：须在两个月内对预警情况开展不定期监控，若同一客户两个月内发生多次橙色（或黄色）预警，可合并开展监控；提醒：仅对相关信息做提示，可视实际情况判断是否需要开展具体监控工作。分行相关岗位接收到监控任务时立即开展核实工作，并将相关信息记录留存。此外分行相关贷后监控人员应根据日常业务管理和客户及业务风险实际情

况主动开展不定期监控。六个月内未做过任何定期监控的授信客户，应至少进行一次查访。二是风险识别。2005年12月，根据交通银行《关于进一步加强个贷风险管理，促进业务健康发展意见》的要求，分行认真落实文件要求，建立个贷风险经理制度，个金部、支行设置个贷风险经理岗，主要针对个贷业务风险进行独立识别、监测和报告，落实各项风险措施，包括风险评估、风险提示、矩阵式的风险报告、实施风险监测名单管理等监控工作，建立由风险监控部门介入督促的“全流程”个贷业务风险管理体系。2006年3月，根据总行要求，开展小企业信贷业务时，加强对担保、评估等中介公司的管理。开展评估公司的资质、评估质量等后续评估，把担保公司担保能力的定期评价也列入贷后监控内容。2010年12月始，按照总行要求，加强对小企业业务担保人的贷后监控。因授信业务设定的担保发生变化可能影响保证人履行担保责任的或抵押品价值的，授信部门依据授信业务合同、担保合同和有关的法律法规提出保全方案。明确《定期监控报告》中担保分析重点描述内容。2016年11月，分行印发《交通银行重庆市分行小企业信贷业务贷后监控管理实施细则（暂行）》，要求小企业信贷客户经理及贷后管理人员应围绕小企业客户数量多、单户金额小、信息不对称等特征充分运用账户分析、凭证查验、实地查访、系统监控等多种方式，以识别、预警风险信息。2017年3月，分行印发《关于加强小微授信基础管理提升授信工作质量的通知》，要求各单位切实做好贷后六必检，即一检用途、二检证照、三检征信、四检经营、五检担保、六检关联方，在贷后管理的过程中及时发现反馈风险预警信息。三是贷后监控实施。2006年4月，总行印发《关于全面推进小企业信贷业务发展的指导意见》。8月，印发《关于加强风险管理提高小企业信贷业务质量的通知》。分行按照“了解你的客户”原则，坚守“交易（或贸易）背景真实性”底线，通过对零售小企业信贷资产实施主动监控管理，综合运用账户分析、凭证查验和实地查访等方式，持续跟踪客户发展趋势，结合内外部因素评估借款主体交易（或贸易）背景真实性和信用状况变化，及时识别潜在风险，及时发出预警信号，以便迅速控制和化解信贷风险。2012年7月，根据总行《关于做好小企业贷后监控系统全行推广工作的通知》，重庆市分行正式运用“小企业贷后监控系统”。系统将根据客户风险等级、相关报警信息自动生成定期监控、不定期监控、用途监控等任务，分行相关人员在系统中进行任务处理。2016年11月，制定《交通银行重庆市分行小企业信贷业务贷后监控管理实施细则（暂行）》。2017年6月开始，小企业贷后监控遵循总行印发的《交通银行小微信贷业务贷后管理手册》相关要求，贷后监控工作由小企业信贷从业人员视自身所辖客户状况、外部风险形势和信号机总分行管理要求主动实施，结合新一代信息系统小企业贷后监控子系统后台数据分析所提示的风险报警信息及自动生成的监控任务开展。遵循“及时性、主动性、客观性、有效性”的原则。贷后监控任务处理的时限要求上，客户经理应及时领取监控任务并运用各种方式和手段展开任务调查、收集相关资料（如有），为保证流程的时效性，贷后监控须及时开展并按时完成。其中：定期监控及不定期监控须在发起后30天内完成；贷款类的用途监控须在贷款发放后15天内完成；承兑汇票类用途监控须在承兑汇票出票后2个月内完成；保函和信用证的用途监控必须在1个月内完成。

个人贷款风险监控。一是风险预警管理。2007年7月，《交通银行个贷手册》明确个贷预警管理指通过业务风险分析得到可能发生风险的个人贷款群体或贷款组合，引起高度关注，根据风险变动情况，采取针对性风险管理措施直至贷款退出等进一步行动。预警管理包括预警机制、预警信号、预警监控。2010年4月，分行印发《关于进一步规范个贷贷后管理相关工作的通知》，贷后需持续做好客户营销及服务工作，按照业务规定开展贷后检查，加强对贷款用途、资金流向、借款人情况变化等信息的监控，并做好相关记录。经营单位负责个贷业务的日常贷后检查，按照“谁放款、谁负责”的原则，落实贷后检查。2018年6月，制定《交通银行重庆市分行个金资产业务贷后管理实施细则》。二是风险识别。2004年4月，分行按照总行《进一步加强个人信贷业务风险管理的指导意见》，切实做好贷款三查工作，即贷前调查、贷款审查、贷后检查。2007年6月，根据

《交通银行个人贷款风险核查暂行办法》，分行建立风险核查的操作流程。2008年6月，《交通银行个人贷款风险核查办法》中进一步明确风险核查的范围、原则和内容以及核查的工具。2010年5月，分行印发《关于进一步规范风险核查工作的通知》。2017年11月，总行印发《关于进一步明确薪金贷业务贷后监控及逾期催收要求的通知》。2018年6月，分行制定《交通银行重庆市分行个金资产业务贷后管理实施细则》。三是合作机构风险管理。2004年8月，分行按照《交通银行近期个人汽车贷款业务风险管理意见》，对选择合作商、合作商的授信管理流程、公私业务联动防范风险等做出规定。2007年，按照《个贷手册》要求，分行重点选择有资质、有实力、有信誉的合作商，作为业务合作机构。2011年11月，分行印发《关于加强零贷领域房地产信贷业务管理的通知》，对于已开展合作的期房项目，按季组织开展定期贷后检查以及不定期贷后检查，并撰写检查报告。2017年5月，印发《交通银行重庆市分行房地产中介公司名单制管理办法》，明确房地产中介公司实行准入制度，建立名单制管理机制，进入名单后合作期限为一年。建立房产中介退出机制。9月，分行《关于落实二手房中介贷后管理相关工作的通知》要求，对于分行已入围的二手房中介合作商，在合作期限内，由主办行按季查访，开展贷后定期监控。四是贷后监控实施。2002年5月，印发《交通银行重庆分行个人贷款贷后管理办法（试行）》。2004年12月，分行印发《关于进一步加强个人贷款放款操作管理及监控的通知》。2010年4月，分行印发《关于进一步规范个贷贷后管理相关工作的通知》，加强对贷款用途、资金流向、借款人情况变化等信息的监控，并做好相关记录。2018年6月，制定《交通银行重庆市分行个金资产业务贷后管理实施细则》。对个金资产业务资产质量迁徙予以监控，统筹管控全辖逾期90天以内（含90天，信用类为逾期30天及以内）、非监察名单、非不良的个金资产业务的催收工作，每日监控辖内个金资产业务还本付息情况，督导经营单位开展催收工作。每年应至少选择1～2家辖属机构开展一次现场检查；按规定报送个贷双线监控报告、季度风险管理报告以及重大风险事件报告。

小企业信贷风险内部评级与个人贷款风险内部评级。一是小企业信贷风险内部评级。小企业内部评级体系由总行开发，分行于2010年开始上线使用。评级由客户经理在客户授信申请时发起，通过系统自动测定风险参数，评级结果由系统自动给定，不允许人为主观判定，不允许人工校验否定。小企业客户内部评级结果定期更新，每月末由系统批量完成。在客户内部评级有效期内，若小企业相关情况发生重大变化，导致原有内评级别已不能反映其风险水平的，应予重新评级。客户经理确保收集的客户申请信息资料真实、准确和完整，录入人员（或客户经理）确保将信息数据完整、准确地录入系统中，从而保证小企业信贷内评结果的准确性和有效性。内部评级结果是小企业客户获得授信审批的首要条件，评级结果纳入小企业客户风险评价，作为客户授信或贷款准入时的重要标准。同时根据行为评分结果对客户进行定期和不定期监控，同时跟踪分析客户行为评级结果的变化，及时觉察客户的风险状况，制定有针对性的贷后管理措施。二是个人贷款风险内部评级。个贷内部评级体系由总行开发，分行于2010年开始上线使用。内评流程由个贷客户经理在进行授信或贷款申请时主动发起，通过个贷系统与零售内部评级系统的实时连接，自动评定计算出个贷内评风险参数。个贷内评发起遵循既定的标准和程序，遵循客观、独立、谨慎原则。个贷客户经理确保收集的客户申请信息资料真实、准确和完整，录入人员（或客户经理）确保将信息数据完整、准确地录入系统中，从而保证个贷内评结果的准确性和有效性。内部评级结果是个贷信贷决策的必要依据，除柜面质押类贷款、向特定客户群发放的即时审批贷款以及零售信贷新产品外，所有通过个贷系统申请的授信或贷款必须进行内部评级并获得相应评级结果，否则无法继续进行审批决策。

第二节 主要业务风险管理

分行成立初期的风险管理。1991年，总处在南京召开信贷资产监控会议以后，分行根据重庆地区的特点拟定信贷资产监控的贯彻意见。通过诉诸法律让重庆制药三厂还清逾期贷款194.6万元，占呆滞总额的50.47%。分行协助无线电六厂经营管理，还清逾期贷款50万元。帮助新渝针织公司将积压在深圳的出口商品运回重庆转为内销，偿还逾期贷款12万元，较期初下降80%。督促担保人重庆五金站偿还窗钩厂贷款2万元。二季度内收回各项逾期贷款共达2967万元，占期初数的25.3%，挖掘信贷资金潜力，减少信贷资产风险。1992年11月3日，西南地区最大的一家国有针织企业重庆针织总厂经重庆市中级人民法院依法裁定破产，同时裁定分行25万元抵押贷款享有优先受偿权。重庆分行信贷部与重针总厂进行结算，全额收回贷款本息。

风险资产管理阶段的风险管理。随着《票据法》《担保法》《贷款通则》相继出台，分行风险管理意识逐步增强。1997年申报核销重庆无线电一厂等16户企业呆账贷款1244.02万元，欠息632.01万元，核销重庆四棉纺织厂等17户企业欠息770.06万元，核销西南制药二厂欠息78.24万元。1997年2月下旬，分行针对兵工企业中8户贷款企业贷款回收困难的情况，多次与领导、管理云贵川39家军工生产企业的兵总西南公司协商，将8户贷款企业债务转入西南兵器公司进行集中管理集中贷款。通过债务重组，其中2户企业在转入同时还清贷款本息，其余6户的贷款在3月前也全部收回。1998年，修订完善《重庆分行信贷资产质量与收息率考核办法》《不良贷款清收奖惩暂行办法》，制定下达全行清收有问题贷款和淘汰户计划。1998年，收回与转化不良贷款3.6亿元，淘汰风险企业27户。专门设立信用证垫款清收办公室，1998年度，清收资产7822万美元，占1997年开证未付余额的46.5%；全年信用证及逾期押汇在落实担保抵押后转贷人民币5.76亿元，折合6935万美元，占1997年开证未付余额的37.82%。1999年，印发《关于进一步明确不良贷款管理职责的通知》，明确对于年初存量的170户不良贷款中的127户划由风险资产管理处集中清收，其余43户由支行负责清收和管理，加强清收管理力度。制定信贷资产质量考核计划和不良贷款清收奖励措施，从组织上、制度上为清收工作提供保障。分行两次召开行长办公会，分别对全行300户贷款和欠息贷款户逐户分析研究，对症下药。全年清收不良贷款7303万元，转化不良资产5.68亿元，清收欠息9144万元，收回对外投资及其收益5975万元，通过诉讼收回本金人民币5248万元，外币1555万美元，收回利息人民币1614万元。2000年，建立风险资产审查委员会制度，制定风险预警管理办法，对基层风险预警进行联合检查，实施资产管理人员与法律人员相结合的联管员管理制度，严格对各级防范风险工作的考核，加重对新发生不良贷款的惩罚力度，对不良资产清收予以奖励，风险管理意识在全行得到强化，风险资产管理逐步向资产风险管理转变。当年清收转化不良贷款6.37亿元（其中清收为5763万元，转化为5.79亿元），清收欠息7914万元。2001年，制定印发《交通银行重庆分行不良信贷资产诉讼管理办法》。申报重庆大业经济集团有限公司抵债资产入账，申请起诉重庆丝绸进出口公司部分贷款，申报核销重庆柴油机厂、重庆久达装饰工作有限公司等企业呆账贷款或欠息。2002年，制定《交通银行重庆分行授信业务抵押资产价值审查管理试行办法》。成立以分行行长为组长，分管副行长为副组长，风险、授信、私金、财会、稽核处等部门负责人为组员的压缩不良资产攻坚战领导小组，各支行也成立相应组织。对全行150余户不良贷款逐一研究。重组重庆浮图关房地产有限公司、重庆两百股份有限公司、重庆奥克国际大酒店等户不良资产，清理分行账外房产，接受重庆金凌房地产开发公司以物抵债，申请核销重庆电冰箱总厂、重庆织布厂、重庆九龙贸易公司等企业呆账贷款。9—11月三个月内重组转化不良贷款16818万元，清收不良贷款860万元，清收1322科目565.48万元。2003年，制定印发《交通银行重庆分行关于印发诉讼案件管理实施细则的通知》《关于进一步规范不良贷款授信档案的通知》《关于规范授信业务中抵押（保证）合同的通知》。按照五级分类标准，对问题类客户集中排队研究，逐个落实行动计划。处置三亚庆兰燕公司抵债资产，申请重组重庆和正铝业有限公司等户不良资产，清理分行账外房产，接受重庆金凌房地产开发公司以物抵债，申请核销重庆电冰箱总厂、重庆织布厂、重庆九龙贸易公司等企业呆账贷款。2004年，制定印发《交通银行重庆分行问题类客户管理操作手册（试行）》《交通银行重庆分行反洗钱管理实施细则》。做好正常贷款风险排查工作，列入监察名单的贷款客户共7户，贷款金额17730万元，分别属于商业、房地产、汽车制造、IT行业、冶金、仓储和食品制造业。严格根据借款（担保）人的实际生产经营情况以及抵（质）押物和押品信息来估算未来的现金流情况，完成41户次级、可疑类不良贷款逐笔拨备工作。5月末以来开始集中处置不良资产工作，9月中旬完成催收公告及债权转移公告，集中处置工作基本完成。分行集中处置不良资产共计193922万元，其中移交信达公司187306万元。申请处置重庆大业经济集团有限公司抵债资产，申请核销重庆和正铝业、国营重庆无线电厂等企业呆账贷款。按总行要求，不良贷款的责任认定和追究范围从可疑和损失类贷款前移至次级类贷款，对不良贷款集中处置后新发生的不良资产及时逐笔进行责任认定和追究，共对38户企业进行责任追究。全年清收转化不良贷款54996.7万元，其中：现金收回21749.7万元、重组转化33247万元，以物抵债资产变现235.4万元，清收各种老欠息520.26万元。与司法部门密切配合，法律手段清收效果明显。全年新起诉案件29件，诉讼标的金额人民币37286.43万元，通过执行程序，共计收回现金1391.33万元。2005年，印发《交通银行重庆分行风险经理管理暂行办法实施细则（修订稿）》和《交通银行重庆分行风险经理考核暂行办法》《风险信息管理暂行办法实施细则》。收集支行风险信息共计107条，上报总行信息共计19条，其中8条被总行转载，收入“经典收藏”栏目3条。部门向支行（部）发放风险信息34条，分支行共同完成总行风险信息提示建议及风险排查建议共计13条。加强对关注类贷款的风险管理，全力压缩关注类贷款。分行关注类贷款绝对额较年初减少11.65亿元，占比下降12.44个百分点。对共计43户不良贷款逐笔进行责任认定，共涉及责任人81人次，并完成全部不良贷款建档工作。完成分行非信贷不良资产除委托贷款科目外的责任认定工作。2006年，开通以短信方式提前将到期授信业务信息发送至相关支行行长及客户经理。发挥分行3名专职风险经理的岗位职能，运用风险监察名单、不良贷款迁徙等工具，辅以风险信息提示、减值贷款逐笔拨备等风险控制手段，主要采取“三层风险过滤”的工作方式，推动风险管理关口前移。2007年，完成新增的8户不良贷款的责任认定工作。分行90天以上逾期贷款一直控制在年初数以下，年末较年初减少28815万元。2008年，成功诉讼清收华联公司欠款4828万元。对华联商厦集团重庆有限公司于2005年2月逾期的6000万元借款，通过诉讼收回本金47698614元及诉讼相关费用581386元。成功清收雨田公司余欠分行全部利息943395.18元。2009年，分行成立以分管行长为组长的贷后管理达标领导小组。印发《关于进一步加强贷后管理的通知》《关于重申贷后管理工作重点要求的通知》《关于进一步做好信贷资金用途监控工作的通知》。2010年，完成三层风险过滤490户，涉及授信业务余额共计1185.83亿元。完成集团客户排查31个，关联成员企业105户。全年开展包括“房地产开发闲置土地风险排查”“新放贷款用途排查”等专项检查30次。

2011年后全面风险管理。2011年，分行根据重庆银监局《2011年重庆银行业深入推进“三个办法一个指引”指导意见》，成立全面风险管理委员会，印发《交通银行重庆市分行全面风险管理委员会工作条例》。制作《资金用途监控报告客户经理意见栏内容模版》，修改完善《不定期监控查访报告模板》。全面检查分行授信客户财务报表录入情况，涉及授信客户262户。2012年，建立房地产开发贷款风险定期监测分析制度，根据实际情况要求经营单位上报《房地产贷款月度监测表》《房地产贷款风险分析报告》。2013年，共计收回潜在风险贷款18.15亿元，涉及16户。做好贷款还款期管理。提前1个月以上将到期授信业务明细挂网并短信通知经营单位负责人、客户经理，做好还贷资金落实工作。2014年，制定印发《交通银行重庆市分行非信贷业务存续期管理暂行办法》《关于印发〈交通银行重庆市分行评估机构管理办法〉的通知》《关于规范资产风险管理系统用户管理的通知》。分部针对9个重点行业/领域，向经营单位提出相关风险管理意见，建立授信客户“灰名单”管理制度、公司业务风险合规小中台，完成零贷业务组织架构调整。针对政府融资平台、房地产、园区开发类融资、委托贷款、小企业贷款等重点领域开展风险排查。分行现金压缩存量风险监察名单客户15800万元，计划完成率500%。2015年，成立重庆市分行风险业务集中管控专项工作小组。对2015年来首笔出现风险（不良或重组）的22户贷款，就授信相关环节的履职尽职情况进行审查认定。当年累计重组小企业逾期贷款（含不良贷款）1.43亿元，压缩1.73亿元，两项共计3.16亿元。2016年，制定《交通银行重庆市分行不良贷款三年攻坚方案》《关于新形势下进一步加强信用风险管理的意见》《交通银行重庆市分行“十三五”时期（2016—2020年）风险管理规划纲要》。经过2年多以来反复磋商，在追加足值土地抵押物的情况下成功重组长航东风船舶逾期贷款1亿元。截至12月，当年共重组对公客户6户，化解风险贷款共计1.32亿元。2017年，印发《关于建立风险监测体系及完善相关工作职责的通知》《关于进一步加强金融风险防控的通知》等9项规章制度、《关于涪陵泰康医院风险贷款的管理工作提示》等7篇风险提示。完成重庆英耐基科技发展有限公司、重庆德鼎滤油机有限公司、重庆中天大桥混凝土工程有限责任公司3户共计0.22亿元贷款的借新还旧。上半年共完成各类风险排查共计9项。全年拿出1.91亿元财务资源消化不良资产历史包袱，采取各种措施减退加固、以物抵债、重组风险资产5.65亿元。2018年，制定印发《交通银行重庆市分行2018年风险保全管理工作要点》等19项规章制度，印发风险提示37篇。按照总行《交通银行集团统一风险监测体系建设工作方案（2018年版）》要求，牵头成立风险监测体系建设推动工作领导小组，拟定《关于成立市分行风险监测体系建设推动工作领导小组的通知》，开展内外部培训3次。完成重点业务、重点行业及重点客户的潜在风险排查19项。梳理分行潜在风险客户情况并形成名单，涉及对公客户8户13.9亿元以及北汽银翔经销商15户（12月末垫款余额0.29亿元）。

第三节　不良资产管理

一、资产保全管理

管理概况。1991年6月，分行根据总行要求开展信贷资产全面清理，基本摸清有问题贷款的问题和结构。1993年11月，总行印发《信贷资产监控考核办法》，将各类信贷资产分为“正常”和“有问题”贷款两大类，将有问题贷款划分为“逾期”“呆滞”“呆账”三种贷款，明确信贷部牵头负责实施有问题贷款的清理和催收。年末，分行不良贷款占比达27.43%。1994年，总行提出“信贷资产是商业银行生命线”的经营思想。1995年，制定《重庆分行信贷人员管理办法（试行）》。1996年9月，根据人行“贷款通则”和总行“贷审分离”要求，对分行信贷管理、贷款审查、风险资产管理“两分管、三分离”职责划分，撤销信贷处，成立信贷管理处、贷款审查处和风险管理处，承担分行资产保全工作职责。2003年2月，分行按照“三个有利于”落实风险资产管理8个措施。即全面完善资产质量考核办法、修订与考核办法相配套的清收奖励办法、进一步规范新形成不良贷款的移交操作程序、坚持对授信抵押资产评估工作的准入制度、从年初起即切实做好不良贷款呆坏账的核销工作、进一步加大法律清收力度、加强对抵债资产的管理处置、继续实行清收人员一年一聘制度。2004年11月，分行将风险资产管理处分设为风险监控和资产保全部，资产保全部专职负责及时处置有问题资产，提前介入潜在风险资产监控。资产保全部管理对象包括五级分类为次级、可疑、损失的不良信贷资产。2016年，分行成立风险资产清收中心，建立保全清收准事业部制。制定《交通银行重庆市分行保全清收准事业部制方案》《2016年不良贷款清收转化方案》，增加外聘律师事务所，从1个增加到6个。

管理流程与方式。一是问题客户的管理。根据总行风险部（案防办）保全清收管理规定，问题类客户移交分行风险部（案防办）保全清收中心管理。客户经理在移交中向保全经理全面介绍客户基本情况及已采取的保全措施等，做好档案整理，并陪同保全经理完成实地调查和移交工作。在实地移交、档案移交及系统移交全部完成后，问题类客户的清收管理责任才转移至保全清收中心。对符合特定条件不进行移交的其他问题类客户，清收管理责任仍由客户经理承担，保全清收中心对后续工作提供指导和支持。完成移交后，由保全清收中心保全经理制订行动计划，确定该问题类客户的行动策略和具体步骤，完成审批程序后实施。实施过程中遇发生行动变化的，重新制定行动计划并再次报批。非移交模式下，客户经理在保全经理指导下制订行动计划，经风险部（案防办）审查后报送审批，审批通过后执行。保全经理（移交模式）、客户经理（非移交模式）按照经审批同意的行动计划，推进问题类客户清收处置工作。在此期间，对问题类客户进行定期和不定期监控，根据情况撰写监控报告，及时反映客户最新情况和清收进展。清收保全行动计划实施中，如涉及贷款重组、以物抵债、损失核销等具体业务的，保全经理、客户经理还根据相关制度要求，发起业务流程，按照既定权限，报送审查审批，并按照最终审批人意见，完成具体业务。二是不良资产的处置。作为不良资产清收第一步，及时向债务人发出还款通知，要求其归还现金。如债务人无法直接还款的，则要求债务人处置抵、质押物或其他资产，以所得现金偿还贷款。贷款重组适用于债务人偿还意愿良好，具备未来还款能力，通过重组有利于降低分行信贷成本，降低风险，减少贷款未来预期损失的情况。清收过程中，依据法律规定和协商接受债务人或第三方实物、股权资产抵偿贷款本息。在债务人偿还意愿差、债权利益受到严重威胁或通过诉讼可以争取清收主动权的情况下，采取诉讼方式清收不良贷款。对于已经采取所有可能清收手段，确实无法收回，符合核销条件的不良贷款，及时整理材料报请总行予以核销。

分行历年保全业务情况。2015年，加大逾期、不良清收力度，出台风险贷款预扣风险金规定，及时组织开展专项清收行动。2016年，把资产保全部作为前台部门考核，组建保全清收专业团队，探索准事业部激励考核，加快不良贷款清收进度，累计实现存量不良资产清收6633万元。历经10余年持续不断的保全和追索，收回长达10年已核销贷款本息257万元。以追加有价值的抵质押物为核心，继续用好重组手段，提升风险业务资产覆盖率。经过2年多不懈努力，在追加足值土地抵押物的情况下成功重组长航东风船舶逾期贷款1亿元。分行当年共重组风险贷款6户1.32亿元。2017年，分行加大风险资产考核力度，制定印发风险板块专项行动方案，加大不良资产压降工作力度，强化与法院的沟通和衔接，推动诉讼执行进程和力度。全年累计压降存量不良贷款3.04亿元，实现存量欠息清收0.25亿元。2018年，印发《交通银行重庆市分行2018年风险板块专项行动方案》《2018年重庆市分行保全事业部制激励方案》，顺利完成32户不良信贷及非信贷类不良资产和无本欠息的核销工作，共计约1.6亿元；现金清收存量不良贷款1.53亿元，较去年同期多清收0.78亿元。

二、公司信贷资产保全

问题类公司客户清收管理。一是管理制度。按照2006年《交通银行问题类授信客户管理办法》对问题类授信客户进行管理。问题类授信是指风险评级在8～10级（含）或本金逾期天数超过90天的授信业务，包括各类贷款、授信类垫款。问题类客户管理是指对问题类客户的监控、关系管理及对问题贷款的清收、处置。问题类客户的管理实施以客户为中心，风险资产审查委员会（风险管理委员会）领导，授信经营部门和保全部门分工协作的经营管理体制。问题类客户的管理以客户为中心，根据问题类客户风险程度的大小、不同处置阶段，实施客户移交与非移交两种管理模式。二是管理要求。充分利用授信经营部门的客户关系基础，发挥保全清收部门的专业化处置优势，通过对客户风险的调查、评估，在分析、权衡各项风险处置手段利弊的基础上，适时选择最优化处置方案并予以实施，以实现最大限度减少客户授信风险和业务损失。

监察名单风险化解。根据《交通银行重庆市分行公司业监察名单管理办法实施细则》的要求对监案名单客户对进风险化解。监察名单客户，是指授信业务风险分类仍归为正常类，但授信主体或担保主体出现风险预警信号或存在潜在风险，导致授信业务的风险有增加趋势、可能下调为问题类，而需要予以提示和控制的授信客户。监察名单日常管理工作涉及授信经营、授信管理、资产保全和风险监控等部门以及客户经理、保全经理和风险经理等岗位。加大对风险监察名单客户的管理，是为强化对正常类授信客户潜在风险的识别、预警、控制和化解。

三、个人贷款资产保全

不良贷款清收。2005年10月，交通银行印发《关于进一步加强个贷风险管理促进业务健康发展的意见》。2007年7月，交通银行印发《关于进一步加强个贷保全工作的通知》，规范项目认定、前期调查、行动计划、监控报告等管理流程，综合运用诉讼清收、以物抵债、损失核销等方式，有效加快不良个贷项目处置。2012年，按照《交通银行个人不良贷款暂行管理办法》，制定《交通银行重庆市分行个人不良贷款管理办法细则》。2012—2015年，出台《交通银行重庆市分行个人不良贷款移交管理》《交通银行重庆市分行个人贷款诉讼清收管理暂行办法》。

逾期贷款催收。开展个贷业务初期，对逾期个贷催收，主要采用客户经理分散催收的方法。2010年8月，总行逾期个贷集中催收项目上线，主要涵盖短信催收、集中电催、信函催收、上门催收等多个催收环节和手段的全流程、集约化的逾期个贷管理体系。节约人工成本，解决效率低下、时效性差、专业程度不足的问题，能在个贷逾期第一时间内有效防控和化解风险，提高个贷资产质量。

四、非信贷资产保全

股权投资处置管理。1992年，分行陆续投资14家企业，总投资额约9163万元。之后，根据总行对分行与投资相关公司脱钩的政策要求，处置和收回13家企业的全部股权投资款，截至2018年底仅有一家企业的股权投资款240万元因历史遗留问题暂未完成处置工作。

抵债资产处置管理。2005年，总行印发《交通银行抵债资产管理办法》，分行按照要求进行抵债资产的入账和日常管理工作。分行资产保全部门为分行抵债资产的主管部门，在分行风险资产审查委员会及行长的领导下，对取得的抵债资产进行集中管理。一是对拟采取以物抵债方式清收的不良资产必须移交至分行资产保全部门。二是要设立专业的抵债资产管理人员，负责对不良资产拟定以物抵债方案，撰写以物抵债申请报告，实施以物抵债，接收抵债资产并办理过户手续，建立抵债资产管理档案，维护管理信息系统，负责抵债资产监控等日常管理，制定并实施抵债资产处置方案。三是分行公司业务、授信管理、预算财务、法律合规、会计结算、审计等部门为抵债资产的协同管理部门。2005年以来，分行共处置抵债房产、车辆、土地和机器设备共计约1287万元。

非业务性挂账处置管理。2009年，总行印发《交通银行非业务性挂账管理办法》，分行按照要求进行非业务性挂账的日常处理工作。各行在非业务性挂账管理中严格遵循“合法垫付、规范管理、尽职追索、及时处置”的原则。代垫案件诉讼费的列支，由分行诉讼主管部门审查，经预算财务部门和资产保全部门会签后，报分行分管诉讼的行领导审批。资产保全部门应对各项非业务性挂账实施集中管理，按照统一格式建立资料档案。同时，资产保全部门还需指定专人负责分行所有代垫案件诉讼费的汇总管理。开展挂账清理，保全部门每月、季对挂账余额情况进行核对，按照总行“费本息”的原则，在清收回执行款后先冲销分行先期垫付的挂账费用。

五、资产损失核销

不良贷款核销。2018年，总行印发《交通银行呆账核销管理办法》，分行按照要求对符合条件的呆账贷款进行核销。核销呆账工作遵循“符合认定条件、提供有效证据、账销案存、权在力催”原则。通过呆账核销的认定、申报、审核、审查审批和统筹实施呆账处理的工作流程进行核销工作。对分行已核销资产逐项明确责任部门和人员，完善台账建立和后续更新。全面落实已核销资产的日常监控，强化暂不符合税前扣除条件的已核销资产管理，对照税前扣除条件做好后续清收处置，及时完成资产损失税前扣除申报工作。将已核销资产管理工作情况纳入年度呆账核销工作报告机制，每年开展评估检查。

已核销资产管理。1996年，巴南支行账外贷款本息8144.5万元。贷款逾期率由年初的5%上升到9.46%，利息回收率由年初的84.15%下降到81.38%，上述指标均超过总行要求。为解决支付困难，分行拆借资金垫付累计近8000万元。1998年，修订完善《信贷资产质量与收息率考核办法》《不良贷款清收奖惩暂行办法》，制定下达全行清收有问题贷款和淘汰户计划。1999年，分行与各支行、部门签订工作目标责任书，出台清收欠息和转化不良资产的奖励办法、跨地区组织存款的考核办法、同业存款考核办法等。费用、奖金与考核结果挂钩。许多支行还结合分行实际，制订各具特色的考核分配办法。2000年，分行建立风险资产审查委员会制度后，制定风险预警管理办法。当年清收转化不良贷款6.37亿元（其中清收为5763万元，转化为5.79亿元），清收欠息7914万元。2001年，全行清收转化不良贷款42439万元，收回信用证垫款148万美元和进口押汇38.61万美元，130科目变现196万元，收回1321科目欠息5776.3万元、1322科目欠息1994万元，完成脱钩自办公司3个，收回自办公司贷款1127万元及欠息718.49万元。2002年，分行提出10大措施，全力打好压缩不良资产攻坚战，成立以分行行长为组长，分管副行长为副组长，风险、授信、私金、财会、稽核处等部门负责人为组员的压缩不良资产攻坚战领导小组，对全行150余户不良贷款逐一研究。9—11月，重组转化不良贷款16818万元，清收不良贷款860万元，清收1322科目565.48万元。2004年，清收转化不良贷款54996.7万元，其中：现金收回21749.7万元、重组转化33247万元，以物抵债资产变现235.4万元，清收各种老欠息520.26万元。2005年，综合利用风险分类、风险过滤、风险预报、风险提示、监察名单、迁徙分析等工具，从源头上严格控制新增不良贷款。2006年，将不良资产作为一种资源进行经营，逐户落实行动方案，排除各种干扰，综合运用清收、债务重组、以物抵债、核销、法律追偿等多种手段，切实推动大额、重点和疑难项目的清收进程，最大限度清收和转化存量不良贷款和潜在不良贷款。2007年，在充分追索的基础上运用好核销手段化解存量不良资产，运用重组手段化解不良贷款、逾期贷款和风险严重类贷款。2008年，对大额不良资产处置设定目标、提前准备，落实措施和进度，特别是对分行资产质量影响很大的渝亚系不良贷款，尽快确定处置方式和时间进度，完成处置。严格控制以物抵债，避免抵债资产带来非信贷类不良资产的上升和后期管理上的难度。在快速清收或有效重组的同时，继续利用核销政策，完善手续，核销一批呆坏账。2009年，全年压缩对公存量不良贷款20994万元，收回1322万元，欠息1804万元。收回已核销单位朝华科技（集团）股份有限公司、华联商厦集团重庆有限公司少部分资金。2010年，分行人民币不良贷款余额6.11亿元，较年初下降1.19亿元，占比1.69%，较年初下降0.69个百分点，不良贷款率下降幅度系统内排名第8位。困扰分行多年的渝亚系不良资产贷款完成重组，收回贷款本金、欠息总计1.38亿元。2011年，全年清收存量不良资产1.57亿元，完成总行计划的138%。截至12月末，不良贷款余额2.71亿元，较年初下降1.2亿元；不良贷款占比0.58%，较年初下降0.36个百分点。2014年，分行采取完善风险管理制度机制、开展风险排查、做好存量信贷资产减退加固工作等措施，有效保持资产质量。2015年，分行加大逾期、不良贷款清收力度，出台风险贷款预扣风险金规定，及时组织开展专项清收行动，建立“灰名单”授信业务、逾期超30天的授信业务等管控客户名单，实施名单制管理等。2016年，分行出台《关于新形势下进一步加强信用风险管理的意见》。累计实现存量不良资产清收6633万元，历经10余年持续不断的保全和追索，收回长达10年已核销贷款本息257万元。经过2年多不懈努力，在追加足值土地抵押物的情况下成功重组长航东风船舶逾期贷款1亿元。全年共重组风险贷款6户1.32亿元。2017年，全年累计压降存量不良贷款3.04亿元，计划完成率200.48%。2018年，分行制定印发《2018年风险板块专项行动方案》及《2018年重庆市分行保全事业部制激励方案》，顺利完成32户不良信贷及非信贷类不良资产和无本欠息的核销工作，共计约1.6亿元；现金清收存量不良贷款1.53亿元，较去年同期多清收0.78亿元。

不良资产处置方式。作为不良资产清收的第一步，交通银行及时向债务人发出还款通知，要求其现金还款。如债务人无法直接还款的，则要求债务人处置抵、质押物或其他资产，以所得现金偿还贷款。贷款重组一般用于债务人偿债意愿良好，具备未来还款能力，通过重组有利于降低交通银行信贷成本，降解贷款整体风险，减少贷款未来预期损失的情况。清收过程中交通银行可依据法律规定和协商接受债务人或第三方的实物、股权资产抵偿贷款本息。在债务人偿债意愿差、债权利益受到严重威胁或通过诉讼可以争取清收主动权的情况下，采取诉讼方式清收不良贷款。对于已经采取所有可能清收手段，确实无法追回，符合核销条件的不良贷款，交通银行及时整理资料并予以核销。

表5-3-2

1993—2018年分行不良贷款变化情况

年份(年)	不良贷款余额(亿元)	占比(%)
1991	—	—
1992	—	—
1993	4.04	27.43
1994	2.09	11.87
1995	3.82	16.43
1996	6.17	22.04
1997	7.09	11.79
1998	9.29	17.40
1999	12.15	17.84
2000	10.34	11.30
2001	26.76	24.81
2002	24.63	19.85
2003	27.99	19.83
2004	15.75	11.3
2005	16.59	10.65
2006	14.72	9.29
2007	10.21	5.72
2008	8.95	4.31
2009	7.31	2.38
2010	6.12	1.7
2011	3.91	0.94
2012	2.71	0.58
2013	1.12	0.22
2014	1.09	0.2
2015	3.44	0.56

续表

年份(年)	不良贷款余额(亿元)	占比(%)
2016	7.28	1.1
2017	5.18	0.84
2018	3.03	0.36

第四节　法律合规管理

一、合规管理

制度管理。2014年，分行印发《非信贷业务存续期管理暂行办法》《票据中心业务操作细则》《人民币单位银行结算账户管理协议》《非证券类资产托（保）管业务管理办法》《小额保证保险贷款业务管理办法（试行）》《存放同业账户管理实施细则（暂行）》。2015年，全年审查合同及其他文件2624件，书面法律咨询22件，口头法律咨询336件。7月1日，分行法律审查咨询系统上线。根据《交通银行合同性文件法律审查办法》《重庆市合同格式条款监督条例》，办理正式的公文印发程序，经总行合规部审查后，供分行范围内统一使用。向总行合规部报送2则风险提示，即《关于分行手机银行无卡取款功能引起纠纷的风险提示》《关于违约条款中“复利”的风险提示》。按照与高院网络查控合作工作的要求，认真及时反馈高院发送的协查内容。截至11月底，分行配合司法协查164893件。

授权管理。2005年10月，印发《交通银行重庆分行业务授权管理暂行办法》，首次对分行授权管理进行规范，在分行法律合规部及相关部门的授权职责分工、授权程序、特别授权的范围及程序等方面进行界定。2007年6月，印发《交通银行重庆分行业务转授权管理办法》，转授权是指分行在总行授权分行的经营范围内，将业务权限转授予业务职能部门、下级分支机构和关键业务岗位，该办法对分行各职能部门转授权职责分工、制度建设、常规转授权、专项转授权、特定事项授权、授权信息管理系统、授权期的期限与终止、授权的监督、检查与违规问责等方面进行规范。2009年2月，印发《交通银行重庆市分行转授权管理办法》，对分行各职能部门转授权职责分工，分行高级管理层其他成员转授权，分行部门、分支机构转授权和特别授权，转授权期限、变更和终止，转授权的管理、检查和监督等方面进行重新规范。2015年，按照总行统一要求做好分行各部门和各支行的转授权工作，保证转授权书内容限制在分行授权书范围以内，截至12月初，发出各类转授权书77份，撤销16份。2016年，印发《交通银行重庆市分行授权管理办法》，规定分行及下属各部门、分支机构的各项业务管理工作应有相应授权，在总行的授权下开展工作，全年共制作各类转授权书65份，撤销5份。2017年，分行全行转授权书制作、换发、撤销、变更共计89份，配合分行人事、机构调整，制作、撤销转授权书27份。

业务印章管理。2015年，根据总行《交通银行业务印章管理办法》及市分行《业务印章管理办法》《同专用章管理办法》等文件，要求分行各业务印章管理部门加强对本条线的业务印章管理，对其印章制度、名册、检查和风险排查等情况按时报合规部备案。由合规部定期向分行全面风险管理委员会报告分行业务印章管理情况。同时，按照总行印章管理要求，分行相关部门对各自印章管理情况开展多次自查清理和专项检查，对作废的印章进行停用和销毁，并将业务印章的检查和整改纳入日常化工作进行管理。法律合规部牵头全行业务印章管理。认真贯彻落实《中国银监会办公厅关于银行业金融机构加强印章管理的通知》要求，结合2018年“进一步深化整治银行业市场乱象工作”及“新五大领域”持续治理工作实施方案和“违规担保和印章排查”实施方案。2018

年全面清理、上缴营运条线以外现保管和使用的带有行名行号的存量戳记类印章。销毁87枚非营运条线带有行名行号的D类印章和403枚已停用的会计业务印章。2018年11月15日，完成重庆市分行非融资性合同专用章上线启用工作。

合同管理。2006年6月，总行制定《交通银行合同管理办法》，明确分行合规部是重庆分行的合同管理机构，在总行授予的权限内，负责分行范围内的合同管理工作。2009年8月，总行修订《交通银行合同管理办法》，调整向总行法律合规部报审合同的范围和材料的相关要求。2014年7月，总行印发《交通银行合同性文件法律审查办法》。分行合规部负责在分行组织落实总行的合同性文件法律审查制度，负责总行法律合规部印发的格式合同文本在分行的推广使用，对合同性文件进行法律审查等。2018年2月，总行修订《交通银行合同性文件法律审查办法》，进一步规范合同性文件法律审查工作。分行合规部遵循强制性审查原则，对分行与其他自然人、法人、组织之间设立、变更、终止民事权利义务关系的书面文件，以及其他自然人、法人、组织根据分行要求签署或接受的或影响交行权利义务的书面文件，单方签署和多方签署的文件，包括合同、协议（书）、承诺（书）、证明（书）、声明（书）、备忘录、意向书、授权书、银行卡领用合约及章程以及其他名称的文件进行法律审查。

二、非诉讼事务管理

合规部自成立以来，通过加强合同管理、风险提示、咨询热线等方式，识别、防范和化解法律合规风险，最大限度地避免实际损失。为加强法律合规风险防控的有效性，合规部不断加强与业务部门的沟通，充分了解业务实际需求，出具的意见不仅依法合规，而且及时、准确、实用，确保经营管理活动顺利进行。合规部着重提高法律合规风险提示的针对性和有效性；日常密切关注经营管理动态，全面了解经营管理中实际存在的法律合规风险，及时、准确地做出提示；对法律合规风险提示提出明确有效的建议和措施，指导相关部门堵塞风险漏洞、防范控制风险；强化法律合规咨询热线管理，保证问题解答准确实用，力争做到响应咨询的速度更快、解决问题的时间更短、防控风险的覆盖面更广，对于无法立即解答的问题，做好记录，认真研究后及时答复。

三、反洗钱管理

反洗钱领导小组。2002年12月，根据人总行和人行重庆营管部要求，分行成立反洗钱工作领导小组，组长由分管行长担任，成员由保卫处、私金业务部、财会处、国际业务部、电子银行处等部门负责人担任，反洗钱工作领导小组办公室设在保卫处。2004年8月，反洗钱工作领导小组成员增加风险管理处、公司处、稽核处，反洗钱工作领导小组办事机构设在风险管理处。2005年7月，反洗钱工作领导小组由法律合规部牵头，经过多次调整。2017年3月，分行反洗钱工作领导小组成员调整为由分行行长任组长，分管副行长为副组长，成员为办公室、人资部、资负部、预财部、公司部、投行部、国际部、同业部、大客户部、小企业部、个金部（消保部）、渠道部、营运部、业务中心、风险部（保全部）、授信部、合规部、审计部、信息部、监察室、保卫部等部门主要负责人。分行反洗钱领导小组办公室设在法律合规部。分行反洗钱工作领导小组的主要职责为：在总行的统一领导下，负责组织、领导和协调推动全行的反洗钱工作，制定全行反洗钱工作的基本政策和原则，并对全行重大反洗钱事项做出决策。反洗钱主管部门法律合规部负责日常组织、协调和监督反洗钱工作的实施，反洗钱领导小组成员变更，及时以文件方式向当地人民银行、总行的反洗钱部门报告。资负部、公司部、投行部、国际部、同业部、大客户部、小企业部、个金部（消保部）、渠道部、营运部、业务中心、授信部等反洗钱业务管理和操作部门，严格贯彻执行反洗钱各项规定和分行反洗钱内控制度，积极协助法律合规部开展反洗钱工作。风险部（保全部）、审计部、监察室等中后台管理部门负责对反洗钱风险进行事中或事后控制。办公室、人资部、预财部、信息部、保卫部等是为全行开展反洗钱工作提供服务支持的保障部门，负责在本部门职能范围内为全行反洗钱工作提供相关资源和支持。

反洗钱内控制度建设。2004年8月，分行根据总行《反洗钱管理暂行办法》，结合分行实际制定《交通银行重庆分行反洗钱管理办法实施细则》，分别对职责分工、客户身份识别、大额交易报告、可疑交易报告、资料保存以及培训宣传和监督检查等做出详细规定。2007年5月11日，修订《交通银行重庆分行反洗钱管理实施细则》，对分行的反洗钱管理的职责分工、客户身份识别、大额交易报告、可疑交易报告、资料保存、培训和宣传、检查和监督等方面进行重新规范。8月，根据国家有关部门规定，认真落实《金融机构身份识别和客户身份及交易记录保存管理办法》中的规定，在为个人客户建立客户信息时，除留存客户姓名、身份证件种类、号码外，还要求客户在“开户申请书”上填写联系方式、职业、经常居住地、工作单位地址、国籍、性别、身份证件有效期限等信息，并如实登记到核心账务体系中。2008年9月11日，印发《交通银行重庆分行反洗钱日常工作操作流程》，对分行支行及网点反洗钱的日常工作、网点日常组织管理工作、网点日常操作方面工作等进行界定。9月24日，修订《交通银行重庆分行反洗钱管理实施细则》，对反洗钱工作的职责分工、客户身份识别、大额交易报告、可疑交易报告、资料保存、培训和宣传、检查和监督、履行保密义务等方面进行修订。2009年7月1日，印发《交通银行重庆市分行协助人民银行反洗钱调查管理规定》，规范分行各部门、营业网点配合人民银行反洗钱调查的操作，配合反洗钱调查的职责分工、范围、具体实施等方面。2011年2月，分行印发《交通银行重庆市分行国际业务反洗钱工作指引》，对分行国际业务的反洗钱工作的职责分工、客户身份识别、大额交易和可疑交易报告、客户身份资料与交易记录保存等方面进行规范。同月，分行修订《交通银行重庆市分行反洗钱客户风险等级分类实施细则》，对反洗钱客户风险等级分类的原则，高、低风险等级客户分类标准，反洗钱客户风险等级分类职责，客户风险等级档案的建立和保存要求等方面进行修订，增加反洗钱客户风险等级分类流程及操作要求的内容。2012年6月，根据总行《交通银行反洗钱管理办法》及人行重庆营管部《银行机构反洗钱内控制度存在的问题及相关要求》，分行重新修订《交通银行重庆市分行反洗钱管理实施细则》，修订反洗钱协查及临时冻结，反洗钱工作领导小组构成，合规部及相关部门、营业机构反洗钱工作职责，客户风险等级划分要求，代理关系客户身份识别，大额交易的上报，报表的上报，可疑交易上报流程，密折上报功能，重点可疑交易上报等管理要求。2014年4月，分行印发《交通银行重庆市分行个金条线反洗钱工作实施细则》，对个金条线的反洗钱工作的岗位设置、工作职责等进行规范。2015年11月，印发《交通银行重庆市分行反洗钱可疑交易报告集中处理操作规程》，对分行可疑交易报告管理进行职责分工，对集中处理操作流程、检查和监督等方面进行规范。2016年4月，修订《交通银行重庆市分行反洗钱可疑交易报告集中处理操作规程》，增加“第四章定期召开可疑交易分析例会”的管理规定。5月，分行印发《公司业务反洗钱工作指引》，对分行公司业务的客户身份识别、授信业务的反洗钱控制、公司客户的风险管理和控制进行规范。8月，分行印发《营运条线反洗钱工作指引》，对分行营运条线反洗钱工作的职责分工、客户身份识别、可疑交易监测、风险管理和控制、档案管理等方面进行规范。2017年2月，印发《交通银行重庆市分行反洗钱客户风险等级分类实施细则》，反洗钱客户风险等级分类，是指综合考虑客户特性、地域、行业（职业）和业务产品等各种因素以及例外情形，通过定性分析和定量评分，将客户划分为不同洗钱风险等级，在持续关注的基础上动态调整，并针对不同风险等级，采取差异化风险控制措施和客户服务策略的风险管理活动。将客户洗钱风险等级分为高、较高、一般、低四个风险等级，并分别对对公客户（含境内同业客户）、对私客户的洗钱风险的定量和定性评估标准进行界定。3月，分行重新修订《反洗钱管理实施细则》，健全分行反洗钱管理体系和架构，明确和细化分行各级管理机构、经营单位反洗钱职责内容和履职要求，全面加强反洗钱薄弱环节管控。对公司业务、个人金融业务分别制定《公司业务反洗钱工作实施细则》《个人金融业务反洗钱工作实施细则》。4月25日，分行修订《反洗钱可疑交易报告集中处理操作规程》，对第一条、第十四条、第二十五条部分内容进行修订。

诉讼业务管理。

一是诉讼案件管理。2007年5月，总行修订《交通银行诉讼案件管理暂行办法》，根据调整后拟诉案件的审批流程，规定客户诉讼清收行动计划的审批，由保全部等业务部门主办，合规部协办，合规部负责法律审查。同时，进一步明确保全部和合规部在诉讼清收不良资产管理上的职责划分，即整个不良资产的管理仍以保全部为主，合规部只负责不良资产的诉讼和执行，配合保全部的清收工作。

（一）诉讼清收：

1.重庆奥克国际大酒店有限公司借款纠纷案：

总分行指导完善清收措施；经过反复多方排查企业情况，为诉讼清收创造有利条件；反复论证、上报保全方案，为清收处置奥克公司不良贷款打下基础；签订《资金监管及还款协议》，加强对奥克公司的经营监控，强化抵押担保，最大限度地现金收回不良贷款；诉讼清收奥克公司不良贷款。根据协议约定，分行于2007年12月25日一次性现金收回贷款本金64806.3万元，收回全部诉讼费5215288元，并于当日解除了全部抵押及查封手续。

2.渝亚系不良贷款案：2010年，分行主动抓住渝亚公司有新投资人介入的有利时机，积极与公司、政府、法院沟通联系，形成渝亚系大额不良贷款重组方案，并向总行汇报审批通过，困扰分行多年的渝亚系不良资产贷款完全重组，现金收回垫付费用和贷款本息1.38亿元。

（二）被诉案件：

1.深圳市金源实业股份有限公司企业承包经营合同纠纷案：

因为本案案由承包经营行为发生在二十余年以前，时间跨度大，案情错综复杂，分行高度重视，由分行行领导亲自带队与重钢集团多次商谈对策，同时也向总行进行面对面汇报，得到了总行的支持和指导，形成了最优应诉方案。一审判决驳回原告金源公司的全部诉讼请求，金源公司不服，上诉至最高人民法院，最高人民法院于2016年7月11日下达〔2016〕最高法民终245号民事判决书，判决驳回上诉，维持原判。

2.姜成华等134人诉长寿支行侵权纠纷案：

鉴于本系列案件的特殊背景，从最有利于案件处理和最大范围保护分行利益（特别是信誉利益）的角度考虑，在法律合规部建议下，在报分行财审会和招投标委员会同意后，委托重庆渝州律师事务所全风险代理，处理有关工作。

经过分行及代理人不懈努力，多次与原告和法院沟通、协调，法院最终于2009年4月20日作出了〔2008〕长民初字第814～947号民事裁定书：准许原告撤诉，案件受理费免收。

二是诉讼费用管理。2004年11月，总行印发《交通银行诉讼费用管理暂行办法》，2016年9月，为适应531系统项下全行诉讼费用管理模式的新变化，总行制定《交通银行诉讼费用管理办法》，明确规定分行合规部、风险部、预财部和各级案件承办部门在诉讼费用管理工作中的职责分工。分行合规部组织协调分行诉讼费用管理的流程管控、检查指导等工作，及时向总行反馈诉讼费用管理过程中存在的问题。

三是律师聘用。2006年6月，总行印发《交通银行律师聘用管理办法》，分行随后根据该办法建立分行备选律师库，实施律师平庸管理常态化。2016年5月，制订《交通银行重庆市分行律师聘用管理办法实施细则》。当年通过集中采购，建立分行律师库，包括北京德恒（重庆）律师事务所、重庆瀛寰律师事务所、重庆立源律师事务所、北京盈科（重庆）律师事务所、北京大成（重庆）律师事务所等五家律师事务所。2018年通过集中采购，建立包括中豪律师事务所、重庆百君律师事务所、重庆坤源衡泰律师事务所等十家律师事务所在内的律师库。

四是诉讼信息化管理。2007年9月，总行诉讼案件信息管理系统功能分期投产上线，分行根据相关要求，在系统内进行诉讼信息数据报送。

第四章 财务管理

第一节 管理模式

财务核算管理制度。重新组建初期，分行按照总行的会计模式建立起较为完整的会计核算制度，以权责发生制原则作为会计的核算基础，采用借贷记账法，以资产与负债的分类结构实行财务核算。1994年，分行印发《交通银行重庆分行财务管理试行办法》的通知，在财务管理上，实行两级管理，各基层行处自主经营，财务管理相对独立。1995年3月2日，分行在原《两级财务管理办法》试行1年的基础上进行修改，印发《交行重庆分行关于一九九五年度两级财务管理办法修改意见的通知》，包括税款解缴关系变更、呆坏账准备金列账等9条修改意见。1996年3月1日，分行为促进全行业务发展，使《两级财务管理办法》更为科学、合理，保留原办法中“划小核算单位，内部资金有偿使用”的做法，并结合新的联行制度，总行核拨营运资金有偿使用对总分行之间利益调整的因素，以及本外币业务联动对各考核单位利润影响的因素，修订印发《两级财务管理办法修改意见的通知》。12月26日，分行为适应集约化经营要求的资金规模统筹安排和储蓄通存通兑业务开通对财务考核方式调整的要求，对《两级财务管理办法》进行修改，印发《两级财务管理办法修改意见的通知》。1999年1月，分行印发《交通银行重庆分行财务管理实施细则》，以适应分行改革和发展需要，建立与综合考核办法配套的财务管理方式，本着增收节支、量入为出的原则，突出经营业绩指标，将费用划分为分行集中费用、支行固定费用、综合指标考核挂钩费用，实行固定费用与网点、人员数量挂钩，综合指标考核费用主要与日均存款余额和考核结果挂钩。同时为严肃财经纪律，对未经分行许可擅自超支的，给予经济处罚并追究单位领导和直接责任人责任。2006年3月，分行印发《交通银行重庆分行集中采购管理办法》，首次对分行集中采购管理进行规范。4月，分行印发《费用管理暂行办法》，规定分行财务费用管理的最终决策权归行长办公会，其负责对制度、办法进行审定和修改，对全年费用预算进行审批，对重大财务事项进行决策。分行财务审查委员会在行长领导下开展工作，负责对费用预算的执行和监控，对重大财务事项进行初审。分行费用分为分行本部和支行两部分，其中分行本部费用分为预算内费用和预算外费用，预算内费用又分为人事费用、定额费用（部门办公费用和日常运转费用）和非定额费用。支行费用分为基本开门费用、客户经理营销费用和考核挂钩费用。分行设立唯一的营业费用专户，业务招待费用实行专项控制，差旅费纳入集中开支。同时对费用报销、贷款审批权限及流程、各类用品的购置与管理、单项费用核算和管理的具体规定、财务监督和管理等方面进行规范。2010年3月，分行印发《交通银行重庆市分行费用管理办法》，对分行财务费用的管理、财务审查委员会工作重新进行界定，对营销费用的管理及报销，集中开支费用的管理及报销，支行、网点、部门费用及报销，各类用品的购置与管理，单项费用核算和管理的具体规定，财务监督和管理等进行规范。2011年8月，分行对《交通银行重庆市分行费用管理办法》进行修改，因分行改变营销费用管理模式，新的费用办法中取消对物理网点的报销权限及流程。广告费用的统筹安排由个金部改为由办公室牵头。对支行、营业部、直属经营单位的营业费用开支范围进行修改。强调各支行、部门负责人为本单位费用管理第一责任人。严格控制现金借支，原则上不再进行现金借支。增加支行、营业部、直属经营单位所报销的票据需经分行预算部审签后，方可报销的规定；增加分行在业务宣传、广告及年会、座谈会、庆典等活动中，向本单位以外赠送的礼品，严格执行按购置价格的20%缴纳个人所得税的规定；增加对于单位价值低于2000元（不含）高于100元（含）的低耗品，一次性购置20万元以上的宣传用品及接待物品的核算要求等。

财务审查委员会。分行重新组建初期到2005年以前，分行重大财务事项以行长办公会形式进行审议决策。2006年3月，分行设立财务审查委员会（简称财审会），并制定《交通银行重庆分行财务审查委员会工作制度》，财务审查委员会在行长领导下，对分行重要的财务事项进行审查、分析决策和监督。财务审查委员会实行委员制，主任委员由分行行长担任，副主任委员由分管预算财务工作的副行长担任，负责主持委员会工作，其余委员由预算财务部、审计部、监察室负责人组成。财务审查委员会的日常工作由预算财务部承担，负责全行年度财务预算计划（含全行人事性费用，各支行、部门的日常费用、全行广告费、宣传费、安保费用等年度预算以及涉及全行重大财务性支出事项，如固定资产购置、网点装修改造等预算）、全行年度财务支出预算外新增及驿支行或部门的增拨费用、办公营业用房新增或重新签订租赁合同的项目、需集中采购的商品等。财务审查委员会分例会和临时会议开展工作。2008年3月，分行修订《交通银行重庆分行财务审查委员会工作制度》，对人员组成、职责权限、工作程序及审批流程、议事规则等方面相关内容进行修订。2013年，分行再次修订《交通银行重庆市分行财务审查委员会工作制度》，财审会委员增加为9人，增加公司部、个金部、电银部、营运部、信息部、办公室、行政部负责人为财审会委员，审计部和监察室负责人列席财审会，并对财审会职责权限、人员职责、召开会议程序及议事程序、会议决议等进行规范。

第二节　财务和成本管理

管理制度。1987年12月，制定《交通银行重庆分行经费开支和报销的暂行办法》，办法对固定资产类、消耗物品和车辆用油类等七类经费开支报销加以规范。严格控制费用支出，杜绝浪费和不合理开支。2006年，分行成立财审会，拟定新的营业费用管理办法，进一步加强财务管理，调整费用结构。大幅度压缩机关部门行政费用，营业费用配置继续向人事费用和业务发展倾斜，增加维护业务发展必需的电子化投入。3月，分行印发《交通银行重庆分行集中采购管理办法》，对集中采购范围、职责分工、形式与方式、采购程序、招标与评标、商品验收与资金结算、信息管理与检查监督等进行规范。2009年3月，分行印发《交通银行重庆市分行费用节约奖励办法》，本着厉行节约、增收节支的原则，对节约费用的单位和个人，以及对节约固定合同开支、日常运转费用、全年预算控制及其他费用等项目进行规范。2011年5月，分行对《交通银行重庆市分行集中采购管理办法》进行修订，对集中采购的组织体系及职责分工、集中采购类型、集中采购的形式与方式、集中采购程序、招标与评标、合同签订和商品验收、采购项目考评、采购信息与档案管理、检查与监督等方面进行规范。2013年，建立与分行经营发展战略相适应的营销费用分配机制，修改完善分行营销费用配置办法，将原按存款一个动因进行费用配置的方式，改为以存款、中收、利润三个综合动因为基础的配置方式，较好地体现以业务发展为导向，以盈利为目标的经营理念，提高费用激励的有效性和针对性。积极按照总量控制、量入为出的原则合理安排费用预算，按月评估费用预算进度执行情况，制订分行降本增效实施办法，强化装修预算审核，对分行大额固定支出进行逐项分析，督促相关管理部门寻找减支措施。组织开展分行闲置房产和资产的清理工作。2014年，分行印发《关于加强财务事项管理的通知》《预算财务业务印章管理实施细则》《差旅费管理办法》《基建装修项目管理办法》《关于加强工程中介服务单位管理及签订工程施工合同管理办法（试行）》《离行式自助银行装修标准（试行）》等十多项财务管理制度文件，严格按照“先审批，后开支”的原则执行财务申报和审批流程，对各类新增大额财务事项严格执行财审会集中审议制度。

管理工作。1999年，向总行上报中山三路158号分行大楼竣工决算报告及财务管理情况报告。2001年，分行开展清产核资工作，房产评估增值达100%。2002年，分行对历史积压的29处在建工程进行集中清理，对其中28处在建工程转入“1511房产”科目核算，并按规定计提折旧。2003年，分行积极与当地职能监管部门进行沟通，2月9日，财政部驻渝监察专员办事处以《关于对交通银行重庆分行公务用车制度改革办法的审核批复》，同意分行实行公务用车改革。因此分行在系统内率先实行车改、房改、通信补贴，更好地促进了分行的发展。2005年6月，交通银行在香港成功上市后，为规范管理，内部财务核算由分布式核算转变为集中式核算，分行向重庆市地方税务局申请职工个人所得税由分行统一申报、缴纳。2014年，加强对集中采购和招投标的监督工作，对大宗商品采购和资产入库、已签财务合同执行情况等进行强化管理。制定细化和严格基建审批流程，强化装修预算审核，严格控制装修成本，规范基建项目支出的事前控制、事中监控和事后评估，努力提高财务资源配置效率。严格按照总行规定，组织完成对分行新大楼建设的造价公司和审计单位的招标，确保工程进度。针对日常的小型装修工程，对造价公司和审计单位也进行重新招标，并制定相应的质量考核管理办法，严格工程质量管理。2015年，发挥财审会审批职能，对各类新增大额财务事项严格执行财务申报审批。通过对已签财务合同执行情况等进行强化管理，对暂收暂付款项进行全面清理等多项工作，进一步提高财务工作质量。监督招投标工作，对造价公司和审计单位开展工作质量管理，强化装修预算审核，对大额固定支出逐项分析，督促相关管理部门寻找减支措施，优化和改善费用结构。实现531财务系统成功上线。2016年，按照总行《关于调增闲置房产资金成本及经济资本成本的通知》，通过重庆市联合产权交易所共顺利拍卖4处因网点撤迁而闲置的分行自有房产，处置面积合计1384.37平方米，净值合计977.9万元，成交总价3398.93万元，扣除土增税等各种税费后增加营业外收入1378万元，为分行当年利润计划的完成做出贡献。当年因分行积极支持重庆市江北区辖区内重大项目建设及积极协助招商引资等工作，江北区政府一次性给予分行2200万元的产业扶持资金用于支持分行在江北区落户，增加当年利润2200万元。2017年，分行财务资源按照总量控制、量入为出的原则合理安排各项预算，坚持盈利导向，稳存量，促增量，进一步推进资源配置精细化，营销费用配置与存款、存贷利差净收入、经济利润和非息净收入完成业绩挂钩，对转型和创新业务收入提高配置比率，对利率高于FTP的存款不配置资源。实行弹性预算管理，按月评估费用预算进度执行情况，并适时根据业务发展实际情况进行动态调整。拓宽资源的层级配置，在原有费用配置框架基础上，增加网点营销费用的层级设置，对网点营销费实施单计单配，更好地激发一线网点的营销积极性。牵头制定加快郊区支行和城区支行发展的指导意见，通过优化组织架构、完善资源配置、增强政策支持等加快支行发展，并建立季度评价机制，推进分行“两轮驱动”战略实施。对分行江北嘴新办公大楼装修加强造价、审价管理，加强与大楼办的沟通联系，严把预算管理，新大楼建设决算成本控制在总行审批范围内。2018年，印发《关于再次明确办公用品相关管理事项的通知》，规范办公用品流程管理，对办公用品从主体责任、采购实施、实物管理、报销管理等环节进一步加强全流程管理。制定《大额财务资源投入管理办法》，对系统掘金等银企合作项目开展后评估和考核，促进经营单位树立成本效益理念，提高财务资源投入产出效益。开展“新五大领域”持续治理工作，对支行财务检查覆盖面达到100%，认真开展集中采购专项检查，加强预财业务印章管理，做好条线印章使用检查和制度规范。通过退租和出租的方式，压降存量网点面积1346平方米，开展市分行本部旧营业用房处置工作。通过全面梳理相关招投标环节及流程，对机票订购、车辆维修、食堂采购等提出进一步加强集中采购管理的工作提示。落实IFRS16租赁模块上线前准备工作。牵头行政部、渠道部，按总行系统上线统一部署做好分行租赁房产记录的合同条款核对、信息清理、租金付款计划制定、系统数据录入等工作。

第三节　税务管理与数据管理

税务管理。1988年12月26日，重庆市印发《关于对交通银行重庆分行申请免征营业税、国营企业所得税、房产税的批复》，同意分行在试营业期间，免征1988年度营业税和房产税，并免征所得税三年（1988—1990年）。1991年7月24日，总处印发《关于转发〈中华人民共和国固定资产投资方向调节税暂行条例〉及其实施细则的通知》，通知要求各分支行按实施细则贯彻执行，明确各行营业办公用房、职工住宅自筹基建项目，营业办公用房更新改造项目的建筑部分使用的税率。1992年8月14日，重庆市税务局印发《关于对交通银行重庆分行恢复征收所得税的通知》，从1991年起恢复征收分行的所得税，所得税应就利润全额就地征收，其分给总处的利润应在征收所得税后分配，其公积金和利润留成也应在所得税后计提。鉴于分行的实际困难，同意1991年的所得税酌情放宽。从1992年起，分给总处的利润则一律改由税后分配。对市财政和各区县财政在分行入股分得的利润在1995年前给予免征所得税。2000年6月14日，重庆市国家税务局以《重庆市国家税务局关于对交通银行重庆市分行营业网点装修费支出的批复》，同意分行对所属20个支行及分理处的装修费3589.69万元在五年内分期摊销，每年税前扣除717.90万元。2010年10月，根据交通银行总行《关于实行税务集中管理》，以及分行会计核算系统改造的实际，经重庆市渝中区国税局金汤街税务所申请批示，将分行企业所得税、储蓄存款利息税集中申报、缴纳。2010年12月，在分行营业部开立缴纳税款专户，各项税款由各经营单位在当地申报，分行统一缴纳。2016年5月，根据《关于全面推开营业税改征增值税试点的通知》，于2016年5月1日起全面纳入“营改增”试点范围，经国税局批准，分行实行增值税“汇总计算、属地缴纳”模式。通过对供应商的比选，要求对可抵扣开支，包括房产装修、家具设备购买、相关费用开支等应抵尽抵，设定抵扣率标准，对低于标准的支行采取扣减费用额度的管理措施，争取进项税应抵尽抵，努力降低税负。2017年，加强对增值税发票合规开具事项的管理，接受全国国地税重点稽查对象联合进场检查。分行全年入库税金3.89亿元。2018年，制定《交通银行重庆市分行增值税发票管理办法（2018年版）》，强化财务报销流程管控作用，做好“降税负、创收益”工作，分行全年入库税3.54亿元。

数据管理。分行重新组建后，各类报表主要依靠手工填报，逐级汇总。为满足内部管理和外部监管报送等方面的需求，分行按日、旬、月、季、年等频度编制各类会计报表，主要包括科目余额表、平均余额表、各项财务指标执行情况表、损益表、资产负债表等。同时，向人民银行、银监会（局）、统计局等外部监管机构报送相关监管报表数据。1993年8月9日，总处电脑处和财务会计部联合发文《关于推广微机通讯网跨及计划报表处理系统3.00新版本的通知》，使微机通讯网报表处理全面摆脱手工，在处理上把会计报表处理、计划报表处理、上报文件处理分开，使得操作流程显得更为清楚。1994年，分行开始使用ACC-30报表系统，报表管理人员通过系统进行报表编制。ACC-30系统仅处理总行和省直分行级报表，分行将基础数据信息录入该系统后，由总行后台汇总生成总分行的各类报表。分行报表管理人员再从ACC-30系统中下载相关报表使用。2001年，ACC-30报表系统升级为ARFA报表系统。该系统从核心系统和各类业务系统中自动抓取基础数据信息，由分行报表管理人员补录缺失信息、确认分行数据后上传总行，由总行后台汇总生成各类报表。ARFA系统可自动生成总行、分行、营业网点各层级的报表数据，减轻分行手工制表的工作负担。2006年，在全行数据大集中基础上，分行使用综合报表系统。数据大集中提高了各类数据的可获取性和准确性，综合报表系统直接提取各系统的底层数据，无须分行手工确认，直接生成总行、分行、营业网点各层级的报表数据。2007年7月起，预财部作为分行统计工作的归口管理部门，负责分行监管统计（非现场监管报表、区域特色报表、新版客户风险统计报表）、金融统计（人行大集中报表、银行家调查问卷、人行特色报表）工作以及报送外部审计、统计局、金融办、财监办等各类报表。2012年，为进一步规范分行金融与监管统计报备工作，加强金融与监管统计的规范化和制度化，有效预防和管理金融与监管统计数据发生较大变动产生的影响，切实提高统计管理效率和数据质量，制定了《交通银行重庆市分行金融与监管统计事项报备管理办法》。2013年，根据《中国银监会关于实行新版客户风险统计制度的通知》要求，自2013年1月起实行新版客户风险统计制度，为确保分行新版客户风险统计工作顺利开展，研究成立交通银行重庆市分行新版客户风险统计工作领导小组。2015年，分行上线了531系统，将多个系统整合在531系统，分行开始使用531预财报表模板进行报表的查询、编制、上报，531系统可直接提取各系统的底层数据，直接生成总行、分行、营业网点各层级的报表数据。2016年，为进一步提高客户风险统计数据质量考核的针对性和有效性，持续提升客户风险信息管理工作的整体质量，依据《银行监管统计数据质量管理良好标准（试行）及实施方案》《2015年客户风险统计数据质量考核办法》《关于调整客户风险统计数据质量考核指标的通知》《交通银行客户风险统计数据质量考核办法》，制定了《交通银行重庆市分行新版客户风险统计数据质量考核办法实施细则》《交通银行重庆市分行数据信息管理考核评比办法实施细则》。2017年，为加强对531系统预财报表模块的规范管理，防范操作风险，加强数据信息保密性，制定《交通银行重庆市分行531系统预财报表用户管理办法》。2018年，根据总行统筹安排，境内行于1月1日正式实施IFRS9（国际财务报告准则第9号：金融工具）核算体系。新核算体系在票据贴现、贸易融资、债券投资、股权投资、直投等业务分类及减值准备计量等方面发生了较大变化。

第四节　管理会计与经济资本

管理会计。随着市场竞争的加剧、金融脱媒的深化、利率市场化的不断推进以及银行业监管环境的日趋严格，国内银行业经营压力持续攀升，银行内部管理模式也受到挑战，传统的“规模情结”和“速度偏好”的经营模式难以为继，分析以重建初期的外延式扩张向内涵式集约化经营转变，而管理会计体系的应用成为银行实现全面价值评估和精细化管理的基本前提和重要保障。2004年，分行内部财务管理信息系统上线，为管理会计营运成本分摊模块夯实了数据基础。2005年，管理会计一期工程上线，初步构建了分行管理会计基本框架，解决了以往成本核算粗放、产品客户盈亏不清、条线考核困难等问题。实现以下四大管理目标：第一，集中财务管理，实现财务核算流程、核算方法、核算手段统一，为管理会计项目建设打好基础。第二，内部资金有偿使用，提高资金使用效率。初步建立内部资金转移定价体系，为逐步建立全行资金集中管理模式、提高资金使用效率、提高息差水平、集中利率风险管理奠定基础。第三，科学计量成本，提升成本控制手段。初步建立成本核算体系，借鉴ABC作业成本法的原理，科学进行成本分摊和归集，实现产品、客户成本核算。解决了以往只能按部门进行直接成本核算的问题，实现对各部门实际成本支出完整计量。第四，多维度利润贡献分析，提供有效决策信息。建立了盈利性分析体系，应用多维度分析工具，实现对产品、客户、条线盈利性的计算和分析，为有针对性地进行产品营销、客户拓展及调整经营策略提供信息支撑。2010年，管理会计二代系统省辖分行推广上线。管理会计系统包括参数管理平台、分析模块（内部资金转移定价模块、成本分析模块、盈利性分析模块）和报表管理平台。主要实现以下目标：第一，提高信息时效性，更快更好地提供决策信息支持。第二，深化多维经营主体的量本利核算分析，推动盈利管理能力提升。丰富FTP灵活核算分析功能，为全额资金预算考核的深化推行提供核算和分析工具。第三，按时引入标准成本法等先进技术，为构建合理的业绩价值评价体系提供工具平台。第四，建立分别面向多层次用户的信息视图组，打造有效传导总行经营管理策略的业绩价值管理工具。第五，逐步建立管理会计预测分析体系，发挥管理会计事前预测、事中控制的经营管理支撑作用。分行运用管理会计系统，分企业机构条线和零售个人条线对存贷款产品收益进行分析，同时以客户资产等级为分析对象，分析各等级客户的收入贡献度，通过分析可进一步优化客户结构，减轻财务压力，将带来分行业务发展能力的提升。2011年，分行结合对公授信RAROC’测算结果，按经营单位、国标行业、客户规模、RAROC’构成八大要素（三项收入、四项成本、一项资本）以及影响信用风险成本的具体指标，进行对维度分析，通过分析得出要提高分行RAROC’的平均值，从客户规模、客户行业、信用风险要素上入手，精细化地测算每一个客户的授信方案，兼顾风险、收益和资本消耗，实现经营收入、经营成本、信用风险成本、资本耗用等方面均衡发展。2015年8月，531工程管理会计系统上线，分行提出内部资金转移定价概念和业务定价锚定FTP价格理念，推动细化成本参数维护工作，内部记账加强成本费用核算力度。已形成以内部资金转移定价、营运成本分摊、盈利性分析为主要支撑，涵盖板块、机构、产品、客户等多维度信息的管理会计体系，并广泛应用于分行绩效管理、定价管理和项目后评估等各个环节。管理会计研究应用成果具体包括分行对条线和支行的利润考核和资源配置、对公和对私产品大类的收益分析、客户利润和网点盈利性分析、分行全产品计量计价系统、分行自助机具（含在行式、离行式、自助单季）盈亏分析、社保卡项目盈利分析等。2018年，分行按照前期建立的条块结合矩阵式考核架构，运用管理会计，将各业务条线作为相对独立的经营中心，实行纵向利润考核，旨在全行上下统一以“效益优先”为目标导向，形成发展合力。分层开展利润考核，自上而下进行引导。用好全员全产品计量计价考核，自下而上推动利润增长。坚持资源配置盈利导向，努力提高投入产出效应。设立利润专管员，加强条线对自身利润的综合管理水平，开展季度考核结果分析，帮助条线扬长避短。

经济资本。2004年，分行就提出经济资本管理，在分行的综合考核办法里，对经营单位业绩整体评价，就体现经济资本同于业绩考核对风险资产问题的约束和对收益增长引导的双重约束机制。同时在营销费用的考核办法里，体现用经济资本进行综合考核的内容，即有限资源合规、最优的配置，力求经济资本回报率高。2005年，总行对分行的考核办法使用以经济资本回报为核心的考核，质量和效益占整个得分的65%，考核结果与分行每位员工的收入直接挂钩。2006年，分行提出转变观念，适应战略转型的要求，树立现代化商业银行经营管理理念，信贷资产增长要受经济资本和风险管理约束的经营理念。2007年，分行完善经济资本理念和工具，建立以经济资本覆盖风险，调整收益，以风险调整后效益指标为核心的经营绩效考核评价体系。在授信业务运行与管理指导方面提出提高定价决策水平，优化信贷业务盈利模式，提高资产收益率，对满足内评手册规定条件的，还要增加盈利性分析，将盈利性分析模式用于授信方案设计、授信调查与决策中。2008年，分行在业务发展过程中，处理好质量与效益关系，多渠道提高息差水平，风险可控前提下提升收益，鼓励多做经济资本占用少、风险收益配比优的业务。2009年，分行经济利润大幅减少，其主要原因系经济资本占用大幅增长而拨备后利润不增反降。2010年，分行强化经营财务分析，重点围绕FTP（内部资金转移价格）定价改革、经济资本配置、网点效益测算、净息差、成本收入比等内容开展财务分析工作，提出授信业务简化经济资本回报率测算模型，引导全行多做高经济利润的产品。2011年，分行将风险调整后资本收益率测算模型正式运用于客户营销、授信方案设计、定价及综合回报分析等工作，风险调整后收益率将管理会计与经济资本有机结合，集贷款、存款及中间业务的经济资本占用的盈利测算于一体，为公司客户综合效益提供统一衡量标准，将为促进业务发展提供决策支持和服务作为提升资产盈利性、控制对公授信客户经济资本占用的具体措施。2012年，因总行加强资本约束理念并有效衔接监管要求，将经济资本占用系数由往年的8%提高至12%，分行经济资本占用较变化前上升50%。影响分行经济资本占用的基础因素主要是加权风险资产，分行风险资产比例上升不明显，主要是分行对资产结构的调整有效，风险缓释工具的应用发挥了较好作用，风险资产以及经济资本占用的增长得到有效控制。2013年，加强经济资本核算管理。按月对经营单位未关联债项的保证金进行清理，对总行漏提的保证金、现金类资产、央属公用企业等及时补充加权风险资产缓释数据，手工缓释风险资产5亿多元，减少经济资本成本750余万元。召开分行经济资本专题会，通过分析现有资本占用结构、趋势等因素，对分行资本管理提出管控重点和措施。2014年1月，为适应资本监管约束硬化趋势，发挥经济资本的约束和导向作用，推动全行转型创新，提高资本效率，为实现“两化一行”战略目标提供资本支撑，分行印发《交通银行重庆市分行经济资本管理暂行办法》，对资本管理组织架构及行办会、预财部、公司管理部、零售信贷管理部、国际业务部、机构部、授信管理部、风险管理部、资产保全部、信息技术部及各经营单位的工作职责、资本管理工作流程、管理要求及相关考核进行界定。落实总分行经济资本管理要求，发挥经济资本管理牵头作用，积极推动经济资本压降工作。建立考核激励约束机制。在综合考核办法中制定对支行考核内评法下的经济利润、对条线部门考核权重法下的RWA（加权风险资产）限额，同时将经营单位的营销费用配置与经济利润挂钩，引导督促经营单位重视资本管理，转变经营理念，由先做业务后算账走向先算账后办业务。建立全流程的管理体系。事前划分条线职责、交付资本使用权，做到权、责统一，建立分行各条线、各支行的资本专管员队伍，充分运用资本充足率系统开展事前算账工作；事中进行全流程管理，针对表内外业务，都将经济利润、资本占用作为授信审批和放款的必审项目；事后由预算部牵头，每日统计资本变动情况、每月召集专题会议、按季开展深度分析，制定压降措施，督促落实。开展各层级的资本培训。推进全方位的精细化管理。2015年，分行在总行低资本消耗专项劳动竞赛中荣获二等奖，连续三年作为资本管理先进行在全行培训中介绍经验，分行经济利润考核得分连续四年高于经营利润考核得分。积极向总行谏言献策，建议调整计划下达办法，将分行上年末节约的风险资产累加到次年计划得到总行采纳。通过钻研业务，结合信用证期限采数与风险实质，向总行申报修改取数规则，当年减少资本占用3335万元，增加经济利润400万元。实现资本的表内外价值统一，创新全产品计价资本考核。在对经营单位及条线部门实行资本考核硬约束的基础上，充分运用总行资本充足率系统的数据信息，细化全员全产品考核，将表内外资本占用纳入“贷款超额收益”及“扣除资本占用后的非利息净收入”，引导客户经理在增量资本求效益的同时，存量资本有压降。深化系统工具运用，夯实资本运营基础。借助总行较为全面成熟的资本系统工具，深挖数据，强化分析，按月开展“业务”“机构”“评级”等各维度的分析，及时了解数据异动原因，牵头开展问题整改。通过开展支行资本分析的劳动竞赛，制作资本分析报告模板，帮助指导支行提高工具的使用能力，助其自助，引导支行主动发现资本运营中的问题，为经营管理积极出谋划策，当好助手。2016年，分行继续强化经济资本精细管理，要求全行表内外业务均将经济利润作为必审项目，经营单位填写授信业务经济利润审批表，如有亏损业务，严格按亏损金额逐级审批。对亏损业务按月通报并扣减经营单位及条线的经济利润。推进名单化管理，提升风险管理水平。通过按月监控资本变化，消除评级异常对经济利润的影响，通过业务清单逐项清理，发现大额保函评级路径异常，及时向支行发出工作提示，杜绝由于客户评级路径异动引起的资本占用虚高，缓释风险资产14.81亿元，避免后续损失经济利润1533万元。重视资本计量规则变更中的利好因素并推进落实，用好“保人替代”的规则进行风险缓释，通过逐户排查，梳理出对公信用贷款担保人评级优化名单。通过开展劳动竞赛，制作条线（支行）经济资本分析模板、深化应用资本充足率系统，对业务转型中低资本消耗的优秀案例、季度经济利润预测情况开展评比，加强各部门、各支行对利润分析工具的运用能力。加强条线和经营单位对利润的分析能力，群策群力提升盈利能力。2017年，分行强化经济资本精细化管理，资本管控持续向好，表内外风险资产及风险权重出现双降。加强考核约束，传导管控理念。加大对支行、前台部门的经济利润考核，对客户经理考核表内外资本占用，通过对支行、部门及客户经理的无空白考核约束，传导资本管控理念。合理配置表内外业务品种，综合平衡风险收益。通过资产负债例会，建议合理配置业务品种。其中表内业务如优质中小企业贷款（银行有议价话语权、资本占用相对合理）、票据业务（本身风险率低25%，通过选择同业授信票据资本可降为零），表外方面坚持有保有压，严控高资本占用的表外业务（如贷款承诺、融资性保函等），同时在保证收益的前提下，力推低消耗的品种（如将银承转换为信用证可降低80%的资本占用）。2018年，推进资本精细化管理，截至年末，分行加权风险资产RWA余额为438.38亿元（含个人资产证券化业务RWA11.78亿元），较年初增加25.77亿元，比总行计划节约20.65亿元。高级法下表内外业务总体风险权重23.78%，分行将降低经济资本占用、控制资本消耗继续作为长期战略性任务贯彻到绩效考核、资源配置、业务发展和日常管理中。继续实行覆盖各层面的资本考核，支行及部门考核中加强经济利润的考核，全产品计量计价考核中植入表内外资本消耗的考核，综合竞争力中设置RAROC’指标的考核等。继续将经济利润和支行增量营销费用挂钩，引导支行走低资本消耗发展之路。及时向条线及支行发出总行资本政策相关的工作提示，抓住政策机遇，发展相关业务。针对2018年资本高级法实施落地，持续跟踪对分行经济资本的影响测算，提出应对措施，保持资本水平平稳过渡；继续向经营一线开展资本培训并制定经济资本快速测算手册，通过讲解高级法资本计量规则变化，分析重难点计量案例，帮助经营单位理清高级法下资本压降对策，平衡风险收益，提高资本使用效率。

第五章 营运管理

第一节 会计核算

一、会计管理

基本核算方法。1988年，交通银行重新组建后，按照商业银行管理模式，率先在国内同业采用与国际接轨的复式借贷记账法。1991年10月，为使资产与收入、存款负债与成本能更准确地反映各报告期的经营情况，交通银行经获财政部同意，率先在国内同业中采用权责发生制提取应收、应付利息。2000年7月，交通银行综合业务处理系统上线运行，实现权责发生制参数化系统处理。

会计业务处理方式。1988年至1991年4月，使用手工或分布式计算机系统处理。1988年至2000年，交通银行重庆分行为会计报告主体，所属网点为核算出表主体，按网点机构本外币对公和对私金融产品、结算票据、结算渠道等业务分类设置会计科目及账簿，以专门的会计凭证、账簿、报表，记录反映银行业务活动及成果。对跨系统、网点条线的结算业务，采用同城票据交换、递送报单专项信息等结算手段。负责系统内异地人民币资金汇划及清算。1991年5月至2000年6月，各分支机构使用计算机（微机、小型机）账务处理系统，实现会计电算化核算。账务数据采用逐级并账或并表的方式，以此构建会计核算组织体系。会计岗位管理实行重要空白凭证、印章、压数机不相容岗位三分管制约，实现定人定事定责任。2000年，上线运行综合业务处理系统，实现重庆市分行本外币对公业务在会计处理、资金清算和账务管理上的一本账管理。2004年7月，实施大集中核心账务系统（一期、二期），依托核心账务系统实行境内本外币，对公、对私业务交通银行全行一本账核算。2008年，在总行成立武汉金融服务中心后，分行应用影像扫描和切片处理新技术，实施会计营运业务前台扫描、后台集中化处理的新型作业模式。2009年11月，实现票据交换提回业务金融中心集中处理，进入全行会计营运业务后台集中化处理的新阶段。

会计管理体系。2000年，依托综合业务处理系统和大集中核心账务系统构建一体化管理操作控制体系，设置会计科目、账簿和柜员操作权限来控制机构、网点和柜员的会计业务可处理范围。利用业务应用与会计核算规则、公共控制的有机融合，对业务交易实现程式化核算和控制。通过通兑标志控制结算账户被记录区域，通过账户类型控制其结算内容。通过制定交易控制直接面向账户的操作，进行规范核算和行为控制。实现一体化管理客户信息归集，以客户号统揽所有账户，并详尽反映结算账户款项收付、客户资产形态变化和各种异常事项，客户号下建立账户关系，实现全行范围内的业务联动。在全行逐级授权下实现按内容分层次查询共享客户静态、动态信息。分行在交行系统内首推构建综合柜员责任体系，综合柜员既可受理个人业务也可受理公司业务。为每位前台柜员配备凭证和现金箱，非节假日开设4个业务受理窗口，以及节假日开设2个业务受理窗口的情况下至少配置8人，其中6名前台柜员、1名综合柜长、1名会计主管。系统内以柜员（含电子柜员）为对象，建立现金、重要空白凭证尾箱，实行专职保管。记会计流水，反映会计业务处理过程。以柜员为单位，保管、整理凭证档案，通过柜员日结单统计每天业务处理情况，确保会计业务和会计核算账务平衡。以柜员为主体建立责任体系，确保机构网点各重要事项责任到人。分行也是重庆地区商业银行中第一家实现综合柜员制的银行。

二、核算系统建设

1991年5月至2000年6月，使用基于PC计算机的分布式会计核算系统，对存贷款业务、结算票据、结算渠道等业务设置总分户账、明细账，代替手工纸质账簿。通过“交通银行全国电子汇总业务系统”“人民银行电子联行系统”等通汇系统连接，服务和支撑业务发展。各项业务账务数据以网点机构为主体进行记载、存储保管和传输。2003年4月19日，经过分行财会处、电子银行处及各中心（直属）支行、营业部相关业务、技术人员长达7个多月的共同努力，分行实现人民银行电子联行天地对接系统向现代大额支付系统一次性切换成功。4月23日，大额支付系统在重庆分行顺利上线。2004年7月，通过核心账户系统的数据大集中营运平台，实行境内本外币、对公对私会计业务处理的一本账。2005年5月8日，分行大集中核心账务系统顺利上线。2006年，大集中核心账务系统二期工程、人民银行小额支付系统、交通银行风险监督系统、农民工管理系统等5个系统上线，并配合有关部门完成储蓄电子国债、盈富通系统、沃德账户管理系统、满金宝业务系统、垃圾处置费收费系统的测试及上线。2007年11月2日，分行实现票据凭证印鉴防伪系统与核心账务系统对接，为试点行以外的第一批对接上线行。主要有小额定期借记业务、支票影像交换系统、公民身份联网核查系统、小额通存通兑系统、财税库行横向联网系统、支票印鉴防伪、参数管理系统、第三方存管业务系统等。2008年，完成各项业务系统测试、上线工作。组织完成上门收款系统上线、优化商户清算模式、小额支付系统本票业务上线、代理财政授权支付系统限额记账的上线及流程改造、核心账务系统主机软件第一次升级业务验证、印鉴防伪系统新版测试及省集中模式上线、支付结算业务信息管理系统上线、中国人寿银保通业务的测试推广、泰康人寿银保通的上线参数维护和测试、财政授权支付退款业务测试、重庆三五九期货公司银期转账业务的测试、财税库行横向联网推广、账户年检和法人身份疑义核实、公积金中心资金集中托管、三方存管集中处理上线前准备、重庆中信建投期货公司集中式银期转账期货端发起转账交易的测试、重庆西南期货公司银期转账柜面业务的测试等工作。2009年，根据总行管理要求，及时完成分行票币反假防假系统上线和现金库改造项目上线工作，确保现金业务工作的安全、有效运行。2011年，配合总行完成交换集中提回、集中制卡、对公账户集中开户、高柜和财富管理平台界面切换、对私客户信息集中化、交互式密码键盘、客户身份证件影像系统等近30个重点和试点项目的测试、上线工作。2012年，推进集中代收付项目上线工作。在信息部的配合下做好主体业务流程设计、系统测试、关联系统及模拟运行工作，完成协议制定并持续进行系统功能优化，提高客户资金清算效率。2013年，完成二代支付系统提前上线工作。根据总行、人行二代支付系统上线要求，分行精心组织，并对支行进行模拟操作轮训，确保前台柜员熟练掌握操作要领。2015年8月15日，成功完成分行531系统的整体切换，并顺利度过高危期，实现系统、客户、业务的平稳运行。2016年，完成二代支付渠道交易分流地方同城项目上线工作，实现个人网银、手机银行、企业网银发起的同城大额跨行转账交易，自动分流到重庆同城支付系统，有效降低分行人民币转账手续费成本。

三、其他会计业务事项

1987年11月17日，人民银行重庆市分行同意交通银行参加同城票据交换，重庆分行于11月23日上午参加了第一次同城票据交换。1989年，印发《交通银行重庆分行贯彻执行〈关于改进内地联行往来账务处理通知〉的实施细则》。1993年8月31日，向总行提出办理商业汇票业务请示。1994年10月10日，分行财务会计处出纳科正式设立，分行出纳金库划属财务会计处管理。财务会计处出纳科负责分行出纳业务的管理、指导、检查工作，解答、处理出纳业务中的疑难问题；负责统一对人民银行的人民币现金调缴工作；负责各支行、营业部、外汇部门人民币现金的回笼和供应工作；管理分行出纳金库，负责各支行出纳金库的业务指导和检查工作；负责反假人民币工作的宣传、假币鉴定、没收假币及样票的汇总、保管、上缴工作；负责残破人民币的汇总上缴工作。1995年，《交通银行内地联行往来制度》规定，从1996年度开业日起，各行联行汇差资金必须每日通过在总行的存款账户向总行清算，各行系统内汇出汇款资金必须存入该账户。规定在1995年度联行未达查清前，各行在“1132待清算存放国内联行款”科目及“233国内联行存放”科目中相互存放的资金未结清，因此在计算应调出或调回的资金时，应将这两个科目的余额一并计算在内。2000年5月12日，根据市财政局、市编办、市人事局、市监察局《财政统一发放行政、事业单位职工工资实施办法》，市财政局委托重庆机电设备招标局按法定程序对市级行政、事业单位统发工资承办银行进行公开招标。经评委会评定，公证处公证，确定交通银行重庆分行为中标单位。

四、营运系统升级

2007年，分行优化营运系统各类业务流程32个，主要有个人凭证及配款流程、公私直联业务、支票印鉴防伪系统、取消记账凭证打印流程、出纳领解现业务流程等。配合分行中间业务的发展，测试、上线新业务种类有：代理燃气收费业务、代理有线电视收费业务、财政集中授权支付业务、代理农民工医疗保险业务等。2008年，完成“库存现金监测系统”上线运行工作。配合总行优化改造后督系统。完成财富管理平台上线准备工作、蕴通账户综合平台的安装、中国人寿新增险种测试。2009年11月17日，实施现金集中清分，其场地及硬件设置、业务规定、操作流程符合《交通银行现金集中清分业务管理暂行规定》的要求，并报备总行。根据总行管理要求，完成分行票币反假防假系统上线和现金库改造项目上线工作。完成核心账务系统功能改造工作、分行特色业务的开发和组织测试工作。开展境内外币支付系统联调测试和上线工作。完成防伪系统程序升级，做好农民工保障金支付系统的升级版的测试、切换工作，顺利完成印章管理系统、现金库改造项目等流程优化工作。开展自助设备跨平台上线测试工作。配合人行中央会计核算电子对账系统上线，配合人行CCPC网络设备更新改造项目上线。完成北部新区支行与移动公司签订的代理收款项目的测试、上线工作，完成POS零点对零点清算特色业务的测试、上线工作，满足重点商户准确、及时对账清算的业务要求。2010年，配合总行网银项目改造，完成网银集中处理试点上线相关工作。完成核心账务系统现金限额管理功能的上线及款箱交接与人员身份识别系统的试运行工作。完成财税库银横向联网系统联调测试。完成反假货币信息系统、发行库物流管理系统、支付系统管理监控系统的上线工作。配合人行完成支付系统网络测试。配合ICS（全国支票影像系统）改造。完成通过TIPS（财政清算系统）办理财政集中授权支付清算的上线。完成对近200个统发工资、财政零余额、重点账户减免小额账户管理费和西南证券融资融券业务测试的相关工作。加强头寸管理，与资负部在支付系统前置机上设置大额授权限额功能，防止大额支付业务资金排队。完成总行网银落地集中改造项目试点工作。2011年1月，分行贵金属实物由个金部改为营运部管理，贵金属、重要空白凭证配送由人员跟车配送转换为运钞车配送。配合总行完成交换集中提回、集中制卡、对公账户集中开户、高柜和财富管理平台界面切换、对私客户信息集中化、交互式密码键盘、客户身份证件影像系统等近30个重点和试点项目的测试及上线工作。配合人行完成重庆支付信息综合服务系统（人行通）的开发测试、上线、优化工作，以及开展社保五险集中代扣项目的意见收集、项目业务需求的编写工作。做好各类系统及特色业务的优化、测试。作为社保IC卡发卡的首家分行，完成社保金融IC卡业务需求提出、测试、培训、制定操作流程等相关工作；分行先行启用会计管理平台会计业务错款审核审批功能进行错款电子审批，规范错款上报、审批范围及流程；配合信息技术部先后对中间业务平台代收费等业务完成系统测试；配合个金部、公司部等业务部门完成财富管理平台、家易通项目、公积金联名卡系统、光大永明保险银保通、重庆三五九期货银期转账期货端发起业务等6个项目上线；高新支行率先试点使用自助回单打印机，并完成上线测试工作；改变传统手工交换模式，特约商户消费由支付系统清算的优化流程上线，加快商户资金划转速度；农民医保基金划转到市财政社会保障资金专户，系统自动划转的优化流程上线运行，资金划转更加准确及时，提高了电子分流率。2012年，理顺外币现钞系统内调运方案。2013年，完成人行通贷记卡系统优化，改人工批注入账为自动入账，提高核算准确性和效率。完成公务卡业务操作系统优化，将公务借记卡由手工次日入账变更为系统批量即时入账，缩短客户资金到账时间，对公务卡业务的发展起到支持作用。完成系统优化，变过去手工逐笔查询、填写托收凭证模式为系统自动查询、联动打印模式，将原处理1笔委托收款托收凭证的时间由8分钟缩短为2分钟，提高工作效率。完成重庆人行财政缴款电子化上线系统运行。完成“假人民币收缴情况分析与统计系统”上线工作，为分行的假币“零容忍”管理工作的顺利推进提供技术支撑。完成二代支付系统上线任务。2014年初，完成集中管理离（在）行式自助机具装清钞职能的移交工作。分行集中管理现金类自助机具294台。启动531工程建设，该工程是交行“境内外一体化全业务系统重构工程”项目，是交行为实现“两化一行”战略目标，打造具有自主产权的新一代业务信息系统的重大工程，该工程坚持以客户为中心，坚持生产与管理并重，通过业务整合突破“部门银行”，通过流程再造突破“条线分割”，通过超前思考突破“既定已有”，是交行继大集中数据之后的又一里程碑，该工程改善客户体验，提高前台效率，加快产品创新，强化风险管控，为集团一体化发展提供强大科技支撑。2015年，明确离行式自助设备清装钞工作职责、531系统上线及集中处理“反洗钱监测分析”工作。8月14日，531系统上线，8月15日成功完成分行531系统的整体切换，并顺利度过高危期，实现系统、客户、业务的平稳运行。

第二节　营运风险管理与账务中心管理

一、营运风险管理

管理模式。重庆分行重新组建后，为突出会计检查辅导工作职责，由各支行配备专职检查辅导人员，开展会计检查辅导工作。1994年，以各支行为单位开展事后监督，对所有私人金融业务进行监督检查。1996年，各支行事后监督人员集中于分行，进行统一管理。2003年，进一步明确零售业务检查辅导员岗位职责和任务。2005年，营运风险管理主要包括风险监督、检查辅导等内容。会计业务风险监督遵循全行“一本账”原则，以“集中高效、重点突出、紧扣风险、有效监控”为目标，运用事后监督及电子档案系统、会计操作风险管理系统、票据凭证、印鉴防伪系统等工具，实行事后集中监督和监控。7月，实施会计人员轮岗轮调和强制休假制，以加强分行会计工作岗位管理，提高会计人员综合业务素质，防范会计结算业务操作风险。9月，实施会计主管委派制，以健全会计风险控制体系，促进会计管理水平的提高及会计队伍的建设，加强会计业务管理，提高会计核算质量，强化监督制约机制。2006年，根据各支行分布情况和业务量大小，配备专职会计检查辅导人员，明确职责、任务、权限，确保会计检查工作的制度化和经常化。2007年，根据《交通银行会计风险管理员工作指引》，进一步明确会计风险管理员和会计检查辅导员的岗位职责。同年1月，为保证会计主管委派制有效贯彻落实，印发《交通银行会计主管委派制实施细则》。2010年4月起，为加强基层营业机构现场管理和风险内控，推进会计管理人员及后备队伍的建设，分行实施基层营业机构会计主管“双委派”管理办法，在原已委派基层营业机构会计主管的基础上，另委派一至多名基层营业机构会计副主管，协助主管履职。2018年，为加强营运条线人员管理，提高分行营运人员综合业务素质，防范营运操作风险，进一步明确《交通银行营运人员轮岗轮调和强制休假管理办法》。根据《交通银行营运人员轮岗轮调和强制休假管理办法》（2018年版）的通知要求，开展当年的轮岗工作，在满足不相容岗位控制的条件下，进行人员工作内容全轮换，达到提高人员综合素质、防范风险的目的。完成全员轮岗和重要物品管理人员强休工作。银企对账工作作为风险防范的重要手段，多年来一直专人专线处理银企对账相关业务，对风险控制起到重要作用。

管理工具。组建初期至1996年，重庆分行营运风险管理工具以翻阅原始传票进行手工检查登记。1996年至2004年，重庆分行营运风险管理工具以同城集中版的事后监督系统为主。2004年5月，实现数据大集中后，开发运用事后监督系统和电子档案系统，实现已存储档案资料的规范管理和网络快速查询。2007年，为充分发挥会计操作风险管理系统作用，对重点业务和操作环节实施非现场检查，较大地提高检查的效率和效果，针对发现的问题，及时发出风险提示。应用总行开发的风险监督平台，及时对各网点发生的各类业务及时进行监督。随着531工程业务系统持续整合优化，营运业务基本实现交易场景细分、定制化功能、权限控制、流程审批、授权复核及其他技术控制手段，达到交易风险事中管控、风险防范关口前移的目的和要求。从而促进会计营运的安全运行和合规管理。

二、账务中心管理

2001年5月，账务中心成立，交换集中提回业务上收到账务中心处理。当年底前，使用综合系统。2006年，大集中核心账务系统二期工程上线。2015年8月14日，531系统上线，15日成功完成分行531系统的整体切换，并顺利度过高危期，实现系统、客户、业务的平稳运行。11月9日按总行在全行推广可疑交易报告集中处理的要求，业务处理中心开始经手并集中处理“反洗钱监测分析”工作。2016年，完成海关税费手工单笔记账模式向系统对账模式的转换、上线工作。优化市级公务卡的还款流程，公务卡代付编号由人工每批进行查找优化为系统检索回显，提高了公务卡还款业务（平均每天100批左右）的工作质效。完成营改增开票上线工作，运行顺利。启动人员外包试点工作。现金清分中心按照按量计价的方式引入两名清分外包人员。4月27日，全面推进落实自助设备动态密码锁上线工作，并在6月底完成集中管理的355台自助机具动态密码锁的改造工作。2017年，完成新大楼搬迁工作，保证全行的现金、贵金属、重空凭证及印鉴卡等重要物品账实相符、准确无误。完成社保工作从市级统发工资剥离的工作，并全面接手社保养老金发放的工作。6月，配合重庆人行清算中心开展重庆CCPC网络设备改造工作的验证。7月，配合重庆人行进行重庆支付信息综合服务系统设备更新上线的验证工作。9月，配合完成全国支票影像直联系统的关闭工作。优化市级公务卡提取数据流程，利用单位提供纸字凭证上的预算单位编码提取还款明细，减少查询单位代付编号时间，提高工作效率。为财政统发退休人员工资出现的自发自扣金额红字的问题提出解决方案和优化方案。按照总行要求完成扫描模式切换工作。通过实施扫描补录业务外包，与总分行营运部相关人员加强沟通，按照总行要求完成扫描切换前期准备工作。正式切换后，在与分行营运部、网点沟通的基础上制定相关流程以规范操作、明确责任，以适应切换后扫描模式，保证档案完整性。2018年，优化业务操作流程，取消重要空白凭证纸质领用单，网点领用重要空白凭证无须再填写重要空白凭证领用申请书，在符合531凭证管理办法的基础上，利用系统功能，网点重空领用仅需通过系统发起领用申请，简化支行领用手续，减少纸质凭证的传递，提高了工作效率。实现统发工资报表特殊名单的动态管理和统发工资电子印章的改造，可根据客户需求提供电子或纸质报表，且优化后所有报表取消实体印章，均自动加盖电子印章。通过总行及人行的培训学习，整理归纳出反洗钱监测分析岗异常交易报告填报模板，在报告中逐一体现要素的完整、合理、一致，可疑特征、可疑程度，采取的措施，客户身份识别、人工甄别，涉罪类型判断等，可疑交易报告质量得到较大提高，反洗钱监测分析工作得到总行认可。

第三节　现金储运、自助设备与会计档案管理

现金储存管理。金库总体布局要按业务操作、安全防护等要求统筹规划。库区包括库房与库务用房，库房是指存放现金、贵金属及贵重物品等的场所，分为内库、外库；库务用房是指交接室、整点室等日常交接和整理现金、贵金属及贵重物品等的场所。金库库区相对独立，实行封闭式管理，库区与办公区、守卫区、生活区严格分开。按离安全防护门的近、远，库区内部以业务交接室、整点室、外库、内库的先后顺序予以设置。金库库区外划定了库区周边守卫区域，并在紧邻安全防护门处设置了守库室。库房内配备了监控、录像、报警等安全防护设施，安装了防爆灯及消防系统。

现金运输管理。1988年，重庆分行成立之初在大溪沟设置分行金库，归属营业部管理。现金库箱采取网点上缴支行、支行上缴营业部的方式，由保卫部人员进行押运。1989年购置社会普通车辆进行押运，每台钞车配置一名司机，两名押运员。1994年10月10日，经分行研究决定，分行财务会计处出纳科正式设立，负责分行出纳业务的管理、指导、检查工作，解答、处理出纳业务中的疑难问题；负责统一对人民银行的人民币现金调缴工作；负责各支行、营业部、外汇部门人民币现金的回笼和供应工作；管理分行出纳金库，负责各支行出纳金库的业务指导和检查工作；负责反假人民币工作的宣传、假币鉴定、没收假币及样票的汇总、保管、上缴工作；负责残破人民币的汇总上缴工作。分行金库改由财务会计处出纳科管理，库箱运输方式不变。1995年始，分行保卫处成立了经警大队，购置了专用运钞车，每台钞车配两名经警队员押钞，配置了钞车专职驾驶员。1998年，分行金库由大溪沟搬迁至上清寺中山三路158号，由行内九名员工进行双人轮流值守，并负责分行对人民银行现金调缴业务押运工作。

2000年8月11日，重庆分行与重庆市金盾护运中心举行了押运合同签字仪式，是重庆市金盾护运中心成立后提供押运服务的第一家金融单位。金融安全工作走向社会化服务。2001年，分行对主城区的四座金库进行撤并，集中到分行金库寄存，并加强了分行金库的安全管理，减少了武装守卫人员、驾驶员共21人，押运业务交金盾护运公司实现社会化管理。2003年，分行深化扁平管理改革，年初分行守库实行社会化，将9名专职守押人员分流到业务条线，分行金库外包市公安局管辖下的金盾护运公司守库。2017年3月，分行金库由上清寺中山三路158号搬迁至江北嘴西大街3号交银大厦，由金盾护运公司守库。

自助设备管理。2009年11月17日，分行实施现金集中清分。2014年初完成集中管理离（在）行式自助机具装清钞，集中管理现金类自助机具294台。2015年2月13日，明确离行式自助设备清装钞工作职责。2016年4月27日，全面推进落实自助设备动态密码锁上线工作，并在6月底完成集中管理的355台自助机具动态密码锁的改造工作。2016年上半年将分散于5个片区的15名装清钞人员及6辆运钞车集中于分行统一管理。2017年上半年，接收龙兴支行管理的合合家园自助银行、鱼嘴曙光工业园、中钢建材市场ATM等5台远郊自助机具。当年实施“自助机具装清钞换箱法”的

机具达到218台（占比61%）。2018年上半年，实现“自助机具装清钞换箱法”的全覆盖。

会计档案管理。一是各阶段会计档案的形成。2006年4月7日前，核心系统上线前，分行会计档案归集由对公系统和储蓄系统各自独立形成，具体形成阶段如下：(1) 对公业务全行会计档案生成，全手工记账阶段为1987年至1992年（部分为1991年3月），半手工记账阶段为1992年（部分为1991年4月）至2001年9月，为COBOL系统，综合业务系统记账阶段为2001年10月至2005年4月，核心系统记账阶段为2005年5月至2015年8月16日，531系统记账阶段为2015年8月17日至2018年底。(2) 对私（储蓄）业务全行会计档案生成，全手工记账阶段为1996年5月14日以前，半手工记账阶段为1996年5月15日至1998年8月31日，AS400系统储蓄活期同城通兑，定期不通兑，零售3.0系统记账阶段为1998年9月1日至2006年4月6日，核心系统记账阶段为2006年4月7日至2015年8月16日，531系统记账阶段为2015年8月17日至2018年底。二是会计档案库归属部门机构、管理人员职责。2002年以前，归属财务会计（处）部，管理人员1人，只管理对公系统生成会计档案。2002年—2006年4月，归属会计结算部，管理人员1人，只管理对公系统生成会计档案。2006年4月—2007年，归属会计结算部，管理人员1人，管理核心系统生成会计档案，原储蓄系统生成储蓄档案仍由原管理人员2人管理。2008年—2012年4月，归属会计结算部，2008年起管理人员4人，管理核心系统生成的对公、对私营运会计档案和原储蓄系统生成储蓄档案。2012年5月至今，归属业务处理中心，管理人员4人，管理全行会计档案。[注：1996年5月31日前储蓄会计凭证由各中心支行自行进行事后监督并保管，1996年6月1日至2006年4月6日储蓄会计凭证由分行个（私）金部统一进行事后监督并保管。] 三是管理硬件。1998年9月前，分行无专门的会计档案库房和会计档案存放装具。分行形成的会计档案零散地存放于调剂出的空置房间铁皮柜内，支行的会计档案只能由支行自行寻找地方存放。1998年9月至2007年，分行只有一间具有基本档案库功能的库房。该库房于1998年9月投入，使用面积约300平方米，安装手动密集架271节，在集中接收各支行1998年（含）以前对公会计档案后，便因库房容量基本达到饱和而停止接收各支行新增会计档案。2008年至今，分行新牌坊会计档案库投入使用。为较长久地解决分行会计档案存放问题，分行在渝北区加州花园小区内新牌坊支行旁，参照标准档案库改建的会计档案库于2008年1月投入使用，该库房建筑面积2818平方米，安装手动密集架1806节。新牌坊会计档案库投入使用后，至2018年已连续10年完成各支行会计档案的集中接收管理。通过对会计档案的集中管理，极大地解决了基层营业机构的会计档案存放问题，较好地保证了分行会计档案的安全、完整。新牌坊会计档案库投入使用后，分行根据总行规定、结合实际先后建立一系列分行会计档案库管理规章、制度和流程，明确分行会计档案的整理、集中、归档及查询利用，目前已形成较为规范的分行会计档案管理模式。

第六章　审　计

第一节　管理模式

交通银行重新组建初期，内部审计管理在多级法人体制下，实行各级行独立稽核领导管理体制。

1989年12月，制定《交通银行稽核工作报告制度》，规定稽核报告贯彻分级管理、逐级上报的原则，明确各级行的稽核部门在总经理（经理）的直接领导下开展工作，各级行稽核部门在向交通银行总经理（经理）报告的同时，应上报上级行稽核部门。在管辖分行，支行（含三等级分行）向管辖分行报告，管辖分行向总管理处报告。各管辖分行稽核部门除报告本身稽核工作情况外，还应汇总辖属机构情况上报。稽核报告应按规定同时报送指定的审计机关和同级人民银行稽核部门。1990年12月，分行本部部门、支行在原有6名兼职稽核监察员的基础上新增加了2名稽核监察员。1991年，分行拟定《关于查库检查办法》《对分、支行进行全面稽核的办法》《开展好稽核查询的办法》《开展专项稽核的办法》。1992年9月，《交通银行稽核工作暂行规定》进行修订，明确各级行稽核向总经理（经理）和上级主管部门报告本单位及附属分支机构执行经济金融方针、政策、法规、计划和有关规章制度的情况，为领导决策、指导业务、健全管理提供依据。统一法人体制后，交通银行推进稽核体制改革。同年，建立信贷、计划、证券、会计、出纳、储蓄等6项专项稽核办法。分行稽核室荣获中国人民银行总行、全国金融总工会授予的全国金融系统稽核先进单位称号。1996年，按照《关于抓紧做好清理违规经营和账外经营并账上报审核工作的通知》，稽核室1人参加分行违规及账外经营并账工作领导小组办公室，从事全辖违规经营账务清理工作。抽调2人参加贵阳分行的违规、账外经营清理工作。4月，派出1人参加分行工作组进驻巴南支行，对账外经营进行全面清理、清收。在渝中、沙坪坝、九龙坡支行设置专职稽核监察员，续聘兼职稽核监察员18人。1997年9月，提出并逐步建立直接对总行一级法人负责、垂直领导、分级管理和下审一级的管理体制。1999年5月，总行制定《交通银行稽核工作规定》，确定稽核工作实行总行领导、分级管理和下审一级的管理体制。总行负责稽核管辖分行、直属分行、海外分行及总行的各业务职能部门；管辖分行负责稽核辖属分支行、交通银行的各业务职能部门及下属各营业网点；直属分行和辖属分支行负责稽核交通银行的各业务职能部门及下属各营业网点。为进一步推进全行稽核业务的统一管理，稽核工作的规章制度、主要业务的稽核操作规程、年度主要工作计划由总行统一制定。各行稽核部门根据总行年度工作部署，编制年度计划，报上级稽核部门审批后，按批准计划执行。上级行要按进度对下级行的稽核工作进行检查督促。总行授权各分支行，结合交通银行具体情况，对某些稽核规章制度制定实施细则，并报总行备案。上级行稽核部门要定期对下级行稽核工作进行检查监督，支持和帮助下级行做好稽核工作。与此同时，改进稽核报告路线。同年5月，总行制定《交通银行稽核报告制度》。2000年，在中心支行、营业部聘任12名专兼职稽核员。2001年，完善《交通银行重庆分行现场常规稽核操作办法》，制订《关于做好现场稽核前分析工作的规定》。2002年，分行制定《稽核问题整改台账制度暂行规定》。2003年，完善《交通银行重庆分行主稽人工作暂行规定》，确定22个中心支行、直属支行、营业部的主稽人。2004年，交通银行深化稽核条线体制改革，12月，华东稽核部（后改称华东审计部）成立，随后东北审计部、华中审计部、华北审计部、华南审计部、华西审计部相继成立，标志着统一的交通银行审计条线垂直管理的模式建立。同月，交通银行印发《关于实行交通银行稽核部改革的通知》。同年，分行制订《委派稽察员稽核业务操作手册》《营业机构负责人离任交接规定》《关于做好分行机关行员离职稽核的通知》《关于做好稽核整改工作的整改通知》。2005年1月，为规范稽核报告工作，明确稽核报告关系和要求，加强对稽核监督工作的领导，促进稽核成果的运用，总行制定《交通银行稽核报告制度（试行）》。2008年，分行制定印发《关于开展员工与客户违规交易行为专项治理工作的通知》《分行专项治理工作方案》，修订完善《2008年分行内部基础管理考核办法》《分行基层营业机构内控管理先进单位考核评比办法》《审计检查中违规违纪行为的处理办法》，建立《审计部联系人制度》。2009年，修订《交通银行重庆分行内部控制委员会工作条例》，制定《部门计算机安全管理办法》《部门科技劳动竞赛考核办法》。2010年11月，总行制定《交通银行省直分行审计工作管理办法》。

同年，修订《重庆市分行审计部主审人整改工作规定》《交通银行重庆市分行审计档案管理办法》《审计联系人制度》《审计部员工参加总行劳动竞赛工作方案》。2011年，完善《交通银行重庆市分行营业机构负责人离任交接规定》《内部基础管理工作考核办法》《交通银行重庆市分行内部控制评价暂行办法》。2012年，修改制定《交通银行重庆市分行各经营单位内部控制评价办法》《交通银行重庆市分行各经营单位内控排名考核办法》。2013年，印发交通银行重庆市分行内外审检查落实整改办法的通知。2016年，制定《交通银行重庆市分行十三五内控创A攻坚规划》，牵头召开十三五内控创A工作启动会，并邀请总行审计局专家为分行开展内控与合规评级、管理方面的现场培训和指导。2018年，改进《审计情况概要》文书，增加对经营单位总体风险和内控状况的综合评判。

第二节　审计方式

交通银行重新组建后，内部审计方式不断丰富与完善。通过现场审计和非现场审计，开展常规审计、专项审计、后续审计、经济责任审计、不良资产责任认定审计、IT审计、持续审计等审计监督工作。

现场审计。1987年6月，制定《交通银行稽核工作要点（试行本）》，由稽核组进驻被稽核单位，稽核人员直接深入现场，根据稽核内容和范围，在现场开展数据资料核查和检查操作，对稽核结果进行现场取证、核实认定。1989年12月，制定主要适用于常规现场稽核的《交通银行稽核工作程序》。1992年9月，为规范和加强现场稽核工作管理，专门制定《交通银行现场稽核工作程序》，对需在现场进行的稽核工作，包括常规稽核、专项稽核、离任稽核、后续稽核等做规范，交通银行现场稽核工作开始走向规范化、制度化和科学化。随着统一法人体制的实施和稽核机构、队伍建设的完善，交通银行不断改进现场稽核工作。1997年9月，制定《交通银行内部稽核体制改革办法》，规定现场稽核主要采取常规稽核和专项稽核相结合的方式，并开始对经营机构现场稽核的频率做量化规定，根据经营管理状况，确定不同的频率，一般每年进行一次现场稽核。《交通银行1998年稽核工作要点》亦开始进一步量化常规稽核在现场稽核中的比例，规定上级行对下级行的现场稽核全年不少于一次，其中常规稽核要在60%以上。1999年5月，总行制定交通银行现场稽核操作规程，进一步完善现场稽核工作。同年12月，印发《关于印发关于交通银行现场稽核文本格式的说明的通知》，对现场常规稽核、专项稽核、离任稽核等稽核工作文书进行规范。2004年，随着交通银行计算机辅助稽核系统的成功开发与推广，现场稽核开始由手工作业方式向利用计算机进行稽核转变，促进了现场稽核效率与质量的提高。同年12月，规定现场稽核既要立足对全面业务的稽核，又要分别对授信、财会、国际、私金等业务进行专业稽核。2005年1月，先后制定《交通银行稽核监督模式（试行）》和新的《交通银行稽核检查规程》，深化现场稽核的系统性和针对性，并通过常规稽核、后续稽核和专项稽核的组合，对被稽核单位各项业务及内部控制状况进行连年的周期性检查，保证稽核监督的系统性、连续性和稽核覆盖面。2008年，交通银行审计支持系统成功开发，并将IDEA数据分析工具和SQL语言（Structured Query Language，结构化查询语言）引入审计检查。2010年，交通银行现场审计方式已形成程序较为科学、规范，频率和覆盖面符合风险与内部控制监督要求，技术手段走在国内商业银行审计领域前列的格局，在常规审计、后续审计和专项审计以及经济责任审计项目中发挥重大作用。常规内控审计的内容主要包括经营管理、公司与机构业务板块、小企业金融业务板块、个金、渠道与营运板块、财务管理板块、消费者权益保护、员工与客户违规交易行为、IT技术及案件防控等。

非现场审计。交通银行非现场审计是与现场审计相对应的监督方式，早期称为报送稽核。1987年6月，交行制定《交通银行稽核工作要点（试行本）》。1992年9月，制定《交通银行报送稽核暂行办法》。1994年，做好资料的交接调阅工作。在检查中共调阅贷款档案资料96户，300册卷，信贷资料3000多份。1996年，开展非现场报送稽核66次，后续稽核13次。1997年9月，制定《交通银行内部稽核体制改革办法》，将报送稽核改为“非现场稽核”。

1999年5月，制定《交通银行非现场稽核暂行办法》。2003年，承接重庆市金融学会研究课题，完成《商业银行内控制度研究》，顺利通过评审。3月，交行制定《关于加强和改进稽核工作的若干意见》。2004年12月，非现场稽核分析系统推广运用，提高了非现场稽核工作的效率和质量。2005年1月，制定《交通银行稽核监督模式（试行）》。2007年，《交通银行2007年审计工作要点》规定，加强计算机技术应用，并与现场审计结合。2008年，牵头开展以员工与客户违规交易自查自纠为主要内容的专项治理工作。对北部新区、北碚、江津支行和江北长安分理处等4个网点的内控管理情况进行检查。2010年，除单纯的非现场审计项目外，在现场审计项目实施中，进驻现场检查前、后，对被审计对象经营管理情况进行分析检查。2012年，非现场审计3项，即影子银行关联业务、部分表外业务管理状况、开展分行特色业务（分行特色业务包括公积金联名卡、社保金融IC卡、人行支付综合信息系统、代收财政非税业务、财政授权集中支付业务、税融通、代收代缴费业务、对公批量转账等8项）管理状况的审计调研。2015年，进行“两加强两遏制”自查整改工作，梳理2010—2014年公司、理财、零贷、个金、同业、财务等6大业务板块86个主要问题，自查新发现问题23个，合计109个问题，整改问题104个，有5个问题正在整改，整改率95.4%，共计进行责任追究130人次，对涉及的18个机构进行问责。在“两加强两遏制”回头看中，发现问题19个，已整改问题17个，正在整改的问题2个，整改率89.5%，共计进行责任追究13人，其中移交分行监察室处理9人，A、B职等8人，C职等1人，警告4人，经济处罚5人，罚款金额40093元，对涉及的10个机构进行问责。2017年，开展“四不当”“金融乱象”银监现场检查，对19人进行处理，其中行政警告2人，党内警告1人，经济处理11人，通报批评5人。

常规审计。常规业务审计是对银行各项业务的全面审计。1987年6月，制定《交通银行稽核工作要点（试行本）》，交通银行将常规审计作为现场审计的重要审计方式，当时将其与专项稽核相对应，称为全面稽核。由稽核人员按照稽核计划深入现场，对被稽核单位会计资料及业务经营活动进行全面的例行稽核检查。1988年12月，重庆分行对柳州支行1988年8月试营业以来的信贷、财务、外汇、保险业务进行重点检查。1989年4月，对自贡支行1988年9月试营业至“转正”的情况进行稽核验收检查。10月，对分行所辖重庆大学办事处财务、信贷、出纳、储蓄等进行全面稽核检查。1990年12月，对贵阳支行1989年12月试营业以来的财务、信贷、计划等业务以及各项管理制度的执行情况进行了全面稽核检查。对昆明支行、攀枝花支行开展监察1次。分行稽核室督促成都、贵阳、遵义支行成立稽核、监察室，攀枝花支行确定稽核监察人员。1991年，对成都、贵阳、昆明、攀枝花、遵义、广元支行和本部重庆大学办事处进行常规全面稽核。1992年，对昆明、柳州、广元、自贡支行进行全面稽核。1993年，对成都分行及贵阳、攀枝花、遵义支行进行全面常规稽核。1994年，对自贡支行、分行本部营业部及沙坪坝、渝中、江北、南坪、九龙坡、北碚、巴南支行进行常规全面稽核。1995年，对贵阳、遵义、攀枝花、广元支行开展现场常规全面稽核。对广元支行进行后续稽核2次。配合总行对广元支行进行重点稽核1次。对分行本部部分支行、分理处、储蓄所进行现场常规全面稽核。1996年，开展全面稽核17次。1997年，对贵阳分行、遵义支行开展了常规全面稽核（自贡、攀枝花、广元支行于1997年划归成都分行管辖，稽核工作相应由成都分行负责），对分行本部9个支行、营业部进行常规全面稽核，抽查24个分理处1995年1月至1996年12月的存贷款分户账和传票，重点检查各支行（部）与信用社、基金会、投资公司等单位50万元及以上的大额资金往来情况。1998年，对贵阳分行、遵义分行和本部9个支行、营业部、1个外汇部进行常规全面稽核。1999年，对贵阳、遵义分行，本部12个支行、营业部进行常规全面稽核。5月，制定《交通银行稽核工作规定》。2000年，对贵阳、遵义分行和本部渝中、沙坪坝、江北、九龙坡、南坪、巴南、北碚支行及营业部进行常规全面稽核。完成后续稽核5项，即对分行本部的九龙坡、沙坪坝、北碚、巴南支行和辖属贵阳分行2000年稽核问题整改情况进行了现场跟踪核查。2001年，对分行本部的江北、渝中、南坪、江津、长寿、大渡口支行，营业部和辖属遵义分行进行现场常规稽核。2002年，完成常规稽核6项，即对江北、九龙坡、沙坪坝、南坪、巴南支行和营业部进行现场常规稽核。完成后续稽核2项，即对南坪和渝中支行进行了现场后续稽核。2003年，实际完成现场稽核67项，其中现场常规稽核9项，后续稽核3项。2004年，完成常规稽核5项，后续稽核13项。2005年1月，制定《交通银行稽核监督模式（试行）》。6月，制定《交通银行审计工作计划管理试行办法》。同年，完成系统性审计10行次，包括江北支行、九龙坡支行、北碚支行、南坪支行、渝中支行、沙坪坝支行、人民路支行、朝天门支行、渝北支行、高新支行。后续审计5项，即2004年重庆银监局检查问题整改情况后续检查、总行审计部检查问题的整改复查、风险点排查问题整改情况的跟进检查、个人贷款专项稽核的后续整改核查、2005年审计发现问题的后续跟踪检查。2006年，开展营业部及江北、渝北、涪陵、南坪、高新、长寿、西郊路、大坪、朝天门、人民路、双碑等12个支行（部）的系统性审计。对6个比较突出的问题发送审计处理意见书，建议支行对相关人员进行处理。对8名违规责任人进行了经济处罚，罚款4600元。2007年，开展营业部及江北、南坪、七星岗、人民路等26个支行（部）的现场系统性内控审计。2008年，开展分行营业部及渝中、涪陵、南坪、高新、渝北、大渡口、朝天门、七星岗、民族路、人民路、西郊路、松石路、大坪等14个支行（部）的现场系统性内控审计。2009年，开展了营业部及江北、沙坪坝、长寿、江津、九龙坡、北碚、大渡口、巴南、新牌坊、高新、涪陵、北部新区、解放碑、南城、人民路等16个支行（部）的现场系统性内控审计。2010年，开展渝中、江北、南坪、渝北、朝天门、民族路、七星岗、西郊路支行等14个支行的现场系统性内控审计。2011年，开展分行营业部及两江新区、沙坪坝、九龙坡、北碚、长寿、江津、大渡口、巴南、高新等10个支行（部）的现场系统性内控审计。2012年，对渝中、江北、南坪、渝北、涪陵、两路口、永川、合川、北部新区、人民路、朝天门、大坪、陈家湾、西郊路、九龙园、弹子石支行等16个支行进行现场系统性内控审计。2013年，完成常规审计13项，包括营业部及两江新区支行、沙坪坝支行、九龙坡支行、高新支行、长寿支行、东和春天支行、大渡口支行、北碚支行、巴南支行、江津支行、合川支行、和九龙园支行。2014年，对渝中、江北、涪陵、两路口（个贷中心）、永川、南坪、渝北、西郊路、朝天门、北部新区、弹子石、陈家湾、人民路、大坪支行共14个支行进行系统性内控审计，上报审计情况3篇，向经营单位和有关部门发出审计工作提示7篇。2015年，完成对分行营业部及沙坪坝支行、两江新区支行、高新支行、长寿支行、九龙坡支行、大渡口支行、东和春天支行、巴南支行、北碚支行、合川支行、江津支行、爱都会支行、九龙园支行共14个支行（部）的系统性内控审计。2016年，开展渝中支行、江北支行、渝北支行、南坪支行、涪陵支行、两江幸福广场支行、两路口支行、永川支行、璧山支行、茶园支行、朝天门支行、弹子石支行、人民路支行（检查后已并入渝中支行）、大坪支行共14个支行的系统性内控审计。2017年，开展东和春天支行、爱都会支行、沙坪坝支行、高新支行等13个支行的系统性内控审计。2018年，开展内控审计10项，撰写了审计情况6篇，发送移交处理书8份。

专项审计。专项业务审计是某个具体业务项目的审计。1987年6月，制定《交通银行稽核工作要点（试行本）》，交通银行将专项审计作为与常规审计相对应的重要审计方式，一般以某一业务或产品领域作为审计对象。1993年，对遵义支行进行1次后续稽核，对广元支行开展1次专项稽核，对昆明分行、自贡支行进行效益稽核调查和专项调查。检查各支行、有关业务处室7个，检查280个信贷单位、697笔贷款、1963份重要业务资料。1994年，对分行证券业务部、分行上海证券业务经营部、分行办的庆通贸易公司开展专项稽核。对石坪桥、中兴路、青年路、菜园坝、大坪、大庙、南城7个分理处进行会计基础工作专项检查。1995年，对贵阳分行和分行本部外汇业务进行专项稽核。1996年，开展专项稽核15次。其中，检查违规账外经营资产7819万元，负债7765万元、损益94.3万元。1997年，对“三产”公司进行专项稽核，分别对重庆庆通贸易公司、重庆长江国际租赁有限公司、重庆常盛装饰贸易有限公司、重庆久达实业有限公司、重庆金凯贸易有限公司等进行了专项稽核。对分行交银大楼指挥部进行专项检查。9月，《交通银行内部稽核体制改办法》规定，各级行稽核部门对本行业务部门的稽核以专项稽核为主，根据业务风险大小确定稽核频率，稽核间隔一般在12个月之内。1998年，开展全国性信贷大检查、自查自纠、整顿账外和违规经营，以及贵阳分行、遵义分行和分行本部支行、营业部财务收支的专项稽核。抽查支行所属的34个分理处和储蓄所1997年5月至1998年9月的会计传票、分户账、总账、日记表。对分行5个自办公司、支行6个自办公司、分行5个参股公司的资产负债及盈亏状况进行专项检查。1999年，对渝中支行原行长冯长生违规情况、学田湾支行2400万元账外账进行专项检查。5月，《交通银行稽核工作规定》将各级行稽核部门对本行业务部门的专项稽核的频率调整为一般每年1次，间隔时间最长不超过2年。2000年，对贵阳、遵义分行信贷管理内控制度和信贷资产质量进行专项稽核。2001年，完成专项稽核6项，即对分行太平洋卡业务及储蓄事后监督、财务会计、个人外汇买卖业务、全辖财务状况及经营管理情况、突击查库、上门收款业务进行现场专项稽核。2002年，完成专项稽核8项，包括对开放式基金代销业务、内部评级指标真实性、个人外汇买卖业务、计算机安全运用、信贷管理及资产质量、银行卡业务、综合业务系统、突击查库等进行现场专项稽核。完成计划外稽核项目44项。其中完成专项稽核3项，即对全行内部控制状况、票据业务和房地产贷款进行现场专项稽核。3月，交通银行制定《关于加强和改进稽核工作的若干意见》，基于专项稽核针对性强、稽核周期相对较短、频率较高、便于快速反应的特点，要求各级稽核机构提高专项稽核的频率。2003年，开展专项稽核14项。2004年，开展专项稽核8次。2005年1月，制定《交通银行稽核监督模式（试行）》，将专项稽核分为两类：一类是对主要业务或核算领域开展的周期性专项稽核，如财务报表和业务指标真实性稽核；一类是对业务经营中出现的新问题及苗头性、倾向性风险做出及时灵敏反应的专项稽核。6月，印发《交通银行审计工作计划管理试行办法》，根据业务经营和审计工作发展情况，规定专项审计项目是针对某方面风险问题做出灵敏及时反应所安排的针对性审计项目。全年开展针对性审计5项，包括前台业务主要风险点专项审计、2004年以来发放的个人贷款专项审计、现金及柜面业务专项审计、2003年6月以来新发放贷款专项审计、银行承兑汇票及贴现专项审计。2006年，开展集团企业贷款、基金业务、反洗钱、经营类个贷业务、账务中心操作、重空、民族路和北部新区内控、财务状况及业务指标真实性、渝北支行后续、银企对账和各类问题整改等13项针对性审计。2007年，开展了自助设备管理、网银系统安全运用管理、国际业务管理、个贷业务管理等4项针对性审计。开展渝中支行解西路分理处内控管理、渝北支行个贷业务等4项专项检查。对江北支行红旗河沟分理处、南坪支行四公里分理处升格为支行进行了内控审计。2008年，开展反洗钱、第三方存管业务、票据印鉴防伪系统操作管理、对公关注类贷款4项针对性审计。对南坪支行铜元局分理处、弹子石分理处、南坪东路分理处，渝中支行人和街分理处，沙坪坝支行陈家湾分理处，九龙破支行谢家湾分理处，高新支行石桥铺分理处等7个网点升格为支行进行内控审计。对江北支行长安分理处、江津支行布市街分理处、北碚支行和北部新区支行员工与客户违规交易行为自查发现的问题进行专项检查。2009年，开展专项检查10项，即后续跟踪落实整改情况、房地产贷款2项针对性审计，其他专项检查8项，包括对私百万元以上存款排查、卡中心重庆直销办使用办公室公章情况、远郊支行行政公章使用情况突击检查、信用卡业务专项检查、银行账户、零售信贷业务专项2次、案件防控专项治理复查。分理处升格为支行内控审计32项，12个网点改造后评估、5个网点撤销内控审计。2010年，开展风险监督中心操作管理、个金业务代理、银行账户管理、电子银行业务、零售信贷业务、基层网点内控环境、信贷资金流入股市、税款缴纳和暂收暂付款项科目制度执行情况等专项审计8项。2011年，开展了分行风险监督中心操作管理、账务中心、“小金库”、自助设备使用与管理、批量打单业务、部分中间业务收费、零售信贷交叉销售业务、4个整合网点内控审计等专项审计11项。2012年，开展小企业贷款、外部账户管理、外汇业务管理、网上银行业务等专项审计4项。2013年，开展专项审计6项，包括部分电银业务、个人理财业务、个人经营类贷款及部分新增项目贷款、个人代收付业务、信息科技物理环境、已核销资产管理现状等。2014年，开展小企业贷款业务、部分IT运营安全、员工违规舞弊行为、离行式自助机具清装钞等4项专项审计。2015年，开展员工违规舞弊行为专项审计、融资性担保项下小企业贷款专项审计、综合性记账专项审计、家易通业务专项审计等4项专项审计。2016年，进行IT一般控制专项审计、离行式自助设备专项审计、员工违规舞弊行为专项审计、个人贷款专项审计、消费者权益保护专项审计共5项专项审计。2017年，开展IT一般控制、消费者权益保护、反洗钱、审计整改等4项专项审计。2018年，开展IT一般控制、消费者权益保护、外包管理、征信合规与信息安全、审计整改专项等7项专项审计。

经济责任审计。经济责任审计是交通银行以领导干部为审计对象的重要监督方式。审计工作开展早期，称为离职稽核、离任稽核。按照《交通银行经济责任审计实施办法》《交通银行经济责任审计操作规程》，分行审计监督部对分行C层级干部开展离任或离职经济责任审计，并对审计对象向监察室发送《经济责任审计询访情况反馈表》。1992年9月，制定《交通银行稽核工作基本规定》，规定离职稽核在经营机构主要领导干部调离、免职时进行，一般采取现场稽核的方式。交通银行统一法人体制后，离任稽核工作不断发展。1995年，对自贡支行、广元支行进行干部离任稽核。1996年，开展干部离任稽核1人次。1997年，对渝中支行、沙坪坝支行、九龙坡支行4位正、副行长进行离任稽核。1999年，对贵阳和遵义分行2位行级领导和分行本部11位处级干部开展了离任稽核。5月，交行制定《交通银行分支行行长离任稽核暂行办法》。2000年，对分行本部支行（部）14位行级领导开展了现场离任稽核。2001年，完成离任稽核21人次，其中分行本部中层干部15人次、辖内遵义分行6人次。2002年，完成离任稽核41人次。2003年，离任稽核41人次。6月，交行制定《交通银行分支行领导干部经济责任稽核实施办法》。2004年，离任稽核9人次。2005年，开展离任审计28人次。2006年，开展离任（离行）和强制休假审计77人次。其中，对37名中层干部和16名二级支行行长进行离任审计，对11名一般员工进行离行审计，对13名支行行长或副行长进行了强制休假审计。2007年，开展离任（离行）和强制休假审计119人次。其中，对18名中层干部和24名二级支行行长进行离任审计，对41名一般员工进行离行审计，对36名支行行长（副行长）进行强制休假审计。2008年，开展离任（离行）和强制休假审计116人次。其中，对28名中层干部和17名二级支行行长进行离任审计，对41名员工进行离行审计，对30名中层干部进行强制休假审计。2009年，开展离任审计29人次，中层干部强制休假审计46人次。2010年，对38名中层干部及2名二级支行负责人进行离任审计，对68名中层干部进行了强制休假审计。对16个低产、低效，部分长期亏损的网点开展网点撤并整合内控审计。7月，交行制定《交通银行经济责任审计实施办法》。2011年，对32名中层干部、3名二级支行负责人进行了经济责任审计，对9名客户经理和二级支行负责人进行离行审计。2012年，经济责任审计9人次，对6名中层干部、3名二级支行负责人进行经济责任审计及离行审计。2013年，完成经济责任审计16人次，其中中层干部11人，二级支行负责人2人，3位客户经理进行经济责任审计。2014年，经济责任审计41人次。2016年，经济责任审计17人次，离行审计3人次。2017年，经济责任审计16人次。2018年，开展经济责任审计27人次。

不良资产责任认定审计。2013年，分行审计部完成重庆电机厂不良资产认定工作、重庆玉山建设发展有限公司非信贷不良资产的初步认定，对重庆电机厂、重庆玉山建设发展有限公司、重庆长江水运股份有限公司贷款本息核销进行审计。2017年，审计部接受总行审计监督局委托，做好不良资产核销与责任认定工作。对重庆市网盛线缆有限公司、重庆永发科技有限公司、重庆文鑫物流集团等29户不良贷款进行岗位责任认定。因客户经理离职，对厦门菱宝、万江农业等7户不良贷款自主启动岗位责任认定。认定为较大岗位责任的2人次，一般岗位责任的27人次，无责任的3人次。对重庆长航东风船舶工业公司、重庆典雅房地产开发集团有限公司、重庆市鑫格建筑工程有限公司、重庆中达正建筑工程有限公司等4户进行核销审计。2018年，按总行审计局委托，对重庆典雅房地产开发集团有限公司等不良贷款进行岗位责任认定。组织完成了城开石油、中瀚铝业等26户不良贷款核销审计。

持续审计。持续审计是交通银行取得深化股份制改革阶段性成果后，为适应新形势下审计工作要求，在国内商业银行审计领域创新推出的重要审计方式。2005年11月，《交通银行持续审计规程（试行）》规定，持续审计是在一次现场审计完成后至下一次现场审计开展前的时间内，对审计对象的业务经营活动继续实施动态监测，分析其经营绩效和风险状况，并对问题疑点进行查询，做出风险评价与预警，以防范两次现场审计间的风险，为下一次现场审计提供依据。持续审计是日常性的监督工作，不以审计项目的形式开展，作为整个审计循环的一部分，能有效填补对被审计单位现场审计间隔期的监督空白。持续审计由与被审计单位保持经常性工作联系的审计人员实施，一般以远程审计方式进行，也可以通过现场与非现场相结合的方式开展。持续审计程序包括信息资料收集、持续监测分析、信息使用反馈三个阶段。信息资料收集阶段，审计人员按月收集被审计单位的基础资料、数据资料和监管资料，并按审计对象建立持续性的信息资料档案管理系统。持续监测分析阶段，审计人员重点从经营绩效、分析状况内部控制等方面，对所收集到的信息资料进行连续、动态的监测分析，对监测发现的需要核实的问题进行审计查询核实。信息使用反馈阶段，对监测中发现的问题，向被审计单位发出持续审计报告，并结合持续审计结果，对风险状况进行排序，作为确定下一年度重点审计对象的依据。2009—2010年，在对各分行开展持续审计的同时，开始设计并在分行试行基层网点持续审计监督方式。

第三节　技术系统

技术发展。从交通银行稽核部门成立到2003年，稽核检查采取传统的手工方式处理会计资料，通过翻阅纸质账簿、传票、报表、制度等，对海量数据资料进行手工处理，工作量大、检查范围小、效率低，难以及时、深入、准确查出隐藏较深的问题。随着业务数据信息化程度的不断提高，传统稽核方式已无法适应业务的快速发展和风险控制的要求，迫切需要利用计算机技术进行稽核检查。2004年，完善编制《计算机辅助稽核操作手册》《计算机辅助稽核系统使用教程》《交通银行计算机辅助稽核系统暂行管理办法》《关于做好计算机辅助稽核系统推广应用工作的通知》，系统开始在全行上线、推广应用。4月，交通银行同时开始非现场稽核分析系统和网络版稽核信息系统的开发。12月，印发《关于稽核信息系统正式上线运行的通知》，并制定《关于稽核信息系统运行管理办法》，正式在全行推广使用稽核信息系统。以电子化台账全面替代手工纸质台账。非现场稽核分析系统也同步基本完成开发。2005年一季度，非现场稽核分析系统通过测试后在全行推广使用。同时，交通银行数据大集中系统工程建设，在数据收集完整性、监督手段多样化、稽核管理流程化、稽核资源共享性等方面，为构建统一的稽核监督平台提供基础条件。1月，交通银行引入风险导向审计和数据审计的理念，甚于数据大集中系统，开始研究整合已有的稽核系统，立项开发新一代稽核系统——集中式稽核监督系统（2006年更名为审计支持系统）。2008年1月，印发《关于审计支持系统推广工作安排的通知》，并于2月18日在全行审计部范围内推广，并制定系统操作手册、《审计支持系统运行管理办法（试行）》，开展审计支持系统培训。6月，组织全行审计人员参加审计支持系统功能及运用考试，并对系统使用情况进行验收。审计支持系统成功开发和运用，提高了审计效率、检查深度、监督覆盖面，降低了审计成本。2009年2月，交通银行审计支持系统顺利通过中国人民银行系统科技成果评奖鉴定会的鉴定，获得2009年科技发展奖三等奖。在审计支持系统开发和推广运用的同时，交通银行将IDEA数据分析工具和SQL语言（Structured Query Language，结构化查询语言）引入审计检查，开发“报表数据下载和转换工具”“数据抽取工具”“Excel数据文件处理工具”“现场检查辅助工具”等，并整理形成成熟的SQL分析脚本，指导审计人员快速应用。2010年6月，为推进审计技术方法的应用与创新，总行和地区审计部分别成立总、分部CAATs（Computer Assisted Audit Techniques）小组，并制定《交通银行审计条线CAATs小组工作规程（暂行）》，由专家型审计团队——CAATs小组，融合审计技术、方法及数据分析工具的运用，持续优化和完善审计支持系统功能，研究金融风险动态，研发数据审计分析模型，对各级审计部门尤其是全行性重大审计项目，提供审计技术和方法支持。到该年年底，交通银行初步建立适应内部审计工作需要的，以审计支持系统为基础、IDEA数据分析工具为支撑、SQL语言为辅助的三级数据分析技术体系，搭建数据审计平台，审计检查基本实现从手工粗放作业到精准数据定位，从有限样本到全面数据筛选，从单一业务流检查到业务流、资金流、控制流等多维度的检查。审计管理亦实现电子化、自动化，拓展了审计广度和深度，降低了审计成本，提高了审计效率。

系统功能。2003—2008年，交通银行先后自主开发和推广运用计算机辅助稽核分析系统和审计支持系统，促进内部审计由传统手工操作向利用计算机进行数据审计转变，发挥审计监督的功能。一是计算机辅助稽核系统功能。计算机辅助稽核系统是交通银行最早开发的技术系统。从2003年开发，2004年6月在全行推广使用。该系统分三层结构：第一层为数据库服务器，用于存放被稽核单位电子数据，完成数据筛选过程；第二层为Web服务器，用于存放稽核规则，发布稽核模板；第三层为客户端，用于最终用户开发、使用模板，输出查询结果。相对于传统手工审计检查方式，该系统能帮助稽核人员较方便、快捷地从电子数据中获取信息，为现场稽核提供跟踪点，提高稽核工作针对性和效率，扩大稽核覆盖面。二是稽核信息系统功能。稽核信息系统于2004年4月开发，12月上线运行。该系统是以稽核项目为核心，贯穿稽核项目管理、电子台账管理、电子文档管理、工作联系单管理、上报资料管理以及稽核信息查询等过程的信息管理系统。稽核信息系统主要功能模块有稽核资料上报管理（用于稽核资料上报、编辑、稽核联系人审阅、负责人阅示、查询统计等）、整改台账管理（用于整改台账信息录入、编辑、联系人审阅、负责人阅示、打印、查询与统计）、电子文档管理（用于个人文档上传、查询、在线阅读交流、信息共享）、工作联系单管理（用于联系信息及协办部门反馈意见录入与查询等，可实现和电子台账联动）、辅助信息管理（提供审计标准和相关规章制度的录入、查询等，为现场稽核流程提供在线支持）、联系行管理（稽核人员可根据管理分工收集、查询联系行的经营管理信息）。审计人员通过访问交通银行局域网，可在任何地方使用稽核信息系统，以网上办公的形式实现稽核信息共享和文档流转，促进交通银行审计业务管理从手工到电子化的转变。三是非现场稽核分析系统功能。非现场稽核分析系统于2004年4月开发，2005年一季度在全行推广使用。该系统数据源主要为交通银行的报表系统，包括本外币会计报表系统和本外币计划统计报表系统。非现场稽核分析系统建有非现场监管常规指标模块、非现场监管预警监测模块、非现场监管多主题加权风险评价模块等功能模块，能发挥远程监控监测功能，及时跟踪经营机构经营管理状况。利用非现场稽核分析系统提供的数据，可对被审计单位业务经营活动进行日常监督。通过对会计、财务和各项业务统计报表资料的指标数据进行连续监测和动态分析，及时揭示业务经营管理苗子性隐患问题，指导现场稽核。通过对经营机构资产质量、经营效益、财务收支和信贷计划执行进行非现场动态监测，发现异常变动情况，进行预警，有利于及时发出非现场审计查询，针对异常情况采取措施。四是审计支持系统功能。审计支持系统于2005年1月研究开发，2008年2月在全行正式推广运用。该系统是交通银行实施数据大集中工程后，基于数据大集中系统，在整合计算机辅助稽核系统、稽核信息系统、非现场稽核分析系统的基础上开发的新一代审计技术系统。审计支持系统功能实现面向审计业务的管理大集中数据集市，将银行各个主要业务生产系统的数据纳入，涵盖财务、会计、信贷、个人金融、国际业务、网银等多个业务领域，并可扩充新的业务系统数据。数据处理更新及时，达到T+1（即当天业务系统数据第二天就进入数据集市供使用），实现对全行各业务流程、数据和客户信息的跟踪，及对各项业务风险点的分析与检索，为审计抽样及查证提供及时的线索与依据。系统除提供固定的风险监测查询功能外，可以让审计人员根据审计经验、思路和具体业务情况，设计审计程序和路径，完成对问题的查证，并可积淀和共享成功的数据审计经验、技巧，为拓展审计的深度和广度打下坚实基础。审计支持系统促进交通银行传统的内部审计方式彻底变革，形成以数据审计为平台的风险导向审计模式，融合审计检查、审计分析、审计管理及审计信息共享等功能。审计支持系统由业务子系统、管理子系统、案例专家子系统和审计情报子系统等四个子系统组成。业务子系统主要用于对各类业务和报表进行数据审计分析，并根据设定的规则对经营机构进行日常监控，生成异常报告，进行风险预警。管理子系统以审计项目管理为重点，主要用于审计项目、审计业务、审计对象、审计文档、持续审计、整改追踪等的电子台账信息记录、查询和分析。案例专家子系统用于审计经典案例的发布和查阅，是审计人员学习交流审计方法与经验，提高审计技能的知识库和交流平台。审计情报子系统用于采集、查询各类业务内控风险问题、外部监管情况通报、行业管理动态信息等，便于审计人员及时、动态跟踪审计需关注的风险和热点问题。2016年，分行审计部对审计发现的费用管理、员工违规交易、员工违规参股注册企业或兼职等方面的问题，通过审计支持系统、数据分析平台，以及IDEA、SQL Sever等平台和数据分析软件，以大数据、大营运角度开展审计工作，查找重大风险和案件隐患。对全行近1500人100%全覆盖的员工行为检查中，通过运用上述工具，从大数据以及其他资料中分析发现员工在外任企业法人有13人，在外任企业股东有39人，在外任企业主要管理人员有33人。通过检查发现，其中有个别在行外任职的员工个人账户与其行外任职企业在交通银行开立的公司账户有资金往来的违规情况，对此，向分行监察室进行移交处理，分行纪委研究并报经分行党委同意，对相关责任人员18人进行行政处分及经济处罚、通报批评，其中A、B职等17人，C职等1人，警告10人，经济处罚7人，罚款金额26032元，全行通报批评1人。

第四节　审计管理

业务管理。一是审计工作计划管理。1987年，制定《交通银行稽核工作要点（试行本）》，设立稽核机构，部署年度稽核监督工作，指导各级稽核机构安排稽核项目，开启交通银行稽核工作实行计划管理的发端。1989年12月，《交通银行稽核工作程序》将稽核计划列入稽核工作程序的第一道程序，规定各级行根据国家金融政策和上级行对稽核工作的部署，编制稽核工作年度计划和稽核项目计划，并报上级行和同级人民银行稽核部门。这一规定首次将稽核计划管理工作进行制度安排。交通银行从重新组建初期到2001年，以年度稽核工作要点、稽核工作安排等方式，开展总分行稽核工作。2002—2005年，总行以稽核工作指导意见方式，发文部署稽核工作，指导各级稽核部门制订年度稽核工作计划。2005年6月，制定《交通银行审计工作计划管理试行办法》，实行“年前制订、按季监控、适时调节，年度考评”的计划管理流程，规范计划的范围、内容、制订、审批、执行、监控、考核、评价等环节工作，促进计划的制订和执行做到“五落实”（即任务落实、措施落实、责任落实、进度落实、效果落实），开始建立较系统的审计计划管理体系。2006年1月，制定《交通银行审计工作月报制度》，对计划的执行按月进行监督检查，促进审计条线计划的有效实施。此后，交通银行除按年度下达审计工作要点，还将审计条线的年度审计项目计划统一行文印发，增强计划管理的严肃性。二是审计成果运用管理。1987年，《交通银行稽核工作要点（试行本）》规定，每次稽核项目结束应写出稽核报告。1989年12月，《交通银行稽核工作程序》初步统一规范稽核报告书内容与格式，稽核成果主要通过稽核报告体现。对全行性专项稽核情况，则多通过通报行发公文形式，在全行通报。随着稽核领域不断扩大，稽核报告数量持续增加和风险稽核的探索与开展，与之相应，审计成果运用管理不断改进、创新和规范。1999年10月，制定《关于规范现场稽核文本格式的说明》，对稽核报告书等稽核文书进行规范。2003年5月，制定《交通银行稽核报告运用暂行办法》，进一步明确稽核报告是稽核检查的主要成果，并扩展稽核成果运用的渠道，创新稽核文书。以《稽核报告摘要》形式向行领导快速反映稽核项目总体情况，特别是主要问题。以《稽核检查情况工作联系单》发送被稽核单位业务管理部门，促其督促整改。以《稽核情况反映》向行领导反映一个或几个被稽核单位同类型的苗头性、倾向性、普遍性风险问题，以及严重违规违纪问题。以《稽核情况通报》反映全行性专项稽核发现的重要问题，指导整改。三是审计质量控制管理。交通银行开展审计工作以来，为保证审计质量，除通过从队伍建设和技术工具等方面建立审计质量控制基础外，重视基于审计专业及审计业务，不断加强审计质量控制管理。1987年，制定《交通银行稽核工作要点（试行本）》，规定按照稽核程序实施稽核项目，开始审计质量控制管理。1989年12月、1992年9月先后制定的《交通银行稽核工作程序》《交通银行现场稽核工作程序》，对实施稽核调查取证做出规定，开始从审计证据对审计质量进行基础性控制。此时期，执行稽核项目、制定稽核方案、确定检查要点、制作检查底稿，开始建立审计项目质量控制标准的工作。1993年6月，制定《交通银行报送稽核考核评比办法》，确定报送稽核考评的内容、标准、方法，并通报考评结果，开始审计质量考核控制管理。1999年5月，制定《交通银行现场稽核操作规程》。2003年5月，制定《交通银行稽核检查主稽人制度》。2004年11月，制定《交通银行稽核部稽核分析会议制度》。2005年1月，制定《交通银行稽核检查规程》。8月、10月和12月，先后制定《交通银行审计工作考核评价试行办法》《交通银行审计项目考核办法》《交通银行审计档案管理办法》，开始将各级审计部门审计质量控制管理工作列入考核项目，将审计质量考核扩展到所有审计项目，并通过对审计项目的档案管理，规范审计过程和结果的资料保存与管理，使审计质量控制经受历史的检验。2006年1月，制定《交通银行审计准备会议制度》。5月，制定《关于进一步提高审计报告质量的意见》。2009年，制定《公司授信业务审计抽样方法要点》《零售信贷业务审计抽样方法要点》。2010年8月，印发《关于明确高级经理现场审计项目质量控制关键职责的通知》。2011年，印发《交通银行审计质量控制办法》。

机构管理。交通银行重新组建初期，制定《交通银行稽核工作规定》，要求各级行加强稽核工作领导，设立稽核机构，配备专职稽核人员，稽核部门独立行使职权，各级稽核部门负责人任免须报上级稽核部门同意，稽核人员报上级稽核部门备案。1995年，随着交通银行实行一个法人体制，总行逐渐加大对境内外分支行稽核机构的集中管理力度。1997年9月，制定《交通银行内部稽核体制改革办法》。2002年3月，制定《关于加强和改进稽核工作的若干意见》。7月，制定《交通银行分支行稽核处（科）长管理暂行办法》《交通银行稽核处（科）长工资费用管理暂行办法》。2003年4月，制定《交通银行管辖直属分行稽核处长选拔聘用实施细则》。8月，制定《交通银行管辖直属分行稽核工作先进集体评比办法》。2004年12月，交行实行总行审计部改革，并相继成立华东地区稽核部（后改称华东审计部）、东北审计部、华中审计部、华北审计部、华南审计部、华西审计部。2010年5月，制定《审计条线高级经理级人员任职初审工作规程》。6月，《交通银行省直分行审计工作管理办法》规定，省直分行的审计工作遵从独立实施、条线垂直管理的原则，省直分行审计工作由总行统一管理，地区审计部按片区协助总行开展具体指导管理工作。省直分行审计部高级经理、副高级经理继续实行总行委派制，省直分行审计人员实行专业审计岗位制，人员调配须经地区审计部审核，向总行审计部报备。省直分行审计工作和审计人员考核由审计条线实施。省直分行审计部和审计人员的行政后勤管理、党务管理工作由省直分行负责，按照总行和各省直分行的相关规定执行。至当年底，经审计体制改革和组织架构再造，交通银行审计机构实行条线管理，建立以总行审计部为龙头的三级机构（总行审计部、地区审计部、省直分行审计部）、两级管理（总行审计部、地区审计部两级管理）的审计机构管理模式。

第五节　主要业务开展与其他审计工作

一、主要业务开展

制度建设。1991年，为促使稽核室的内部管理规范化，拟定《关于查库检查办法》《对分、支行进行全面稽核的办法》《开展好稽核查询的办法》《开展专项稽核的办法》。1992年，建立信贷、计划、证券、会计、出纳、储蓄等6项专项稽核办法。2001年，印发《关于完善再贴现票据交接手续的通知》，完善《交通银行重庆分行现场常规稽核操作办法》，制订《关于做好现场稽核前分析工作的规定》。2002年，建立《稽核问题整改台账制度暂行规定》，要求各主稽人对自己的联系行建立稽核问题整改台账登记簿，总行或人民银行对本行稽核提出的问题由稽核室指定专人建立整改台账登记簿。登记簿内容包括：检查时间，存在的问题，跟踪落实整改进度与时间，整改具体措施，整改责任人，整改结果及尚未整改的主要原因。2003年，完善《交通银行重庆分行主稽人工作暂行规定》，确定22个中心支行、直属支行、营业部的主稽人，主稽人对联系行的现场稽核、非现场稽核和稽核整改做明确规定。积极承接重庆市金融学会的研究课题，稽核处成立课题组，完成《商业银行内控制度研究》，于2003年4月顺利通过评审。处内员工结合银行扁平化管理的改革趋势，撰写《银行再造是应对外资银行挑战的必然选择》，在《重庆金融》2003年1期上发表，并入选2002年度《中国行长（经理）研究文选》一书；总结稽核经验，在《重庆金融》2003年10期上发表《商业银行授信业务审计要点探讨》。2004年，制订《委派稽察员稽核业务操作手册》《营业机构负责人离任交接规定》《关于做好分行机关行员离职稽核的通知》《关于做好稽核整改工作的整改通知》。2005年，在对部分支行的审计中，发现少数贷款客户中长期贷款利率未随人行利率调整而相应调整、贷款展期到高一档利率而没有相应提高利率的问题，分行在12月印发由稽核室拟稿的《关于执行人民币贷款利率有关规定的通知》，以维护本行利益。当年，高新、九龙坡、巴南三个支行共补收利息47万元。2008年，印发《关于开展员工与客户违规交易行为专项治理工作的通知》《分行专项治理工作方案》，修订完善《2008年分行内部基础管理考核办法》《分行基层营业机构内控管理先进单位考核评比办法》和《审计检查中违规违纪行为的处理办法》，建立《审计部联系人制度》。2009年，修订《分行内控委员会工作条例》，对内控管理委员会人员组成及议事规则部分内容进行完善，确保内控制度的有效性；制定《部门计算机安全管理办法》《部门科技劳动竞赛考核办法》。2010年，修订《重庆市分行审计部主审人整改工作规定》《交通银行重庆市分行审计档案管理办法》《审计联系人制度》《审计部员工参加总行劳动竞赛工作方案》。2011年，完善《交通银行重庆市分行营业机构负责人离任交接规定》《内部基础管理工作考核办法》《交通银行重庆市分行内部控制评价暂行办法》。2012年，修改《交通银行重庆市分行各经营单位内部控制评价办法》《交通银行重庆市分行各经营单位内控排名考核办法》。

稽核监察员。1990年，分行稽核室督促成都、贵阳、遵义支行成立稽核、监察室，攀枝花支行确定稽核监察人员。分行本部部门、支行在原有6名兼职稽核监察员的基础上新增加2名稽核监察员。1996年，在渝中、沙坪坝、九龙坡支行设置专职稽核监察员，续聘兼职稽核监察员18人。1998年，全部稽核人员参加信贷五级分类的培训学习。2000年，在中心支行、营业部聘任12名专兼职稽核员。

稽核检查。1988年12月，重庆分行对柳州支行1988年8月试营业以来的信贷、财务、外汇、保险业务进行重点检查。1989年4月，对自贡支行1988年9月试营业至“转正”前的情况进行稽核验收检查。10月，对分行所辖重庆大学办事处财务、信贷、出纳、储蓄等进行全面稽核检查。1990年12月，对贵阳支行1989年12月试营业以来的财务、信贷、计划等业务以及各项管理制度的执行情况进行全面稽核检查。对昆明支行、攀枝花支行开展监察一次。1991年，对成都、贵阳、昆明、攀枝花、遵义、广元支行和本部重庆大学办事处进行常规全面稽核。1992年，对昆明、柳州、广元、自贡支行进行全面稽核。重庆分行稽核室荣获中国人民银行总行、全国金融总工会授予的全国金融系统稽核先进单位称号。1993年，对成都分行、贵阳、攀枝花、遵义支行进行常规全面稽核，对遵义支行进行1次后续稽核，对广元支行开展1次专项稽核，对昆明分行、自贡支行进行效益稽核调查和专项调查。为迎接世界银行对交行风险监督检查，稽核部和信贷部研究整理企业贷款档案资料应包括的15条内容，贷款业务档案应包括的3条内容。检查各支行、有关业务处室7个，检查280个信贷单位、697笔贷款、1963份重要业务资料，检查出贷款档案应完善补充的17个方面的类型资料，并将补充的地方及时通知有关支行和部门，促进贷款档案资料的规范管理。1994年，对自贡支行、分行本部营业部及沙坪坝、渝中、江北、南坪、九龙坡、北碚、巴南支行进行全面常规稽核。对分行证券业务部、分行上海证券业务经营部、分行办的庆通贸易公司开展专项稽核。对石坪桥、中兴路、青年路、菜园坝、大坪、大庙、南城七个分理处进行会计基础工作专项检查。重点做好中国人民银行和世界银行风险监督试点工作。为迎接世界银行风险监督检查，按照世界银行风险监督要求，和分行信贷部门一道，对信贷资产质量和贷款档案资料的完整性、合规性进行两次检查，促进贷款档案的规范化管理，进一步促进资产质量的提高和加强信贷管理工作，并和分行信贷部门研究规范信贷档案目录及包装的内容，以及企业经济担保状况格式，研究审查向世界银行提供的70%贷款户数，对分行及业务部门、支行的职责范围、主要管理措施相关情况进行收集，对不断规范商业银行管理起到推动作用。按照人民银行、交通银行风险监督的要求，和分行有关部门共同按经营与控制、信贷与政策、资产负债比例管理、证券投资及内部控制问卷做大量资料及问卷准备，按要求做好各项检查准备工作。同时加强与总行稽核室的联系，与人民银行的沟通和配合，及时了解检查的方法和要求等。做好资料的交接调阅工作。在检查中共调阅贷款档案资料96户，300册卷，信贷资料3000多份，稽核室清点调阅的资料，做到资料传递无丢失，无错乱发生。推动世界银行风险监督工作的顺利进行。1995年，对贵阳、遵义、攀枝花、广元支行开展现场常规全面稽核。对广元支行进行后续稽核2次。配合总行对广元支行进行重点稽核1次。对自贡支行、广元支行进行干部离任稽核。对贵阳分行和分行本部外汇业务进行专项稽核。对分行本部部分支行、分理处、储蓄所进行现场常规全面稽核。在现场全面稽核中，分行稽核室还注意到广元支行经营、管理混乱问题严重，规章制度执行不严，资金周转困难，出现严重亏损的问题。对此提出建议8条，引起总行领导的高度重视，总行陈恒平副行长在6月30日拟写的对广元支行全面稽核的《稽核报告书》中作批示“总、分行组织工作组，彻底清查广元经营情况，对主管责任人要有说法。资金在清理的基础上要有大的措施，广元支行天天过年三十不是办法”，并复印到总行的有关处室。为督促改进与治理整顿，分行稽核室又参加分行组成的工作小组，进行后续检查3次，有力地发挥稽核监督的职能作用。1996年，共开展全面稽核17次，专项稽核15次，非现场报送稽核66次，后续稽核13次，干部离任稽核1人次。对违规经营、账外经营开展专项稽核。按照《关于抓紧做好清理违规经营和账外经营并账上报审核工作的通知》，稽核室1人参加分行违规及账外经营并账工作领导小组办公室，从事全辖违规经营账务清理工作；抽调2人参加贵阳分行的违规、账外经营清理工作；4月派出1人参加分行工作组进驻巴南支行，对账外经营进行全面清理、清收工作。共检查违规、账外经营资产7819万元，负债7765万元、损益94.3万元。经过1年多的内调外查工作，取得阶段性成果。1997年，对贵阳分行、遵义支行开展常规全面稽核（自贡、攀枝花、广元支行于1997年划归成都分行管辖，稽核工作相应由成都分行负责），对分行本部9个支行、营业部进行常规全面稽核，抽查24个分理处1995年1月至1996年12月的存贷款分户账和传票，重点检查各支行（部）与信用社、基金会、投资公司等单位50万元及以上的大额资金往来情况。对渝中支行、沙坪坝支行、九龙坡支行4位正、副行长进行离任稽核。对“三产”公司进行专项稽核，分别对重庆庆通贸易公司、重庆长江国际租赁有限公司、重庆常盛装饰贸易有限公司、重庆久达实业有限公司、重庆金凯贸易有限公司等进行专项稽核。对分行交银大楼指挥部进行专项检查。开展违规经营并账技术的核实认定，以及并账手续的合规性和风险资产防范的检查工作。开展清理整顿金融秩序，加强内控制度建设的稽核调查工作。稽核室配置台式电脑和便携式电脑。1998年，对贵阳分行、遵义分行和本部9个支行、营业部及1个外汇部进行常规全面稽核。开展全国性信贷大检查、自查自纠、整顿账外和违规经营，以及贵阳分行、遵义分行和分行本部支行、营业部财务收支的专项稽核。抽查支行所属的34个分理处和储蓄所1997年5月至1998年9月的会计传票、分户账、总账、日记表。对分行5个自办公司、支行6个自办公司、分行5个参股公司的资产负债及盈亏状况进行专项检查。对1997年底全行所有贷款逐户、逐笔检查，掌握全行信贷资产质量状况。1999年，对贵阳、遵义分行，本部12个支行、营业部进行常规全面稽核，对贵阳和遵义分行2位行级领导和分行本部11位处级干部开展离任稽核。对渝中支行原行长冯长生违规情况、学田湾支行2400万元账外账进行专项检查。2000年，对下属贵阳、遵义分行和本部渝中、沙坪坝、江北、九龙坡、南坪、巴南、北碚支行及营业部进行常规全面稽核。对贵阳、遵义分行信贷管理内控制度和信贷资产质量进行专项稽核。对分行本部支行（部）14位行级领导开展现场离任稽核。2001年，对分行本部的江北、渝中、南坪、江津、长寿、大渡口支行，营业部和辖属遵义分行进行现场常规稽核。完成专项稽核6项，即对分行太平洋卡业务及储蓄事后监督、财务会计、个人外汇买卖业务、全辖财务状况及经营管理情况、突击查库、上门收款业务进行现场专项稽核。完成后续稽核5项，即对分行本部的九龙坡、沙坪坝、北碚、巴南支行和辖属贵阳分行2000年稽核问题整改情况进行现场跟踪核查。完成离任稽核21人次，其中分行本部中层干部15人次、辖内遵义分行6人次。2002年，完成常规稽核6项，即对江北、九龙坡、沙坪坝、南坪、巴南支行和营业部进行现场常规稽核；完成后续稽核2项，即对南坪和渝中支行进行现场后续稽核；完成专项稽核8项，包括对开放式基金代销业务、内部评级指标真实性、个人外汇买卖业务、计算机安全运用、信贷管理及资产质量、银行卡业务、综合业务系统、突击查库等进行现场专项稽核。完成计划外稽核项目44项。其中完成专项稽核3项，即对全行内部控制状况、票据业务和房地产贷款进行现场专项稽核；完成离任稽核41人次。2003年，完成现场稽核67项，其中现场常规稽核9项，后续稽核3项，专项稽核14项，离任稽核41人次，形成现场稽核报告67篇。2004年，完成现场稽核35项，其中常规稽核5项，后续稽核13项，专项稽核8项，离任稽核9人次。2005年，完成现场审计项目48项。其中现场系统性审计10行次，包括江北支行、九龙坡支行、北碚支行、南坪支行、渝中支行、沙坪坝支行、人民路支行、朝天门支行、渝北支行、高新支行；针对性审计5项，包括前台业务主要风险点专项审计、2004年以来发放的个人贷款专项审计、现金及柜面业务专项审计、2003年6月以来新发放贷款专项审计、银行承兑汇票及贴现专项审计；后续审计5项，即2004年重庆银监局检查问题整改情况后续检查、总行审计部检查问题的整改复查、风险点排查问题整改情况的跟进检查、个人贷款专项稽核的后续整改核查、2005年审计发现问题的后续跟踪检查；开展离任审计28人次。2006年，审计部对部分支行审计问题进行继续跟踪，发现部分支行仍存在少收利息情况，如营业部、南坪支行，经督促整改，营业部已补收利息59万元，南坪支行补收利息3.8万元。全年开展现场业务审计102项，对营业部及江北、渝北、涪陵、南坪、高新、长寿、西郊路、大坪、朝天门、人民路、双碑等12个支行（部）开展系统性审计；对集团企业贷款、基金业务、反洗钱、经营类个贷业务、账务中心操作、重空、民族路和北部新区内控、财务状况及业务指标真实性、渝北支行后续、银企对账和各类问题整改等13项开展针对性审计。开展离任（离行）和强制休假审计77人次，其中，对37名中层干部和16名二级支行行长进行离任审计；对11名一般员工进行离行审计；对13名支行行长或副行长进行强制休假审计。对6个比较突出的问题发送审计处理意见书，建议支行对相关人员进行处理。经统计，全行共对8名违规责任人进行经济处罚，罚款4600元。针对总行审计部内控审计发现的个别支行违规授权问题，分行进行严肃处理，对直接责任人进行降级处理，对管理人员进行纪律处分和经济处罚，还对分行管理部门和监督部门进行基础管理考核扣分处理。2007年，全年开展现场业务审计36项。其中，开展营业部及江北、南坪、七星岗、人民路等26个支行（部）的现场系统性内控审计；开展自助设备管理、网银系统安全运用管理、国际业务管理、个贷业务管理等4项针对性审计；根据分行经营管理实际，针对性地开展对渝中支行解西路分理处内控管理、渝北支行个贷业务等4项专项检查。对江北支行红旗河沟分理处、南坪支行四公里分理处升格为支行进行内控审计。开展离任（离行）和强制休假审计119人次，其中，对18名中层干部和24名二级支行行长进行离任审计；对41名一般员工进行离行审计；对36名支行行长（副行长）进行强制休假审计。2008年，开展现场业务审计18项，包括对分行营业部及渝中、涪陵、南坪、高新、渝北、大渡口、朝天门、七星岗、民族路、人民路、西郊路、松石路、大坪等14个支行（部）的现场系统性内控审计；对反洗钱、第三方存管业务、票据印鉴防伪系统操作管理、对公关注类贷款4项的针对性审计。对南坪支行铜元局分理处、弹子石分理处、南坪东路分理处，渝中支行人和街分理处，沙坪坝支行陈家湾分理处，九龙破支行谢家湾分理处，高新支行石桥铺分理处等7个网点升格为支行进行内控审计。对江北支行长安分理处、江津支行布市街分理处、北碚支行和北部新区支行员工与客户违规交易行为自查发现的问题进行专项检查。开展离任（离行）和强制休假审计116人次，其中，对28名中层干部和17名二级支行行长进行离任审计，对41名员工进行离行审计，对30名中层干部进行强制休假审计。对北部新区、北碚、江津支行和江北长安分理处等4个网点的内控管理情况进行检查。2009年，开展各类现场检查165项。其中系统性内控审计16项，即对营业部及江北、沙坪坝、长寿、江津、九龙坡、北碚、大渡口、巴南、新牌坊、高新、涪陵、北部新区、解放碑、南城、人民路等16个支行（部）的现场系统性内控审计。专项检查10项，即对后续跟踪落实整改情况、房地产贷款2项针对性审计，其他专项检查8项，包括对私百万元以上存款排查、卡中心重庆直销办使用办公室公章情况、远郊支行行政公章使用情况突击检查、信用卡业务专项检查、银行账户、零售信贷业务专项2次、案件防控专项治理复查。分理处升格为支行内控审计32项，12个网点改造后评估、5个网点撤销内控审计，开展离任审计29人次，中层干部强制休假审计46人次。2010年，开展各类检查146项，其中对渝中、江北、南坪、渝北、朝天门、民族路、七星岗、西郊路支行等14个支行开展现场系统性内控审计。开展风险监督中心操作管理、个金业务代理、银行账户管理、电子银行业务、零售信贷业务、基层网点内控环境、信贷资金流入股市、税款缴纳和暂收暂付款项科目制度执行情况等专项审计8项。对38名中层干部及2名二级支行负责人进行离任审计，对68名中层干部进行强制休假审计。按照分行与监管部门的要求，对本行16个低产、低效，部分长期亏损的网点，开展网点撤并整合内控审计。2011年，开展各类检查65项。对分行营业部及两江新区、沙坪坝、九龙坡、北碚、长寿、江津、大渡口、巴南、高新等10个支行（部）开展现场系统性内控审计。开展分行风险监督中心操作管理、账务中心、“小金库”、自助设备使用与管理、批量打单业务、部分中间业务收费、零售信贷交叉销售业务、四个整合网点内控审计等专项审计11项。对32名中层干部、3名二级支行负责人进行经济责任审计，对9名客户经理和二级支行负责人进行离行审计。2012年，开展各类检查32项。其中常规审计16项，即对渝中、江北、南坪、渝北、涪陵、两路口、永川、合川、北部新区、人民路、朝天门、大坪、陈家湾、西郊路、九龙园、弹子石支行等16个支行进行现场系统性内控审计；对小企业贷款、外部账户管理、外汇业务管理、网上银行业务等专项审计4项；非现场审计3项，即影子银行关联业务、部分表外业务管理状况、开展分行特色业务（分行特色业务包括公积金联名卡、社保金融IC卡、人行支付综合信息系统、代收财政非税业务、财政授权集中支付业务、税融通、代收代缴费业务、对公批量转账等8项）管理状况的审计调研；经济责任审计9人次，对6名中层干部、3名二级支行负责人进行经济责任审计及离行审计。2013年，完成各类检查35项。其中常规审计13项，包括营业部、两江新区支行、沙坪坝支行、九龙坡支行、高新支行、长寿支行、东和春天支行、大渡口支行、北碚支行、巴南支行、江津支行、合川支行和九龙园支行。专项审计6项，包括部分电银业务、个人理财业务、个人经营类贷款及部分新增项目贷款、个人代收付业务、信息科技物理环境、已核销资产管理现状等。完成经济责任审计16人次，其中中层干部11人，二级支行负责人2人，对3位客户经理进行经济责任审计。完成重庆电机厂不良资产认定工作、重庆玉山建设发展有限公司非信贷不良资产的初步认定，对重庆电机厂、重庆玉山建设发展有限公司、重庆长江水运股份有限公司贷款本息核销进行审计。2014年，完成各类检查59项。其中常规审计14项，即对渝中、江北、涪陵、两路口（个贷中心）、永川、南坪、渝北、西郊路、朝天门、北部新区、弹子石、陈家湾、人民路、大坪支行共14个支行的系统性内控审计；开展小企业贷款业务、部分IT运营安全、员工违规舞弊行为、离行式自助机具清装钞4项专项审计；经济责任审计41人次。上报审计情况3篇：《关于个别授信业务担保风险的审计情况》《关于信息实物资产存储介质管理存在不足，有涉密数据外泄风险的审计情况》《个别融资性担保公司担保风险的审计情况》。向经营单位和有关部门印发《关于重庆齐苦达工贸有限公司贷款存在潜在风险隐患的风险提示》《关于银行询证函业务关键环节执行不合规的审计工作提示》等审计工作提示7篇。向经营单位和分行有关部门转发总行关于多角度关注隐形关联小企业群融资套取贷款的风险、关注产业转移过程中授信客户风险转移问题的审计工作提示。2015年，完成各类检查44项。其中，常规审计14项，即完成对分行营业部、沙坪坝支行、两江新区支行、高新支行、长寿支行、九龙坡支行、大渡口支行、东和春天支行、巴南支行、北碚支行、合川支行、江津支行、爱都会支行、九龙园支行共14个支行（部）的系统性内控审计；开展员工违规舞弊行为专项审计、融资性担保项下小企业贷款专项审计、综合性记账专项审计、家易通业务专项审计4项专项审计；经济责任审计26人次。上半年牵头进行“两加强两遏制”全行的自查整改工作，梳理2010—2014年公司、理财、零贷、个金、同业、财务等六大业务板块存在的86个主要问题，自查新发现问题23个，合计109个问题，整改问题104个，有5个问题正在整改，整改率97.7%，共计进行责任追究130人次，对涉及的18个机构进行问责。下半年牵头进行“两加强两遏制”回头看的自查整改工作，发现问题19个，已整改问题17个，正在整改的问题2个，整改率94.7%，共计进行责任追究13人，其中移交分行监察室处理9人，A、B职等8人，C职等1人，警告4人，经济处罚5人，罚款金额40093元，对涉及的10个机构进行问责。2016年，完成各类检查39项。对渝中支行、江北支行、渝北支行、南坪支行、涪陵支行、两江幸福广场支行、两路口支行、永川支行、璧山支行、茶园支行、朝天门支行、弹子石支行、人民路支行（检查后已并入渝中支行）、大坪支行共14个支行开展系统性内控审计；进行IT一般控制专项审计、离行式自助设备专项审计、员工违规舞弊行为专项审计、个人贷款专项审计、消费者权益保护专项审计共5项专项审计；经济责任审计17人次；离行审计3人次。审计部就票据转贴现业务操作、531系统操作流程、验资询征函管理、反洗钱、E贷通业务管理等方面撰写审计情况，督促部门整改。审计部对审计发现的费用管理、员工违规交易、员工违规参股注册企业或兼职等方面的问题，通过审计支持系统、数据分析平台，以及IDEA、SQL Sever等平台和数据分析软件，以大数据、大营运角度开展审计工作，查找重大风险和案件隐患。对全行近1500人100%全覆盖的员工行为检查中，通过上述工具运用，从大数据以及其他资料中分析发现员工在外任企业法人有13人，在外任企业股东有39人，在外任企业主要管理人员有33人。通过检查发现，其中有个别在行外任职的员工个人账户与其行外任职企业在交通银行开立的公司账户有资金往来的违规情况，对此，向分行监察室进行移交处理，分行纪委研究并报经分行党委同意对相关责任人员18人进行行政处分及经济处罚、通报批评，其中A、B职等17人，C职等1人，警告10人，经济处罚7人，罚款金额26032元，全行通报批评1人。2017年，开展各类审计33项，其中常规审计13项，专项审计4项，经济责任审计16人次。对重庆市网盛线缆有限公司、重庆永发科技有限公司、重庆文鑫物流集团等29户不良贷款进行岗位责任认定。因客户经理离职，对厦门菱宝、万江农业等7户不良贷款自主启动岗位责任认定。认定为较大岗位责任的2人次，一般岗位责任的27人次，无责任的3人次。对重庆长航东风船舶工业公司、重庆典雅房地产开发集团有限公司、重庆市鑫格建筑工程有限公司、重庆中达正建筑工程有限公司等4户进行核销审计。针对审计部牵头“四不当”“金融乱象”银监现场检查发现“违规虚增存贷款”“违规发放流动资金贷款”“信贷管理存在薄弱环节”“贷款资金监控不严被挪用”等问题，移交分行监察室，对违规违纪及履职不到位的相关行为进行处理与问责。经分行党委会研究决定，共对19人进行处理，其中行政警告2人，党内警告1人，经济处理11人，通报批评5人。2018年，开展各类检查71项，其中内控审计10项，专项审计7项，开展经济责任审计27人次。按总行审计局委托，对重庆典雅房地产开发集团有限公司等不良贷款进行岗位责任认定。组织完成城开石油、中瀚铝业等26户不良贷款核销审计。在推行“画像审计”形式和效果的基础上，改进《审计情况概要》文书，增加对经营单位总体风险和内控状况的综合评判，反映被审计单位的经营管理全貌和内控管理突出问题。撰写审计情况6篇，即《反洗钱管理存在的问题》《关注拓展新业务过程中内控管理未及时跟进的问题》《关注征信合规及信息安全管理中存在的风险》等；审计工作提示5篇，即《关注个金销售中“双录”使用操作不规范隐含的风险》《关注银团贷款代理行管理中潜在的风险隐患》《关注业务连续性管理中存在的问题》《关注个别基层营业机构负责人和营运主管履职不到位的风险隐患》等。通过对检查问题的研究，对性质较严重的问题，形成移交处理书8份移交监察室。

二、其他审计工作

内控评级。根据《交通银行内部控制评价办法》和《分行经营单位内部控制评价办法》，结合分行经营单位内部控制工作实际，对经营单位开展内部控制评价工作。内部控制评价体系框架由评价对象和评价要素两方面构成。评价对象包括两个层次：一是各支行、直属经营单位（以下简称经营单位）整体评价对象；二是各经营单位单项评价对象，包括总体状况、公司信贷、零售信贷、科技与电银、营运管理、预算财务等。评价要素包括过程控制评价要素和结果控制评价要素，具体采用一级指标和二级指标进行衡量。一级指标共10项，包括内控环境、目标管理、风险与机遇识别、评估和计量、控制活动、信息交流、监督纠正和提高、延伸控制（主要为员工行为）、重大违规事件、重大险情事件。其中，前8项为过程控制评价要素，后2项为结果控制评价要素。每个一级指标下设若干二级指标，共25项。内部控制评价结果由评价得分和评价定级相结合产生。评价得分是通过内部控制审计检查和内外监管信息汇总，对各经营单位过程控制评价要素和结果控制评价要素各二级指标进行评分的汇总分。评价定级由评价得分确定。内部控制评价等级共分为四级十档，即A级（优秀）、B级（良好）、C级（合格）、D级（不合格）；其中，A级、B级和C级根据得分高低进一步细分为三个档次，D级不再细分档次。内部控制评价排名根据各经营单位年度综合评价等级由高至低排列。内部控制评价体系作为全行经营管理评价体系的重要组成部分，对完善全行评价激励机制，促进加强内控管理，具有重要的作用。内部控制评价结果被广泛运用于分行的经营管理活动，是向分行行长室报告内部控制状况的主要依据；可运用于相关部门和业务的考评和内控管理工作；内部审计部门可据以制定审计计划，确定审计重点和频率。内部控制评价结果被纳入各经营单位绩效考评和作为干部任用的重要参考依据。

内控与合规考核。根据《交通银行内控与合规考核办法》《交通银行内部控制评价办法》的规定，结合分行综合考核办法，分行制定《交通银行重庆市分行内控与合规考核办法》。考核对象为分行部门、经营单位。按照业务经营和内部管理的重点和特点，上述考核单位分为两类：一是分行部门，包括分行办公室、人资部、资负部、预财部、公司部、投行部、国际部、同业部、普惠部、个金部（消保部）、渠道部、营运部、业务处理中心、风险部（保全部、案防办）、授信部、合规部、信息部、监察室、巡察组、派驻纪检监察组、工会办、行政部、保卫部、审计部等24个部门。二是经营单位（包括大客户部）。考核主要内容：内部控制执行方面，主要是内控环境和目标管理，包括制度建设合规、有效性，主要岗位人员配备、履职尽责、职业操守、业务培训指导，以及目标管理组织实施的措施、手段、方法、考核办法与激励机制；风险控制措施落实，主要是能发现或认知潜在的、正面或负面或两者有之的、重大的事项等，包括预防性、检查性、人工控制、系统控制、管理控制等，以及各项控制措施的落实情况；信息与交流，包括建立获取信息的途径及其形式，各类信息在支行内、上下级、行内外传递、交流、学习、反馈的状况。监督和纠正方面，主要是贯穿于正常业务经营过程中的实时、动态的监控活动，对检查监督发现各类问题的纠错整改，对稳健、先进措施的维持与提高。外部监管方面，主要是外部监管机构检查通报批评、处罚、资料报送等方面的问题。此外，还有重大违规、重大险情事件和经济案件。内控与合规考核最终结果作为全行考核体系的重要组成部分，被列入季度、年度经营绩效考评和奖惩，并按要求通报全行。

第六篇　信息技术

分行信息化建设先后经历单机替代手工记账、分行储蓄通存通兑、零售业务总行集中、对公业务总行集中、数据大集中到后大集中时代。分行加强服务支持体系与业务处理体系、账务处理系统与电子渠道体系、外联及第三方处理系统与数据服务体系、办公自动化与分行应用体系等IT系统应用建设，优化系统平台、网络架构、监控与运维平台，强化信息安全管理。1999—2018年累计推出特色业务100类（项）左右。

第一章　概　述

第一节　组织架构

2018年，分行信息技术工作由系统网络、生产运维、信息安全、项目管理、快速研发、数据挖掘和产品创新7大板块构成。

系统网络。根据统一的系统规划与技术标准、规范，组织实施分行系统建设。根据有关的规章制度、规范，制定或细化系统维护的操作流程与管理办法。负责物理集中在省直分行的小型机、存储、服务器、带库等设备的日常管理与维护。负责操作系统、数据库、中间件等系统软件的版本管理、安装及全生命周期管理。根据统一的网络规划与技术标准、规范，组织实施全辖的网络建设。根据有关的规章制度、规范，制定或细化网络维护的操作流程与管理办法。负责分行本部和新建下属机构的网络维护工作，配合总行完成一级骨干网的建设与维护，监控下属机构网络的运行情况。配合解决生产运行过程中出现的技术问题。指导、检查存量下属机构网络的维护工作。负责分行计算机通信网络的安全设施建设及其运维工作，组织制定、实施全辖内网络安全策略，制定网点设备间弱电机柜规范并监督管理。负责分行中心机房及灾备机房物理环境整体管理，根据计算机系统运行管理制度，定期进行机房环境的巡检，确保机器正常运转。监控生产机房，防止非法进入，确保各项环境参数不超过警戒值。

生产运维。制定年度运行工作计划，组织、实施分行计算机系统运行管理。执行总行运行管理的相关规定，拟定执行细则，制定、完善运行流程。承担分行计算机系统的生产运行维护管理工作，确保系统的正常运行。承担大楼IT、网点运行维护管理工作，保障硬件环境的正常运转。承担分行生产事件管理和一线技术支持工作，及时处理相关事件和问题，提供IT相关服务。根据应用系统推广计划，实施分行的技术性生产操作，承担应用版本发布管理工作。制定应用系统应急演练计划，定期开展应急演练，提升应用系统连续服务能力。承担网点（含自助网点、离行式自助单机点）IT设施的建设管理工作，制定年度网点IT建设（网点新建、内部改造、搬迁）工作计划，组织、实施分行网点IT建设，确保网点的IT设施建设按时保质完成。承担网点IT设备的维护管理工作，保障硬件设备和环境的正常运转。指导、培训支行网点做好IT技术支持管理工作。负责营业网点设备间弱电机柜管理。负责营业网点业务、办公用机的域管理、EDLP及相关软件日常管理、信息安全日常检查。

信息安全。承担分行信息科技管理与信息安全保障委员会办公室的职责。在分行信息科技管理与信息安全保障委员会的领导与指导下，贯彻执行总行及分行信息科技管理与信息安全保障委员会的决议，监督、协调和规范银行系统计算机安全工作。承担信息安全管理的日常事务工作，定期报告分行及下属机构的信息安全状况，提出解决问题的建议。根据全行信息安全策略以及相关技术规范、标准和管理制度，负责制定全辖的安全管理策略和实施细则，并组织实施，确保全辖信息系统的实体安全和信息安全。负责全辖的信息安全体系建设，规范计算机防病毒系统、入侵检测系统、安全管理平台的使用和管理。负责全辖信息安全自查和检查工作，对存在的问题及时向有关部门汇报，落实整改意见，跟踪整改工作的完成情况。参与计算机系统工程建设中的安全设计，负责全辖中间特色业务系统开发中的安全控制和监督管理。参与查处全辖所发生的与计算机系统有关的案件和事故，就其技术方面的原因提出综合分析意见，起草报告并提出处理意见和整改建议。组织全辖的信息安全技术培训和宣传工作，负责与当地人民银行、银监会、公安机关等信息安全职能部门、政府安全保密职能部门的联系，并接受指导。制定并执行信息科技外包管理制度与流程，执行供应商准入、评价、退出管理，建立并维护供应商关系管理策略，制定保障外包服务持续性的应急管理方案，并组织实施定期演练，对外包过程中的各项管理活动进行监控及分析，定期向信息科技及外包风险管理主管部门报告外包活动情况。

项目管理。编制年度特色业务项目开发计划，制订全辖应用开发和项目管理相关制度和流程，完善特色业务项目开发技术规范。参与项目需求分析并对项目实施方式提出建议，对项目开发过程进行管控。负责IT工作平台应用资产的新增、维护管理。负责特色业务项目的版本管理、文档管理及定期开展投产项目的后评估。

快速研发。受理全辖特色业务项目（含创新项目）的开发需求，对需求进行可行性分析并制定技术实施方案。对通过可行性分析的项目履行立项手续，并组织实施项目需求分析、设计，确定应用系统开发和维护的总体方案，组织实施项目开发、测试、验收、投产、推广工作。对已投产系统的适用性、稳定性和可靠性进行跟踪评估和完善。编写、完善应用系统的各项技术档案，并存档管理。承担特色业务项目投产后的程序问题解决和优化工作，并对项目日常运行维护提供二线技术支持。承担总行、地方人行重大项目试点、改造及应用推广工作。

数据挖掘。负责分行数据分析与应用整体工作。构建数据评估体系，负责数据挖掘模型的构建、维护、部署和评估工作。构建业务数据分析体系，帮助确定各项业务数据指标。负责生产数据借用，提供数据支撑服务，为全行运营决策、产品战略、营销策略提供数据支持。负责构建用户数据模型，挖掘用户属性及用户喜好等需求，为个性化产品推荐提供支持。通过数据分析支持产品改进及新模式的探索。负责业务部门数据分析需求的调研、分析及实现。

产品创新。编制产品创新年度工作计划，提交产品创新与推进委员会审核并组织落实。制订、完善产品创新管理制度、流程和评价体系。明确产品创新目标，组织制定产品创新规划，统筹开展产品创新工作；组织创意收集、申报及创新项目实施推广工作。组织推进创新产品在分行本部的推广共享。承担产品创新管理委员会办公室职能，负责处理委员会的日常事务，协调落实委员会的各项工作要求。定期发布创新信息、组织创新交流，协调各个创新子委员会推进板块产品创新工作。

第二节　其他组织保障

信息科技管理与信息安全保障委员会。1994年3月，分行成立计算机安全领导小组。分管副行长任组长，组员为分行稽核室、电脑处、人教处、财会处、信卡部、储蓄处、外汇部、保卫处、监察室等部门负责人，负责防范金融计算机犯罪和计算机安全检查工作。2005年8月，分行撤销计算机安全领导小组，成立信息安全保障领导小组。分管电脑部的副行长任组长，组员为电脑部、审计部、保卫部、监察室、人力资源部、会计结算部、私金部、国际部等部门负责人，主要职责为贯彻执行总行信息安全保障领导小组的决议，监督、协调和规范分行信息系统的安全工作。领导小组办公室设在电脑部。2014年2月，根据总行《关于交通银行信息安全保障领导小组更名为交通银行信息科技管理与信息安全保障委员会的通知》，分行信息安全保障领导小组更名为交通银行重庆市分行信息科技管理与信息安全保障委员会。行长任组长，分管科技条线的副行长任副组长，分行办公室、人力资源部、预算财务部、信息技术部、营运管理部、业务处理中心、风险管理部、审计部、法律合规部、电子银行部、监察室、保卫部、行政部负责人为成员。主要职责是：根据总行经营发展规划制订分行信息科技规划，根据信息安全形势明确分行信息安全保障目标和管理策略并组织实施，根据总行信息科技发展及信息安全策略要求，明确分行信息科技管理、开发、测试、运维和安全保障等职责分工，审批分行中长期信息科技发展规划及信息安全保障任务，提供必要的人力、资金等相关资源保障，审批分行信息科技项目管理办法和重大信息科技项目计划，指挥处置分行信息科技领域突发事件，监督信息科技管理、开发、测试、运维和安全保障等整体运行情况，适时调整策略，监督信息科技规划的执行、信息科技预算与实际支出情况，定期向分行管理层汇报。分行信息科技管理与信息安全保障委员会每年至少两次工作例会，委员会办公室设在分行信息技术部。

产品创新委员会与推进委员会。2013年3月，分行成立产品创新与推进委员会。行长任组长，分管副行长任副组长，信息部、公司部、个金部、零贷部、电银部、国际部、机构部、营运部、工会办等部门负责人为成员。主要职责是：根据分行业务发展，确定产品创新目标，制定产品创新规划；明确分行产品创新组织架构和职责，组织推进产品创新及其应用；定期召开产品创新工作例会，听取归口管理部门关于产品创新推进工作的汇报，研究产品创新评价与考核体系，充分调动员工参与积极性。制定《交通银行重庆市分行产品创新与推进委员会工作条例》。2014年，印发《关于调整交通银行重庆市分行产品创新委员会成员及设立专业委员会的通知》，调整交通银行重庆市分行产品创新与推进委员会成员，内设公司产品创新委员会、零售产品创新委员会、同业产品创新委员会3个专业委员会。2015年，制定《交通银行重庆市分行2015年产品创新“凝心凝智”竞赛活动方案》。2016年，印发《关于开展2016年产品创新“凝心凝智”竞赛活动的通知》《关于调整交通银行重庆市分行产品创新与推进委员会成员及专业委员会的通知》，调整交通银行重庆市分行产品创新与推进委员会成员，内设公司产品创新委员会、零售产品创新委员会2个专业委员会。“人民币跨行支付平台”创新产品获总行2016年产品创新活跃赛优秀产品创新实验项目奖。2017年，制定《交通银行重庆市分行“十三五”时期（2016—2020年）产品创新规划纲要》《交通银行重庆市分行2017年产品创新行动计划》，以“凝心凝智促创新”为主题开展产品创新竞赛。参加交总行首届上丰杯青年创新大赛获三等奖，“KISS智能财付平台”获共青团中央金融工作委员会第五届金融青年“双提升”活动精品青年工作项目。2018年，制定《交通银行重庆市分行2018年产品创新行动计划》《交通银行重庆市分行2018年“匠心创新，筑梦共赢”产品创新竞赛活动方案》。举办首届分行创新大会和首届“渝丰杯”创新竞赛，青年员工创新竞赛共组建参赛队伍21支，收集创意提案25篇，有12支队伍晋级决赛，分获特等奖1个、一等奖2个、二等奖3个、三等奖6个。参加交总行第二届“上丰杯”创新竞赛获华西分赛区第2名，总行决赛三等奖。

第三节 建设阶段

分行信息化建设先后经历6个阶段：单机替代手工记账、分行储蓄通存通兑、零售业务总行集中、对公业务总行集中、数据大集中、后大集中时代。

单机替代手工记账。1989年重庆分行在原信托公司会计系统的基础上，用DEBASE_III数据库，开发了重庆分行最早的单用户会计系统，开始了重庆分行对公业务系统的银行电算化。1993年采用XENIX多用户操作系统，用COBLE编程的总行统一版的多用户对公会计系统（单机版）正式在重庆分行推广使用。同年总行开发的同样采用XENIX多用户操作系统，用COBLE编程的储蓄业务系统（单机版）在重庆分行使用。随后又开发了采用计算机的储蓄事后监督系统。1995年分行开发了单机版外币对公系统，并投入使用，使重庆分行全面实现了银行会计电算化。

分行储蓄通存通兑。1996—1998年，分行采用以IBMAS/400计算机系统作为核心的集中式通存通兑账务系统，通信上建立基于X.25、DDN等公共交换数据通信技术的全辖广域网，从单网点的数据处理发展到集中式的联机事务处理。1996年，AS／400储蓄通兑系统开发上线，实现同城储蓄通兑。1997年，完成路桥股票的发行与转储系统开发上线。1997年，开发上线代收市话、数据通信费的第一版程序（AS／400版权所有），成为全市第一家代理行。

零售业务总行集中。1998—2001年，分行基于IBM RS6000开放平台和遍及全市的公共通信网络，建设集核心账务、信用卡、中间业务、ATM自助交易、多媒体自助交易、网上银行、电话银行、企业银行等于一体的综合业务处理系统。广泛应用高性能IBM RS6000小型机、IBM Shark存储、思科网络交换机等先进计算机硬件设备和Sybase数据库、CICS中间件等高性能先进国外软件。1998年，完成分行计算机中心机房从大溪沟搬迁至上清寺中山三路158号，9月正式启用。完成分行IBM AS／400旧通兑系统向总行储蓄1.0系统的数据移植工作，全行网点的通兑数据安全平稳地切换到基于IBM RS6000的新核心系统。完成原有单机版储蓄数据分批移植至总行储蓄通兑系统，储蓄业务在分行大集中。全年安装启动ATM自动取款机29台，ATM总数达62台，日均正常运行率在90%以上。推出代收市话费、移动电话费、互联网上网月租费、自来水费以及代收付证券保险金等业务。1999年，完成单机版信用卡系统向总行一卡通系统的数据移植工作。3月28日，完成分行零售系统卡储业务全面合并工程。推出基于Informix数据库单机版外汇买卖系统，开通电话银行上外汇买卖服务。2000年，市级行政事业单位工资统发竞标成功，完成统发工资系统开发上线。开发投产太平洋卡“一卡通”“全国通”“千禧金卡”、IP电话、银证转账等新系统。

对公业务总行集中。2001—2005年，分行在围绕零售业务系统不断拓展新的产品和渠道的同时，2001年11月底，完成分行公营移植至综合业务系统，实现分行对公账务系统全辖集中。2002年，推出太平洋卡自助质押贷款系统、手机短信“银讯通”系统、具有大前置架构的新中间业务平台等7项新业务，形成具有交行特色的品牌产品。分行自助设备达246台，形成遍布全市的自助服务体系。攻克尚处国内研究前沿的自助设备打印正式发票的重要课题，改造和添置该类设备81台（套）装备至各营业网点。2003年4月21日，分行大额支付系统上线。6月中旬，完成综合业务系统3.0版本切换升级工作。新中间业务平台全面上线启用，包含全行95%以上代理业务交易量。配合分行客户经理制改革，开发完成“客户经理制管理系统”。为推动分行前台计量考核改革，开发“前台柜员的计量考核系统”。为提高一线柜员业务操作技能，开发基于新系统的对公对私技能考评系统。2004年4月，实施中心机房改扩建项目。实现生产主机、网络设备和前置服务器的分区管理，零售、综合两大业务系统的数据和应用程序的双存储镜像，提高主机系统的容灾能力和保障主要生产系统信息安全。实施全行二级网络由64K的帧中继提升到2兆带宽的改造工程。实现光纤到户，真正做到分行中心核心路由器热备，结束分行网点通信线路无备份历史。

数据大集中。2005—2014年，在数据大集中工程中，分行将安全系统、国际业务、信贷管理、外汇宝、个人贷款、基金代销、客户分析、事后监督、银保通、银信通、消费积分、国际借记卡、大额及小额支付、网上银行、电话银行、分行特色中间业务、电子交换渠道等其他业务处理系统统筹设计，克服原来对私和对公应用系统联系离散、数据分散，各外围系统功能扩充需改变成面和环节较大等缺陷，形成全功能银行业务处理系统。2005年5月8日，大集中一期（对公系统）上线，大集中分行ICS前置系统、IFSS系统和PAEA后督系统投入运行。同年，完成分行ATM改造，将ATM软件版本改造为总行统一推广的FESA版本，并增加代理业务功能。独立自主开发综合监控系统并上线，将电脑部所有监控子系统进行规范和标准化。建立综合监控中心，负责对各应用子系统进行统一故障登记、分类、统计，并以WEB架构实现中心机房和监管人员动态实时声音和图像报警。2006年4月9日，大集中二期（对私系统）上线，实现对公对私两大核心业务系统的全国集中。同年，相继完成小额支付、综合理财、电子国债、满金宝、农民工系统等一大批推广项目上线。自主开发沃德财富报表展现、对私大额存取款展现、信贷风险短信提醒、市公积金中心资金管理系统、机场VIP客户信息系统、青年论坛、自助通代缴费等特色产品，共计完成40余个项目开发上线。2007年，信息技术部牵头编制分行业务连续性方案。组织全行性业务连续性应急演练，提高全行应急处置能力，得到总行审计部肯定。2008年，自主制定搬迁方案，完成中山三路158号分行本部大楼新中心机房建设。自主开发公务卡程序，先后向武汉、西安、长春、成都、合肥、遵义、兰州、秦皇岛等兄弟分行免费提供。在江北凭证库房搭建远程异地备份服务器，实现异地备份机制。完成自助设备前置系统（EPS）上线。完成新前端整合项目和桌面管理系统推广项目，更换全分行近700台柜面设备。2010年，开发新绩效考核系统并投入运行。分行内网系统上线。分行中心机房服务器"虚拟化"管理平台投产上线。2011年，实现高可用性服务器集群"云计算"应用和"虚拟化"管理，全年利用虚拟化平台新建和迁移虚拟机68台。开发投产"人行通""社保金融IC卡""公积金联名卡""自助医院"等重点特色项目。2012年，开发投产"人行通二期""会计交接系统"，"会计交接系统"弥补了总行核心系统未对客户回单及印鉴卡等重要物品传递进行系统控制的缺陷。在新中间业务平台，完成重庆有线、电力、电费、联通等代收费上线。2013年，开发投产"分行批量代付""长寿财政公务卡系统""表内理财产品考核""营运业务平台""人行通贷记卡自助入账"等10余个软件产品或项目。2014年，完成分行营业网点网络MSTP改造，提高通信带宽，加强基层营业网点网络安全访问控制。完成核心网络交换机N7000、核心存储NX5700上线。完成EMC CX500至EMC CX3-80的存储数据迁移。完成IBM S80小型机应用至IBM p570小型机迁移。在观音桥建立同城灾备机房，建成分行首个同城灾备中心。完成营业网点ABS前端系统双活建设，提升分行IT系统容灾能力和业务快速恢复能力。2014年，开发投产共25个软件产品，相继推出"国库集中支付""重庆市票据电子化非税收缴系统""商品房资金监管""财政公务卡""两江新区财政统发工资"等财政类重点项目，"重庆市跨境宝支付网关""代收学费系统""公积金贴息贷款"等业务拓展类项目，也开发上线"分行人事请假系统""新型自助通特色业务""绩效系统改造""分行特色柜面代付业务"等管理类提升或优化软件产品。

后大集中时代。2014年，制定《重庆分行"531工程"上线技术推进工作事项》。成立531工程技术推进小组，负责整体推进、上线工作、特色开发、系统网络、网点支持等。制定《重庆市分行531工程上线切换流程》《交通银行重庆市分行信息技术部T-10工作计划》《重庆市分行531系统上线切换日关键节点》。2015年8月16日，分行作为第八批上线行，531工程成功上线。建立分行首个数据仓库，完成总行数据落地应用和全新Birt报表平台建设。全年为各业务部门提取各类业务与管理数据200余次，开发报表逾70张。开发投产重庆粮食集团移动支付MPOS、骨科医院银卫安康、重庆政府债资金监管、沙区房屋大修基金等软件项目。2016年，开发投产"慈云寺微信捐助"

“财政支付电子化接口2.0升级”“重庆市永川区财政授权支付系统”“公积金现金支取”“重庆市财政局政府债券专户资金监管”“手机银行3.0分行特色业务改造”等20余个特色产品。开发“信用卡精准营销”“信用卡交易明细分析”“分行实时头寸报表”“私银降级预警客户及私银潜力提升”“大额存单到期客户明细”等各类管理报表64张。2017年，完成江北嘴新大楼中心机房建设与搬迁。完成新机房与灾备机房裸光纤建设和两地三线网络建设。完成理财桌面、收单营销平台、千里眼数据发布平台、军区监管系统、上交所资金划付平台、云智付等6个创新实验项目落地上线。“智能财付平台”软件项目被总行选为分行创新项目，并在河北分行、青岛分行、黑龙江分行、吉林分行推广落地。开发投产两江新区公务卡还款、一中银校通、监察计分系统、特色POS清算、市级财政专户资金电子化清算、非税交通罚款代收、人力资源部请假系统等22个项目，完全自主独立开发占比93.3%。开发个金财管客户增量、AUM增量报表，及沃德、私银客户精准营销等各类业务与管理报表54张。2018年，完成86个离行自助线路改造、6个中心支行业务带宽提速；完成灾备机房EPS系统建设、UPS电池扩容及虚拟化管理平台扩容，完成新灾备机房设计。完成数字交行、智能财富管理项目、云端银行、知客App、党费管家、银校通二期、智慧融资资金回笼、京东白条联名卡、智能化集中营运项目、房管局业务移动端解决方案等10个创新实验项目的上线工作。试点并承办两个总分联合创新项目“支付宝统一缴费平台”和“物业管家”，成功完成支付宝、微信两个入口的金融场景化技术平台建设。为分行面对外部监管机构监管、反洗钱、内部业务管理等各项需求提取各类数据574批次。整合业务需求，立项开发各类数据挖掘项目14个，对推广性较强的个金客户综合分析报表，向总行申请推广并纳入标准版。

第四节　金融科技创新

自主创新阶段。分行从成立之初，高度重视电子技术在银行业务中的应用。在1989—1995年银行电算化时期，重庆分行最早在所有网点实现了电脑化，使重庆分行的生产力大大高于其他银行，重庆分行的发展速度在重庆地区处于领先的地位，初步体现出科技创新对银行业务的支撑作用。1996—2005年，除大量运行在各营业网点和各业务处室的微型计算机外，分行的业务主机也从IBM RS/400升级到了IBM RS/6000 S80，存储系统也升级到IBM F20。全行网络通信线路速率从以前的9600bps升级到了64K帧中继再到后来的2兆带宽光纤。实现全行的对私业务的本外币通存通兑，保障了全行对公业务系统，私金业务系统的账务数据大集中，验印系统的投运实现了对公业务同城通兑。在重庆解放碑开业的首家离行式自助银行，领先布局的遍布全市的有着统一的操作界面、流程，实现了语音、动画、通告、生日提醒等个性化服务的各种自助机具的使用，支撑着太平洋卡的应用，一度使得太平洋借记卡成为全市功能最多、使用最方便的银行卡，太平洋卡在重庆有着较高的美誉度。市级机关工资统发、各种代收代缴费、电话银行、网上银行、重庆市财政非税代收业务等，新的金融服务不断推出。

银行账务系统处理的电子化，使重庆分行于1995年在整个交行第一个推行了储蓄柜员制，这是对银行柜面业务传统处理方式的根本变革。2002年在整个交行第一个实现带发票打印功能的多媒体柜员机的投运，从2002年3月起柜面停止办理代收费业务，缓解了当时代理收费业务对柜面业务的负面影响。正是认识到飞速发展的电子科技已逐渐发展成为现代银行核心竞争力的重要部分，它支撑、牵引、推动着银行业务的发展和创新，重庆分行为进一步发挥电子技术对业务的直接推动作用，增强业务创新能力和市场竞争力，于2002年12月3日在电脑处增设产品策划科，强化产品开发创新职能，将电脑处扩建为电子银行处，由一个科技部门发展为牵引全行产品创新的综合部门。电子银行处产品策划科实行产品经理制，通过市场和客户的调研，捕捉产品创新的需求，提出创新整合方案，组织产品研发，策划宣传营销方案，组织产品培训与推广，对产品的市场表现做出客观与科学的评价，提升产品市场竞争力。2002年12月，分行下发《交通银行重庆分行关于成立新产品审查委员会的通知》和《交通银行重庆分行新产品审查委员会工作制度》，建立分支行产品联席会议、产品经验交流会议等制度。印发《交通银行重庆分行产品创新建议及先进营销案例征集与奖励办法》，短时间内就收到渝中支行专门向电子银行处提出的关于整合支行私金工作的建议书；营业部提出了自己针对公营柜面业务的建议方案；市房管办的管户客户经理提出的住房补贴和公积金留存建议。

通过市场调研，产品策划科提出"个人循环贷款"产品建议书、"移动公司介入代理业务后银行应对方案""融侨房地产公司物业信息发布平台""重庆市公众彩票投注中心方案""自助设备销售国债方案""中旅结算中心和电子商务平台方案"等一系列新产品方案。半年内，开发了"银讯通""自助质押贷款"等新产品，组织了"银讯通""对公网上银行""银证通""小额质押贷款"等一系列新品的产品培训和市场推广工作，参加培训的人次达到800多人次。

针对重庆分行产品链的薄弱环节，重点完成了"POS消费市场情况调查""外汇宝市场情况调查""柜面签约服务流程情况调查""客户服务中心Call Centre情况调查"等市场调研工作。特别是通过POS消费市场情况调查，发现了重庆分行太平洋卡使用的重大问题——太平洋卡在部分POS上不能使用，在当时POS作为商家和客户的主要收付手段，不能使用，对太平洋卡的发展无疑是致命的，太平洋卡不能用，还一度成为收银员的口头禅。通过分析和测试，找到了解决的办法，化解了这一危机。分行金融创新的探索取得了积极的成效。2003年12月，交通银行总行提出了交通银行信息化建设三年发展规划（2004—2006年），全面完成数据大集中核心系统的建设，为构建先进的银行信息化支撑体系奠定基础；同步大集中核心系统的建设，完成新一代业务系统的设计开发；建设海内外数据处理中心；建立结构清晰的综合前置系统；建设安全、高效、可靠的信息化网络平台；构建全行统一的管理信息系统架构等九大项任务。2004年9月，交总行提出全行性的业务、管理系统都将由总行开发中心承担，分行科技部门主要负责总行系统的推广；负责分行生产系统的安全运行以及具有地方特色的一些应用程序的开发，保证全行业务、管理系统的统一是各行科技部门的重要工作。2004年，根据分行部门职能调整和总行安全生产会议的要求，把"构建和完善更加坚实的技术保障体系，确保业务生产系统安全运行，提高全行信息系统的运行维护质量，为分行的改革和发展提供坚实的技术支撑"作为中心工作。电子银行处更名为电脑处，产品策划科的工作归入私金部。为适应业务发展和扁平化管理的需要，分行决定营业网点业务运行系统维护工作实行专业化条线管理，电脑处内设基层网点运行维护科，负责网点维护工作的统一管理及维护人员的调配、交流、工作调度、指导、检查和考核。2005年4月，重庆分行成立电子银行部，负责分行所有的电子渠道管理，以及市场调研、新产品的开发。

产品创新与推进委员会。2011年，分行成立产品创新工作推动小组。2013年，分行成立产品创新与推进委员会。印发《交通银行重庆市分行产品创新与推进委员会工作条例》，规范分行产品创新与推进委员会工作目的、组织架构、归口管理部门、成员部门工作职责及考核评价。2014年，印发《关于调整交通银行重庆市分行产品创新委员会成员及设立专业委员会的通知》，调整交通银行重庆市分行产品创新与推进委员会成员，内设公司产品创新委员会、零售产品创新委员会、同业产品创新委员会3个专业委员会。制定《交通银行重庆市分行2014年产品创新"凝心凝智"竞赛活动方案》《交通银行重庆市分行产品创新评价及奖励管理办法（暂行）》。2015年，制定《交通银行重庆市分行2015年产品创新"凝心凝智"竞赛活动方案》。2016年，制定《关于开展2016年产品创新"凝心凝智"竞赛活动的通知》《关于调整交通银行重庆市分行产品创新与推进委员会成员及专业委员会的通知》。2017年，制定《交通银行重庆市分行"十三五"时期（2016—2020年）产品创新规划纲要》《交通银行重庆市分行2017年产品创新行动计划》。2018年，制定《交通银行重庆市分行2018年产品创新行动计划》《交通银行重庆市分行2018年创新工作考核办法》，首次将创新纳入经营单位和前中后台部门专项考核。

创新竞赛活动。2011年，印发《交通银行重庆市分行“产品创意征集”竞赛激励活动方案》。2013年，召开产品创新工作推进会3次。3月5日，印发《交通银行重庆市分行2013年产品创新“金蛇飞舞”竞赛活动方案》。根据总行产品创新暨特色业务片区会议精神，印发《交通银行重庆市分行2013年产品创新“金蛇飞舞”竞赛活动方案》补充通知。2014年，制定《交通银行重庆市分行2014年产品创新“凝心凝智”竞赛活动方案》《交通银行重庆市分行产品创新评价及奖励管理办法（暂行）》。2015年，制定《交通银行重庆市分行2015年产品创新“凝心凝智”竞赛活动方案》。2017年，印发《关于开展2017年“凝心凝智促创新”竞赛活动的通知》。9月底，组织开展4季度分行“创意达人秀”创意征集竞赛活动。2018年4月3日，印发《交通银行重庆市分行2018年“匠心创新，筑梦共赢”产品创新竞赛活动方案》。

创新提议与创新项目。2013年，分行收集创新提议101条，分行审核后提交总行53条，总行采纳10条。2014年，分行收集创新提议117条，分行审核后提交总行24条，总行采纳16条。2016年，推广个性发卡机、银校通等2个创新产品。总分行联动创新产品“人民币跨行支付平台”，获总行“产品创新活跃赛”优秀产品创新实验项目奖。2017年，推广理财桌面、千里眼数据发布平台、军区资金监管系统、收单活动营销平台、上交所资金划付平台、云智付等6个总分联动项目，积极开展分行创新项目开发，立项一中银校通、分行特色POS清算、两江新区财政支付、智易通特色业务、江津区国库集中支付等分行创新项目。“KISS智能财付平台”被总行选为分行创新项目，在全行产品创新会上公开发布推广。9月，收集21条创意提案，10条被总行采纳。2018年，分行推广数字交行、智能财富管理项目、云端银行、知客App、党费管家、银校通二期、智慧融资资金回笼、京东白条联名卡、智能化集中营运项目、房管局业务移动端解决方案等10个总分联动项目。试点并承办“支付宝统一缴费平台”和“物业管家”（间联版和直联版）2个总分联合创新项目。完成支付宝、微信两个入口的金融场景化技术平台建设。分行开发“KISS智能财付平台”，获共青团中央金融工作委员会第五届金融青年“双提升”活动精品青年工作项目。2018年4月3日，召开以“匠心创新，筑梦共赢”为主题的推进科技创新、转型发展的首次创新大会。开展“渝丰杯”员工创新大赛活动，参赛队伍21组，收到创意提案25篇，12个小组参加总决赛。组队参加总行“上丰杯”第二届交通银行创新大赛，“交享乐”项目获三等奖。

第二章　IT系统应用

第一节　服务支持体系与业务处理体系

一、服务支持体系

2005年上半年大集中一期（对公系统）、2006上半年大集中二期（对私系统）上线，分行核心业务系统和账务系统上收集中到总行，遵循交通银行统一技术架构和使用全行一体化IT系统。

数据交换平台。交通银行全行数据交换平台（简称ADE），2007年上线。主要满足应用系统之间批量数据稳定高效交换的需要，提供整体数据交换流程控制和全局数据交换管理，为各应用系统的发展提供弹性数据交换统一平台。

核心应用运行保障支持平台。交通银行核心应用运行保障支持平台，2007年推出。该系统建设目的是保障核心账务系统安全稳定运行。

软件开展综合管理系统。交通银行软件开发综合管理系统，2008年建成。该系统以项目管理为核心，以实现项目过程标准化为目标，以质量管理体系为准则，实现开发项目启动计划、执行监控和结项等阶段管理。

企事业内部管理平台。交通银行企业内容管理平台，2008年5月在全行推广应用。该系统建设目的是统一文档存储、管理与共享，提供文档多视图展现，建立高速访问缓存，提高文档访问效率。

企业及客户信息管理系统。交通银行企业及客户信息管理系统，于2008年6月在全行推广应用。系统把全行所有客户信息数据集中整合到一个平台，建立交通银行企业及客户信息模型，统一客户信息标准，实现客户统一视图。

新一代安全服务平台。交通银行新一代安全服务平台，2009年设计。以面向IC卡应用和提高平台持续可用性为目标，实现智能自检安全服务自我恢复功能，改善密码安全服务平台的稳定性。

押品管理系统。交通银行集中式押品管理系统（简称ICMS），2009年9月上线。该系统通过与各生产系统关联，实现实时性数据交互，兼有非生产性质的信息管理、价值监控、风险预警、流程控制等功能。2010年10月，完成配合新巴塞尔协议达标改造。2010年12月，配合供应链系统上线进行再造，支持供应链押品日常管理。

二、业务处理体系

交通银行业务处理体系，包括国外业务会计处理系统、信贷管理信息系统、外汇宝交易系统、信贷管理系统、贷记卡系统、国际业务处理系统、集中式综合积分系统、集中式个人外汇产品交易平台、个人信贷管理系统、综合理财系统、整合影像支撑国际业务处理系统、全球资金运作平台、太平洋信用卡征信审批系统、金融机构同业合作平台、资产风险管理系统、财富管理平台。

国外业务会计处理系统。交通银行国外业务会计处理早期是微机版系统，用于外汇会计账务综合处理（核算、统计及报表）多用户终端系统。1993年11月，完成V1.0版开发。1994年2月，完成V2.0版开发任务。系统适用于交通银行各营业网点外汇存汇外汇贷款、进出口等会计综合性处理，提供外汇甲种对公业务数据批处理服务。

信贷管理信息系统。交通银行信贷管理信息系统，1999年10月在全行推广应用。系统应用改变信贷业务管理传统操作模式，实现信贷数据信息收集、加工、统计、汇总的电子化和自动化。

外汇宝交易系统。外汇宝交易系统于1993年1月上运行，采用CLIENT/SERVER三层模式，实施联机实时交易，通过计算机网络快速传速和发布与国际汇市保持同步的外汇牌价，同步开发的外汇宝电话交易系统，实现柜台实时外汇交易和电话交易。1998—1999年，推出外汇宝多媒体交易系统、外汇宝自助交易系统、外汇宝网上交易系统，客户可通过电话语音、自助终端和多媒体机等设备，进行即时挂盘交易和交易转期、交易合并等业务。2000年2月18日，该系统通过中国人民银行支付科技司技术鉴定。2006年9月9日，外汇宝沃德账户交易功能上线，使用低柜面向客户。2007年10月27日，外汇宝多语言版本改造完成。

信贷管理系统。交通银行信贷管理系统，2006年6月在全行投入运行。2008年12月20日，同业授信额度管理子系统上线，实现同业授信额度全流程控制。2009年9月20日，押品统一管理相关功能上线，实现信贷业务管理、统计分析、监测、审批、控制的电子化和自动化。

贷记卡系统。太平洋双币贷记卡系统，2004年9月24日推出。该系统具有实时查询、存款、取款、转账、POS消费、消费撤销、预授权、预授权撤销、预授权确认、预授权确认撤销、自动冲正等交易功能。采用全行数据集中管理，总行统一运作模式，实现联机授权交易7×24小时不间断运行。2007年10月，交通银行推出新一代贷记卡应用系统（简称新贷记卡系统）。

国际业务处理系统。交通银行国际业务处理系统（简称IBP），2004年8月底试点，2005年6月在全行推广。该系统提供国际结算、贸易融资、资金管理和公共业务4大类产品功能，涵盖交通银行绝大部分国际业务产品种类。2007年11月24日，国际单证中心项目上线，引入集中审单模式。2009年5月23日，国内信用证项目上线，提供国内信用证开立、通知、委托收款、承付、议付及相关贸易融资全流程服务，规范国内信用证业务操作与管理。

集中式综合积分系统。交通银行集中式综合积分系统（简称BPS），2006年11月上线。该系统可面向不同积分机构，灵活展开不同业务种类的积分和兑奖等营销活动，提供礼品兑奖、现金兑奖、积分互换、POS积分消费、积分抽奖等兑奖模式，支持第三方委托礼品发放管理。

集中式个人外汇产品交易平台。交通银行集中式个人外汇产品交易平台，2004年6月试点运行，2006年在全行推广。系统实现在大集中模式下全行集中报价和集中平盘，是交通银行个人外汇投资产品交易平台。2007年3月1日，满金宝模拟交易系统上线。2009年12月12日，外汇期权系统上线，满足投资者对冲汇率风险或锁定购C成本需求，丰富了交通银行外汇交易产品品种。

个人信贷管理系统。交通银行个人信贷管理系统，2006年8月完成全行推广。该系统包括个人贷数据信息管理、贷款审批、贷后管理等功能。2008年12月13日，个贷零售内评流程改造投产，系统根据客户评级进行自动拒绝、自动通过处理，降低人工成本，提高工作效率。2010年6月5日，影像改造投产，为业务集中处理提供辅助手段，缩短贷款申请周期。

综合理财系统。交通银行综合理财系统，2006年9月在全行投产应用。该系统突出以客户为中心的理念，涵盖银行核心业务及信贷管理、国际业务、外汇宝、个人信贷、基金代销等业务处理功能。

整合影像支撑国际业务处理系统。整合影像支撑国际业务处理系统，2007年11月24日上线。该系统是交通银行为实现单证业务集中处理而设计开发，具有功能更强大、操作界面更友好、风险可控性更强、运营成本更低等特点。

全球资金运作平台。交通银行全球资金运作平台（简称GTP），2007年12月投入运营。该平台系24小时、跨时区的外汇资金业务运作系统，主要由全球资金运作系统（简称GTS）和SWIFT集中平台（简称CSP）组成。

太平洋信用卡征信审批系统。交通银行太平洋信用卡征信审批系统，2008年9月上线。该系统投入使用，减少了征信审批人工判断，提升了风险控制力，提高了信用卡申请审核工作效率和标准化程度。

金融机构同业合作平台。交通银行金融机构同业合作平台，2008年11月在全行推广。该平台针对集团化综合经营业务，提供中小商业银行接入交通银行业务扩展平台和网络共享平台渠道，合作开展第三方存管、柜面通、代理信用卡还款、代理销售基金等业务，满足为客户提供“一站式”金融服务的需求。

资产风险管理系统。交通银行资产风险管理系统，2007年正式投产上线。2008年9月，增加风险预警系统模块、贷后资金监控模块。2009年9月，增加押品管理模块中操作风险管理和已核销资模块。2009年12月，资金用途监控模块与客户风险预警模块先后投产。2010年7月，内评、分类拨备三合一功能投产，实现对5级分类规则的大幅度优化。

财富管理平台。交通银行财富管理平台，2008年3月试点上线。该平台有机组合公司业务、零售业务、银行卡业务、绩效考核、理财规划、OCRM（操作性客户管理）等业务，客户经理可通过平台为客户提供黄金、保险、证券、期货、国债等金融投资服务，进行客户关系维护绩效考核管理等功能操作。

第二节　账务处理系统与电子渠道体系

一、账务处理系统

交通银行账务处理体系由账务处理系统构成。重点系统包括零售业务系统、综合业务系统、全功能综合业务系统等。通过与其他业务系统接口相连，系统在处理银行业务同时，还进行流水账分户账、总账等账务登记并具备利息计算、年终结算等会计功能，是交通银行生产系统的核心。

零售业务系统。零售业务系统按集中式储蓄通存通兑系统、太平洋卡系统、全国通业务系统递进开发。1997年9月20日，零售业务系统1.0版（储蓄通存通兑系统）正式切换推广应用。1998年11月23日，在储蓄通存通兑系统基础上，完成太平洋卡系统移植切换，实现“一卡通”功能。1999年6月，开通全国通业务系统，推出零售业务系统2.0版，是集本外币全储种通存通兑、银行卡、电话银行、自助银行、中间业务于一体，基于客户管理的零售业务主体系统。

综合业务系统。交通银行综合业务本外币一体化的新一代业务处理系统。2001年起，逐步在全行推广上线。系统实现可维护的自动会计分录，柜员只需审核原始票据真伪，核对印鉴，选择对应交易，输入业务要素，全部账务处理即自动完成。综合业务系统上线运行，使交通银行对公业务从单点微机人民币记账操作和外币手工操作，成功转换为分行集中一本账、本外币一体化和面向交易处理，实现与电子汇兑系统连接，加速了内部资金汇划速度。

全功能综合业务系统。交通银行全功能综合业务系统一期工程（公司业务），2004年7月投产。2005年8月，二期工程（零售业务）投产。系统以集中式核心账务系统和集中式外挂业务处理系统为核心，集成对公、对私业务于一体，实现全行业务数据和账务数据集中存放和集中处理，以及与海外分行系统实时交易联动处理。

二、电子渠道体系

电子渠道体系指网点系统以及各种对外服务电子渠道系统，重点系统包括网银系统（个人网银、企业网银）、面向个人投资的集中式服务平台、本外卡业务综合处理交换系统、自助通系统、家易通银行交易系统、集中式客户服务中心系统、ATM跨平台和设备前置系统、新一代手机银行系统、太平洋信用卡中心客服平台等。

网银系统。2002年11月，企业网银投产上线。2003年7月，个人网银分别投产上线。2007年8月，企业网银推出银企电子对账系统。2009年8月，系统全新升级，新版企业网银业务种类更趋全面，银企交互式协作更顺畅，能更好地贴近市场、服务客户。

面向个人投资的集中式服务平台。个人投资的集中式服务平台，2006年在全行上线使用。该平台是全行个人投资类业务应用基础支撑平台，围绕客户银行卡，统筹处理所有个人客户证券期货、保险、黄金等投资理财业务。除支持柜面、网银、电话银行等银行交易渠道，还支持证券公司、期货公司等非银交易渠道。

本外卡业务综合处理交换系统。交通银行本外卡业务综合处理交换系统，2006年7月投入运行。系统满足交通银行对本外卡清分清算、参数管理、风险监控等功能的需要，并满足分行业务查询、手工单处理、争议处理等业务需要。

自助通系统。交通银行自助通系统，2006年8月投产运行。系统开展设备状态监控，实施故障后的跟踪管理，便于事后追诉，有利于提高ATM开机率，有利于降低自助设备管理成本及提高解决故障能力。

家易通银行交易系统。家易通银行交易系统是集转账、支付查询于一体的金融服务平台。2000年试点运营。2010年8月，新一代家易通系统建设规范家易通终端，使之符合银联固话支付规范，同时引入T+0实时商户入账功能。

集中式客户服务中心系统。交通银行集中式客户服务中心系统，2007年5月上线。系统由自助语音系统、座席员操作系统、后台管理系统、工单流转系统、知识库系统和报表系统组成。该系统是一个集约化运营，服务标准统一，能为客户提供全年无休、高品质和多样化自助服务，24小时人工服务的现代化客户服务系统。

ATM跨平台和设备前置系统。分行端ATM跨平台和设备前置系统，2008年6月12日投产使用。自助设备运行管理系统具备故障处理实时状态监控、实时远程管理（远程复位、远程获取故障数据）及版本分发与控制、设备运行分析统计与报表制作、广告制作与印发等功能。

新一代手机银行系统。新一代手机银行系统（简称手机银行），2009年6月推出。按系统功能划分为客户端版手机银行，WAP（无线应用协议）注册版手机银行和WAP普通版手机银行。

太平洋信用卡中心客服平台。交通银行太平洋信用卡中心客服综合业务处理平台（简称客服平台），2008年11月投产上线。客服平台将客户服务日常使用的客服座席系统、贷记卡主机系统、积分兑换、征信审批、运营工作流、柜员登录系统、传真、短信、历史对账单等9个独立系统集中到一个界面操作，优化操作流程，统一权限管理。

第三节　外联及第三方处理系统与数据服务体系

一、外联及第三方处理系统

交通银行外联及第三方处理系统是指与其他金融机构或第三方系统互联的应用系统，重点系统包括海关网上税费支付系统、银保通系统、基金代销系统、金融机构综合业务处理平台、银期转账系统、省级财政支付系统、上海世博门票代销系统、储蓄国债系统等。

海关网上税费支付系统。交通银行海关网上税费支付系统，2002年下半年试点运行。为中国电子口岸用户提供准确、方便、快捷的进出口业务网上税费支付服务。

银保通系统。交通银行银保通系统，2005年投入运行。系统外连多家保险公司，可实时处理业务，具有多品种寿险财险产品销售功能和柜面即时打印保单功能。2009年12月，新增非实时出单、犹豫期退保功能。除保险代销功能外，还增加保全类交易功能。

基金代销系统。交通银行基金代销系统，2005年9月16日上线推广。系统开通柜面、网银电话银行、多媒体查询机、手机银行等渠道的联机交易功能，实现基金销售7×24小时全天候交易功能。2007年3月，系统架构全面升级，提升基金代销系统的业务处理能力。2000年8月，基金快速赎回业务全面开展，提升客户资金流动性。

金融机构综合业务处理平台。交通银行金融机构综合业务处理平台，2005年10月投产运行。该平台集成代理保险、银期转账等多种金融机构业务，满足“一点接入，全行销售”的经营要求。客户可通过网点柜台、电话银行、网上银行、手机银行、自助终端等渠道，随时随地处理金融机构类中间业务。

银期转账系统。交通银行银期转账系统，2006年上线运行。该系统是按银行管资金，期货经纪公司管交易的模式，实现银行账户系统与期货交易系统对接，为投资人提供电话委托、网上委托等方式办理期货交易和结算的银期业务合作处理系统。

省级财政支付系统。交通银行省级财政支付系统，2007年1月1日上线运行。系统支持各级地方财政，通过建立财政单一账户体系，财政收入和支出均通过国库单一账户体系进行，避免多重设置财政资金账户问题。

储蓄国际系统。储蓄国债（电子式）系统，2006年6月正式投产。

二、数据服务体系

交通银行数据服务体系是指数据挖掘、数据分析报表统计、风险监控等系统，重点系统包括数据仓库、管理会计系统、内部评级系统、审计管理系统等。

数据仓库。2006年，数据仓库基础建设正式启动，分期完成模型搭建及各源系统数据入仓整合。该项目结合核心账务系统、贷记卡、个贷管理、基金、信贷管理、国际结算、网上银行、银保通、外汇宝等系统的原系统分析经验，实现最小容量数据存储及最快速度查询响应。

管理会计系统。交通银行管理会计系统，2005年12月开始运行。2007年2月，完成全行推广。系统为条线、产品、客户的管理会计分析提供平台，为提升精细化管理水平提供支撑。

内部评级系统。交通银行内部评级系统，2006年12月试运行。2007年12月完成推广。2008年12月起，分批推广零售信贷和小企业业务内部评级系统。系统提供全面、客观、细致的评级参数，辅助授信人员有效实施信贷资产组合管理策略及审批决策，为银行制定拨备政策和贷款定价提供重要依据。

审计管理系统。交通银行审计管理系统，2008年6月上线。系统为客观、动态、持续监督、检查和评价审计对象的业务经营、财务管理和内部控制状况提供支撑，降低了监管成本，提高了审计监管的及时性、有效性及威慑力。

第四节　分行全业务应用体系

一、办公自动化

办公管理体系是交通银行内部管理使用的信息系统，重点系统包括电子总行系统、总行OA（办公自动化）系统、人力资源管理系统、综合报表系统、会计营运管理平台、e校园系统、内部网系统等。

电子总行系统。交通银行电子总行系统，1998年9月在全行投产使用。系统的使用提升了历史数据使用价值，促进了总分行信息沟通交流，提高了工作效率。

OA办公系统。1999年，分行建立了内部电子邮件系统，成为重庆分行最早的电子公文交换渠道。

2001年，实现了总分行网上公文传输。2002年分行新的内部信息网站程序开发成功，第一次将内部信息网站延伸到了分理处，建立了全分行的信息网站。2003年交总行开发了OA办公系统，2005年2月1日起各部门、各支行（部）向分行办公室报送非绝密公文稿件，一律通过网上办公系统电子公文处理流程进行起草、审批、上报、下发、归档。对报送的纸质发文稿件，办公室不再予以受理。这宣告重庆分行OA系统的正式上线。2008年，交通银行网上办公新系统（OA）升级切换，实现流程电子化。2009年，总行OA改版上线，实现总分行OA系统流程版本统一。

人力资源管理系统。人力资源管理系统的开发，通过系统中人力资源规划、薪酬管理、职位管理、绩效管理、人事信息管理、党建管理、外事管理、干部管理等功能模块，集中化管理全行人员信息，统一全行人力资源管理标准，实现全行人力资源管理的一体化、信息化。

综合报表系统。交通银行综合报表系统是全行统一的基础报表数据信息平台，在采集、存储核心账务系统及信贷信息管理系统等业务系统报表数据信息基础上，实现报表的输入、计算、汇总、打印、上报等功能。2006年上半年，投产使用。2006年12月，报表自定义分析模块F30M投产上线。2008年9月，报表核心计算模块优化，公式预编译和处理优化，提高了报表处理效率。

会计营运管理平台。交通银行会计营运管理平台，2009年11月14日投产。通过会计人员基本信息、工作质量考核、操作风险管理、重要事项报告、审核审批管理、账务系统运行管理和营运成本管理等功能模块，对数据仓库中与会计业务管理相关数据和信息进行汇总、分析，实现对全行会计营运工作的电子化管理。

e校园系统。e校园系统是交通银行培训体系的基础支撑系统，2010年1月正式投产。员工可以通过交通银行内部网和公网接入本系统进行网上学习和网上考试。系统采用多级管理模式。

内部网系统。2006年5月至2008年初，新内网系统建设分3个阶段实施完成。主要包括总行内部网站、各省直分行内部网站、各个省辖分行的内部网站等功能模块。

二、分行全业务应用体系

531工程是交行“境内外一体化全业务系统重构工程”项目，是交行为实现“两化一行”战略目标、打造具有自主产权的新一代业务信息系统的重大工程。该工程坚持以客户为中心，坚持生产与管理并重，通过业务整合突破“部门银行”，通过流程再造突破“条线分割”，通过超前思考突破“既定已有”，是交行继大集中数据之后的又一里程碑。

2015年8月16日，531工程在重庆市分行正式上线。分行应用系统完成重构，通过系统整合、信息整合、渠道整合、流程整合，采取双活架构、虚拟化、准实时数据同步等新技术，实现了接口标准化，产品参数化，统一标准接入，应用系统松耦合，总分行架构统一，处理高效，满足了业务高峰期和突发情况处理要求，提高了分行对系统的监控、管理能力，提高了分行数据服务快速响应能力。2018年，分行应用系统由综合服务平台、数据交换平台、安全系统、内容管理、业务平台、数据托管区、网点服务系统、自助银行系统8大系统构成。

业务前置系统。一是网点服务系统（BBOS）。分行网点服务系统（Bank Branch Operation System，以下简称BBOS）定位于支持分行网点运营的各项工作，包括主要业务运行的传统综合前端系统和包含排队系统、多媒体信息发布等辅助网点正常运营的网点服务系统。网点服务系统是银行各

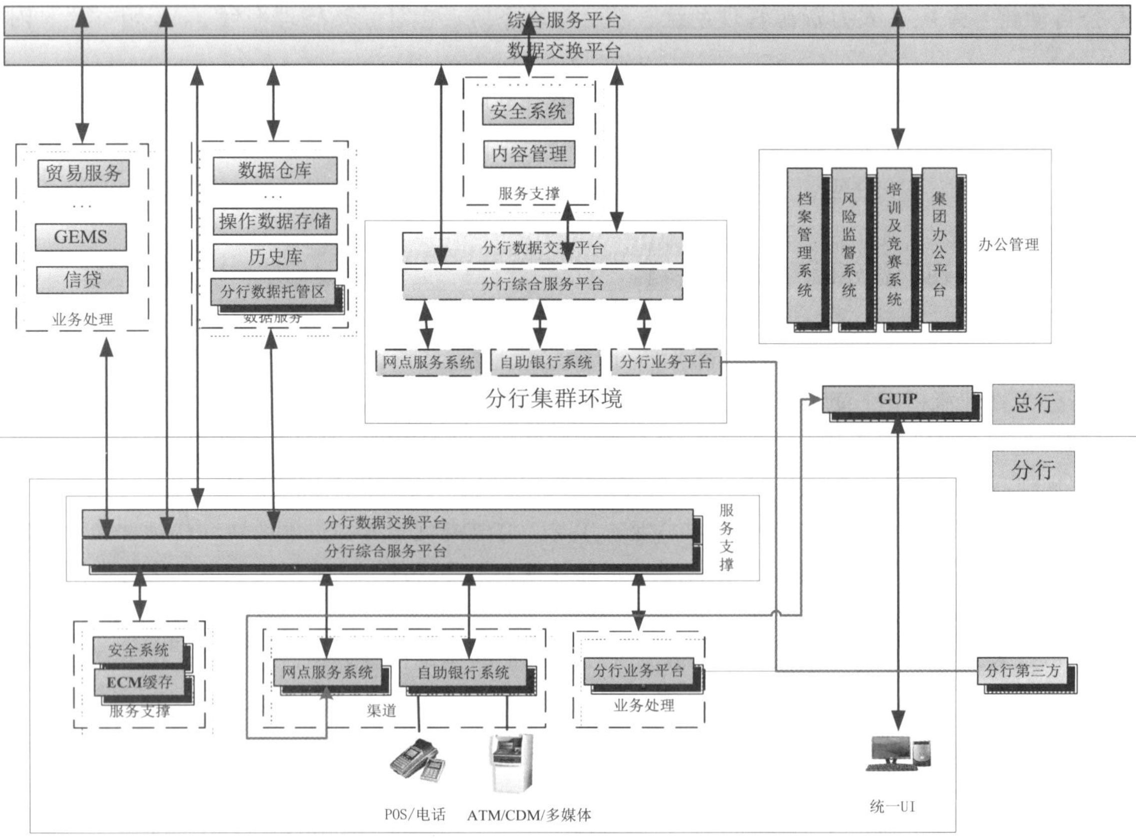

分行全业务应用架构图

种应用系统的新一代综合前端，在GUIP系统的统一框架下为网点柜员、操作人员和管理人员等各种银行用户提供的通用操作平台，同时涵盖原有的移动终端等需要进行离行式业务营销的平台。与分行现有的GUIP系统无缝集成，统一实现数据交换、统一认证登录、统一界面等功能。提供客户服务全流程，包含智能排队系统开始的客户识别服务、网点多媒体信息发布系统、二级牌价系统提供的客户信息服务等。二是分行综合服务平台（BGSP）。分行综合服务平台（Branch General Service Platform，以下简称BGSP）是分行各业务系统之间以及分行与总行各个系统之间互通的桥梁，承担分行联机交易的服务路由功能，和总行EGSP共同组成联机服务总线。由路由子系统、监控子系统、管理子系统构成。路由子系统实现渠道接入、报文解析、权限验证、格式校验、报文路由等功能。监控子系统实现日志查询、实时监控、实时报警、Agent代理等功能。管理子系统实现节点管理、节点监控、数据投产、内存刷新等功能。三是分行业务平台（BBIP）。分行业务平台（Branch Business Integrated Platform，以下简称BBIP）作为集成、统一、业务驱动、组件/模块化的中间业务平台，承载部署在分行端的总行统一业务以及分行特色业务，是分行特色业务的实施平台。平台中的应用采用集群的方式部署，平台直接对接第三方，平台访问行内系统统一经过综合服务平台。分行业务平台基于交通银行自主知识产权的JUMP平台开发，遵循SOA架构，以业务为导向基于组件化的思想提供丰富的技术组件及业务构件，极大地简化分行特色业务的开发，提高开发质量及开发效率，为分行产品创新以及特色业务共享奠定基础。

自助设备前置系统和ATM跨平台。2006年底，启动分行端自助设备跨平台和设备前置系统的整合。2009年5月9日，在分行投产使用。自助设备前置系统（Self Service Banking System，以下简称EPS）采用小型机处理，提高系统处理能力和运行稳定性，实现ATM、POS等自助设备上的分行卡、银联卡、外卡联机交易的收单路由、清算、对账、报表、信息下载等处理功能。B/S管理控制台上实现POS主密钥远程下载功能，方便分行的商户拓展和机具维护。自助设备跨平台C端对符合XFS标准的自助设备，用统一的一套基于CEN/XFS标准的ATMC端应用软件替代目前各厂商不同的C端应用程序。实现C端跨平台后，可以统一自助设备对外服务形象、业务处理流程，也降低开发、测试、维护工作量。自助设备运行管理系统提供故障处理、实时状态监控、实时远程管理（远程复位、远程获取故障数据）、版本分发与控制、设备运行分析统计与报表制作、广告制作与印发等功能。B/S架构管理控制台，实现业务的集中管控。2014年，在交行531工程境内整体系统建设规划中，分行自助设备前置系统（EPS）进行适应性改造，保持本代本、本代他、非收单POS的处理功能，剥离原有的收单业务逻辑，分行端不再对收单类POS进行管理，统一由总行商户系统进行。同时对平台进行升级改造，将同步连接改造为异步连接，提升系统并发处理能力。

安全系统。分行安全系统（Security Certificate Authority Management，以下简称SSB）是建立在应用系统与硬件密码设备之间，整合各种密码设备与密钥机制，为应用提供标准密码处理接口的数据安全系统。主要处理分行所有业务应用系统的各种安全服务请求，包括申请密钥、存储密钥、管理密钥、使用密钥对数据进行加密解密等功能。该系统设计采用CS系统架构。Client端主要以静态链接库的方式提供给各个应用系统调用。Server端负责接收Client端的请求，并调用相应的安全服务对请求进行处理，最终返回处理结果给Client端。安全系统由安全服务、密钥管理、加密设备管理三部分构成。2006年，分行安全系统上线。2010年，完成3.0平台切换。2012年，加密机升级，数据迁移存储。2016年，主机更换。

特色业务系统。1999年，在零售3.0系统下开发特色业务电信通信费代收。陆续推出联通通信费、市自来水费、中法水务水费、移动通信费、电费代收等10余个代收费业务，覆盖电信业务、水电气业务、物业大修资金代收、学校等。支持重点客户重庆市财政系统统发工资、财政支付、财政非税及重庆人行推出的同城支付等业务开展。2006年，零售大集中系统上线后各特色业务改造。2003年，润信中间业务平台上线，并迁移以前开发的特色业务到该平台。2011年，高阳中间业务平台投产，各代收费项目从润信平台向高阳中间业务平台迁移。2015年，531工程BBIP对分行特色业务改造。2016年，响应总分行创新要求，先后推出重庆慈云寺微信捐助系统、重庆公积金直联系统、重庆分行电子同城业务集中化处理等分行创新项目，以及支付宝代收涪陵区水费总分联合创新实验项目。

表6-2-1

1999—2018年分行推出特色业务类型统计

年度(年)	推出特色业务类型	备注
1999	电信通信费代收	
2000	联通通信费、市自来水费、中法水务水费 统发工资投产(C语言解析文本实现方案)	
2001	代收163上网费	
2002	路桥次票收费、移动通信费代收 统发工资(SYBASE+PB技术实现方案) swift报文自动翻译系统	
2003	润信中间业务平台上线,迁移以前开发的特色业务到该平台,并推出燃气费代收	
2004	路桥费代收、代理住房公积金银行卡上账、网上代收邮电学院学费、财政非税代收费	
2005	西南政法学院学费代收系统上线 养路费代收系统上线 北方网通代收费系统上线 电费代收系统上线 综合监控系统上线	
2006	在零售大集中系统迁移后,地方财政非税向高阳ICS平台迁移 养路费、电费、非税垃圾费、燃气费代收等新增业务开发 零售大集中统发工资系统移植开发	
2007	地方财政支付系统项目 市财政公务卡还款	
2008	统发工资对公批量转特色业务 重庆有线代收费 绩效考核系统	
2009	财政国库支付特色业务 统发工资单位自发自扣数据录入离线客户端 移动公司财务集中项目 前端更换为AB系统的特色业务移植开发	
2010	电费代收 公积金查询多渠道接入项目	
2011	重庆支付信息综合服务系统一期(同城支付) 公积金放贷流程特色优化 高阳中间业务平台投产及各代收费项目从润信平台向高阳中间业务平台迁移 金融社保IC卡发卡管理系统	

续表

年度(年)	推出特色业务类型	备注
2012	重庆支付信息综合服务系统集中代收付投产 财政统发工资流程优化投产 重庆口腔医院银卫安康投产 分行特色交易新增反洗钱功能 重庆市分行网点基金净值等信息发布系统	
2013	重庆市分行批量代付特色业务项目投产 公积金支取上账业务投产 长寿区县公务卡还款项目投产	
2014	重庆一中学费代收投产 重庆市票据电子化非税收缴项目投产 骨科医院自助医院项目投产 国库集中支付电子化项目投产 重庆市分行跨境电商在线交易关税处理系统投产 两江新区财政统发工资投产 参与深圳研发中心特色业务531改造方案研发	
2015	重庆市分行粮食集团收付一体化MPOS系统 531各特色业务(分为7大类)梳理并改造(向BBIP、BBOS等迁移)投产 沙坪坝区房管局物业专项维修资金代收项目 重庆市财政集中支付电子化报文规范2.0升级及新增业务类型开发	
2016	重庆市财政集中支付电子化报文规范2.0升级投产 重庆慈云寺微信捐助系统投产 托管户人员住房公积金支取批量代付业务项目投产 重庆艺校银校通间联项目投产 重庆一中银校通直联项目投产 重庆两江新区财政公务卡还款投产 市财政统发工资预算单位报表系统531改造投产	
2017	重庆市涪陵区、永川区自来水水费代收投产 重庆公积金直联系统开发启动 重庆市分行POS特色清算系统投产 重庆市分行建委商品房预售资金首付款监管系统 重庆市分行非税交通罚款投产 支付宝代收涪陵区水费总分联合创新实验项目投产 重庆市分行党员廉政风险防控计分系统投产 特色业务凭证扫描改造投产	

续表

年度(年)	推出特色业务类型	备注
2018	重庆公积金直联系统投产 重庆市两江新区和永川区的区财政集中支付电子化改造 重庆分行电子同城业务集中化处理(柜面和自助票据) 重庆市财政非税收入收缴对账程序优化 江津区房管局住宅专项维修资金系统投产 国库集中支付人行事中监督系统投产 南岸区财政局查询区属国有企业账户信息系统投产 分行特色公共事业缴费业务增加信用卡和买单吧支持项目投产 沙坪坝区房管局住宅专项维修资金代收增加POS及智能POS渠道项目投产 房管局商品房预售资金监管系统投产 重庆市分行自助回单机实物印章电子化改造系统投产 重庆市分行烟草代扣系统投产 重庆市分行不动产交易登记事务管理查询系统投产 重庆市两江新区建设局实名制农民工代发工资系统投产	

管理系统。2005年，建设龙通报表平台，主要进行各口径的存贷款数据的展示。龙通报表平台基于Sybase IQ数据仓库及JAVA平台。2010年9月，从陕西省分行引入绩效考核系统，实现全员全产品覆盖绩效考核。2016年，依托于总行数据托管区，实现与总行绩效考核系统的对接。通过申请下载分行数据托管区数据至分行，在重庆市分行搭建DB2数据仓库进行本地化数据应用。从深圳市分行引入BIRT报表平台，该平台基于开源BIRT报表框架，直接引用分行数据托管区数据，实现报表快速开发。

数据系统。分行数据系统，2005年始建。数据仓库平台为Sybase IQ系统。其数据主要运用于龙通报表平台。经过多年建设，数据总量达到500G。2015年，总行531工程中，包含分行数据托管区。分行数据托管区服务器托管于总行数据中心，基于DB2分布式架构，分行通过VPN+Citrix方式访问。托管区中数据以源业务系统划分数据集市，由分行对基础数据进行二次开发。为便于开发测试，重庆市分行申请部分常用数据印发至分行，并在分行搭建分行数据仓库。截至2018年，分行数据仓库数据量已达到1TB。并基于数据托管区及分行数据仓库，开发分行绩效考核系统、BIRT报表管理系统、数据分析平台等多个应用。

第三章　信息安全管理与基础设施建设

第一节　信息安全管理

管理工作。2005年，总行印发《关于明确省直分行信息技术管理工作职责的意见》，明确设置信息安全岗位及其工作职责。分行当年设置信息安全专岗（李刚任第一任信息安全管理员）。2006

年，根据《交通银行信息系统安全管理暂行办法》《银行业金融系统风险管理指引》，分行每年均与各部门及经营单位签订信息系统安全责任书。2007年，按照版权局正版软件检查要求，完成分行正版软件梳理和检查工作。制定信息技术部技术连续性方案和重庆市分行业务连续性方案，开展全行业务应急演练，形成《交通银行重庆分行网点应急处理指南》。按公安局要求，完成分行信息系统安全等级保护定级工作。2008年，奥运会在北京召开，为保证各系统在奥运会召开期间能够稳定运行，分行各层面多次召开信息安全保障会，信息部采取各类保障措施确保系统稳定运行。2009年，HAC安全运维审计系统上线。该系统提供对重要服务器访问操作进行安全、有效审计的手段，并支持实时监控、实时告警、事后全程回放。2010年，围绕“世博会”保障，落实信息安全工作责任制，研究各项信息安全保障措施，检查并落实整改情况，保障“世博会”期间信息安全工作有序推进。完成McAfee EPO4.0的升级工作。科技管理平台上线，实现IT条线事务流程化。2011年，完成新版“科技管理平台”上线工作。2012年3月，印发《交通银行重庆市分行信息安全事件管理暂行办法》，界定信息安全事件分类（有害程序事件、网络攻击事件、信息破坏事件、信息内容安全事件、运行维护故障事件、灾害性事件及其他信息安全事件），界定事件分级（特别重大事件、重大事件、较大事件、紧急事件、一般事件），规范事件管理组织架构及事件报告、处置和汇总等。8月，印发《交通银行重庆市分行营业机构计算机信息安全管理办法》，从营业机构信息安全标准、检查与整改、兼职信息安全员等，规范各单位计算机信息安全管理。界定分行兼职信息安全员工作职责。2013年5月，印发《交通银行重庆市分行信息安全保障领导小组工作细则》，规范分行信息安全保障领导小组工作责任。印发《交通银行重庆市分行中心机房使用管理实施细则》，加强分行核心部位管理。2014年2月，印发《交通银行重庆市信息科技管理安全保障委员会工作细则》，界定信息科技管理与信息安全保障委员会工作职责等。2014年，完成分行同城灾备中心建设。对分行信息系统应急预案进行修订和完善。5月、11月，完成分行信息系统集中演练，完成总行审计部对分行信息系统的检查。2015年，两次完成分行信息系统应急演练及分行中心机房消防演练。演练完成发凭证影像采集、虚拟化平台、中间业务系统双机、“人行通”系统双机、ICS/IF-SS双机、EPS双机、ECM双机、SSB安全密钥系统、集中提回影像采集、城域网核心路由器76接管等共计23个系统（或主机）的应急演练测试，检验应急演练计划有效性及生产、备份系统切换有效性。8月16日，分行531系统上线。两次对同城灾备机房长途链路及531工程部分新系统开展应急演练。定期召开信息科技管理与信息安全保障委员会，落实监管机构要求，完成分行信息系统等级保护重新评定。2016年，根据人行要求，信息部组织牵头开展“全国科技宣传活动周”“网络安全周”宣传活动。2017年，制定“制度优先、流程优化和坚持问题导向”方法步骤，以7个强化提升科技精细化管理水平，启动内控3年创A计划。印发《交通银行重庆市经营单位及部门信息安全检查管理办法》，规范检查内容、兼职信息安全员等，界定分行营业机构信息安全标准及分行兼职信息安全员职责。2018年，继续以内控3年创A为目标，重点完成“信息安全检查底稿”及“2018年审计要点”对标工作，各条线共开展主题自查14次。年度内控管理在系统内排名第10位，系统内评级A-。年度交通银行操作风险考核通报中，信息科技板块在37家省直分行中名列第2名。

信息安全技术体系。交通银行信息安全技术体系伴随着数据大集中项目推广上线逐步建立健全。2005年，完成全行防病毒控管系统部署。2009年，统一全行桌面管理系统，在防病毒、入侵检测等安全保障基础上，逐步建立PC安全管理运维管理准入控制、防泄密等四维PC安全管理与控制平台。2009年，在国内同业中率先设置能提供对重要服务器、网络设备操作动作审计的手段，支持实时监控、实时告警和事后全程回放，实现事前预防、事中控制和事后审计，集认证、授权、管理和审计为一体的HAC（运维安全审计）系统。2010年，科技管理平台上线，实现IT条线事务流程化。2016年，推广上线企业级数据防泄漏系统（EDLP），实现个人计算机用户登录控制、文件加密传输、文档打印、邮件发送控制等功能，有效防止敏感数据外泄，营造安全可靠的内网办公终端环境。分行推广上线360防病毒软件，加强全行病毒管理。2017年，运用IT工作平台，做好信息安全板块流程管理。2018年完成分布式内网扫描系统（AVDS）的上线。

信息安全检查规范。2006年8月31日，总行制定《计算机安全检查管理办法》，建立监督检查机制，遵循“谁主管，谁负责”原则，由各级专职信息安全员按季度，以实地检查和不定期检查与抽查组织执行。检查采用自查、交叉检查、专项检查等方式开展，信息安全检查内容包括：信息安全组织与机构人员、计算机资产管理、科技文档管理、数据安全与加密管理、信息安全产品管理、业务连续性管理、计算机机房安全管理、计算机生产运行管理、计算机信息系统开发管理、计算机系统管理、计算机网络管理等11个方面。针对检查发现的问题和隐患，按安全检查责任制范围落实整改，并跟踪、回查整改结果。分行出台《交通银行重庆市分行经营单位及部门信息安全检查管理办法》《交通银行重庆市分行经营单位及部门信息安全检查管理办法（2019版）》，开展全行信息安全检查。

信息科技风险管理。2009年，总行依据银监会《商业银行信息科技风险管理指引》，把信息科技风险管理纳入全面风险管理体系。在IT风险控制体系建设中，重点研究IT风险识别，制定风险管理策略，明确信息资产保护等级和对应策略。围绕全面风险管理要求，建立IT风险检查、评估、监测、报告机制，通过完善IT风险管理制度、落实IT操作风险防控工具、组织开展风险审计和检查、加强信息安全培训等工作，着力从人、系统和流程上加强信息科技风险管控。2009年，总行在全行范围内开展多项信息科技风险检查工作（中国银监会信息安全专项检查、中国人民银行网银专项检查、机房专项检查、等级保护测评IT条线内控管理和2009年“两会”及国庆期间信息安全自查等）。检查涵盖交通银行信息安全制度、业务连续性计划、资产管理、风险控制等信息安全管理及技术。围绕技管部“信息安全检查底稿”及审计部“年审计要点”对标工作，部门各条线开展各类主题自查，做到信息安全检查常态化、制度化、全覆盖。风险管理部作为信息科技风险“三道防线”之一，逐年加大信息安全风险评估。信息部完成“操作风险与控制自我评估全流程风险初评估”“年操作风险灾难评估”“信息系统开发运维与安全管理流程专项风险控制评估”“业务外包全面风险评估”等风险评估工作。

第二节　基础设施建设

系统平台。1991—2001年，交通银行电子化建设发展初期，以微机业务处理系统为基础，从单机、单点应用发展到联网应用，系统平台从微机发展到小型机。进入21世纪，交通银行启动数据大集中建设工程。总行数据中心引入IBMS/390大型主机，将会计核算等相对稳定、事务处理要求较高的核心账务系统放在IBM大型机平台上实现，采用先进成熟的系统耦合（SysPlex）、中间件耦合（CicsPlex）、数据库共享（DB2datasharing）以及负载均衡等智能化技术，构建高效率、高稳定性、高可靠性生产环境。数据大集中工程投产运行，标志着交通银行在系统容错能力、系统容量和保障业务运行连续性方面取得重大突破。除核心大型机处理系统平台之外，基于工作流经常变化的如信贷业务处理等系统和总分行前置系统等均放在开放系统平台上实现。分行端则采用安腾芯片的主机（HP RX8460、HP SuperDome），建设分行前置系统（ICS）、分行报表系统（IFSS）、文件分发系统（BDE）、事后监督系统（PAEA）。2010年，分行中心机房服务器“虚拟化”管理平台投产上线。2011年，基本实现高可用性服务器集群的“云计算”应用和“虚拟化”管理，大幅改善了服务器设备的硬件环境，提高了系统管理水平。全年利用虚拟化平台新建和迁移虚拟机68台。2015年，531工程上线，重庆市分行作为首批x86架构试点行，采用基于x86架构的硬件架构，通过与国内联想、华为等大型IT厂商合作，使用逾20台国产PC服务器建设其新一代分行核心路由平台、特色业务处理平台、网点业务处理平台和数据库服务器。

网络架构。1990年，交通银行起步建立总、分、支行三级远程通信微机信息网络。1992年，正式启用通信网络。1994年1月，在邮电部支持下，建立起借助国家公用数据网的交通银行数据传输专用网络，全行所有分支行均联入网络。7月1日，正式启用该网络传输各分支行隔日资金头寸表信息，成为国内全国性商业银行中首家可看到全部经营单位隔日资金头寸信息的银行。分行相继完成同城网络建设。一是城域网线路接入。1994年，分行至各级支行网点的线路接入模式为DDN单线MODEM拨号。1998年，逐步对中心支行及业务量大网点增加一条备份线路，改为双DDN线路拨号接入。2000年，全行营业网点均采用双线接入。2004年，随着网点业务量增加，核心交易系统对网络带宽的需求增加，加之帧中继技术的全面推广应用，分行正式全面启动二级网帧中继改造，线路带宽也提升至2M。2014年，ATM传输技术逐步淡出历史的舞台，MSTP等新接入模式出现，分行开始实施网点线路MSTP改造工程。2015年，线路带宽同时提升至4M，部分支行根据带宽使用情况，部分提升至10M。

二是核心网络拓扑结构演变。伴随网络技术的不断进步，安全、应用的要求越来越高，交通银行总行不断优化各省直分行的网络架构，由无到有，由简至繁，大致经历4个阶段：

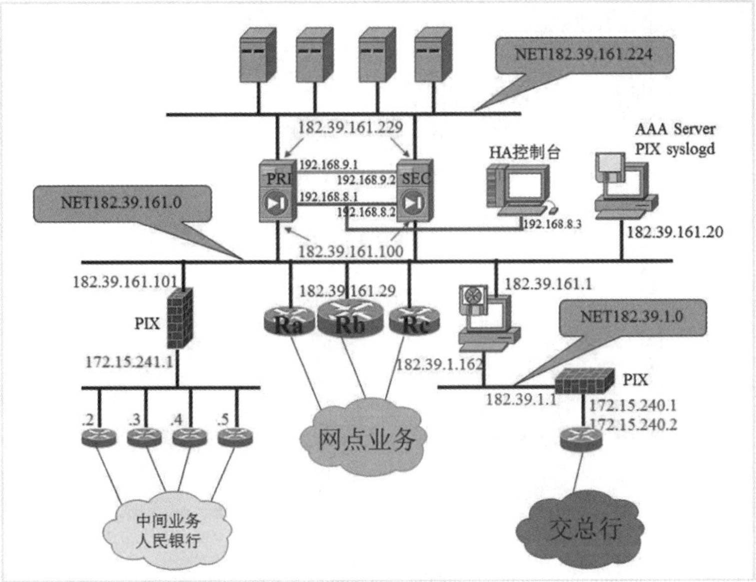

交通银行第一阶段（1998—2006年）核心网络拓扑结构

三是网络设备的更新换代。1994年启动全行联网以来，从最初只要求网络联通到现在有完整的外联，连总、OA、业务、城域网、灾备、无线等多个区域，每个区域都有完整而强大的路由交换处理能力及安全防护能力。路由器交换设备由最初的纯国外CISCO设备到目前的国产化，防火墙经历Checkpiont、PIX、ASA、Juniper、H3CF系列的更替。安全检测设备也由IDS更新为IPS。互联网使用安全控制设备也从无到有，目前全行的互联网使用都经过国产深信服上网行为管理系统审计授权。

监控与运维平台。一是系统监控。2005年，分行独立自主开发的综合监控系统上线，系统将电脑部所有监控子系统进行规范和标准化。建立综合监控中心，负责对各应用子系统进行统一故障登记、分类、统计，并以WEB架构实现中心机房和监管人员动态实时声音和图像报警。2008年6月，系统监控管理平台软件IBM Tivoli Monitoring 6.1正式上线投入使用。ITM负责操作系统、数据库、MQ和应用的监控，并收集事件上传到总行的事件处理平台。2010年3月8日，启动分行网

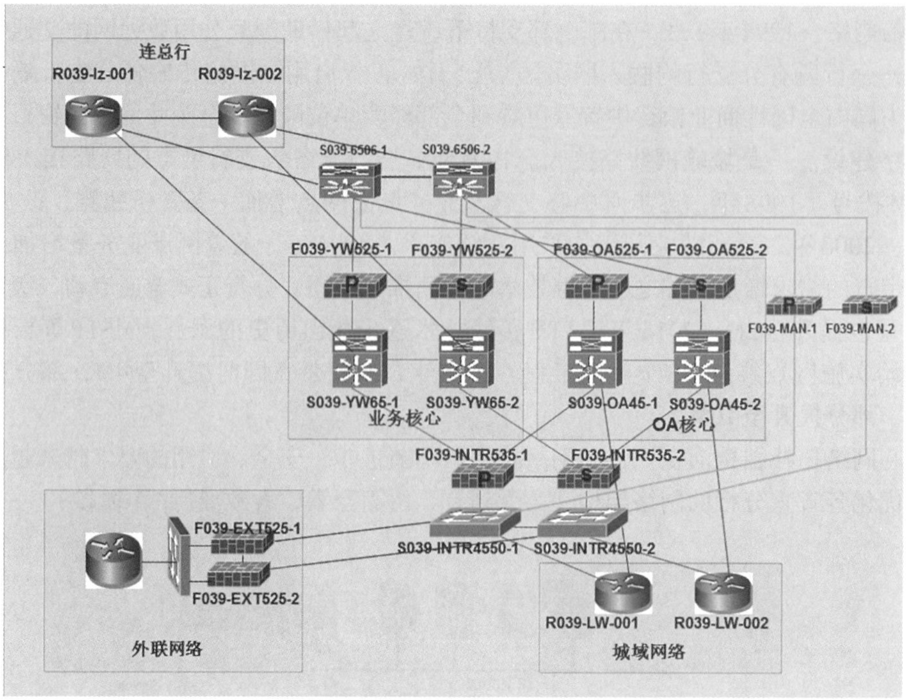

交通银行第二阶段（2006—2010年））核心网络拓扑结构

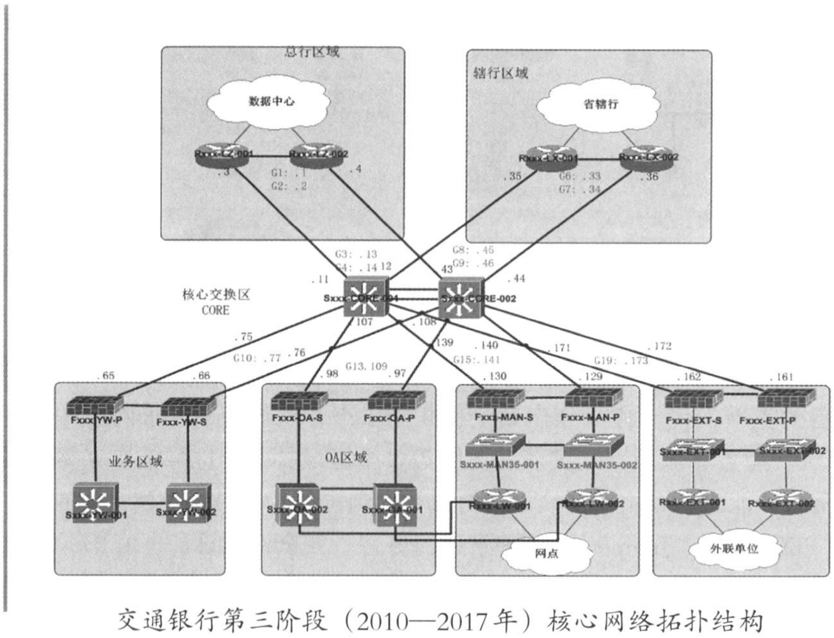

交通银行第三阶段（2010—2017年）核心网络拓扑结构

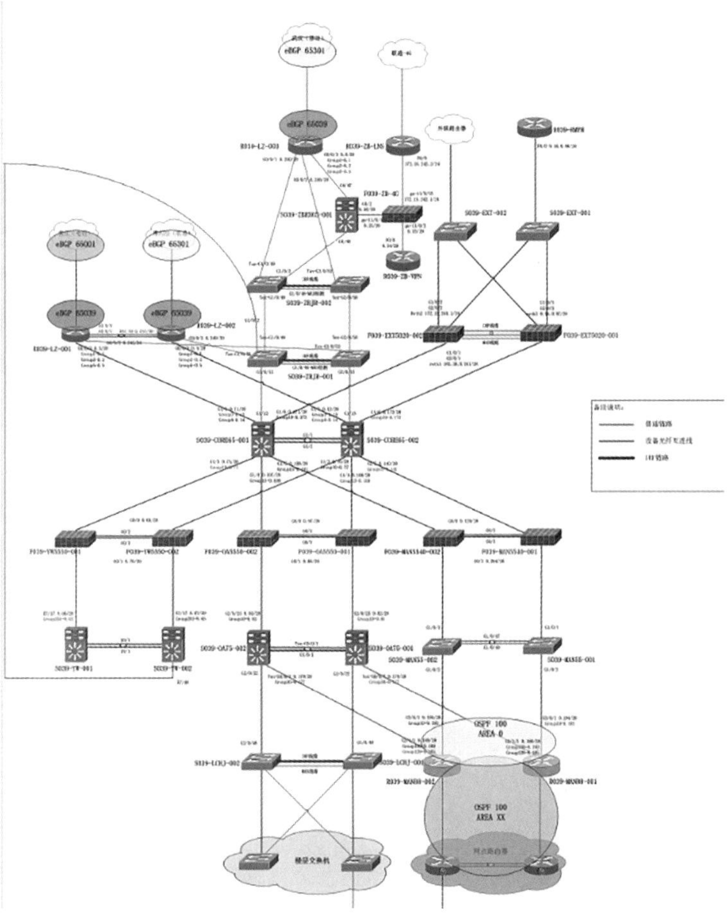

交通银行第四阶段（2017年以后）核心网络拓扑结构

络监控平台二期工程，开展系统优化、事件处理优化、事件级别规划、历史数据清理等工作。2010年6月，完成对所有省直分行核心系统（如ICS.EPS系统）的应用交易级监控。2012年9月26日，启动分行自动化运维管理平台建设。2013年1月13日，分行自动化运维管理正式投入使用。二是网络监控。2002年起，分行启用netview监控平台。2007年10月11日，试点运行分行系统监控平台。2008年7月1日，正式启动分行网络监控平台（NETCOOL）建设项目。2009年5月，完成分行系统网络监控整合集成，全行所有机构全部纳入网管监控系统管理范围。2017年，正式启用NET-COOL平台升级本BNMP平台。

第七篇　人力资源

分行重新组建后，坚持把金融人才、干部队伍作为银行发展的第一资源的理念，努力探索、实践现代商业银行的人力资源管理模式，积极开展人力资源管理体制改革，加大人才教育培养力度，努力塑造一支高素质的行员队伍。

开业初期，面对计划经济传统人事管理体制的束缚，重庆分行大胆进行改革创新，积极推行干部聘用制和员工聘用合同制，吸引一批银行业务发展的急需人才。1992年，分行率先在重庆金融系统中实行干部聘任制和员工聘用合同制，1996年，在总行推动下实行全员聘用制。

在交通银行深化股份制改革后，重庆分行通过构建新的职位管理、绩效考核、薪酬福利和教育培训体系，统一规范人员录用流程管理，优化配置员工队伍，推进人力资源机制改革，逐步实施人才强行战略，完善选拔培养机制，加强人才队伍建设，创新人才培训方式，丰富人才培训内容。

第一章　人事管理

第一节　劳动关系管理

一、入职管理

商调。商调制度主要指向市内外各银行、保险公司协商调入业务骨干，或者从机关、事业单位选调相关干部。建行伊始，按照总行《关于对新近人员实行〈协议书〉的通知》要求，分行员工的来源主要有商调人员、接受对口专业的大中专生和人员招聘三种，其中商调是最主要的形式。筹建初期，按总管理处对人员结构比例要求组建队伍，其中从各银行、保险等金融机构调入不少于30%，组成业务骨干；从企、事业单位调入财务、会计等业务人员不少于30%；从机关、事业、企业调入各类行政人员不高于30%。对新组建队伍实行三个月试用期管理，其间如发现不符合调入条件者，均做退回处理。筹备组同各专业银行、保险公司协商，从各行、司借调27人，充实和加强了筹建力量。据《关于一九八八年机构设置与人员编制意见的报告》统计，截至1987年底，调入干部69人，工人4人，共73人（尚未报到11人）。其中：行、司调入38人，占总人数的52%。

招聘。一是聘用上岗合同制。1992年3月，率先在重庆金融系统中转换内部机制。经职代会讨论通过，实行副科长以上干部聘任制和员工聘用上岗合同制，打破干部和工人的界限，根据工作需要和本人条件、能力安排上岗。对新进行人员，实行“两段式”招考和选调，面向社会，公平竞争，引进人才。二是行员制。1994年，总行进行全行行员制度改革，开发职位分类制度、行员聘用制度、行员等级工资制度等，实行全员聘用管理，促进全行人力资源科学配置。1996年3月14日至15日，交行总行在成都召开辖内分支行行长、人事处处长会议。传达总行推行行员制和工资改革会议的精神。6月14日，重庆分行召开全辖行员制工作会议，传达贯彻总行青岛工作会议精神，交流、检查辖内各行第一阶段实施行员制工作情况，讨论研究工作中的疑难问题。1996年11月13日由分行第二届职工代表大会投票通过，之后对代表所提意见建议进行研究，做进一步修改完善，于1996年12月正式实施行员聘用制。根据《关于实施行员聘用制的通知》要求，规定招收录用行员主要通过招聘、调入等途径；招录对象包括系统内行员、外部专业技术骨干、业务管理人才、大中专毕业生和转业、复员军人等；招录时以“职位说明书”所属工作职责和任职条件为标准，坚持面向社会、公开招收、统一考试、全面考核、择优录用的原则；实行行员推荐责任制度和亲属回避制度。员工进入渠道逐步从商调为主转变为以招聘为主。三是招聘录用制。2004年，交通银行深化股份制改革后，通过构建新的职位管理体系，建立市场化人才招聘机制，统一规范人员录用流程管理，优化配置员工队伍素质结构，创新开发人力资源管理平台，推进人力资源管理机制改革，促进提升全行基础人事服务能力。2005年，总行制定《从业人员核定及员工录用流动管理暂行办法》《劳务派遣人员录用为正式员工工作指导意见》，规定招聘录用人员应具备金融、经济、管理或拟聘岗位所需的相关专业大学本科及以上学历等基本条件；明确员工录用遵循“分行分级审核、总行集中审批”的原则。对派遣制员工录用为正式员工，提出对象与范围、资格条件、考核程序、录用纪律等具体标准要求。2009年，总行相继印发《员工招聘与录用管理办法》《集团境内机构人员内部流动管理办法》《海外机构人力资源管理办法》，实行招聘录用的全集团集中统一管理。并搭建全集团（同意）统一的招聘平台、考试平台和题库平台，规范社会、校园、系统内录用工作流程。2013年，总行印发《交通银行员工招聘与录用管理办法》，确定人员招聘录用遵循“公开选拔、平等竞争、择优录用”的原则，建立“逢进必考、考试统一”的招聘工作机制，新进C职等以下员工均须参加总行组织的统一考试，人员招聘类型分为校园招聘和社会招聘两种。

二、任职管理

合同签订。为贯彻执行《中华人民共和国劳动法》及有关推行劳动合同制的行政法规，改革劳动用制度，保障用人单位与劳动者双方的合法权益，根据交通银行总行的统一部署和要求，分行于1996年12月起实施行员聘用制，用人单位与劳动者根据平等自愿，协商一致的原则，签订聘用合同，以合同明确规定双方权利、义务。2003年3月，执行《交通银行实施劳动合同暂行办法》。凡新录用员工及合同到期续签劳动合同的，一律按本办法执行。按《交通银行行员聘用暂行规定》签订的劳动合同继续有效，劳动合同未尽事宜，按本办法执行。本办法自颁布之日起执行，《交通银行行员聘用暂行规定》即行废止，以前行员管理规定与本办法有抵触的，按本办法执行。2009年，执行《交通银行劳动合同办法》。分行自用工之日起即与行员建立劳动关系。建立劳动关系，应当先订立书面劳动合同后用工。如有特殊情况，无法在用工之日订立劳动合同的，必须在用工之日起一个月内订立劳动合同。分行应该按照该法第七条规定，建立职工名册，职工名册应当包括行员姓名、性别、居民身份证号码、户籍地址及现住址、联系方式、用工形式、用工起始时间、劳动合同期限等内容。分行的劳动合同分为固定期限劳动合同、无固定期限劳动合同和以完成一定工作任务为期限的劳动合同。分行与行员协商一致，可以订立固定期限劳动合同、无固定期限劳动合同和以完成一定工作任务为期限的劳动合同。分行与行员订立固定期限劳动合同，第一次合同期限一般在2至4年之间，第二次合同期限一般在4至6年之间。具体合同期限由分行与行员协商确定。该办法自印发之日起施行，原《交通银行实施劳动合同暂行办法》同时废止。

职位管理。1988年分行重建初期，根据总行职位管理要求，分行主要负责人称总经理，支行主要负责人称经理，分行内部管理机构设处、室、部，负责人称处长、主任，支行内部机构设科、室、部，负责人称科长、主任。1994年，根据总行文件要求，分支行总经理（以理）、副总经理（副经理）改称行长、副行长。1995年，分行按照总行《职位分类实施办法》，根据系统原则和最低职位数量原则，对分行人员编制和机构进行设置。

2005年，为适应股份制改革和公司化运作的需要，分行印发《关于统一机构和职务称谓的通知》，除党委办公室、党委组织部、党委宣传部、党校、机关党委、工会、团委等部门的机构和职务称谓暂不变外，其他内设机构一律取消“处”“科”称谓，分行的处级机构称谓由“处”改称“部”，内设科室称谓取消；处长改称高级经理，科长改称经理。办公室、监察室及冠以“中心”的机构称谓保留不变。

2006年，总行实施人力资源管理改革项目后，按照“因事设岗、因责设岗”的原则，依职位所需的专业技能和所承担的责任以及贡献度，开展职位评估，建立起“以岗定级、体现差异”的职位管理体系。分行职位划分为A、B、C、D四个职等。其中：A职等为普通行员，B职等为分行经理、专员、高级专员，C职等为分行部门高级经理、资深专员、首席专员，D职等为分行的行级领导。

2014年，出台《交通银行重庆市分行职位管理办法》，将分行职位按管理与专业两大序列进行设置。管理序列包括支行行长、副行长、行长助理，部门总经理、副总经理、总经理助理，管理经理等职位。专业序列职位包括专家型人才序列和专业职位序列。专家型人才序列职等为C职等，涵盖对公业务、零售业务、同业业务、预算财务、营运业务、风险管理、信息科技等，包括专才、专家等职位。专业职位序列职等跨度为A、B职等，B职等职位称“高级”职位；A职等职位称职位本身名称。2018年，总行开展职位职级体系优化，决定在保持现有职位职级整体框架的基础上，通过在A、B职等各职级内增设职档，扩大分行职位管理授权等方式，进一步优化职位职级体系。分行按照“以责定岗+员工成长”的设计原则，在现有职位的职级保持不变的基础上，引入职档维度，将A职等由原来3级细化调整为3级9档；B职等从原来的3级细化调整为3级6档。

2017年，分行印发《交通银行重庆市分行一级支行组织架构调整方案（试行）》，根据支行规模、管理半径、物理距离，参考历史因素，将一级支行分为四组，组织架构分类调整，明确各类一级支行班子职数及内设部门，一级经营单位下设综合管理（安保）部及公司业务部、零售业务部（部分支行不设置公司业务部、零售业务部，设置市场营销部）并设置内设部门经理岗位。2018年，为全面贯彻国务院关于大型商业银行支持普惠金融发展的要求，进一步促进普惠金融业务落地实施，市分行决定在两江新区分行、自贸区分行、南岸支行、渝北支行、两路口支行试点设立普惠金融事业部并配置部门经理。

三、离职管理

2004年，印发《交通银行重庆分行行员申请离职暂行规定》，规定行员要求调国家机关单位工作，或辞去分行工作到其他企事业单位工作或另谋职业，须按《中华人民共和国劳动法》规定，提前30日提交与分行解除劳动合同的申请书；但按规定若有特殊情况未完全履行合同义务的，暂不能申请解除劳动合同。要求调离、辞职的行员，解除劳动合同前，应按有关法规、合同、协议，履行相应的各项义务。在获得分行解除劳动合同通知书之前，申请人不得自行离行。

2013年，分行印发《关于对辞职人员实行“脱密期”管理的通知》，进一步规范分行干部员工辞职手续程序，维护分行与辞职人员双方的合法权益，通知明确实行“脱密期”管理的辞职人员主要包括分行部门正、副高级经理，助理；支行正、副行长，助理（含二级支行），客户经理，产品经理，以及其他涉及本行重要商密岗位人员。

2014年，总行下发《关于进一步规范办理行员离职手续的通知》，进一步规范离行手续办理流程，分行遵照执行。

四、退休管理

根据《重庆市参加企业职工基本养老保险人员办理退休暂行办法》，员工养老保险缴费年限满15年（含视同缴费），其中实际缴费必须满5年可办理退休手续。其中，男性年满60周岁，工人身份女性年满50周岁，干部身份女性年满55周岁可正常退休；参保人员因病或者非因工致残，经劳动鉴定委员会鉴定完全丧失劳动能力，可以办理病退休。2000年，印发《关于交通银行分支行干部职务解聘和内退有关问题的通知》。规定分行行级干部自行申请，经批准可按现职位办理内退，经审核批准，签订协议即可。内退人员生活费，按照办理内退时本人行员等级工资标准发放，不再发放奖金及与经营活动有关的津贴、补贴。内退人员达到退休年龄，应及时办理退休手续。内退人员仍计入所在行的职工总数。2000年，分行制定《交通银行重庆分行行员内部退养试行办法》，详细规定符合下列条件之一的行员，可申请内部退养：男年满55周岁，女年满50周岁，且工作年限满20年的；工作年限满30年的；男年满50周岁，女年满45周岁，经医院证明和有关部门确定，患病或因公致残难以坚持或胜任正常工作，但未达到完全丧失劳动能力，且工作年限满20年的。经分行批准内退后，签订内退合同。内退后，从次月起停发工资、奖金和各种经营生产性津贴，享受内退生活费。内退生活费按本人内退当月的行员等级工资标准计发。每月按内退生活费30%计发内退补助。2004年，总行印发《关于停止办理内退手续的通知》，全行停止办理内退手续，并对已办理内退手续的人员进行清理，对不符合国家政策和交通银行规定的予以纠正。截至2018年底，分行内退人员尚有3名。

退休金核定。员工退休后养老金根据《重庆市人民政府办公厅关于改革基本养老金计发办法的通知》计发。养老金计发公式：基础养老金：（A+A×Q）÷2×M×1%；个人账户养老金：K÷L；过渡性养老金：1.4%（A+A×Q）÷2×M1；增发待遇：独子3%，无子女20元，孤寡30元。其中：A为上一年的社会平均工资，Q为平均缴费指数，M1：建立个人账户前实际缴费年限和实行个人缴费前视同缴费年限，M为缴费年限=M1+建账后实际缴费年限=视同缴费年限+实际缴费年限，K为个人账户累计储存额，L为个人账户计发月数。

分行员工退休后除享受社保发放的养老金外，还享受企业年金。其中，2008年（含）以前离退休员工执行养老补贴办法，2009年及以后退休的员工享受企业年金。2010年，总行经研究决定自2010年7月起调增离退休人员企业养老待遇标准。调增对象为：在本行办理离退休手续的人员，包括2008年（含）以前离退休、执行养老补贴办法的人员和2009年及以后退休、参加年金计划的人员。

2011年，总行经研究决定自2011年7月起再次调增离退休人员企业养老待遇标准。调增对象为在本行办理离退休手续的人员，包括2008年（含）以前离退休、执行养老补贴办法的人员和2009年及以后退休、参加年金计划的人员。

2018年，为保障员工退休后养老水平，综合考虑物价持续上升、基本养老金标准调增等因素，总行经研究决定，自2018年1月起发放离退休人员专项慰问补贴。实施对象为2008年12月31日（含）前在本行离退休的人员。发放标准为专项慰问补贴标准按照全行补贴基准、地区系数、员工离退休时职等等因素，由总行统一核定。

五、派遣管理

2006年，总行制订《交通银行业务岗位派遣制人员管理暂行办法》，派遣制人员与正式员工纳入一体考核，按与同岗位正式员工同样的办法进行考核并确定考核结果。达到规定条件和资格，并通过所在行公开职位招聘，可被录用为正式员工。2007年，分行根据总行办法制定《交通银行重庆分行业务岗位派遣制人员管理实施细则》，进一步明确派遣制人员范围、劳动用工管理、人员条件、接收程序、薪资及福利待遇、人员管理、转正规定等。并决定将派遣制人员计入从业人员控制数，控制在从业人员总数的20%以内。

2006年、2007年均开展派遣制人员录用为正式员工工作。2008年，总行下发《交通银行劳务派遣人员录用为正式员工工作指导意见》，分行根据总行指导意见，分别于2008、2009、2010及2012年制定在派遣制人员录用正式行员实施方案，并按方案开展派遣制人员录用为正式行员工作，至2012年末分行派遣制员工余16人。2013年，总行下发《交通银行员工招聘与录用管理办法》，明确交通银行劳务派遣制员工录用为正式员工，由总行统一审批，应聘条件及招聘流程按《交通银行劳务派遣人员录用为正式员工工作指导意见》有关规定执行。此后，随着派遣制人员陆续离职或退休，截至2018年末，分行派遣制人员4人。

第二节　劳动纪律管理

一、考勤管理

日常考勤。2005年，制定《交通银行重庆分行部门员工考勤暂行办法》，规定分行部门实行二级考勤制度：各部门负责员工日常考勤；分行组织考勤组对员工出勤情况及部门考勤情况进行不定期检查。员工未按时到岗工作或上班时间办私事，分行将给予扣减奖金的经济处罚。各类请假应按分行规定的手续程序执行。

请假管理。2008年，总行根据《企业职工带薪年休假实施办法》（中华人民共和国人力资源和社会保障部令第1号）的精神，以及其他与假期有关的法律法规，对交行原《交通银行员工请休假暂行规定（修订）》以及《交通银行总行员工请休假暂行规定（修订）》进行了修订和完善，于2008年印发了《交通银行员工请休假规定》，分行请休假遵照总行规定执行。2009年1月1日起，按照《交通银行员工请休假规定》，员工因私事不能上班，应事前办理请事假手续。员工未经批准擅自离开工作岗位的按旷工处理。2017年，分行根据总行于2016年12月30日印发的《交通银行员工请休假规定》，同时结合《重庆市人口与计划生育条例》等其他与假期有关的法律法规，对分行员工请休假实施细则进行了相应修订。修订了年休假计算办法：员工累计工作已满1年不满5年的，年休假5天；已满5年的，工龄每增加1年，年休假增加1天，最高20天。相比原办法，本次修订普遍增加了员工年休假天数，同时年休假最高天数由原来的15天提高到了20天。根据《重庆市人口与计划生育条例》规定，依法办理结婚登记的员工享受婚假15天。相比原办法，员工婚假天数从10天增加到了15天。修订了丧假的范围：员工的父母、配偶、子女及岳父母、公婆、（外）祖父、（外）祖母、（外）孙子、（外）孙女身故，可申请丧假。相比原办法，本次修订增加了申请丧假的范围：（外）祖父、（外）祖母、（外）孙子、（外）孙女。增加了护理假天数，配偶住院生产期间，给予男员工护理假15天。相比原办法，护理假的天数增加了6天。对员工请休假的申请材料进行了明确及统一规范，使员工请休假申请更具有可操作性；对请休假书面材料的留存进行了规范，请休假原件由人资部统一留存，各单位同时留存复印件；除以上根据分行实际情况进行修订的条款外，分行其他条款均执行总行文件的统一要求。

年休假。1996年，《交通银行重庆分行行员保险福利暂行规定》对年休假（公休假）、婚假、丧假、病假、工伤假、生育假、履行国家义务和社会公益活动、疗休养、探亲假等做明确规定或说明。年休假假期：行员连续工龄满5年的，可享受年休假待遇。其中，连续工龄满5年不满10年者，每年休假7天；满10年不满20年者，每年休假10天；满20年及以上者，每年休假14天。连续工龄满5年、10年、20年的，从下年起分别按规定的时间休假。假期等级工作照发。2007年，实施《交通银行重庆分行员工年休假、疗休养管理实施细则》，规定连续工龄满1年的员工及派遣制人员，每年可享受带薪年休假。在分行试用期内的不享受年休假。年休假假期按工龄确定：工龄满1年不满5年的3天；满5年不满10年的7天；满10年不满15年的10天；满15年的14天。年休假计算周期为每年1月1日至12月31日，年中达到上一档次工龄的，从次年起按上一档次年休假天数执行。员工待职期间不执行年休假，待职结束后恢复执行年休假。正在办理辞职手续又未享受当年年休假的员工，须在离任审计及交接结束后，按规定执行当年年休假。年休假可一次使用，也可分段使用。员工病事假、强制性休假，应冲抵年休假。员工年休假应在当年全部用完，当年的年休假，不可累积到第二年，也不能以折算现金的方式补偿。2008年12月31日，总行印发《交通银行员工请休假规定》，将年休假的休假天数做出调整，规定员工累计工作已满1年不满10年的，年休假5天；已满10年不满20年的，年休假10天；已满20年的，年休假15天。2017年，根据《交通银行员工请休假规定》《重庆市人口与计划生育条例》以及其他与假期有关的法律法规，修订年休假：员工累计工作已满1年不满5年的，年休假5天；已满5年的，工龄每增加1年，年休假增加1天，最高20天。员工连续工作1年以上的，可享受年休假；年休假期间，员工享受与正常工作期间相同的工资收入；年休假以每年1月1日至12月31日作为计算周期。国家法定休假日、休息日不计入年休假；累计工作时间是指员工在交行或者其他用人单位工作的时间，依照法律、行政法规或者国务院规定视同工作的时间计入累计工作时间。新进行的员工，符合年休假条件的，当年度年休假天数，按照在分行工作剩余日历天数折算确定。符合年休假条件，但有下列情形的员工，当年的年休假安排适当调整：员工待职期间休年休假的，待职时间顺延；员工在试用期内的，应在试用期满后安排年休假；员工当年退休，应在退休前安排年休假。

婚假。2008年12月31日，总行印发《交通银行员工请休假规定》，规定员工结婚可申请婚假，婚假须在领取结婚证后的一年内一次性休完。符合法定年龄结婚的员工，可享受3天婚假。晚婚（男年满25周岁初婚，女年满23周岁初婚）的员工，除享受国家规定的婚假外，增加晚婚假7天。晚婚假应当与婚假合并连续使用。婚假和晚婚假包括公休假日，晚婚假遇法定节假日顺延。婚假和晚婚假期间，基础工资和履职津贴全额计发。2017年，根据《交通银行员工请休假规定》《重庆市人口与计划生育条例》以及其他与假期有关的法律法规，修订婚假：依法办理结婚登记的员工享受婚假15天，婚假包括公休假日和法定节假日，婚假期间，员工享受与正常工作期间相同的工资收入；员工婚假须在领取结婚证后的一年内一次性休完。

丧假。2008年，总行印发《交通银行员工请休假规定》，员工的父母、配偶、子女及岳父母、公婆身故，可有丧假3天。需本人去外地料理丧事的，可给予路程假。在批准的丧假和路程假期间，基础工资和履职津贴全额计发。丧假不包括公休假日和法定节假日。2017年，根据《交通银行员工请休假规定》《重庆市人口与计划生育条例》以及其他与假期有关的法律法规，进行丧假修订：员工的父母、配偶、子女及岳父母、公婆、（外）祖父、（外）祖母、（外）孙子、（外）孙女身故，可申请丧假3天。丧假不包括公休假日和法定节假日。丧假期间，员工享受与正常工作期间相同的工资收入。

生育假。2008年，总行印发文件规定：女员工生育可享受产假。其中，产前休假15天，产后休假75天；难产的增加产假15天；多胞胎生育的，每多生育一个婴儿，增加产假15天。已婚女员工生育第一个子女时，年满24周岁的，为晚育。符合规定生育的晚育女员工，除享受上述产假外，增加晚育假30天。产假包括公休假日和法定节假日，晚育假包括公休假日，不包括法定节假日。员工在产假期间，应按地方政府生育保险规定享受生育保险津贴和生育生活费，行内薪酬停发，但按规定应补足差额的由分行补足。所在行未参加地方政府生育保险的，按当地政府有关规定执行；如当地政府无明确规定的，生育假期间基础工资和履职津贴由分行全额计发。2017年，根据《交通银行员工请休假规定》《重庆市人口与计划生育条例》，进行生育假修订：符合法律法规规定生育的女员工，可享受产假128天。其中，产前休假15天，产后休假113天；难产的增加产假15天；多胞胎生育的，每多生育一个婴儿，增加产假15天。产假包括公休假日和法定节假日。政府规定有变化的，按最新规定执行。女员工流产，产假或休息天数按相应医疗证明计算。女员工妊娠期间在医疗保健机构约定的劳动时间内进行产前检查（包括妊娠12周内的初查），提供相应医疗证明的，视为工作时间；妊娠7个月以上（按28周计算），给予每天工间休息1小时，工间休息时间视为工作时间。女员工在产假期间，按重庆市生育保险相关规定享受待遇。有不满1周岁婴儿的女员工，每个工作日给予2次授乳时间，每次30分钟，可在当天合并使用。授乳时间视为工作时间。配偶住院生产期间，给予男员工护理假15天，包括公休假日和法定节假日，护理假期间员工享受与正常工作期间相同的工资收入。员工接受计划生育手术的，享受国家规定的假期，计划生育手术假期视为工作时间。

探亲假。2008年，根据《交通银行员工请休假规定》，工作满1年的员工，同亲属长期远居两地，可享受探亲假。同时，根据实际需要给予路程假。探亲假和路程假均包括公休假日及法定节假日。员工当年的探亲假须一次性使用。当月实际探亲假天数不满10天的，当月薪酬计发额＝本人当月基础工资标准+本人当月履职津贴标准×（1-10%×当月实际探亲假天数）；当月实际探亲假天数满10天的只计发基础工资。2017年，根据《交通银行员工请休假规定》《重庆市人口与计划生育条例》，进行探亲假修订：工作满1年的员工，与亲属长期远居两地，符合以下情形的，可享受探亲假。一是与配偶不住在一起且不能在公休假日团聚的，可享受探望配偶的待遇；员工探望配偶的，每年给予探亲假1次，假期为30天。二是与父母都不住在一起又不能在公休假日团聚的，可享受探望父母的待遇。未婚员工探望父母，原则上每年给假一次，假期为20天，如因工作需要，当年不能给予假期，或者员工自愿两年探亲一次，可以两年给假一次，假期为45天；已婚员工探望父母的，每4年给假一次，假期为20天。三是归侨、侨眷员工，按照国家规定享受探亲假。符合探亲假条件的员工，但有以下情形的，探亲待遇适当调整。一是员工在试用期内的，不享受探亲假，上半年期满结束试用期者，当年可享受探亲假；下半年期满结束试用期者，从下一年度起开始享受探亲假。二是结婚未满一年的员工，或与配偶两地分居未满一年的，或员工的配偶当年已与员工团聚的，员工当年不再享受探望配偶的待遇。三是员工的父亲或母亲和员工的配偶同居一地的，员工在探望配偶时，即可同时探望其父亲或母亲，因此，不再享受探望父母的待遇。四是员工与父亲或与母亲一方能够在公休假日团聚的，不享受本规定探望父母的待遇。员工当年的探亲假须一次性使用。探亲假包括公休假日及法定节假日。员工在规定的探亲假期和路程假期内，基础工资全额计发，绩效工资综合考虑出勤、履职、绩效等因素核定发放。探亲假期间，员工当月收入不低于当地最低工资标准。

病假。2008年，根据《交通银行员工请休假规定》，员工请病假必须提供病历及医院开具的有效病假证明。员工患病或非因工负伤，需要停止工作进行治疗的，根据本人实际参加工作年限和在本单位连续工作年限，给予3个月到24个月的医疗期。医疗期计算应从病假第一天开始，累计计算。员工病假，待遇按实际病假天数及以下标准计发：一是基础工资按相关标准计发；二是履职津贴，当月病假天数不满10天的，计发额=本人当月履职津贴×（1-10%×当月实际病假天数），当月病假天数满10天的不计发履职津贴。2017年，根据《交通银行员工请休假规定》《重庆市人口与计划生育条例》以及其他与假期有关的法律法规，修订病假。员工患病或非因工负伤，可申请病假。员工请病假须提供病历及医院开具的有效病假证明。员工工作时间外出就医，应征得上级主管同意，五个工作日内须提供就医凭证，就医时间参照病假处理，违者按旷工处理。员工病假，绩效工资综合考虑出勤、履职、绩效等因素核定发放，基础工资按实际病假天数及相关标准计发，病假期间，员工当月收入不低于重庆市最低生活保障标准。员工患病或非因工负伤，需要停止工作进行治疗的，根据本人实际参加工作年限和在本单位连续工作年限，给予3个月到24个月的医疗期。医疗期计算应从病假第一天开始，累计计算。员工连续病假超过六个月需恢复工作时，应获得分行指定的医院开具的恢复健康诊断书。员工恢复工作应有1至3个月的试工期，员工在试工期内或试工期满旧病复发，需要继续停工治疗的，如未超出医疗期，其病假时间应与试工期前的病假时间合并计算。员工患病或非因工负伤，在规定的医疗期满后不能从事原工作，也不能从事由分行另行安排的工作的，可按《劳动合同法》相关规定解除劳动合同。

事假、公假、工伤假。2017年，根据《交通银行员工请休假规定》《重庆市人口与计划生育条例》以及其他与假期有关的法律法规，修订事假、公假、工伤假。一是事假。员工因私事不能上班，可申请事假。员工请事假应提前办理请假手续，相应审批单位应在不影响正常工作的情况下方可批准。员工请事假应先取用年休假。员工一年内累计请事假一般不超过一个月，有以下情形者，事假的天数可适当放宽：除侨眷、归侨外，员工需请事假到国外探望配偶的，一年内累计不超过两个月；员工需请事假照顾患重病的子女、配偶或父母的，一年内累计不超过三个月；员工事假，绩效工资综合考虑本人出勤、履职、绩效等因素核定发放。员工未经批准擅自离开工作岗位的，按旷工处理，不发放绩效工资，同时可按照交通银行劳动合同管理规定解除劳动合同。二是公假。员工在工作时间内履行国家义务或参加社会公益活动，经有关组织证明、分行批准的，可给予公假。公假期间，员工享受与正常工作期间相同的工资收入。三是工伤假。员工因工负伤，医疗期、工伤待遇等按照《工伤保险条例》及有关规定处理。

干部外出报备方面。2016年，总行制定《关于进一步规范领导干部外出报告审批制度的通知》（交银党委办〔2016〕24号），在原有领导干部外出报告管理规定的基础上，对领导干部范围、外出报告范围、外出报告时限、审批程序等进行了进一步明确。分行据此制定了《关于加强领导干部外出管理、坚持报告制度有关事项的通知》（交银渝人资〔2016〕3号），明确各经营单位、分行各部门正职、副职、助理、挂职干部，因出国（境）、出差、休假、因私等离开重庆市一天以上的，必须进行外出报告，经人资部、分行行领导审批后方可外出。

2018年，总行制定《关于切实加强领导干部外出报告管理工作的通知》（交银党委办〔2018〕31号），对外出报告管理工作中的重点事项进行了强调：明确外出报告的时间不得晚于请假时间，原则上应提前3个工作日报告，否则必须在报告中说明原因。领导干部在履行外出报告审批程序后，在外出期间如行程有变化的，应及时补充报告。各单位各部门班子成员原则上不同时全部离开本地区。领导干部因双休日往返工作与家庭所在地（不占用工作时间）的，须严格按照要求进行报告。填报时，由本人填报，或由本单位（部门）其他相关人员填报并经其本人（或主持工作的负责人）审批后上报。领导干部请休假的，应按照本单位请休假及人事考勤等管理制度规定办理报批手续；如因公（私）出国（境），应同时按照国家和交通银行出国（境）管理制度规定履行报批手续，并在提交外出报告时作为附件上挂系统。市分行根据总行要求，严格执行该文件要求。

二、因私出国（境）管理

2003年，根据重庆市《关于加强我市国家工作人员因私事出国（境）管理的实施意见》的通知（渝委办〔2003〕102号）及《关于报送国家工作人员因私出国（境）登记备案信息》的通知（渝公境〔2003〕118号）要求，分行人资部为中层及以上干部在重庆市出入境管理局进行备案登记。

2005年，根据国家对金融机构等特定身份人员因私出国（境）管理工作的要求，总行印发《交通银行员工因私事出国（境）管理暂行规定》（交银办〔2005〕119号），明确规定交通银行所有在编人员须在出入境管理局进行备案登记，申请因私出国（境）须提交《交通银行员工因私事出国（境）申请表》，并办理相关审批和请假、销假手续。按规定程序审核同意的，由人力资源部与员工签订《交通银行员工因私出国（境）协议》。员工在回国（境）后10天内须将持有的因私护照、港澳通行证送交人力资源部集中保管。分行按此规定执行。

2018年，为加强分行员工出国境管理、规范员工出国境办理流程、响应总分行电子化办公号召。根据相关工作安排，7月份起正式启用GUOP系统“因私证照申领”“在职及收入证明”自助功能，实现由纸质向电子转换，进一步加强员工证件保管力度，确保员工证件办理、使用、保管全流程可控。同时，加强对各部门、各经营单位的证件收缴提示，多渠道强化员工出国（境）管理，实现全流程电子化及规范化。12月份总行印发《关于加强干部员工管理“四严禁、一必须”的意见》（交银党委发〔2018〕28号）、《关于对违反干部员工管理规定有关问题进行分类分级管理的通知》（交银党委组〔2018〕35号），规定严禁干部员工本人未经审批因私出国（境）。干部员工违反因私出国（境）管理规定，未经审批办理因私出国（境）证件、私自保管因私出国（境）证件、未经批准因私出国（境）的，给予责任人警告至撤职处分，或者免职处理。分行按该要求执行并开展排查。

第三节 人事档案管理

一、入档管理

1989年3月4日，交通银行职称改革工作领导小组办公室印发《专业技术职务人员技术职务档案管理工作意见》，要求各行指定专人负责专业技术职务档案管理工作，保证建档、保管、编号。内容包括：专业技术人员思想品德、学历、资历认定表；专业技术职务评审申报表；业务自传、业务工作报告、业绩报告；组织考核推荐材料；评审委员会评审考核材料；业务成果附件；专业技术职务人员聘任的聘约；年度业务考绩登记表；在聘任期间发表的新论文、新的学历证明等。

1991年，中共中央组织部、国家档案局颁布《干部档案工作条例》（1990年修订）及《干部档案整理工作细则》，对档案管理的部门职责、内容、范围，档案材料的收集、鉴别与归档，档案的保管与保护，档案的提供利用，档案的传递等进行详细规范。分行根据上述规定执行，在培养、选拔和任用干部等工作中，建立记载干部经历、政治思想、品德作风、业务能力、工作表现、工作实绩等内容的干部档案。具体包括：履历材料；自传材料；鉴定、考核、考察材料；学历和评聘专业技术职务材料（包括学历、学位、学绩、培训结业成绩表和评聘专业技术职务、考绩、审批材料）；政治历史情况的审查材料（包括甄别、复查材料和依据材料，党籍、参加工作时间等问题的审查材料）；参加中国共产党、共青团及民主党派的材料；奖励材料（包括科学技术和业务奖励、英雄模范先进事迹）；处分材料（包括甄别、复查材料，免于处分的处理意见）；录用、任免、聘用、转业、工资、待遇、出国、退（离）休、退职材料及各种代表会代表登记表等材料；其他可供组织上参考的材料。

二、集中统管

1993年5月，总行印发《关于印发〈关于加强交通银行干部档案工作的几点意见〉的通知》，规定干部档案由人事部门集中统一管理。根据《干部档案工作条例》，各行应根据干部档案管理的数量情况，配备专职或兼职档案管理干部。管理千人以上干部档案或虽不满千人，但对下属负有业务指导任务的，应配一名专职干部；管理500人以下干部档案的，应配一名以管理干部档案为主的兼职干部；干部档案数量较少的也应有专人负责兼管。档案管理部门应对档案的管理范围，档案材料的收集、归档，档案的保管与保护，档案的提供利用、查阅、借阅、安全保密、传递等，结合分行的实际情况，制订各项具体制度，使干部档案管理工作逐步走上规范化。根据《干部档案工作条例》，各行管理档案部门，应设专用库房、阅档室和档案人员办公室，并做到三室分开。目前条件尚不具备的，要首先考虑设置专用库房，并逐步做到三室分开。存放档案必须使用铁质箱柜，凡使用木质箱柜的，应限期更换。同时，档案库房应按六防（防火、防潮、防蛀、防盗、放光、防高温）的要求，安置设施，确保安全。

三、收集归档

1996年，中共中央组织部印发《关于印发〈干部人事档案材料收集归档规定〉的通知》，及

《中共中央组织部关于印发〈干部人事档案工作目标管理暂行办法〉和〈干部人事档案工作目标管理考评标准〉的通知》，规定各单位建立健全干部人事档案材料的收集归档制度，并纳入考评。同年，中共中央组织部、人事部印发《关于印发〈流动人员人事档案管理暂行规定〉的通知》，将流动人员也纳入人事档案管理中，分行按规定执行。2009年，中共交通银行委员会印发《关于转发中央组织部〈干部人事档案材料收集归档规定〉的通知》，进一步规范干部人事档案材料收集归档的范围和要求。1996年印发的《干部人事档案材料收集归档规定》同时废止。分行按照此规定执行。同年，中共交通银行委员会组织部印发《关于进一步做好干部人事档案管理工作的通知》，要求各分行制定干部人事档案材料收集归档责任制度，并在2009年底前做好副高级经理及以上人员干部人事档案审核工作，对重要岗位人员和2006年以后通过社会招聘录用的非全日制高校毕业人员的干部人事档案审核完毕。同年底，中共交通银行委员会印发《关于印发〈交通银行干部人事档案材料收集归档责任制规定〉的通知》，明确档案材料的部门工作职责。2013年，分行建立《干部人事档案管理工作制度》，正式规范干部人事档案查（借）阅制度、干部人事档案材料收集补充制度、干部人事档案材料鉴别归档制度、干部人事档案转递制度、干部人事档案检查核对制度、干部人事档案保管保密制度以及送交干部人事档案材料制度。2015年，总行印发《交通银行干部人事档案专项审核工作实施方案》（交银党委组〔2015〕6号），要求对C职等及以上干部人事档案进行专项审核认定，分行按该方案对76名C职等干部进行审核认定，对存在问题的按要求整改。2018年，中共中央办公厅印发《干部人事档案工作条例》，对档案管理的管理体制与职责、主要内容和分类，档案材料的收集、鉴别、整理和归档，档案的利用与审核，档案管理的纪律等进行详细规范。该条例自2018年11月20日起施行；1991年中央组织部、国家档案局印发的《干部档案工作条例》同时废止。分行按此规定执行。

第二章　干部人才

第一节　干部管理

一、干部选任

选任方式。1987年7月1日，总管理处印发《关于当前人事工作的若干意见》和《交通银行干部聘任制暂行办法》两个文件，明确交通银行干部任职采用聘任制和任命制两种形式。分行正、副总经理及所属支行正、副经理采用任命制管理，部门正、副经理及以下干部实行聘任制。规定干部聘任期一般为3年，连聘可连任，任职期间考评不合格干部应予以解聘。2000年，分行印发《交通银行重庆分行处科级干部竞聘上岗试行办法》，规定分行中层干部（分行部门、中心支行正、副职）、科级干部（含5～7职等的专务），职位发生空缺，采取竞聘方式选拔聘用。干部竞聘基本程序按公布竞聘启事自愿报名—资格审查—竞职演说答辩—考评结果—考评结果统计—确定初步人选—组织考察—正式聘用流程执行。2001年，根据总行《关于交通银行干部公开竞聘的意见》，分行制定《交通银行重庆分行干部公开竞聘实施办法》，同时《交通银行重庆分行处科级干部竞聘上岗试行办法》不再执行。明确分行以公开竞聘为选拔任用干部的主要形式。对中层副职干部实行一年一聘，每年初举行，任职半年以上的中层副职职位均纳入公开竞聘，现任干部可报名竞聘续任现职或其他职位。科级干部参照实行一年一聘。2015年，制定《交通银行重庆市分行干部选拔任用管理办法》，明确选拔任用干部可采取组织选拔、公开招聘、竞争上岗、委托推荐等方式，并规定选拔任用干部的一般原则、任职资格条件及流程规范。2018年，对《交通银行重庆市分行干部选拔任用管理办法》内容进行修订及扩充，重新下发《交通银行重庆市分行中层管理人员选拔任用管理办法》。根据《党政领导干部选拔任用工作条例》《重庆市防止干部"带病提拔"实施办法》，制定了《交通银行重庆市分行防止干部"带病提拔"实施办法》，落实全面从严治党、从严管理干部要求，严格执行新时期好干部标准，坚持注重标准选干部、注重实践用干部、注重监督管干部、注重示范带干部，把好干部选出来、用出来、管出来、带出来，大力建设高素质专业化干部队伍，有效防止干部"带病提拔"。

选任范围。1989年5月8日，总行印发《交通银行关于干部管理的若干补充意见》，把分行干部聘任的职务范围扩大至分行正、副总经理及所属支行正、副经理；未能履行职责或不称职，群众意见大的可解聘或调离现职低聘。1992年，按照总行《加快分行人事劳动制度改革的意见及其他有关文件的通知》，聘任范围进一步扩大，实行副科长以上干部聘任制，根据工作岗位需要和本人条件、能力聘任上岗。

退出管理。2002年3月，分行印发《关于完善非领导职务的通知》，对各处室、中心支行领导干部在男满55周岁，女满50周岁时，经离任稽核，退出领导岗位，不再担任领导职务。同时设置4～5职等稽核特派员和调研员等非领导职务，根据需要安排工作。收入标准按所在部门、支行同级干部的80%执行。2010年3月，分行印发《交通银行重庆分行干部退位管理暂行办法》，对分行管理的C职等干部，包括：各部门、各直属经营单位的高级经理、副高级经理；职等为C职等的支行行长、副行长，在男年满55周岁，女年满50周岁时，经离任审计，退出现职领导岗位，不再担任领导职务。退出现职领导岗位后，高级经理聘为三级督察，副高级经理聘为四级督察。退位干部的薪酬水平按退位前标准的80%计发，绩效工资还须根据其所在单位、部门和个人年度绩效考核结果确定。2014年5月，分行印发《交通银行重庆市分行干部退位管理暂行办法》，对担任C职等管理职务的领导干部，在达到规定年龄后，退出现职领导岗位，不再担任领导职务，改任非领导职务。男年满57周岁，女年满52周岁时，经离任审计，退出现职领导岗位，不再担任领导职务。其中，总经理、支行行长聘为三级督察，副总经理、支行副行长聘为四级督察。退位干部的职位工资（固薪）按退位前标准的80%计发，绩效工资由分行根据其个人年度考核结果确定。2019年6月，根据分行制定的《交通银行重庆市分行C职等专家序列职位聘任管理实施细则（2019年版）》，C职等管理干部男性年满58周岁、女性年满53周岁，原则上转任同级专家序列职位。确因工作需要，经分行党委研究，可适当推迟转任同级专家序列职位时间。

后备干部。2012年，根据总行后备干部队伍建设的有关要求，分行制定《交通银行重庆市分行后备干部管理暂行规定（修订）》，有计划、有步骤地建立相对稳定的C层级后备干部队伍。办法规定了后备干部的条件和资格，队伍的数量一般结合现有干部队伍的年龄结构、专业结构及实际需要等因素掌握。选拔一般应经过报名自荐、资格审查、民主推荐和测评、公示、组织考察、征求纪委意见等程序，经分行党委讨论决定，列入后备干部库。针对后备干部的不同情况，对条件比较成熟，近期可提拔使用的人员和已具备某些岗位工作经验、需进一步轮岗学习交流的人员以及年龄较轻、有发展潜力但需要加强学习深造和锻炼的人员等，制定专项培训计划。通过建立后备干部档案、后备干部定期谈话制度、后备干部动态管理制度，来建立和完善后备干部日常管理制度。对德才兼备、实绩突出、群众公认、各方面条件比较成熟的后备干部，根据干部队伍建设和职位空缺等情况，经分行党委研究，按规定程序进行提拔任用。2017年，制定《交通银行重庆市分行挂职锻炼制干部岗位管理暂行办法》，挂职助理干部是以挂职锻炼形式任用的支行行长助理、营业部/大客户部总经理助理及分行部门总经理助理。设立挂职助理干部岗位是为培养年轻管理人才而建立的专项管理制度。作为一种过渡性职位安排，通过挂职等方式给予干部必要的台阶、递进的历练，成为青年员工锻炼提高、快速成长的职业发展通道。挂职助理干部人选，需具备一定的基本条件和任职资格。挂职助理岗位挂职锻炼期为1年。挂职锻炼时间不超过两期。挂职锻炼期结束后，首先由所在单位根据其挂职期的履职表现出具初步考核意见。在此基础上，分行党委组织部进行民主测评和综合考察，并对其做出综合评价。根据挂职助理干部不同的德才和绩效表现，经用人单位及分行党委组织部考核，报分行党委审定后，相应确定挂职助理干部后续工作安排。挂职期内，挂职助理人事关系调至挂职单位，保留原职级，固薪标准不做调整；绩效奖金及两费补贴待遇按不低于挂职单位现同职级干部80%标准执行，并根据绩效考核结果予以发放。

二、干部监督

选任监督。一是任职回避。2018年按照《交通银行重庆市分行干部选拔任用管理办法》，干部任职回避的亲属关系为：夫妻关系、直系血亲关系、三代以内旁系血亲以及近姻亲关系。有上列亲属关系的，不得在同一单位或部门担任双方直接隶属于同一领导人员的职务或者有直接上下级领导关系的职务，也不得在其中一方担任领导职务的单位或部门从事组织人事、纪检监察、审计、财务等工作。二是任前公示。按照《交通银行干部任前公示管理暂行办法》，任前公示，是指将党委集体讨论研究确定拟提拔干部的有关情况，通过一定的方式，在一定范围和期限内进行公布，广泛听取群众的反映和意见，再正式实施对干部的任用。任前公示的对象为：各分支行中层以上干部。公示内容一般包括公示对象的姓名、性别、出生年月、籍贯、政治面貌、文化程度、现任职务、拟任职务、工作简历和主要工作业绩等。三是事前报告。2010年，制定《交通银行干部选拔任用工作有关事项报告办法（试行）》，规定干部选拔任用工作的事前报告制度，明确须经上级组织人事部门批复同意或者征求上级组织人事部门意见的情形。干部选拔任用工作有关事项的报告内容主要包括：干部选拔任用的缘由、人选的基本情况和任用意向、拟任单位的职数配备以及其他需要说明的情况。报告事项应随附党委（党组）会议纪要、《干部任免审批表》、考察材料等。同时，还专项制定《交通银行党委（党组）报告干部选拔任用工作并接受民主评议办法（试行）》，规定党委（党组）须向本单位中层干部和员工代表专题报告年度干部选拔任用工作情况，并在一定范围内接受对本级党委（党组）干部选拔任用工作情况和新选拔任用干部的民主评议。“一报告两评议”制度将干部选拔任用纳入群众监督之下。四是纪实材料。2016年，根据《关于印发〈交通银行管理人员选拔任用纪实办法（试行）〉的通知》，分行印发《交通银行重庆市分行管理人员选拔任用纪实办法（试行）》，规范在管理人员选拔任用工作中，以管理人员选拔任用工作的基本程序为主线，以动议、民主推荐、考察、讨论决定、任职等环节的主要工作为重点，准确记录管理人员选拔任用全过程，客观反映管理人员选拔任用工作中各环节责任主体和运行情况，并将相关材料整理归档，形成管理人员选拔任用纪实档案。五是能上能下。2017年，分行印发《交通银行重庆市分行推进管理人员能上能下实施细则（试行）》，规范对有关管理人员的组织调整和组织处理，这个细则重点是解决管理人员能下问题，促使管理人员自觉践行“三严三实”要求，推动形成能者上、庸者下、劣者汰的选人导向和用人环境。

日常监督。一是外出请假。1994年，分行印发《关于重申各级领导干部外出请假规定的通知》，规定年底前除分行统一安排的以外，各支行、分行各处室领导原则上不得外出。如确需暂时离开工作岗位，不论因公还是因私，均应先向分行人教处书面报告，经行长批准后才能离岗。分理处主任、科长离岗，应事先经支行、处室领导批准，并报分行人教处备案。离岗人员应按时归还，并及时通报分行人教处。凡未经批准擅自离岗的人员，分行将按有关规定给予严肃处理。分行先后于2003年9月16日印发《关于干部员工请假制度的通知》，2004年9月29日印发《关于强调几项纪律规定的紧急通知》，规范干部的请假管理。2005年12月10日，印发《关于修订印发干部员工请假制度的通知》，规定全行中层干部和各网点负责人，不论上班或休息期间（包括节假日），凡离开本地（网点所在地）当天不能返回的，应事先直接向分行党委组织部书面提交《干部员工请假申请表》。离开1天以上的，分行部门须经分管行长批准；支行（部）中干和网点负责人，须经分行相关领导批准，并书面报组织部备案。如果暂时不能书面报备的，可先电话联系，事后补办报备手续。2016年，总行制定《关于进一步规范领导干部外出报告审批制度的通知》，在原有领导干部外出报告管理规定的基础上，对领导干部范围、外出报告范围、外出报告时限、审批程序等进行了进一步明确。分行据此制定了《关于加强领导干部外出管理、坚持报告制度有关事项的通知》，以报告制度的形式规范领导干部外出管理，要求各经营单位、分行各部门正职、副职、助理、挂职干部，因出国（境）、出差、休假、因私等离开重庆市1天以上的，须将外出事由、外出地点、起止时间、外出期间有效联系方式和外出期间代职人员姓名按规定报告。2018年，总行制定《关于切实加强领导干部外出报告管理工作的通知》，对外出报告管理工作中的重点事项进行了强调：明确外出报告的时间不得晚于请假时间，原则上应提前3个工作日报告，否则必须在报告中说明原因。领导干部在履行外出报告审批程序后，在外出期间如行程有变化的，应及时补充报告。各单位各部门班子成员原则上不同时全部离开本地区。领导干部因双休日往返工作与家庭所在地（不占用工作时间）的，须严格按照要求进行报告。填报时，由本人填报，或由本单位（部门）其他相关人员填报并经其本人（或主持工作的负责人）审批后上报。领导干部请休假的，应按照本单位请休假及人事考勤等管理制度规定办理报批手续；如因公（私）出国（境），应同时按照国家和交通银行出国（境）管理制度规定履行报批手续，并在提交外出报告时作为附件上挂系统。市分行根据总行要求，严格执行该文件要求。

二是重大事项报告。1995年，根据《关于党政机关县（处）级以上领导干部收入申报的规定》，结合分行实际，总行制定实施《关于党政机关县（处）级以上领导干部收入申报的规定》的办法。各分支行在5等级及其以上职位任职的行员必须依照规定申报收入。人事部门按职位等级，确定、登记属于本部门管理的申报人名单，并制成统计表册，于当年8月和次年2月底前完成相应半年的申报工作。1997年，根据《关于加强领导干部报告个人重大事项的规定》，总行制定《关于交通银行分支行领导干部报告个人重大事项的规定》，规定分支行担任正、副行长，党组（党委）正、副书记，党组纪检组组长（纪委书记）领导职务和相当领导职务的干部，以及原任上述职务现未办理退（离）休手续或虽办理退（离）休手续，又被返聘担负领导工作的干部，应报告下列重大事项：本人、配偶、共同生活的子女营建、买卖、出租私房和参加集资建房，以及分配住房的情况；本人参与操办的本人及近亲属婚丧喜庆事宜办理情况；本人、子女与外国人通婚，以及配偶、子女出国（境）定居和留学的情况；配偶、子女工作变动的情况；本人因私出国（境）和在国（境）外活动的情况；配偶、子女受到司法机关、行政执法机关、纪检监察机关和其他有党纪、政纪处分权的机关的侦查、调查和处理或涉嫌犯罪的情况；配偶、子女经营个体、私营工商业或承包、租赁固有、集体工商企业的情况。2000年，根据人民银行《关于建立金融机构高级管理人员任职期间重大事项报告制度的通知》规定，金融机构及其分支机构在发生高级管理人员任职期间叛逃、出走、非正常死亡等情况，或因司法、纪检监察机关依法行使职能，造成岗位空缺的；在未办理离岗请假手续的情况下，无故离开工作岗位3个工作日以上的；任职期间因辞职、撤职等原因造成岗位空缺，或因意外伤害、疾病、学习等原因造成岗位空缺1个月以上的，应在3个工作日内向所在地人民银行监管行报告情况，同时，应按干部管理权限抄报上级行人事部门。

三是兼职管理。2014年按照《交通银行重庆市分行领导干部在企业兼职（任职）管理实施办法》，在职（含退位）领导干部不得在交行及其出资企业以外的企业兼职（任职），在交行出资企业兼职的，须按照干部管理权限任前审批。退休领导干部不得在交行及其出资企业兼职（任职）。在交行及其出资企业以外的企业兼职（任职）必须从严掌握、从严把关，按照干部管理权限严格审批，由分行党委归口管理。

四是经商办企业专项治理。2017年，按照分行“新五大领域”深化治理工作总体方案部署，根据总行《干部员工本人及领导干部亲属经商办企业专项治理方案》要求，制定了《重庆市分行干部员工本人及领导干部亲属经商办企业专项治理方案》，在全行范围内开展干部员工本人经商办企业及领导干部亲属经商办企业专项治理工作，对分行所有在册干部员工（包含派遣制）本人和亲属经商办企业进行自查，对于自查发现的问题，限期清理清退，对于排查发现的问题，按不如实填报、瞒报认定，按照干部管理权限依纪依规给予相应处理，并要求对新入职员工，将禁止经商办企业的规定在入职时予以明示和强调。2018年，为巩固市分行党委于2017年部署的“新五大领域”专项治理工作成果，推进违规经商办企业治理工作的常态化制度化，下发了《关于进一步加强经商办企业专项治理工作提高个人信息安全意识的通知》，强调了严格禁止干部员工本人经商办企业，严格禁止干部员工亲属企业与交行发生不当利益往来以及加强干部员工个人信息安全意识。

第二节　人才建设

一、人才政策

2016年12月，市分行召开首次人才工作会议。会上，市分行党委书记作《实施人才强行战略　构筑人才资源高地　为实现“重庆交行梦”提供坚强的人才保障》的重要讲话。这次全行人才工作会议，是在市分行党委提出“十三五”期间努力建设“特色鲜明、管理科学、风险可控、和谐安定的同业领先、西部大行和全国一流”的“重庆交行梦”的大背景下召开的一次重要会议。会议主要总结分析了市分行人才工作现状，讨论了《交通银行重庆市分行“十三五”时期人才队伍建设规划纲要》及其配套办法，对“十三五”时期的全行人才工作进行了全面部署，确立了“十三五”时期人才队伍建设应遵循“统筹引领、创新机制、服务发展、人才优先、以用为本、整体开发”的基本原则，突出加强人才资源开发，推进人才结构调整，优化人才成长环境，激发人才创新创造活力，努力打造一支政治过硬、业务精深、结构合理、素质优良、规模适当的人才队伍。会后制定印发了《交通银行重庆市分行人才培养十三五规划“鹰计划”》，针对管理干部、后备干部、专家人才、AB层级精英员工及新员工五大类干部员工，培养方案分为以下五个计划：面向市分行领导干部的金鹰计划、面向市分行后备干部的银鹰计划、面向市分行专家人才的雄鹰计划、面向市分行AB层级精英员工的飞鹰计划和面向市分行新员工的雏鹰计划，成功建立起人才规划与战略要求方向相一致、人才素质与转型经营步调相适应、人才结构与业务推进重点相吻合、人才激励与持续发展要求相匹配的人才培养机制。在开展“五鹰人才”梯队培养的同时，通过公开竞聘扩充各层级后备队伍，相继开展了“专才亮剑”“优能员工”“90后菁英计划”等培训项目，完善了后备人才动态调整制度，为市分行青年人才队伍建设夯基提质。

2017年总行下发《交通银行专家序列职位聘任管理办法（试行）》，这是一项健全全行专业序列职位体系，拓宽专业人才职业发展通道，规范专家型人才聘任管理，全面推进专家型人才队伍建设的重大制度。专家序列职位归属于专业技术序列，共分四等八级，分别为一级至二级资深专家、一级至三级高级专家、一级至二级专家和专员；八个大类分别为对公业务、零售业务、同业业务、预算财务、营运业务、风险管理、信息科技、金融研究；覆盖D、C两个职等，十一个职级。2018年总行下发《交通银行专家序列职位聘任管理办法（2018年试行版）》，对2017年试行办法进一步完善，旨在深入贯彻落实习近平新时代中国特色社会主义思想和党的十九大精神，进一步加强人才队伍建设，健全专家人才管理体系，促进优秀年轻人才脱颖而出、发挥作用。2018年总行专家序列职位归属于专业技术序列，共分五等九级，分别为首席专家，一级资深专家、二级资深专家、三级资深专家，一级高级专家、二级高级专家，一级专家、二级专家，专员；同时覆盖八个大类，分别为对公业务、零售业务、同业业务、预算财务、营运业务、风险管理、信息科技、金融研究；涉及E、D、C三个职等。按照总行“纵向晋升、横向转换、交叉发展”的总体框架，市分行细化专家型人才序列梯度、标准和类别，明确构建管理专业并行的职业发展路径，打造职业发展“立交桥”，出台了《交通银行重庆市分行C职等专家人才管理实施细则》，建立起“专业资质+绩效表现+成果转化+实绩贡献”的多维度人才评价体系，明确了分行专家人才工作的主体要求、目标任务、工作重点和政策措施。市分行专家序列职位分为二档三级，分别为一级专家、二级专家和专员，同样覆盖对公业务、零售业务、同业业务、预算财务、营运业务、风险管理、信息科技、金融研究等八大门类，仅涉及C职等。2018年底，市分行召开组织人才工作会议，这次会议正值重庆市分行重组30周年之际，对全行人才建设工作具有承上启下的重大意义。会上，市分行党委书记作《建强人才工程　创造组织价值　为实现“重庆交行梦”提供澎湃动力》重要讲话，总结了过去两年分行组织人才工作经验，研究新时代人才工作面临的新情况新问题，对今后一个时期的组织人才工作做出部署，要求全行全面贯彻落实新时代党的组织路线，以党的政治建设为统领，以组织体系建设为重点，建强“干部队伍、人才队伍、党员队伍”，抓住关键少数、抓实人才建设、抓牢基层支部、抓活考核激励，真正做到“培养人、选拔人、激励人、凝聚人”，为实现“重庆交行梦”提供组织人才保证。

二、人才项目

2012年，总行启动投资银行、私人银行和国际业务3个专业的战略性专业人才培养计划，战略性专业人才是为培养与转型发展密切相关的各领域的专家型人才而选拔的一批业务基础好、思维活跃、视野开阔，具备较大发展潜力的优秀青年业务骨干，是交行重要的基础性、专业型人才储备。2015年总行下发《关于加强战略性专业人才培养工作的意见》，进一步推进战略性专业人才培养，切实提高选育质量，建立健全有利于战略性专业人才成长发展的制度机制，打造精品人才工程。市分行积极参与战略性专业人才项目建设，其中1～2期共有6人成功入选战略性专业人才，2018年末仍有5人在库。

2014年总行启动“英才计划”，每年遴选一定数量政治素质好、年富力强、思维活跃、业绩突出、发展潜力大的优秀青年人才，实施跟踪培养，重点提升党性修养、领导力和经营管理能力，拓宽视野，开发潜能，打造卓越的年轻干部队伍，为交行未来发展储备高级管理人员，在总行1～4期的“英才计划”选拔中，分行各有1人进入该计划。

管理培训生项目是培养交行未来中高级管理人员和专家型人才的重点人才工程，管理培训生队伍是全行干部青年人才中的一支有生力量。为加快管理培训生成长成才，2015年总行下发《关于加强管理培训生持续培养工作的意见》，市分行高度重视并积极参加管理培训生队伍建设，分行1名员工入选第4期总行管培生项目。根据总行《关于开展2016年度总分行专员职位晋升工作的通知》要求，分行严格按照晋升资格条件，经审核筛选，针对分行专家序列中的专员职位提名了8名候选人，经报送总行评审后反馈其中6人获得专员资质。

根据“十三五规划”人才队伍建设目标和工作要求，2017年分行组织实施储备人才选拔工作，完成4个条线共131人次储备人才入库，其中对公业务方向47人次，零售业务方向78人次，风险管理方向3人次，信息科技方向3人次；市分行加大专家型人才培养及晋升专员资质推荐力度，17名员工进入总行专员培训后备库，新向总行推荐晋升专员候选人7名；探索建立“星级柜员制”，2017年分行评聘三星级柜员3人、四星级柜员2人，勤练技能渐成风气。

2018年分行通过笔面试选拔，完成6个条线共134人次储备人才入库，其中对公业务方向36人次，零售业务方向52人次，同业业务方向3人次，预算财务方向6人次，营运业务方向17人次，风险管理方向20人次；新聘专员2名，推荐晋升二级专员人选1人，推荐专员后备入库人员16名；评聘三星级柜员1人；注重80、90后潜力员工锻炼培养，年内甄选7名80、90后年轻员工充实二级经营单位负责人队伍，提任3名80后营运主管、2名80后营运副主管、2名90后营运副主管，有效提升队伍活力。

第三章　绩效考核

第一节　机构考核

一、管理部门考核

第一阶段。1993年，分行印发《关于对分行行政管理部门实行季度考评的通知》，对非业务部门的行政、后勤管理部门实行季度考评，每季初考评上季。考评实行百分制：80~100分为优秀；65~79分为良好；55~64分为一般；55分以下为差。考评得分与季度浮动收入分配挂钩，即80分以上按全行季度计算平均数金额分配，80分以下每少一分扣全行季度计算平均数的2%。第二阶段。2005年开始，按照《交通银行重庆分行考核分配激励机制暂行办法等五个办法的通知》，对分行部门依据《交通银行重庆分行经营机构综合考核办法》进行考核。分行部门分为业务部门与管理部门两类分别考核。分行业务部门包括分行公司业务处、私人金融业务部、国际业务部、授信管理处、放款中心、资产保全部，考核分3部分进行：分行相关业务指标完成情况考核，按完成程度计分，占40%；各网点对分行业务部门履行管理、服务职责情况打分，占40%；行长室考核打分，占20%。分行管理部门分3部分进行：分行部门相互考核，由部门负责人汇报部门本季度履行工作职责情况，其他部门进行考核打分，占20%，其中对稽核处、监察室、稽查组的考核打分占40%；各网点对分行管理部门履职情况打分，占40%，其中：对稽核处、监察室、稽查组的考核打分占20%；行长室考核打分，占比40%。风险监控部、综合计划处同时作为业务部门和管理部门进行考核。第三阶段。2012年，分行印发《2012年部门综合考核办法》。此一阶段将部门按照履行职责和与客户关系紧密度不同分为前台、中台、后台管理部门，前台、中台、后台管理部门根据履行部门管理职责和服务经营单位、服务基层一线的要求，在考核指标设置和权重分配上体现区别。考核内容都由六个构面组成，包括：业务发展指标、管理评价指标、服务质量指标、客户拓展指标、违规违纪案件防范、争先进位加扣分指标。部门季度综合考核得分与部门季度绩效奖金挂钩；根据部门年度综合考核结果实行前台、中台、后台共同排序，确定部门年度综合绩效考核等级；部门年度综合考核得分与部门班子成员年度考核挂钩，考核等级与部门年度综合考核奖金挂钩。

二、经营单位考核

2005年开始，对支行（营业部），按《交通银行重庆分行经营机构综合考核办法》进行综合业绩考核，综合业绩考核内容为各项业务指标和内部管理两大类。业务指标体系包括效益、发展、质量指标，共23项考核指标。内部管理考核包括基础管理和经济案件、安全保卫案件及事故等情况。

2008年，分行制定下发《交通银行重庆分行2008年综合考核办法》，为促进分行加快发展速度，实现战略转型，推动精细化管理、集约化经营，科学合理地衡量各支行、部门的经营业绩，支行序列包括各支行、营业部共25个经营单位。对支行、营业部绩效指标及发展指标、资产质量指标、抢分指标、内部管理等进行考核，引导各支行、营业部平衡经营风险和收益，实现又好又快发展。

2009年，分行制定下发《交通银行重庆市分行2009年综合考核办法》，科学合理地衡量各支行、部门的经营管理业绩，支行序列包括各支行、营业部共25个经营单位。对支行、营业部效益指标及资产质量指标、资产业务、负责业务、中间业务、客户结构、渠道建设、加扣分指标、抢分指标共9大类指标进行考核，综合考核结果作为评价支行年度工作绩效的主要依据。

2010年，分行制定下发《交通银行重庆市分行2010年支行综合考核办法》，对支行效益指标、资产业务、负责业务、中间业务、客户结构、渠道建设、加扣分指标、内部管理和抢分指标共9大类指标进行考核，综合考核结果是衡量各支行经营管理成果和确定支行效益水平的主要依据。

2010年7月，为完善绩效考核机制，稳步推进绩效考核系统的上线和运行维护，成立了分行绩效考核系统工作小组。分行下半年采用新的绩效考核系统，对考核办法进行了修订，下发《交通银行重庆市分行2010年经营单位绩效考核办法》，对经营单位绩效考核的内容包括3个方面，包括支行公司业务绩效、个金业务绩效、会计业务绩效，资产质量指标、内部管理考核指标，安全及案件考核指标。

2011年，分行制定下发《交通银行重庆市分行2011年经营单位综合考核办法》，对经营单位的绩效指标、业务发展指标、客户结构、资产质量加扣分、内部管理五大指标进行考核，计分方法总体上以兼顾目标达成率和超计划贡献度为原则。考核对象主要是各支行、各直属经营单位（营业部、大客户部、机构业务部、个人贷款中心、小企业贷款中心、私人银行服务中心）。

2012年，分行制定下发《交通银行重庆市分行2012年经营单位综合考核办法》，经营单位综合考核指标体系的基本框架由主体指标、战略推进指标、资产质量指标、内部控制和服务质量指标五部分组成。整个指标体系突出“3+1”考核导向，即以效益、业务发展、客户结构为重点，战略推进指标为主要补充。在“3+1”的导向下，设计了资产质量、内部控制和服务质量考核指标。考核对象主要是各中心（直属）支行、分行营业部、个人贷款中心、小企业贷款中心、大客户部、私人银行服务中心。其中分行营业部、个人贷款中心、小企业贷款中心纳入支行综合考核指标体系进行统一考核排队；对大客户部、私人银行中心按照各自的经营特点建立专门的考核指标体系进行考核，大客户部主要以对公指标为主，私人银行中心以对私指标为主。

2013年，分行制定下发《交通银行重庆市分行2013年经营单位综合考核办法》，经营单位绩效指标体系的基本框架由主体指标、战略推进指标、资产质量指标、内部控制和服务质量指标五部分组成。主体指标由效益指标、业务发展、客户结构指标三部分共15项指标构成，基本分为100分。主体业务指标考核评分遵循“突出主业，均衡发展”的原则。除效益指标和部分客户指标外，其余所有主体业务指标计划完成率0～50%不计分。考核对象主要为各中心（直属）支行、营业部、个人贷款中心、小企业中心、大客户部。

2014年，分行制定下发《交通银行重庆市分行2014年经营单位绩效考核办法》，支行目标绩效指标体系的基本框架由主体指标、鼓励类指标、资产质量指标、内部控制和服务质量指标五部分组成。主体指标由效益指标、业务发展、客户结构指标三部分共15项指标构成，基本分为100分。主体业务指标考核评分遵循“效益优先、突出主业、均衡发展”的原则。除效益指标外，其余所有主体业务指标计划完成率0～50%不计分。考核对象主要为各支行、营业部、个人贷款中心、小企业中心。

2014年7月，为更好地对接总行“二次改革”和转型发展的要求，根据总行对分行绩效考核办法的调整，分行对2014年经营单位绩效考核办法进行了微调。一是在主体指标层面，增加了中收的违规收费处罚规定、投行收入调整项的计分细则；二是将个金优质客户项下的“代发工资客户净增数”指标替换为“零贷小企业贷款客户净增数”指标；三是在鼓励类指标层面，增设了核心低成本负债指标。

2015年，分行制定下发《交通银行重庆市分行2015年经营单位综合考核办法》，支行目标绩效指标体系的基本框架由主体指标、鼓励类指标、内部控制指标三部分组成。主体指标由效益指标、业务发展、客户结构指标三部分共17项指标构成，基本分为100分。主体业务指标考核评分遵循“效益优先、突出主业、均衡发展”的原则。除经营利润、电银客户指标按完成率得分、存量经济利润完成率70%以下不计分外，其余主体业务指标完成率0～50%不计分。考核对象主要为各支行、营业部、个人贷款中心、小企业中心。

2016年，分行制定下发《交通银行重庆市分行2016年经营单位综合考核办法》，支行目标绩效指标体系的基本框架由主体指标、加扣分指标、内部控制指标三部分组成。主体指标由效益指标、业务发展、客户结构指标三部分共13项指标构成，基本分为100分。主体业务指标考核评分遵循“效益优先、突出主业、均衡发展”的原则。除经营利润、经济利润、私人银行客户净增数、电银客户指标按完成率得分外，其余主体业务指标完成率0～50%不计分。考核对象主要为各支行、个贷中心、营业部。2016年3月，根据总行《关于增设直投业务收入指标等考核规定的通知》中对考核办法的调整，增设直投业务收入加分指标，同时对低成本负债指标口径进行调整。一是将符合定价要求的一年期及以下的军队单位定期存款纳入人民币对公全口径低成本负债考核；二是新增“直投业务收入”作为加分指标，分值范围（0，3）。

2017年，分行制定下发《交通银行重庆市分行2017年经营单位绩效考核办法》，经营绩效考核的对象按经营利润、存贷款及表外资产合计等因素划分为三组（见附件1），进行差异化考核，并拉通排名。绩效考核体系由主体指标（效益类+发展类+客户类）、加扣分指标、内部控制指标三部分组成，实行差异化考核权重。主体指标由效益指标、业务发展、客户结构指标三部分共14项指标构成，基本分为100分。主体业务指标中，除经营利润、经济利润、全口径存贷利差、同业存款及同业AUM增量、私人银行客户净增数指标按完成率计分外，其余主体业务指标完成率0～50%不计分。

2018年，分行制定下发《交通银行重庆市分行2018年经营单位绩效考核办法》，经营绩效考核以资金转移定价机制为基础，强化以经济资本为核心的风险约束和回报约束机制，坚持风险与收益最优化配置原则，实现价值最大化目标，促进各项业务健康快速发展。经营绩效考核的对象按经营利润、存贷款规模因素划分为两组，进行差异化考核，并拉通排名。绩效考核体系由效益及质量指标、业务及客户指标、发展转型及社会责任类指标、风险管理及内控合规指标几部分组成，实行差异化考核权重。主体指标由效益及质量指标、业务及客户指标两部分共12项指标构成，基本分为100分。发展转型及社会责任类指标包括20项具体指标。风险管理及内控合规指标由资产质量及风险缓释、流动性管理、合规内控及案防管理、党建及党风廉政建设、服务质量、反洗钱管理六部分组成，实行加扣分考核。

第二节 人员考核

根据《交通银行经营目标责任制考核办法》（2002年修订）、《实施新的经营单位班子成员绩效奖金挂钩办法有关问题的通知》，2010年绩效考核系统上线以来，各经营单位管理人员（班子成员、二级支行负责人以及支行公司、个金、会计业务经理）按本人绩效得分与分管条线计划完成率挂钩计算绩效奖金。

一、干部考核

1993年，出台《交通银行重庆分行关于中层干部年度考核的通知》，明确对干部的考核。对分行已聘任副处、正处级及以上干部进行考核，考核采取自我总结、述职，同级、群众评议，组织考评相结合的方法，从德、能、勤、绩四个方面定性定量考核。考核在行长的领导下进行，由人事教育处、监察室共同组成考核工作小组，负责考核的具体工作。1995年底，总行将分行行长的工作实绩考核纳入正常的领导班子考核，向全行发出注重经营绩效的信号。在考核实施的前几年注重对干部德、能、勤、绩4个方面的考核，考核以定性考核为主、定量考核为辅。

2001年，制定《交通银行领导班子和领导干部考核评价暂行方法》，办法适用于交通银行管辖直属分行领导班子和领导干部的考核及评价，内容涉及考核方式、考核内容、考核方法和程序、考核结果的评定、考核结果的运用、考核材料的归档和管理、考核纪律与监督等。对领导班子和领导干部的考核，主要分为届中考核、届末考核和晋升考核3种形式。对领导班子，全面考核其核心作用的发挥、思想政治建设和驾驭经济工作的能力以及经营目标的完成情况等；对领导干部，必须依据其所任和拟任职务的要求，全面考核其德、能、勤、绩，重点是道德品行和工作实绩。考核的基本程序包括述职、民主测评、考核谈话、调查核实、综合评定和撰写考核材料6个步骤。领导班子考核结果分别划分为一类、二类、三类三个等次；领导干部考核结果分为优秀、称职、基本称职、不称职4个等次。届中考核、届末考核是晋升考核的基础，考核结果作为干部选拔任用、职务升降、工资调整、奖惩、聘用等的主要依据。

2003年开始，对分行中层干部实行目标责任工资制（年薪制）考核。分行根据《交通银行重庆分行中层干部目标责任工资制（年薪制）试行办法》精神，制定《交通银行重庆分行关于印发部门中层干部考核（试行）办法》。考核内容为目标责任9个方面达到分行管理要求，即勤政廉政、履行岗位责任制、三防一保、风险防范、管理工作质量、为基层服务、调查研究、政策掌握及解释、思想工作及队伍建设等。确保目标责任期内不发生违规经营、重大差错事故及重大案件。考核方式为分行行领导及支行领导干部分别对部门中层干部完成专业工作目标责任执行情况打分，分行行领导所打平均分占考核分的30%，支行领导所打平均分站总考核分的70%。按季度考核，考核结果与绩效工资直接挂钩。2004—2012年，根据当年经营管理重点，制定中层干部考核办法，并予实施。

2013年，分行制定《交通银行重庆市分行中层干部履职考核暂行办法》，开始建立激励和责任并重的干部考核评价机制，并于2015—2017年数次修订。上述办法对中层干部履职考核包括平衡计分卡考核和关键指标考核，对职能部门、经营部门、经营单位中层干部的考核指标根据其职能定位的不同而设置。考评结果与本人绩效、职务、职级调整、聘用挂钩。

2018年，分行制定《交通银行重庆市分行中层干部发展责任制考核办法（试行）》，进一步落实中层干部发展责任制，加强对中层干部履职行为和履职效果的考核，持续提升各单位经营质效。经营单位中层干部发展责任制考核从中层干部业绩结果、年度绩效考核等第、360度测评三个方面进行考核，每半年一个考评期，每个考核期评定为“不合格”的中层干部，给予“黄牌”警告，年度内连续两个考核期评定为“不合格”的中层干部，给予“红牌”警告。其中年度绩效考核等第和360度测评项目评定为“不合格”的中层干部，给予“红牌”警告。受到“黄牌”警告的中层干部，由市分行党委对中层干部进行提醒谈话，受到“红牌”警告的中层干部，由市分行党委根据中层干部任职时间长短，结合360度测评结果进行问责。

二、员工考核

全员无差别考核阶段。1993年，根据《交通银行重庆分行关于职工年度考核的通知》，开始对正式职工（不包括副处级以上的干部，其考核已另文通知）、临时工、合同制员工进行考核，以考核工作实绩为主，着重考核职工上年度的思想品德表现、劳动纪律和工作态度，履行岗位职责和聘期工作目标执行状况等，以自我总结、群众评议、组织考评三者结合进行。全员考核在行长的领导下进行，各支行、各部门负责人组织实施，由考核工作小组进行协调、检查。1994年，按照《交行重庆分行关于进行1994年度任职考核的通知》，开展全员的年度考核，以员工聘任职位的职位说明书为依据，进行年度任职考核；聘任期满的处、科级干部进行聘期任职考核。以后的每年都以员工聘任职位的职位说明书为依据，开展全员的年度考核。

员工按大类考核阶段。基层营业网点员工奖金计量考核。2003年5月7日，分行印发《基层营业网点员工奖金计量考核分配试行办法》，并于2004年1月19日、7月31日先后两次修订该办法，分别印发《交通银行重庆分行关于印发基层营业网点员工奖金计量考核分配试行办法的通知》《交通银行重庆分行关于修订印发基层营业网点员工奖金计量考核分配试行办法的通知》《交通银行重庆分行关于印发营业网点员工绩效考核及奖金分配试行办法的通知》。主要内容包括：对象范围，基层营业网点员工是指中心支行的营业厅、支行、分处理的负责人、三级柜员、柜员；考核内容，包括业务量（占50%）、业务拓展绩效（占40%）、其他工作（占10%）和履职行为规范（倒扣计分）4个方面；考核频率，按月进行；结果运用，营业网点员工奖金分别与业务量、业务拓展绩效、其他工作考核结果、职务等级挂钩，奖金总额与履职行为考核结果挂钩；其他规定，即支行行政管理及后勤人员奖金按支行各网点柜员（履职考核扣减前）人均奖金水平计算。

客户经理绩效考核。2002年，分行实行客户经理制。2003年6月26日、2004年1月19日、2004年7月30日先后三次修订《交通银行重庆分行客户经理制暂行办法》《交通银行重庆分行关于修订印发客户经理制暂行办法的通知》，修订内容包括：客户经理考核分为营销业绩考核和履职行为考核二部分，营销业绩由分行统一考核（占60%），履职行为由支行考核（占40%），考核按季进行，考核结果与营销费用和奖金直接挂钩。

员工按细类考核阶段。

2010年，分行上线计量计价考核系统。为完善考核激励机制，建立科学衡量评价干部员工业绩贡献的客观标准，完善系统工具支撑，增强绩效考核及时性和激励有效性，优化绩效奖金分配制度，充分调动干部员工的积极性、主动性，加快分行业务发展。分行在总行绩效考核系统的基础上，学习借鉴陕西省分行绩效考核先进经验，按照“对接历史，面向未来，效率优先，兼顾公平，按日积分，按季兑现，年终清算”的目标，加快推进绩效考核系统上线运行。绩效考核系统于2010年7月1日正式上线运行。

绩效考核系统以业绩为核心、以贡献为依据，实现从“定性”评价到“定量”考核的转变，将考核人员分为公司客户经理、个金客户经理、会计柜员、支行管理干部等四类进行分类考核。系统对全行每位员工设立绩效号，每位员工绩效得分均由4个分数组成：公司业务分、个金业务分、会计业务分、管理干部分。公司客户经理、个金客户经理分别按完成的营销业绩计算公司业务分、个金业务分，柜面人员完成了个金产品销售，就有会计业务量分和个金业务分。支行管理干部以所分管条线绩效考核得分为基础，结合条线计划完成率和责任挂钩比例以及本人的折算系数计算得分。分行部门工作人员仍按工作目标表进行考核，部门工作人员营销客户的，同样按考核积分标准进行奖励兑现。人员岗位调整、轮换，通过4个分数系数调整就可以实现。

绩效考核要处理好各业务条线之间、各考核指标之间的关系。系统以存款为基准，按照资金成本及资金转移定价（FTP全额资金定价模式），将不同业务品种实现的业务收入折算成同一价值，各项业务指标在此基础上按利润贡献度、重要性，结合分行业务发展的重点和短板，设置不同的分值，体现分行业务发展的导向。如对公人民币存款（1年期）4.572万元/分，对公人民币贷款（1年期）18万元/分，个贷2.25万元/分。考核得分计算要处理好存量与增量的关系，包含四个方面：一是基数确定。系统上线需要确定基数日和指标口径，基数以内是存量，高于基数部分是增量。二是分值比例关系。充分考虑存量维护的困难和增量拓展的艰辛，合理匹配存量、增量的考核价值比例关系，2010年存量、增量的分值比例确定为1∶1.5。三是积分方法。存款增加（增量）则正积分，存款下降到水面以下（存量下降）则负积分。四是考核方式。存量对接历史，增量面向未来。存量系数因人而异，增量系数全行统一。

本外币对公存贷款考核方式为年日均考核和增量考核相结合的方式，并将FTP因素纳入对公人民币存贷款绩效考核公式，先计算日得分，再计算累计得分：（1）对公人民币存款绩效日得分=｛［各档期对公人民币存款日均基数+1.5×（同档期对公人民币存款时点余额–同档期对公人民币存款日均基数）］/（45720*360）｝×（对公人民币存款本档期存款FTP利差系数/对公人民币一年期定期存款FTP利差系数）。（2）对公人民币贷款绩效日得分=｛［各档期对公人民币贷款日均基数+1.5×（同档期对公人民币贷款时点余额–同档期对公人民币贷款日均基数）］/（180000×360）｝×（本档期人民币贷款FTP利差系数/一年期人民币贷款FTP利差系数）×（本档期人民币贷款实际利率/同档期人民币贷款基准利率）。（3）其余指标区分是持续性业务指标还是一次性指标（如企业年金、三方存管、银期转账等），按相应的公式和标准积分。（4）公司业务管理经理每日绩效得分=0.228×（支行当日公司业务考核得分–支行基数日公司业务考核得分）+均衡系数×（支行公司业务考核得分+个人分户考核得分）×100%。（5）个金业务管理经理每日绩效得分=0.257×（支行当日个金业务考核得分–支行基数日个金业务考核得分）+均衡系数×（支行个金业务考核得分+个人分户考核得分）×100%。（6）会计业务经理和二级支行内勤行长每日绩效得分=［0.257×（所在网点当日个金业务考核得分–网点基数日个金业务考核得分）+均衡系数×支行个金业务考核得分］×30%+（均衡系数×所在网点当日业务量考核得分+服务质量考核得分+核算质量考核得分）×70%。（7）二级支行外勤行长每日绩效得分=［0.257×（所在网点当日个金业务考核得分–网点基数日个金业务考核得分）+均衡系数×支行个金业务考核得分］×70%+（均衡系数×所在网点业务量考核得分+服务质量考核得分+核算质量考核得分）×30%。（8）分管公司业务副行长每日绩效得分=公司业务管理经理日绩效考核得分×100%×1.24。（9）分管会计/个金业务副行长每日绩效得分=（辖内各网点会计主管日绩效考核总分×60%+个金业务管理经理日绩效考核得分×40%）×1.67。（10）支行行长每日绩效得分=（公司业务管理经理日绩效考核得分×55%+个金业务管理经理日绩效考核得分×35%+辖内各网点会计主管日绩效考核总分×10%）×1.85。

员工绩效积分由绩效考核系统统一计算，按日积分，每季兑现绩效奖金时用当季绩效积分加减服务质量、资产质量、反洗钱、内控管理等加扣分项目的考核分后兑现发放。绩效考核计分标准公开透明，奖金标准提前公布（陕西省分行公司、个金1分5元，会计柜员1分2角，重庆分行的单位得分奖金标准待测算后公布），明码标价，不唯计划，年终还可根据绩效奖金总包情况，追加奖励额度，以此推动各项业务快速发展。各级管理人员每日可从绩效系统中查询T+2日的绩效积分，保证了绩效分配公正、公平。支行公共集体户奖金额由各支行集体户中公司、个金业务归集而产生的绩效积分决定。各支行集体户奖金额度于每季次月下达，要根据分配办法在当月内上报分配明细，由人资部统一发放。未分配的部分可累计至次季或当年使用。各支行集体户奖金是分行赋予各支行实施进一步调控的资源，集体户奖金的分配对象为除班子成员、公司业务管理经理、个金业务管理经理、会计业务管理经理之外的正式员工和派遣制员工。支行集体户奖金可用于各类与员工突出表现直接挂钩的考核奖励，不受员工所任岗位的约束，分配数额不设上限，实际奖励额度依据各支行分配办法确定。分配范围是：行政综合等其他岗位人员的绩效奖金、享受绩效奖金兑现保护的转岗人员绩效保护奖金、绩效积分过低人员的绩效扶助补差、超过预算额度而产生的员工加班、因工作原因确实无法安排员工年休假的年休假补贴。

绩效考核系统的上线运行，标志着分行开始实行新的绩效考核体系和奖金分配制度，分行下发《2010年公司业务、个金零售业务、综合柜员绩效考核办法》《2010年经营单位管理人员考核办法》《绩效奖金分配管理办法》《经营单位集体户奖金分配指导意见》以及《经营单位绩效考核办法》等5份文件，要求分行各部门、各经营单位要认真组织学习，深入领会绩效考核系统的理念原则、方法流程、相关政策和工作要求，分行绩效考核系统工作小组将配合做好解释答疑和沟通咨询工作，解决好运行中出现的新情况新问题，充分发挥考核办法的导向作用，推动各项业务持续快速健康发展。该系统自搭建以后，一直运行至今。分行预算财务部根据每年经营发展导向调整绩效考核指标、指标口径及计分规则等。

2010年，分行细化干部员工考核目标表。对员工的绩效考核分为公司业务、个金零售业务、综合柜员3大类。2014年开始，单列营运主管的考核。2015年，将个金、零贷客户经理分别考核。由此，形成至如今的对公客户经理、个金客户经理、零贷客户经理、综合柜员、营运主管分别考核的精细化考核体系。

客户经理考核。根据《交通银行重庆市分行对公客户经理（含小微）管理办法》（2016年修订）、《交通银行重庆市分行2016年客户经理年度目标评价办法》，考核频次及结果运用：客户经理绩效考核包括季度考核、年度考核；按照分行计量计价考核办法以季度计量计价考核得分作为客户经理季度绩效奖金分配依据；根据客户经理不同职级设置年度目标，以客户经理年度目标评价得分和排序作为客户经理年度考核等第评定、职级调整、退出及年度绩效奖金的重要依据。考核内容：客户经理年度目标评价表由三部分构成，包括主体指标、鼓励类指标及管理评价；主体指标包括资产、负债、中收及客户等指标；鼓励类指标包括本条线主体指标以外，与分行经营发展密切相关的专项行动指标；管理评价包括经营单位管理评价（-10，0）、条线管理评价（-10，5）、资产质量管理评价（-15，2）、违规违纪（-10，0）及学习培训（-5，5）。各类客户经理的具体考核指标设置不同，每一年也会根据实际情况有所调整。

综合柜员考核。根据《交通银行重庆市分行综合柜员绩效考核办法》（2013年）、《交通银行重庆市分行营运主管、副主管绩效考核办法》（2016年）、《交通银行重庆市分行综合柜员绩效考核办法》（2016年），考核内容：综合柜员绩效考核包括全产品计量计价考核、工作目标表考核、年终考评3个部分。全产品计量计价考核是指综合柜员通过岗位交叉营销，完成存款、客户、中收等指标，按照与客户经理相同的考核口径、计量考核分值标准在分行绩效考核系统中积分，按与客户经理相同的奖金标准兑现计量奖。工作目标表考核是对综合柜员履行岗位职责、提升服务质量和工作效率、完成全年工作目标任务的情况进行考核。综合柜员工作目标表考核指标及权重：业务发展指标（10%）、会计核算质量指标（12%）、专业素质指标（15%）、业务量指标（50%）、服务质量指标（8%）、网点综合考评（5%）。年度考核根据各季度工作目标表考核情况加权平均，结合本人能力素质和日常工作表现进行综合评价，与年度考核排序、绩效等级评定、晋升降级、评选先进等挂钩。结果运用：综合柜员工作目标表考核结果与季度绩效奖金挂钩。

营运主管考核。对象范围：基层营业机构营运主管、营运副主管。考核内容：考核包括全产品计量计价考核、工作目标表考核、年终考评3个部分。考核指标及权重分别为业务发展指标（20%）、基础管理指标（20%）、营运管理指标（25%）、风险管理指标（25%）、优质服务指标（5%）、支行综合评价（5%），以及加扣分指标。结果运用：营运主管、副主管工作目标表考核结果与季度绩效奖金挂钩。营运主管年度综合考核得分（四个季度工作目标表剔除业务发展指标后的平均得分），作为年度考核排序、考核等第评定、职位晋升降级、评选先进等的主要依据。

2018年在2016、2017年考核框架基本不变的情况下，结合总行各项考核指标及分行业务发展需要，对考核指标进行了适当调整，其中零售业务管理经理考核办法为2018年新制定。总体情况如下：

一是调整思路。以促进低成本负债、提升小微业务、紧抓客户发展为调整方向，以奖勤罚懒、拉大差距为调整目的。

二是调整方法。（1）考核指标调整：主要为适应总行考核变化、分行业务发展需要以及外部监管要求。（2）原有指标权重调整。（3）原有指标任务值调整。（4）统一调整个人行为考核指标：教育培训、总行及外部监管机构表彰、违规违纪共三项加扣分指标，对各类人员进行了统一标准、全员覆盖。

三是任务值测算。遵循既要达成总分行任务，又要保护员工积极性的原则，对各项业务指标的任务值都进行了测算，员工任务值对总分行下达任务的覆盖率保持在合理水平。

四是各类办法具体调整情况。

（一）客户经理考核办法。

1.对公客户经理考核办法。（1）主体指标调整。人民币同业存款平均余额增量更改为人民币同业存款及同业存单平均余额增量。（2）主体指标权重调整。人民币对公存款日均余额增量调减5分，全口径融资净增量调减4分，小微业务净增量调减2分。对公有效客户净增数调增了5分，对公优质新开户调增了6分。希望提高客户经理拓展新客户、挖潜存量客户的积极性，扩大基础客户群和提升低成本负债。（3）主体指标目标值设置。小微业务净增量A职等客户经理贷款客户净增数减少1户，贷款增量减少1000万元，B职等客户经理贷款客户净增数减少1户，贷款增量减少600万元。希望对客户经理拓展小微业务给予正面激励。人民币同业存款及同业存单平均余额增量目标值A职等增加200万元，B职等增加400万元。该指标新增同业存单考核，所以目标值相比2017年有所增加。（4）计分内容和方式。取消了计分门槛，改为根据客户经理的实际完成率计分。人民币对公存款日均余额增量统计口径原来只含生息365和日增利理财产品，考虑到支行考核中包含了超FTP利差的存款，为调动客户经理积极性，2018年该部分存款在考核客户经理时按照50%折算纳入统计，最高得分不得超过基准分。2018年支行考核中，投行收入作为对公中收考核的调节项，同步在客户经理中收考核中也进行了调整，希望客户经理能打开思路，寻求创收的新路径。（5）鼓励类指标。延续2017年考核标准，分值区间（-4，30）。公私交叉销售指标4项，合计9分。为兼顾公司条线各部门对客户经理的考核，新增7项指标，体现了分行对公发展的思路。（6）任务值测算结果。对公板块非利息净收入、流动性管理的分行任务覆盖率在50%左右，对公优质新开户、对公有效客户净增数达到了全覆盖，同业指标及小微业务指标也都覆盖了分行任务。

2.个金客户经理考核办法。（1）目标表指标设置。主体指标保持存款、中收等个金关键性指标的考核权重不变。一是增设了低成本负债指标，权重4分，最低-4分，使客户经理在关注存款增长的同时，重点关注低成本负债的增长，增强存款质效。二是降低了个金AUM的考核权重，由12分降至8分。考虑该指标为结果导向性指标，降低的分值用于过程导向性指标（个金客户指标）。三是加重了零售客户群体的考核权重，由37分提升至42分，新增“有效商户净增数（5分）”。将“个金财富管理客户净增数”更改为“沃德客户净增数（10分）”和“有效活跃户净增数（8分）”。四是鼓励类指标由原来的14项指标精简至8项指标，删除了可能重复计分的指标。鼓励对代发、银证银期等优质个金客户的挖掘，鼓励销售子公司财富管理产品，扩大中收规模。鼓励公私联动，拓展对公优质新开户及对公日均存款。（2）任务值测算结果。作为人民币存款日均、时点、低成本增量、财管中收、私人银行客户净增数、沃德客户净增数、有效商户净增数七项指标的主要群体，个金客户经理全年目标值100%覆盖总分行任务。其中，日均、时点存款目标值较上年增幅25%。有效活跃户分行任务覆盖率为90%，主要考虑个贷客户经理对有效活跃户净增数有一定的贡献。信用卡活户净增数总行任务覆盖率为48%，（上两年约为40%，大堂经理占50%，个贷客户经理约占10%），与去年持平。个贷作为鼓励个金客户经理完成的指标，分行任务覆盖率为5.49%。

3.个贷客户经理考核办法。（1）指标设置。一是房贷权重调低，业务量增加，非房消费贷分值调高。主要是考虑资产业务发展不仅要注重规模增加，更要注重“质”（综合收益和产品结构优化）的提升，具体为：个人住房贷款发放量权重由27%降低至25%，目标值A、B职等平均增幅2.5%；个人住房贷款净增量权重由30%降低至25%，目标值A、B职等平均增幅5.4%；非房消费贷净增量（不含质押）[2017年该指标为其他个金资产业务增量（含质押）]，由于定价水平相对较高，权重由10%提升至15%。二是顺应总行考核口径变化，将客户指标由个金财富管理客户净增数调整为有效活跃客户净增数，且任务数增加。三是顺应总分行提升交叉销售收益的业务发展方针，将信用卡活户新增数权重由8%提升至10%。四是顺应总分行发展方向和考核口径变化，鼓励类指标增加了基金定投有效新增数，主要是考虑提升房贷客户产品交叉销售渗透率的发展方向。将交易型零售客户有效户调整为有效商户增量。（2）任务值测算结果。一是通过房贷发放量测算的分行个贷净增计划覆盖率为74.4%，较上年提升2.7个百分点。二是通过房贷净增量和非房消费贷净增量（不含质押）测算的分行净增计划覆盖率为84%，较上年有所下降，主要系为了促进交叉销售和业务联动，部分净增任务下达给个金客户经理，尤其是目前消费信贷的重要抓手——“薪金贷”基本由个金客户经理推动，故加上个金客户经理个贷净增量，分行个贷净增计划覆盖率近90%。且近两年个贷投放还受制于规模紧张等因素影响，不确定性增加，但根据目前项目、业务储备情况，在规模允许的情况下，能实现分行下达的净增计划。三是流动性管理（时点增量），按目标值测算个贷客户经理能实现1.78亿元净增。四是有效活跃客户增量，按目标值测算，个贷客户经理能实现9860户净增，分行计划覆盖率5%。五是信用卡活户净增数，按目标值测算，个贷客户经理可实现3560户净增，分行计划覆盖率10%。

（二）零售业务管理经理考核办法。零售业务管理经理考核办法为2018年新增，鉴于其岗位职责，重点关注其过程性指标。指标设置说明如下：（1）主体指标：重点突出了零售队伍建设（13分）、零售高端客户营销（22分）及个金关键性指标达成情况（65分）。个金关键性指标有：个金储蓄存款（20分），含低成本负债（4分）；零售中收（20分），含财管中收14分；个金资产业务权重7分；个金AUM及代销增量6分；信用卡活卡净增（7分）；代理收单5分。（2）鼓励类指标：从做大个金客户群、扩大中收来源、重视个金风险管理出发，设置了相应指标。（3）加扣分指标：挂钩所在经营单位服务质量、资产质量及风险缓释指标，设置了经营单位评价及条线管理部门评价指标。

（三）大堂管理经理及大堂经理考核办法。

1.指标调整说明。为有效衡量大堂管理经理及大堂经理个人业绩及工作成果，减少了与网点业绩挂钩的定性指标权重（由原来的70%减少至50%），加大了个人定量指标的权重（由原来的30%增加至50%）。同时考虑到大堂管理经理当前主要工作尚未完全转入业务板块，所以调整统一从业务指标权重上进行，尚未区分大堂管理经理及大堂经理任务值。（1）保留总分行服务录像检查考核力度（36分）；（2）新设排队时长考核（8分），要求大堂经理合理分流网点客户，减少排队时长；（3）新增“到店客户手机银行签约注册率”（3分）和“到店客户首次柜面风险测评率”（3分），顺应总行消保办法考核导向，同时将大堂经理业绩与网点业绩相关联；（4）定量指标由2个增加至6个，共计50分，分别是信用卡活卡净增数、厅堂贷卖借交叉销售机会利用率、有效活跃户净增数、电子银行分流率、智易通授权笔数、手机银行活户净增数。

2.任务值测算结果。（1）信用卡全年目标值为120户，每季度30户。主要参考2016、2017年信用卡活户业绩，大堂经理信用卡业绩占全行总业绩的50%，较个金客户经理高1.25个百分点；（2）每月厅堂贷卖借交叉销售机会利用率门槛值设置为45%（即得60%基准分），主要是根据总行消保办法，厅堂贷卖借交叉销售机会利用率全年需提升至70%，分行才能得满分；（3）智易通授权目标值为1500笔/月，全年18000笔。经2018年1、2月个人智易通授权笔数测算，最高个人授权笔数为2000笔/月，职业大堂经理每月智易通授权笔数均值为1050笔/月，目标值设置为鼓励分流厅堂客户，减少排队时长；（4）手机银行活跃户150户/季，与去年任务值相等；（5）有效活跃户净增数、电子银行分流率指标挂钩网点任务和完成率。

（四）营运主管、副主管考核办法。

1.构面调整。履职管理由30分调整为20分；营运管理调整为营运质量，权重由30分调整为25分；风险管理由30分调整为25分；将原归属于“履职管理”构面下的“转型发展”指标进行构面专设，权重25分；加重了“分流考核”指标，将票据机、循环机、手持终端纳入专项考核，同时将集中化运营及投产项目也纳入该项指标。

2.指标调整。新增“优柜压柜”“挂销账管理”专项指标；加重了“反洗钱考核”指标，2分调整为5分；将“日常履职”指标分值由10分调整为5分。

3.名称调整。将“会计风险管理情况”指标修改为“制度执行情况”，将“整改评价”指标修改为“屡查屡犯及整改评价”。

（五）综合柜员考核办法。在提升业务、人员分流情况下，为客观评价综合柜员工作成绩，对业务量指标进行了修改，以加大考核差距，提高业务量繁忙网点柜员工作积极性。当季本人折合业务量/当季分行综合柜员平均业务量，达到100%的得满分，每低5%（含）以内的减1分，每超5%（含）以内的加1分，以此类推。该项加分上限由原10分调整为20分，扣分上限为10分。考核区间由原（40，60）调整为（40，70）。

（六）部门员工及支行中后台员工考核办法。因考核人群涉及岗位较多，职责内容差异较大，无法使用统一考核指标。办法共设置了5种考核表框架，对应不同考核构面及权重，各考核构面下的具体指标设置，由员工所在单位根据具体岗位职责制定。考核框架分别覆盖以下人群：经营单位中后台员工、保全部保全经理、业务部门业务岗位员工、业务部门管理岗位员工、其他部门员工。

第四章　薪酬福利

第一节　薪酬体制

一、国家事业单位工资制

1988年，交行重庆分行员工工资准执行国家事业单位薪酬制度，实行结构工资制，由基础工资、职务工资、奖金、各种津贴（物价补贴、工龄津贴、冬季取暖补贴、书报费、出纳储蓄人员津贴）、其他（如稿费、讲课费）等组成。

二、行员等级工资制

工资。1994年3月，总行实施行员工资制度改革，分配上引入竞争机制，奖金分配与盈利及存款总额挂钩，并实行总量控制下二级考核的薪酬管理。行员等级工资制度是以职位责任轻重、难易程度和所需任职资格评价要素为依据，兼顾行员具备的学历、经历和专业技术水平等任职条件，以行员等级工资为主要内容，根据行员实际贡献大小，确定劳动报酬的工资制度。行员等级工资制由等级工资、年度奖金、特殊职位津贴和工龄工资构成。行员工资等级与行员等级一一对应，工资等级标准划分为13个薪等，每一薪等含6至10个薪级。12等1级为基准薪级（薪点为1），对应基准薪级的基准工资由总行根据各分行所在地区工资水平、职工生活费用价格指数变动情况以及同业人员工资标准等因素核定，逐年调整。其他工资等级对应的工资额等于基准工资与各等级薪点的乘积。全行统一按“行员等级工资薪点表”执行。行员等级工资制依据投入产出和效率效益原则，用工资总额间接调控职工人数。工资总额由交通银行董事会在国家宏观指导和调控下自主决定，并结合实际情况自主制定工资分配计划。分支行依据总行下达的工资额度与自身经营效益制定年度工作计划，经上级审核批准后发放。

年度奖金。分行按照当年利润增长情况确定年度奖金。行员年度考核“称职”以上均可获得奖金，计算公式为：行员奖金额=行员实际平均工资×加发奖金月数。新行员在试用期或见习期内资金额减半。

特殊职位津贴。根据少数一线职位脏、苦、累、险的程度，行员等级工资制度规定，从事现金出纳和库房管理，专职守库和押送，专职机动车驾驶等职位的工作人员，以及从事储蓄、证券、会计等对外营业柜面业务和行政经费出纳等职位人员可享受特殊职位津贴，根据不同职位确定发放标准。特殊职位津贴视行员出勤情况按月计发，行员调离特殊岗位，津贴即予取消。

行员等级工资薪级。为调动广大行员的工作积极性，进一步激发大家的工作热情。从1997年7月1日起，增加行员等级工资薪级，在员工工资等级基础上增加一个薪级。增加行员等级工资薪级的范围：分行工资制度改革后，凡1994年6月30日已聘任职位并核定行员工资等级，在1996年考核结果为“称职”以上的行员；1995年6月30日前参加工作，在1994年7月1日至1997年6月30日调入本行的行员（含复转军人），在1996年度考核结果为“称职”以上以及尚在试用期内的行员；院校毕业分配入行的行员在试用期或见习期工资执行期满，聘任职位并核定行员等级工资后，至1997年6月30日受聘一年并在1996年度考核结果为“称职”以上的；1995年6月30日以前入行的合同员工，转正后聘任职位并核定行员工资等级，至1997年6月30日受聘满一年并在1996年度考核结果为“称职”以上的。

薪酬制度改革。2006年，根据总行下发的《交通银行薪酬管理手册》《交通银行密薪管理规定》《交通银行履职津贴管理的指导意见》等相关办法，分行成立全国各地资源管理改革项目实施推进工作组，推行以岗定薪的薪酬制度改革。新的薪酬体系根据“以级定薪、拉开差距”原则，依据宽幅多级的职位科级体系，结合绩效评估机制，提出整体薪酬概念，合理整合现金、短期激励、长期激励、福利待遇、休假、津贴补贴、精神激励等各类薪酬资源，形成新的薪酬体系。以岗定薪的薪酬体系与职位管理体系一一对应，按照每一职位都具有一定上升空间的职位等级设置理念，对每一职等都设有一定宽度的薪酬等级，体现“宽幅式”框架。以岗定薪的薪酬体系主要由固定薪酬和变动资金构成。固定薪酬包括职位工资，其中50%为基础工资，是员工基本生活保障，其余50%为履职津贴，是员工履行该职位职责的价值体现。总行每年根据公司业务的市场平均增薪水平，确定实施员工的年度调薪。分行分别于2007年度、2010年度、2011年度和2012年度对员工职位工资进行调整。个人调薪幅度根据市场目标水平、员工个人薪酬竞争力和上年绩效等级确定，调薪比例最高30%，最低3%，由部门负责人在部门总薪酬包内，根据员工实际表现在±10%幅度范围内进行调整。变动资金与员工绩效表现挂钩，关注目标达成情况，综合考虑单位（全行、分行、部门/支行、团队）及个人绩效情况确定。分行绩效工资总额与分行绩效考核结果挂钩，2012年后主要与经济利润增长情况挂钩。各经营单位的绩效工资总额与全分行以及本单位的绩效考核结果挂钩。2015年1月起，将履职津贴并入绩效奖金考核，提高变薪占比，着力解决好“高与低、固与变”的问题，即在薪酬总量基本稳定的条件下，加大薪酬激励力度，将有限的薪酬资源用于激励绩效优秀的员工。改革后，员工薪酬由基础工资+绩效工资构成。把履职津贴纳入绩效工资管理，严格按考核结果进行兑现分配。2017年，分行制定了《交通银行重庆市分行绩效薪酬分配办法（2017年）》，办法中明确了绩效薪酬包的分配原则、各族群绩效薪酬分配细则。2018年，分行制定了《交通银行重庆市分行绩效薪酬分配办法（2018年）》，建立了经营单位和经营部门“奖金池”制度、员工个人“奖金池”制度，优化了各族群薪酬分配细则。

三、中层干部年薪制

2005年1月起，执行《交通银行重庆分行中层干部年薪制暂行办法》，分行中层干部工资性收入分配实行年薪制，即以年度为单位，根据干部经营、管理的考核情况计发工资性收入。年薪制的实施范围为各中心支行、直属支行行长、副行长，营业部主任、副主任，分行各部门正职、副职。

各部门、支行、营业部的助理，5职等以上的专务及非领导职务干部参照此办法执行。年薪分为基本工资、绩效工资二部分：一是基本工资按上年年薪标准的50%计核，分月发放；二是绩效工资全年考核后发放：以当年年薪标准的50%为基数，根据综合考核、干部年度考核情况浮动，其中综合考核占70%，干部年度考核占30%。实行年薪制的干部，除讲课费、稿费、出差补贴、住房补贴及非工资性费用、补贴和分行确定的其他特别奖励外，不再发放工资、奖金和其他工资性津补贴。

四、延期支付

2017年，分行根据银监会《商业银行稳健薪酬监管指引》、保监会《保险公司薪酬管理规范指引（试行）》及总行《交通银行D职等管理人员绩效工资延期支付管理办法》，结合分行实际，制定《交通银行重庆市分行绩效工资延期支付管理办法》。本办法适用于分行中层干部，具体包括：（1）经营单位正职、副职、助理、挂职人员；（2）部门正职、副职、助理、挂职人员。中层干部的延期支付是以年度绩效工资为核定基数，其中：绩效工资是根据年度考核结果确定的现金绩效工资，按比例划分为当期支付部分和延期支付部分。正职（含主持工作副职）延期支付的比例为年度绩效工资的12%，副职（含助理、挂职）延期支付的比例为年度绩效工资的10%。具体比例可根据总行及分行管理实际动态调整。延期绩效工资自考核年度次年起分三年兑付，每年兑付1/3。涉及职务变动的，当年延期支付薪酬额度根据其任职时间分段计算。每年年度考核结束后，对未出现风险责任或违纪违规行为的中层干部，按延期支付计划正常兑付延期绩效工资。对出现不良资产管理责任、岗位责任或因其他违纪违规受到领导干部问责、组织处理、纪律处分的，将根据人力资源部或监察等部门处理决定，对延期绩效工资余额实行止付。2018年，分行对延期支付管理办法进行了修订，并下发了《交通银行重庆市分行2018年绩效工资延期支付管理办法》。将中层干部延期支付比例提高到20%，把延期支付和目标考核完成情况挂钩，进一步提高出现风险责任、危机违规等情形的延期支付比例。

第二节　福利体系

一、法定福利

养老保险。1994年1月1日起，全行开始执行《交通银行养老保险统筹实施细则》，将在册固定职工、合同制职工和符合规定的离休、退休、退职职工纳入统筹对象。个人缴纳基本养老保险费以行员等级工资为基数，缴费比例为行员等级工资70%的2%。每年4月1日按上年末职工个人月等级工资计算个人缴纳基本养老保险费，年中如职工个人月等级工资发生变化，不再调整基数。1996年8月25日，总行印发《交通银行职工调动转移养老保险基金暂行规定》，对交通银行系统职工调动转移养老保险基金做出规定，职工调动工作后可按规定进行养老保险基金转移。1997年1月1日起，根据《国务院关于深化企业职工养老保险制度改革的通知》《关于提高职工基本养老保险基金个人缴费额的通知》精神，全行提高基本养老保险基金个人缴费基数和个人缴费比例。个人缴费额以国家统计局规定的工资统计口径为基数，按本人工资总额的3%缴费率计算缴纳。1998年1月1日起，根据《国务院关于建立统一的企业职工基本养老保险制度的决定》精神，基本养老保险基金个人缴费比例提高一个百分点，即每月按本人上年工资总额月平均数的4%计算基本养老保险基金个人缴费额。职工个人缴费按“元”为计量单位，实行四舍五入计算扣缴。1999年开始，根据《重庆市人民政府批转市劳动局、市财政局关于重庆市基本养老保险行业统筹移交地方管理的实施办法的通知》的要求，《交通银行重庆分行关于建立补充养老保险的请示》，交通银行重庆分行的基本养老保险纳入重庆市行业统筹管理，执行重庆市企业职工基本养老保险实施办法。

医疗保险。2004年，根据《重庆市人民政府关于印发重庆市城镇职工基本医疗保险市级统筹暂行办法的通知》及《重庆市人民政府办公厅关于印发重庆市城镇职工住院医疗保险市级统筹暂行办法的通知》，分行参加市级统筹医疗保险。

失业保险。根据《重庆市人民政府关于印发重庆市失业保险条例实施办法的通知》精神，分行按标准缴费。职工在与单位解除劳动关系后可按规定领取失业保险金、医疗补助金、丧葬补助金和抚恤金、生活补助金以及职业介绍、职业培训补贴等。

工伤保险。2004年，根据国务院《工伤保险条例》《重庆市人民政府关于印发重庆市工伤保险实施暂行办法的通知》，分行印发《关于参加重庆市工伤保险的通知》，参加重庆市企业职工工伤保险。与分行建立劳动关系的全体职工（飞驶特除外）全部纳入工伤保险参保范围。单位按月全额向地税机关缴纳工伤保险费，员工个人不缴纳。同时明确工伤认定情形及申报程序、工伤保险管理及各部门职责。2009年末，分行理顺工伤保险单位参保手续，顺利接轨重庆市工伤保险。

生育保险。2010年，分行理顺生育保险参保手续，顺利接轨重庆市生育保险。

住房公积金。1996年1月起，按照《交通银行重庆分行住房公积金管理暂行规定》，分行实施住房公积金制度。实施原则：个人存储，单位资助，统一管理，专职使用。缴存比例按现行规定暂定为5%（单位、个人各5%）。公积金缴纳额以每年1月份行员等级工资计算。由人事教育处负责全行公积金筹集、核算等管理工作。公积金可用于购买、建造和大修自住住房，经本人申请，单位和有关部门同意，市住房公积金管理中心确认后可使用。2007年，总行印发《关于规范住房公积金缴存管理的通知》，规定全行严格执行建设部、财政部及当地政府主管部门拟定的统一标准，职工和单位住房公积金最高缴存比例不得高于12%。分行职工和单位住房公积金的月缴存额最高不超过8000元。

二、企业补充福利

企业年金。2009年1月，总行制定《交通银行股份有限公司企业年金计划实施细则》，决定自2009年1月起中国境内所有参加基本养老保险且试用期满的正式员工，不再执行交通银行离退休人员养老补贴办法，但可自愿参加企业年金计划。原则上，企业每年按本单位上年度职工工资总额的4%缴费，个人每年按上年工资收入的1%缴费，由本公司从个人工资中代为扣缴，记入个人账户下的个人缴费子账户。员工达到法定退休年龄，并办理退休或退职手续后，年金基金将按总行统一规定的标准，由个人账户和公共账户共同按月给付年金，直至该员工身故。员工因个人原因离职，对其个人账户下企业缴费子账户的积累额度，设立归属期，按在本单位服务不满5年不归属，满5年后归属个人比例为50%，以后每年归属比例增加10%，10年归属完毕，未归属的权益划入所在单位的未归属账户。2012年12月，财政部出台《国有金融企业年金管理办法》（财金〔2012〕159号），调整了国有金融企业年金缴费比例上限。2013年，总行印发《交通银行股份有限公司企业年金计划实施细则（2013年）》，将企业缴费比例从4%调整至5%，调增额度分配至个人账户企业缴费子账户，并增加对停职职工中止企业缴费、解除劳动合同职工企业缴费、投资收益部分完全不归属、因组织原因在集团内部调动企业缴费、投资收益部分完全归属等内容。

补充保险。一是商业保险。2013年前，分行为员工购买家庭财产险、交通意外险和人身意外险。2013年，分行开始为员工购买重大疾病险和人身意外险。2016年，分行停止购买家庭财产险、交通意外险，将人身意外险纳入补充医保中。2017年开始，重新为员工购买交通意外险。二是补充医疗保险。2001年11月，总行印发《交通银行补充医疗保险制度暂行办法》，确定在各分行都已参加各省市的城镇职工基本医疗保险基础上，按照医疗保险属地管理原则，建立各自的补充医疗保险制度。2006年12月23日，分行第四届二次职代会审议并通过涵盖分行退休员工和派遣制员工的《员工补充医疗保险暂行办法》和《员工重大疾病医疗救助暂行办法》。办法规定享受补充医疗保险人员范围为：在分行工作满1年的正式员工（含内部退养员工）、派遣制人员及退休员工（本办法统称为员工）。分行根据国家法规，每年按上年工资总额的4%，建立分行员工补充医疗保险基金。派遣制人员、内退员工、退休员工补充医疗保险金标准按分行在岗正式员工同档次标准的80%执行。被追究刑事责任或受党纪、行政处分的，或当年发生或发现有重大经济责任事故、负主要直接责任、被追究处理的，暂停当年享受补充医疗保险资格。该办法从2006年1月年起执行。2013年12月2日，分行第五届三次职代会审议通过《交通银行重庆市分行补充医疗保险实施细则》。该细则将所有在职员工和离退休人员全部纳入范围，补充医疗保险资金额度不超过上年度年末账面工资总额的4%。规定分行员工补充医疗保险资金由“补充医疗赔补基金”“保险公司管理费”以及“补充医疗保险基金”三部分组成。“补充医疗赔补基金”用以支付在职员工团体商业保险保费，包括重大疾病保险、意外伤害保险、意外伤害医疗保险；根据“补充医疗保险基金”总额一定比例向保险公司支付管理费；补充医疗保险基金包括“重大疾病补充救助金”“退休人员医疗补助金”“在职员工剩余权益”三部分，用于员工本人医疗费用的据实报销。并规定资金使用规则、管理机制及保障标准等细则。2015年11月10日，分行第五届职工代表大会第六次会议审议通过《交通银行重庆市分行补充医疗保险实施细则》（2015年修订），将分行补充医疗保险与重庆市基本医疗保险办法相衔接，包括门急诊、住院、重疾、意外等。分行补充医疗保险改为由“团体重大疾病保险”“团体意外伤害保险”“团体补充医疗综合保险（门急诊、住院、大病救助）”三部分组成。三是补充养老保险制度。补充养老保险是交通银行和职工个人根据自身经济能力建立的养老保险制度，是基本养老保险的补充形式，补充养老保险金属于单位和职工个人所有。补充养老保险办法由总行统一制定。根据向重庆市劳动和社会保障局提交的《交通银行重庆分行关于建立补充养老保险的请示》，根据国家政策，分行拟从2004年1月1日起为职工建立补充养老保险，分行离退休人员的基本养老金统一按重庆市计发办法执行，不另加发补贴。

疗休养。1989年6月23日，分行《关于组织分支行部分干部公休疗休养的试行办法》规定：分支行总经理（含副总经理）、经理（含副经理），每年根据总行安排，以秦皇岛北戴河、山东青岛、广东中山、福建厦门4个地方为疗养点，由总行统一组织、固定地点、为期7天进行疗休养。2001年，为了进一步规范中层干部的疗休养工作，根据总行要求，分行制定《重庆分行中层干部疗养工作管理办法》。享受疗休养的中层干部明确为各中心支行（营业部）、分行各部门四、五职等的干部，以及未达到四、五职等的各行、各部门主持工作的干部；新提任中层干部在任职两年后方能享受中干疗休养待遇；分行中层干部每三年享受一次疗休养待遇，每次疗养时间为8～9天；每年根据中层干部1/3的比例确定当年参加疗休养干部的总名额。根据各行（部）的考核及任务完成情况提出各行（部）参加中干疗休养的名额，由各行（部）根据分行要求确定参加疗休养的人员，并报分行分管行长同意后方能当年参加；中层干部在疗休养期间的交通、食宿、活动费于每人4000元内安排，超支自理。2004年以前，分行工会根据经费整体情况，每年统一组织先进工作者、部分中干、员工疗休养。为激励先进，获得分行的优秀中干、优秀员工、先进党员、营销能手、服务标兵等荣誉称号及分行认定有突出贡献的员工，由工会统一组织安排集体旅游。2005年9月29日，参照总行《关于重新制定全行干部员工疗休养费用标准的通知》，分行制定《交通银行重庆分行行员疗休养暂行办法》，将疗休养对象扩大到在分行工作且工龄满1年以上的在编在岗正式行员。行员的疗休养由分行轮流统一安排，行员年度疗休养比例为在编在岗正式行员的25%。2006年12月27日，为贯彻实施交通银行员工年休假、疗休养制度，规范开展员工年休假、疗休养工作，分行制定《交通银行重庆分行员工年休假、疗休养管理实施细则》。连续工龄满1年的员工、派遣制人员和退休人员，每年可享受一次疗休养。疗休养利用本人年休假时间进行，员工疗养方式改由本人自行决定。退休人员根据工龄，按在职同档次员工标准的50%执行。该细则从2007年开始实施。

各类补贴。一是住房补贴。1998年，国务院印发《关于进一步深化城镇住房制度改革加快住房建设的通知》，确定停止职工住房实物分配，实行住房分配货币化制度。按照属地化管理原则，重庆市分行根据地方房改政策，出台分行员工住房货币化分配方案。2003年3月，总行出台住房补贴办法。分行根据总行政策制订具体实施细则。2008年，总行印发《对2008年及以后新录用行员不再提供住房补贴的通知》，规定从当年1月1日起，新录用员工不再提供住房补贴，2007年12月31日在册的正式员工仍按原办法执行。二是高温补贴。1988年分行重建开始便根据相关规定发放高温补贴。2015年起，因原执行的高温补贴文件经重庆市政府明文废止，分行停止发放高温补贴。三是粮贴。1992年，根据《关于转发财政部关于提高粮食统销价格后适当发给职工等有关人员粮价补贴的通知》，分行在职职工及离休、退休（退职）人员，不分工资区类别，每人每月一律发给粮价补贴5元。1995年6月起，粮贴不在工资表中单独发放，并入等级工资中体现。四是交通补贴和话费补贴。2012年，经分行研究决定，统一分行员工公务交通和通信费报销限额标准。具体规定如下：从2012年一季度起，2010年3月以来新入行员工及新提任B、C层级干部员工报销限额标准与老员工执行相同标准（新报销限额标准见附表）；部门、经营单位正职报销上限执行总行财务制度规定的最高限额标准，按总行规定，目前分行属于3类行，个人交通费报销上限为3000元/月，非经营部门正职最高标准为上述标准的80%；客户经理的公务交通及通信费报销限额，按《交通银行重庆市分行客户经理等级管理暂行办法》执行；公务交通按季报销，每季初报销上季度费用，任职未满一季度离职的不予报销，通信补贴按月发放；2012年一季度车贴即日起凭合规票据报销。2014年7月1日起，按交行人力资源部《关于调整派遣制员工公务交通费标准的请示》，参照同工同酬的相关原则，将派遣制员工公务交通报销限额标准调整为与正式员工一致。2015年12月，总行根据国家有关部门检查的整改要求，印发《关于规范员工公务交通费和公务通信费管理的通知》。分行在总行标准的基础上，结合分行实际情况，对员工公务交通费和公务通信费报销标准进行调整。

第五章　教育培训

第一节　培训管理

一、培训体系

培训机构。重庆分行培训中心成立前，分行的教育培训主要由人事教育处负责管理。一般分为在岗培训和下岗培训两种，采取集中培训和分散培训相结合的方法进行。集中培训由人事教育处统一组织，分散培训指各部门、支行根据自身情况组织培训。培训教师一般由各岗位专业技术过硬的干部或员工兼职。因此，形成以分行人事教育处为核心，各部门、支行为依托的教育培训体系。2003年9月18日，分行成立培训中心。培训中心作为人教部内专门实施干部员工教育培训的工作机构，负责分行一级的培训工作，主要承担干部员工职位培训、集中轮训、富余人员培训及员工业务技能水平测试、上岗资格考试等工作。中心在人资部引领下，一直致力于培训体系的完善、培训方式的丰富、培训体制的创新、培训管理的改进等。由此，形成培训中心集中统一管理，各部门各支行支持配合的分行教育培训工作的培训体系。

培训队伍。一是人员构成。培训中心编制4人，设主任1人，副主任1人，教务员2人。其中主任、副主任由退出处级领导岗位的同志担任，负责培训工作的组织管理；教务员负责承办培训中心内部勤务、教学事务及其他相关工作。二是岗位职责。主任承担培训中心全面管理职责：根据总分行教育培训方针政策及改革发展的决策思路，针对分行干部员工队伍素质状况，提出教育培训的基本思路和建议，参与制定分行教育培训规划和年度计划；组织制定培训中心工作目标、计划、规章制度，审定培训班教学方案；指导和督促下属各岗位人员工作，协调培训中心内部及外部关系，落实培训计划，推动各项培训工作顺利进行；组织开展思想政治工作、教学研究和教学改革，总结培训工作经验；组织员工业务技能测试、上岗考试及其他重大培训活动；兼任一定的基础授课；组织对教务员的工作考核及兼职教师的评价、评比；参与人教处对支行培训工作的指导、检查。副主任协助主任进行培训工作的组织管理：参与制定培训中心工作规划、年度计划、规章制度；组织培训教材讲义的编写；组织管理教务工作，制定各培训班教学方案、课程安排，承担培训班的班务管理，开展思想政治工作；反馈学员意见、建议，参与教学研究及教学改革；参与组织员工技能测试、上岗考试及其他重大培训活动；兼任一定的基础授课；参与对教务员的工作考核及兼职教师的评价、评比；参与人教处对支行培训工作的指导、检查；主任外出期间，主持培训中心的工作。教务员承担培训中心的内部事务及部分教学授课任务：参与草拟培训计划、教学方案；参与教材讲义的编写；承办教材讲义印制、购置、管理，承办文件资料管理、培训档案管理、教学设施管理及教学用品的领用发放；承办培训统计、信息工作、教学活动中的衔接联络工作；协助进行培训班的班务管理；承担一定专业的培训授课；承办员工技能水平测试、上岗资格考试工作。

二、培训制度

2005年，印发《交通银行重庆分行员工继续学习提升学历和职称奖励办法》。2006年，印发《交通银行重庆分行会计人员上岗考试实施方案》。2007年，印发《交通银行重庆分行员工持证上岗培训工作方案》，明确分行14个条线A、B职等员工进行持证上岗培训、考试。2008年，印发《交通银行重庆分行师徒结对暂行管理办法》。2010年，印发《交通银行重庆市分行会计人员基本业务技能竞赛管理规定（2010年修订稿）》，确定竞赛项目、等级标准、竞赛流程、竞赛规则，完善对各支行、营业部及网点的考核办法，增加参赛会计人员奖励标准。2010年，分行印发《关于做好2010年度A、B职等员工岗位资格培训考试组织工作的通知》，结合总行要求，明确分行各条线未通过本职位所属序列岗位资格认证考试的A、B职等员工，包括办公、人力资源、预算财务、金融市场、公司业务、国际业务、资产保全、个人金融、零售信贷、会计结算、授信管理、风险管理、审计、法律合规、信息技术、电子银行、纪检监察17个条线多个职位序列的上岗考试。2010年，印发《交通银行重庆市分行员工职业培训考试激励办法》。2011年，分行印发《关于明确员工离岗学习培训审批程序的通知》，包括适用对象、申请流程、培训期工资绩效、考核再上岗等。2014年，印发《交通银行重庆市分行教育培训管理暂行办法》，包括培训职责分工、培训规划与计划、培训组织实施、培训师资与课程管理、培训基础管理、考核与激励约束等。2014年，印发《交通银行重庆市分行兼职培训师管理暂行办法》，包括职责要求、基本条件和认证标准、认证与聘任、考核管理等。2016年，印发《交通银行重庆市分行领导干部上讲台实施方案》。2017年，《关于印发〈交通银行重庆市分行教育培训管理实施细则〉的通知》结合《交通银行重庆市分行教育培训管理暂行办法》，根据分行实际情况，对培训考核、培训档案管理和教学评估三个方面做详细规定与说明。同年，《关于印发〈交通银行重庆市分行教育培训考试管理暂行办法〉的通知》对考试管理中各部门的职责分工、考务工作人员职责、考场标准、保密要求、违规违纪处理、考务信息管理等方面内容做出明确的规定，进一步促进分行教育培训考试管理工作制度化、规范化。同年，《关于印发〈交通银行重庆市分行精品培训项目（课程）、经典教学案例和金牌培训师选拔推荐管理办法〉的通知》鼓励各经营单位、分行各部门加强培训项目（课程）开发、教学案例应用、优秀师资培育，充分调动全行上下办精品、做示范、创品牌、争先进的积极性，对于精品培训项目（课程）、经典教学案例和金牌培训师选拔推荐的评选范围、评选方式、评选流程、评选周期都有详细规定。印发《交通银行重庆市分行教育培训经费管理实施细则（暂行）》，对教育培训经费开支范围、开支标准、预算管理、经费使用和监督都明确定义，进一步确保教育培训经费使用合规，提高经费使用效益。印发《交通银行重庆市分行教育培训积分奖励办法》，对单位教育培训积分和员工个人教育培训积分的计分方式、范围、应用做规定，旨在提升内训质量，调动全行上下培训参与积极性。印发《交通银行重庆市分行"十三五"时期（2016—2020年）教育培训规划》。2018年，印发《交通银行重庆市分行新行员带教及成长评价管理办法（试行）》，明确带教培训方式与考核方式，帮助新员工养成良好的职业心态和行为习惯，快速实现从校园人到职业人的转变，学习业务知识，掌握岗位技能，尽快适应新工作岗位需要，走好职业生涯第一步，进一步推进分行新员工教育培训制度化、规范化、系统化。

第二节　培训实施

一、培训输送适岗人员

管理干部培训。1993年，重庆分行印发中干培训计划，采取专题讲授与心得交流相结合的方法，使中干明确自己在交通银行大业中所处的位置，肩负的职责，学会领导艺术，掌握管理方法，提高管理素质。培训工作在总经理的领导下，由人事教育处负责具体事务和组织工作。每年将管理干部培训列为重点，课程设计围绕领导能力、管理能力、业务能力、个人素质，培训方式有领导干部上讲台、学员带教、自主选学、轮岗轮调、挂职锻炼等。

在职员工培训。1994年，制定在岗职工业务培训计划，重点针对储蓄业务，会计、出纳业务，外汇业务，电脑操作，电脑知识普及培训，信贷业务六大培训项目进行。培训方式采取脱产研讨和业余不脱产培训相结合，以业余不脱产培训为主；分行办研讨班与各支行、部门办培训班相结合，以各支行、部门办培训班为主。在岗业务培训每年分行举行一至两次考试，不合格者下岗待聘。年终将进行总结评比，对各支行、部门的组织培训情况，评出业务培训组织一、二、三等奖各一名；对业务培训成绩优异的个人评一、二、三等奖若干名。另由分行人教处组织五期新职工入行培训，内容为入行教育和业务培训，业务注重会计、出纳、储蓄的基础业务及基本操作技能方面。

1996年，开展临柜技能培训、中干计算机基础知识学习班、会计业务培训、职工安全培训、储蓄管理知识培训、支行及营业部电脑技术人员通兑业务培训、柜台操作人员通兑业务培训、外汇业务培训、出纳业务培训、信用卡业务培训、对公业务培训、信贷业务培训、计算机信息系统安全保护培训、金融法律知识培训、分理处主任研讨会、储蓄业务培训、专职保卫及守押人员业务培训、业务技能上岗测试及达标测试、网络技术培训、国外业务岗位专业知识统考考前培训、信贷岗位专业知识统考考前培训，并要求各支行、营业部负责的培训项目要明确，每期总学时严格考勤。每项培训结束后尽量采取考试来检验结果，考试结果于当月底报人教处备案。

1997年，教育培训一是建立分并完善分行、支行二级培训中心，分行、支行、分理处（储蓄所）三级培训层次的培训组织体系。二是加大行员培训力度，计划开展临柜人员技能培训、信贷业务培训、会计业务培训、储蓄业务培训、计算机知识普及和电子汇兑培训、外汇业务培训、信用卡业务培训、专职保卫及守押人员业务培训、金融法律知识培训、行员职业道德和行为规范教育、出纳业务培训、分理处主任研讨会等。三是转变教育培训方式。将培训内容从一般性的知识讲解向有具体职位要求的技能传授转变，培训方式从教师单一灌输向教学相互融合转变，加强实践环节的训练。

2004年11月29日至12月12日，财会处和培训中心联合举办核心账务系统上机操作培训班。参加培训的有基层营业网点负责人及会计人员、账务中心人员、放款中心人员、委派稽查员、国际业务人员共计320余人。2005年，分行共培训8个项目，2017人次。其中核心账务系统规章制度培训和在线学习培训人数500人次；集中答疑辅导培训150人次；集中上机操作培训320人次；上机操作考试392人次；信贷管理系统上机操作培训，培训人数289人次。后督中心人员集中培训班，培训人员16人次。12月，分行又开始数据大集中第二期培训，全行网点负责人和三级柜员160人参加上机培训，对新旧系统的差异性有进一步解，确保分行系统顺利切换使用。

2014—2015年8月，531工程上线系列培训，分行共计参训4069人次，上机操作考试810人次。按照《关于做好交通银行员工持证上岗培训工作的通知》要求，分行组织了14个条线A、B职等员工进行持证上岗培训及考试。

离岗能力再造。2003年，培训中心陆续对76名在全员竞聘中由于缺少专业知识和技能暂时失掉岗位的同志进行前台岗位培训，培训对象中约有1/3来自转岗人员（驾驶、保卫、行政后勤人员等），分行通过培训进行岗位的重新整合。2003年10月27日，第一批21名渝中支行离岗员工进入培训中心参加学习，这是分行自建立以来首次举办的脱产3个月的规范化岗位培训。通过对财会、私金、国际业务以及企业文化、思想政治教育、法制教育等为期3个月的专业培训，使他们思想上顺应交行改革的潮流，基本掌握银行前台业务知识和电脑打字、输机、点钞三项技能，基本达到前台员工上岗标准。学员结业后都找到较合适的岗位并基本适应岗位工作要求。总行于2005年起开展持证上岗工作，各序列相继启动持证上岗认证工作，并将持证情况纳入员工及所在单位考核。

第三节　培训成效

一、培训计划完成

2004年，培训中心开展多专业、多层次、多形式、全方位的培训工作，共进行7大类培训，共计培训项目46个，参训人员达4135人次，累计计培训433天3464学时，以网络为主。抓好前台员工岗位轮训，推进扁平化改革顺利进行。

2005年，培训工作以业务发展为主线，新产品、新业务为重点，以服务于基层和服务于中心工作为目的。共举行8大类培训，培训课时共计520学时，培训人次为10490人次，内容涉及银行服务、风险防范、业务营销、操作技能和综合素质等。当年重点项目主要为数据大集中的培训、基层干部经营管理培训、计算机基础班和提高班以及客户经理培训班。

2006年，举办和参加各类培训，培训8262人次（其中分行组织培训8069人次、参加总行及外部培训193人次），人均参训6.6次，使分行员工在银行业务、服务规范、风险防范、业务营销、操作技能和综合素质等方面的水平得到提高，并收到显著的效果。

2008年，完成14个条线A、B职等员工649人次的上岗培训及考试，使广大员工业务知识和技能切实提高，上岗考试合格率99.5%。组织C职等中层干部任职资格培训及考试，参加总行培训32人次，组织网络考试6次，考试合格率100%。全年计划培训57项，实际进行75项，完成计划的131.58%。重点项目为中层干部开展相关项目培训，前台会计人员业务技能竞赛，服务巡回培训，以及AFP、CFP、EFP培训。

2009年，以新产品、新业务、新流程为重点，注重调动分支行两级培训的积极性，与分行各专业处室密切配合，组织开展多专业、多层次、多形式培训共计58项，培训6375人次；组织各类考试26次，参考3166人。当年主要是加大远程培训系统推广应用力度，以及采取师徒式培训模式。

2010年，坚持以科学发展观统领教育培训工作，牢固树立“人才是第一资源”“人才优先发展”的理念，全面落实总行教育培训工作部署，努力打造学习型团队，持续提升员工专业素质和履职能力。全年共举办各类培训班226期，培训17265人次；举行各类考试97次，参考13393人次；选送243人次参加总行培训。

2011年，分行教育培训工作紧紧围绕总行“两化一行”战略和“倍增计划”目标，全面落实总行教育培训工作部署，努力发挥教育培训在建设高素质干部员工队伍中的先导性、基础性、战略性作用，努力打造学习型团队，持续提升员工专业素质和履职能力。全年共举办各类培训班174期，培训20434人次；培训覆盖率100%；分行员工培训累计57学时；举行各类考试104次，参考10477人次；选送250人次参加总行培训。

2012年，全面落实总行教育培训工作部署，努力打造学习型团队，持续提升员工综合素质和履职能力。分行全年共举办各类培训278期，培训人24464次；举行各类考试83次，参考9218人次；参加总行培训750人次。

2013年，培训26238人次，人均总学时79.98学时。举行各类考试95场，参考8647人次。分行建立一支兼职培训师队伍，人数80多人，建立各条线专业及管理干部的培训课程，与国内知名大学、总行培训中心、专业培训公司、基金保险公司、地方党校及监管部门建立培训合作关系，提供优质的师资，确保培训质量。重点项目为基层营业机构负责人经营管理能力提升培训班、北京大学—交通银行重庆市分行中高层管理人员领导能力提升高级研修班以及由分行党委书记、行长付万军给全体中层干部讲授“商业模式创新与数字化革命”课程。

2016年，分行年底共计1429人，共完成226974学时，人均学时达到159学时，参加培训人员覆盖率达到98.67%。其中网络学时人均达到101学时，人均网络学时占比达到64%，网络学习人员覆盖率达到97.97%。网络必修课学习名列总行前矛，其中D层级完成率达100%，C层级完成率达96.8%，A、B职等完成率达到96.8%，剔除离职、退休、长病假等原因，网络必修课参与率达到100%。分行共完成自办培训项目164个，培训班379个，参加培训达11203人次，培训计划完成率99%，其中网络培训班占比达到31%。领导干部上讲台情况：D职等干部4人共计授课9次，C职等干部15人共计授课28次，学员对象主要为中层领导干部及新员工。分行共计组织636人次，参加总行36次上岗资格、资质认证考试，并对考试合格员工634人次导入考试成绩，进行资格认证，考试合格率99.6%。组织总分行各类培训班153个，项目完成率95.68%，平均评估分值94分。

2017年，组织参加总行上岗资格统一考试32次56场次，参考人员560人次。分行自行组织考试18次，6391人次参与考试。面授课程参与总人次11649人次，其中分行自行组织办班172个，共计参与11413人次，组织选拔298人参训总行236个培训班，选送144人次参加银协及其他外培培训班。共完成226974学时，分行人均学时达到159学时，分行参加培训人员覆盖率达到98.67%。全行共计1394人参与网络课程学习，参与总人次307742人次，累计网络课程学习达125883小时，人均90.3学时，网络课程参学率98.17%。网络必修课学习名列总行前矛，其中D、C层级完成率达100%，A、B职等完成率达到96.8%，剔除离职、退休、长病假等原因，网络必修课参与率达到100%。领导干部上讲台情况：D职等干部4人共计授课9次，C职等干部20人共计授课28次，学员对象主要为中层领导干部及新员工。

2018年，分行面授课程参与总人次7804人次，其中分行自行培训项目52个，组织办班124个，共计参与7195人次，组织选拔360人参训总行249个培训班，选送249人次参加银协及其他外培培训班29个。共完成63634个面授学时，分行人均面授学时达到51.8学时，分行参加培训人员1228人，面授覆盖率达到86.36%。全行共计1386人参与网络课程学习，网络学习参与率97.47%，累计网络课程学习达126398学时，人均91.2学时。网络必修课学习D、C层级完成率达100%，A、B职等完成率达到99.7%。

二、培训所获奖项

2012年，在总行开展的2012年“炫动e校园”网络学习活动中，分行一人荣获“学习明星”称号，两人荣获“最佳推进者”称号。2016年，分行积极组织参加总行“三精”评选活动，推荐课件与案例分别获得总行“精品课程”和“经典案例”奖。一人获得“创课杯”微课大赛“金奖”。当年“交享e校园”网络学习活动获“优秀组织奖”。2017年，分行积极组织参加总行创课大赛和“三金”评选活动，共推荐32人次参加比赛，其中一人获得“金牌培训师”荣誉，一人作品获得微课大赛“铜奖”，分行获“创课杯”微课大赛“组织参与奖”“交享e校园”网络学习活动“优秀组织奖”。2018年，分行积极组织参加总行创课大赛和“三金”评选活动，分行推荐课件与案例分别获得总行“精品课程”和“经典案例”奖。两人作品获得微课大赛“铜奖”。分行获“交享e校园”网络学习活动“优秀组织奖”、2018年第三届“创课杯”微课大赛“优秀组织奖”。

第八篇　党群工作

分行重新组建后，分行党委认真贯彻执行党中央路线、方针、政策和重大决策部署，始终把党建工作摆在重要位置。

加强党的建设。坚持把思想政治建设列入重要议事日程，从抓党委中心组学习着手，通过开展“讲学习、讲政治、讲正气”教育、保持共产党员先进性教育、学习实践科学发展观、群众路线教育实践活动及“三严三实”“两学一做”等系列学习教育活动，以及党风廉政和反腐倡廉建设，不断加强党员教育管理和监督监察，增强党员的党性意识和宗旨意识。同时，不断健全完善党建工作各类制度办法，规范党建工作管理，确保党中央的路线、方针、政策在分行得到全面落实。坚持加强领导班子建设和基层党组织建设，增强领导班子的政治素质和领导能力，建立“一岗双责”党建工作责任制。坚持加强党员教育管理，促进增强党性修养，充分发挥党组织与广大党员在改革发展中的战斗堡垒与先锋模范作用。2018年，结合市分行党建发展现状，提出从严治党“四梁八柱”。率先在系统内提出覆盖全面、左右协同、上下联动的“党建+”“党员+”党建模式。

工会和共青团工作扎实开展。分行注重加强对职工的民主管理，着力提高员工对企业的向心力和归属感。通过开展丰富多彩的工会活动，提高员工幸福感，丰富员工的精神文化生活，关注青年员工的发展和成长，通过开展“青年文明号”等系列团建活动，积极为分行培育优秀人才，引领青年员工为分行改革发展创新贡献才智和力量。

第一章　党组织

第一节　党委（党组）与纪委（纪检组）

一、党委（党组）

成立。1988年8月19日，中国共产党交通银行重庆分行党组成立，归属地方党委领导。1991年，辖属自贡、贵阳、昆明等分支行先后成立党组。1993年，成都分行、太平洋保险公司重庆分公司成立党组。1994年，辖属攀枝花、遵义支行成立党组。1995年，辖属广元支行成立党组。1998年9月，按照中共中央《关于完善金融系统党的领导体制，加强和改进金融系统党的工作有关问题的通知》，中国共产党交通银行委员会成立。12月4日，成立交通银行重庆分行党委，属总行党委垂直领导，干部实行垂直管理。

职责。贯彻执行党的路线、方针、政策和党中央、国务院的有关指示、决定，贯彻执行中央金融工委和中国人民银行、交总行党委的要求；垂直领导分行辖内的党组织；讨论和决定辖内的重大问题；垂直管理辖内的干部；负责辖内的职工队伍、干部队伍、领导班子建设和思想政治工作；完成中央金融工委、交总行党委交办的其他任务。

规则。1999年6月25日，分行制定《中共交通银行重庆分行委员会工作规则及会议议事规则》，中共交通银行重庆分行委员会会议是实行集体领导的重要组织形式，讨论和决定分行的重大问题。党委会由党委书记负责召集和主持。参加会议人员为党委委员，党委秘书担任会议记录工作，书记根据会议内容需要，可以确定分行有关部门负责人列席会议，列席人员无表决权，只参加与之相关的议题讨论。党委会议题的主要内容为：传达、学习党中央、国务院重要指示、决定以及中央金融工委、中国人民银行、总行党委和有关会议精神，研究贯彻落实的意见、办法和措施；讨论和决定分行改革和发展中的重大问题；讨论决定干部管理权限范围内干部的选拔、培养、任免、考核、奖惩事项；讨论分行辖内党的思想、作风、组织建设和纪律检查工作；讨论辖内的精神文明建设；讨论通过报送中央金融工委、中国人民银行和总行党委的重要文件、报告；讨论通过拟提交行长办公会、行务会、分行职代会讨论的重要事项及其他重大事项。2016年7月，明确重庆市交行党委讨论和决定下列重大问题：学习贯彻落实党中央、国务院、中央部委及监管机构重要会议和文件精神的意见和措施；学习总行党委重要会议精神、工作要求和决策部署，研究贯彻落实意见；报送总行、监管机构和地方各级党委、政府等，以分行党委或党委主要负责人名义签发的重要文件、报告或讲话；分行发展战略和经营方针；内部机构设置、职责、人员编制等事项；重大决策、重要人事任免、重大项目安排和大额度资金运作等“三重一大”事项，包括涉及职工切身利益的重大问题；党的思想建设、作风建设、组织建设、制度建设、党风廉政建设及反腐败工作，意识形态工作、思想政治工作、精神文明建设方面的重要事项，党委重要制度办法或方针政策；分行干部管理权限范围内干部的选拔、培养、任免、考核、调配及奖惩事项；基层党组织和党员队伍建设方面的重要事项；其他应由党委讨论和决定的重大问题。党委贯彻党管干部原则，按照信念坚定、为民服务、勤政务实、敢于担当、清正廉洁的好干部标准，加强干部队伍建设，完善干部培养选拔机制，加强干部教育培训，从严管理监督干部；贯彻党管人才原则，按照党中央、总行党委关于人才工作重要决策部署，加强人才队伍建设；贯彻党管宣传、党管意识形态要求，提高领导宣传思想工作能力和水平。党委加强对分行工会、共青团等群团工作的领导，重视对非党员干部、人才的培养使用，更好团结带领党外干部和群众，凝聚各方面智慧力量。党委垂直领导分行内各基层党组织，担负全面从严治党主体责任，加强对分行党的建设的领导，加强对党风廉政建设和反腐败工作的领导，支持纪检监察机构履行监督责任。党委书记主持党委全面工作，负责召集和主持党委会议，组织党委活动，签发党委文件。党委成员根据党委决定，按照授权负责有关工作，行使相关职权。

工作部门。一是党委办公室。1991年8月31日，分行成立思想政治办公室，其主要职能为管理分行思想政治工作和机关党委的日常事务，负责分行党的组织建设和思想建设，计划、安排和实施各类思想政治教育活动、政治学习和精神文明建设，指导搞好分行共青团工作，对辖属分支行的思想政治工作行使管辖职能。1999年1月，分行设立党委办公室，与分行办公室合署办公，承担党委综合部门的职责，负责传达党委的决策意见和工作部署，负责对贯彻落实的情况进行督办和检查，协调党委各部门工作；承担党委的会务工作、日常文电工作和各种活动的组织协调工作；开展调查研究，收集、综合、编发重要信息；负责党委和行政的机要工作，以及印信管理工作；承办保密、密码管理的日常工作。撤销思想政治工作办公室，其相关工作移转党委办公室、组织部、群工部。二是党委组织部。1999年1月，分行设立党委组织部，与分行人教处合署办公，负责制定组织工作的规章制度及具体措施，经党委批准后组织实施；督促支行党组织和领导班子执行民主集中制、坚持集体领导，检查相关情况；按权限负责干部的审查、考察、管理和教育、培训、调配、使用；配合党的纪律检查部门，开展党风廉政建设，教育和处理犯有错误的党员；指导基层党组织建设，检查组织生活开展情况，抓好党员教育、积极分子培养和发展党员工作；受理党员、干部的申诉，做好来信来访工作；负责党组织和党员统计工作及党费管理。三是党委宣传部。1999年2月15日，交通银行总行组织部同意交行重庆分行设立党委办公室、党委组织部、党委宣传部、党委群工部。2000年7月，交通银行重庆分行党委决定设立党委宣传部。2006年，党委宣传部与分行办公室、分行党委办公室合署办公。党委宣传部主要负责贯彻总分行党建工作部署，负责分行有关党的建设工作；贯彻总分行有关员工思想教育工作部署，负责分行干部员工的职业道德教育、形势任务、理论学习和普法教育；承担党委中心组理论学习的秘书职责；指导思想政治工作、企业文化活动。四是群众工作部。1999年1月，分行设立党委群工部，与分行工会办公室合署办公。撤销思想政治工作办公室，其相关工作移转党委办公室、组织部、群工部。2000年7月，群工部不再单设，相关职能由工会、共青团组织承担，直接由党委领导。

表8-1-1

1988—1998年历任党组书记、成员表

书记		成员	
姓名	任职年限	姓名	任职年限
左俊杰	1988.8—1991.8	徐士荃	1988.8—1991.8
		夏峰	1988.8—1991.8
邓昌明	1991.8—1998.12	左俊杰	1991.8—1992.9
		陈天才	1991.8—1994.8
		游杰元	1991.8—1998.12
		肖遂宁	1993.5—1995.11
		罗立群	1993.5—1998.6
		张映陶	1995.6—1998.12
		黄镇谦	1996.10—1998.12
		单文毫	1997.12—1998.12
		周以伟	1997.7—1998.12

表8-1-2

1998—2018年历任党委书记、副书记、委员表

书记		副书记		委员	
姓名	任职年限	姓名	任职年限	姓名	任职年限
邓昌明	1998.12—2005.2	游杰元	1998.12—2002.3	张映陶	1998.12—2002.11
				黄镇谦	1998.12—2004.8
				单文毫	1998.12—2000.12
				周以伟	1998.12—2006.3
				陈东玮	1998.12—2016.3
		郭莽(主持工作)	2004.9—2006.2	周妍	2004.12—2006.3
				李阳	2004.12—2012.6

续表

书记		副书记		委员	
姓名	任职年限	姓名	任职年限	姓名	任职年限
郭莽	2006.2—2010.1			黄锦平	2006.2—2013.3
朱克鹏	2010.1—2012.10			刘红	2007.9—
付万军	2012.10—2016.4			李晓平	2012.10—2017.6
杨宁	2016.4—			任华	2013.3—2017.2
				黄锦平	2017.2—
				鲁小松	2016.11—
				陈东玮	2017.6—
				韩冬	2018.2—

二、纪委（纪检组）

纪检组。1990年9月28日，建立交通银行重庆分行党组纪律检查组，纪律检查组与监察室合署办公。党组纪律检查组负责协助党组管党风，调查分行党风状况，掌握信息，向党组、交通银行纪律检查组和重庆市纪委驻金融系统纪律检查组报告工作；检查分行贯彻执行党的路线、方针、政策和决议的情况，对党组织和党员干部实行党章规定范围内的监督检查；查处违反金融政策和违反党纪的案件。

纪委。1999年1月4日，成立交通银行重庆分行纪委。6月4日，成立交通银行贵阳分行纪委。2002年2月，贵阳分行划归总行直属管理。8月23日，成立交通银行遵义分行纪委，纪委日常办事机构与人事教育处（监察室）合署办公。2002年2月，遵义分行划归成都分行管理。

派驻郊区纪检组。2017年5月，分行成立派驻郊区纪检监察组。派驻郊区纪检组设在璧山支行，由市分行纪委直接领导、统一管理，向市分行纪委负责并请示报告工作。派驻郊区纪检组对涪陵、长寿、江津、永川、合川、璧山、北碚、巴南、鱼嘴支行等9家郊区支行，围绕监督执纪问责，履行纪检、监察职能。

表8-1-3

纪律检查组组长人事任免情况表

序号	姓名	职务	任职时间
1	陈天才	纪检组组长	1991.11—1994.8
2	张映陶	纪检组组长	1995.6—1999.1

表8-1-4

纪委书记任免情况表

序号	姓名	职务	任职时间
1	张映陶	纪委书记	1999.1—2002.11
2	周以伟	分管行长兼纪委书记	2002.12—2004.8
3	郭莽	行长兼纪委书记	2004.9—2004.12
4	周妍	分管行长兼纪委书记	2005.1—2006.2

续表

序号	姓名	职务	任职时间
5	郭莽	行长兼纪委书记	2006.3—2007.8
6	刘红	纪委书记	2007.9—

第二节　基层组织

建立。1988年11月7日，分行成立机关党支部。1990—1997年，先后成立沙坪坝、南坪、北碚、九龙坡、江北、渝中、长寿、巴南、江津支行党支部，营业部、海通及公司党支部等。根据总行《交通银行基层党组织工作条例》，明确基层党支部规范达标活动等党建工作要求。

调整。1998年12月，分行党委成立后，为加强基层党组织建设，对基层支部进行改选。要求：党员数在20人以上的支部，选举产生5名支委（设书记1人，副书记1人，组织委员1人，宣传委员1人，群工委员1人）；党员数在10～20人的支部，选举产生3名支委（设书记1人，组织委员1人，宣传委员1人）；党员数在10人以下的支部，选举产生书记1人。凡建立党支部的中心支行，营业部、部门，原则上要由正式党员行政领导干部担任支部书记。分行机关党支部调整为第一支部（人教处）、第二支部（保卫处）、第三支部（办公室、工会、行政处、监察室）、第四支部（储蓄处、稽核室、电脑处、中间业务处、信用卡部）、第五支部（信管处、信贷业务处、外汇部、财会处、计划处）、第六支部（金陵公司、租赁公司、太平洋屋业公司、华通公司，待清理脱钩后，按行政归属进行调整）、第七支部（海通证券和退休支部）。1999年，成立退休党员支部。2005年，分行党委制定《关于进一步加强和改进基层营业机构党的组织建设的意见》，提出消除党建工作"空白点"，使绝大部分基层营业网点都有党员，条件成熟的建立独立党组织，保证党建工作覆盖到所有基层营业机构的工作目标。分行党支部达23个。其中支行独立支部12个，支行联合支部4个；分行部门独立支部1个，部门联合支部5个，退休支部1个。2006年，根据党章规定，各中心支行、直属支行、分行各部门凡有党员3人以上，且负责人是党员的，都应当成立独立党支部；未达以上条件的支行和部门，其党员组织关系纳入邻近支行党支部或职能相近的部门党支部管理，组建联合支部。中心支行所辖二级支行、分理处，未成立支部的直属支行和部门，凡有党员3人以上的，应成立党小组（归支行或部门联合党支部领导）。分行各党支部一般应设支部委员3～5人（支部正、副书记及组织委员、宣传委员、纪检委员等），支委具体人数视支部党员人数多少而定（可以兼任），原则上不能超过支部党员数的50%。其中党员数在20人以下的不设副书记，党员数只有3人的，支委只设书记，支部书记原则上应由党员负责人担任。支部委员由支部党员大会产生、支委分工由支委会产生，并报分行党委批准。分行各支部委员会每届任期一般为2～3年，届满后应在一个月之内及时进行换届改选工作。届中如因各种原因产生缺额，应在一个月以内及时补选（如同时发生缺额超过一半，应进行改选）。分行党委对各支部上报的改选或增补委员的请示，应在一个月内予以批复。分行各党支部，把扩大"党员覆盖面"作为加强党组织机构建设的重要内容，采取多种方式，党政配合，解决好党员分布过于集中问题，抓好基层网点党员配备工作，尽快消除基层网点"党员空白点"，进一步增强党的组织影响力。2011年，为适应分行近年组织架构变化，加强党的基层组织建设，完善党的基层组织设置，进一步提高基层党组织的凝聚力和战斗力，结合分行党员队伍数量和分布情况及有利于开展党建工作的需要，分行党支部设置调整为：机关第一党支部（人资部/组织部）；机关第二党支部（保卫部）；机关第三党支部（办公室/党办、工会办）；机关第四党支部（审计部）；机关第五党支部（会计部）；机关第六党支部（风险部）；机关第七党支部

（个金部）；机关第八党支部（国际部）；机关第九党支部（信息部）；机关第十党支部（行政部）；机关第十一党支部（公司部）；机关第十二党支部（电银部）；机关第十三党支部（零贷部、个贷中心/两路口支行）；机关第十四党支部（预财部/资负部）；机关第十五党支部（监察室）；机关第十六党支部（保全部/合规部）；机关第十七党支部（授信部）；机关第十八党支部（大客户部、机构部）；私人银行中心党支部（私人银行中心/民族路支行）；小企业中心党支部（小企业中心/东和春天支行）；营业部党支部；渝中支行党支部；江北支行党支部；沙坪坝支行党支部（沙坪坝支行、陈家湾支行）；九龙坡支行党支部（九龙坡支行、九龙园支行）；南坪支行党支部；北碚支行党支部；渝北支行党支部；巴南支行党支部；长寿支行党支部；高新支行党支部；北部新区支行党支部；人民路支行党支部；朝天门支行党支部；大坪支行党支部；西郊路支行党支部；弹子石支行党支部；两江新区支行党支部；大渡口支行党支部；涪陵支行党支部；江津支行党支部；合川支行党支部；永川支行党支部。凡有党员7名以上的均应设立党支部委员会，并配齐支部委员；党员不足7名的党支部，一般也可不设支部委员会，直接选举产生书记1名，必要时可再选副书记1名。各支部委员会一般设书记（党员人数多的支部还可设副书记）、组织委员、宣传委员、纪律检查委员、保卫委员等。党员人数较少的支部，纪律检查委员可由组织委员兼任，保卫委员可由宣传委员兼任。党支部书记原则上由部门、支行主要负责人担任，主要负责人不是党员的，可由部门、支行其他党员负责人担任，联合党支部的书记一般应由党员较多的部门、支行负责人担任。2012年7月，按照《交通银行党支部工作规则（试行）》要求，党的支部委员会由支部党员大会选举产生，书记、副书记由支部委员会或党员大会选举产生，书记、副书记候选人一般应有1年以上党龄。支部委员会一般应从基层单位的负责人和党员骨干中选举产生，书记候选人一般为党员行政负责人。支部委员会每届任期3年。2017年，分行新设立机关党委，取消联合党支部，每个经营单位有3人以上党员均成立党支部，党支部调整为42个，实现党组织在各级经营机构的全覆盖，没有党员空白网点。

党员发展与教育。1999年，对入党积极分子进行党的基础知识培训，全年发展8名预备党员。2000年，组织党员认真学习“三个代表”重要思想以及十五届五中全会精神，发挥党员在交行改革与发展中的先锋作用和党支部的堡垒作用。坚持标准，有计划地发展11名党员。2001年，分行党委制定《交通银行重庆分行基层党支部工作规则》，确保分行党委的各项决策在各支部的贯彻落实，实现工作的民主化、规范化、科学化。发挥党组织的战斗堡垒作用，明确党支部的主要职责、组织构成和具体工作内容、民主生活会，健全和坚持“三会一课”和“支部工作手册”制度。为迎接建党80周年，开展“规范达标”和“创先争优”活动，提出把基层党组织建设成为思想作风过硬、组织纪律严明、密切联系群众、精神状态良好，具有凝聚力、号召力的坚强战斗集体的要求。2004年，围绕分行改革发展中心任务和党内“创先争优”工作，以进一步加强基层党支部建设为重点，全行基层党支部开展“凝聚党员，凝聚群众，营造团结坚强的战斗堡垒”主题活动。2005年，在全体党员中开展以实践“三个代表”重要思想为主要内容的保持共产党员先进性教育活动，以在提高党员素质、加强基层组织、服务人民群众、促进各项工作等方面取得成效。

表8-1-5

1988—2018年党员及基层党组织情况表

年份（年）	共产党员（人）	党员占比	基层党组织数(个)	其中(个)			
				党委	党组	党支部	党小组
1988	29	24.17%	3		1	2	
1989	33	22.60%	3		1	2	

续表

年份(年)	共产党员(人)	党员占比	基层党组织数(个)	其中(个)			
				党委	党组	党支部	党小组
1990	42	19.27%	3		1	2	
1991	47	17.22%	8		4	4	
1992	72	21.30%	9		5	4	
1993	93	19.79%	11		7	4	
1994	104	19.44%	14		8	6	
1995	157	19.97%	16		6	10	
1996	172	19.68%	18		6	12	
1997	173	18.99%	19		3	16	
1998	205	22.14%	20	3		17	
1999	200	21.60%	25	3		17	
2000	243	24.08%	25	3		17	
2001	261	26.23%	19	3		16	
2002	279	28.32%	19	1		18	
2003	315	29.28%	21	1		20	
2004	316	29.40%	24	1		23	
2005	312	30.03%	28	1		27	
2006	303	24.24%	30	1		29	
2007	333	25.27%	30	1		29	
2008	412	29.06%	33	1		32	
2009	453	31.77%	33	1		32	
2010	425	31.53%	35	1		34	
2011	452	33.02%	46	1		45	
2012	483	34.26%	46	1		45	
2013	483	34.23%	47	1		46	
2014	503	35.40%	47	1		46	
2015	501	35.33%	34	1		33	
2016	526	36.81%	34	1		33	
2017	522	36.73%	45	2		43	
2018	604	43.55%	45	2		43	18

第三节　党建工作

一、思想建设

党委（党组）中心组学习。1994年，分行建立党组中心组学习制度。中心组由党组书记（担任学习组长）、3名党组成员（副行长）和办公室主任组成。2014年，中心组主要学习了《邓小平文选》第三卷，党的十四届三、四中全会《决定》和社会主义市场经济的基本理论和知识，江泽民总书记《全党都要重视和加强学习》的讲话等。1996年，分行党组中心组学习党的十四届六中全会精神，中纪委两个五条规定、四条补充及重庆市纪委两条补充规定，全国金融工作会议精神，江泽民总书记《领导干部一定要讲政治》及接见《解放军报》师以上干部会上的讲话，金融系统开展“四讲一服务”活动等文件。1999年3月30日，总行印发《关于加强各级党委理论学习中心组建设的规定》，要求各级党委中心组围绕不同时期党建工作和学习教育内容展开学习。规定每季度组织学习一次，参加对象除党委委员外，可扩大到分行中层干部。1999年，分行党委中心组主要学习十五届四中全会关于国企改革和发展若干重大问题的决定，重点围绕以“讲学习、讲政治、讲正气”为主要内容的“三讲”教育。2000—2004年，重点围绕党和国家领导人的重要讲话，学习贯彻中纪委会议和中央经济工作会议等精神。2005年，围绕保持共产党员先进性教育活动开展学习。2006—2017年，交通银行党委中心组重点围绕学习、宣传、贯彻中国特色社会主义理论、“三个代表”重要思想、科学发展观、新时代中国特色社会主义思想和党的十六大、十七大、十八大、十九大精神，以及新党章等，开展专题学习研讨。2017年10月13日，根据《交通银行党委理论学习中心组学习管理办法》，对中心组学习的内容、学习形式、学习制度、学习管理与考核等做出明确规定。每年初分行党委（党组）制订中心组学习年度计划，明确年度学习的指导思想、学习内容、学习形式与学习要求。在年度学习计划框架下，编制阶段性学习计划，每季度向党委（党组）中心组成成员印发学习安排与学习参考资料。分行党委中心组通过个人自学、集体研讨、主要领导做中心发言及邀请市委党校教授、有关专家等做专题辅导讲座等形式，学习理解新时代中国特色社会主义理论体系，分析研究国内外政治经济金融形势，学习掌握履行职责所必备的新知识。

党员学习教育。1991年，分行成立思想政治办公室，以教育、清理、整顿为主要内容，加强职工队伍建设。1995—1999年，印发《1995年交通银行思想政治工作要点》《关于深入学习邓小平理论的通知》《交通银行“九五”期间社会主义精神文明建设规划》，要求党员干部认真学习研读《邓小平文选》。在全体党员中组织开展以“讲学习、讲政治、讲正气”为主要内容的党性党风教育。开展“依法经营、以德治行”大讨论和交通银行员工行为规范教育活动，以及以创建“青年文明号”为载体的“四讲一服务”活动。2000年5月，交通银行党委印发《关于认真组织党员干部学习江泽民“三个代表”重要论述的通知》，要求组织党员干部及员工认真学习“三个代表”重要论述。组织开展学习、宣传、贯彻交通银行企业精神的教育活动。组织开展交通银行“六个先进”（建立先进的银行制度、确立先进的经营理念、实行先进的内部管理、创新先进的服务手段、开发先进的人力资源、建设先进的企业文化）战略发展目标的学习宣传。2005—2007年，在全行党员中开展保持共产党员先进性教育活动。根据总行《关于认真学习宣传贯彻党的“十七大”精神的通知》，专题部署深入开展中国特色社会主义理论学习，深化党的十七届四中、五中全会的学习、宣传与贯彻工作。2008年9月，开展深入学习贯彻科学发展观活动。2013年，组织广大党员参与共产党员网“共筑中国梦”学习交流活动。2015年，与厦门大学联合举办中高层管理干部研修班。2016年，开展“两学一做”党员学习教育活动。2017年，学习党章党规，联系深化全面从严治党的实践，继续深入学习一部党章、两部准则、五部条例。学习习近平总书记系列重要讲话。围绕“两学一做”学习教育，全行12556人次接受党性课程培训。2018年，开设十九大精神学习轮训班，完成全行79名C职等干部和43名支部书记十九大精神学习轮训，实现C职等干部十九大精神学习轮训的全覆盖。邀请中共重庆市委宣讲团成员以党委中心组扩大学习会的形式为C职等管理干部专题讲解十九大会议精神。党委班子成员至各联系点宣传十九大精神32次，在市分行内网开设“党的十九大学习”专栏，及时编发资料，宣传报道经验做法。在革命圣地井冈山举办“不忘初心、牢记使命”党性教育主题培训班。

二、作风建设

纠正行业不正之风。1990年，贯彻国务院纠正行业不正之风电话会议精神，开展廉政建设和纠正行业不正之风自查工作，制定《党组成员行为规范》《党组成员保持廉洁的规定》《保持廉洁的十条基本要求》《交通银行重庆分行关于廉政建设若干规定》《职工守则》《奖惩办法》《干部离任检查制度》《稽核监察内部联系制度》等规章制度。1991年，成立纠正行业不正之风领导小组。制定《关于坚决纠正行业不正之风的意见》，开展对照检查，重点检查信贷、证券、会计、出纳、现金、储蓄、保险、拆借等各项工作有无利用职权，吃、拿、卡甚至贪污、受贿、违反职业道德和纪律责任的问题，对客户进行刁难的问题。向客户单位发出《征求对分行有关行业不正之风的意见书》100份。1993年，印发《关于进一步加强思想、作风、组织建设的通知》，制定《关于分行副处级以上领导干部廉洁自律的规定》。1994年，做好陈继生、邓裔政、刘健等案例剖析，责成有关部门结合发生案子，开展案例教育。1997年，重点围绕整顿金融秩序、防范和化解金融风险，执行“约法三章”，狠刹“四乱”和吃、卡、拿、要以及弄虚作假、金融机构不正当竞争等。召开银企座谈会、发送评议表、现场打分、随机抽查，从交行服务态度、便民措施、行容行貌、工作效率等10个方面接受社会监督。

思想作风整顿。1998年，开展思想作风整顿。全行共查找出存在问题33个，提出改进措施35条，切实解决各单位在员工服务面貌、服务态度、服务质量、劳动纪律、职业道德、工作效率、工作作风、对外形象等方面存在的10个突出问题，废止不合理规章制度5个，新建立各项规章制度13个，修改完善各项规章制度93个，处理违纪员工9人。1999年，分行党委建立《联系群众制度》，确定党委委员各自联系基层行。2001年，分行党委完善《党委成员下基层工作制度》，下基层工作原则上确定为每周三。党委成员每季至少参加一次基层单位员工会、座谈会、中干会或客户经理会等。建立《行领导接待日制度》，确定每周三为行领导接待群众日，党委成员轮流值班，接待来访员工，密切联系群众，协调解决群众的实际问题，对带普遍性的问题纳入相关的会议研究解决。党委建立《定期召开党员大会的制度》，决定定期召开专题研讨会。

行业作风建设。2002年，分行成立行业作风建设领导小组，由分行行长任组长，成员为党委办公室、党委组织部、党委宣传部、工会办公室、监察室、团委。行业作风建设领导小组办公室设在分行监察室。2009年，根据总行党委《关于开展以“加强党性修养、弘扬优良作风”为主题的领导干部作风建设年的意见》要求，分行成立由党委书记、行长为组长，党委委员、副行长为副组长，党委办公室、组织部、监察室等部门负责人为成员的领导干部作风建设年活动领导小组。领导小组办公室设在分行监察室。印发《交通银行重庆分行加强行业作风建设实施方案》。召开专题民主生活会，对基层提出经营管理、文化建设、队伍建设、网点建设、员工待遇等5个方面28项意见、建议。2010年，制订分行党委领导班子改进工作作风的自律承诺。2011年，印发《关于进一步改进工作作风提升服务效率的通知》。

执行“八项规定”。2013年，制定《交通银行重庆市分行“强作风、优服务、保平安”创建活动方案》。按照分行党的群众路线教育实践活动部署，认真贯彻落实十八届中央政治局关于改进工作作风、密切联系群众的八项规定以及总行党委的有关要求，紧密联系分行实际，客观分析分行在作风建设方面存在的主要问题，有针对性地提出作风建设的目标和对策。2015年，坚持勤俭办行，禁止进行内部营销、出入高档会所、公款旅游、公款报销个人费用。把“四风”问题作为巡察及党风廉政责任制检查的重要内容，抓住重要节日、重要节点开展专项抽查，加强对违反中央八项规定及总行“25条意见”精神易发多发环节的源头治理。督促落实分行机关作风建设，增强员工纪律与规矩意识，督促分行干部员工遵规守纪，保持为基层提供优质服务的良好习惯。2016年，召开作风建设部署会。

三、制度建设

2006年1月4日，分行党委印发《关于进一步加强基层机构党建工作若干问题的意见》。2007年4月22日，制定《关于贯彻落实党委党建工作责任制的通知》。学习中央《关于加强党员经常性教育的意见》等4个保持共产党员先进性长效机制的文件。各部门协助党委抓党建，指导检查督促基层党建工作，按照部门职责分工进行，明确分工。2014年2月，理清各管理部门的工作分工和岗位职责，出台相关工作制度，落实首问负责制、服务承诺制、限时办结制、主办部门负责制、重要岗位AB角制等制度。2016年6月17日，制定《关于加强和改进基层党建工作的意见（修订）》。2017年4月11日，制定《交通银行重庆市分行基层党支部党建工作考核评价办法（修订）》。制定党建工作“三年规划”，2017年是基层党建落实年，制定“一条主线、两个重点、三层组织、四支队伍、五大机制”的党建工作思路，坚持“落实、提升、创新、求效”总基调，立足“抓基层打基础”主阵地，聚焦关键，解决了基层党建落实问题。2018年是基层党建规范年，以“五严格五规范”为主要工作内容，通过一年的规范化建设，达到各基层党组织“七个标准化”初步目标。2019年是基层党建发展年，制定“一个目标接二联三促发展”，接通党建与经营管理工作的契合关系，接通党组织与群众的鱼水关系，与支部组织力的提升联系起来，与党员队伍活力的提升联系起来，与基层党建工作质量的提升联系起来，所有支部围绕解决本单位发展瓶颈、达成经营目标、提升管理能力，梳理了168个攻坚团队项目，作为全年党建促发展的主要抓手。2018年，制定《中共交通银行重庆市分行委员会2018年工作要点》《交通银行重庆市分行2018年党建工作意见》，修订《交通银行重庆市分行基层党支部党建工作评价考核办法》，出台《进一步规范党支部会议记录的通知》《党费管家使用管理办法》《党员信息管理系统使用管理办法》。结合市分行党建发展现状，提出从严治党“四梁八柱”。加强思想建设，筑牢从严治党的“正梁”；加强组织建设，建强从严治党的“顶梁”；加强队伍建设，筑强从严治党的“脊梁”；加强阵地建设，打造从严治党的“门梁”；深化党建与经营融合机制，巩固党建工作“核心柱”；深化党建考核机制，筑牢党建工作“基础柱”；深化党建竞进拉练机制，巩固党建工作“同心柱”；深化党建培训机制，巩固党建工作“支撑柱”；创新“党建+”机制，巩固党建工作“活力柱”；创新“党员+”机制，巩固党建工作“先锋柱”；创新党建联建机制，巩固党建工作“连接柱”；创新党课培优机制，巩固党建“学习柱”。“四梁八柱”架构有效提升党建工作水平。

表8-1-6

2006—2018年印发制度性文件一览表

制度名称	文号	颁布日期	颁布单位
《关于进一步加强基层机构党建工作若干问题的意见》	交银渝党委发〔2006〕1号	2006年1月4日	中共交通银行重庆分行委员会办公室
《关于贯彻落实党委党建工作责任制的通知》	交银渝党委发〔2007〕6号	2007年4月22日	中共交通银行重庆分行委员会办公室
《交通银行重庆分行党委关于建立基层党建工作联系点的通知》	交银渝党委〔2007〕11号	2007年6月8日	中共交通银行重庆分行委员会办公室
《交通银行省直分行党员领导干部报告个人有关事项的规定》	交银党委办〔2008〕1号	2008年1月14日	交通银行党委组织部

续表

制度名称	文号	颁布日期	颁布单位
《交通银行重庆市分行党委关于进一步加强和改进纪检监察组织建设的实施方案》		2010年7月26日	中共交通银行重庆市分行委员会
《交通银行重庆市分行党委会议、行长办公会议议事规则》		2011年11月8日	中共交通银行重庆市分行委员会
关于对基层党组织和党员开展创先争优活动情况进行群众评议的实施意见	交银渝党委组〔2011〕16号	2011年12月27日	中共交通银行重庆市分行组织部
《交通银行党支部工作规则(试行)》	交银党委发〔2012〕5号	2012年7月3日	交通银行党委组织部
《关于建立分行创先争优长效机制的通知》	交银渝党委组〔2012〕11号	2012年9月8日	中共交通银行重庆市分行组织部
《交通银行重庆市分行党的群众路线教育实践活动领导小组办公室工作规则》	交银渝群办发〔2013〕1号	2013年7月17日	交通银行重庆市分行党的群众路线教育实践活动领导小组办公室
《关于加强和改进基层党建工作的意见》	交银渝党委发〔2015〕17号	2015年12月31日	中共交通银行重庆市分行委员会
《交通银行重庆市分行基层党支部党建工作评价考核办法》	交银渝党委发〔2016〕11号	2016年4月29日	中共交通银行重庆市分行委员会
《关于加强和改进基层党建工作的意见(修订)》	交银渝党委发〔2016〕15号	2016年6月17日	中共交通银行重庆市分行委员会
《交通银行重庆市分行基层党支部党建工作考核评价办法(修订)》	交银渝党委办〔2017〕5号	2017年4月11日	中共交通银行重庆市分行委员会办公室
《交通银行重庆市分行党费收缴、使用和管理实施细则》	交银渝党委办〔2017〕6号	2017年4月12日	中共交通银行重庆市分行委员会办公室
《中共交通银行重庆市分行委员会2018年工作要点》	交银渝党委发〔2018〕8号	2018年2月13日	中共交通银行重庆市分行委员会
《交通银行重庆市分行2018年党建工作意见》	交银渝党委发〔2018〕14号	2018年3月8日	中共交通银行重庆市分行委员会
《交通银行重庆市分行基层党支部党建工作考核办法(2018年修订)》	交银渝党委发〔2018〕30号	2018年8月8日	中共交通银行重庆市分行委员会

四、重要党建活动

教育、清理、整顿。1991年7月，按照总行统一部署，分行开展为期一年的“教育、清理、整顿”活动。内容包括在领导班子中开展“五查”，即查工作指导思想、查班子团结协作、查廉洁自律、查内部管理、查经济案件查处与防范。在员工中开展“五学”，即学中央领导在建党70周年纪念大会上的讲话、学国民经济发展“八五”计划、学端正党风和廉政建设规定、学业务知识和规章制度、学先进人物模范事迹。

“三讲”教育。1999年7月11日—9月13日，分行开展以“讲学习、讲政治、讲正气”为主要内容的党性党风教育。成立“三讲”教育工作领导小组，党委书记邓昌明任组长。成立“三讲”教育工作办公室。制定开展“三讲”教育的实施方案。教育活动分为思想发动、学习提高，自我剖析、听取意见，交流思想、开展批评，认真整改、巩固成果4个阶段。2000年4月7日，按照总行统一部署，分行组织“三讲”教育回头看活动，重点围绕认真学习、提高认识，自看自查、完善措施，听取意见、开门回头看，精心准备、开好专题会，通报情况、落实整改等5个阶段进行。

保持共产党员先进性教育活动。2005年，贯彻总行党委《关于在全行党员中开展以实践“三个代表”重要思想为主要内容的保持共产党员先进性教育活动的实施意见》。7月26日，召开动员大会。分行成立保持共产党员先进性教育活动领导小组，党委书记郭莽任组长，下设办公室，负责对全行先进性教育活动的具体指导。分行共有23个党支部、322名党员参加此次教育活动。先后召开退休老同志及各支行、各部门负责人座谈会，员工代表座谈会共4次，参加人数为112人。座谈会共征求到意见185条。各基层党支部也召开不同层面座谈会60余次，参加人数658人，征求到意见537条。党员自己主动征求意见1328人次，征求到意见612条。

深入学习实践科学发展观活动。2008年11月—2009年2月，按照总行统一部署，分行党委开展学习实践科学发展观活动，成立深入学习实践科学发展观活动领导小组，制定分行开展深入学习实践科学发展观活动方案。分行党委班子和行领导，结合分工建立联系点，发挥以点带面的作用。分行党委成员带头开展思想大解放讨论，并结合分管工作，深入基层以多种方式广泛听取干部员工的意见和建议，认真思考撰写课题调研报告，深刻分析经营管理现状，以科学发展观为指导，在业务发展、内部管理、网点和队伍建设等方面提出针对性改进措施。分行学习实践活动办公室及时把收集到的意见建议进行梳理归类，并按党委要求组织各部门提出整改落实建议。分行党委召开专题民主生活扩大会议，党委成员结合调研成果和征求到的意见，对照科学发展观的要求，开展健康积极的批评与自我批评，认真查找与科学发展观不适应、不相符的问题和矛盾，剖析产生问题的根源，提出初步的适应分行实际的科学发展路径和方法。

党的群众路线教育实践活动。2013年7月—2014年2月，分行开展党的群众路线教育实践活动。成立教育实践活动领导小组，党委书记付万军任组长，纪委书记、副行长刘红任副组长，党办、组织部、监察室、审计部、工会办主要负责人为成员。领导小组下设办公室，由组织部负责人任主任，内设综合组、宣传组，负责日常工作。分行党委中心组先后集中开展8次，累计学时4天的群众路线教育专题学习。各基层党支部开展专题学习115场，合计1532人次参加。

“三严三实”专题教育。2015年5—11月，根据中央及总行关于在C职等以上领导干部中开展“三严三实”专题教育的部署，制定《交通银行重庆市分行关于在中层以上管理干部中开展“三严三实”专题教育方案》。采取上党课、中心组学习研讨、支部专题组织生活会、网络学习、统一观看视频教育片等方式，把思想教育、党性分析、整改落实、立规执纪相结合。对照检查中，查摆出3个方面15个问题，予以整改落实。

“两学一做”学习教育。2016年9月，贯彻落实中央和总行党行从严治党新要求，深入推进“两学一做”学习教育，构建分行特色党建文化。提出“党建+”工作机制，以党建为杆，以“两学一做”为枝，以各支部特色活动为叶。2017年4月，持续推进“两学一做”学习教育。构建“党员+”工作新机制，在“党建+理论武装”“党建+精准扶贫”“党建+创新发展”“党建+示范引领”等工作模式基础上，探索以“党员+”为引领，统筹推进业务，发展各项工作的新机制。2018年，持续开展“党建+”，成型“堡垒”意识。分行各基层组织大力创新，积极探索，实践并总结出

"党员+爱心公益""党员+结对帮扶""党员+阅读共学"等"党员+"品牌。成果展示视频短片《"党建+""党员+"双核驱动》，获总行二等奖。制定《关于规范基层党组织"联学联建"的指导意见》。市分行15个支部261名党员，通过内部共建走进红色教育基地，纵向上加强部门和支行沟通，横向上支行共享发展经验。多个支部与外单位支部通过共同上党课、共过主题党日、共看革命影片、共观革命纪念馆，新增10家签约党费管家系统客户，覆盖7395名在册党员，促进经营管理与党建工作有效融合。以"两学一做"为抓手，对支部理论学习和主题活动按月督导、分季考评、书面反馈，实现了"三会一课"制度化、规范化。各级班子成员带头讲党课，以普通党员身份过组织生活；各支部严格"三会一课"人员、时间、内容、效果四落实；各级党组织强化组织推动，制定党建工作手册，开展党务工作培训，推动组织生活制度落实落地。

第四节　廉政建设

组织领导。1991年8月31日，经分行党组、总经理办公会研究并报总管理处批准，分行设立监察室。为分行直属处级机构。负责检查、监督、处理监察对象违反国家政策、法规、政纪和分行规章制度等行为，审议监察对象的政纪处分事项。受理个人或单位对监察对象的检举、控告，受理监察对象不服政纪处分的申诉。对监察工作中的重要情况和问题，按程序汇报和报告，并提出意见和建议。配合有关部门对职工进行政纪、法纪教育，建立健全规章制度，进行行为监察、监督和考核。对辖属分支行监察工作行使管理职能。1994年，成立"三防一保"工作领导小组。行长任组长，副行长任副组长，人教处、保卫处、稽核室、财会部、监察室负责人为成员。聘请基层支行、业务部门12位同志为兼职监察员。1996年6月，重新确定分行本部及支行兼职监察员。全行聘任12名兼职监察员。制定《重庆分行兼职监察员工作职责》。1997年8月4日，成立交通银行重庆分行案件查处协调小组。纪检组组长张映陶任组长，陈东玮、罗生全、黄获、章壮本、黄锦平、黄布一、张渝南为组员。建立《交通银行重庆分行案件查处协调小组工作职责》。1998年，建立案件查处协调小组。纪委书记任组长，监察、稽核、财会、人教、电脑、私金、信贷等管理监督部门和主要业务负责人为成员，协调小组办公室设在监察室。1999年，建立纪律检查委员会。纪委书记由党委成员担任，委员由党委办、监察室、人教处、财会处、稽核室等职能部门负责人组成。制定《交通银行重庆分行纪律检查委员会工作规则》。参加遵义分行纪委会议。召开贵阳、遵义分行纪委书记和监察室主任会议。2000年，专设纪委书记，纪委委员由监察、人教、稽核、财会部门负责人组成。2001年，在基层党支部配备纪检委员17人。2005年，成立查防案件专项治理工作领导小组。印发《交通银行重庆分行关于建立案件查防协调小组的通知》，下设案件查处组、业务检查组、规章制度清理组，开展查防案件专项治理各项工作。根据人员岗位变动充实分行纪委委员。2006年，成立治理商业贿赂领导小组。郭莽任组长，陈东玮任副组长，李庆、黄获、邹新毅为成员，指导和协调、研究治理商业贿赂工作。领导小组办公室设在监察室。印发《交通银行重庆分行关于成立治理商业贿赂领导小组的通知》。2007年，调整分行纪委委员。2008年6月30日，分行成立案件防控领导小组和案件防控办公室。刘红任组长，人力资源部、审计部、监察室、会计结算部、保卫部、风险监控部、法律合规部负责人为成员。2010年4月8日，分行建立案件防控工作例会制度，成立分行案件防控工作协调领导小组。分行纪委书记任组长，资负部、个金部、零贷部、会计部、授信部、风险部、审计部、合规部、电银部、监察室、保卫部等部门主要负责人为成员。领导小组日常工作由分行监察室负责。10月8日，分行建立监督联席会议制度，监督联席会议由纪委负责。联席会议设主任委员1名，由纪委书记担任，成员由监察室、审计部、合规部、人资部、会计部、风险部、保卫部、工会办等部门主要负责人组成。联席会议办公室设在监察室。负责会议的组织、协调、联系、督办等工作。2013年，29个支行配置兼职纪检监察员，6个远郊支行设置纪检监察特派员。2015年4月21日，分行修订《交通银行重庆市分行案件防控工作例会制度》，成立分行案件防控工作协调领导小组。由分行纪委书记任组长，成员由资负部、预财部、个金部、零贷业务部、零贷管理部、营运管理部、业务处理中心、授信部、风险部、审计部、合规部、电银部、监察室、保卫部等部门主要负责人组成。领导小组日常工作由分行监察室负责。2015年4月14日，印发《交通银行重庆市分行关于变更案件防控领导小组的通知》。分行纪委书记任组长，人力资源部、法律合规部、营运管理部、风险监控部、审计部、监察室、保卫部等部门主要负责人为成员。2015年4月17日，成立交通银行重庆市分行巡察工作领导小组。分行党委书记、行长任组长，分行各党委成员、副行长任副组长，分行党办、组织部、监察室主要负责人为成员。巡察办设在分行监察室，监察室主任兼任巡察办主任。6月8日，印发《关于纪检监察部门退出部分议事协调机构及有关工作的通知》。明确退出行务公开领导小组、风险资产审查委员会、重大风险防控专项工作领导小组、信息安全保障领导小组、集中采购招投标评审会、财审会等7个议事协调机构。保留作为推进和惩治和预防腐败体系领导小组、党风廉政建设责任制工作领导小组、履职问责工作领导小组、巡察工作领导小组、案件防控及监督联席会、全面风险管理委员会等6个议事协调机构成员部门的工作。2016年，落实“三转”要求，根据人员变动，提出分行党风廉政建设领导小组成员调整意见，调整增补分行纪委委员。将预财条线负责人充实为纪委委员，变更、调整相关支行、部门兼职纪检监察员19人，重新聘任远郊支行纪检监察特派员1人。2017年，推进派驻纪检组改革。5月5日，按照分行党委整体工作部署，成立纪委驻郊区纪检监察组。6月20日，制定交银渝纪委建立纪检监察部门联席会议制度，联席会议办公室设在监察室。联席会议设主任委员1名，由分行纪委书记担任，成员由监察室、巡察组、派驻纪检组班子成员组成。8月7日，修订《交通银行重庆市分行监督工作联席会议制度》。监督联席会议由纪委负责。联席会议设主任委员1名，由纪委书记担任，成员由监察室、办公室、人资部、巡察组、派驻纪检组、审计部、预财部、合规部、营运部、风险部（保全部）、保卫部、工会办等部门主要负责人组成。联席会议办公室设在监察室。2018年2月26日，调整案件防控领导小组。分行党委书记任组长，分行纪委书记任副组长，人力资源部、营运管理部、风险管理部、法律合规部、审计监督部、监察室、保卫部主要负责人为成员。6月15日，印发《关于进一步优化市分行案防工作管理架构的通知》。设立市分行案防工作领导小组办公室，作为案防工作领导小组日常办事机构和市分行案防牵头管理部门，承担全行案防管理、案件查处、案防考核评价、反欺诈工作等职责，落实日常与重庆银保监局案防办的沟通、对接等。领导小组办公室主任由分行监察室主任兼任。

制度建设。1989年，拟定《1989年稽核、检查工作要点》，完成总行部署的7项检查工作，制定《档案管理暂行办法》《内部联系制度》《干部离任检查制度》《奖惩办法》《柜台纪律》。1990年，制定《交通银行重庆分行关于推行两公开一监督制度的实施意见》，印发《交通银行重庆分行干部离任稽核暂行规定》。1991年，制定《交通银行重庆分行关于处置突发事件的预案》，建立《信贷重要岗位轮换制度》《主任会计坐班制度》《职工互评、自评制度》《违规处罚制度》《外勤工作制度》《要害部位检查制度》等9个制度。1992年，制定《交通银行重庆分行监察室保密规定》《教育和重庆分行纪检监察工作守则》《监察室工作规定》。1993年，制定《交通银行重庆分行关于部门收入的管理规定》，印发《关于进一步加强思想、作风、纪律建设的通知》。1994年，制定《关于严格执行行领导干部廉洁自律“新五条规定”的通知》。1995年，制定《关于印发开展执法、效能监察宣传资料的通知》，在全行实施两项检查。1996年，印发《关于重申严格执行重大事故及案件报告制度的通知》，提出6条要求；制定《要害岗位人员管理办法》，对要害岗位人员实施定期考核；制定《兼职纪检员工作职责》。1997年，制定《关于坚决杜绝违章违规经营的通知》，印发《关于切实加强案件防范工作的通知》，印发《交通银行重庆分行信访工作暂行规定》，印发《交通银行重庆分行纪检监察统计工作考核评比试行办法》《交通银行重庆分行纪检监察工作目标考核试行办法》，制定《关于加强储蓄柜员制管理的通知》。2000年，印发《聘请行风评议义务监督员试行办法》《分理处负责人主要管理职责的通知》《关于加强公务住宅电话和移动电话管理的通知》《关于做到“六个严禁”的通知》。2001年，制定《交通银行重庆分行关于进一步加强基层营业机构稽核监管工作意见》《交通银行重庆分行关于重大案件事故和严重违规行为负有领导责任人员实施追究的意见》。2002年，印发《交通银行重庆分行稽查人员监督检查工作规程（试行）》。2003年，印发《关于防范利用空存空取作案案件的通知》《交通银行重庆分行诉讼案件管理实施细则》。2005年5月19日，印发《交通银行重庆分行查处案件、重大事故和严重违规违纪行为应急预案》，制定《中共交通银行重庆分行委员关于贯彻落实〈建立健全教育、制度、监督并重和预防腐败体系实施纲要〉的实施方案》。2006年，制定《交通银行重庆分行关于印发工作人员行为失范检查管理暂行办法》。2007年，印发《交通银行重庆分行中层管理人员任前谈话办法》，对分行党委讨论决定任用的支行、部门正、副职，由党委指定专人同被提任人谈话。2009年，印发《关于建立案件防控目标责任制的通知》，制定《关于建立滚动式常态化检查机制的通知》，制定《补充建立关于滚动式常态化检查机制工作事项的通知》，印发《交通银行重庆市分行领导干部履职问责规定》。2010年3月4日，制定《交通银行重庆市分行员工行为失范检查管理暂行办法》。6月21日，制定《交通银行重庆市分行领导干部问责办法》，对领导干部不履行或不正确履行职责，造成重大经营风险、责任事故、资金损失或不良影响等进行责任追究。2011年4月6日，制定《交通银行重庆市分行案件（事故）信息报告管理办法》。2012年4月11日，制定《交通银行重庆市分行案件防控工作考核评价办法》，制定《分行2012—2015案防工作规划》，印发《深入推进员工行为管控通知》《分行2012年案防工作意见》《交通银行重庆市分行员工轻微违规行为管理办法实施细则》《关于进一步加强员工家访工作的通知》。7月5日，制定《中共交通银行重庆市分行纪律检查委员会工作规则》。2013年，印发《关于做好新的金融环境下员工管控的通知》《关于做好企业级反欺诈系统上线运行相关工作的通知》《关于做好轻微违规记分管理系统上线运行相关工作的通知》，印发《2013上半年案防工作形势判断及主要举措》《关于加强分行领导干部廉洁自律的通知》，制定《交通银行重庆市分行纪检监察特派员管理暂行办法》《交通银行重庆市分行兼职纪检监察员暂行管理办法》。2014年3月31日，根据银监会案防新制度要求，印发《交通银行重庆市分行案防工作管理办法》《交通银行重庆市分行案件问责管理暂行办法》。10月15日，根据总行《关于落实党风廉政建设党委主体责任和纪委监督责任的意见》要求，制定《交通银行重庆市分行关于落实党风廉政建设党委主体责任和纪委监督责任的意见》。10月20日，根据总行党委《关于强化监督执纪问责职能深入推进“三转”工作的意见》，制定《交通银行重庆市分行关于强化监督执纪问责职能深入推进“三转”工作的贯彻意见》。2015年8月25日，制定《交通银行重庆市分行案件防控工作评估实施细则》。11月4日，制定《关于建立分行纪委〈整改通知书〉工作制度的通知》。11月12日，印发《关于推进分行责任追究工作的通知》。12月30日，制定《交通银行重庆市分行重大案件（风险）约谈告诫实施细则》。2016年1月29日，印发《关于进一步完善内部检查联动机制及数据应用共享的通知》。3月21日，制定《交通银行重庆市分行领导干部廉政谈话实施细则》。5月5日，印发《交通银行重庆市分行移交问题线索工作实施细则》。7月27日，制定《交通银行重庆市分行关于禁止干部员工经商办企业行为的规定》。9月28日，制定《交通银行重庆市分行员工廉洁从业二十五条禁令》。2017年，印发《交通银行重庆市分行纪委委员分片联系支行制度》；印发《交通银行重庆市分行廉政风险防控记分管理办法（试行）》；制定《交通银行重庆市分行2017年案件防控考核实施细则》；印发《2017年纪检监察工作要点》；建立162条员工“负面清单”，印发《员工行为管理实施细则》，从运营管理、理财销售、授信管理、道德风险4个方面明确员工禁止性行为；制定《2017年反欺诈工作计划》；印发《交通银行重庆市分行员工行为管理实施细则》；制定《2017年案件防控工作指导意见》；制定《关于进一步做好员工教育谈话工作的通知》；印发《关于建立纪检监察部门联席会议制度的通知》；制定《交通银行重庆市分行运用监督执纪“四种形态”实施细则（试行）》；制定《分行巡察工作人员守则》《关于分行部门协同巡察组开展工作的意见》；汇编印发《分行巡察工作手册》。2018年，制定《关于进一步规范员工行为管控的通知》；制定《交通银行重庆市分行案件防控考核实施细则》；制定《关于进一步规范谈心家访工作的通知》；制定《交通银行重庆市分行员工行为“十条禁令”》；印发《关于聘任市分行2018年兼职纪检监察员的通知》，聘任曾扬等44名兼职纪检员；制定《交通银行重庆市分行2018年案件防控工作指导意见》；制定《交通银行重庆市分行2018年反欺诈工作计划》；制定《交通银行重庆市分行构建“54321”案防工程体系实施方案》；制定《交通银行重庆市分行对受纪律处分人员回访教育的实施细则》；按照中央及总行巡视、巡察工作要求，修订《交通银行重庆市分行巡察工作实施办法》，制订完善《市分行被巡察党组织配合市分行党委巡察工作规定》《市分行党委巡察工作领导小组工作规则》《市分行巡察人才库管理办法》《交通银行重庆市分行党委巡察组考核办法》《交通银行重庆市分行巡察工作五年规划（2018—2022年）》；制定《重庆市分行纪委驻郊区纪检监察组管理办法》《交通银行重庆市分行纪委驻郊区纪检监察组责任追究工作流程》《交通银行重庆市分行纪委驻郊区纪检监察组信访工作流程》《交通银行重庆市分行纪委驻郊区纪检监察组会议管理制度》。

监督检查。1989年，发动外界群众监督分行廉政建设。向36户机关团体、43户工业企业、9户物质企业等100个单位发出征求意见书。考察自贡支行和昆明支行领导干部。接待财政部驻沪中央企业检查组、审计署驻成都特派员、市人行稽核室各项检查20余次。1990年，开展稽核监察12次。推行“两公开一监督”，安排坐堂经理轮流值班秩序，答复客户询问90个。向客户等发出有关行业不正之风征求意见书100份。参加攀枝花支行、昆明支行领导班子考察。1991年，设立6个举报箱，定期开箱收集情况；开展“教育、清理、整顿”活动。1992年，在营业场所设立举报箱、意见簿；向客户公布举报电话；聘请兼职监察员。1993年，检查成都、广元、自贡等行反腐败斗争开展情况。1994年，清理“小金库”和银行无偿占用企业钱物情况。设立举报箱、举报电话，柜面服务人员照片、姓名、编号上墙，便于客户监督。重点抽查分行外汇信贷、存汇、结算、证券部、巴县支行和3个分理处等8个单位“三防一保”。1995年，开展处级、科级干部廉洁自律自查自纠；开展对广元支行重要空白凭证效能监察工作。1996年，全面推开执法、效能监察。全年立项10项，提出改进建议38条，建立和完善规章制度12个，帮助挽回经济损失1091万元，处理违纪人员1人。落实制止公款吃喝玩乐、清理违规乘坐小轿车，落实住房规定。按照总行“突出重点、开展专项治理”，贯彻“约法三章”，制止“四乱”，执行结算纪律“三不准”，纠正利用行业特权和家属便利，以权谋私、以贷谋私等不正之风。把预防案件纳入干部业绩中进行考核。开展党风廉政建设工作量化考核试点工作，检查北碚支行、长寿支行、九龙坡支行、沙坪坝支行。实行案件管理上机和开通电子信箱。1997年，对九龙坡支行、北碚支行、江北支行开展执法、效能监察，针对党风廉政建设量化考核、现金管理和使用情况提出整改建议。开展“行风评议”活动。渝中支行邀请当地区委、区政府及企事业党委代表近100人进行座谈评议，当场打分，反映“好”占85%，“较好”占14%，“一般”占1%。沙坪坝支行采取简单随机抽样和类型抽样调查方式，统计对象800户，最终结果97.35分，收到表扬意见127条，建议54条，批评15条。4月25日，召开年度纪检监察会议，制定《新提拔领导干部征求纪检监察部门意见和廉政谈话制度》，对分理处主任46人开展廉政谈话。1998年，落实制止奢侈浪费八条规定。清理通信工具，严格控制各项会议，压缩会议费用，严格执行公务接待标准。认真执行领导干部个人收入申报和个人重大事项报告制度。印发《关于清理公款安装住宅电话及配置移动电话的通知》，分行本部各支行、有关部门及辖内贵阳、遵义分行对通信工具进行清理。重新制定《重庆分行公费住宅电话和移动电话管理办法》。制定《交通银行重庆分行执法效能监察实施细则》，对质押存单、业务招待费、储蓄单折挂失、银企对账

4个项目开展执法效能监察。贵阳分行完成内部控制制度执行情况自选项目执法监察。遵义分行开展利率执行情况执法监察。1999年，开展执法监察和内控制度检查。重点检查5个项目，即账外经营、违规经营，与经济实体脱钩真实性情况，1998年度代办费、租赁费集体使用情况，重要空白凭证管理使用，内部岗位分级授权规范制度执行情况。2000年，开展专项执法监察。共检查中心支行1个，分理处56个、查询书36个。抽查企业账户2498户、重要空白凭证20832份、现金867万元、贷款合同32份、“协定存款协议”398份、银行承兑汇票36笔、记账凭证3766笔，发放问卷调查表640份，对岗位职责做出准确全面描述91%。撰写执法监察报告57份，累计发现问题168个，提出监察建议171条，已整改167条。印发《关于2000年行风评议工作意见》《关于进一步加强行风评议工作的通知》。制定《聘请行风评议义务监督员试行办法》。7月21日，召开首批行风评议义务监督员聘任大会，当场向首批53名义务监督员颁发聘书。发出行风评议表2843份，收回2650份，收到表扬57条，意见和建议115条，落实整改97条，上报总行解决18条。整顿基层窗口单位行业作风整顿人数1000余人，服务承诺制网点98个。2001年，开展全辖67名处级以上干部配偶子女个人经商办企业或在外商独资企业、中外合资企业任职登记和纠正工作，处级以上干部因私出国（境）护照的清理登记工作。检查全辖分支行执行礼品礼金登记上交制度的情况，登记上缴现金、购物卡9000元，贵阳分行拒收礼金22000元，遵义分行上缴现金5000元。2001年8月10日，召开分行兼职纪检监察员会议。完成中心支行领导班子及职能管理部门负责人履职、党风廉政建设责任制、基建项目等3个执法监察项目，累计提出问题和执法监察建议82条，建章立制3项。辖属贵阳分行完成基层营业机构负责人履职和内控制度执行情况2个执法监察项目，遵义分行完成自办公司清理、网点装修项目、基层营业网点综合柜员制执行情况的执法监察，提出监察建议11条。发出《行风评议工作安排意见》《关于加强行风评议工作的通知》《关于进一步加强行风评议义务监督员工作的通知》。聘请52名义务监督员。发出行风评议征求意见表1847份，收回1723份，表扬45条，意见和建议162条，已落实整改149条，上报分行解决13条。2001年，开展中心支行领导班子及职能管理部门负责人履职情况、党风廉政建设责任制执行情况、基建项目执法监察。累计提出问题和执法监察建议82条，协助建章立制3项。召开行风评议义务监督大会，聘请52名义务监督员。召开行风评议座谈会11次，发出意见表1847份，收回1723份，评议“好”和“较好”1687份，表扬45条，意见和建议162条，已整改149条，上报分行解决13条。2002年，收集意见和建议40条，落实整改37条。新聘和续聘50名义务监督员，对工作突出的16名义务监督员进行表彰。专项检查前台规范操作监控录像。检查挪用资金案件专项治理工作，组织落实案件防范措施。全年完成执法监察项目2个（落实党风廉政建设制执行情况和1998年以来新发贷款合规性），检查单位4个，提出监察建议14条，协助建章建制1项。2003年，开展经营指标真实性检查及执行制度程序、私设“小金库”专项治理。组织开展2个中心支行1998年以来新发放贷款合规性执法检查，提监察建议8条。对11个直属支行22名负责人开展任前廉政谈话。聘任行风评议义务监督员56名。2004年，开展现场执法监察，发放调查问卷19份，形成检查事实与评价4份，发出执法检查建议书4份，提出执法监察建议17条，发现问题62个，整改问题58个。开展基层营业机构经营管理中风险点检查、前台规范操作监控录像检查、落实案件防范措施情况检查。聘请义务监督员78人，召开座谈会11次，发出意见表442份，收回401份，收到意见和建议82条，已整改69条。2005年，开展“拉网式”风险排查，制定《重庆分行主要风险点排查工作方案》，10个联合检查组对各行、部进行检查，排查风险点221个。发出执法建议书8份，提出监察建议33条，发现问题70个。开展前台规范操作监控录像检查，发现问题40个。对分行行级后备干部民主推荐及支行行长、助理竞聘工作开展监督，对分行轮岗轮调交流和新提拔领导干部40人开展廉政谈话。2007年6月25日，印发《关于开展贯彻严格禁止利用职务便利谋取不正当利益对照检查的通知》。对照中纪委提出的8个方面自查内容进行检查。全行共有318名党员及领导干部上报《严格禁止利用职务便利谋取不正当利益对照检查表》。2008年，参与物品采购和建设工程招标一项就达39次，租购网点营业用房选址15次和询价谈判65次，工程验收和废旧物品处置10次。2009年，对人力部门有关大学生招聘、飞驶特员工转正、业务部门奖项抽取等有关环节开展过程监督。对分行大宗物品采购、网点建设工程招标、网点用房租赁和购置等事项开展过程监督。逢重要节日将有关廉洁自律要求提示全行。及时向分行轮岗和新提任干部发出廉洁自律提示函。完成分行第九届行风评议义务监督员聘请，共聘请76人。建立干部任职前组织部门征求纪委意见的工作机制，共计回复提任意见8人次。接受总行第三巡视组巡视检查。开展领导干部作风建设年活动、案件风险排查、案件百日排查、百日排查“回头看”、案件防控专项治理、滚动式案件风险排查、基层营业机构防控风险和案件情况的执法监察及反欺诈一号行动等。2010年，开展对税金计缴及暂收暂付排查。开展内控与案防制度执行年活动。开展定期存款、卡及副卡业务等专项检查。开展费用管理和中间业务手续费入账管理的执法监察，以及基层营业网点重要岗位人员履职情况执行监察。2011年，全年参加招投标、议价监督、网点选址现场查看20余次。对组织部门征求拟提任干部在党风廉政和合规经营方面的情况进行认真查核，共回复意见60余人次。2012年，对不良资产重组、处置等相关事项进行审议。对拟提任领导干部进行廉政审查34人次，人员招聘考试监督3次，列席分行财审会15次，参加监督招投标会51次，网点、自助银行选址及价格谈判和自有房产出租价格谈判15次。2013年，对组织部门征求拟提任干部在党风廉政和合规经营方面的情况进行认真查核，共回复意见10余人次。2014年，开展机关作风建设巡查41次。开展机关服务明星季度评选。开展执法监察、党风廉政建设责任制执行情况检查及案防专项行动抽查40余点/次。开展理财及信用卡销售行为规范管控。2015年，对组织部门征求拟提任干部在党风廉政和合规经营方面的情况进行认真查核，及时回复意见，共计回复意见26人/次。开展各类专项排查、党风廉政建设责任制执行情况抽查及各次专项行动抽查共计60余点/次。督促落实分行机关作风建设，修订考评办法、加大考核比重，并按季评选表彰分行机关服务明星。2016年，全面深化政治监督。调整巡察工作领导小组，充实巡察组人员。修订巡察工作实施办法。制定经营机构2016—2019年巡察全覆盖计划及当年巡察工作计划、实施方案。印发巡察组工作考核办法。组织巡察培训。对拟提任干部征求意见进行审查回复共12批/次，25人/次。年内共进行任前谈话43人/次，诫勉谈话4人/次，并对违规操作人员所在支行领导班子进行约谈。按照《基层经营单位领导班子建设重要工作提示》《基层支行负责人案防工作实施细则》，重点针对贯彻落实中央宏观经济金融政策和全行工作任务情况开展监督检查。严肃核查和处理个别领导干部执行重大事项报告制度的问题。对重要领域、重点风险开展监督，尤其是对“以贷谋私、大额集中采购、基建装修工程、新兴业务利益输送、虚列支出套取费用”重点进行排查。督促各条线单位清权、确权、晒权，推行行务公开，做实全员监督，打造“阳光行务”。针对前期作风建设查找出的10余项问题，提出整改方案。2017年，制定《党风廉政建设和反腐倡廉工作任务分工》《纪委委员分片联系支行制度》《关于建立纪检监察部门联席会议制度的通知》，修订《分行兼职纪检监察员管理办法》《分行监督工作联席会议制度》。2017年1月26日，制定《交通银行重庆市分行纪委委员分片联系支行制度》。2月20日，印发《交通银行重庆市分行“新五大领域”深化治理工作实施方案》。4月28日，印发《交通银行重庆市分行“员工行为管理巩固年”活动实施方案》。8月7日，建立监督工作联席会议制度。9月5日，制定《交通银行重庆市分行“长剑2017”案防特别行动实施方案》。全年开展干部任前廉政审查43人次、任前廉政谈话71人次。2018年，印发《交通银行重庆市分行纪委回复党风廉政意见工作实施细则（试行）》。回复干部任用相关意见56人次，开展任前廉政谈话59人/次、诫勉谈话3人/次、提醒谈话3人/次，约谈相关违规人员所在支行领导班子，对12名新提任领导干部进行廉政理论测试。督促全行C职等和部分B职等党员干部、非党员干部认真填报本人收入以及买卖房产、因私出国（境）、子女出国留学、定居等情况。对轻微违纪违规党员进行廉政风险防控记分5人次共10分，并对当人事开展自我警醒提示。

监督执纪与工作考核。1994年，贯彻执行“新老五条”，认真自查自纠，收到上缴礼金、礼品折合人民币2.4万元。对分行发生的陈继生、邓裔政、刘健3起案件已侦查终结，案卷分别移送市、区检察院起诉.开展纠正行业不正之风，清理“小金库”等工作。1995年，按照总行及重庆市委关于反腐败工作要求，开展继续清理“小金库”、清理领导干部在各类经济实体中兼职及“小轿车超标”等工作。1996年，全年立项10项，提出改进建议38条，建立和完善规章制度12个，帮助挽回经济损失1091万元，处理违纪人员1人。1997年5月9日，成立交通银行重庆分行党风廉政建设工作量化考核小组。考核领导小组下设考核工作办公室，日常工作由分行监察室办理。根据总行党组《关于对1997年反腐败工作进行检查的通知》进行对照检查，严格执行《廉政准则》和《制止奢侈浪费行为若干规定》，领导干部分房和住房符合重庆市标准，清理公款安装住宅电话和移动电话，执行领导干部亲属、子女回避制度，处级以上干部收入申报及《关于领导报告个人重大事项的规定》。收到上交现金、礼品16人次，金额3.74万元，礼品5件。分行立案2件，其中贪污1件、挪用1件，涉案金额95.45万元，收到信访举报6件。2005年，各级干部全年上交公务活动中无法拒绝的礼品礼金折合本币4.7万元。2014年10月15日，根据总行《关于落实党风廉政建设党委主体责任和纪委监督责任的意见》，制定《交通银行重庆市分行关于落实党风廉政建设党委主体责任和纪委监督责任的意见》，明确单位抓党风廉政建设的主体责任，其中党委集体责任10项，党委书记个人责任4项，党委成员个人责任3项，纪委监督责任9项。10月20日，根据总行党委《关于强化监督执纪问责职能深入推进“三转”工作的意见》，制定《交通银行重庆市分行关于强化监督执纪问责职能深入推进“三转”工作的贯彻意见》。2016年11月，组织5个党风廉政建设考核小组，党委委员为组长，纪委委员为副组长，对各经营单位实施全覆盖检查考核，考核结果记入绩效考核，对考核靠后的3家支行主要负责人进行约谈。依据考核情况评选表彰党风廉政建设先进集体和先进工作者。2017年1月17日，分行印发《关于落实2016年党建、党风廉政建设责任制检查考核反馈意见整改的通知》。要求各经营单位及所在党支部对2016年度落实党建、党风廉政建设责任制情况检查考核的反馈意见进行整改。2018年1月，分行党委、纪委组织开展“新五大领域”深化治理“回头看”。

执法审理（责任追究）。1989年，受理举报4件。1990年，参与2件行内经济案件查证。1991年，受理举报2件。1992年，处理来信来访6件。其中经济方面问题1件，不服政纪处分申诉1件，服务质量方面问题3件，其他问题1件。1994年，受理信访举报7件。其中总行批转2件，当地金融纪检组等有关部门转来2件，辖内行信访举报3件，处理率100%。邓裔政、刘健、刑端秀3起案件侦查终结，案卷分别移送起诉。陈继生案侦查终结待诉。1996年，受理信访举报14件。逮捕3人、收审1人、保外1人、在逃1人，被判处有期徒刑3年缓刑4年1人。1997年，受理信访举报9件。1998年，受理信访举报3件。违反行规行纪人员4人，其中开除处分2人，行政记大过处分1人，行政记过1人。1999年，受理信访举报3件。内部处理违反行规行纪人员11人，其中行政开除3人（含涉及刑事逮捕的李君、杨斌），解聘2人，限期离行1人，记大过1人，通报批评4人。2000年，受理信访举报2件。处理违规违纪人员13人，其中处理田鹏一案有关责任人11人，其他违规违章操作责任人2人。严肃处理辖属贵阳分行郭轶案件责任人，追究有关领导责任。2001年，核查信访举报4件，对有关当事人诫勉谈话。处理违反业务操作规程造成差错3件12人。抓获携款潜逃人员田鹏，收回资金1万元及信用卡恶意透支4万余元。2002年，核查信访举报3件，5次深入有关支行调查取证。分行对1997年职务犯罪案件引发的经济纠纷案件进行清理、审结、挂账本息核销挂账。2004年，收到信访举报、申诉3件，其中分行2件，总行转办1件。查处违规违纪事件8起，涉及责任人22名，其中开除1人，解除劳动合同2人，记大过1人，警告1人，通报批评和经济处罚13人，共追究领导责任9人，发出通报5个。开展不良贷款处置责任追究，共涉及不良贷款27户54笔，责任人18名。2005年，处理信访、申诉8件，其中分行7件，总行转办1件，对有关人员诫勉谈话2人次。查处8起严重违规违纪事件，涉及责任人42人，其中开除1人，解除劳动合同1人，记大过3人（1人并处），记过10人，警告8人，通报批评和经济处罚15人，其他处理5人，共追究领导责任19人。对风险监控部移交1户不良信贷资产予以责任追究。按照《交通银行纪检监察纪律处分操作规程》规定，解除相关人员政纪处分。2007年，查处1起严重违规违纪事件，涉及责任人5人，其中警告2人，通报批评和经济处罚3人，追究领导责任3人。不良资产责任追究6笔，责任人30人，其中移交银监局15人，警告4人，记过1人，经济处罚6人，因去世免于处理3人，已给予撤职处分不再追究1人。2008年，处理信访举报3件。严肃处理违规行为，共有11人受通报批评或经济处罚，8人警示谈话，2人调离岗位。追究不良资产责任2户，责任人7人。2009年，处罚和通报基层员工违规操作行为1起，开除违法员工1人。纪律处分到期解除2人。不良信贷资产责任追究责任人12人。2010年，查处严重违法违规违纪行为7起，涉及责任人26人，其中开除2人，记大过1人、记过3人，警告8人，通报批评和经济处罚5人，其他处理8人，共追究领导责任7人。支行（部）对1户不良信贷资产责任认定材料予以责任追究。2011年，通报处理个别员工违规办理网银业务、部分网点未及时在外管部备案。全年共查处追究违规违纪责任6人，其中警告4人，组织处理1人，经济处罚1人。2012年，查处通报各种违规操作及部分网点未及时在外管部备案、个别员工违规办理网银业务、个人账户异常交易等。共查处追究违规违纪责任8人次，其中警告1人、经济处罚7人，违规记分20人、诫勉谈话5人、通报批评2人。2013年，全年责任追究2人，其中经济处罚1人，组织处理1人。2014年，处理信访3件，组织开展核查2件、转办1件。追究相关不良信贷资产责任及相关违规行为7人次，其中记过3人次、经济处罚4人次，诫勉谈话20人次（中干6人次，一般员工14人次）。2015年，制定《关于推进分行责任追究工作的通知》。受理信访举报1件，办理总行巡视组移交信访线索5件、信访建议1件。全年责任追究处理46人次，其中：记过4人次（对其中2人同时给予党内警告处分）、警告8人次、经济处理3人次、通报批评5人次、诫勉谈话23人次、谈话提醒1人次、离职处理意见移送银监2人次，全行通报19人次，处理中层干部涉及与参与客户间资金交易、集合资金对外借出及分配收益等16人次。2016年，处理问题线索38笔，开展核查38笔。其中，中央及总行巡视组移交信访、问题线索14笔，不良资产认定线索2笔，内部相关职能部门及检查移交19笔，外部信访2笔，检察院转办信访1笔。诫勉谈话4人次，约谈违规操作人员所在支行领导班子。全年处理各类违纪违规行为49人次（含诫勉谈话）。其中：党内警告2人次，警告15人次，经济处理18人次，通报批评10人次，诫勉谈话4人次，全行通报7次。2017年，全年接到问题线索35笔，核查35笔。其中审计及内部相关职能部门检查移交15笔，审计不良移交11笔，总行检查移交3笔，外部转办信访3笔，总行转办信访1笔，分行自收信访2笔。共处理各类违纪违规行为70人次，其中：记大过4人次，记过并待岗6个月1人次，记过1人次，警告9人次，党内警告2人次，经济处理42人次，通报批评9人次，诫勉谈话2人次。典型案例通报曝光10次。2018年，受理信访举报7件，其中1件受到党内严重警告及行政记过处分。处理问题线索22笔。全年责任追究24人次，其中：党内严重警告1人次，党内警告1人次，记大过1人次，记过5人次，警告10人次，降职级1人次，经济处理1人次，诫勉谈话3人次，批评教育1人次。移交人力资源部处理存在员工禁止性行为的9名（10人次）外包人员，其中2名退回外包公司。落实管理人员的问责，责令有关支行领导班子成员书面检查2次，责成2家经营单位领导班子切实加强员工行为管控。

案件管理。1989年，制定《柜台纪律》。1990年，提供查案线索，参与查办职工利用储蓄工作之便内外勾结骗取现金2.7万元案、职工利用证券业务之机假公济私捞取好处案。1991年，召开辖内查处经济案件工作会议。研究讨论《交通银行案件管理工作试行办法》。查处1990年以来发生的贪污、受贿及其他违纪案件，对案件当事人给予政纪处分。1992年，组织党员学习新党章及党的纪律，组织参观英模事迹展览，利用身边好人好事教育职工，通报辖内经济案件发生原因和应吸取的教训，播放《沉钟》等法纪教育录像片。1994年，查处受贿案、贪污案4件，其中大案1件、要案2件。1996年，广元支行发生经济案件4件，涉案人员7人。分行组织员工观看案例教育录像片和展览、举办“弘扬红岩精神报告会”、开展党纪政纪教育活动等12次。1997年，分行立案4件，其中贪污1件、挪用3件，涉案金额148.95万元。分行召开首次案件查处协调会议。制定《交通银行重庆分行案件查处协调小组职责》。研究贯彻落实中纪委、监察部“5·15”和“6·10”电视电话会议精神，提出遏制各类案件发生3条要求。分行举办首期分理处主任法律知识培训班，邀请渝中检察院和市公安局办案负责人进行法纪教育。组织观看《金融诈骗与防范对策》录像专题片、党性党风党纪教育专题片《航标》，受教育2202人次。印发《重庆分行历年查处各类案件情况通报》。1998年，分行全辖立案查处经济案件2件（分行1件、遵义分行1件）。开展党风廉政教育、加强思想法纪教育、重建10年第一次全辖案例教育，对全辖1997年发生案件进行分析。举办分理处主任金融法律法规知识培训班。组织全行金融法律法规知识学习考试，参加《行政监察法》知识竞赛。1999年，分行立案查处经济案件（挪用）1件，涉案金额37.5万元，对当事人处以撤职、开除公职处分。对历年发生的13件经济案件进行分析，总结经济案件特点4个、原因4条。开展银行承兑汇票、信用证案件调查工作。开展《交通银行经济案件案例剖析》宣传教育和金融法律法规知识讲座。2000年，分行本部立案查处经济案件（携款潜逃）1件，涉案金额20万元。贵阳分行立案查处经济案件（挪用）1件，涉案金额42.8万元。分行召开案件查处协调小组工作例会4次，提出防范措施39条。开展《交通银行工作人员违反金融规章制度行为管理办法》学习教育活动，组织员工观看警示片《胡长清案件警示录》《迷失在清晨——冯铁军犯罪情况》，编印《重庆分行1992年以来查处经济案件涉案人员及今年来处理违规违纪人员情况的通报》，举办金融法律法规教育讲座。2001年，召开案件协调小组例会4次，提出风险防范措施39条。9月，携款20万元潜逃的田鹏被抓获归案，分行及时通报全行。举办“预防、打击银行职务犯罪，防范金融风险”“案件反思：道德风险引发资产风险”“干部拒腐防蜕变若干问题的思考和建议”等法纪廉政教育讲座，分行党委委员、各部门助理以上干部、中心支行领导成员、分理处主任等500余人次参加。组织青年团员到监狱参观，制定前台日常规范操作警示用语，3次对新员工进行遵纪守法、合规操作的教育。2002年，全年处理违反业务操作规程差错事故2件5人次。2003年，开展“艰苦奋斗、廉洁从业、依法经营”教育。组织中干观看廉政专题教育片和廉洁从政知识测试。2004年，办理2起经济纠纷案件。开展落实案件防范措施情况检查。开展“爱行爱岗、自信自强”主题教育活动。2005年，恢复分行案件查防协调小组例会制度。组织观看警示教育片、到警示教育基地接受教育等活动。2007年，组织观看警示教育宣传片《赌之害》《慎交友》。印发《交通银行重庆分行案件防控排查工作方案》。2009年，建立案件防控目标责任制。分行党委一把手与各经营单位、各职能部门签订案件防控目标责任书。反欺诈系统上线试点，抽调人员到总行参加系统测试、分析讨论，收集情况及时反馈上报有关工作情况，提出工作建议，共核查有关信息200余条。2010年，制定《分行领导干部问责办法》《员工失范行为检查管理办法》《分行差错行为处理办法》《案件防控例会制度》等。按季开展反欺诈专项行动，发布反欺诈风险提示5期，开展反欺诈系统二期试点及上线工作，分2批接待北京、新疆、贵州等分行反欺诈员来分行培训学习。举办西南片区交行反欺诈工作交流会。2011年，开展深化案防执行年活动，组织对14个支行的现场检查。组织排查以员工参与违规融资借贷为重点的违规行为。印发《关于贯彻落实银监会银行业金融机构从业人员职业操守指引》。印发《案防风险提示》12期，编印《银行业风险案例选编》。对3批新入行员工都进行廉洁从业、风险防控授课培训。2012年，开展“内控和案防制度执行年”活动后续整改工作、“员工行为管控”专项行动排查。印发《关于防范银行员工参与非法集资的通知》。组织排查会计操作及理财产品销售等柜面业务案件风险。开展“案件风险防控专项行动”工作。2013年，根据银监局4项新制度要求，全面修订《分行案防工作考评办法》《分行案件（事故）信息报告管理办法》。组织开展每季度员工失范行为排查、半年1次案件风险滚动式排查、以员工参与民间借贷及非法集资为重点的专项排查治理、“遵规章、查隐患、控风险”专项行动、“1+X”案件风险精准防控工作等。印发《案防风险提示》4期。加强反欺诈日常监控，共发现核查预警信息81条，抓好反欺诈三期系统上线运行。2014年，以《员工行为合规成长档案》等为载体，做好员工行为序时记录、评价、管控。编印案防季刊《明镜》（共2期）、党风廉政宣教网页专刊2期、员工警示教育周刊《两江案评》（共39期）、《案防风险提示》3期。2015年，印发《2015年度案件防控工作指导意见》《案件防控工作例会制度》《案件防控工作评估实施细则》《关于建立分行纪委〈整改通知书〉工作制度的通知》《分行党风廉政建设责任制考核办法》《基层网点主要负责人案防日常基础工作指导实施意见》《交通银行员工行为规范、七个严禁、员工禁止行为手册知识读本》。组织开展每季度员工失范行为排查4次及每季1次案件风险滚动式排查、“两个加强、两个遏制”专项检查及回头看、“六查二防三禁止”专项行动及银监局“银行业员工行为管理强化年”活动等，检查覆盖面达到100%，抽查60余点次。落实重庆银监局“员工行为管控强化年”活动要求，各级单位开展学习1400余人次。共计核查、关闭二期预警数据60余条，三期数据102条，综合核查率均达到99%以上，排总行前10名。深入核查相关预警可疑交易20余笔。开展全行风险提示4次，专项风险提示1次。开展“珍惜职业生涯，远离违法违规”廉洁从业演讲比赛。编印案防季刊《明镜》（共4期）、党风廉政宣教网页专刊5期、员工警示教育周刊《两江案评》（共41期）、《案防风险提示》3期。印发《关于规避相关交易、切实防范风险的通知》。2016年，印发《2016年度案件防控工作指导意见》。组织专项行动抽查及巡察共计50余点次，重点排查民间融资、非法集资、销售飞单三大风险。落实案件防控“长剑行动”10余项，共计排查人员10000余人次。落实银监局“员工行为管理深化年”活动，全面动员、全员学习、签订承诺、举办知识竞赛和案防考试、分层宣教，分行在岗职工1400余人次全覆盖。组织部分中层干部、客户经理、全体新进行员工，到重庆铁山坪接受廉政警示教育。编印《党风廉政建设制度汇编》。组织分行领导及各经营单位、分行各部门主要负责人至渝都监狱参观。分别开展兼职纪检监察人员和客户经理培训。纪委书记为全行中层干部做廉洁案防宣讲。聘请重庆市纪委、重庆市人民检察院领导进行《中国共产党纪律处分条例》《中国共产党廉洁自律准则》解读和预防职务犯罪教育。按月向中层干部发送短信，进行廉政提示。印发《关于强化监督执纪问责确保2016年元旦春节风清气正的通知》《关于中秋国庆期间廉洁自律，严防“四风”问题的通知》。协助党委组织开展“讲合规、守底线，强规矩、做表率”合规专题教育活动。制定《交通银行重庆市分行关于禁止干部员工经商办企业行为的规定》《交通银行重庆市分行员工廉洁从业25条禁令》。编印案防党风廉政宣教网页专刊4期、员工警示教育周刊《两江案评》（共42期）、《案防风险提示》3期。全年共核查、关闭3期90余条预警信息，核查率达到100%。2017年，建立162条员工“负面清单”，制定《员工行为管理实施细则》。印发《分行典型案例汇编》。分行抽调部门和支行骨干组成8个检查小组，重点抽查25家基层经营单位。9月初至11月底，在全行范围开展“长剑2017”案防特别行动。全员签订《案防目标责任书》。组织新提任干部、新入行员工、前台会计主管、客户经理共90余人到重庆市廉政教育基地参观学习。按季组织编发党风廉政宣教网页专刊及案防期刊《明镜》，按月编发廉政短信，按周印发员工警示教育周刊《两江案评》。印发案防风险提示5期，重要工作提示6期，编印《分行典型案例汇编》。2017年，反欺诈系统共提示26笔有效预警信息，核查26笔，核查率达到100%。印发《市分行构建“54321”案防工程体系实施方案》。成立持续治理和专项排查领导小组，党委书记亲自部署，纪委牵头落实，召开专题动员会、培训会、汇报会。印发《关于进一步规范谈心家访工作的通知》。编印员工警示教育周刊《两江案评》（共48期）、案防期刊《明镜》2期。通报责任追究典型案例7次，编印《市分行违规违纪典型案例汇编》。印发《交通银行重庆市分行员工行为“十条禁令”》。核查关闭预警信息39条。

巡察工作。2015年，根据总行《关于加强和改进巡察工作的意见》，分行对辖属机构开展巡察工作。4月17日，分行党委印发《关于成立交通银行重庆市分行巡察工作领导小组的通知》。分行党委书记、行长任组长，分行各党委成员、副行长任副组长，分行党办、组织部、监察室主要负责人为成员。巡察办设在监察室，监察室主任兼任巡察办主任。完成对九龙坡、渝中支行的巡察。深入巡察对象一线基层经营单位覆盖率均达到100%，与被巡察单位领导班子成员、中层干部、基层干部员工进行程序性谈话和约见性谈话97人次，共组织106名干部员工对被巡察单位领导班子及班子成员进行民主测评。共揭示各类问题5条；提出巡察建议5条，形成巡察报告、专题报告及巡察回访报告共2份。2016年，印发《交通银行重庆市分行巡察组考核实施办法》。2017年，完成对7家支行、4个部门党组织的巡察。专项巡察市分行集中采购和基建装修工作。巡察发现问题99个，移交问题1个、问题线索1个，已到整改期问题83个，其中82个问题已整改，1个问题正在整改。巡察中，累计约谈干部员工196人，收集有效调查问卷192份，走访二级支行3家、普惠网点3家，列席重要会议3场。全年印发出《巡察情况交流》10期。2018年，完成巡察沙坪坝支行、南岸支行、渝中支行和江北支行，以及“一托二”巡察九龙坡、璧山支行，“一托三”巡察自贸区分行、渝北支行和两江新区分行党组织。巡察发现问题113个，向市分行党委提出意见建议11条，向9家被巡察单位提出整改意见113条，移交问题线索1条，移交事项3条。巡察中，累计约谈干部员工394人，收集有效调查问卷514份，走访二级支行33家、普惠网点7家，列席重要会议3场。全年向总行巡视办提供各类信息简报和工作经验交流材料14份。

案防工作。2018年以前，市分行案防相关工作由监察室牵头，是纪检监察重要工作之一。2018年6月，市分行调整案件防控工作领导小组成员，完善领导小组主要职责，设立市分行案防工作领导小组办公室（案防办），设立案防专岗。案防办自成立以来，严格落实总分行案防工作决策部署，承担职能工作，完善案防相关规章制度，加强反欺诈系统运用，定期分析预警信息，做好问题线索移交。定期召开案防工作例会，加强与小组成员的信息沟通交流，做好案防形势的分析，并研讨防控措施。组织开展案防专项排查和风险滚动排查，及时查找并整改风险漏洞。

第二章　工　会

第一节　金融工会分行工委与分行工会委员会

中国金融工会交通银行重庆分行工作委员会。1988年3月25日，成立交通银行重庆市分行工会，隶属于重庆市总工会领导。1992年8月19日，中国金融工会交通银行重庆分行工作委员会建立，与思想政治办公室合署办公，受中国金融工会交通银行工作委员会和交通银行重庆分行党组双重领导，以交通银行重庆分行党组为主。1995年，设分行工会办公室。1996年4月25日，制定基层工会主席、副主席、工会小组长、女工委员、财务委员、文体委员、劳动竞赛委员、宣传委员、组织委员工作职责。2002年，撤销中国金融工会交通银行重庆分行工作委员会。

表8-2-1

交通银行重庆分行工作委员会（工会委员会）历任负责人

主席		副主席	
姓名	任职时间	姓名	任职时间
左俊杰	1989.3—1992.2	吴启先	1989.3—1992.2
刘朝荣	1992.3—1994.11	简勇刚	1997.1—1997.11
游杰元	1994.11—1997.1	杨大纬	1997.11—2002.3
黄镇谦	1997.2—2000.5	黄民光	2002.3—2003.12
游杰元	2000.6—2002.3	黄布一	20013.12—2004.10
周以伟	2002.7—2006.12	吴春	2005.2—2005.12
黄锦平	2006.12—2011.1	黄民光	2006.2—2013.4
刘红	2011.1—2013.1	陈灿	2013.4—
黄锦平	2013.1—2013.5		
任华	2013.5—2017.3		
刘红	2017.3—2018.10		
黄锦平	2018.10—		

表8-2-2

历届中国金融工会交通银行重庆分行工作委员会情况表

届次	时间	中国金融工会交通银行重庆分行工作委员会成员	中国金融工会交通银行重庆分行工作委员会主任、副主任	中国金融工会交通银行重庆分行工会办公室主任或副主任
第一届	1992—1997年	1992年8月19日，中国金融工会交通银行重庆分行工作委员会建立，工作委员会由刘朝荣（重庆分行工会主席）、盛明辉（重庆分行保险业务部经理）、陈炳生（重庆分行思想政治办公室主任）、武鸿义（成都支行人教处处长）、陈广业（昆明分行副总经理）、苏华（贵阳支行副经理）、刘柳初（柳州支行副经理）、王磊等8人组成 1995年7月26日，中国金融工会交通银行重庆分行工作委员会成员调整，由游杰元、苏华、杨顺时、王中元、郝洁玲、尹华远、陈炳生组成	1992年8月19日，刘朝荣任主任；盛明辉任副主任 1995年7月26日，游杰元兼任主任	1992年8月19日，王磊任工会办公室副主任 1995年7月26日，陈炳生任工会办公室主任

续表

届次	时间	中国金融工会交通银行重庆分行工作委员会成员	中国金融工会交通银行重庆分行工作委员会主任、副主任	中国金融工会交通银行重庆分行工会办公室主任或副主任
第二届	1997—2002年	1997年2月19日，中国金融工会交通银行重庆分行工作委员会调整，由黄镇谦、苏华、杨顺时、王中元、郝洁玲、殷运江、简勇刚、胡星、张骥、黄荪、黄锦平组成 2000年7月1日，经分行党委研究，报总行党委批准，中国金融工会交通银行重庆分行工作委员会成员调整，由游杰元、杨大纬、黄荪、田永、胡星、郝洁玲、苏华等7人组成	1997年2月19日，黄镇谦任工会委员会主任 2000年7月1日，游杰元任主任	1997年2月19日，简勇刚任工会办公室主任 2000年7月1日，杨大纬任副主任兼工会办公室主任
撤销系统工会		2002年7月，撤销中国金融工会交通银行重庆分行工作委员会，其领导成员的职务自然免去。原重庆分行所辖的遵义分行工会委员会划归成都分管。重庆分行工会委员会和原所辖的贵阳分行工会委员会直属总行管理		

重庆（市）分行工会委员会。第一届委员会。1988年3月25日，分行职工代表大会选举产生第一届工会委员会，报请市级机关工会联合会批准。主席左俊杰，副主席吴启先，组织委员黄民光，女工委员会兼生活委员刘静，财务委员霍联宏，生产委员董实远，宣传委员兼文体委员王仲凯。第二届委员会（前）。1992年2月1日，分行职工代表大会选举产生第二届工会委员会（前），2月25日，重庆市市级机关工会联合会批准。主席刘朝荣，组织委员黄民光，财务委员邢端秀，生活委员黄布一，宣传委员刘静，女工委员邓坤，文体委员王仲凯。1994年11月25日，报经中共交通银行党组批准，游杰元兼任中国金融工会交通银行重庆分行工作委员会主任，刘朝荣不再担任中国金融工会交通银行重庆分行工作委员会主任职务。1995年11月17日，简勇刚任工会办公室副主任。第二届委员会（后）。1997年1月14日，中国金融工会重庆市工作委员会批准交通银行重庆分行工会换届选举结果，同意由黄镇谦、简勇刚、周以伟、周全坤、冯长生、郭宽福、黄锦平、胡星、张晋等9人组成交通银行重庆分行第二届工会委员会（系有关文件误标为“第二届”）。黄镇谦任主席，简勇刚任副主席。5月21日，聘简勇刚任工会办副主任。11月21日，聘杨大伟任工会办副主任。1999年1月4日，党委群工部与分行工会办公室合署办公，杨大纬任群工部副部长。1月13日，聘周全坤任工会办公室主任。第三届委员会。2000年5月18日，中国金融工会交通银行工作委员会研究同意，交通银行重庆分行第三届工会委员会由游杰元、杨大纬、黄荪、杨炜、黄锦平、郝臻科、邓朝辉、陈伟、李东庆等9人组成。游杰元任主席，杨大伟任副主席。1月7日，聘杨大纬任工会办公室主任。2002年3月21日，聘黄民光任工会办公室副主任。7月15日，周以伟副行长分管工会工作，履行工会主席职责。2003年3月26日，聘黄民光任工会办公室副主任（主持工作）。12月17日，聘黄布一任工会办公室主任。2005年2月21日，聘吴春任工会办公室主任。第四届委员会。2006年12月21日，中国金融工会交通银行工作委员会研究同意，调整后的重庆分行第四届工会委员会由黄锦平、黄民光、黄荪、廖佳馨、张骥、邓薇、黄春晓、曹梦、毛臣桂9人组成。黄锦平任主席，黄民光任副主席。周以伟不再任主席，黄布一不再任副主席。工会经费审查委员会由李庆、颜孝国、贺群3人组成，李庆任主任。2006年12月20日，分行工会女工委员会主任委员黄锦平，组织委员廖佳馨，女工委员曹阳、唐鸿燕，劳动生产委员黄春晓、廖佳馨（兼），文

体宣传委员毛臣桂、周勤。2007年9月12日，分行人资部根据总行要求，将“员工工作部”更名为“工会办公室”。第五届委员会。2011年1月7日，总行工会研究同意，黄锦平任重庆市分行工会委员会委员、主席。1月30日，报经总行批准，分行第五届工会委员会由刘红、黄民光、李庆、邓薇、鲁小松、何梦生、朱玫7人组成，刘红任工会主席，黄民光任工会副主席。工会经费审查委员会由肖强、贺群、余朝毅组成，肖强任主任。女工委员会由刘红、周勤、陶蔚、柏春华、李莉5人组成，刘红任主任。4月8日，分行党委批准，陈灿任分行工会办副主任（主持工作）。5月28日，总行工会同意分行工会委员会调整意见，任华为分行工会委员会委员、主席，陈灿为分行工会委员会委员、副主席，黄锦平不再担任主席，黄民光不再担任副主席。2013年6月23日，分行工会委员会会议选举任华为主席，陈灿为副主席。2014年9月9日，总行工会批准，何亦成任分行工会经审委员会委员、主任，肖强不再担任工会经审委员会主任。第六届委员会。2016年4月15日，总行工会批准，分行第六届工会委员会由任华、陈灿、许可、曾亚斌、朱玫、甘莉、皮晓清7人组成，任华任主席，陈灿任副主席。工会经费审查委员会由何亦成、余朝毅、杨萍3人组成，何亦成任主任。工会女工委员会由任华、孟曦、柏春华、李莉、丁丽5人组成，任华任主任。2017年3月29日，总行工会批准同意，刘红任分行工会第六届委员会主席、工会女工委员会主任。甘莉任工会女工委员会委员，孟曦不再担任女工委员会委员。何梦生任分行工会委员会委员。2018年10月8日，总行工会批准同意，黄锦平任分行工会第六届委员会主席。

表8-2-3

重庆（市）分行工会委员会委员、女工委员会委员、经审委员会委员及工会办公室负责人表

届次	时间	工会(主任)主席(任职时间及依据)	工会副主席(任职时间及依据)	工会办主任、副主任(任职时间及依据)	工会委员(任职时间及依据)	经费审查委员会委员(任职时间及依据)	女工委员会(任职时间及依据)
成立	1988.03.25	交通银行重庆分行工会成立					
第一届	1988.3—1997.1	1989年3月25日，工会主席：左俊杰 1992年2月1日，工会主席：刘朝荣 1994年11月25日，工会主席：游杰元	1989年3月25日，副主席：吴启先	1995年3月25日，工会办公室主任：陈炳生(兼) 1995年11月17日，工会办公室副主任：简勇刚	第一届(1989年)：左俊杰、吴启先、黄民光、刘静、霍联宏、董实远、王仲凯 第二届(前)(1992年)：刘朝荣、黄民光、刑端秀、黄布一、刘静、王仲凯、(1994年)游杰元接替刘朝荣(退休)	经审委员：冷代中	女工委员：刘静、邓坤

续表

届次	时间	工会(主任)主席(任职时间及依据)	工会副主席(任职时间及依据)	工会办主任、副主任(任职时间及依据)	工会委员(任职时间及依据)	经费审查委员会委员(任职时间及依据)	女工委员会(任职时间及依据)
第二届	1997.1—2000.5	1997年1月14日,工会主席:黄镇谦	1997年1月14日,工会副主席:简勇刚	1997年2月19日,工会办副主任:简勇刚 1997年11月21日,工会办副主任:杨大纬 1999年1月13日,工会办主任:周全坤	第二届(后)(1997年):黄镇谦、简勇刚、周以伟、周全坤、冯长生、郭宽福、黄锦平、胡星、张晋	经审委员:冷代中	女工委员:黄锦平、胡星
第三届	2000.5—2006.12	2000年5月18日,工会主席:游杰元 2002年7月15日,周以伟履行工会主席工作职责	2000年5月18日,工会副主席:杨大伟 2002年3月21日,工会副主席:黄民光	2000年1月7日,工会办主任:杨大纬 2002年3月21日,工会办副主任:黄民光 2003年12月17日,工会办主任:黄布一 2004年10月8日,工会办主任:李庆兼任 2005年2月21日,工会办主任:吴春	第三届(2000年):游杰元、杨大纬、黄获、杨炜、黄锦平、郝臻科、邓朝辉、陈伟、李东庆	经审委员:冷代中 2004年成立工会经费审查委员会:夏忠群、颜孝国、贺群	女工委员:黄锦平、胡星
第四届	2006.12—2011.1	2006年12月21日,工会主席:黄锦平	2006年12月21日,工会副主席:黄民光	2006年2月6日,工会办副主任:黄民光	第四届(2006年):黄锦平、黄民光、黄获、廖佳馨、张骥、邓薇、黄春晓、曹梦、毛臣桂	工会经费审查委员会:李庆、颜孝国、贺群	女工委员会:黄锦平、廖佳馨、曹阳、唐鸿燕、黄春晓、毛臣桂、周勤

续表

届次	时间	工会(主任)主席(任职时间及依据)	工会副主席(任职时间及依据)	工会办主任、副主任(任职时间及依据)	工会委员(任职时间及依据)	经费审查委员会委员(任职时间及依据)	女工委员会(任职时间及依据)
第五届	2011.1—2016.4	2011年1月30日，工会主席：刘红 2013年1月7日，工会主席：黄锦平 2013年6月23日，工会主席：任华	2011年1月30日，工会副主席：黄民光 2013年6月23日，工会副主席：陈灿	2006年2月6日，黄民光任工会办副主任(主持工作) 2013年4月8日，陈灿任工会办副主任(主持工作) 2015年10月30日，陈灿任工会办主任	第五届(2011年)：刘红、黄民光、李庆、邓薇、鲁小松、何梦生、朱玫 2013年1月7日，黄锦平任工会主席，刘红不再担任工会主席 2013年6月23日，任华任工会主席，黄锦平调离重庆市分行	2011年1月30日，工会第五届经费审查委员会：肖强、贺群、余朝毅 2014年9月9日，何亦成接替肖强担任第五届工会经审委员会主	2011年1月30日，第五届女工委员会：刘红、周勤、陶蔚、柏春华、李莉
第六届	2016.4—	2016年4月15日，工会主席：任华 2017年3月29日，工会主席：刘红 2018年10月8日，工会主席：黄锦平	2016年4月15日至今，工会副主席：陈灿	2017年5月5日，甘莉任工会办副主任	2016年4月15日，任华、陈灿、许可、曾亚斌、朱玫、甘莉、皮晓清 2017年3月29日，刘红任工会主席，任华调离重庆市分行；何梦生任重庆市分行工会委员会委员(原委员许可调离到新疆分行任职) 2018年10月8日，黄锦平任重庆市分行工会第六届委员会委员、主席	2016年4月15日，工会第六届经费审查委员会由何亦成、余朝毅、杨萍3人组成	2016年4月15日，第六届女工委员会：任华、孟曦、柏春华、李莉、丁丽 2017年3月29日，刘红接替任华任女工委员会主任。甘莉任女工委员会委员，孟曦不再担任女工委员会委员

第二节　民主管理

职工代表大会。一届一次会议。1992年1月31日，在分行多功能厅召开分行第一届第一次职工代表大会，出席会议代表38人。邓昌明总经理做工作报告。一届二次会议。1992年3月20日，在分行多功能厅召开分行第二次职工代表大会。分行领导邓昌明、刘朝荣、游杰元、陈天才及分行、办事处、分理处职工代表、工会委员出席，分行科级以上干部列席。审议通过《转换内部机制的意见、办法、实施细则》等系列文件。二届一次会议。1996年11月12—13日，在南泉度假村，召开分行第二届职工代表大会第一次会议。正式代表91人，列席代表26名，特邀总行系统工会、重庆市总工会、重庆市金融工会等单位领导参加。审议通过重庆分行行政工作报告、重庆分行财务工作报告、重庆分行职工代表大会实施细则、重庆分行行员聘用实施细则、重庆分行行员保险福利暂行规定、重庆分行行员奖惩暂行办法、重庆分行教育培训管理暂行办法、重庆分行劳动争议调解办法、成立分行劳动争议调解委员会决议、关于建立职工民主管理专门小组的决定。收集员工提案294份，归纳为20多条。三届一次会议。2000年4月29日，召开分行第三届职工代表大会第一次会议。实到职工代表116名，本次代收到123份共186条提案，涉及业务发展和管理工作的133条，占所有提案的72%，分行相关部门做认真回复。全票通过《交通银行重庆分行关于出售空置房屋的实施意见》。三届二次会议。2001年3月29日，召开分行第三届职工代表大会第二次会议，实到职工代表116名。听取并审议行政工作报告、分行“十五”发展纲要、分行干部人事制度和收入分配制度改革指导意见。三届三次会议。2002年9月3日，召开分行第三届职工代表大会第三次会议，应到代表106人，实到代表105人，列席代表17人。一致通过《交通银行重庆分行住房分配货币化分配实施办法》。四届一次会议。2004年3月27日，在分行三楼会议室，召开分行第四届职工代表大会第一次会议，正式代表96名，列席代表30名。审议重庆分行行政工作报告、重庆分行财务工作报告、职工代表大会决议、倡议书、工会委员会换届选举。四届二次会议。2006年12月23日，在分行三楼会议室召开分行第四届职工代表大会二次会议，实到代表116名。一致通过《交通银行重庆分行员工补充医疗保险暂行办法》《交通银行重庆分行员工重大疾病医疗救助暂行办法》。四届三次会议。2009年11月25日，在分行三楼会议室召开分行第四届职工代表大会第三次会议，实到代表88名。提请大会审议事项，朝天门支行员工宋毅（男），根据重庆市江北区人民法院《刑事判决书》，“宋毅因在外与人发生纠纷。公安机关在处置过程中，以暴力方式阻碍公安民警依法执行公务，被人民法院依法判决犯妨害公务罪，判处拘役四个月”。按照《交通银行员工违规行为处理办法（试行）》规定，事实清楚，政策、规定明确。通过投票表决，56票同意、28票弃权、4票反对，通过对宋毅（男）的行政开除。四届四次会议。2010年6月9日，在分行三楼会议室，召开分行第四届职工代表大会第四次会议，实到代表97名。投票表决关于提请交通银行重庆市分行职代会审议开除刘忠武公职的意见，92票同意、5票弃权、0票反对，通过对刘忠武行政开除决定。五届一次会议。2011年1月14日，在分行三楼会议室，召开分行第五届职工代表第一次会员代表会议。正式代表97名，列席代表38名。审议通过“交通银行重庆市分行第五届职工代表大会代表人选名单”、第四届工会主席所做工会工作报告和换届选举产生的新一届工会委员会、工会经审委员会、女工委员会。五届二次会议。2012年9月7日，在分行三楼会议室，召开分行第五届职工（会员）代表大会第二次会议。听取并审议交通银行重庆市分行行政工作报告及《交通银行重庆市分行第五届工会委员工作及行务公开情况报告》。五届三次会议。2013年12月2日，在分行三楼会议室，召开分行第五届职工代表大会第三次会议。共收到提案30条，涉及员工队伍建设、培训等员工权益维护和员工成长方面提案21条，占70%，涉及业务发展、管理方面提案9件，占30%，由分行相关部门做认真回复。听取并讨论分行人资部关于重庆市分行补充医疗保险实施细则有关情况的说明，审议并原则通过《交通银行重庆市分行补充医疗保险实施细则》。五届四次会议。2014年7月18日，在分行三楼会议室，召开分行第五届职工代表大会第四次会议。应到代表108人，实到97人，列席代表11人。共收到提案5件，其中涉及薪酬福利、住房补贴、员工培训等员工权益维护和员工成长方面提案2件，占40%，涉及大龄员工关爱方面提案1件，占20%，涉及低成本负债业务发展、组建专业一体化营销团队等业务发展方面提案2件，占40%，分行相关部门做认真回复。一致通过《交通银行重庆市分行困难员工关爱扶助暂行办法》。五届五次会议。2015年6月26日，在重庆怡华威斯达大酒店20楼会议室，召开分行第五届职工代表大会第五次会议。应到正式职工代表109人，实到90人，列席代表10人。共收到提案8件，其中涉及绩效考核、薪酬福利、行务公开、员工关爱等员工权益维护方面提案5件，占62.5%，涉及队伍建设、员工成长方面提案2件，占25%，涉及提升服务质量方面提案1件，占12.5%。经审议并无记名投票表决，87票同意，0票不同意，3票弃权，通过《关于分行困难员工关爱扶助暂行办法修订意见》。五届六次会议。2015年11月10日，在分行三楼会议室，召开分行第五届职工代表大会第六次会议。应到正式职工代表109人，实到82人，列席代表12人。经无记名投票表决，72票同意，8票不同意，2票弃权，通过《交通银行重庆市分行补充医疗保险实施细则（2015年修订）》。六届一次会议。2016年4月5日，在分行三楼会议室，召开分行第六届职工代表大会第一次会议。大会应到正式职工代表108人，实到99人。共收到代表有效提案25件，其中涉及业务转型发展方面提案2件，占8%，涉及履职津贴、住房公积金、补充医保、疗休养、员工用餐、行服配置、远郊支行公务用车补贴、劳动时间、节日慰问等员工权益维护方面提案13件，占52%，涉及全产品计量计价、绩效考核、机构建设等体制、机制、流程改革创新方面提案5件，占20%，涉及网点装修甲醛等有害物质处理、工间操、大龄青年恋爱婚姻等员工关爱方面提案3件，占12%，涉及建立代职队伍、人员调配等队伍建设和员工成长方面提案2件，占8%。经审议并无记名投票表决，91票同意，3票不同意，5票弃权，通过《交通银行重庆市分行困难员工关爱扶助办法补充规定》。六届二次会议。2017年3月20日，在分行四楼会议室，召开分行第六届职工代表大会第二次会议。应到正式职工代表108人，实到79人。共收到代表有效提案37件，涉及履职津贴、住房补贴、企业年金、补充医保、食堂管理、行服配置、网点装修甲醛等有害物质处理、远郊支行公务用车补贴及异地交流员工租房补贴、劳动时间、年休假、节日慰问等员工权益维护方面提案22件，占59.46%，涉及全产品计量计价、绩效考核等体制、机制改革创新方面提案5件，占13.51%，涉及员工体检项目安排、行服洗理、员工慰问标准等员工关爱方面提案7件，占18.92%，涉及人员调配等队伍建设和员工成长方面提案3件，占8.11%。其中37项属于解释性说明回复事项，由相关职能部门予以答复，3项属于改进完善工作措施督办事项，由相关部门落实整改。经审议并无记名投票表决，79票同意，0票不同意，0票弃权，通过《交通银行重庆分行员工请休假实施细则》。六届三次会议。2018年4月17日，召开分行第六届职工代表大会第三次会议。应到正式职工代表108人，实到101人。听取分行党委书记、行长杨宁经营管理报告，听取并审议《重庆市分行2017年深化改革推进情况的报告》《重庆市分行2017年资产负债配置执行情况及2018年实施方案的报告》《重庆市分行2017年教育经费使用、干部选拔任用的情况报告》《重庆市分行2018年预算财务编制及2017年经费使用情况的报告》《重庆市分行领导班子2017年履职待遇及业务支出预算情况的报告》《重庆市分行2017年风险管控情况的报告》《重庆市分行2017年创新工作开展情况和2018年计划安排的报告》《重庆市分行2017年集中采购情况的报告》《重庆市分行第六届三次职工代表大会提案工作情况报告》。六届四次会议。2018年9月25日，召开分行第六届职工代表大会第四次会议。应到正式职工代表108人，实到104人。听取并审议工会《关于参加重庆市总工会职工互助保障计划实施方案》以及征求员工意见情况。经无记名投票表决，101票同意，2票不同意，1票弃权，通过《关于参加重庆市总工会职工互助保障计划实施方案》。

劳动争议调解。一是劳动争议调解委员会。1996年11月13日，分行第二届职工代表大会审议通过《交通银行重庆分行劳动争议调解办法》《关于成立交通银行重庆分行劳动争议调解委员会的决议》。主任黄镇谦，行政代表周以伟、黄获，工会代表简勇刚、胡星，职工代表李伟、胡如玉。2008年2月27日，分行成立劳动争议调解委员会。主任黄锦平，成员黄民光、黄获、赵瑞、袁晓莉。调解委员会办事机构设在分行工会办公室。2016年4月5日，分行第六届一次职工代表大会表决通过劳动争议调解委员会成员。主任任华，成员陈灿、许可、孟曦、李静怡。2017年3月，刘红任分行劳动争议调解委员会主任。2018年10月，黄锦平任分行劳动争议调解委员会主任。二是劳动争议调解工作。2008年，完成调解分行员工王辉请求补偿案。

行务公开。2003年7月2日，制定《交通银行重庆分行关于实行行务公开的实施意见》。2011年3月10日，分行工会印发《交通银行重庆市分行行务公开实施办法》。2015年1月5日，工会办公室印发《交通银行重庆市分行行务公开条目管理实施细则》。2015年8月16日，印发《交通银行重庆市分行关于全面加强民主管理工作实施方案》。

工会经费管理。1996年10月8日，制定《交通银行重庆分行工会关于加强工会经费管理办法》。2000年11月10日，总行印发《交通银行工会经费管理办法》，总行系统工会按照中国金融工会的文件规定计提财务专用基金，对分管工会财务工作的领导和工会财务人员实施奖励。2001年8月，总行工会印发《工会财务会计工作竞赛评比办法》《工会财务专用基金、增收流程基金管理办法》，以管辖直属分行工会上交总行经费为基数，在8%比例之内提取财务专用基金，在7%比例之内提取增收留成基金，用于奖励竞赛评比工作先进和工会财会工作业务建设。2003年，总行转发《中国金融工会关于加强工会经费审查监督工作的意见》。2004年，落实中国金融工会关于金融系统工会财务工作实施电算化要求，分行工会实施工会财务电算化管理。工会财务电算化软件统一使用新中大财务软件。总行工会下拨经费为分行统一安排购置IBM-T30电脑，并组织培训实施。2006年，总行工会印发《中国金融工会交通银行财务制度》。2010年5月12日，分行工会制定《交通银行重庆市分行工会经费审查规范化管理办法》。8月，总行工会印发《交通银行工会财务管理办法》。2011年4月1日，总行印发《关于开展交通银行工会财务管理规范化建设达标竞赛活动的通知》，分行实现达标要求。2013年9月26日，总行工会经审会对分行工会开展经审工作。2014年1月17日，总行工会经审会一届十二次会议审核，指出“2012年底未计提总行回拨补助、在账务处过程中会计科目使用不够准确的情况、记账凭证所附资料不够完整”。上述问题均按期予以整改。2014年6月，总行工会印发《关于停止执行财务专用基金、增收留成基金和经审专用经费办法的通知》。分行工会对已计提未使用的两项专用基金和专用经费进行清理，共计116345.99元结转上划和预算调整。12月，总行工会印发《交通银行工会财务管理办法（2014年修订）》。2014年2月，分行工会制定《交通银行重庆市分行工会财务管理办法》。2015年7月，总行工会组织财务大检查，认为分行工会经费收支账目清晰，对分行工会财务管理、预决算管理和经审工作制度执行情况给予肯定。分行工会制定《关于进一步规范工会经费管理的通知》，完善工会经费报销手续，完善“交银杯”劳动竞赛实施方案和评奖规则，规范文体兴趣活动小组经费管理，以及落实中央“八项规定”，工会经费坚持节约原则。总行工会印发《关于进一步加强基层工会经费管理的通知》。2016年2月，分行工会印发《交通银行重庆市分行工会财务管理补充规定》，严格执行工会经费收支管理“八不准”。2018年5月，总行制定《交通银行基层工会经费管理实施细则》。

员工关爱。一是员工慰问。分行成立至2010年，员工生日慰问主要采取送生日祝福贺卡、蛋糕等形式。员工住院由工会送鲜花、水果进行慰问。员工直系亲属去世慰问一般按100元、500元慰问金并送花圈方式。2011年，分行领导批准分行工会办、人资部《关于开展员工慰问相关事宜的请示》。凡分行干部员工（含派遣制员工）因病住院治疗，所在支行、营业部、部门负责人应前往探视、慰问，费用标准按照员工800元（因公伤为1500元）、C层级（含助理）1500元（因公伤为3000元）、D层级3000元（因公伤为6000元）额度掌握，由基层工会主席和本单位负责人双签后，报分行工会办报账。员工（含退休）及直系亲属（配偶、子女、本人父母、配偶父母）身故，由工会以分行名义送上慰问金1000元及花圈一个（以交通银行重庆市分行名义敬献）。对员工身故者，除工会进行慰问外，由分行人力资源部负责按照相关政策，落实办理“五险一金”等相关的理赔手续。员工生日，由工会按100元标准送上生日蛋糕祝福。“三八”妇女节，对每一位女员工发送慰问金100元，亦可按此额度核发到各基层工会组织开展相关活动。“六一”儿童节，对每一位年龄在14周岁以下的员工子女发送慰问金100元，各基层工会亦可按此额度组织儿童开展相关活动。“八一”建军节，由分行人力资源部负责统计分行实有复转军人人数，并专项报告组织落实相关慰问活动。重阳节，对每一位分行退休的老同志发送200元的慰问品。每年组织2次（上、下半年各1次）一日内近郊游活动。2015年，分行工会对全体工会会员开展节日慰问，发放少量节日慰问品，标准为春节500元、端午节100元、中秋国庆300元，主要为米、油等体现传统节日习俗的生活必需品。节日慰问品通过分行工会委员会委员、工会经审委员会委员以及分行集中采购谈判代表集体决策选型，提请分行工会委员会、工会经审委员会集体决策、审批同意后执行。二是员工困难补助。1988年至今，分行工会一直把员工困难补助作为重要工作内容之一。对在行员工因生病、事故、家庭成员等因素造成的突发性严重困难实施补助。三是重大疾病救助。2006年，分行制定《重大疾病医疗救助暂行办法》，对因病致贫员工，属于患恶性肿瘤等13种重大疾病范围员工实施重大疾病救助。2014年7月18日，《交通银行重庆市分行困难员工关爱扶助暂行办法》将重大疾病救助病种范围扩大到35种，员工重大疾病救助额每年最高2万元。2015年11月10日，《交通银行重庆市分行补充医疗保险实施细则（2015年修订）》，在员工重大疾病团体险基础上，将员工重大疾病救助纳入补充医疗保险总额以内，在职、退休员工重大疾病救助额最高达到2万元。

表8-2-4

重大疾病医疗救助、困难员慰问补助情况表

年度	救助慰问费用	救助慰问人数
2007年	101700元	53人
2008年	244500元	39人
2009年	232000元	51人
2010年	237000元	73人
2011年	220000元	74人
2012年	296000元	99人
2013年	323000元	110人
2014年	347000元	117人
2015年	201000元	48人
2016年	336500元	44人
2017年	400400元	51人
2018年	443800元	47人

四是员工互助。2012年，总行工会成立员工互助基金。分行本着自愿筹集资金（员工年缴费100元）原则，广泛宣传，积极动员员工自愿加入。日常管理中，按照《交通银行在职员工互助会

管理暂行办法》等文件执行。

表8-2-5

分行参加总行互助会及申请互助金情况表

年度(年)	入会人数(人)		上缴会费(元)	当年申请救助人数(人)	年度救助费合计(元)
2012	在册员工	1245	124500	2	30000
2013	在册员工	1199	119900	4	51000
2014	在册员工	1266	126600	3	30000
2015	在册员工	1254	125400	10	227203
2016	在册员工	1470	147000	10	159058
	外包员工	96	9600	0	0
2017	在册员工	1245	119640	17	260375
	外包员工	34	3400	0	0
2018	在册员工	1370	119360	14	263394
	外包员工	45	4500	0	0

表8-2-6

分行参加重庆市总工会互助会情况表（2018年开始）

年度	入会人数(人)	标准	上缴会费(元)	备注
2018年	1339	110元/人	160680	住院医疗+意外伤害综合互助保障
	1339	30元/份×4份/人	147290	重大疾病互助保障

五是补充医疗保险。2001年，总行印发《交通银行补充医疗保险制度暂行办法》。2004年，分行参加重庆市当地的基本医疗保险。2006年，制定重庆分行员工补充医疗保险基金管理暂行办法，采用分行内部报账方式。2007年，分行制定《关于实施员工补充医疗保险报账管理的通知》。《交通银行重庆分行员工补充医疗保险暂行办法》，报经总行人力资源部、系统工会备案。2013年，执行《交通银行重庆市分行补充医疗保险实施细则》，员工的重大疾病保险、意外伤害保险、意外伤害医疗保险，均由保险公司依据保险合同条款理赔。2015年11月10日，修订《交通银行重庆市分行补充医疗保险实施细则》。

推进幸福交行家园建设。一是开展幸福指数网上问卷调查活动。2010年，开展“心和谐·新跨越”员工心理健康关爱系列活动。2013年，分行幸福指数测评60.43分，在37家省直分行中列第37位。2014年，分行幸福指数测评61.77分，在37家省直分行中列第34位。2015年，上半年分行幸福指数测评62.23分，在37家省直分行中列第30位，下半年分行幸福指数测评65.05分，在37家省直分行中列第23位。2016年，上半年幸福指数测评68.60分，在37家省直分行中排第14位，年末分行幸福指数测评58.86分，在37家省直分行中列第26位。2017年，分行幸福指数测评75.64分，在37家省直分行中列第10位。2018年，分行幸福指数测评80.43分，在37家省直分行中列第5位。二是员工身心健康管理。2014年3月，总行党委印发《关于加强员工身心健康管理的意见》。总行工会印发《关于进一步贯彻落实员工身心健康管理工作的通知》。6月，总行工会印发《关于在全行推广“健康交行”员工移动健康管理平台的通知》。9月末，分行健康管理平台开通率、使用率均达到100%。10月，总行工会印发《关于进一步加强转型期员工关爱工作的通知》，在全行开展年度幸福指数、心情PM2.5测评活动。分行参与幸福测评724人，参测率52.43%，参与PM2.5测评418人，参测率30.3%。2015年4月，建立“交通银行重庆市分行健康小屋”，配置相应的医疗设备，由好医通集团提供全职式健康助理（护士）1名。在渝中支行、江北支行、南坪支行、沙坪坝支行、九龙坡支行设立“微健康小屋”，每周三至周五分别在“微健康小屋”提供健康诊断及咨询服务。2015—2016年，配合总行聘请的专业公司，先后在渝中支行、茶园支行、高科技支行开展EAP（新晨会）活动。2016年5月，总行工会印发《健康交行移动平台积分管理办法》《交通银行幸福指数管理暂行办法》《幸福交行建设综合评价体系实施方案》。9月，“健康小屋”推出为员工提供“体检档案收集、健康检测、理疗护理、就医咨询”等服务，建立“就近、快捷、方便”的一站式综合健康管理服务站，推动“健康小屋”从关注“疾病预防检查”（V1.0）升级到“疾病预防服务+基础治疗+健康管理”的“健康小屋”2.0模式。10月，分行成立幸福交行建设管理领导小组，制定《重庆市分行“幸福交行”建设实施方案》，着力构建“七大幸福体系”，细化幸福交行建设40个工作项目。2017年，“健康小屋”增配数码理疗仪、TDP烤灯，分行购置拔罐器、艾灸等器材，依托设备为员工提供健康保健及基础治疗（外伤）服务，以及因工作引发的肩、颈、背部不适的日间护理服务和工作期间因意外造成的烫伤、外伤（轻伤）基础清创、包扎服务。7—8月，分行工会组织开展“送健康到基层”服务活动，采取每周在分行机关2天（星期一、二）、支行网点3天（星期三、四、五）服务的模式，为全行24个一级支行提供1次巡诊服务。9月13日，邀请重庆医科大学教授、九三学社重庆医科大学大公馆医院副主任郑洪开展现场培训，各支行、机关各部门100余名骨干参加。三是“健康交行、悦动人生”员工关爱保障活动。2015年8月，总行工会与交银康联人寿公司联合开展“健康交行、悦动人生”员工关爱保障活动。2016年，个金部员工赵彬翔因病去世，获交银康联人寿公司赔付10万元。四是员工关爱民生实事工程项目。2014年，分行与中海地产推出员工购房优惠活动，与上海通用集团重庆经销商推出员工优惠购车活动，为17名员工购房、买车提供优惠便利。2015年，优惠购车16人次，优惠车险购买36人次。2016年，与安城保险、建工集团、通用集团、太平人寿等合作，在保险、购房、买车等领域为员工搭建团购、导购、易购等便利综合服务平台。2016年11月，推进12个方面共25项民生实事工程项目。分行工会办对全行53个网点现场调查，印发《关于做好网点员工“一顿热饭”及午休有关意见的通知》，为基层网点配置厨房设备设施和折叠床共600余套。2017年3月，分行工会印发《关于落实员工关爱深入推进“小事、实事、具体事”民生实事工程项目的通知》，推进20项员工关爱民生实事工程项目实施。2018年8月，分行工会印发《交通银行重庆市分行2018年民生工程十件实事》的通知。五是幸福交行家园建设。2011—2014年，每年推出“为员工办十件实事”。每年组织一次全行员工健康体检，夏天为员工配备防暑降温药品。推进幸福网点和模范职工小家创建。

疗休养制度。1996年，《重庆分行行员保险福利暂行规定》对年休假（公休假）、婚假、丧假、病假、工伤假、生育假、履行国家义务和社会公益活动、疗休养、探亲假等做出明确规定或说明。分行工会根据经费整体情况，每年统一组织先进工作者、部分中干、员工疗休养。2007年，根据《交通银行员工请休假规定》《关于重新制定全行干部员工疗休养费用标准的通知》，分行制定《交通银行重庆分行员工休假、疗休养管理实施细则》。职工疗休养方式，从组织员工集体疗休养逐步过渡到员工根据本人休假计划自行安排线路、时间。获得分行优秀中干、优秀员工、先进党员、营销能手、服务标兵及分行认定有突出贡献的员工，外出学习参观考察不占年休假和疗休养费用。获得全国、全国金融、交通银行、地方金融荣誉称号的单位主要负责人和个人以及分行特别突出的先进集体主要负责人、优秀员工，每年根据总行工会整体安排情况、分配的名额，参加总行统计组织的疗休养活动。

职工文化生活。1997年，建立职工阅览室。2010年，经市总工会审查验收，分行工会活动室获“职工书屋”授牌。成立足球、篮球、棋牌、羽毛球、乒乓球、网球、健身操、瑜伽、书画、摄影、太极拳等兴趣小组。每年组织开展1至2项登山、健走、趣味运动会、文艺演出。组队参加总行、地方金融工会组织的运动会。在分行17楼设立活动室，配备跑步机、乒乓球桌、棋牌室等。2017年，成立艺术团，隶属于分行工会，设舞蹈队、声乐队、器乐队、主持队、礼仪队。

第三节　创先争优与职工之（小）家创建

创先争优。2004年5月15日，设立评选工作领导小组。分行工会主席任组长，工会办、宣传部、人教处、监察室、稽核处、团委负责人为成员。办事机构设在工会办公室。制定先进集体、先进工作者评选条件、评选范围和表彰奖励办法。分行年度先进集体和优秀个人评选分为3个层面，即分行评选分行表彰、条线评选分行表彰、条线评选条线表彰。分行评选分行表彰，由工会办牵头会同相关部门组织推荐评选。条线评选分行表彰，由工会办会同相关部门制定标准并组织评选。条线评选条线表彰由条线部门确定并组织评选。截至2018年，分行工会按照总行劳动竞赛办法，组织第一至十届“交银杯”劳动竞赛活动。分行核拨工会条线劳动竞赛推进费与各业务板块、条线的营销费用配套使用，其中对基层一线的奖励不低于奖励总额的60%。

职工之（小）家创建。1996年，在南坪、九龙坡、沙坪坝、江北等支行建立支行职工之家。1998年1月，总行印发《交通银行系统基层建设“职工之家”活动暂行办法》，明确交通银行系统“合格职工之家”“先进职工之家”“模范职工之家”评选、验收、命名工作流程、标准。1999年3月20日，分行申报1998年度“合格职工之家”，通过总行工会考核验收。2000年5月29日，分行申报1999年度“合格职工之家”，通过总行工会考核验收。2001年1月8日，分行申报2000年度“先进职工之家”，通过总行工会考核验收。2005年，总行印发《交通银行开展建设职工之家活动管理办法》《关于进一步开展建设职工之家活动的意见》。总行工会创新职工之家检查、评审方式，采用“集中评审+抽查验收”方式，要求深入开展建设“职工小家”活动。2009年6月，总行工会印发《关于检查验收2008年度职工之家并复审历年总行级模范职工之家的通知》。分行工会被列为申报2008年度总行级“先进职工之家”检查复审单位。2009年12月16日，总行工会印发《关于2008年度各类职工之家考核验收和复审结果的通报》。分行工会委员会获“交通银行先进职工之家”称号。2011年，江北支行、北部新区支行、涪陵支行获评“交通银行模范职工小家”。2012年，两江新区支行、弹子石支行获评“交通银行模范职工小家”。分行工会在办公楼17楼建立“职工书屋”，在17楼和23楼建立“职工活动室”“洗衣房”。2013年，分行工会被重庆市财贸金融系统工会评为“工会工作先进集体”。2014年，开展“交行是我家，我爱我家”职工之（小）家创建活动，分行投入112340元，为29个中心、直属支行配备生活设施、文体用品。2015年1月29日，总行工会印发《关于2013—2014年交通银行模范职工之家获奖情况的通报》，分行工会获“交通银行模范职工之家”荣誉称号。

第三章　共青团

第一节　组织发展与制度建设

组织发展。1988年5月10日，分行试营业，先后调入共青团员23人。1989年4月25日，选举产生分行团支部筹委会。1991年12月25日，分行明确思想政治工作办公室负责指导搞好分行共青团工作。1992年11月4日，分行党组会议选举分行第一届团委委员。分行营业部、沙坪坝办事处、南坪办事处、太平洋保险公司重庆分公司、九龙坡支行、巴县支行、北碚支行及分行机关团支部相继成立。各团支部差额选举产生3名支部委员。1995年8月，总行成立交通银行创建“青年文明号”活动领导小组和创建“青年文明号”活动办公室。分行副行长游杰元任创建“青年文明号”活动领导小组成员。1999年，总行成立系统团委。分行共青团工作从地方管理改为系统团委垂直领导。2000年，成立管辖分行团委，形成分行团委、各辖属分行团委、各基层网点团支部的纵向组织架构。改选辖属行团总支、团支部。贵阳分行和遵义分行的团总支，按组织体系要求升格为团委。2017年6月21日，成立分行机关团委。2018年底，实现共青团组织全覆盖。分行机关及下属分支行分别设立团委2个，团支部25个，团员人数共计108人。

表8-3-1

历任团委书记、副书记和团委委员情况表

书记		副书记		团委委员		备注
姓名	任职时间	姓名	任职时间	姓名	任职时间	
唐静	1989.4—1992.11	杜洪渝	1989.4—1992.11	汪宇宁、章强、龚颖	1989.4—1992.11	分行团支部筹委会
熊英	1992.11—1996.1	唐静、杨春荣	1992.11—1996.1	程立、王卫东、周勤、廖渝	1992.11—1996.1	分行团委
倪平凡	1996.1—2004.6	陈渝春	1996.1—1999.4	程立、金强、陈建、华港、赵晖、杜彤娜、杨春勇	1996.1—2004.6	
		郝臻科	1999.4—2002.11			
		周晴	2002.11—2004.6			
		廖佳馨	2004.6—2011.1	宋柯、谭新、文琳、张磊、腾波、李洪宏、杨青、杜锴、程立、程序	2004.6—2011.1	

续表

书记		副书记		团委委员		备注
姓名	任职时间	姓名	任职时间	姓名	任职时间	
鲁小松	2011.1—2014.3	王永阳、刘柃好	2011.1—2014.3	柏春华、黄熠、李琳、李云谷、谭欣、谢海宁、杨华、周婷婷	2011.1—2014.3	
王文宇	2014.3—2017.6	刘柃好、李云谷	2014.3—2017.6	陈垦、陈奕帆、焦春涛、彭博、宋轩、唐恬、薛尽成、杨凤	2014.3—2017.6	
毛自翔	2017.6—	宋轩、李云谷	2017.6—2018.6	刘明洁、杨凤、刘洋、叶在清、祁丽佳、张雨娇、刘怀权、曾钦璺	2017.6—2018.6	
		宋轩、张又丹、曾钦璺	2018.6—	刘明洁、杨凤、刘洋、叶在清、马茜、张雨娇、刘怀权	2018.6—	

制度建设。2000年，根据金融系统团委工作特点，开展建章立制工作。制订团总支（团支部）考核办法，发送共青团工作手册。开展创建“标准化团支部”活动和对团总支（团支部）的考核。2002年，分行团委按照分行党委要求，结合实际规范团内组织生活制度。各基层团支部组织生活每2个月至少组织1次，每次不少于30分钟。团员参加组织生活不得无故迟到、早退、缺席。团员1年组织生活出勤率不应低于70%。团的组织生活内容，应围绕党的中心工作和根据本单位团员的具体情况来定，达到解决问题、教育团员的目的。团的组织生活形式要有多样性，根据活动内容和青年特点，既要生动活泼又要讲求实效，注意思想性和教育性，不搞形式主义。2014年，制定《分行团委日常工作管理条例》《关于团费交纳和管理使用的规定》《关于活动申报与经费使用的规定》《关于物品领用与交接实施细则》。制订分行青年志愿者协会章程和协会标志，招募会员约80名。建立团委大事记和台账制度。按年有序调整分行团干部和青年志愿者协会的人员配备与组织分工。建立二级网点和所有部门全覆盖的团委联系人制度。

第二节　团的活动

培训教育活动。1990年，开展“坚持社会主义道路，坚持共产党的领导”学习讨论。1994年，分行监察室整理“从易秉迁经济犯罪案中吸取的教训”，组织团员、青年学习、讨论，开展荣辱教育。1999年，五四运动80周年，开展“青年金融改革发展——二十一世纪”征文征集活动，全行交论文近80篇，经系统团委联合研开部、《新金融》杂志等部门评审，挑选25篇推荐中央金融团工委参加全国评审。2000年，落实贯彻中央金融工委关于在全国金融系统职工中深入开展职业道德教育的决定以及总行党委对该项工作的统一部署。2001年，开通“青年信箱”。协调和督促有关部门妥善处理意见建议，重大问题及时向党委汇报，帮助组织和青年解决一些急需解决的实际困难和问题。2003年，组织团支部书记、部分基层营业网点负责人和青年员工代表30余人，到重庆市警示教育基地——重庆市监狱，组织开展警示教育活动。组织全行青年团员以“怎样切实控制好基层营业机构的各种风险点”“如何正确认识管理和发展的关系”为主题，开展专题学习大讨论。2004年，依托支行抓团建，以党建促团建。组织青年团员到四川省广安市参观邓小平故居。2005年，分行机关联合团支部组织参观渣滓洞、烈士墓。2006年，召开组织生活，传达学习保持共产党员先进性教育的有关文件精神，动员广大青年团员主动参与分行保持共产党员先进性的教育活动。邀请市委党校教授为分行广大青年团员举办“科学发展观与青年成长”专题讲座。2008年，开展“开启新视觉”文化场馆参观活动，组织青年团员参观博物馆、美术馆。2009年，开展“人力资源管理大家谈”系列活动。举办人力资源讲座，请人资部领导、有关专家为青年介绍现代人力资源管理理念和趋势。推荐1本人力资源管理书籍。开展“人力资源管理之我见”——我为人力资源管理献一计活动。2010年11月27日，开展“创先争优——红岩行”活动。结合团中央及总行团委《关于在基层团组织和团员中深入开展创先争优活动的意见》，在歌乐山烈士陵园开展青年团员主题团日活动。2014年，开展“荐书读书”活动2次，建立分行团委图书架。组织远郊支行和近郊支行部分青年团员参加观影鉴赏活动。推行“1+1”青年成长助力计划，新晋员工与各级团干部和业务骨干结对子。组织青年团员参观中国民主党派历史陈列馆和参加重庆市金融系统足球友谊赛。组织专题民主生活会，专题学习习近平总书记北大“五四”讲话——“青年要自觉践行社会主义核心价值观”。2015年，开展“转型期青年大讲堂”活动。邀请分行党委书记、行长付万军做青年员工职业发展报告。总行员工部总经理、工会副主席、团委书记帅师，到分行指导团委工作。帅师为分行青年员工举办“转型期青年大讲堂”讲座。帅师与分行副行长李晓平、分行20名青年团员，陪同30名阿克苏青少年，在李子坝公园——交通银行抗战旧址，隆重举行中国人民抗日战争暨世界反法西斯战争胜利70周年纪念活动。组织2次好书推荐活动。组织分行部门和部分近郊支行青年团员开展第3期观影《栀子花开》鉴赏活动。组织青年员工与重点营销客户重庆华龙网集团开展联谊活动。2016年，组织开展全辖直至二级网点共73个部门2016年读书荐书活动。开展读书会活动。联合长安汽车在铁山坪组织40余名青年，开展“乐享青春·情动五月”联谊。携手重庆金融团工委开展江北嘴首届单身青年职工联谊。参与总行团委面向全行青年员工开展的“诵经典·讲礼仪·传美德”中华传统文化经典诵读活动。“五四”青年节97周年之际，组织召开“深改期青年大讲堂”活动。邀请分行党委书记、行长杨宁做辅导报告。“七一”期间，组织团干部、入党积极分子代表，参观曾家岩50号周公馆。9月，参加总行团委在江西省共青城举办的青年党建教育实践基地启动仪式暨“两学一做”青年党建主题研讨会。分行团委代表做“不忘初心永葆本色，加强党建继续前进——重庆市分行打造‘党建+’特色党建文化”专题交流汇报。分行团委、办公室联合举办“追溯历史、传承辉煌——我与交行共成长”征文和秋季健走活动。2017年，建立分行团委信息宣传平台“渝音交绘”微信公众号，设立“党团建”“新闻播”“朗读者”等栏目。纪念中国共产党建党96周年，组织部分团干、入党积极分子代表开展“七一”活动，参观红岩村革命纪念馆。承办“上丰杯”首届交通银行青年创新大赛华西片区赛事。协办分行“不忘初心跟党走、同心共筑中国梦”文艺汇演。组织开展“我是专家”青年论文评选活动，选出3篇论文于9月6日报总行评审。组织青年员工、入党积极分子前往红岩魂陈列馆开展“重温红岩精神，铭记烽火岁月”主题活动。召开分行青年员工“息差管理座谈会”。多家支行基层团组织开展读书荐书活动。2018年，“五四”青年节期间，举办“共筑青春梦想，唱响青春之声”主题团日活动。特邀分行党委书记杨宁为团委讲党课。组织各团支部在基层单位开展“新时代青年大讲堂”“五四青年说”活动，邀请本单位党支部书记，就十九大精神解读、金融业发展趋势、建设共同家园等举办主题讲座。2018年，分行团委公众号“渝音交绘”共推送39篇图文，其中党团学习宣传7篇、青年动态11篇、分行新闻19篇、活动推送2篇，总阅读量超过4万次，单篇阅读量最高达1.5万次，转发超过1000次。公众号适时推出“点燃爱国梦，筑牢中国梦”、火锅行业金融服务品牌名称投票等专题活动。

各类竞赛与建功立业活动。1994年，开展“硬笔书法比赛”“青年会计电脑记账比赛”。组织参加市级机关团工委“青春风采”朗诵大赛。1996年，开展“五法一条例一通则”法律、法规知识抢答赛。1998年，组织青年岗位能手巡回演讲、经验交流会。举办《交通银行员工行为道德规范》知识抢答赛。1999年，开展“五四铭记心中，一卡通遍神州”“交行与你共同迎接新世纪”业务宣传周活动。各团支部组织青年团员，向客户分发太平洋一卡通宣传资料，表演文艺节目，现场有奖问答，现场办卡，自助银行现场示范操作。2000年，开展交通银行形象宣传、“交通银行太平洋理财通天下”营销宣传月活动。组织青年团员开展营销大赛、社会宣传、金融讲座、银企联谊、现场办理业务。2002年，成立青年专项组织——青年读书俱乐部。2003年4月5日，分行工会、党委宣传部、团委联合举办迎春赛诗会。经过层层选拔，各中心支行及分行处室近20名优秀年轻选手参加比赛。沙坪坝支行董雪春获一等奖，渝中支行程序、沙坪坝支行文琳获二等奖，营业部邹亚菲、江津支行罗小琼、渝中支行刘妍获三等奖。2004年，组织青年团员开展“爱行刷卡”活动，分行行员刷卡交易量达925.8万元。组织青年团员分行私金业务百日营销宣传活动。举办“交行发展·青年”专题论坛，就分行在改革和发展过程中所遇到的问题和难点，尤其是防范风险、化解不良资产等方面的内容进行专题研讨。以“三尺柜台显身手”为主题，开展“柜台营销小故事征集评选活动”。2005年，组织开展“青春与交行发展同行”青年英语风采大赛，选拔并培训优秀选手参加总行的复赛和决赛，获第2名，分行团委获总行优秀组织奖。搞好“青年学习季”活动，组建青年读书创新协会，开通“青年信箱”，组织开展青年读书活动暨读后感评选活动。开展“交银理财、缤纷五月”集中营销宣传活动，组织青年团员到活动现场进行“交银理财”私金业务营销宣传，重点推介“天天利”“双利理财”产品。加强与当地院校等有关单位团委的组织合作，到大专院校代收学费和办卡，促进私金业务发展。与交警总队青年团员开展联谊活动。以“爱行爱岗、自信自强”为主题，在青年员工中大力宣传推广太平洋卡业务、VIP交银理财、国际卡、个贷业务等。2006年，成立青年专项组织——青年读书创新协会。举行“青年论坛”专场活动，邀请赴加拿大参加战略培训的分行国际部张旗作“加拿大及北美银行经营管理探索”专题讲座。以“我为团旗添光彩”主题实践活动为载体，结合本职岗位，开展丰富多彩的团日活动。招募青年志愿者，做好亚太城市市长峰会金融宣传和咨询服务工作。组织全行青年集中开展对大专院校推广发行太平洋卡。在青年员工中开展个人网银营销宣传活动。2012年，举办“青年员工廉洁从业演讲大赛”。推进“百团会战”青年建功活动，联合分行个金部、电银部，针对个金、电银条线组织分行广大青年团员开拓发展线上线下收单业务。创新性运用“1+1”模式认真分析每一笔业务价值，认真挖掘每一个客户潜力，分行整个线上线下收单业务列总行第18位。分行团委、个人金融业务部联合推出“爱·定投”先锋拓展活动。围绕“三爱”即爱自己、爱分行、爱公益活动主题，动员全行青年员工，力争达成3个月实现定投439户活动目标。2014年，与电银部联动，开展手机银行“营销达人秀”评选奖励活动。与工会、电银部、公司部和个金部联合开展分行“百团会战”青年建功活动，历时1年。与营业部联动，同庆铃汽车开展踏春联谊会。开展“我为转型发展建言献策”。2015年，分行在总行第五届“百团会战”青年建功活动中，低成本负债获专项奖励及优秀案例奖。与个金部联合举办“争当营销掌门人”网点大堂经理服务营销劳动竞赛。与华龙网开展业务联动，推介交通银行推行的健康交行项目。2016年，与工会、公司部、个金部、国际部和小企业部联动，通过分行团委微信平台“渝青年”、分行内网等渠道，积极动员青年员工参加“百团会战”青年建功活动。分行在总行第六季“百团会战”青年建功活动中获得金银拓展竞赛、移动获客、金银拓展青年先锋队、最佳财富管理中端获客案例和最佳买单吧案例共5项大奖。开展双提升“金点子”活动，以“青年+中新（重庆）互联互通项目外汇管理改革创新”为主题，分行2名青年团员直接参与并落地重庆首笔中资企业借用外债业务。组织分行青年员工，参加人行重庆营管部、团市委联合举办的重庆市第五届青年职业技能大赛“金融知识进校园——征信知识公开课项目”竞赛。2017年，建立各层级团机构交流微信群。向青年员工推荐总行“文化交行”“微风linklink”“交银工苑”微信公众号，“买单吧”“交通银行微银行”等App新工具。2018年，组织青年员工参加创新大赛。在“上丰杯”首届交通银行青年创新大赛中，分行团队项目获3等奖。在“交丰杯”第二届交通银行创新大赛中，分行团队项目成功晋级总行创新大赛决赛。铺设“岗位大练兵”“我是专家”首席青年研究员等业务技能类活动。

参与社会公益活动。1994年，分行团委两次参加金融系统“六行一司”向重庆市儿童福利院献爱心的活动。为儿童福利院的孤儿们捐赠图书、玩具、衣物和洗衣机等。向贫困山区人民捐赠衣物。上街提供咨询服务600多人次。在江北、沙坪坝、南岸、渝中区等中心地带，义务为群众宣传识别假钞知识。2000年，渝中团支部与重庆市民政局团支部联合开展“新世纪、送温暖；新千年、献爱心”慰问五保老人活动。2003年，组织部分青年团员到重庆市儿童福利院开展公益活动。2005年，分行办公室、工会、团委联合举行元宵团年会。2009年，分行青年志愿者一行10余人到分行对口扶贫点——国家级重点扶贫对象彭水县高谷镇群峰村，开展新春慰问活动。为群峰村送去2万元慰问金及捐赠的衣物、棉被、学习和体育用品。捐助资金帮助群峰村解决村民吃水、乡村通达、贫困户生活等问题。2011年，开展“交通银行——扶贫济困送温暖”活动。2012年，开展“关爱留守儿童送温暖”活动。分行团委到彭水县希望小学现场慰问留守儿童。2014年，联合分行服务办组织部分大堂助理和分行青年志愿者到人民路小学校开展“爱心助学、成就未来”慰问活动。开展“绿色交行，美丽中国”增绿减霾募捐活动。在北碚区“两江名居”公租房小区，举办2014年度“金融青年惠山城，反假货币知识进社区”反假货币团体宣传活动。2015年，参与总行“天蓝积分、兑换蓝天”积分公益计划。承办红樱桃“夏日心爱”志愿者活动，以“樱桃红满天，送爱到深山”为主题，开设心理讲堂，义摘义买樱桃，捐赠爱心小羊，帮扶山区留守儿童。承办新疆阿克苏青少年“红色之旅、阳光成长”融情夏令营活动。协助组织总行团委参与第二届中国青年志愿服务项目大赛暨志愿服务重庆交流会，分行“天蓝计分，兑换蓝天”“手语社”项目获奖。参与筹备重庆金融团工委成立暨“金融伴你成长，创业成就梦想”主题活动。分行成为新成立的重庆金融团工委首批61家会员单位之一。2016年，组织完成香港大学生为期1个月的暑期社会实践活动。参加总行“天蓝小子”吉祥物设计并获奖。确立多所天蓝小学开展联建活动，有机嵌入志愿者义捐、结对、义教等服务内容。参加重庆市委宣传部、市教委、市总工会举办的重庆市第八届“爱心助飞梦想高考圆梦行动”活动。渝中支行团支部组织青年志愿者，参加重庆市委宣传部、市文明办主办的重庆市红樱桃“春日植爱”“夏日心爱”“秋日俭爱”“冬日针爱”志愿行动。东和春天支行团支部在黔江区杉岭乡兴隆村小学建立“春天图书室”。两江新区支行团支部赴重庆市福利院献爱心、看望残疾儿童。江津支行团支部赴贾嗣镇龙山村开展扶贫工作。分行团委、办公室联合举办“追溯历史、传承辉煌——我与交行共成长”秋季健走活动。2017年，参加重庆市委宣传部、市文明办主办的“困境儿童帮扶行动”重庆市第五届红樱桃“夏日心爱”大型公益活动。东和春天支行团支部在重庆南川木凉镇中心小学校援建“春天图书室”。各基层团组织打造“党建+精准扶贫”等品牌志愿活动，分行授信部、渠道部的青年员工开展向南川三泉镇贫困农民捐赠活动。四川九寨沟地震后，两江新区支行团支部向支行全体员工发起捐款倡议。联合两江新区分行团支部与民心佳园社区联建“四点半课堂”。2018年，组织青年员工参与“希望工程1+1助学行动”项目筹款活动。交行重庆志愿者协会通过腾讯公益平台共计捐款6739.54元，募捐金额排系统内第2位。春节之际，市分行团委、两江新区分行团支部联合民心佳园社区开展“情暖冬日·温暖你我”新春关爱行动，为30名困难家庭儿童派发新年礼物、开展互动游戏。

推优及青年文明号工作。制定《交通银行重庆市分行青年文明号和青年岗位能手评选管理办法》，建立青年文明号考核验收机制，实施青年文明工程和青年人才工程，争创“青年文明号”和培养“青年岗位能手”。2017年，分行共有全国级青年集体20个，获金融系统及中央、国家机关级“青”字号奖项优秀个人18名。获交通银行五四红旗组织、青年文明号、优秀青年、优秀团干部、青年岗位能手等称号，青年集体42个、优秀个人22名。获分行级青年文明号和优秀青年、优秀团干部、青年岗位能手等称号，青年集体59个、优秀个人85名。2018年，向重庆团市委推荐北碚支行等4家单位，参评重庆市青年文明号评选。做好第六届金融青年“岗位大练兵，争做服务明星”提升岗位能力、提升服务水平活动优秀典型推荐工作。分行唐琳获“金融青年服务明星”称号，分行信息部交享乐项目入围“金点子”方案。分行营业部获评2017年度全国金融系统五四红旗团委(团支部)。分行营业部获评“交通银行青年文明号”。王雨浓获“交通银行优秀青年”称号。王雨浓、李云谷获“交通银行青年岗位能手”称号。

第九篇　行政服务

分行办公室、保卫部、行政部是分行行政服务管理部门，既承担综合管理职能，也具有服务保障功能，在分行改革发展中处于十分重要的地位。

分行办公管理承担公文管理、印章管理、档案管理、保密管理、调研信息管理、广告及品牌宣传、信访与声誉风险管理等工作。安全保卫管理包括守库押运管理、安防设施管理、安全教育和检查、案防与维稳工作、消防管理。后勤保障服务主要内容为分行房产管理、物资配置、物业管理、会务接待、餐饮膳食、车辆管理、职工保健，以及实物资产管理、集中采购与基建工程项目等各项工作。

重庆市分行重建30年来，行政服务工作白手起家，从无到有，经过不断探索和实践，已经形成一套适应分行业务发展的管理模式，并逐步加以改进和完善，不断提高效率，提高服务水平，提高工作质量。

第一章　办公管理

第一节　公文管理

1987年，分行重新组建后，文会印证管理一直由办公室牵头，负责公文拟制、办理、管理等一系列相互关联、衔接有序的工作，主要包括公文格式、行文规则、公文拟制、公文办理及公文管理。办公室综合秘书主要负责处理分行收文与发文、承办与催办、公文拟稿、核稿与签发及文档管理等，办公室负责人主要对综合秘书的拟稿进行审核，负责签发以部门名义发出的文件。

公文处理制度。1988年1月，印发《交通银行重庆分行文书处理工作暂行规定》。1989年8月1日，分行制定并实施《公文处理实施细则》。1990年12月28日，制定《交行重庆分行关于重申加强公文处理工作的补充规定》。1991年，对重庆分行发文字号的划分进一步规范，规定分行发文字号由办公室统一编号，在“重交银”后面注明代号及编号。1993年3月26日，分行重新修订印发《交通银行重庆分行公文处理实施细则》。1995年，为适应交通银行一个法人体制的要求，规范交通银行内部公文行文规则，明确行文关系，提高工作效率，总行统一制定《交通银行内部公文行文规则》。1997年9月16日，分行印发《关于切实做好公文处理工作的通知》。1998年3月12日，印发《交通银行重庆分行关于重申公文规范的通知》。12月24日，印发《交通银行重庆分行工作规则的通知》。2001年，修订《交通银行重庆分行电子邮件管理办法》。2003年，印发《关于加强部门信息发布工作的通知》。自3月5日后，所发布的各项规章制度、人事任免等除存档外，原则上不再印发纸质文件，均通过电子邮件印发并同时在内部网站上发布。2004年，分行印发《关于建立工作周报制度的通知》。2005年，印发《交通银行重庆分行网上办公系统管理办法》，从2005年2月1日起，各部门、各支行（部）向分行办公室报送非绝密公文稿件，一律通过网上办公系统电子公文处理流程进行起草、审批、上报、印发、归档。对报送的纸质发文稿件，办公室不再予以受理。从1月7日起至2005年1月31日前，分行公文处理试行"双轨制"，即公文在原有纸质处理的基础上，还必须通过网上办公系统进行公文流转。2008年，印发《关于改进月度综合情况通报材料报送工作的通知》。2010年，印发《关于建立首问负责制和规范发文及签报程序的通知》。2013年，印发《关于进一步精简公文和会议有关事项的通知》。

公文管理工作。1990年，分行自办刊物《西南交行动态》《西南新金融》创刊。1992年7月，修订印发《交通银行重庆分行部门工作职责》，对分行部门、营业部、办事处工作职责进行规定。其中办公室职责为分行综合管理部门和总经理室的办事机构，主管分行内部事务和协调部门工作。1994年，加强运用计算机运转、存储、标印、检索公文的基础工作。1996年3月25日—4月2日，分行开展全辖公文档案工作检查，按照《交通银行重庆分行全辖公文工作考核办法》的规定，对各辖属行办公室公文工作在机构建设、文种使用、公文格式、行文规则、公文处理等方面的情况进行检查评比。1998年，分行内部刊物《西南交行动态》改版为《交行重庆分行动态》，由过去信息汇总方式改为及时刊发行内重要动态和领导批示。同时分行为加强信息载体的统一管理，将全行所有自办刊物合并为《交行重庆分行动态》（含增刊）、《内部情况通报》《交行重庆分行业务情况通报》3种。1999年，分行建立内部电子邮件系统，该系统成为分行最主要的公文信息交换渠道。2000年，在办文、办事、办会和督查过程中，筛选加工整理各类资料讯息，全年共编发《交行重庆分行动态》30期90条（在总行的录用率达30%），《行务信息》83期99条，以及定期的《工作周报》（每周1期）、《业务情况通报》（每月1期）和不定期的《内部情况通报》，总量达40多万字，起到"向信息要存款、要市场"的实际效果。组织承担起草分行的《1999年工作总结》《2000年工作部署》《2000年1季度工作总结》《2000年上半年工作总结》以及分行领导4次重要讲话稿；主办完成上报总行的《重庆分行全辖干部员工思想状况调查报告》《重庆分行关于统发市级行政事业单位工资有关工作情况的报告》《中共交通银行重庆分行委员会工作规则》；牵头完成上报市政府的《重庆分行关于开展发展环境综合整治行动工作情况的报告》《重庆分行关于将股东红利返还1个百分点支持分行发展的请示》。通过下达调研工作整改情况督办通知及专项问题统计表格的形式，加强对发现问题的解决力度。2001年，实现总分行网上公文传输，缩短公文传送时间，落实《交通银行公文处理办法》《交通银行公文格式标准》。2002年3月，分行与重庆市政府、市委办公厅建立电子公文传送系统，所有原交换的公文和信息都通过该系统快速传送，实现与总行和地方政府的双重电子公文联网。4月，分行内部信息网站建立，拟定《交通银行重庆分行信息网站管理暂行办法》，在网站上发布规章制度、考核办法、工作要求、专业知识和检查通报等各类信息，以指导和服务基层工作，加强信息沟通，实现信息共享。拟制行级重要文件50多篇，拟制和审核发文近600件，全面达到该办法的要求。2006年，印发《关于进一步规范办公秩序提高工作效率的意见》。2010年，印发《交通银行重庆市分行2010年工作要点》《交通银行重庆市分行"管理服务提升年"活动实施方案》，重新修订《交通银行重庆市分行督办工作管理办法》。2011年，印发《交通银行重庆市分行党委会议、行长办公会议议事规则》《关于建立分行领导联系支行制度的通知》《关于修订分行机构称谓和序列规范的通知》《交通银行重庆市分行2011年办公室工作要点》《交通银行重庆市分行"二次改革"重点项目推进方案》。2012年，印发《交通银行重庆市分行信息宣传工作考评办法（试行）》。2013年，交通银行GUOP办公平台上线，分行公文处理工作更加规范、科学，有效提高了公文处理效率。完成向董事长、行长、监事长等有关领导的专题汇报，中央巡视组汇报提纲，分行年中、年度工作报告等重要文件文稿36篇。2014年，完成分行年度工作报告、总行/市政府/监管机构工作汇报材料等重要文稿起草工作。以零贷发展、低成本核心负债拓展、风险管理、资本管控等为主题，向交银简报投稿6篇，总行录用4篇；向交通银行报、交银杂志投稿23篇，录用11篇；向重庆市银行业协会报送各类信息稿件70篇。2015年，完成年度/半年工作报告、总行领导来渝调研检查工作汇报材料、市政府/监管机构工作汇报材料等20余篇重要文稿起草工作，准确传递分行管理层的工作部署，充分展现分行改革发展成绩。2016年，新修订、制定《中共交通银行重庆市分行委员会2016年工作要点》《中共交通银行重庆市分行保密委员会工作规则》《中共交通银行重庆市分行委员会工作规则》《交通银行重庆市分行文明单位创建管理办法》《交通银行重庆市分行国家秘密和商业秘密范围的规定》《关于进一步贯彻落实中央改进工作作风密切联系群众八项规定精神的意见》《关于进一步规范领导干部外出管理报告制度的通知》《交通银行重庆市分行志（1915—2018）编纂工作方案》。2017年，严格公文审核，严把政策法规关、发文全局关、规范管理关，坚决改进文风，认真落实精简文件数量、压缩文件篇幅的有关要求，提高文件质量，确保公文内容正确、表述准确、形式规范。针对重大部署、重点工作、重要事项，健全完善重点督办和常规督办相结合的督办长效机制，按月汇总报告督办事项办理情况，加大系统工具运用，启用GOUP督办模块，有效运用提醒、统计等功能载体，提高督办效率。全年共发出督办单332份，办结324项，办结率97.59%。2018年，总行行务信息录用195篇，文化交行录用32篇（头条新闻2条），交通银行报、交银杂志录用稿件5篇；编发分行《值班周报》48期；在地方主流媒体发布新闻稿件1142篇（其中中央级新闻媒体发稿2篇），行长调研采访共计7次。重点项目督促推进工作，全年共发出督办单725份，办结675项，办结率93%。编发中心组学习期刊12期。在新内网开设分行大事记专栏，做好行史资料日常留档工作。

第二节　印章管理

分行办公室负责制定分行行政印章管理制度，负责分行各类行政印章的刻制、颁发、领用、启用、保管、使用、停用、作废、销毁和存档管理等，负责对所保管的各类行政印章用印事项的关键要素和审批流程进行审核，负责分行电子行政印章密钥的保管和使用等。分行法律合规部负责行政印章的监印和对申请用印的合同文本的合法性进行审核。

印章管理制度。1987年12月，分行制定《交通银行重庆分行公章使用办法（试行）》，首次对分行行章及有关业务专用章管理进行规范。1992年，印发《交行重庆分行印章管理制度》。分行印章管理范围包括党组印章，行章，各部门、办事处、分理处的公章。对印章刻制、使用进行规范。确定党组印章、行章由办公室负责管理，须由符合条件的专人经管；各部门印章由部门负责人指定专人或亲自管理。1996年8月8日，总行印发《交通银行印章管理暂行规定》。1998年7月，制定《交通银行重庆分行印章管理实施细则》，对印章管理范围与分类、印章管理部门、行政公章和私章的刻制与颁发、印章管理与使用、业务公章的管理实施细则及印章规格和样式进行规范。2006年，印发《关于进一步加强行政公章使用管理的通知》。分行除已对部门行政公章集中管理外，对各中心支行、直属支行、营业部的行政公章统一上收分行，由分行办公室集中保管，按规定审批程序用印。严格行政公章使用审批手续。规范行政公章使用范围，尽量减少用章。完善用印登记，分行行政公章保管部门对全行行政公章的使用情况要做详细记录，以备查考。完善用印登记本，监督用印。2010年，印发《交通银行重庆分行用印审批单使用规范》。2012年，重新修订《交通银行重庆市分行公章管理办法》，进一步规范印章的管理、使用。印章实行专人专柜保管，并建立印章使用登记簿，用印登记要素齐全，对非总分行标准文本格式的合同、协议、资料等先送分行相关业务处室、法律合规部审核同意后才可用印，并留存原件（或者复印件）在分行办公室。所有用印均要严格按照总分行要求的印章使用流程审核、执行。2013年，加强印章风险防范，印发《关于提高印章风险意识的通知》《关于进一步加强和规范分行行政公章管理工作的通知》《关于印章检查的提示》。2016年，制定《交通银行重庆市分行行政印章管理办法》。规范“行政印章”是指交通银行重庆市分行在日常经营管理活动中使用的党委章、行章、纪委章、办公室章、部门章、各支行行章以及分行行领导名章，及应用数字密码技术并结合数字证书和模拟传统实物（行政印章图形化）的电子行政印章。分行办公室具体负责分行行政印章管理，制定、修订分行行政印章管理制度，并界定行政印章的使用范围。2018年，重新修订《交通银行重庆市分行行政印章管理办法的通知》，再次对行政印章管理部门职责分工，行政印章的规格、式样和制发，行政印章名称、文字、字体和质料、刻制、领用、启用手续、使用范围、用印审批、用印要求、保管、停用、作废，以及人员管理、监督与奖惩等方面进行规范。

印章管理工作。1988年2月3日，分行报总行批准，刻制“交通银行重庆分行”行章1枚并启用。1995年2月13日起，重庆分行停止使用旧印章，启用新印章。1998年5月，清理全行所属支行、营业部、分理处（科室）行政公章，将分理处一级的行政公章统一上收到分行办公室封存，分理处一级不得自行持有行政公章。12月，启用重庆分行党委印章。1999年，印发《关于启用交行重庆分行各部门、营业部、支行新印章的通知》，分行重新刻制办公室、稽核室、监察室、人事教育处、行政处、综合计划处、外汇业务部、信用卡业务部、储蓄处、财务会计处、电脑处、保卫处、研究开发室、营业部，以及交行沙坪坝支行、南坪支行、江北支行、北碚支行共18枚印章。原部、处、室、支行的旧印章同时作废。1月，交行重庆分行党委办公室印章启用。2000年严格实施印章管理规定，严格印章登记，做到重要件留存备查。2001年，在确保慎重、合规用印基础上，进一步修订完善印章管理制度，加强对各处室、支行的用印情况检查。2007年1月1日起，涪陵、长寿、江津、北碚、合川、永川、巴南等7个远郊支行，由分行行长签署授权书，授权以上7个支行自行保管、监用本支行印章。各个支行按照分行印章管理办法，制定本支行具体的印章管理办法，设置用印单、用印登记簿，安装监控摄像，配置专门的保险柜，指定专人使用、保管印章；分行其余22个支行的行政印章都由分行办公室统一保管、使用。2009年8月10日，启用交通银行股份有限公司重庆市分行合同专用章（简称合同专用章），实施分行行政公章与合同专用章的分类使用管理。2011年，完成渝北支行、北部新区支行等10个支行旧印章的销毁和新印章的刻制工作。2013年，分行办公室负责保管、使用分行党委章、行政公章、纪委章、合同专用章、个人贷款合同专用章、全行各个部门公章、各支行行章（除远郊支行外）以及分行行领导名章，对远郊支行印章使用进行监督指导。上述公章的刻制、颁发、销毁等工作由办公室负责。分行行政公章主要用于工商年审、监管机构或上级单位、外部合作联系或往来单位要求必须加盖行政公章的文件、材料，以及制发行政公文等。制定审批权限要求。对北碚、长寿、江津、涪陵、永川、合川、巴南等7个远郊支行进行公章的现场检查，指正存在的问题，并印发整改通知书。2014年7月1日起，长寿、涪陵、江津、永川、合川、巴南、璧山支行的行政公章由分行办公室统一保管、使用。2017年，强化印章管理，严格用印审批，上线行政印章电子审批系统，规范用印材料填写、用印资料归档等工作，确保印章安全、准确用印。2018年9月3日，对分行保管使用的行章、党委章、纪委章、办公室章、主要负责人名章等关键印章实施电子化管控，11月16日将非融资合同专用章也一并纳入电子化管控。在全行范围内开展“新五大领域”持续治理暨“违规担保和印章管理专项排查”重点抽查及行政印章培训；重新修订行政印章管理办法；对部门用印量少、用印频度低的11枚行政印章实施停用封存；行政印章电子化管控过渡上线，建立人防、技防、物防、制度相结合的印章风险防控机制。

第三节　档案管理

分行办公室负责全行档案工作综合管理，以及对分行有关业务部门开展的档案收集、整理、立卷和归档工作进行指导和监督，制定分行档案管理的基本制度。重庆市分行从1987年重新组建开始，历届办公室主任为文书档案工作的主管领导。

档案管理制度。1988年10月，分行制定《交通银行重庆分行档案管理办法》，首次对分行的档案管理进行规范。2001年，分行修订《交通银行重庆分行档案管理实施细则》，要求对文件、资料的保管期限进行认真鉴定，对确实无保存价值的文件、资料应先登记造册，由分行办公室负责人和相关业务部门负责人审核后方可进行销毁。支行档案资料销毁工作由分行办公室人员协同送指定造纸厂进行销毁；部门需销毁的档案资料送分行办公室集中统一销毁。2002年，制定《交通银行重庆分行档案综合管理暂行办法实施细则》，重申分行办公室负责文书档案管理，各业务部门分别负责各自业务档案管理的规定。印发《交行重庆分行关于健全文件、材料归档的通知》，对归档要求、归档时间做明确的规定。制定《交行重庆分行电子文件存储、档案管理试行办法》。印发《交通银行重庆分行电子文件存储、档案管理试行办法》，对电子文件内容、性质代码、类别代码、归档方法及电子档案的管理、利用做出规定。2003年，制定《交通银行重庆分行档案综合管理暂行办法实施细则》，实行办公室负责文书档案管理、各业务部门分别负责各业务档案管理的工作责任制。2004年6月，修订《交行重庆分行档案管理实施细则》，对管理体制、档案机构、档案人员、档案管理制度、档案接收、档案立卷、档案保管、档案统计、档案销毁、档案检索、档案利用、档案移交、档案用房等做具体说明。重新印发《交通银行重庆分行档案管理实施细则的通知》。2008年，拟定《交通银行重庆分行档案综合管理达标实施方案》。2012年，重新修订《交通银行重庆市分行档案综合管理办法》，对档案工作管理体制及其职责、档案管理形式及业务分工、档案的管理和利用等进行重新修订。规定在分行具备总行规定的档案实体集中统一管理条件、配备足够从业人员后，各门类档案将由各管理部门向分行办公室统一移交。其中：分行文书档案、声像档案、合同档案，由分行办公室按照《交通银行文书档案管理办法》《交通银行声像档案管理办法》，收集、整理、分类、装盒、归档，存放在分行办公室。人事档案，由分行人力资源部按照总行的要求整理归档，存放在分行人力资源部。基建（房产）档案，由分行行政部按照总行基建档案管理要求，整理归档，存放在分行行政部。会计档案，由分行营运管理部按照总行会计档案工作管理要求，整理归档，存放在分行会计档案库房。个贷档案，由分行放款中心按照总行个人贷款档案工作管理要求整理归档，存放在分行个贷档案库房。授信档案，由分行授信部按照总行授信档案工作管理要求整理归档，存放在分行授信管理部。其他业务档案，由各业务职能部门按总行对应条线的相关要求收集、整理、归档，存放在本部门。支行各类档案，由支行按照分行的档案管理办法整理归档，存放在各支行。2016年7月，重新修订《交通银行重庆市分行综合档案管理实施细则》，确定分行办公室设置综合档案管理中心，负责分行档案工作的规划、计划、管理、监督、检查和指导。分行各业务部门根据总行相关业务部门的档案管理办法，负责制订本业务条线档案管理实施办法，确定一名本部门的兼职档案员，具体负责本部门业务档案的收集、整理、归档、移交工作。人力资源部、业务处理中心、风险管理部三个部门的档案实行双向管理，由部门确定专职档案员，具体负责本部门档案的收集、整理、装订、入盒、录入、扫描、管理、查阅工作，分行办公室对其进行指导、检查、监督。2017年，修订《交通银行重庆市分行文件材料归档范围和档案保管期限表》，对各条线档案材料及保管期限进行重新梳理。所列清单中，集团档案管理系统没有的文件材料，要求部门档案人员向相关二级部或员工索取。索取到的材料中，有电子版的上传档案系统，无电子版的做纸质件归档（其中10年期限的文件材料只做电子版归档，不对纸质件归档）。办公室档案部门严格对照归档材料清单验收各部门移交的文书档案。对归档材料不全、整理质量不符合标准的部门或机构档案不予接收。

档案管理工作。1990年，分行根据四川省档案管理标准，按照保存期限分类整理相关文书档案。1993年，交行重庆分行档案工作达到四川省档案管理三级标准。1995年，办公室设立文书档案科，人员配备到位，文档工作、文档人员纳入全行及办公室目标管理范围，每年进行工作考核。1996年，重庆分行从3月25日至4月9日，抽调辖内各行办公室人员组成贵州、四川2个检查组，对辖内各分支行的公文和档案工作进行交叉考核和考评打分。从1996年起，辖属各分支行使用“文档一体化”电脑软件，对档案实现电脑管理。1997年，根据重庆市档案局及总分行相关管理办法，办公室对分行重新组建以来的文书档案按照管理年限分类进行整理，7月15日经重庆市档案局检查评定，重庆分行档案工作达到“重庆市机关档案管理一级”标准。1998年，分行完成1997年度文件的收集、整理、立卷、装订、上架工作。1999年，分行在文档工作的硬件设施上加大投入，设立档案专用库房；配置5台计算机（文书2台、打字室2台、档案室1台）、传真机、复印机、文档一体化机和较先进的激光彩色打印机；购置档案密集架、除湿机等。2000年，分行室藏1987年至1999年文书档案4419卷，其中永久333卷、长期1402卷、短期2684卷；基建档案80卷；照片档案415张；录像档案20盒。计算机录入1992年至1999年文件级条目15537条，案卷级条目3345条。完成1999年文件的收集、整理、装订、上架工作。文书档案组卷408卷，其中永久18卷、长期134卷、短期256卷。基建档案组卷64卷。计算机录入1999年文件级条目2120条，案卷级条目414条。编写1999年的案卷目录、全行目录、卷内文件目录，以及发文汇集目录、文号索引、处级以上干部职务任免专题索引。编纂“1999年重庆分行大事记”“1999年重庆分行组织机构沿革”“1999年发文汇集”“1999年专题文件汇集”。接受重庆市档案局对重庆分行档案管理一级标准的复查和“九五”期间档案工作的检查，复查后重庆分行仍达到重庆市档案管理一级标准。重庆市档案局在市级机关开展档案工作检查评比，对重庆分行“九五”期间的文书档案、基建档案、照片档案、业务档案的收集、整理、保管、利用情况进行检查，分行获重庆市档案管理一等奖。协助辖属行档案达标升级工作，推进分行档案信息化建设。2002年，分行全面实施档案目标管理。实现档案整理规范化，目标管理制度化；做到档案收集完整，划分保管期限准确，整理和编目科学，检索和利用方便，保管条件安全。完成2001年文件、材料的收集、整理、立卷、上架工作。同年7月，分行在全行范围内开展内部控制自查，对档案方面存在的问题和不足进行整改。完成2001年档案工作的各种检索工具开发。编纂《重庆分行大事记》《重庆分行组织机构沿革》。2003年，根据总行《关于开展档案工作检查的通知》，分行认真贯彻《交通银行档案综合管理暂行办法》，文书档案、基建档案、照片档案、录像档案收集完整，编目科学，检索和利用方便。分行档案工作保持重庆市档案管理一级标准。

2004年1月，按照《重庆市档案局关于对于市级机关2003年度档案工作年度检查的通知》，重庆分行为2003年度档案工作免检单位。12月，按照《重庆市档案局关于对市级机关2004年度档案工作检查情况的通报》，重庆分行被认定为35个免检单位之一。2005年3月，根据《重庆市机关档案工作目标管理考核定级办法》，经重庆市档案局复查、审核合格，重庆分行档案工作保持重庆市一级标准。同年5月，分行还根据总行《关于做好2005年档案管理工作的通知》要求，印发《关于加强档案管理工作的通知》，要求分行各部门、各支行要落实专（兼）职档案人员，明确其档案管理职责，分行档案包括文书档案、会计档案、授信档案、个人贷款业务档案、计算机技术档案、外汇业务档案等多个种类。各部门按照总行条线制度，分别制定和完善本专业档案管理实施细则。2006年，印发《关于整理2005年度文书档案的通知》。完成2005年度所有文件的电子归档，各单位将发文、收文打印纸质文档留存，以供日常工作查考。同时将相关文件进行电子备份，留存电子文档。网上办公系统的所有文件在进行归档后，各单位若需查询相关文件，必须通过档案系统填报相关申请后，方有权限调阅文件。2007年，落实档案专人、专库、专柜管理。推进登记造册、查阅登记、装订成册具体工作；启动分行历年文件扫描存盘工作；开展证照管理工作自查；接待成都分行来行学习交流文档工作；组织安排废旧文件集中清理销毁工作。2008年，分行成立达标工作小组，负责档案达标工作的实施推进，第一阶段（2008年6月—12月31日）传达总行档案综合管理达标考评实施方案，学习总行档案综合管理达标考评办法及细则，对照达标标准逐条进行对照、检查，对自查出需要整改的问题着手开始进行整改。第二阶段（2009年1月—6月30日）由分行档案综合管理达标领导小组实施全面检查，包括分行档案室、会计档案中心、个贷档案室。检查中发现的问题，能够及时整改的立即进行整改；未能及时整改的，报档案综合管理达标领导小组召开会议研究整改方案。第三阶段（2009年7月1日—12月31日）严格进行达标申报前的自查评分，发现问题及时整改，做好申报的最后准备工作。第四阶段（2010年一季度）按照总行要求进行达标申报。2009年，重庆市档案局发文对交通银行重庆市分行等121个机关单位通过档案工作等级复查进行通报表彰，认定重庆市分行为重庆市机关档案工作一级单位，并通过等级复查。2010年，完成2008年文件资料的后续整理工作，完成2008年度文书档案工作的最后装盒排序及上架入库工作。建立2008年文书档案的永久、长期、短期以及资料的全引目录、建立处级以上干部任职、机构变化等索引工具。编写2008年交通银行重庆分行大事记、组织机构沿革。2011年，聘请专业的扫描公司，将分行2011年未结清的全部个贷档案，2010、2009年部分个贷档案，以及招投标档案、法律合规档案及文书档案等全部扫描入总行综合档案管理系统。扩建档案库房面积300平方米左右，用于存放授信档案资料。推广综合档案管理系统的使用。2013年印发《关于做好2012年度文书档案整理工作的通知》，各单位在综合档案管理系统整理2012年度文书档案。2014年，分行制定《档案工作突发事件应急处置预案》报总行办公室备案。2015年，在总行新的档案系统中完成分行2013年档案、资料的分部门、分期限、分类装盒工作，完成2014年档案资料的分类、分期限整理及完善归档章的填写工作。分行荣获总行档案劳动竞赛三等奖。2017年3月，分行大楼搬迁至江北城西大街3号，完成文书档案的搬迁整理工作。2018年6月6日，分行决定建设综合档案库房及灾备机房，成立市分行新档案库房及灾备机房建设领导小组。组长1名、副组长2名，由市分行副行长兼任；成员由办公室、人资部、预财部、渠道部、营运部、业务中心、合规部、信息部、行政部、保卫部负责人组成。领导小组下设项目建设办公室，项目办设在行政部。6月6日召开分行综合档案库房及灾备机房建设项目推进工作协调会，明确建立管理机制，加强统一组织领导，严格各项管理制度，确保合规、有序推进。8月1日，召开市分行档案库房及灾备机房建设项目推进工作协调会，就档案库房建设管理、整体规划布局、设备设施配置和档案中心日常运行管理及《市分行档案库房及灾备机房建设项目工作推进计划表》等方面进行审议。9月11日，召开市分行档案库房及灾备机房建设项目推进工作会，汇报档案库房及灾备机房建设项目推进情况。9月19日，召开市分行档案库房及灾备机房建设项目平面设计方案讨论会，结合实际需求和建议，优化完善总体设计方案，报总行审批，提高综合效率。

第四节　保密管理

保密委员会。1988年11月7日，交行重庆分行成立保密委员会，由徐士荃、左俊杰、夏峰、罗立群、古启海、高吉琪、吴启先等7人组成。徐士荃任主任委员，左俊杰、夏峰任副主任委员。分行办公室为分行保密委员会的办事机构，由办公室主任负责，分行各部门和营业机构的负责人为本单位的保密工作负责人。2001年，成立交通银行重庆分行密码通信工作小组，到2018年，分行保密委员会暨密码工作领导小组成员为主任：杨宁，副主任：刘红，成员：办公室、人资部、预财部、公司部、国际部、个金部、营运部、风险（保全）部、合规部、审计部、信息部、监察室、保卫部、行政部主要负责人，保密委员会暨密码工作领导小组办公室设在分行办公室。分行保密委员会领导分行的保密工作，制定分行保密工作发展规则和年度保密工作任务，研究决定分行保密工作重大问题；贯彻落实国家和上级有关保密工作方针政策和制度规定，完成总行保密委员会及地方保密工作部门交办的任务；制定分行的保密工作规章制度，指导、协调和组织实施分行保密工作、保密宣传教育及保密培训；督促检查分行保密工作贯彻落实情况，组织、协调对重大泄密事件的查处工作，及时采取补救措施；向总行保密委员会和地方保密工作部门报告保密工作情况，就保密工作中出现的重大问题提出意见和建议等。

保密管理制度。1987年，制定《交行重庆分行保密工作细则（试行）》。规定密级划分为绝密、机密、秘密3类，细则规定保密制度、重要会议的保密、宣传报道的保密、保密教育和保密检查、全行人员应自觉遵守的保密守则、奖励与惩处等。1989年，实施《保密法》，要求领导干部带头严格遵守保密制度，切实加强保密工作，严格保密法纪，确保国家保密安全。2001年，制定《交通银行重庆分行商业秘密管理暂行规定》。2004年9月，制定《交通银行重庆分行计算机系统用户密码管理办法》《交通银行重庆分行互联网使用安全规定》。2007年，印发《交通银行重庆分行涉密事项管理办法》。2012年，制定《交通银行重庆市分行红机保密电话使用管理办法》。2013年，转发总行《关于进一步加强手机使用保密管理工作的通知》。2015年，拟定《交通银行涉密文件传输系统重庆市分行运行管理实施细则（暂行）》。2016年，制定《交通银行重庆市分行国家秘密和商业秘密范围的规定》，修订《交通银行重庆市分行涉密事项范围》，印发《中共交通银行重庆市分行保密委员会工作规则》。

保密管理工作。1990年5月1日，分行规定金融工作中国家秘密的具体范围，密级的具体范围，及全国金融工作中部分事项不属于国家秘密，但应当作为内部事项管理，不得擅自扩散。1992年4月21日，分行根据《保密法》的规定和重庆市保密局的要求，对已产生的文件进行清理，并根据人民银行总行等联合印发的《金融工作中国家秘密及其密级具体范围的规定》，针对分行信贷、现金计划、货币收支、现金收支及资金运营情况的原定密级，重新确定现定密级及保密期限。1993年10—11月，对分行系统的保密工作进行检查。1997年，分行加强对涉密人员、要害人员的保密法制教育，消除金融工作“无密可保”“有密难保”的麻痹思想，切实增强员工的保密意识，做好执行保密规定和制度的督促思想，保障分行集约化经营的顺利进行。1999年，制定重庆分行保密委员会工作规则。2001年，完成重庆分行商业秘密界定工作。严格按照总行密码通信管理规定执行，主操人员和后备人员坚持交接制度、登记制度、口令分开制度，密码设备台账记录齐全、账物相符，填写总行印发的《综合业务登记本》，各类涉密机具保管存放安全。接受总行机要保密检查组对重庆分行的机要保密工作的检查。分行保密委组织各单位重点涉密人员，参观国家保密局在重庆举办的“失泄密案例”展览。2002年，严格按照总行密码通信管理规定要求，坚持执行交接、登记、口令分开等制度，落实《交通银行2002年机要保密工作要点》。经市保密局正式批复确认分行密码室和档案室为重要保密部位。5月20日启用《综合业务登记本》，标注密级为“机密”。2003年，在日常文件流转过程中，对密级文件的传阅限制传阅范围、控制传阅时限；对密级文件的复印进行严格审查和管理；防止未经审查就擅自复印机密文件的情况。分行各部门指定专人担任兼职保密员，负责对拟发文件进行商业秘密的界定工作，以提高商业秘密的定密准确性，全行的废旧文件每年统一送市保密局指定的密件销毁纸厂进行集中销毁。2004年9月，分行保密办统一对各支行的保密工作管理情况进行逐个检查，检查内容包括：公章使用是否规范、档案是否规范管理、文件流转传递情况、保密管理情况等。涉密网络投入使用经过总行审批，使用进口设备经过安全检查。重庆分行的涉密计算机及其网络实行有效的物理隔离，安装病毒防御、入侵检查等软件。采用专用微机上网，上网微机安装防火墙软件和防病毒软件等，做到涉密计算机不上网，上网计算机不涉密。无涉密笔记本电脑，外网和互联网没有处理涉密信息。2006年，对分行机要密码台账管理进行自查，《综合业务登记本》，“索引”的填写，与“密码机登记卡”相对应。“密码机登记卡”各栏目填写正确。《三联单》无遗漏，粘贴规范。涉密设备递送，由专人乘专车到市委机要交通处寄送。组织机要密码工作人员学习《关于境内人员利用互联网与境外情报机构进行勾联和出卖情报活动的情况通报》《关于印发普通密码管理有关工作规程的通知》《中央办公厅涉密移动存储介质管理暂行规定》。2009年，完成对全体涉密人员［即在工作中已经或可能接触、知悉国家秘密的人员，包括领导干部、在岗（在职、借调、聘用）和离岗（退休、调离、辞职、辞退）的干部职工、工勤人员］的《保密承诺书》签订。2010年，完成对网络系统保密管理情况的检查，全行共配备1163台非涉密计算机，其中台式机1066台，笔记本电脑97台。其中：共1081台计算机与内部网连接，82台计算机与国际互联网或公共信息网连接。未发现非涉密计算机存储、处理涉密信息。非涉密移动存储介质72个，检查未发现有存储涉密信息的情况，移动存储介质也未在涉密计算机与连接国际互联网的计算机之间交叉使用。涉密计算机2台，位于分行办公室机要室内，用于接收总行和市委、市政府的文件，涉密计算机未与国际互联网连接，未安装无线网卡、无线键盘、无线鼠标等具有无线互联功能的外围设备，均以有线方式物理连接计算机。分行涉密文件资料均通过纸质流转传阅，无涉密移动存储介质。2011年，强化涉密人员的理想信念、保密法纪教育和保密知识技能培训。加强涉密载体、涉密计算机保密管理。2014年，开展保密委主任上党课活动，提升干部员工保密意识。组织开展涉密中央文件保密管理专项检查和非涉密网络保密管理专项检查。完成全国保密普查系统2013年情况填报工作、密传系统密钥设备换钥及测试工作、市委电子政务内网市级网络平台分级保护测评前期准备工作。2015年，邀请重庆市国家保密局宣传法规处负责人来行授课，提升干部员工保密意识。按照重庆市国家保密局统一部署，开展国有企业保密管理自查，并顺利通过保密局的现场检查和重庆市密码管理局对分行的电子政务内网配用普通密码安全保密的专项检查。推进重庆市电子政务内网安全改造项目，按时完成测评工作。组织开展对集团办公平台、档案系统的保密检查，未发现涉密文件在两个系统中流转、储存。2016年，组织分行各部门、各经营单位开展“保密法律法规进基层”保密宣传教育活动，在全市党政机关及重点涉密单位开展的保密知识测试、业务技能练兵活动中，测试成绩为“优秀”等次（90分以上），市分行保密工作被中共重庆市委保密委予以通报表彰。2017年，分行在全行范围内开展“商密管理建设年”活动。强化保密管理，组织召开保密领导小组会议，制定全年保密工作要点，开展保密自查自评，持续开展保密“两识”教育，顺利完成机要室搬迁，继续保持零“失泄密”。2018年，通过重庆市电子政务内网接入节点的现场测评，邀请重庆市国家保密局罗志伦讲授专题党课，实现175人覆盖。

第五节　调研信息管理

分行的调研信息工作主要由1990年成立的调查研究部承担，主要围绕交行改革、发展和经营的重大问题，开展理论和实践的调查研究。2001年调查研究部更名为发展研究处，主要围绕交通银行的改革与发展等重大问题，对本地的经济金融实际和本行经营发展实务开展调查研究，提出意见和建议；对经济金融市场进行调查研究，推进本行业务领域开发和业务品种创新。2006年，分行发展研究处撤销，其相关工作职能并入分行办公室。

管理制度。1996年，出台《交通银行重庆分行全辖调研信息、工作考核奖励办法》，要求各分支行根据各自的经济金融环境、业务发展状况完成自报课题不少于2个，对递交的调研报告及在《交行调研》《新金融》《调研与信息》上发表的调研文章给予奖励。2002年，印发《交通银行重庆分行关于开展发展研究工作的指导意见》，成立分行发展研究工作领导小组，以全行的效益、质量，发展中的政策，业务为需求，分析和研究各项业务发展问题，寻求解决问题的整体、个体方案，并将研究结果反馈相关支行相关部门，视业务需要上报总行，以供制定政策和解决实际问题参考与佐证。2010年，为推进学习型组织建设，分行成立改革发展研究会，以重庆市经济发展政策研究小组、产业经济研究小组（研究方向：成渝经济圈、两江新区等）、支行管理模式优化研究小组、零售转型研究小组、提升管理服务研究小组等模式，加强发展研究对分行业务的支持，对研究成果的应用，为分行加快业务发展服务。

调研工作。分行重建初期，就开展信息调研和咨询业务。1988年上半年，根据交行总管理处调研部《关于开展生产资金状况和产业结构、信贷机构调研的通知》精神，分行选择西南铝加工厂、西南制药三厂、重庆热水品厂三个大中型企业进行了调查分析，上报调查报告和报表；组织开展对交通、船舶、轻工、化工、商业、外贸等行业的调查，积累基础资料，并创办《信息调研》刊物，编发《信息参阅资料》。分行为了给企业提供更多的信息服务，设立信息咨询公司，并引导各支行协同建立起辖区系统内的信息网络。咨询公司对外公布各项咨询业务制度、办法及收费标准。接受西南制药三厂委托，办理了对中英合资气雾剂工程项目的评估，为其顺利签约提供了重要的依据；分行还受总管理处委托，完成四川齿轮厂引进美国卡特彼勒工程机械动力换挡变速箱建设项目的评估。1989年，向总行报送调研材料——《基本客户问题专题调查汇报材料》。1990年，重庆分行自办刊物《西南新金融》创刊。1994年，在全辖组成200人的兼职信息调研队伍，试办内部信息刊物《调研与信息》，为分行稽核室提供“内部资金转移核算”，为信用卡部提供“信用卡业务品种开发及管理”，为市区支行提供“柜员制”试点，为信贷部提供“重庆市经济活动分析”“汽车摩托车行业的发展与动态”“房地产金融”等业务参考资料和咨询服务，为长安微车座椅项目提供生产现状、工艺及设备、成本核算、市场前景等咨询服务。1995年，为《新金融》《交行调研》总行刊物，围绕社会主义市场经济发展过程中的问题，报送《规范化商业银行内部管理体制探讨》《商业银行组织建设与人才管理》《交通银行中期发展规划研讨》调研材料等。1996年，开展“交通银行内部职位分级授权制度”总行分配课题研究，围绕分行强化内部管理，如网点设置、机构组织形式、经营方式、技术手段等进行经济分析，研究资源的优化配置、经营效率的提高等问题。1997年，完成总行课题“交通银行内部岗位分级授权、分级规范制度”试点情况的调研，配合分行推出新业务品种，尤其中间业务的开发，进行金融创新研究。1998年，分行以联系群众、沟通情况、解决问题、推动工作、服务基层形式开展分行集中式调研工作。1999年，分行领导和部门负责人改进工作作风，注重调查研究，指导全行改革与发展。坚持分行行领导星期三下基层工作日的规定，到第一线调查研究和检查、指导、指进工作，有关业务部门及时了解全行相关业务工作发展与管理的实际情况和问题，进行分析和指导，办公室编写的《分行动态》《业务情况通报》等，将行领导指示精神、业务的发展变化情况通报全行，上下沟通、相互了解促进，在全行开展调研活动。2001年，编制《分行2001—2005年发展计划纲要》，确立分行“十五”期间改革与发展指导思想和奋斗目标。开展中间业务，私金业务，国际业务，领导干部讲政治、善经营、会管理，全面提高综合素质四次专题研讨会。参与重庆市银行业协会筹建及有关文件起草工作，并在协会成立后担任联络工作，负责收集、反馈、交流同业信息及报送有关资料，做好金融学会的课题招标工作，加强与金融学会、市信息协会、经济管理协会等社团的联络工作。2003年，分行完成重庆市金融学会“重庆市经济发展新阶段的金融需求研究”“居民消费结构变化对金融业发展的影响”课题研究。2004年，分行完成重庆市金融学会“商业银行的内部风险控制能力研究”“重庆银行卡消费问题研究”课题研究。2006年，根据银行业治理商业贿赂工作中存在的难点，开展区分正当交易与不正当交易及商业贿赂之路的政策界限研究。2009年，分行紧密围绕总行“两化一行”发展战略，编制《交通银行重庆市分行2009—2011年改革发展规划纲要》，在分析宏观经济背景和当地经济金融环境的前提下，结合业务发展实际，体现“跑赢大市、争先进位”精神，在分行业务发展基础、战略定位和指导思想、发展理念和总体目标、主要业务条线发展规划、服务质量提升、营业网点建设、信息技术支持和人力资源保障方面进行规划。2011年完成重庆市金融学会“投资决策、有效约束与中小企业发展难问题研究”课题研究。2012年，完成重庆市金融学会“房产税制改革研究”课题研究。2013年，围绕分行中心工作、支行“热点”“难点”问题开展3次专题调研，撰写并上报7篇调研材料；组织编写渝亚系不良资产清收简报报总行；向总行交银、交通银行报内刊投稿7篇。完成重庆市金融学会“主要发达国家量化宽松政策对重庆的影响及对策研究”“浅论影子银行及其风险控制”研究课题。2014年，完成“普惠金融发展模式定位和推进研究”课题研究。2015年，分行落实总行“改革创新、转型发展”的总体要求，围绕“抓存款、稳利润、控风险”的工作主线，按照总行“改革创新、转型发展”的要求，积极推动发展研究工作。对分行负债业务、个人贷款业务、房地产行业、水泥行业、汽车行业、医疗行业、系统性及区域性风险等进行调研分析，撰写调研报告。完成金融学会“重庆融入‘一带一路’经济发展战略有关问题的研究”课题研究。2016年，完成《交通银行重庆市“十三五”（2016—2020年）改革发展规划纲要》，建设特色明显、管理科学、风险可控、和谐安全的同业领先、西部大行和一流分行，并以“分行事业部制中产品经理与全员计量计价的问题”“新大楼运营成本及对分行的影响”“中新合作项目的国际、投行、同业业务机遇与对策”“经营单位国际人才培养与国际业务特色支行的建设”“二手房贷发展策略”“非不良逾期贷款、不良贷款管理、清收问题与思路”等课题研究，推动分行业务发展与经营管理。2017年，开展分行“息差管理大调研、大讨论、大献策”工作，在全行开展“利率市场化息条件下息差管理”征文和“金点子”征集活动。完成金融学会“资产管理业务的国际监管经验及对我国的启示”课题研究，“新形势下银行不良资产处置模式的研究”“数字货币发行模式和管理机制研究”成功立项，“长期风险预测视角下供应链金融质物组合优化研究”和“国际债务危机研究及其对我国的启示”获鼓励。2018年，分行范围内广泛开展“大学习、大调研、大献策”活动，针对经营管理工作需要重点研究的“十大课题”，开展深入的理论研究，力争形成在新形势、新发展需要下提高经营管理水平、指导改革发展实践的成果方案。完成金融学会“地方政府债务风险预警评价指标体系及对策建议”“互联网环境下商业银行普惠金融发展研究——以交通银行金融实践为例”课题研究。对分行改革发展、国际业务、政府融资平台、医疗健康行业、汽车行业等进行调研分析，撰写调研报告。完成总行发展研究条线“商业银行个人信息保护现状分析及对策研究”“大数据技术在银行精准营销的应用探索”调研课题。

第六节　广告及品牌宣传

重庆分行重新组建以来，广告及品牌宣传一直由办公室负责实施。1996年总行出台《交通银行企业形象识别手册》，实施企业形象识别系统方案（简称CI），以统一、规范的鲜明标识形象向社会公众展示交行。

管理制度。2001年，印发《交通银行重庆分行关于CI工作管理暂行办法的通知》，对实施CI战略、推进CI工程及对分行CI工作的管理予以明确，统一、规范营业网点的设计装修和办公设施的制作、使用、维护、更新等行为，分行CI战略推进领导小组是分行CI工作的领导和决策机构，办公室、人教处、行政处是分行CI工作管理职能部门。2016年，印发《交通银行重庆市分行广告合作供应商黑名单管理办法》，以落实五大领域专项整治工作要求，加强对分行广告合作供应商的管理，规范对供应商违约失信行为的惩戒和工作流程，促进各级人员廉洁从业。2017年，印发《交通银行重庆市分行广告宣传管理办法（暂行）》，对分行广告宣传管理涉及职责分工、预算管理、立项管理、采购管理、广告创意管理、广告投放管理、知识产权管理、评估机制、检查考核机制、档案管理、队伍建设等内容进行规范。对20万元（含）～100万元集中采购广告项目需报备，对各类媒体广告投放监督要求、各类媒体广告投放评估指标体系等进行界定。印发《交通银行重庆市分行品牌宣传项目评审会工作规则》，对分行品牌宣传项目评审会组织机构、职责范围、工作规程、工作纪律等进行规范。

管理工作。1988年分行重建初期，即在市内各大报刊、电视台等主流媒体对总行确立的“一流的服务质量、一流的工作效率、一流的银行信誉”办行宗旨，为客户提供全方位的金融服务，以及分行的改革和发展进行报道。1991年，分行立足于在服从和服务于国家经济结构调整和宏观控制，服务于全国金融体制改革，以及在稳健经营中取得的成绩和发挥的作用，在发挥“两跨一多”优势，促进经济联合，培育企业集团，发展外向型经济取得的经验和做法等方面对分行进行宣传，在电视、广播、报纸等媒体上全面宣传，以扩大重庆分行在本地区、跨地区的影响。分行在办公室成立宣传科，落实专职宣传人员。1992年，分行为庆祝交行重建5周年、重庆分行重建4周年，组织分行干部员工在市中区解放碑开展宣传咨询活动，活动共接待群众四千余人，发放宣传资料两万余张，同时通过重庆电视台报道宣传活动的方式，扩大了交行在重庆地区的影响。1993年是交通银行建立85周年，分行成立5周年，分行利用召开管委会（分会）会议及举办重新组建纪念活动的机会，宣传报道重庆分行经营管理的特色以及分行在支持经济发展、扩大对外开放中的作用；宣传报道执行国家宏观调控政策、优化贷款倾向、争取业务发展的新成绩；宣传报道在坚持“三个一流”、改善服务态度、提高服务质量方面的先进事例和先进人物。制作电视专题片，重庆主流媒体做了系列报道，中央电视台、《金融时报》《人民日报》《经济日报》集中报道重庆分行改革发展。1994年总行统一要求完善法人体制对外宣传口径，做好立足重庆的对外宣传报道。1995年，做好《中华人民共和国商业银行法》的宣传工作，并对交通银行实行资产负债管理，保证资金流动性、安全性和效益性的合理协调，树立风险意识，建立风险防范体系，努力提高信贷资产质量和建立财务指标分析体系，努力提高经营效益等加强资产负债管理情况进行重点宣传。1996年，建立分行宣传信息员队伍，各支行、营业部、外汇部、信用卡部、储蓄处各推荐宣传信息员1名，负责宣传信息工作。总行首次提出全行CI形象设计工作后，针对实施CI存在的要求不具体、不全面，受各地制作水平及原料限制，难于达到CI要求的效果及总行未以文件形式明确落实CI负责部门等问题，分行向总行提出对营业网点额头的摆放位置、大小尺寸等做出具体统一的规定，在实施CI过程中与安全保卫工作工要求不发生冲突，大宗对外宣传品由总行制作以保证形象统一等建设性意见，后被总行采纳。总行在重庆召开CI工作现场会议。1997年，交通银行重新组建10周年，分行以“宣传交行，我爱交行，树立形象，扩大影响，增强凝聚力，加快交通银行的改革与发展”为主题开展上街宣传庆祝活动，以扩大重庆分行影响，树立交行良好形象，产生了积极影响。承办总行与万事达国际组织在重庆举行的“太平洋万事顺卡”首发仪式暨新闻发布会，邀请本地各大新闻媒体对首发仪式进行全方位报道，邀请新华社、《人民日报》《金融时报》等中央新闻媒体对乔伟副行长等总行领导进行采访。1998年，发布商业宣传信息15条，发播电视及电台广播宣传338次，印制宣传品19万张。分行推出“太平洋一卡通”业务后，确定“太平洋一卡通，更方便、更实用、更可靠”的广告语，并设计制作了广告组画和宣传单。2000年，在各级报纸、杂志、广播、电视上登载和播发稿件61条次，其中中央级新闻单位录用6篇，省级新闻单位采用45篇。组织“太平洋卡理财通天下”宣传策划及实施工作。2001年9月，分行首次代理开放式基金申购工作，按照总行的宣传工作时间表，按时向新闻媒体（《重庆日报》《重庆晚报》《重庆商报》《重庆青年报》《重庆经济报》《重庆晨报》、重庆交通电台热线、重庆电视台、重庆电视二台、重庆有线电视台、《重庆消费导报》《现代工人报》《华西都市报》）发送新闻通稿，做及时报道。外汇宝营销宣传配合总行开展“网上模拟交易大赛”活动，举办了两场专家讲座。按照总分行统一部署，组织“太平洋卡理财通天下”上街营销宣传，重点突出宣传太平洋卡的增值服务。全年制作发放有关个人贷款、客户服务中心、B股业务、申购新股、太平洋卡袋及手册、外汇宝、银证通、开放式基金、理财通、机具操作说明、网上模拟大赛等业务的29种宣传资料，总计90余万份，以满足业务发展需要。2002年，分行在《金融时报》、重庆电视台等10家新闻媒体上稿165篇，全年共制作各类宣传资料10万余份，对各项业务的推进起到了积极的作用。完成4月16—20日AAPP会议营销宣传及服务工作，在6月分行集中营销宣传活动月中，开展公司业务营销、“外汇宝”营销和太平洋卡业务与“圆梦宝”营销。2002年下半年，在《重庆商报》“经济新闻版”每周一、周二两天做分行的专题报道。介绍宣传分行的各项业务品种、功能、特点、优势及推出的新业务，形成一个固定的时间、固定的版块，深受市民喜爱，拥有了一批固定的客户群。2002年完成销售的“华夏基金”和“十六大期间交行人民币储蓄存款突破2000亿元”的宣传，及时配合分行业务的开展，为新业务进入市场创造良好舆论环境。2003年，重庆分行根据防治非典不能集中人员大规模上街宣传或开展产品推介、座谈会等的实际情况，充分利用媒体、网点等渠道，集中宣传太平洋卡业务，推动私金业务的发展，树立太平洋卡的品牌形象。2005年，分行成立交通银行上市宣传领导小组，落实上市宣传工作。6月23日，分行所有74个营业网点在前期办公环境整治的基础上再统一进行了布置和装饰，悬挂上市横幅和挂旗；通过营业大厅电子显示屏、自助机具显示屏、电话银行、手机短信以及在“重庆之窗”和“重庆热线”等网站发布交行上市信息；在《重庆经济报》和《重庆晚报》上头版刊登交行上市宣传广告，在重庆电视台和重庆交通广播电台播放总行统一制作的广告；更换分行大楼顶层广告牌、重庆江北国际机场户外广告等。统一布置，统一时间，统一宣传内容，多平台、多途径地开展上市宣传。2006年，在重庆电视台、重庆电台、报刊、机场候机厅、重庆热线、重庆移动、重庆联通、重庆信息港等投放交行上市一周年宣传广告，向社会公众展示交行上市一周年来改革发展取得的成果和内地首家国际公众持股银行的形象。2007年，完成分行大楼霓虹灯交行形象广告亮灯工作，开展“沃德客户联谊会”。组织庆祝交行重建20周年、A股上市户外大型宣传活动，开展文明服务月活动。完成有关渝中沃德网点及皇冠东和网点形象广告画面的制作准备及电台、楼宇液显广告的日常更换等，设计印制新年日历卡片。完成2008年主要媒体广告招标议价。2008年，开展主题为“百年交行，携手圆梦”的个人贷款专题营销活动，主要围绕“圆梦宝—轻松安居行动”“圆梦宝—融资速递行动”和“安居贷—购房安心行动”三大营销主题，提升交行个人贷款服务品牌形象。在奥运开幕前，分行在江北机场廊桥内侧发布广告，扩大交行社会影响，提升品牌形象。分行各网点设立电子宣传屏，有效、有序宣传分行业务产品。2009年，改进分行广告宣传工作，对重庆机场内外廊桥广告等对外广告宣传渠道进行了整合，突显机场、广告、电视、电台、车载电视、霓虹灯、LED、平面媒体8项渠道整体效应的发挥。2010年，分行开展“圆梦世博年，e贷乐无限”个人贷款营销宣传，提高个人贷款市场占比，优化客户结构。2011年，在《重庆商报》《重庆晨报》《重庆晚报》等主流媒体宣传分行在当前的经济环境形势下，如何进行投资理财，采访银行理财专家，对当前股市进行分析，同时宣传介绍分行的基金产品“基金营养组合”、信用卡、交通银行限量推出的“沃德5周年纪念金条”、无卡取款、天添利C款等产品。为全行干部员工手机开通交行广告宣传彩铃。2012年，在《重庆日报》《重庆晨报》《重庆商报》《重庆时报》、重庆电台上开展交行系列产品和服务宣传，在五大媒介上宣传分行支持实体经济、业务发展、经营亮点，统一制作分行产品宣传手册。2013年，完成“蕴通财富伴您同行”“走进交行，感受温馨”“躬耕践行服务民生——交行重庆市分行‘特色打造品牌’系列报道”“提升服务，金融便民”“走进交通银行，感受暖冬服务”等5个系列宣传报道。分行全年在市内主流媒体上发布新闻稿424篇，在市内主流媒体上投放平面广告28则，电视广告7期。参加重庆市第五届金融博览会，提升分行品牌影响力，重点对手机魔卡、手机银行、网上银行等电子银行业务进行了展示，分行还加强“最红星期五”子品牌的推广和宣传，通过报媒、电视台、广播、网络等渠道全方位宣传。2014

年，以财富管理银行为主线，突出“沃德财富”“最红星期五”“e动交行”等品牌的宣传推广。与重庆电视台王牌栏目《天天630》合作，开展了三场“进社区送文化”大型宣传活动，通过活动准备预热、现场物料布置、互动环节设计、后续报道强化，将公益活动与品牌宣传有机结合，取得了良好的社会反响。以栏目冠名、公交车身广告、轻轨轿厢广告、户外LED屏、话题营销等多种形式，以全国业余斯诺克大师赛重庆站海选赛、“最红星期五”“超级最红星期五”“手机银行五周年”“我的微笑，真心相伴”等活动为载体，与市内主流报刊、电视、电台、网络等媒体开展广泛合作，持续强化“您的财富管理银行”品牌形象。参展第六届重庆市金融博览会。2015年，重点推动“百年交行”品牌的宣传，强化“沃德财富”“最红星期五”“e动交行”等子品牌的宣传推广，着力提升交行在渝品牌影响力度。分行上报的“支持国企混合制改革”事件获评市内十大金融事件。与市委宣传部、市文明办联合举办“红樱桃”系列公益活动，市内主流媒体和政府公众信息网进行了广泛的宣传报道，有力提升了分行形象。与业务部门密切配合做好全国业余斯诺克大师赛重庆站海选赛、“最红星期五”“超级最红星期五”“走进交行，感受温馨”“小微企业宣传月”等活动的宣传工作。2016年，根据总行要求，在分行所有营业网点（含普惠型网点）配置1台电子广告机（含室内墙体壁挂式液晶显示LED），并根据《交通银行企业形象标识管理手册（2011版）》的网点建设标准规范，在休息等候区放置。对外设置电子显示屏、宣传橱窗、电子宣传屏或广告灯箱等宣传设备，按要求定期登陆总行有关FTP下载最新业务产品宣传物料，及时更新广告机、电子门楣、LED显示屏、灯箱和自助机具的电子广告信息，定期清理撤换过期的文宣品，确保总行最新的宣传信息能够及时到达客户端。9月启动分行行志编纂和行史馆建设工作。2017年，紧扣直辖20周年、重庆自贸区挂牌成立等热点事件，以全面推进从严治党、支持实体经济、打造服务品牌、履行社会责任等为主题，在《重庆日报》、四大都市报、新华网、人民网等主流媒体刊登系列专题报道，全年累计刊发各类新闻稿件865篇，树立百年交行责任担当的良好形象。组织开展市分行首届“企业文化示范点”和“企业文化最佳实践者”评选活动，出台《交通银行重庆市分行企业文化建设评价体系（暂行）》。推进企业文化理念落地，在新办公大楼制作企业文化形象墙，在所有支行张贴布置企业文化宣传展板；利用内刊、宣传栏、电子显示屏、广告刷屏机、电脑屏保等各种传播平台，播放企业文化理念体系文件，营造浓厚的文化氛围。全力推动行志编纂和行史馆建设工作。2018年，行史馆顺利揭幕开馆，组织拍摄重建30周年品牌宣传片和口述历史纪录片；完成重建30周年“Better”品牌标识设计以及网点和分行大楼环境布置；推进交行创立110周年和蓝气球公益品牌落地宣传，实现各地标性建筑品牌投放。

第七节　信访及声誉风险管理

声誉风险管理是指通过建立和制定声誉风险管理机制、制度与办法，通过日常声誉风险管理和对声誉风险事件的妥善处置，有效防范和控制声誉风险，最大限度地减少对分行造成的损失和负面影响的行为。

制度管理。分行重建初期，信访工作按国家、省市及总行相关管理规定执行。1996年，分行制定《交通银行重庆分行信访工作暂行规定》，按照受理范围和内容，及信访办理原则，妥善解决各类信访问题。2000年，按照总行《交通银行纪检监察信访举报处理操作程序》，规范信访工作流程。2007年，转发总行《交通银行信访工作规定》，增强工作的法规意识、群众观念和服务观念，尊重客户和员工合法权益，耐心听取情况、意见和诉求，避免矛盾扩大和激化。2009年起，分行先后出台了《交通银行重庆市分行信访及投诉处理暂行办法》《交通银行重庆市分行声誉风险管理制度》《交通银行重庆市分行突发客户投诉事件应急预案》《交通银行重庆市分行新闻发布与媒体危机应对管理办法（试行）》等办法，从制度上健全投诉处理机制，规范处理流程，建立预警机制，对责任加以明晰，加强责任管理。

管理工作。1993年9月至1994年2月，分行及辖内各行共受理群众信访举报26件，核查处理21件，内容多为业务方面的意见、建议和廉洁方面的问题。2000年，完成对股东单位一一二厂要求返还历年扣留红利数十万元的争议平息工作。2009年，下发《关于加强案防、信访、安保等维稳工作的意见》，建立案防、信访、安全保卫等维稳工作领导小组，维稳工作领导小组下分别设立案防工作办公室（设在监察室）、信访工作办公室（设在办公室）、安保工作办公室（设在保卫部），负责相关条线日常维稳工作的实施推进，要求做好分行舆情监控工作。2010年，分行下发《交通银行重庆市分行（世博）个人征信异议处理工作应急预案》《关于切实做好当前信访维稳工作的通知》，加强领导，落实信访维稳工作责任制，精心组织，认真排查各类隐患，切实做好矛盾纠纷化解工作，加强重要时期安全保卫工作。2013年，注重媒体资源整合和负面舆情控制，调动资源对17起潜性负面新闻及时控制，对8件上访信件及时处置，未产生重大不良影响。2014年，强化舆情信息的分析和研判，落实专人进行舆情监测，对当前热点问题及可能出现的潜在舆情及时下发舆情工作提示。加强内外部沟通协调，积极处置各类舆情风险，共处理舆情事件65起，有关事件处理在萌芽阶段，避免不良影响的扩散，维护了分行声誉。2015年，强化声誉风险管理，重视关键时间节点声誉风险防控，制定“531”工程声誉风险防控工作应急预案，主动提前与市内媒体沟通，上线期间未出现重大负面舆情。全年共处理舆情事件36起。2017年，分行成立“两会”“3·15”期间声誉风险管理领导小组，确保“两会”顺利召开，在“3·15”期间正确引导舆论宣传，有效应对声誉风险，维护交行良好形象。分行邀请总行企业文化部领导来行为分行员工就新常态下的国内舆论环境、声誉风险特点及表现的突出问题进行专业讲解，对声誉风险管理组织架构、相关制度、分级标准、管理方式和分行声誉风险管理职责进行说明。全年共下发舆情提示单28件。

第二章　安全保卫

第一节　安全防范

分行重建初期，分行设立保卫处，各支行设有保卫科，负责支行及下属营业网点的安全保卫管理工作。2003年，分行实行扁平化管理后，各支行撤销保卫科，其相关职能合并至办公室履行。2017年，分行在一级支行设立行政综合（安保）经理岗位，明确在各个支行设立行政综合（安保部）经理，负责本单位内安全保卫工作的开展。值守由8名专业保安人员增加到12名。明确分行安全组织架构为分行行长为分行安全保卫工作第一责任人，依次为分管行长、分行保卫部、支行营业网点。

安全管理。银行安全管理的目标主要是保证员工、现金、重要凭证及其他财产安全，维护正常的经营秩序。安全保卫工作的重点在于安全制度的健全完善和执行的有效落实，这既是安全管理的过程，也是安全管理的关键环节。为此，保卫处始终在以下几个方面坚持抓管理工作。一是加强保卫队伍自身建设。掌握队伍成员的思想行为和家庭状况；视情况每年进行了2至3次涉及安全技能方面的训练和考核；针对面临的社会治安形势，尤其是侵犯银行案件的发案特点和变化趋势，及时组织研判，力争不断提高保卫人员处置各类突发事件的能力；要求保卫人员必须加大安全检查的出勤频率，清楚检查的重点，掌握和运用科学的检查方法，以高度的责任意识履行职责。二是狠抓安全工作责任制的落实。每年组织分行一把手与各部门、各支行一把手签订治安保卫责任书，使安全责任层层落实，并通过考核与基层单位和个人的经济利益挂钩。三是把全员安全意识的提高作为经常性的工作常抓不懈。保卫处主动与分行有关管理部门和业务经营单位紧密配合，深入基层，利用晚上，对员工适时进行安全责任、安全意识、安全制度、安全操作方面的教育。通过讲案例、讲后果，让员工充分认识到抓好“三防一保”工作的重要性。形成安全防范人人有责、齐抓共管的共识和局面。四是重视对典型事故案例的收集、剖析和研究，联系分行实际，充实完善和强化各项安全管理制度及预防措施。五是抓好重点部位和环节的安全管理。把涉及现金流转、金库、枪械及运钞和上门服务作为安全管理工作的重中之重，狠抓防盗、防抢、防骗、防火等突发事件预案演练。1995年1月24日，重庆市副市长唐情林带领市公安局等有关部门在对分行的安全保卫工作进行全面检查之后，对分行的安全保卫工作给予了充分的肯定，并在之后的全市有关安全工作会议上作为正面典型给予表扬。

将安全保卫工作的管理渗透到业务活动过程之中。1995年至2001年，全国银行系统信用卡持卡人卡内资金被盗案件频发，保卫处携同私金处和电脑处，在太平洋卡风险防范上，借鉴他行发案的教训，通过采取六项措施，有效地控制住了太平洋卡业务的风险。一是严格。即严格审查办卡人的身份及有关资料的真实性。严格加强太平洋卡业务管理，建立卡透支台账并落实全程跟踪和分析；坚持大额取款必须按人民银行的规定办理；挂失领卡和新卡设置密码必须本人办理。严格内部监督制约机制，ATM机装换钞认真执行总行的“五人押运制度”，并加强对通兑和信控人员的管理。二是检查。检查发卡资料及各种登记簿是否齐全，检查透支催收力度和效果，检查现场受理太平洋卡业务执行制度和规范操作情况。三是宣传。发卡时对持卡人进行安全用卡的宣传；在广播电台向公众宣传用卡安全知识；把营业网点作为安全用卡的宣传站；在卡业务的宣传资料中加印安全用卡知识；在自助机具上张贴安全用卡警示。四是引导。所有自助银行配置一名导卡员，接待客户咨询，确保持卡人安全用卡。五是巡查。把网点下班后到零点这段时间作为巡查的重点时间段；把长时间滞留在ATM机旁却又不用卡的人作为暗中监视的重点；要求中心支行保卫科在周末夜晚和公休日必须组织对ATM机进行巡查；保卫处携同私金处和电脑处联合实施对ATM机的抽查巡查，并及时指导中心支行加强对自助机具的管理，保安要负责引导客户执行“一米线”制度。六是培训。请市公安局户籍管理部门的专家为员工讲解真假身份证辨识知识，把太平洋信用卡的管理措施列入基层网点负责人培训的主要内容。2001年11月，总行在上海召开太平洋风险防范工作会议，保卫处代表分行在会上做了经验介绍，与会领导和同志们给予了高度评价。重庆分行也是本次会议上唯一介绍经验的分行。

安全防范制度。1988年4月，分行制定《交通银行重庆分行治安保卫责任制》《交通银行重庆分行保卫处（科）工作细则》《交通银行重庆分行武器弹药管理规定》《交通银行重庆分行押运员守则》《交通银行重庆分行门卫制度》《交通银行重庆分行重大事故上报制度》等相关制度。1995年，制定《交通银行重庆分行治安保卫责任制试行办法》《交行重庆分行关于对保卫人员使用管理的规定》。1997年，制定《交通银行重庆分行安全保卫基础管理工作考核办法》《交通银行重庆分行日常安全防范运作规范》。1998年，制定《交通银行重庆分行基础管理工作综合考核暂行办法》。2003年，制定《交通银行重庆分行推行守护押运工作社会化管理后相关内部管理和安全防范工作规定》。2004年，制定《关于交通银行重庆分行进一步加强运钞管理的通知》，印发《交通银行重庆分行消防安全管理工作规定》。2005年，制定《交通银行重庆分行数字监控设备管理暂行规定》。2006年，制定《交通银行重庆分行保安人员管理办法（暂行）》《交通银行重庆分行保安人员勤务工作规范》《交通银行重庆分行保安人员行为规范》《交通银行重庆分行保安人员处置突发事件应急预案》《交通银行重庆分行保安工作报告制度》。2007年，印发《交通银行重庆分行金库库区守卫工作管理规定》。2009年，制定《关于交通银行重庆市分行加强消防安全管理工作的通知》，印发《关于交通银行重庆市分行做好安全保卫信息管理系统上线准备工作的通知》。2010年，印发《关于交通银行重庆市分行规范分行办公大楼停车场（库）管理的通知》。制定《关于交通银行重庆市分行消防安全管理规定的通知》。2011年，印发《交通银行重庆市分行案件（事故）信息报告管理办法》。2012年，印发《交通银行重庆市分行营业场所一日安全操作管理规定》，制定《交通银行重庆分行门禁卡使用管理规定》，建立出入登记制度。制定《交通银行重庆市分行保安人员使用管理实施办法》。2014年，印发《关于交通银行重庆市分行监控录像报警设备管理使用规定的通知》。2016年，制定《交通银行重庆市分行保卫干部监督管理办法》《交通银行重庆市分行保安人员使用管理实施办法》《交通银行重庆市分行保卫条线服务外包项目及人员监督管理办法》《交通银行重庆市分行保安人员工作报告制度》《交通银行重庆市分行监控中心制度》《交通银行重庆市分行消防控制中心管理规范》《交通银行重庆市分行各项突发事件应急预案》《交通银行重庆市分行消防安全管理规定》《交通银行重庆市分行消防安全制度》。2017年，制定《交通银行重庆市分行离行式自助机具异常情况处置办法》《交通银行重庆市分行门禁卡使用管理办法》《交通银行重庆市分行停车场管理办法》《交通银行重庆市分行新办公大楼使用管理办法》《交通银行重庆市分行安全保卫风险管理实施细则》《交通银行重庆市分行监控中心工作管理办法》。按照总行要求，全面梳理、修改完善分行现有16项各类预案，新增制定印发重庆市分行安保类突发事件总体应急预案。制定《交通银行重庆市分行关于支行行政综合（安保）经理安全保卫工作考核评比办法》。2018年，印发《交通银行重庆市分行监控录像报警设备管理办法的通知》《交通银行重庆市分行监控设备操作权限管理办法的通知》和《交通银行成立市分行内部治安防控网建设工作领导小组的通知》。

安全防范工作。一是守库押运管理。1988年，重庆分行成立之初在大溪沟设置一座金库，外聘解放军、武警守库，每日两班轮换，每班两人值守。1989年，购置社会普通车辆进行押运，每台钞车配置一名司机，两名押运员。1994年，分行先后成立北碚、长寿、巴南、江津、涪陵、大渡口、渝北支行，远郊支行自建简易金库或付费寄库于当地人行和同业代为押运现金业务。1995年始，分行先后在江北、南坪、九龙坡、沙坪坝支行设立四座金库，外聘解放军、武警、保安队员守库；分行保卫处成立经警大队，各支行分别成立经警中队；购置专用运钞车，每台钞车配两名经警队员押钞，配置钞车专职驾驶员。1998年，分行金库由大溪沟搬迁至上清寺中山三路158号，由行内九名员工进行双人轮流值守，并负责分行对人民银行现金调缴业务的押运工作。2000年8月11日，重庆分行与重庆市金盾护送中心（2010年更名为重庆保安集团金盾押运有限公司）举行押运合同签字仪式，是重庆市金盾护送中心成立后提供押运服务的第一家金融单位。这是分行继雇佣市保安服务公司保安人员为营业网点守护人员、营业网点与公安机关110联网报警之后，金融安全工作走向社会化服务的又一重大举措。2001年，分行对主城区的四座金库进行撤并，集中到分行金库寄存，并加强分行金库的安全管理，减少武装守卫人员、驾驶员共21人，押运业务交金盾公司，实现社会化管理。2003年，分行深化扁平管理改革的推进，年初分行守库实行社会化和将9名专职守押人员分流到业务条线，远郊支行款箱由同业代为押运和寄库。2017年3月，分行金库由上清寺中山三路158号搬迁至江北嘴西大街3号交银大厦，由金盾公司值守，每天7：00—22：00双人现场值守，22：00—7：00由监控中心远程异地值守。二是安防设施管理。1988年，分行成立初期，营业场所全部安装防盗报警器，分行守库、押运、保卫配备专用枪支，临柜人员配备自卫警棍。1989年，分行营业网点安装柜台防护栏，守卫押运人员配置电击自卫器具。1990年，分行购置一批无线电通信设备，专门用于运送库款、现金及有价证券和保卫部门检查工作、查处案件等通信联络。基地台设在保卫部门，无线电车载台安装在运钞车上，手持机配给安全保卫工作领导班子及有关人员。1992年，分行投入安全设施经费共164万元，安装报警器48台，无线电通信系统、电视监控系统等技防设施得到改善。1994年，分行全年投入安全设施建设经费260万元，安装3个支行电视监控系统，加固门窗47处，购保险柜32个、报警器60台、电击器51支、狼牙棒371根。1995年，分行共计投入342.1万元加强保卫工作硬件建设，共安装电视监控系统2台，加固柜台75处，增配灭火器120具、报警器103台，更换安装CK报警器30台。1996年，分行投入356万余元资金加强运钞车、金库、营业网点的安全防范设施建设，公安部门按照“GA国标”对营业网点检查验收后，发给安全达标合格证65个；共安装运钞车GAS城市联网跟踪防盗、防抢、报警系统13台，增配灭火器131具，新增灭火粉157具。1997年，分行投入994万元加强安防硬件设施建设，分行本部建立电脑联网报警系统；改建金库3个，购置报警器94台，运钞车安装移动应急报警器13台，并与市公安局报警中心实现联网。分行基层营业网点经公安机关验收达到“GA国标”规定，达标率97%。1998年，分行全年投入资金630余万元，对网点进行改造、扩建，不断加强安全防范硬件设施建设；购置防弹衣48件、头盔52顶，安装营业柜台防护栏131处，购置金库门8扇、防盗门64扇，新建整改安装防弹玻璃障30处，购置消防带130条、消防栓78个。1999年，落实公安局金融110联网报警，更换“九七”式18.4毫米防暴枪48支，金库内安装报警探头28个，购置干粉灭火器208具。2000年，分行投入670万元资金，新建、扩建、改造营业网点21个，安装技防设施140多套，安装防弹玻璃124扇，安装闭路电视监控77套，安装与公安机关联网的报警系统79套。同年9月3日，分行成立监控录像检查小组。2001年，分行对主城区四个支行金库进行撤并，集中到分行金库寄存，并将枪支、子弹全部移交公安部门。未发生差错和涉枪案件事故。2002年，分行全年投入资金650万元，用于新建、改建、扩建部分网点，改善技防、物防设施和实行社会化服务。新建、改造、扩建网点6个。所有营业网点安装与公安机关联网的报警装置，全年的服务费约25万元。有78%的营业网点的押运工作已由重庆市金盾护运中心的14台运钞车执行，全年服务费约310万元。另有36%的网点已由保安公司的保安人员对网点的日常安全进行值勤守护。招标确定重庆华慧电子公司为分行监控录像设备的维修保养定点单位，每年投入维保费约10万元。办公大楼的重点要害部位和营业网点新配二氧化碳灭火器204具。2004年，分行对部分监控录像设备进行改造、更新，投入资金约150万元。加大营业网点电视监控录像设备的更新和管理力度。将18个网点的模拟录像系统更换为数码监控录像系统。对6台新设离行式自助机具安装数码监控录像。同年，分行所有枪支弹药全部上交重庆市公安局。2005年，分行投入资金约200万元对部分安全防范设施设备进行改造、更新，将21个营业网点的模拟监控录像改造为数码监控录像。分行57个数码监控录像营业网点已实现分行远程联网实时监控，占全行80个网点（含5个自助银行）的71%。2006年，分行80个营业网点（含5个自助银行）和47台离行式ATM机具，均已更换配置数字式硬盘录像设备，并全部实现远程联网监控，并为网点安装联动互锁门80套，为一线柜台配置防盗密码键盘、身份证防伪鉴别仪，完善“一米线”。2007年，分行监控报警管理系统升级改造。分行监控中心已全部实现对75个营业网点、5个自助银行、60个离行式自助机具、分行本部大楼重要办公区域和金库异地值守的远程联网监控，分行保卫部成立远程监控中心。报经市公安局同意，将48支防暴枪统一移交重庆市金盾护运中心。2008年，加强自助银行、在行式自助机具监控改造，自助机具加装针眼式监控探头130个，门磁开关报警设备87个，对超过4年使用期的监控设备更新改造。2010年，按照国家、总行、重庆市公安局和银监局关于金融机构安全防范设施配置要求，对营业网点、自助银行、离行式自助机具的监控、报警设施进行新装、调整、维修保养，达到规范标准，更新调整部分网点监控设备。结合网点搬迁、改造，制定监控整改计划，调整设备配置，分批次完成超过4年使用期的监控设备更新改造，更换灭火器219具。2011年，分行全年投入资金900多万元，监控录像设备的录像资料从保存1个月增加至3个月，增加硬盘216块；同时对设备老化、大门无摄像机、对讲声音不清晰、监控盲区等问题一并进行整改，新增摄像机170个，更换对讲器

68个，经过改进达到重庆市平联数字化建设的要求。2013年，推进联网报警设施升级改造工作。2014年，投入49.3万元对故障频率较高且已过五年质保期限的27台离行式自助单机监控报警设备进行改造。2015年，投入200多万元完成10个自助银行、12个自助单机、6个普惠型银行的监控建设，并取得安全合格证；对4个二级支行进行监控设备全面改造。2016年，分行投入24.43万元对存在消防安全隐患的29个营业网点进行整改。投入费用180多万元完成2个支行、8个自助银行、18个自助单机、1个普惠型银行的监控设备建设和网点隐患整改。2016年11月，分行投入1240万元建设的江北城交银大厦监控中心、金库及大楼办公整体安防、门禁、会议和弱电系统验收合格。2017年，分行按照公安部《银行营业场所安全防范要求》（GA38-2015）和《银行自助设备、自助银行安全防范要求》（GA745-2017）标准，投入资金400多万元，对西郊路支行、新牌坊支行、高新科技支行、东和春天支行、龙兴支行、江津支行等网点进行物防、技防、消防全面改造，对涪陵支行等部分网点、自助银行进行局部改造，对达标难的20个自助银行和自助设备着手拆除改造。保卫部对分行原有技防、物防设备设施进行全面清理。2018年，分行继续按照公安部《银行营业场所安全防范要求》（GA38-2015）和《银行自助设备、自助银行安全防范要求》（GA745-2017）标准，投入资金500多万元，对江北支行、南岸支行、北碚支行等25个营业网点进行数字化高清监控设备改造。三是安全教育和检查。在召开工作会议、接受上级检查方面，1993年5月17日，人民银行总行金融检察局和重庆市人民银行对分行沙坪坝办事处进行“两防一保”工作的检查。1994年11月，分行成立“三防一保”（防诈骗、防盗窃、防抢劫、确保资金安全）工作领导小组，办公室最初设在监察室。1995年11月2日至5日，总行保卫部安全保卫工作检查组到重庆分行，对分行的安全保卫、防范设施、规章制度、突发事件处置预案等进行全面检查。1997年7月，分行调整“三防一保”工作领导小组，办公室从监察室划归保卫处，由保卫处负责日常工作。8月5日，重庆分行召开分行本部第四次保卫工作会议，贯彻落实交行全国管辖、直属分行行长会议精神，部署加强安全保卫工作。2000年1月18日，重庆召开安全保卫工作会议，传达1月14日人总行、公安部联合召开的“全国银行系统安全保卫工作电视会议”精神，防范抢劫案件的发生。2017年重庆市分行接受第五轮银行业金融安全评估并以95.5分的优秀成绩通过安全评估。分行投入60多万元对物防、技防、消防等与安全评估标准有差距146个问题进行整改。2018年3月2日，召开分行2018年安全保卫工作会议。保卫部全体员工、各经营单位安全保卫分管领导、行政综合（安保部）经理以及三家保安服务公司、金盾公司负责人共70余人参加会议。强调责任落实“全员化”、案件事故风险防控“常态化”、基础管理“制度化”、应急处置预案“实效化”。5月23日，分行邀请重庆保安服务高级督导培训师杨钧对全行124名保安人员采取“现场+远程视频”会议方式进行2018年保安服务提升专题培训。围绕“保安人员营业网点日常值班、巡查注意事项；银行一日工作情况处置；防抢、防诈骗、防火灾、防群体闹事事件、防自然灾害事故处置”等内容进行培训。8月6日至8日，重庆市银监局案防办检查组对分行“开展大型银行、股份制银行专项安全检查”进行全面抽检。对分行安保规章制度建设完善、内部管理规范、技防物防三年整改规划、费用投入有保障等方面进行肯定，对检查中发现的自助机具前加钞设备较多、远程控制系统较少、消防器材配备不足和消防培训不完善等问题提出整改意见。分行投入400多万元做好落实整改。在安全检查日常化、制度化方面，1988年，分行成立保卫处以来，坚持分行季查，处科室日查，“四大节日”和冬夏季组织大检查。1991年3月18日至3月19日，分行进行以抓管理、查措施、查隐患为重点的安全大检查。1991年8月27日，分行进行以抓防范、查隐患、添措施为重点的安全保卫工作大检查。1997年1月2—3日，分行对营业部和9个支行的安全防范工作进行突击检查。7月15日，调整“三防一保”领导小组，组长为时任重庆分行行长邓昌明，保卫处与人教处、监察室、财会处、信贷管理处、外汇部、储蓄处、信用卡部、电脑处等职能部门为小组成员，“三防一保”工作办公室从监察室划归保卫处，由保卫处负责日常工作。1999年，分行保卫检查工作采取全面检查、专项检查相结合，重点对金库值守、网点接送钞、临柜安全规范操作、保安值勤进行安全检查。2000年，对辖内贵阳、遵义分行从安全管理坚持制度、防范意识到硬件设施设备和防范能力、技能等进行1次全面安全检查、1次计算机安全专项检查，对本部各营业网点进行4次全面检查。分行成立反洗钱工作领导小组，办公室设在分行保卫处。2006年，全行基层营业网点共指定兼职录像资料管理人员90人，分行结算部编配6名专职检查辅导员，对监控录像资料进行定期检查。8月8日，分行陈东玮副行长率保卫部、南坪支行、江北支行交叉检查人员对支行实施包括支行网点早晚接送钞；中午时段午休柜员现金及重要物品保管；支行开展安全保卫工作、安全学习、教育情况；网点实施安全管理、安全教育学习、安全检查情况；前台柜员安全操作以及安全防范基础知识掌握情况等方面的综合检查。这次共交叉检查38个网点，除涪陵、长寿、江津支行和营业部外，涵盖所有支行。2009年，分行保卫检查工作重点对离行式自助银行、ATM机的震动报警、报警联网等装置进行全面检查，保证技防、物防设施正常运行。9月19日，分行保卫部、行政部、信息技术部、电银部、会计部等相关人员到合川支行现场指导支行的防洪抢险工作。2013年，分行保卫检查工作加大对自助设备的巡视检查，并建立巡察制度，落实责任。2016年8月10日至9月30日，分行保卫部会同行政、网络渠道、信息技术、业务处理中心等部门对全行开展安全隐患排查工作，对重要部位、重要环节及基层网点、自助设备实施100%的安全检查，同时对分行监控中心利用远程监控系统每天加强对金库、中心机房、离行式自助银行、自助单机、网点早晚接送钞款箱、保安执勤规范等高风险部位和环节的远程跟踪检查。全年共检查37200余点次，覆盖面达100%。2017年，保卫部继续坚持每季对重要部位、重要环节及基层网点、自助设备实施100%的安全检查。开展经常性的夜间突袭检查。2018年，对分行22家支行、64个营业网点，以及71家自助银行、139台离行单机进行现场和录像检查，覆盖率达到100%。共查处安全隐患138起，消防隐患25起。接受总行、重庆市银监局、公安局外部检查三次，监控中心将值班情况每周汇报分行领导和各经营单位，对网点执行每日安全规范不到位的14位支行分管领导进行履职扣分。在专项活动方面，1991年上半年分行组织两次射击比赛。1993年，重庆分行保卫部荣获交通银行首届射击比赛团体一等奖。2004年，分行开展“创平安交行”六四式手枪、七九式微型冲锋枪精准射击比赛。

案防与维稳工作。一是案件堵截。1993年度，全辖在安全防范设施方面投入的经费达200余万元，仅重庆分行就投入100余万元，辖内分支行的整体安全防范能力有进一步增强。2001年1月，成功截住一起假冒东亚银行3000万元港币支票的案件，并协助公安机关挡获持票人。6月，配合市公安局成功破获一宗特大贩毒案。9月，协助重庆、成都警方，将盗窃现金20万元潜逃14个月的犯罪嫌疑人田鹏抓获。同月，会同公安机关，抓获利用太平洋卡实施金融诈骗的犯罪团伙。2005年，保卫部配合分行相关部门对营业网点发生的8起票据、印章遗失和与客户纠纷事件进行调查、处理。对南坪支行、江北支行有关违规人员进行控人、追款工作，及时追回风险资金，避免可能造成的损失。配合相关部门调查自助机具多次出现的假币问题，及时堵塞漏洞，最大程度减少银行资金损失，提高案件防范能力和内控能力。全年共协助支行追回出门差错款2万余元。2006年3月初，因大江分理处所处物业公司与其租赁户发生经济纠纷，可能诱发大规模的群体性事件，直接波及分行。分行成立应急指挥机构，拟制处置方案，并与当地政府和友邻单位主动沟通信息，做大量有效的防范工作，保证网点的正常营业。同年8月9日，分行江津支行营业厅自助服务区管理人员在进行自动存款机（PCD）清箱操作时发现钞箱内误收入面额为100元的假人民币165张。该支行立即通过电话向分行电子银行部进行报告。分行电银、保卫、结算、信息技术等相关部门迅速派出人员赶赴现场，会同江津支行人员和安讯公司（PCD存款设备）维保技术人员，对该事件进行全面调查，并立即采取果断措施制止不法分子继续得逞，降低可能的损失。通过现场机具采样、测试，原始记录分析，监控录像核查和交易数据比对分析，迅速锁定涉嫌卡号，掌握本次事件的基本情况。2007年，重庆分行成功堵截一起诈骗案件，受到总行的表扬，并在全行进行通报。2017年，保卫部加强与业务部门、基层经营单位的协调沟通，保持与公安机关的联系，时刻保持警惕，通过远程监控中心及时观察人员、设备的异常情况，及时发现问题，消除安全隐患，成功防范多起风险。分行远程监控中心自建成以来，先后数十次协助公安、法院等司法机关提供高质量监控录像。8月中旬，分行成功入驻重庆反诈骗中心，保卫部完成相应监控设施设备建设，协助公安机关阻截电信诈骗案件20余起，帮助客户挽回损失数百万元。2018年，1月26日凌晨，重庆市分行远程监控中心值班人员成功处置一起智障人员在自助银行烧火取暖突发事件，消除火灾隐患，保证网点安全运行。7月、9月、10月，西郊路支行、茶园支行、七星岗支行坚持问清汇款原因，认真履行社会责任，成功堵截三起电信诈骗事件。二是维护安全稳定。2010年4月30日，分行印发《关于印发各类突发事件应急处置预案的通知》。2017年8月7日，印发《交通银行重庆市分行安保类突发事件总体应急预案》。12月，分行开展“打黑除恶”专项宣传和排查。

第二节　安防设施建设与消防管理

分行自1993年3月设立渝中支行开始，营业网点逐步增加，最多时包括支行、分理处、储蓄所在内的营业机构达110多个。且初期的营业场所建设，因当时社会治安状况比较好，在安全防范设施的建设上均较简陋。由于过去没有统一规范的标准，营业柜台的设置在用材、用具、高度、宽度等方面是五花八门。柜台上的安全防护功能起初是没有，后来基于社会治安形势开始出现一些反常现象，为柜台上加装防护设施引起了重视，但仍显十分的简单薄弱。1994年下半年起，全国银行业系统营业场所发生的抢案出现了增多的趋势，引起分行领导的高度重视。保卫处根据分行领导的指示，在分行行政处的支持配合下，对柜台的防抢功能在充分调研和论证的基础上作出了逐步改进的实施方案。开始将所有的木质柜台改为砖混结构的柜台，将低矮柜台的高度统一提高到120厘米，将柜台的宽度增加到60厘米，将空心柜台改为实体柜台，并在柜台上加装金属防护网或钢化玻璃，为每一个临柜人员配备一根狼牙棒，给每一个营业场所安装一台手动报警器。1995年初，鉴于全国银行基层网点频发抢案，且手段多为持铁器或枪，加之分行对前台操作实施改革，开始推行储蓄柜员制，为保证员工生命安全和现金安全，保卫处经行领导同意，又逐步将柜台的钢化玻璃和金属网防护改用防弹玻璃防护，分行成为全市银行业首家将防弹玻璃用于网点柜台安全防护的银行。同时，将进入柜台区域的木质或玻璃边门，逐步更换为比较坚固的防盗门，为实行柜员制的柜台安装一对一的模拟监控录像设备。

2000年3月，保卫处以分行改革发展的长远谋划出发，为确保运钞安全、提高运钞保障效率、降低经营成本、减轻非业务人员占比及明确守押员和驾驶员今后的出路，通过精细的调研、测算和利弊分析，向分行提出了将运钞交由社会化服务单位承担的报告，得到分行领导的大力支持。2000年8月11日，分行单文毫副行长代表分行与重庆市金盾护运中心举行了首次十三辆运钞合同的签字仪式，分行成为重庆金盾护运中心成立后提供押运服务的第一家金融单位。

金库技防管理。一是金库区域视频监控范围及要求。金库库房区域。在内库、外库、贵金属库等库房区域应配置摄像机和声音复核装置，全覆盖监控整个区域。回放图像应清晰显示区域内现金、贵金属、款箱（包）等所有存放物品，人员进出金库门和在库房内活动等情况。监控录像的记录方式为24小时实时录像。库务用房区域。在安全防护门内的整点区、交接区、回廊、通道、电梯厅、电梯轿厢内、消防楼梯出入口处等库务用房区域应配置摄像机，全覆盖监控整个区域，在整点区、交接区应配置声音复核装置。回放图像应清晰显示区域内管库员开闭金库门操作、现金款箱（包）清点及交接的过程、进出安全防护门人员的面部特征和人员活动等情况，但不应看到管库员开闭金库门操作密码。监控录像的记录方式为24小时实时录像。库区周边区域。在安全防护门外的实地守库室、枪柜存放处、押运车辆装卸区、内部通道、库区与外界相通的出入口及库区周边外围等区域应配置摄像机，在实地守库室应配置声音复核装置。回放图像应全视角显示区域内押运车辆进出库区及停放、款箱（包）的装卸及运送、人员进出库区和活动等情况；清晰显示区域内管库员与守库员开闭安全防护门操作、守库员验（换）证、枪柜使用和人员活动等情况。监控录像的记录方式为24小时实时录像。二是金库区域报警范围及要求。金库库房区域应配置2种以上探测原理的入侵探测报警设备，应能准确探测报警区域内门、窗、通道等重点部位的入侵事件。振动报警防区应24小时不撤防。紧急报警装置应安装在隐蔽、便于操作的部位，具有防误操作措施。启动紧急报警装置时应同时启动现场声、光报警装置。报警设备应采取多路报警方式。触发报警装置后，系统能及时准确地将报警信息发送到接处警中心和联网监控中心。三是金库区域的摄像机图像，全部传至联网监控中心，数字录像设备可放置在区域内独立封闭的房间内。联网监控中心将金库库房区域和库务用房区域的摄像机图像分传至营运管理部指定人员工作室，并配置视频监控显示终端。联网监控中心对金库库房区域的摄像机图像只录像不监视。联网监控中心将库区周边区域的摄像机图像分传至实地守库室，并配置视频监控显示终端。

网点技防管理。2007年，分行按照《交通银行监控录像报警设备配置和管理办法》，开始对营业网点进行技防配置和管理。2015年，分行根据《关于加强视频监控报警系统网络及安全管理的通知》，对监控技防设备弱口令漏洞、互联网访问漏洞、远程监控中心服务器漏洞进行风险排查和加强管理。2018年9月，印发《关于加强交通银行重庆市分行监控设备操作权限管理办法的通知》。

机房技防管理。一是计算机中心机房区域视频监控范围及要求。核心机房区域。在大型机机房、小型机机房、存储机房、前置机房、网络通信机房等核心机房区域应配置摄像机。回放图像应清晰显示区域内各机房重要设备、机柜间通道、人员进出及操作等活动情况，但不应看到操作终端显示和键盘操作。监控录像的记录方式为24小时实时录像。外围辅助区域。在机房内部通道、与外界相通的出入口、UPS机房、空调机房及值班室等外围辅助区域应配置摄像机。回放图像应清晰显示区域内门禁验证过程、人员进出及操作等活动情况。监控录像的记录方式为24小时实时录像。二是计算机中心机房区域的报警范围及要求。在核心机房区域各机房内应配置入侵探测报警设备，在外围辅助区域及值班室内应配置紧急报警装置，能准确探测报警区域内的入侵事件，并联动视频安防监控设备。报警设备应采取多路报警方式。触发报警装置后，系统能及时准确地将报警信息发送到联网监控中心。三是计算机中心机房区域的摄像机图像，应全部传至联网监控中心，数字录像设备可放置在独立于机房区域的封闭房间内，并采用独立于机房供配电系统的UPS供电。联网监控中心应将计算机中心机房区域的摄像机图像分传至机房值班室，并配置视频监控显示终端。

技防设施管理。2015年底，分行依据《关于进一步规范监控录像存储设备时钟同步、通道命名及密码管理的通知》，统一监控设备按照“分行简称+场所简称+区域描述+通道序号”命名。2017年5月，印发《交通银行重庆市分行监控中心工作管理办法》，规范监控中心人员要求、工作职责、值班管理、保密规定、监督管理、奖惩处罚事项。2017年9月，分行根据公安部《银行营业场所安全防范要求》（GA38-2015）、《银行自助设备、自助银行安全防范要求》（GA745-2017）、《交通银行监控录像报警设备配置和管理办法》，制定《交通银行重庆市分行监控录像报警设备管理办法》。

安保信息系统管理。2006年12月28日，分行远程联网监控中心正式建成运行，是重庆市金融行业第一家实现营业网点远程联网监控的银行机构，分行安排技防经理杨阳，值班员董焰、陈飙、张益富负责远程联网监控中心24小时值守和系统维护。2015年，分行规范新（改）建远程监控中心及营业机构的安防网络建设。包括：（1）新（改）建远程监控中心的安防网络规划。将分行本部安防局域网络进行独立，即包含监控录像、报警、门禁系统的安防网络和分行办公网络分开规划、建设、运行，实现物理隔离；营业机构与远程监控中心的安防网络之间进行访问控制，即通过划分子网的方式，禁止营业机构之间相互访问，不同子网与远程监控中心之间进行访问控制。(2) 新（改）建营业机构的安防网络规划。新（改）建营业网点、自助银行、离行式自助单机之间进行访问控制，禁止相互访问。营业网点的安防系统与OA网络共用的，做到逻辑隔离。网点大门外围区域安装的网络摄像机宜接入配置双网卡的硬盘录像机，网卡1用于该网点内部安防设备组网，网卡2用于上传图像至分行远程监控中心。网点大门外围及离行大堂式自助设备等公共区域安装网络摄像机的，在接入交换机上将IP地址与设备MAC地址进行绑定，该措施可以有效降低通过连接室外网络摄像机的网线入侵分行安防监控网络的风险。新（改）建营业机构应根据安防设备使用需要，预留足够的IP地址，离行式自助银行应预留至少8个IP地址给安防设备使用（IP对讲主机1～3个，报警主机1个，硬盘录像机2～4个），离行式自助单机应预留至少4个IP地址给安防设备使用（IP对讲主机1个，报警主机1个，硬盘录像机1～2个）。分行信息技术部为分行安防网络主管部门，负责分行安防网络规划和安防设备IP地址分配，对于安防用途网络设备经由分行信息技术部集中采购的，分行信息技术部需负责网络设备维保及日常配置等工作，对于安防用途网络设备经由第三方公司采购的，分行信息技术部需提供技术指导，协助分行保卫部门完成日常配置等工作。2019年3月，分行开展“护网行动”，对安联系统存在风险点采取防护措施，明确提出监控维保公司从接入设备、接入设备配置、外部环境、支行监控调阅终端、各公安分局“雪亮工程”或“地网工程”等七个维度进行突击整改；信息部全面介入安联系统网络架构、访问控制、病毒端口控制、第三方连接及未纳入独立组网的离行单机网络安全排查。

消防管理。一是消防队伍。分行重建以后，分行负责人为第一防火责任人，各经营单位、分行各部门负责人为本单位第一防火负责人，签订安全责任书。分行本部、各支行、营业网点均建立义务消防队伍，设立兼职安全员和义务消防员，全行员工每年签订消防安全责任书。2015年起分行办公大楼成立了以保卫部、物业为主体的微型消防站。二是设施配备。分行各营业网点、办公场所根据需要分别配备喷淋器、烟感报警器、干粉灭火器、CO_2灭火器、超精细干粉灭火器、七沸炳烷灭火器和逃生自救器材，取得消防机构颁发的合格证。分行逐年对新建和改造网点消防设施进行管理。三是培训与演练。分行规定分行本部、各支行、各营业网点每年必须开展两次员工消防知识培训与演练，时间集中在5月或11月。分行安全保卫分管行长十分重视消防知识培训与演练，从2015年以来，分行分管副行长均参加分行本部义务消防队伍进行的消防培训和实战演练。

第三章　后勤保障

第一节　后勤服务保障

一、管理内容

房产管理。一是分行办公用房。分行重建之初，筹建小组在渝中区民族路94号租用楼房办公，同时将渝中区大溪沟罗家院地区（人民路13号）一栋新建的建筑面积1084平方米（划拨土地）的楼房作为办公及营业用房，于1987年10月交付使用，此房作为重庆市地方股金在交通银行重庆分行入股，2000年11月，出让给重庆市劳动局。1996年，分行整体接收原中山三路危改工程，建设交行大厦，总建筑面积24933.74平方米。1998年9月，分行完成从大溪沟搬迁到中山三路158号分行大楼（闲置待处置）。2011年2月1日，《交通银行审批事项回复通知书》，批复重庆市分行购置重庆市江北嘴A09-3地块“财信广场”2号楼房产作为重庆市分行新营业办公大楼，该项目购置总投资为79895万元。2017年3月，分行从中山三路158号迁入江北区江北城西大街3号的新办公大楼。新办公大楼总面积54615.69平方米，其中地上第1～21层建筑面积31317.59平方米，吊层第1～5层建筑面积4821.45平方米，负1～负2层建筑面积3052.01平方米，车库建筑面积15424.64平方米。二是自有保障房产。营业及保障用房。截至2018年底，支行营业办公自有房产35处，面积共34844.37平方米；库房1处，面积440.44平方米；车库自有房产2处，面积376.32平方米。员工住房。2002年，重庆分行依据国家规定实施货币化分房改革，停止执行福利分房政策，分配给员工的住宅转为按市场价格由个人出资购买的产权房。分行集体宿舍。截至2018年底，渝中区华一坡31号共6套宿舍（891.93平方米，含电梯井），渝中区蔡家石堡4号、8号楼共24套宿舍（949.12平方米）供异地新入行员工短期居住。渝中区民族路阳光商厦15、16层A、B型房共4套（700平方米）住房供分行异地交流干部短期使用。2008年，印发《交通银行重庆分行集体宿舍管理办法（试行）》。印发《关于规范管理超期居住分行集体宿舍相关事宜的通知》，规定新入行居住分行集体宿舍满2年（含）以上的员工，不再享受租赁费优惠政策，并明确超期居住收取租赁费的标准。对员工亲属患有重大疾病、遭遇重大自然灾害或因家庭特殊情况等原因的，由本人提出暂缓搬迁的申请，经分行分管领导批准后，仍享受租赁费优惠政策。

物资配置。分行物资配置主要包括固定资产、低值易耗品和消耗品。从组建至1994年，分行、支行（办事处）自行承担购置、登记、核查、统计等具体管理事项。1999年4月，全行统一由行政部负责固定资产的购置、调配、登记、建卡、清理检查、监控使用等日常管理工作。物资采购遵循集中采购管理规定，凡10万元以上物资购置实行招投标或竞争性谈判，利用采购数量优势降低费用成本。物资配置过程中，注重对配置需求、采购招标、制作跟踪、产品验收、安装质量、售后服务等环节加强管理，保证所购物品质优价良和使用性能，以及良好的售后服务保障。

物业管理。一是分行物业管理沿革及主要工作内容、服务范围。1998年，位于渝中区中山三路158号的分行办公大楼投入使用后，其物业管理服务一直由分行自行负责，并随时间推移经历两个阶段。“庆通公司”阶段，即1998年原中山三路158号办公楼大楼启用前，分行成立庆通物业管理公司，负责分行办公大楼的物业管理工作。庆通公司为独立法人单位，其主管单位为交通银行重庆分行，并在1998年10月至2005年12月，将原由分行聘用的临时工（包括水电维修人员、消防值班人员、炊事员、职工宿舍守楼护院人员等）都转为庆通公司员工。“宏盛公司”阶段。2006年，因交行总行拟在香港IPO（首发股票上市），庆通公司撤销，分行的物业管理服务由分行后勤服务中心（物业）负责，原庆通公司员工劳务关系转入宏盛劳务有限公司，由宏盛公司以劳务服务方式继续安排其在分行工作。后续又将分行物业管理服务工作并入分行行政部进行管理，并延续至今。二是分行物业管理（2006年至2016年）的主要工作内容及服务范围。2006年至2016年，分行现行的物业管理服务模式为自主管理服务与部分社会化外包服务相结合，行政部负责日常具体管理，物业服务的相关物业人员分别为重庆宏盛劳务服务公司和重庆市飞驰特劳务公司的劳务人员。工作内容及服务范围包括：负责分行旧办公大楼的水电气及电梯、电话日常维保，消防报警系统、中央空调系统、配电系统日常值班和设备设施巡检维保，分行会议服务，分行苗圃绿化植物栽培、养护及分行大楼营业办公场所绿化植物配送、养护，分行机关食堂餐饮服务等物业管理服务；负责主城渝中、江北、渝北、南坪、沙坪坝、高新区、九龙坡、大渡口、巴南、北碚等区域内的支行及所属营业办公场所的水电设备设施维修、应急发电保障、绿化植物养护配送等保障服务；负责分行华一坡、蔡家石堡两处员工集体宿舍的水电物业设施维修和管理；协调分行物业社会化外包业务服务公司（分行物业社会化外包业务服务公司主要涉及的外包服务项目有电梯、中央空调设施维保和清洁卫生保洁、灭鼠防虫害、员工行服洗熨服务等）。2017年3月，分行搬迁江北嘴新大楼后，分行新大楼的物业管理由外包物业公司负责，制订《交通银行重庆市分行物业服务质量考评标准》，行政部对外包物业公司的工作进行指导和考核。制定印发《关于优化支行行政后勤服务实施意见》，调整主城各支行营业网点、自助银行的水电气、电话等日常维修服务和后勤保障；保障分行新办公大楼物业管理及水电、电梯、电话等日常维修服务，分行会议服务；保障分行主城营业网点的保洁工作。

会务接待。一是接待办法。按领导安排，对总行、各地分行以及其他各级单位部门前往分行公干的工作人员进行接待，按规定标准安排用餐、住宿，购买车、船、机票，按既定日程及领导安排，做好陪同及相关后勤服务工作。按规定完成各项费用的结算、支付、报销。协调与外部单位（如宾馆、酒店、民航等）的工作联系，建立长期稳定联系，保障接待工作顺利开展。按购置计划、招标结果及领导批示进行相关物资的购置。管理分行营销宣传品库房，完善日常领用手续，结算各部门支行费用，定期对库房进行清理、盘查。二是接待制度。1987年11月17日，总行印发《关于交通银行内部接待工作中不宴请、不送礼的通知》。2010年2月，制定《交通银行重庆市分行接待工作管理（暂行）办法》。2014年1月2日，按照中央八项规定精神及中办、国办关于《党政机关国内公务接待管理规定》的相关要求，进一步规范全行公务接待管理流程，明确相关标准，总行印发《交通银行公务接待管理暂行办法》，分行对公务接待工作细则相应调整。

餐饮膳食。一是食堂管理。负责食堂的菜谱安排，保证膳食安排的口味、营养搭配合理。把关食堂食材采买工作，确保食堂使用食材的卫生、新鲜，食材购置流程合规、食材购置及使用账目清晰，并及时完成相关费用结算。分行食堂管理人员对食堂工作人员的劳动纪律、工作情况、培训工作等进行管理和监督。二是食堂制度。1991年9月，为方便各部门接待来客及会议就餐，制定分行食堂客饭用餐管理办法。客饭用餐范围：总经理室接待来客就餐，上、下级行及各专业来客就餐，分行各类会议及有关单位联席会议的就餐，各部门接待来客的就餐。客饭订餐制度：总经理室和上级行来人，由用餐部门负责填具“用餐通知单”，准备好客饭就餐；下级行领导来行就餐，由用餐部门负责办理有关手续，下级行一般来客可由与之联系的有关部门协助办理客饭手续；会议用餐。分行举办会议，按总经理室指示，由行政处负责办理，各专业部门会议，由各部、处、室前来联系办理具体事项，会议用餐应提前1～3天通知；各部门零星来客，应由各部门填具客饭通知，经部门负责人签字后，交本处办理，一般零星就餐必须提前半天通知，如遇个别临时性客饭，可先通知本处，到食堂就餐后，再补齐就餐手续。三是客饭标准费用。个别零星临时就餐，由与之联系的有关部门协助到食堂交纳所用餐费用，开出食堂收据；来行办理公务或学习（3天以上），由有关部门帮助到食堂买饭、菜票用餐；到分行参加会议或进行其他（由总经理室安排）工作的，每天应交纳2元基本伙食费，由食堂开出收据；其他未尽事宜，据具体情况由本处解决处理。2014年9月26日，分行印发《交通银行重庆市分行食堂管理办法》。2017年分行搬迁后，食堂用工采取外包形式，制定《交通银行重庆市分行食堂考核办法》《交通银行重庆市分行食堂管理办法》。

车辆管理。一是分行车辆管理。1988年至1994年6月，重庆分行车辆（运钞车、护卫车、业务用车、公务用车）购置，根据业务需要由分行决定购买数量及车型，向重庆市计划委员会申报编制指标。1994年7月，制定《交通银行重庆分行车辆管理暂行办法》，明确车辆购买审批程序，车辆购置计划及预算，由各行每年初向财会部上报，经财会部平衡资金后，报总经理室审批，行政处具体执行。1996年5月，修订《交通银行重庆分行车辆管理办法》，明确车辆购置审批程序，每年初由需车部门向行政处提出车辆购置计划，行政处确定需新增购置数量，报经行长室审批后由财会安排资金并报总行批准，待总行批示后按计划执行。车辆管理实行分支行两级管理模式。2002年10月，修订《交通银行重庆分行车辆管理办法》，全行所有车辆实行“统一管理，分散使用”，对全行车辆使用、调配、保险、维修进行统一管理。进一步加强全行车辆管理，提高全行车辆使用率、安全率和完好率。2003年2月，修订《交通银行重庆分行车辆集中管理办法》，实行“集中管理，有偿使用，定点停放”，行政处负责分行车辆管理，对分行车辆使用、调配、保险、维修进行统一管理。成立配送中心，负责各支行、营业网点凭证、物品的运送工作。费用管理实行支行需配送中心运送凭证、物品，根据行驶公里收取运输费。2003年10月，总行印发《关于进一步规范全行车辆管理的通知》《交通银行车辆配备编制和购置的规定》，确定业务用车和公务用车的排气量标准和购置价格。分行严格按照总行的车辆管理办法、购置的规定执行，每年底根据车辆状况、数量，提出购置需求、类型，报总行批准并由总行统一购置。二是公务车改革。2003年2月，制定《交通银行重庆分行车辆集中管理办法》，3月1日起实施。主要内容是面向全行在岗正式员工和代办员进行公车改革，取消部门、支行的业务用车和职工、学生交通车，实行交通补贴，实行公务用车费用额度封顶报销制。保留少量运钞车、护卫车、分行接待用车，其余车辆交拍卖公司进行公开拍卖，同时依法对拍卖过程进行公证。取消月票及其他交通补贴，对行员外出办理公务所需交通费用在核定标准内凭据报销。车辆管理上实行“集中管理，有偿使用，定点停放”，行政处负责分行车辆管理、使用、调配、保险、维修等。成立分行配送中心，负责各支行、营业网点凭证、物品的运送工作，根据行驶公里收取运输费。实施公务用车改革后，分行车辆管理、运行成本显著下降。三是分行车队管理。1988年5月，分行车辆管理由办公室的行政科负责。8月设立行政处，负责车辆管理职责，先后制定《驾驶员守则》《交通银行重庆分行车辆管理办法》《交通银行重庆市分行车辆管理与使用实施细则》《交通银行重庆市分行车辆使用管理规定》《交通银行重庆市分行车辆管理使用办法》等制度。规范车辆运行、维修保养、安全行驶及驾驶员培训、考核等管理，确保为业务、公务、会务、接待用车提供安全优质服务。车辆管理方式上，分行成立之初，车辆使用由行政处统一安排。随着辖属支行的成立，使用分散，实行分支行两级管理模式。为提高全行车辆使用率、安全率和完好率，推行“统一管理，分散使用”，车养路费、保险由行政处统一办理，车辆使用由所在单位的办公室具体负责。伴随业务的快速发展，贯彻落实各项规章制度，车辆保障任务日益繁重，实行“集中管理，有偿使用，定点停放”，逐步建立起规范化的车辆保障机制。

职工保健。1992年11月，分行行政处设立医务室并正式接诊，为员工提供一般常见病的诊断治疗和药品。2011年4月，取消医务室。2015年4月，建立“交通银行重庆市分行健康小屋”，由好医通集团提供全职式健康助理（护士）1名，每周三至周五在5个人员集中的支行设立“微健康小屋”，提供健康诊断及咨询服务。2016年9月，“健康小屋”为员工提供“体检档案收集、健康检测、理疗护理、就医咨询”等服务，建立“就近、快捷、方便”的一站式综合健康管理服务站，推动“健康小屋”从关注“疾病预防检查”（V1.0）升级到“疾病预防服务+基础治疗+健康管理”的“健康小屋”2.0模式。提供服务内容有：员工健康状态指标检测、养生保健及健康咨询和讲座、建立电子健康档案、疾病预防和风险评估、个人体检报告解读咨询。2017年，“健康小屋”增配数码理疗仪、TDP烤灯、血糖检测仪等设备，7月至8月为全行24个一级支行提供一次巡诊服务。每年组织一次全行员工健康体检，夏天为员工配备防暑降温药品。

其他保障。一是财务系统管理。收集、整理本部门需报销的各类票据，完成票据真实性网上初审，并提交行长室完成签字手续。完成财务费用、基建费用、固定资产费用等各类票据在“531”财务系统中的输机、核对、审批工作。完成各类已审批票据的签单打印和粘贴整理工作，并按预财部要求填制分类报表，将整理好的票据递交预财部报销。二是内勤管理。完成本部门综合岗工作，包括部门邮箱管理、部门OA管理、部门考核数据整理、领导临时交办事项等各项相关工作。办理分行员工住房货币化发放的资料准备工作，按时递送、制作相关清单，加强与相关管理部门的联系，确保每年住房货币化工作顺利完成。依据各部门、支行需求，安排配送中心配送计划，确保各部门网点营业需要。按总分行计划，协调行服的制作发放工作。负责联络分行招标订票公司，为符合分行规定的员工订机票，并按规定完成机票报销时的相关审核工作。三是语音通信。重庆分行筹建期间，向重庆市电信局申请直线电话用于对外联系和工作往来。重新组建开业后，位于渝中区人民路13号的办公大楼，对外通信联系由重庆电信公司安装的有线电话保障。1998年9月搬迁到中山三路158号，配置1台小型程控交换机，电话由人工接转，总机号码63639888。2009年11月，在保留部分业务往来的对外直拨电话号码不变的基础，由重庆电信公司实施网络改造，取消原有程控交换机，各部门所有电话均采用电信交换网号码，并组成虚拟网，降低成本。同时制定《交通银行重庆市分行固定电话使用暂行管理办法》。四是宣传及办公用品配置。分行宣传用品采取按需申请、领导审批后购买、双人出入库管理、领导签字后领用的管理方式。办公用品由分行划拨费用额度到各经营单位及部门，由各经营单位及部门按各自所需向集采确定的供应商订货，供应商到分行统一结账后，由分行财务部门据实逐一扣除各经营单位及部门的费用额度。2018年，印发《交通银行重庆市分行办公用品管理办法》。

第二节　实物资产管理

实物资产分类。负责分行自有房屋固定资产管理，负责建立、定期检查清理、核对自有房产的基础资料，备份相关房地产权证，提出房产维修、网点维修改造要求并协助办理具体事宜，协助办理房产租赁，为分行闲置房产综合利用提供有关信息并按要求办理有关事宜。管理分行固定资产，完成对“分行固定资产实物管理系统”中资料信息的录入、维护、完善。定期对全行固定资产进行清理、盘查，办理报废和出账手续。2014年，根据《交通银行实物资产条线管理实施意见》《交通银行财务管理标准手册》，制定《交通银行重庆市分行实物资产管理细则》。

表9-3-1

分行固定资产历年变化情况表

年度(年)	固定资产原值(元)	固定资产累计折旧(元)	固定资产净值(元)
1988	839885		
1989	2124194.55		
1990	2667257.37		
1991	4613873.37		
1992	30583185.21	3118277.83	27464907.38
1993	42431163.11	5078133.32	37353029.79
1994	55376457.92	9672795.98	45703661.94
1995	50750252.18	14043586.56	36706665.62
1996	62760836.03	23792197.15	38968638.88
1997	72527621.25	29020965.26	43506655.99
1998	78210049.25	42132568.76	36077480.49
1999	86093088.23	53865065.08	32868023.15
2000	86955562.93	60042830.83	26912732.10
2001	262536530.68	88417352.39	174119178.29
2002	516994045.16	165234618.63	351759426.63
2003	521146769.55	188798053.86	332348715.69

续表

年度(年)	固定资产原值(元)	固定资产累计折旧(元)	固定资产净值(元)
2004	836934888.28	247342987.24	589591899.04
2005	909691688.67	287934331.45	621757357.22
2006	962309154.35	310665750.79	651643403.56
2007	963001594.08	335030136.20	627971457.88
2008	1037840980.45	351947130.82	685893849.63
2009	1052193488.41	384976375.49	667217112.92
2010	1119408160.40	404512093.36	714896067.04
2011	1157964143.20	460471149.50	697492993.70
2012	1144600355.86	494812098.67	649788257.19
2013	1177743352.65	538316617.45	639426735.20
2014	1210078342.84	598728711.09	611349631.75
2015	1232326778.56	649966402.19	582360376.37
2016	1200512872.07	657831604.48	542681267.59
2017	2149696316.07	744026300.52	1405670015.55
2018	2165956878.85	837938124.04	1328018754.81

注：数据来源：1988—1992年交通银行重庆分行业务状况报告表，此表内未计提折旧；1993—2016年交通银行重庆市分行资产负债表年报。

管理模式和制度。1987—1993年，重庆分行为独立法人，其固定资产参照当地政府和人民银行相关管理模式和制度规定执行。1994年总行统一法人制后，按照《交通银行固定资产管理办法》《交通银行低值易耗品管理办法》，分行、支行自行承担购置、登记、核查、统计等具体管理事项。1999年4月，制定印发《交通银行重庆分行固定资产管理办法》。分行统一由行政部负责固定资产的购置、调配、登记、建卡、清理检查、监控使用等日常管理工作。财会处负责相关科目的账务核算和资金管理。电脑处负责全行电脑及相关设备的调配和维护。保卫处负责全行安全保卫设备的调配和维护。稽核室负责全行固定资产的稽核工作。各中心支行、营业部、分行各部门设固定资产专管人员，负责对其使用的固定资产进行日常管理和维护。实行固定资产定期报表、定期盘存、定期检查和不定期抽查制度。固定资产管理纳入部门年度综合考核。实物资产的管理主要包括资产购置、分类和登记、使用和维修、清理盘点、报废和转让等环节。2011年，总行“实物资产管理系统”上线，实物资产日常管理按照需要编制、审批、购置、验收、入库、发放、维修、调剂、盘点、报废、处置等流程动作，强调“账、物、卡”相符。

实物资产管理系统。1987—1995年4月，分行实物资产管理如登记、入库、领用等主要以手工记账方式完成。1996年5月，随着总行开发的第一代实物资产管理系统投入使用，初步实现电子化管理，解决手工记账差错率高、工作效率低等弊端。行政、财务部门共同使用和管理实物资产管理系统，行政部门负责编制财产卡片及月报表，财务部门在复核的基础上计提折旧，避免实物资产账实不符。总行实物资产系统升级，从分级管理升级到全行集中管理。2011年完成“实物资产管理系统”上线工作，及“内部财务管理系统”固定资产卡片账移植工作。每月进行废旧固定资产回收工作，报经财审会批准报废处置固定资产。改变过去每月回收、集中处置的现象。交通银行实物资产管理信息系统涵盖所有固定资产、低质易耗品、消耗品，包括品牌性能、采购渠道、使用情况、保管责任、维保情况、寿命期限等信息，具有数据录入查询、计提折旧、物品盘点、统计处理、报表生成、数据上传等功能。通过实时掌握实物资产各管理环节动态数据，可实时开展行际资产调剂调配，实时分析固定资产配置状态，对房产、IT设备等重要资产实施针对性管理，同时实现固定资产非现场管理、盘点移动管理，提高资产使用效益和配置的合理性。

第三节　集中采购与基建工程项目

一、集中采购

规章制度。2002年，依据《交通银行集中采购管理办法》，制定《交通银行重庆分行集中采购管理办法》《交通银行重庆分行集中采购管理办法实施意见》《交通银行重庆分行采中采购合同管理暂行规定》《交通银行重庆分行招标投标、竞争性谈判、询价实施细则》，明确集中采购的目的、定义、原则、范围、机构、职责、资金管理、监督检查、处罚等以及合同管理、审定和招标投标、竞争性谈判、询价的实施。强调全行要规范集中采购行为，加强集中采购管理，提高采购资金使用效益。分行成立集中采购领导小组（由分管分行领导任组长，行政处负责人任副组长，办公室、人教处、财会处、电脑处、监察室负责人为组员）、集中采购评审小组、集中采购工作小组，监察室和稽核室对分行集中采购实施监督和检查。2006年，分行副行长（分管行长）任集中采购中心主任。增补信息技术部、会计结算部为分行集中采购中心成员部门。增补后，分行集中采购中心评标小组成员部门有行政部、预算财务部、办公室、法律合规部、审计部、监察室、信息技术部、会计结算部。集中采购中心办公室设在行政部。修订《交通银行重庆分行集中采购管理办法》，集中采购中心评标小组由固定成员即行政部、预算财务部、办公室、法律合规部、审计部、监察室各派1人和变动成员即相关使用部门及专业部门各派1名代表组成。2011年5月，修订《交通银行重庆市分行集中采购管理办法》，法律合规、审计和监察部门是集中采购的合规监督部门。法律合规部负责集中采购的法律咨询，对招标文件、采购合同等法律文书进行法律审查。审计、监察部门承担集中采购的检查、监督职责。根据“三重一大”决策制度，分行财务审查委员会对重大采购事项应实施集体决策。评标由采购中心或委托代理机构人员主持并组织实施。评标小组为五人以上的奇数，建立评审专家库，由采购中心从评审专家库中随机抽取；同一部门在每次评标小组中的成员不得超过三分之一；评标小组中经济技术方面的专家不得少于成员总数的三分之二。监管部门对特殊采购项目聘请评标专家有具体要求的，按相关规定执行。2013年6月，修订《交通银行重庆市分行集中采购管理办法》。明确集中采购中心对20万元以上集中采购部分的采购方式变更进行集体决策。实行年度性集中采购，增加年度性集中采购的相关要求和当年完成时间。对必须采用招标（公开招标和邀请招标）或竞争性谈判方式单次采购的物品，实行总行标准和集中采购方式。工程类项目根据预算金额大小使用不同的采购方式。对总行集中采购目录中的选型采购商品，由集中采购中心进行集体决策。对于签订的采购合同，需经预算财务部会签。预算部对是否经财务审批及相关支付条件是否合理进行财务审核。按照总行“各项财务事项应严格遵守审批制度”的规定，各项财务审批不得突破，变更经分级授权的有权审批人或机构审批同意。对于竞争性谈判、询价和单一来源采购三种采购方式增加操作的流程。对采购合同年限进行限定，采购合同应一年一签，双方可在合同中约定意向合作期，期限不超过两年（含签订当年）。2015年3月，修订《交通银行重庆市分行集中采购管理细则》，明确集中采购范围，集中采购实行采购监督管理与采购操作实施相分离的运行机制，建立集中采购的组织体系，规范集中采购要求及财务审批权限，对集中采购实施方式及后评、采购信息与档案管理提出具体规定。

流程与规范。2007年，根据《关于规范招投标工作流程的通知》，做到事前公示、事中监督、事后公布，将过程置于全行员工监督之下，对招标流程做出具体规定。2015年7月，制定《交通银行重庆市分行集中采购操作规范》《交通银行重庆市分行供应商库管理办法》。集中采购操作规范对立项、招标、采购、验收、结算、档案管理、招标事项管理、信息管理、纪律与监督提出具体要求和规定。供应商库管理办法对部门职责与分工、供应商库的建立、供应商库的使用与管理、供应商库的维护、考评与退出制定具体条件和办法。具体内容包括：按《交通银行集中采购管理办法》的规定，组织参与分行集中采购招标工作，承办招标事项的准备与组织，做好评标过程的记录，并整理、归档招标资料；协助采购项目（含房屋租赁合同签订）的商务谈判，协助职能部门做好商务合同的审查和签订，协调落实集中采购验收等后续事宜，并拟写采购项目情况报告，提交领导审阅；将分行各类集中采购工作整个流程、集中采购信息、采购过程及招标结果向全行员工公告；整理招标资料，归档保存以备查验；每月将集中采购情况上报总行集中采购办。

管理系统应用。2017年3月，为实现分行员工门禁、考勤、就餐等多种不同管理功能的合一，行政部重新开发饭卡一卡通管理系统。2018年8月，行政部开发合同管理系统，实现合同电子化、智能化、一体化管理。此外，行政部因业务需要还使用总务条线的实物资产管理系统、财务条线的531财务系统。

二、基建工程项目

重大基建项目。一是分行新大楼建设。2011年2月1日，总行印发《交通银行审批事项回复通知书》，同意重庆市分行购置重庆市江北嘴A09-3地块“财信广场”2号楼房产（总面积54615.69平方米，其中地上第1～21层建筑面积31317.59平方米、吊层第1～5层建筑面积4821.45平方米，负1～负2层建筑面积3052.01平方米，车库建筑面积15424.64平方米）作为重庆市分行新营业办公大楼，该项目购置总投资为79895万元。2014年09月26日，总行印发《交通银行审批事项回复通知书》，同意重庆市分行关于申请办公大楼装修概算请示。装修地址位于重庆市江北区江北嘴西大街3号，并于2015年6月—2016年12月，实施新大楼装修建设项目工程，历经18个月，总费约13500万元。二是分行档案库房及灾备机房建设。2018年5月7日，总行印发《交通银行审批事项回复通知书》，同意重庆市分行购建档案库房及灾备机房请示，购置重庆市北碚区云顶路189号9幢、10幢房产，总建筑面积为12995.68平方米，该项目总投资为8583.79万元，其中购房款3836.82万元，购置税费163.27万元，改造及装修预算为4583.7万元。8月16日，按照档案库房建设项目实施规划要求，采取公开招标形式，确定中达安股份有限公司为市分行档案库房及灾备机房建设项目管理公司，现该公司已派出相关工作人员进场开始工作。9月5日以公开招标形式，确定华诚博远工程技术集团有限公司为市分行档案库房及灾备机房建设项目设计公司。10月18日通过商务谈判方式，确定重庆恒基工程造价咨询有限公司为市分行档案库房及灾备机房建设项目造价公司，万隆建设工程咨询集团有限公司为市分行档案库房及灾备机房建设项目审计公司。11月1日，总行审批通过总体设计方案，并于2018年12月24日完成库房整体深化设计方案图纸。2019年1月11日，档案库房设计各专业图纸陆续提交给审图公司（重庆市重设怡信工程技术顾问有限公司）审查。

基建建设及维修。2002年8月，制定《交通银行重庆分行营业网点设施、设备维保及维修管理暂行办法》。2010年8月，制定《交通银行重庆市分行基层网点建设管理办法》。在网点建设管理功能依次转移到网点办、会计结算部、网络渠道部后，行政部主要负责按照分行规划组织开展网点装修、维修工作。

工程管理。设计单位、监理单位、造价咨询公司实行固定服务期限对外公开招标。维修施工队伍实行招标入围制，签约服务期限，并对服务态度、工程建设质量进行后评估，决定是否续签服务协议。评估内容包括：对施工单位提出文明施工、安全生产的要求；对涉及设计图纸的修改、变更要有监理、甲方代表、设计的签字，并严格按总分行相关管理规定办理；对工程进度拨款，要会同工程监理认定已完工程质量合格或质量问题已处理完毕，然后签字上报，办理付款手续；负责监督、指导、协调施工现场交叉施工的有序进行；负责建立现场的工程例会制度，统一协调设计、施工、监理、配套供应单位等各方面的工作关系，处理日常发生的工程事项，保障工程项目按期按质完成；负责处理与监理、施工、供应单位的合同执行、预结算工作；参加工程竣工验收、移交等事宜，负责验收后保修期内的质量问题处理等项工作；配合政府及其他有关部门的检查、验收，并办理各项相关手续；配合中介机构（审计部门）做好工程建设期间的跟踪服务及竣工结算；配合参与分行网点选址和设计方案论证工作。

第十篇　企业文化

分行高度重视企业文化建设，围绕“三个一流”办行宗旨、“艰苦创业、争创一流”交行精神进行理念培育。先后开展“三个一流”教育、爱行爱岗教育、职业道德与行为规范教育、专题学习教育等主题教育活动。通过建立干部读书制度、述学荐书制度，持续开展创建学习型组织活动，深入推进精神文明建设。1990—2018年，分行先后57次获得全国级荣誉称号、128次获得交通银行授予的荣誉称号、261次获得省市级单位授予的荣誉称号。与此同时，分行加强信贷文化、风险文化、服务文化、合规文化、廉政文化建设，积极服务地方发展、服务社会民生工程、服务社会、开展公众教育和关注特殊消费者，切实担负社会责任。积极推进绿色信贷、绿色运营服务，认真落实环境责任。开展扶贫捐赠、赈灾捐赠、助残捐赠、助学捐赠、慈善赞助和志愿者活动，自觉履行公益责任。自1989年来，累计向社会公益捐赠486万余元。

第一章　核心理念

第一节　经营理念

“三个一流”办行宗旨。分行重建初期，以总行提出的“三个一流”（即“一流的服务质量、一流的工作效率、一流的银行信誉”）为办行宗旨。1991年初，总行统一开展“三个一流”宣传教育活动。分行以“三个一流”为工作目标，向全行干部员工明确提出要“认清形势、认清交行、认清自己”。建立全年全天候服务制度，开展“百日优质服务活动”和“服务竞赛”等，调动职工积极性，提振发展信心、凝聚力量、树立拼搏精神。1992年，分行提出必须以支持地方经济建设为中心，坚持把交行的改革与发展放在一切工作的首位，引导全行员工牢固树立“经济为中心、改革为动力、业务为主题”思想。1993年底，总行印发《关于近期深化交通银行改革的若干意见》，明确要把交通银行办成规范化的全国性股份制商业银行。分行提出学习“黄桷树精神”，开启重庆交行二次创业时代。1994年，按照交通银行开展创建“文明窗口”活动部署，以创建“三个一流”的“文明窗口”“达标窗口”为内容，开展“优质文明服务”“承诺服务”“计时服务”。分行开展“限时服务”活动，提高服务质量。1995年，制定《交通银行重庆分行员工行为规范》，对“服务禁语”“文明用语”做出明确规定。1996年4月，全国金融系统开展“讲改革、讲政治、讲法纪、讲效益，提高服务水平”活动。总行推行《交通银行员工行为规范》《交通银行员工岗位职业道德规范》，开展争当“三好”活动。7月，印发《关于紧密联系实际，搞好“四讲一服务”活动的通知》，推出21条具体措施。

“艰苦创业、争创一流”交行精神。1997年，分行制定“九五”期间社会主义精神文明建设规划，提出要广泛、深入地开展“艰苦创业、争创一流”交行精神的教育，大力提倡“团结、敬业、开拓、创新”的企业精神。同年，开展企业文化大讨论，从价值目标、发展战略、经营理念、企业形象等方面统一认识，努力创建具有鲜明时代特征又体现商业银行特色的交行文化。提出“解放思想，转变观念，统一认识”理念。即牢固树立只有支持重庆经济的有效发展，才能发展交行的思想观念；牢固树立依法经营、防范风险的思想观念；牢固树立围绕发展抓管理的思想观念；牢固树立无功就是过、平庸就是错的思想观念。1998年，总行开展“四有”（有理想、有道德、有文化、有纪律）职工队伍行为规范教育活动。分行以爱岗敬业为核心，制定员工行为规范方案，培育“行兴我兴行衰我耻”职业道德。开展“六个先进”（建立先进的银行制度、确立先进的经营理念、实行先进的内部管理、创新先进的服务手段、开发先进的人力资源、建设先进的企业文化）专题学习教育活动，树立“严格、规范、谨慎、诚信、创新”的行风。1999年，分行进行“爱岗敬业、诚实可信、积极向上、奉献社会”的职业道德教育，以“三个一流”的办行宗旨和“艰苦创业、争创一流”的企业精神引导员工，凝聚人心，增强自豪感、荣誉感和使命感。2001年初，分行首先从外部形象上下功夫，成立CI领导小组，认真全面地按照总行CI形象要求，对全行部分营业机构进行检查、改造。2002年，开展以确立“六个先进”企业理念，坚持“三个一流”办行宗旨，弘扬“艰苦创业、争创一流”企业精神，树立“严格、规范、谨慎、诚信、创新”行风为主题的企业文化建设和教育活动。组织员工参加总行组织的金融法规考试，广泛开展调查研究和合理化建议活动，民主表决住房货币化分配实施办法，调整部分支行隶属关系，撤并低产网点，优化网点结构。2003年，开展“优质窗口服务”“青年文明号”创建活动。7—11月，根据总行统一安排，组织开展企业文化基本理念教育活动。回顾总结企业文化建设经历的第一阶段（即实现“三个一流”的企业宗旨）和第二阶段（创立企业精神）。树立“与客户共发展、与员工共成长、与社会共进步”的企业价值观。

建立理念体系。2004年下半年，交行成功引进香港汇丰银行作为战略投资伙伴，由国有股份制商业银行转变为国家控股的中外合资金融企业。总行推行建设以“责任文化”为核心的企业文化，对企业使命、企业愿景、企业精神、经营理念、发展战略、广告语进行统一规范。9月，分行开展“爱行爱岗、自信自强”主题教育活动。2005年，总行把重塑再造企业文化列为15个重点项目之一重点推进。2006年4月，交通银行重新修订企业文化理念体系，提出企业使命、企业愿景、经营理念、核心价值观四位一体的企业文化体系。11月9日，总行印发《关于认真做好企业文化理念宣传推进工作的意见》后，分行于同月及时制订了宣传推进实施方案，成立了以主要领导为组长的工作小组，确定用半年左右的时间，分组织发动、理念学习认知、发掘企业家文化故事、总结提高四个主要阶段，大力推进交行企业文化理念宣传。2007年，编写新版《企业文化手册》，确立交通银行企业文化的基本理念、核心内涵核心价值观等。2014年、2015年、2017年，先后3次修订印发《企业文化手册》。

第二节　主题教育

“三个一流”教育。1989年，分行开展优质服务竞赛活动，把“三个一流”变为具体工作要求。1991年，开展“三个一流”宣传教育，探索“一揽子金融服务工作法”，建立全年全天服务制度，开展“百日优质服务活动”和“服务竞赛”。1994年，开展创建“文明窗口”活动。分行以

“窗口达标”活动为内容，结合“优质文明服务”“承诺服务”“计时服务”等，开展以“三个一流”为目标的“限时服务”和“承诺服务”活动。2001年8—9月，集中开展“三个一流”办行宗旨宣传教育。组织学习《企业精神宣传提纲》《交通银行职业道德规范》《交通银行规范化服务标准》，正确理解“三个一流”办行宗旨和“艰苦创业，争创一流”企业精神。2008年3—10月，制定《交通银行重庆分行迎奥运文明规范服务系列活动方案》。抓好服务培训，宣传金融知识，推广银行产品，优化业务流程，完善服务突发事件处理和投诉处理，建设合规文化和诚信自律。2010年，开展“真情服务，真心关爱”提升服务质量主题活动。聘请上海外服公司对分行干部员工进行集中服务培训。优化各网点服务设施和规范服务行为，开展“一个网点一项特色服务”创建活动。2018年6—9月，推进以责任文化为核心的交通银行企业文化建设，分行开展“与责任同行，与交行共荣——做有责任的交行人”主题实践活动。

爱行爱岗教育。1992年4—6月，开展“交行过去、交行现在、交行未来”系列教育活动。组织知识竞赛。1993年4月，组织员工积极参与“爱我交行”交通银行之歌征歌活动。1994年，开展“三爱”（爱国、爱行、爱客户）教育，开展创建“文明窗口”活动。1996年，组织先进事迹演讲会、业务技能比赛、读书演讲比赛、法律知识竞赛、员工上岗考核。1997年3月，在庆祝分行重新组建10周年之际，用行史展览等形式回顾艰苦创业历程，组织全行员工开展“艰苦创业，争创一流”企业精神宣传教育活动。举办“青年文明号”先进集体代表作巡回经验介绍、行史教育巡回报告会、“争当三好员工，再创交行辉煌”演讲比赛。2004年9月，开展“爱行爱岗、自信自强”主题教育活动。2008年，组织参加总行“讲行史、爱岗位、庆百年、作贡献”系列活动，开展职工摄影、摄像、征文、书法、绘画比赛和文艺汇演等。2011年2—12月，开展创建“平安交行”活动，防范抢劫、盗窃、诈骗、涉枪“四类”案件和责任事故发生。围绕“为业务发展创造稳定环境，为员工工作创造安全环境，为客户办理业务创造安全环境”总体要求，建立健全安全保卫规章制度，加强安全管理，认真落实各项安保工作。2016年，举办文艺汇演，开展各类文体活动。成立分行艺术团，组建11个兴趣活动小组。

职业道德与行为规范教育。1991—1992年，开展“教育、清理、整顿”活动。强化内部管理，健全办公制度、经营制度、监督制度、安全保卫制度。1995年，制定《交通银行重庆分行员工行为规范》，对“服务禁语”和“文明用语”做出明确规定。组织36个基层网点参加重庆市金融系统创建“精神文明号”活动。印发创办标准化分理处和储蓄所活动规范。1996年4月，开展“讲改革、讲政治、讲法纪、讲效益，提高服务水平”活动。积极推行《交通银行员工行为规范》《交通银行员工岗位职业道德规范》。7月，印发《关于紧密联系实际，搞好“四讲服务”活动的通知》。分行开展“四讲一服务”活动和贯彻落实《交通银行员工行为规范》情况，通过总行检查组的全面检查。1998年，开展“四有”职工队伍行为规范教育活动。制定员工行为规范方案，培育“行兴我兴，行衰我耻”的职业道德观。1999年，开展“爱岗敬业、诚实可信、积极向上、奉献社会”的职业道德教育。2000年8月4日，中央金融工委决定在金融系统员工中深入开展“爱岗敬业，遵纪守法”职业道德教育。分行以6周时间分4个阶段开展员工职业道德教育活动，做到与柜面规范服务、行容行貌及执行法规和制度相结合，与强化岗位技能培训相结合，与开展储蓄柜所“星级达标”和创建“精神文明号”相结合，与加强社会监督相结合。8月，创“双百”期间（人民币各项存款余额首次突破100亿元、太平洋卡发卡突破100万张），落实总分行各项工作要求。2001年，组织员工学习邓小平理论、“三个代表”重要思想。开展“爱岗敬业、遵纪守法”职业道德教育。开展“依法经营、以德治行”大讨论，树立“行兴我荣，行衰我耻”的荣辱观。2010年，开展内控与案防制度执行年活动。制定完善《交通银行重庆市分行员工失范行为检查管理办法》《交通银行重庆市分行差错行为处理办法》。2010年4—10月，征集具体合理化建议方案（点子），开展“我为管理献一计、我为发展献一计”活动。2012年，积极打造幸福家园文化。为54个网点配置厨房设备和613套午休折叠床。完成分行大楼标准楼层企业文化墙设计。在25家一级支行制作安装企业文化宣传展板，展现企业形象。构建员工幸福指数、身心关爱、健康交行、福利保障、劳动竞赛、民主管理、创先争优、文体艺术、制度保障等关爱体系。推动40个建设项目落地。成立分行艺术团。开展首届企业文化示范点和企业文化最佳实践者评选活动。开展“强管理、重防范、保平安”创建活动，内控管理评级提升到B+。

专题学习教育。1997年，组织“认真学习贯彻十五大精神和邓小平理论”，进一步解放思想，摆脱计划经济传统的约束，树立社会主义商业银行新观念。2002年，开展“六个先进”专题学习教育活动。活动按“建立先进的银行制度”“确立先进的经营理念”“实行先进的内部管理”“创新先进的服务手段”“开发先进的人力资源”“建设先进的企业文化”6个专题展开。2003年，开展“四五”普法教育和多种形式的警示教育活动。2003年7—11月，开展企业文化基本理念教育活动。2009年6—7月，开展“责任交行责任人”主题教育活动。活动按“动员部署、宣讲讨论、提炼总结”3个阶段开展。2010年4—5月，开展“依法廉洁从业、遵守职业操守”集中宣传教育活动。2011年，开展“学规章、遵操守、促倍增”集中宣传教育活动。观看案例教育片，撰写学习心得，宣讲《员工违规行为处理办法》，综合运用“会计营运操作风险管理系统”“反欺诈系统”“事后监督及电子档案系统”，扎实开展员工行为失范排查以及员工行为管控专项行动。2011年5月，开展“唱响红色经典歌，照亮倍增发展路”群众性歌咏活动。2012年10月，组织全体中层领导干部开展“廉政勤政”主题教育活动。观看《居安思危——苏联亡党亡国20年祭》警示教育片。2013年，开展党的群众路线教育实践活动。以推行发展责任制、牵头负责制、服务承诺制、限时办结制、责任追究制为重点，加大考核问责力度。2016年，开展“讲合规、守底线，强规矩、做表率”专题教育活动，组织征文、演讲、编写案例、知识测试等。

第三节 创建学习型组织

创建形式。2009年，总行党委印发《关于全面推进开展创建学习型组织活动的意见》《交通银行关于2009年创建学习型组织活动工作计划》。分行制定《交通银行重庆市分行2009年创建学习型组织活动工作计划》。成立创建学习型组织活动推进领导小组，党委书记、行长任主任，党委委员、副行长、工会主席任副主任，党委办公室（宣传部）、人资部（组织部）、工会办、团委书记等负责人为成员。明确办公室（党办）、人资部（组织部）、工会办公室、团委创建学习型组织工作职责。在分行工会办设立办公室。2010年，根据总行《关于深入推进学习型组织建设的意见》，制定《交通银行重庆市分行2010年推进学习型组织建设工作方案》。创建学习型组织活动推进领导小组增加公司管理部、个人金融业务部、国际业务部、会计结算部、电子银行部等业务条线负责人为成员。依据年度任务拟定办公室（党办）、人资部（组织部）、工会办公室、团委工作职责，业务按季度组织本条线开展不少于1次专题学习、研讨会。2011年，根据总行《关于印发创建学习型组织2010年工作总结和2011年工作计划的通知》精神，制定《交通银行重庆市分行2011年创建学习型组织建设工作计划》。创建学习型组织活动推进领导小组增加各支行、各直属经营单位、各部门主要负责人为成员。总行培训中心e校园远程教育系统开通，促进“学习型组织建设”活动开展。学习主题涉及理论素养、党性修养、交行战略、企业文化、职业素养以及公司业务、个金业务等。分行每年结合实际制定e校园网络学习奖励实施方案，评选出分行的优秀组织奖、突出贡献奖、学习明星奖、分享达人奖等单位、个人奖项，给予奖励。分行培训中心每季度定期对个人完成学习情况进行通报，并纳入个人年度考核。

创建内容与成效。一是干部读书及述学荐书制度。2010年起，要求分行党委中心组每年集体学习研讨和个人自学不少于12天，每两个月安排1次集体学习研讨或专题辅导。党委主要领导干部每年至少做2次中心组发言，每年要从实现单位学习型组织建设的目标、营造单位良好的学习氛围、提升单位的学习能力、培育学习型团队、创新学习保障评价体系等方面在C等级干部中进行1次述学，并结合形势任务和本单位实际，每年向本单位干部员工推荐1~2本书目，切实担当起学习型组织建设第一责任人职责；其他党委成员每年至少做1次中心组发言，并根据分管条线学习型组织建设的指标体系，在分管条线干部员工中进行1次述学。分行C层级干部中开展学习型组织理论知识竞赛活动，进一步推动学习型组织基本知识、基本理论的广泛普及。二是学习成果。2010年，交通银行网络学习，分行荣获总行评选的“优秀组织奖”，有25名员工获总行评选的“学习明星奖”。2014年“交享e校园”网络学习活动，分行荣获总行评选的“优秀组织奖”和“突出贡献奖”，3名员工获总行评选的“分享达人奖”。2015年“交享e校园”网络学习活动，2名员工分别荣获总行评选的“学习明星奖”“分享达人奖”。2016年“交享e校园”网络学习活动，分行荣获总行评选的“优秀组织奖”。2017年“交享e校园”网络学习活动，分行荣获总行评选的“优秀组织奖”。2018年“交享e校园”网络学习活动，分行荣获总行评选的“优秀组织奖”。

第四节　精神文明建设

管理机构。1991年8月13日，分行成立思想政治工作办公室，职责为“计划、安排和实施各类思想政治教育活动、政治学习和精神文明建设”。作为精神文明建设的牵头部门，思想政治工作办公室贯彻落实重庆市精神文明办公室、分行党组关于加强精神文明建设的方针政策和决定，制定重庆分行精神文明建设规划，组织开展各项精神文明建设活动，推荐上报表彰在精神文明建设活动中涌现出来的先进集体、个人。1995年3月14日，调整精神文明建设领导小组。党组书记任组长、党组副书记任副组长，成员为思想政治工作办公室、人事教育处、保卫处、办公室、监察室、行政处负责人。下设分行精神文明领导小组办公室（思政办），负责办理具体事项。1997年8月21日，印发《关于建立重庆分行精神文明建设委员会的通知》，成立交通银行重庆分行精神文明建设委员会。党组书记、行长任主任，党组成员、副行长和纪检组长任副主任，思政办、办公室、人教处、监察室、工会办公室、保卫处、团委书记为委员。精神文明建设委员会办公室设在分行思想政治工作办公室，负责日常工作。

管理制度。1997年9月8日，印发《交通银行重庆分行“九五”期间社会主义精神文明建设规划》，明确精神文明建设指导思想、指导原则、主要目标、具体任务、保障措施，围绕改革发展和建设规范化商业银行，全面部署开展职业道德教育、弘扬“爱国、奋斗、团结、奉献”的“红岩精神”、培养“四有”干部员工队伍、加强人力资源开发、规范职业行为、树立形象窗口、创建先进群体、争当岗位能手等工作。2001年11月28日，印发《交通银行“十五”时期社会主义精神文明建设纲要》，明确交通银行精神文明建设指导思想和工作目标，全面部署加强各级领导班子思想作风建设、推进“依法经营与以德治行”制度化和经常化、提高干部员工道德素养、加大培训投入、建设先进企业文化，发挥群众性创建作用等工作。2003年1月15日，制定《交通银行文明建设先进单位评选管理办法》。对创建文明单位的重要性、日常组织机构、文明建设先进单位的任务、先进单位的评选和表彰命名，以及对精神文明建设工作和先进单位的组织管理等做出规定。4月3日，制定《交通银行精神文明成果奖实施细则》，确立“交通银行精神文明奖”评奖项目、奖励类别、奖励标准、奖项的评选组织机构、评选和审核程序。2005年6月17日，制定《交通银行文明单位考核细则》，规范“文明单位创建达标”“思想教育深入，道德风尚良好”“学习风气浓厚，文体卫生先进”“加强民主管理，严格遵纪守法”“业务水平领先，工作实绩显著”“内外环境优美，环保工作达标”“创建意识”“创建规划”“创建成果”“创建档案”等评选考核标准。

文明单位创建。一是全国级文明单位，自1990年至2018年，分行、支行（部）、部门57次获得全国级荣誉称号（详见荣誉榜）。二是交行级文明单位，自1990年至2018年，分行、支行（部）、部门128次获得交通银行授予的荣誉称号（详见荣誉榜）。三是基层单位精神文明创建成果（省市级），自1993年至2018年，分行、支行（部）、部门共261次获得省市级单位授予的荣誉称号（详见荣誉榜）。

第五节　文化传播

一、两刊一网

《西南新金融》季刊。1990年，分行自办刊物《西南新金融》创刊。办刊宗旨是及时准确宣传党和国家的经济、金融方针、政策、法规；反映西南地区经济、金融工作动向，介绍国内外经济、金融领域的成功经验及失误教训，传递经济、金融及其相关领域的重要信息等。读者对象主要包括金融、财政、企业经营管理干部、领导决策人员，财经教学科研人员及关注金融和相关领域发展的创新人士。

《西南交行动态》内刊。1990年，分行自办刊物《西南交行动态》创刊。1998年，将已开办8年多的内部刊物《西南交行动态》改版为《交行重庆分行动态》。由过去信息汇总方式，改为及时刊发行内重要动态和领导批示。分行为加强信息载体统一管理，将全行所有自办刊物合并为《交行重庆分行动态》（含增刊）、《内部情况通报》《交行重庆分行业务情况通报》3种。

内部信息网。2002年4月，分行内部信息网站建立。网站主体内容为发布规章制度、考核办法、工作要求、专业知识和检查通报等。2010年10月27日，内部信息网升级，主体内容为分行概览、分行动态、业务情况、部门导航、政策规章、专题栏目、学习园地、数据中心、个人平台、网站管理。网站首页设置大事件、工作动态、公告、总行排行榜、同业排行榜、金鸡啼鸣、业务情况通报、总行来文、分行最新公文、业务提示专栏、安邦信息、产品创新、e校园等。增加值班周报、对公存款、对公贷款、零售信贷、储蓄存款、支行存贷款报表等功能。2014年后，加强信息细化和应用平台功能建设完善。增加和完善图片新闻、公告与通知、工作动态、干部任免竞聘、总行来文、业务情况通报、业务提示专栏、分行荣誉榜、企业文化建设之窗、机关良好服务、提升服务质量、安邦信息、经济信息、总行排行榜、分行排行榜、同业排行榜、上级来文、领导动态、本周看点、党建动态、明镜之窗、服务至上、教育成长、一报一刊、创新观察、幸福交行、渝青年、员工风采、多彩生活、一周安排、大事记、经验交流、市分行运行情况周报、安保巡查及维护、学深悟透、党委动态、调查研究、支部动态、意见直通车、厅堂转型及十九大专栏等内容和功能。

二、交通银行重庆市分行行史馆

交通银行重庆市分行行史馆位于重庆市江北区江北城西大街3号交行大厦2楼。2018年6月，交通银行重庆市分行行史馆建成揭牌，行史馆占地688余平方米，采用文字、图片、实物等形式，结合现代科技手段，纵向展现交通银行百年历史暨重庆市分行深厚底蕴。

交通银行重庆市分行行史馆由序厅、5大展区、展厅共7个板块组成，并以此形成顺时针闭合的参观路线。馆内5大展区以时间为轴线，系统展示交通银行重庆市分行创业发展历程。第1展区，展示清末至民国时期交通银行和重庆市分行的创立及早期业务活动。第2展区，展示新中国成立后交通银行及重庆市分行被逐步接替的过程。第3展区，展示交通银行及重庆市分行应时代需求而重建。第4展区，展示交通银行重庆市分行重建后的业务发展。第5展区，展示交通银行重庆市分行历年荣誉成果。

交通银行重庆市分行行史馆现有馆藏展品300余件，涵盖各个时期、不同方面，具有鲜明的时代特征和交行特色，颇具参观和学习价值。馆内除古典而精致的展板、展柜、展墙设施以外，还配套先进的电子设备，如全息投影、电子查询系统、瀑布流显示设备、人脸抓拍系统等，让参观者在古典与潮流、历史与现代中徜徉，感受交通银行独特魅力。

第二章　子文化建设

第一节　信贷文化与风险文化

信贷文化。一是“流程为本、程序至上”的行为准则。完善信贷文化建设，强化信贷流程管理的目的是使信贷流程中各个环节结合更加紧密，确保信贷活动的有效性和资产收益的稳定性。在一套科学、完善的信贷管理机制下可以让每一笔信贷交易都有章可循、有法可依，权责分明。二是“双线控制、换手监督”内控机制。严格遵守信贷纪律，将各项管理制度真正地落到实处。强化内控管理，紧盯操作风险点，控制住关键岗位、关键环节、关键人员，有效遏制各类案件的发生，全面提升内控和操作风险管理水平，夯实内控管理基础，保障业务经营健康稳健发展。三是“看得见、摸得着、押得住”授信业务原则。做到业务全覆盖、客户全覆盖、管理全覆盖。发展以质量为前提，与管理能力相适应，兼顾资本、收益和风险相平衡，做到风险看得见、底线摸得着，推动资产业务结构持续优化。四是“审慎合规、务实创新”责任意识。审慎合规是信贷工作的立业基础，信贷文化建设是必须长期坚持的一项基础性工作。提高信贷工作人员的综合素质，履职尽责、真抓实干，深入了解客户，坚决杜绝“重贷轻管、重放轻收”的现象发生。坚持诚信至上，勇于创新，不断提升业务知识储备量，构建高素质的信贷人才队伍，全面提升风险管理能力，严守合规经营底线。

风险文化。2005年，制定《风险信息管理暂行办法实施细则》《交通银行重庆分行风险经理管理暂行办法实施细则（修订稿）》《交通银行重庆分行风险经理考核暂行办法》。按照风险经理岗位职责和授权权限，对相关业务条线的信用、市场、操作风险等进行识别、监测和报告，深化风险管理体制，建设全面风险管理体系，落实各项风险管理制度和措施。2006年，运用“风险监察名单”、不良贷款迁徙等工具，辅以风险信息提示、减值贷款逐笔拨备等风险控制手段，采取“三层风险过滤”的工作方式，推动风险管理关口前移。风险经理深入企业实地走访，了解、掌握授信业务风险状况，主动揭示潜在风险。2008年，制定《交通银行重庆分行客户风险信息质量管理和应用管理实施细则（修订版）》。规范资产风险管理系统（ARMS）运行管理，明确职责，确保数据真实、准确、完整。制定《交通银行重庆分行流动性风险应急预案》，成立流动性风险应急处置领导小组，明确职责，具体规定事件处置、特别事项的协调行动等。2009年，成立贷后管理达标领导小组，开展全行经营单位实施贷后管理达标工作。印发《关于进一步加强贷后管理的通知》《关于重申贷后管理工作重点要求的通知》《关于进一步做好信贷资金用途监控工作的通知》，印发达标工作简报、工作提示等，对检查中发现的、贷后管理中存在的问题及薄弱环节做出重点提示，督促落实整改措施，完善贷后管理相关流程。2010年，严格执行3层风险过滤流程。落实“三个办法一个指引”，成立专项领导小组，建立“公司业务信贷资金使用审批制度”“贷后管理长效机制”。制定《交通银行重庆市分行个金销售风险评级及违规销售考核处罚管理办法（暂行）》《交通银行重庆市分行风险与控制自我评估管理实施细则》《交通银行重庆市分行关键风险指标管理实施细则》《交通银行重庆市分行操作风险管理办法实施细则》《交通银行重庆市分行新产品（新业务）操作风险自评估管理实施细则》，建立依法合规、稳健经营的风险文化，强化“合规优先、主动合规、全员合规”意识，营造全员防范风险氛围，逐步形成“依法合规、稳健经营、责任文化”的交通银行风险文化。2011年，根据重庆银监局《2011年重庆银行业深入推进“三个办法一个指引”指导意见》，成立全面风险管理委员会，印发《交通银行重庆市分行全面风险管理委员会工作条例》。2013年，总行印发《关于新形势下进一步加强风险管理的意见》，明确要求必须牢牢树立“规范经营、稳健发展”的风险偏好与风险文化，必须坚决守住“依法合规、服务经济”的风险底线，必须扎实贯彻“关口前移、不留死角”的全面风险管理要求，必须坚决执行“失职问责、违规必究”的责任认定与追究机制，必须始终坚持“流程为本、程序至上”的行为准则。2016年，制定《交通银行重庆市分行“十三五”时期（2016—2020年）风险管理规划纲要》。确定将依法合规经营作为转型发展时期全面风险管理的核心指导思想。强调转型发展是风险管理的出发点和落脚点，必须充分意识到银行转型发展的过程就是管理风险、经营风险的过程。业务创新必须“合规优先、风控先行”。在“依法合规、稳健经营、创新进取、违规问责”核心价值观和风险文化、风险偏好的共同指引下，深入推进全面风险管理，努力打造以“机制健全、协同管控、创新工具、风险可控”为核心的风险管理体系，加强风险管控及存量风险资产处置力度。

第二节　服务文化与合规文化

服务文化。1994年，根据交通银行开展创建“文明窗口”活动要求，分行开展以“三个一流”为目标的“限时服务”和“承诺服务”活动。1995年，制定《交通银行重庆分行员工行为规范》，对“服务禁语”“文明用语”做出明确规定。在创建“青年文明号”和标准化分理处（所）活动中，南城支行率先开展前台柜员站立式接送客户服务，随后全分行推广。1999年末，推出电话银行系统，实行365×24小时全天候双语种，为客户提供业务咨询、信息查询等各类服务。2000年9月，建立客户服务中心，集中接受客户业务咨询和投诉。2006年，总行提出“一个交行、一个客户”服务理念。分行开展“青年文明号”“五一劳动奖状”、文明规范服务“百佳”“千佳”示范单位、文明规范服务“星级”网点评定、文明示范岗、巾帼标兵岗、岗位能手、劳动竞赛等创建活动。2006年9月，重庆交行启动以提升服务质量为核心的“753工程”，即对分行75个营业网点，用3个月的时间，举全行之力，在完善网点服务功能，统一服务规范和CI形象诸方面全方位改进完善，提升社会形象。2007年5月，开展“文明服务月”活动。12月25日，成立服务质量管理委员会暨提升服务质量工作办公室，负责全行服务质量工作的组织协调和具体开展。2009年，开展“品牌服务年”活动。2010年，组建大堂经理助理队伍。在厅堂迎送、识别、分流、引导客户至各服务专属区等方面，为客户提供优质服务和特色服务。开展“真情服务，真心关爱”提升服务质量活动，成立服务提升领导小组，对服务流程、操作效率、网点形象、宣传等进行监督考评。2012年，开展“提升银行业服务品质，保护消费者合法权益”活动。2013年，成立分行消费者权益保护管理委员会暨消费者权益保护办公室。2014年，开展消费者权益保护工作。组织开展“3·15金融消费者权益日”“金融知识万里行”“金融知识进万家”“金融知识普及月”宣传。开展为期1年“我的微笑，真心相伴”主题活动。2015年，开展以“权利·责任·风险”为主题的“互联网金融服务宣传月”“金融知识普及月”及“走进交行·感受温馨”服务提升专项劳动竞赛等活动。2016

年3月，成立交通银行重庆市分行消费者权益保护部。2018年，全面落实总行“一把手”抓消费者权益保护和服务提升工作要求，将消保服务工作升华为落实“三严三实”要求和开展“两学一做”教育实践的重要抓手，从制度建设完善、机制安排、产品与服务管理、消费者权益宣传与教育、投诉应对等方面开展工作，充分保护金融消费者安全权、隐私权、知情权、选择权、公平交易权、赔偿权、受教育权、受尊重权和监督权。

合规文化。1991年，分行开展“教育、清理、整顿”活动。加强领导班子建设，强化内部管理，健全办公、经营、监督、安全保卫制度，健全落实各项管理措施。1996年4月，开展“讲改革、讲政治、讲法纪、讲效益，提高服务水平”活动，推行《交通银行员工行为规范》《交通银行员工岗位职业道德规范》。7月，推进“四讲一服务”深入开展21条具体措施。2000年8月4日，开展“爱岗敬业，遵纪守法”职业道德教育，打造“政治过硬，业务优良，作风清正，纪律严明”的员工队伍。强调做到“四个结合”，即职业道德教育与柜面规范服务、行容行貌及执行法规和制度相结合，与强化岗位技能培训相结合，与开展储蓄柜所“星级达标”和创建精神文明号相结合，与加强社会监督相结合。2006年，开展反洗钱各项宣传活动。订购并发放宣传资料82800余份，发送手机宣传短信33余万条。在《反洗钱法》颁布10周年宣传活动期间，运用微信、风险案例巡讲、H5宣传片、报刊、网络平台等新技术新手段新载体，通过《重庆时报》《重庆晚报》6、9、10、和11月连续4期专刊，连续登载《反洗钱法》颁布10周年宣传刊。通过“人民网重庆视窗”网络媒体专题专刊进行反洗钱宣传。2017年，推进《非居民金融账户涉税信息尽职调查管理办法》合规达标落实工作。专人制作非居民涉税H5宣传片，发送至微信及分行QQ群开展宣传工作。2008年6月，贯彻《交通银行合规管理办法》，明确分行负责人对分行业务经营管理活动的合规性负责。理顺合规管理工作机制，明确各部门的合规管理职责分工，加强法律合规部门和队伍建设。将合规管理工作融入日常业务经营管理过程，将合规职责分解至具体工作岗位，确保业务经营管理活动依法合规。倡导诚信、正直的职业操守和行为准则，确立合规创造价值和合规人人有责价值观念，培育和弘扬良好的合规企业文化。2008年12月，制定《交通银行重庆分行合规报告实施细则》。规范各部门定期报告内容和格式、提交报告路线和时间、报告处理和评价。明确合规报告是全行合规管理组织架构中沟通工作信息的重要方式，是开展和评价全行合规管理工作的重要依据。2009年11月，印发《交通银行员工合规手册》，对恪守道德、遵纪守法、勤勉尽职、公平对待客户、不与客户发生不当交易、妥善处理客户意见、保守秘密、公平竞争、反洗钱、避免利益冲突、禁止内幕交易、遵守授权规定、遵守关联交易规定、遵守媒体采访规定、依法配合国家机关和监管部门工作、维护电子信息安全、保护知识产权、诚信举报等都做出具体规定和要求。要求奉行“合规优先、主动合规、全员合规”理念，明确交通银行员工开展经营管理活动应共同遵循的基本合规要求，分支机构和每名员工都应以依法合规经营为基本准则，不以牺牲合规为代价换取不当利益，切实承担与其工作岗位相对应的合规职责。2010年10月，制定《交通银行重庆市分行业务规章制度合规性审核暂行办法》。明确规定，业务规章制度的制定和修订，应当经过法律合规部合规性审核，未经审核的不得发布。业务规章制度的制定或修订部门，应于每年年初拟定当年规章制度制定和修订计划，报分管行领导批准后，送法律合规部备案。2010年，开展内控与案防制度执行年活动。印发《交通银行重庆市分行员工失范行为检查管理办法》《交通银行重庆市分行差错行为处理办法》。2016—2018年，搜集、汇编和印发《交通银行重庆市分行合规风险案例汇编》《理财产品销售法律法规汇编》。组织开展“全民国家安全教育日”宣传教育和合规知识网络测试等教育活动。2018年9—10月，开展反洗钱宣传活动。借助微信公众号开展“普及三反知识，防范洗钱风险”反洗钱宣传。借助e校园平台开展反洗钱知识竞赛。开展反洗钱征文比赛，评选出12篇获奖文章。各支行结合实际，走进农村、企业、学校、社区开展反洗钱宣传工作。将反洗钱宣传标语录入LED电子屏、电子海报机，在各网点滚动播出。各营业网点放置“预防洗钱，维护金融安全”等反洗钱宣传折页。

配合监管机构、公安部门成功堵截多起电信诈骗风险案例。

第三节　廉政文化

分行廉政文化建设，以贯彻落实总行《关于加强交通银行廉政文化建设的意见》为总抓手。严把任用关口，对新提任领导干部实施任前“廉政谈话+廉政笔试”，并将成绩纳入个人廉政档案，做实廉政风险关口前移。严格报告关口，做实重要管理岗位人员廉洁监督，市分行中层领导干部、重要管理岗位人员按要求据实填报个人基本信息，并畅通信件、电话、网络等举报渠道，重视问题线索移交。强化警示关口，充分发挥监督联席会议作用，协同条线管理部门共同构建“清、亲”的监管关系和银企关系。注重宣教关口，以培育新时代交通银行廉洁文化为主题，按月编发党风廉政建设学习材料，加强元旦、春节、五一等重要节日廉洁提示，按周编发《两江案评》、按月发送廉政短信、按季编发《明镜》季刊，强化日常宣教。

1994年，制定《关于严格执行行领导干部廉洁自律“新五条规定”的通知》。2009年3月，制定《交通银行重庆市分行领导干部作风建设年活动实施方案》，着力解决领导班子和领导干部在思想、学习、工作、领导和生活作风方面存在的突出问题，提倡艰苦奋斗、厉行节约，扎实开展领导干部作风建设年活动。2012年7月起，开展廉政文化答题赛及廉洁从业演讲赛、廉政文化建设大讨论、“培育廉洁文化、筑牢合规防线”系列宣教、廉政文化书画展、廉政文化进家庭、送达《廉洁家庭倡议书》、签署家庭助廉承诺书等活动。促进党员干部自觉遵守廉洁从业各项规定，广大员工严格遵守职业道德操守，将廉政文化建设融入日常经营工作和反腐倡廉的全过程，牢固树立“诚实守信、廉洁从业”的价值理念，大力倡导“以廉洁为荣，以贪腐为耻”的良好风尚。2013年，印发《关于加强分行领导干部廉洁自律的通知》。2014年7月，制定《交通银行重庆市分行贯彻落实惩治和预防腐败体系2013—2017年工作规划的实施细则》。明确要求严明党的纪律，坚持不懈抓好作风建设，以零容忍的态度，保持惩治腐败高压态势，围绕权力核心，科学有效预防腐败。扎实推进惩治和预防腐败体系建设，加强廉政风险防控，预防和减少腐败行为，逐步形成教育、制度、监督并重，以构建惩治和预防腐败体系为主要内容的企业廉政文化。2016年3月21日，制定《交通银行重庆市分行领导干部廉政谈话实施细则》。7月27日，制定《交通银行重庆市分行关于禁止干部员工经商办企业行为的规定》。9月28日，制定《交通银行重庆市分行员工廉洁从业二十五条禁令》。印发《交通银行重庆市分行廉政风险防控记分管理办法（试行）》。2018年1月，制定《重庆市分行关于贯彻落实中央八项规定精神持之以恒纠正“四风”培育新时代交行廉洁文化的实施意见》。落实中央八项规定精神，弘扬新时代交通银行廉洁文化，传承历史廉洁基因，发挥廉洁文化传统优势，大力开展宣传教育，塑造新时代交通银行廉洁文化品牌。

第三章　社会责任

第一节　责任管理

一、服务地方发展

服务重大战略和重点项目。一是服务国家西部大开发战略。2010年8月26日，服务重庆“两江新区”国家战略，总行制定《关于贯彻落实“两江新区”国家战略支持重庆市分行业务加快发展的意见》。按照总的统一部署和要求，分行协调一致，主动提供服务，合规高效支持“两江新区”建设。二是服务重庆市重点项目建设。1997年开始，先后为黄花园大桥、渝长高速、轨道交通、渝邻高速、渝蓉高速、渝黔铁路、西客站、双碑隧道、京东方等项目建设，以及两江新区、江北嘴、西永微电园、保税港区、悦来新城等区域开发建设提供资金支持。三是服务自贸区金融改革。2017年9月，获批成立自由贸易试验区分行。积极引入交通银行离岸业务分中心、资管业务分中心在渝设立，成功办理首笔自贸区内民营企业全口径跨境外币融资业务。四是服务中新（重庆）示范项目。中国（重庆）自贸区成立，中新互联互通项目实施。分行将位于重庆自贸区的两江幸福广场支行、两江新区支行升格为自贸区分行和两江新区分行，搭建企业“走出去”和项目“引进来”流通平台。发挥交行海外行布局优势，与海外分行联动，以贸易融资、项目融资、出口卖方信贷和租赁融资等产品为客户提供全球低成本资金，推动跨境兼并重组项目，为企业海外发展保驾护航。利用人民银行和国家外管局关于跨境人民币集中运营业务和跨国公司外汇资金集中运营业务的政策，提升企业管理能力和资金使用效率。五是服务内陆开放高地建设。2017年，分行抢抓政策红利和发展机遇，利用自身跨境跨业经营优势，主动投身重庆内陆开放高地建设。成立战略客户部，为战略性客户提供包括“境内+境外”“投行+商行”“表内+表外”等一揽子金融服务。2018年，分行从授信政策和投向指引方面继续鼓励和支持国家和地方重大战略项目。重点支持高铁、公路、轨道等重点基础设施建设，支持科教文卫等民生消费领域发展，支持医疗卫生健康产业、战略性新兴产业、中国制造2025项目。审批通过重庆市璧山区城市建设投资有限公司7亿元固贷资产贷款额度，用于支持轨道交通一号线延伸段尖顶坡—璧山段项目建设。给予重庆万州经济技术开发有限公司并购贷款额度6.77亿元，用于收购金龙精密铜管集团股份有限公司股份，收购对象具有多项自主知识产权和国内外专利技术，产能和产量居国内第一。向长江干流物流运输骨干企业民生物流有限公司提供5000万元流动资金贷款，满足企业运营周转需求。六是服务“一带一路”发展。根据重庆市政府《贯彻落实“一带一路”战略和建设长江经济带的实施意见》，结合总行《研究支持和参与“一带一路”建设的会议纪要》，分行制定《交通银行重庆市分行关于“一带一路”发展战略切入点的意见》。确定战略实施方针，即充分利用渝新欧线路，积极拓展以西部物流园为核心的平行进口汽车客户群体、中德产业园客户群体和以西永综保区白马斯特等为代表的跨境电商群体。做好国际结算服务。通过综合运用境内外联动融资产品组合，如出口风险参与产品和远期结售汇、掉期、期权等金融衍生品及外汇理财的产品组合方案，引入低成本海外资金，大幅降低客户融资成本。

支持实体经济和小微、个体、民营经济。一是支持实体经济。分行从重建初期，注重实体经济发展，信贷投放向重庆市重点工业企业和支柱产业如兆峰陶瓷、长安微车、庆铃轻型车，以及嘉陵和建设摩托等倾斜。2015年，累计减免企业及个人服务收费超过1亿元以上。2017年，成立普惠金融事业部。2018年，给予重庆万州经济技术开发有限公司首笔新增并购贷款6.77亿元，给予重庆美好智造装配式房屋有限公司首笔新增固定资产贷款3亿元，给予重庆市新大兴爱家商业连锁有限公司首笔新增短期流贷额度2250万元。二是支持小微、个体、民营经济。2011年初，成立小企业信贷服务中心。推出“税融通”“优贷通”“小额保险贷款”等特色产品，为小企业提供专业化、全方位的金融服务。加大对小企业业务奖励力度，激发经营单位营销积极性。2014年，持续推广“税融通”“优贷通”“小额保险贷款”等产品，有效解决小微企业融资难题。2017年，完善小微信贷管理部门机制。单设小企业部，牵头小微业务的发展规划和业务推动。单设零贷管理部，承担小微业务的审查审批、风险管理职责。小企业部变更为普惠金融部，牵头普惠业务发展，贴近市场，走进园区、商圈、要素市场，贴近小微企业主，掌握小微客户真实需求，结合客群经营特点创新产品服务。组建小微业务专营团队，初步形成综合性支行+专营团队+特色支行的组织架构，组建客户经理+产品经理+风险经理的营销队伍。重点推广快易贴、快易付、快捷抵押贷3个快捷类产品，解决各类型小微企业融资难题。2018年，在5个一级经营单位设立普惠金融事业部，将专营团队扩充至6个。推出重庆银行业内首个火锅金融品牌，为火锅行业产业链上下游企业（包括个体商户）提供全方位、多层次金融服务。支持小微、涉农、扶贫、县域等普惠金融发展。稳步推进监管机构涉农贷款，支持种植业、畜牧业，支持现代农业产业化龙头企业，择优支持农副产品加工核心企业、农机及服务行业重点企业，适度拓展现代农业全产业链融资。涉农信贷重点投向复混肥料制造、花卉种植、林木育苗、其他农牧产品批发、其他农业等领域。全年涉农余额88.06亿元，其中对公（含小企业）余额80.4亿元。

支持三农、乡村振兴和促进民生改善。一是支持三农、乡村振兴。2011年，分行对各区县贷款余额超50亿元。主要分布在涪陵、江津、合川、永川、长寿、南川、双桥、潼南、黔江和万盛等区域。贷款发放领域主要集中在房地产、能源和市政公共设施等行业，突出支持区县保障性住房建设。能源行业主要分布在电力、燃气和水的生产和供应及采矿业方面。涉农贷款余额19.26亿元，涉及“涉农”企业16户，全年共计发放涉农贷款6.5亿元。重点投向农村道路建设、化肥制造、农副食品等领域。为江津22户花椒业主授信4340万元。2014年，支持农村道路建设、农副食品加工、食用植物油加工等领域发展。分行涉农贷款余额较年初增长8.24亿元。2017年，重点支持农业经济发展、农户消费需求、农产品流通及农业农村基础设施建设等，对重点基础设施项目贷款、企业精准扶贫贷款等实行利率不上浮或少上浮的信贷政策，减轻其融资成本。全年涉农贷款合计余额81.63亿元，较年初增加2.97亿元。主要包括：企业农林渔牧贷款3.62亿元，农户消费贷款9.15亿元，农副产品流通贷款3.27亿元，农村基础设施建设贷款59.7亿元。分行积极响应江津地区政府两权抵押试点工作，为烟叶种植户提供宅基地抵押贷款用于支付烟叶的种苗、油饼、化肥、人工等费用，预计可为农户带来收入10.5万元左右。给予重庆市涪陵区兴农信用担保有限公司1亿元担保额度，用于涉农中小企业的贷款融资担保。2018年，强化服务小微、服务实体经济职责，切实履行“服务地方、服务小微、服务民生”的社会责任。全年小微企业贷款余额136.15亿元，支持小微信贷企业152户。其中信用类贷款42.7亿元，占比31.37%，保证类贷款9.32亿元，占比6.85%，抵押类贷款41.42亿元，占比30.42%，质押类贷款14.88亿元，占比31.36%。积极支持区域开发基建项目，共计发放实质性贷款总额44亿元，支持重庆市大足区家居产业园区道路及管网建设、重庆市潼南区井田村片区道路基础设施综合建设、重庆市长寿城区内道路的修缮和维护等。向重庆永川工业园区所属重庆市永川区兴永建设发展有限公司、重庆豪江建设开发有限公司授予固定资产贷款额度20.4亿元，用于支持园区道路等基础设施项目建设。二是促进民生改善。对保障性住房、文化卫生、科学教育等关系居民福祉和国家软实力的产业，给予倾斜性金融支持。支持推进棚户区改造、保障性住房项目，助力改善居民居住条件。借助债券承销、票据等多元化业务品种，借助资本市场，助推民生工程。优先配置专项房贷额度，房地产调控政策，简化户贷业务流程，加大对居民住房贷款的支持。开展“惠民贷”业务，满足居民装修、购车、医疗等多元化消费金融需求。全年投放个人住房按揭贷款超过90亿元，80%以上为首套房按揭贷款。惠民贷累计提款人数近4500人，提款金额3.1亿元。

支持企业开展境内外合作。1988年，支持出口创汇生产企业嘉陵乳胶厂、嘉陵化工厂、重庆市陶瓷厂等8家企业流动资金贷款共计1623万元。其中，贷款100万元支持嘉陵乳胶厂扩大生产，该厂1988年利润由计划6万元实现122.3万元。贷款200万元支持嘉陵化工厂保证出口产品高锰酸钾正常生产和创汇。1991年，贷款400万元支持川仪总厂引进日本贵廉金属轧制复合带材生产线，保证重庆市重大技改项目按时投产。提供4000万美元担保支持冶金公司增强其国际竞争能力。2005年，与进出口银行的合作取得较大进展，成功代理西铝集团4亿元人民币出口卖方信贷。2009年，参与重庆保税区离岸金融业务营销等多种渠道，成功弥补贸易结算和外汇存款缺口，促进分行外汇业务增量与增幅居同业前列。全年办理进口保理业务累计7243万美元，交易量和计划完成率在系统内位居榜首。2010年，深化与玖龙纸业、燃气集团、惠普公司、新涪食品等重点客户的合作，加大远期结售汇及国际保理推进力度，促进分行外汇财资、保理业务大幅增长。全年国际保理业务累计完成8970万美元。2012年，深化与笔电、汽车、粮油等行业重点客户的合作。全年国际结算量达39.26亿美元，跨境人民币结算量达10.55亿元。2015年，推动跨境人民币结算业务发展。共实现跨境人民币实际收付结算214.1亿元。2017年，为自贸区客户完成跨境人民币结算3.42亿元，跨境外币支付结算35.09亿美元。与交行海外分行跨境联动，为自贸区企业提供跨境直贷5000万美元，内保外贷业务5.2亿元。充分发挥重庆离岸分中心功能，为自贸区客户办理内保直贷、内保外贷业务，为离岸公司办理离岸结算和贸融业务。2018年，拓展国际贸易融资、国内贸易融资，加强与海外机构联动合作，为渝企提供低成本融资，支持重庆企业海外投资。11月末，在国际贸易融资方面，分行围绕IT核心客户群体，为英业达、纬创电子等企业提供国际贸易低成本融资总额达136亿元。在国内贸易方面，为西南铝业、三建、中建二局等提供总额26.2亿元的低成本贸易融资。强化与离岸中心的联动，为重庆宝亚金融有限公司提供融资0.38亿美元。

二、服务社会民生工程

服务民生事业。1996年，向市政基础设施袁家岗立交工程贷款1亿元。2011年7月，交银国信引入全国社保理事会基金信托贷款45亿元，用于重庆市茶园新区公租房及配套廉租房项目建设，支持地方保障性住房的建设。对永川煤矿棚户区改造支持授信2亿元，保障性住房贷款余额15.16亿元，较年初增加5.32亿元。2013年末，累计审批保障性住房贷款额度达46.2亿元。分别对重庆市公共住房开发建设投资有限公司、重庆市涪陵区新城区开发（集团）有限公司的公租房建设项目授信支持10亿元、3.5亿元。2014年，积极参与国开行银团贷款。涪陵区城市棚户区改造项目（二期）11亿元贷款资金监管及兑付，发放南川棚户区改造股权投资5亿元。2015年，共投放个人住房贷款37.27亿元，住房按揭贷款余额达203亿元。创新推出个人公积金贴息专项贷款业务，共计发放公积金贴息贷款6.2亿元。发放个人住房公积金委托贷款17.98亿元。2017年，个人住房贷款余额253.47亿元，本年投放贷款15583笔，共计70.04亿元。其中，公积金贴息贷款发放3898笔14.17亿元。2018年，投放个人住房按揭贷款超过90亿元，80%以上为首套房按揭贷款。积极开展“惠民贷”业务，满足居民装修、购车、医疗等多元化的消费金融需求。当年惠民贷累计提款人数近4500人，提款金额3.1亿元。

支持教科文卫事业。1995年，根据市政府的安排，参加支持乡村教育和对口扶贫活动，向永川市永荣镇赠送支教经费3.7万元和部分办公桌椅。2018年，先后向重庆北鹏教育科技有限公司、重庆房地产职业学院、重庆邮电大学、重庆理工大学等新增固定资产和流动资金贷款授信额度9.46

亿元，已实现提款7.78亿元，其中向重庆北鹏教育科技有限公司新增8亿元固定资产贷款，用于支持民办教育机构重庆江北巴川学校建设。

服务贫困地区发展（金融扶贫）。1995年，贷款总额6000万元支持五交化、川陶、渭沱电站等特殊困难企业，避免引发风波。2014年，加大渝东北、渝东南区域支持力度，给予开县、云阳、武隆、黔江等区县信贷支持，授信额度达到13.3亿元。2017年，与重庆市涪陵区兴农信用担保有限公司签订担保合作协议，约定提供最高担保额度为10000万元的信贷扶贫支持。全年累计为建档立卡人口发放个人贷款783笔，贷款余额24905万元。其中，对巴南区、涪陵区、永川区、合川区、武隆区、万州区、黔江区、石柱县等建档未脱贫人口发放贷款177笔，贷款余额5789万元，主要用于购置居住用房。全年累计发放企业贷款2笔，贷款余额1200万元。其中，为重庆市龙潭米业有限公司发放短期流动资金贷款750万元，主要用于向涪陵龙潭镇5个村20户贫困户收购粮食，带动40人脱贫。

支持绿色环保。1992年以来，累计发放贷款7736万元，支持绿色环保项目建设。1995年，支持重庆化工研究院“八五”重点科技攻关项目——“利用天然气旋焰乙炔炉余热喷油联产乙炔乙烯及其综合利用中间试验”。2009年，加强企业环保搬迁、环保项目的信贷支持。对重钢环保搬迁信贷投入5亿元。为轨道交通、重钢集团发放融资租赁贷款，合计金额12.63亿元。2012年，持续推进绿色信贷。执行《绿色信贷指引》，建立环境和社会风险“一票否决制”，严格执行“绿色信贷”工作责任制和问责制，并按照授信客户及项目的环境和社会风险程度，对所有建立信贷关系的授信客户给予绿色信贷标识。全年节能减排及环境保护贷款客户25户，较年初增加4户，贷款余额13.3亿元，较年初增加4.53亿元。2014年，向开县移民生态产业园综合项目投放贷款3.5亿元。支持电子信息产业发展，为英业达、达丰等重点企业提供综合金融服务，国际贸易融资量达16.78亿美元。2017年，节能环保项目贷款余额总计16.84亿元。主要涉及城市轨道交通项目、资源循环利用项目、风电项目、工业节能节水环保项目、垃圾处理及污染防治项目。重点支持电力、热力、燃气及水生产和供应业，给予重庆市能源投资集团有限公司、重庆涪陵聚龙电力有限公司、重庆市涪陵页岩气产业投资发展有限公司等企业实质性授信总额9.69亿元。2018年末，分行授信客户环保标识分类全为绿色类客户。

三、服务社会

服务规范。一是网点与制度规范。1998年开始，营业网点现金柜台高度由110～120厘米统一为80厘米。实行现金区和非现金区分区服务。客户由站立排队变为取号休息区等候。柜员由侧面服务逐渐变成面对面交流服务。现金柜、在行式自助银行地面设立1米等候黄线。2002年开始，在重庆市同行业系统中率先推出叫号机服务，大堂设立休息区，摆放等候椅。2006年10月12日，印发《交通银行重庆分行提升服务活动方案》。2007年9月9日，渝中支行首家沃德财富服务中心开业。叶迪奇副行长赴渝参加交行重庆首家沃德财富服务中心开业庆典。12月25日，成立服务质量管理委员会。分行行长任管委会主任，分管个金的副行长任管委会副主任。常设机构为提升服务质量工作办公室，由私人金融部负责人任办公室主任。2009年9月30日，根据总行《交通银行客户服务中心客户意见处理办法（暂行）》，分行印发《客户服务工单处理实施细则》。11月2日，制定《交通银行重庆市分行服务预警管理办法（暂行）》。2010年3月11日，印发《交通银行重庆市分行机关良好服务实施方案》。4月21日，印发《交通银行重庆市分行“管理服务提升年”活动实施方案》。5月12日，印发《关于真情服务真心关爱活动工作方案的通知》。成立服务质量领导小组，分行行长任组长，分管个人金融业务部副行长任副组长。下设办公室，主任由个金部负责人担任，副主任由各部门负责人担任。制定《交通银行重庆市分行2010年度服务质量综合考核办法》《交通银行重庆市分行服务预警管理办法》《上海对外服务公司对分行员工进行客户服务培训的工作方案》。7月2日，修订印发《交通银行重庆市分行机关良好服务考评办法》。2011年2月14日，印发

《交通银行重庆市分行2011年提升支行内部良好服务实施方案》。2月14日，印发《交通银行重庆市分行部门管理服务提升活动实施方案》。成立分行部门管理服务提升活动领导小组，分行行长任组长，副行长任副组长，江北支行、渝中支行、沙坪坝支行、九龙坡支行、南坪支行主要负责人为成员。3月29日，印发《重庆分行2011年提升服务质量活动工作方案》，成立服务提升领导小组，明确规定每季召开服务提升例会，实施10个关键触点客户体验提升项目。制定《支行、营业部2011年服务提升考核办法》，细化检查标准。2012年，总行印发《服务考评办法》《网点管理检查标准及平分细则》《中国银行业营业网点文明规范服务评价标准（CBSS1000）》。2014年9月19日，印发《关于明确支行服务工作管理人员职责的通知》。明确支行服务工作领导小组的成员，组长为支行行长，副组长为支行分管服务负责人，组员为所辖网点分管服务负责人。分行服务办将不定期对各营业网点自查情况进行检查，检查结果将纳入相对应的服务质量考核对象中。2016年6月，成立“千佳”网点创建领导小组。分行行长任组长，分管个金的副行长任副组长，成员有办公室、人资部、预财部、渠道部、营运部、业务处理中心、信息部、保卫部、行政部、个金部（消保部）等部门主要负责人。创建领导小组日常办事机构设在个人金融业务部（消费者权益保护部）。

二是员工着装规范。1995年开始，以支行为单位购置行服，统一着装上班。2003年，分行进行全行服装统一，藏青色西装、马甲、白色长袖和短袖衬衣、领带、丝巾、一步裙，规定男着长袖衬衫系领带，夏季女着短袖衬衫、一步裙，着深色皮鞋。每2年定制1套。2007年，按照《交通银行员工着装手册》，分行定制藏青色西装、马甲、浅粉红色长袖和短袖衬衫、领带、丝巾、一步裙。沃德柜员为枣红色无领外套。规定员工在上班和公务时间应佩带交行的工作标志，浅色衬衫上须佩戴交行统一规格的蓝底白字工号牌，深色上衣则须佩带统一规格的白底蓝字工号牌。营销人员外出工作还应佩带交通银行统一制作的银色行徽。员工在上班和公务时间内应着制服及衬衫，男系领带、女戴丝巾。要保持服饰整洁，不得将衬衫袖口上翻、领口敞开。临柜女员工上班时可做适度修饰，淡妆上岗，着装要大方得体。2010年7月，印发《关于员工着装规范补充要求的通知》。2017年，分行定制西装、马甲改为交行蓝，长袖和短袖衬衫、领带颜色调整为浅蓝条纹。男士，外穿最新全套罗蒙西服，内穿浅蓝色条纹衬衫，系领带。女士，外穿最新全套罗蒙西服，内穿浅蓝色条纹衬衫，支行女员工必须戴丝巾。

三是员工服务规范。2008年2月29日，印发2008年个金条线客户经理、大堂经理平衡计分卡的通知。2010年6月28日，印发《交通银行重庆市分行2010年公司业务、个金零售业务、综合柜员绩效考核办法》。2011年3月7日，修订《交通银行重庆市分行2011年公司业务、个金零售业务、综合柜员绩效考核办法》。2013年4月7日，转发总行《交通银行大堂经理及引导员服务参考话术》《交通银行零售客户经理服务参考话术》《交通银行高低柜营运人员服务参考话术》。

四是大堂经理规范。2006年7月3日，印发《关于在各网点设立大堂经理的指导意见》，制定《交通银行重庆分行大堂经理制度实施细则》《交通银行重庆分行大堂经理考核办法》。2007年6月，转发总行《关于印发交通银行大堂经理服务规范（试行）等五个文件通知》。2010年8月16日，印发《交通银行重庆市分行提升支行内部良好服务实施方案》。2011年3月29日，印发《重庆分行2011年提升服务质量活动工作方案》。2013年8月26日，印发《交通银行重庆市分行外包大堂经理助理管理办法（暂行）》。2017年10月23日，印发《交通银行重庆市分行大堂管理经理及大堂经理管理办法》。2018年8月16日，印发《交通银行重庆市分行大堂管理经理及大堂经理管理办法（2018年修订）》。

五是综合柜员规范。2000年，在45个网点推行综合柜员制，覆盖全行网点总量的46%。2001年10月9日，分行制定前台规范操作规定。2013年12月26日，印发《交通银行重庆市分行营业网点综合柜员管理办法》。2017年5月15日，印发《交通银行重庆市分行营运条线星级柜员管理办法（试行）》。2018年1月19日，印发《交通银行重庆市分行营运条线星级柜员管理办法（修订）》。

六是客户经理规范。1997年7月，首次推出实施项目经理管理方式。1998年10月，分行探索项目经理制做法获郑良玉总经理肯定。2000年10月，印发《交通银行重庆分行客户经理制试行办法和考核办法》。2002年，印发《交通银行重庆分行客户经理制暂行办法》。2008年3月31日，印发《交通银行重庆分行客户经理准入、晋升降级、转岗暂行管理办法》。2010年8月16日，印发《交通银行重庆市分行提升支行内部良好服务实施方案》。12月22日，印发《交通银行重庆市分行个金客户经理管理办法（试行）》。

服务品牌。一是“千佳”“百佳”及“星级”示范单位评选。2008年，中国银行业协会联合地方同业协会，在银行系统开展“中国银行业文明规范服务千佳示范单位”“中国银行业文明规范服务百佳示范单位”评选活动。沙坪坝支行学府路分理处首次获得“中国银行业文明规范服务千佳示范单位”称号。2011年，3家支行（营业厅）获得“中国银行业文明规范服务千佳示范单位”称号。2012年，2家支行（营业厅）获得“中国银行业文明规范服务千佳示范单位”称号。2013年，东和春天支行获得中国银行业文明规范服务百佳示范单位评选创建优胜奖。2014年，分行荣获重庆市银行业年度文明规范服务评选活动最佳组织单位。永川、江北支行营业厅荣获中银协文明规范服务“千佳”示范网点。永川、江北支行营业厅、东和春天3家网点被评为中银协文明规范服务“五星级”示范网点。弹子石支行、江北支行营业厅、高新营业厅、北部新区支行、永川支行、两江新区支行等6家网点获评重庆银行业协会文明规范服务“优秀网点”。2015年，江北支行营业厅获“2015年度中国银行业文明规范服务百佳示范单位”称号。南坪营业厅、北部新区营业厅获评“五星级”示范网点，两江新区支行营业厅获评“四星级”示范网点，弹子石、涪陵支行获评“三星级”示范网点。2016年，南坪营业厅、永川支行、东和春天支行、北部新区营业厅获评中银协文明规范服务“千佳”示范网点。渝中营业厅、分行营业部、西郊路支行、九龙坡支行营业厅、江津支行、陈家湾支行获评重庆银行业协会文明规范服务“优秀网点”。2017年，东和春天支行获“2017年度中国银行业文明规范服务百佳示范单位”称号。两江新区支行营业厅、江津支行、涪陵支行获评“五星级营业网点”，弹子石支行、高新科技支行营业厅获评“四星级营业网点”。2018年，分行获年度重庆市银行业文明规范服务评选活动最佳组织单位。江津支行、两江分行营业厅、涪陵支行获“中国银行业文明规范服务五星级营业网点”称号。弹子石支行、高新科技支行获评“中国银行业文明规范服务四星级营业网点”。分行营业部及陈家湾、大渡口、西郊路、新牌坊支行等5家网点获“优秀营业机构”。南坪支行邓延平、江津支行李杰、涪陵支行李钰琳、永川支行吴成、两江新区支行郑榆等5名员工获“优秀个人”。二是服务明星评选。2005年10月，总行印发《关于开展私金业务争当优秀营销能手和优质服务明星竞赛活动的通知》。2006年12月4日，分行开展提升服务质量前台业务技能大比武。2009年开始，按照总行劳动竞赛办法，组织开展“交银杯”劳动竞赛活动。2010年5月6日，印发《关于评选“分行季度营销明星”奖励办法的通知》。2013年起，按照总行《开展青年“岗位大练兵争做服务明星”提升岗位能力、提升服务水平活动》，组织参加评选活动。2015年，开展“走进交行，感受温馨”服务提升专项劳动竞赛活动。评选优秀网点2家（南坪支行营业厅、北部新区营业厅），服务明星4名（出综合柜员肖瑶、零售客户经理陈奕帆、大堂经理杜婷莉和刘贞贞），获总行“魅力之星”1名（大堂经理刘贞贞）。

服务管理。一是考核。2009年9月2日，印发《交通银行重庆市分行员工服务质量考核管理办法》。2010年3月30日，制定《交通银行重庆市分行机关良好服务考核暂行办法》。8月16日，制定《交通银行重庆市分行提升支行内部良好服务实施方案》。2011年3月7日，印发《交通银行重庆市分行2011年公司业务、个金零售业务、综合柜员绩效考核实施办法》。2015年2月3日，印发《交通银行重庆市分行消保服务考评办法》。2014年起，每年制定《交通银行重庆市分行消保服务考评办法》。二是客户投诉处理。1996年，在各营业网点设立行长公开电话，受理客户投诉。2000年11月8日，建立“95559”客户服务中心，集中接受客户业务咨询和投诉。2008年1月2日，印发《交通银行重庆分行客户投诉处理工作暂行办法》。2016年8月1日，总行印发《关于进一步规范客户意见受理工作的通知》。2017年10月30日，印发《交通银行重庆市分行客户意见管理实施细则》。

服务竞赛。1991年，开展“百日优质服务活动”和“服务竞赛”活动。1995年，组织36个基层网点参加重庆市金融系统创建“精神文明号”活动。印发创办标准化分理处和储蓄所的活动规范。开展立足岗位练兵，争当岗位技术能手、岗位明星劳动竞赛。获得1个国家级、2个省级和7个市级先进集体称号。1996年6月23日，组织首届岗位业务技能团体赛，分设出纳点钞、翻打凭条、会计电脑记账、储蓄电脑记账等项。渝中支行、江北支行、沙坪坝支行分获团体前3名。2015年，组织“3·15金融消费者权益日”“普及金融知识万里行”“金融知识进万家”“金融知识普及月”等主题宣传活动。分行获年度重庆市银行业“普及金融知识万里行活动”优秀组织单位奖。在总行“走进交行，感受温馨”消保服务专项劳动竞赛活动中，4名员工获优秀服务明星，2家支行获优秀营业网点。在中银协消费者权益保护知识学习和网络竞赛活动中，分行获“重庆市银行业竞赛成绩优秀奖”，7名员工获优秀个人奖。2016年5月13日，印发《交通银行重庆市分行“走进交行，感受温馨”消保服务专项劳动竞赛活动方案》。2018年8月7日，印发《交通银行重庆市分行2018年“走进交行，感受温馨”消保服务劳动竞赛活动方案》。

消费者权益保护。一是工作机制。2013年7月23日，分行成立消费者权益保护管理委员会暨消费者权益保护办公室。管理委员会由分行行长任主任，1名副行长任副主任，负责全行消费者权益保护工作的领导、组织协调和指导工作。服务办增加消费者权益保护工作职能，推进分行消费者权益保护管理、产品与服务管理、金融知识宣传与教育、投诉应对等主要工作。权益保护办公室设在个金部，与服务办合署办公。2016年3月20日，成立消费者权益保护部，与个人金融业务部合署办公，负责全行客户意见的管理、分析、协调工作。二是制度建设。2014年，根据重庆银监局年度金融消费者权益保护工作考核评价要求和总行相关规章制度，初步完成消费者权益保护工作制度，确立全行消费者权益保护工作的组织架构和工作流程。转发总行服务提升考评办法和消费者权益管理办法、保护政策、应急预案、客户意见管理等制度。制定重庆市分行消费者权益保护工作管理办法等文件。2015年，转发总行消保服务考评办法、考评指标及评分细则、评价办法、服务标准规范手册、客户意见分类标准等。出台消保应急预案、实施细则、服务考评办法等管理办法。2016年，落实国家有关规定以及银行业金融机构制定的相关行为规范和操作准则，转发总行服务价格管理、广告宣传管理、个人理财产品合规销售管理（暂行）等办法。制定完善经营单位消保服务管理规范、考评办法及分行机关部门服务考评办法、解决群众关切问题工作实施细则、理财和代销产品销售录音录像系统管理办法（试行）、理财产品及代理产品合规销售风险管控措施。印发代理保险业务合规销售与风险管理、基金代销业务合规销售与风险管理、严格执行《商业银行服务政府指导价政府定价目录》等通知。要求各支行在网点醒目位置公示《证券投资基金投资人权益须知》《交通银行个人财富管理客户权益约定书》《人身保险投保提示书》《风险提示》。2017年，制定个人客户信息泄露突发事件应急预案及金融知识宣传教育、产品信息公开查询平台管理（暂行）、客户信息管理、零售客户信息收集更新管理、销售专区录音录像管理等办法。2018年，修订消费者权益保护应急预案、考评办法、管理实施细则及理财销售录音录像突发事件应急预案、服务提升方案等。

四、公众教育和关注特殊消费者

公众教育。2013年10月，开展人民币收付暨反假货币宣传月活动。共使用各类宣传资料62000张（册），其中发放宣传手册25000册、宣传折页20000页、反假信函15000封，张贴反假宣传画2000套，接受群众反假货币咨询4万余人次。2014年，组织“3·15金融消费者权益日”“金融知识万里行”“金融知识进万家”和“金融知识普及月”宣传。开展为期1年的“我的微笑，真心相伴”主题活动。2015年，开展“互联网金融服务宣传月”“金融知识普及月”和“走进交行，感受温馨”服务提升专项劳动竞赛等活动。2015年9月至2018年9月，每年积极配合监管机构和同业协会开展“金融知识进万家”宣传月教育活动。创新“五进”（走进校园、走进商圈、走进社区、走进企业、走进农村）工作方式，摆摊设点，举办金融知识讲座或竞赛，张贴或派发海报，宣传金融常识和消费者权益保护知识。在《重庆晚报》《重庆商报》、上游新闻等主流新闻媒体，宣传分行消费者权益保护工作开展情况。在重庆银监局“金融知识普及月”“金融知识进万家”活动中，分行获先进单位，胡丹丹（两江分行）、刘冰（分行营业部）获先进个人。在营业网点大厅设置“公众教育专区”，摆放《银行业消费者权益保护专刊》《银行服务百姓读本》《走进银行理财产品投资人读本》等消费者权益保护宣传资料，与营销资料严格区分。在全行营业网点设置咨询台。在各网点公示收费价格目录和主要收费项目、免费项目。在各营业网点公示重庆银行业金融机构消费者投诉热线（重庆银行业消费者投诉纠纷调解中心）电话和重庆银监局投诉电话。连续4年在重庆银监局消费者权益保护工作考核中，获消保评级考核“一级行”。

关注特殊消费者。一是持续关注特殊群体服务。2015年，特邀重庆市聋哑学校资深老师在江北支行开展“手语”培训。网点负责人、营运主管、综合柜员、个金客户经理、大堂经理等人员参加。为腿脚不便的老人、患病老人提供“柜面延伸服务”，即由工作人员为老人提供上门服务。二是改造网点服务设施。2018年，在完善提升网点标识标牌中，重视无障碍服务设施建设。在39个网点设置轮椅坡道，63个网点设置无障碍机动车停车位。在39个网点设置盲道，53个网点配备盲文业务指南、助盲卡、盲文密码输入器和语音报数点钞机、语音叫号系统，全行540台取款机安装语音提示系统。在53个网点安装叫号显示屏，设置爱心座椅和爱心窗口。在63个网点门前配备呼叫按钮或服务电话。四是服务外籍人士。办理外币业务营业网点开立涉外窗口。

第二节 环境责任

绿色信贷。2011年，严格执行环保政策“一票否决制”。在信贷准入上，重点支持环保标识为绿色一类客户和项目，谨慎介入黄色类客户和项目，严禁受理红色类客户和项目。密切关注红色、黄色类客户环保风险，努力实现环保风险客户授信余额和占比“双降”。对红色及黄色二类客户，推行“名单制管理”，纳入风险监察名单。推进重庆市分行“绿色信贷”工程，实行绿色信贷工作责任制和问责制，将信贷从业人员对授信客户环保政策执行情况调查质量纳入履职考核，按季通报，纳入基础考核。2012年，持续推进绿色信贷工程。2013年，执行《绿色信贷指引》要求，将客户环保信息作为授信调查、审查、审批的基本内容。将绿色信贷标识作为客户评级、市场准入、经济资本分配、贷款定价、信贷管理和退出的重要依据。明确凡因贷前调查失实、审查审批失察等，造成向环保违法客户及项目提供授信的工作人员，根据《交通银行员工违规行为处理办法》从严处理。2015年，按照《交通银行股份有限公司绿色信贷政策》《交通银行绿色信贷实施办法》，加强“两高一剩”行业限额管控。积极推进绿色运营，全面推行自助设备无纸化流水系统。2016年，印发《关于将绿色信贷执行情况纳入经营单位综合管理考核的通知》。全年仅2户授信客户环保标识分类为黄色一类，其余均为绿色类客户。2017年，拟定全年减退加固客户名单，纳入经营单位和客户经理业务考核。执行“两高一剩”行业限额管控。增大优选绿色环保、循环经济和低碳经济相关产业、项目信贷投放，深化信贷结构调整。加强与政府职能部门的交流沟通，全面掌握节能减排政策和标准。全年分行授信客户环保标识分类均为绿色类。

绿色运营服务。1993年，分行第一台自助取款机设立。1997年，建成第一个在行式自助银行。1998年，推出电话银行，推出代收市话费、移动电话费、互联网上网月租费、自来水费以及代收付证券保险金等业务。1999年，推出分行电话银行系统，建成第一个离行式自助银行。采用人工座席代表、自动语音应答、传真和Web服务等方式，365×24小时全天候双语种接受客户的各类业务咨询、信息查询、投诉和建议并提供多种交易功能。2000年，分行第一台CRS循环机投放。开发网上银行、客户终端、统发工资、医疗保险、IP电话等程序。2003年7月，电话银行系统升级到总行统一版。与财政、电信、水务、北部新区人行支金库、福彩中心及近10家期货、证券、保险公司，续签和新签协议20余项。2004年6月9日，集门户网站、对公网银、对私网银为一体的新版交通银行门户网站（www.bankcomm.com）正式开通。2007年7月，分行在网上银行推出本地特色业务。主要包括代缴移动、联通手机费，代缴电信、网通电话费和上网费，代缴水费等功能。2008年4月25日，总行将“95559”客服电话进行统一管理，分行取消分中心。2009年6月27日，手机银行正式在重庆上线。通过移动电话，客户可随时随地进行银行账户查询、账户转账、外汇买卖、基金代销等。同年，70个网点全部升格为支行。将网上银行、电话银行、手机银行电子渠道交易量纳入网点考核。2012年，ITM正式上线。在重庆地区率先投放27台自助发卡机。2013年，自助发卡机投放。2015年，交行手机App推出手机支付服务。2018年，安装新型智能设备“智易通”。加快高柜和低柜、线上和线下、固定柜台和移动服务业务整合。实现在自助票据机上完成电子同城对公业务转账功能。2016年，交互式智能人娇娇配置。2017年，智易通、现金循环机、手持终端等智能设备在分行推广使用。全面推行自助设备无纸化流水系统。在全辖网点推广使用智易通设备和推广现金循环机试点，支持设备自助或半自助办理现金存取业务。2018年，新型智能设备“智易通”实现辖内网点全覆盖。

第三节 公益责任

一、对外捐赠

管理。2003年5月，总行印发《关于加强对外捐赠财务通知》。规定公益救济性支出必须符合有关财务会计制度和国家有关公益救济性捐赠的规定。亏损行未经上级行批准不得对外捐赠。管辖、直属分行单笔公益救济性捐赠超过10万元的，需上报总行批准方可支付。分行印发《关于加强对外捐赠财务通知》。明确辖属经营单位每笔公益救济性捐赠支出必须按《交通银行重庆分行重大会计事项报告制度》规定报告，未经批准不得对外捐赠。2007年12月，总行印发《交通银行对外捐赠管理办法》。明确对外捐赠受益对象分别为公益性捐赠、救济性捐赠和其他捐赠3类。规定分行对外捐赠需逐笔上报总行批准后方可支付；单笔捐赠5万元以上的，需上报总行领导审批。2017年7月10日，印发《交通银行重庆市分行对外扶贫捐赠实施细则》。明确对外扶贫捐赠投向，坚持“两优先、三倾斜”（即优先支持总行项目，优先支持重庆市委、市政府指定交行帮扶的一级扶贫项目，倾斜支持国家级贫困县集中的重点扶贫地区的项目，倾斜支持符合近年国家发展扶持政策的贫困地区的项目，倾斜支持少数民族集中地区的项目及带动群众主动参与）。

捐赠。一是扶贫捐赠。分行1996—2018年扶贫捐赠共计313.4685万元。其中，2006—2013年为定点扶贫对象彭水县捐赠145万元，主要用于照明线路改造，解决群众饮水、生活困难等。2014—2017年，为定点扶贫对象潼南区捐赠98.6万元，主要用于山平塘整治、道路基础设施建设及党员活动室改造等扶贫项目，解决农业灌溉和出行难问题。2018年，为定点扶贫对象城口县鸡鸣乡金岩村捐赠扶贫款30万元，用于实施2段乡村道路建设，向金岩村追加捐建扶贫资金33.3万元，用于解决2个社119户437人的出行难问题。二是赈灾捐赠。1989年向重庆市渝北区统景地震、1991年重庆市救灾办、1994年永川救灾、1996年云南丽江、迪庆地震等，共捐赠13.92万元。1998年、1999年抗洪救灾，分别捐赠10万元、19万元。2003年，员工1105人参加“抗非典献爱心”活动，捐款3.5119万元。2008年汶川地震，全行员工捐款365823元。三是助残捐赠。2002—2003

年，共向残疾人就业保障金捐赠65232元。四是助学捐赠。1996年，向三峡库区希望小学捐赠1万元。1997年，支持彭水善感乡中心校教学楼改造，捐赠20万元。1999年，为彭水县龙溪乡108名特困儿童缴纳1999年秋至2000年春书籍和学杂费15663元。2000年、2001年，分别救助彭水县棣棠中学5名失学儿童，救助金共计0.2万元。2014年，参加重庆市教育发展基金会贫困大学新生圆梦大学公益活动，爱心捐款5.1万元，资助17名贫困大学生。2018年，响应总行"'交'出爱心'行'动起来"活动，组织青年员工积极参与"希望工程1+1助学行动"项目筹款活动。交行重庆志愿者协会通过腾讯公益平台共捐款6739.54元。2018年，参加重庆市银行业协会"支持精准扶贫，银行业在行动"公益活动，员工自发捐款23722元，由重庆市银行业协会统一购买生活用品、教学用品、体育用品一批，捐赠城口县沿河乡中心小学。五是慈善赞助。1995年、1996年、2001年，向重庆市慈善总会共捐赠6万元，用于福利院和农村敬老院、关怀孤儿等事业。1995年，参加由市级机关党工委召集，市计委牵头组织的春节慰问特困企业第二毛纺厂，捐赠1万元。1999年，向三峡库区两所希望小学捐赠书包200个、《新华字典》200册，以及其他书籍1000册。向彭水县龙溪乡捐赠床罩36件、T恤衫400件、公文包65个、电暖器30个。向彭水县龙溪乡有关部门捐赠电脑10台。2003年10月27日，通过渝中区上清寺街道捐赠衣裤353件。2006年春节期间，向彭水群峰村捐赠食物3000件。2007年，向彭水群峰村捐赠少儿科普读物100册、棋类玩具20件。2008年，向彭水群峰村捐赠书包40个、篮球3个、乒乓球拍2副、乒乓球1盒、羽毛球拍2副、羽毛球1桶、跳绳4副、象棋1副、跳棋2副。2016年，向潼南区新胜镇新胜中学捐赠桌椅138张。2018年，参加重庆市银行业协会"爱心一万米"公益活动，员工自发捐款26385元，由重庆市银行业协会向金溪镇捐赠土鸡苗、鸡舍栅栏，助力黔江金溪镇精准脱贫。六是其他捐赠。1997年，向重庆市人民广场建设指挥部捐赠3万元。1998年，为第七届中国金鸡百花电影节执行委员会赞助10万元。1999年，通过重庆市委组织部捐款0.2万元。2000年，向职工金融林捐款1万元。2003年，员工1105人向患大病困难职工捐款2.21万元。2015年，飞驰特员工赵彬翔因病去世，员工"献爱心"捐助237978元。2015年，应总行号召开展"积分圆梦为爱行动"信用卡积分捐献活动。活动期间，分行员工积分捐赠总额达127.2万，相当于捐赠人民币3180元，共计可种植沙化防护林约6.36亩。

二、志愿者活动

2006年，分行组建志愿者队伍。先后参加彭水县群峰村扶贫、2008年汶川地震运送救灾物资。2008年开始，分行每年组织志愿者参加义务献血活动，均超额完成下达的年度献血任务。2015—2018年，连续4年参加重庆市文明办组织的"春日植爱、夏日心爱、秋日俭爱、冬日针爱"红樱桃大型公益行动。

第十一篇　经营单位

分行重新组建以来，高度重视营业网点建设，先后在全市经济增长较快的区域设立营业网点，并根据市场的变化，不断加快网点设置、调整、转型步伐，深入开展服务模式创新和“三位一体”建设，推进营业网点智能化、人性化、目标化建设，通过优化功能布局，促进网点经营效益的提升，提高服务质效，提升营业网点综合竞争力，首家获批自由贸易区分行。积极支持重庆重大战略（项目）建设，支持实体经济，支持小微、个体、民营经济发展，促进个人财富增长。截至2018年，分行下辖大型支行8个，即沙坪坝支行、南坪支行、营业部、江北支行、渝中支行、九龙坡支行、两路口支行、两江新区分行。下辖中型支行7个，即大渡口支行、江津支行、渝北支行、涪陵支行、高新科技支行、东和春天支行、永川支行。下辖小型支行6个，即巴南支行、北碚支行、长寿支行、合川支行、璧山支行、自由贸易试验区分行。共有辖属营业网点62个。

第一章　大型支行

第一节　沙坪坝支行

一、沿革

1988年6月23日，成立交通银行重庆分行重庆大学办事处，位于重庆大学实验楼。1990年4月11日，迁址重庆大学中门科技一条街。1990年7月24日，更名为交通银行重庆分行沙坪坝办事处，迁址小龙坎新街1号。1993年8月28日，更名为交通银行重庆分行沙坪坝支行。支行内部设立有办公室、财会科、储蓄科、业务科、保险证券科、保卫科等。1995年7月，因太平洋保险公司、海通证券公司成立并脱离交通银行，保险证券科撤销。2003年，分行推行扁平化管理，取消科室编制，设立综合管理、营销部和个贷组。2005年9月，更名为交通银行股份有限公司重庆沙坪坝支行。

2018年末，在册员工114名。其中正式员工102名，外派员工12名。辖属营业网点7个，即营业厅、双碑支行、陈家湾支行、学府路支行、凤天路支行、西永支行、壮志路支行。普惠银行1家，离行式自助银行5个，离行式自助机具18台。存款余额104.13亿元，其中对公存款65.26亿元，储蓄存款38.87亿元；贷款余额33.41亿元。

二、业务

公司业务。2007年，重庆市主城区农民工大病医疗保险基金和农民工基本医疗保险基金收入专户，在支行开立账户。2008年，营销上汽依维柯红岩商用车有限公司1.5亿元、双钱（集团）轮胎有限公司4亿元贷款。新开100万元以上账户14户，新增存款26502万元。2009年，营销重庆市地产集团项目贷款6.5亿元及银团贷款2亿元。对公不良贷款余额815.378万元，不良贷款占比0.3%，比年初下降0.81%。拓展重庆国美电器有限公司、正通资产管理有限公司存款余额，增长3154万元，成为余额达1000万元以上的存款大户。新增1000万元以上存款大户3户。新开户重庆上桥房地产开发有限公司、重庆市沙坪坝区征地办公室、重庆市君和实业有限公司，合计新增存款约7380万元。收回重庆华孚有限责任公司减退计划340万元。收回东宏实业有限公司不良贷款现金1080万元。2010年，完成5户企业A股股东配股工作。营销浙江义乌商业银行稠州村镇银行1亿元资本金。2011年，重庆悦来投资发展有限公司重庆国际博览中心项目实现首笔6.5亿元提款（进出口行5亿元、交行1.5亿元），首笔安排费收入172.5万元，代理费收入22.5万元。支行以30%份额成功取得联合牵头行和代理行资格。2012年，营销重庆市地产集团5.2亿元存款、重庆轻纺（控股）集团公司1.57亿元存款、重庆悦来投资发展有限公司3亿元存款，实现信托托管资金入账3亿元。2013年，英业达（重庆）有限公司在沙坪坝支行购买3000万元T+0理财产品。收取地产集团信托项目托管费940万元、公租房资产池项目财务顾问费491万元、悦来银团贷款代理费228万元，合计1659万元。营销双钱轮胎增资存款2亿元。2017年，营销英业达（重庆）有限公司合作业务40亿元人民币结构性存款。发放西部物流园区平行进口车商融资项目首笔650万元贷款。2018年，稳定英业达存款。营销重庆万达、重庆中电光谷、联合微电子在支行开户。投放迈瑞城投6.4亿元、华侨城2.5亿元、大足润泽2.2亿元、首汇置业1.2亿元、矢崎仪表0.51亿元贷款。引入丝路担保公司入围分行名单，给予担保额度1亿元。

个金业务。2006年，完成沙坪坝区政府占用美术颜料厂地段改建公园1100万元私金批发打单业务。与申银万国证券公司三方存管业务合作，新开户128户，办卡200张。2007年，销售交银蓝筹基金621万元、华安策略优选股票基金800.18万元。2008年，支行沃德客户达320户，比年初增长126户。优质客户总资产达35010万元，比年初增加14575万元。交银理财卡达5354张，比年初增长3739张。中端客户资产达73473万元，比年初增加50664万元，中端客户增量排分行第1名。2009年8月31日，累计完成沙坪坝区征地办公室拆迁安置1800万元批发打单业务。沃德客户比年初增加215户。交银理财卡比年初增长2570张。2010年，新开手机银行签约2471户。个人网银动户13506户。个贷发放金额47049万元，净增额为18674万元。2012年，办理手机银行1300余户，新增及完成率均排分行第一。新增家易通460户，户均存款达到14.51万元。办理英业达（重庆）有限公司1万余张工资卡，累计代发7200万元。营销公交二公司4000户工资代发。公积金卡、社保卡发卡量分别达到22902张、30807张。2013年，成功实现支行代发工资客户净增数排全行第一。2014年，销售基金13102万元。2015年，销售基金25829万元。2016年，销售基金6092万元。2017年3月27—30日，分别到重庆红岩联线文化发展管理中心、重庆市工业校、重庆市医药高等专科学校、重庆市肿瘤医院等四家统代发单位开展上门服务工作。2018年，信用卡业务拓展创历年最好水平，新活户绝对额居分行第2位。大额存单新增13415万元，居分行第2位。有效活跃户计划完成率列分行第1位。英业达代发逐步转回支行，成功办卡1600余张，代发工资1500万元。营销中建二局三建300余名农民工工资代发。

国际业务。1997年6月16日，国家外汇管理局重庆分局批复，同意沙坪坝支行营业部开办外汇业务。2000年3月9日，人行重庆营业部批复，同意交行沙坪坝支行开办“通过上级行办理代客（个人）外汇买卖”业务。2000年8月7日，人行重庆营业部、交通银行批复，同意沙坪坝支行在原有的外汇业务经营范围中增加外汇贷款业务。外汇业务经营范围为：外汇存款、外汇兑换、通过上级行办理代客外汇买卖业务、外汇贷款。2006年8月10日，办理第一笔进口汇出款融资业务4.9万美元。8月11日，销售10万元QDII产品。2008年，实现国际结算量3855.42万美元。2010年，营销重庆国际复合材料有限公司300万欧元外汇贷款。2015年，外币存款时点和日均余额分别为8.27亿美元、5.78亿美元，比年初分别增长7.33亿美元、4.52亿美元。2018年，把握英业达贸融操作窗口，全年开展跨境贸易融资140亿元，带动人民币存款63.92亿元，外币存款12.9亿美元。全年市场份额保持前列，成为英业达债委会主席行。

三、网点

沙坪坝支行营业厅。1996年1月21日成立，位于沙坪坝区小新街22号。

双碑分理处。1995年1月26日成立，位于沙坪坝区双碑上堆金村出租1号。1998年6月30日，升格为双碑支行。2003年3月11日，升格为直属支行。2008年2月4日，调整为沙坪坝支行辖属二级支行，迁至重庆市沙坪坝区双碑嘉陵厂区大石村68号附1号

陈家湾支行。1992年10月26日，成立沙杨路分理处，位于沙坪坝区沙杨路170、172号。1997年3月23日，升格更名为陈家湾分理处，迁址重师大楼底层C-E；2004年3月25日，升格为陈家湾支行，迁址沙坪坝区天陈路12-12号；2005年4月20日，迁址沙坪坝区天陈路15号附2号；2008年9月，迁址沙坪坝区天陈路12号附12号；2011年1月10日，升格为直属支行。2015年2月3日，调整为沙坪坝支行辖属二级支行。

学府路分理处。2002年2月，成立学府路分理处，地址位于沙坪坝区学府路沙正街8号。2004年3月25日，升格为学府路支行。

凤天路支行。2001年11月29日，成立凤天路支行，地址位于沙坪坝区凤天大道1号附3号，2002年7月4日，正式开业。

西永支行。1994年3月3日，成立石碾盘储蓄所，地址位于小龙坎正街291号。2001年5月，迁址沙坪坝区烈士墓壮志路29号平街层，升格更名为烈士墓分理处。2004年3月25日，升格为烈士墓支行；2005年12月12日，迁址沙坪坝区壮志路58号附26号，更名为壮志路支行。2015年12月24日，迁址沙坪坝区大学城东路801、803、805、807号，更名为西永支行。

壮志路支行（普惠型）。2017年1月5日，成立壮志路支行，位于沙坪坝区壮志路58号附26号。

渝州路支行。1994年10月17日，成立渝州路分理处，隶属于沙坪坝支行管辖，位于沙坪坝区渝州路39号。1997年4月15日，迁址渝州路南方花园100-2号；1998年6月30日，升格为渝州路支行；2002年7月18日，调整为高新技术开发区支行管辖。

汉渝路支行。1991年6月24日，成立重庆大学分理处，位于沙坪坝区沙中路165号。1992年4月，迁址沙坪坝区沙中路264号；1997年4月，更名为汉渝路分理处，迁址沙坪坝区汉渝路99-101号；1999年4月6日，迁址沙坪坝区汉渝路15号临街一层门面；2004年3月25日，升格为汉渝路支行；2010年3月，撤并。

上桥分理处。1993年6月8日，成立上桥分理处，位于沙坪坝上桥张家湾。1996年3月10日，迁址沙区上桥联运大厦底层；1998年11月6日，迁址沙坪坝区上桥张家湾5号；2004年3月25日，升格为上桥支行；2011年11月18日撤销，原址设离行式自助银行。

石油路储蓄所。1994年3月3日，成立石油路储蓄所，位于石油路后工学院后门。1999年12月27日，更名为沙坪坝支行石油路分理处，迁址渝中区大坪正街72-7号；2004年3月25日，升格为石油路支行；2009年12月撤销。

九坑子储蓄所。1994年3月3日，成立九坑子储蓄所，位于九坑子菜市场左边门面。1999年5月4日，升格为九坑子分理处，迁址渝中区大坪九坑子路2号；2004年3月25日，升格为九坑子支行；2008年撤销。

渝碚路储蓄所。1994年3月3日，成立渝碚路储蓄所，位于沙区渝碚路82号。2003年4月28日撤销。

新村路储蓄所。1994年3月3日，成立新村路储蓄所，位于嘉新场临建房。2003年4月28日撤销。

重师储蓄所。1994年3月3日，成立重师储蓄所，位于重庆师院大门。1997年3月23日撤销。

龙隐路储蓄所。1994年3月3日，成立龙隐路储蓄所，位于渝中区龙隐路133号。1998年10月，迁址渝中区龙隐路123号。2003年5月升格为龙隐路分理处。2003年9月2日撤销。

马家堡分理处。1994年3月3日成立，位于长江二路157号。1997年3月23日，升格更名为马家堡分理处，迁址长江二路148-152号。2003年8月，调整为大坪支行管辖。2007年1月1日调整为九龙坡支行管辖。

三角碑储蓄所。1994年12月，成立三角碑储蓄所，位于沙坪坝区小新街64-1号。1999年6月24日，更名为沙中路储蓄所，迁址沙坪坝区汉渝路97号。2000年3月7日，更名为步行街分理处，迁址沙坪坝区小新街98号（嘉多利广场）。2004年3月25日，升格为步行街支行。2010年10月撤销。

小龙坎储蓄所。1994年成立小龙坎储蓄所。1997年3月23日撤销。

五十九所储蓄所（代办所）。1992年成立五十九所储蓄所（代办）。1997年3月23日撤销。

四、历任领导

表11-1-1

沙坪坝支行历任领导

行长（主任）	副行长（副主任）	行长助理（主任助理）	任职起止年月	职务
	杜江		1989.1—1991.6	重大办事处副主任
	张渝南		1991.6—1992.3	重大办事处副主任
张渝南			1992.3—1995.3	沙坪坝办事处主任
	阎毅文		1994.3—1994.7	支行负责人(正科级)
	阎毅文		1994.7—1996.10	副行长
单子安			1996.10—1997.11	行长
	杨大纬		1996.10—1997.11	副行长
张渝南			1997.11—2000.6	行长
	黄朝蓉		1997.11—2000.6	副行长
	周志勇		1997.11—1999.1	副行长
	陈放		1999.1—1999.10	副行长
	李学岭		1999.10—2000.5	副行长
黄朝蓉			2000.6—2002.4	行长
	杨炜		2000.6—2002.5	副行长
	陈渝春		2000.6—2003.5	副行长
	张骥		2002.3—2005.9	副行长
黄锦平			2002.4—2005.3	行长
	李胡林		2002.5—2006.1	副行长
	陈伟		2005.4—2008.2	副行长(主持工作)
	陈渝春		2005.9—2009.4	副行长

续表

行长（主任）	副行长（副主任）	行长助理（主任助理）	任职起止年月	职务
		谭伟	2006.1—2006.4	行长助理
	唐民		2007.7—2009.4	副行长
	潘小敏		2008.2—2009.3	副行长
吴勇为			2008.5—2010.8	行长
	郑勇		2009.3—2014.5	副行长
	陈革		2009.4—2010.12	副行长
	冷代忠		2009.4—2012.4	副行长
许可			2010.8—2013.5	行长
谢明权			2013.5—2017.12	行长
	吴文涛		2014.5—2014.9	副行长
	杨高		2015.4—2016.7	副行长
	陈惠		2016.7—	副行长
		杨青	2016.8—	行长助理
		袁溯	2017.6—2018.8	行长助理
		宋轩	2018.9—	行长助理
王文宇			2018.2—	行长

第二节　南岸支行

一、沿革

1990年7月24日，设立交通银行重庆分行南坪办事处，位于南坪商业大楼“快餐厅”。1992年9月2日，迁址南坪步行街商场A段（现南岸区南坪双石街1号）。1993年8月28日，更名为南坪支行。内设办公室、财会科、证券部、业务科、综合科、保卫科。2003年，分行推行扁平化管理，支行撤销科室，设立行政管理、营销部、个贷组。2005年9月，更名为交通银行股份有限公司重庆南坪支行。2018年1月，更名为交通银行股份有限公司重庆南岸支行。

2018年末，在册员工130名。其中正式员工109名，外派员工21名。辖属营业网点5个，离行式自助银行7个，离行式自助机具11台。存款余额629271万元，其中：对公268114万元，储蓄存款361157万元；贷款余额466796万元。

二、业务

2000年，人民币存款余额104456万元，太平洋卡126320张。2001年，人民币存款14.07亿元，较年初增加3.67亿元。2002年，储蓄存款7.86亿元，较年初增加1.68亿元。太平洋卡发卡量165831张，较年初增加20976张。累计办理贴现7亿元。2003年，人民币存款余额174146万元（不含区外分成），比年初增长32999万元。公营存款余额83688万元，比年初增长21241万元。2004年末，人民币贷款（含贴现）139611万元，不良贷款打包处置24286万元。2005年，支行在分行综合考核中，存款总规模排序由年初第5位上升到第3位。2006年，累计办理双币信用卡4549张，排全分行第1名，借记卡增量在全分行列第1名，销售各类基金2033万元。2009年，销售理财产品

79406万元，对私保险3710万元，新增沃德客户119户、交银理财客户1020户、三方存管个人客户892户，双币卡发卡量净增2328张。2010年，新增私人银行客户14户，列分行第1位。新增达标沃德客户189户，新增达标交银理财客户1960户，新增快捷理财客户3482户。2012年，新增对公有效户77户，AUM较年初增加4.44亿元，私人银行客户较年初增加6户，新增达标沃德客户154户。2013年，新拓展5000万元以上授信客户5户，分别为江津珞磺工业园区开发建设公司、重庆旅投集团、重庆建工集团水利水电公司、重庆商投石化有限公司、重庆商社进出口有限公司。通过授信9.6亿元，全部客户实现提款和实质性合作。新增重庆邮电大学5000万元资产池项目1个。2014年，对公存款520547万元，较年初新增144942万元；储蓄存款224741万元，较年初新增25608万元。零售板块中间业务收入993.54万元，其中财管收入526.9万元。2015年，新增达标沃德客户345户，新增代发工资客户2707户。2016年末，储蓄存款时点较年初新增2.25亿元，私人银行客户较年初增加8户，达标沃德客户净增204户。2017年，投行业务上成功实现分行首单旅游类项目牵头行业务。加强旅投、中建二局核心客户走访营销。存款规模达到52.9亿元，公司存款25.8亿元，储蓄存款27.1亿元。贷款规模48.1亿，对公贷款余额（含小企业、贴现）37.2亿元，个贷余额10.9亿元，贴现1.8亿元。经营利润10004万元，经济利润8369万元。2018年，解决重庆核盛房产并购方23亿元融资需求，与开发商签订战略合作协议，在支行对公存款余额2.2亿元，按揭8857.3万元。支行存款规模达到62.9亿元，公司存款26.8亿元，储蓄存款36.1亿元；贷款规模76.2亿元，对公贷款余额（含小企业、贴现）46.6亿元，个贷余额29.5亿元，贴现3.8亿元。经营利润14361万元，经济利润7669万元。

三、网点

营业厅。伴随支行成立迁址至南岸区南坪西路双石街1号。

南城支行。1993年12月3日，成立南城分理处，位于南坪四小区周家院（现重庆市南岸区南城大道205号）。1998年6月30日，升格为南城支行。2007年1月5日，南城支行升格为直属支行。2010年5月7日，调整为南坪支行辖属二级支行。

工商大学支行。1996年12月12日，成立四公里分理处，位于海棠溪街道四公里。2004年3月25日，升格为四公里支行。2007年12月17日，迁址重庆市南岸区学府大道22号A区一层，更名为交通银行股份有限公司重庆工商大学支行。

弹子石支行。于1996年8月1日成立，交通银行重庆分行弹子石分理处，位于重庆市南岸区弹子石石桥一村34号，隶属于南坪支行管辖。2009年2月3日，弹子石分理处升格为支行。2010年6月，迁址南岸区弹子石新街59号。2011年1月升格为直属支行。2018年1月3日，调整为南岸支行辖属二级综合特色支行。

黄桷垭支行。1992年4月2日，设立水泥厂储蓄所，位于南岸区五一村69幢水泥厂老干中心。2002年4月1日，迁址南岸区黄桷垭崇文路82-93号，升格更名为黄桷垭分理处。2004年3月25日，升格为黄桷垭支行。2010年5月16日撤销。

惠工路分理处。1994年10月，成立珊瑚村储蓄所，位于南岸区珊瑚村1号。1998年10月13日，迁址珊瑚村第二人民医院门诊部底楼。2001年5月24日，迁址南岸区南坪惠工路15号附6号，升格更名为惠工路分理处。2003年7月28日撤销。

后堡支行。1994年3月3日，成立后堡分理处，位于重庆市南岸区南坪正街68号。1996年10月，更名为后堡联办储蓄所，迁址南坪正街100号。1997年11月，升格为后堡分理处。2004年3月25日，升格为后堡支行。2009年8月17日撤销。

铜元局支行。1994年3月，成立长江电工厂储蓄所，地址位于长江游乐场后侧门面。1996年4月，更名为铜元局储蓄所。2001年8月，迁址南岸区铜元局大田坝职工一食堂临街门面，升格更名为交通银行股份有限公司铜元局分理处。2004年3月25日，升格为铜元局支行。2008年6月10日，铜元局分理处升格更名为交通银行股份有限公司重庆钢花路支行，迁址重庆市大渡口区钢花路308号。

南坪东路支行。1994年10月17日，成立上新街分理处，位于南岸区海棠新街70号。1998年3月，更名为南坪东路分理处，迁址南坪东路新洲大厦底层。2004年3月25日，升格为南坪东路支行。2010年4月撤销。

海峡路分理处。1994年3月，成立花园村储蓄。2000年2月15日，迁址升格更名为交行重庆分行南坪支行海峡路分理处。2002年6月21日撤销。

道角储蓄所。1995年8月，成立道角储蓄所，地址位于重庆机床厂家属区内。1998年6月30日撤销。

上新街储蓄所。1993年11月，成立长江橡胶厂储蓄所，位于南岸区四公里208号。1999年4月，迁址南岸区上新街剧场片区A栋附4号，更名为上新街储蓄所。2003年1月27日撤销。

万里储蓄所。1994年3月，成立万里蓄电池厂储蓄所，地址位于万里蓄电池厂办公楼。1998年6月30日撤销。

茶园支行。2014年10月16日，报经重庆银监局同意，开始筹建茶园支行。2015年3月20日，成立交通银行股份有限公司重庆茶园支行，系分行直属支行。2015年7月7日，正式对外营业，位于南岸区玉马路17号1-5、1-11、1-12号。成立之初在册员工10人，设营运条线、个金条线、对公条线、零贷条线、综合管理岗位。截至2017年底，在册员工14人，离行式自助机具2台，存款余额70503万元，贷款余额92567万元。2018年1月3日，调整为南坪支行辖属二级综合型特色支行。

四、历任领导

表11-1-2

南岸支行历任领导

行长（主任）	副行长（副主任）	行长助理（主任助理）	任职起止年月	职务
郭宽福			1992.3—1997.9	主任
	侯海妮		1996.3—1997.5	副行长
	简勇刚		1997.11—1998.8	副行长
	周江生		1997.9—1998.6	副行长(主持工作)
	李庆		1998.6—1998.10	副行长(主持工作)
	蒋雨龙		1998.6—1998.8	副行长
	侯海妮		1998.8—2000.1	副行长(1998年10月主持工作)
	倪平凡		1998.8—1999.11	副行长
		谭伟	1999.11—2000.6	行长助理
侯海妮			2000.1—2006.1	行长
		郑勇	2000.5—2002.3	主任助理
	谭伟		2000.6—2002.4	副行长
	杨波		2000.6—2002.4	副行长
	童军		2002.4—2005.9	副行长
	熊军		2002.4—2005.9	副行长

续表

行长 （主任）	副行长 （副主任）	行长助理 （主任助理）	任职起止年月	职务
	杨辅华		2005.9—2008.2	副行长
		孟曦	2006.4—2007.7	行长助理
	倪平凡		2006.8—2007.7	副行长（主持工作）
	李伟		2007.1—2013.6	副行长
	吴春		2007.7—2009.10	副行长（主持工作）
	李琰		2008.2—2010.2	副行长
	晏敏		2008.2—2013.11	副行长
吴春			2009.10—2011.9	行长
鲁小松			2011.9—2014.1	行长
	张晋涛		2014.1—2018.1	副行长
		牟萍	2013.4—2015.4	行长助理
	牟萍		2015.4—	副行长
	肖强		2017.5—	副行长
		陆昕	2014.1—2018.1	行长助理
彭世达			2018.1—	行长
		李静	2018.1—	行长助理

第三节 营业部

一、沿革

营业部前身为分行财务会计部，1988年5月21日成立。成立初期除行使分行内部财务部门工作职责外，同时对辖内分支机构的财会、出纳工作行使业务管理职能，并对外办理结算、现金业务，代理分行房地产信贷部等结算工作。1992年6月26日，原财务会计部分设为财务会计部和营业部，营业部成为分行对外经营部门和一级分支机构，负责原财务会计部的对外业务。职能是为全行新建网点培训员工（主要招聘人员培训），作为全行的联行处理中心，以及负责全行新成立支行的业务辅导、整个交行的金库管理及下属新网点的金库配送。1995年5月15日，增设储蓄科和保卫科。1996年3月28日，增设办公室和业务科。1998年8月31日，营业部随分行从渝中区人民路13号迁址到渝中区中山三路158号。2017年1月6日，迁址江北区江北城西大街3号的交通银行重庆市分行新大楼。

2018年末，在册员工38名。其中正式员工33名，外派员工5名。存款余额1717406万元，其中对公1700765万元，储蓄存款16641万元；贷款余额553211万元。

二、业务

公司业务。1996—1997年，成立黄花园大桥项目组，对总分行联合贷款项目黄花园大桥工程实施项目管理。2000年，中标重庆市财政统发工资，每月统、代发工资2亿元左右。2006年4月17日，分行为重庆城市交通开发投资（集团）有限公司提供担保，发行全交行及重庆市首笔企业债10亿元。2007年，与香港分行合作，为重庆机电集团香港联交所IPO提供上市前收款行、上市后募集资金归集行、过桥融资等综合金融服务。2007年，安诚财产保险股份有限公司在重庆分行开立基本户、投资账户，且与总行签订《资产托管协议》和《代理保险协议》。2008年6月，与诚财产保险公司签订蕴通账户协议。与玖龙纸业建立授信业务合作关系。2010年1月，为玖龙纸业开立4300万欧元进口信用证。2013年12月，为重庆渝涪高速公路有限公司办理4亿元中票过桥投行类理财信托贷款业务。2014年1月，为重庆城市交通开发投资（集团）有限公司提供担保30亿元。与太平洋资产管理公司合作成立“重庆轨道三号线保险债权投资计划”。2015年3月，参与重庆市地方债发行和相关债务过桥融资业务。发放第一笔医院贷款。12月，重庆广播电视监测台成为分行第一家上线财政授权支付自助柜面业务的单位。2016年6月，被分行指定为同业业务特色开展支行。9月，将重庆市地产集团、重庆市轨道交通（集团）有限公司的管户关系调整到分行营业部。11月，营业部首次为重庆市地产集团成功发放12亿元政府购买服务贷款。2017年，围绕开投集团、地产集团等集团客户做大客户规模，与下属公司建立全面合作关系，开投集团60亿元中票承销已审批通过，轨道集团5亿元中期流贷全部提用，新增铁路集团1.5亿元中期流贷、保利集团重庆公司开发贷3.8亿元（实际提用2.3亿元）。营销中海地产在分行新开立项目基本户和资本金专户，新增公司存款3000万元，新增个人按揭贷款超过5亿元。营销梁平华诚公司4.9亿元政府购买服务项目，成功提款2.5亿元。开投、轨道集团在分行存款余额达38亿元，较年初增加18亿元。2018年，实现客户上下游资金体内循环，财政存款突破100亿元，财政新增铁路和轨道专户资金40亿元，留存开投集团年底到账资金23亿元至9月末，且均为活期低成本负债。先后6次参与市财政局国库现金和社保专户招投标工作，累计中标资金54.8亿元，日均存款余额超过15亿元。先后与中海、保利、桃源居、万科、佳源等集团建立公司和零贷授信合作，开发贷提款10.6亿元，新增个人房贷20亿元，对公存款余额超过5亿元。实现万州经开公司6.77亿元并购贷款落地，同时新增金龙销售公司3亿元综合授信额度。重庆烟草在分行新增开户，同时新增存款3.5亿元，上线烟草代扣系统，为双方后续业务合作打下坚实基础。成功为观农贸花椒市场客户、火锅金融、烟草零售客户等建立项目制，已签约快捷抵押贷客户11户，新增陶然居授信额度2000万元，实现小天鹅等火锅龙头企业开户。

零售业务。一是个金业务。2014年，人民币储蓄存款余额突破8亿元大关，年平均余额达7.77亿元。实现零售中收392万元，完成全年计划的115%，财管中收完成全年计划160%，贵金属销售收入完成率全行排第1名。代发工资、私人银行客户新增数完成率排全行第2名。个贷及小企业贷款合计净增超过2亿元。2015年，人民币狭义储蓄存款余额8.38亿元，实现零售中收462万元，沃德客户净增99户，个贷净增8584万元，个人消费贷款客户净增225户。2016年，人民币狭义储蓄存款余额9.3亿元，新增9876万元，完成计划152%，排分行第5名。低成本负债平均余额增量9323万元，个人住房贷款新增1.37亿元，小微贷款新增3.65亿元。2017年，营业部搬迁至江北嘴新分行大楼，对公业务部分带走，私金业务全部留在原地。储蓄存款时点余额8682万元，较年初新增8682万元。各项人民币平均余额114.9亿元，较年初新增25.38亿元。主要零售指标全面完成全年计划。8个指标完成率排第1名：个金非利息收入（除财管中收）516.97万元，完成率161%，个贷净增5.58亿元，完成率621%，人民币储蓄全口径低成本负债平均余额增量5641万元，完成率185.56%，信用卡新增962户，完成率129%，个金财管客户新增809户，完成率238.41%，交易型零售客户有效户新增73户，完成率901%，外币储蓄存款日均余额增量28万美元，完成率60.98%，柜面业务替代率达93.47%。2018年，营业部储蓄时点余额1.66亿元，较年初新增7959万元。储蓄日均余额1.61亿元，较年初新增9445万元。个贷余额21亿元，较年初新增16亿元。零售非利息收入905万元。私行客户5户，新增2户。沃德客户460户，新增320户。有效活跃客户2759户，新增1865户。信用卡新增1195户。营业部年化活期储蓄存款日均余额新增2610万元，完成率排分行第1名。年化全口径低成本负债平均余额新增5028万元，完成率180%，排分行第1名。财管收入145万元，完成全年计划117%，排全行第1名。二是个贷业务。2001年，营业部开始办理个人按揭贷款业务。第一笔按揭贷款合作开发商为重庆鑫隆达房地产开发有限公司，累计向其发放个人按揭贷款4239万元。后陆续与鲁能重庆房地产开发有限公司、重庆渝亚房地产开发有限公司、重庆中安房地产开发有限公司、重庆合景房地产开发有限公司、桃源居（重庆）房地产开发有限公司等建立房地产按揭等合作业务。2008年，针对公务员等优质客户推出个人消费贷款品牌——E贷通。2010—2018年，营业部各项个贷余额分别为16142万元、14097万元、14148万元、19626万元、37778万元、46898万元、61096万元、55225万元、212732万元。

三、网点

朝天门分理处、学田湾分理处、大溪沟储蓄所、菜园坝分理处、上清寺分理处先后隶属于营业部管辖。（详见渝中支行网点介绍）

四、历任领导

表11-1-3

营业部历任领导

总经理、高级经理、主任、经理	副总经理、副高级经理、副主任、副经理	总经理助理、高级经理助理、主任助理、经理助理	任职起止年月	职务
	谢礼周		1992.5—1993.10	副经理
	章壮本		1993.10—1995.11	副经理
	简勇刚		1995.3—1995.11	副主任
	吴明静		1995.11—2000.1	副主任
周以伟			1996.10—1998.8	主任
	顾廷川		1997.11—1998.8	副主任
陈炳生			1998.8—1999.1	主任
吴明静			2000.1—2000.11	主任
	朱川		2000.11—2001.6	副主任
朱功元			2001.6—2003.3	主任
	徐敏		2001.4—2005.9	副主任
	李伟		2003.5—2005.7	副主任（主持工作）
	徐敏		2005.9—2007.2	任副高级经理（主持工作）
徐敏			2007.2—2013.1	高级经理
	阎毅文		2007.1—2008.6	副高级经理
	陈瑞勇		2008.2—2010.10	副高级经理
	黄中全		2010.6—2011.4	副高级经理
	唐民		2011.2—2012.3	副高级经理
	陈瑞勇		2012.4—2014.1	副高级经理
刘祖国			2013.2—	高级经理
		高琎	2013.2—2015.6	高级经理助理
	邓薇		2014.3—	副高级经理
	李琰		2015.2—2018.11	副总经理
		姚红烈	2017.11—	总经理助理

第四节　江北支行

一、沿革

1992年11月3日，成立交行重庆分行江北区办事处，位于江北区建新西路2号。内设立办公室、信贷科、储蓄科、会计科。1993年，更名交通银行重庆分行江北支行。1995年12月，迁址建新东路27-2号。1999年，迁址渝北区加州花园A1栋。2001年1月19日，迁址观音桥现代广场。2005年12月，更名为交通银行股份有限公司重庆江北支行。2008年10月，迁址观音桥步行街8号附1号。

2018年末，在册员工98名。均为正式员工。辖属营业网点5个，普惠银行1家，离行式自助银行2个，离行式自助机具9台。存款余额914062万元，其中对公627703万元，储蓄存款286359万元；贷款余额686717万元。

二、业务

公司业务。1997年，与重庆长安汽车股份有限公司建立合作关系。最高存款时点达到50亿元。1998年，与长安福特马自达汽车有限公司建立合作关系。最高存款时点达到32亿元。1999年，与重庆高速公路集团有限公司建立合作关系，参与市内多个高速公路项目的建设。2008年，与重庆粮食集团建立合作关系。2011年，设立小企业分支。主要经营小微企业贷款及以长安系主机厂为核心，形成的汽车金融链业务。金融链业务经过4年发展为支行的特色业务。2014年，借助政府平台，为江北区土储获批11.8亿元土地贷款，实现与江北区政府平台公司信贷合作。2015年，结合粮食集团业务特点，专门推出MPOS机。2016年，对公存款最高时点达到139亿元。成功营销厦门银行、中国铁建财务有限公司落户并购买同业理财。高速集团及其关联企业在支行贷款余额32.15亿元。2017年，长安汽车金融定期10亿元落地，同业中收66万元，新增优质机构客户2户。

对私业务。2006年1月，支行推出“得利宝”人民币理财产品。2015年12月3日，支行召开统发工资业务座谈会，邀请24家统发工资单位参加。就金融形势、个人资产合理配置，与40多位参会嘉宾沟通和交流。2016年，支行营业厅成功营销8亿元批量打单业务。做大AUM规模，全年新增3.06亿元。

国际业务。2013年，与旭硕、仁宝、纬创等合作汇兑通、保票通、内保外贷业务，逐渐发展为特色业务。2015年，国际结算量215521万美元，完成年度计划133.86%。跨境人民币发生量340088万元，完成全年计划170%。国际条线中间业务收入534万元，占支行对公中收的40%。带动外币存款年化日均新增3671万美元，完成年度计划183.55%。2016年5月，成功办理分行首笔跨东京及中国香港、重庆三地掉期福费廷创新业务3100万元。4月，成功办理分行首笔自贸区客户出口风险参与业务。7月，成功办理首笔涉及总行离岸中心、台北、重庆三地内保外贷业务。

三、网点

支行营业厅。随支行成立迁址至江北区观音桥步行街8号附1号。

皇冠东和支行。1994年3月11日，成立红旗河沟分理处，地址为江北区建新东路55号。2001年1月19日，升格为红旗河沟支行。2007年7月19日，更名为皇冠东和支行至今，迁址渝北区红黄路299号附9号。

建新东路支行。1999年，成立建新东路分理处，隶属于江北支行管辖，位于重庆市江北区建新东路27-2号。2003年4月11日，升格为直属支行。2004年1月2日，调整为江北支行辖属二级支行。

五里店支行。1994年12月28日，成立五里店分理处，隶属于江北支行管辖，地址为江北区建新东路333号。2001年1月19日，升格为五里店支行。2010年9月18日，迁址江北区建新东路339号。

观音桥支行。1995年5月19日，成立观音桥分理处，位于江北区建新西路2号。1998年6月30日，升格为观音桥支行。2009年9月，迁址江北区建新西路9号。2010年8月撤销，保留自助机具。2015年10月22日，重新设立观音桥支行（普惠型）。

新牌坊支行。1994年5月20日，成立新牌坊分理处，隶属于江北支行管辖，地址为江北区新牌坊加州花园新建门面房。2001年1月19日，升格为新牌坊支行，迁址渝北区加州花园A1栋平街层。2002年12月30日，升格为直属支行。2010年7月22日，调整为渝北支行辖属二级支行。

大庙支行。1994年8月30日，成立大庙分理处，隶属于江北支行管辖，地址为江北区建新北路86号。1998年6月30日升格为大庙支行，2003年4月，升格为直属支行。2007年1月，迁址渝北区龙溪街道松石路327号，更名为松石路支行。

金渝支行。1993年8月成立龙溪镇储蓄所，地址为渝北区龙溪镇金龙路131号。1995年8月15日，升格为龙溪镇分理处。2001年1月19日，升格为龙溪镇支行。2009年12月25日，迁址经开区金渝大道68号B1幢1单元1号，更名为金渝支行。

小苑支行。1995年成立小苑储蓄所，1997年3月23日撤销。2005年9月，青年路分理处迁址江北区小苑一村30号（燃气大厦）平街层，升格更名为交通银行重庆分行小苑支行。2016年9月9日，迁址江北区鱼嘴镇永和路47号附3号，升格为直属支行，更名为交通银行股份有限公司重庆鱼嘴支行。

电测村储蓄所。1994年成立。2000年8月22日，升格为电测村办事处，2002年6月12日撤销。

大石坝支行。1994年10月22日，成立大石坝分理处。2009年11月6日，升格为大石坝支行。2010年7月4日撤销。

长安支行。1995年4月，成立富强村储蓄所，位于富强三村15号。2000年5月5日，迁址鲤鱼池长安公司A栋41号，更名为长安分理处。2004年3月25日，升格为长安支行。2010年7月撤销。

牙膏厂储蓄所。1996年6月，成立牙膏厂储蓄所。1998年6月30日撤销。

花卉园分理处。1998年10月28日成立，位于渝北区龙溪镇花卉园西路28号。2001年1月19日，升格为花卉园支行。2009年11月6日撤销。

建北分理处。1995年成立商业城储蓄所。1996年12月13日，升格更名为建北分理处。2004年升格为建北支行，2007年撤销。

四、历任领导

表11-1-4

江北支行历任领导

行长(主任、经理)	副行长（副主任、副经理）	行长助理（主任助理、经理助理）	任职起止年月	职务
	章壮本		1992.10—1993.10	副主任
	田永		1993.9—1997.5	副经理
	叶华祥		1995.11—1996.10	副行长
田永			1997.5—1999.1	行长
	邓小钢		1997.11—2000.1	副行长
	冷代中		1999.1—2005.9	副行长

续表

行长（主任、经理）	副行长（副主任、副经理）	行长助理（主任助理、经理助理）	任职起止年月	职务
		朱川	1999.1—2000.1	行长助理
邓小钢			2000.1—2002.7	行长
	朱川		2000.1—2000.6	副行长
		吴渝	2000.6—2004.1	行长助理
		王艰	2000.6—2002.4	行长助理
	朱川		2000.10—2000.11	副行长
	王艰		2002.4—2004.8	副行长
	杨炜		2002.5—2003.5	副行长
	江晓玲		2002.7—2003.5	副行长
杨炜			2003.5—2005.2	行长
	刘祖国		2005.4—2008.2	副行长（主持工作）
	潘晓敏		2005.12—2007.1	副行长
		胡郸	2006.1—2007.7	行长助理
	邹新毅		2007.7—2009.10	副行长
	胡郸		2007.7—2009.4	副行长
	廖亮		2008.2—2009.10	副行长（主持工作）
	冷代中		2008.2—2009.4	副行长
廖亮			2009.10—2016.7	行长
	张骥		2009.4—2012.4	副行长
	吴文涛		2009.4—2014.5	副行长
	吴凡		2010.9—2012.1	副行长
	朱毅弘		2014.5—	副行长
	陈晖		2015.5—2016.3	副行长
童军			2016.7—2018.7	行长
	刘柃妤		2017.6—2017.12	副行长
		肖建国	2017.3—	行长助理
陈萍			2018.9—	行长
	陈瑞勇		2018.1—	副行长

第五节　渝中支行

一、沿革

1992年，筹备组建交通银行重庆分行市中区办事处。1993年3月25日，成立交通银行重庆分行市中区办事处，位于市中区放牛巷中兴路凉亭子。内设办公室、会计科、出纳科、储蓄科、业务科、保卫科。辖属营业网点3个，即营业厅、解放碑分理处、较场口分理处。1993年3月30日，更名为交通银行重庆分行渝中支行。1994年，迁址渝中区白龙池重庆市油脂公司办公楼。1998年，迁址重庆市渝中区九尺坎66号泰安大厦13楼。2001年，会计科与储蓄科合并后更名为前台科。2002年2月，迁址重庆市渝中区邹容路149号。业务科变更为营销部。2003年，分行推行扁平化后取消科室编制，中心支行设置综合管理部，内设行政助理岗；营销部，内设综合分析岗。2005年9月，更名为交通银行股份有限公司重庆渝中支行。

2018年末，在册员工114名。其中正式员工113名，外派员工1名。辖属营业网点8个，其中普惠银行3家，离行式自助银行1个，离行式自助机具8台。存款余额1526419万元，其中对公1052609万元，储蓄存款473810万元；贷款余额749953万元。

二、业务

对公业务。一是资产负债业务。2009年，加强与分行各部门联动，营销中国人寿保险公司80000万元定期存款，中冶赛迪增资款50000万元。以公营存款营销，带动中冶赛迪奖金上账18400万元、重庆市航道局住房补贴打单2200万元、南坪供电局公积金支取打单2000万元等多笔私金批发业务。2010年，做好新缴纳公积金单位账户营销工作，新增对公存款近40000万元。与重庆市水务集团通过现金管理平台实现银企直联，实现第一批2个账户归集，成功揽存2亿元。市水务集团全年新增对公存款20762万元。营销市五中院，全年新增对公存款7408万元。市钢铁设计院新增对公存款6.43亿元。积极开辟西永微电子园，派驻客户经理加入其招商引资处。获得西永代建工厂15亿元的授信额度、富士康2亿元的综合授信额度，实现提款27000万元。2011年，重点拓展《重庆日报》社、松藻煤电、十建、海丰等重点客户，存款增长26500万元。成功营销鸿富锦精密电子（重庆）有限公司国际业务，外币存款新增5000万元。通过对南桐矿业、十建、海丰等单位全额保证金开票业务，全年新增保证金存款5700万元。2013年，吸收新客户存款增长36000万元。实现对公新开户159户，对公有效新开户新增57户。重点拓展荣胜投资、宏信投资等重点客户，新增存款余额亿元客户1户，1000万元以上客户4户，提升原有客户存款上1000万元2户。2014年，各类存款较年初新增7亿元。抓住水务集团转让重国托股权时机，定制类期次型保本保收益理财产品，新增对公存款近12亿元，累计销售理财产品18亿元。重庆金融资产交易所和重庆市再生资源交易中心获总行批准。2015年，市公积金中心各类存款较年初新增近10亿元。抓住重庆市国资委开展下属公司银行账户规范管理专项行动契机，活期存款总额突破20亿元，较年初新增近12亿元。2016年，新增郑州鸿富锦45亿元3个月结构性存款。获批渝中国资公司5亿元固定资产贷款额度。实现对公优质新开户11户，对私财管客户新增3270户，有效客户新增9960户，新增存款15亿元。2017年，稳定“水务系”三大核心客户及郑州鸿富锦理财余额。成功拓展武汉鸿富锦公司。2018年，对公有效户162户，比年初新增2户，计划完成率15%。新开对公账户70余户，新增存款近3亿元。共实现交付保22户，党费管家1户，银卫安康1户。恢复与商社集团授信合作，新增流贷2亿元。新增质检中心1600万元固定资产贷款。报业集团还后续贷时，新增2500万元流贷规模。新增表内美元贷款12亿元。加强贷款续期定价管理，能投集团续期贷款由基准提升到基准上浮10%，增加支行利息收益。二是国际业务。2009年，营销并稳定重庆银行、外资银行等重点客户外币存款5300万美元，外币存款时点余额5531万美元，比年初增长3462万元，位列分行第1位。2014年，累计实现2亿美元全额保证，新增美元日均存款5849万美元。2015年，赴郑州开立鸿富锦郑州公司美元账户。累计实现新增美元存款20亿元。2016年，对公美元日均存款37.7亿元，实现国际业务交易量71.4亿美元，增内外联动业务量41.2亿美元，非利息收入4500万元。2017年，新增35亿元人民币高进高出“CCS”交易，增加1000万元经营利润，600万元经济利润。支行国际动户数实现38户，国际结算量实现92亿美元，实现非息收入11395万元，占支行非息收入64.8%。三是投行及同业业务。2012年，新增3笔新型托管业务，吸存6.6亿元，新增托管手续费121万元。2014年，重点做好“金太阳”系列理财产品销售工作，累计销售100亿元，实现中间业务收入560

万元，新增同业日均存款1.5亿元。2015年，新增同业账户合肥科技农商行、恒丰银行、人保资管专户，引进恒丰银行首笔10亿元同业理财。2016年，新增徽商银行账户。做好同业客户的授信工作，对重庆银行增额至100亿元。2016年，联合承销发行重庆水务资产经营有限公司7亿元中期票据。联合工商银行承销发行重庆水务资产经营有限公司7亿元中期票据，年末实现非利息收入105万元。2017年，做好恒丰银行、合肥科技农商行、重庆国际信托、中电投先融期货日常销售工作。做好同业客户授信工作，利用总行理财资金投放西南证券两融20亿元，每季实现非息收入近200万元。同业存款日均增加1.3亿元，完成全年计划160%。托管业务收入986万元，完成全年计划的246%。2018年，同业存款日均余额增量8680万元，实现同业托管收入628万元，同业有效户达14户。实现非息收入628万元，占比3.5%。

个金业务。2007年，成功营销五中院瑞奇大厦清算案款拍卖资金4.2亿元到账及1.2亿元个人赔付打单业务，一中院龙寰诈骗案2000万元兑付退款金上卡业务。2009年，沃德新增180户，交银新增1708户。快捷理财客户开通930户。2010年，新增双币卡344张，销售“交银趋势基金”863万元。2017年，与公积金中心多次沟通，把暂存户每天200万元左右现金发放改为批发上卡。基金、保险、贵金属每月销量位列分行第1名，百万菁英数量占分行总数1/3以上。全年信用卡新增活户2978张，手机银行新增18732户，AUM时点余额比年初新增55220.87万元，计划完成率102.26%。2018年，达标私人银行客户占分行18%，近两年提升新增12户，新增占比为分行31.57%。

个贷业务。2007年，成功争取“金立·园丁二期”个人住房按揭贷款210笔约2000万元。2009年，营销重庆德威房产二手房项目、重庆同进抵款房项目、海昌加勒比海项目等，零贷发放量达1.64亿元，新增余额6000万元。2013年，营销重庆聚信房地产开发（集团）有限公司、重庆泛融地产发展有限公司、重庆国奥实业发展有限公司、重庆珠江实业有限公司、联发集团重庆房地产开发有限公司等近20家开发商，共计发放个人住房商业性贷款20531.4万元，个人商铺贷款3122万元。易贷通贷款（资产业务）共计发放额度577万元，全部提款。办理借记卡5560张，网银4870户，手机银行3650户。截至年末，共发放公积金贷款6953笔，237916.8万元。2014年，营销重庆聚信房地产开发（集团）有限公司、重庆泛融地产发展有限公司、重庆国奥实业发展有限公司、重庆珠江实业有限公司、联发集团重庆房地产开发有限公司等30家开发商，发放自营商业性个人贷款1119笔计5.1910亿元，净增4.4568亿元。其中贴息贷款总签约1285笔，金额3.57437亿元，发放笔数373笔计1.3636亿元。发放公积金个人贷款6336笔计24.0370亿元。2015年，完成信用卡4529张，借记卡5491张（其中交银卡3225张，沃德卡59张），网银5491户，手机银行4910户。发放自营商业性个人贷款1575笔计6.3亿元。发放公积金个人贷款3916笔计15亿元。2016年，零贷发放7762笔，金额28.26亿元。2017年，个贷净增9.6亿元。全年零贷发放7602笔，金额26.96亿元。其中贴息贷款2556笔，金额9.11亿元；商贷743笔，金额2.69亿元；公积金贷款4017笔，金额14.58亿元；其他286笔；金额0.58亿元。

三、网点

营业厅。随渝中支行成立搬迁至渝中区邹容路149号邹容广场A座一层。

朝天门支行。1991年11月25日，成立交通银行重庆分行朝天门分理处，位于市中区陕西路26号，由分行直接管辖，1992年6月营业部成立后，改由营业部管辖。1993年3月25日，市中区办事处成立，朝天门分理处调整为市中区办事处管辖。1998年6月30日，升格为朝天门支行。2003年3月11日，升格为直属支行。2007年5月，迁址信义街29-32号。2017年4月，调整为渝中支行辖属二级支行。朝天门支行曾管辖白象街储蓄所。

七星岗支行。1993年8月19日，成立七星岗分理处，位于市中区中山一路96号。1998年6月30日，升格为七星岗支行。2003年3月11日，升格为直属支行。2010年9月26日，调整为渝中支行辖属二级支行，迁址重庆市渝中区中山一路85号。七星岗支行曾管辖金汤街、捍卫路储蓄所。

人民路支行。1998年8月31日，华一坡分理处迁往人民路13号与大溪沟分理处合并，更名为人民路支行，调整为渝中支行管辖。2002年12月31日，升格成为直属支行。2016年调整为渝中支行辖属二级支行。

解放碑支行。1992年12月10日，成立解放碑分理处，位于市中区中华路8号。1998年12月24日，升格为解放碑支行。2007年1月5日，升格为直属支行。2010年8月23日，调整为渝中支行辖属二级支行。2015年3月26日，变更为普惠网点。

学田湾支行。1991年11月25日，成立学田湾分理处，位于重庆市渝中区学田湾农贸市场一楼，分行营业部管辖。1998年6月30日，升格为学田湾支行。1998年8月31日，调整为渝中支行管辖。1999年11月17日迁至重庆市渝中区学田湾正街6号。曾管辖健康路储蓄所、桂花园储蓄所、红球坝储蓄所。

双钢路支行。2000年2月25日，八一路储蓄所迁址升格为双钢路分理处，位于渝中区双钢路1号设计大楼。2004年3月25日，升格为双钢路支行。

民族路支行。1993年9月9日，成立民族路分理处，位于市中区民族路132号。1998年6月30日，升格为民族路支行。2002年8月2日，迁址渝中区临江路九尺坎66号泰安大厦。2004年8月10日，迁址渝中区民族路169号纽约·纽约大厦平街一层。2010年6月停业重新装修，所有账务并入渝中支行。2010年10月15日，成立分行私人银行中心，作为分行直属经营单位，与民族路支行合署办公。2012年4月16日，由分行直属经营单位调整为渝中支行辖属二级支行，保持服务高端客户特色，取消私人银行中心名称。2013年6月24日，民族路支行设立私人银行中心，隶属于分行个金部。2014年10月28日，原址改建为普惠型特色网点。

解放西路支行。1994年6月28日，成立中兴路分理处，位于重庆市中兴路团房。1997年4月15日，迁址解放西路69号，更名为解放西路分理处。2004年3月25日，升格为解放西路支行。曾经管理太平门储蓄所。2014年11月19日，改建为普惠网点。

观音岩自助银行。2009年2月6日，于渝中区中山一路210号筹建。2009年7月2日，观音岩自助银行对外营业。

较场口支行。1995年3月27日，成立较场口分理处，位于市中区民权路107号。2004年3月25日，升格为较场口支行。2006年迁址原青年路分理处营业，2010年撤销。2012年3月12日设立较场口自助银行。

青年路支行。1994年3月11日，成立青年路分理处，位于市中区青年路75号附4号。2004年3月25日，升格为青年路支行。2004年2月25日迁址，原址设立离行式自助银行。2005年9月，青年路分理处搬迁至江北区小苑一村30号，并升格更名为交通银行重庆分行小苑支行。

上清寺支行。于1994年4月4日成立上清寺分理处，位于市中区上清寺路33号，由分行营业部管辖。1998年6月30日，升格为上清寺支行。1998年8月31日，调整为渝中支行管辖。2004年2月25日，支行撤销，原址设立离行式自助银行。2009年9月离行式自助银行撤销。曾经管辖大溪沟储蓄所、桂花园储蓄所。

临江路分理处。2001年3月成立，2002年6月21日撤销。

临江门储蓄所。1996年8月2日成立，1997年3月23日撤销。

菜园坝分理处。1993年2月11日成立，位于重庆火车站候车厅大梯楼下南侧，由分行营业部管辖。1998年8月31日，调整为渝中支行管辖。2004年3月25日升格为菜园坝支行。2009年12月撤销。曾管辖渝铁村储蓄所。

红球坝支行。1994年2月28日，成立红球坝储蓄所，位于重庆市市中区枣子岚垭菜市巷66号。1999年5月4日，升格为红球坝分理处。2004年3月25日，升格为红球坝支行。2009年底撤销。

大溪沟储蓄所。1988年成立大溪沟储蓄所，1993—1995年管辖人和街储蓄所、人民路储蓄所、华一坡储蓄所、临华路储蓄所。1995年5月4日，升格为大溪沟分理处。1998年8月31日，华一坡分理处迁址人民路13号与大溪沟分理处合并，更名为人民路支行，隶属于渝中支行管辖。

邹容路分理处。1995年4月21日成立，位于渝中区新世纪百货公司底楼。2004年3月25日，升格为邹容路支行。2004年6月15日撤销，原址设立离行式“24小时自助银行服务点”。

太平门储蓄所。1994年成立太平门储蓄所，2002年6月21日撤销。

白象街储蓄所。1996年4月成立白象街储蓄所。2002年6月21日撤销。

金汤街储蓄所。1995年成立金汤街储蓄所，2003年7月28日撤销。

捍卫路储蓄所。1994年成立捍卫路储蓄所，1999年5月4日，升格为分理处。2003年1月27日撤销。

健康路储蓄所。1994年成立健康路储蓄所，1999年5月4日，升格为分理处。2003年7月28日撤销。

桂花园储蓄所。1994年成立桂花园储蓄所，2003年10月8日撤销。

人和街储蓄所。1994年成立，由大溪沟储蓄所管辖，后调整为人民路支行管辖。1999年5月4日，升格为人和街分理处。2004年3月25日，升格为人和街支行。2007年1月5号，由人民路支行管辖调整为渝中支行管辖。2008年5月14日撤销，原址改造为自助银行。

人民路储蓄所。1994年成立人民路储蓄所，1997年3月23日撤销。

华一坡储蓄所。1994年成立，1995年7月17日升格为华一坡分理处。1998年8月31日，华一坡分理处迁址人民路13号，更名为人民路支行，调整为渝中支行管辖。

临华路储蓄所。1995年成立，1997年3月23日撤销，账务并入大溪沟储蓄所。

国泰储蓄所。1994年成立，1997年3月23日撤销。

陕西路储蓄所。1995年3月8日成立，1998年6月30日撤销。

朝千路储蓄所。1995年3月10日成立，1997年3月23日撤销。

和平路储蓄所。1994年成立和平路储蓄所，2002年6月21日撤销。

火车站储蓄所。1994年成立火车站储蓄所，1997年3月23日撤销。

渝铁村储蓄所。1994年成立渝铁村储蓄所，2003年1月27日撤销。

文化宫储蓄所。1994年成立文化宫储蓄所，1997年3月23日撤销。

枇杷山储蓄所。1994年成立枇杷山储蓄所，1997年3月23日撤销。

四、历任领导

表11-1-5

渝中支行历任领导

行长（主任）	副行长（副主任）	行长助理（主任助理）	任职起止年月	职务
	简勇刚		1993.5—1995.3	副主任
张渝南			1995.3—1995.7	行长
	古启海		1995.7—1996.10	副行长
		王敏	1995.7—1995.11	行长助理
	杨炜		1995.11—2000.6	副行长
	冯长生		1996.10—1997.5	副行长
冯长生			1997.5—1997.9	行长

续表

行长（主任）	副行长（副主任）	行长助理（主任助理）	任职起止年月	职务
郭宽福			1997.9—2001.4	行长
陈东玮			2001.3—2002.7	行长
黄章云			2002.7—2004.12	行长
朱川			2004.12—2005.3	行长
黄锦平			2005.4—2006.2	行长
	杨炜		2006.1—2006.6	副行长
	杨炜		2006.6—2008.2	副行长(主持工作)
刘祖国			2008.2—2012.5	行长
陈萍			2012.5—2018.9	行长
	李庆		1997.11—1998.6	副行长
	顾廷川		1998.8—2000.5	副行长
	张骥		1999.1—2001.4	副行长
	张骥		2005.9—2009.4	副行长
	蒋雨龙		2000.6—2001.4	副行长
	徐敏		2000.6—2001.4	副行长
	章晓霞		2000.6—2004.8	副行长
	熊朗秋		2002.3—2002.7	副行长
	夏忠群		2002.3—2003.3	副行长
	邹新毅		2002.4—2003.3	副行长
	曹梦		2003.5—2005.9	副行长
	倪平凡		2004.8—2006.8	副行长
		付峰	2005.2—2007.2	行长助理
	陈革		2007.7—2009.4	副行长
	陈渝春		2009.4—2012.5	副行长
	唐民		2009.4—2011.1	副行长
	邓野渝		2007.7—2009.10	副行长
	杨帆		2010.5—2018.1	副行长
	黄遐		2012.5—2018.1	副行长
		胡晓东	2015.10—2018.9	行长助理
		董雪春	2018.8—	行长助理
	胡晓东		2018.9—	副行长
李琰			2018.11—	行长
	杨高		2018.1—	副行长

第六节　九龙坡支行

一、沿革

1993年6月8日，成立交通银行重庆分行九龙坡办事处，由沙坪坝支行代管，位于杨家坪西郊路特1号。1993年8月28日，九龙坡办事处更名为九龙坡支行。1994年2月，更名交通银行重庆分行九龙坡支行，隶属于分行管辖。内设业务科、会计科、储蓄科、保卫科、办公室、稽核室。1994年底，在册员工87人。管辖9个营业网点，即支行营业厅、袁家岗分理处、谢家湾分理处、石坪桥分理处、大渡口分理处、大堰储蓄所、建设储蓄所、梅堡储蓄所及十八冶储蓄所。2001年，会计科与储蓄科合并，更名为前台科。2003年，分行推行扁平化管理后，设立综合管理部，内设综合分析岗、行政助理岗，业务科更名为营销部。2005年9月，更名为交通银行股份有限公司重庆九龙坡支行。

2018年末，在册员工91名。其中正式员工79名，外派员工12名。辖属营业网点4个，离行式自助银行6个，离行式自助机具18台。存款余额824472万元，其中对公529601万元，储蓄存款294871万元；贷款余额722954万元。

二、业务经营

对公业务。2001年，累计办理承兑7.9亿元，实现手续费收入40万元。办理票据贴现9.7亿元，实现贴现利息收入1700余万元，占支行利息收入30%，占全分行承兑、贴现总额1/3。2003年，拓展建设集团车用空调和国家国债资金重点项目“西南铝1+4”项目。2005年，成功营销水投集团和西南铝业。2008年，与重钢开展蕴通供应链合作，成功实现重庆钢铁集团有限责任公司和重庆钢铁股份有限公司缴税通三方协议签约。与重庆市大学城水务技术开发有限公司、重庆出版社签订具有排他性年金意向性协议。2009年，实现重钢环保搬迁贷款5亿元。配合协助交银租赁有限公司实现成功放款6.7亿元。对重庆钢铁股份有限公司新增中期流动资金贷款9400万元。参与渣打银行银团贷款项目，成功放款2.96亿元。2010年，争取两江集团及其配套所属企业到支行开户。通过总行授信60亿元，提款10亿元，获得平均存款6亿元。2011年，强力介入两江新区龙兴工业园区土地拆迁补偿，联动打单资金近10亿元。2012年，与两江开投关联企业龙兴工业园、景观公司、航投均实现业务合作。拓展贷款资金下游收款企业在支行开户16户。推进龙兴撤迁赔付工作，打单2亿多元。2013年，实现信托3亿元、资产池1亿元、进口押汇3235万美元。2014年，实现不占用信贷规模国内信用证11.6亿元、国际证2989万美元、进口押汇5329万美元、直投6.6亿元。个人贷款发放量近10亿元。联动中间业务净收入300万元，派生对公时点存款3.4亿元。2015年，两江机器人融资租赁有限公司、通航融资租赁公司各获得支行综合授信额度5亿元。启动华晨鑫源核心供应链业务。重庆市西站投资直投10亿元成功落地。实现两江土储直投12亿元、重庆理工大学直投1.3亿元。渝黔铁路获得支行综合额度10亿元。实现九龙园和武隆城乡政府债过桥融资。渝农商金融租赁有限公司获得支行同业保理额度5亿元。2016年，成功营销重庆西部国际涉农物流加工区建设发展有限公司参与国开行37亿元棚改项目银团贷款。与东方鑫源、重庆攀华、朝阳气体合作，累计贴现52727万元。通过华晨鑫源供应链业务，增加有效户46户，新增保证金存款2.8亿元。2017年，新增贷款发放10.8亿元，其中车用空调0.3亿元、重钢重组0.3亿元、水投集团1.8亿元、两江开投2亿元、出版集团1亿元、康达环保0.2亿元、水投集团2.7亿元、西彭铝投2.5亿元。9月，营销渝农商金融租赁有限责任公司活期存款7.8亿元。表外资产发放九龙园高新直投2亿元。联动南川城投表外贷款2.5亿元。积极配合重庆市政府推动重钢股份破产重整，获得现金清偿0.7亿元，剩余部分债转股，年末重钢股份非信贷资产科目余额为5.09亿元。2018年，向重庆北鹏教育科技有限公司发放固定资产贷款7.62亿元，带来新开户33户，代发工资客户82户。获批重庆九龙园高新产业集团有限公司过桥类债券信贷额度3亿元。获批重庆金美通信有限责任公司隐蔽性无追索保理额度3亿元。获批重庆通航融资租赁有限公司保理额度5500万元。完成支行首笔飞机抵押保理业务，并顺利提款。

个金业务。2000年，办理矿山机械厂4000名职工安置费，吸收储蓄存款达2000万元，另有1300万元退休职工医药保险基金成为支行相对固定存款。开办个人贷款业务，当年贷款余额343万元。2007年，建设集团批发打单业务3524万元。杨家坪工人疗养院职工住房批发打单135万元。嘉希磁性材料破产清算批发打单106万元。正升置业每季租金返还约300万元。实现新增代发工资5455户，月代发金额382万元。营销“金立·园丁二期”个人住房按揭贷款210笔约2000万元。2015年，营销5亿元批量打单业务。新增9户私人银行。个贷发放量4.6亿元，新增2亿元，贷款余额26亿元。2016年，共计打单22000万元，沃德提升16户，有效客户370户，资金留存率45%。2017年，九龙坡旧城改造拆迁打单742户，打单资金27647万元。成功上线买单吧，成为分行首个成功上线买单吧的商户。2018年，九龙坡区城市棚户区改造项目（三期）拆迁打单2206户，打单资金98386万元。

国际业务。2005年，代理西南铝业进出口业务4亿元。2015年，通过与重庆明轩珠宝的合作，新增34725万美元国际结算量。2016年，与明德香港公司、力帆进出口、力帆乘用车、辽阳顺鹏合作，实现国际结算量30144万美元，跨境人民币31290万元。2018年，离岸客户明德国际控股集团有限公司在支行开立远期信用证，累计开证金额达8000万美元，承兑金额达1.1亿美元。为重庆对外经贸（集团）有限公司定制“即期购汇+买入期权”创新产品，达到约2.3亿美元的成交量。

三、网点

营业厅。伴随支行成立迁址至九龙坡区谢家湾正街102号附1号。

西郊路支行。1994年3月3日，成立梅堡储蓄所。1995年9月11日，迁址至九龙坡区西郊路特1号，更名为西郊路分理处。2002年12月27日，迁址至九龙坡区西郊路2号，升格为西郊路支行。2003年3月11日，升格为直属支行。2010年9月17日，迁址九龙坡区杨家坪横街25号1-1，西郊路支行与杨家坪支行进行账务整合；2016年7月1日，调整为九龙坡支行辖属二级支行。

袁家岗支行。1994年5月9日，成立袁家岗分理处并开业，位于重庆市九龙坡区谢家湾正街1号。1998年6月30日升格为袁家岗支行。

九龙园支行。1999年5月4日，建设村储蓄所升格为建设村分理处。2000年8月30日，迁址九龙坡区团结路47号附2号，更名为团结路分理处。2009年7月升格为团结路支行。2009年12月12日，迁址九龙坡区九龙园火炬大道13号1、2号楼附1-1号，更名为九龙园支行。2011年1月10日，升格为直属支行。2015年2月3日，调整为西郊路支行辖属二级支行。2016年7月，调整为九龙坡支行辖属二级支行。

谢家湾支行。1994年3月11日，成立谢家湾分理处，位于九龙坡区谢家湾正街76号。2008年12月1日，谢家湾分理处搬迁至重庆市永川区，升格更名为交通银行股份有限公司重庆永川支行。2009年2月升格为谢家湾支行。2009年8月17日拆销。

石坪桥支行。1994年10月17日，成立石坪桥分理处并开业，位于九龙坡区石坪桥正街特27号。2009年11月6日，升格为石坪桥支行。2011年12月12日撤销。

杨家坪支行。1990年7月24日，成立团结坝储蓄所，位于特钢厂经销大楼内，隶属于沙坪坝支行管辖。1999年5月，迁址九龙坡区杨家坪珠江路154号，更名为杨家坪储蓄所，隶属于九龙坡支行管辖。1999年11月8日，迁址九龙坡区珠江路45号，升格为杨家坪分理处。2004年3月25日，升格为杨家坪支行，2009年8月4日，迁址至杨家坪盛仁汇大厦。2010年9月18日撤销。

陈家坪支行。1994年3月3日，成立陈家坪储蓄所，位于石杨路60号。1997年3月23日，升格为陈家坪分理处，隶属于九龙坡支行管辖。2002年7月，隶属于高新技术开发区支行管辖。

科园路分理。1999年6月18日，成立科园路分理处，位于九龙坡区科园一路2号，隶属于九龙坡支行管辖。2002年7月4日，科园路分理处升格为交通银行高新技术开发区支行，隶属于分行管辖。

长江路支行。2007年1月1日，马家堡支行由大坪支行划归九龙坡支行管辖。2008年12月10日，迁址渝中区长江二路45号。2009年11月6日，变更为长江路支行。2010年4月22日撤销。

黄桷坪分理处。1995年成立文化村储蓄所，2001年3月13日，迁址到黄桷坪，更名为黄桷坪分理处。2002年6月21日撤销。

兴胜路储蓄所。1994年3月3日，成立十八冶储蓄所，1997年更名为兴胜路储蓄所，2003年1月27日撤销。

大堰分理处。1994年成立大堰储蓄所。1999年5月4日，大堰储蓄所升格为大堰分理处。2003年7月28日撤销。

钢花路分理处。2002年成立钢花路分理处。2003年7月28日撤销。

通用机器厂储蓄所。1992年4月2日，成立通用机器厂储蓄所，位于江北区通用新村31号。1998年10月13日迁址。1999年5月4日，更名为谢家湾储蓄所，迁址九龙坡区谢家湾正街78号，调整为九龙坡支行管辖。

团结坝储蓄所。1990年7月24日，设立重庆分行沙坪坝办事处团结坝储蓄所，位于特钢厂经销大楼内。1999年5月，迁址九龙坡区杨家坪珠江路154号，更名为杨家坪储蓄所，调整为九龙坡支行管辖。

马家堡支行。2003年8月，由沙坪坝支行划归大坪支行管辖。2004年3月25日，升格为马家堡支行。2007年1月1日，隶属于九龙坡支行管辖。2008年更名为长江路支行，2010年撤销。

四、历任领导

表11-1-6

九龙坡支行历任领导

行长	副行长	行长助理	任职起止年月	职务
	冯长生		1994.7—1996.10	副行长
	阎毅文		1996.10—1999.1	副行长
	周志勇		1996.10—1997.11	副行长
	周志勇		1999.1—2000.5	副行长
	陈炳生		1997.11—1998.8	副行长(正处级)
	侯海妮		1997.11—1998.8	副行长
	杨辅华		1998.3—2005.9	副行长
	王宗斌		1998.4—1999.1	副行长
黄锦平			1999.1—2002.4	行长
	朱川		2000.6—2000.10	副行长
朱川			2001.6—2003.4	行长
		董玉萍	2000.6—2002.4	行长助理
	董玉萍		2002.4—2006.8	副行长
	刘祖国		2002.4—2003.5	副行长

续表

	熊朗秋		2002.7—2003.7	副行长
熊朗秋			2003.7—2006.1	行长
		王俊	2004.5—2005.2	行长助理
	童军		2005.9—2007.7	副行长
童军			2010.6—2016.7	行长
	王敏		2006.1—2008.4	副行长（主持工作）
	凌龙		2007.7—2011.4	副行长
		吴文涛	2005.7—2007.7	行长助理
	吴文涛		2007.7—2009.4	副行长
	李应容		2008.6—2009.10	副行长（主持工作）
李应容			2009.10—2010.6	行长
	穆荣贵		2008.2—2013.4	副行长
	胡郸		2009.4—2010.2	副行长
		张湛	2011.4—2015.6	行长助理
	李琰		2010.2—2013.6	副行长
	陈瑞勇		2014.1—2018.1	副行长
		杨青	2015.2—	行长助理
谭永胜			2016.7—	行长
	田景元		2016.7—2018.9	副行长
		谢海宁	2017.4—	行长助理
	周毓川		2018.1—	副行长
	吴文涛		2018.9—	副行长

第七节　两路口支行

一、沿革

1993年12月3日，成立交行重庆分行市区支行两路口分理处，归渝中支行管辖。位于市中区中山三路132号。1998年6月30日，两路口分理处升格为两路口支行，迁址渝中区中山二路194号港天大厦。2011年1月10日，分行“个人（小企业）贷款中心”更名为“个人贷款中心”，与两路口支行合署办公。两路口支行升格为直属支行。2016年5月，取消“个人贷款中心”名称。2017年1月，迁址中山三路158号。

2018年末，在册员工48名。其中正式员工47名，外派员工1名。辖属营业网点2个，离行式自助银行5个，离行式自助机具5台。存款余额269821万元，其中对公87682万元，储蓄存款182139万元；贷款余额615323万元。

二、业务

对公业务。2013年，对公有效户净增29户，列分行第1名。2014年，营销双桥开投3亿元信托、2.5亿元贷款，荣昌兴荣3亿元贷款，市急救中心1.2亿元贷款，葛洲坝易普力6000万贷款等公司授信项目。成功提款7.5亿元。2015年，成功提款兴荣公司5559万元固贷、1.4亿元政府过桥贷款，2亿元存单质押，2亿元委贷。营销两江租赁公司4800万元项目贷款、仙女山公司1500万元流贷。2016年，通过分行审批授信项目8户26.4亿元。其中兴荣公司4.7亿元、PPN过桥4亿元、棠城公司2.7亿元、顺泰公司1.5亿元、泰山公司2.5亿元、双桥开投3.5亿元及短融过桥4亿元、棠城政府购买服务3.5亿元、黔江城投非公开公司债券过桥4亿元。撮合交银租赁过会武隆喀斯特公司5亿元。截至12月底，提款8户14.16亿元。2017年，通过分行审批对公授信项目有13户共计授信额度37.7亿元，共计提款18.9亿元。票据贴现累计达30.5亿元。承销1户企业注册成功PPN额度10亿元。2018年，通过分行授信审批额度7户26.1亿元，实质性贷款提款累计11.6亿元。成功发行第一单主动管理型信托产品20亿元。成功发行独立主承销债券10亿元。通过债券过桥、撮合业务等引入低成本资金50亿元。全年非息收入1624万元。实现票据融资投放共计18亿元，排全行票据融资量第1名。

个金业务。2013年，新增对私中端客户1559户。新增沃德客户46户、私人银行客户1户。2014年，新增对私中端客户678户。新增私人银行客户1户。2015年，新增沃德客户46户。新增私人银行客户1户。2016年，沃德客户比年初新增14户。对私中端客户新增104户。私人银行客户降1户。2017年，代发工资有效户新增560户，完成计划任务的249.55%。其中代发源头客户新增702户，完成计划的150%。重点产品财管收入完成216.71万元，完成计划任务的120.39%，活期存款平均余额新增3572.28万元，完成计划任务的119.08%。2018年，沃德客户较年初新增165户，完成计划任务的163.37%。有效活跃户较年初新增4735户，计划完成率为146.5%，财管净收入274.13万元，完成计划任务的110.98%。

个贷业务。2011年，个贷发放75941万元，当年净增62074万元（不含公积金贷款）。2012年，个贷发放54899.6万元，当年净增23397万元（不含公积金贷款）。2013年，个贷发放60796.7万元，净增30806万元（不含公积金贷款）。小企业贷款客户净增15户，净增贷款14478万元。个贷公积金贷款发放10527.9万元。不良贷款清收压缩352万元，收回风险监控名单贷款77万元。2014年，支行个贷发放41753.4万元，净增8984万元（不含公积金贷款）。不良贷款清收压缩112万元，收回风险监控名单贷款68万元。2015年，个贷发放19913.5万元，较年初下降14616万元（不含公积金贷款）。不良贷款清收压缩145.71万元，收回风险监控名单贷款5416万元，小企业不良、非不良逾期（3个月以上）余额为2390.37万元，较年初增加1479.58万元。个贷不良余额占比0.64%。2016年，个贷发放28968.1万元，较年初下降11400万元（不含公积金贷款）。支行个贷不良贷款金额2228万元，较年初增加428万元，不良率0.83%。2017年，全年签约贷款发放570笔计33511.9万元（含公积金组合贷商贷部分）。全年贷款结清1315笔计46849.5万元。新拓展个贷有和记黄埔公司“御峰”项目、金融街公司“金融街·金悦锦城”等4个项目。共计获批18亿元按揭项目授信额度。2018年，全年贷款发放1455笔计53135.5万元（含公积金组合贷商贷部分）。其中住房按揭贷款发放810笔计49757.4万元。全年贷款结清1467笔计45511万元。新拓展个贷有致悦瞰山府、新城·和昱麟云、罗宾森、西政国际学术交流中心等4个项目。共计获批11亿元按揭项目授信额度。

三、网点

营业厅。随支行成立迁至渝中区中山三路158号。

大坪支行。1992年8月28日成立大坪分理处，位于大坪长江二路47号，由沙坪坝支行管辖。1998年6月30日，升格为大坪支行。2002年12月31日，大坪支行升格为直属支行，内设综合管理部和营销部。2008年8月14日，迁址渝中区大坪正街118号。2018年8月，大坪支行调整为两路口支行辖属二级支行。

四、历任领导

表11-1-7

两路口支行历任领导

行长	副行长	行长助理	任职起止年月	职务
	李应容		2011.1—2012.5	副行长（主持工作）
	凌龙		2011.4—2016.3	副行长
	陈渝春		2012.5—2013.4	副行长
	陈革		2012.5—2018.4	副行长
		凌明	2016.5—2018.2	行长助理
		张玉茹	2017.5—	行长助理
陈革			2018.4—	行长
		郭今	2018.1—	行长助理
	童军		2018.7—	副行长

第八节　两江新区分行

一、沿革

2009年12月25日，龙溪镇支行迁址更名为交通银行股份有限公司重庆金渝支行，隶属于江北支行管辖，位于经开区金渝大道68号B1幢1单元1号。2010年8月13日，解放碑支行与金渝支行实行资产业务及对公负债业务合并，金渝支行更名为两江新区支行。2010年8月23日，升格为直属支行。2017年10月，两江新区作为重庆市下辖的副省级新区，也是内地第一个国家级开发开放新区，为促进交行在重庆两江新区的区域发展，扩大交行影响，支行更名为交通银行股份有限公司重庆两江新区分行。

2018年末，在册员工100名。其中正式员工86名，外派员工14名。辖属营业网点5个，普惠银行1个，离行式自助银行2个，离行式自助机具4台。存款余额122.41亿元，其中对公97.47亿元，储蓄存款24.94亿元；贷款余额59.18亿元。

二、业务

公司业务。2010年3月，与城投公司合作，成功发行分行首笔单一委托资金信托计划5亿元。与重庆市交通设备租赁有限公司合作中，两江支行设计有追索权国内保理业务（前收息法）。2011年，累计实现国内信用证结算2.82亿元。2012年，获得公积金归集资格审批，半年时间累计实现公积金缴存开户15户。2013年，为重庆浩龙建筑劳务有限公司办理“特需医疗金”业务，共缴纳特需金120万元，实现中间业务收入2.4万元，按总行年度考核口径折算为养老金净增考核规模480万元。2016年，以贷款、直投、资产证券化、信托、国内证等形式为10家企业提供融资175亿元。实现渝富集团39亿元的重大项目提款。达成系统内首笔以政府购买服务方式实现的土储项目支持融资。渝泓公司70亿元投行类私募型企业资产证券化业务落地。2017年，营销重庆战略基金活期存款5.4亿元。营销公租房活期存款20亿元。2018年，营销发展重庆发展、紫光集团、东湖高新、联创电子、龙湖地产、两江置业、火锅金融、江湖菜。全年新开各类对公账户127户，新开对公账户时点存款11.95亿元，日均存款2.34亿元。积极营销同业理财业务，落地市产业引导基金同业理财1.6亿元，人民币同业存款及存单日均余额增加11825.34万元，人民币活期同业低成本负债平均余额（不含活期稳存）增加3255.64万元。借助交银租赁成功为重庆有线网络公司投放售后回租1.5亿元。

零售业务。2010年，推出存贷款项目、代发工资、贷记卡、电子银行、个人贷款、进社区及小企业营销活动。代发工资业务居全国50强第32位，获总分行表彰。2016年，跟进龙兴支行的批发打单工作，继续巩固和加深与龙兴政府、龙兴公司、撤迁外业组、征地办的合作关系，在龙兴地区征地工作进展缓慢的情况下，累计打单1.5亿元。组织高端客户参与中医问诊、高尔夫活动，举办“沃德财富川剧之夜”，开展社区行活动98场，支行制定私银、沃德客户专项营销方案，支行与网点形成私银客户营销的合力，网点开展客户经理“一对一”精准营销模式提升活动，以活动荐客户。以产品为依托，以服务为手段，大力拓展行外资金，以天A、大额存单、自主主盘稳添利、安邦和天安财险等优势产品为抓手，争抢财管中收入，通过持续销售产品吸引行外资产，做大资产规模，支行大额存单销售10365万元，安邦财险销售12519万元。2017年，制订公私联动营销代发业务、住房按揭等措施，全年代发打单达5亿元。深入高校宣传办理校园卡、举办“音为有你”校园歌手大赛、感恩之心演讲比赛，营销校园卡150余张。2018年，零售各网点代办两江市场监督局工商执照。对接两江新区建设局农民工工资实名制管理系统。持续营销拆迁安置费代发。累计新开农民工工资代发专户5户，新增农民工代发人数915人，代发金额累计3500万元。营销校园卡2800余张。办理龙兴地区拆迁安置费代发5250笔计2.8亿元。

国际业务。2012年，累计开立国内信用证7.85亿元，运用电子供应链、商票保贴等总行推出的新产品，批量拓展核心客户的上下游客户。通过应收租金保理、出口退税账户质押等产品，赢得客户的合作。根据客户资金运用特点，组合运用对公理财产品，吸引客户资金在交行流转结算。支行累计吸收结构性存款6.01亿元，T+0产品累计吸收存款4.39亿元以上定期存款300万美元。2017年，办理渝富香港5.2亿港币内保外贷，渝康资产3.5亿元跨境直贷，营销达丰电脑1.2亿美元贸易融资业务（人民币保证金8.3亿元）。

三、网点

营业厅。随支行成立迁至渝北区经开园金渝大道68号B1幢1单元1–4号。

北部新区支行。2001年3月5日，成立北部新区支行，位于渝北区龙溪镇加新路8号，隶属于江北支行管辖。2001年1月12日，经人行重庆营业管理部批准，被确认为北部新区支金库业务的代理行。2002年8月19日，迁址北部新区龙湖花园西区路口新南路高发大厦B栋平街门面。2006年1月升格为直属支行。2008年5月14日，迁址重庆市渝北区西湖路36号、38号、40号，原址更名成立龙湖分理处。2011年辖属营业厅、龙湖支行、松石路支行。2016年2月24日，重庆市撤销北部新区，职能职责划归两江新区，北部新区支行下属机构并入两江新区支行。2016年7月7日，调整为两江新区支行辖属二级支行。

松石路支行。2003年3月11日，大庙支行升格为直属支行，地址为江北区建新北路86号。2007年10月24日，迁址渝北区龙溪街道松石支行327号，更名为松石路支行。2010年4月1日，调整为北部新区支行辖属于二级支行。2016年7月7日，调整为两江新区支行辖属二级支行。

龙湖支行。2008年5月14日，北部新区支行迁址渝北区西湖路36号、38号、40号，原址更名成立龙湖分理处，隶属于北部新区支行管辖，位于北部新区龙湖花园西区路口新南路高发大厦B栋平街门面。2008年10月10日，升格更名为龙湖支行。2016年7月7日，龙湖支行调整为两江新区支行辖属二级支行。

龙兴支行。2011年11月8日，龙兴支行成立并对外正式营业，隶属于九龙坡支行管辖，位于重庆市渝北区龙兴镇迎龙街D栋。2016年5月20日，调整为两江新区支行管辖。

龙兴和合家园支行。2015年12月10日，龙兴和合家园支行正式成立并开业，位于两江新区龙兴工业园和合家园B组团20A1–20、1–11号。2016年7月，调整为两江新区支行管辖。2017年9月

23日，原龙兴支行拆并至龙兴和合家园支行，2017年12月8日，龙兴和合家园普惠型支行变更为普通型支行，支行名称不变。

湖津路支行（普惠）。2015年11月27日正式成立并开业，位于北部新区湖津路121号附13号。

四、历任领导

表11-1-8

两江新区分行历任领导

行长	副行长	行长助理	任职起止年月	职务
	宋军		2010.8—2011.10	副行长
宋军			2011.10—2013.6	行长
	邓小春		2010.8—2014.1	副行长
李伟			2013.6—2016.7	行长
虞清			2016.7—	行长
	郑勇		2016.7—	副行长
	陈晖		2016.7—	副行长
	张又丹		2017.6—2018.4	副行长
	牟红钢		2018.6—	副行长

第二章　中型支行

第一节　大渡口支行

一、沿革

1994年3月11日，成立大渡口分理处，隶属于九龙坡支行管辖，位于大渡口钢花路110号主楼9-10号。1998年6月30日，升格为大渡口支行。1999年3月，升格为直属支行。1999年7月8日，设立大渡口支行保卫科。2002年3月，调整为龙坡支行辖属二级支行，迁址大渡口钢花路308号。2007年1月5日，升格为直属支行，迁址大渡口松青路1046号。

2018年末，在册员工25名。其中正式员工22名，外派员工3名。辖属营业网点1个，离行式自助银行2个，离行式自助机具4台。存款余额242385万元，其中对公175272万元，储蓄存款67113万元；贷款余额268898万元。

二、业务

对公业务。成立之初，主要围绕重钢等区域内企业发展，先后与重庆钢铁集团、重钢产业公司、重钢股份、重钢销售、重钢物资、重庆长江钢厂、重庆重型铸锻厂、中国人民解放军三五三三服装厂、科而士皮鞋等区域内重点企业及大渡口区财政局、大渡口区环保局、大渡口区房管局等机关单位开展业务往来。2010年，营销大晟资产公司将委托渤海信托公司发行的企业债券资金8亿元。2012年，发放小企业贷款10570万元，新增户数15户。营销存量客户大晟公司8000万元，新拓展客户西藏资产投资公司6000万元，长鹏实业3000万元，三德装饰2500万元，林丰投资公司2500万元，共新增存款2.2亿元。成功引进了徽商、通盛两家担保公司的入围，交行新增存款2000万元，为支行小企业的发展扩宽了信息渠道。2013年，发展建桥公司远期买入返售新型业务2.3亿元，创造投行中收1610万元。2014年，发放西部航空增资过桥2.7亿元。2015年，办理大晟公司2亿元托管业务，渝南公司3亿元投行和资产短融过桥4亿元贷款业务。2016年，建桥、大晟、渝南、西部航空公司日均存款达10亿元。2017年，与华润公司合作。开立万象汇项目的独家预售资金监管户。新增同业客户3户。建桥、大晟、西部航空公司日均存款10亿元；区房管局、区土储中心、区征地办在支行的财政结算类账户，日均存款1.2亿元；西部航空公司发放贷款2亿元，建桥发放3.47亿元，大晟发放5.12亿元；发行建桥PPN10亿元，签订建桥公司债监管10亿元。2018年，新增华润公司万象汇项目预售资金监管日均近1亿元。新增大渡口区房管局日均存款4.2亿余元。新增新晟发棚改贷款6.29亿元。办理资产流转型业务1亿元。

个金业务。2010年，个人贷款余额8982万元，比年初新增5500万元，完成率117%。2012年，小企业发展联动个金储蓄存款3000万元。私人银行客户数9户，其中新增6户，计划完成率达到300%。2014年，发展西部航空、建桥、华生园等对公单位，共计1500人代发工资。2016年，营销“首地江山赋”“渝开发·缘香醍”两个项目按揭，发放贷款383笔计1.67亿元。2017年，营销华润置地大渡口项目，通过贷华润万象汇6.6亿元个人住房和商业按揭、华润公园九里10亿元个人住房和商业按揭项目。2018年，储蓄存款时点余额67113万元，比年初增加7906万元，完成全年计划的108.3%。

国际业务。2014年，成功开立西部航空离岸账户揽存200万美元。2016年，西部航空开立备用信用证6笔，共计600万美元，保证金人民币存款4000万元。2017年，西部航空开立备用信用证8笔，共计1300万美元，保证金人民币存款9555万元。

三、历任领导

表11-2-1

大渡口支行历任领导

行长	副行长	行长助理	任职起止年月	职务
熊朗秋			1999.3—2001.4	行长
	刘华		1999.3—2002.4	副行长
刘祖国			2001.4—2002.4	行长
	王俊		2007.7—2010.8	副行长(主持工作)
	谭新		2010.11—2011.9	副行长(主持工作)
谭新			2011.9—2012.3	行长
	曾红		2007.2—2011.2	副行长
	唐莉		2011.3—2012.3	副行长
	唐莉		2012.3—2014.4	副行长(主持工作)
唐莉			2014.4—2017.5	任行长
	郭艳		2012.1—2015.2	副行长
	汤燕		2015.4—	副行长
曾咏梅			2017.5—2017.12	行长
凌明			2018.2—	行长

第二节 江津支行

一、沿革

1994年11月16日，成立江津市支行，位于江津市几江镇布市街14号。在册员工26名，内设立保卫科、信贷科、储蓄科、会计科。1995年11月3日，更名为江津支行。1999年5月20日，搬迁至江津区几江街道西门路161号。2002年3月21日，调整为沙坪坝支行辖属二级支行。2003年3月11日，升格为直属支行。随着分行推行扁平化管理，支行取消科室编制，设置综合管理部和营销部。2005年9月，更名为交通银行股份有限公司重庆江津支行。

2018年末，在册员工34名。其中正式员工28名，外派员工6名。辖属营业网点2个，普惠银行1家，离行式自助银行5个，离行式自助机具10台。存款余额205874万元，其中对公142281万元，储蓄存款63593万元；贷款余额205212万元。

二、业务

公司业务。1998年，与江津财政预算外资金管理局全面合作。1999年，参与江津区医保所创建，成为江津医保资金唯一合作银行。2001—2003年，与江津自来水厂、江津酒厂、重庆齿轮箱公司等公司合作。2003年，与江津市政府合作，向江津土地储备中心发放贷款5000万元，通过打单转化为储蓄存款。2012年，营销江津区财政的医保资金1.2亿元，江津自来水公司1200万元的日均存款，重庆正升置业公司新增存款5600万元，丰涪高速公路建设公司4亿元增资款。2014年，与江津高速路指挥部合作，新增日均存款1亿元。2015年，与中电建重庆江习高速公路投资发展有限公司合作，就重庆江习高速公路发放第一笔银团贷款2500万元，后陆续发放贷款合计2.1亿元。营销江津石银村镇银行及南川石银村镇银行来行开户。与江津区华信资产经营（集团）有限公司、重庆市德感工业园区建设有限公司、重庆市江津区滨江新城开发建设有限公司、重庆市双福建设开发有限公司、重庆白沙建设有限公司等大型政府融资平台合作，发放贷款22亿元，综合考核排分行第1名。发放政府平台贷款7.5亿元、三农贷款1000万元及实体经济贷款950万元。新开立对公账户40户，新户新增存款达2亿元，营销了江津遗爱池商圈、江津轨道公司、四面山旅游集团、白沙工业园区、德感工业园区及双福新区等优质客户在支行新开立账户，并新营销同业账户1户。2016年，与交银国际信托有限公司联动，办理支行第一笔信托业务6亿元。2017年，实现首笔类3.2亿元信贷业务突破。成功开展PPN、短融、超短融、过桥等投行业务储备。实现重庆交行系统内首笔3万元两权抵押农房贷款的落地。2018年，持续与政府平台公司合作，投放信贷资金4.1亿元。与诚信担保公司合作，单笔担保限额从1000万元提升至2000万元。为民营企业富臻泰、路源有限公司、驰宏建筑公司等放款共计2000万元。为美好装备制造集团授信3亿元。成功办理德感建筑有限公司信托2亿元。

零售业务。1996年，发行太平洋借记卡。2000年，太平洋卡“全国通”开通，实现卡的异地存取款功能。2001年，向个人客户提供个人理财业务。发行有“银联”标识的太平洋卡，开始受理全国银行卡异地跨行通业务。2005年7月，正式对外发行太平洋双币信用卡。2006年2月，推出“得利宝”人民币理财产品。2007年，推出面向预算单位在职人员的公务卡。2011年，贷款电子化服务渠道“e贷在线”开始投入使用。2015年，分别在重百超市的户外LED显示屏、江津手机报、公交车等广告媒体和信息平台上对交行信息及活动信息进行宣传，参与“5元洗车”“重百、新世纪及永辉超市刷卡优惠”“重百商场刷卡优惠”及社区行等各类活动20余场，举办“统代发单位座谈会”及“高端客户座谈会”，新增私银客户2名、沃德达标客户39名、交银理财客户454户。2016年，与几江街道办事处联合举办金邻节广场舞活动，累计办理金邻卡700余张，举办支行成立

22周年的“感恩22周年·未来有您更精彩”客户答谢活动。2017年，首笔拆迁打单业务共计4000万元落地，通过联动逐户营销，存款留存1800万元。完成中建桥梁公司1800户共计1800万元的工资代发业务。2018年，发动全员成功上线大修基金代收系统，共计新增低成本负债1亿元。

国际业务。2017年，开立2户对公外汇账户。与珞璜综合保税区进行对接，实现支行国际业务零突破。2018年，跨境联动益海嘉里2.5亿元结构性存款，新增国际户3户。

三、网点

营业厅。随支行成立迁至江津区几江街道西门路161号。

云鼎阳光支行（普惠）。2016年2月2日，云鼎阳光支行（普惠）成立，位于重庆市江津区几江街道塔坪路71号。

三倒拐储蓄所。1996年5月，成立三倒拐储蓄所，位于江津几江街道张爷庙街道。2000年3月21日撤销。

东方红储蓄所。1996年12月13日，成立东方红储蓄所，地址为东方红矿区。2003年11月11日撤销。

布市街分理处。1999年5月20日，江津支行搬迁，原址设立布市街分理处，位于江津市几江镇布市街14号。2009年8月17日撤销。

四、历任领导

表11-2-2

江津支行历任领导

行长	副行长	行长助理	任职起止年月	职务
	杨波		1995.11—1999.1	副行长
	刘祖国		1999.1—2000.6	副行长
刘祖国			2000.6—2001.4	行长
	黄民光		2000.6—2002.3	副行长
	李世明		2001.8—2003.4	副行长
	郝臻科		2001.8—2004.6	副行长
李世明			2003.4—2006.8	行长
	黄中全		2003.4—2005.9	副行长
吴凡			2006.11—2008.2	行长
	李静		2007.7—2008.2	副行长
	蔡依莉		2008.2—2010.5	副行长
	彭世达		2008.5—2010.10	副行长(主持工作)
	谢渝丁		2010.9—2011.3	副行长
	李伟斌		2010.10—2011.10	副行长(主持工作)
李伟斌			2011.10—2012.4	行长
谭东			2012.4—2014.11	行长
	詹怡		2012.1—2014.1	副行长
江富容			2014.6—	行长
	刘俊辉		2015.4—2017.6	副行长
	任家强		2017.6—	副行长
		王峰	2017.10—	

第三节　渝北支行

一、沿革

1995年5月19日，成立渝北分理处，隶属于江北支行管辖。位于渝北区渝航路19号。1998年6月30日，渝北分理处升格为渝北支行。1999年3月，升格为直属支行，隶属于分行管辖。2001年2月9日，调整为江北支行辖属二级支行。2003年3月11日，升格为直属支行。2004年5月13日，迁址渝北区双凤路15号。2014年3月，迁址渝北区双龙大道357号。

2018年末，在册员工79名。其中正式员工65名，外派员工14名。辖属营业网点5个，普惠银行1个，离行式自助银行7个，离行式自助机具15台。存款余额333981万元，其中对公181515万元，储蓄存款152466万元；贷款余额380814万元。

二、业务

公司业务。2003年，第一笔对公贷款为重庆空港工业园8000万元。2012年，强化对国土、房管、高院、中渝、士储、旭辉集团等重点客户的针对性和有效性营销，新增存款平均余额达1.7亿元。2014年，为重庆市涪陵区新城区开发集团有限公司在四川信托融资2亿元提供有效服务，融资成功获125万元财政收入。为重庆市涪陵三兴建筑工程有限公司开立托管户托管金额达到4亿元，获托管中收175万元。2015年，为重庆市子万汽车零部件有限公司办理金库宝业务，获托管中收35万元。2016年，与市高院搭建银企直联专线，通过批量开立虚拟二级账户建立合作新平台，进一步深化合作。2017年，创新业务合作模式，先后与全球最大物流企业——普洛斯集团、国信控股、临空投公司、仙桃数据谷等新客户开展合作。仙桃数据谷和空港经济公司分别获得授信5000万元，支行中标临空投6亿元增资过桥项目，2018年，与区内招商引资企业合作，实现普洛斯融资租赁（重庆）有限公司租赁业务代扣代缴在行办理。开立合景泰富在重庆的物业公司基本账户。开立复星医药账户。成功发行重庆水投10亿元5年期中票。

零售业务。2012年，以小企业为主，以大、中型企业中高层干部为源头，以私金理财产品为抓手，以得利宝、天C等系列产品的周期短、保本、增值等特点吸引资本市场客户资金回流；通过借力券商、保险渠道，拓展行外资金及新客源，全年个贷发放6509万元，私人银行客户新增2户，沃德财富卡新增50张，贷记卡新增1269张，家易通新签约109户。2016年，结合分行将2.0产品包装成“车改贷”产品，向交行统发工作单位及他行统发工作单位的公务员开展营销，为15个单位取得车改贷额度，其中7个已实现提款，发放车改贷共计826万元。取得渝北区征地办拆迁批发打单2亿元业务。组建支行个贷业务发展小组，充实个贷人员，理顺流程，提升签约服务能力，支行实现较年初净增3.03亿元，提升了支行个金业务的盈利能力。2018年，办理渝北区征地办拆迁批发打单业务8000万元，拓展农民工资代发业务。新牌坊支行重点做好统代发工资单位维护提升工作。大力拓展个贷，个贷新增奥园地产、中粮地产、格力地产。

国际业务。2014年，营销大连银行代开国际证业务，当年新增跨境人民币结算量4多亿元。2015年，与中船重工集团子公司重庆华渝电气集团有限公司合作，办理首笔国内信用证3000万元，累计开证金额9000万元。开出的全部国内信用证经重庆平江实业有限公司在分行国际部办理福费廷融资，获中收90万元。

同业/投行业务。2014年，为重庆市涪陵区新城区开发集团有限公司在四川信托融资2亿元提供有效服务，融资成功获财顾收入125万元。为重庆市涪陵三兴建筑工程有限公司开立托管户，托管金额达到4个亿，获托管中收175万元。2015年，为重庆市子万汽车零部件有限公司办理金库宝业务，获托管中收35万元。2017年，为涪陵区新城区开发有限公司提供咨询业务，获中收320万元。为重庆临空物流开发建设有限公司提供咨询业务，获财顾收入80万元。为重庆市大足区泰禾土地房屋经营管理有限公司提供咨询业务，获财顾收入220万元。为重庆大足城乡建设投资集团有限公司提供咨询业务，获财顾收入400万元。2018年，为重庆大足城乡建设投资集团有限公司提供咨询业务，获财顾收入700万元。为重庆大足石刻国际旅游集团有限公司提供咨询业务，获财顾收入650万元。

三、网点

营业厅。随支行成立迁至渝北区双龙大道357号。

新牌坊支行。1994年5月20日，成立新牌坊分理处，隶属于江北支行管辖，位于江北区新牌坊加州花园新建门面房。2001年1月19日，升格为新牌坊支行，迁址渝北区加州花园A1栋。2002年12月30日，升格为直属支行。2010年7月22日，调整为渝北支行辖属二级支行。

爱都会支行。2013年5月7日，成立爱都会支行，为直属支行，位于重庆市渝北区东湖南路333号中渝爱都会3栋负一楼。2017年4月，调整为渝北支行辖属二级支行。

空港新城支行（普惠）。2016年2月，成立空港新城支行，位于重庆市渝北区双龙街道兰桂大道2号润丰水尚观湖台1-4幢1-7号。

鱼嘴支行。2016年9月9日，为加强分行与重庆市鱼复工业园区的全面合作，推动业务发展，小苑支行迁址升格为直属支行，更名为交通银行股份有限公司重庆市鱼嘴支行，位于重庆市江北区鱼嘴镇永和路47号附3号。内部设有客户经理、会计主管和副主管、营运人员、综合等岗位。截至2017年底，在册员工11人，离行式自助银行1个，存款规模6198万元，贷款规模9400万元。根据交银渝发〔2018〕1号“调整为渝北支行辖属二级综合型特色支行”。

四、历届领导

表11-2-3

渝北支行历任领导

行长	副行长	行长助理	任职起止年月	职务
骆瑞刚			1999.3—2002.3	行长
	李敏		1999.3—2003.4	副行长
李敏			2003.4—2007.1	行长
	彭世达		2003.4—2008.5	副行长
陈咏			2007.1—2014.10	行长
	李静		2008.2—2009.4	副行长
	谭新		2009.4—2010.11	副行长
	何渌		2010.7—2011.4	副行长
	朱毅弘		2010.7—2014.5	副行长
谢明权			2011.8—2012.3	行长
	邹新毅		2012.3—2013.4	副行长
	甘莉		2014.5—2017.5	副行长
	穆荣贵		2013.4—	副行长
	邓有健		2014.10—2016.3	副行长(主持工作)
胡树友			2017.6—	行长
		唐恬	2016.8—2017.7	行长助理
		戴霜蕾	2017.4—	行长助理

第四节　涪陵支行

一、沿革

2001年5月31日，成立涪陵支行，位于涪陵区兴华中路53号附13-15号。内设办公室、客户经理部、前台业务部，职工11人。2005年9月，更名为交通银行股份有限公司重庆涪陵支行。

2018年末，在册员工32名。其中正式员工24名，外派员工8名。辖属营业网点2个，普惠银行1家，离行式自助银行3个，离行式自助机具3台。存款余额297071.14万元，其中对公249845.13万元，储蓄存款47226.01万元；贷款余额386504.36万元。

二、业务

2005年，成功营销建峰化工总厂、中化涪陵化工、涪陵电力等客户。2006年，为中化涪陵化工获得授信敞口额度3亿元，实现表内利润1659万元。2007年，开办个人外汇买卖和个人因私购汇业务。清理支行个贷档案，清理归档个贷封包，收回部分逾期透支款。2008年，营销涪陵建陶、长江水运、榨菜集团等客户安置资金批量打单业务。营销涪陵水投集团、金帝集团工资代发业务。新增借记卡4000余张。2010年，支行个金条线存贷款余额均首次突破亿元大关。营销涪陵榨菜集团IPO募集资金3.42亿元。获得涪陵区房投公司公租房授信额度3.4亿元。获得重庆市正海物流有限责任公司470万元项目贷款。2012年，办理续授信25户30余亿元，为中机龙桥热电新增发放项目贷款2亿元，为国网川东电力集团追加授信额度4亿元，为涪陵国投追加授信额度5亿元。2014年，狭义储蓄存款在分行排名第14位，达标沃德客户排名第6位，电子银行分流率排名第4位。2016年，营销国网系授信并完成审批7.6亿元，发放国开行涪陵棚户区银团贷款1亿元放款，落地国投15亿元私募债发行、新涪公司2577万美元的保票通提款、聚龙电力流贷5000万元提款。成功营销涪陵国投非公开公司债券资金20亿元项目，引进榨菜集团超募资金1.2亿元，实现创新产品“保票通”落地，引入外币存款2577万美元，完成国开行彩虹桥项目个人批量打单近8亿元。

2017年，支行为涪陵区农业企业发放2笔金融扶贫贷款，共计1250万元，带动建档贫困户20户脱贫。支行积极贯彻落实分行制定的“五转三靠”经营策略，主动加快转型步伐，为涪陵工业园区内的重庆聚龙电力有限公司新增2亿元流动资金贷款，为重庆市涪陵页岩气产业投资发展有限公司新增2.5亿元全融资额度；为太极制药厂新增0.6亿元流动资金贷款，为重庆伟恩机电制造有限公司新增1700万元。实现小微企业实质性贷款净增2422万元，计划完成率151%。成功完成彩虹桥项目（涪陵城市棚户区改造二期项目）拆迁打单11亿元。办理分行首笔“施罗德固有资金过桥—信托受益权转让”——重庆市涪陵页岩气产业投资发展有限公司1.11亿元增资过桥直投项目，分行首笔转租赁融资——重庆国兴融资租赁有限公司转租赁8200万元，办理分行商业赁租公司国内保理业务2000万元；成功签约2017年首笔专项年金——重庆伟恩机电制造有限公司专项年金。积极跟进区内优质客户贴现业务，全年为聚龙电力、三爱海陵、太极制药厂、太极印务等客户累计办理银行承兑汇票贴现5.3亿元，较上年同期增加4.7亿元，有效地增加了利润来源。立足当地，积极支持个人刚需购房需求，全年发放个人贷款2亿元。

2018年，积极践行普惠金融，服务实体企业。支行首次运用商票保贴、快易贴等产品，解决中小微企业融资需求。2018年小企业贷款净增11052万元，完成全年计划的246%，小微企业客户净增7户，完成全年计划的117%；普惠对公日均存款较年初增长851万元，完成率位居分行前列。积极运用票据贴现，解决客户需求。共为钰淳汽配、紫泰物流、三海兰陵、渡澄贸易、普熙汽配、金龙公司等办理银行承兑汇票贴现73700万元。积极落实“五转三靠”，加快转型步伐。为重庆建峰化肥新增1亿元流动贷款，为国兴租赁累计发放1.55亿元国内保理融资，为重庆新涪食品有限公司新增发放进口汇出款融资1500万美元，新增四合燃气6000万元授信。积极创新产品运用，拓宽发展路径。依托交行集团牌照优势，联动集团子公司办理8200万元分行转租赁融资，为涪陵国投发行18亿元超短融，实现金融租赁服务长江经济带战略联盟首单5亿元租赁业务落地。积极发展按揭贷款，夯实客户基础。引进重庆市地旺置业有限公司和绿地集团重庆分公司等楼盘，新增按揭合作项目4个，全年发放个人按揭贷款661笔，共计金额22772万元，带动新增中端客户570户、沃德客户1户。

三、网点

营业厅。随支行成立迁至涪陵区兴华中路53号附13-15号。

滨江路支行（普惠）。2016年12月19日，成立滨江路支行（普惠型支行），位于涪陵区滨江路96号。

四、历任领导

表11-2-4

涪陵支行历任领导

行长	副行长	行长助理	任职起止年月	职务
	蔡刚		2001.6—2002.3	副行长
	王燕		2002.5—2003.5	副行长
		曹梦	2002.3—2003.5	行长助理
王燕			2003.5—2004.8	行长
		钱勇	2004.2—2006.8	行长助理
王艰			2004.8—2006.1	行长
	穆荣贵		2006.1—2007.7	副行长(主持工作)
	陈建		2007.2—2009.4	副行长
童军			2007.11—2009.10	行长
		谭永胜	2006.9—2007.7	行长助理
	谭永胜		2007.7—2010.8	副行长
	廖永茂		2009.4—2014.5	副行长
邹新毅			2010.2—2010.8	行长
	谭永胜		2010.8—2011.9	副行长(主持工作)
	彭世达		2010.10—2011.7	副行长
谭永胜			2011.9—2016.7	行长
	廖佳馨		2012.1—2015.6	副行长
	赵卫东		2014.5—2018.10	副行长
	张湛		2015.6—2016.9	副行长
周元			2016.7—	行长
		罗安	2016.12—	行长助理
		王巧	2018.10—	行长助理

第五节　高新科技支行

一、沿革

2002年7月4日，科园路分理处升格更名为交通银行重庆高新技术开发区支行，隶属于分行管辖，位于九龙坡区科园一路2号。成立初期，在册员工51名，内设办公室、信贷科，辖属营业厅、陈家坪分理处、渝州路分理处、石桥铺分理处、石新路分理处。2004年1月18日，迁址原营业场地左侧，门牌号码不变（重庆市九龙坡区科园一路2号）。2005年9月，更名为交通银行股份有限公司重庆高新技术开发区支行。2017年3月17日，更名为交通银行股份有限公司重庆高新科技支行（简称高新科技支行）。

2018年末，在册员工41名。其中正式员工34名，外派员工7名。辖属营业网点2个，离行式自助银行3个，离行式自助机具4台。存款余额177099万元，其中对公79811万元，储蓄存款97288万元；贷款余额113691万元。

二、业务

公司业务。2002年，营销重庆新延中科技发展有限公司，以50%存单质押，50%由上市公司北大方正科技集团公司担保，开具银行承兑汇票10000万元，办理票据贴现6000万元。2003年，营销重庆汉斯·安海酉阳进出口公司，年末国际结算量达2001.86万元，完成分行计划的100%。2005年，参与并组织农民工工资基金项目拓展和实施。压缩南方集团4500万元、万州龙宝2550万元、万州工业4250万元、重视传媒350万元、光电路天然气公司289万元、巴山仪器厂等企业贷款本金，优化信贷投入。2007年，实现长寿基础设施贷款9500万元联合贷款、万州科华水泥公司2000万元项目授信。2008年，新拓展广电集团、九龙电力、白鹳电力和渝湖燃料4户贷款客户，追加科华水泥贷款5700万元，新增贷款2.17亿元。2009年，为重庆汽车研究所理财累计6.4亿元，实现存款新增8000万元。2012年，组织开展扫楼、扫园区、扫存量户的“三扫”活动，加强对新三板企业的走访营销，突破地域限制开展区域外营销，全年新开户160余户，验资资金流量达到2.5亿元，存量资金达到1亿元。2013年，新增大型授信客户3户，即财信恒力3.2亿元、广电集团2亿元（其中直投1亿元，自营贷款1亿元）、深杰欣公司贷款1亿元。2014年，营销广电集团1亿元直投项目和票据池业务、汽研院2亿元信托撮合类业务。2015年，为重庆高新技术产业开发区土地储备中心授信5亿元。2016年，实现创驿建设投资、华盈建设等单位开户，并继续深入挖潜高新土储、高开投、广电集团、重庆建筑工程职业学院、重庆广播电视大学等优质户头，新增大型授信客户高开投2.97亿元，为汽研院1亿元资金、财信环保1亿元资金，深杰欣2亿～5亿元资金进行了理财，累计交易量有40多亿元，为广电集团开通了蕴通账户、银企直联、现金池业务，财信集团银企直联、现金池业务，汽研院银企直联业务。通过对统代发工资客户挖潜，完成重庆工贸技工校1000万元新增流动资金贷款。2017年，对公有效户56户，较年初增加6户，年任务计划完成率200%。蕴通账户11.2户，较年初增长9.4户，完成全年计划560%。强化对客户的日常结算资金营销管理，做大低成本负债；以结算类产品为抓手，搭建具备网络化特征的结算支付平台，增加客户在交行的结算频率，提高结算类存款留存度；通过用好用活总分行的各类理财产品，对中维地产集团、秦安机电制造有限公司、重庆创驿建设投资有限公司等客户的深耕，对其24.5亿余元的资金进行了滚动理财。2018年，重点推进“党费管家”和“交付宝”业务。开立交付宝7户，党费管家1户。

零售业务。2002年，拓展重庆城建校代收学费，现场办理太平洋卡。重庆钟表工业公司破产清算安置补偿项目金额1927万元。年末储蓄存款88646万元，较成立时增长56416万元。2007年，与东北证券、广发证券和光大证券合作。东北证券将高新科技支行确定为第一批上线行，一次性透明移植客户近5700余户，托管金额1.8亿多元。年末成功签约3700余户，签约总户数居全行第2位。签约机构第三方存管客户7户，超额完成年度任务计划。2009年，与重庆美音信息公司、沃尔德科技有限公司签订约800户代发工资项目。发展高端客户1户。2014年，为重庆秦安机电股份有限公司新增685户代发工资户。2018年，个金非利息收入896万元，完成全年计划的101%。

个贷业务。2002年，以集资建房和有影响力开发商为重点，加大与重庆南方集团的合作，实现8000万元个人按揭贷款。与希尔顿酒店业主重庆庆隆物业公司，达成25万平方米楼盘按揭1.5亿元协议。2008年，营销“我平方”“枫馨丽园”等4个楼盘按揭业务。个贷由年初负增长400多万元发展为净增1500万元，排位由后5位提升到第6位。2009年，营销石桥铺“天鸿龙宇”、石坪桥“华美时代城”、财信“城市国际”、财信“沙滨城市”、财信“渝中城”等项目，个贷授信余额达4亿多元。2016年，以储蓄、表内外产品销售、财管收入、私人银行、中高端客户、信用卡、个金电银指标等7大主体指标为工作重点，每季度集中组织开展个金客户营销活动，每年春季开展“踏青赏花活动”、夏季开展“高山纳凉活动”、秋季开展“野外摘果活动”、冬季开展“体育锻炼活动”等，进一步贴近市场、贴近客户，年末支行已新增私银客户6户，完成全年计划100%，沃德客户60户。2017年，提升个金队伍的整体营销能力，建立和完善激励机制，制定费用专项激励办法，注重过程管理，关注进度情况，加强过程指导和管理，树立目标必达意识，确保目标结果的实现。2018年，个贷新增27193万元，完成全年计划228%。

三、网点

营业厅。随支行成立迁至九龙坡区科园一路2号。

陈家坪分理处。1994年3月3日，成立陈家坪储蓄所，位于石杨路60号。1997年3月23日，升格为陈家坪分理处，隶属于九龙坡支行管辖。2002年7月，调整为高新技术开发区支行管辖；2004年4月，陈家坪分理处由陈家坪朝田村迁址陈家坪西站机电市场。2009年11月6日，升格为陈家坪支行。2010年4月23日，撤销。

石新路分理处。1994年12月，成立石新路储蓄所，隶属于沙坪坝支行管辖，位于九龙坡区石新路34-5号。1999年5月10日，迁址沙坪坝区石新路渝州交易城A幢4号。2002年4月1日，调整为高新技术开发区支行管辖，2003年7月28日，撤销。

渝州新城支行。其前身为1994年10月17日成立的渝州路分理处，位于渝州路39号，隶属于沙坪坝支行管辖。1998年6月30日升格为渝州路支行，2002年7月18日，渝州路支行调整为高新技术开发区支行管辖。2008年5月，营业网点所属该幢房屋建筑结构受汶川地震影响，经检测定为危房，停业。2008年8月14日，迁址九龙坡区石新路33号7幢，更名渝州新城支行。

富州新城支行。1992年8月28日，成立石桥铺分理处，位于沙坪坝石小路216号，隶属于沙坪坝支行管辖。2002年4月1日，调整为高新技术开发区支行管辖。2009年10月8日，迁址富州新城，更名富州新城支行。2011年7月，撤销。

四、历任领导

表11-2-5

高新科技支行历任领导

行长	副行长	行长助理	任职起止年月	职务
	谭伟		2002.4—2003.4	副行长
谢礼周			2002.7—2003.5	行长
黄布一			2003.5—2003.12	行长

续表

行长	副行长	行长助理	任职起止年月	职务
	陈凤谦		2003.5—2005.9	副行长
朱川			2004.8—2004.12	行长
刘忠武			2005.3—2005.7	行长
江晓玲			2005.9—2008.5	行长
	黄中全		2005.9—2009.8	副行长
	李胡林		2006.1—2006.8	副行长
		樊卫	2006.8—2007.1	行长助理
	张雪梅		2007.1—2008.5	副行长
	吴凡		2008.2—2009.4	副行长
	潘晓敏		2009.8—2011.6	副行长
	车轮		2009.8—2014.5	副行长
	何梦生		2009.4—2010.12	副行长
	欧红		2011.2—2012.5	副行长
曾亚斌			2011.2—2013.5	行长
	李伟斌		2012.4—2013.5	副行长
	李伟斌		2013.5—2017.5	副行长(主持工作)
	余世文		2014.5—	副行长
	龚莉影		2017.5—	副行长
	刘协力		2016.8—2017.5	副行长
李伟斌			2017.5—	行长

第六节　东和春天支行

一、沿革

2008年11月21日，关口分理处搬迁更名为东和春天分理处，隶属于江北支行管辖，位于重庆市渝北区松石北路269号附30-39号。2009年8月11日，升格为东和春天支行。2010年10月15日，分行成立小企业信贷服务中心（分行直属经营单位），与东和春天支行合署办公。2010年12月24日，升格为直属支行。内设综合、个金客户经理、对公客户经理、零贷客户经理、会计主管和副主管、营运人员等岗位。2016年，东和春天支行调整为中型支行。

2018年末，在册员工25名。其中正式员工24名，外派员工1名。辖属营业网点1个，离行式自助银行1个，离行式自助机具5台。存款余额220567万元，其中对公139739万元，储蓄存款80828万元；贷款余额130711万元。

二、业务

2014年，为优质客户渝资光电量身制定融资服务方案，主动营销198亿元的增资款，为分行贡献6亿元新增日均存款，为分行带来经济利润1031万元。配合交银国际完成瀚华金控IPO。2015年，营销重点客户重庆渝资光电产业投资有限公司增资款。营销政府类客户铜梁金龙城投公司、云阳县中医院，实现对公贷款，较年初增长18826万元。开展“财富管理进企业”“财富管理进社区”

活动，拓展新客户，提升存量客户层次，稳步增加广义人民币储蓄存款，较年初增长13847万元。实现云阳中医院提款9000万元；实现粮食小企业（二年期固定利率）提款3.9亿元。通过投行理财和交易撮合类扩大投行业务，实现投行收入580万元；提升财管产品在客户资产中的配置比例，实现财富管理重点产品收入248.71万元，实现安邦财险对接表外理财产品1000万元，在第一期私银全球配置产品中实现销售1810万元。支行积极为重庆市广大中小企业和微型企业提供融资、结算、理财等一站式金融服务。始终落实国家支持实体经济发展和“稳增长”的政策导向，提升对中小微企业、“三农”等融资弱势群体的支持力度，大力扶持小微企业及农业企业。截至2015年末，支行小企业贷款金额4.42亿元，发放涉农贷款4亿元，以实际行动履行公民责任。2016年成功跟进重庆渝资光电产业投资有限公司税收返还款3.6亿元，重庆京东方理财资金3.5亿元，鸿富锦（郑州）出口风险参与10亿元。2017年，对公资产业务主要集中在重庆市铜梁区金龙城市建设投资（集团）有限公司贷款33724万元、上海罡裕实业有限公司贷款79000万元、重庆粮食集团下属企业等客户32500万元。个贷业务主要项目为重庆九久房地产有限公司签约一手房4500万元、二手房500万元。e贷通合作单位新增2户。2018年，营销渝资光电减持款和分红款11.3亿元，办理京东方通知存款3080万元。拓展房地产客户，以按揭业务带动存款增长，全年引入存款1.4亿元。为铜梁区金龙城市建设投资有限公司发放贷款1.7亿元。营销保亿“丽景紫园”、渝能“嘉湾壹号”、鹏润“悦秀上东”、中冶铜锣台等8个按揭合作项目，共计发放按揭贷款326笔计1.8亿元。

三、历任领导

表11-2-6

东和春天支行历任领导

行长	副行长	行长助理	任职起止年月	职务
何梦生			2010.12—2012.3	行长
	王东		2011.1—2012.3	副行长
	王东		2012.3—2013.6	副行长(主持工作)
	冯璐		2011.1—2011.5	副行长
	毛自翔		2012.1—2015.6	副行长
李琰			2013.6—2015.2	行长
	郭艳		2015.2—	副行长
毛自翔			2015.6—2018.1	行长
	刘俊辉		2017.6—2018.9	副行长
曹亮			2018.2—	行长
	田景元		2018.9—	副行长

第七节 永川支行

一、沿革

2009年12月28日，成立永川支行，位于永川区汇龙东二路108号。共有14名员工，内设客户经理、综合、会计、营运岗位。

2018年末，在册员工28名。其中正式员工20名，外派员工8名。辖属营业网点2个，普惠银行1家，离行式自助银行4个，离行式自助机具8台。存款余额86427万元，其中对公47933万元，储蓄存款38494万元；贷款余额300164万元。

二、业务

2010年，营销区财政支付中心、永能电力等6户纯存款单位，实现新增存款8000多万元。与大客户部联动贷款给永川廉租房项目。联动营销产业集团、兴永公司等6户企业开户。实现对公新开户5户。与永川区中小企业担保中心、永川工商联合会建立初步合作关系。新增企业网银12户、个人网银1158户、手机网银动户399户、快捷理财客户893户，办理双币信用卡1071张，企业新开户36户，考核有效新开户8户。2011年，与担保中心合作，开展中小企业信贷联动，实现对公有效户14户。通过个人住房按揭联动，实现对公有效户4户和300户的个人有效户。与工商、税务、园区合作，实现新开对公账户50多户。发放中小企业贷款5160万元，发放个人住房按揭贷款8443.9万元。2012年，与永川区中小企业担保公司、公积金中心、社保局建立了合作关系。授信小企业贷款11户，发放10户，共计5890万元，新增1730万元，发放个人贷款784笔，共计18800万元，新增16450万元。2014年，新开户76户。对公中高端客户新增10户，对公有效户提升4户。银证合作优质客户新增2户，银期合作优质客户新增3户。2016年，争抓“一通红”“上通菱”汽车供应链账户及万达地产等企业存款，拓展永川侨立自来水公司3000万元流动资金贷款。2017年，政府拆迁打单1.9亿元。代发政府编外人员、园区新入驻企业等10个代发工资单位1500余人。开立政府部门农民工保证金存款账户5个单位。开通新增授信单位水务与交行卡实现水费代扣的卡功能，实现交行卡在永川地区所有公用事业费用代扣。年末新增对公有效户7户，新增授信审批20.7亿元，提款10亿元。2018年，对公贷款余额16266万元，较年初增长66482万元，贷款规模已达30亿元，站上中型支行台阶；个贷余额14.8亿元，个金存款3.82亿元，利润总额6383万元。永川区重点招商企业重庆长城汽车有限公司在行开立多个基本账户。

三、网点

营业厅。随支行成立，位于永川区汇龙东二路108号。

永川协信中心支行。2015年10月9日，成立永川协信中心支行（普惠型支行）。

四、历任领导

表11-2-7

永川支行历任领导

行长	副行长	行长助理	任职起止年月	职务
	李世明		2009.11—2010.3	筹备负责人
李世明			2010.3—2011.9	行长
	周元		2010.7—2011.9	副行长
	张军		2011.1—2011.9	副行长
	周元		2011.9—2014.3	副行长(主持工作)
	陈文敏		2012.1—2014.1	副行长
	凌明		2012.1—2016.3	副行长
	何静		2014.1—	副行长
周元			2014.3—2016.7	行长
	赵晓华		2017.5—	副行长
张湛			2016.9—	行长

第三章　小型支行

第一节　巴南支行

一、沿革

1993年1月4日，成立交通银行重庆巴县支行。1994年1月3日，巴县支行正式对外营业。位于重庆市巴南区巴县大道70—11号（原称下河路36号）。内设办公室、信贷科、储蓄科、会计科等科室。1995年，更名为交通银行重庆分行巴南支行。1997年8月7日，隶属于南坪支行管辖。巴南支行内设营业厅、大江分理处，原有科室全部撤销。1998年8月31日，恢复分行管辖。2005年9月，更名为交通银行股份有限公司重庆分行巴南支行。

2018年末，在册员工37名。其中正式员工31名，外派员工6名。辖属营业网点3个，普惠银行1家，离行式自助银行5个，离行式自助机具4台。存款余额153933万元，其中对公92917万元，储蓄存款61016万元；贷款余额142682万元。

二、业务

公司业务。2001年，向重庆贤明商贸有限公司贷款2002万元，向重庆渝强实业有限公司贷款2700万元、向重庆国际高尔夫俱乐部有限公司贷款5900万元。2002年，与重庆前进化工有限公司建立合作，累计授信2035万元流动资金贷款。2003年，与重庆市城南建设投资有限公司建立合作，累计贷款1.8亿元。2004年，为正大软件学院贷款600万元。2005年，支行办理第一笔银行承兑汇票业务。与重庆江达轮圈有限公司开展合作，办理首笔应收账款转让业务1135万元。2006年，在巴南区财政集中收付代理银行招、投标中，支行成为巴南区财政集中收付唯一代理银行。向重庆弘愿工具（集团）有限公司贷款2000万元。2007年，向重庆大江东阳塑料制品有限公司发放3年期中期流动资金贷款2000万元。给重庆传名花椒开发有限公司发放财政贴息委托贷款599万元。给重庆里茂农产品开发有限公司发放财政贴息委托贷款119万元。2008年，推出“蕴通供应链”业务，与重庆长安铃木汽车有限公司签订汽车金融网络合作协议。为重庆龙洲弯资产经营管理公司贷款6000万元，用于龙洲湾拆迁安置房建设。2009年，发行太平洋薪金卡。积极拓展“展业通”“小企业法人贷款”，为重庆明翰机械有限公司贷款300万元，为重庆平山泰凯化油器有限公司贷款691万元。为大江工业集团军品授信1.4亿元。为重庆市二圣茶业有限公司发放财政贴息委托贷款390万元。为重庆市巴南公路建设有限公司发放贷款2350万元，用于巴南区“通镇通村”公路建设项目。2010年，联合分行大客户部为重庆松藻易高煤层气有限公司授信3.8亿元，用于绿色环保煤层气发电项目。2011年，为重庆颐廷农业发展有限公司贷款1100万元，用于梅花鹿饲养。为重庆长安铃木汽车有限公司办理首笔人民币国内信用证业务。2012年，为重庆长安铃木汽车有限公司供应链属企业新开户13户，开立银行承兑汇票9000万元，吸存保证金平均余额3000余万元。2013年，新增重庆典雅房地产开发集团公司、大江工业集团公司、长安铃木公司、巴源建财有限公司、春晓金属制品有限公司等企业贷款57906万元。新增授信客户11户。小企业贷款新增4400万元。2014年，主动压缩新增大江工业、长安铃木等高资本消耗（信用贷款）、低利率贷款6000万元。收回汉华制造、皇健床垫等出现经营异常的小企业贷款1100万元。营销巴南区土储中心、经济园区有限公司、重庆机床集团、鑫格建筑、豪奥建材、合帆制造等企业新增授信8.75亿元。2015年，营销渝兴公司1.75亿元政府债过桥业务，实现与区政府平台公司首次信贷合作。2016年，为重庆瑞洲建设投资有限公司做3.5亿元15年期政府购买服务贷款业务。2017年，获总行批准25亿元投行项目——巴南城市发展基金。6月，为重庆公路物流基地建设有限公司债券过桥融资项目放款3.5亿元。新营销大江亚普汽车部件有限公司，实现授信放款2000万元。新营销重庆巴南建设集团有限公司，给予授信额度2.3亿元，实现授信放款5000万元。与分行大客户部合作，新营销融信集团龙洲府项目12.5亿元开发贷款。2018年，营销重庆房地产职业学院5000万元固定资产贷款项目并获分行授信审批。营销金科、碧桂园和旭辉联合开发的凌云峰10.5亿元开发贷款项目，并获总行授信审批。11月，为重庆公路物流基地建设有限公司债券过桥融资项目放款5亿元。

零售业务。1996年，发行太平洋借记卡。2000年，开通太平洋卡“全国通”，实现卡的异地存取款功能。2001年，向个人客户提供个人理财业务。发行“银联”标识太平洋卡，开始受理全国银行卡异地跨行通业务。2004年7月，受重庆市住房资金管理中心的委托，开始发放个人住房公积金贷款。2005年7月，正式对外发行太平洋双币信用卡。2006年2月，推出“得利宝”人民币理财产品。7月，推出“安居贷”个人按揭新产品。2007年，推出面向预算单位在职人员的公务卡。2011年，贷款电子化服务渠道“e贷在线”投入使用。2013年，与渝开发、宗申地产、和生恒力、银茂地产、典雅地产合作，实现二手房与三科、大业兴、宇进等房产中介合作，新发放个人住房贷款6500万元，净增4100万元。2014年，全年实现新增发放个贷款8000万元，净增6000万元。2016年，与巴南商社汇、巴南新世纪携手开展“最红星期五·幸福刷”大型刷卡活动。2017年，开拓名品福冷冻物流个金市场，营销30余个商家办理家易通业务，引入资金3000万余元。2018年，成立个金资产业务专营团队，增强人力物力配置，公私联动，零售板块非息净收入711万元，计划完成128%。信用卡活卡净增1259.5户，完成98%。新营销金科、碧桂园和旭辉联合开发的千江凌云项目个人房贷项目，当年支行个贷授信余额突破10亿元。营销重庆禧富华市场管理有限公司华南城灯饰城个人商业性房贷项目，实现普惠授信个人商铺按揭授信审批17户。

国际业务。2005年，与重庆大江工业（集团）有限责任公司进出口贸易分公司合作，办理首笔进口信用证业务7357.3万日元。2006年，为重庆大江工业（集团）有限责任公司进出口贸易分公司开立欧元进口信用证341万欧元。与重庆机床（集团）有限责任公司展开日元和欧元进口信用证合作。2014年，为重庆机床、巴山摩托开立国内信用证2.4亿元，实现中收240万元。2017年9月，鉴于巴山摩托产品结构老化，经营风险增大，终止与该单位的国际业务合作。11月，新营销重庆海渝娇茂供应链管理有限公司、重庆瑞吉美合供应链管理有限公司，获20亿元规模国际结售汇业务量。

三、网点

营业厅。随支行成立，位于巴南区巴县大道70-11号。

李家沱支行。1993年8月19日，成立李家沱分理处，隶属于南坪支行管辖，位于巴南区李家沱正街160号。2002年4月，隶属于巴南支行管辖。2004年3月25日，升格为李家沱支行。

龙洲大道支行（普惠）。2015年10月28日，成立龙洲大道支行，位于重庆市巴南区龙洲大道1号1-18。

新市街储蓄所。1994年5月，成立新市街储蓄所。1997年7月撤销。

大江分理处。1994年9月，成立大江分理处。2004年3月25日，升格为大江支行。2010年撤销。

四、历任领导

表11-3-1

巴南支行历任领导

行长	副行长	行长助理	任职起止年月	职务
	王正伟		1994.1—1995.4	副行长（主持工作）
王正伟			1995.4—1996.4	行长
	侯海妮		1996.4—1997.5	副行长（主持工作）
	蒋雨龙		1997.8—1998.8	副行长
	蒋雨龙		1998.8—2000.6	副行长（主持工作）
	李胡林		1998.12—2000.6	副行长
	李胡林		2000.6—2002.5	副行长（主持工作）
		穆荣贵	1999.5—2000.6	行长助理
	穆荣贵		2000.6—2006.1	副行长
	李应容		2002.5—2005.9	副行长
	李应容		2006.8—2007.2	副行长（主持工作）
李应容			2007.2—2008.6	行长
	黄春晓		2007.2—2008.6	副行长
	黄春晓		2008.6—2010.11	副行长（主持工作）
	赵卫东		2008.6—2009.10	副行长
	胡榕		2009.4—2011.5	副行长
	赵卫东		2010.11—2014.5	副行长（主持工作）
	陈建		2011.4—2015.2	副行长
李世明			2011.9—2015.2	行长
	廖永茂		2014.5—	副行长
	高琎		2015.6—	副行长（主持工作）
		余朝毅	2015.2—2017.5	行长助理
	王东		2017.4—	副行长
高琎			2018.4—	行长

第二节　北碚支行

一、沿革

1993年1月4日，成立北碚支行，位于重庆市北碚区碚峡西路2号。1994年1月8日，正式对外营业。内设办公室、会计科、储蓄科、信贷科。1996年1月13日，成立支行营业厅。1997年3月24日，成立保卫科。1999年，迁址北碚区中山路62号。2003年，推行扁平化管理，取消科室编制，设置综合管理部和营销部。2005年9月，更名交通银行股份有限公司重庆北碚支行。

2018年末，在册员工38名。其中正式员工35名，外派员工3名。辖属营业网点2个，离行式自助银行3个，离行式自助机具2台。存款余额183329万元，其中对公57818万元，储蓄存款

125511万元；贷款余额111676万元。

二、业务

公司业务。2001年底，支行存款余额5.58亿元，贷款余额2.86亿元，公营存款余额为2.35亿元。2007年，基金销售10205万元，理财产品销售1100万元，代理保险销售24万元，国债销售150万元。新增蔡家组团管委会授信业务3000万元。累计发放贴现5172万元，发放经营性贷款3300万元。2009年，营业厅代理保险业务量进入全国20强。2010年，营销北碚区国土局，新增存款1.153亿元，存款余额达2.28亿元。拓展中小企业客户，通过财务顾问的方式为支行带来中间业务收入。2012年，营销北碚区国土资源局存款1.3亿元。2013年，营销北碚区国土局存款1.2亿元及征地税费23454万元。2015年，营销四川仪表厂2.5亿元公司类直投、顺安公司2亿元拆迁贷款、北碚城投公司7亿元政府债券过桥、同心土储2.15亿元贷款、北碚土储2亿元贷款、青年职业技术学院2亿元固定资产贷款、三圣特材股权质押融资、材料研究院信用证等项目，支行实现中间业务收入710万元。2016年，内江市东兴区农村信用合作联社成功购买北碚支行同业理财产品“金月亮”63天2.8亿元，实现支行同业理财业务零突破。2016年，对公时点存款43163万元，较年初减少14596万元。对公存款日均45812万元，较年初新增9225万元。对公实质性贷款余额56092万元，较年初增长25825万元，完成率130%。对公贷款无新增不良记录，原存量不良资产1户321万元，全部收回。2017年，向中国四联仪器仪表集团有限公司发放1.5亿元流贷及4.2亿元债券过桥，向重庆市北碚区新城建设有限责任公司发放2亿元流贷。新增重庆中林林产品有限公司综合授信额度1.25亿元，重庆材料研究院有限公司综合授信额度6000万元。小企业票据业务直贴开户3户，农民工工资代发5户。2018年，为中国四联仪器仪表集团有限公司发放流贷0.5亿元，为重庆市蔡家组团建设开发有限公司发放中期流贷3亿元。授信审批通过重庆材料研究院有限公司综合授信0.5亿元、重庆市北碚区新城建设有限责任公司5亿元棚改项目、重庆翔泽房地产开发有限公司6.5亿元开发贷、甘建投（重庆）房地产开发有限公司3.68亿元开发贷项目、重庆天投房地产开发有限公司新增2000万元完全现金保函额度。发放小企业贷款实质性贷款300万元，票据直贴业务1.3亿元。

零售业务。1996年，开始发行太平洋借记卡。2000年，支行太平洋卡“全国通”开通，实现卡的异地存取款功能。2001年，向个人客户提供个人理财业务。发行“银联”标识的太平洋卡，开始受理全国银行卡异地跨行通业务。2005年7月，正式对外发行太平洋双币信用卡。2006年2月，推出“得利宝”人民币理财产品。2007年，推出面向预算单位在职人员的公务卡。2011年，支行贷款电子化服务渠道——“e贷在线”开始投入使用。2012年，拓展代发金额1500元以上的代发客户1935户；新拓展三管、融资融券客户30余户，新增存款1200余万元，通过对工资代发和三管客户的拓展，夯实储蓄存款的发展基础。加大基金、贵金属、保险的销售，扩大AUM，做大存款蓄水池，全年销售“得利宝”等系列产品30000余万元。2015年，精心准备和筹划个金营销活动的开展形式及内容，针对个金客户的特点适时邀请客户参与，扩大在客户群中的影响，促成销售的实现。培养和锻炼客户经理，让每个客户经理都能成为培训师、讲师，都能对分行的产品进行讲解和引导，从而在客户心中树立专业形象。从源头上引进客户，通过大量的客户走访，积极发展代发工资等业务，扩大客户面。运用专业知识，为客户量身定制产品，带动客户推荐客户，扩大支行的目标客户群。2016年，以存款、销售、信用卡、厅堂手机银行等指标为抓手，加强黄金、保险和基金销售，信用卡新开491张。2017年，农民工工资代发5户，办理借记卡558张。2018年，公私联动，开立农民工工资代发专户3户，二级分户15个，联动个金办卡640张。利用个贷签约的机会，促进个金业务的联动发展，制定个金客户经理和个贷客户经理固定的办理流程，对签约个贷客户进行全方位的业务服务。营销中南地产5亿元个贷项目。

国际业务。2017年，新增重庆中林产品有限公司信用证敞口1亿元。

三、网点

营业厅。1996年1月13日成立，伴随支行迁址。

城南支行。1994年5月20日，成立云泉路分理处，地址为北碚区公交家具城底侧。2004年3月25日，升格为云泉路支行。2009年11月6日，迁址重庆市北碚区云清路701号，更名为城南支行。

胜利路支行。1994年，成立胜利路储蓄所。2003年6月，升格为胜利路分理处。2004年3月25日，升格为胜利路支行。2009年7月撤销。

奔月路分理处。1994年11月，成立奔月路储蓄所。1997年3月23日，升格为奔月路分理处。2003年11月19日撤销。

碚峡西路支行。1995年1月4日，成立碚峡西路储蓄所。1998年，升格为碚峡西路分理处。2004年3月25日，升格为碚峡西路支行。2010年4月撤销。

中山路储蓄所。1995年8月，成立中山路储蓄所。2003年1月27日撤销。

四、历任领导

表11-3-2

北碚支行历任领导

行长	副行长	行长助理	任职起止年月	职务
	李光伦		1994.1—1997.5	副行长
李光伦			1997.5—2000.6	行长
		江晓玲	1999.1—2002.4	行长助理
		付峰	1999.6—2002.4	行长助理
	李鉴		2000.6—2002.4	副行长
李鉴			2002.4—2003.3	行长
	江晓玲		2002.4—2002.7	副行长
	付峰		2002.4—2003.3	副行长
刘祖国			2003.5—2005.2	行长
	陈渝春		2003.5—2005.9	副行长
杨炜			2005.4—2005.7	行长
	王德华		2005.4—2008.2	副行长
	李应容		2005.9—2006.1	副行长
		晏敏	2006.2—2007.7	行长助理
	穆荣贵		2007.7—2008.2	副行长
	晏敏		2007.7—2008.2	副行长
	余世文		2008.2—2014.5	副行长
	张雪梅		2008.5—2009.2	副行长（主持工作）
	付峰		2009.2—2011.4	副行长（主持工作）
	雷文莉		2009.4—2014.1	副行长
付峰			2011.4—2014.1	行长
肖强			2014.1—2017.5	行长
		陈文敏	2014.1—2017.5	行长助理
	车轮		2014.5—	副行长

续表

行长	副行长	行长助理	任职起止年月	职务
唐莉			2017.5—	行长
		杨胜伟	2017.4—	行长助理

第三节　长寿支行

一、沿革

1994年9月16日，成立长寿县支行，位于重庆市长寿区向阳路9号。内设办公室、业务科、财会科。1995年11月3日，更名为交通银行重庆分行长寿支行。2005年9月，更名为交通银行股份有限公司重庆长寿支行。

2018年末，在册员工43名。其中正式员工34名，外派员工9名。辖属营业网点2个，离行式自助银行3个，离行式自助机具7台。存款余额116396万元，其中对公36407万元，储蓄存款79989万元；贷款余额157232万元。

二、业务

公司业务。2000年，拓展医改资金专户、9个乡镇建设土地赔偿资金专户和民营、私企共计210户，新增存款2100万元，私企账户210户。年末支行对公存款余额为15378万元，贷款余额为11278万元。2002年，重点拓展外来长寿从事基础建设企业，新增存款2000万元。发放电力行业贷款2户计1350万元。开辟新的信贷品种，如按揭贷款、汽车消费贷款、公积金委托贷款。2003年，加强与晏家工业园区合作，为地方重点项目贷款发放技改贷款5500万元，对重庆长寿化工园区授信5000万元。2004年，将晏家工业园区入驻企业作为支行新增长点，拓展川江船厂等客户新增存款3000万元，为重庆化工园区提供短期贷款4996万元。2007年，加强与区计委、园区管委会的联系与沟通，与园区管委会、浙江景兴纸业、长明物流、银钢科技等入园企业建立授信关系。实现累计提款17100万元，贷款余额较年初新增18180万元。2008年，重点支持浙江景兴纸业3000万元、长化公司2000万元、银钢科技1200万元流动资金贷款。为建滔化工、银钢科技、电力实业等企业开票、贴现共6824万元。取得化工园区5200万元、电力实业公司3000万元授信额度。与住房管理中心确立长期全面合作关系，国土局开立移土培肥专项资金账户，新增存款1200万元。年末对公存款余额54458万元，贷款余额为28700万元。2012年，营销世界500强客户林德气体，全年实现提款7150万元。捷圆化工新增授信1.5亿元，实现提款1亿元。永恒混凝土提款5000万元。成功压缩长化公司全部贷款1亿元。2013年，新增征地撤迁办、土地储备中心、经开区土地储备局、八颗财政所等财政性纯存款客户，新增存款49995万元。2014年，压缩与房地产关联度较高的凯威混凝土公司2000万元贷款、永恒混凝土公司5600万元贷款。针对化工行业全面亏损现状，退出重庆卡贝乐公司公司贷款5000万元、重庆捷圆化工压缩5000万元，暂停林德化医的未用额度提用，共计压缩1.76亿元。2015年，重庆市长寿区土地储备中心6.3亿元授信，实现新增提款5.8亿元。年末对公存款余额55858万元，贷款余额为161519万元。2016年，加大与政府平台的合作力度，支持地方基础设施建设，实现以基础投资建设带动实体经济发展。与长寿区经开投、长寿区长寿生态旅业发展有限公司合作，新发放贷款资金7.4亿元。2017年，随着政府债务问题的调整，支行业务从平台经济向实体经济调整。政府平台类公司向银行融资政策收紧，在负债难度加大的情况下，大量使用自有资金结算，使银行存款大幅下降，仅重庆市长寿区商贸物流中心开发投资有限责任公司、长寿经济技术开发区管理委员会、重庆市长寿区街镇工业发展有限责任公司、重庆长寿经济技术开发区开发投资集团有限公司存款比年初减少55120万元，财政性存款比年初下降12486万元。新发放重庆长寿开发投资（集团）有限公司贷款28000万元；重庆市长寿区街镇工业发展有限责任公司贷款10000万元；重庆长寿经济技术开发区开发投资集团有限公司贷款11015万元；重庆市长寿区街镇工业发展有限责任公司贷款8985万元；重庆昊翔纸制品有限公司流动资金贷款500万元。2018年，跨区域拓展纯阳房地产公司在合川的1.58亿元开发贷项目并实现提款，实现支行历史上首单开发贷提款，为长寿开投发放1.4亿元应收租金类信贷。

零售业务。1996年，开始发行太平洋借记卡。2000年，支行太平洋卡“全国通”开通，实现卡的异地存取款功能。2001年，向个人客户提供个人理财业务。发行“银联”标识的太平洋卡，受理全国银行卡异地跨行通业务。2003年，外币储蓄存款增长11万美元，完成分行下达的任务。2005年7月，正式对外发行太平洋双币信用卡。2006年2月，推出“得利宝”人民币理财产品。2007年，推出面向预算单位在职人员的公务卡。2009年，外币时点存款余额为62万美元，较年初增加32万美元，完成年计划的213%。2010年，外币时点存款余额65万美元，较年初新增35万美元，完成年计划的350%。2011年，支行贷款电子化服务渠道“e贷在线”投入使用。2014年，加强对工资代发客户、三方存管客户的拓展，成功入围长寿区财政公务卡结算行。2016年，个人存款67304万元，比年初增长10964万元，增幅19.46%。2017年，新发放个人住房按揭贷款及e贷通2.0个人短期贷款9178万元。2018年，持续做好批量打单、公积金代发、信用卡、学校医院等代发客户等四大重点客群的分层分级分类营销，批发打单业务近1亿元，以长寿综合市场、出租车公司、网点周边商圈为目标，加强商户的拓展。

国际业务。2014年1月，通过内保外贷为方德房地产公司发放3300万元贷款（折合500万元美金）。

三、网点

营业厅。伴随支行成立。

桃花支行。2009年12月，成立桃花支行至今，位于长寿区桃源东路3号1幢1-58、59号。

川维分理处。1995年12月，成立川维分理处，于2003年11月撤销。

关口分理处。1995年，成立关口储蓄所。1997年3月23日，升格为关口分理处。2002年6月21日，撤销。

四、历任领导

表11-3-3

长寿支行历任领导

行长	副行长	行长助理	任职起止年月	职务
刘启智			1995.11—1998.4	行长
王燕			2000.1—2000.5	行长
	余世文		2000.6—2002.5	副行长
余世文			2002.5—2003.5	行长
	曹梦		2001.8—2002.3	副行长
	程帮全		2002.3—2003.5	副行长
江晓玲			2003.5—2005.9	行长
	余世文		2003.5—2008.2	副行长
	陈凤谦		2005.9—2008.2	副行长(主持工作)

续表

行长	副行长	行长助理	任职起止年月	职务
王德华			2008.2—2010.10	行长
	廖永茂		2008.2—2009.4	副行长
	李世明		2009.4—2009.10	副行长
	李伟斌		2009.4—2010.5	副行长
	蔡依莉		2010.5—2012.1	副行长
	任远		2010.9—2011.9	副行长
陈瑞勇			2010.10—2012.4	行长
	肖彬		2011.10—2014.2	副行长
何渌			2012.4—2015.2	行长
	石榴		2012.1—2017.6	副行长
	袁波		2014.6—2018.4	副行长
	蒋跃亮		2015.6—2017.6	副行长（主持工作）
	余朝毅		2017.6—	副行长
蒋跃亮			2017.6—	行长
	袁溯		2018.8—	副行长

第四节　合川支行

一、沿革

2009年12月28日，成立交通银行股份有限公司重庆合川支行，位于重庆市合川区合办处学府路18号1号楼3、4、5号。

2018年末，在册员工19名。其中正式员工18名，外派员工1名。辖属营业网点2个，普惠银行1家，离行式自助机具1台。存款余额33911万元，其中对公19253万元，储蓄存款14658万元；贷款余额82313万元。

二、业务

公司业务。2010年，向合川区城市建设投资集团有限公司发放保障性住房项目贷款3亿元。2011年，营销公司客户重庆利云油气田劳务服务有限公司，发放190万元流动资金贷款。2012年，向重庆九天无纺布有限公司发放流贷500万元。2013年，发放小企业18户，发放金额26770万元。为重庆市合川农村农业投资（集团）有限公司撮合信托融资20000万元，为重庆升厦建设集团有限公司撮合中小企业私募债债务30000万元。2015年，向重庆市妇幼保健院发放迁建项目固定资产贷款10703万元，为合川区中医院发放流贷6000万元。2016年，引入第三方信托机构向重庆合华开发投资有限公司发放增资过桥融资类型理财对接投行类资产类信贷业务30000万元。营销交银国际信托有限公司为重庆市合川工业投资（集团）有限公司发放3年期增资过桥信托贷款40000万元。营销深圳前海宏程资产管理有限公司贴现业务45000万元。营销合川区国土资源房屋管理局在合川支行开立大修基金专户，实现1年期定期存款700万元。2017年，支持园区产业商圈发展，以供应链业务为核心，紧抓核心企业，服务平台上下游企业，给予合川工投公司授信4.5亿元。2018年，实现重庆市合川工业投资（集团）有限公司实质性贷款投放3.45亿元和1.05亿元流动资金贷款。

零售业务。2010年，开始办理二手房按揭业务。2011年，支行营销正吉·城南旺族楼盘，当年发放989万元个人一手房贷款。2012年，营销红弧·美立方、东宵·云中馨苑、美庐居、公交新苑等合川知名楼盘，共发放3100万元一手房贷款。2013年，与重庆和弦房地产经纪有限公司、世纪金马集团别墅楼“金马·御榕庄”营销高端楼盘合作，发放个人贷款159笔计5549.8万元。信用卡新增100余张。2014年，零贷业务累计新增22328.88万元。其中，小企业累计增长3044.11万元，排分行第1名；个贷累计新增19284.77万元，排分行第8名。营销御榕庄楼盘住房按揭业务，发放个人贷款5685.1万元。2017年，营销北新御龙湾楼盘按揭业务，获批1.5亿元按揭额度，对私批量打单业务5000万元。2018年，营销花滩一号楼盘按揭业务，全年共发放个人贷款9061.2万元，房贷8852.4万元。代理征地补偿对私打单984户，共2400万元。

三、历任领导

表11-3-4

合川支行历任领导

行长	副行长	行长助理	任职起止年月	职务
	贾茂成		2009.10—2010.4	筹备负责人
	王明忠		2010.4—2013.4	副行长(主持工作)
	何凌艳		2010.8—2011.7	副行长
	曾渝		2011.8—2012.8	挂职副行长
		唐薇	2012.3—2014.1	行长助理
王东			2013.6—2017.5	行长
		张静	2014.1—	行长助理
谭东			2017.5—	行长
	黄奕龙		2017.6—	副行长

第五节　璧山支行

一、沿革

2014年5月12日，成立璧山支行，位于璧山区璧泉街道仙山路8号1幢2层附1号。内设营运条线、个金条线、对公条线、零贷条线、综合管理等岗位。

2018年末，在册员工21名。其中正式员工18名，外派员工3名。辖属营业网点1个，离行式自助银行1个，离行式自助机具2台。存款余额27612万元，其中对公14606万元，储蓄存款13006万元；贷款余额31316万元。

二、业务

2014年，新投放璧山县人民医院专项贷款20000万元。2015年，抓住政府发债的契机，为璧山区城投提供了2.09亿元过桥贷款。建立与俊豪房地产和欧鹏房地产以及二手房合作商万衡的合作关系。2016年，向区精神卫生中心贷款1.41亿元，向区妇幼保健院贷款1亿元，向区中医院贷款4600万元。实现两山公司6亿元银团贷款项目的落地提款。以车改贷为契机，大力发展消费贷款，针对公务员群体逐一上门宣传，发展优质对私客户。2017年，走访汽车及笔电配套企业、民营企业。其中对汽车行业在抵押物稀缺的情况下，争取到他行的抵押物，用不同于其他同业的商票保贴产品打开合作局面。营销1户企业在支行结汇并购买保本理财产品，该笔结汇业务和理财销售业务填补了支行对公业务品种的空缺。经过多轮谈判，实现3亿元的大额存单，缓解支行存款平均余额下降压力。2018年，入围区内中小企业转贷基金合作银行和区内优质企业风险补偿金成员行资格，并签订相关合作协议，与区工商局签订“银政通”战略合作协议，与区财政局公共资源交易中心对接，成功开展在“政采贷”业务上的合作。璧山一号工程尖顶坡—璧山段轨道项目7亿元固定资产贷款项目获批，“六旗乐园”“红星美凯龙璧山”项目已与支行建立结算关系。与瀛嘉·帝逸城、俊豪城、西区、红星美凯龙商铺项目、青杠润丰领尚项目、恒泰悦府项目等优质楼盘合作，个贷发放新增4000万元。

三、历任领导

表11-3-5

璧山支行历任领导

行长	副行长	行长助理	任职起止年月	职务
	曾咏梅		2014.5—2017.6	副行长（主持工作）
	夏爽		2014.5—2015.2	副行长
	苏敏		2015.2—	副行长
	赖新		2017.5—2018.1	副行长
		杨娟	2017.4—2018.9	行长助理
赖新			2018.1—	行长
	刘俊辉		2018.9—	副行长

第六节　自由贸易试验区分行

一、沿革

2014年11月4日，筹建两江幸福广场支行。2015年3月20日，成立两江幸福广场支行（试营业）。2015年6月5日，正式营业，位于重庆市渝北区黄山大道中段53号。2017年3月15日，两江幸福广场支行升格为交通银行股份有限公司重庆自贸区分行。筹建期间，两江幸福广场支行继续挂牌营运。2017年9月25日，更名为交通银行股份有限公司重庆自由贸易试验区分行。

2018年末，在册员工22名。其中正式员工18名，外派员工3名。辖属营业网点1个，离行式自助银行1个，离行式自助机具7台。存款余额80981万元，其中对公77459.41万元，储蓄存款3521.59万元；贷款余额92398.76万元。

二、业务

2017年，抓住自贸区建设的金融改革机遇，立足国际合作新蓝海，以大力发展创新业务、国际业务为经营导向；利用交银集团全牌照优势，持续为客户提供境内外一体化金融服务。买入3笔238万美元福费廷，打通国际同业市场业务通道，买入1.37亿元人民币国内信用证，助力分行管理信贷规模。与重庆市农产品（集团）有限公司合作，给予5.66亿元（敞口1.6亿元）的综合授信额度，开立信用证8000万元。全年办理贴现355927万元，收入3019万元。2018年，以传统信贷业务为抓手，信贷资源脱虚向实，提升服务实体经济能力。向重庆市通达投资有限公司、重庆市农产品（集团）有限公司、电信、凯德集团投放实质性贷款4.36亿元，其中流贷3亿元，国际贸易融资6.91亿元，其中进口押汇1598万美元。投行业务、同业业务取得突破，实现中收750万元。依托交通银行所持有的离岸业务牌照，积极开拓国际业务和离岸市场。以重庆市农产品集团、海默尼药业股份有限公司、重庆美迪信股份有限公司，以及多家海外公司的境内关联公司为基础客户，大力发展国际结算、贸易融资，力推外汇衍生品和全口径跨境融资等创新产品落地。实现进口押汇外币贷款业务零的突破，累计办理1598万美元，带动利息收入约166万元；实现国内信用证及福费廷业务零的突破，累计办理5.8亿元，国际动户新增12户，新拓展离岸客户6户，离岸新开户3户，国际结算量25097万美元，国际非利息收入166万元。自贸创新型纽带企业物流金融公司实现理财资金0.7亿元。新增交总行首单房地产并购贷款2亿元提款1000万元。

三、历任领导

表11-3-6

自由贸易试验区分行历任领导

行长	副行长	行长助理	任职起止年月	职务
孟曦			2017.12—	行长
	肖彬		2017.12—	副行长
		袁晓莉	2017.12—	行长助理
		宋轩	2017.12—2018.9	行长助理
		徐庆	2018.10—	行长助理

专 记

中标重庆市市级行政事业单位工资统一发放项目

2000年，注定是交通银行重庆市分行发展历程中具有里程碑意义的一年，其中最具标志性的事件，即分行在众多国有商业银行和股份制银行的激烈竞争中，脱颖而出，一举中标重庆市市级行政事业单位工资定点统一发放项目。

这一年，作为中国金融改革试验田的交通银行，刚刚连续被国际权威杂志《欧洲货币》和《环球金融》评选为中国最佳银行，而在集约化经营道路上探索前行的重庆分行，也迎来厚积薄发，在重庆金融市场上显著提升了自身的地位，彰显了品牌形象。

一、中标统发工资业务前期准备

中间业务的兴起。重庆分行能够在市级工资统发项目上拔得头筹，与分行树立前瞻性战略发展意识，坚定不移推进中间业务发展理念密不可分。早在1997年，国内商业银行中间业务尚处于起步阶段，重庆分行就成立了专门的中间业务机构，大力开拓中间业务市场。短短两三年时间，重庆分行与重庆市电信、移动、联通、水务、路桥等公司率先合作，通过实施联网代理收费金融服务，在解决公众缴费难问题的同时，中间业务的发展也不断取得突破。在此期间，重庆分行积极致力于与财政体系开展中间业务合作，为此分行向重庆市财政局提交了财税银横向联网税费征收项目、路桥及高速公司收费项目（类ETC模式）等多项系统性建设方案建议书，并多次与相关部门和专家展开可行性研究和探讨。囿于当时的管理体制机制、基础系统建设、技术条件等多方面的原因，虽然这些项目的实际推进遇到了很大的困难和障碍，但正是在这个过程中，重庆分行的创新意识、进取精神、团队协作、专业能力得到充分展现，赢得了市财政及相关单位的高度认可，为工资统发项目的成功奠定了坚实的基础。

中标项目的前期准备。市级工资统发项目是一项创新性工程，更是一项系统性工程，涉及重庆市财政供养人数8万余人，起始统发金额达到7亿元左右。在当时的计算机和互联网信息技术条件下，要在银行与财政两个核心机构间实现联网，并确保安全高效地进行专项大批量业务的处理，对于银行来说，既是对发展规模、发展质量的高标准考量，也是对专业技术、网点建设、业务工具、服务能力及风险管控水平的全方位考验。得益于重庆分行前期大力实施的集约化经营发展战略，分行无论是在稳健经营、规模效益、网点布局，还是在专业团队、计算机和信息系统建设开发、自助机具配置、银行卡功能、定制化优质服务等方面，都凸显了很强的后发优势，充分契合了市财政在工资统发项目上的各项需求。

二、成功中标

根据重庆市财政、市编办、市监察局联合印发的《财政统一发放行政、事业单位职工工资实施办法》的要求，重庆市财政局委托重庆机电设备招标局按法定程序于2000年5月12日对市级行政事业单位统发工资承办银行进行了公开招标，11家银行参与（其中一家废标）并于6月1日开标。在实际竞标阶段，重庆分行领导层高度重视，行长亲自挂帅，组织成立了竞标工作项目小组，以中间业务、私金业务、信息技术等部门为核心，全力开展项目攻关。在短短的一个月时间里，分行中间业务部、个人金融业务部、信息技术部等部门，在行长室集中领导和统一指挥下，按招标书要求，对统发工资业务进行了分析，拟定了对公务员的发卡业务方案，统发工资系统设计方案，完成系统开发和测试，并在全行开展培训。在总行全力支持和分行领导精心组织下，通过分行上下努力，分行拿出了靓丽的投标书。经评委会评定，公证处公证，重庆分行在最后10家银行参与的封闭式评标中，以0.42分的微弱优势领先于工行，被重庆媒体形象地称为九死一生的唯一胜出者。市财政与交通银行重庆分行于2000年6月5日签订统发工资协议。

三、中标项目给分行带来的社会效益和经济效益

工资统发项目的实施，不仅具有广泛、良好的社会经济效益，也给重庆分行的发展带来了深远影响。重庆分行集约化经营的步伐由此更加坚定，服务于地方经济的市场基础、品牌基础更加坚实，金融服务内涵的发掘更加深入，分行的可持续发展呈现出更加强大的生机与活力。

分行自2000年开始代理市级行政事业单位人员统发工资业务以来，到2018年已达18年，连续9次成功续签统发协议。经过18年的发展，分行对统发工资业务形成了一套完善的业务和服务体系。现行全行统发工资单位460多家，统发客户数量9.6万人，每月统发上账资金约3.3亿元。其中正式职工5.7万户，每月上账资金1.6亿元；退休职工3.9万户，每月上账资金1.7亿元。

统发人数和统发金额。2000年，在试点统发基础上，市级机关基本纳入统发，首年人数突破2万人；第二年，将所有中学、高等院校纳入统发，人数增加至5万人；2005年将所有科研院所、医院退休人员纳入统发，统发人数增加至近7万人；至2014年，将其他财政拨款的事业单位纳入统发，统发人数增至9万人；2018年，统发人数增至约9.6万人，年统发资金量达到约34亿元。

2000—2019年各年统发人资及统发资金情况表

年份(年)	统发人数(人)	月统发金额(万元)	年统发金额(万元)
2000	21331	1583	18996
2001	50933	3965	47580
2002	52572	5147	61764
2003		5905	70860
2004	62829	6621	79452
2005		7120	85440
2006	70125	7669	92028
2007	70239	9723	116676
2008	72715	10735	128820
2009	75707	11500	138000
2010	75915	11695	140340
2011	80642	11798	141576

续表

年份(年)	统发人数(人)	月统发金额(万元)	年统发金额(万元)
2012	87610	11997	143964
2013	85005	12688	152256
2014	90210	13228	158736
2015	91488	13337	160044
2016	89976	17967	215604
2017	93602	25700	308400
2018	95455	28581	342972

储蓄存款和AUM情况。统发客户AUM余额90亿元，占分行所有代发客户AUM的48.48%；占分行总的AUM的18.33%。储蓄时点余额63亿元，占分行所有代发客户储蓄存款的47.72%；占分行总储蓄存款的18.64%。

中高端客户情况。

1.统发客户中沃德客户达到4050户，占分行代发沃德客户（7641户）的53%，占分行所有沃德客户（23474户）的17.25%。

2.统发客户中交银客户达到25900户，占分行代发交银客户（60236户）的43%，占分行所交银客户（213468户）的12.13%。

其他业务贡献情况。

1.通过分行市级统发工资业务优势，江津支行于2013年中标江津区城区标段统发工资业务，获得统发客户700人，每月统发资金超过300万元。同时，江津支行以此为契机，大力拓展了江津区社保局养老金代发、中建桥梁有限公司等20余单位代发业务，新增代发人数超过6000人，为江津支行个金业务发展奠定了坚实基础。

2.在分行2000年中标市级统发工资业务后，2007年分行又以绝对优势被选为重庆市财政局公务卡业务代理银行，在入选的10家银行的竞争中，在没有零余额账户的不利条件下，分行凭借统发工资优势，共营销公务卡办理单位187家，办理公务卡超过3.2万张。2008年，获得财政局“公务卡组织推动先进行”称号。

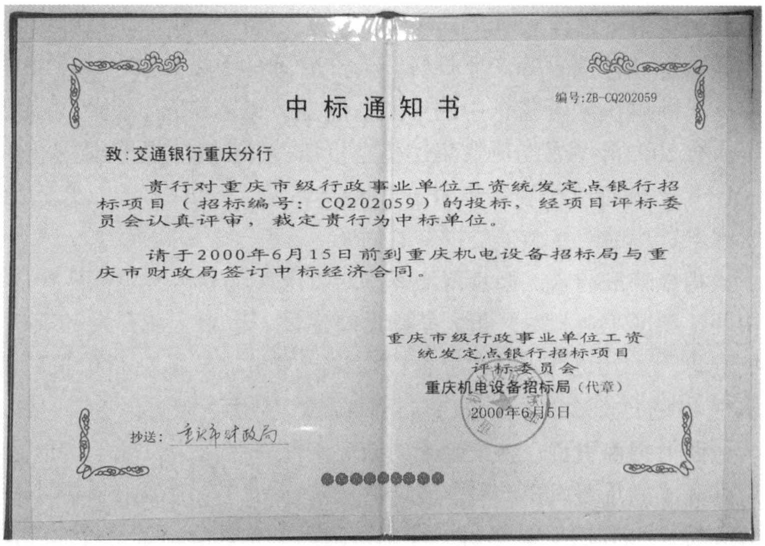
中标通知书

编号:ZB-CQ202059

致:交通银行重庆分行

贵行对重庆市级行政事业单位工资统发定点银行招标项目（招标编号：CQ202059）的投标，经项目评标委员会认真评审，裁定贵行为中标单位。

请于2000年6月15日前到重庆机电设备招标局与重庆市财政局签订中标经济合同。

重庆市级行政事业单位工资统发定点银行招标项目评标委员会

重庆机电设备招标局（代章）

2000年6月5日

抄送：重庆市财政局

2000年交通重庆分行投标市级行政事业单位工资统发项目中标通知书

支持两江新区发展

顺势而为，设立两江新区分行。2010年5月5日，国务院正式批准设立重庆两江新区，其是继上海浦东新区、天津滨海新区后，由国务院直接批复的第三个国家级开发开放新区。为抢占业务先机，强化与两江新区政府的直接沟通和协调能力，2010年8月，分行设立两江新区支行，全力打造先进制造业和现代服务业的综合性金融服务机构，2017年10月，为进一步提升市场影响力和服务能力，更名为两江新区分行。

助推城市建设，服务提档升级。两江新区分行立足两江新区这一国家级开发开放新区的战略优势，对落户两江新区的重点项目、重点客户实行名单式管理，为节能环保、新能源等新兴产业提供全程跟踪式金融服务。2016年，给予重庆悦来投资集团有限公司悦来生态城建设项目12亿元内保外贷额度，支持两江新区建设海绵城市。2017年，给予重庆两江智慧城市投资发展有限公司0.5亿元中期流贷，用于履行“两江新区43座立交桥灯饰项目”“两江新区智慧城市示范项目”等节能工程项目合同。近年来，为拆迁安置工程、两江智慧城市、智慧工地等15项重大的民生项目建设，累计提供额度28.7亿元的授信资金。同时，协同市分行提供中新互联互通基金100亿元额度，打通境内外融资渠道，为推进重庆“两点”（“一带一路”建设和长江经济带联结点、西部大开发战略支点）、“两地”（内陆地区开放高地和山清水秀美丽之地）发展建设，提供全方位高效率的金融服务。

强化重点突出，支持渝富控股。重庆渝富控股集团有限公司（简称“渝富控股”）是经市政府批准组建的全国首家地方国有独资综合性资产经营管理公司，已发展成为金融、工业、科技、能源和经营性城建项目等产业投资及资产管理的重要实体。通过加强与渝富控股及其子公司的创新合作，不断解决融资需求中的难点与痛点，以点带面，助推市属及两江新区国企重组、产业战略投资。自2005年6月与渝富集团建立授信关系以来，融资业务模式和方式不断创新，金额累创新高。2010年，分行给予渝富集团传统贷款45亿元。2018年，给予22亿元非上市公司股权收益权融资，实现融资产品对接类信贷资金的创新。

积极响应需求，倾囊两江开投。重庆两江新区开发投资集团有限公司是重庆市委、市政府为加快两江新区工业开发区重大基础设施建设、重要区域开发和现代化产业体系构建而设立的国有大型投资集团。2011年6月，分行以牵头行身份完成向总行申报两江开投授信60亿元银团贷款，分行实现40亿元贷款投放，进出口银行提款20亿元。

助力招商引资，持续金融创新。两江新区作为长江上游地区的金融中心和创新中心，内陆地区对外开放的重要门户，科学发展的示范窗口，金融需求日新月异。作为区内重要金融机构，两江新区分行充分利用交银集团综合化、国际化优势，联手子公司和境外行屡屡试新，不断突破。2014年3月，分行对渝富集团投放28亿元非上市公司股权收益权理财对接投行类资产非信贷业务，用于其向渝资光电增资，业务期限3年，圆满完成了重庆市政府重点招商项目京东方的增资，有效带动了重庆市及两江新区经济发展的转型。2018年，出资6亿元成为两江新区战略性新兴产业股权投资基金最大份额的社会有限合伙人，成为重庆地区银行资金在政府类产业基金母基金组建中首次采用市场化退出模式的合作，实现国有资本和银行资本的有机融合；助力重庆汽车产业升级转型成功；支持基金投资小康股份可转债9.75亿元；支持基金投资高端数控机床生产商卓郎智能项目5亿元，助其落户两江新区中德产业园。

支持民营企业，践行大行责任。两江新区分行积极支持民营企业发展，拓宽其融资渠道。从2017年与龙湖集团建立合作以来，授信金额不断增加，共计给予龙湖集团下属子公司房开贷额度36亿元，同时业务合作范围也在不断扩大，从个人住房商业贷款到房地产开发贷款，再到集团供应链金融，双方深化合作，互利共赢。在支持民营实体经济方面，给予重庆两江联创电子有限公司0.8亿元组合授信额度，助力其在做好京东方配套业务的同时，拓展出一条自主销售的渠道。另外，两江新区分行切实针对民营企业融资难、融资贵问题，深耕“衣、食、住、行”等特色行业，实现财政、学校、房地产预售资金及火锅金融、江湖菜等重点行业客户落地生根，为经营3年以上、信用良好的企业开发“优贷通”，为规范纳税、诚信经营的小微企业提供“税融通”，最大限度让利客户，以较低优惠利率，更高服务效率，解民营企业燃眉之急。充分利用“一核托一链”的链式风险管控措施，实现建工三建、海装风电的上下游供应商等小微客户商票保贴、国内证+福费廷融资近6亿元，推进普惠金融发展，践行大行社会责任。

附　录

1988—2018年重庆分行获奖先进单位

获奖单位	荣誉称号	授予单位	获奖时间（年）
国家级			
自贡支行	思想政治工作先进集体	中国人民银行	1990
稽核室	全国金融系统稽核先进集体	全国金融工委	1992
证券业务部	1995年度国债兑付先进单位	财政部	1996
南城分理处	1995年全国青年文明号	共青团中央金融工委	1996
南城分理处	1996年全国青年文明号	中央金融工委/共青团中央	1997
南城支行	1997年全国青年文明号	共青团中央金融工委	1998
大庙支行	1998年全国青年文明号	共青团中央金融工委	1999
袁家岗支行	1998年全国青年文明号	共青团中央金融工委	1999
北碚支行营业厅	1998年全国青年文明号	共青团中央金融工委	1999
南城支行	1999年全国青年文明号	中央金融工委/共青团中央	2000
江北支行	全国五一劳动奖状	中华全国总工会	2001
南城支行	2000年继续认定全国青年文明号	中央金融工委/共青团中央	2001
分行营业部	2000新命名年全国青年文明号	中央金融工委/共青团中央	2001
遵义分行万里支行舟水桥办事处	2000年全国青年文明号	中央金融工委/共青团中央	2001
监察室	全国三五法制宣传教育先进集体	中宣部/司法部	2002
重庆分行纪委	全国金融系统纪检监察先进集体	全国金融工委	2002
南城支行	继续认定全国青年文明号	中央金融工委/共青团中央	2002
分行营业部	继续认定全国青年文明号	中央金融工委/共青团中央	2002
分行营业部	女职工双文明示范岗	中国金融工会全国委员会	2004
南坪支行	2005年度全国青年文明号	共青团中央金融工委	2005
分行营业部	2005年度全国青年文明号	共青团中央金融工委	2005
重庆分行	全国增强共青团员意识主题教育活动先进单位	共青团中央金融工委	2006
南城支行	全国青年文明号	中央金融工委/共青团中央	2006
分行营业部	全国青年文明号	共青团中央金融工委	2006

获奖单位	荣誉称号	授予单位	获奖时间（年）
分行营业部	文明规范服务示范单位	中国银行业协会	2008
北部新区支行	文明规范服务示范单位	中国银行业协会	2008
江北支行营业厅	文明规范服务示范单位	中国银行业协会	2008
南城支行	文明规范服务示范单位	中国银行业协会	2008
分行营业部	全国金融系统“女职工文明示范岗”	全国金融工委	2008
分行营业部	2007年度全国青年文明号	共青团中央金融工委	2008
南城支行	2007年度全国青年文明号	共青团中央金融工委	2008
学府路分理处	中国银行业文明规范服务千佳示范单位	中国银行业协会	2008
学府路支行	中国银行业文明规范服务千佳示范单位	中国银行业协会	2010
渝中支行营业厅	中国银行业文明规范服务千佳示范单位	中国银行业协会	2011
沙坪坝学府路支行	中国银行业文明规范服务千佳示范单位	中国银行业协会	2011
南坪支行营业厅	中国银行业文明规范服务千佳示范单位	中国银行业协会	2011
分行营业部	中国银行业文明规范服务千佳示范单位	中国银行业协会	2012
东和春天支行	中国银行业文明规范服务千佳示范单位	中国银行业协会	2012
东和春天支行	文明规范服务百佳示范单位评选创建优胜奖	中国银行业协会	2013
东和春天支行	文明规范服务“五星级”网点	中国银行业协会	2014
北部新区支行	全国金融系统“女职工文明示范岗”	全国金融工委	2015
渝中支行	2015年全国五一巾帼标兵岗	中华全国总工会	2015
东和春天支行	全国银行业“雷锋岗”	银监会文明办	2015
北部新区支行	2015年“全国金融五一巾帼标兵岗”	全国金融工委	2016
江北支行	2015年度中国银行业文明规范服务百佳示范单位	中国银行业协会	2016
南坪支行营业厅	2016年度中国银行业文明规范服务千佳示范单位	中国银行业协会	2016
永川支行	2016年度中国银行业文明规范服务千佳示范单位	中国银行业协会	2016
东和春天支行	2016年度中国银行业文明规范服务千佳示范单位	中国银行业协会	2016
北部新区支行	2016年度中国银行业文明规范服务千佳示范单位	中国银行业协会	2016
东和春天支行	全国金融五一劳动奖状	中国金融工会全国委员会	2017
东和春天支行	2015-2016年全国青年文明号	共青团中央	2017
东和春天支行	2017年度中国银行业文明规范服务百佳示范单位	中国银行业协会	2018
东和春天支行	2017年度全国青年文明号	共青团中央	2018
重庆市分行	第五届全国金融“双提升”活动精品工作项目“KISS-智能财付平台”	团中央金融工委	2018

获奖单位	荣誉称号	授予单位	获奖时间（年）
重庆市分行	第五届全国金融“双提升”活动金点子方案优秀奖	团中央金融工委	2018
东和春天支行	开拓创新服务国内民营企业“走出去”优秀奖	团中央金融工委	2018
交通银行重庆市分行	全国金融系统职工代表大会制度建设示范单位	中国金融工会全国委员会	2018
重庆市分行	全国金融系统文化建设先进单位	中国金融思想政治工作研究会、中国金融文化建设协会	2018
重庆市分行	改革开放40年中国企业文化单位	中国企业文化研究会	2019
营业部	全国金融系统五四红旗团委	中央金融团工委	2019
江津支行	2018年全国银行业文明规范服务千佳单位	中国银行业协会	2019
永川支行	2018年全国银行业文明规范服务千佳单位	中国银行业协会	2019
东和春天支行	全国工人先锋号	中华全国总工会	2019
两江新区分行营业室	2018年全国银行业文明规范服务千佳单位	中国银行业协会	2019
南岸支行营业室	2018年全国银行业文明规范服务千佳单位	中国银行业协会	2019
省、市级			
重庆分行	1993年省标三级档案管理分行	四川省档案局	1993
南城分理处	1996年度四川省级“青年文明号”	四川省金融工委	1997
重庆分行党支部	“七.一”党的知识竞赛先进党支部	重庆市机关党工委	1991
重庆分行	建党70周年文艺调演—《我的祖国》二等奖	重庆市机关党工委	1991
重庆分行	1991年度金融统计专业竞赛评比三等奖	重庆市人民银行	1991
重庆分行	计划统计竞赛二等奖	重庆市人民银行	1992
重庆分行	1992年度《金融时报》发行先进单位	重庆市人民银行	1992
重庆分行	社会治安综合治理先进集体	重庆市公安局	1993
重庆分行	1993年度金融统计工作二等奖	重庆人民银行	1993
重庆分行	1992年优秀团支部	重庆市团委	1993
重庆分行	金融统计工作一等奖	重庆人民银行	1994
重庆分行	1993年报送稽核工作（专业银行及信托投资公司组三等奖）先进单位	人民银行重庆市分行	1994
重庆分行证券业务部	1995年国债兑付先进单位	重庆市人民银行	1995
资产负债部	1995年度重庆市金融统计（外汇信贷）工作评比一等奖	重庆人民银行	1996
资产负债部	1995年度重庆市金融统计（人民币）工作评比二等奖	重庆人民银行	1996
九龙坡支行	1995年社会治安综合治理先进集体	重庆市公安局	1996
分行营业部结算柜	1995年度市级青年文明号	重庆金融团工委	1996
南城分理处	1995年度市级青年文明号	重庆金融团工委	1996
袁家岗分理处	1995年度市级青年文明号	重庆金融团工委	1996
渝中支行健康路储蓄所	1995年度市级青年文明号	重庆金融团工委	1996

获奖单位	荣誉称号	授予单位	获奖时间（年）
学田湾分理处	1995年度市级青年文明号	重庆金融团工委	1996
广元支行中山储蓄所	1995年度市级青年文明号	重庆金融团工委	1996
保卫处	1996年度公安经保系统“百安活动”优胜单位	重庆市公安局	1997
渝中支行保卫科	1996年度经保工作先进集体	重庆市公安局	1997
南坪支行保卫科	1996年度经保工作先进集体	重庆市公安局	1997
江北支行保卫科	1996年度经保工作先进集体	重庆市公安局	1997
大庙分理处	1996年度市级青年文明号	重庆市金融工委	1997
渝中支行学田湾分理处储蓄专柜	1996年度市级青年文明号	重庆市金融工委	1997
北碚支行中山路分理处	1996年度市级青年文明号	重庆市金融工委	1997
北碚支行营业厅	1996年度市级青年文明号	重庆市金融工委	1997
长寿支行会计科	1996年度市级青年文明号	重庆市金融工委	1997
上清寺分理处	1996年度市级青年文明号	重庆市金融工委	1997
袁家岗分理处	1996年度市级青年文明号	重庆市金融工委	1997
重庆分行	重庆市金融工委女职工点钞技能比赛团体二等奖	重庆市金融工委	1997
资产负债部	1998年度金融统计考核评比二等奖	重庆市人民银行	1998
资产负债部	1998年度金融外汇统计考核评比三等奖	重庆市人民银行	1998
重庆分行	1998年重庆市“山城杯”乒乓球赛男团第二名	重庆市乒乓球协会	1998
重庆分行	1998年重庆市“山城杯”乒乓球赛女团第三名	重庆市乒乓球协会	1998
南坪支行李家沱分理处	1998年度市级青年文明号	重庆市金融工委	1999
渝中支行上清寺分理处	1998年度市级青年文明号	重庆市金融工委	1999
渝中支行七星岗支行	1998年度市级青年文明号	重庆市金融工委	1999
渝中支行学田湾支行	1998年度市级青年文明号	重庆市金融工委	1999
观音桥支行	1998年度市级青年文明号	重庆市金融工委	1999
沙坪坝支行渝州路支行	1998年度市级青年文明号	重庆市金融工委	1999
北碚支行云泉路分理处	1998年度市级青年文明号	重庆市金融工委	1999
石坪桥分理处	1998年度市级青年文明号	重庆市金融工委	1999
重庆分行	2000年市级机关档案工作一等奖	重庆市档案局	2000
重庆分行	重庆金融统计综合评比二等奖	重庆市人民银行	2000
重庆分行	1999年创建金融安全区授表彰单位	重庆市人民银行	2000
重庆分行保卫处	重庆市经保系统先进集体	重庆市公安局	2002
重庆分行发展研究处	第三届优秀科研成果比赛三等奖	重庆市金融学会	2003
重庆分行	银行信贷登记咨询系统管理三等奖	人民银行重庆营业管理部	2003
巴南支行	银行信贷登记咨询系统建设先进集体	人民银行重庆营业管理部	2004
分行营业部	重庆市总工会“先进职工小家”	重庆市总工会	2004

获奖单位	荣誉称号	授予单位	获奖时间（年）
分行营业部	先进职工之家	重庆市金融工会	2005
保卫处	2004年单位内部治安先进集体	重庆市公安局	2005
重庆分行	2005年度重庆市重点项目建设金融机构	重庆市人民政府	2006
重庆分行	2006年“华夏杯”反假货币知识竞赛第三名	重庆市金融工委	2006
南坪支行工会	重庆市模范职工小家	重庆市总工会	2006
分行营业部	代理财政业务明星银行	重庆市财政局	2006
重庆分行	年度养老保险管理工作先进集体	重庆社会保障局	2008
重庆分行	先进集体特等奖	重庆市金融学会	2008
重庆分行	2007年市重点项目建设贡献单位	重庆市人民政府	2008
分行营业部	重庆银行业文明规范服务示范单位	重庆市银行业协会	2008
分行工会办	市银监局文艺调研三等奖	重庆市银监局	2008
保卫部	2007年先进集体	重庆市公安局	2008
江北支行	公开民主管理先进单位	重庆市总工会	2008
江北支行	重庆市总工会“模范职工小家”	重庆市总工会	2008
南城支行	文明规范服务示范单位	重庆银行业协会	2008
江北支行营业厅	文明规范服务示范单位	重庆银行业协会	2008
渝中支行营业厅	文明规范服务示范单位	重庆银行业协会	2008
人力资源部	重庆市行业单位2008年度养老保险管理工作先进集体	重庆市人民政府	2008
重庆市分行	《重庆金融》通联工作先进集体一等奖	人行重庆营管部/重庆市金融学会	2009
保卫部	2007-2009年度单位内部治安保卫工作先进集体	重庆市公安局	2009
保卫部	金融机构安全评估优秀单位	重庆市公安局	2009
重庆市分行	2008年度重庆支付系统运行维护先进集体	人民银行重庆营业管理部	2009
分行营业部	女职工建功立业标兵岗	重庆市总工会	2009
北部新区支行	重庆市财贸金融轻纺工会系统“模范职工小家”	重庆市财贸金融轻纺工会	2009
预算财务部	2008-2009年度重庆市纳税信用A级纳税人	重庆市税务局	2010
重庆市分行	2010年度客户满意度建设年活动组织推动先进单位	重庆市银行业协会	2010
沙坪坝支行	模范职工小家	重庆市金融工会	2010
预算财务部	监管统计工作优秀单位	重庆银监局	2010
预算财务部	金融统计工作二等奖	人行重庆银管部	2010
沙坪坝支行	重庆市财贸金融轻纺工会系统“模范职工小家”	重庆市财贸金融工会	2010
重庆市分行	大型银行类“房地产信贷”优秀单位	人民银行重庆营业管理部	2010
分行工会办	2010年度先进集体	重庆市财贸金融轻纺工会	2010
重庆市分行	2011年外汇管理年度A级单位	重庆市外管局	2011

获奖单位	荣誉称号	授予单位	获奖时间（年）
重庆市分行	重庆市市级银行业金融机构综合评价优秀单位第三名	人民银行重庆营业管理部	2011
重庆市分行	2011年银行业金融机构安全评估优秀单位	重庆市银监局	2011
重庆市分行	最佳渠道创新银行奖	重庆时报	2011
重庆市分行	特约商户发展二等奖	人行营管部	2011
重庆市分行	银联标准信用卡发行三等奖	人行营管部	2011
重庆市分行	2010年度重庆支付系统运行维护先进集体	重庆人民银行	2011
预算财务部	监管统计工作优秀单位	重庆银监局	2011
重庆市分行	2012年外汇管理年度A级单位	重庆市外管局	2012
重庆市分行	2011年度重庆市同城票据交换工作先进单位	人行重庆营管部	2012
重庆市分行	2011年度反洗钱工作评价先进单位	人行重庆营管部	2012
重庆市分行	2011年度监管统计工作考评优秀单位	重庆银监局	2012
重庆市分行	2011年“金融科技工作先进单位”	重庆市人民银行	2012
重庆市分行	网络及系统运维管理先进单位	重庆市人民银行	2012
重庆市分行	应急管理先进单位	重庆市人民银行	2012
重庆市分行	银行卡联网通用先进单位	重庆市人民银行	2012
重庆市分行	信息安全日常管理先进单位	重庆市人民银行	2012
重庆市分行	机构信息管理先进单位	重庆市人民银行	2012
重庆市分行	金融IC卡推进工作先进单位	重庆市人民银行	2012
重庆市分行	2011年度重庆市银行卡	人民银行重庆营业管理部	2012
重庆市分行	2011年度重庆市银行卡“联网通用奖”一等奖	重庆银联	2012
重庆市分行	2011年度银行卡运行质量三等奖	重庆银联	2012
重庆市分行	2012年业务技能竞赛优秀组织奖	重庆市银行业	2012
授信部	征信工作先进集体	人民银行重庆营业管理部	2012
预算财务部	金融统计工作二等奖	人行重庆营管部	2012
预算财务部	监管统计工作优秀单位	重庆银监局	2012
重庆市分行	2011年度重庆支付系统运行维护先进集体	中国人民银行重庆营业管理部	2012
九龙坡支行	重庆市总工会工人先锋号	重庆市总工会	2012
江北支行	重庆市总工会工人先锋号	重庆市总工会	2012
两江新区支行	重庆市总工会工人先锋号	重庆市总工会	2012
分行营业部	重庆市文明规范服务优秀营业部机构	重庆银行业协会	2012
分行营业部	重庆市五一巾帼标兵岗	重庆市总工会	2012
北部新区支行	重庆市五一巾帼标兵岗	重庆市总工会	2012
重庆市分行	2012年重庆小微金融先进示范单位	重庆市金融办	2012
东和春天支行	重庆金融服务明星营业厅	重庆市金融工委	2013
重庆市分行	2013年外汇管理年度考核A级单位	重庆市外管局	2013

获奖单位	荣誉称号	授予单位	获奖时间（年）
江北支行	2012年内部治安保卫工作先进集体	重庆市公安局	2013
重庆市分行	2012年度重庆支付系统运行维护先进集体	中国人民银行重庆营业管理部	2013
北部新区支行	2012年度国库综合考核二等奖	中国人民银行重庆营业管理部	2013
重庆市分行	2012年重庆市银行业金融机构金融科技工作先进单位	中国人民银行重庆营业管理部	2013
重庆市分行	银联公务卡交易贡献奖三等奖	人行重庆营管部	2013
重庆市分行	“机构信用代码推广工作” 优秀先进集体	人民银行重庆营业管理部	2013
弹子石支行	重庆市工人先锋号	重庆市总工会	2013
北部新区支行	重庆市工人先锋号	重庆市总工会	2013
重庆市分行	2013年度重庆支付系统运行维护先进集体	中国人民银行重庆营业管理部	2014
重庆市分行	2014年度《重庆金融》通联工作先进集体三等奖	重庆市金融学会	2014
重庆市分行	金融统计工作评比二等奖	重庆市人行营管部	2014
预算财务部	监管统计工作优秀单位	重庆银监局	2014
两江新区支行	重庆市银行业协会“优秀营业机构”	重庆市银行业协会	2014
渝中支行	2014年度重庆市工人先锋号	重庆市总工会	2014
重庆市分行	2013年度重庆市现金全额清分和小面额货币投放工作先进单位	中国人民银行重庆营业管理部	2014
重庆市分行	2013年度支持重庆经济发展金融贡献先进单位	重庆市人民政府	2014
重庆市分行工会	2013年度工会工作先进单位	重庆市财贸金融轻纺工会	2014
重庆市分行	2013年重庆市金融IC卡发行工作先进单位	人行重庆营管部	2014
重庆市分行工会	2014年度工会工作先进单位	重庆市总工会	2015
重庆市分行	2014年度重庆市A级纳税企业	重庆市国税局	2015
东和春天支行	2015年度青年创新创业见习基地	重庆市共青团金融工作委员会	2015
分行工会办	2015年度工会工作先进单位	重庆金融财贸轻工纺织工会	2015
重庆市分行	2015年重庆五一劳动奖状	重庆市总工会	2015
重庆市分行	第二届中国青年志愿服务项目大赛“天蓝计分，兑换蓝天”项目银奖	重庆市人民政府	2015
重庆市分行	第二届中国青年志愿服务项目大赛“手语社”项目银奖	重庆市人民政府	2015
重庆市分行	支持重庆经济发展住房金融服务先进单位	重庆市人民政府	2015
重庆市分行	《关于2014年重庆银行业监管统计工作考评情况的通报》“优秀单位”	重庆银监局	2015
重庆市分行	重庆市金融机构十佳优秀征文	人行重庆银管部	2015

获奖单位	荣誉称号	授予单位	获奖时间（年）
营运部	2014年度重庆支付系统运行维护先进集体	中国人民银行重庆营业管理部	2015
营运部	国库知识劳动竞赛三等奖	中国人民银行重庆营业管理部	2015
预算财务部	银行家问卷调查工作二等奖	人行重庆营管部	2015
重庆市分行	2014年度重庆市银行卡业务发展终端标准化改造一等奖	人行重庆银管部	2015
重庆市分行	2014年度重庆市银行卡业务发展市场规范优胜奖一等奖	人行重庆银管部	2015
重庆市分行	2014年人民银行金融机构科技工作银行业一类评价机构先进单位	人行重庆银管部	2015
重庆市分行	重庆市第二届红樱桃冬日针爱大型志愿行动“公益贡献奖”	重庆市文明办/中共重庆市委宣传部	2015
重庆市分行	金融知识普及宣传活动“优秀组织奖”	重庆市银行业协会	2015
重庆市分行	中国银行业消费者权益保护知识网络竞赛“优秀奖”	重庆市银行业协会	2015
沙坪坝支行	模范职工小家	重庆市党政工团	2015
东和春天支行	重庆金融先锋号	中国金融工会重庆委员会	2016
重庆市分行	2013-2015年度最具社会责任金融机构奖	重庆市银行业协会	2016
重庆市分行	2013-2015年度社会责任绿色金融奖	重庆市银行业协会	2016
重庆市分行	2016年“金融知识进万家”宣传服务月“先进单位”	重庆银监局	2016
重庆市分行	2015年金融IC卡及移动金融工作非接受理环境建设先进单位	重庆市人民银行	2016
重庆市分行	2015年重庆市金融机构金融统计考评统计工作二等奖	人行重庆营业管理部	2016
重庆市分行	2016年重庆市金融学会金融领域重大决策咨询课题优秀奖	重庆市金融学会	2016
爱都会支行	重庆金融模范职工之家	重庆金融工委	2016
分行工会办	重庆金融系统职工趣味运动会团体二等奖	重庆金融工委	2016
办公室	2016年度宣传通联工作先进单位	人民银行重庆银管部	2016
授信部	重庆市人民银行绿色信贷优秀奖	重庆市人民银行	2016
北部新区支行	2015年重庆市代理支库国库会计管理先进单位	人行重庆营管部	2016
营运部	2015年度重庆市级金融机构综合评价A级单位	人行重庆营管部	2016
营运部	重庆金融系统女职工文明示范岗	重庆金融工委	2016
营运部	2015年度支付系统运行维护先进集体	人行重庆营管部	2016
营运部	2015年度人民币银行结算账户非现场监管评估A级	人行重庆营管部	2016

获奖单位	荣誉称号	授予单位	获奖时间（年）
信息部	2015年人民银行金融科技工作评比中获银行业一类评价机构“先进单位”	人行重庆市营管部	2016
预算财务部	2016制度性调查工作二等奖	人行重庆营管部	2016
预算财务部	2016年度监管统计工作优秀单位	重庆银监局	2016
分行营业部	重庆银行业文明规范服务优秀营业部机构	重庆银行业协会	2016
授信部	重庆银行业金融机构小微企业金融服务先进单位	重庆银行业金融机构	2016
信息部	银联卡运营质量奖二等奖	人行重庆银管部	2016
分行工会办	重庆市金融系统职工趣味运动会团体第二名	重庆市金融系统	2016
渝中支行	文明规范服务优秀营业机构	重庆市银行业协会	2016
渝中支行	2016年“秋日俭爱”志愿行动“公益贡献奖”	重庆市委宣传部/市文明办	2016
渝中支行	2016年“冬日针爱”志愿行动“公益贡献奖”	重庆市委宣传部/市文明办	2016
南坪支行	2016年度区属治安保卫重点单位保卫工作先进集体	重庆市公安局南岸区分局	2016
渝中支行	“寻找重庆慈孝榜样”活动“优秀组织奖”	重庆市委宣传部/市文明办	2016
重庆市分行	2015年度消费维权诚信单位	重庆市消费者权益保护委员会	2016
九龙坡支行	2016年重庆市银行业文明规范服务优秀营业机构	重庆市银行业协会	2016
江津支行	2016年度江津企业发展50强	重庆市江津区人民政府	2016
重庆市分行	2016年重庆金融系统职工趣味运动会团体二等奖	重庆金融工委	2016
重庆市分行	信息安全工作先进单位	中国人民银行重庆营业管理部	2016
重庆市分行	2015年人民银行金融机构科技工作银行业一类评价机构先进单位	中国人民银行重庆营业管理部	2016
重庆市分行	1997-2017重庆20年金融影响力事件	重庆日报报业集团/重庆金融学会	2017
渝中支行工会	2016年度重庆市金融财贸轻工纺织系统工会工作先进单位	金融财贸轻纺工会	2017
重庆市分行	重庆市金融机构2016年反洗钱工作进步大优秀单位	人行重庆银管部	2017
重庆市分行	2017年重庆金融系统首届职工运动会团体获道德风尚奖	重庆市金融工委	2017
重庆市分行	2016年《反洗钱法》颁布实施十周年宣传优秀机构	人行重庆营管部	2017
重庆市分行	2017年上半年重庆银行业金融机构行政办公系统运行优秀单位	重庆银监局	2017

获奖单位	荣誉称号	授予单位	获奖时间（年）
重庆市分行	2016年下半年重庆银行业金融机构行政办公系统运行优秀单位	重庆银监局	2017
重庆市分行	2016年度重庆市银行业社会责任工作年度最具社会责任金融机构奖	重庆市银行业协会	2017
重庆市分行	2016年度重庆市银行业社会责任工作年度社会责任服务典范奖	重庆市银行业协会	2017
重庆市分行	2016年度文明规范服务‘双十佳’“优秀组织奖”	重庆市银行业协会	2017
重庆市分行	金融科技工作先进单位	重庆市人民银行	2017
重庆市分行	机构信息管理先进单位	重庆市人民银行	2017
重庆市分行	网络及系统运维管理先进单位	重庆市人民银行	2017
重庆市分行	信息安全日常管理先进单位	重庆市人民银行	2017
重庆市分行	应急管理先进单位	重庆市人民银行	2017
重庆市分行	金融IC卡推进工作先进单位	重庆市人民银行	2017
重庆市分行	银行卡联网通用先进单位	重庆市人民银行	2017
重庆市分行	机构信息管理先进单位	重庆市人民银行	2017
重庆市分行	2017年度“金融知识进万家”金融服务月先进集体	重庆市银监局	2017
重庆市分行	2017年度重庆外管局外汇管理考核A	重庆市外管局	2017
重庆市分行	2017年金融统计工作考评二等奖	人行重庆营管部	2017
重庆市分行	2017年重庆市消费者权益保护知识竞赛三等奖	重庆市银监局	2017
合规部	2017年重庆市银行业协会法律风险管理先进单位	重庆市银行业协会	2017
重庆市分行	2017年度交通银行重庆市分行最佳服务银行	重庆市总工会/人民网/中国新闻网	2018
重庆市分行	2017年度交通银行重庆市分行最具影响力银行	重庆市总工会/人民网/中国新闻网	2018
重庆市分行	2017年度交通银行重庆市分行最具社会责任银行	重庆市总工会/人民网/中国新闻网	2018
重庆市分行	2017年度银行业金融机构报送有关经营改革情况优秀单位	人行重庆银管部	2018
渝中支行	2017年“寻找重庆慈孝榜样优秀组织奖”	中共重庆市委宣传部/重庆市文明办	2018
江津支行	2017年重庆市银行业协会文明规范服务优秀营业机构	重庆市银行业协会	2018
东和春天支行	2017年“公益贡献奖”	中共重庆市委宣传部/重庆市文明办	2018
办公室	2017年重庆市银行业社会责任工作年度社会责任服务典范奖	重庆市银行业协会	2018

获奖单位	荣誉称号	授予单位	获奖时间（年）
预算财务部	2017年度重庆市人民银行金融统计工作二等奖	重庆市人民银行	2018
国际部	2017年重庆市外管局重庆市外汇管理考核A类银行	重庆市人民银行	2018
个金部	2017年重庆市人民银行二维码市场发展一等奖	重庆市人民银行	2018
个金部	2017年重庆市人民银行市场规范二等奖	重庆市人民银行	2018
个金部	2017年重庆市人民银行银联卡运行质量二等奖	重庆市人民银行	2018
个金部	2017年重庆市人民银行移动支付交易三等奖	重庆市人民银行	2018
个金部	2017年重庆市银行业文明规范服务评选工作最佳组织奖	重庆市银行业协会	2018
个金部	2017年重庆市银行业消费者权益保护知识竞赛三等奖	重庆市银行业协会	2018
个金部	2017年"金融知识进万家"宣传服务月活动先进集体	重庆市银监局	2018
重庆市分行工会	重庆金融模范职工之家	重庆市金融工委	2018
营运部	"中国梦　劳动美"重庆市第三届金融行业职工技能大赛集体二等奖	重庆市金融财贸轻工纺织工会委员会	2018
营业部	2018年重庆市银行业文明规范服务优秀营业机构	重庆市银行业协会	2019
大渡口支行	2018年重庆市银行业文明规范服务优秀营业机构	重庆市银行业协会	2019
渝北新牌坊支行	2018年重庆市银行业文明规范服务优秀营业机构	重庆市银行业协会	2019
办公室	2018年重庆金融学会"三刊一鉴"发行工作二等奖	重庆金融学会	2019
办公室	2018年人民银行重庆营管部宣传通联工作先进集体	人行重庆营管部	2019
办公室	2018年人民银行重庆营管部经营改革情况报送优秀单位	人行重庆营管部	2019
预财部	人民银行重庆营管部银行家问卷调查二等奖 2018年人民银行重庆营管部金融统计工作二等奖	人行重庆营管部	2019

获奖单位	荣誉称号	授予单位	获奖时间（年）
国际部	2018年重庆市银行执行外汇管理规定情况A类行 重庆市银行外汇业务与跨境人民币业务自律机制演讲比赛第三名	重庆市外管局	2019
个金部（消保部）	2018年重庆市银行业“金融知识普及月　金融知识进万家”暨“提升金融素养　争做金融好网民”宣传服务月活动先进集体 重庆市银行业“普通金融知识万里行”活动最佳组织奖 重庆市银行业文明规范服务管理组织工作最佳组织奖 重庆市银行业文明规范服务“双十佳”明星评选活动最佳组织奖	重庆市银行业协会	2019
工会办	2018年“重庆金融模范职工之家”荣誉称号	重庆市金融财贸轻工纺织工会委员会	2019
保卫部	重庆市银行业协会2018年安全防范技能大赛优秀组织奖 重庆市银行业安全评估优秀银行业金融机构	重庆市银行业协会	2019
总行级			
外汇业务部	1990年度交行系统先进集体	交通银行	1991
稽核室	1992年先进集体	交通银行	1993
重庆分行	交通银行首届射击比赛团体第一名	交通银行	1993
沙坪坝支行	1991-1992年度先进集体	交通银行	1994
重庆分行	行务信息优胜奖	交通银行	1995
重庆分行	交通银行首届中国象棋、围棋比赛团体第二名	交通银行	1998
大庙支行	1998年度三八红旗集体	交通银行	1999
上清寺支行	1998年度三八红旗集体	交通银行	1999
大庙支行	1998-1999优质服务先进集体	交通银行	2000
重庆分行团委	1999年度“五四红旗团组织”	交通银行	2000
分行工会	交通银行系统先进职工小家	交通银行	2000
北碚支行中山路分理处储蓄专柜	2000年交通银行系统百优先进柜组	交通银行	2000
长寿支行营业厅会计柜	2000年交通银行系统百优先进柜组	交通银行	2000
九龙坡支行党支部	先进基层党支部	交通银行	2001
九龙坡支行支部委员会	2001年度先进基层党组织	交通银行	2001
北碚支行营业厅	继续认定总行级青年文明号	交通银行	2002
袁家岗支行	继续认定总行级青年文明号	交通银行	2002
大庙支行	继续认定总行级青年文明号	交通银行	2002

获奖单位	荣誉称号	授予单位	获奖时间（年）
上清寺支行	继续认定总行级青年文明号	交通银行	2002
高新技术开发区支行	继续认定总行级青年文明号	交通银行	2002
重庆分行工会	交行系统先进工会组织	交通银行	2002
学田湾支行	2000-2001年总行优质服务先进集体	交通银行	2002
重庆分行	交行系统稽核工作先进单位	交通银行	2002
重庆分行	女职工双文明示范岗	交通银行	2003
重庆分行	交行系统稽核工作先进单位	交通银行	2003
重庆分行团委	“青年学习季”优秀组织单位	交通银行团委	2005
重庆分行团委	“青春与交行发展同行”青年英语风采大赛优秀组织奖	交通银行团委	2005
分行工会	工会工作竞赛三等奖	交通银行	2005
大庙支行	总行级青年文明号	交通银行	2005
渝州路支行	总行级青年文明号	交通银行	2005
重庆分行	交行系统审计工作先进集体三等奖	交通银行	2005
袁家岗支行	2005年度继续认定总行级青年文明号	交通银行	2006
大庙支行	2005年度继续认定总行级青年文明号	交通银行	2006
高新渝州路支行	2005年度继续认定总行级青年文明号	交通银行	2006
渝中支行营业厅	2005年度总行级青年文明号	交通银行	2006
重庆分行团委	交通银行五四红旗团组织	交通银行	2006
袁家岗支行	总行级青年文明号	交通银行	2007
大庙支行	总行级青年文明号	交通银行	2007
渝州路支行	总行级青年文明号	交通银行	2007
渝中支行营业厅	总行级青年文明号	交通银行	2007
人民路支行党支部	抗震救灾先进集体	交通银行党委	2008
重庆分行团委	抗震救灾先进集体	交通银行党委	2008
分行工会办	工会工作竞赛三等奖	交通银行	2008
机关一支部	先进党支部	交通银行	2008
重庆分行团委	交通银行抗震救灾先进基层团组织	交通银行	2008
重庆分行团委	五四红旗团组织	交通银行	2008
北碚支行营业厅	总行级青年文明号	交通银行	2008
袁家岗支行	总行级青年文明号	交通银行	2008
大庙支行	总行级青年文明号	交通银行	2008
渝州路支行	总行级青年文明号	交通银行	2008
分行工会办	2008年度交通银行“先进职工之家”	交通银行	2008
袁家岗支行	总行级青年文明号	交通银行	2009
渝中支行营业厅	总行级青年文明号	交通银行	2009
重庆市分行	交通银行先进职工之家	交通银行	2009
分行工会办	2010年获交通银行年度工会工作竞赛活动三等奖	交通银行	2010

获奖单位	荣誉称号	授予单位	获奖时间（年）
学府路支行	2010年总行“电子银行百佳支行”	交通银行	2011
小苑支行	2010年总行“电子银行百佳支行”	交通银行	2011
永川支行	2010年总行“电子银行百佳支行”	交通银行	2011
观音桥支行	2010年总行“电子银行百佳支行”	交通银行	2011
高新支行	2010年总行“电子银行百佳支行”	交通银行	2011
分行营业部	先进基层党组织	交通银行党委	2011
涪陵支行	交通银行模范职工小家	交通银行	2011
江北支行	交通银行模范职工小家	交通银行	2011
北部新区支行	交通银行模范职工小家	交通银行	2011
分行工会办	2011年交通银行年度工会工作竞赛三等奖	交通银行	2012
北部新区支行	2011年度交通银行女职工文明示范岗	交通银行	2012
两江新区支行	交通银行模范职工小家	交通银行	2012
弹子石支行	交通银行模范职工小家	交通银行	2012
涪陵支行	交通银行青年文明号	交通银行	2012
东和春天支行	2012-2013年度交通银行“女职工文明示范岗”	交通银行	2013
重庆市分行	2012年交通银行信息技术工作进步奖	交通银行	2013
重庆市分行	第五届“交银杯”信息系统安全生产劳动竞赛-年度安全生产年度优秀奖	交通银行	2013
东和春天支行	总行级青年文明号	交通银行	2014
重庆市分行	2013年综合化优秀经营单位奖	交通银行	2014
两江新区支行	交通银行文明单位	交通银行	2014
重庆市分行	2013年交通银行信息技术工作业务促进奖	交通银行	2014
分行工会办	交通银行模范职工之家	交通银行总行工会	2014
分行营业部	模范职工小家	交通银行	2015
渝北支行	先进职工小家	交通银行	2015
北碚支行	合格职工小家	交通银行	2015
东和春天支行	模范职工小家	交通银行	2015
大坪支行	合格职工小家	交通银行	2015
长寿支行	合格职工小家	交通银行	2015
巴南支行	合格职工小家	交通银行	2015
大渡口支行	先进职工小家	交通银行	2015
爱都会支行	先进职工小家	交通银行	2015
营业部	交通银行模范职工小家	交通银行	2015
重庆市分行	模范职工之家	交通银行	2015
国际部	交通银行五一巾帼标兵岗	交通银行	2015
重庆市分行	2014年信息技术工作先进单位	交通银行	2015
东和春天支行	2014年总行青年文明号	交通银行	2015
重庆市分行	2014年度经营管理优胜奖	交通银行	2015

获奖单位	荣誉称号	授予单位	获奖时间（年）
九龙坡支行	交通银行“先进职工小家”	交通银行	2015
西郊路支行	交通银行“先进职工小家”	交通银行	2015
渝中支行	交通银行模范职工小家	交通银行	2015
永川支行	交通银行先进职工小家	交通银行	2015
高新支行	交通银行合格职工小家	交通银行	2015
江津支行	交通银行合格职工小家	交通银行	2015
合川支行	交通银行合格职工小家	交通银行	2015
渝中支行	2015年度“交通银行女职工文明示范岗”	交通银行	2016
东和春天支行	先进基层党组织	交通银行	2016
重庆市分行团委	2015年“交通银行共青团工作一等奖优胜单位”	交通银行	2016
重庆市分行	2015年度经营管理优秀单位	交通银行	2016
爱都会支行	2015年度总行级青年文明号	交通银行	2016
重庆市分行	2015年交通银行团委工作考核一等奖	交通银行	2016
重庆市分行工会	2015年工会工作竞赛考核优胜单位一等奖	交通银行	2016
重庆市分行	2016交通银行员工体育文化艺术“家”年华乒乓球团体赛冠军	交通银行	2016
重庆市分行	2015年信息技术工作先进单位先进奖	交通银行	2016
沙坪坝支行	模范职工小家	交通银行	2016
江津支行	模范职工小家	交通银行	2016
南坪支行	模范职工小家	交通银行	2016
茶园支行	2016年度交通银行五一巾帼标兵岗	交通银行	2017
重庆市分行	2016年交通银行团委工作考核一等奖	交通银行	2017
重庆市分行团委	2016年“交通银行共青团工作一等奖优胜单位”	交通银行	2017
重庆市分行	2016年度经营管理优胜奖	交通银行	2017
金融同业部	2016年度交通银行“青年文明号”	交通银行	2017
重庆市分行	2017年交通银行文化体育艺术“家”年华活动亲子定向挑战赛第二名	交通银行	2017
重庆市分行	2016年工会工作竞赛考核优胜单位二等奖	交通银行	2017
重庆市分行	2016年产品创新活跃赛优秀产品创新实验项目奖	交通银行	2017
重庆市分行	首届上丰杯青年创新大赛三等奖	交通银行	2017
茶园支行	2017年交通银行模范职工小家	交通银行	2017
大渡口支行	2017年交通银行模范职工小家	交通银行	2017
九龙坡支行	2017年交通银行模范职工小家	交通银行	2017
重庆市分行	2017年度“内控管理提升单位”奖	交通银行	2018
重庆市分行	首届上丰杯青年创新大赛三等奖	交通银行	2018
重庆市分行	2017年工会工作竞赛考核优胜单位二等奖	交通银行	2018
重庆市分行	2017年信息技术工作先进单位优秀奖	交通银行	2018

获奖单位	荣誉称号	授予单位	获奖时间（年）
重庆市分行团委	2017年交通银行共青团工作考核优胜单位一等奖	交通银行	2018
重庆市分行	2018年度经营管理优胜奖	交通银行	2019
重庆市分行	2018年度“内控管理牵头工作先进单位”	交通银行	2019
重庆市分行	IT运维十佳优秀团队	交通银行	2019
营业部	交通银行青年文明号	交通银行	2019
办公室	2018年交通银行行务信息工作先进单位二等奖 交通银行“讲发展亮点　献经营良策”信息写作技能劳动竞赛最佳组织二等奖 交通银行媒体危机应对工作先进单位二等奖 交通银行新闻发布先进单位三等奖 交通银行“文化交行”先进单位	交通银行	2019
人资部	2018年交通银行“交享e校园”网络学习活动优秀组织奖 交通银行“创课杯”微课大赛优秀组织奖 交通银行第二届新员工“新生代·新梦想·新风采”知识技能竞赛优秀组织奖	交通银行	2019
公司部	2018年交通银行十佳代发工资源头客户营销服务方案	交通银行	2019
国际部	2018年交通银行国际业务“开门红”国际结算量优胜奖	交通银行	2019
个金部（消保部）	2018年交通银手机银行微场景创意制作宣传推广比赛二等奖	交通银行	2019
风险部（保全部）	2018年交通银行风险管理先进单位	交通银行	2019
授信部	2018年交通银行信贷结构优化奖 交通银行信贷减退加固成效奖	交通银行	2019
合规部	2018年交通银行重大及典型案件处置成果竞赛二等奖	交通银行	2019
信息部	2018年交通银行首届“上丰杯”青年创新大赛三等奖	交通银行	2019
工会办	2018年交通银行工会工作竞赛一等奖 2018年总行巧力三项争霸赛团体总冠军 总行2018年乒羽混双比赛团体冠军	交通银行	2019
团委、信息部	交通银行首届“上丰”杯创意大赛三等奖 交通银行第二届“交丰”杯创意大赛三等奖	交通银行	2019
分行级			
南坪办事处	1990年度先进集体	重庆分行	1991
外汇业务部	1991年度先进集体	重庆分行	1992

获奖单位	荣誉称号	授予单位	获奖时间（年）
沙坪坝办事处	1991年度先进集体	重庆分行	1992
沙坪坝支行	1992年度先进集体	重庆分行	1993
学田湾分理处	1992年度先进集体	重庆分行	1993
太保分公司防灾理赔部	1992年度先进集体	重庆分行	1993
江北支行团支部	1993年度先进团支部	重庆分行	1994
南坪支行团支部	1994年度先进团支部	重庆分行	1995
九龙坡支行团支部	1994年度先进团支部	重庆分行	1995
北碚支行	1995年度先进集体	重庆分行	1996
江北支行	1995年度先进集体	重庆分行	1996
保卫处	1995年度先进集体	重庆分行	1996
审计部	1996年度分行劳动竞赛先进集体	重庆分行	1996
南坪支行团支部	“五四”期间先进团支部	重庆分行	1996
江北支行团支部	“五四”期间先进团支部	重庆分行	1996
保卫处	1996年度先进党支部	重庆分行	1996
北碚支行	1996年度先进党支部	重庆分行	1996
沙坪坝支行	1996年度先进党支部	重庆分行	1996
南坪支行	1996年度先进党支部	重庆分行	1996
李家沱分理处	分行级青年文明号	重庆分行	1997
南坪支行	1996年度先进集体	重庆分行	1997
北碚支行	1996年度先进集体	重庆分行	1997
保卫处	1996年度先进集体	重庆分行	1997
稽核室	1996年度先进集体	重庆分行	1997
电脑处	1996年度先进集体	重庆分行	1997
沙坪坝支行工会	1996年度先进工会组织	重庆分行	1997
江北支行工会	1996年度先进工会组织	重庆分行	1997
北碚支行	1997年度先进党支部	重庆分行	1998
分行营业部党支部	1997年度先进党支部	重庆分行	1998
双碑支行	1998年十佳先进集体	重庆分行	1998
营业部业务科	1998年十佳先进集体	重庆分行	1998
七星岗支行	1998年十佳先进集体	重庆分行	1998
大庙支行	1998年十佳先进集体	重庆分行	1998
南城支行	1998年十佳先进集体	重庆分行	1998
袁家岗支行	1998年十佳先进集体	重庆分行	1998
北碚支行中山路分理处	1998年十佳先进集体	重庆分行	1998
长寿支行会计科	1998年十佳先进集体	重庆分行	1998
江津支行东方红储蓄所	1998年十佳先进集体	重庆分行	1998
财务会计处	1998年十佳先进集体	重庆分行	1998
江北支行	1999年度先进支行第一名	重庆分行	2000
分行营业部	1999年度先进支行第二名	重庆分行	2000
九龙坡支行	1999年度先进支行第三名	重庆分行	2000

获奖单位	荣誉称号	授予单位	获奖时间（年）
私人金融业务部	1999年度先进处室	重庆分行	2000
市场营销处	1999年度先进处室	重庆分行	2000
电脑处	1999年度先进处室	重庆分行	2000
营业部综合柜	1999年十佳优质服务柜组	重庆分行	2000
上清寺支行储蓄柜	1999年十佳优质服务柜组	重庆分行	2000
人和街分理处	1999年十佳优质服务柜组	重庆分行	2000
大庙支行结算柜	1999年十佳优质服务柜组	重庆分行	2000
西郊路分理处储蓄柜	1999年十佳优质服务柜组	重庆分行	2000
后堡分理处储蓄柜	1999年十佳优质服务柜组	重庆分行	2000
中山路分理处储蓄柜	1999年十佳优质服务柜组	重庆分行	2000
长寿支行营业厅会计柜	1999年十佳优质服务柜组	重庆分行	2000
大江分理处储蓄柜	1999年十佳优质服务柜组	重庆分行	2000
高新技术开发区支行储蓄柜	1999年十佳优质服务柜组	重庆分行	2000
南坪支行	2000年会计报表考核一等奖	重庆分行	2001
渝中支行	2000年会计报表考核二等奖	重庆分行	2001
九龙坡支行	2000年会计报表考核二等奖	重庆分行	2001
遵义分行	2000年会计报表考核三等奖	重庆分行	2001
江北支行	2000年会计报表考核三等奖	重庆分行	2001
营业部	2000年会计报表考核三等奖	重庆分行	2001
人和街分理处	女职工素质达标优秀班组	重庆分行	2002
建新东路分理处	女职工素质达标优秀班组	重庆分行	2002
九龙坡支行党支部	2001年先进基层党组织	重庆分行	2002
渝中支行党支部	2001年先进基层党组织	重庆分行	2002
江北支行党支部	2001年先进基层党组织	重庆分行	2002
观音桥支行	分行级青年文明号	重庆分行	2002
建新东路分理处	分行级青年文明号	重庆分行	2002
渝中支行营业厅	分行级青年文明号	重庆分行	2002
渝中支行人民路支行	分行级青年文明号	重庆分行	2002
渝中支行学田湾支行	分行级青年文明号	重庆分行	2002
渝中支行七星岗支行	分行级青年文明号	重庆分行	2002
沙坪坝支行步行街分理处	分行级青年文明号	重庆分行	2002
沙坪坝支行大坪支行	分行级青年文明号	重庆分行	2002
南坪支行后堡分理处	分行级青年文明号	重庆分行	2002
南坪支行惠公路分理处	分行级青年文明号	重庆分行	2002
九龙坡支行营业厅	分行级青年文明号	重庆分行	2002
杨家坪分理处	分行级青年文明号	重庆分行	2002
陈家坪支行	分行级青年文明号	重庆分行	2002
北碚支行云泉路分理处	分行级青年文明号	重庆分行	2002
巴南支行营业厅	分行级青年文明号	重庆分行	2002

获奖单位	荣誉称号	授予单位	获奖时间（年）
长寿支行营业厅	分行级青年文明号	重庆分行	2002
江北支行党支部	2002年先进基层党支部	重庆分行	2003
九龙坡支行党支部	2002年先进基层党支部	重庆分行	2003
保卫处	先进集体	重庆分行	2004
江北支行党支部	2003年先进基层党支部	重庆分行	2004
九龙坡支行党支部	2003年先进基层党支部	重庆分行	2004
核心系统上线小组	2005年度先进集体	重庆分行	2005
电脑处	2005年度先进集体	重庆分行	2005
营业部营业厅	2005年度先进集体	重庆分行	2005
沙坪坝支行	2005年度分行级青年文明号	重庆分行	2005
学府路分理处	2005年度分行级青年文明号	重庆分行	2005
南坪支行	2005年度综合考核先进单位	重庆分行	2006
渝中支行	2005年度综合考核先进单位	重庆分行	2006
西郊路支行	2005年度综合考核先进单位	重庆分行	2006
渝北支行	2005年度综合考核先进单位	重庆分行	2006
国际部	2005年度综合考核先进单位	重庆分行	2006
资产保全部	2005年度综合考核先进单位	重庆分行	2006
办公室(党委宣传部)	2005年度综合考核先进单位	重庆分行	2006
人力资源部	2005年度综合考核先进单位	重庆分行	2006
预算财务部	2005年度综合考核先进单位	重庆分行	2006
信息部	2006年度先进集体	重庆分行	2006
会计结算部	先进集体	重庆分行	2006
江北支行	先进集体	重庆分行	2006
南坪支行	先进集体	重庆分行	2006
建新东路支行	分行级青年文明号	重庆分行	2006
江北支行营业厅	分行级青年文明号	重庆分行	2006
观音桥支行	分行级青年文明号	重庆分行	2006
沙坪坝支行步行街支行	分行级青年文明号	重庆分行	2006
沙坪坝支行学府路分理处	分行级青年文明号	重庆分行	2006
杨家坪支行	分行级青年文明号	重庆分行	2006
九龙坡支行营业厅	分行级青年文明号	重庆分行	2006
南坪支行营业厅	分行级青年文明号	重庆分行	2006
北碚支行营业厅	分行级青年文明号	重庆分行	2006
北部新区支行	分行级青年文明号	重庆分行	2006
七星岗支行	分行级青年文明号	重庆分行	2006
西郊路支行	2006年度先进集体	重庆分行	2007
分行营业部	2006年度先进集体	重庆分行	2007
渝中支行	2006年度先进集体	重庆分行	2007
江北支行	2006年度先进集体	重庆分行	2007
人力资源部	2006年度先进集体	重庆分行	2007

获奖单位	荣誉称号	授予单位	获奖时间（年）
预算财务部	2006年度先进集体	重庆分行	2007
授信部	2006年度先进集体	重庆分行	2007
电银部	2006年度先进集体	重庆分行	2007
西郊路支行党支部	先进党支部	重庆分行	2007
分行营业部	五四红旗团组织	重庆分行	2007
分行营业部	先进集体	重庆分行	2007
机关一支部	先进党支部	重庆分行	2008
渝北支行党支部	先进党支部	重庆分行	2008
合规部	五四红旗团组织奖	重庆分行	2008
涪陵支行党支部	先进基层党组织	重庆市分行	2009
机关第二党支部（保卫部）	先进基层党组织	重庆市分行	2009
西郊路支行	2008年度内控管理先进单位	重庆市分行	2009
巴南支行	2008年度内控管理先进单位	重庆市分行	2009
沙坪坝支行	2008年度内控管理先进单位	重庆市分行	2009
涪陵支行	2008年度经营管理优胜单位	重庆市分行	2009
朝天门支行	2008年度经营管理优胜单位	重庆市分行	2009
西郊路支行	2008年度经营管理优胜单位	重庆市分行	2009
大坪支行	2008年度经营管理优胜单位	重庆市分行	2009
资产保全部	2008年度经营管理优胜单位	重庆市分行	2009
公司三部	2008年度经营管理优胜单位	重庆市分行	2009
监察室	2008年度经营管理优胜单位	重庆市分行	2009
保卫部	2008年度经营管理优胜单位	重庆市分行	2009
沙坪坝支行	先进基层党组织	重庆市分行	2009
分行营业部	经营单位管理优胜奖	重庆市分行	2009
渝中支行	2010年度先进支行一等奖	重庆市分行	2010
北碚支行	2010年度先进支行二等奖	重庆市分行	2010
西郊路支行	2010年度先进支行二等奖	重庆市分行	2010
学田湾支行	2010年度先进营业网点	重庆市分行	2010
江北支行营业厅	2010年度先进营业网点	重庆市分行	2010
壮志路支行	2010年度先进营业网点	重庆市分行	2010
凤天路支行	2010年度先进营业网点	重庆市分行	2010
渝北支行营业厅	2010年度先进营业网点	重庆市分行	2010
李家沱支行	2010年度先进营业网点	重庆市分行	2010
九龙园支行	2010年度先进营业网点	重庆市分行	2010
涪陵支行营业厅	2010年度先进营业网点	重庆市分行	2010
永川支行营业厅	2010年度先进营业网点	重庆市分行	2010
工商大学支行	2010年度先进营业网点	重庆市分行	2010
渝中支行	2009年度经营管理优胜单位	重庆市分行	2010
朝天门支行	2009年度经营管理优胜单位	重庆市分行	2010
江北支行	2009年度经营管理优胜单位	重庆市分行	2010

获奖单位	荣誉称号	授予单位	获奖时间（年）
分行营业部	2009年度经营管理优胜单位	重庆市分行	2010
大渡口支行	2009年度经营管理优胜单位	重庆市分行	2010
公司三部	2009年度特别贡献奖	重庆市分行	2010
资产负债部	2009年度特别贡献奖	重庆市分行	2010
零贷部	2009年度特别贡献奖	重庆市分行	2010
分行营业部	2010年经营单位管理优胜奖	重庆市分行	2011
江北支行党支部	2011年度先进基层党组织	重庆市分行	2011
永川支行党支部	2011年度先进基层党组织	重庆市分行	2011
分行营业部党支部	2011年先进基层党组织	重庆市分行	2011
西郊路支行	2010年经营管理优胜单位	重庆市分行	2011
两江新区支行	2010年经营管理优胜单位	重庆市分行	2011
渝北支行	2010年经营管理优胜单位	重庆市分行	2011
人民路支行	2010年经营管理优胜单位	重庆市分行	2011
人资部	绩效系统上线项目特别贡献奖	重庆市分行	2011
合规部	渝亚系不良贷款清收项目特别贡献奖	重庆市分行	2011
个金部	网点服务质量提升项目特别贡献奖	重庆市分行	2011
会计部	机构网点整合项目特别贡献奖	重庆市分行	2011
大客户部	公司业务拓展特别贡献奖	重庆市分行	2011
个贷中心	个贷业务拓展特别贡献奖	重庆市分行	2011
西郊路支行	人民币对公存款增量贡献奖	重庆市分行	2011
沙坝坝支行	人民币储蓄存款增量贡献奖	重庆市分行	2011
营业部	人民币人均存款增量贡献奖	重庆市分行	2011
江北支行	增量经营利润贡献奖	重庆市分行	2011
涪陵支行	2011年度经营管理优胜单位	重庆市分行	2012
分行营业部	2011年度经营管理优胜单位	重庆市分行	2012
两江新区支行	2011年度经营管理优胜单位	重庆市分行	2012
九龙坡支行	2011年度经营管理优胜单位	重庆市分行	2012
民族路支行	2011年度经营管理优胜单位	重庆市分行	2012
九龙坡支行党支部	先进基层党组织	重庆市分行	2012
两江新区支行党支部	先进基层党组织	重庆市分行	2012
涪陵支行	2012年度先进团支部	重庆市分行	2013
九龙坡支行	优秀基层工会	重庆市分行	2013
分行营业部	先进团支部	重庆市分行	2013
北部新区支行	先进团支部	重庆市分行	2013
江北支行	先进团支部	重庆市分行	2013
机关第十七党支部	先进党支部	重庆市分行	2013
西郊路支行	2012年度管理优胜单位	重庆市分行	2013
渝中支行	2012年度管理优胜单位	重庆市分行	2013
两江新区支行	2012年度管理优胜单位	重庆市分行	2013
分行营业部	2012年度管理优胜单位	重庆市分行	2013
江北支行	2012年度管理优胜单位	重庆市分行	2013

获奖单位	荣誉称号	授予单位	获奖时间（年）
涪陵支行	2012年度管理优胜单位	重庆市分行	2013
东和春天支行	2012年度管理优胜单位	重庆市分行	2013
国际部	2012年度管理优胜单位	重庆市分行	2013
风险管理部	2012年度管理优胜单位	重庆市分行	2013
资负/预财部	2012年度管理优胜单位	重庆市分行	2013
两江新区支行党支部	先进党支部	重庆市分行	2013
九龙坡支行党支部	先进党支部	重庆市分行	2013
南坪支行团支部	先进团支部	重庆市分行	2013
东和春天支行	先进团支部	重庆市分行	2013
涪陵支行团支部	先进团支部	重庆市分行	2013
两江新区支行	优秀基层工会	重庆市分行	2013
弹子石支行	优秀基层工会	重庆市分行	2013
南坪支行	优秀基层工会	重庆市分行	2013
个金部	经营优胜单位	重庆市分行	2013
授信部	先进党支部	重庆市分行	2013
分行营业部	优秀团支部	重庆市分行	2013
东和春天支行	模范职工之家	重庆市分行	2014
东和春天支行	2013年度经营优胜单位	重庆市分行	2014
分行营业部	先进团支部	重庆市分行	2014
北部新区支行	先进团支部	重庆市分行	2014
江北支行	先进团支部	重庆市分行	2014
分行营业部	优秀基层工会	重庆市分行	2014
九龙坡支行	2013年度经营优胜单位	重庆市分行	2014
北部新区支行	2013年度经营优胜单位	重庆市分行	2014
分行营业部	2013年度经营优胜单位	重庆市分行	2014
西郊路支行	2013年度经营优胜单位	重庆市分行	2014
江北支行	2013年度经营优胜单位	重庆市分行	2014
大渡口支行	2013年度经营优胜单位	重庆市分行	2014
渝中支行	2013年度经营优胜单位	重庆市分行	2014
零贷部	2013年度经营优胜单位	重庆市分行	2014
风险管理部	管理优胜单位	重庆市分行	2014
业务处理中心	管理优胜单位	重庆市分行	2014
朝天门支行党支部	先进党支部	重庆市分行	2014
机关第十七党支部	先进党支部	重庆市分行	2014
营业部团支部	先进团支部	重庆市分行	2014
江北支行团支部	先进团支部	重庆市分行	2014
北部新区支行团支部	先进团支部	重庆市分行	2014
九龙坡支行	优秀基层工会	重庆市分行	2014
南坪支行	优秀基层工会	重庆市分行	2014
营运部	优秀基层工会	重庆市分行	2014

获奖单位	荣誉称号	授予单位	获奖时间（年）
沙坪坝支行	先进党支部	重庆市分行党政工团	2014
东和春天支行	优秀基层工会	重庆市分行	2015
北部新区支行	2014年度优秀基层工会	重庆市分行	2015
分行营业部	2014年度经营优胜单位	重庆市分行	2015
渝中支行	2014年度经营优胜单位	重庆市分行	2015
东和春天支行	2014年度经营优胜单位	重庆市分行	2015
大渡口支行	2014年度经营优胜单位	重庆市分行	2015
九龙坡支行	2014年度经营优胜单位	重庆市分行	2015
爱都会支行	2014年度经营优胜单位	重庆市分行	2015
国际部	2014年度经营优胜单位	重庆市分行	2015
零贷部	2014年度经营优胜单位	重庆市分行	2015
风险管理部	2014年度管理优胜单位	重庆市分行	2015
预算财务部	2014年度管理优胜单位	重庆市分行	2015
沙坪坝支行党支部	2014年度先进党支部	重庆市分行	2015
机关第十一单位党支部（公司业务部、国际业务部联合党支部）	2014年度先进党支部	重庆市分行	2015
爱都会支行	2014年度先进团支部	重庆市分行	2015
南坪支行	2014年度先进团支部	重庆市分行	2015
分行营业部	2014年度优秀基层工会	重庆市分行	2015
机关第一党支部	先进基层党组织	重庆市分行	2016
营业部党支部	先进基层党组织	重庆市分行	2016
东和春天支行	先进基层党组织	重庆市分行	2016
江津支行党支部	先进基层党组织	重庆市分行	2016
东和春天支行	第一届文明单位	重庆市分行	2016
江津支行	第一届文明单位	重庆市分行	2016
北部新区支行	第一届文明单位	重庆市分行	2016
营运部	第一届文明单位	重庆市分行	2016
江津支行	2015年度经营优胜单位	重庆市分行	2016
爱都会支行	2015年度经营优胜单位	重庆市分行	2016
弹子石支行	2015年度经营优胜单位	重庆市分行	2016
渝中支行	2015年度经营优胜单位	重庆市分行	2016
璧山支行	2015年度经营优胜单位	重庆市分行	2016
东和春天支行	2015年度经营优胜单位	重庆市分行	2016
营业部	2015年度经营优胜单位	重庆市分行	2016
西郊路支行	2015年度经营优胜单位	重庆市分行	2016
大渡口支行	2015年度经营优胜单位	重庆市分行	2016
国际部	2015年度经营优胜单位	重庆市分行	2016
个金部	2015年度经营优胜单位	重庆市分行	2016
授信部	2015年度管理优胜单位	重庆市分行	2016

获奖单位	荣誉称号	授予单位	获奖时间（年）
资产负债部	2015年度管理优胜单位	重庆市分行	2016
南坪支行党支部	2015年度先进党支部	重庆市分行	2016
业务处理中心党支部	2015年度先进党支部	重庆市分行	2016
江北支行团支部	2015年度先进团支部	重庆市分行	2016
渝中支行团支部	2015年度先进团支部	重庆市分行	2016
东和春天支行	2015年度优秀基层工会	重庆市分行	2016
北部新区支行工会	2015年度优秀基层工会	重庆市分行	2016
两路口支行	2015年度经营管理优胜奖	重庆市分行	2016
渝北支行	2016年度分行“青年文明号”	重庆市分行	2016
渝中支行	2016年度十佳经营管理优胜单位	重庆市分行	2017
江津支行	2016年度十佳经营管理优胜单位	重庆市分行	2017
爱都会支行	2016年度十佳经营管理优胜单位	重庆市分行	2017
弹子石支行	2016年度十佳经营管理优胜单位	重庆市分行	2017
两江新区支行	2016年度十佳经营管理优胜单位	重庆市分行	2017
璧山支行	2016年度十佳经营管理优胜单位	重庆市分行	2017
国际部	2016年度十佳经营管理优胜单位	重庆市分行	2017
投资银行部	2016年度十佳经营管理优胜单位	重庆市分行	2017
授信部	2016年度十佳经营管理优胜单位	重庆市分行	2017
营运部	2016年度十佳经营管理优胜单位	重庆市分行	2017
东和春天支行	2016年度内控合规先进单位	重庆市分行	2017
朝天门支行	2016年度内控合规先进单位	重庆市分行	2017
大渡口支行	2016年度内控合规先进单位	重庆市分行	2017
东和春天支行	2016年度优质服务先进单位	重庆市分行	2017
北部新区支行	2016年度优质服务先进单位	重庆市分行	2017
江津支行	2016年度优质服务先进单位	重庆市分行	2017
江津支行	2016年度党风廉政建设工作先进集体	重庆市分行	2017
东和春天支行	2016年度党风廉政建设工作先进集体	重庆市分行	2017
分行营业部	2016年度党风廉政建设工作先进集体	重庆市分行	2017
沙坪坝支行	2016年度优秀基层工会	重庆市分行	2017
江北支行	2016年度优秀基层工会	重庆市分行	2017
东和春天支行	2016年度优秀基层工会	重庆市分行	2017
业务处理中心	2016年度优秀基层工会	重庆市分行	2017
渝中支行	2016年度先进基层团支部	重庆市分行	2017
两江新区支行	2016年度先进基层团支部	重庆市分行	2017
江北支行党支部	先进党支部	重庆市分行	2017
沙坪坝支行	先进基层党组织	重庆市分行	2017
东和春天支行	先进基层党组织	重庆市分行	2017
弹子石支行	先进基层党组织	重庆市分行	2017
渝中支行	先进基层党组织	重庆市分行	2017
江津支行	先进基层党组织	重庆市分行	2017

获奖单位	荣誉称号	授予单位	获奖时间（年）
营业部	先进基层党组织	重庆市分行	2017
巴南支行	先进基层党组织	重庆市分行	2017
人力资源部	先进基层党组织	重庆市分行	2017
营运部	先进基层党组织	重庆市分行	2017
国际部	先进基层党组织	重庆市分行	2017
渝中支行	2017年十佳经营管理优胜单位	重庆市分行	2018
江津支行	2017年十佳经营管理优胜单位	重庆市分行	2018
沙坪坝支行	2017年十佳经营管理优胜单位	重庆市分行	2018
营业部	2017年十佳经营管理优胜单位	重庆市分行	2018
长寿支行	2017年十佳经营管理优胜单位	重庆市分行	2018
两路口支行	2017年十佳经营管理优胜单位	重庆市分行	2018
东和春天支行	2017年十佳经营管理优胜单位	重庆市分行	2018
风险部（保全部）	2017年十佳经营管理优胜单位	重庆市分行	2018
国际部	2017年十佳经营管理优胜单位	重庆市分行	2018
个金部（消保部）	2017年十佳经营管理优胜单位	重庆市分行	2018
自由贸易试验区分行	2017年内控合规先进单位	重庆市分行	2018
两江新区分行	2017年内控合规先进单位	重庆市分行	2018
北碚支行	2017年内控合规先进单位	重庆市分行	2018
东和春天支行	2017年优质服务先进单位	重庆市分行	2018
弹子石支行	2017年优质服务先进单位	重庆市分行	2018
涪陵支行	2017年优质服务先进单位	重庆市分行	2018
沙坪坝支行	2017年党风廉政建设工作先进集体	重庆市分行	2018
东和春天支行	2017年党风廉政建设工作先进集体	重庆市分行	2018
办公室	2017年党风廉政建设工作先进集体	重庆市分行	2018
公司部	2017年优秀产品创新团队	重庆市分行	2018
两江新区分行	2017年优秀基层工会	重庆市分行	2018
九龙坡支行	2017年优秀基层工会	重庆市分行	2018
自由贸易试验区分行	2017年优秀基层工会	重庆市分行	2018
营运部	2017年优秀基层工会	重庆市分行	2018
渝中支行	2017年先进基层团支部	重庆市分行	2018
两江新区分行	2017年先进基层团支部	重庆市分行	2018
渝中支行营业厅	2017年会计营运优胜单位	重庆市分行	2018
东和春天支行	2017年会计营运优胜单位	重庆市分行	2018
江北支行营业厅	2017年会计营运优胜单位	重庆市分行	2018
人力资源部	2017年分行机关先进单位	重庆市分行	2018
渠道部	2017年分行机关先进单位	重庆市分行	2018
资产负债部	2017年分行机关先进单位	重庆市分行	2018
预算财务部	2017年分行机关先进单位	重庆市分行	2018
授信部	2017年分行机关先进单位	重庆市分行	2018
信息部	2017年分行机关先进单位	重庆市分行	2018
合规部	2017年分行机关先进单位	重庆市分行	2018
审计部	2017年分行机关先进单位	重庆市分行	2018

获奖单位	荣誉称号	授予单位	获奖时间（年）
同业部	2017年分行机关先进单位	重庆市分行	2018
营业部	2018年十佳经营管理优胜单位	重庆市分行	2019
渝中支行	2018年十佳经营管理优胜单位	重庆市分行	2019
大渡口支行	2018年十佳经营管理优胜单位	重庆市分行	2019
两路口支行	2018年十佳经营管理优胜单位	重庆市分行	2019
九龙坡支行	2018年十佳经营管理优胜单位	重庆市分行	2019
两江新区分行	2018年十佳经营管理优胜单位	重庆市分行	2019
风险(保全)部	2018年十佳经营管理优胜单位	重庆市分行	2019
国际部	2018年十佳经营管理优胜单位	重庆市分行	2019
投行部	2018年十佳经营管理优胜单位	重庆市分行	2019
个金部	2018年十佳经营管理优胜单位	重庆市分行	2019
自贸区分行	2018年内控合规先进单位	重庆市分行	2019
高新支行	2018年内控合规先进单位	重庆市分行	2019
营业部	2018年内控合规先进单位	重庆市分行	2019
两江新区分行营业室	2018年优质服务先进单位	重庆市分行	2019
大渡口支行	2018年优质服务先进单位	重庆市分行	2019
永川支行	2018年优质服务先进单位	重庆市分行	2019
江津支行	2018年党风廉政建设工作先进集体	重庆市分行	2019
营业部	2018年党风廉政建设工作先进集体	重庆市分行	2019
沙坪坝支行	2018年党风廉政建设工作先进集体	重庆市分行	2019
营业部	2018年优秀产品创新团队	重庆市分行	2019
渝北支行	2018年优秀产品创新团队	重庆市分行	2019
南岸支行	2018年优秀产品创新团队	重庆市分行	2019
两江新区支行	2018年先进基层工会	重庆市分行	2019
沙坪坝支行	2018年先进基层工会	重庆市分行	2019
营运部	2018年先进基层工会	重庆市分行	2019
渝中支行	2018年先进基层工会	重庆市分行	2019
高新支行	2018年会计营运优胜单位	重庆市分行	2019
渝北支行	2018年会计营运优胜单位	重庆市分行	2019
营业部	2018年会计营运优胜单位	重庆市分行	2019
审计部	2018年分行机关先进集体	重庆市分行	2019
信息部	2018年分行机关先进集体	重庆市分行	2019
监察室	2018年分行机关先进集体	重庆市分行	2019
办公室	2018年分行机关先进集体	重庆市分行	2019
资负部	2018年分行机关先进集体	重庆市分行	2019
预财部	2018年分行机关先进集体	重庆市分行	2019
公司部	2018年分行机关先进集体	重庆市分行	2019
营运部	2018年分行机关先进集体	重庆市分行	2019
授信部	2018年分行机关先进集体	重庆市分行	2019

1988—2018年重庆分行获奖先进个人

获奖人员	工作单位	荣誉称号	授予单位	获奖时间(年)
全国级				
张映陶	稽核室	全国金融系统纪检监察先进工作者	全国金融工委	1991
廖俐娜	财会处	1992年度全国金融劳动模范	中国金融工会	1992
张映陶	稽核室	1994全国内部审计工作先进个人	全国审计署	1994
周萍	北碚支行	1996年度青年岗位能手	全国金融工委	1997
邓朝晖	江北支行	1997年度全国级青年岗位能手	共青团中央金融工委	1998
陈亚丽	遵义支行	1997年度全国级青年岗位能手	共青团中央金融工委	1998
陈炳生	思政办公室	全国金融系统优秀党务工作者	全国金融工委	1999
王妍	南坪支行	全国金融系统青年岗位能手	共青团中央金融工委	1999
杨星	南城支行	全国金融系统优秀共青团员	中央金融团工委	2000
刘宁	电脑处	全国金融五一劳动奖章	中华全国总工会	2002
罗生全	保卫部	全国金融五一劳动奖章	全国金融工委	2005
廖佳馨	员工工作部	全国优秀共青团干部	共青团中央	2008
焦煦	信息部	全国金融系统“摄影大赛”获奖	全国金融工委	2008
向晓琴	高新支行	全国总工会“环保知识竞赛”二等奖	全国总工会	2008
周琳	沙坪坝支行	全国总工会“环保知识竞赛”二等奖	全国总工会	2008
王永阳	分行营业部	全国金融优秀共青团干部	全国金融工委	2009
张天燚	南坪支行	2011年度中国银行业文明规范服务明星大堂经理	中国银行业协会	2012
王永阳	分行团委	全国金融优秀共青团干部	全国金融工委	2012
童军	九龙坡支行	2014年“第六届全国金融系统职工职业道德建设先进个人”	全国金融工委	2014
戴佳利	个金部	全国金融优秀共青团员	全国金融工委	2015
杨帆	渝中支行	2014年度全国金融青年岗位能手	全国中央总工会	2015
马娟	南城支行	2015年度全国银行业“学雷锋标兵”	中国银行业协会	2015
付万军	行长室	2015年“全国金融系统职工之友”	全国金融工委	2016
马玄谋	授信部	2015年中国金融摄影家协会第三届全国摄影作品《行情》三等奖	中国金融摄影家协会	2016
王文宇	同业部	全国金融优秀共青团干部	全国金融工委	2016
戴佳利	个金部	全国金融青年服务明星	全国金融工委	2016
朱海燕	大客户部	全国金融青年岗位能手	全国金融工委	2017
吴慧	国际部	2017年全国五一劳动奖章	中华全国总工会	2017
吴慧	国际部	2017年全国金融五一劳动奖章	中国金融工会全国委员会	2018

获奖人员	工作单位	荣誉称号	授予单位	获奖时间(年)
周芮羲	东和春天支行	2017年度中国银行业文明规范服务明星大堂经理	中国银行业协会	2018
谷玉琴	沙坪坝支行	2017年度中国银行业文明规范服务明星大堂经理	中国银行业协会	2018
谷玉琴	沙坪坝支行	2017年度中国银行业文明规范服务明星大堂经理之“消保之星”	中国银行业协会	2018
张又丹	两江新区分行	2017年度全国金融青年岗位能手	中央金融团工委	2018
吴雨环	东和春天支行	2016-2017年度全国金融青年服务明星	中央金融团工委	2018
马茜	营运部	2017年度全国金融青年服务明星	中央金融团工委	2018
省、市级				
李联俊	办公室	1989年重庆市人民政府“好消息”评选	重庆市人民政府	1990
龚颖	外汇业务部	先进个人	重庆市机关团委	1990
董实远	市场业务部	“七一”党的知识竞赛先进个人	重庆市机关工委	1991
刘朝荣	工会	“七一”党的知识竞赛先进个人	重庆市机关工委	1991
范明杨	重大办事处	“七一”党的知识竞赛先进个人	重庆市机关工委	1991
刘静	人教处	“七一”党的知识竞赛优秀组织工作者	重庆市机关工委	1991
张映陶	稽核室	重庆市金融系统纪检、监察先进工作者	人行重庆市分行	1991
冯昌元	九龙坡支行	1995年度重庆市劳动模范称号	重庆市人民政府	1995
顾廷川	电脑处	1997年度优秀共产党员	中共重庆市级机关工作委员会	1997
张毅	分行保卫部	1996年度经保工作先进个人	重庆市公安局	1997
郑茜	北碚支行云泉路分理处	重庆市青年岗位能手	重庆金融工委	1997
郑茜	北碚支行云泉路分理处	女职工点钞技能比赛单指单张三等奖	重庆金融工委	1997
邓昌明	行长室	单位内部治安保卫工作先进责任人	重庆市人民政府	1997
余朝毅	南城分理处	重庆市金融系统区县级“青年岗位能手”	人行重庆市分行	1998
穆荣贵	巴南支行	1998年度对口扶贫先进个人	重庆扶贫开发领导小组	1999
包红纯	沙坪坝支行	金融统计先进工作者	中国人民银行重庆营业管理部	2000
赵晓华	沙坪坝支行	重庆百万女职工素质达标活动优秀个人奖	重庆市工会	2002
贺喜	沙坪坝支行	重庆百万女职工素质达标活动优秀个人奖	重庆市工会	2002
刘静	渝中支行	重庆金融职工“双语”演讲比赛二等奖	重庆金融工会	2002
程序	渝中支行	重庆金融职工“双语”演讲比赛三等奖	重庆金融工会	2002
陈凯	保卫处	2002年重庆市经保系统先进个人	重庆市公安局	2002
薛薇	办公室	重庆市金融系统发行工作先进个人	人行重庆市分行	1993
方玫	办公室	2000-2002重庆市保密工作先进个人	重庆市人事局	2003
杨静	北碚支行	银行信贷登记咨询系统建设先进个人	人民银行重庆营业管理部	2004

获奖人员	工作单位	荣誉称号	授予单位	获奖时间(年)
余朝毅	分行营业部	重庆市优秀共产党员	中共重庆市委	2007
薛薇	发展研究部	“庆直辖十周年”“通讯类征文”二等奖	重庆市金融学会	2007
邓迦文	南坪支行	“庆直辖十周年”“通讯类征文”三等奖	重庆市金融学会	2007
石加强	长寿支行	“庆直辖十周年”“书法类”三等奖	重庆市金融学会	2007
张益富	保卫部	公安经保系统“百安活动”优胜个人	重庆市公安局	2008
唐庄	长寿支行	公安经保系统“百安活动”优胜个人	重庆市公安局	2008
黄民光	工会办	重庆市金融系统2008年度工会工作先进个人	重庆市金融工委	2008
卢梦羽	民族路支行	第二届2011年重庆银行类大堂经理形象代言人	重庆市金融工会/重庆时报社	2011
赵学梅	人民路支行	2012年业务技能竞赛全能第四名	重庆市银行业协会	2012
吴亚	两江新区支行	重庆市五一巾帼标兵	重庆市金融工委	2012
李冬恒	合川支行	2013年度内保工作先进个人	合川区公安分局	2013
毛自翔	东和春天支行	“提升银行业服务品质,保护消费者合法权益”主题活动“优秀个人”	重庆市银行业协会	2013
杨凤	办公室	2013年度《重庆金融》优秀通讯员	重庆市金融学会	2014
唐莉	大渡口支行	2014年度优秀工会工作者	重庆财贸金融轻纺工会	2015
赵燕	长寿支行	“反假知识进校园”演讲比赛第一名	重庆市中国人民银行	2015
赵燕	长寿支行	人民币知识竞赛第三名	重庆市中国人民银行	2015
毛自翔	东和春天支行	2015年度重庆青年创新创业金融导师	重庆金融团工委	2015
刘柃妤	东和春天支行	2015年度重庆青年创新创业金融导师	重庆金融团工委	2015
王雨浓	东和春天支行	文明规范服务先进个人	重庆银行业协会	2016
王维	预财部	重庆银行业监管统计工作“优秀个人”	重庆银监局	2016
洪霞	办公室	2016年经营改革报送先进个人	人民银行重庆银管部	2016
赵禄均	两江新区支行	2016年重庆市银行业文明规范服务优秀个人	重庆市银行业协会	2016
唐莉	大渡口支行	重庆金融优秀工会工作者	重庆金融工委	2016
刘祖国	江北支行	重庆金融五一劳动奖章	重庆金融工委	2016
宋轩	国际部	会计领军(后备)人才	重庆市财政局	2016
曾扬	办公室	2016年度重庆市青年职业标兵	团市委	2016
黄正莉	沙坪坝支行	重庆市银行业“双十佳”服务明星评选银行柜员优胜奖	重庆市银行业协会	2016
丁香云	江北支行	2015年度文明规范服务“十佳”大堂经理	重庆市银行业协会	2016
曾扬	办公室	重庆市第五届青年职业技能大赛金融知识进校园——征信知识公开课项目竞赛三等奖	中国人民银行重庆营业管理部	2016
张翰月	江北支行	2016年重庆金融系统服务技能竞赛基本服务技能重庆市决赛优秀个人	重庆市银行业协会/金融工会/金融团工委	2017
薛科	渝中支行	2016年重庆金融系统服务技能竞赛基本服务技能重庆市决赛优秀个人	重庆市银行业协会/金融工会/金融团工委	2017
黄凌凌	人民路支行	“中国梦·劳动美”重庆市第二届金融行业职工技能大赛一等奖	重庆市总工会/营管部	2017

获奖人员	工作单位	荣誉称号	授予单位	获奖时间(年)
刘飞	江北支行营业厅	“中国梦·劳动美”重庆市第二届金融行业职工技能大赛二等奖	重庆市总工会/营管部	2017
邓婧	渝中支行营业厅	“中国梦·劳动美”重庆市第二届金融行业职工技能大赛二等奖	重庆市总工会/营管部	2017
薛科	学田湾支行	“中国梦·劳动美”重庆市第二届金融行业职工技能大赛二等奖	重庆市总工会/营管部	2017
万华	江北支行营业厅	“中国梦·劳动美”重庆市第二届金融行业职工技能大赛三等奖	重庆市总工会/营管部	2017
范敏锐	爱都会支行	“中国梦·劳动美”重庆市第二届金融行业职工技能大赛三等奖	重庆市总工会/营管部	2017
张瀚月	五里店支行	“中国梦·劳动美”重庆市第二届金融行业职工技能大赛三等奖	重庆市总工会/营管部	2017
邹洁	分行营业部	“中国梦·劳动美”重庆市第二届金融行业职工技能大赛三等奖	重庆市总工会/营管部	2017
赵燕	长寿支行	2016年度文明规范服务“双十佳”“优秀柜员”	重庆银行业协会	2017
易娟	江北支行	2016年度文明规范服务“双十佳”银行柜员优胜奖	重庆银行业协会	2017
周颖	江北支行	2016年度文明规范服务“双十佳”大堂经理优胜奖	重庆银行业协会	2017
王婧	渝中支行	2016年度文明规范服务“双十佳”大堂经理优胜奖	重庆银行业协会	2017
谷玉琴	沙坪坝支行	2016年度文明规范服务“双十佳”大堂经理优胜奖	重庆银行业协会	2017
刘小梅	合规部	重庆市银行业协会法律风险管理先进个人	重庆市银行业协会	2017
赵晓珊	巴南支行	2016年度重庆市银行业文明规范服务优秀个人	重庆市银行业协会	2017
宋轩	国际部	2016年重庆金融“知识型职工标兵”	重庆金融工委	2017
谢明权	沙坪坝支行	2016年重庆金融五一劳动奖章	重庆金融工委	2017
虞清	两江新区分行	2016年重庆金融五一巾帼标兵	重庆金融工委	2017
毛自翔	办公室	2017年重庆市金融财贸轻工纺织工会委员会“优秀工会工作者”	重庆市金融财贸轻工纺织工会委员会	2017
黄正莉	办公室	重庆市金融学会征文活动优秀奖	重庆市金融学会	2017
黄正莉	办公室	优秀通讯员二等奖	重庆市银行业协会	2017
曾扬	办公室	2017年度银行业金融机构报送有关经营改革情况优秀个人	人行重庆营管部	2017
马茜	营运部	重庆市金融学会征文活动一等奖	重庆市金融学会	2017
龚莉影	朝天门支行	2015年度治安保卫工作先进个人	重庆市公安局渝中区分局	2017
邓薇	分行营业部	重庆金融优秀工会工作者	重庆金融工委	2018
江富容	江津支行	重庆金融五一劳动奖章	重庆金融工委	2018
杨宁	行长室	2017年度服务实体经济领军人物	重庆日报报业集团/当代金融研究杂志社	2018
毛自翔	办公室	2017年“公益贡献奖”	中共重庆市委宣传部/重庆市文明办	2018

获奖人员	工作单位	荣誉称号	授予单位	获奖时间(年)
杨晓辉	国际部	重庆市自律协会第一届自律演讲比赛三等奖	重庆市自律协会	2018
马茜	营运部	重庆市金融学会“直辖20年重庆金融发展成就”主题征文一等奖	重庆市金融学会	2018
巫卫昂	预财部	2017年重庆金融峰会女子网球双打第三名	重庆金融峰会	2018
陶蔚	信息技术部	银协2018年度重庆市银行业协会信息科技专业委员会课题研究评选三等奖	重庆市银行业协会	2018
焦春涛	信息技术部	银协2019年度重庆市银行业协会信息科技专业委员会课题研究评选三等奖	重庆市银行业协会	2018
陈新	南岸支行	重庆银行业协会乒乓球混双亚军	重庆银行业协会	2018
肖琳秋	南岸支行	“中国梦　劳动美”重庆市第三届金融行业职工技能大赛二等奖	重庆市金融财贸轻工纺织工会委员会	2018
黄凌凌	渝中支行	“中国梦　劳动美”第三届重庆市金融职工技能大赛三等奖	重庆市金融财贸轻工纺织工会委员会	2018
杨凤	办公室	人民银行重庆营管部金融机构宣传通联工作先进个人	人行营管部	2019
黄正莉	办公室	人民银行重庆营管部经营改革情况报送优秀个人	人行营管部	2019
周芮羲	江北支行	重庆市银行业文明服务规范“双十佳”优秀奖	重庆市银行业协会	2019
文瑜	江北支行	重庆市银行业文明服务规范“双十佳”优秀大堂经理	重庆市银行业协会	2019
陶蔚	信息技术部	重庆市银行业协会信息科技专业委员会课题研究评选三等奖	重庆市银行业协会	2019
焦春涛	信息技术部	重庆市银行业协会信息科技专业委员会课题研究评选三等奖	重庆市银行业协会	2019
李世明	保卫部	重庆市银行业安全评估工作先进个人	重庆市银行业协会	2019
王维	预财部	重庆市银保监局监管统计工作优秀个人	重庆市银保监局	2019
陈家凤	江北支行	重庆市银协“双十佳”服务评选活动最佳才智奖	重庆市银行业协会	2019
邓延平	南岸支行	重庆市银行业文明规范服务优秀个人	重庆市银行业协会	2019
尹仁权	南岸支行	重庆市金融系统棋牌比赛团体三等奖	重庆市银行业协会	2019
罗帆影	渝北支行	重庆市银行业文明规范服务“双十佳”十佳大堂经理	重庆市银行业协会	2019
总行级				
陈炳生	思政办	《坚持利益导向，打破三铁一大》优秀论文比赛三等奖	交通银行	1992
王敏	民族路分理处	1994年度女职工先进个人	交通银行	1995
单子安	办公室	交通银行“好新闻”奖特别奖	交通银行	1995
薛薇	办公室	交通银行“好新闻”奖三等奖	交通银行	1995
薛薇	办公室	1995年度优秀新闻奖	交通银行	1996
黄锦平	财会部	1995年先进会计工作者	交通银行	1995
刘秀群	授信部	1995年信息网络工作先进工作者	交通银行	1996

获奖人员	工作单位	荣誉称号	授予单位	获奖时间（年）
陈国华	研究开发部	1995年信息网络工作先进工作者	交通银行	1996
张骥	监察室	1995年反腐败斗争和纪检监察工作年度先进个人	交通银行	1996
余生栋	江津支行	交通银行首届中国象棋、围棋比赛个人并列亚军	交通银行	1998
邓薇	渝中支行	总行英语比赛二等奖	交通银行	1998
张旗	机关五支部	总行英语比赛三等奖	交通银行	1998
钱小牧	第五机关党支部	总行英语比赛二等奖	交通银行	1998
田永	江北支行	1999年度三八红旗手	交通银行	1999
唐民	分行营业部	2000年交通银行系统十杰员工	交通银行	2000
廖俐娜	七星岗支行	2001年交通银行优秀共产党员	交通银行	2001
陈炳生	遵义分行	2001年度优秀党务工作者	交通银行	2001
何凌艳	九龙坡支行	2002年交行优秀共青团干部	交通银行	2002
李鸿洋	分行营业厅	2002年交行优秀共青团员	交通银行	2002
汪洋	渝中支行	2002年总行级青年岗位能手	交通银行	2002
薛薇	办公室	2002年交行优秀信息员	交通银行	2002
方玫	办公室	2002年交行信息网络工作先进个人	交通银行	2002
熊军	九龙坡支行	2002年交行信息网络工作先进个人	交通银行	2002
陈凯	保卫处	2002年交行信息网络工作先进个人	交通银行	2002
刘红	稽核处	2002年度总行委派稽核处长考核二等奖	交通银行	2003
李庆	党宣部	优秀党务工作者	交通银行	2003
陈新	南坪支行营业厅	乒乓球赛女子单打冠军	交通银行	2004
李玮	南坪支行	“青春与交行发展同行”青年英语大赛第二名	交通银行	2006
谭娟	江北支行	2005年度百日大营销优秀营销能手	交通银行	2006
何蓉	七星岗支行	2005年度交通银行技能类青年岗位能手	交通银行	2006
邹霞	分行营业部	2005年度交通银行服务类青年岗位能手	交通银行	2006
袁世虎	壮志路支行	优秀共产党员	交通银行	2006
程序	预财部	优秀共青团员干部	交通银行	2006
刘红	审计部	2005年度审计工作先进个人	交通银行	2006
马璐	南坪支行	个金销售竞赛活动客户经理一等奖	交通银行	2007
柯伟佳	电银部	2006年度交通银行十佳网银产品经理	交通银行	2007
任敬钊	电银部	2007年度交通银行“十佳网银产品经理”	交通银行	2007
李妮	北部新区支行	抗震救灾先进个人	交通银行党委	2008
黄民光	工会办	交通银行年度工会工作竞赛“爱心奉献”奖	交通银行	2008
白磊	网点办	抗震救灾先进个人	交通银行	2008
林泽兵	江北支行	抗震救灾优秀共产党员	交通银行	2008
朱磊	高新支行	抗震救灾优秀共产党员	交通银行	2008
方义敏	西郊路支行	营销类青年岗位能手	交通银行	2008
张凌	国际部	百名优秀员工	交通银行	2008
田景元	观音桥支行	百名优秀员工	交通银行	2008
黄中全	高新支行	优秀党务工作者	交通银行	2008

获奖人员	工作单位	荣誉称号	授予单位	获奖时间(年)
赵瑞	电银部	优秀党务工作者	交通银行	2008
蒋震	沙坪坝支行	优秀党员	交通银行	2008
朱磊	高新支行	优秀党员	交通银行	2008
袁晓莉	民族路支行	优秀党员	交通银行	2008
覃定宇	行政部	优秀党员	交通银行	2008
谢静	会计结算部	优秀党员	交通银行	2008
王永阳	合规部	交通银行抗震救灾优秀共青团员	交通银行	2008
丁凡	沙坪坝支行	交通银行抗震救灾优秀共青团员	交通银行	2008
刘飞	建东支行	交通银行技能类青年岗位能手	交通银行	2008
邹霞	分行营业部	交通银行服务类青年岗位能手	交通银行	2008
田景元	朝天门支行	交通银行管理类岗位能手	交通银行	2008
凌毅	杨家坪分理处	交通银行技能类岗位能手	交通银行	2008
黄布一	储蓄部	奥运金融服务先进个人	交通银行	2008
康佳佳	个金部	总行2007—2008优秀兼职培训师	交通银行	2008
雷小坪	渝中支行	2008年交行杯乒乓球赛女子双打第三名	交通银行	2008
封春	分行营业部	2008年交行杯男子单打亚军	交通银行	2008
陈新	南坪支行营业厅	2008年交行杯女子单打冠军	交通银行	2008
毛自翔	江北支行	2007年“知团情、明行史、青春献交行”青年综合知识竞赛第一名	交通银行	2008
程芸	渝中支行	2010年度交通银行知识型标兵	交通银行	2010
石榴	涪陵支行	交通银行技能类青年岗位能手	交通银行	2010
王永阳	分行团委	交通银行团干类青年岗位能手	交通银行	2010
刘炼	高新支行	交通银行世博金融服务个人三等奖	交通银行	2010
刘静园	渝北支行	交通银行世博金融服务个人三等奖	交通银行	2010
卢梦羽	民族路支行	交通银行世博金融服务个人三等奖	交通银行	2010
廖宇飞	分行营业部	交通银行世博金融服务个人三等奖	交通银行	2010
李玲	个金部	交通银行世博金融先进个人	交通银行	2010
杨燕	沙坪坝支行	交通银行世博金融先进个人	交通银行	2010
辛蕾	南坪支行	交通银行世博金融先进个人	交通银行	2010
毛燕	渝中支行	交通银行世博金融先进个人	交通银行	2010
董玉萍	朝天门支行	2010年代发工资业务营销竞赛先锋个人奖	交通银行	2011
杨婧	东和春天支行	2010年代发工资业务营销竞赛先锋个人奖	交通银行	2011
曾敏	弹子石支行	十佳客户拓展能手	交通银行	2011
程立	渠道部	2010年个金风云人物TOP排行榜劳动竞赛“十佳市场推广经理”	交通银行	2011
赖新	南坪支行	2010年个金风云人物TOP排行榜劳动竞赛“十佳大堂经理”	交通银行	2011
许可	资产保全部	明星客户经理	交通银行	2011
王勇	朝天门支行	明星客户经理	交通银行	2011
胡珺	江北支行	明星客户经理	交通银行	2011

获奖人员	工作单位	荣誉称号	授予单位	获奖时间（年）
周亚琳	沙坪坝支行	明星客户经理	交通银行	2011
余佳	大渡口支行	十佳客户拓展能手	交通银行	2011
毛自翔	东和春天支行	交通银行2011年优秀培训师	交通银行	2011
徐敏	分行营业部	2011年度交通银行女职工建功立业标兵	交通银行	2012
明月	风险管理部	2011年“交银杯”劳动竞赛十佳风险经理	交通银行	2012
刘勉	业务中心	2012年“拼搏进取的交行人”摄影作品《准妈妈的一天》获“二等奖”	交通银行	2012
代宏川	审计部	审计案例三等奖	交通银行	2012
黄熠	涪陵支行	交通银行团干部类岗位能手	交通银行	2012
陈怡	零贷部	零贷风险管理奖	交通银行	2012
谷达勇	信用卡业务部	2012年个金业务优秀市场营销活动案例评比优秀奖	交通银行	2012
皮晓清	民族路支行	2011年第三届“交银杯”劳动竞赛零售条线“十佳个贷交叉销售精英”	交通银行	2012
周永结	九龙坡支行	2011年第三届“交银杯”劳动竞赛零售条线“十佳先锋人物”	交通银行	2012
吴勇为	国际部	2011年第三届“交银杯”劳动竞赛国际条线“十佳单证之星”	交通银行	2012
王欣	西郊路支行	2012年度“明星理财师”	交通银行	2012
黄海莉	北部新区支行	2012年度“明星理财师”	交通银行	2012
陈洁	弹子石支行	2013年“走进交行，感受温馨”优秀柜员	交通银行	2013
汪彩云	渝北支行	2013年“走进交行，感受温馨”优秀柜员	交通银行	2013
刘佳	西郊路支行	2013年“走进交行，感受温馨”优秀柜员	交通银行	2013
姚红烈	分行营业部	十佳对公客户经理	交通银行	2013
廖永茂	涪陵支行	交通银行2012年电子银行百佳支行行长	交通银行	2013
陈瑞勇	分行营业部	交通银行2012年电子银行百佳支行行长	交通银行	2013
马娟	南坪支行	交通银行2012年电子银行百佳支行行长	交通银行	2013
杨树明	江北支行	小微企业冠军客户经理风云奖	交通银行	2013
陈怡	零贷部	2012—2013年度交通银行“女职工建功立业标兵”	交通银行	2014
陈奕帆	东和春天支行	“交银杯个金style达人秀”全国优胜奖	交通银行	2014
董雪春	合规部	2013年度纪检监察条线劳动竞赛-纪检监察业务能手	交通银行纪律检查委员会	2014
张静	学田湾支行	2013年度“明星大堂经理”	交通银行	2014
鲁小松	公司部	交通银行优秀青年	交通银行	2014
骆洋	营运部	交通银行优秀青年岗位能手（管理类）	交通银行	2014
于金鹏	两路口支行	交通银行2014年青年论坛征文比赛三等奖	交通银行	2014
陈灿	分行工会	2013年工会工作竞赛优秀工会干部	交通银行	2014
程曦	金融同业部	2013年第五届“交银杯”劳动竞赛“十佳托管营销精英”	交通银行	2014

获奖人员	工作单位	荣誉称号	授予单位	获奖时间(年)
陈飙	保卫部	2014年“我与交行”摄影大赛《忆交行》获一等奖	交通银行	2014
胡南琪	授信部	信贷结构优化奖	交通银行	2014
陈奕帆	东和春天支行	“走进交行、感受温馨”——“财富之星”服务明星	交通银行	2015
陈奕帆	东和春天支行	“百团会战”青年建功活动“转型创新优秀案例”	交通银行	2015
董雪春	监察室	2014年反欺诈创新类规则优胜奖	交通银行	2015
刘晓梅	合规部	法律合规工作先进个人	交通银行	2015
王亚	南坪支行	2014年基层优秀兼职纪检监察员	交通银行	2015
钱颖	合规部	反洗钱可疑交易识别先进个人	交通银行	2015
杨帆	渝中支行	交通银行优秀青年	交通银行	2015
杨帆	分行营业部	总行级青年岗位能手(营销类)	交通银行	2015
李云谷	分行营业部	交通银行青年岗位能手(团干部类)	交通银行	2015
李琳	分行信息部	第七届“交银杯”信息系统安全生产劳动竞赛IT服务明星	交通银行	2015
陈新	南坪支行营业厅	2015年交通银行第四届职工运动会乒乓球冠军赛女子单打第二名	交通银行	2015
丁舸	江北支行	2015年“交通银行五一巾帼标兵”	交通银行	2015
陈灿	分行工会	2014年工会工作竞赛考核先进个人	交通银行	2015
江富容	江津支行	2015年度“交通银行女职工建功立业标兵”	交通银行	2016
杨凤	办公室	2015年品牌宣传与管理工作先进个人	交通银行	2016
杨凤	办公室	2015年度交通银行新闻发布工作先进个人	交通银行	2016
曹亮	办公室	2015年度交通银行新闻发布工作先进个人	交通银行	2016
向琳	办公室	2015年度交通银行媒体危机应对工作先进个人	交通银行	2016
孟曦	办公室	2015年度交通银行媒体危机应对工作先进个人	交通银行	2016
秦春月	信息部	第八届“交银杯”信息系统安全生产劳动竞赛IT服务标兵	交通银行	2016
唐莉	大渡口支行	2015年度总行优秀共产党员	交通银行	2016
吴雨环	东和春天支行	2016年度交通银行最美人物	交通银行	2016
唐莉	大渡口支行	2016年度交通银行最美人物	交通银行	2016
唐琳	渝中支行	2016年“走进交行,感受温馨” 消保服务专项劳动竞赛优秀客户经理	交通银行	2016
叶静	西郊路支行	2016年消保服务劳动竞赛“走进交行,感受温馨”优秀柜员	交通银行	2016
文瑜	东和春天支行	2016年“走进交行 感受温馨”消保服务专项劳动竞赛优秀大堂经理	交通银行	2016
王婧	渝中支行	2016年“走进交行,感受温馨”消保服务专项劳动竞赛优秀大堂经理	交通银行	2016
许蜀娟	九龙坡支行	2015年“交享e校园”网络学习“学习明星”	交通银行	2016
于金鹏	两路口支行	2015年《新常态下利率市场化对商业银行风险管理的影响研究》青年论文二等奖	交通银行	2016

获奖人员	工作单位	荣誉称号	授予单位	获奖时间（年）
陈灿	分行工会	2015年工会工作竞赛考核优秀工会干部	交通银行	2016
吴雨环	东和春天支行	2015年度文明规范服务“明星大堂经理”	交通银行	2016
吴雨环	东和春天支行	2015年度文明规范服务“明星大堂经理”之“亲善之星”	交通银行	2016
公孙晓云	分行营业部	2016年“531”工程业务技能竞赛分赛区十佳综合技能个人奖	交通银行	2016
欧阳春辉	资产负债部	优秀工会积极分子	交通银行	2016
涂骥	弹子石支行	2016年对公有效客户提升争霸赛对公有效客户拓展标兵	交通银行	2016
祝勇	弹子石支行	2016年对公有效客户提升争霸赛对公有效客户拓展标兵	交通银行	2016
陈铖	九龙坡支行	2016年对公有效客户提升争霸赛对公有效客户拓展标兵	交通银行	2016
熊瑜	九龙坡支行	2016年对公有效客户提升争霸赛对公有效客户拓展标兵	交通银行	2016
刘渝	渝中支行	2016年对公有效客户提升争霸赛对公有效客户拓展标兵	交通银行	2016
卢俊杰	九龙坡支行	2016年对公有效客户提升争霸赛对公有效客户拓展标兵	交通银行	2016
张选躲	弹子石支行	2016年对公有效客户提升争霸赛对公有效客户拓展标兵	交通银行	2016
戴霜蕾	大客户部	2016年对公有效客户提升争霸赛对公有效客户拓展标兵	交通银行	2016
罗礼杰	重庆江北支行	2016年对公有效客户提升争霸赛对公有效客户拓展标兵	交通银行	2016
孙露	重庆江北支行	2016年对公有效客户提升争霸赛对公有效客户拓展标兵	交通银行	2016
朱海燕	江北支行	2015年度交通银行团干类青年岗位能手	交通银行	2016
余朝毅	巴南支行	“高端客户财管渗透百强网点负责人”奖	交通银行	2016
马茜	营运部	“531”工程境内行上线工作借用人员三等奖	交通银行	2016
朱巧玲	办公室	2016年办公信息化建设劳动竞赛鼓励奖	交通银行	2016
陈飙	保卫部	“悦动交行”员工体育摄影作品征集活动摄影比赛二等奖	交通银行	2016
刘勉	业务中心	“悦动交行”员工体育摄影作品征集活动摄影比赛三等奖	交通银行	2016
曾扬	办公室	2016年微视频大赛金奖	交通银行	2016
周毓川	营运部	2015年全产品计价考核推进专项劳动竞赛三等奖	交通银行	2016
袁宏立	预财部	2015年全产品计价考核推进专项劳动竞赛三等奖	交通银行	2016
涂骥	弹子石支行	2015年度技能类青年岗位能手	交通银行	2016

获奖人员	工作单位	荣誉称号	授予单位	获奖时间(年)
谷玉琴	沙坪坝支行	2017年消保服务劳动竞赛优秀大堂经理	交通银行	2017
陈凌	弹子石支行	2017年消保服务劳动竞赛优秀柜员	交通银行	2017
王雨浓	东和春天支行	2017年消保服务劳动竞赛优秀零售客户经理	交通银行	2017
周颖	江北支行	2017年消保服务劳动竞赛明星大堂经理	交通银行	2017
李世明	保卫部	2016年“强化安保责任考核,提升预防处置水平”劳动竞赛先进个人	交通银行	2017
董焰	行政部	2016年“强化安保责任考核,提升预防处置水平”劳动竞赛技防创新能手	交通银行	2017
陈灿	分行工会	2016年工会工作竞赛考核先进工会干部	交通银行	2017
杜娟	个金部	2016年代发工资业务专项劳动竞赛“十佳代发工资业务推广经理”	交通银行	2017
赵晨	同业部	2016年“跨越巅峰”托管营销精英奖	交通银行	2017
令狐林立	同业部	2016年“跨越巅峰”托管营销精英奖	交通银行	2017
蔡学磊	同业部	2016年“跨越巅峰”托管营销精英奖	交通银行	2017
马亦希	渝中支行	“美在交行”交通银行第三届女员工插花比赛优秀奖	交通银行	2017
李茜	业务中心	2017年交通银行工会文化体育艺术“家”年华活动“好山好水,好人好事”摄影比赛三等奖	交通银行	2017
王经涛	业务中心	2017年交通银行工会文化体育艺术“家”年华活动“好山好水”摄影比赛三等奖	交通银行	2017
陈飙	保卫部	2017年交通银行工会文化体育艺术“家”年华活动“好山好水”摄影比赛一等奖	交通银行	2017
王芳	个金部	2016年贵金属业务劳动竞赛“零售贵金属业务领军奖”	交通银行	2017
王芳	个金部	记账式原油业务领军奖	交通银行	2017
李妮	个金部	记账式原油业务拓展明星奖	交通银行	2017
李妮	个金部	2016年贵金属及大宗商品代理代客业务员工交易大赛全程优胜奖	交通银行	2017
刘静园	新牌坊支行	2016年贵金属及大宗商品代理代客业务员工交易大赛全程明星奖	交通银行	2017
王斌	璧山支行	2016年贵金属及大宗商品代理代客业务员工交易大赛全程优胜奖	交通银行	2017
任雯	凤天路支行	2016年贵金属及大宗商品代理代客业务员工交易大赛全程优胜奖	交通银行	2017
袁煦林	合规部	专项行动先进个人	交通银行	2017
吴慧	国际业务部	离岸贸易融资业务百日劳动竞赛组织能手奖	交通银行	2017
谭新	合规部	2016年法律合规工作先进个人	交通银行	2017
袁煦林	合规部	2016年度对公客户信息质量提升先进个人奖	交通银行	2017

获奖人员	工作单位	荣誉称号	授予单位	获奖时间(年)
曹亮	办公室	2017年“强信息、提效率、优功能”劳动竞赛组织优秀奖	交通银行	2017
杨凤	办公室	2017年度“文化交行”先进个人	交通银行	2017
杨凤	办公室	2017年度“文化交行”优秀作品奖	交通银行	2017
张文杰	永川支行	2017年度“文化交行”优秀作品奖	交通银行	2017
马茜	营运部	2017年度“文化交行”优秀作品奖	交通银行	2017
杨凤	办公室	2016年《交通银行》《交银》通联工作优秀作品《重庆市分行打好资产质量保卫战》	交通银行	2017
陈奕帆	东和春天支行	2016年交通银行青年岗位能手(营销类)	交通银行	2017
王文宇	同业部	2016年度交通银行优秀团干部	交通银行	2017
黄正莉	办公室	2016年度交通银行青年岗位能手(服务类)	交通银行	2017
黄正莉	办公室	2017年“强信息、提效率、优功能”劳动竞赛征名达人奖	交通银行	2017
唐莉	大渡口支行	2016年度交通银行五一巾帼标兵	交通银行	2017
曹亮	办公室	2016年度交通银行行务信息工作组织优秀奖	交通银行	2017
杨凤	办公室	2016年度行务信息工作优秀信息员	交通银行	2017
洪霞	办公室	2016年交通银行新闻发布工作先进个人	交通银行	2017
王衡	南坪支行	2016年小微业务拓展客户经理优胜奖	交通银行	2017
崔玄	小企业部	2016年小微业务拓展客户经理优胜奖	交通银行	2017
郭今	两路口支行	2016年小微业务拓展客户经理优胜奖	交通银行	2017
张选躲	弹子石支行	2016年小微业务拓展客户经理优胜奖	交通银行	2017
蔡依莉	人资部	2016年金牌培训师	交通银行	2017
洪霞	办公室	2016年度“文化交行”宣传活动优秀作品二等奖	交通银行	2017
罗雅丹	资负部	2016年交行资负业务综合技能专项劳动竞赛业务研判岗位能手	交通银行	2017
王军	授信部	2016年交行个金资产业务“提升风险管理质效”专项劳动竞赛“优秀风险案例奖”	交通银行	2017
马玄谋	授信部	2016年交行个金资产业务“提升风险管理质效”专项劳动竞赛“管理优化奖”	交通银行	2017
黄正莉	沙坪坝支行	2016年度服务类青年岗位能手	交通银行	2017
黄智	公司部	2016年度服务类青年岗位能手	交通银行	2017
薛尽成	授信部	2016年度技能类青年岗位能手	交通银行	2017
公孙晓云	营运部	2016年度技能类青年岗位能手	交通银行	2017
肖建国	江北支行	2016管理类青年岗位能手	交通银行	2017
肖彬	长寿支行	2016管理类青年岗位能手	交通银行	2017
陈奕帆	东和春天支行	2016年度营销类青年岗位能手	交通银行	2017
洪霞	办公室	2017年《交通银行》报优秀作品奖	交通银行	2018
黄正莉	办公室	2017年度行务信息工作优秀信息员	交通银行	2018
曹亮	办公室	2017年行务信息组织优秀奖	交通银行	2018

获奖人员	工作单位	荣誉称号	授予单位	获奖时间(年)
杨凤	办公室	2017年交通银行新闻发布工作先进个人	交通银行	2018
洪霞	办公室	2017年交通银行媒体危机应对工作先进个人	交通银行	2018
杨凤	办公室	2017年品牌宣传与管理工作先进个人	交通银行	2018
徐建国	保卫部	2017年“加强安全风险防控,提高突发处置能力”平安创建劳动竞赛安全管理能手	交通银行	2018
张燕	朝天门支行	2017年“加强安全风险防控,提高突发处置能力”平安创建劳动竞赛先进个人	交通银行	2018
李明阳	南坪支行	2017年小微业务提升竞赛商票快贴业务拓展能手奖	交通银行	2018
薛尽成	授信部	2017年小微业务提升竞赛业务联动标兵一等奖	交通银行	2018
陈灿	分行工会	2017年度交通银行优秀工会干部	交通银行	2018
陈飙	保卫部	2017年度交通银行优秀工会积极分子	交通银行	2018
徐曼	东和春天支行	2017年度交通银行优秀工会积极分子	交通银行	2018
刘静园	新牌坊支行	2017年贵金属及大宗商品代理代客业务员工交易大赛交易明星奖	交通银行	2018
李妮	个金部	2017年贵金属及大宗商品代理代客业务员工交易大赛交易明星奖	交通银行	2018
李妮	个金部	2017年上海黄金交易所代理交易明星	交通银行	2018
李强	陈家湾支行	2017年上海黄金交易所代理交易明星	交通银行	2018
谢兰	个金部	2017年上海黄金交易所代理交易明星	交通银行	2018
张椿萍	涪陵支行	2017年“星火计划项目”劳动竞赛先进个人	交通银行	2018
左娟	江北支行	2017年“星火计划项目”劳动竞赛先进个人	交通银行	2018
李云谷	公司部	2017年“星火计划项目”劳动竞赛先进个人	交通银行	2018
周芮羲	东和春天支行	2017年交通银行青年论坛论文优秀奖	交通银行	2018
陈奕帆	东和春天支行	2017年交通银行青年岗位能手(营销类)	交通银行	2018
姜雪	两路口支行	2017年交通银行“小企业营销方案大赛”三等奖	交通银行	2018
李晶阳	两路口支行	2017年交通银行“小企业营销方案大赛”三等奖	交通银行	2018
曹开铭	巡察组	2018年巡视巡察条线劳动竞赛优秀巡视巡察干部	交通银行	2018
李明航	国际部	交银金融学院2017年“创课杯”微课大赛铜奖	交通银行	2018
刘祖国	营业部	交通银行五一劳动奖章、交通银行“新时代最美交行人”	交通银行	2019
毛自翔	办公室	交通银行“新时代最美交行人”、交通银行行务信息工作组织优秀奖	交通银行	2019
黄正莉	办公室	交通银行“讲发展亮点　贡献经营良策”信息写作技能劳动竞赛优秀作品三等奖、交通银行行务信息工作优秀信息员	交通银行	2019
程国菊	办公室	交通银行行政印章管理交能提升劳动竞赛先进个人二等奖	交通银行	2019

获奖人员	工作单位	荣誉称号	授予单位	获奖时间(年)
杨凤	办公室	交通银行新闻发布工作先进个人、交通银行媒体危机应对工作先进个人	交通银行	2019
洪霞	办公室	交通银行媒体危机应对工作先进个人	交通银行	2019
郭艳	东和春天支行	交通银行体育“家”年华交银租赁杯手机摄影比赛一等奖	交通银行	2019
王雨浓	东和春天支行	交通银行优秀青年、交通银行青年岗位能手、交通银行财富管理达人挑战赛“金牌理财师”	交通银行	2019
蔡依莉	人力资源部	交通银行精品培训课程奖、交通银行优秀教育培训工作者	交通银行	2019
雷媛媛	审计部	交通银行巧力大赛个人全能冠军、平衡王	交通银行	2019
王皓	营运部	交通银行营运管理技能风采大赛“匠心员工奖”	交通银行	2019
韩缨	保卫部	交通银行平安创建劳动竞赛“先进个人”	交通银行	2019
肖隽祎	个金部	交通银行十佳私银菁英	交通银行	2019
陈奕帆	个金部	交通银行财富管理达人挑战赛“王牌理财师”、交通银行“新时代最美交行人”、交通银行“上丰杯”首届青年创新大赛三等奖	交通银行	2019
李妮	个金部	交通银行贵金属及大宗商品员工交易大赛交易明星奖	交通银行	2019
李云谷	公司部	交通银行青年岗位能手(团干部类)	交通银行	2019
李静怡	法律合规部	交通银行非融资性合同专用章上线推进工作先进个人	交通银行	2019
杨萍	监察室	交通银行纪检监察先进个人执纪能手	交通银行	2019
姜豪	江北支行	交通银行第三届“创课杯”微课大赛三等奖	交通银行	2019
王箫	渝中支行	交通银行第二届“新生代、新梦想、新风采”新员工知识技能竞赛综合录入优胜奖	交通银行	2019
朱娟子	渝中支行	交通银行财富管理达人挑战赛“金牌理财师”	交通银行	2019
魏祯	两江新区分行	交通银行“优质客户服务能手奖”	交通银行	2019
廖常丽	南岸支行	交通银行营运条线风采展示第一名	交通银行	2019
陈新	南岸支行	交通银行乒羽混双冠军	交通银行	2019
欧阳春辉	资负部	交通银行巧力大赛个人全能冠军、耐力王	交通银行	2019
王倩	江北支行	交通银行第六届信用卡知识竞赛优秀奖、交通银行第六届信用卡知识竞赛才华横溢奖	交通银行	2019
杨晓辉	国际部	交通银行交易型银行业务精英劳动竞赛——代客交易型业务专业奖一等奖	交通银行	2019
王东	国际部	交通银行新闻发布工作先进个人	交通银行	2019
分行级				
黄布一	办公室	1990年度先进工作者	重庆分行	1991

获奖人员	工作单位	荣誉称号	授予单位	获奖时间(年)
黎东	办公室	1990年度先进工作者	重庆分行	1991
张长春	办公室	1990年度先进工作者	重庆分行	1991
杨小奇	办公室	1990年度先进工作者	重庆分行	1991
韩利民	办公室	1990年度先进工作者	重庆分行	1991
陈曼萍	办公室	1990年度先进工作者	重庆分行	1991
周威励	办公室	1990年度先进工作者	重庆分行	1991
刘俊才	办公室	1990年度先进工作者	重庆分行	1991
兰海	办公室	1990年度先进工作者	重庆分行	1991
薛薇	办公室	1990年度先进工作者	重庆分行	1991
李庆	办公室	1990年度先进工作者	重庆分行	1991
李世民	办公室	1990年度先进工作者	重庆分行	1991
黄民光	人教处	1990年度先进工作者	重庆分行	1991
刘静	人教处	1990年度先进工作者	重庆分行	1991
李世雄	保卫处	1990年度先进工作者	重庆分行	1991
陈挺	保卫处	1990年度先进工作者	重庆分行	1991
陈宗禄	保卫处	1990年度先进工作者	重庆分行	1991
张毅明	信贷业务部	1990年度先进工作者	重庆分行	1991
邓小刚	信贷业务部	1990年度先进工作者	重庆分行	1991
秦克宁	信贷业务部	1990年度先进工作者	重庆分行	1991
刘健	信贷业务部	1990年度先进工作者	重庆分行	1991
吴勇为	外汇业务部	1990年度先进工作者	重庆分行	1991
周江生	外汇业务部	1990年度先进工作者	重庆分行	1991
万清	外汇业务部	1990年度先进工作者	重庆分行	1991
扬帆	外汇业务部	1990年度先进工作者	重庆分行	1991
章强	外汇业务部	1990年度先进工作者	重庆分行	1991
郑勇	外汇业务部	1990年度先进工作者	重庆分行	1991
叶华祥	外汇业务部	1990年度先进工作者	重庆分行	1991
黄锦平	财会部	1990年度先进工作者	重庆分行	1991
刘红	稽核室	1990年度先进工作者	重庆分行	1991
邓坤	财会部	1990年度先进工作者	重庆分行	1991
刘娜	财会部	1990年度先进工作者	重庆分行	1991
高晓渝	财会部	1990年度先进工作者	重庆分行	1991
王自付	财会部	1990年度先进工作者	重庆分行	1991
廖丽娜	财会部	1990年度先进工作者	重庆分行	1991
邢端秀	财会部	1990年度先进工作者	重庆分行	1991
冷代忠	财会部	1990年度先进工作者	重庆分行	1991
严江	财会部	1990年度先进工作者	重庆分行	1991
戴承德	保险业务部	1990年度先进工作者	重庆分行	1991
杜洪渝	保险业务部	1990年度先进工作者	重庆分行	1991
黄富琴	保险业务部	1990年度先进工作者	重庆分行	1991

获奖人员	工作单位	荣誉称号	授予单位	获奖时间(年)
陈放	市场计划业务部	1990年度先进工作者	重庆分行	1991
杨炜	市场计划业务部	1990年度先进工作者	重庆分行	1991
陈玉刚	市场计划业务部	1990年度先进工作者	重庆分行	1991
王卫东	市场计划业务部	1990年度先进工作者	重庆分行	1991
严洪	市场计划业务部	1990年度先进工作者	重庆分行	1991
赵素兰	重大办事处	1990年度先进工作者	重庆分行	1991
顾廷川	重大办事处	1990年度先进工作者	重庆分行	1991
郭宽福	信贷业务部	1990年度先进工作者	重庆分行	1991
洪涛	信贷业务部	1990年度先进工作者	重庆分行	1991
李炳林	办公室	1991年度先进工作者	重庆分行	1992
肖遂宁	人教处	1991年度先进工作者	重庆分行	1992
候俊军	保卫处	1991年度先进工作者	重庆分行	1992
李庆	人事部	1991年度先进工作者	重庆分行	1992
黄布一	办公室	1991年度先进工作者	重庆分行	1992
张抒	财会部	1991年度先进工作者	重庆分行	1992
李智	电脑中心	1991年度先进工作者	重庆分行	1992
曾饶嵘	贷租部	1991年度先进工作者	重庆分行	1992
阎毅文	外汇业务部	1991年度先进工作者	重庆分行	1992
万清	外汇业务部	1991年度先进工作者	重庆分行	1992
杨帆	外汇业务部	1991年度先进工作者	重庆分行	1992
王卫东	证券部	1991年度先进工作者	重庆分行	1992
王自付	财会部	1991年度先进工作者	重庆分行	1992
高晓渝	财会部	1991年度先进工作者	重庆分行	1992
邢端秀	财会部	1991年度先进工作者	重庆分行	1992
杨正谦	沙区办	1991年度先进工作者	重庆分行	1992
顾廷川	电脑中心	1991年度先进工作者	重庆分行	1992
邓昆	沙区办	1991年度先进工作者	重庆分行	1992
郭宽福	办公室	1991年度先进工作者	重庆分行	1992
吴春	南坪办	1991年度先进工作者	重庆分行	1992
洪涛	信贷业务部	1991年度先进工作者	重庆分行	1992
张宝珠	学田湾办	1991年度先进工作者	重庆分行	1992
代承德	保险部	1991年度先进工作者	重庆分行	1992
郭林	保险部	1991年度先进工作者	重庆分行	1992
吴小庄	保险部	1991年度先进工作者	重庆分行	1992
陈继生	储蓄部	1991年度先进工作者	重庆分行	1992
胡星	办公室	1992年度先进工作者	重庆分行	1993
陈放	信托部	1992年度先进工作者	重庆分行	1993
赵建一	渝中支行	1992年度先进工作者	重庆分行	1993
朱明	渝中支行	1992年度先进工作者	重庆分行	1993

获奖人员	工作单位	荣誉称号	授予单位	获奖时间(年)
肖遂宁	人教处	1992年度先进工作者	重庆分行	1993
古启海	储蓄部	1992年度先进工作者	重庆分行	1993
张长春	行政处	1992年度先进工作者	重庆分行	1993
唐渝怀	市中心支行	1992年度先进工作者	重庆分行	1993
王祎	财会部	1992年度先进工作者	重庆分行	1993
瞿仁君	渝中支行	1992年度先进工作者	重庆分行	1993
王自付	财会部	1992年度先进工作者	重庆分行	1993
廖俐娜	财会部	1992年度先进工作者	重庆分行	1993
杨燕	南坪支行	1992年度先进工作者	重庆分行	1993
陈平	学田湾办	1992年度先进工作者	重庆分行	1993
郑勇	外汇业务部	1992年度先进工作者	重庆分行	1993
阎毅文	外汇业务部	1992年度先进工作者	重庆分行	1993
郭宽福	办公室	1992年度先进工作者	重庆分行	1993
胡晓莉	南坪支行	1992年度先进工作者	重庆分行	1993
章壮本	研究开发部	1992年度先进工作者	重庆分行	1993
顾廷川	电脑中心	1992年度先进工作者	重庆分行	1993
赛鸣	沙坪坝支行	1992年度先进工作者	重庆分行	1993
周志勇	沙坪坝支行	1992年度先进工作者	重庆分行	1993
杨锦苹	证券部	1992年度先进工作者	重庆分行	1993
刘毓敏	沙坪坝支行	1992年度先进工作者	重庆分行	1993
唐荣	财会部	1992年度先进工作者	重庆分行	1993
张毅明	信托部	1992年度先进工作者	重庆分行	1993
李里	电脑中心	1992年度先进工作者	重庆分行	1993
蒋山红	证券部	1992年度先进工作者	重庆分行	1993
张映陶	稽核室	1992年度先进工作者	重庆分行	1993
黄富琴	保险部	1992年度先进工作者	重庆分行	1993
陆重放	保险部	1992年度先进工作者	重庆分行	1993
赵学武	保险部	1992年度先进工作者	重庆分行	1993
熊常美	保险部	1992年度先进工作者	重庆分行	1993
王屹燕	保险部	1992年度先进工作者	重庆分行	1993
高晓瑜	稽核室	1992年度先进工作者	重庆分行	1993
詹必伟	南坪支行党支部	1992年度先进工作者	重庆分行	1993
郭军	渝中支行	优秀团干部	重庆分行	1994
程立	储蓄部	优秀团干部	重庆分行	1994
骆沁	沙坪坝支行	优秀团干部	重庆分行	1994
廖渝	渝中支行	优秀团干部	重庆分行	1994
杜彤拉	南坪支行	优秀团干部	重庆分行	1994
唐静	外汇部	优秀团干部	重庆分行	1994
陈登科	外汇部	优秀团干部	重庆分行	1994

获奖人员	工作单位	荣誉称号	授予单位	获奖时间(年)
叶晓琳	思政办	优秀团干部	重庆分行	1994
杨燕	南坪支行	优秀团干部	重庆分行	1994
杨春勇	保险部	优秀团干部	重庆分行	1994
熊英	证券部	优秀团干部	重庆分行	1994
刘海燕	市中心支行	优秀团员	重庆分行	1994
李薇	南坪支行	优秀团员	重庆分行	1994
王红梅	市中区支行	优秀团员	重庆分行	1994
何丹	沙坪坝支行	优秀团员	重庆分行	1994
朱渝林	沙区办	优秀团员	重庆分行	1994
石胜荣	渝中支行	优秀团员	重庆分行	1994
邓延红	营业部	优秀团员	重庆分行	1994
吴文涛	学田湾分理处	优秀团员	重庆分行	1994
周亚玲	储蓄处	优秀团员	重庆分行	1994
胡世亚	营业部	优秀团员	重庆分行	1994
卢娟	财务会计部	优秀团员	重庆分行	1994
饶玲	高新支行	优秀团员	重庆分行	1994
李艺	九龙坡支行	优秀团员	重庆分行	1994
刘颖	南坪支行	优秀团员	重庆分行	1994
周晴	南坪支行	优秀团员	重庆分行	1994
丁舸	南坪支行	优秀团员	重庆分行	1994
温红光	渝北支行营业厅	优秀团员	重庆分行	1994
胡满	江北支行	优秀团员	重庆分行	1994
蔡依莉	江北支行	优秀团员	重庆分行	1994
王经涛	财会处	优秀团员	重庆分行	1994
胡晓	信用卡部	优秀团员	重庆分行	1994
汪晖	证券部	优秀团员	重庆分行	1994
肖欣	保险部	优秀团员	重庆分行	1994
王屹燕	保险部	优秀团员	重庆分行	1994
胡星	监察室	1995年办案有功先进个人	重庆分行	1995
杨啸	南城支行	1995智斗歹徒先进个人	重庆分行	1995
刘应萍	南城支行	1995智斗歹徒先进个人	重庆分行	1995
杨斌	江北支行	优秀团干部	重庆分行	1995
田伟	南坪支行	优秀团员青年	重庆分行	1995
邓朝晖	信息部	全辖第三届会计出纳专业技术比赛计算机记账第一名	重庆分行	1995
王妍	国际部	全辖第三届会计出纳专业技术比赛计算机记账第二名	重庆分行	1995
何蓉	七星岗支行	全辖第三届会计出纳专业技术比赛伏案式多指多张第一名	重庆分行	1995

获奖人员	工作单位	荣誉称号	授予单位	获奖时间(年)
贺喜	沙坪坝支行	全辖第三届会计出纳专业技术比赛伏案式多指多张第三名	重庆分行	1995
刘科	分行营业部	全辖第三届会计出纳专业技术比赛机器点钞第一名	重庆分行	1995
何蓉	七星岗支行	全辖第三届会计出纳专业技术比赛机器点钞第三名	重庆分行	1995
廖俐娜	渝中支行	1995年分行工会先进女职工	重庆分行	1996
祝元萍	沙坪坝支行	1995年分行工会先进女职工	重庆分行	1996
毛臣桂	江北支行	1995年分行工会先进女职工	重庆分行	1996
侯海妮	公司一部	1995年分行工会先进女职工	重庆分行	1996
黄朝蓉	北碚支行	1995年分行工会先进女职工	重庆分行	1996
邓远勤	巴南支行	1995年分行工会先进女职工	重庆分行	1996
赵怡明	国际结算部	1995年分行工会先进女职工	重庆分行	1996
江莉	会计结算部	1995年分行工会先进女职工	重庆分行	1996
毛晓燕	江津支行	1995年分行工会先进女职工	重庆分行	1996
曹燕	解放碑支行	1995年分行工会先进女职工	重庆分行	1996
薛薇	办公室	1995年分行工会先进工作者	重庆分行	1996
范一军	人教处	1995年分行工会先进工作者	重庆分行	1996
胡星	纪检部	1995年分行工会先进工作者	重庆分行	1996
刘红	财会处	1995年分行工会先进工作者	重庆分行	1996
邹新毅	计划处	1995年分行工会先进工作者	重庆分行	1996
唐旦	储蓄处	1995年分行工会先进工作者	重庆分行	1996
吴勇为	外汇部	1995年分行工会先进工作者	重庆分行	1996
章春妮	外汇部	1995年分行工会先进工作者	重庆分行	1996
谢安延	电脑处	1995年分行工会先进工作者	重庆分行	1996
刘宁	电脑处	1995年分行工会先进工作者	重庆分行	1996
王仲凯	思政办	1995年分行工会先进工作者	重庆分行	1996
朱长武	保卫处	1995年分行工会先进工作者	重庆分行	1996
曹阳	行政处	1995年分行工会先进工作者	重庆分行	1996
张长春	行政处	1995年分行工会先进工作者	重庆分行	1996
陈怡	信贷处	1995年分行工会先进工作者	重庆分行	1996
陈渝	渝中支行	1995年分行工会先进工作者	重庆分行	1996
张晓娅	渝中支行	1995年分行工会先进工作者	重庆分行	1996
李茜	渝中支行	1995年分行工会先进工作者	重庆分行	1996
郭军	渝中支行	1995年分行工会先进工作者	重庆分行	1996
周上楣	渝中支行	1995年分行工会先进工作者	重庆分行	1996
刘学琴	渝中支行	1995年分行工会先进工作者	重庆分行	1996
曹梦	渝中支行	1995年分行工会先进工作者	重庆分行	1996
潘杰	渝中支行	1995年分行工会先进工作者	重庆分行	1996
叶茂	渝中支行	1995年分行工会先进工作者	重庆分行	1996

获奖人员	工作单位	荣誉称号	授予单位	获奖时间(年)
廖俐娜	渝中支行	1995年分行工会先进工作者	重庆分行	1996
冯容	渝中支行	1995年分行工会先进工作者	重庆分行	1996
蔺梅	渝中支行	1995年分行工会先进工作者	重庆分行	1996
王炜	营业部	1995年分行工会先进工作者	重庆分行	1996
张宝珠	营业部	1995年分行工会先进工作者	重庆分行	1996
曹燕	营业部	1995年分行工会先进工作者	重庆分行	1996
叶北星	营业部	1995年分行工会先进工作者	重庆分行	1996
胡云涛	营业部	1995年分行工会先进工作者	重庆分行	1996
甘莉	营业部	1995年分行工会先进工作者	重庆分行	1996
李能坤	营业部	1995年分行工会先进工作者	重庆分行	1996
胡迪萍	沙区支行	1995年分行工会先进工作者	重庆分行	1996
包红纯	沙区支行	1995年分行工会先进工作者	重庆分行	1996
阙庆梅	沙区支行	1995年分行工会先进工作者	重庆分行	1996
胡如玉	沙区支行	1995年分行工会先进工作者	重庆分行	1996
陈建	沙区支行	1995年分行工会先进工作者	重庆分行	1996
顾廷川	沙区支行	1995年分行工会先进工作者	重庆分行	1996
孟菓	沙区支行	1995年分行工会先进工作者	重庆分行	1996
王妍	南坪支行	1995年分行工会先进工作者	重庆分行	1996
许远霞	南坪支行	1995年分行工会先进工作者	重庆分行	1996
蒋雨龙	南坪支行	1995年分行工会先进工作者	重庆分行	1996
黄静	南坪支行	1995年分行工会先进工作者	重庆分行	1996
王巍	南坪支行	1995年分行工会先进工作者	重庆分行	1996
马莉	南坪支行	1995年分行工会先进工作者	重庆分行	1996
矣俊松	江北支行	1995年分行工会先进工作者	重庆分行	1996
夏歆	江北支行	1995年分行工会先进工作者	重庆分行	1996
李翔	江北支行	1995年分行工会先进工作者	重庆分行	1996
胡满	江北支行	1995年分行工会先进工作者	重庆分行	1996
林泽兵	江北支行	1995年分行工会先进工作者	重庆分行	1996
胡榕	江北支行	1995年分行工会先进工作者	重庆分行	1996
邓朝晖	江北支行	1995年分行工会先进工作者	重庆分行	1996
刘光明	九龙坡支行	1995年分行工会先进工作者	重庆分行	1996
卢昕	九龙坡支行	1995年分行工会先进工作者	重庆分行	1996
魏雪梅	九龙坡支行	1995年分行工会先进工作者	重庆分行	1996
石英姿	九龙坡支行	1995年分行工会先进工作者	重庆分行	1996
何凌燕	九龙坡支行	1995年分行工会先进工作者	重庆分行	1996
高晓艳	九龙坡支行	1995年分行工会先进工作者	重庆分行	1996
王峰	北碚支行	1995年分行工会先进工作者	重庆分行	1996
郑茜	北碚支行	1995年分行工会先进工作者	重庆分行	1996
付峰	北碚支行	1995年分行工会先进工作者	重庆分行	1996
赵永志	巴南支行	1995年分行工会先进工作者	重庆分行	1996

获奖人员	工作单位	荣誉称号	授予单位	获奖时间(年)
马永川	巴南支行	1995年分行工会先进工作者	重庆分行	1996
向彬	长寿支行	1995年分行工会先进工作者	重庆分行	1996
王燕	长寿支行	1995年分行工会先进工作者	重庆分行	1996
张国荣	江津支行	1995年分行工会先进工作者	重庆分行	1996
牟红钢	江津支行	1995年分行工会先进工作者	重庆分行	1996
邓朝晖	江北支行	十佳青年岗位能手	重庆分行	1996
王妍	南坪支行	十佳青年岗位能手	重庆分行	1996
严洪	分行营业部	十佳青年岗位能手	重庆分行	1996
周萍	北碚支行	十佳青年岗位能手	重庆分行	1996
贺喜	沙区支行	十佳青年岗位能手	重庆分行	1996
胡晓东	渝中支行	十佳青年岗位能手	重庆分行	1996
徐敏	分行营业部	十佳青年岗位能手	重庆分行	1996
刘光明	九龙坡支行	十佳青年岗位能手	重庆分行	1996
苗英	沙区支行	十佳青年岗位能手	重庆分行	1996
牟红钢	江津支行	十佳青年岗位能手	重庆分行	1996
王敏	民族路分理处	优秀共青团员	重庆分行	1996
王巍	南坪支行	优秀共青团员	重庆分行	1996
李东庆	电脑处	“五四”期间优秀共青团员	重庆分行	1996
金强	九龙坡支行	“五四”期间优秀共青团员	重庆分行	1996
陈宏艳	北碚支行	“五四”期间优秀共青团员	重庆分行	1996
李春莉	北碚支行	“五四”期间优秀共青团员	重庆分行	1996
余锦	江北支行	“五四”期间优秀共青团员	重庆分行	1996
秦东伟	分行营业部	“五四”期间优秀共青团员	重庆分行	1996
郭军	渝中支行	优秀共青团员	重庆分行	1996
谭文学	江津支行	优秀共青团员	重庆分行	1996
李静	北碚支行	优秀共青团员	重庆分行	1996
王勇	沙坪坝支行	优秀共青团员	重庆分行	1996
陶锦华	南坪支行	先进青年	重庆分行	1996
胡榕	江北支行	先进青年	重庆分行	1996
曾铁波	江北支行	先进青年	重庆分行	1996
卢娟	会计部	先进青年	重庆分行	1996
朱玫	分行营业部	先进青年	重庆分行	1996
何蓉	七星岗支行	先进青年	重庆分行	1996
熊瑛	办公室	先进青年	重庆分行	1996
程立	渠道部	先进青年	重庆分行	1996
华港	沙区办	先进青年	重庆分行	1996
曹亚斌	江北支行	先进青年	重庆分行	1996
王艺	信贷管理处	1996年度先进工作者	重庆分行	1997
朱磊	机关第二党支部	1996年度先进工作者	重庆分行	1997

获奖人员	工作单位	荣誉称号	授予单位	获奖时间(年)
谷达勇	信用卡业务部	1996年度先进工作者	重庆分行	1997
程立	储蓄部	1996年度先进工作者	重庆分行	1997
张长春	行政处	1996年度先进工作者	重庆分行	1997
谭建中	人教处	1996年度先进工作者	重庆分行	1997
谢安延	电脑处	1996年度先进工作者	重庆分行	1997
杨帆	外汇部	1996年度先进工作者	重庆分行	1997
郑勇	外汇部	1996年度先进工作者	重庆分行	1997
王自傅	财会部	1996年度先进工作者	重庆分行	1997
秦东伟	分行营业部	1996年度先进工作者	重庆分行	1997
王祎	分行营业部	1996年度先进工作者	重庆分行	1997
马亦希	分行营业部	1996年度先进工作者	重庆分行	1997
杨定华	分行营业部	1996年度先进工作者	重庆分行	1997
严江	分行营业部	1996年度先进工作者	重庆分行	1997
杨文玲	沙坪坝支行	1996年度先进工作者	重庆分行	1997
顾延川	沙坪坝支行	1996年度先进工作者	重庆分行	1997
刘志英	沙坪坝支行	1996年度先进工作者	重庆分行	1997
吴敏敏	沙坪坝支行	1996年度先进工作者	重庆分行	1997
苗英	沙坪坝支行	1996年度先进工作者	重庆分行	1997
王巍	南坪支行	1996年度先进工作者	重庆分行	1997
马莉	南坪支行	1996年度先进工作者	重庆分行	1997
陶锦华	南坪支行	1996年度先进工作者	重庆分行	1997
詹毕伟	南坪支行	1996年度先进工作者	重庆分行	1997
王妍	南坪支行	1996年度先进工作者	重庆分行	1997
廖俐娜	渝中支行	1996年度先进工作者	重庆分行	1997
刘祖国	渝中支行	1996年度先进工作者	重庆分行	1997
李莉	渝中支行	1996年度先进工作者	重庆分行	1997
郭军	渝中支行	1996年度先进工作者	重庆分行	1997
曹梦	渝中支行	1996年度先进工作者	重庆分行	1997
胡晓东	渝中支行	1996年度先进工作者	重庆分行	1997
何敏	渝中支行	1996年度先进工作者	重庆分行	1997
陈萍	江北支行	1996年度先进工作者	重庆分行	1997
蔡依莉	江北支行	1996年度先进工作者	重庆分行	1997
毛臣桂	江北支行	1996年度先进工作者	重庆分行	1997
许志霞	江北支行	1996年度先进工作者	重庆分行	1997
赵敏	九龙坡支行	1996年度先进工作者	重庆分行	1997
赖云	九龙坡支行	1996年度先进工作者	重庆分行	1997
卢昕	九龙坡支行	1996年度先进工作者	重庆分行	1997
刘光明	九龙坡支行	1996年度先进工作者	重庆分行	1997
江晓玲	北碚支行	1996年度先进工作者	重庆分行	1997

获奖人员	工作单位	荣誉称号	授予单位	获奖时间(年)
杨华	北碚支行	1996年度先进工作者	重庆分行	1997
周德洪	巴南支行	1996年度先进工作者	重庆分行	1997
王燕	长寿支行	1996年度先进工作者	重庆分行	1997
邱本容	江津支行	1996年度先进工作者	重庆分行	1997
黄朝蓉	北碚支行	优秀工会干部	重庆分行	1997
刘毅	江津支行	优秀工会干部	重庆分行	1997
曹燕	分行营业部	优秀工会干部	重庆分行	1997
金强	九龙坡支行	优秀工会干部	重庆分行	1997
李昌全	九龙坡支行	优秀工会干部	重庆分行	1997
车轮	沙坪坝支行	优秀工会干部	重庆分行	1997
杨文玲	沙坪坝支行	优秀工会干部	重庆分行	1997
向瑞英	长寿支行	优秀工会干部	重庆分行	1997
赖照琪	渝中支行	优秀工会干部	重庆分行	1997
朱萍	渝中支行	优秀工会干部	重庆分行	1997
杜彤拉	南坪支行	优秀工会干部	重庆分行	1997
熊朗秋	南坪支行	优秀工会干部	重庆分行	1997
毛臣桂	江北支行	优秀工会干部	重庆分行	1997
田永	江北支行	优秀工会干部	重庆分行	1997
严江	营业部	优秀工会干部	重庆分行	1997
张毅明	南坪支行	优秀工会干部	重庆分行	1997
李伟	渝中支行	优秀工会干部	重庆分行	1997
周晴	南坪支行	优秀工会积极分子	重庆分行	1997
刘鹰	南坪支行	优秀工会积极分子	重庆分行	1997
张晓波	巴南支行	优秀工会积极分子	重庆分行	1997
何丹	沙坪坝支行	优秀工会积极分子	重庆分行	1997
李静	北碚支行	优秀工会积极分子	重庆分行	1997
敖瑞敏	九龙坡支行	优秀工会积极分子	重庆分行	1997
牟春玲	九龙坡支行	优秀工会积极分子	重庆分行	1997
叶兆鑫	营业部	优秀工会积极分子	重庆分行	1997
曾军	渝中支行	优秀工会积极分子	重庆分行	1997
何蓉	七星岗支行	优秀工会积极分子	重庆分行	1997
晏敏	南坪支行	优秀工会积极分子	重庆分行	1997
刘军	渝中支行	优秀工会积极分子	重庆分行	1997
黄梅	江津支行	优秀工会积极分子	重庆分行	1997
王艰	江北支行	优秀工会积极分子	重庆分行	1997
王勇	沙坪坝支行	优秀工会积极分子	重庆分行	1997
韩钟	外汇部	优秀工会积极分子	重庆分行	1997
赵瑞	私金部	优秀工会积极分子	重庆分行	1997
贺群	稽核室	优秀工会积极分子	重庆分行	1997

获奖人员	工作单位	荣誉称号	授予单位	获奖时间（年）
范一军	人事处	优秀工会积极分子	重庆分行	1997
余朝毅	南坪分理处	1997年优秀共青团员	分行团委	1997
丁剑	业务中心	1997年度优秀党员	重庆分行	1998
陈健	分行营业部	1998年十佳先进个人	重庆分行	1998
何蓉	两路口分理处	1998年十佳先进个人	重庆分行	1998
杨波	大坪分理处	1998年十佳先进个人	重庆分行	1998
胡满	江北支行	1998年十佳先进个人	重庆分行	1998
石英姿	九龙坡支行	1998年十佳先进个人	重庆分行	1998
王妍	南坪支行	1998年十佳先进个人	重庆分行	1998
江晓玲	北碚支行	1998年十佳先进个人	重庆分行	1998
朱长武	保卫处	1998年十佳先进个人	重庆分行	1998
王燕	长寿支行	1998年十佳先进个人	重庆分行	1998
田永	江北支行	1998年十佳先进个人	重庆分行	1998
张晋	综合计划处	1997年度优秀统计干部	重庆分行	1998
唐民	分行营业部	1999年十佳优秀员工	重庆分行	2000
廖俐娜	七星岗支行	1999年十佳优秀员工	重庆分行	2000
邓朝晖	红旗河沟分理处	1999年十佳优秀员工	重庆分行	2000
胡满	江北支行	1999年十佳优秀员工	重庆分行	2000
胡太华	袁家岗支行	1999年十佳优秀员工	重庆分行	2000
黄中全	沙坪坝支行	1999年十佳优秀员工	重庆分行	2000
陶锦华	南坪支行营业厅	1999年十佳优秀员工	重庆分行	2000
温红光	渝北支行营业厅	1999年十佳优秀员工	重庆分行	2000
刘波	渝中支行	2000年度优秀共产党员	重庆分行	2001
刘冰	渝中支行	2000年度优秀共产党员	重庆分行	2001
邓旭	江北支行	2000年度优秀共产党员	重庆分行	2001
刘俊辉	江北支行	2000年度优秀共产党员	重庆分行	2001
徐建国	南坪支行	2000年度优秀共产党员	重庆分行	2001
张雪梅	南坪支行	2000年度优秀共产党员	重庆分行	2001
胡如玉	沙坪坝支行	2000年度优秀共产党员	重庆分行	2001
覃琳	九龙坡支行	2000年度优秀共产党员	重庆分行	2001
兰中权	长寿支行	2000年度优秀共产党员	重庆分行	2001
李应容	巴南支行	2000年度优秀共产党员	重庆分行	2001
张永刚	北碚支行	2000年度优秀共产党员	重庆分行	2001
李世明	江津支行	2000年度优秀共产党员	重庆分行	2001
张华	分行营业部	2000年度优秀共产党员	重庆分行	2001
陈革	机关一支部	2000年度优秀共产党员	重庆分行	2001
陈凯	机关二支部	2000年度优秀共产党员	重庆分行	2001
潘宏	机关三支部	2000年度优秀共产党员	重庆分行	2001
高翔	机关四支部	2000年度优秀共产党员	重庆分行	2001

获奖人员	工作单位	荣誉称号	授予单位	获奖时间(年)
张旗	机关五支部	2000年度优秀共产党员	重庆分行	2001
李理	渝中支行	2001年度优秀共产党员	重庆分行	2002
李茜	渝中支行	2001年度优秀共产党员	重庆分行	2002
孔春科	渝中支行	2001年度优秀共产党员	重庆分行	2002
史文江	江北支行	2001年度优秀共产党员	重庆分行	2002
罗伟	江北支行	2001年度优秀共产党员	重庆分行	2002
高可	南坪支行	2001年度优秀共产党员	重庆分行	2002
王怀义	沙坪坝支行	2001年度优秀共产党员	重庆分行	2002
艾继红	沙坪坝支行	2001年度优秀共产党员	重庆分行	2002
汪坤梅	九龙坡支行	2001年度优秀共产党员	重庆分行	2002
唐长虹	九龙坡支行	2001年度优秀共产党员	重庆分行	2002
李鉴	北碚支行	2001年度优秀共产党员	重庆分行	2002
王家洪	长寿支行	2001年度优秀共产党员	重庆分行	2002
王一川	巴南支行	2001年度优秀共产党员	重庆分行	2002
尹雪梅	江津支行	2001年度优秀共产党员	重庆分行	2002
徐敏	分行营业部	2001年度优秀共产党员	重庆分行	2002
吴跃春	机关第一党支部	2001年度优秀共产党员	重庆分行	2002
朱磊	机关第二党支部	2001年度优秀共产党员	重庆分行	2002
陈凯	机关第二党支部	2001年度优秀共产党员	重庆分行	2002
侯小青	机关第三党支部	2001年度优秀共产党员	重庆分行	2002
李刚	机关第四党支部	2001年度优秀共产党员	重庆分行	2002
陈怡	机关第五党支部	2001年度优秀共产党员	重庆分行	2002
王自傅	机关第五党支部	2001年度优秀共产党员	重庆分行	2002
汪阳	渝中支行	女职工素质达标优秀个人	重庆分行	2002
夏秋	渝中支行	女职工素质达标优秀个人	重庆分行	2002
游义凤	渝中支行	女职工素质达标优秀个人	重庆分行	2002
黄敏	渝中支行	女职工素质达标优秀个人	重庆分行	2002
刘冰	渝中支行	女职工素质达标优秀个人	重庆分行	2002
邓小红	渝中支行	女职工素质达标优秀个人	重庆分行	2002
吴丽娜	江北支行	女职工素质达标优秀个人	重庆分行	2002
王芳	沙坪坝支行	女职工素质达标优秀个人	重庆分行	2002
杨燕	机关工会	女职工素质达标优秀个人	重庆分行	2002
赵晓华	沙坪坝支行	女职工素质达标优秀个人	重庆分行	2002
贺喜	沙坪坝支行	女职工素质达标优秀个人	重庆分行	2002
竺影	南坪支行	女职工素质达标优秀个人	重庆分行	2002
张君	江北支行	女职工素质达标优秀个人	重庆分行	2002
牟萍	南坪支行营业厅	女职工素质达标优秀个人	重庆分行	2002
袁燕	江北支行	女职工素质达标优秀个人	重庆分行	2002

获奖人员	工作单位	荣誉称号	授予单位	获奖时间（年）
陈咏	渝北支行	女职工素质达标优秀个人	重庆分行	2002
毛臣桂	江北支行	女职工素质达标优秀个人	重庆分行	2002
徐晖	稽查组	女职工素质达标优秀个人	重庆分行	2002
逯晓红	人资部	女职工素质达标优秀个人	重庆分行	2002
彭华	九龙坡支行	女职工素质达标优秀个人	重庆分行	2002
徐泰莲	九龙坡支行	女职工素质达标优秀个人	重庆分行	2002
刘芳	九龙坡支行	女职工素质达标优秀个人	重庆分行	2002
付峰	北碚支行	女职工素质达标优秀个人	重庆分行	2002
李应容	巴南支行	女职工素质达标优秀个人	重庆分行	2002
江莉	会计结算部	女职工素质达标优秀个人	重庆分行	2002
尹雪梅	江津支行	女职工素质达标优秀个人	重庆分行	2002
邹亚飞	分行营业部	女职工素质达标优秀个人	重庆分行	2002
赵玲	个金部	女职工素质达标优秀个人	重庆分行	2002
冯璐	财会处	女职工素质达标优秀个人	重庆分行	2002
宋军	渝中支行	2002年度优秀共产党员	重庆分行	2003
覃定宇	渝中支行	2002年度优秀共产党员	重庆分行	2003
潘杰	渝中支行	2002年度优秀共产党员	重庆分行	2003
邓旭	江北支行	2002年度优秀共产党员	重庆分行	2003
陈咏	江北支行	2002年度优秀共产党员	重庆分行	2003
王怀义	沙坪坝支行	2002年度优秀共产党员	重庆分行	2003
王颖	沙坪坝支行	2002年度优秀共产党员	重庆分行	2003
杨富良	九龙坡支行	2002年度优秀共产党员	重庆分行	2003
彭华	九龙坡支行	2002年度优秀共产党员	重庆分行	2003
张世清	南坪支行	2002年度优秀共产党员	重庆分行	2003
周建	高新支行	2002年度优秀共产党员	重庆分行	2003
李鉴	北碚支行	2002年度优秀共产党员	重庆分行	2003
向彬	长寿支行	2002年度优秀共产党员	重庆分行	2003
蒋明星	巴南支行	2002年度优秀共产党员	重庆分行	2003
谭永胜	涪陵支行	2002年度优秀共产党员	重庆分行	2003
尹雪梅	江津支行	2002年度优秀共产党员	重庆分行	2003
徐敏	营业部	2002年度优秀共产党员	重庆分行	2003
谢焰	机关第一党支部	2002年度优秀共产党员	重庆分行	2003
周龙华	机关第二党支部	2002年度优秀共产党员	重庆分行	2003
阎毅文	机关第三党支部	2002年度优秀共产党员	重庆分行	2003
周勤	机关第三党支部	2002年度优秀共产党员	重庆分行	2003
刘红	机关第四党支部	2002年度优秀共产党员	重庆分行	2003
赵瑞	机关第四党支部	2002年度优秀共产党员	重庆分行	2003
钱小牧	机关第五党支部	2002年度优秀共产党员	重庆分行	2003

获奖人员	工作单位	荣誉称号	授予单位	获奖时间(年)
高嵩	机关第五党支部	2002年度优秀共产党员	重庆分行	2003
刘冰	渝中支行党支部	2003年优秀共产党员	重庆分行	2004
晏敏	渝中支行党支部	2003年优秀共产党员	重庆分行	2004
孔春科	渝中支行党支部	2003年优秀共产党员	重庆分行	2004
何梦生	江北支行党支部	2003年优秀共产党员	重庆分行	2004
朱长武	江北支行党支部	2003年优秀共产党员	重庆分行	2004
赵航	沙坪坝支行党支部	2003年优秀共产党员	重庆分行	2004
叶军	沙坪坝支行党支部	2003年优秀共产党员	重庆分行	2004
杨波	九龙坡支行党支部	2003年优秀共产党员	重庆分行	2004
牟春玲	九龙坡支行党支部	2003年优秀共产党员	重庆分行	2004
侯海妮	南坪支行党支部	2003年优秀共产党员	重庆分行	2004
熊柳伟	南坪支行党支部	2003年优秀共产党员	重庆分行	2004
王林	高新支行党支部	2003年优秀共产党员	重庆分行	2004
张永刚	北碚支行党支部	2003年优秀共产党员	重庆分行	2004
江晓玲	长寿支行党支部	2003年优秀共产党员	重庆分行	2004
穆荣贵	巴南支行党支部	2003年优秀共产党员	重庆分行	2004
周元	涪陵支行党支部	2003年优秀共产党员	重庆分行	2004
尹雪梅	江津支行党支部	2003年优秀共产党员	重庆分行	2004
严江	人民路支行党支部	2003年优秀共产党员	重庆分行	2004
任远	营业部党支部	2003年优秀共产党员	重庆分行	2004
吴跃春	机关第一党支部	2003年优秀共产党员	重庆分行	2004
罗生全	机关第二党支部	2003年优秀共产党员	重庆分行	2004
潘宏	机关第三党支部	2003年优秀共产党员	重庆分行	2004
廖佳馨	机关第三党支部	2003年优秀共产党员	重庆分行	2004
贺群	机关第四党支部	2003年优秀共产党员	重庆分行	2004
唐鸿燕	机关第四党支部	2003年优秀共产党员	重庆分行	2004
苏敏	机关第五党支部	2003年优秀共产党员	重庆分行	2004
廖忠伟	机关第五党支部	2003年优秀共产党员	重庆分行	2004
刘科	分行营业部	2004年度营销能手	重庆分行	2005
李伟斌	渝中支行	2004年度营销能手	重庆分行	2005
甘莉	江北支行	2004年度营销能手	重庆分行	2005
曾渝	南坪支行	2004年度营销能手	重庆分行	2005
虞清	高新支行	2004年度营销能手	重庆分行	2005
唐庄	长寿支行	2004年度营销能手	重庆分行	2005
谭永胜	涪陵支行	2004年度营销能手	重庆分行	2005
龚莉影	大坪支行	2004年度营销能手	重庆分行	2005
车强	朝天门支行	2004年度营销能手	重庆分行	2005
陈曦	大庙支行	2004年度营销能手	重庆分行	2005

获奖人员	工作单位	荣誉称号	授予单位	获奖时间(年)
邹霞	分行营业部	2004年度服务标兵	重庆分行	2005
黄敏	渝中支行	2004年度服务标兵	重庆分行	2005
曾丹	渝中支行	2004年度服务标兵	重庆分行	2005
穆光玉	沙坪坝支行	2004年度服务标兵	重庆分行	2005
杜明静	沙坪坝支行	2004年度服务标兵	重庆分行	2005
马娟	南坪支行	2004年度服务标兵	重庆分行	2005
杨燕	南坪支行	2004年度服务标兵	重庆分行	2005
曹侠	江北支行	2004年度服务标兵	重庆分行	2005
陈莹	九龙坡支行	2004年度服务标兵	重庆分行	2005
康净	高新支行	2004年度服务标兵	重庆分行	2005
张莉	高新支行	2004年度服务标兵	重庆分行	2005
邹鑫辉	北碚支行	2004年度服务标兵	重庆分行	2005
刘兴梅	巴南支行	2004年度服务标兵	重庆分行	2005
陈朝军	长寿支行	2004年度服务标兵	重庆分行	2005
刘冰	人民路支行	2004年度服务标兵	重庆分行	2005
邹莉	大坪支行	2004年度服务标兵	重庆分行	2005
何蓉	七星岗支行	2004年度服务标兵	重庆分行	2005
万晶	朝天门支行	2004年度服务标兵	重庆分行	2005
段佳玲	新牌坊支行	2004年度服务标兵	重庆分行	2005
尚雪	大庙支行	2004年度服务标兵	重庆分行	2005
孙晓莉	渝北支行	2004年度服务标兵	重庆分行	2005
王从伦	双碑支行	2004年度服务标兵	重庆分行	2005
蒲东云	西郊路支行	2004年度服务标兵	重庆分行	2005
毛晓燕	江津支行	2004年度服务标兵	重庆分行	2005
张娅	渝中支行	大集中上线工作先进个人	重庆分行	2005
姚玉兰	沙坪坝支行	大集中上线工作先进个人	重庆分行	2005
曾渝	南坪支行	大集中上线工作先进个人	重庆分行	2005
毛妮娅	江北支行	大集中上线工作先进个人	重庆分行	2005
饶玲	高新支行	大集中上线工作先进个人	重庆分行	2005
凌毅	九龙坡支行	大集中上线工作先进个人	重庆分行	2005
王维娟	北碚支行	大集中上线工作先进个人	重庆分行	2005
赵晓珊	巴南支行	大集中上线工作先进个人	重庆分行	2005
周元	涪陵支行	大集中上线工作先进个人	重庆分行	2005
王静	分行营业部	大集中上线工作先进个人	重庆分行	2005
胡咏梅	七星岗支行	大集中上线工作先进个人	重庆分行	2005
赵雁	朝天门支行	大集中上线工作先进个人	重庆分行	2005
盛谦	财会处	大集中上线工作先进个人	重庆分行	2005
谢渝丁	财会处	大集中上线工作先进个人	重庆分行	2005
冯璐	财会处	大集中上线工作先进个人	重庆分行	2005
周慧	电脑处	大集中上线工作先进个人	重庆分行	2005

获奖人员	工作单位	荣誉称号	授予单位	获奖时间(年)
李刚	电脑处	大集中上线工作先进个人	重庆分行	2005
秦春月	电脑处	大集中上线工作先进个人	重庆分行	2005
杨富良	风险监控部	大集中上线工作先进个人	重庆分行	2005
徐庆	国际部	大集中上线工作先进个人	重庆分行	2005
唐鸿燕	个金部	大集中二期上线工作先进个人	重庆分行	2006
杜娟	个金部	大集中二期上线工作先进个人	重庆分行	2006
高翔	电脑部	大集中二期上线工作先进个人	重庆分行	2006
王远荣	电脑部	大集中二期上线工作先进个人	重庆分行	2006
谢渝丁	会计部	大集中二期上线工作先进个人	重庆分行	2006
冯璐	会计部	大集中二期上线工作先进个人	重庆分行	2006
苏敏	国际部	大集中二期上线工作先进个人	重庆分行	2006
赵瑞	电银部	大集中二期上线工作先进个人	重庆分行	2006
柯伟佳	电银部	大集中二期上线工作先进个人	重庆分行	2006
邓凌云	北碚支行	大集中二期上线工作先进个人	重庆分行	2006
米佳	高新支行	大集中二期上线工作先进个人	重庆分行	2006
曾渝	南坪支行	大集中二期上线工作先进个人	重庆分行	2006
彭薇	南坪支行	大集中二期上线工作先进个人	重庆分行	2006
周琳	沙坪坝支行	大集中二期上线工作先进个人	重庆分行	2006
彭缨	沙坪坝支行	大集中二期上线工作先进个人	重庆分行	2006
曾丹	渝中支行	大集中二期上线工作先进个人	重庆分行	2006
杨琴	江北支行	大集中二期上线工作先进个人	重庆分行	2006
张玉茹	江北支行	大集中二期上线工作先进个人	重庆分行	2006
石英姿	九龙坡支行	大集中二期上线工作先进个人	重庆分行	2006
吕筠	分行营业部	大集中二期上线工作先进个人	重庆分行	2006
马永川	巴南支行	大集中二期上线工作先进个人	重庆分行	2006
冯惠群	大庙支行	大集中二期上线工作先进个人	重庆分行	2006
赵学梅	大坪支行	大集中二期上线工作先进个人	重庆分行	2006
胡咏梅	七星岗支行	大集中二期上线工作先进个人	重庆分行	2006
蒋雪梅	西郊路支行	大集中二期上线工作先进个人	重庆分行	2006
周俊	渝北支行	大集中二期上线工作先进个人	重庆分行	2006
李毅萍	人民路支行	大集中二期上线工作先进个人	重庆分行	2006
刘冰	人民路支行	大集中二期上线工作先进个人	重庆分行	2006
周元	涪陵支行	大集中二期上线工作先进个人	重庆分行	2006
杨萍	北部新区支行	大集中二期上线工作先进个人	重庆分行	2006
甘莉	江北支行	2005年度营销能手	重庆分行	2006
杜彤拉	南坪支行	2005年度营销能手	重庆分行	2006
谭永胜	涪陵支行	2005年度营销能手	重庆分行	2006
任远	营业部	2005年度营销能手	重庆分行	2006
李伟斌	渝中支行	2005年度营销能手	重庆分行	2006
王梦	南坪支行	2005年度营销能手	重庆分行	2006

获奖人员	工作单位	荣誉称号	授予单位	获奖时间（年）
程曦	大庙支行	2005年度营销能手	重庆分行	2006
何晓霞	江北支行	2005年度营销能手	重庆分行	2006
虞清	高新支行	2005年度营销能手	重庆分行	2006
雷文莉	分行营业部	2005年度营销能手	重庆分行	2006
文琳	沙坪坝支行	2005年度营销能手	重庆分行	2006
覃琳	九龙坡支行	2005年度营销能手	重庆分行	2006
何梦生	江北支行	2005年度营销能手	重庆分行	2006
陶锦华	南坪支行	2005年度营销能手	重庆分行	2006
欧阳咏梅	朝天门支行	2005年度营销能手	重庆分行	2006
李静	西郊路支行	2005年度营销能手	重庆分行	2006
刘文	高新支行	2005年度营销能手	重庆分行	2006
邹霞	分行营业部	2005年度服务标兵	重庆分行	2006
李静	渝中支行	2005年度服务标兵	重庆分行	2006
杨毅峰	渝中支行	2005年度服务标兵	重庆分行	2006
李敏	沙坪坝支行	2005年度服务标兵	重庆分行	2006
廖文勇	南坪支行	2005年度服务标兵	重庆分行	2006
曾畅	南坪支行	2005年度服务标兵	重庆分行	2006
黄静	江北支行	2005年度服务标兵	重庆分行	2006
黄晓盈	江北支行	2005年度服务标兵	重庆分行	2006
李茜	九龙坡支行	2005年度服务标兵	重庆分行	2006
印艺	九龙坡支行	2005年度服务标兵	重庆分行	2006
周鑫辉	北碚支行	2005年度服务标兵	重庆分行	2006
张莉	高新支行	2005年度服务标兵	重庆分行	2006
曾玉萍	巴南支行	2005年度服务标兵	重庆分行	2006
王家洪	长寿支行	2005年度服务标兵	重庆分行	2006
梁怡	人民路支行	2005年度服务标兵	重庆分行	2006
赵学梅	大坪支行	2005年度服务标兵	重庆分行	2006
尚雪	大庙支行	2005年度服务标兵	重庆分行	2006
陈燕	双碑支行	2005年度服务标兵	重庆分行	2006
严宏波	西郊路支行	2005年度服务标兵	重庆分行	2006
张艳	七星岗支行	2005年度服务标兵	重庆分行	2006
赵雁	朝天门支行	2005年度服务标兵	重庆分行	2006
毛晓燕	江津支行	2005年度服务标兵	重庆分行	2006
王芸霞	新牌坊支行	2005年度服务标兵	重庆分行	2006
周捷	渝北支行	2005年度服务标兵	重庆分行	2006
詹怡	审计部	2005年度先进工作者	重庆分行	2006
杨阳	保卫部	2005年度先进工作者	重庆分行	2006
赵瑞	电银部	2005年度先进工作者	重庆分行	2006
张凌	国际部	2005年度先进工作者	重庆分行	2006

获奖人员	工作单位	荣誉称号	授予单位	获奖时间(年)
徐晖	稽察组	2005年度先进工作者	重庆分行	2006
贺莉	稽察组	2005年度先进工作者	重庆分行	2006
杜娟	私金部	2005年度先进工作者	重庆分行	2006
唐鸿燕	私金部	2005年度先进工作者	重庆分行	2006
李刚	电脑部	2005年度先进工作者	重庆分行	2006
薛薇	发展研究部	2005年度先进工作者	重庆分行	2006
陈洁	风险监控部	2005年度先进工作者	重庆分行	2006
曾勇	后勤服务中心行政部	2005年度先进工作者	重庆分行	2006
郑玉兰	后勤服务中心网点办	2005年度先进工作者	重庆分行	2006
许明燕	会计结算部	2005年度先进工作者	重庆分行	2006
严红	会计结算部	2005年度先进工作者	重庆分行	2006
肖琴	会计结算部	2005年度先进工作者	重庆分行	2006
颜丹	会计结算部	2005年度先进工作者	重庆分行	2006
邓惊涛	授信部	2005年度先进工作者	重庆分行	2006
王祎	预财部	2005年度先进工作者	重庆分行	2006
陈怡	资产保全部	2005年度先进工作者	重庆分行	2006
刘妍	办公室	2005年度先进工作者	重庆分行	2006
颜孝国	人力资源部	2005年度先进工作者	重庆分行	2006
吕�	分行营业部	2005年度先进工作者	重庆分行	2006
朱玫	分行营业部	2005年度先进工作者	重庆分行	2006
邓晓春	渝中支行	2005年度先进工作者	重庆分行	2006
戚亚	渝中支行	2005年度先进工作者	重庆分行	2006
谢宝勇	渝中支行	2005年度先进工作者	重庆分行	2006
李伟斌	渝中支行	2005年度先进工作者	重庆分行	2006
袁晓莉	渝中支行	2005年度先进工作者	重庆分行	2006
王训	渝中支行	2005年度先进工作者	重庆分行	2006
刘静	渝中支行	2005年度先进工作者	重庆分行	2006
刘毓敏	沙坪坝支行	2005年度先进工作者	重庆分行	2006
李林杰	沙坪坝支行	2005年度先进工作者	重庆分行	2006
胡晓	沙坪坝支行	2005年度先进工作者	重庆分行	2006
陈晖	沙坪坝支行	2005年度先进工作者	重庆分行	2006
袁世虎	沙坪坝支行	2005年度先进工作者	重庆分行	2006
王巍	南坪支行	2005年度先进工作者	重庆分行	2006
辛蕾	南坪支行	2005年度先进工作者	重庆分行	2006
郑晓昉	南坪支行	2005年度先进工作者	重庆分行	2006
温静	南坪支行	2005年度先进工作者	重庆分行	2006
李延风	江北支行	2005年度先进工作者	重庆分行	2006
李冬恒	江北支行	2005年度先进工作者	重庆分行	2006

获奖人员	工作单位	荣誉称号	授予单位	获奖时间（年）
朱菱	江北支行	2005年度先进工作者	重庆分行	2006
曾铁波	江北支行	2005年度先进工作者	重庆分行	2006
曾红	江北支行	2005年度先进工作者	重庆分行	2006
吴亚	江北支行	2005年度先进工作者	重庆分行	2006
蒋志勇	九龙坡支行	2005年度先进工作者	重庆分行	2006
石英姿	九龙坡支行	2005年度先进工作者	重庆分行	2006
刘芳	九龙坡支行	2005年度先进工作者	重庆分行	2006
王晓林	九龙坡支行	2005年度先进工作者	重庆分行	2006
罗萍	北碚支行	2005年度先进工作者	重庆分行	2006
陈宏艳	北碚支行	2005年度先进工作者	重庆分行	2006
饶玲	高新支行	2005年度先进工作者	重庆分行	2006
张楠	高新支行	2005年度先进工作者	重庆分行	2006
朱磊	高新支行	2005年度先进工作者	重庆分行	2006
张科第	巴南支行	2005年度先进工作者	重庆分行	2006
陈伟	巴南支行	2005年度先进工作者	重庆分行	2006
程邦全	长寿支行	2005年度先进工作者	重庆分行	2006
周元	涪陵支行	2005年度先进工作者	重庆分行	2006
刘冰	人民路支行	2005年度先进工作者	重庆分行	2006
范琳	大坪支行	2005年度先进工作者	重庆分行	2006
孙蓓	新牌坊支行	2005年度先进工作者	重庆分行	2006
冯惠群	大庙支行	2005年度先进工作者	重庆分行	2006
余萍	双碑支行	2005年度先进工作者	重庆分行	2006
刘瑜	渝北支行	2005年度先进工作者	重庆分行	2006
周宇	朝天门支行	2005年度先进工作者	重庆分行	2006
何蓉	七星岗支行	2005年度先进工作者	重庆分行	2006
方义敏	西郊路支行	2005年度先进工作者	重庆分行	2006
潘世全	江津支行	2005年度先进工作者	重庆分行	2006
方义敏	西郊路支行	2006年度新增存款平均余额第一名	重庆分行	2007
郭艳	分行营业部	2006年度新增存款平均余额第二名	重庆分行	2007
杨帆	民族路支行	2006年度新增存款平均余额第三名	重庆分行	2007
甘莉	北部新区支行	2006年度新增存款平均余额第四名	重庆分行	2007
胡姝	人民路支行	2006年度新增存款平均余额第五名	重庆分行	2007
何渌	渝北支行	2006年度新增存款平均余额第六名	重庆分行	2007
胡燕	江北支行	2006年度新增存款平均余额第七名	重庆分行	2007
虞清	高新支行	2006年度新增存款平均余额第八名	重庆分行	2007
高琎	江北支行	新增授信实际提款第一名	重庆分行	2007
笪余康	渝中支行	新增授信实际提款第二名	重庆分行	2007
任远	分行营业部	新增授信实际提款第二名	重庆分行	2007

获奖人员	工作单位	荣誉称号	授予单位	获奖时间(年)
方义敏	西郊路支行	新增授信实际提款第四名	重庆分行	2007
周蕾	九龙坡支行	新增授信实际提款第五名	重庆分行	2007
袁溯	沙坪坝支行	新增授信实际提款第六名	重庆分行	2007
陈文敏	南坪支行	新增授信实际提款第七名	重庆分行	2007
何渌	渝北支行	新增授信实际提款第八名	重庆分行	2007
廖渝	渝中支行	新增代发工资及批发打单存款第一名	重庆分行	2007
陈影	七星岗支行	新增代发工资及批发打单存款第二名	重庆分行	2007
祝元萍	沙坪坝支行	新增代发工资及批发打单存款第三名	重庆分行	2007
田玲	江北支行	新增个贷提款第一名	重庆分行	2007
李波	渝北支行	新增个贷提款第二名	重庆分行	2007
刘瑜	渝北支行	新增个贷提款第三名	重庆分行	2007
邓洁	南坪支行	双币卡发卡第一名	重庆分行	2007
陈新	南坪支行营业厅	双币卡发卡第二名	重庆分行	2007
刘乐军	九龙坡支行	双币卡发卡第三名	重庆分行	2007
罗满霖	长寿支行	非业务人员拓展业务奖—公营存款	重庆分行	2007
徐岚	公司业务部	非业务人员拓展业务奖—公营存款	重庆分行	2007
陈燕	双碑支行	非业务人员拓展业务奖—双币卡推卡	重庆分行	2007
颜孝国	人力资源部	非业务人员拓展业务奖—双币卡推卡	重庆分行	2007
曾亚斌	预算财务部	非业务人员拓展业务奖—对公开户	重庆分行	2007
孙晓	渝中支行	非业务人员拓展业务奖—新增代发工资及批发打单存款	重庆分行	2007
蔡依莉	江北支行	非业务人员拓展业务奖—私金个贷	重庆分行	2007
蒲东云	西郊路支行	非业务人员拓展业务奖—私金存款	重庆分行	2007
陈燕	双碑支行	2006年度前台服务标兵	重庆分行	2007
刘兴梅	巴南支行	2006年度前台服务标兵	重庆分行	2007
段佳玲	新牌坊支行	2006年度前台服务标兵	重庆分行	2007
李敏	沙坪坝支行	2006年度前台服务标兵	重庆分行	2007
李林杰	沙坪坝支行	2006年度前台服务标兵	重庆分行	2007
王洪波	江津支行	2006年度前台服务标兵	重庆分行	2007
陆昕	高新支行	2006年度前台服务标兵	重庆分行	2007
邓铮	南坪支行	2006年度前台服务标兵	重庆分行	2007
梅静	南坪支行	2006年度前台服务标兵	重庆分行	2007
胡晓东	大庙支行	2006年度前台服务标兵	重庆分行	2007
曾勇	江北支行	2006年度前台服务标兵	重庆分行	2007
黄静	江北支行	2006年度前台服务标兵	重庆分行	2007
蒲东云	西郊路支行	2006年度前台服务标兵	重庆分行	2007
邱佳莉	人民路支行	2006年度前台服务标兵	重庆分行	2007
印艺	九龙坡支行	2006年度前台服务标兵	重庆分行	2007
王渝	九龙坡支行	2006年度前台服务标兵	重庆分行	2007

获奖人员	工作单位	荣誉称号	授予单位	获奖时间（年）
鲁娟	民主路支行	2006年度前台服务标兵	重庆分行	2007
周鑫辉	北碚支行	2006年度前台服务标兵	重庆分行	2007
陈明君	长寿支行	2006年度前台服务标兵	重庆分行	2007
邹霞	分行营业部	2006年度前台服务标兵	重庆分行	2007
游薇	大坪支行	2006年度前台服务标兵	重庆分行	2007
李乔	北部新区支行	2006年度前台服务标兵	重庆分行	2007
张艳	七星岗支行	2006年度前台服务标兵	重庆分行	2007
张娅	渝中支行	2006年度前台服务标兵	重庆分行	2007
郭华靓	渝中支行	2006年度前台服务标兵	重庆分行	2007
韦波	涪陵支行	2006年度前台服务标兵	重庆分行	2007
周捷	渝北支行	2006年度前台服务标兵	重庆分行	2007
赵雁	朝天门支行	2006年度前台服务标兵	重庆分行	2007
许可	资产保全部	2006年度先进工作者	重庆分行	2007
李庆	办公室	2006年度先进工作者	重庆分行	2007
刘祖国	江北支行	2006年度先进工作者	重庆分行	2007
李应蓉	巴南支行	2006年度先进工作者	重庆分行	2007
朱红	西郊路支行	2006年度先进工作者	重庆分行	2007
陈建	审计部	2006年度先进工作者	重庆分行	2007
高翔	信息技术部	2006年度先进工作者	重庆分行	2007
刘秀群	授信部	2006年度先进工作者	重庆分行	2007
杨富良	风险监控部	2006年度先进工作者	重庆分行	2007
陈洪明	行政部	2006年度先进工作者	重庆分行	2007
杨阳	保卫部	2006年度先进工作者	重庆分行	2007
陈艳	办公室	2006年度先进工作者	重庆分行	2007
曾勇	行政部	2006年度先进工作者	重庆分行	2007
彭薇	南坪支行	2006年度先进工作者	重庆分行	2007
张宁	南坪支行	2006年度先进工作者	重庆分行	2007
夏爽	南坪支行	2006年度先进工作者	重庆分行	2007
陈新	南坪支行营业厅	2006年度先进工作者	重庆分行	2007
黄遐	南坪支行	2006年度先进工作者	重庆分行	2007
朱昆琴	大坪支行	2006年度先进工作者	重庆分行	2007
邱本容	江津支行	2006年度先进工作者	重庆分行	2007
杨萍	北部新区支行	2006年度先进工作者	重庆分行	2007
周元	涪陵支行	2006年度先进工作者	重庆分行	2007
周鑫辉	北碚支行	2006年度先进工作者	重庆分行	2007
谢进	北碚支行	2006年度先进工作者	重庆分行	2007
杨燕	沙坪坝支行	2006年度先进工作者	重庆分行	2007
赵平	沙坪坝支行	2006年度先进工作者	重庆分行	2007
高嵩	资产保全部	2006年度先进工作者	重庆分行	2007

获奖人员	工作单位	荣誉称号	授予单位	获奖时间(年)
谢兰	个金部	2006年度先进工作者	重庆分行	2007
唐鸿燕	个金部	2006年度先进工作者	重庆分行	2007
温小茜	预算财务部	2006年度先进工作者	重庆分行	2007
张凌	国际部	2006年度先进工作者	重庆分行	2007
谢静	会计结算部	2006年度先进工作者	重庆分行	2007
郭欣	会计结算部	2006年度先进工作者	重庆分行	2007
岑莹	会计结算部	2006年度先进工作者	重庆分行	2007
何凌艳	会计结算部	2006年度先进工作者	重庆分行	2007
冯璐	会计结算部	2006年度先进工作者	重庆分行	2007
廖佳馨	员工工作部	2006年度先进工作者	重庆分行	2007
陈春	行政部(物业)	2006年度先进工作者	重庆分行	2007
樊长荣	行政部(物业)	2006年度先进工作者	重庆分行	2007
黄家强	行政部(物业)	2006年度先进工作者	重庆分行	2007
罗均	行政部(物业)	2006年度先进工作者	重庆分行	2007
陈灿	人力资源部	2006年度先进工作者	重庆分行	2007
赵瑞	电银部	2006年度先进工作者	重庆分行	2007
牟红钢	公司业务部	2006年度先进工作者	重庆分行	2007
杨丽	新牌坊支行	2006年度先进工作者	重庆分行	2007
张燕	朝天门支行	2006年度先进工作者	重庆分行	2007
张艳	七星岗支行	2006年度先进工作者	重庆分行	2007
王从伦	双碑支行	2006年度先进工作者	重庆分行	2007
冯惠群	大庙支行	2006年度先进工作者	重庆分行	2007
杨帆	民族路支行	2006年度先进工作者	重庆分行	2007
方义敏	西郊路支行	2006年度先进工作者	重庆分行	2007
邹霞	分行营业部	2006年度先进工作者	重庆分行	2007
王渝	沙坪坝支行	2006年度先进工作者	重庆分行	2007
袁萍	沙坪坝支行	2006年度先进工作者	重庆分行	2007
穆光玉	沙坪坝支行	2006年度先进工作者	重庆分行	2007
张惠琼	巴南支行	2006年度先进工作者	重庆分行	2007
张科第	巴南支行	2006年度先进工作者	重庆分行	2007
刘乐君	九龙坡支行	2006年度先进工作者	重庆分行	2007
印艺	九龙坡支行	2006年度先进工作者	重庆分行	2007
石英姿	九龙坡支行	2006年度先进工作者	重庆分行	2007
卢昕	九龙坡支行	2006年度先进工作者	重庆分行	2007
邓晓春	渝中支行	2006年度先进工作者	重庆分行	2007
胡晓东	渝中支行	2006年度先进工作者	重庆分行	2007
廖渝	渝中支行	2006年度先进工作者	重庆分行	2007
黄少林	渝中支行	2006年度先进工作者	重庆分行	2007
袁敏	渝中支行	2006年度先进工作者	重庆分行	2007

获奖人员	工作单位	荣誉称号	授予单位	获奖时间(年)
杨毅峰	渝中支行	2006年度先进工作者	重庆分行	2007
曾楠	江北支行	2006年度先进工作者	重庆分行	2007
刘俊辉	江北支行	2006年度先进工作者	重庆分行	2007
高琎	江北支行	2006年度先进工作者	重庆分行	2007
常好英	江北支行	2006年度先进工作者	重庆分行	2007
蔡依莉	江北支行	2006年度先进工作者	重庆分行	2007
张玉茹	江北支行	2006年度先进工作者	重庆分行	2007
饶玲	高新支行	2006年度先进工作者	重庆分行	2007
米佳	高新支行	2006年度先进工作者	重庆分行	2007
刘冰	人民路支行	2006年度先进工作者	重庆分行	2007
汪玲	长寿支行	2006年度先进工作者	重庆分行	2007
李继	渝北支行	2006年度先进工作者	重庆分行	2007
廖忠伟	会计结算部	优秀共产党员	重庆分行	2007
高嵩	法律合规部	优秀共产党员	重庆分行	2007
高翔	信息技术部	优秀共产党员	重庆分行	2007
袁敏	渝中支行	优秀共产党员	重庆分行	2007
陈晖	壮志路支行	优秀共产党员	重庆分行	2007
刘俊辉	江北支行	优秀共产党员	重庆分行	2007
陆敏佳	江北支行	优秀共产党员	重庆分行	2007
卢昕	九龙坡支行	优秀共产党员	重庆分行	2007
熊静	高新支行	优秀共产党员	重庆分行	2007
段佳玲	新牌坊支行	优秀共产党员	重庆分行	2007
赵瑞	电银部	优秀党务工作者	重庆分行	2007
方义敏	西郊路支行	2007年度优秀客户经理	重庆分行	2008
牟陶	南城支行	2007年度优秀客户经理	重庆分行	2008
唐庄	长寿支行	2007年度优秀客户经理	重庆分行	2008
车强	朝天门支行	2007年度优秀客户经理	重庆分行	2008
易川	分行营业部	2007年度优秀客户经理	重庆分行	2008
魏于松	涪陵支行	2007年度优秀客户经理	重庆分行	2008
胡姝	人民路支行	2007年度优秀客户经理	重庆分行	2008
高琎	江北支行	2007年度优秀客户经理	重庆分行	2008
蒋志勇	大渡口支行	2007年度优秀客户经理	重庆分行	2008
朱菱	江北支行	2007年度优秀客户经理	重庆分行	2008
张燕	分行营业部	2007年度优秀客户经理	重庆分行	2008
周蕾	九龙坡支行	2007年度优秀客户经理	重庆分行	2008
汪玲	长寿支行	2007年度优秀客户经理	重庆分行	2008
李静	西郊路支行	2007年度优秀客户经理	重庆分行	2008
赖新	南坪支行	2007年度优秀客户经理	重庆分行	2008
胡卫东	江北支行	2007年度优秀客户经理	重庆分行	2008

获奖人员	工作单位	荣誉称号	授予单位	获奖时间(年)
皮晓清	民族路支行	2007年度优秀客户经理	重庆分行	2008
张凌	新牌坊支行	2007年度优秀客户经理	重庆分行	2008
陈影	七星岗支行	2007年度优秀客户经理	重庆分行	2008
张涛	渝中支行	2007年度优秀客户经理	重庆分行	2008
王凤	沙坪坝支行	2007年度服务标兵	重庆分行	2008
黎静	沙坪坝支行	2007年度服务标兵	重庆分行	2008
梅静	南坪支行	2007年度服务标兵	重庆分行	2008
张宁	南坪支行	2007年度服务标兵	重庆分行	2008
刘渝	渝中支行	2007年度服务标兵	重庆分行	2008
杨毅峰	渝中支行	2007年度服务标兵	重庆分行	2008
印艺	九龙坡支行	2007年度服务标兵	重庆分行	2008
陈雪莲	九龙坡支行	2007年度服务标兵	重庆分行	2008
张玉茹	江北支行	2007年度服务标兵	重庆分行	2008
李维刚	江北支行	2007年度服务标兵	重庆分行	2008
王芸霞	新牌坊支行	2007年度服务标兵	重庆分行	2008
曹燕	解放碑支行	2007年度服务标兵	重庆分行	2008
牟春	江津支行	2007年度服务标兵	重庆分行	2008
叶静	朝天门支行	2007年度服务标兵	重庆分行	2008
李玮	大坪支行	2007年度服务标兵	重庆分行	2008
孙璐	北部新区支行	2007年度服务标兵	重庆分行	2008
胡梦佳	人民路支行	2007年度服务标兵	重庆分行	2008
吴文淳	七星岗支行	2007年度服务标兵	重庆分行	2008
杨啸	南城支行	2007年度服务标兵	重庆分行	2008
张莉	高新支行	2007年度服务标兵	重庆分行	2008
郭志齐	北碚支行	2007年度服务标兵	重庆分行	2008
刘兴梅	巴南支行	2007年度服务标兵	重庆分行	2008
杨雪琴	分行营业部	2007年度服务标兵	重庆分行	2008
秦露	民族路支行	2007年度服务标兵	重庆分行	2008
李强	沙坪坝支行	2007年度优秀员工	重庆分行	2008
蒋震	沙坪坝支行	2007年度优秀员工	重庆分行	2008
刘国忠	新牌坊支行	2007年度优秀员工	重庆分行	2008
黄少林	解放碑支行	2007年度优秀员工	重庆分行	2008
王从伦	双碑支行	2007年度优秀员工	重庆分行	2008
毛晓燕	江津支行	2007年度优秀员工	重庆分行	2008
宋毅	朝天门支行	2007年度优秀员工	重庆分行	2008
马娟	南城支行	2007年度优秀员工	重庆分行	2008
张宗勤	大坪支行	2007年度优秀员工	重庆分行	2008
周书德	长寿支行	2007年度优秀员工	重庆分行	2008
周汶谚	涪陵支行	2007年度优秀员工	重庆分行	2008
杨萍	北部新区支行	2007年度优秀员工	重庆分行	2008

获奖人员	工作单位	荣誉称号	授予单位	获奖时间(年)
黄健	人民路支行	2007年度优秀员工	重庆分行	2008
陈影	七星岗支行	2007年度优秀员工	重庆分行	2008
罗波	西郊路支行	2007年度优秀员工	重庆分行	2008
陆昕	高新支行	2007年度优秀员工	重庆分行	2008
饶玲	高新支行	2007年度优秀员工	重庆分行	2008
魏雪梅	高新支行	2007年度优秀员工	重庆分行	2008
周捷	渝北支行	2007年度优秀员工	重庆分行	2008
刘静	北碚支行	2007年度优秀员工	重庆分行	2008
刘凌云	北碚支行	2007年度优秀员工	重庆分行	2008
张科第	巴南支行	2007年度优秀员工	重庆分行	2008
陈建	审计部	2007年度优秀员工	重庆分行	2008
何颖	法律合规部	2007年度优秀员工	重庆分行	2008
蒋霄	保卫部	2007年度优秀员工	重庆分行	2008
张凌	国际业务部	2007年度优秀员工	重庆分行	2008
陈怡	资产保全部	2007年度优秀员工	重庆分行	2008
刘光明	个金部	2007年度优秀员工	重庆分行	2008
刘光文	信息技术部	2007年度优秀员工	重庆分行	2008
王祎	预算财务部	2007年度优秀员工	重庆分行	2008
谢秀梅	会计结算部	2007年度优秀员工	重庆分行	2008
肖琴	会计结算部	2007年度优秀员工	重庆分行	2008
曾铁波	会计结算部	2007年度优秀员工	重庆分行	2008
宋渝萍	会计结算部	2007年度优秀员工	重庆分行	2008
颜丹	会计结算部	2007年度优秀员工	重庆分行	2008
邓惊涛	授信部	2007年度优秀员工	重庆分行	2008
刘妍	办公室	2007年度优秀员工	重庆分行	2008
李洪宏	风险监控室	2007年度优秀员工	重庆分行	2008
顾青	行政部	2007年度优秀员工	重庆分行	2008
王颖	公司业务部	2007年度优秀员工	重庆分行	2008
赵瑞	电银部	2007年度优秀员工	重庆分行	2008
孙强	物业部	2007年度优秀员工	重庆分行	2008
樊家琪	物业部	2007年度优秀员工	重庆分行	2008
吴胜华	物业部	2007年度优秀员工	重庆分行	2008
彭建龙	物业部	2007年度优秀员工	重庆分行	2008
洪霞	松石路支行	2007年度优秀员工	重庆分行	2008
冉东政	沙坪坝支行	2007年度优秀员工	重庆分行	2008
曾立力	沙坪坝支行	2007年度优秀员工	重庆分行	2008
杨燕	沙坪坝支行	2007年度优秀员工	重庆分行	2008
王敏	巴南支行	2007年度优秀员工	重庆分行	2008
张琼	南坪支行	2007年度优秀员工	重庆分行	2008

获奖人员	工作单位	荣誉称号	授予单位	获奖时间(年)
何皓	南坪支行	2007年度优秀员工	重庆分行	2008
李俊	南坪支行	2007年度优秀员工	重庆分行	2008
邹霞	分行营业部	2007年度优秀员工	重庆分行	2008
朱玫	分行营业部	2007年度优秀员工	重庆分行	2008
曹铭	大渡口支行	2007年度优秀员工	重庆分行	2008
李莉	渝中支行	2007年度优秀员工	重庆分行	2008
胡咏梅	渝中支行	2007年度优秀员工	重庆分行	2008
胡晓东	渝中支行	2007年度优秀员工	重庆分行	2008
李毅萍	渝中支行	2007年度优秀员工	重庆分行	2008
张涛	渝中支行	2007年度优秀员工	重庆分行	2008
白雪	渝中支行	2007年度优秀员工	重庆分行	2008
石英姿	九龙坡支行	2007年度优秀员工	重庆分行	2008
周蕾	九龙坡支行	2007年度优秀员工	重庆分行	2008
彭华	九龙坡支行	2007年度优秀员工	重庆分行	2008
胡太华	九龙坡支行	2007年度优秀员工	重庆分行	2008
陈翌	民族路支行	2007年度优秀员工	重庆分行	2008
何晓霞	江北支行	2007年度优秀员工	重庆分行	2008
田景元	江北支行	2007年度优秀员工	重庆分行	2008
唐薇	江北支行	2007年度优秀员工	重庆分行	2008
翟佳	江北支行	2007年度优秀员工	重庆分行	2008
张杰	江北支行	2007年度优秀员工	重庆分行	2008
胡珺	江北支行	2007年度优秀员工	重庆分行	2008
黄中全	高新支行	2008年度优秀党务工作者	重庆分行	2008
陈凯	会计结算部	2008年度优秀共产党员	重庆分行	2008
李毅萍	渝中支行	2008年度优秀共产党员	重庆分行	2008
蒋震	沙坪坝支行	2008年度优秀共产党员	重庆分行	2008
唐薇	江北支行	2008年度优秀共产党员	重庆分行	2008
朱磊	高新支行	2008年度优秀共产党员	重庆分行	2008
何静	巴南支行	2008年度优秀共产党员	重庆分行	2008
罗满霖	长寿支行	2008年度优秀共产党员	重庆分行	2008
袁晓莉	民族路支行	2008年度优秀共产党员	重庆分行	2008
谢进	北碚支行	2008年度优秀共产党员	重庆分行	2008
胡树友	渝中支行	2009年度优秀共产党员	重庆市分行	2009
张晋涛	江北支行	2009年度优秀共产党员	重庆市分行	2009
王祖峰	北碚支行	2009年度优秀共产党员	重庆市分行	2009
袁晓莉	民族路支行	2009年度优秀共产党员	重庆市分行	2009
杨萍	北部新区支行	2009年度优秀共产党员	重庆市分行	2009
李蓉	大坪支行	2009年度优秀共产党员	重庆市分行	2009
邓惊涛	授信部	2009年度优秀共产党员	重庆市分行	2009

获奖人员	工作单位	荣誉称号	授予单位	获奖时间(年)
刘明洁	预算财务部	2009年度优秀共产党员	重庆市分行	2009
王永阳	法律合规部	2009年度优秀共产党员	重庆市分行	2009
邹展	九龙坡支行	2009年度优秀共产党员	重庆市分行	2009
董玉萍	朝天门支行	2009年度优秀党务工作者	重庆市分行	2009
詹必伟	南坪支行党支部	2009年度优秀党务工作者	重庆市分行	2009
赵瑞	电银部	2009年度优秀党务工作者	重庆市分行	2009
童军	涪陵支行	2008年度先进工作者	重庆市分行	2009
朱红	西郊路支行	2008年度先进工作者	重庆市分行	2009
黄遐	南城支行	2008年度先进工作者	重庆市分行	2009
侯海妮	公司一部	2008年度先进工作者	重庆市分行	2009
李庆	监察室	2008年度先进工作者	重庆市分行	2009
陈艳	办公室	2008年度先进工作者	重庆市分行	2009
汪洋	电银部	2008年度先进工作者	重庆市分行	2009
徐庆	国际部	2008年度先进工作者	重庆市分行	2009
杨阳	保卫部	2008年度先进工作者	重庆市分行	2009
周毓川	信息技术部	2008年度先进工作者	重庆市分行	2009
程序	资产负债管理部	2008年度先进工作者	重庆市分行	2009
王颖	公司一部	2008年度先进工作者	重庆市分行	2009
曾勇	行政部	2008年度先进工作者	重庆市分行	2009
康佳佳	个金部	2008年度先进工作者	重庆市分行	2009
胡榕	个金部	2008年度先进工作者	重庆市分行	2009
黄奕龙	预算财务部	2008年度先进工作者	重庆市分行	2009
詹怡	审计部	2008年度先进工作者	重庆市分行	2009
曾晓霞	风险监控部	2008年度先进工作者	重庆市分行	2009
赵福川	资产保全部	2008年度先进工作者	重庆市分行	2009
江莉	会计结算部	2008年度先进工作者	重庆市分行	2009
肖琴	会计结算部	2008年度先进工作者	重庆市分行	2009
陈志宇	会计结算部	2008年度先进工作者	重庆市分行	2009
饶家莉	会计结算部	2008年度先进工作者	重庆市分行	2009
周一言	会计结算部	2008年度先进工作者	重庆市分行	2009
唐波	分行营业部	2008年度先进工作者	重庆市分行	2009
夏磊	分行营业部	2008年度先进工作者	重庆市分行	2009
吴兰	渝中支行	2008年度先进工作者	重庆市分行	2009
朱剑峰	渝中支行	2008年度先进工作者	重庆市分行	2009
李毅萍	渝中支行	2008年度先进工作者	重庆市分行	2009
李祎哲	渝中支行	2008年度先进工作者	重庆市分行	2009
王燕	渝中支行	2008年度先进工作者	重庆市分行	2009
胡晓东	渝中支行	2008年度先进工作者	重庆市分行	2009
陈晖	沙坪坝支行	2008年度先进工作者	重庆市分行	2009

获奖人员	工作单位	荣誉称号	授予单位	获奖时间(年)
陈燕	沙坪坝支行	2008年度先进工作者	重庆市分行	2009
刘毓敏	沙坪坝支行	2008年度先进工作者	重庆市分行	2009
阙庆梅	沙坪坝支行	2008年度先进工作者	重庆市分行	2009
冉东政	沙坪坝支行	2008年度先进工作者	重庆市分行	2009
王怀义	沙坪坝支行	2008年度先进工作者	重庆市分行	2009
赵亮	南坪支行	2008年度先进工作者	重庆市分行	2009
夏爽	南坪支行	2008年度先进工作者	重庆市分行	2009
尹丽娟	南坪支行	2008年度先进工作者	重庆市分行	2009
徐跃涛	南坪支行	2008年度先进工作者	重庆市分行	2009
王东	江北支行	2008年度先进工作者	重庆市分行	2009
张玉茹	江北支行	2008年度先进工作者	重庆市分行	2009
田景元	江北支行	2008年度先进工作者	重庆市分行	2009
魏欣婕	江北支行	2008年度先进工作者	重庆市分行	2009
朱涛	江北支行	2008年度先进工作者	重庆市分行	2009
童晓迪	江北支行	2008年度先进工作者	重庆市分行	2009
王渝	九龙坡支行	2008年度先进工作者	重庆市分行	2009
石英姿	九龙坡支行	2008年度先进工作者	重庆市分行	2009
覃琳	九龙坡支行	2008年度先进工作者	重庆市分行	2009
何为	九龙坡支行	2008年度先进工作者	重庆市分行	2009
冉丽	高新支行	2008年度先进工作者	重庆市分行	2009
周建	高新支行	2008年度先进工作者	重庆市分行	2009
彭宏莉	高新支行	2008年度先进工作者	重庆市分行	2009
何静	巴南支行	2008年度先进工作者	重庆市分行	2009
王敏	巴南支行	2008年度先进工作者	重庆市分行	2009
王祖峰	北碚支行	2008年度先进工作者	重庆市分行	2009
张永刚	北碚支行	2008年度先进工作者	重庆市分行	2009
唐庄	长寿支行	2008年度先进工作者	重庆市分行	2009
肖鸣	涪陵支行	2008年度先进工作者	重庆市分行	2009
卢江珊	人民路支行	2008年度先进工作者	重庆市分行	2009
邹川	大坪支行	2008年度先进工作者	重庆市分行	2009
段佳玲	新牌坊支行	2008年度先进工作者	重庆市分行	2009
廖尾	渝北支行	2008年度先进工作者	重庆市分行	2009
张灿	松石路支行	2008年度先进工作者	重庆市分行	2009
王华	朝天门支行	2008年度先进工作者	重庆市分行	2009
曾际	七星岗支行	2008年度先进工作者	重庆市分行	2009
李静	西郊路支行	2008年度先进工作者	重庆市分行	2009
赵畅	江津支行	2008年度先进工作者	重庆市分行	2009
李乔	北部新区支行	2008年度先进工作者	重庆市分行	2009
陈翌	民族路支行	2008年度先进工作者	重庆市分行	2009

获奖人员	工作单位	荣誉称号	授予单位	获奖时间(年)
黄少林	解放碑支行	2008年度先进工作者	重庆市分行	2009
杨啸	南城支行	2008年度先进工作者	重庆市分行	2009
孟锐	大渡口支行	2008年度先进工作者	重庆市分行	2009
杨雪琴	分行营业部	2008年度服务标兵	重庆市分行	2009
曾智敏	渝中支行	2008年度服务标兵	重庆市分行	2009
胡咏梅	渝中支行	2008年度服务标兵	重庆市分行	2009
陈远东	沙坪坝支行	2008年度服务标兵	重庆市分行	2009
杨燕	沙坪坝支行	2008年度服务标兵	重庆市分行	2009
何先平	南坪支行	2008年度服务标兵	重庆市分行	2009
曹玲	南坪支行	2008年度服务标兵	重庆市分行	2009
禹洋	江北支行	2008年度服务标兵	重庆市分行	2009
冯乐	江北支行	2008年度服务标兵	重庆市分行	2009
李茜	九龙坡支行	2008年度服务标兵	重庆市分行	2009
刘永丽	九龙坡支行	2008年度服务标兵	重庆市分行	2009
齐乔	高新支行	2008年度服务标兵	重庆市分行	2009
刘兴梅	巴南支行	2008年度服务标兵	重庆市分行	2009
赵金艳	北碚支行	2008年度服务标兵	重庆市分行	2009
兰中权	长寿支行	2008年度服务标兵	重庆市分行	2009
刘洋	涪陵支行	2008年度服务标兵	重庆市分行	2009
邱佳莉	人民路支行	2008年度服务标兵	重庆市分行	2009
赵丽虹	大坪支行	2008年度服务标兵	重庆市分行	2009
龚金	新牌坊支行	2008年度服务标兵	重庆市分行	2009
曹君祝	渝北支行	2008年度服务标兵	重庆市分行	2009
胡晓东	松石路支行	2008年度服务标兵	重庆市分行	2009
李翔	朝天门支行	2008年度服务标兵	重庆市分行	2009
姚媛娱	七星岗支行	2008年度服务标兵	重庆市分行	2009
鲜艳	西郊路支行	2008年度服务标兵	重庆市分行	2009
郑莹	江津支行	2008年度服务标兵	重庆市分行	2009
曹静	北部新区支行	2008年度服务标兵	重庆市分行	2009
鲁娟	民族路支行	2008年度服务标兵	重庆市分行	2009
向茜	解放碑支行	2008年度服务标兵	重庆市分行	2009
银吕丽	南城支行	2008年度服务标兵	重庆市分行	2009
刘芳	大渡口支行	2008年度服务标兵	重庆市分行	2009
袁晓莉	民族路支行	2008年度优秀对公客户经理	重庆市分行	2009
周宇	朝天门支行	2008年度优秀对公客户经理	重庆市分行	2009
廖晓云	朝天门支行	2008年度优秀对公客户经理	重庆市分行	2009
方义敏	西郊路支行	2008年度优秀对公客户经理	重庆市分行	2009
唐恬	西郊路支行	2008年度优秀对公客户经理	重庆市分行	2009
虞清	高新支行	2008年度优秀对公客户经理	重庆市分行	2009

获奖人员	工作单位	荣誉称号	授予单位	获奖时间(年)
胡姝	人民路支行	2008年度优秀对公客户经理	重庆市分行	2009
朱涛	新牌坊支行	2008年度优秀零售信贷客户经理	重庆市分行	2009
汪玲	长寿支行	2008年度优秀零售信贷客户经理	重庆市分行	2009
皮晓清	民族路支行	2008年度优秀零售信贷客户经理	重庆市分行	2009
张志梅	长寿支行	2008年度优秀零售信贷客户经理	重庆市分行	2009
易灵利	九龙坡支行	2008年度优秀客户服务经理	重庆市分行	2009
经晶	江北支行	2008年度优秀客户服务经理	重庆市分行	2009
郭今	大渡口支行	2008年度优秀客户服务经理	重庆市分行	2009
黎静	沙坪坝支行	2008年度优秀大堂经理	重庆市分行	2009
袁萍	沙坪坝支行	2008年度优秀大堂经理	重庆市分行	2009
张昶	渝中支行	2008年度优秀大堂经理	重庆市分行	2009
王国平	渝中支行	2008年度优秀大堂经理	重庆市分行	2009
李强	沙坪坝支行	2008年度优秀大堂经理	重庆市分行	2009
何为	九龙坡支行	2008年度优秀大堂经理	重庆市分行	2009
李维刚	江北支行	2008年度优秀大堂经理	重庆市分行	2009
王莉	沙坪坝支行	2008年度优秀会计主管	重庆市分行	2009
唐莉	民族路支行	2008年度优秀会计主管	重庆市分行	2009
谢进	北碚支行	2008年度优秀会计主管	重庆市分行	2009
曹铭	大渡口支行	2008年度优秀会计主管	重庆市分行	2009
金兰	沙坪坝支行	2008年度优秀会计主管	重庆市分行	2009
马映涛	巴南支行	2008年度优秀会计主管	重庆市分行	2009
胡庆	巴南支行	2008年度优秀会计主管	重庆市分行	2009
陈奕帆	东和春天支行	2010年度非货币基金销售状元	重庆市分行	2010
古红兵	北碚支行	2010年度个人贷款信息补录工作奖第一名	重庆市分行	2010
邓嘉	渝北支行	2010年度个人贷款信息补录工作奖第二名	重庆市分行	2010
郭兵	渝北支行	2010年度个人贷款信息补录工作奖第二名	重庆市分行	2010
何玲	涪陵支行	2010年度个人贷款信息补录工作奖第三名	重庆市分行	2010
肖敏	涪陵支行	2010年度个人贷款信息补录工作奖第三名	重庆市分行	2010
朱玫	分行营业部	2010年度存量不良个贷现金清收奖第一名	重庆市分行	2010
刘静	渝中支行	2010年度存量不良个贷现金清收奖第二名	重庆市分行	2010
何芳	南坪支行	2010年度存量不良个贷现金清收奖第三名	重庆市分行	2010
李晋	资产保全部	2010年度对私不良贷款管理奖	重庆市分行	2010
白勇	零售信贷部	2010年度对私不良贷款管理奖	重庆市分行	2010
赵福川	资产保全部	2010年度存量不良贷款现金清收奖第一名	重庆市分行	2010
秦克宁	资产保全部	2010年度存量不良贷款现金清收奖第二名	重庆市分行	2010
杨阳	保卫部	2010年度先进个人	重庆市分行	2010
董焰	保卫部	2010年度先进个人	重庆市分行	2010
杜娟	个金部	2010年度先进个人	重庆市分行	2010
曹大祥	行政部	2010年度先进个人	重庆市分行	2010

获奖人员	工作单位	荣誉称号	授予单位	获奖时间(年)
谢静	会计结算部	2010年度先进个人	重庆市分行	2010
丁健	会计部	2010年度先进个人	重庆市分行	2010
赵瑞	电银部	2010年度先进个人	重庆市分行	2010
陶蔚	信息部	2010年度先进个人	重庆市分行	2010
凌毅	九龙园支行	2010年度先进个人	重庆市分行	2010
孙晓	北部新区支行	2010年度先进个人	重庆市分行	2010
李妍	九龙坡支行营业厅	2010年度先进个人	重庆市分行	2010
徐建国	南坪支行	2010年度先进个人	重庆市分行	2010
邓敏	渝中支行营业厅	2010年度先进个人	重庆市分行	2010
阮泽生	保安室	2010年度先进个人	重庆市分行	2010
章启军	武装押运部	2010年度先进个人	重庆市分行	2010
廖晓云	朝天门支行	2009年度对公贷款增量状元奖	重庆市分行	2010
张湛	零售信贷部	2009年度个人贷款增量状元奖	重庆市分行	2010
白雪	渝中支行营业厅	2009年度揽储增量状元奖	重庆市分行	2010
王燕	渝中双钢路支行	2009年度沃德客户新增状元奖	重庆市分行	2010
谭先培	江北支行营业厅	2009年度保险代理状元奖	重庆市分行	2010
汪玲	长寿支行	2009年度双币卡拓展状元奖	重庆市分行	2010
徐庆	国际部	2009年度进口保理拓展状元奖	重庆市分行	2010
李翔	朝天门支行	2009年度手机银行拓展状元奖	重庆市分行	2010
赵福川	资产保全部	2009年度清收状元奖	重庆市分行	2010
张晋涛	江北支行	2009年度优秀对公客户经理	重庆市分行	2010
杜锴	北部新区支行	2009年度优秀对公客户经理	重庆市分行	2010
黄熠	涪陵支行	2009年度优秀对公客户经理	重庆市分行	2010
古红兵	北碚支行	2009年度优秀零售信贷客户经理	重庆市分行	2010
汪玲	长寿支行	2009年度优秀零售信贷客户经理	重庆市分行	2010
翟佳	零售信贷部	2009年度优秀零售信贷客户经理	重庆市分行	2010
余萍	沙坪坝学府路支行	2009年度优秀个金客户经理	重庆市分行	2010
朱金蓉	民族路支行	2009年度优秀个金客户经理	重庆市分行	2010
曾楠	江北支行	2009年度优秀个金客户经理	重庆市分行	2010
黎静	沙坪坝学府路支行	2009年度优秀大堂经理	重庆市分行	2010
魏欣婕	江北支行营业厅	2009年度优秀大堂经理	重庆市分行	2010
李强	沙坪坝支行	2009年度优秀大堂经理	重庆市分行	2010
谭先培	江北支行营业厅	2009年度优秀营销主管	重庆市分行	2010
周娟	北部新区龙湖支行	2009年度优秀营销主管	重庆市分行	2010
杨燕	沙坪坝学府路支行	2009年度优秀会计主管	重庆市分行	2010
吴兰	渝中支行营业厅	2009年度优秀会计主管	重庆市分行	2010
湛萍	江北支行营业厅	2009年度优秀会计主管	重庆市分行	2010

获奖人员	工作单位	荣誉称号	授予单位	获奖时间(年)
张欣	北部新区支行营业厅	2009年度优秀营销主管	重庆市分行	2010
周露	渝中支行	2009年度服务明星	重庆市分行	2010
李艳	渝中支行	2009年度服务明星	重庆市分行	2010
陈苑	江北支行	2009年度服务明星	重庆市分行	2010
冯乐	江北支行	2009年度服务明星	重庆市分行	2010
穆光玉	沙坪坝支行	2009年度服务明星	重庆市分行	2010
胥勤	沙坪坝支行	2009年度服务明星	重庆市分行	2010
李茜	九龙坡支行	2009年度服务明星	重庆市分行	2010
陈雪莲	九龙坡支行	2009年度服务明星	重庆市分行	2010
曾娟	南坪支行	2009年度服务明星	重庆市分行	2010
熊俊	南坪支行	2009年度服务明星	重庆市分行	2010
唐波	分行营业部	2009年度服务明星	重庆市分行	2010
阳季刚	高新支行	2009年度服务明星	重庆市分行	2010
肖璐	巴南支行	2009年度服务明星	重庆市分行	2010
刘禹亮	北碚支行	2009年度服务明星	重庆市分行	2010
石加强	长寿支行	2009年度服务明星	重庆市分行	2010
刘洋	涪陵支行	2009年度服务明星	重庆市分行	2010
王航	人民路支行	2009年度服务明星	重庆市分行	2010
严媛媛	大坪支行	2009年度服务明星	重庆市分行	2010
侯迎芝	新牌坊支行	2009年度服务明星	重庆市分行	2010
张瑜	渝北支行	2009年度服务明星	重庆市分行	2010
秦莉	松石路支行	2009年度服务明星	重庆市分行	2010
赵雁	朝天门支行	2009年度服务明星	重庆市分行	2010
张艳	七星岗支行	2009年度服务明星	重庆市分行	2010
刘婷婷	西郊路支行	2009年度服务明星	重庆市分行	2010
毛晓燕	江津支行	2009年度服务明星	重庆市分行	2010
秦琴	北部新区支行	2009年度服务明星	重庆市分行	2010
陈翌	民族路支行	2009年度服务明星	重庆市分行	2010
祁艳	解放碑支行	2009年度服务明星	重庆市分行	2010
肖隽祎	南城支行	2009年度服务明星	重庆市分行	2010
曹铭	大渡口支行	2009年度服务明星	重庆市分行	2010
孙强	物业部	2009年度服务明星	重庆市分行	2010
毛毕华	物业部	2009年度服务明星	重庆市分行	2010
陶勇	保安室	2009年度服务明星	重庆市分行	2010
杜锴	大客户部	2010年对公存款增量状元奖	重庆市分行	2011
唐薇	江北支行	2010年储蓄存款增量状元奖	重庆市分行	2011
赵福川	保全部	2010年不良资产清收状元奖	重庆市分行	2011
谭东	大客户部	2010年对公贷款增量状元奖	重庆市分行	2011

获奖人员	工作单位	荣誉称号	授予单位	获奖时间(年)
张湛	九龙坡支行	2010年个人贷款增量状元奖	重庆市分行	2011
杨琴	北部新区支行	2010年私人银行客户新增状元奖	重庆市分行	2011
陈奕帆	江北支行	2010年非货币基金基金销售状元奖	重庆市分行	2011
周亚琳	沙坪坝支行	2010年双币卡拓展状元奖	重庆市分行	2011
徐庆	国际业务部	2010年国际结算拓展状元奖	重庆市分行	2011
杨燕	沙坪坝支地	2010年手机银行拓展状元奖	重庆市分行	2011
廖渝	渝中支行	2010年优秀对公客户经理	重庆市分行	2011
胡姝	人民路支行	2010年优秀对公客户经理	重庆市分行	2011
张晋涛	江北支行	2010年优秀对公客户经理	重庆市分行	2011
王勇	个贷中心	2010年优秀零售信贷客户经理	重庆市分行	2011
皮晓清	民族路支行	2010年优秀零售信贷客户经理	重庆市分行	2011
汪玲	长寿支行	2010年优秀零售信贷客户经理	重庆市分行	2011
陈敏	南坪支行	2010年优秀个金客户经理	重庆市分行	2011
朱金蓉	渝中支行	2010年优秀个金客户经理	重庆市分行	2011
郭军	渝北支行	2010年优秀个金客户经理	重庆市分行	2011
牟萍	南坪支行	2010年优秀营销主管	重庆市分行	2011
谢进	北碚支行	2010年优秀营销主管	重庆市分行	2011
周娟	北部新区支行	2010年优秀营销主管	重庆市分行	2011
温静	南坪支行	2010年优秀会计人员	重庆市分行	2011
吴兰	渝中支行	2010年优秀会计人员	重庆市分行	2011
孙晓	江北支行	2010年优秀会计人员	重庆市分行	2011
董旭	渝中支行	2010年服务明星	重庆市分行	2011
李明阳	南坪支行	2010年服务明星	重庆市分行	2011
邱本容	江津支行	2010年服务明星	重庆市分行	2011
罗茜丹	九龙坡支行	2010年服务明星	重庆市分行	2011
王瑜	沙坪坝支行	2010年服务明星	重庆市分行	2011
徐海燕	江北支行	2010年服务明星	重庆市分行	2011
赵金艳	北碚支行	2010年服务明星	重庆市分行	2011
申唯	营业部	2010年服务明星	重庆市分行	2011
邓春利	两江新区支行	2010年服务明星	重庆市分行	2011
朱达霏	北部新区支行	2010年服务明星	重庆市分行	2011
许可	沙坪坝支行	2011年度优秀党务工作者	重庆市分行	2011
陈咏	渝北支行	2011年度优秀党务工作者	重庆市分行	2011
胡晓东	渝中支行	2011年度优秀共产党员	重庆市分行	2011
刘柃妤	江北支行	2011年度优秀共产党员	重庆市分行	2011
陈晖	沙坪坝支行	2011年度优秀共产党员	重庆市分行	2011
石英姿	袁家岗支行	2011年度优秀共产党员	重庆市分行	2011

获奖人员	工作单位	荣誉称号	授予单位	获奖时间(年)
晏敏	南坪支行	2011年度优秀共产党员	重庆市分行	2011
谢进	北碚支行	2011年度优秀共产党员	重庆市分行	2011
王优妮	北部新区支行	2011年度优秀共产党员	重庆市分行	2011
丁舸	营业部	2011年度优秀共产党员	重庆市分行	2011
郭欣	会计结算部	2011年度优秀共产党员	重庆市分行	2011
凌明	零售信贷管理部	2011年度优秀共产党员	重庆市分行	2011
唐薇	江北支行	2011年度优秀共产党员	重庆市分行	2011
谭立炜	渝中学田湾支行	2011年度代理保险业务优秀个人	重庆市分行	2012
任雯	沙坪坝凤天路支行	2011年度代理保险业务优秀个人	重庆市分行	2012
张琼	南坪支行	2011年度代理保险业务优秀个人	重庆市分行	2012
袁晓莉	渝中支行	2011年度对公存款增量状元奖	重庆市分行	2012
袁溯	沙坪坝支行	2011年度对公中间业务收入状元奖	重庆市分行	2012
余东	两江新区支行	2011年度对公有效户拓展状元奖	重庆市分行	2012
周永结	九龙坡支行	2011年度储蓄存款增量状元奖	重庆市分行	2012
皮晓清	民族路支行	2011年度零售中间业务收入状元奖	重庆市分行	2012
陈永贤	九龙坡支行	2011年度对私有效户拓展状元奖	重庆市分行	2012
赖新	弹子石支行	2011年度零售产品销售状元奖	重庆市分行	2012
王艳	国际部	2011年度国际结算拓展状元奖	重庆市分行	2012
张燕	朝天门支行	2011年度手机银行拓展状元奖	重庆市分行	2012
吴文淳	九龙坡支行	2011年度零售信贷拓展状元奖	重庆市分行	2012
曾咏梅	九龙坡支行	2011年度优秀对公客户经理	重庆市分行	2012
谢海宁	九龙坡支行	2011年度优秀对公客户经理	重庆市分行	2012
廖晓云	朝天门支行	2011年度优秀对公客户经理	重庆市分行	2012
杨琴	北部新区支行	2011年度优秀零售客户经理	重庆市分行	2012
冯乐	江北支行	2011年度优秀零售客户经理	重庆市分行	2012
佟玫	渝中支行	2011年度优秀零售客户经理	重庆市分行	2012
牟萍	南坪支行营业厅	2011年度优秀营销主管	重庆市分行	2012
唐薇	江北支行	2011年度优秀营销主管	重庆市分行	2012
陈晖	沙坪坝支行	2011年度优秀营销主管	重庆市分行	2012
张惠琼	巴南支行	2011年度优秀会计主管	重庆市分行	2012
何蓉	渝中支行	2011年度优秀会计主管	重庆市分行	2012
王浩宇	高新支行	2011年度优秀会计主管	重庆市分行	2012
印艺	九龙坡支行	2011年度服务明星	重庆市分行	2012
刘璐	沙坪坝支行	2011年度服务明星	重庆市分行	2012
周俊宇	民族路支行	2011年度服务明星	重庆市分行	2012
李俊	南坪支行	2011年度服务明星	重庆市分行	2012
谢丹	江北支行	2011年度服务明星	重庆市分行	2012
何为	巴南支行	2011年度服务明星	重庆市分行	2012

获奖人员	工作单位	荣誉称号	授予单位	获奖时间(年)
杨韵加	两江新区支行	2011年度服务明星	重庆市分行	2012
龙祯	渝中支行	2011年度服务明星	重庆市分行	2012
焦春涛	信息部	2011年度服务明星	重庆市分行	2012
高艺	零贷部	2011年度服务明星	重庆市分行	2012
焦春涛	信息部	2011年度十佳员工	重庆市分行	2012
陈怡	零贷部	2011年度十佳员工	重庆市分行	2012
胡南琪	公司部	2011年度十佳员工	重庆市分行	2012
谭永胜	涪陵支行	2011年度十佳员工	重庆市分行	2012
袁晓莉	渝中支行	2011年度十佳员工	重庆市分行	2012
徐敏	分行营业部	2011年度十佳员工	重庆市分行	2012
刘璐	沙坪坝支行	2011年度十佳员工	重庆市分行	2012
曾咏梅	九龙坡支行	2011年度十佳员工	重庆市分行	2012
周俊宇	民族路支行	2011年度十佳员工	重庆市分行	2012
何蓉	渝中支行	2011年度十佳员工	重庆市分行	2012
廖丹	会计部	2011年度特别奖	重庆市分行	2012
谭永胜	涪陵支行	创先争优优秀共产党员	重庆市分行	2012
姚红烈	分行营业部	创先争优优秀共产党员	重庆市分行	2012
刘静园	渝北支行	创先争优优秀共产党员	重庆市分行	2012
方玫	渝中支行	创先争优优秀共产党员	重庆市分行	2012
胡南琪	公司/投行部	创先争优优秀共产党员	重庆市分行	2012
毛文娟	个金部	创先争优优秀共产党员	重庆市分行	2012
魏雪梅	高新支行	创先争优优秀共产党员	重庆市分行	2012
张惠琼	巴南支行	创先争优优秀共产党员	重庆市分行	2012
邓惊涛	授信部	创先争优优秀共产党员	重庆市分行	2012
曹亮	办公室	创先争优优秀共产党员	重庆市分行	2012
逯晓红	人力资源部	2012年度先进个人	重庆市分行	2013
欧阳春辉	资负/预财部	2012年度先进个人	重庆市分行	2013
游薇	公司部	2012年度先进个人	重庆市分行	2013
袁敏	国际部	2012年度先进个人	重庆市分行	2013
程立	个金部	2012年度先进个人	重庆市分行	2013
韦俊	零贷部	2012年度先进个人	重庆市分行	2013
肖琴	营运部	2012年度先进个人	重庆市分行	2013
曾勇	营运部	2012年度先进个人	重庆市分行	2013
薛尽成	授信部	2012年度先进个人	重庆市分行	2013
杨琴	保全/合规部	2012年度先进个人	重庆市分行	2013
唐恬	风险部	2012年度先进个人	重庆市分行	2013
代宏川	审计部	2012年度先进个人	重庆市分行	2013
王远荣	信息部	2012年度先进个人	重庆市分行	2013
何荣	电银部	2012年度先进个人	重庆市分行	2013

获奖人员	工作单位	荣誉称号	授予单位	获奖时间(年)
徐广宇	业务处理中心	2012年度先进个人	重庆市分行	2013
王英珍	业务处理中心	2012年度先进个人	重庆市分行	2013
马艳春	业务处理中心	2012年度先进个人	重庆市分行	2013
陈思思	分行营业部	2012年度先进个人	重庆市分行	2013
王一	分行营业部	2012年度先进个人	重庆市分行	2013
陆昕	大客户部	2012年度先进个人	重庆市分行	2013
矣峻松	两路口支行	2012年度先进个人	重庆市分行	2013
李舒	东和春天支行	2012年度先进个人	重庆市分行	2013
魏欣婕	江北支行	2012年度先进个人	重庆市分行	2013
孙晓	江北支行	2012年度先进个人	重庆市分行	2013
刘俊辉	江北支行	2012年度先进个人	重庆市分行	2013
廖亮	江北支行	2012年度先进个人	重庆市分行	2013
左娟	江北支行	2012年度先进个人	重庆市分行	2013
陈影	渝中支行	2012年度先进个人	重庆市分行	2013
佟玫	渝中支行	2012年度先进个人	重庆市分行	2013
周开晓	渝中支行	2012年度先进个人	重庆市分行	2013
谭立炜	渝中支行	2012年度先进个人	重庆市分行	2013
陈翌	渝中支行	2012年度先进个人	重庆市分行	2013
龙祯	渝中支行	2012年度先进个人	重庆市分行	2013
石英姿	九龙坡支行	2012年度先进个人	重庆市分行	2013
曾咏梅	九龙坡支行	2012年度先进个人	重庆市分行	2013
周永结	九龙坡支行	2012年度先进个人	重庆市分行	2013
杨高	沙坪坝支行	2012年度先进个人	重庆市分行	2013
喻蓉	沙坪坝支行	2012年度先进个人	重庆市分行	2013
戴霜蕾	沙坪坝支行	2012年度先进个人	重庆市分行	2013
邵梅梅	沙坪坝支行	2012年度先进个人	重庆市分行	2013
王欣	西郊路支行	2012年度先进个人	重庆市分行	2013
王亚	南坪支行	2012年度先进个人	重庆市分行	2013
陈新	南坪支行营业厅	2012年度先进个人	重庆市分行	2013
夏爽	南坪支行	2012年度先进个人	重庆市分行	2013
武益	南坪支行	2012年度先进个人	重庆市分行	2013
田景元	朝天门支行	2012年度先进个人	重庆市分行	2013
梁桂兰	北部新区支行	2012年度先进个人	重庆市分行	2013
李乔	北部新区支行	2012年度先进个人	重庆市分行	2013
张瑜	渝北支行	2012年度先进个人	重庆市分行	2013
冯宁	渝北支行	2012年度先进个人	重庆市分行	2013
李先杰	涪陵支行	2012年度先进个人	重庆市分行	2013
唐玉娇	北碚支行	2012年度先进个人	重庆市分行	2013
樊国华	北碚支行	2012年度先进个人	重庆市分行	2013

获奖人员	工作单位	荣誉称号	授予单位	获奖时间(年)
许玛丽	人民路支行	2012年度先进个人	重庆市分行	2013
曹燕	两江新区支行	2012年度先进个人	重庆市分行	2013
刘协力	高新支行	2012年度先进个人	重庆市分行	2013
阳季刚	高新支行	2012年度先进个人	重庆市分行	2013
朱昆琴	大坪支行	2012年度先进个人	重庆市分行	2013
张志梅	长寿支行	2012年度先进个人	重庆市分行	2013
王锐	巴南支行	2012年度先进个人	重庆市分行	2013
陈杨	大渡口支行	2012年度先进个人	重庆市分行	2013
尹雪梅	江津支行	2012年度先进个人	重庆市分行	2013
周元	永川支行	2012年度先进个人	重庆市分行	2013
王巧	弹子石支行	2012年度先进个人	重庆市分行	2013
郑茂	九龙园支行	2012年度先进个人	重庆市分行	2013
鞠花	陈家湾支行	2012年度先进个人	重庆市分行	2013
程霜	合川支行	2012年度先进个人	重庆市分行	2013
杨帆	分行营业部	2012年度优秀对公客户经理	重庆市分行	2013
施红芳	两江新区支行	2012年度优秀对公客户经理	重庆市分行	2013
刘君	北部新区支行	2012年度优秀对公客户经理	重庆市分行	2013
郑凌丹	两江新区支行	2012年度优秀对公客户经理	重庆市分行	2013
邓嘉	渝北支行	2012年度优秀对公客户经理	重庆市分行	2013
廖渝	渝中支行	2012年度优秀对公客户经理	重庆市分行	2013
陆昕	大客户部	2012年度优秀对公客户经理	重庆市分行	2013
王优妮	北部新区支行	2012年度优秀对公客户经理	重庆市分行	2013
曾际	江北支行	2012年度优秀对公客户经理	重庆市分行	2013
张君	沙坪坝支行	2012年度优秀对公客户经理	重庆市分行	2013
谢进	渝中支行	2012年度优秀零售客户经理	重庆市分行	2013
刘静园	渝北支行	2012年度优秀零售客户经理	重庆市分行	2013
黄丽	分行营业部	2012年度优秀零售客户经理	重庆市分行	2013
李佳	沙坪坝支行	2012年度优秀零售客户经理	重庆市分行	2013
杨琴	北部新区支行	2012年度优秀零售客户经理	重庆市分行	2013
智若愚	江北支行	2012年度优秀零售客户经理	重庆市分行	2013
黄少林	两江新区支行	2012年度优秀零售客户经理	重庆市分行	2013
吴文淳	九龙坡支行	2012年度优秀零售客户经理	重庆市分行	2013
周亚琳	沙坪坝支行	2012年度优秀零售客户经理	重庆市分行	2013
何奇珂	九龙坡支行	2012年度优秀零售客户经理	重庆市分行	2013
杜娟	个金部	2012年度优秀产品经理	重庆市分行	2013
任敬钊	电银部	2012年度优秀产品经理	重庆市分行	2013
蔡刚	机构部	2012年度优秀产品经理	重庆市分行	2013

获奖人员	工作单位	荣誉称号	授予单位	获奖时间(年)
牟红钢	公司部	2012年度优秀产品经理	重庆市分行	2013
李祎哲	渝中支行	2012年度国际业务综合评价第一名	重庆市分行	2013
姚红烈	分行营业部	2012年度对公日均存款新增第一名	重庆市分行	2013
肖建国	江北支行	2012年度对公中间业务收入第一名	重庆市分行	2013
吴钰	西郊路支行	2012年度中型授信客户推进第一名	重庆市分行	2013
矣峻松	两路口支行	2012年度对公有效户开户第一名	重庆市分行	2013
皮晓清	渝中支行	私人银行客户净增第一名	重庆市分行	2013
张崇静	九龙坡支行	储蓄平均余额增量第一名	重庆市分行	2013
邓维中	永川支行	零售贷款发放量第一名	重庆市分行	2013
邓维中	永川支行	十佳零贷明星客户经理	重庆市分行	2013
邓玛琳	弹子石支行	手机银行新增第一名	重庆市分行	2013
陈奕帆	东和春天支行	理财产品销售收入第一名	重庆市分行	2013
秦克宁	保全合规部	不良资产清收能手	重庆市分行	2013
陈奕帆	东和春天支行	优秀共青团员	重庆市分行	2013
李琳	信息部	优秀共青团员	重庆市分行	2013
黄熠	涪陵支行	优秀共青团员	重庆市分行	2013
谭欣	南坪支行	优秀共青团员	重庆市分行	2013
王欣	西郊路支行	优秀共青团员	重庆市分行	2013
谢海宁	九龙坡支行	优秀共青团员	重庆市分行	2013
黄婷婷	渝中支行	优秀共青团员	重庆市分行	2013
樊丽	零贷部	优秀共青团员	重庆市分行	2013
何文	涪陵支行	优秀共青团员	重庆市分行	2013
周晓利	长寿支行	优秀共青团员	重庆市分行	2013
陈瑞勇	分行营业部	优秀工会积极分子	重庆市分行	2013
刘勉	业务中心	优秀工会积极分子	重庆市分行	2013
覃琳	九龙坡支行	优秀工会积极分子	重庆市分行	2013
冉东政	沙坪坝支行	优秀工会积极分子	重庆市分行	2013
饶玲	高新支行	优秀工会积极分子	重庆市分行	2013
杨萍	北部新区支行	优秀工会积极分子	重庆市分行	2013
袁晓莉	渝中支行	优秀工会积极分子	重庆市分行	2013
王东	国际部	优秀工会积极分子	重庆市分行	2013
李晶阳	分行营业部	2012年度优质服务明星柜员	重庆市分行	2013
万晶	两路口支行	2012年度优质服务明星柜员	重庆市分行	2013
薛科	东和春天支行	2012年度优质服务明星柜员	重庆市分行	2013
印艺	九龙坡支行	2012年度优质服务明星柜员	重庆市分行	2013
文波	北碚支行	2012年度优质服务明星柜员	重庆市分行	2013
杨珂	两江新区支行	2012年度优质服务明星柜员	重庆市分行	2013
王晶	高新支行	2012年度优质服务明星柜员	重庆市分行	2013
张越倩	江津支行	2012年度优质服务明星柜员	重庆市分行	2013

获奖人员	工作单位	荣誉称号	授予单位	获奖时间(年)
陈洁	弹子石支行	2012年度优质服务明星柜员	重庆市分行	2013
朱慕英	九龙园支行	2012年度优质服务明星柜员	重庆市分行	2013
陈琳琳	东和春天支行	2012年度优秀大堂经理	重庆市分行	2013
张静	渝中支行	2012年度优秀大堂经理	重庆市分行	2013
裴蕾	渝中支行	2012年度优秀大堂经理	重庆市分行	2013
杨馥静	沙坪坝支行	2012年度优秀大堂经理	重庆市分行	2013
郑春艳	沙坪坝支行	2012年度优秀大堂经理	重庆市分行	2013
邹莹莹	南坪支行	2012年度优秀大堂经理	重庆市分行	2013
廖嘉琳	南坪支行	2012年度优秀大堂经理	重庆市分行	2013
秦利亚	朝天门支行	2012年度优秀大堂经理	重庆市分行	2013
夏娇	高新支行	2012年度优秀大堂经理	重庆市分行	2013
骆渝	长寿支行	2012年度优秀大堂经理	重庆市分行	2013
赵学梅	人民路支行	2012年度会计业务技能标兵	重庆市分行	2013
黄晓盈	江北支行	2012年度会计业务技能标兵	重庆市分行	2013
黎颖	渝中支行	2012年度会计业务技能标兵	重庆市分行	2013
黄娅	分行营业部	2012年度会计业务技能标兵	重庆市分行	2013
曹君祝	渝北支行	2012年度会计业务技能标兵	重庆市分行	2013
黄凌凌	沙坪坝支行	2012年度会计业务技能标兵	重庆市分行	2013
邓静	分行营业部	2012年度会计业务技能标兵	重庆市分行	2013
李延风	江北支行	2012年度会计业务技能标兵	重庆市分行	2013
王莉	沙坪坝支行	2012年度优秀网点会计主管	重庆市分行	2013
丁舸	分行营业部	2012年度优秀网点会计主管	重庆市分行	2013
湛萍	渝中支行	2012年度优秀网点会计主管	重庆市分行	2013
张惠琼	南坪支行	2012年度优秀网点会计主管	重庆市分行	2013
张小庆	东和春天支行	2012年度优秀网点会计主管	重庆市分行	2013
马丽英	北碚支行	2012年度优秀网点会计主管	重庆市分行	2013
余丹	沙坪坝支行	2012年度优秀网点会计主管	重庆市分行	2013
曹静	东和春天支行	2012年度优秀网点会计主管	重庆市分行	2013
李春莉	北碚支行	2012年度优秀网点会计主管	重庆市分行	2013
石胜荣	渝中支行	2012年度优秀网点会计主管	重庆市分行	2013
温静	南坪支行	2012年度优秀网点会计主管	重庆市分行	2013
邹霞	渝中支行	2012年度优秀网点会计主管	重庆市分行	2013
刘炀坤	沙坪坝支行	2012年度优秀会计人员	重庆市分行	2013
阳季刚	高新支行	2012年度优秀会计人员	重庆市分行	2013
张青	陈家湾支行	2012年度优秀会计人员	重庆市分行	2013
赵平	朝天门支行	2012年度优秀会计人员	重庆市分行	2013
李乔	北部新区支行	2012年度优秀会计人员	重庆市分行	2013
曹君祝	渝北支行	2012年度优秀会计人员	重庆市分行	2013
王大勇	南坪支行	2012年度优秀会计人员	重庆市分行	2013

获奖人员	工作单位	荣誉称号	授予单位	获奖时间(年)
唐玉娇	北碚支行	2012年度优秀会计人员	重庆市分行	2013
鞠昕原	渝中支行	2012年度优秀会计人员	重庆市分行	2013
张越倩	江津支行	2012年度优秀会计人员	重庆市分行	2013
李妍	九龙坡支行	2012年度优秀会计人员	重庆市分行	2013
李娜	沙坪坝支行	2012年度优秀会计人员	重庆市分行	2013
殷欣	江北支行	2012年度优秀会计人员	重庆市分行	2013
张剑	江北支行	2012年度优秀会计人员	重庆市分行	2013
张云飞	长寿支行	2012年度优秀会计人员	重庆市分行	2013
谢英玉	大渡口支行	2012年度优秀会计人员	重庆市分行	2013
邓黎黎	东和春天支行	2012年度优秀会计人员	重庆市分行	2013
叶静	西郊路支行	2012年度优秀会计人员	重庆市分行	2013
郭芹	渝中支行	2012年度优秀会计人员	重庆市分行	2013
牟萍	南坪支行营业厅	2012年度优秀网点营销主管	重庆市分行	2013
张珏	江北支行	2012年度优秀网点营销主管	重庆市分行	2013
夏爽	工商大学支行	2012年度优秀网点营销主管	重庆市分行	2013
陈晖	学府路支行	2012年度优秀网点营销主管	重庆市分行	2013
马娟	南城支行	2012年度优秀网点营销主管	重庆市分行	2013
杨凤	办公室	2013年度先进个人	重庆市分行	2014
胡满	人力资源部	2013年度先进个人	重庆市分行	2014
王维	资负/预财部	2013年度先进个人	重庆市分行	2014
杨胜伟	公司部	2013年度先进个人	重庆市分行	2014
毛羽	投行/机构部	2013年度先进个人	重庆市分行	2014
王妍	国际部	2013年度先进个人	重庆市分行	2014
蔡依莉	个金部	2013年度先进个人	重庆市分行	2014
廖御铭	个金部	2013年度先进个人	重庆市分行	2014
张静	零贷部	2013年度先进个人	重庆市分行	2014
李静	营运管理部	2013年度先进个人	重庆市分行	2014
曾勇	营运管理部	2013年度先进个人	重庆市分行	2014
胡文荣	授信部	2013年度先进个人	重庆市分行	2014
李晋	保全/合规部	2013年度先进个人	重庆市分行	2014
熊壮	风险管理部	2013年度先进个人	重庆市分行	2014
董雪春	监察室	2013年度先进个人	重庆市分行	2014
秦春月	信息部	2013年度先进个人	重庆市分行	2014
任敬钊	电银部	2013年度先进个人	重庆市分行	2014
覃定宇	行政部	2013年度先进个人	重庆市分行	2014
王经涛	业务中心	2013年度先进个人	重庆市分行	2014
李鸿洋	业务处理中心	2013年度先进个人	重庆市分行	2014
景琼	业务处理中心	2013年度先进个人	重庆市分行	2014
李云谷	分行营业部	2013年度先进个人	重庆市分行	2014

获奖人员	工作单位	荣誉称号	授予单位	获奖时间(年)
黄丽	营业部	2013年度先进个人	重庆市分行	2014
姜雪	两路口支行	2013年度先进个人	重庆市分行	2014
邓黎黎	东和春天支行	2013年度先进个人	重庆市分行	2014
陈晖	江北支行	2013年度先进个人	重庆市分行	2014
黄晓盈	江北支行	2013年度先进个人	重庆市分行	2014
张杰	江北支行	2013年度先进个人	重庆市分行	2014
任家强	江北支行	2013年度先进个人	重庆市分行	2014
朱海燕	江北支行	2013年度先进个人	重庆市分行	2014
白雪	渝中支行	2013年度先进个人	重庆市分行	2014
胡晓东	渝中支行	2013年度先进个人	重庆市分行	2014
皮晓清	渝中支行	2013年度先进个人	重庆市分行	2014
曾涛	渝中支行	2013年度先进个人	重庆市分行	2014
邓婧	渝中支行	2013年度先进个人	重庆市分行	2014
蒋跃亮	九龙坡支行	2013年度先进个人	重庆市分行	2014
邹展	九龙坡支行	2013年度先进个人	重庆市分行	2014
刘偲	九龙坡支行	2013年度先进个人	重庆市分行	2014
郑勇	沙坪坝支行	2013年度先进个人	重庆市分行	2014
李娜	沙坪坝支行	2013年度先进个人	重庆市分行	2014
严天智	沙坪坝支行	2013年度先进个人	重庆市分行	2014
戴霜蕾	沙坪坝支行	2013年度先进个人	重庆市分行	2014
何蓉	西郊路支行	2013年度先进个人	重庆市分行	2014
廖文勇	南坪支行	2013年度先进个人	重庆市分行	2014
曾畅	南坪支行	2013年度先进个人	重庆市分行	2014
赵秀全	南坪支行	2013年度先进个人	重庆市分行	2014
田景元	朝天门支行	2013年度先进个人	重庆市分行	2014
周娟	北部新区支行	2013年度先进个人	重庆市分行	2014
吴德忠	北部新区支行	2013年度先进个人	重庆市分行	2014
陈燕	渝北支行	2013年度先进个人	重庆市分行	2014
汪彩云	渝北支行	2013年度先进个人	重庆市分行	2014
罗安	涪陵支行	2013年度先进个人	重庆市分行	2014
郑茜	北碚支行	2013年度先进个人	重庆市分行	2014
周鑫辉	北碚支行	2013年度先进个人	重庆市分行	2014
张颖	人民路支行	2013年度先进个人	重庆市分行	2014
曹燕	两江新区支行	2013年度先进个人	重庆市分行	2014
刘协力	高新支行	2013年度先进个人	重庆市分行	2014
王晶	高新支行	2013年度先进个人	重庆市分行	2014
胡庆	大坪支行	2013年度先进个人	重庆市分行	2014
李亮	长寿支行	2013年度先进个人	重庆市分行	2014
徐飞	巴南支行	2013年度先进个人	重庆市分行	2014
陈杨	大渡口支行	2013年度先进个人	重庆市分行	2014

获奖人员	工作单位	荣誉称号	授予单位	获奖时间(年)
毛晓燕	江津支行	2013年度先进个人	重庆市分行	2014
刘秋	永川支行	2013年度先进个人	重庆市分行	2014
彭世达	弹子石支行	2013年度先进个人	重庆市分行	2014
朱慕英	九龙园支行	2013年度先进个人	重庆市分行	2014
谭可仪	陈家湾支行	2013年度先进个人	重庆市分行	2014
李维刚	合川支行	2013年度先进个人	重庆市分行	2014
刘伟	爱都会支行	2013年度先进个人	重庆市分行	2014
蒋跃亮	九龙坡支行	2013年度优秀对公客户经理	重庆市分行	2014
曾畅	南坪支行	2013年度优秀对公客户经理	重庆市分行	2014
王优妮	北部新区支行	2013年度优秀对公客户经理	重庆市分行	2014
李静	西郊路支行	2013年度优秀对公客户经理	重庆市分行	2014
米佳	西郊路支行	2013年度优秀对公客户经理	重庆市分行	2014
曾际	江北支行	2013年度优秀对公客户经理	重庆市分行	2014
童晓迪	江北支行	2013年度优秀对公客户经理	重庆市分行	2014
李侨	九龙坡支行	2013年度优秀对公客户经理	重庆市分行	2014
郭静	北部新区支行	2013年度优秀对公客户经理	重庆市分行	2014
朱海燕	江北支行	2013年度优秀对公客户经理	重庆市分行	2014
汪涛	渝中支行	2013年度优秀零售客户经理	重庆市分行	2014
陈影	两路口支行	2013年度优秀零售客户经理	重庆市分行	2014
赖新	弹子石支行	2013年度优秀零售客户经理	重庆市分行	2014
吴文淳	九龙坡支行	2013年度优秀零售客户经理	重庆市分行	2014
周亚琳	沙坪坝支行	2013年度优秀零售客户经理	重庆市分行	2014
邓玛琳	弹子石支行	2013年度优秀零售客户经理	重庆市分行	2014
王亚玲	朝天门支行	2013年度优秀零售客户经理	重庆市分行	2014
雷慰	弹子石支行	2013年度优秀零售客户经理	重庆市分行	2014
谢莎	两江新区支行	2013年度优秀零售客户经理	重庆市分行	2014
黄海莉	北部新区支行	2013年度优秀零售客户经理	重庆市分行	2014
赵秀全	南坪支行	2013年度优秀零售客户经理	重庆市分行	2014
肖隽祎	南坪支行	2013年度优秀零售客户经理	重庆市分行	2014
熊茜	东和春天支行	2013年度优秀零售客户经理	重庆市分行	2014
张颖	江北支行	2013年度优秀零售客户经理	重庆市分行	2014
何珊	西郊路支行	2013年度优秀零售客户经理	重庆市分行	2014
韦俊	零贷部	2013年度优秀产品经理	重庆市分行	2014
鲍华	投行/机构部	2013年度优秀产品经理	重庆市分行	2014
李玲	个金部	2013年度优秀产品经理	重庆市分行	2014
戴霜蕾	沙坪坝支行	国际业务综合评价第一名	重庆市分行	2014
姚红烈	分行营业部	对公日均存款新增第一名	重庆市分行	2014
肖建国	江北支行	对公中间业务收入第一名	重庆市分行	2014
刘协力	高新支行	对公授信客户新增第一名	重庆市分行	2014

获奖人员	工作单位	荣誉称号	授予单位	获奖时间(年)
童晓迪	江北支行	对公有效户净增第一名	重庆市分行	2014
何奇珂	九龙坡支行	私人银行客户净增第一名	重庆市分行	2014
陈永贤	九龙坡支行	储蓄平均余额增量第一名	重庆市分行	2014
邓维中	永川支行	零售贷款发放量第一名	重庆市分行	2014
唐远林	南坪支行	手机银行新增第一名	重庆市分行	2014
杨琴	北部新区支行	理财产品销售收入第一名	重庆市分行	2014
赵福川	保全合规部	不良资产清收能手	重庆市分行	2014
袁晓莉	渝中支行	2013年度优秀共产党员	重庆市分行	2014
丁舸	江北支行	2013年度优秀共产党员	重庆市分行	2014
朱玫	人力资源部	2013年度优秀共产党员	重庆市分行	2014
骆洋	营管部	2013年度优秀共产党员	重庆市分行	2014
凌明	永川支行	2013年度优秀共产党员	重庆市分行	2014
何渌	长寿支行	2013年度优秀共产党员	重庆市分行	2014
李先杰	涪陵支行	2013年度优秀共产党员	重庆市分行	2014
覃琳	九龙坡支行	2013年度优秀共产党员	重庆市分行	2014
张毅	两江新区支行	2013年度优秀共产党员	重庆市分行	2014
陈微	北碚支行	2013年度优秀共产党员	重庆市分行	2014
王雨浓	东和春天支行	2013年度优秀共青团员	重庆市分行	2014
封寒	风险部	2013年度优秀共青团员	重庆市分行	2014
冯颖	北部新区支行	2013年度优秀共青团员	重庆市分行	2014
毛卉	涪陵支行	2013年度优秀共青团员	重庆市分行	2014
智若愚	江北支行	2013年度优秀共青团员	重庆市分行	2014
樊莉	零贷部	2013年度优秀共青团员	重庆市分行	2014
陈垦	个金部	2013年度优秀共青团员	重庆市分行	2014
张珊	业务中心	2013年度优秀共青团员	重庆市分行	2014
张浩文	信息部	2013年度优秀共青团员	重庆市分行	2014
薛尽成	授信部	2013年度优秀共青团员	重庆市分行	2014
李茜	业务中心	2013年度优秀工会积极分子	重庆市分行	2014
王一	分行营业部	2013年度优秀工会积极分子	重庆市分行	2014
蔡杭航	弹子石支行	2013年度优秀工会积极分子	重庆市分行	2014
郭艳	大渡口支行	2013年度优秀工会积极分子	重庆市分行	2014
杨萍	北部新区支行	2013年度优秀工会积极分子	重庆市分行	2014
毛自翔	东和春天支行	2013年度优秀工会积极分子	重庆市分行	2014
龚莉影	西郊路支行	2013年度优秀工会积极分子	重庆市分行	2014
毛文娟	个金部	2013年度优秀工会积极分子	重庆市分行	2014
饶玲	高新支行	2013年度优秀工会积极分子	重庆市分行	2014
董有智	江北支行	2013年度优秀工会积极分子	重庆市分行	2014
叶芳珍	爱都会支行	2013年度优质服务明星柜员	重庆市分行	2014
申雯	北部新区支行	2013年度优质服务明星柜员	重庆市分行	2014

获奖人员	工作单位	荣誉称号	授予单位	获奖时间(年)
杨婧	东和春天支行	2013年度优质服务明星柜员	重庆市分行	2014
陈春明	江北支行	2013年度优质服务明星柜员	重庆市分行	2014
李茜	九龙坡支行	2013年度优质服务明星柜员	重庆市分行	2014
吴钥琳	九龙园支行	2013年度优质服务明星柜员	重庆市分行	2014
郑榆	两江新区支行	2013年度优质服务明星柜员	重庆市分行	2014
袁媛	南坪支行	2013年度优质服务明星柜员	重庆市分行	2014
罗海军	人民路支行	2013年度优质服务明星柜员	重庆市分行	2014
鲜艳	陈家湾支行	2013年度优质服务明星柜员	重庆市分行	2014
陈乐	北碚支行	2013年度优秀大堂经理	重庆市分行	2014
王娇	长寿支行	2013年度优秀大堂经理	重庆市分行	2014
陈凤	大渡口支行	2013年度优秀大堂经理	重庆市分行	2014
吴雨环	东和春天支行	2013年度优秀大堂经理	重庆市分行	2014
江梦媛	涪陵支行	2013年度优秀大堂经理	重庆市分行	2014
何绪	高新支行	2013年度优秀大堂经理	重庆市分行	2014
伍宗春	两路口支行	2013年度优秀大堂经理	重庆市分行	2014
廖锐	沙坪坝支行	2013年度优秀大堂经理	重庆市分行	2014
杨馥静	沙坪坝支行	2013年度优秀大堂经理	重庆市分行	2014
敖雨私	分行营业部	2013年度优秀大堂经理	重庆市分行	2014
黎颖	渝中支行	2013年度会计业务技能标兵	重庆市分行	2014
邹霞	渝中支行	2013年度会计业务技能标兵	重庆市分行	2014
曹静	东和春天支行	2013年度会计业务技能标兵	重庆市分行	2014
黄娅	分行营业部	2013年度会计业务技能标兵	重庆市分行	2014
黄凌凌	爱都会支行	2013年度会计业务技能标兵	重庆市分行	2014
邓静	分行营业部	2013年度会计业务技能标兵	重庆市分行	2014
李亮	长寿支行	2013年度会计业务技能标兵	重庆市分行	2014
周晓利	长寿支行	2013年度会计业务技能标兵	重庆市分行	2014
张惠琼	南坪支行	2013年度优秀网点会计主管	重庆市分行	2014
何皓	巴南支行	2013年度优秀网点会计主管	重庆市分行	2014
杜明静	巴南支行	2013年度优秀网点会计主管	重庆市分行	2014
何蓉	西郊路支行	2013年度优秀网点会计主管	重庆市分行	2014
邹瑜琳	涪陵支行	2013年度优秀网点会计主管	重庆市分行	2014
张欣	东和春天支行	2013年度优秀网点会计主管	重庆市分行	2014
祝元萍	朝天门支行	2013年度优秀网点会计主管	重庆市分行	2014
邹霞	渝中支行	2013年度优秀网点会计主管	重庆市分行	2014
周鑫辉	北碚支行	2013年度优秀网点会计主管	重庆市分行	2014
李俊	南坪支行	2013年度优秀网点会计主管	重庆市分行	2014
黄鑫	江北支行	2013年度优秀会计人员	重庆市分行	2014
曾朝霞	弹子石支行	2013年度优秀会计人员	重庆市分行	2014
李成思	江北支行	2013年度优秀会计人员	重庆市分行	2014

获奖人员	工作单位	荣誉称号	授予单位	获奖时间(年)
吴艳婷	巴南支行	2013年度优秀会计人员	重庆市分行	2014
陈洁	弹子石支行	2013年度优秀会计人员	重庆市分行	2014
牛艳棠	江北支行	2013年度优秀会计人员	重庆市分行	2014
谭敏	沙坪坝支行	2013年度优秀会计人员	重庆市分行	2014
杨婧	东和春天支行	2013年度优秀会计人员	重庆市分行	2014
赵金艳	北碚支行	2013年度优秀会计人员	重庆市分行	2014
陈珊	南坪支行	2013年度优秀会计人员	重庆市分行	2014
黎晶	沙坪坝支行	2013年度优秀会计人员	重庆市分行	2014
冉丹	朝天门支行	2013年度优秀会计人员	重庆市分行	2014
鲜艳	陈家湾支行	2013年度优秀会计人员	重庆市分行	2014
许蜀娟	陈家湾支行	2013年度优秀会计人员	重庆市分行	2014
张建玲	大渡口支行	2013年度优秀会计人员	重庆市分行	2014
张永秀	渝北支行	2013年度优秀会计人员	重庆市分行	2014
张越倩	江津支行	2013年度优秀会计人员	重庆市分行	2014
陈炬	南坪支行	2013年度优秀会计人员	重庆市分行	2014
程芸	渝中支行	2013年度优秀网点营销主管	重庆市分行	2014
陈影	渝中支行	2013年度优秀网点营销主管	重庆市分行	2014
向彬	北部新区支行	2013年度优秀网点营销主管	重庆市分行	2014
曾渝	南坪支行	2013年度优秀网点营销主管	重庆市分行	2014
马娟	南坪支行	2013年度优秀网点营销主管	重庆市分行	2014
夏爽	南坪支行	2013年度优秀网点营销主管	重庆市分行	2014
刘祖国	分行营业部	2014年度先进个人	重庆市分行	2015
陈萍	渝中支行	2014年度先进个人	重庆市分行	2015
李琰	东和春天支行	2014年度先进个人	重庆市分行	2015
唐莉	大渡口支行	2014年度先进个人	重庆市分行	2015
童军	九龙坡支行	2014年度先进个人	重庆市分行	2015
胡树友	爱都会支行	2014年度先进个人	重庆市分行	2015
吴慧	国际业务部	2014年度先进个人	重庆市分行	2015
陈怡	零贷部	2014年度先进个人	重庆市分行	2015
黄章云	风险管理部	2014年度先进个人	重庆市分行	2015
曾亚斌	预算财务部	2014年度先进个人	重庆市分行	2015
杨凤	办公室	2014年度先进个人	重庆市分行	2015
刘明洁	预算财务部	2014年度先进个人	重庆市分行	2015
彭博	人力资源部	2014年度先进个人	重庆市分行	2015
程曦	金融同业部	2014年度先进个人	重庆市分行	2015
毛羽	投资银行部	2014年度先进个人	重庆市分行	2015
赵玲	个金部	2014年度先进个人	重庆市分行	2015
商莉	营运管理部	2014年度先进个人	重庆市分行	2015

获奖人员	工作单位	荣誉称号	授予单位	获奖时间(年)
王皓	营运管理部	2014年度先进个人	重庆市分行	2015
薛尽成	授信管理部	2014年度先进个人	重庆市分行	2015
武萍	风险管理部	2014年度先进个人	重庆市分行	2015
陈建	审计部	2014年度先进个人	重庆市分行	2015
王远荣	信息部	2014年度先进个人	重庆市分行	2015
任敬钊	电银部	2014年度先进个人	重庆市分行	2015
董焰	保卫部	2014年度先进个人	重庆市分行	2015
顾青	行政部	2014年度先进个人	重庆市分行	2015
叶军	业务处理中心	2014年度先进个人	重庆市分行	2015
袁作荣	业务处理中心	2014年度先进个人	重庆市分行	2015
饶家莉	业务处理中心	2014年度先进个人	重庆市分行	2015
杨帆	业务处理中心	2014年度先进个人	重庆市分行	2015
姚红烈	分行营业部	2014年度先进个人	重庆市分行	2015
高琎	分行营业部	2014年度先进个人	重庆市分行	2015
郭今	两路口支行	2014年度先进个人	重庆市分行	2015
王雨浓	东和春天支行	2014年度先进个人	重庆市分行	2015
任家强	江北支行	2014年度先进个人	重庆市分行	2015
符平	江北支行	2014年度先进个人	重庆市分行	2015
李延风	江北支行	2014年度先进个人	重庆市分行	2015
曾际	江北支行	2014年度先进个人	重庆市分行	2015
白雪	渝中支行	2014年度先进个人	重庆市分行	2015
邓婧	渝中支行	2014年度先进个人	重庆市分行	2015
李祎哲	渝中支行	2014年度先进个人	重庆市分行	2015
谢进	渝中支行	2014年度先进个人	重庆市分行	2015
杨毅峰	渝中支行	2014年度先进个人	重庆市分行	2015
易灵利	九龙坡支行	2014年度先进个人	重庆市分行	2015
吴文淳	九龙坡支行	2014年度先进个人	重庆市分行	2015
张湛	九龙坡支行	2014年度先进个人	重庆市分行	2015
袁溯	沙坪坝支行	2014年度先进个人	重庆市分行	2015
祝元萍	沙坪坝支行	2014年度先进个人	重庆市分行	2015
杨高	沙坪坝支行	2014年度先进个人	重庆市分行	2015
李娜	沙坪坝支行	2014年度先进个人	重庆市分行	2015
石金星	西郊路支行	2014年度先进个人	重庆市分行	2015
陈新	南坪支行营业厅	2014年度先进个人	重庆市分行	2015
王大勇	南坪支行	2014年度先进个人	重庆市分行	2015
尹策	南坪支行	2014年度先进个人	重庆市分行	2015
张宁	南坪支行	2014年度先进个人	重庆市分行	2015

获奖人员	工作单位	荣誉称号	授予单位	获奖时间(年)
王勇	朝天门支行	2014年度先进个人	重庆市分行	2015
刘君	北部新区支行	2014年度先进个人	重庆市分行	2015
梁桂兰	北部新区支行	2014年度先进个人	重庆市分行	2015
向彬	北部新区支行	2014年度先进个人	重庆市分行	2015
陈燕	渝北支行	2014年度先进个人	重庆市分行	2015
邓嘉	渝北支行	2014年度先进个人	重庆市分行	2015
李先杰	涪陵支行	2014年度先进个人	重庆市分行	2015
谢进	北碚支行	2014年度先进个人	重庆市分行	2015
文英	北碚支行	2014年度先进个人	重庆市分行	2015
穆光玉	人民路支行	2014年度先进个人	重庆市分行	2015
王冰霜	两江新区支行	2014年度先进个人	重庆市分行	2015
刘协力	高新支行	2014年度先进个人	重庆市分行	2015
周建	高新支行	2014年度先进个人	重庆市分行	2015
谢密	大坪支行	2014年度先进个人	重庆市分行	2015
兰中权	长寿支行	2014年度先进个人	重庆市分行	2015
潘卫	巴南支行	2014年度先进个人	重庆市分行	2015
陈杨	大渡口支行	2014年度先进个人	重庆市分行	2015
尹雪梅	江津支行	2014年度先进个人	重庆市分行	2015
罗兰英	永川支行	2014年度先进个人	重庆市分行	2015
涂骥	弹子石支行	2014年度先进个人	重庆市分行	2015
魏祯	九龙园支行	2014年度先进个人	重庆市分行	2015
李强	陈家湾支行	2014年度先进个人	重庆市分行	2015
游轹文	合川支行	2014年度先进个人	重庆市分行	2015
刘腾松	爱都会支行	2014年度先进个人	重庆市分行	2015
张湘渝	璧山支行	2014年度先进个人	重庆市分行	2015
吴文淳	九龙坡支行	2014年度先进个人	重庆市分行	2015
姚红烈	分行营业部	2014年度优秀对公客户经理	重庆市分行	2015
陈杨	大渡口支行	2014年度优秀对公客户经理	重庆市分行	2015
戴霜蕾	沙坪坝支行	2014年度优秀对公客户经理	重庆市分行	2015
郭静	北部新区支行	2014年度优秀对公客户经理	重庆市分行	2015
王衡	南坪支行	2014年度优秀对公客户经理	重庆市分行	2015
李舒	东和春天支行	2014年度优秀对公客户经理	重庆市分行	2015
罗阳	沙坪坝支行	2014年度优秀对公客户经理	重庆市分行	2015
肖建国	江北支行	2014年度优秀对公客户经理	重庆市分行	2015
朱海燕	江北支行	2014年度优秀对公客户经理	重庆市分行	2015
李文龙	西郊路支行	2014年度优秀对公客户经理	重庆市分行	2015
吴文淳	九龙坡支行	2014年度优秀零售客户经理	重庆市分行	2015
皮晓清	渝中支行	2014年度优秀零售客户经理	重庆市分行	2015
唐黎	西郊路支行	2014年度优秀零售客户经理	重庆市分行	2015
刘伟	爱都会支行	2014年度优秀零售客户经理	重庆市分行	2015

获奖人员	工作单位	荣誉称号	授予单位	获奖时间(年)
刘秋	永川支行	2014年度优秀零售客户经理	重庆市分行	2015
赖新	弹子石支行	2014年度优秀零售客户经理	重庆市分行	2015
黄婷婷	渝中支行	2014年度优秀零售客户经理	重庆市分行	2015
杨琴	北部新区支行	2014年度优秀零售客户经理	重庆市分行	2015
赵秀全	南坪支行	2014年度优秀零售客户经理	重庆市分行	2015
苏宋娜	南坪支行	2014年度优秀零售客户经理	重庆市分行	2015
张颖	江北支行	2014年度优秀零售客户经理	重庆市分行	2015
胥勤	沙坪坝支行	2014年度优秀零售客户经理	重庆市分行	2015
唐琳	渝中支行	2014年度优秀零售客户经理	重庆市分行	2015
李娟	南坪支行	2014年度优秀零售客户经理	重庆市分行	2015
肖隽祎	南坪支行	2014年度优秀零售客户经理	重庆市分行	2015
游薇	公司部	2014年度优秀产品经理	重庆市分行	2015
杨晓辉	国际部	2014年度优秀产品经理	重庆市分行	2015
王峰	投资银行部	2014年度优秀产品经理	重庆市分行	2015
杜娟	个金部	2014年度优秀产品经理	重庆市分行	2015
韦俊	零贷部	2014年度优秀产品经理	重庆市分行	2015
戴霜蕾	沙坪坝支行	2014年度境内外联动收入第一名	重庆市分行	2015
朱海燕	江北支行	2014年度对公日均存款新增第一名	重庆市分行	2015
米佳	西郊路支行	2014年度对公中间业务净收入第一名	重庆市分行	2015
吴强	爱都会支行	2014年度对公授信客户新增第一名	重庆市分行	2015
颜媛	永川支行	2014年度对公有效户净增第一名	重庆市分行	2015
米佳	西郊路支行	2014年度投行业务收入第一名	重庆市分行	2015
徐韩	分行营业部	2014年度私人银行客户净增第一名	重庆市分行	2015
陈永贤	九龙坡支行	2014年度储蓄日均余额增量第一名	重庆市分行	2015
张祖妞	九龙坡支行	2014年度零售贷款发放量第一名	重庆市分行	2015
周书德	长寿支行	2014年度手机银行新增第一名	重庆市分行	2015
庞丹丹	南坪支行	2014年度财富管理重点产品净收入第一名	重庆市分行	2015
詹怡	弹子石支行	2014年度优秀共产党员	重庆市分行	2015
牟萍	南坪支行营业厅	2014年度优秀共产党员	重庆市分行	2015
洪霞	个金部	2014年度优秀共产党员	重庆市分行	2015
陈奕帆	东和春天支行	2014年度优秀共产党员	重庆市分行	2015
罗安	涪陵支行	2014年度优秀共产党员	重庆市分行	2015
廖忠伟	业务处理中心	2014年度优秀共产党员	重庆市分行	2015
熊壮	风险管理部	2014年度优秀共产党员	重庆市分行	2015
徐桦	授信管理部	2014年度优秀共产党员	重庆市分行	2015
王华	朝天门支行	2014年度优秀共产党员	重庆市分行	2015
魏雪梅	高新支行	2014年度优秀共产党员	重庆市分行	2015
周小杰	合川支行	2014年度优秀共青团员	重庆市分行	2015
樊冰	江北支行	2014年度优秀共青团员	重庆市分行	2015

获奖人员	工作单位	荣誉称号	授予单位	获奖时间(年)
粟露	长寿支行	2014年度优秀共青团员	重庆市分行	2015
明月	风险管理部	2014年度优秀共青团员	重庆市分行	2015
徐定宇	北部新区支行	2014年度优秀共青团员	重庆市分行	2015
袁晓莉	渝中支行	2014年度优秀工会积极分子	重庆市分行	2015
毛自翔	东和春天支行	2014年度优秀工会积极分子	重庆市分行	2015
李茜	业务处理中心	2014年度优秀工会积极分子	重庆市分行	2015
戴佳利	个金部	2014年度优秀工会积极分子	重庆市分行	2015
苗英	营运管理部	2014年度优秀工会积极分子	重庆市分行	2015
马丽	南坪支行	2014年度优质服务明星	重庆市分行	2015
刘江霞	江北支行	2014年度优质服务明星	重庆市分行	2015
陈迪	高新支行	2014年度优质服务明星	重庆市分行	2015
赵燕	长寿支行	2014年度优质服务明星	重庆市分行	2015
黄敏	渝中支行	2014年度优质服务明星	重庆市分行	2015
许玛丽	九龙坡支行	2014年度优质服务明星	重庆市分行	2015
熊俊	南坪支行	2014年度优质服务明星	重庆市分行	2015
曾朝霞	弹子石支行	2014年度优质服务明星	重庆市分行	2015
肖瑶	涪陵支行	2014年度优质服务明星	重庆市分行	2015
毛羽	投资银行部	2014年度优质服务明星	重庆市分行	2015
刘明洁	预算财务部	2014年度优质服务明星	重庆市分行	2015
吴雨环	东和春天支行	2014年度优秀大堂经理	重庆市分行	2015
肖清华	分行营业部	2014年度优秀大堂经理	重庆市分行	2015
蒋传碧	渝中支行营业厅	2014年度优秀大堂经理	重庆市分行	2015
丁香云	江北支行	2014年度优秀大堂经理	重庆市分行	2015
陈凤	大渡口支行	2014年度优秀大堂经理	重庆市分行	2015
陈瑶	北碚城南支行	2014年度优秀大堂经理	重庆市分行	2015
杨刚	沙坪坝壮志路支行	2014年度优秀大堂经理	重庆市分行	2015
王露	西郊路支行	2014年度优秀大堂经理	重庆市分行	2015
杜婷利	陈家湾支行	2014年度优秀大堂经理	重庆市分行	2015
江梦媛	涪陵支行	2014年度优秀大堂经理	重庆市分行	2015
黄凌凌	爱都会支行	2014年度会计业务技能标兵	重庆市分行	2015
周晓利	长寿支行	2014年度会计业务技能标兵	重庆市分行	2015
邹洁	分行营业部	2014年度会计业务技能标兵	重庆市分行	2015
冉思丹	西郊路支行	2014年度会计业务技能标兵	重庆市分行	2015
粟露	长寿支行	2014年度会计业务技能标兵	重庆市分行	2015
叶静	西郊路支行	2014年度会计业务技能标兵	重庆市分行	2015
万珩	涪陵支行	2014年度会计业务技能标兵	重庆市分行	2015
唐雯琪	分行营业部	2014年度会计业务技能标兵	重庆市分行	2015
李茜	分行营业部	2014年度优秀网点营运主管	重庆市分行	2015
张欣	东和春天支行	2014年度优秀网点营运主管	重庆市分行	2015

获奖人员	工作单位	荣誉称号	授予单位	获奖时间(年)
王莉	涪陵支行	2014年度优秀网点营运主管	重庆市分行	2015
金兰	沙坪坝支行	2014年度优秀网点营运主管	重庆市分行	2015
丁舸	江北支行	2014年度优秀网点营运主管	重庆市分行	2015
邹霞	合川支行	2014年度优秀网点营运主管	重庆市分行	2015
张艳	渝中支行	2014年度优秀网点营运主管	重庆市分行	2015
曹静	北部新区支行	2014年度优秀网点营运主管	重庆市分行	2015
朱慕英	九龙园支行	2014年度优秀网点营运主管	重庆市分行	2015
廖文勇	南坪支行	2014年度优秀网点营运主管	重庆市分行	2015
朱达霏	北部新区支行	2014年度优秀营运人员	重庆市分行	2015
傅宇	东和春天支行	2014年度优秀营运人员	重庆市分行	2015
范敏锐	朝天门支行	2014年度优秀营运人员	重庆市分行	2015
梁芳芳	渝中支行	2014年度优秀营运人员	重庆市分行	2015
肖海燕	江北支行	2014年度优秀营运人员	重庆市分行	2015
侯银霞	永川支行	2014年度优秀营运人员	重庆市分行	2015
王川	渝中支行	2014年度优秀营运人员	重庆市分行	2015
张燕	朝天门支行	2014年度优秀营运人员	重庆市分行	2015
廖娟	大渡口支行	2014年度优秀营运人员	重庆市分行	2015
裘杉杉	渝北支行	2014年度优秀营运人员	重庆市分行	2015
程芸	渝中支行	2014年度优秀网点营销主管	重庆市分行	2015
李佳	沙坪坝支行	2014年度优秀网点营销主管	重庆市分行	2015
赵晓华	沙坪坝支行	2014年度优秀网点营销主管	重庆市分行	2015
马娟	南坪支行	2014年度优秀网点营销主管	重庆市分行	2015
石英姿	九龙坡支行	2014年度优秀网点营销主管	重庆市分行	2015
宋轩	国际部	2014年度优秀产品创新个人	重庆市分行	2015
许蜀娟	九龙坡支行	2014年度E校园学习标兵	重庆市分行	2015
张挺	高新支行	2014年度E校园学习标兵	重庆市分行	2015
张瀚月	江北支行	2014年度E校园学习标兵	重庆市分行	2015
黄晓盈	江北支行	2014年度E校园学习标兵	重庆市分行	2015
王婉	沙坪坝支行	2014年度E校园学习标兵	重庆市分行	2015
吴丽娜	江北支行	2014年度E校园学习标兵	重庆市分行	2015
曾玉	沙坪坝支行	2014年度E校园学习标兵	重庆市分行	2015
赖欣	两路口支行	2014年度E校园学习标兵	重庆市分行	2015
蒋昊	渝北支行	2014年度E校园学习标兵	重庆市分行	2015
叶芳珍	爱都会支行	2014年度E校园学习标兵	重庆市分行	2015
曾渝	大坪支行	分行纪检监察先进个人	重庆市分行	2015
余霞	爱都会支行	分行纪检监察先进个人	重庆市分行	2015
毛自翔	东和春天支行	2014年度纪检监察先进个人	重庆市分行	2015
高廉	江北支行	2014年度纪检监察先进个人	重庆市分行	2015
杨萍	北部新区支行	2014年度纪检监察先进个人	重庆市分行	2015
曾渝	大坪支行	2014年度纪检监察先进个人	重庆市分行	2015

获奖人员	工作单位	荣誉称号	授予单位	获奖时间(年)
余霞	爱都会支行	2014年度纪检监察先进个人	重庆市分行	2015
杨毅峰	渝中支行	2014年度纪检监察先进个人	重庆市分行	2015
胡南琪	授信部	2015年度优秀教育工作者	重庆市分行	2016
牟红钢	公司部	2015年度优秀教育工作者	重庆市分行	2016
苗英	营运部	2015年度优秀教育工作者	重庆市分行	2016
陈飙	保卫部	2015年度优秀教育工作者	重庆市分行	2016
陈奕帆	东和春天支行	2015年度优秀教育工作者	重庆市分行	2016
崔玄	小企业部	2015年度优秀兼职培训师	重庆市分行	2016
宋轩	国际部	2015年度优秀兼职培训师	重庆市分行	2016
廖御铭	个金部	2015年度优秀兼职培训师	重庆市分行	2016
杨凤	办公室	2015年度优秀共产党员	重庆市分行	2016
刘明洁	预算财务部	2015年度优秀共产党员	重庆市分行	2016
董雪春	监察室	2015年度优秀共产党员	重庆市分行	2016
胡树友	爱都会支行	2015年度优秀共产党员	重庆市分行	2016
杨新峰	九龙坡支行	2015年度优秀共产党员	重庆市分行	2016
冉孟斌	沙坪坝支行	2015年度优秀共产党员	重庆市分行	2016
赵燕	长寿支行	2015年度优秀共产党员	重庆市分行	2016
马琴琴	两江新区支行	2015年度优秀共产党员	重庆市分行	2016
武萍	风险管理部	2015年度优秀党务工作者	重庆市分行	2016
陈奕帆	东和春天支行	2015年度优秀党务工作者	重庆市分行	2016
朱海燕	江北支行	2015年度优秀党务工作者	重庆市分行	2016
何珊	西郊路支行	2015年度优秀党务工作者	重庆市分行	2016
李娟	南坪支行	2015年度优秀党务工作者	重庆市分行	2016
晏娜	北部新区支行	2015年度优秀党务工作者	重庆市分行	2016
高峰	北碚支行	2015年度优秀党务工作者	重庆市分行	2016
李智欧	人民路支行	2015年度优秀党务工作者	重庆市分行	2016
杨震	高新支行	2015年度优秀党务工作者	重庆市分行	2016
彭世达	弹子石支行	2015年度优秀党务工作者	重庆市分行	2016
江富容	江津支行	2015年度先进个人	重庆市分行	2016
胡树友	爱都会支行	2015年度先进个人	重庆市分行	2016
彭世达	弹子石支行	2015年度先进个人	重庆市分行	2016
陈萍	渝中支行	2015年度先进个人	重庆市分行	2016
毛自翔	东和春天支行	2015年度先进个人	重庆市分行	2016
曾咏梅	璧山支行	2015年度先进个人	重庆市分行	2016
刘祖国	营业部	2015年度先进个人	重庆市分行	2016
唐莉	大渡口支行	2015年度先进个人	重庆市分行	2016
吴慧	国际业务部	2015年度先进个人	重庆市分行	2016
何梦生	个金部	2015年度先进个人	重庆市分行	2016
黄中全	资产负债管理部	2015年度先进个人	重庆市分行	2016

获奖人员	工作单位	荣誉称号	授予单位	获奖时间(年)
朱巧玲	办公室	2015年度先进个人	重庆市分行	2016
朱玫	人力资源部	2015年度先进个人	重庆市分行	2016
欧阳春辉	资产负债管理部	2015年度先进个人	重庆市分行	2016
王森	公司业务部	2015年度分行机关先进个人	重庆市分行	2016
张君	投资银行部	2015年度先进个人	重庆市分行	2016
赵玲	个金部	2015年度先进个人	重庆市分行	2016
廖御铭	个金部	2015年度先进个人	重庆市分行	2016
李静	营运管理部	2015年度先进个人	重庆市分行	2016
曾勇	营运管理部	2015年度先进个人	重庆市分行	2016
郑凌丹	授信管理部	2015年度先进个人	重庆市分行	2016
郑雨	授信管理部	2015年度先进个人	重庆市分行	2016
李静怡	法律合规部	2015年度先进个人	重庆市分行	2016
董雪春	监察室	2015年度先进个人	重庆市分行	2016
邓龙辉	信息技术部	2015年度先进个人	重庆市分行	2016
蓝海	网络渠道部	2015年度先进个人	重庆市分行	2016
张杰	行政部	2015年度先进个人	重庆市分行	2016
王怡	业务处理中心	2015年度先进个人	重庆市分行	2016
谢秀梅	业务处理中心	2015年度先进个人	重庆市分行	2016
陈凯	业务处理中心	2015年度先进个人	重庆市分行	2016
万华	爱都会支行	2015年度先进个人	重庆市分行	2016
哈林红	巴南支行	2015年度先进个人	重庆市分行	2016
谢进	北碚支行	2015年度先进个人	重庆市分行	2016
刘禹亮	北碚支行	2015年度先进个人	重庆市分行	2016
黄晶	北部新区支行	2015年度先进个人	重庆市分行	2016
孙璐	北部新区支行	2015年度先进个人	重庆市分行	2016
秦莉	北部新区支行	2015年度先进个人	重庆市分行	2016
黄智	璧山支行	2015年度先进个人	重庆市分行	2016
刘琼	茶园支行	2015年度先进个人	重庆市分行	2016
张志梅	长寿支行	2015年度先进个人	重庆市分行	2016
冉丹	朝天门支行	2015年度先进个人	重庆市分行	2016
陈杨	大渡口支行	2015年度先进个人	重庆市分行	2016
熊琴	大坪支行	2015年度先进个人	重庆市分行	2016
涂骥	弹子石支行	2015年度先进个人	重庆市分行	2016
曹静	东和春天支行	2015年度先进个人	重庆市分行	2016
张影	涪陵支行	2015年度先进个人	重庆市分行	2016
程鸿	高新支行	2015年度先进个人	重庆市分行	2016
肖璐	高新支行	2015年度先进个人	重庆市分行	2016

获奖人员	工作单位	荣誉称号	授予单位	获奖时间(年)
李维刚	合川支行	2015年度先进个人	重庆市分行	2016
刘谦	江北支行	2015年度先进个人	重庆市分行	2016
智若愚	江北支行	2015年度先进个人	重庆市分行	2016
冯惠群	江北支行	2015年度先进个人	重庆市分行	2016
樊冰	江北支行	2015年度先进个人	重庆市分行	2016
余梦露	江北支行	2015年度先进个人	重庆市分行	2016
潘世全	江津支行	2015年度先进个人	重庆市分行	2016
杨新锋	九龙坡支行	2015年度先进个人	重庆市分行	2016
许玛丽	九龙坡支行	2015年度先进个人	重庆市分行	2016
任家强	江北支行	2015年度先进个人	重庆市分行	2016
张欣	两江新区支行	2015年度先进个人	重庆市分行	2016
陈艳	两江幸福广场支行	2015年度先进个人	重庆市分行	2016
郭今	两路口支行	2015年度先进个人	重庆市分行	2016
陈敏	南坪工商大学支行	2015年度先进个人	重庆市分行	2016
王大勇	南坪支行	2015年度先进个人	重庆市分行	2016
马文玲	南坪支行	2015年度先进个人	重庆市分行	2016
王衡	南坪支行	2015年度先进个人	重庆市分行	2016
刘念	人民路支行	2015年度先进个人	重庆市分行	2016
唐恬	沙坪坝支行	2015年度先进个人	重庆市分行	2016
冉东政	沙坪坝支行	2015年度先进个人	重庆市分行	2016
黄正莉	沙坪坝支行	2015年度先进个人	重庆市分行	2016
祁丽佳	沙坪坝支行	2015年度先进个人	重庆市分行	2016
何珊	西郊路支行	2015年度先进个人	重庆市分行	2016
朱慕英	西郊路支行	2015年度先进个人	重庆市分行	2016
姚红烈	营业部	2015年度先进个人	重庆市分行	2016
封春	分行营业部	2015年度先进个人	重庆市分行	2016
罗兰英	永川支行	2015年度先进个人	重庆市分行	2016
李继	渝北支行	2015年度先进个人	重庆市分行	2016
邓嘉	渝北支行	2015年度先进个人	重庆市分行	2016
李祎哲	渝中支行	2015年度先进个人	重庆市分行	2016
程芸	渝中支行	2015年度先进个人	重庆市分行	2016
周静	渝中支行	2015年度先进个人	重庆市分行	2016
李蕊	渝中支行	2015年度先进个人	重庆市分行	2016
令狐林立	同业部	2015年度先进个人	重庆市分行	2016
杨帆	分行营业部	2015年度先进个人	重庆市分行	2016
罗茜丹	审计部	2015年度先进个人	重庆市分行	2016
米佳	两江新区支行	2015年度先进个人	重庆市分行	2016
邱本容	江津支行	2015年度先进个人	重庆市分行	2016
陈燕	渝北支行	2015年度先进个人	重庆市分行	2016

获奖人员	工作单位	荣誉称号	授予单位	获奖时间(年)
任婷婷	九龙坡支行	2015年度先进个人	重庆市分行	2016
卿琳	大渡口支行	2015年度先进个人	重庆市分行	2016
刘伟	爱都会支行	2015年度先进个人	重庆市分行	2016
符平	江北支行	2015年度先进个人	重庆市分行	2016
张杰	个金部	2015年度先进个人	重庆市分行	2016
文英	北碚支行	2015年度先进个人	重庆市分行	2016
吴强	爱都会支行	2015年度先进个人	重庆市分行	2016
王斌	璧山支行	2015年度先进个人	重庆市分行	2016
冉丹	朝天门支行	2015年度先进个人	重庆市分行	2016
刘谦	江北支行	2015年度优秀对公客户经理	重庆市分行	2016
米佳	西郊路支行	2015年度优秀对公客户经理	重庆市分行	2016
李先杰	涪陵支行	2015年度优秀对公客户经理	重庆市分行	2016
涂骥	弹子石支行	2015年度优秀对公客户经理	重庆市分行	2016
吴钰	西郊路支行	2015年度优秀对公客户经理	重庆市分行	2016
邱本容	江津支行	2015年度优秀对公客户经理	重庆市分行	2016
祝勇	弹子石支行	2015年度优秀对公客户经理	重庆市分行	2016
邓嘉	渝北支行	2015年度优秀对公客户经理	重庆市分行	2016
刘腾松	爱都会支行	2015年度优秀对公客户经理	重庆市分行	2016
马琴琴	两江新区支行	2015年度优秀对公客户经理	重庆市分行	2016
陈小凤	九龙坡支行	2015年度优秀零售客户经理	重庆市分行	2016
何珊	西郊路支行	2015年度优秀零售客户经理	重庆市分行	2016
陈奕帆	东和春天支行	2015年度优秀零售客户经理	重庆市分行	2016
陈燕	渝北支行	2015年度优秀零售客户经理	重庆市分行	2016
任婷婷	九龙坡支行	2015年度优秀零售客户经理	重庆市分行	2016
曾涛	渝中支行	2015年度优秀零售客户经理	重庆市分行	2016
杨运杰	九龙坡支行	2015年度优秀零售客户经理	重庆市分行	2016
武益	南坪支行	2015年度优秀零售客户经理	重庆市分行	2016
冯乐	江北支行	2015年度优秀零售客户经理	重庆市分行	2016
刘芳	大渡口支行	2015年度优秀零售客户经理	重庆市分行	2016
哈林红	巴南支行	2015年度优秀零售客户经理	重庆市分行	2016
刘伟	爱都会支行	2015年度优秀零售客户经理	重庆市分行	2016
符平	江北支行	2015年度优秀零售客户经理	重庆市分行	2016
张祖妞	九龙坡支行	2015年度优秀零售客户经理	重庆市分行	2016
杨胜伟	公司业务部	2015年度优秀产品经理	重庆市分行	2016
袁敏	国际业务部	2015年度优秀产品经理	重庆市分行	2016
李先杰	涪陵支行	对公日均存款新增第一名	重庆市分行	2016
吴钰	西郊路支行	对公中间业务净收入第一名	重庆市分行	2016
刘偲	九龙坡支行	信贷业务增量第一名	重庆市分行	2016
刘谦	江北支行	对公有效户净增第一名	重庆市分行	2016

获奖人员	工作单位	荣誉称号	授予单位	获奖时间(年)
李祎哲	渝中支行	境内外联动收入第一名	重庆市分行	2016
王峰	投资银行部	投行业务发生量第一名	重庆市分行	2016
徐登会	两路口支行	私人银行客户净增第一名	重庆市分行	2016
唐琳	渝中支行	储蓄日均余额增量第一名	重庆市分行	2016
周静	渝中支行	个贷业务发放量第一名	重庆市分行	2016
刘伟	爱都会支行	沃德客户净增量第一名	重庆市分行	2016
杨琴	北部新区支行	财富管理重点产品净收入第一名	重庆市分行	2016
卿琳	大渡口支行	2015年度优秀共产党员	重庆市分行	2016
贺莉	资产负债部	2015年度优秀共产党员	重庆市分行	2016
李永贵	江北支行	2015年度优秀共产党员	重庆市分行	2016
郝庶	网络渠道部	2015年度优秀共产党员	重庆市分行	2016
鲁小松	公司部	2015年度优秀共产党员	重庆市分行	2016
周宇	个金部	2015年度优秀共产党员	重庆市分行	2016
谢海宁	九龙坡支行	2015年度优秀共产党员	重庆市分行	2016
张晋涛	南坪支行	2015年度优秀共产党员	重庆市分行	2016
唐琳	渝中支行	2015年度优秀共产党员	重庆市分行	2016
彭德风	北部新区支行	2015年度优秀共青团员	重庆市分行	2016
杨笑秋	江北支行	2015年度优秀共青团员	重庆市分行	2016
胡轻	巴南支行	2015年度优秀共青团员	重庆市分行	2016
卢俊杰	九龙坡支行	2015年度优秀共青团员	重庆市分行	2016
倪玮	江津支行	2015年度优秀共青团员	重庆市分行	2016
陈新	南坪支行营业厅	2015年度优秀工会积极分子	重庆市分行	2016
李茜	业务处理中心	2015年度优秀工会积极分子	重庆市分行	2016
王一	分行营业部	2015年度优秀工会积极分子	重庆市分行	2016
李莉	渝中支行	2015年度优秀工会积极分子	重庆市分行	2016
刘洋	个金部	2015年度优秀工会积极分子	重庆市分行	2016
邓婧	渝中支行	2015年度优质服务明星	重庆市分行	2016
邹洁	营业部	2015年度优质服务明星	重庆市分行	2016
徐荣霜	高新支行	2015年度优质服务明星	重庆市分行	2016
熊俊	南城支行	2015年度优质服务明星	重庆市分行	2016
徐定宇	松石路支行	2015年度优质服务明星	重庆市分行	2016
梅凌靖	东和春天支行	2015年度优质服务明星	重庆市分行	2016
侯银霞	永川支行	2015年度优质服务明星	重庆市分行	2016
韩纯椴	沙坪坝支行	2015年度优质服务明星	重庆市分行	2016
胡轻	巴南支行	2015年度优质服务明星	重庆市分行	2016
李妍	人民路支行	2015年度优质服务明星	重庆市分行	2016
宋轩	国际部	2015年度优质服务明星	重庆市分行	2016
杨伟	审计部	2015年度优质服务明星	重庆市分行	2016
刘贞贞	弹子石支行	2015年度优秀大堂经理	重庆市分行	2016
丁香云	江北支行	2015年度优秀大堂经理	重庆市分行	2016

获奖人员	工作单位	荣誉称号	授予单位	获奖时间(年)
蒋传碧	个金部	2015年度优秀大堂经理	重庆市分行	2016
吴雨环	东和春天支行	2015年度优秀大堂经理	重庆市分行	2016
赵禄均	两江新区支行	2015年度优秀大堂经理	重庆市分行	2016
邹莹莹	南城支行	2015年度优秀大堂经理	重庆市分行	2016
陈凤	大渡口支行	2015年度优秀大堂经理	重庆市分行	2016
肖清华	分行营业部	2015年度优秀大堂经理	重庆市分行	2016
冯雪	九龙坡支行	2015年度优秀大堂经理	重庆市分行	2016
何莉	巴南支行	2015年度优秀大堂经理	重庆市分行	2016
黄晓盈	江北支行	2015年度会计业务技能标兵	重庆市分行	2016
范敏锐	朝天门支行	2015年度会计业务技能标兵	重庆市分行	2016
黎颖	九龙坡支行	2015年度会计业务技能标兵	重庆市分行	2016
黄凌凌	爱都会支行	2015年度会计业务技能标兵	重庆市分行	2016
邹洁	分行营业部	2015年度会计业务技能标兵	重庆市分行	2016
罗兰英	永川支行	2015年度会计业务技能标兵	重庆市分行	2016
温静	南城支行	2015年度会计业务技能标兵	重庆市分行	2016
唐雯琪	营业部	2015年度会计业务技能标兵	重庆市分行	2016
王莉	涪陵支行	2015年度优秀网点营运主管	重庆市分行	2016
祝元萍	沙坪坝支行	2015年度优秀网点营运主管	重庆市分行	2016
邹瑜琳	巴南支行	2015年度优秀网点营运主管	重庆市分行	2016
秦露	渝北支行	2015年度优秀网点营运主管	重庆市分行	2016
张湘渝	璧山支行	2015年度优秀网点营运主管	重庆市分行	2016
蒋震	南城支行	2015年度优秀网点营运主管	重庆市分行	2016
邓静	渝中支行	2015年度优秀网点营运主管	重庆市分行	2016
彭娟	大渡口支行	2015年度优秀网点营运主管	重庆市分行	2016
毛妮娅	两江新区支行	2015年度优秀网点营运主管	重庆市分行	2016
赵华	北部新区支行	2015年度优秀网点营运主管	重庆市分行	2016
刘贤兵	工商大学支行	2015年度优秀营运人员	重庆市分行	2016
孟祝	南城支行	2015年度优秀营运人员	重庆市分行	2016
杨威	江北支行	2015年度优秀营运人员	重庆市分行	2016
郭芹	双钢路支行	2015年度优秀营运人员	重庆市分行	2016
曾敏	弹子石支行	2015年度优秀营运人员	重庆市分行	2016
王晓梅	合规部	2016年反洗钱工作优秀员工	重庆市分行	2016
何艺	业务处理中心	2016年反洗钱工作优秀员工	重庆市分行	2016
倪玮	江津支行	2016年反洗钱工作优秀员工	重庆市分行	2016
廖霞	南坪支行	2016年反洗钱工作优秀员工	重庆市分行	2016
牟晓雪	高新支行	2016年反洗钱工作优秀员工	重庆市分行	2016
秦露	渝中支行	2016年反洗钱工作优秀员工	重庆市分行	2016
山林	合川支行	2016年反洗钱工作优秀员工	重庆市分行	2016
毛卉	涪陵支行	2016年反洗钱工作优秀员工	重庆市分行	2016
张力	涪陵支行	2016年反洗钱工作优秀员工	重庆市分行	2016

获奖人员	工作单位	荣誉称号	授予单位	获奖时间(年)
万珩	涪陵支行	2016年反洗钱工作优秀员工	重庆市分行	2016
卢华丽	江北支行	2015年度优秀营运人员	重庆市分行	2016
冉丹	朝天门支行	2015年度优秀营运人员	重庆市分行	2016
李睿	弹子石支行	2015年度优秀营运人员	重庆市分行	2016
陈川	陈家湾支行	2015年度优秀营运人员	重庆市分行	2016
潘小梅	学府路支行	2015年度优秀营运人员	重庆市分行	2016
赵晓华	沙坪坝支行	2015年度优秀网点营销主管	重庆市分行	2016
陈敏	南坪工商大学支行	2015年度优秀网点营销主管	重庆市分行	2016
李继	渝北支行	2015年度优秀网点营销主管	重庆市分行	2016
向彬	北部新区支行	2015年度优秀网点营销主管	重庆市分行	2016
易灵利	九龙坡支行	2015年度优秀网点营销主管	重庆市分行	2016
苏诗琪	个人金融业务部	2015年度优秀产品创新个人	重庆市分行	2016
杨高	沙坪坝支行	2015年度纪检监察劳动竞赛先进个人	重庆市分行	2016
王亚	南坪支行	2015年度纪检监察劳动竞赛先进个人	重庆市分行	2016
杨丽	渝北支行	2015年度纪检监察劳动竞赛先进个人	重庆市分行	2016
韦波	涪陵支行	2015年度纪检监察劳动竞赛先进个人	重庆市分行	2016
周开晓	渝中支行	2015年度纪检监察劳动竞赛先进个人	重庆市分行	2016
张燕	朝天门支行	2015年度纪检监察劳动竞赛先进个人	重庆市分行	2016
潘世全	江津支行	2015年度纪检监察劳动竞赛先进个人	重庆市分行	2016
周峰	两江幸福广场支行	2015年度纪检监察劳动竞赛先进个人	重庆市分行	2016
张毅	两江新区支行	2015年度纪检监察劳动竞赛先进个人	重庆市分行	2016
杨萍	监察室	2015年度纪检监察劳动竞赛先进个人	重庆市分行	2016
粟露	长寿支行	2016年分行营运条线531业务知识竞赛竞赛一等奖	重庆市分行	2017
余辉	九龙坡支行	2016年分行营运条线531业务知识竞赛竞赛二等奖	重庆市分行	2017
万华	爱都会支行	2016年分行营运条线531业务知识竞赛竞赛二等奖	重庆市分行	2017
程文博	大坪支行	2016年分行营运条线531业务知识竞赛竞赛三等奖	重庆市分行	2017
游红梅	人民路支行	2016年分行营运条线531业务知识竞赛竞赛三等奖	重庆市分行	2017
李笑	北碚支行	2016年分行营运条线531业务知识竞赛竞赛三等奖	重庆市分行	2017
张婷利	高新支行	2016年分行营运条线531业务知识竞赛竞赛三等奖	重庆市分行	2017
邓婧	渝中支行营业厅	2016年营运风险案例征集竞赛活动优胜个人	重庆市分行	2017
马永川	营业部	2016年营运风险案例征集竞赛活动优胜个人	重庆市分行	2017

获奖人员	工作单位	荣誉称号	授予单位	获奖时间(年)
周露	江北支行营业厅	2016年营运风险案例征集竞赛活动优胜个人	重庆市分行	2017
周建	大渡口支行	2016年营运风险案例征集竞赛活动优胜个人	重庆市分行	2017
王浩宇	学田湾支行	2016年营运风险案例征集竞赛活动优胜个人	重庆市分行	2017
易文佳	东和春天支行	2016年度营运条线“柜面之星”	重庆市分行	2017
李之同	东和春天支行	2016年度营运条线“柜面之星”	重庆市分行	2017
王家毅	永川支行	2016年度营运条线“柜面之星”	重庆市分行	2017
李睿	弹子石支行	2016年度营运条线“柜面之星”	重庆市分行	2017
皮其齐	弹子石支行	2016年度营运条线“柜面之星”	重庆市分行	2017
王雪	建新东路支行	2016年度营运条线“柜面之星”	重庆市分行	2017
冉丽	大坪支行	2016年度营运条线“柜面之星”	重庆市分行	2017
廖娟	大渡口支行	2016年度营运条线“柜面之星”	重庆市分行	2017
章蓉	江北支行营业厅	2016年度营运条线“柜面之星”	重庆市分行	2017
叶静	西郊路支行	2016年度营运条线“柜面之星”	重庆市分行	2017
倪玮	江津支行	2016年度营运条线“柜面之星”	重庆市分行	2017
刘永丽	袁家岗支行	2016年度营运条线“柜面之星”	重庆市分行	2017
赵渝	大渡口支行	2016年度营运条线“柜面之星”	重庆市分行	2017
王朕	桃花支行	2016年度营运条线“柜面之星”	重庆市分行	2017
胡轻	李家沱支行	2016年度营运条线“柜面之星”	重庆市分行	2017
刘飞	江北支行营业厅	2016年度营运条线“柜面之星”	重庆市分行	2017
万珩	涪陵支行	2016年度营运条线“柜面之星”	重庆市分行	2017
李智欧	朝天门支行	2016年度营运条线“柜面之星”	重庆市分行	2017
李拼平	巴南支行营业厅	2016年度营运条线“柜面之星”	重庆市分行	2017
李娜	凤天路支行	2016年度营运条线“柜面之星”	重庆市分行	2017
田崴	两江新区支行营业厅	2016年度营运条线“柜面之星”	重庆市分行	2017
胡丹	九龙园支行	2016年度营运条线“柜面之星”	重庆市分行	2017
王虹丽	大坪支行	2016年度营运条线“柜面之星”	重庆市分行	2017
廖茂	南城支行	2016年度营运条线“柜面之星”	重庆市分行	2017
丁俊博	沙坪坝支行营业厅	2016年度营运条线“柜面之星”	重庆市分行	2017
潘卫	巴南支行营业厅	2016年度营运条线“柜面之星”	重庆市分行	2017
陈柯	皇冠东和支行	2016年度营运条线“柜面之星”	重庆市分行	2017
蒲燕	沙坪坝支行营业厅	2016年度营运条线“柜面之星”	重庆市分行	2017
冉丹	朝天门支行	2016年度营运条线“柜面之星”	重庆市分行	2017
尹仁权	南坪支行营业厅	2016年度营运条线“柜面之星”	重庆市分行	2017
杨帆	渝中支行	2016年度分行“营运管理先进个人”	重庆市分行	2017
汤燕	大渡口支行	2016年度分行“营运管理先进个人”	重庆市分行	2017
郭艳	东和春天支行	2016年度分行“营运管理先进个人”	重庆市分行	2017

获奖人员	工作单位	荣誉称号	授予单位	获奖时间（年）
龚莉影	朝天门支行	2016年度分行“营运管理先进个人”	重庆市分行	2017
肖建国	爱都会支行	2016年度分行“营运管理先进个人”	重庆市分行	2017
吴兰	渝中支行营业厅	2016年度分行“营运管理先进个人”	重庆市分行	2017
丁舸	分行营业部	2016年度分行“营运管理先进个人”	重庆市分行	2017
王浩宇	大渡口支行	2016年度分行“营运管理先进个人”	重庆市分行	2017
王莉	九龙坡支行营业厅	2016年度分行“营运管理先进个人”	重庆市分行	2017
杜明静	渝北支行营业厅	2016年度分行“营运管理先进个人”	重庆市分行	2017
胡梦佳	东和春天支行	2016年度分行“营运管理先进个人”	重庆市分行	2017
周晓利	长寿支行营业厅	2016年度分行“营运管理先进个人”	重庆市分行	2017
周露	江北支行营业厅	2016年度分行“营运管理先进个人”	重庆市分行	2017
向茜	渝州新城支行	2016年度分行“营运管理先进个人”	重庆市分行	2017
代丹	南坪支行营业厅	2016年度分行“营运管理先进个人”	重庆市分行	2017
苗英	营运部	2016年度分行“营运管理先进个人”	重庆市分行	2017
王皓	营运部	2016年度分行“营运管理先进个人”	重庆市分行	2017
孙晓	营运部	2016年度分行“营运管理先进个人”	重庆市分行	2017
宋渝萍	营运部	2016年度分行“营运管理先进个人”	重庆市分行	2017
张小庆	营运部	2016年度分行“营运管理先进个人”	重庆市分行	2017
谢静	业务中心	2016年度分行“营运管理先进个人”	重庆市分行	2017
陈坚瑛	业务中心	2016年度分行“营运管理先进个人”	重庆市分行	2017
郭欣	业务中心	2016年度分行“营运管理先进个人”	重庆市分行	2017
谢秀梅	业务中心	2016年度分行“营运管理先进个人”	重庆市分行	2017
王英珍	业务中心	2016年度分行“营运管理先进个人”	重庆市分行	2017
胡树友	爱都会支行	优秀经营管理者	重庆市分行	2017
江富容	江津支行	优秀经营管理者	重庆市分行	2017
陈萍	渝中支行	优秀经营管理者	重庆市分行	2017
吴慧	国际业务部	优秀经营管理者	重庆市分行	2017
赵晓华	沙坪坝支行	优秀二级支行行长	重庆市分行	2017
陈敏	南坪工商大学支行	优秀二级支行行长	重庆市分行	2017
杨燕	南坪南城支行	优秀二级支行行长	重庆市分行	2017
李继	渝北支行	优秀二级支行行长	重庆市分行	2017
钟亚琴	渝州新城支行	优秀二级支行行长	重庆市分行	2017
王维	预财部	优秀共产党员	重庆市分行	2017
周静	渝中支行	优秀共产党员	重庆市分行	2017
郭欣	业务处理中心	优秀共产党员	重庆市分行	2017
罗茜丹	审计部	优秀共产党员	重庆市分行	2017
丁俊博	沙坪坝支行	优秀共产党员	重庆市分行	2017
刘炼	南坪支行	优秀共产党员	重庆市分行	2017

获奖人员	工作单位	荣誉称号	授予单位	获奖时间(年)
马琴琴	两江新区支行	优秀共产党员	重庆市分行	2017
张杰	个金部	优秀共产党员	重庆市分行	2017
张远斌	江津支行	优秀共产党员	重庆市分行	2017
李琳	信息部	优秀共产党员	重庆市分行	2017
符平	江北支行	优秀共产党员	重庆市分行	2017
姜雪	两路口支行	优秀共产党员	重庆市分行	2017
赵涛	合川支行	优秀共产党员	重庆市分行	2017
王莉	九龙坡支行	优秀共产党员	重庆市分行	2017
李先杰	九龙坡支行	优秀共产党员	重庆市分行	2017
张志梅	长寿支行	优秀党务工作者	重庆市分行	2017
马亦希	渝中支行	优秀党务工作者	重庆市分行	2017
郑茜	北碚支行	优秀党务工作者	重庆市分行	2017
李昊	渝北支行	优秀党务工作者	重庆市分行	2017
蔡航	南坪支行党支部	优秀党务工作者	重庆市分行	2017
陈奕帆	东和春天支行	优秀党务工作者	重庆市分行	2017
彭娟	大渡口支行	优秀党务工作者	重庆市分行	2017
余梦露	江北支行	优秀党务工作者	重庆市分行	2017
贺莉	资负部	优秀党务工作者	重庆市分行	2017
蒋霄	行政部	优秀党务工作者	重庆市分行	2017
杨凤	办公室	优秀党务工作者	重庆市分行	2017
王优妮	同业部	优秀党务工作者	重庆市分行	2017
熊壮	授信部	优秀党务工作者	重庆市分行	2017
杨萍	监察室	优秀党务工作者	重庆市分行	2017
廖忠伟	业务处理中心	优秀党务工作者	重庆市分行	2017
马亦希	渝中支行	2016年度党风廉政建设先进工作者	重庆市分行	2017
郑晓昉	弹子石支行	2016年度党风廉政建设先进工作者	重庆市分行	2017
邵青贤	北碚支行	2016年度党风廉政建设先进工作者	重庆市分行	2017
余敏	大渡口支行	2016年度党风廉政建设先进工作者	重庆市分行	2017
杨萍	监察室	2016年度党风廉政建设先进工作者	重庆市分行	2017
李祎哲	渝中支行	2016年度先进个人	重庆市分行	2017
程芸	渝中支行	2016年度先进个人	重庆市分行	2017
杨帆	分行营业部	2016年度先进个人	重庆市分行	2017
姜雪	两路口支行	2016年度先进个人	重庆市分行	2017
陈奕帆	东和春天支行	2016年度先进个人	重庆市分行	2017
张珏	江北支行	2016年度先进个人	重庆市分行	2017
李舒	东和春天支行	2016年度先进个人	重庆市分行	2017
符平	江北支行	2016年度先进个人	重庆市分行	2017
冉东政	沙坪坝支行	2016年度先进个人	重庆市分行	2017
赵秀全	南坪支行	2016年度先进个人	重庆市分行	2017

获奖人员	工作单位	荣誉称号	授予单位	获奖时间（年）
冉丹	朝天门支行	2016年度先进个人	重庆市分行	2017
陈燕	渝北支行	2016年度先进个人	重庆市分行	2017
刘芝源	涪陵支行	2016年度先进个人	重庆市分行	2017
彭旋	两江新区支行	2016年度先进个人	重庆市分行	2017
文英	北碚支行	2016年度先进个人	重庆市分行	2017
米佳	两江新区支行	2016年度先进个人	重庆市分行	2017
周渝	高新支行	2016年度先进个人	重庆市分行	2017
郑晓昉	弹子石支行	2016年度先进个人	重庆市分行	2017
胡庆	大坪支行	2016年度先进个人	重庆市分行	2017
张志梅	长寿支行	2016年度先进个人	重庆市分行	2017
王锐	巴南支行	2016年度先进个人	重庆市分行	2017
卿琳	大渡口支行	2016年度先进个人	重庆市分行	2017
刘芳	大渡口支行	2016年度先进个人	重庆市分行	2017
罗晓琼	江津支行	2016年度先进个人	重庆市分行	2017
邱本容	江津支行	2016年度先进个人	重庆市分行	2017
谢枫	永川支行	2016年度先进个人	重庆市分行	2017
徐跃涛	弹子石支行	2016年度先进个人	重庆市分行	2017
吴强	爱都会支行	2016年度先进个人	重庆市分行	2017
刘伟	爱都会支行	2016年度先进个人	重庆市分行	2017
王玺	璧山支行	2016年度先进个人	重庆市分行	2017
王斌	璧山支行	2016年度先进个人	重庆市分行	2017
许媛	两江幸福广场支行	2016年度先进个人	重庆市分行	2017
钟天骅	茶园支行	2016年度先进个人	重庆市分行	2017
周训练	茶园支行	2016年度先进个人	重庆市分行	2017
王欣杰	国际部	2016年度先进个人	重庆市分行	2017
曾勇	营运部	2016年度先进个人	重庆市分行	2017
刘腾松	爱都会支行	2016年度十佳公司客户经理	重庆市分行	2017
张远斌	江津支行	2016年度十佳公司客户经理	重庆市分行	2017
罗阳	沙坪坝支行	2016年度十佳公司客户经理	重庆市分行	2017
黄晶	两江新区支行	2016年度十佳公司客户经理	重庆市分行	2017
涂骥	弹子石支行	2016年度十佳公司客户经理	重庆市分行	2017
马琴琴	两江新区支行	2016年度十佳公司客户经理	重庆市分行	2017
张选躲	弹子石支行	2016年度十佳公司客户经理	重庆市分行	2017
陈杨	大渡口支行	2016年度十佳公司客户经理	重庆市分行	2017
邹亮	璧山支行	2016年度十佳公司客户经理	重庆市分行	2017
李文龙	九龙坡支行	2016年度十佳公司客户经理	重庆市分行	2017
邓玛琳	弹子石支行	2016年度十佳零售客户经理	重庆市分行	2017
皮晓清	渝中支行	2016年度十佳零售客户经理	重庆市分行	2017
周静	渝中支行	2016年度十佳零售客户经理	重庆市分行	2017

获奖人员	工作单位	荣誉称号	授予单位	获奖时间(年)
曹侠	江北支行	2016年度十佳零售客户经理	重庆市分行	2017
毛晓燕	江津支行	2016年度十佳零售客户经理	重庆市分行	2017
周俊宇	渝中支行	2016年度十佳零售客户经理	重庆市分行	2017
冯乐	江北支行	2016年度十佳零售客户经理	重庆市分行	2017
郑榆	两江新区支行	2016年度十佳零售客户经理	重庆市分行	2017
郑茜	北碚支行	2016年度十佳零售客户经理	重庆市分行	2017
唐琳	渝中支行	2016年度十佳零售客户经理	重庆市分行	2017
陈凌	弹子石支行	2016年度十佳营运人员	重庆市分行	2017
刘恋竹	东和春天支行	2016年度十佳营运人员	重庆市分行	2017
赵燕	长寿支行	2016年度十佳营运人员	重庆市分行	2017
赵小明	沙坪坝支行	2016年度十佳营运人员	重庆市分行	2017
冉庆	永川支行	2016年度十佳营运人员	重庆市分行	2017
谭世瑞	两江新区支行	2016年度十佳营运人员	重庆市分行	2017
周建	大渡口支行	2016年度十佳营运人员	重庆市分行	2017
秦韵	江北支行	2016年度十佳营运人员	重庆市分行	2017
孟锐	九龙坡支行	2016年度十佳营运人员	重庆市分行	2017
程立	涪陵支行	2016年度十佳营运人员	重庆市分行	2017
彭博	人力资源部	2016年度十佳服务明星	重庆市分行	2017
徐桦	授信部	2016年度十佳服务明星	重庆市分行	2017
文瑜	东和春天支行	2016年度十佳服务明星	重庆市分行	2017
赵逯均	两江新区支行	2016年度十佳服务明星	重庆市分行	2017
王婧	渝中支行	2016年度十佳服务明星	重庆市分行	2017
王雨浓	东和春天支行	2016年度十佳服务明星	重庆市分行	2017
晏燕	渝北支行	2016年度十佳服务明星	重庆市分行	2017
吴敏敏	沙坪坝支行	2016年度十佳服务明星	重庆市分行	2017
赵晓珊	巴南支行	2016年度十佳服务明星	重庆市分行	2017
杨威	江北支行	2016年度十佳服务明星	重庆市分行	2017
任敬钊	个金部	2016年度优秀产品创新个人	重庆市分行	2017
曾敏	弹子石支行	2016年度会计业务技能标兵	重庆市分行	2017
肖洪庆	分行营业部	2016年度会计业务技能标兵	重庆市分行	2017
温静	南坪支行	2016年度会计业务技能标兵	重庆市分行	2017
汪彩云	分行营业部	2016年度会计业务技能标兵	重庆市分行	2017
万珩	涪陵支行	2016年度会计业务技能标兵	重庆市分行	2017
罗兰英	永川支行	2016年度会计业务技能标兵	重庆市分行	2017
黄晓盈	江北支行	2016年度会计业务技能标兵	重庆市分行	2017
黄凌凌	渝中支行	2016年度会计业务技能标兵	重庆市分行	2017
邓静	渝中支行	2016年度会计业务技能标兵	重庆市分行	2017
陈蓝桥	涪陵支行	2016年度会计业务技能标兵	重庆市分行	2017
欧红	大坪支行	2016年度优秀工会积极分子	重庆市分行	2017

获奖人员	工作单位	荣誉称号	授予单位	获奖时间（年）
袁晓莉	两江幸福广场支行	2016年度优秀工会积极分子	重庆市分行	2017
陈新	南坪支行营业厅	2016年度优秀工会积极分子	重庆市分行	2017
杨树明	江北支行	2016年度优秀工会积极分子	重庆市分行	2017
李莉	渝中支行	2016年度优秀工会积极分子	重庆市分行	2017
欧阳春晖	资产负债管理部	2016年度优秀工会积极分子	重庆市分行	2017
陈飙	保卫部	2016年度优秀工会积极分子	重庆市分行	2017
丁丽	授信部	2016年度优秀工会积极分子	重庆市分行	2017
苗英	营运部	2016年度优秀工会积极分子	重庆市分行	2017
许可	个金部	2016年度优秀工会积极分子	重庆市分行	2017
万珩	涪陵支行	2016年度优秀共青团员	重庆市分行	2017
徐曼	东和春天支行	2016年度优秀共青团员	重庆市分行	2017
祁丽佳	沙坪坝支行	2016年度优秀共青团员	重庆市分行	2017
樊莉	授信管理部	2016年度优秀共青团员	重庆市分行	2017
王淼	公司管理部	2016年度优秀共青团员	重庆市分行	2017
董斌	长寿支行	2016年度优秀安全保卫工作者	重庆市分行	2017
潘世全	江津支行	2016年度优秀安全保卫工作者	重庆市分行	2017
周绪林	九龙坡支行	2016年度优秀安全保卫工作者	重庆市分行	2017
王怀义	沙坪坝支行	2016年度优秀安全保卫工作者	重庆市分行	2017
李莉	渝中支行	2016年度优秀安全保卫工作者	重庆市分行	2017
洪霞	办公室	2016年度分行机关先进个人	重庆市分行	2017
柏春华	人资部	2016年度分行机关先进个人	重庆市分行	2017
温小茜	资负部	2016年度分行机关先进个人	重庆市分行	2017
刘明洁	预财部	2016年度分行机关先进个人	重庆市分行	2017
廖晓云	公司部	2016年度分行机关先进个人	重庆市分行	2017
王淼	公司部	2016年度分行机关先进个人	重庆市分行	2017
张君	投资银行部	2016年度分行机关先进个人	重庆市分行	2017
令狐林立	同业部	2016年度分行机关先进个人	重庆市分行	2017
王欣杰	国际部	2016年度分行机关先进个人	重庆市分行	2017
张杰	个金部	2016年度分行机关先进个人	重庆市分行	2017
曾楠	个金部	2016年度分行机关先进个人	重庆市分行	2017
肖琴	营运部	2016年度分行机关先进个人	重庆市分行	2017
徐桦	授信部	2016年度分行机关先进个人	重庆市分行	2017
熊壮	授信部	2016年度分行机关先进个人	重庆市分行	2017
陈洁	风险保全部	2016年度分行机关先进个人	重庆市分行	2017
李晋	风险保全部	2016年度分行机关先进个人	重庆市分行	2017
雷媛媛	审计部	2016年度分行机关先进个人	重庆市分行	2017
罗茜丹	审计部	2016年度分行机关先进个人	重庆市分行	2017
杨琴	法律合规部	2016年度分行机关先进个人	重庆市分行	2017
焦煦	信息部	2016年度分行机关先进个人	重庆市分行	2017

获奖人员	工作单位	荣誉称号	授予单位	获奖时间(年)
程立	渠道部	2016年度分行机关先进个人	重庆市分行	2017
董焰	行政部	2016年度分行机关先进个人	重庆市分行	2017
唐良容	工会办	2016年度分行机关先进个人	重庆市分行	2017
江黎	行政部	2016年度分行机关先进个人	重庆市分行	2017
袁浩	业务处理中心	2016年度分行机关先进个人	重庆市分行	2017
王晓琳	业务处理中心	2016年度分行机关先进个人	重庆市分行	2017
黄民光	巡查组	2016年度分行机关先进个人	重庆市分行	2017
湛萍	大客户部	2016年度分行机关先进个人	重庆市分行	2017
潘世全	江津支行	2016年度纪检监察劳动竞赛先进个人	重庆市分行	2017
郭艳	东和春天支行	2016年度纪检监察劳动竞赛先进个人	重庆市分行	2017
余敏	大渡口支行	2016年度纪检监察劳动竞赛先进个人	重庆市分行	2017
马亦希	渝中支行	2016年度纪检监察劳动竞赛先进个人	重庆市分行	2017
郑晓昉	弹子石支行	2016年度纪检监察劳动竞赛先进个人	重庆市分行	2017
邵青贤	北碚支行	2016年度纪检监察劳动竞赛先进个人	重庆市分行	2017
王华	朝天门支行	2016年度纪检监察劳动竞赛先进个人	重庆市分行	2017
王亚	南坪支行	2016年度纪检监察劳动竞赛先进个人	重庆市分行	2017
廖晓云	公司部	2016年度纪检监察劳动竞赛先进个人	重庆市分行	2017
杨萍	监察室	2016年度纪检监察劳动竞赛先进个人	重庆市分行	2017
杨凤	办公室	优秀党务工作者	重庆市分行	2017
曾扬	办公室	2016—2017年度优秀教育工作者	重庆市分行	2017
贺喜	沙坪坝支行	2017年度纪检监察劳动竞赛先进个人	重庆市分行	2018
杨丽	渝北支行	2017年度纪检监察劳动竞赛先进个人	重庆市分行	2018
毕磊	北碚支行	2017年度纪检监察劳动竞赛先进个人	重庆市分行	2018
曾渝	大坪支行	2017年度纪检监察劳动竞赛先进个人	重庆市分行	2018
郭艳	东和春天支行	2017年度纪检监察劳动竞赛先进个人	重庆市分行	2018
余敏	大渡口支行	2017年度纪检监察劳动竞赛先进个人	重庆市分行	2018
刘平	自贸区分行	2017年度纪检监察劳动竞赛先进个人	重庆市分行	2018
廖晓云	公司部	2017年度纪检监察劳动竞赛先进个人	重庆市分行	2018
罗茜丹	审计部	2017年度纪检监察劳动竞赛先进个人	重庆市分行	2018
贺利平	监察室	2017年度纪检监察劳动竞赛先进个人	重庆市分行	2018
陈萍	渝中支行	2017年优胜经营管理者	重庆市分行	2018
刘祖国	营业部	2017年优胜经营管理者	重庆市分行	2018
李静	茶园支行	2017年优胜经营管理者	重庆市分行	2018
江富容	江津支行	2017年优胜经营管理者	重庆市分行	2018
黄章云	风险部(保全部)	2017年优胜经营管理者	重庆市分行	2018
陈怡	个金部(消保部)	2017年优胜经营管理者	重庆市分行	2018
吴冬梅	工商大学支行	2017年优秀二级支行行长	重庆市分行	2018
杨燕	南城支行	2017年优秀二级支行行长	重庆市分行	2018
邓玛琳	西郊路支行	2017年优秀二级支行行长	重庆市分行	2018

获奖人员	工作单位	荣誉称号	授予单位	获奖时间(年)
佟梅	渝中支行营业厅	2017年优秀二级支行行长	重庆市分行	2018
刘静园	新牌坊支行	2017年优秀二级支行行长	重庆市分行	2018
戚亚	营运部	2017年党风廉政建设先进工作者	重庆市分行	2018
郑勇	两江新区分行	2017年党风廉政建设先进工作者	重庆市分行	2018
吴艳婷	巴南支行	2017年党风廉政建设先进工作者	重庆市分行	2018
郑晓昉	南岸支行	2017年党风廉政建设先进工作者	重庆市分行	2018
杨琴	合规部	2017年党风廉政建设先进工作者	重庆市分行	2018
王淼	公司部	2017年分行先进个人	重庆市分行	2018
王妍	国际部	2017年分行先进个人	重庆市分行	2018
张祖妞	个金部(消保部)	2017年分行先进个人	重庆市分行	2018
罗雅丹	资负部	2017年分行先进个人	重庆市分行	2018
刘明洁	预财部	2017年分行先进个人	重庆市分行	2018
龚方孜	授信部	2017年分行先进个人	重庆市分行	2018
武萍	风险部(保全部)	2017年分行先进个人	重庆市分行	2018
程文博	营运部	2017年分行先进个人	重庆市分行	2018
郝庶	渠道部	2017年分行先进个人	重庆市分行	2018
杨凤	办公室	2017年分行先进个人	重庆市分行	2018
彭博	人资部	2017年分行先进个人	重庆市分行	2018
杨萍	监察室	2017年分行先进个人	重庆市分行	2018
杨梦	审计部	2017年分行先进个人	重庆市分行	2018
李卫	信息部	2017年分行先进个人	重庆市分行	2018
丁剑	业务中心	2017年分行先进个人	重庆市分行	2018
程芸	渝中支行	2017年分行先进个人	重庆市分行	2018
李祎哲	渝中支行	2017年分行先进个人	重庆市分行	2018
邓薇	营业部	2017年分行先进个人	重庆市分行	2018
刘洋	营业部	2017年分行先进个人	重庆市分行	2018
姜雪	两路口支行	2017年分行先进个人	重庆市分行	2018
罗军栋	两路口支行	2017年分行先进个人	重庆市分行	2018
刘才圣	东和春天支行	2017年分行先进个人	重庆市分行	2018
文瑜	东和春天支行	2017年分行先进个人	重庆市分行	2018
吴蕾	江北支行	2017年分行先进个人	重庆市分行	2018
蒋超	江北支行	2017年分行先进个人	重庆市分行	2018
李先杰	九龙坡支行	2017年分行先进个人	重庆市分行	2018
袁溯	沙坪坝支行	2017年分行先进个人	重庆市分行	2018
张灿浦	沙坪坝支行	2017年分行先进个人	重庆市分行	2018
钟天骅	南岸支行	2017年分行先进个人	重庆市分行	2018
陈敏	南岸支行	2017年分行先进个人	重庆市分行	2018
刘伟	渝北支行	2017年分行先进个人	重庆市分行	2018
汪瑜	渝北支行	2017年分行先进个人	重庆市分行	2018

获奖人员	工作单位	荣誉称号	授予单位	获奖时间(年)
张椿萍	涪陵支行	2017年分行先进个人	重庆市分行	2018
邵青贤	北碚支行	2017年分行先进个人	重庆市分行	2018
米佳	两江新区分行	2017年分行先进个人	重庆市分行	2018
王冰霜	两江新区分行	2017年分行先进个人	重庆市分行	2018
钟亚琴	高新科技支行	2017年分行先进个人	重庆市分行	2018
王晶	大坪支行	2017年分行先进个人	重庆市分行	2018
唐庄	长寿支行	2017年分行先进个人	重庆市分行	2018
兰中权	长寿支行	2017年分行先进个人	重庆市分行	2018
庞丹丹	巴南支行	2017年分行先进个人	重庆市分行	2018
涂良军	巴南支行	2017年分行先进个人	重庆市分行	2018
陈杨	大渡口支行	2017年分行先进个人	重庆市分行	2018
汤燕	大渡口支行	2017年分行先进个人	重庆市分行	2018
张远斌	江津支行	2017年分行先进个人	重庆市分行	2018
刘莉	江津支行	2017年分行先进个人	重庆市分行	2018
吴成	永川支行	2017年分行先进个人	重庆市分行	2018
游跞文	合川支行	2017年分行先进个人	重庆市分行	2018
邹亮	璧山支行	2017年分行先进个人	重庆市分行	2018
许媛	自由贸易试验区分行	2017年分行先进个人	重庆市分行	2018
陈思思	营业部	2017年十佳公司客户经理	重庆市分行	2018
周晓龙	营业部	2017年十佳公司客户经理	重庆市分行	2018
吴强	渝北支行	2017年十佳公司客户经理	重庆市分行	2018
涂骥	南岸支行	2017年十佳公司客户经理	重庆市分行	2018
茑丹霞	营业部	2017年十佳公司客户经理	重庆市分行	2018
祁丽佳	沙坪坝支行	2017年十佳公司客户经理	重庆市分行	2018
魏祯	两江新区分行	2017年十佳公司客户经理	重庆市分行	2018
罗阳	沙坪坝支行	2017年十佳公司客户经理	重庆市分行	2018
刘巧芸	九龙坡支行	2017年十佳公司客户经理	重庆市分行	2018
米佳	两江新区分行	2017年十佳公司客户经理	重庆市分行	2018
朱娟子	渝中支行	2017年十佳零售客户经理	重庆市分行	2018
徐韩	营业部	2017年十佳零售客户经理	重庆市分行	2018
郭杨	南岸支行	2017年十佳零售客户经理	重庆市分行	2018
封春	营业部	2017年十佳零售客户经理	重庆市分行	2018
陈小凤	九龙坡支行	2017年十佳零售客户经理	重庆市分行	2018
刘芳	大渡口支行	2017年十佳零售客户经理	重庆市分行	2018
胡蕾	营业部	2017年十佳零售客户经理	重庆市分行	2018
肖佑华	营业部	2017年十佳零售客户经理	重庆市分行	2018
周静	渝中支行	2017年十佳零售客户经理	重庆市分行	2018
皮晓清	渝中支行	2017年十佳零售客户经理	重庆市分行	2018

获奖人员	工作单位	荣誉称号	授予单位	获奖时间(年)
吴兰	七星岗支行	2017年十佳营运人员	重庆市分行	2018
徐晖	北部新区支行	2017年十佳营运人员	重庆市分行	2018
曾书蓉	茶园支行	2017年十佳营运人员	重庆市分行	2018
薛科	学田湾支行	2017年十佳营运人员	重庆市分行	2018
冉思丹	西郊路支行	2017年十佳营运人员	重庆市分行	2018
冉丹	朝天门支行	2017年十佳营运人员	重庆市分行	2018
潘卫	巴南支行营业厅	2017年十佳营运人员	重庆市分行	2018
李智欧	南城支行	2017年十佳营运人员	重庆市分行	2018
李之同	东和春天支行	2017年十佳营运人员	重庆市分行	2018
胡轻	李家沱支行	2017年十佳营运人员	重庆市分行	2018
陈凌	南岸支行	2017年十佳服务明星	重庆市分行	2018
张文杰	永川支行	2017年十佳服务明星	重庆市分行	2018
廖常丽	南岸支行	2017年十佳服务明星	重庆市分行	2018
周芮羲	东和春天支行	2017年十佳服务明星	重庆市分行	2018
谷玉琴	沙坪坝支行	2017年十佳服务明星	重庆市分行	2018
周颖	江北支行	2017年十佳服务明星	重庆市分行	2018
王雨浓	东和春天支行	2017年十佳服务明星	重庆市分行	2018
周慕楠	渝中支行	2017年十佳服务明星	重庆市分行	2018
李钰琳	涪陵支行	2017年十佳服务明星	重庆市分行	2018
曹芳	个金部(消保部)	2017年十佳服务明星	重庆市分行	2018
孙晓	营运部	2017年优秀产品创新个人	重庆市分行	2018
蔡学磊	同业部	2017年优秀工会积极分子	重庆市分行	2018
雷媛媛	审计部	2017年优秀工会积极分子	重庆市分行	2018
陈飙	保卫部	2017年优秀工会积极分子	重庆市分行	2018
李茜	业务中心	2017年优秀工会积极分子	重庆市分行	2018
陶蔚	信息部	2017年优秀工会积极分子	重庆市分行	2018
许可	个金部(消保部)	2017年优秀工会积极分子	重庆市分行	2018
贺喜	沙坪坝支行	2017年优秀工会积极分子	重庆市分行	2018
李莉	渝中支行	2017年优秀工会积极分子	重庆市分行	2018
王一	营业部	2017年优秀工会积极分子	重庆市分行	2018
廖茂婷	江津支行	2017年优秀工会积极分子	重庆市分行	2018
曾钦罂	九龙坡支行	2017年优秀共青团员	重庆市分行	2018
李兰亭	渝中支行	2017年优秀共青团员	重庆市分行	2018
徐曼	东和春天支行	2017年优秀共青团员	重庆市分行	2018
刘怀权	两江新区分行	2017年优秀共青团员	重庆市分行	2018
李明航	国际部	2017年优秀共青团员	重庆市分行	2018
邹洁	营业部	2017年会计业务技能标兵	重庆市分行	2018
粟露	高新科技支行	2017年会计业务技能标兵	重庆市分行	2018
冉思丹	九龙坡支行	2017年会计业务技能标兵	重庆市分行	2018

获奖人员	工作单位	荣誉称号	授予单位	获奖时间(年)
冉丹	渝中支行	2017年会计业务技能标兵	重庆市分行	2018
邱冬梅	渝中支行	2017年会计业务技能标兵	重庆市分行	2018
邓静	营业部	2017年会计业务技能标兵	重庆市分行	2018
陈家凤	两江新区分行	2017年会计业务技能标兵	重庆市分行	2018
琴韵	江北支行	2017年会计业务技能标兵	重庆市分行	2018
赵燕	沙坪坝支行	2017年会计业务技能标兵	重庆市分行	2018
黄凌凌	渝中支行	2017年会计业务技能标兵	重庆市分行	2018
杨青	沙坪坝支行	2017年优秀安全保卫工作者	重庆市分行	2018
吴艳婷	巴南支行	2017年优秀安全保卫工作者	重庆市分行	2018
王亚	南岸支行	2017年优秀安全保卫工作者	重庆市分行	2018
徐曼	东和春天支行	2017年优秀安全保卫工作者	重庆市分行	2018
张毅	两江新区分行	2017年优秀安全保卫工作者	重庆市分行	2018
王淼	公司部	2017年分行机关先进个人	重庆市分行	2018
王亚欣	国际部	2017年分行机关先进个人	重庆市分行	2018
王妍	国际部	2017年分行机关先进个人	重庆市分行	2018
易川	投行部	2017年分行机关先进个人	重庆市分行	2018
童晓迪	同业部	2017年分行机关先进个人	重庆市分行	2018
张祖妞	个金部(消保部)	2017年分行机关先进个人	重庆市分行	2018
叶在青	个金部(消保部)	2017年分行机关先进个人	重庆市分行	2018
罗雅丹	资负部	2017年分行机关先进个人	重庆市分行	2018
刘明洁	预财部	2017年分行机关先进个人	重庆市分行	2018
杨婧	预财部	2017年分行机关先进个人	重庆市分行	2018
龚方孜	授信部	2017年分行机关先进个人	重庆市分行	2018
丁丽	授信部	2017年分行机关先进个人	重庆市分行	2018
邓洁	风险部	2017年分行机关先进个人	重庆市分行	2018
武萍	风险部(保全部)	2017年分行机关先进个人	重庆市分行	2018
程文博	营运部	2017年分行机关先进个人	重庆市分行	2018
宋渝萍	营运部	2017年分行机关先进个人	重庆市分行	2018
郝庶	渠道部	2017年分行机关先进个人	重庆市分行	2018
崔玄	普惠部	2017年分行机关先进个人	重庆市分行	2018
杨凤	办公室	2017年分行机关先进个人	重庆市分行	2018
彭博	人资部	2017年分行机关先进个人	重庆市分行	2018
蔡依莉	人资部	2017年分行机关先进个人	重庆市分行	2018
徐建国	保卫部	2017年分行机关先进个人	重庆市分行	2018
杨萍	监察室	2017年分行机关先进个人	重庆市分行	2018
杨梦	审计部	2017年分行机关先进个人	重庆市分行	2018
王晓梅	合规部	2017年分行机关先进个人	重庆市分行	2018
李卫	信息部	2017年分行机关先进个人	重庆市分行	2018
丁剑	业务中心	2017年分行机关先进个人	重庆市分行	2018

获奖人员	工作单位	荣誉称号	授予单位	获奖时间（年）
廖忠伟	业务中心	2017年分行机关先进个人	重庆市分行	2018
曾红	行政部	2017年分行机关先进个人	重庆市分行	2018
唐良容	工会办	2017年分行机关先进个人	重庆市分行	2018
胡郸	投行部	2018年十佳优秀经营管理者	重庆市分行	2019
虞清	两江新区分行	2018年十佳优秀经营管理者	重庆市分行	2019
谭永胜	九龙坡支行	2018年十佳优秀经营管理者	重庆市分行	2019
黄章云	风险保全部	2018年十佳优秀经营管理者	重庆市分行	2019
陈革	两路口支行	2018年十佳优秀经营管理者	重庆市分行	2019
凌明	大渡口支行	2018年十佳优秀经营管理者	重庆市分行	2019
李琰	渝中支行	2018年十佳优秀经营管理者	重庆市分行	2019
刘祖国	营业部	2018年十佳优秀经营管理者	重庆市分行	2019
陈怡	个金部	2018年十佳优秀经营管理者	重庆市分行	2019
吴慧	国际部	2018年十佳优秀经营管理者	重庆市分行	2019
魏雪梅	高新支行营业厅	2018年优秀二级支行行长	重庆市分行	2019
黄微霞	渝中人民路支行	2018年优秀二级支行行长	重庆市分行	2019
张珏	江北支行营业厅	2018年优秀二级支行行长	重庆市分行	2019
佟玫	渝中支行营业厅	2018年优秀二级支行行长	重庆市分行	2019
刘静团	渝北新牌坊支行	2018年优秀二级支行行长	重庆市分行	2019
曾丹	渝中支行	2018年党风廉政建设先进工作者	重庆市分行	2019
马健	江北支行	2018年党风廉政建设先进工作者	重庆市分行	2019
赵芙蓉	永川支行	2018年党风廉政建设先进工作者	重庆市分行	2019
周绪林	监察室	2018年党风廉政建设先进工作者	重庆市分行	2019
王军	授信部	2018年党风廉政建设先进工作者	重庆市分行	2019
谢进	北碚支行	2018年分行先进个人	重庆市分行	2019
徐江	璧山支行	2018年分行先进个人	重庆市分行	2019
张影	涪陵支行	2018年分行先进个人	重庆市分行	2019
陈微	东和春天支行	2018年分行先进个人	重庆市分行	2019
米佳	两江新区分行	2018年分行先进个人	重庆市分行	2019
兰中权	长寿支行	2018年分行先进个人	重庆市分行	2019
赵显燕	永川支行	2018年分行先进个人	重庆市分行	2019
谢枫	永川支行	2018年分行先进个人	重庆市分行	2019
韦俊	个金部	2018年分行先进个人	重庆市分行	2019
唐文辉	资负部	2018年分行先进个人	重庆市分行	2019
吴慧	国际部	2018年分行先进个人	重庆市分行	2019
杨萍	监察室	2018年分行先进个人	重庆市分行	2019
江富容	江津支行	2018年分行先进个人	重庆市分行	2019
毛自翔	办公室	2018年分行先进个人	重庆市分行	2019
胡郸	投行部	2018年分行先进个人	重庆市分行	2019
柴源	审计部	2018年分行先进个人	重庆市分行	2019
唐莉	北碚支行	2018年分行先进个人	重庆市分行	2019

获奖人员	工作单位	荣誉称号	授予单位	获奖时间(年)
陈咏	业务处理中心	2018年分行先进个人	重庆市分行	2019
杨帆	江津支行	2018年分行先进个人	重庆市分行	2019
陈泓升	自贸区分行	2018年分行先进个人	重庆市分行	2019
唐金明	南岸支行	2018年分行先进个人	重庆市分行	2019
魏雪梅	高新支行营业厅	2018年分行先进个人	重庆市分行	2019
程国菊	办公室	2018年分行先进个人	重庆市分行	2019
陈铁燕	预财部	2018年分行先进个人	重庆市分行	2019
胡文荣	授信部	2018年分行先进个人	重庆市分行	2019
郭凡	合川支行	2018年分行先进个人	重庆市分行	2019
王东	国际部	2018年分行先进个人	重庆市分行	2019
易川	投行部	2018年分行先进个人	重庆市分行	2019
陈凯	业务处理中心	2018年分行先进个人	重庆市分行	2019
邓龙辉	信息部	2018年分行先进个人	重庆市分行	2019
郑雨	风险部	2018年分行先进个人	重庆市分行	2019
肖琴	营运部	2018年分行先进个人	重庆市分行	2019
穆荣贵	渝北支行	2018年分行先进个人	重庆市分行	2019
郭今	两路口支行	2018年分行先进个人	重庆市分行	2019
罗军栋	两路品支行	2018年分行先进个人	重庆市分行	2019
柏春华	人资部	2018年分行先进个人	重庆市分行	2019
石榴	两江新区分行	2018年分行先进个人	重庆市分行	2019
闫佳佳	公司部	2018年分行先进个人	重庆市分行	2019
刘祖国	营业部	2018年分行先进个人	重庆市分行	2019
姚红烈	营业部	2018年分行先进个人	重庆市分行	2019
周晓龙	营业部	2018年分行先进个人	重庆市分行	2019
邓静	营业部	2018年分行先进个人	重庆市分行	2019
邓薇	营业部	2018年分行先进个人	重庆市分行	2019
刘洋	营业部	2018年分行先进个人	重庆市分行	2019
凌明	大渡口支行	2018年分行先进个人	重庆市分行	2019
虞清	两江新区分行	2018年分行先进个人	重庆市分行	2019
胡树友	渝北支行	2018年分行先进个人	重庆市分行	2019
张湛	永川支行	2018年分行先进个人	重庆市分行	2019
朱剑锋	渝中支行	2018年分行先进个人	重庆市分行	2019
汤燕	大渡口支行	2018年分行先进个人	重庆市分行	2019
文海涛	渝中支行	2018年分行先进个人	重庆市分行	2019
李佳倩	渝中支行	2018年分行先进个人	重庆市分行	2019
张琼	南岸支行	2018年分行先进个人	重庆市分行	2019
刘腾松	渝北支行	2018年分行先进个人	重庆市分行	2019
张珏	江北支行	2018年分行先进个人	重庆市分行	2019
王俊	渝北支行	2018年分行先进个人	重庆市分行	2019
王锐	巴南支行	2018年分行先进个人	重庆市分行	2019

获奖人员	工作单位	荣誉称号	授予单位	获奖时间(年)
郎娟	沙坪坝支行	2018年分行先进个人	重庆市分行	2019
李小艺	沙坪坝支行	2018年分行先进个人	重庆市分行	2019
刘芳	大渡口支行	2018年分行先进个人	重庆市分行	2019
卿琳	大渡口支行	2018年分行先进个人	重庆市分行	2019
谭永胜	九龙坡支行	2018年分行先进个人	重庆市分行	2019
黄章云	风险保全部	2018年分行先进个人	重庆市分行	2019
陈革	两路口支行	2018年分行先进个人	重庆市分行	2019
李琰	渝中支行	2018年分行先进个人	重庆市分行	2019
陈怡	个金部	2018年分行先进个人	重庆市分行	2019
周元	涪陵支行	2018年分行先进个人	重庆市分行	2019
王文宇	沙坪坝支行	2018年分行先进个人	重庆市分行	2019
李先杰	九龙坡支行	2018年分行先进个人	重庆市分行	2019
曾亚斌	预算财务部	2018年分行先进个人	重庆市分行	2019
胡南琪	授信管理部	2018年分行先进个人	重庆市分行	2019
邱本容	江津支行	2018年分行先进个人	重庆市分行	2019
王玮	九龙坡支行	2018年分行先进个人	重庆市分行	2019
吴蕾	江北支行	2018年分行先进个人	重庆市分行	2019
李晶阳	两路口支行	2018十佳公司客户经理	重庆市分行	2019
张会	两路口支行	2018十佳公司客户经理	重庆市分行	2019
杜锴	两江新区分行	2018十佳公司客户经理	重庆市分行	2019
姜雪	两路口支行	2018十佳公司客户经理	重庆市分行	2019
张椿萍	涪陵支行	2018十佳公司客户经理	重庆市分行	2019
于岱民	江北支行	2018十佳公司客户经理	重庆市分行	2019
苏文锦	江津支行	2018十佳公司客户经理	重庆市分行	2019
杨帆	营业部	2018十佳公司客户经理	重庆市分行	2019
陈杨	大渡口支行	2018十佳公司客户经理	重庆市分行	2019
谢枫	永川支行	2018十佳公司客户经理	重庆市分行	2019
冯乐	江北支行	2018十佳零售客户经理	重庆市分行	2019
刘炼	南岸支行	2018十佳零售客户经理	重庆市分行	2019
王大勇	南岸支行	2018十佳零售客户经理	重庆市分行	2019
殷欣	江北支行	2018十佳零售客户经理	重庆市分行	2019
邓唯	江北支行	2018十佳零售客户经理	重庆市分行	2019
刘伟	渝北支行	2018十佳零售客户经理	重庆市分行	2019
胡蕾	营业部	2018十佳零售客户经理	重庆市分行	2019
宋锐	营业部	2018十佳零售客户经理	重庆市分行	2019
肖佑华	营业部	2018十佳零售客户经理	重庆市分行	2019
王雨浓	东和春天支行	2018十佳零售客户经理	重庆市分行	2019
周露	新牌坊支行	2018十佳营运人员	重庆市分行	2019
邓敏	南坪营业厅	2018十佳营运人员	重庆市分行	2019
林懿	大渡口支行	2018十佳营运人员	重庆市分行	2019

获奖人员	工作单位	荣誉称号	授予单位	获奖时间(年)
张艳	大坪支行	2018十佳营运人员	重庆市分行	2019
张惠琼	高新营业厅	2018十佳营运人员	重庆市分行	2019
曾娟	茶园支行	2018十佳营运人员	重庆市分行	2019
曾建萍	西郊路支行	2018十佳营运人员	重庆市分行	2019
李俊	弹子石支行	2018十佳营运人员	重庆市分行	2019
刘冰	营业部	2018十佳营运人员	重庆市分行	2019
熊琴	两路口支行	2018十佳营运人员	重庆市分行	2019
冉思丹	九龙坡-西郊支行	2018十佳服务明星	重庆市分行	2019
罗帆影	渝北支行	2018十佳服务明星	重庆市分行	2019
李佳佳	渝中支行	2018十佳服务明星	重庆市分行	2019
余雨遥	两江新区分行	2018十佳服务明星	重庆市分行	2019
郑榆	两江新区分行	2018十佳服务明星	重庆市分行	2019
陈家凤	两江新区分行	2018十佳服务明星	重庆市分行	2019
邓延平	南岸支行	2018十佳服务明星	重庆市分行	2019
戴佳利	个金(消保)部	2018十佳服务明星	重庆市分行	2019
李钰琳	涪陵支行	2018十佳服务明星	重庆市分行	2019
王雨浓	东和春天支行	2018十佳服务明星	重庆市分行	2019
李卫	信息部	2018优秀产品创新个人	重庆市分行	2019
马健	江北支行	2018优秀产品创新个人	重庆市分行	2019
周元	涪陵支行	2018优秀产品创新个人	重庆市分行	2019
周慧	公司部	2018优秀产品创新个人	重庆市分行	2019
尹策	授信部	2018优秀产品创新个人	重庆市分行	2019
封春	营业部	2018优秀工会积极分子	重庆市分行	2019
王经涛	业务处理中心	2018优秀工会积极分子	重庆市分行	2019
袁晓莉	自贸区分行	2018优秀工会积极分子	重庆市分行	2019
郭艳	东和春天支行	2018优秀工会积极分子	重庆市分行	2019
李明航	国际部	2018优秀工会积极分子	重庆市分行	2019
雷媛媛	审计部	2018优秀工会积极分子	重庆市分行	2019
文昌建	两路口支行	2018优秀工会积极分子	重庆市分行	2019
罗晓琼	江津支行	2018优秀工会积极分子	重庆市分行	2019
张萌	江北支行	2018优秀工会积极分子	重庆市分行	2019
李文凤	九龙坡支行	2018优秀工会积极分子	重庆市分行	2019
严翼	江津支行	2018会计业务技能标兵	重庆市分行	2019
赵培君	沙坪坝-双碑支行	2018会计业务技能标兵	重庆市分行	2019
孟锐	九龙园支行	2018会计业务技能标兵	重庆市分行	2019
万华	新牌坊支行	2018会计业务技能标兵	重庆市分行	2019
秦韵	江北支行营业厅	2018会计业务技能标兵	重庆市分行	2019
简周	渝北营业厅	2018会计业务技能标兵	重庆市分行	2019
徐肖	沙坪坝支行营业厅	2018会计业务技能标兵	重庆市分行	2019
冉思丹	九龙坡-西郊路支行	2018会计业务技能标兵	重庆市分行	2019

获奖人员	工作单位	荣誉称号	授予单位	获奖时间(年)
黄凌凌	人民路支行	2018会计业务技能标兵	重庆市分行	2019
李妍	渝中营业厅	2018会计业务技能标兵	重庆市分行	2019
汤燕	大渡口支行	2018优秀安全保卫工作者	重庆市分行	2019
黄奕龙	合川支行	2018优秀安全保卫工作者	重庆市分行	2019
吴锋	沙坪坝支行	2018优秀安全保卫工作者	重庆市分行	2019
肖强	南岸支行	2018优秀安全保卫工作者	重庆市分行	2019
余朝毅	长寿支行	2018优秀安全保卫工作者	重庆市分行	2019
黄中全	资负部	2018分行机关先进个人	重庆市分行	2019
刘柃妤	同业部	2018分行机关先进个人	重庆市分行	2019
何亦成	监察室	2018分行机关先进个人	重庆市分行	2019
蒋霄	行政部	2018分行机关先进个人	重庆市分行	2019
张又丹	公司部	2018分行机关先进个人	重庆市分行	2019
程国菊	办公室	2018分行机关先进个人	重庆市分行	2019
闫佳佳	公司部	2018分行机关先进个人	重庆市分行	2019
陈轶燕	预财部	2018分行机关先进个人	重庆市分行	2019
黄智	公司部	2018分行机关先进个人	重庆市分行	2019
杨栩	办公室-行史办	2018分行机关先进个人	重庆市分行	2019
柏春华	人资部	2018分行机关先进个人	重庆市分行	2019
易川	投行部	2018分行机关先进个人	重庆市分行	2019
王东	国际部	2018分行机关先进个人	重庆市分行	2019
袁磊磊	国际部	2018分行机关先进个人	重庆市分行	2019
王优妮	同业部	2018分行机关先进个人	重庆市分行	2019
唐文辉	资负部	2018分行机关先进个人	重庆市分行	2019
韦俊	个金部	2018分行机关先进个人	重庆市分行	2019
程立	渠道部	2018分行机关先进个人	重庆市分行	2019
肖琴	营运部	2018分行机关先进个人	重庆市分行	2019
胡庆	大客户部	2018分行机关先进个人	重庆市分行	2019
崔玄	普惠部	2018分行机关先进个人	重庆市分行	2019
陈凯	业务处理中心	2018分行机关先进个人	重庆市分行	2019
郑雨	风险部	2018分行机关先进个人	重庆市分行	2019
王晓林	业务处理中心	2018分行机关先进个人	重庆市分行	2019
胡文荣	授信部	2018分行机关先进个人	重庆市分行	2019
周巍	个金部	2018分行机关先进个人	重庆市分行	2019
柴源	审计部	2018分行机关先进个人	重庆市分行	2019
李静怡	合规部	2018分行机关先进个人	重庆市分行	2019
邓龙辉	信息部	2018分行机关先进个人	重庆市分行	2019
杨萍	监察室、巡察组、派驻纪检组	2018分行机关先进个人	重庆市分行	2019
何敏	授信部	2018分行机关先进个人	重庆市分行	2019
杨阳	行政部	2018分行机关先进个人	重庆市分行	2019

获奖人员	工作单位	荣誉称号	授予单位	获奖时间(年)
颜孝国	工会办	2018分行机关先进个人	重庆市分行	2019
徐建国	保卫部	2018分行机关先进个人	重庆市分行	2019
吴凡	派驻纪检组	2018分行机关先进个人	重庆市分行	2019
贺利平	监察室、巡察组、派驻纪检组	2018分行机关先进个人	重庆市分行	2019

1988—2000年各管辖行主要业务数据

单位：元

	年份	指标		
		资产	存款	贷款
昆明支行	1988年	16892.67	13769.91	6400.00
	1989年	46893.53	37530.75	38000.00
	1990年	77696.80	72581.12	51293.00
	1991年	127824.54	103133.22	74426.55

	年份	指标		
		资产	存款	贷款
柳州支行	1988年	9983.40	6371.94	5683.54
	1989年	16184.17	8531.85	10237.63
	1990年	25991.86	16428.79	14804.70
	1991年	37656.37	22261.62	19724.70
	1992年	45871.14	27622.49	24410.62

	年份	指标		
		资产	存款	贷款
自贡支行	1988年	8334.01	2863.75	4235.20
	1989年	12995.51	5805.09	7416.64
	1990年	17593.84	7978.96	11238.40
	1991年	20998.91	11061.55	14085.30
	1992年	28043.61	14286.12	16931.76
	1993年	35493.73	20519.00	20133.00
	1994年	41259.99	18987.03	22627.11
	1995年	44870.36	24717.17	26107.61
	1996年	55137.76	32099.43	29881.56

	年份	指标		
		资产	存款	贷款
成都支行	1989年	14690.33	7502.78	10000.00
	1990年	40666.82	28245.93	29718.00
	1991年	89484.08	71313.24	58076.60

	年份	指标		
		资产	存款	贷款
攀枝花支行	1989年	5093.81	2584.38	4300.00
	1990年	9498.83	3556.02	6698.50
	1991年	13990.61	7484.65	7861.16

	1992年	23073.38	10706.97	10650.45
	1993年	30554.20	20364.55	15109.04
	1994年	35930.65	29684.48	19015.00
	1995年	40992.97	32737.76	20242.14
	1996年	53504.21	35488.06	25161.05

	年份	指标		
		资产	存款	贷款
贵阳支行	1990年	16267.64	10773.80	8602.60
	1991年	24554.67	15618.23	14621.35
	1992年	60042.69	32042.90	20572.50
	1993年	80426.80	44171.57	31657.00
	1994年	124364.73	62896.26	56485.91
	1995年	155217.39	100280.51	80988.66
	1996年	213945.21	169474.30	101072.72
	1997年	203076.01	157252.38	107313.87
	1998年	218414.80	158816.60	125252.87
	1999年	240052.24	148795.95	121631.86
	2000年	263110.47	183598.76	136965.01

	年份	指标		
		资产	存款	贷款
遵义支行	1990年	7799.72	3571.77	6167.00
	1991年	13483.25	6791.43	9156.65
	1992年	30038.94	12961.70	11798.20
	1993年	37203.51	17540.14	18318.84
	1994年	48357.76	20102.97	22828.01
	1995年	52968.59	39579.66	29307.58
	1996年	55611.99	33397.81	33236.62
	1997年	85386.32	36134.00	38795.79
	1998年	84717.52	45922.17	43402.10
	1999年	99679.17	55165.57	47511.00
	2000年	121270.01	67753.40	55310.51

	年份	指标		
		资产	存款	贷款
广元支行	1991年	13942.28	7113.98	8006.01
	1992年	33389.88	8143	10740.55
	1993年	32492.96	9860	11672.58
	1994年	34508.38	6307.37	12371.91
	1995年	47026.23	14606.96	16410.94
	1996年	64010.26	16291.17	25364.61

1988—2018年重庆市分行资产总额增长图

单位：亿元

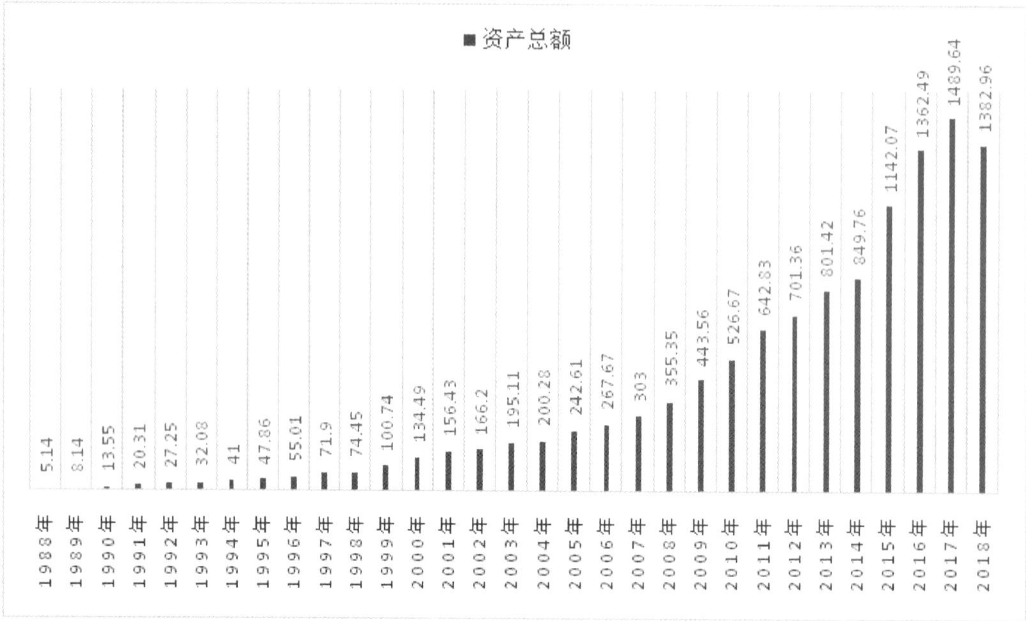

1988—2018年重庆市分行存款余额增长图

单位：亿元

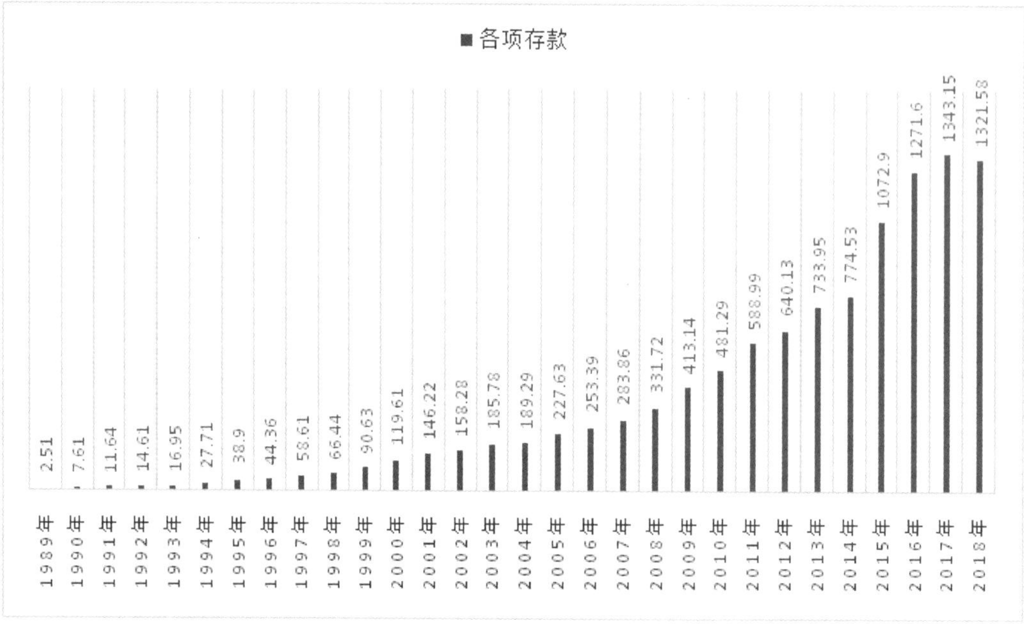

1988—2018年重庆市分行贷款余额增长图

单位：亿元

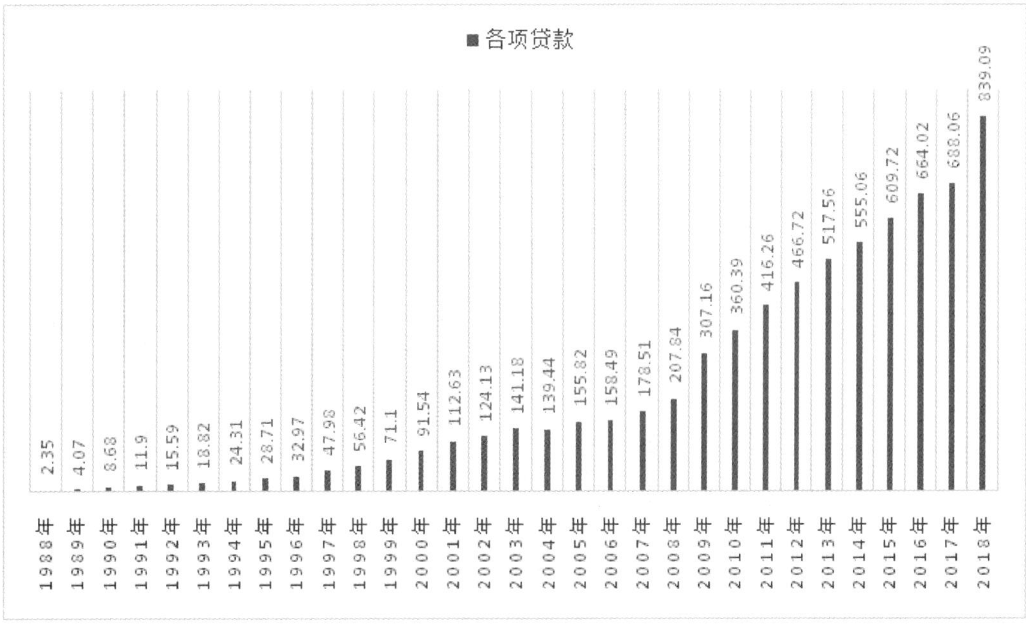

1988—2018年重庆市分行利润增长图

单位：万元

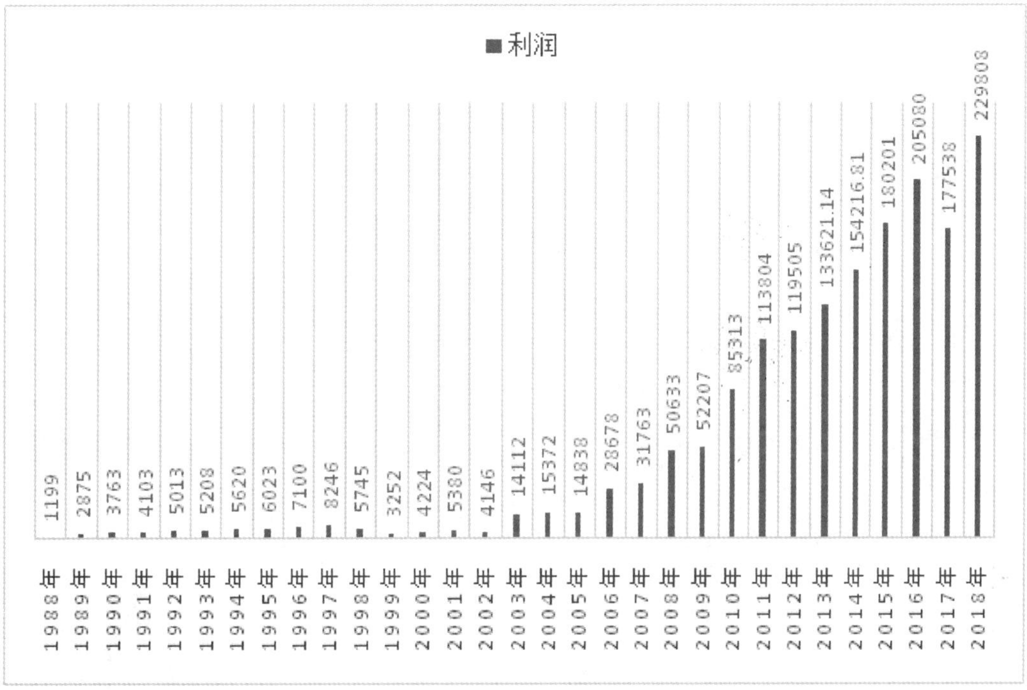

注：1988—2012年为报表利润，2013—2018年为经营利润

1988—2018年重庆市分行纳税增长图

单位：万元

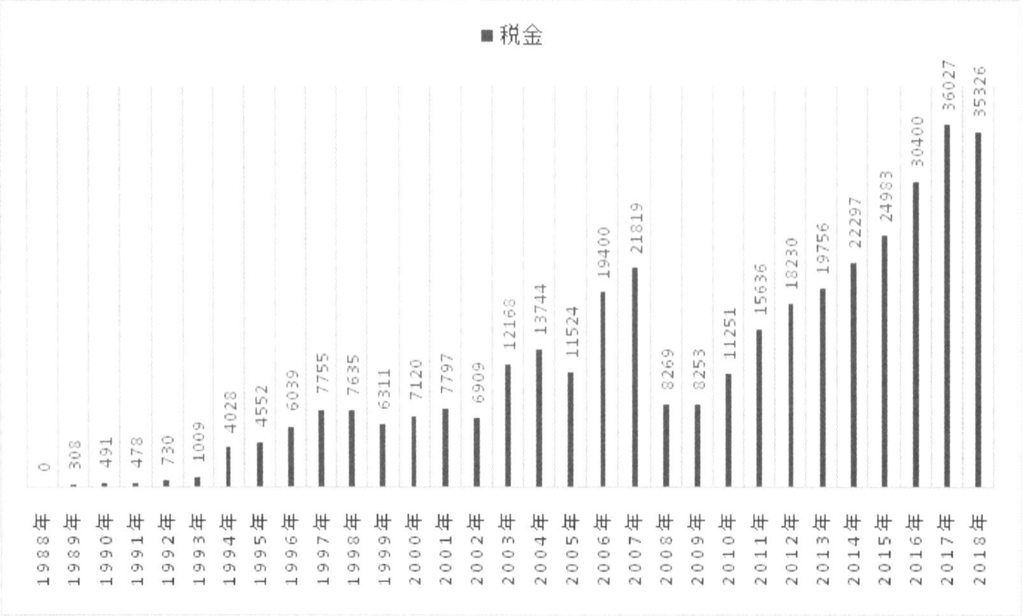

交通银行重庆市分行（含管辖行）机构人员统计表

（1988—2001年）

单位：人

年份（年）	实有职工人数	其中：女职工	文化程度					政治情况				年龄构成						职级构成				其中：		
			研究生及以上	大学本科	专科	高等院校	高中(中专)及以下学历	共产党员	共青团员	民主党派	其他	25岁以下	26~35岁	36~45岁	46~50岁	51~54岁	55岁以上	行级员工	处级员工	科级员工	一般员工	对公客户经理	零售客户经理	前台柜员
1988	311	132				135	176	81	117		113	105	123	67	7	5	4	3	71	52	203			
1989	635	291				260	375	167	231		237	165	287	133	33	11	6	19	13	66	481			
1990	1024	467				416	608	243	389	1	391	339	408	204	51	13	9	20	21	88	794			
1991	1334	591				568	766	311	451	1	571	433	538	264	69	14	16	28	104	50	1010			
1992	1777	834				775	1002	430	652	2	693	656	684	331	75	17	14	32	156	70	1342			
1993	2105	1038				939	1166	511	829	2	763	900	715	363	90	21	16	32	159	61	1584			
1994	3022	1488				1305	1717	666	1406	4	946	1453	993	426	105	32	13	27	240	56	2442			
1995	1648	824				847	801	364	688	4	592	662	649	227	73	28	9	16	137	87	1198			
1996	1794	926	6	222	728		838	389	776	4	625	657	772	241	79	35	10	19	131	90	1335			
1997	1375	728	8	185	626		556	282	617	3	473	416	693	174	64	23	5	11	112	107	983			
1998	1395	739	7	248	632		508	314	568	1	512	319	783	208	58	23	4	11	105	105	999			
1999	1423	765	11	291	686		435	312	415	1	695	209	841	273	58	35	7	16	81	124	1018			
2000	1577	857	13	383	732		449	376	480	2	719	235	913	312	60	47	10	16	119	185	954			
2001	1578	858	11	365	719		483	397	473	3	705	192	928	333	66	45	14	19	122	200	934			

以上数据来源于重庆分行（汇）《干部基本情况统计表》和《职工分部门情况统计表》，职级构成来自《干部基本情况统计表》，其他数据来自职工分部门情况统计表。

交通银行重庆市分行（含管辖行）各类专业技术人员统计表

（1988—2001年）

单位：人

年份(年)	1988	1989	1990	1991	1992	1993	1994	1995	1996	1997	1998	1999	2000	2001
总计	255	498	891	1048	1240	1367	1643	1033	1455	1115	1048	1090	1012	976
1.工程技术人员	25	39	59	69	65	86	100	71	73	72	71	69	65	61
高级工程师	1				1	1	1			1	2	2		
工程师	10	12	18	21	16	21	26	20	22	23	21	20	20	20
助理工程师	7	13	21	26	29	30	40	25	19	16	14	15	14	12
技术员	2	5	6	3	6	9	10	7	5	2	2	2	2	2
未评聘专业技术职务的	5	9	14	19	13	25	23	19	27	30	32	30	29	27
2.卫生技术人员	1	3	2	2	3	1	3	1		1	2	2	2	2
医(护)师		1	1	2	3	1	2	1		1	1	1	1	1
医(护)士	1	2	1											
未评聘专业技术职务的							1				1	1	1	1
3.教学人员				1										
讲师				1										
助教														
教员														
4.会计人员	72	192	341	391	539	647	751	565	960	781	727	740	682	660
高级会计员	1	2	1	1	1	3	2	2	2	1	1			
会计师	7	20	28	34	36	51	64	41	42	25	22	27	36	35
助理会计师	24	54	83	117	170	210	234	185	211	181	155	176	151	149
会计员	17	45	74	70	114	104	168	97	134	107	94	112	89	88
未评聘专业技术职务的	23	71	155	169	218	279	283	240	571	467	455	425	406	388
5.翻译人员	1	2	2	1	2		1							
翻译	1	2	2	1	2		1							
6.经济人员	148	244	471	567	613	625	707	371	419	252	239	264	253	244
高级经济师	3	5	9	11	7	5	13	10	10	6	5	6	4	4
经济师	34	49	57	76	66	101	141	83	80	43	41	42	58	55
助理经济师	48	97	151	223	251	250	243	177	155	90	71	84	73	71
经济员	29	47	84	86	119	95	140	64	69	18	18	22	19	19
未评聘专业技术职务的	34	46	170	171	170	174	170	37	105	95	104	110	99	95
7.政工人员							69	18		7	8	14	9	8
高级政工师							2					1		
政工师							36	12		3	4	9	5	5
助理政工师							21	6		3	3	3	3	2
政工员							10			1	1	1	1	1
8.其他	7	10	1											

年份(年)	1988	1989	1990	1991	1992	1993	1994	1995	1996	1997	1998	1999	2000	2001
高级资格														
中级资格		1	1											
初级资格	7	9												
9.统计人员	1	8	15	17	15	7	8	4	3	1	1	1	1	1
统计师	1	2	2	3	3	2	2	1	1					
助理统计师		4	7	11	10	4	5	3	2					
统计员		2	3		1									
未评聘专业技术职务的			3	3	1	1	1			1	1	1	1	1
10.图书、档案人员					2	1	4	3		1				
正副研究馆员														
馆员					1		1	1						
助理馆员						1	2	1						
管理员					1					1				
未评聘专业技术职务的							1	1						
11.工艺美术人员					1									
高级工艺美术师														
工艺美术师														
助理工艺美术师					1									
美术员														
未评聘专业技术职务的														

以上数据来源于重庆分行（汇）《专业技术人员基本情况统计表》。

交通银行重庆市分行（含管辖行）职工分布表

（1988—2001年）

单位：人

年份	固定职工	其中:内退	合同制	返聘职工	劳务输入			其他职工	临时职工	代办员	合计
					宏盛	庆通	飞驶特				
1988年	289		22						1		311
1989年	614		21						1		635
1990年	996		28						16		1024
1991年											
1992年	1764		13						122		1777
1993年	2200		28					359	49		2587
1994年	2981		41					776	310		3022
1995年	1644		388						384		2032
1996年	1672		402						280		2074
1997年	464		1149						238		1613
1998年	469		1248						322		1717
1999年	1702							183	55		1702
2000年	1573	4						349			1577
2001年	1564	14		2				360			1578

来源：重庆分行（汇）《交通银行系统全部职工人数和工资》（1988—1993年）或《从业人员和劳动报酬的情况》（1994—2002年）。

各类人员培训和培训中心、教职员（含管辖行）情况统计表

年份（年）	人员培训情况																					培训中心、教职员		
	参加培训人数（人）	45岁及其以下（人）	参加出国出境培训（人）	毕业学员（人）	在校学员（人）	党校							管理干部学院、干校及其他培训机构									培训中心个数（个）	教职员数	
						小计（人）	进修班（人）	培训班（人）	专题研究班（人）	理论班（人）	函授班（人）	其他（人）	小计（人）	政治理论培训班（人）	业务岗位培训班（人）	学历教育				其他（人）			人数（人）	专职教师（人）
																研究生（人）	大学本科（人）	大学专科（人）	中专及高中（人）					
1996	437	307	3	148	289	68					52	16	369	3	60	10	75	201	10	10				
1997	2403	241	7	2137	266	103		6			97		2300	4	2083	16	89	107	1				2	2
1998	401	383		21	380	141		2			139		260			17	109	134						
1999	1029	272	4	946	83	35					35		994	12	907	9	44	22						
2000	5411	4753	19	5136	275	101		21			80		5310	16	4942	114	107	131						
2001	3874	3300	2	557	3317	73	5	68					3801		3598	91	73	39						

以上数据来源于重庆分行（汇）《各类人员培训和培训中心、教职员情况统计表》。

交通银行重庆市分行机构人员统计表（一）

（1988—2005年）

单位：人

年份（年）	实有职工人数	其中：女职工	文化程度					政治情况			
			研究生及以上	大学本科	专科	高等院校	高中(中专)以下学历	共产党员	共青团员	民主党派	其他
1988	120	43				67	53	29	41		50
1989	146	57				86	60	33	45		68
1990	218	82				110	108	42	62		114
1991	273	91				148	125	47	58		168
1992	338	152				162	176	72	120		146
1993	470	230				234	236	93	181		196
1994	535	279				263	272	104	251	1	179
1995	786	400				452	334	157	368	1	260
1996	874	452	6	114	393		361	172	427	1	274
1997	911	477	7	122	435		347	173	450	1	287
1998	926	484	6	175	427		318	205	410		311
1999	926	486	10	214	463		239	200	257		469
2000	1009	543	12	294	485		218	243	340	1	425
2001	995	538	10	273	467		245	261	322	2	410
2002	985	533	13	364	410		198	279	314	3	389
2003	1076	590	20	461	408		187	315	341	3	417
2004	1075	595	3	520	390		162	316	351	4	404
2005	1039	577	4	576	345		114	312	337	3	387

年份（年）	年龄构成						职级构成				其中：		
	25岁以下	26~35岁	36~45岁	46~50岁	51~54岁	55岁以上	行级员工	处级员工	科级员工	一般员工	对公客户经理	零售客户经理	前台柜员
1988	38	45	30	3	1	3	3	14	3	89			
1989	36	62	38	6	1	3	4	12	22	95			
1990	73	85	47	9		4	5	11	29	158			
1991	53	124	68	21	2	5	7	14	37	194			
1992	128	123	66	15	1	5	8	20	45	239			
1993	189	174	80	20	2	5	8	25	46	346			
1994	252	169	81	28	3	2	4	29	56	394			
1995	325	333	86	31	9	2	4	32	87	562			
1996	341	393	92	35	11	2	5	36	90	643			
1997	296	465	98	35	15	2	6	78	107	624			
1998	236	520	121	33	14	2	6	70	105	647			
1999	126	578	169	30	18	5	7	44	124	649			
2000	137	616	192	34	23	7	6	62	185	595			
2001	112	610	206	34	24	9	6	62	200	568			
2002	56	624	208	57	20	20	7	79	166	577			
2003	105	666	209	57	20	19	6	94	164	657			
2004	100	615	257	60	22	21	5	91	93	733			
2005	82	558	294	55	28	22	6	81	71	881			

交通银行重庆市分行机构人员统计表（二）

（2006—2018年）

单位：人

年份（年）	实有职工人数	其中：女职工	文化程度					政治情况				年龄构成					
			研究生及以上	大学本科	专科	高等院校	高中(中专)以下学历	共产党员	共青团员	民主党派	其他	30岁以下	31~35岁	36~45岁	46~50岁	51~54岁	55岁以上
2006	1250	745	23	614	460		153	303	329	3	615	360	443	337	60	27	23
2007	1318	800	26	644	500		148	333	320	3	662	413	395	396	58	39	17
2008	1418	884	72	797	425		124	412	354	4	648	496	330	467	58	48	19
2009	1426	896	80	816	412		118	453	355	4	614	497	230	532	100	49	18
2010	1348	853	63	775	396		114	425	335	4	584	425	171	557	127	49	19
2011	1369	871	71	863	330		105	452	362	4	551	464	157	549	133	44	22
2012	1410	902	92	917	303		98	483	381	3	543	479	171	555	134	37	34
2013	1411	896	99	931	292		89	483	396	2	530	452	188	561	133	42	35
2014	1421	897	115	1018	228		60	503	407	2	509	434	202	533	138	81	33
2015	1418	888	56	1055	237		70	501	422	2	493	405	227	503	141	109	33
2016	1429	880	64	1074	230		61	526	430	1	472	366	274	481	161	115	32
2017	1422	883	120	1029	224		49	515	445	1	461	310	308	454	211	111	28
2018	1422	886	127	1039	205		51	534	458	1	429	308	307	417	267	83	40

年份（年）	职级构成																	其中		
	D等					C等					B等			A等				对公客户经理	零售客户经理	前台柜员
	18	17	16	15	14	13	12	11	10	9	8	7	6	5	4	3	其他			
2006			2	4			4	9	49	26	42	59	184	234	553	62	22			
2007			1	5			7	19	47	18	47	116	185	226	569	59	19			
2008			1	5			8	21	54	18	60	108	263	183	622	56	19			
2009			1	4			18	15	47	15	66	110	263	173	649	48	17			
2010			1	4			16	14	50	13	68	112	237	175	593	47	18			
2011			1	4			15	24	41	11	75	95	232	148	660	45	18			
2012			1	4			17	24	44	12	81	101	247	148	685	30	16			
2013		1	4				17	24	41	13	95	93	261	133	687	25	17			
2014		1	4				17	21	43	12	96	117	239	167	662	23	19			
2015		1	4				16	24	44	13	95	118	246	188	622	27	20			
2016	1		3	1		11	13	16	40	11	101	140	222	217	598	35	20			
2017	1		4			11	12	13	44	10	109	151	216	222	570	37	22			
2018	1	0	5	0	0	13	14	5	42	11	122	156	199	232	566	37	19			

交通银行重庆市分行各类专业技术人员统计表

（1988—2018年）

单位：人

	1988年	1989年	1990年	1991年	1992年	1993年	1994年	1995年	1996年	1997年	1998年	1999年	2000年	2001年	2002年
总计	111	127	197	237	216	310	308	495	752	757	729	703	670	642	577
1.工程技术人员	18	22	21	34	21	29	31	44	47	48	45	44	41	37	27
高级工程师	1										2	2			
工程师	6	5	7	8	5	8	8	9	9	9	8	7	7	7	6
助理工程师	6	7	8	9	8	16	17	16	11	11	11	11	11	8	6
技术员		1	1	2	1	2	2	4	3	1	1	1	1	1	1
未评聘专业技术职务的	5	9	5	15	7	3	4	15	24	27	23	23	22	21	14
2.卫生技术人员					1	1	1	1		1	1	1	1	1	1
医(护)师					1	1	1	1		1	1	1	1	1	1
医(护)士															
3.教学人员															
讲师															
助教															
教员															
4.会计人员	22	34	78	84	118	189	176	346	598	584	562	544	526	504	451
高级会计员	1	1	1	1	1	2	2	2	2	1	1				
会计师	3	2	3	3	3	13	12	14	14	14	12	11	11	10	10
助理会计师	9	12	15	13	17	65	72	89	113	111	106	102	97	93	83
会计员	2	2	2	6	11	12	27	18	45	44	43	41	40	39	30
未评聘专业技术职务的	7	17	57	61	86	97	63	223	424	414	400	390	378	362	328
5.翻译人员	1	2	2	1	1										
翻译	1	2	2	1	1										
6.经济人员	66	65	92	113	71	89	97	102	107	120	116	109	97	96	94
高级经济师	2	2	2	3	2	2	1	4	4	4	4	4	2	2	2
经济师	13	9	12	18	12	28	32	24	22	22	22	21	19	19	20
助理经济师	17	21	20	22	25	48	49	44	39	37	34	29	29	29	28
经济员	11	11	13	12	15	2	5	5	8	8	8	8	7	7	7
未评聘专业技术职务的	23	22	45	58	17	9	10	25	34	49	48	47	40	39	37
7.政工人员							1	1		3	4	4	4	3	3
高级政工师															
政工师							1								
助理政工师								1		2	3	3	3	2	2
政工员										1	1	1	1	1	1
8.其他	4														
高级资格															
中级资格															

	1988年	1989年	1990年	1991年	1992年	1993年	1994年	1995年	1996年	1997年	1998年	1999年	2000年	2001年	2002年
初级资格	4														
未评聘专业技术职务的															
9.统计人员		4	4	5	4	2	2	1		1	1	1	1	1	1
统计师															
助理统计师		3	3	5	4	2	2	1							
统计员		1	1												
未评聘专业技术职务的										1	1	1	1	1	1
10.科学研究人员															
研究员															
副研究员															
助理研究员															
研究实习员															
11.图书、档案人员															
正副研究馆员															
馆员															
助理馆员															
管理员															
未评聘专业技术职务的															

	2003年	2004年	2005年	2006年	2007年	2008年	2009年	2010年	2011年	2012年	2013年	2014年	2015年	2016年	2017年	2018年
总计	551	797	767	837	854	828	793	757	719	705	693	672	697	678		
1.工程技术人员	28	25	38	38	39	39	38	33	32	31	30	28	29	27	26	23
高级工程师				2	2	3	3	2	2	2	2	2	1	1	1	1
工程师	7	5	12	21	22	21	21	18	18	17	16	15	16	14	14	13
助理工程师	6	6	10	10	13	13	13	12	11	11	11	10	11	11	10	8
技术员	1	1	2	3												0
未评聘专业技术职务的	14	13	14	2	2	2	1	1	1	1	1	1	1	1	1	
2.卫生技术人员	1	1	1	2	2	2	2	2	1	1	1	1	1	1		
医(护)师	1	1	1	1	1	1	1	1					1	1		
医(护)士				1	1	1	1	1	1	1	1	1				
3.教学人员				6	6	6	5	5	5	5	5	7	9	7	7	6
讲师				3	3	3	3	3	3	3	3	3	3	2	2	2
助教				3	3	3	2	2	2	2	2	4	6	5	5	4
教员																
4.会计人员	423	410	526	556	577	557	539	516	487	478	469	454	442	436	425	401
高级会计员																
会计师	12	13	53	68	68	69	69	66	65	68	70	69	79	78	76	73

	2003年	2004年	2005年	2006年	2007年	2008年	2009年	2010年	2011年	2012年	2013年	2014年	2015年	2016年	2017年	2018年
助理会计师	75	75	117	115	113	109	104	98	89	87	87	89	103	100	98	84
会计员	26	29	38	38	37	35	34	34	29	29	28	28	19	19	19	19
未评聘专业技术职务的	310	293	318	335	359	344	332	318	304	294	284	268	241	239	232	225
5.翻译人员																
翻译																
6.经济人员	95	357	197	227	222	216	202	195	188	185	184	178	203	193	187	179
高级经济师	2	1	1	4	2	2	1	2	3	2	2	2	4	1	1	1
经济师	21	28	76	132	129	131	125	119	123	123	124	122	141	136	136	130
助理经济师	28	28	31	31	29	26	24	24	19	18	17	16	30	29	26	24
经济员	7	264	47	44	44	41	38	36	31	31	30	27	18	17	15	15
未评聘专业技术职务的	37	36	42	16	18	16	14	14	12	11	11	11	10	10	9	9
7.政工人员	3	3	4	5	5	5	5	4	4	4	3	3	4	4	3	3
高级政工师				1	1	1	1									
政工师			1	2	2	2	2	2	2	2	1	1	2	2	1	1
助理政工师	2	2	2	2	2	2	2	2	2	2	2	2	2	2	2	2
政工员	1	1	1													
8.其他													6	6	6	5
高级资格																
中级资格																
初级资格																
未评聘专业技术职务的													6	6	6	5
9.统计人员	1	1	1	1	1	1	1	1	1				2	2	2	1
统计师																
助理统计师				1	1	1	1	1	1				2	2	2	1
统计员																
未评聘专业技术职务的	1	1	1													
10.科学研究人员				1	1	1								1		1
研究员																
副研究员														1	1	1
助理研究员				1	1	1										
研究实习员																
11.图书、档案人员				1	1	1	1	1	1	1	1	1	1	1	1	1
正副研究馆员																
馆员																
助理馆员				1	1	1	1	1	1	1	1	1	1	1	1	1
管理员																
未评聘专业技术职务的																

以上数据来源于重庆分行《专业技术人员基本情况统计表》。

交通银行重庆市分行职工分布表

（1988—2018年）

单位：人

年份（年）	固定职工	其中：内退	其中：长期病休	合同制职工	返聘职工	劳务输入			其他职工	临时职工	代办员	合计
						宏盛	庆通	飞驶特				
1988	110			10						1		120
1989	135			11						1		147
1990	208			10						1		218
1991												
1992	337			1						52		390
1993	466			4					284	49		470
1994	531			4					610	144		535
1995	786			334						334		1120
1996	874			217						217		874
1997				1081						170		1081
1998				1198						272		1198
1999	1150				2				71			1150
2000	1009				6				261			1009
2001	995				2				231			995
2002	959	11	5		1				201			959
2003	1076	17	4				38	53	146		133	1076
2004	1069	19	6						144			1069
2005	1059	19	5						145			1059
2006	1250	17	4						189			1250
2007	1318	16	3						283			1318
2008	1418	14	5						232			1418
2009	1426	12	5						107			1426
2010	1348	10	8						66			1348
2011	1369	8	9						57			1369
2012	1410	7	9						16			1410
2013	1411	5	11						12			1411
2014	1421	4	15						11			1421
2015	1418	4	16						9			1418
2016	1429	4	16						7			1429
2017	1422	4	18						6			1422
2018	1422	3	16						4			1422

来源：重庆分行《交通银行系统全部职工人数和工资》（1988—1993年）或《从业人员和劳动报酬情况》（1994—2005年）或综合表（2006—2016年）。

1999—2005年报表内固定职工统计口径为在岗职工，2006年之后固定职工指的是表中的正式职工。

2006年开始其他代表劳务人员。

各类人员培训和培训中心、教职员情况统计表

年份（年）	人员培训情况																				培训中心、教职员		
	参加培训人数（人）	45岁及其以下（人）	参加出国出境培训（人）	毕业学员（人）	在校学员（人）	党校							管理干部学院、干校及其他培训机构								培训中心个数（个）	教职员数	
						小计（人）	进修班（人）	培训班（人）	专题研究班（人）	理论班（人）	函授班（人）	其他（人）	小计（人）	政治理论培训班（人）	业务岗位培训班（人）	学历教育				其他（人）		人数（人）	专职教师（人）
																研究生（人）	大学本科（人）	大学专科（人）	中专及高中（人）				
1996	251	248	3	71	180	43					43		208		32	10	40	126					
1997	2210	121	7	1961	249	100		3			97		2110	2	1921	14	78	84	1			1	1
1998	355	353		4	351	141		2			139		214			16	94	104					
1999	176	164	3	106	70	35					35		141	12	78	8	37	6					
2000	4798	4572	13	4584	214	80					80		4718	16	4422	83	81	116					
2001	3278	3126	1	25	3253	65	5	60					3213		3079	60	48	26					
2002	3358	2451	5	3080	278	230	2	18			210		3128		2850	77	186	15					
2003	210	206	4	171	39	66		65	1				144	24	91		20	9			1	4	
2004	1075	835	5	1075		50					50		1025		925		79	20	1		1	46	5
2005	1003	983	5	850	153	38					38		965	3	24	30	90	40		778	1	37	4
2006	1081	1051	7	1020	61	9					9		1072		115	8	76	4		869			
2007	1276	1167	4	1236	40	10					10		1266		1240	1	23	2				37	3
2008	1368	1314	3	1328	40	10					10		1358		1335	4	16	3				37	
2009	1347	1224	7	1308	39								1347		1330	2	15					23	
2010	1266	1203	5	1246	20								1266		1248	3	15					43	
2011	1280	1189	4	1261	19								1280		1261	3	16					40	
2012	1395	1186	5	1383	12								1395		1383	2	10					90	
2013	1382	1163	3	1370	12								1382		1370	7	5					80	
2014	1441	1169	3	1441									1441		1441							91	
2015	1346	1092	2	1346									1346		1346							91	
2016	1407	1120	3	1407		25		25					1407		1407						1	3	2
2017	1407	1054	4	1407	0	0	0	0	0	0	0	0	1407	261	1146	0	0	0	0	0	1	2	2
2018	1398	1019	3	1398	0	0	0	0	0	0	0	0	1407	261	1146	0	0	0	0	0	1	1	1

以上数据来源于重庆分行《各类人员培训和培训中心、教职员情况统计表》。

编后记

2016年9月，交通银行股份有限公司重庆市分行印发《交通银行重庆市分行志（1915—2018）（暂定名）编纂工作方案》，成立以党委书记、行长杨宁为主任的编纂委员会，设立行志编纂办公室，正式启动分行修志工作。10月，根据重庆市人民政府办公厅发出的《关于开展第二轮重庆市志编纂工作的通知》，市分行随即将编修工作纳入重庆市第二轮修志工作规划，并将《交通银行重庆市分行志》书名调整为《重庆市志·交通银行志（1915—2018）》。

本次修志为分行重组以来的首次。时间上前溯七十年，后衔三十载，世纪存续中历经辗转裁撤重组之变，纵跨横越，启承转合，史料集中度差，内容头绪纷杂，先后经历了初撰、分纂、总纂、内评、外审等5个阶段。整个编修过程，以《重庆市志、区县（自治县）志编纂规范（2019年版）》及《交通银行志编纂手册》为工作标准，实行单位编志工作责任制、联络员制度、专家评审制度。通过先期动员，编前辅导、纲目修订，志办专家培训、长编编制、进度完成通报，工作推进交流会议，征求意见座谈会议，以及阶段性编志成果在分行内网展示等形式，交流编志工作体会，保证编志质量，检验工作效果，提高编志水平。志书初稿完成后，由各单位负责人、行内专家、老领导、老同志逐级审核、评审，为志书内容的真实性、完整性、准确性层层把关，提出修改意见和建议。2020年11月，志稿通过了重庆市地方志办公室的审读。2021年3月经西南师范大学出版社审定，2021年6月，《重庆市志·交通银行志（1915—2018）》得以顺利出版。

风雨四载，众手成志。《重庆市志·交通银行志（1915—2018）》编修任务的圆满完竣，离不开分行党委的重视和领导，离不开重庆市地方志办公室的精心指导，离不开各单位的鼎力支持，尤其是全体编修人员的艰辛付出。回顾整个编修过程，编纂人员广泛搜集资料，在掌握主体资料基础上，全面、系统、客观、真实地记述重庆分行百余年的发展历程；参与编志的单位和人员，作为交通银行改革发展的亲历者，在繁忙的经营管理工作中，克服困难，加班加点，认真收集整理史料，访谈老领导、老同志，弥补、丰富了志稿内容；各单位撰稿人认真撰写初稿，各单位负责人认真审阅把关，保障了史实的真实与完整；特别是《重庆市志·交通银行志（1915—2018）》的编纂工作得到了重庆市地方志办公室给予的大力支持、指导和帮助。在此，谨致以衷心的感谢！

志书编纂是一项系统工程，涉及面广，内容繁多，由于历时久远、资料不足和编纂者水平有限，疏漏在所难免，敬请批评指正。今后，我们希望能够在新的修志轮次中，广泛听取各方意见，不断弥补既有缺憾。

《重庆市志·交通银行志》编纂办公室

2021年6月